Alois

Vanic

ek

Griechisch-lateinisches etymologisches Wörterbuch

Alois
Vanic
˘
ek

Griechisch-lateinisches etymologisches Wörterbuch

ISBN/EAN: 9783742869050

Hergestellt in Europa, USA, Kanada, Australien, Japan

Cover: Foto ©Andreas Hilbeck / pixelio.de

Manufactured and distributed by brebook publishing software
(www.brebook.com)

Alois
Vanic

ek

Griechisch-lateinisches etymologisches Wörterbuch

GRIECHISCH-LATEINISCHES

ETYMOLOGISCHES

WÖRTERBUCH

VON

ALOIS VANIČEK

K. K. GYMNASIALDIRECTOR ZU NEUHAUS IN BÖHMEN.

———

ERSTER BAND.

LEIPZIG,

DRUCK UND VERLAG VON B. G. TEUBNER.

1877.

Quoniam etymologia est sermo vel ratio veritatis.

Roger Bacon.

Vorwort.

Das im Jahre 1874 erschienene etymologische Wörterbuch der lateinischen Sprache erfuhr freundliche Beurtheilung und der Verf. fühlt sich verpflichtet, den Herren Recensenten seinen innigsten Dank auszusprechen. Bekannt geworden sind ihm, und dies namentlich durch gütige Vermittlung des Herrn Verlegers, die Recensionen der Herren: Prof. Dr. B. Delbrück (Jenaer Litteraturzeitung 1874 N. 15), Prof. Erbe (Correspondenzblatt für die Gelehrten- und Realschulen Würtembergs N. 3), Prof. A. Fick (Litterarisches Centralblatt 1874), C. de G. (Revue critique d'histoire et de la littérature 1874 N. 32), Prof. V. Hintner (Zeitschrift für österreichische Gymnasien 1874) und endlich Prof. Dr. G. Meyer (Jahrbücher für klassische Philologie 1876, Heft 8). Ferner dankt der Verf. den Herren Professoren Dr. G. Curtius, seinem unvergesslichen Lehrer, und dem hochverehrten Altmeister A. F. Pott für ihre gütigen brieflichen Mittheilungen und Belehrungen.

Zwei Mängel wurden ziemlich einmüthig hervorgehoben. Erstens, dass der Verf. ohne jede Rücksicht selbst auf das zunächst liegende Griechische etymologisiert, und namentlich zweitens, dass er nicht die Quellen seiner Etymologien angeführt habe. So sagt Herr Prof. Delbrück: „wir fordern Hinzufügung der Litteratur mit knappen Erörterungen" und Herr C. de G.: „l'auteur avait pour devoir de citer toujours les ouvrages auxquels il doit ses imprunts". Dasselbe sagt auch eine dem Verf. vom Herrn Verleger zugeschickte kurze englische Anzeige des Buches: „we regret that V. should not have added his authorities". Der Verf. war sich beider Mängel bereits während der Abfassung des Buches bewusst, doch nicht anders gestattete es der gleich im Anfange des Vorwortes bezeichnete Zweck desselben „die bisherigen Ergebnisse der vergleichenden Sprachforschung in Bezug auf die lateinische Sprache ohne Beimischung von Controversen und Citaten zur allgemeinen Anschauung zu bringen".

Diese beiden Mängel sind nun im vorliegenden etymologischen Wörterbuche der griechischen und lateinischen Sprache, der Frucht mehr als dreijähriger angestrengtester Arbeit, behoben. Mit dessen Vorlage erfüllt der Verf. zugleich einen Theil des im damaligen Vorworte pag. V gegebenen Versprechens.

Der Zweck des Buches ist derselbe geblieben. Es gilt nämlich zuerst den Versuch, die der Sprachwissenschaft noch immer fernstehenden Philologen mit den bisherigen Ergebnissen derselben einigermaassen bekannt zu machen und ihnen zugleich zu zeigen, dass diese Wissenschaft nicht mehr das sei, was z. B. Voltaire von ihr meinte: „l'etymologie est une science, où les voyelles ne font rien, et les consonnes font peu de chose". Diese Wissenschaft nimmt bereits eine wahrlich sehr achtungsvolle Stellung neben ihren Schwestern ein, obgleich ihr genialer Begründer noch nicht zehn Jahre im Grabe ruht. — Ferner soll das Buch jenen Lehrern, die in der Schule das Etymologisieren nicht lassen können, wenn sie auch von der Etymologie keine Kenntniss haben, ein mindestens theilweise sicheres Normale an die Hand geben und schliesslich soll es reiferen Studierenden, namentlich denen, die sich auf der Universität mit dem Studium der beiden klassischen Sprachen befassen, die Aneignung und Bewahrung des reichen Wortschatzes möglichst erleichtern.

Nun zum Buche selbst. — Dasselbe war auf den Umfang von höchstens 40 Druckbogen berechnet. Der vor dem Verf. liegende Haufe von Zetteln, Excerpten und Notaten täuschte jedoch die Berechnung dergestalt, dass der Umfang das Doppelte betragen wird — zum Leidwesen des Herrn Verlegers und des Verf. Es ist demnach nothwendig geworden, das Buch in zwei Bände zu theilen, von denen der erste hiemit dem geneigten Leser vorgelegt wird. Der zweite Band ist bereits so weit gedruckt, dass er gewiss im September vollendet sein wird. Demselben werden einzelne Nachträge und ein vollständiges Register beigeschlossen werden. — Weiter muss der Verf. bemerken, dass das Ganze in zwei nicht ganz gleichmässige Hälften zerfällt. Bei der Uebersiedlung des Verf. aus einer Landstadt in die andere, nämlich von Trebitsch nach Neuhaus im September 1875, ging dem Verf. ein ganzes die Buchstaben A—N (pag. 1—442) betreffendes Zettelpacket auf unerklärliche Weise verloren. Das wird, wie es scheint, mancher Leser nicht bedauern, wohl aber bedauert es der Verf., der eine mühsam zusammengestellte Sammlung schmerzlich vermisst. Hiedurch ist es erklärlich, dass von P angefangen der Wortschatz ein fast vollständiger (die Composita ausgenommen) und die Litteratur nach jedem Artikel eine reichere ist. Diesen ohne sein Verschulden eingetretenen Uebelstand hofft der Verf. bei einer etwaigen zweiten Auflage nach bester Möglichkeit auszugleichen.

Die Einrichtung des Buches ist folgende. Jedem Artikel wird die erschlossene indoeuropäische oder europäische Wurzel, oder wo diese sich nicht findet, der Stamm vorangestellt. Die Wurzel ist mit Lapidarlettern, der Stamm mit kleineren Lettern gedruckt.

Der Wurzel folgt die entsprechende Sanskritwurzel, wie sie das Petersburger Wörterbuch bietet. Der Verf. besitzt endlich dieses grossartige Werk, das in sieben Quartbänden 595 Druckbogen enthaltend in der Zeit von fünfundzwanzig Jahren von zwei Gelehrten herausgegeben worden ist, die in bewunderungswürdiger Weise die Leistung einer Akademie der Wissenschaften vollendet haben — ein unsterbliches Denkmal der Gelehrsamkeit und staunenswerther Ausdauer. Von den 1681 Wurzeln des Wörterbuches (die denominativen Wurzelbildungen nicht eingerechnet) wurden diejenigen sämmtlich herbeigezogen, die dem Verf. zur Vergleichung dienlich zu sein schienen, wie auch sämmtliche griechische und lateinische Etymologien des Werkes angeführt werden. — Hierauf wird der griechische und lateinische Wortschatz nach den griechischen Wörterbüchern von Pape, Schenkl, Seiler und nach dem lateinischen Wörterbuche von Klotz gebracht und zwar in möglichst übersichtlicher Anordnung nach den einzelnen Wortstämmen, und diese wieder nach ihren Suffixen, möglichst nach dem Sanskritalphabet geordnet. Auf übersichtliche Anordnung, auch mit Hilfe des Druckes, hat der Verf. die grösstmöglichste Mühe verwendet. — Endlich folgt die betreffende Litteratur und zwar, wie schon oben bemerkt wurde, reichhaltiger von P angefangen. Es wird nämlich die Quelle angeführt, welcher der Verf. seine Etymologie und einzelne Erklärungen entnommen hat, sodann folgen wichtigere abweichende Ansichten. Eigene Deutungen, im Ganzen sehr selten, werden stets als solche bezeichnet.

Herr Prof. Dr. Delbrück verlangt „Hinzufügung der Litteratur mit knappen Erörterungen". Der Verf. entschloss sich jedoch die Litteratur ' ohne die verlangten Erörterungen hinzuzufügen. Er schloss sich jener Deutung an, die ihm nach den Lautgesetzen und nach der Bedeutung in Folge besonnener und fleissiger Prüfung die entsprechendste zu sein schien und er begnügte sich damit, abweichende wichtigere Ansichten einfach zu registriren, ohne jede Erörterung (Bemerkungen zu den abweichenden Deutungen werden nur selten und ausnahmsweise gegeben). Der Grund dieses Verfahrens, das von Manchen missbilligt, von Anderen wohl gebilligt werden wird, ist folgender. Abgesehen davon, dass das Buch noch viel umfangreicher geworden wäre, konnte der Verf. sich darum nicht entschliessen in Erörterungen einzugehen, weil, wie es bei dem verhältnissmässig noch jungen Alter der Sprachwissenschaft nicht anders möglich ist, Celebritäten dieser Wissenschaft sich in freundlicher oder unfreundlicher Weise bekämpfen, widerlegen und gegenseitig zu bekehren suchen. Wenn nun Celebritäten streiten, wie sollte ein obscurer Landschulmeister sich vermessen, belehrend und widerlegend aufzutreten? Vielleicht hätte es derselbe doch öfter gewagt, wenn ihn nicht die hoch-

gechrten Herausgeber des Petersburger Wörterbuches mit den
Worten abgeschreckt hätten: „auf dem Gebiete der indogermanischen
Sprachvergleichung giebt es heut zu Tage so viele Meister, dass
wir der Pfuscher wahrlich nicht bedürfen" (siehe Vorwort zu
Band V). Obwohl diese Abfertigung zunächst denjenigen zu gelten
scheint, die das Sanskrit-Alphabet nicht kennen, wozu der Verf.,
ohne unbescheiden zu sein, sich zu bemerken erlaubt, dass er
nicht bloss das Sanskrit-Alphabet kennt, sondern auch Etwas von
Sanskrit selbst versteht (was er in nicht ferner Zeit durch seine
nächstfolgende Arbeit zu beweisen hofft), so kann und wird sich
derselbe trotz seiner nun gerühmten Kenntniss selbstverständlich
nie zu den Meistern zählen, und er müsste demnach, wenn er
selbständig deuten, begründen und widerlegen wollte, in die Zunft
der Pfuscher eintreten. Derselbe begnügt sich daher lieber für
alle Zeit mit der bescheidenen Stellung eines Registrators der
Sprachwissenschaft. Er kann jedoch die Bemerkung nicht unterdrücken, dass es gar oft nicht schwer gewesen wäre, sich mit
wohlfeilen Lorbeeren zu schmücken, und dies gilt wahrlich nicht
bloss mit Rücksicht auf Gelehrte zweiten Ranges, sondern auch
z. B. mit Rücksicht auf den unsterblichen Begründer unserer
Wissenschaft. Wie leicht wäre es doch, nicht wenige Deutungen,
die Bopp's Glossarium auch noch in der 3. Auflage (1867) bietet,
als unrichtig zu widerlegen. Aus Pietät für diesen grossen Mann
führte der Verf. sämmtliche abweichende Deutungen des Glossars
wörtlich an, ohne ein Wort hinzuzufügen oder ein Fragezeichen
zu machen. Bopp's wahre Grösse, wie die Grimm's und Schleicher's,
beruht auf der Grammatik und nicht auf der Etymologie.

In Bezug auf den pag. IV gebrauchten Ausdruck „indoeuropäisch" erlaubt sich der Verf. hier abermals zu bemerken, dass er
sich durchaus nicht entschliessen kann „indogermanisch" zu sagen,
ein Ausdruck, den, soweit dem Verf. bekannt, Friedrich Schlegel
in seinem Buche „über die Sprache und Weisheit der Inder 1808"
zuerst gebraucht hat. Der Verf. hat sich demnach auch erlaubt,
in der pag. 1 gegebenen, den Grundzügen seines hochverehrten
Lehrers entlehnten Lauttabelle „indoeuropäisch" statt „indogermanisch" zu schreiben. — Leider gebraucht die überwiegende Anzahl der Sprachforscher die letztere Bezeichnung mit grossem Unrecht. Dieselbe ist viel zu eng und in derselben finden die Iranier,
Griechen, Romanen, Slaven, Letten und Celten keinen Platz. Auch
Schleicher (die Sprachen Europa's 1850 pag. 123 f.) nennt diesen
Namen „nicht bezeichnend", meint aber, der andere umfasse „zu
viel". Jedenfalls ist die Bezeichnung „indogermanisch" viel viel
enger, als „indoeuropäisch" zu weit ist. Schleicher sagt sodann:
„gönne man den germanischen Nationen die Ehre diesem Sprach-
stamme theilweise den Namen gegeben zu haben, in der dankbaren

Erinnerung, dass Deutsche es waren, welche für die Sprachwissenschaft überhaupt eine neue Aera herbeigeführt haben". Die wahrlich grossen Verdienste der Deutschen um die genannte Wissenschaft erkennt gewiss Niemand dankbarer als der Verf. selbst, der ein Slave ist, aber es ist doch zu viel verlangt, den Deutschen zu Ehren eine Wissenschaft ganz unrichtig zu bezeichnen. Wollen wir dem Drange der Dankbarkeit folgen, dann heisse unsere Wissenschaft nicht mehr Linguistik, sondern nach ihrem wahren Begründer „Boppistik". — Bopp selbst weist ja die gedachte Benennung zurück. „Die häufig gebrauchte Benennung indogermanisch kann ich nicht billigen, weil ich keinen Grund kenne, warum in dem Namen des umfassendsten Sprachstammes gerade die Germanen als Vertreter der übrigen urverwandten Völker unseres Erdtheils, sowohl der Vorzeit als der Gegenwart, hervorzuheben seien" (Vergl. Gramm., Vorr. zur 2. Ausg. pag. XXIV). Den richtigen Namen gebraucht auch Max Müller (Vorlesungen über die Wissenschaft der Sprache 2. Aufl. I. Bd. pag. 166) und P. J. Safařik (Slovanské Starožitnosti I. pag. 39: „plémě indoevropejské, jemuž někteří němečtí spisovatelé nepříslušně jména indogermanského přikládají" der indoeuropäische Stamm, dem einige deutsche Schriftsteller ungehörig den Namen indogermanisch beilegen).

Weiter sei noch Folgendes bemerkt. — Die erschlossene indoeuropäische Wurzel ist durchgehends mit kurzem Vocal angesetzt (vgl. Curtius Grundzüge 4. Aufl. pag. 46). — Die von August Fick in die Wissenschaft eingeführte Scheidung des k-Lautes in den gutturalen und palatalen (k, ḳ, siehe Lauttabelle *) hat der Verf. für noch nicht maassgebend erachtet und darum bloss k angesetzt (vgl. Windisch in Kuhn's Beiträgen VIII. pag. 29: „ich betrachte die Frage über die beiden indogermanischen k-Laute noch nicht für abgeschlossen. Es muss womöglich physiologisch bestimmt werden, welcher Art sie waren"). — In Bezug auf r und l entschloss sich der Verf. überall r als indoeuropäischen Wurzellaut anzusetzen, wo sich auch nur in Einer Sprache r nachweisen lässt; wenn aber r nirgends zu finden ist, dann wurde als Wurzellaut l gesetzt. Auch diese Frage ist noch nicht endgiltig entschieden. Fick leugnet z. B. ursprüngliches l, dagegen nimmt wieder Curtius (Grundzüge, 4. Aufl. Lautvertretung, pag. 128) ursprüngliches l an, das er bloss dem Zend abspricht, obwohl alte Zendalphabete ein Zeichen für l aufweisen.

Nun ist es des Verf. Pflicht, diejenigen Hilfsmittel zu nennen, die er bei seiner Arbeit benutzt hat, und den betreffenden Gelehrten für das ihm Gebotene innigst zu danken. Die benutzten Hilfsmittel sind pag. IX verzeichnet, und von diesen waren dem Verf. von besonderem Nutzen die Werke von Curtius, Fick (die 3. Auflage des Wörterbuches konnte nicht mehr benutzt werden), Corssen, ferner Kuhn's Zeitschrift für vergleichende Sprachforschung und die von Curtius herausgegebenen Studien für griech. und latein. Grammatik. — Der Verf. war einzig und allein auf seine Privatbibliothek beschränkt, und er ist, seit jeher in Landstädte verwiesen, von den reichen wissenschaftlichen Quellen der Hauptstädte leider gänzlich abgeschieden. Bis jetzt haben die Mittel es nicht erlaubt, Pott's Werke anzukaufen und die in ihnen aufgespeicherte staunenswerthe Gelehrsamkeit zu verwerthen. Was daher aus Pott citirt ist, beruht auf anderweitigen Notizen und Excerpten. Pott's Werke lernte der Verf. nur während seines Aufenthaltes in Prag in der Universitätsbibliothek 1850—1852 kennen. Es gehört gewiss ein volles langes Menschenleben dazu, um die Arbeiten dieses in Bezug auf Wissensreichthum unübertroffenen Gelehrten gründlich zu studiren, denn diese bieten uns, wie Schweizer-Sidler (in Kuhn's Zeitschr. Bd. XII. pag. 223) ganz richtig bemerkt, „Sammlungen von Material in einer Fülle, die selbst von einem in diesem Gebiet nicht unerfahrenen Leser nur mit grossem Fleisse und ausdauernder Geduld bewältigt oder mindestens einigermaassen überschaut werden kann".

Endlich dankt der Verf. seinem werthen Freunde und Collegen, Herrn Professor Franz Gotthard in Neuhaus, für die mit grosser Sorgfalt und Ausdauer geleistete Hilfe bei der Correctur und für die Berichtigungen einzelner Formen und Citate. Auf Correctheit wurde beiderseits grosse Sorgfalt verwendet, doch sind einzelne Druckfehler bei einem solchen Werke unvermeidlich; diese werden nach Möglichkeit im zweiten Bande Berichtigung finden.

Von seinem Vorsatze, die im Griechischen und Lateinischen vorkommenden Fremdwörter zu behandeln, muss der Verf. abstehen, denn das Werk würde noch voluminöser und dessen vollständiges Erscheinen noch mehr verzögert werden. Die Fremdwörter werden daher demnächst in einem separaten Büchlein erscheinen.

Hiemit nimmt der Verf. vom geneigten Leser Abschied und erwartet von ihm ein freundliches Urtheil nach gerechter Erwägung der in der Sache selbst und in den persönlichen Verhältnissen des Verf. liegenden Schwierigkeiten. Am angestrengten Fleiss hat es wahrlich nicht gefehlt und jeder freie Augenblick des Tages und viele Stunden der Nacht wurden auf diese Arbeit seit langer Zeit verwendet.

Neuhaus am 15. Juli 1877.

Alois Vaniček.

Verzeichniss der hauptsächlich gebrauchten Werke

(mit vorangeschickter Bezeichnung derselben).

B. Gl. — Glossarium comparativum linguae Sanscritae a Francisco Bopp. Editio tertia. Berolini. Dümmler. 1867.

Bopp vgl. Gr. — Vergleichende Grammatik von Franz Bopp. 2. Ausgabe. Berlin. Dümmler. 1857—1861.

Corssen I. II. — Ueber Aussprache, Vocalismus und Betonung der lateinischen Sprache. Von W. Corssen. 2. umgearb. Auflage. I. II. Band. Leipzig. Teubner. 1868. 1870.

Corssen B. — Kritische Beiträge zur lateinischen Formenlehre von W. Corssen. Leipzig. Teubner. 1863.

Corssen N. — Kritische Nachträge zur lateinischen Formenlehre von W. Corssen. Leipzig. Teubner. 1866.

C. E. — Grundzüge der griechischen Etymologie von Georg Curtius. 4. Auflage. Leipzig. Teubner. 1873.

C. V. I. II. — Das Verbum der griechischen Sprache seinem Baue nach dargestellt von Georg Curtius. I. II. Band. Leipzig. Hirzel. 1873. 1876.

F. Spr. — Die ehemalige Spracheinheit der Indogermanen Europas von August Fick. Göttingen. Vandenhoeck & Ruprecht. 1873.

F. W. — Vergleichendes Wörterbuch der indogermanischen Sprachen von August Fick. Zweite umgearb. Auflage. Göttingen. Vandenhoeck & Ruprecht. 1870.

Hehn. — Kulturpflanzen und Hausthiere in ihrem Uebergang aus Asien nach Griechenland und Italien sowie in das übrige Europa von Victor Hehn. 2. Auflage. Berlin. Bornträger. 1874.

Klotz W. — Handwörterbuch der lateinischen Sprache. Von Dr. Reinhold Klotz. Braunschweig. Westermann. 1853—1857.

KZ. — Zeitschrift für vergleichende Sprachforschung von Dr. Kuhn. Band I—XXIII. Berlin. Dümmler. 1852—1877.

KB. VIII. [= Kuhn Beiträge zur vergl. Sprachforschung. Band VIII.]

Mikl. Lex. — Lexicon Palaeoslovenico-Graeco-Latinum emendatum auctum edidit Fr. Miklosich. Vindobonae. Braumueller. 1862—1865.

M. Müller Vorl. I. II. — Vorlesungen über die Wissenschaft der Sprache von Max Müller. I. II. Band. 2. Auflage. Leipzig. Meyer & Klinkhardt. 1866. 1870.

Pape W. — Griechisch-deutsches Handwörterbuch von Dr. W. Pape. In 3 Bänden. Braunschweig. Vieweg. 1849—1850.

P. W. — Sanskrit-Wörterbuch. Herausgegeben von der kaiserlichen Akademie der Wissenschaften. Bearbeitet von Otto Böhtlingk und Rudolph Roth. Theil I—VII. St. Petersburg. 1855—1875.

S. W. — Vollständiges griechisch-deutsches Wörterbuch über die Gedichte des Homeros und der Homeriden von Dr. E. E. Seiler. 7. Auflage. Leipzig. Habn. 1872.

Sch. W. — Griechisch-deutsches Schulwörterbuch von Dr. Karl Schenkl. Vierter Abdruck. Wien. Gerold. 1870.

St. — Studien zur griechischen und lateinischen Grammatik, herausgegeben von Georg Curtius. Band I—IX. 1868—1876. Leipzig. Hirzel.

Regelmässige Lautvertretung
im Sanskrit, Griechischen, Lateinischen.

(G. Curtius Grundzüge der griech. Etymologie pg. 125.)

Indoeuropäisch.	Sanskrit.	Griechisch.	Lateinisch.
a	a	ᾰ ε ο	a e o i u
ā	ā	ᾱ η ω	ā ē ō
i	i	ῐ	i e
ī(?)	ī	ῑ	i
u	u	ῠ	u o
ū(?)	ū	ῡ	u
ai	ē	αι ει οι	ai ē oi ae oe ī ū
āi	āi	ᾳ ῃ ῳ	
au	ō	αυ ευ ου	au o u
āu	āu	αυ ηυ	au
k*)	k kh k ç	κ	c q
g	g ǵ	γ	g
gh	gh h	χ	anl. h, inl. g
t	t th	τ	t
d	d	δ	d
dh	dh	ϑ	anl. f, inl. d, b
p	p ph	π	p
b	b	β	b
bh	bh	φ	anl. f, inl. b
ṅ	ṅ ñ	γ vor Guttur.	n
n	n ṇ	ν	n
m	m	μ	m
r	r	ϱ	r
l	l	λ	l
j	j	anl. spir. asper	j
s	s sh	σ, spir. asper	s (r)
v	v	ϝ	v

*) Fick Spr. 1 ff.: k Laut in der Ursprache doppelt: k; ḱ palat. Zischlaut (= arisch ç, lit. sz, slav. s, kelt. c); k̂ = griech. κϝ (κ, ϰκ, π, ππ, τ, ττ), κ, lat. qv, k; ḱ = griech. κ, lat. c.

Vaníček, etym. Wörterbuch.

1

A.

a Interjection.

ă ăá ā̆ ă̄ ă (Accent und Spiritus unsicher); lat. āh (ā), ăhāh.
— Vgl. ah! ach! ha! haha!

FW. 19. 421.

---

a. — Pronominalstamm der 1. und 3. Person.

1) a + ta, a + ti. — a + sma (Plur. d. Pron. d. 1. Person).
έ-τι darüber hinaus, überdies, noch dazu, noch, fernerhin. —
ἡμε-ῖς (aeol. ep. ἄμμες, dor. ἁμές) wir, ἡμέ-τερο-ς (dor. ἁμό-ς)
unser. — ἁτ-άρ s. ar; ἐ-γώ s. gha; ἐ-κεῖ, ἐ-κεῖνο-ς s. ka; ἦ͵ ὀη
s. i, ja.

a-t ferner, aber; at-avus, at-avia, ad-nepos (t = d vor n);
at-que s. ka. — ě-t noch, (logisch) und[1]); et-iam s. i, ja; e-go
s. gha. — a-d (t = d) nach — hin, gegen — zu, bis zu, bei[1]);
ad = ar: ar me (Plaut.), ar-biter, ar-cesso, ar-feria (s. bhar),
ar-vehant, -vectum (Cato r. r.).

2) a + dha. — adha + ra (Compar.-suffix), adha + ma
(Superl.-suffix) (vgl. Sanskr. ádhara, adhamá PW. I. 137 f.);
daraus a-n-dhara, a-n-dhama: i-n-ſĕru-s (iferos Or. Henz. n. 7341)
der niedrigere, untere, geringere, infer-inu-s unten befindlich, in-
fern-āli-s unterirdisch, infrā (Abl. d. i. parte, riā) unten, unter;
i-n-fĭmu-s contr. ᴠimu-s der niedrigste u. s. w., infimā-re erniedrigen, infĭmĭ-tā(t)-s f. Niedrigkeit[2]).

Ascoli KZ. XVII. 336. — Bopp Gl. I. 6 f. Gr.² II. 26. — Corssen I.
152 ff. B. 513. — CE. 207. — Ebel KZ. VI. 204 ff. — Fick W. 1. 6 f.
18 f. Spr. 149. — Kuhn KZ. IV. 48. — Schweizer KZ. III. 391 f. XVII.
307 f. — 1) Bopp Gl. et = a + ti od. a + tha; ad = a-dhi. — FW. 338.
Spr. 296: ad vielleicht von derselben Wurzel wie Skr. adhas κάτω. -
2) Bopp Gl.: a-tara a-dhara (dh = t) a-n-dhara i-n-fero; a-tamu a-dhama
a-n-dhama i-n-fimo. — Schmidt KZ. XV. 189 f.: in-is-teru-s in-s-teru-s
(s schwand, nachdem es t zu f aspirierte) in-feru-s; ebenso: in-is-timu-s
u. s. w.; in-mu-s = imu-s.

---

1) **AK, ANK** biegen, krümmen. — Skrt. ak sich winden,
sich in Krümmungen bewegen (PW. I. 7). — Siehe 1) kan, knu.

ἄκαρι n. eine Milbe im Käse oder Mehl (ἀκαρί Pape), ἐλάχιστον ζῷον Arist. H. A. 5. 32 (acarus Linn.)[1]); ἀκαρι-αῖο-ς klein,
kurz.

ἀγκ-ών (ῶν-ος) m. Ellnbogen, Armbug, Krümmung, Biegung;
ἀγκο-ίνη f. (nur pl. = ἀγκάλη). — ἀγκ-λό-ν· σκολιόν Hes.; ξαγκλόν
(= ξα + αγκλο-ν) δρέπανον Hes. (CE. 606 = δι-αγκλο-ν Zwei-
bug); Ζάγκλη· δρέπανον, καὶ ὄνομα πόλεως Hes. (daneben Δάγκλη);

δάχολο-ν (st. δαγχολο-ν d. i. δα = ξα + αγχολο-ν) Hes. — άγκ-
ά-λη f. (meist Pl.) der gekrümmte Arm, Gekrümmtes, Bug, Bucht;
ἀγκ-α-λ-ί-ς (ίδ-ος) f. = ἀγκάλη; Armvoll, Bündel (maked. auch
Sichel; ἀγκαλίς· ἄχθος. καὶ δρέπανον. Μακεδόνες Hes.). — άγκ-άς
Adv. in od. auf die Arme, ἀγκάζομαι in die Arme nehmen, ἄγκα-
θεν in od. auf den Armen. — άγκ-ύ-λη f. Bug, Armbug, Krümmung, Demin. ἀγκύλ-ιο-ν (Plut. Num. 13 = ancile); ἀγκ-ύλο-ς
krumm, gekrümmt, gebogen; ἀγκυλό-ω krümmen. — άγκ-ῡ-ρα f.
Anker (zuerst Pind. Theogn.; Homer nur εὐναί). — άγκ-ος (εος)
n. (PW. I. 48 ank-as n.) Bug = Bergschlucht, Waldschlucht,
Felsenthal*). — άγκ-ιστρο-ν n. (PW. I. 49) Widerhaken, Angelhaken, ἀγκιστρό-ω angelförmig krümmen.
ὄγκ-ο-ς m. Bug, Krümmung (bes. die Widerhaken an der
Pfeilspitze); ὄγκ-η· γωνία Hes.²); ὄγκ-ιο-ν n. Hakenkiste; ὄγκ-ινο-ς
m. Widerhaken.

ä-nu-s änü-lu-s (st. ac-nu-s) m. Kreis, Ring; an-nu-s (st.
ac-nu-s) (vgl. umbr. pereknem perennem) m. Jahr (urspr. Umkreis
von Jahren, Zeitkreis; tempus a bruma ad brumam, dum sol
redit, vocatur annus, quod ut parvi circuli anuli, sic magni dicebantur circites anni, unde annus. Varro l. l. 6. 8. p. 76)⁴); ann-
āli-s zum Jahr gehörig, Subst. m. Jahrbuch; ann-ösu-s reich an
Jahren; anni-culu-s ein Jahr alt, jährig (anniculae nuces pineae
Cato r. r. 17); Ann-in-s, Ann-ēju-s; bi-, tri-, vic- (st. vicen-) enniu-m
n. Zeit von 2 Jahren u. s. w.; per-enni-s das ganze Jahr dauernd,
fortdauernd (Perennu-s I. 6981. 7034); soll-emni-s (s. sollus)
(quod omnibus annis praestari debet Fest. p. 298) all-jährlich,
jahresfestlich, festlich, feierlich.

anc-u-s⁵) (appellatur qui aduncum bracchium habet et exporrigi
non potest Paul. D. p. 19. 15); Knecht (als gebückter), sabin.
Gottesdiener, Priester; Ancus Marcius (st. Martius) Diener des
Mars; Anculi, Anculae dienende Gottheiten; davon: anculāre, an-
clāre dienend herbeibringen, schöpfen, ex-anclare ausschöpfen, ertragen; ancil-la (Demin. v. ancŭ-la Aufwärterin Paul. D. p. 20. 2)
f. Dienerin, Magd, ancillā-ri Mägdedienst verrichten; ancla-bri-s
(mensa ministeriis divinis aptata. Vasa quoque in ea, quibus sacer-
dotes utuntur, anclabria appellantur Paul. D. p. 11. 11) = Bedienung bringend (anclabris mensa Anrichtetisch, anclabria vasa
Gefässe, die zur Herrichtung des Opfers dienen). ang-ŭ-lu-s
m. Winkel, Ecke; angul-ösu-s eckig, winkelig.

unc-u-s gebogen, gekrümmt; m. Haken, Klammer; ad-uncu-s
vor oder einwärts gekrümmt (aduncantur, quae ex diverso facta faciunt anguli formam Paul. D. p. 11. 8); red-uncu-s rückwärts gekrümmt. — unc-inu-s m. = ὄγκ-ινο-ς. — ungŭ-lu-s (altlat.)
Fingerring (von ungu-s = uncu-s). — ungus-ta⁶) (fustis uncus
Fest. p. 377) (von *unc-us, *ung-us n. Krümmung; vgl. angus-tu-s).

Lehnwort: **ancŏra** (ἄγκῡρα) f. Anker (erst seit Cäsars Zeit gebräuchlich).

B. Gl. 1b. — CE. 130. 606. — FW. 1. 5. 222. 418. 423 f. 434; Spr. 92. — Fick KZ. XXII. 194 f. — 1) FW. 337. (Zweifelhaft; sollte gerade diesen eigenthümliche Wort der einzige Repräsentant der nicht nasalierten Wurzel **ak** im Griech. sein?) — 2) Schenkl Wörterb. *ἄγνυμι*. - - 3) B. Gl. 3a: **aňk** *signare, notare fortasse huc pertinet.* — 4) FW. 338: **at** gehen, wandern: *at-nu-s = an-nu-s; amno-* in *soll-emni-s, peremni-s* ein anderes Wort, das wohl mit *ὄμϰν-ια* n. pl. Jahresertrag zusammenhängt. — Corssen B. 315 f. von *ambi;* B. Gl. 18a: **am** *ire = am-nu-s et ἕνος, ἕννος.* — Savelsberg KZ. XXI. 159. ·- 5) Corssen B. 357; KZ. II. 27 f. — 6) Corssen KZ. III. 269.

2) **AK** durchdringen = scharf, spitz sein; erreichen, eilen = schnell sein[1]). — Skrt. **aç** 1) erreichen, anlangen, 2) erlangen, 3) einer Sache mächtig werden, 4) durchdringen, erfüllen, 5) anhäufen (PW. I. 506). — Siehe **ak-s**; 1) **ka, kan**.

a) scharf, spitz sein.

ἀκ-ή f. Schärfe (scheint blosse Fiction der Grammatiker zu sein; Pape: nur bei Vet. Lex.). — ἀκ-ακ-ία f. Akazie Diosc. (*planta spinis hirsuta*)[2]). — ἀκ-ωκ-ή f. Spitze, Schneide. — ἀκ-αχ-μένο-c gespitzt, geschärft (st. *ἀϰ-αγ-μενος*; part. perf. von **ak**). — ἀκ-ίc (*ἰδ-ος*) f. Spitze, Pfeilspitze. — ἄκ-ανο-c m. (Lex. = ἄκανϑα) bei Theophr. eine Distelart und der dornige Fruchtkopf einiger Pflanzen (z. B. Ananas). — ἄκαινα f. (= *ἀϰ-αν-ια*) Spitze, Stachel (Längenmass = 10 Fuss Sp.). — ἄκ-αν-θα f. Stachel, Dorn, Distel; Gräte, Rückgrat, *ἀϰάνϑ-ινο-ς* dornig (*στέφανος* Dornenkrone N. T.). — ἄκαν-θο-c m. Bärenklau (auch = *ἄϰανϑα* f.). — ἀκανθ-ί-c (*ἰδ-ος*) f. Distelfinke, Stieglitz, Demin. *ἀϰανϑ-υλλ-ί-ς* (*ἰδ-ο-ς*) f. — ἀκ-όνη f. Wetzstein, Schleifstein, *ἀϰονά-ω* schärfen, wetzen, an-, aufreizen; *ἐλαι-αϰόνη* Wetzstein, bei dem man Oel zum Schleifen braucht. — ἄκ-ων (*οντ-ος*) m. Wurfspiess, Demin. *ἀϰόντ-ιο-ν* n. (*ἀϰοντίου βολή* Schussweite); *ἀϰοντίζω* (= *ἀϰοντ-ιδ-jω*) werfen, schiessen, *ἀϰόντισι-ς* f. Werfen des Wurfspiesses, *ἀϰόντισ-μα* (*ματ-ος*) n. Speerwurf, geworfener Speer, *ἀϰοντισ-τήρ* (*-τῆρ-ος*), *-τή-ς* (*-τοῦ*) m. Speerwerfer, *ἀϰοντισ-τύ-ς* (*τύ-ος*) f. Lanzenwerfen, Speerkampf. — ἀκ-μή f. Spitze, Schneide, Schärfe; der höchste Punkt (höchste Blüthe, rechter Zeitpunkt, Entscheidungspunkt); *ἀϰμήν* adv. (Acc. = *ἀϰμή-ν*) eben jetzt (= ἔτι noch N. T.), *ἀϰμην-ό-ς* 3. vollkommen ausgewachsen (*ϑάμνος ἐλαίης* Od. 23. 190; *ἀϰμὴν ἔχων τοῦ νεάζειν* Aristarch)[3]); *ἀϰμα-ῖο-ς* in voller Kraft und Blüthe, zur rechten Zeit; *ἀϰμάζω* (= *ἀϰμαδ-jω*) auf dem höchsten Punkte stehen d. h. in der Blüthe der Jahre sein, in voller Kraft, Stärke sein. — αἰχμή f. (= *ἀϰ-ιμη* adj. die spitzige, vgl. *ἄλϰ-ιμο-ς, τρύφ-ιμο-ς* — Subst.) Lanzenspitze, Lanze, *αἰχμη-τή-ς* (ep. *-τά*) m. Lanzenschwinger,

Kriegsheld, αἰχμή-εις 3. mit der Lanze bewaffnet, kriegerisch, αἰχμάζω mit d. I.. kämpfen, die I.. schwingen. — αἶχ-λοι (= ἀκ-ιλοι) αἱ γωνίαι τοῦ βέλους Hes.[4]). — ἄχ-μων (μον-ος) m. Stein: Schleuderstein, Donnerkeil; Ambos, Hammer; Himmelsgewölbe (steinern gedacht); ῎Ακμων· Οὐρανός, ἀκμονίδαι οἱ οὐρανίδαι Hes. (῎Ακμων Vater des Uranos, Eust.); ἄκμονα· ἀλετρίβανον — Mörserkeule — Κύπριοι Hes.[5]). — κάμ-ινο-ς f. caminu-s (= ἀκμ-ινο-ς vgl. Skr. aꞔman-la) Ofen (die ältesten Oefen sind jedenfalls steinerne Heerde oder in Stein gehauene Löcher gewesen, wie sie es zum Theil bis auf den heutigen Tag geblieben sind. Daher nannte man sie auch „Steine")[6]). — ἔγχ-ος (α zu ε oft in Consonantengruppen, vgl. πένθος, βένθος, φέγγος; κ zu χ nach dem Nasal) n. Speer, Spiess, Lanze, Schwert, Waffe[7]). — ἄκ-ρο-ς oberst, hoch; als Subst.: τὸ ἄκρο-ν der äusserste, höchste Theil, Spitze, ἡ ἄκρα (ion. ἄκρη) Ende, Spitze, Gipfel, (die darauf gebaute) Burg, Kastell, Vorgebirg (κατ' ἄκρης = a vertice von oben her, von oben bis unten = völlig, gänzlich); ῎Ακραι Stadt in Sicilien, Flecken in Aetolien; ἀκρό-τη-ς (τητ-ος) f. das Aeusserste, Extrem; ἄκρ-ι-ς (ιο-ς) f. ion. = ἄκρα; ἀκρ-ία· παῖς θήλεια. Μακεδόνες (Mädchen) (vgl. ἄκρ-ηβο-ς in erster, frischester Jugend stehend). — ὀκρ-ί-ς (ἰδ-ος) f. spitz, schroff, ὀκρι-ό-εις id., ὀκριά-ω spitzig machen, werden (ὀκριόωντο waren aufgebracht Od. 18. 33). — ἄκρ-ων (ων-ος) m. äusserstes Glied, Ende, Spitze, ῎Ακρων Personenname; ἀκρων-ία f. (= ἀκρότης Aesch. Eum. 187); ἀκροῦν· ὄρους κορυφή. ἢ ὄρος (maked. od. thessal.), ἀκρουνοί· ὄροι ὑπὸ Μακεδόνων[8]). — τρῖν-αξ θρῖν-αξ (τ = θ wegen ϱ) (θρίν-ακ-ος) f. Dreizack. — Τριν-ακρ-ία, Θριν-ακ-ία f. alter Name von Sicilien, von den drei die Gestalt der Insel bestimmenden Vorgebirgen (Τρινακρία μὲν πρότερον, Θρινακία δὲ ὕστερον προσηγορεύθη μετονομασθεῖσα εὐφωνότερος Strabo 265)[9]). — ἀκ-τή f. Küste (die schroffe, hohe; ἀκτὴ ὁ κρημνώδης τόπος ἐν θαλάττῃ, αἰγίαλος δὲ ὁ ἐπίπεδος Schol. Ai. 414), Erhöhung (Trag.)[10]), ἀκτα-ῖο-ς 3. am Gestade gelegen. — ἄχ-υρο-ν n. Achel, dann: Spreu, Hülsen, Kleie; ἀχυρ-μ-ιή f. Ort, wo die Spreu beim Worfeln hinfällt (Il. 5. 502). — ἄχ-να (ion. ep. ἄχνη) f. Spreu (Hom. plur. Il. 5. 499; τὰ λεπτὰ τῶν ἀχύρων Schol.), Schaum, Metallstaub[11]). — ἀκ-οστή f. Gerste (= die begrannte? ἀκή Hacheln Buttm.), ἀκοστά-ω (davon nur: ἀκοστήσας ἵππος ἐπὶ φάτνῃ Il. 6, 506. 15, 263 wohlgenährt an der Krippe; vgl.: das Pferd sticht der Hafer). — ἄκ-ας-τος· ἡ σφένδαμνος Hes. (wohl = acer Ahorn)[12]). — ἄπ-ιο-ν (κ zu π) n. a) Birne (Adj. = das spitzige; τὸ ἄπιον μῆλον die spitze Obstfrucht, der Spitzapfel); b) Eppich, apium (die Spitzenpflanze, wegen der vielfach gezahnten, gezackten Blätter)[13]).

b) schnell sein.

ὠκ-ύ-ς 3. (Skr. āꞔú adj. rasch, schnell; m. der Rasche, das

Ross PW. I. 719) rasch, schnell, eilig, hurtig¹⁴); ὠκύ-τη-ς (τητ-ος) f. Schnelligkeit. — ν-ωχ-ελής träge, langsam, faul, matt (νωχ-αλός, -αλής) = νὴ ὠκύς (von *ὀχελ̥ς Stärke; vgl. ἐχυρός, ὀχυρός), νωχέλε[σ]-ια, νωχελ-ία f. Trägheit u. s. w., νωχαλίζει· βραδύνει Hes.; νῶκαρ (αρ-ος) n. Trägheit, Todesschlaf (νύσταξις. νωθεία Hes.)¹⁵). — akva (= *ἴκϝο-ς, dial. ἴκκο-ς): ἵππο-ς m. Pferd (ἴκκος σημαίνει τὸν ἵππον E. M. 474. 12; vgl. Ἴκκο-ς Tarent, Epidauros) (von seiner Schnelligkeit sowohl an sich, als vielleicht im Gegensatz zum schwerwandelnden Ochsen)¹⁶), Demin. ἱππ-άριο-ν; ἵππ-ιο-ς (lesb. ἴππιος) zum Pf. gehörig, das Reiten betreffend, ἱππ-ικό-ς vom Pf. oder zum Pf. geh., zum Wagen, Reiten, Reiter gehörig, im Reiten, Fahren geübt; ἱππό-τη-ς (ep. ἱππότα) m. Rosselenker, Reisige, Ritter, Reiter; Ἱπποτά-δη-ς Aeolus, Herrscher der Winde, Sohn des Hippotas od. Reiters¹⁷); ἵππ-ά-ς (ἀδ-ος) adj. (στολή) Reitrock, (τάξις) Klasse od. Stand der Ritter, ἱππάζομαι (= ἱππαδ-jο-μαι) Rosse lenken, fahren, reiten, ἱππασία f. das Reiten, der Ritt, ἱππασ-τ-ικό-ς im Reiten geschickt, dem R. ergeben; Ἵππαλο-ς; ἱππ-εύ-ς m. der Reisige, Rosselenker, Wagenführer, Wagenkämpfer, Reiter, ἱππεῦ-τή-ς m. Reiter, adj. beritten, ἱππεύ-ω reiten, ἵππευ-μα (ματ-ος) n. Ritt, ἱππε(ϝ)-ία f. Reiten, Reiterei; ἱππο-σύνη f. Kunst, Rosse zu lenken, Reiterei; ἱππ-ών (ῶν-ος) m. Pferdestall; Ἱππώνιο-ν n. Stadt in Unteritalien (Vibona Valentia); ἱπ-νή (sikel.) (= ἱππίνη, equ-ina sc. pellis, vestis) ἐφιππίς Hes. — ἱππο-πόταμο-ς m. Flusspferd, Nilpferd (erst seit Strabo; früher stets ἵππος πόταμιος). — ἄμφ-ιπποι Reiter, die zu beiden Seiten ein Pferd haben d. h. von einem Pferde aufs andre springen, ἄν-ιππο-ς (Skr. an-açvá der Pferde entbehrend PW. I. 180); Ἄλκ-ιππο-ς, Ἀρίστ-ιππο-ς, Βάθ-ιππο-ς (Badeross?)¹⁸), Κράτ-ιππο-ς, Λεύκ-ιππο-ς, Νίκ-ιππο-ς, Ποσείδ-ιππο-ς (von der kürzeren Form Ποσείδης Gerhard Myth. I. 205 = Poseidons Rosse besitzend¹⁹). — *aka Wasser: (das Eilende, Schnelle) (vgl. ahd. aha, mhd. ahe, got. ahva, lat. aqua, nhd. Aa Name vieler Flüsse u. Bäche Grimm W. I. 4) (= *ἀπ-α): Μεσσ-άπ-ιοι das Volk zwischen zwei Wassern wohnend (vgl. Μεσο-ποταμία, Μεθ-ύδριο-ν); γῆ ἀπ-ία (Aesch. Suppl. 790) das wasserumflossene Land; ἐξ ἀπίης γαίης aus übersee ischem Lande, übers Wasser²⁰).

a) ἄc-ie-s f. Schärfe, (Reihe) Schlachtreihe. — äcu-s (ůs) f. Nadel, Dem. acū-la, ucï-cula; acu-ĕrc schärfen, wetzen, spitzen, anregen; acū-men (mǐn-is) n. Spitze; Acū-t-iu-s, Acut-il-iu-s; acūl-eu-s m. Stachel, Acul-e-o (ōn-is). — ag-na (st. ac-na,' vgl. ἄχ-να) f. Aehrenhalm (pennatas impennatasque agnas in carmine Saliari spicas significat cum aristis et alias sine aristis Paul. D. p. 211. 1; in dem Liede wurde geflcht, die Götter möchten beschützen die Aehren mit Grannen und ohne Grannen, die gefiederten und ungefiederten d. h. die verschiedenen Getreidearten)²¹). — äc-ĕr (*ĕr-is*) (st. *ac-ĕs-is*, vgl. ἄκ-ασ-το-ς) n. Ahornbaum (von den spitzen Blättern), *acer-n-us, -eus* aus Ahornholz. — **ăc-us** (*ĕr-is*) n. Getreidehülse. — (St. **ac-ri, oc-ri:**) **ac-er** (*ri-s, re*) (altl. *acru-s* Charis. p. 117 K.) scharf, scharfsinnig, eifrig, *acrĭ-cŭlu-s* otwas scharf, heftig; *acri-mōnia, -tū-s, -tūd-o* f. Schärfe. — **acer-bu-s** herb, bitter, rauh, *acerbā-re* verbittern, *ob-acerbat* (*exacerbat* Fest. p. 187). — **oc-ri-s** altl.: *ocri-m* Acc., *ocri-s* Acc. Pl., *ocri* Abl. Sing. (*ocrem antiqui montem confragosum vocabant* Fest. p. 181. 17), (Demin.) *Ocri-culu-m* (Ὀκρίκλοι Strabo) = Bergstadt (*Otricoli*); *Ocrēsia* (= *Ocr-ent-ia*), *Ocrisia* (Mutter des Servius Tullius), *Inter-ocrea;* **arista** (st. *acr-ista; -ista* Superlativbildung) f. Aehre[22]. — (St. **acu-** oder **akva** in:) *aqui-folius* scharfblätterig (*ilex aqui-folia* Stechpalme), *aqui-(aci-)pens-er* (*ĕr-is*) m. Stör (der spitzflossige). — (St. ***oco,** *ocu-s* spitz, *oci-ca* die mit Spitzen versehene =) **oc-ca** f. Egge (*rastrum* Gloss. Isid., βωλο-κόπημα Gloss. Philox.), *occa-re* eggen[23]). — (St. **aco** scharf = sauer:) **ăcē-re** sauer sein; (Part. Perf. *acē-tu-s*) *acē-tu-m* (erg. *vinum*) n. Essig, *acetā-bŭlu-m* n. Essiggefäss, *acet-āria* n. plur. Salate; *ace-sc-ere* sauer werden; *acĭ-du-s* scharf, sauer, *acidi-tā-s* f. *ăc-or* (*ōr-is*) m. Säure.

b) (***acu-s** Schnelligkeit:) **acu-pĕd-iu-s** (*dicebatur, cui praecipuum erat in currendo acumen pedum* Paul. D. p. 9. 13; vgl. *acu pedum* = *velocitate pedum* Plac. Gloss.)[24]). — **oc-ior, -ius** schneller, Adv. *oci-ter* Pacuv. v. 333 R., *oc-is-sime* (*oxime* Fest. p. 195 = *oc-is-sime oc-sime*). — **ĕqu-u-s** m. Renner, Pferd, *ĕqua* f. Stute, *equŭl-, ecŭl-eu-s* m. Füllen; *Equule-o* (*ōn-is*); *equ-inu-s* z. Pf. gehörig, *equ-īle* n. Pferdestall; *equī-re* brünstig sein (von der Stute); *eque-s* (*equĭ-t-is*) m. Reiter, *equitā-re* reiten, *equitā-tu-s* m. Reiterei, *equitā-bŭli-s* reitbar, eben; *Epŏna* f. Göttin der Pferde und Esel; *Epidiu-s* (campan.)?[25]). — **ăqu-a** f. Wasser[26]), *aquā-re* wässern, *aqu-āli-s, -āri-u-s* z. W. gehörig, *aquā-t-icu-s, -āli-s* wässerig, wasserartig, *aqu-ōsu-s* wasserreich; *Aqu-īnu-m* (*Aquīno*). — (St. **ap** st. **ak**) (vgl. Skr. *ap* f. Wasser, Gewässer PW. I. 275): **am-ni-s** (= *ap-ni-s*) m. Strom[27]), Demin. *amni-culu-s* m.; *Ant-em-nae, Inter-am-na* (*Terni, Terano*). — *Ap-iŏ-la* Wasserstädtlein, *Ap-u-li* Wasseranwohner, *Apul-ia* wasserreiches Land (*Puglia*), *Apŭl-u-s, Apulēju-s* (*App-* lediglich Schreibart in Folge der Consonantenverschärfung)[28]).

Corssen I. 393. — CE. 130 f. 143. 455. 462. 582. — FW. 1 f. 19. 335 f. 344. 422. 433. 1072; Spr. 127 ff. 193 f. — M. M. V. II. 73. — 1) B. Gl. 393a: çŏ *acuere: cum* çŏ *praef. a, cf. acuo, acus; ἀκή, ἀκωκή, ἀκμή, ἀκρός etc.* — 2) Fritzsche St. VI. 287. — 3) Düntzer KZ XIV. 212. — 4) CE. 668. — Legerlotz KZ. VIII. 397 f — F. Spr. 304: **1k** *icere.* — 5) Roth KZ. II. 44 ff. — 6) Schmidt: die W. **ak** 66. — Bopp Gl. 27b: *fortasse* κάμινος, *caminus* (*nisi haec sunt a* καίω) *per metathesin ex* ἄκμινος. — F. Spr. 68 f. **kam** sich wölben. — Schenkl W. s. v.: καίω. — Vgl. Stein = Ofen: Miklosich Lex. 281 f. *kameni* m. *lapis,* *kamina* f. *fornax;* nsl. *komen,* serb. *komin* (böhm. *kamen* m. Stein, *kamna* n. pl. Ofen). — 7) C. E. 495. 668. — 8) Fick KZ. XXII. 197. — 9) CE. 492. — Roscher St. Ib. 109. — 10) CE. 531. — Schenkl W. *ἄγνυμι.* — 11) Grimm W. I. 162. 189: *Achel:* eigentlich drücken aber *ähre* und *achel* dasselbe aus, vgl. ahd. *ahir, ahil spica, arista* und man muss *achel* für die spitze der ähre nehmen; *Agen: palea, festuca,* got. *ahana,* ahd. *agana,* mhd. *agen* u. s. w., gr. *ἄχνα, ἄχυρον,* lat. *acus.* -- 12) Hehn p. 521. — 13) Goebel KZ. X. 398. — 14) B. Gl. 39b. — 15) Clemm St. III. 325. — Düntzer KZ. XII. 25. — F. Spr. 132: **nak** verderben. — Sch. W. 546 *κνώσσω.* — 16) B Gl. 28a. — Curtius KZ. III. 411. — Hehn 38. — 17) Hehn 39. — 18) C. E. 467. — 19) Pott W. I. 1022 Anm. — 20) Bugge KZ. XIX. 403 f. — S. W. 80, Sch. W. 91: von *ἀπό* fern, *ἄπιος: ἀπό* = *ἀντίος: ἀντί (ἐξ ἀπίης γαίης* fernher aus der Fremde). — 21) Aufrecht KZ. I. 353 f. — 22) Vgl. Anm. 11. — Kuhn KZ. VI. 157. — Corssen I. 517. 530. N. 278: **ar** emporstreben, emporragen = sehr emporgewachsene. — F. W. 504. 1082, KZ. XX 176: **as** werfen; *as-ista* Halm = Schuss. -- 23) Corssen B. 27. — Pauli KZ. XVIII. 35 f. — 24) B. Gl. 39b. — Pauli KZ. XVIII. 27 f. — 25) C. E. 455. 462. — Fick W. 425: **ap** knüpfen; *Ep-ōna* Göttin der Spannthiere ist von *apere* = *vinculo comprehendere* passend benannt, hat mit *equus* selbstverständlich(?) nichts zu schaffen. — Hehn 38: gallisch **ep** Pferd, *Epona* Pferdegöttin. — 26) B. Gl. 14a. 15b. — F. Spr. 92. 294: **ak** biegen, krümmen, drängen, schwellen. — 27) F. Spr. 298: **abh** schwellen. — Osthoff KZ. XXIII. 86: **am** ansammeln, — 28) Corssen II. 170. — Froehde KZ. XXII. 256: zu *ἤπειρος,* dor. *ἄπειρος* aus *ἀπέρjος.* Apulien umfasste im weitern Sinne den ganzen südöstlichen Theil Italiens und war für die von Griechenland kommenden Schiffe ebensowohl das Festland, wie für die Bewohner der Inseln des ionischen Meeres Epirus nebst Akarnanien.

3) AK sehen (= scharf, durchdringend blicken); eig. mit 2) **ak** durchdringen identisch.

ὄccε (St. ὀκ-ι, daraus Dual. neutr. *ὀκj-ε,* vgl. böot. *ὄκ-τ-αλλο-ς, ὄκκον˙ ὀφθαλμόν* Hes.) die (beiden) Augen; *ὄσσομαι* (= *ὀκ-jο-μαι*) (episch) sehe im Geiste vorher, ahne, lasse ahnen[1]); *Ὄccα* f.(?) Gebirge in Thessalien, berühmt als Sitz der Kentauren, j. Kissabos (Od. 11. 315); τριοττ-ί-c (*ίδ-ος*) f. Dreiauge, ein dreilöcheriger Halsschmuck (= *τρι-οκ-τι-ς;* Nebenf. *τριοπ-ί-ς˙ περιτραχήλιον τρεῖς ἔχον ὀφθαλμοὺς ὑαλούς* Hes.).

W. ὀκ = ὀπ. — Fut. ὄψομαι, Aor. *ἐπ-ώψατο˙ conspexit* Pind. fr. 58 B., ὄψαιντο, ὄψησθε, Fut. Pass. ὀφ-θή-σομαι, Aor. Pass. ὤφ-θη-ν, Perf. ὄπ-ωπ-α, ὤμ-μαι, ὤπ-ται. — ὀπ-ωπ-ή f. Anblick, Gesicht (ὠπή Apoll. Rh. 3. 821. Nik. Al. 376). — ὄψι-c (= ὀπ-τι-ς) f. Sehen, Sehkraft, Anblick, Erscheinung; ὄψ-ανο-ν (= ὀπτ-ανο-ν) n. Gesicht (*species*); ὀψείω desid. zu sehen verlangen. — ὀπ-τήρ (*τηρ-ος*) m. Späher, *ὀπτήρ-ια (δῶρα)* Geschenke beim od. für das Sehen; ὀπτ-ικό-ς zum Sehen gehörig, es betreffend, ἡ ὀπτ-ική (τέχνη od. θεωρία) die Lehre vom Sehen, Optik. — ὄμ-μα (= ὀπ-μα) (*ματ-ος*) n. Auge, ὀμματ-ό-ω mit Augen versehen. — ὀπτ-ίλο-c (dor.) m. Auge. — ὀφθ-αλ-μό-c (= ὀπτ-αλ-μο-ς, vgl. ὄκτ-αλλο-ς) m. Auge, .

Gesicht, ὀφϑαλμ-ία f. Augenkrankheit, ὀφϑαλμιά-ω an den Augen
leiden. — ὤψ (ὤπ-ός) f. Auge, Gesicht, Antlitz. — Composita: -όπ
(οπ-ος): αἰϑ-οψ brennend, glühend, feurig (hom. von Wein, Rüstung,
Rauch), Αἰϑ-ί-οψ (mit sonnverbranntem Angesicht) Aethiopier;
-όπ-ο: χαρ-οπό-ς funkelnd, blinkend; -ωπ (ὦπ-ος): ἀγλα-ώψ hell
blickend, γοργ-ώψ fürchtbar bl., δειν-ώψ id., ἑλικ-ώψ rundäugig,
εὐ-ώψ schönäugig, κύκλ-ωψ rundäugig, Subst. der Kyklop, μύ-ωψ
die Augen schliessend, blinzelnd, kurzsichtig; νώψ (= νη-ωψ)·
ἀσϑενὴς τῇ ὄψει Hes. (= μύωψ)²); -ὦπ-ό: ἀγρι-ωπό-ς mit wildem
Blick, ἄμβλυ-, ἀμβλ-ωπό-ς (ἀμβλ-ώψ) stumpfsichtig, ἀντ-ωπό-ς den
Augen gegenüber, γοργ-ωπό-ς (= γοργ-ώψ), εἰς-ωπό-ς in Sicht
kommend (εἰςωποὶ ἐγένοντο νεῶν Il. 15. 653 sie kamen in Sicht
der Schiffe)³); -ὦπ-ιο: ἐν-ώπιο-ς im Angesicht, vor Augen (τὰ
ἐνώπια was — beim Eintritte in's Haus — in die Augen fällt:
Seitenwände des Einganges), ἐξ-ώπιο-ς aus dem Gesicht, ausserhalb, entfernt, ὑπ-ώπιο-ς unter den Augen befindlich (τὸ ὑπώπιον
der Theil des Angesichtes unter den Augen); -ὦπ-ιδ (femin.):
βλοσυρ-ὦπι-ς strotz-, voll-, gross-äugig⁴), βο-ὦπι-ς stieräugig, farren-
äugig d. i. mit grossen, gewölbten Augen, γλαυκ-ὦπι-ς strahläugig,
καλυκ-ὦπι-ς (κούρη, Νύμφη, Ὠκυρόη) mit Rosenwangen d. i. mit
dem Gesicht wie der Kelch einer Rose⁵). — Substantiva: ἄν-
ϑ-ρ-ωπο-c m. Mensch (= Mannsgesicht; nur Mann (W. 6 ar):
ἔναρ-ωπο, ἀνρ-ωπο, ἀν-δ-ρ-ωπο, ἀν-ϑ-ρ-ωπο; ϑ statt δ — vgl.
δρώψ. ἄνϑρωπος Hes. — vgl. πάγ-ος, πάχ-νη, γόνυ πρό-χνυ)⁶),
Demin. ἀνϑρώπ-ιο-ν (im verächtlichen Sinne, ebenso ἀνϑρωπ-ίσκο-ς),
ἀνϑρώπ-ειο-ς, -ινο-ς, -ικό-ς menschlich; ἀπ-άνϑρωπο-ς unmenschlich,
menschenleer, λυκ-άνϑρωπο-ς Wolfsmensch, Werwolf (got. vair
mann), μυρμηκ-άνϑρωποι Ameisenmenschen (Athen. VI. 229), ὑπερ-
άνϑρωπος übermenschlich. — μέτ-ωπο-ν (hom. μετώπ-ιο-ν) (τὸ
μετὰ τοῖς ὀφϑαλμοῖς ὄν) n. Stirne, Vorderseite, Fronte, μετωπη-
δόν mit der St. oder Fr.; ἀντι-μέτωπο-ς mit umgekehrter Stirn. —
πρόc-ωπο-ν n. Angesicht, Ansehen, Person (N. T.), Maske, Larve
(= προςωπεῖον) (hom. προςώπ-ατα, -ασι)⁷). — ἐν-ωπ-ή f. Angesicht, Antlitz (κατ' ἐνῶπα Il. 15. 320 gerade ins Angesicht;
metapl. Acc., La Roche, σεμνο-πρός-ωπο-ς mit ehrwürdiger oder
feierlicher Miene versehen; περι-ωπ-ή f. Ort, wo man weit umschauen kann, Umschau, Warte. — ὀπ-ίπ-εύ-ειν äugeln, gucken,
sich wiederholt umschauen, ausspähen; -ὀπ-ίπ-α: γυναικ-οπίπη-ς
nach Weibern gaffend (Eust. p. 851. 54), παιδ-οπίπη-ς (= παιδ-
εραστής) nach Knaben g. (Ath. XIII. 563e), παρϑεν-οπίπα (Voc.,
Il. 11. 385) nach Jungfrauen g., Mädchen-beäugler, -begaffer, πυρρ-
οπίπη-ς nach goldlockigen Knaben g., Goldlockenäugler (Arist.
Equ. 405 von Kleon). — ἰλλ-ωπ-έω, -ίζω (ἴλλος verdreht und
ὤψ) schielen, die Augen verdrehen, liebäugeln (Schol.); ἰλλώπτειν·
στραβίζειν Hes.⁸). — ἐχϑο-δ-οπ-ῆσαι (Il. 1. 518)(grollend blicken =)

verfeinden, feindselig handeln od. sprechen, ἐχϑρ-δ-οπ-ό-ς (groll-
blickend ═) feindselig (? ἐχϑοι-οπ-ο- ἐχϑοδj-οπ-ο; vgl. ὀδοί-πορο-ς,
ὀλοοί-τροχο-ς)[9]). — (ak ═ κα, vgl. kn schärfen, redupl. κα-κα,
daraus) πα-π: παπ-τ-αίνω (poet.) blicke umher (furchtsam, vorsichtig), πεπτηνας˙ περιβλεψάμενος Hes., Nebenf. παπ-τ-αλ-ά-ομαι
Lykophr.[10]) — ὀπ-ή f. (das Sehen ═ Durchsicht) Oeffnung, Luke,
Guckloch, Loch; ἀν-όπ-αια adj. Acc. pl. n. (ὄρνις δ' ὣς ἀνόπαια
διέπτατο Od. 1. 320; den nach der Luke hinaufliegenden Raum,
τὰ ἀνὰ ὀπὴν ὄντα; also: „mit Vogelschnelle durchflog sie den Raum
nach der Luke hinauf‟)[11]); αὐλ-ῶπ-ι-ς (ιδ-ος) röhrenartig (τρυφάλεια), der mit einer Röhre (αὐλός) versehene Helm, um den
Helmbusch (λόφος) hineinzustecken; πολυ-ωπ-ό-c mit vielen Oeff-
nungen, vielmaschig (δίκτυον Od. 22. 386); cτεν-ωπ-ό-c (ion. στειν-)
mit enger Oeffnung, engem Eingang, eng, schmal, Subst. m. Hohl-
weg, Engpass, Meerenge; ὄπ-ε(F)-ας (ατ-ος) n. (das die Löcher bewirkende ═) Schusterahle (Her. 4. 70), Nebenf. ὀπ-εύ-ς. — ὄφι-c
(═ ὀκ-Fι-ς ὀπ-Fι-ς, vgl. πρό-ωφ-ο-ς˙ πρόσκοπος Hes.; daraus
wohl ‿ ‿ bei Hom. Hipponax) (Gen. ὄφ-εως, -εος, ion. dor. .-ιος)
m. Schlange (vgl. δράκων)[12]), ὀφιόει-ς schlangenreich, ὀφί-τη-ς m.
von der Schlange, schlangenähnlich, ein Stein (Diosc.).

ŏc-ŭ-lu-s m. Auge, ocul-āri-s, -ariu-s zu den A. geh., oculā-
tu-s mit A. versehen, augenförmig, augenfällig, in-ocula-re ocu-
lieren, einpflanzen, ex-ocula-re der A. berauben, blenden; Ocel-la,
Ocell-ina (d. i. mit kleinen Augen) (ab iisdem, qui altero lumine
orbi nascerentur Coclites vocabantur, qui parvis utrisque Ocellae Plin.
h. n. 11. 37. 150). — as (St. ak-si, assi, ass; vgl. Skrt. akshá
m. Würfel zum Spielen, aksha n. Auge) (Nom. auch assi-s) m.
Einheit, Einer, Kupfermünze (als Münzeinheit); bes neben Nom.
bessi-s (═ bi-assi-s), tressi-s (═ tri-assi-s), quinqu-essi-s, non-ussi-s,
dec-ussi-s, cent-ussi-s u. s. w. (3, 4 asses u. s. w.); sem-is neben
Nom. sem-issi-s (═ semi-as 1½ Unzen)[13]); sestertiu-s (═ semi-
as-tertiu-s, semis-tertiu-s) m. eine kleine Silbermünze ═ 2½ As
oder ¼ Denar (vgl. sesconcia unter ak 4)[14]).

ccc-c (Imperat.) siehe da (Med. cce-erc, vgl. ἰδέ, ἰδοῦ) (statt
ĕc-c, unorgan. Verdoppelung, vgl. quattuor); einfaches c erhalten
in: ec-quando, -qui, -quis, -quo[15]).

C. E. 456. 496; Curtius KZ. III. 409. — FW. 1. 335 f. 433; Spr.
91. 293. — 1) C. V. I. 312. 13). — Leo Meyer KZ. XIV. 83. — 2) Clemm
St. III. 325. — 3) Schaper KZ. XXII. 509. — 4) Curtius St. Ib. 297. —
Sch. W. furchtbar blickend; ebenso S. W., Pape W. — 5) Hehn 212.
516. — 6) C. E. 308. 511; Meyer St. V. 79. — Aufrecht KZ. III. 240.
V. 365, Corssen B. 245: ἄνα + Suffix tra ═ ἀν + ϑρ (vgl. -τρο-ν,
-ϑρο-ν) + ωπ-ο-ς der emporsehende, aufwärtsschauende, (igs. κατ-ωπό ς;
ähnlich Sch. W.: wonach der Name sich auf die aufrechte Stellung, das
os sublime des Menschen bezieht. — Bopp Gl. 237: på servare, tueri,
sustentare; fortasse ἄνϑρωπος primitive significat „viros regens", ita ut

conveniat cum kr̥pa (princeps, rex) et ἄνθρωπος sit pro ἀνθρο-πο-ς, producto o et mutato δ in θ. — Weitere Vermuthungen s. S. W. — 7) P. W. I. 191: vgl. ánika m. n. Angesicht, Aussehen, Erscheinung, insbesondere glänzende Erscheinung. — 8) C. E. 665; C. V. I. 234. 6). — 9) C. E. 642. — Sch. W. - S. W.: vermuthlich eine verlängerte Form von ἐχθρός, wie ἀλλοδαπός, ἡμεδαπός u. s. w. — (nun wohl das Richtige:) „nach den Alten von ἐχθός und W. ὀπ, eig. feindlich blickend", od. nach Döderl. n. 2462 feindselig aussehend, und so Buttm. Lex. I. S. 124. — 10) Brugman St. VII. 205. — C. V. I. 310. 21). — 11) Wörner St. VI. 347 ff. — Verschiedene Ableitungen s. S. W. und Sch. W., wo letzterer hinzufügt: richtiger ist die schon in den Scholien und bei Eustathios angedeutete Leseart: ἀν ὀκαία aufwärts durch den Rauchfang hin. — 12) FW. 425: vielleicht ap: ἀκ αφ-ίσκω; vgl. ἔχις von angh. — 13) Meyer KZ. V. 379. St. V. 60. — 14) Corssen II. 187. — 15) C. E. 457 („vielleicht"). — Corssen II. 1026 f.: da in e-cce, e-n die hinweisende Bedeutung stark und unzweifelhaft ausgeprägt ist, so muss ich das e- dieser Wortformen auch fernerhin als eine Form des demonstrativen Pron.-stammes -i ansehen. — Pauli KZ. XVIII. 27: eccere: e blosse Interjection und Ceres, gleich ecastor, equirine; 37. ibid.: ecce aus en-ce; „gegen ak sehen spricht vor allem der Umstand, dass wir nirgends den Vocal dieser Wurzel zu e sich gestalten sehen, er wird, wenn er nicht a bleibt, stets zu o." — [Die sicheren Ableitungen aus „ak sehen" sind aber im Latein so spärlich (oculus, as), dass sich aus denselben keine feste, gegen das e von ecce zeugende Regel ziehen lässt.]

4) AK erreichen: 1) kommen. 2) erlangen, langen' reichen, tragen. 3) hinreichen, hinreichend sein. — Mit 2 ak identisch.

ak, a-na-k, a-n-k, nak, nank.

anak = ἐνεκ, ἐνεγκ; ἀναγκ. — Aor. ἤνεικ-α, ἤνεγκ-α, -ον, ἤνεικ-, ἤνεγκ-ά-μην, ἤνέχ-θη-ν, Perf. ἐν-ήνοχ-α, ἐν-ήνεγ-μαι, Fut. ἐνεχ-θή-σομαι (Praes. συν-ενείχεται Hes. Scut. 440; Hes. κατ-ήνοκα· κατενήνοχα, ἀν-ηνεχυῖαν· ἀναφέρουσαν, ὑπ-είνεχεν· ὑπέβαλε, ὑπείχε). — ἠνεκ-ής, -ές (spät) weithin-, ausgedehnt (Adv. ἠνεκ-ές, ἕως); Compos.: δι-ηνεκής (att. δι-ανεκής) durchgängig, zusammenhängend, δουρ-ηνεκής so weit der Speer trägt (δόρυ φέρεται), neutr. Adv. einen Speerwurf weit, κεντρ-ηνεκής mit dem Stachel angetrieben, ποδ-ηνεκής bis auf die Füsse reichend. — ἐπ-ηγκεν-ίδ-ες (= ἐπ ηνεγκ-ίδ-ες Gramm.) f. die langen, horizontalen Balken, Jochbalken, die oben über die Rippen gelegt wurden, um die in sie eingefügten zusammenzuhalten (Od. 5. 253). — ἀνάγκ-η f. (das Herannahen, Nahesein =) Zwang, Nothwendigkeit, Noth (Blutsverwandtschaft = necessitudo Is. 1. 10), ἀναγκα-ῖο-ς 3. 2. zwingend, nothwendig, nothdürftig (blutsverwandt = necessarius Plat.); ἀναγκάζω (= ἀναγκ-αδ-jω) zwingen, nöthigen, bezwingen, Verbaladj. ἀναγκασ-τό-ς, -τέο-ς; πειθ-ανάγκη f. (Poll. 22. 25. 8) Zwang unter dem Scheine der Ueberredung (ego autem non tam γοητείαν huius limeo quam πειθανάγκην. Αἱ γὰρ τῶν τυράννων δεήσεις, inquit Πλάτων, οἷσθ' ὅτι μεμιγμέναι ἀνάγκαις Cic. ad Att. 9. 13. 4).

a n k = ὄγκ. — ὄγκ-ο-c m. Tracht, Masse, Gewicht; übertr. Gewicht, Ansehen, Hochmuth, Schwulst[1]), ὀγκό-ω anschwellen —, angesehen —, stolz —, hochmüthig machen; ὀγκ-ηρό-ς von grossem Maasse, Umfange, ὀγκ-ώδης id.

unc-ia (älter onc-ia) f. urspr. ein kleines Gewicht: $\frac{1}{12}$ eines vollwichtigen Pfundes Kupfer (röm. as), ein kleines Gewichtsmaass von Flüssigkeiten, $\frac{1}{12}$ eines grösseren Maasses, daher auch e. Apothekergewicht, dann $\frac{1}{12}$ e. Raummaasses, Zwölftelmünze und noch allgemeiner jede kleinste Menge von Gegenständen des Verbrauches; se-s-c-onc-ia (== semi-as-que-oncia, semis-que-oncia) (semis == $\frac{1}{2}$ As, dann allg. e. halb) $\frac{1}{2}$ + 1 Unze == anderthalb Unzen (vgl. sestertius unter 3. ak)[2]); quinc-unx, dec-unx, sesc-unx (== quinc-unc-iu-s, quinc-unc-i, quinc-unc-s u. s. w.), nonunciu-m (et sescunciam quod magistri ludi appellant, significat dodrantem et dimidium teruncium, quod singula sescuncia et dimidium sit Fest. p. 173. 30); unci-āli-s, -āriu-s zur U. geh., unciā-li-m unzenweise.

nak, nank s. unter **N.**

C. E. 309. — Curtius St. VII. 391. — Windisch KZ. XXI. 406 ff. 1) Corssen II. 187. — Müller KZ. IV. 272. — Sch. W. — C. E. 130 zu **ak** biegen (ὄγκος Bug, Umfang); ebenso: FW. 5; Spr. 92. — 2) Corssen II. 187. — C. E. 321: unu-s, un-cia.

---

5) **AK** esson. — Skr. aç essen, verzehren, zu sich nehmen (PW. I. 508).

ἄκ-ολο-c m. Bissen, Brocken (Od. 17. 222); αἴκλο-v (αἴκνο-v Eust.) (== ἀκ-ιλο-v?) n. das Abendbrot bei den Lakedämoniern (Ath. IV. 138 f.); ἄκ-υλο-c f. die essbare Eichel, Frucht der πρῖνος (quercus ilex Linn.) Od. 10. 242.

C. E. 187. 668. — S. W. 32. 35.

---

6) **AK, ANK** tönen, brüllen. — Skr. ak', ank' murmeln undeutlich sprechen (PW. I. 59: Dhátup. 21. 2 v. l.).

ὀγκ-ά-ο-μαι brüllen, schreien, besonders vom Esel (ὀγκούμε-νος E. M.), ὀγκη-τή-ς m. Brüller, Schreier, ὄγκη-σι-ς f., ὄγκη-μα(τ) n., ὀγκη-θ-μό-ς m. Brüllen. — ὄκ-νο-c m. eine Reiherart, Rohrdommel (sonst ἀστερίας) Arist. h. a. 9. 18.

unca-re unken (vom Naturlaut der Bären).

FW. 337. 434. 1073 (Skr. ak, ank ist unbelegt, wird jedoch durch die europ. Reflexe vielleicht als echte Wurzel erwiesen); F. Spr. 93. 295.

7) **AK, ANK** dunkel, farblos, blind, trübe werden od.
sein — (europäisch).
ἄκ-αρο-ν· τυφλόν Hes. (blind); ἄγχ-ρα-ν· μύωπα. Λωχροί Hes.
(schwachsichtig). — ἀχ-λύ-c (ύ-ος) (st. ἀx-λύ-ς) f. Dunkel, Finsterniss, Todesdunkel (Hom. Hes. ῡ Nom. Acc.)[1]), ἀχλύ-ω dunkel
werden, verdunkeln, ἀχλυ-ό-ει-ς 3. finster, dunkel. — ὠχ-ρό-c
missfarbig, farblos, verschossen (ohne frische, natürliche Farbe)
(== āk-ra; vgl. pat πετ πωτ-ά-ο-μαι), ὠχ-ρο-ς m. Blässe (II. 3.
35)[2]), ὠχρά-ω ὠχριά-ω erblassen, ὠχρία-σι-ς f. das Erblassen.
ăqu-īlu-s schwärzlich dunkel (aquilus color est subfuscus et
niger Paul. D. p. 22. 2); **aquīla** f. (schwarzer Vogel, Schwarzadler, μελανάετος) Adler[3]); **aquīl-ō(n)** m. (der dunkle Wetter
bringende) Nord, Nordwind, aquilōn-iu-s, -āri-s nördlich; Aquila,
Aquil-iu-s, Aquil-ēju (j. Aglar), Aquilon-ia.

FW. 335 f. 421; F. Spr. 93. 294; Fick KZ. XIX. 255 ff. — 1) Em.
Hoffmann 23: zu ὀμίχλη. — 2)·Sch. W. zu χολή, χλόη, χλωρός. — 3) B.
Gl. 20a. 39b: a velocitate nominata esse videtur, ita ut τῷ u vocis āsu
(celer) vocalis I sit adiecta, c. c. in tenui-s a tanú.

---

akka (Lallwort) Mutter (Skr. akkā PW. I. 12).
'Ακκώ Name der Demeter.
Acca Larentia die Larenmutter; Acca Tarutia; Acc-ua Mutter-
stadt; Acc-iu-s, Acci-ēnu-s.

B. Gl. 1a. — F. W. 1. 422; F. Spr. 93.

---

aktan, uktau: acht (Skr. ashtán ved., áshtan klass. PW.
I. 530).
ὀκτώ acht, ὀκτάκις achtmal, ὀκτ-ά-ς (άδ-ος) f. die Zahl acht;
ὄγδο-ο-c der Achte (poet. ὀγδό-ατο-ς) (χτ == γδ; == ὀγδο-ƒο-ς
octū-vu-s), ὄγδο-ά-ς f. == ὀκτάς; ὀγδό-διον· θυσία παρὰ Ἀθηναίοις
τελουμένη Θησεῖ Hes.
octo acht, octū-vu-s der achte, oct-iens achtmal, oclon-āriu-s
aus Acht bestehend, octŭ-plu-s achtfach, oct-an-s (ti-s) m. Octant
(als 8. Theil eines Zirkels); Octav-iu-s, -ia, Octavi-ānu-s; Octō-ber
(der 8. Monat, vom März beginnend).

B. Gl. 28a. — C. E. 162. 525. — FW. 1 f. 434; F. Spr. 129. —
PW. I. 530 f.: ashta oder ashtan muss auf eine Wurzel aç zurückgeführt
werden, da nur aus dieser die Form açiti (80) zu erklären ist.

AKS = 2) ak + s. — Skr. ak-sh 1) erreichen, treffen,
2) durchdringen, erfüllen, 3) anhäufen (PW. I. 13).

ὀΞ-ύ-c (εἶα, ύ) scharf, spitz, schneidend, durchdringend, herbe, bitter, sauer; scharfsinnig, reizbar, schnell, rasch; ὀξυ-ό-ει-ς id., ὀξύτη-ς (ητ-ος) f. Schürfe, Spitze u. s. w., ὀξύνω schärfen, spitzen, anreizen. — ὄΞ-οc n. saurer Wein, Weinessig, ὀξίνης m. id. — ὀξύ-η f. Buche (vielleicht wegen ihres spitzigen Blattes), der aus diesem Holze verfertigte Speerschaft, Speer. — ὀΞ-ίνα f. Egge (ἐργαλεῖόν τι γεωργικὸν σιδηροῦς γόμφους ἔχον, ἑλκόμενον ὑπὸ βοῶν Hes.). — ἀΞ-ίνη f. Axt, Beil[1]).

asc-ia (st. acs-ia vgl. ἀξ-ίνη; vgl. viscus ἰξός) f. Axt, Hacke, Kelle, asciā-re mit der Axt u. s. w. zurecht machen. — as-tu-s (= acs-tu; x = s vgl. Sestius, festa, testu) m. Schlauheit, List, astū-tu-s schlau, listig; astūt-ia = astus[2]). — (Lehnwort:) posca (angeblich aus ἔποξος) Essig mit Wasser gemischt, ein unter dem Volk in Italien und in den Soldatenlagern gewöhnliches Getränk; Posca (röm. Zuname); poscu-lentu-m n. Getränk[3]).

C. E. 131. — FW. 422. 1072. — l) F. Spr. 295: ag glätten. — 2) C. E. l. c.: „vielleicht". — 3) Hehn 77.

----

1) AG treiben, führen; gräkoital. auch: wiegen, wägen. — Skr. aǵ 1) gehen, 2) treiben, 3) schwingen, schleudern (P. W. I. 65).

ἄγ-ω (Fut. ἄξω, Aor. ἤγ-αγ-ο-ν, ἤγ-αγ-ό-μην, selten ἦξα, ἠξά-μην, Perf. ἦχ-α, vulg. ἀγήοχα, ἦγ-μαι, Fut. Pass. ἀχ-θή-σομαι) treiben, führen, leiten, ziehen; Nbf. ἀγ-ινέ-ω (ion. ep.) neben ἀγίν-ε-σκον Od. 17. 294, ἀγιν-έμεναι 20. 213 (ἀγνεῖν· ἄγειν. Κρῆτες, ἰάσκειν = ἰ-αγ-σκ-ειν [ἰ Redupl., vgl. ἀν ἰ-αύ-ω] ἄγειν Hes.); Imperat. als Adv. ἄγε, ἄγετε (age) auf, wohlan[1]). — ἄγᾱ-ν sehr, gar sehr, urspr. ziehend (‿ ‿ Anthol.) (statt des ion. ep. λίην)[2]). — ἀγ-ό-c m. Führer (Il. Tr.)[3]). — ἀκ-ρό-ς (herbei)geführt, ἐπ-ακτό-ς id., ἐπ-ακ-τήρ (τῆρ-ος) m. (= ὁ κύνας ἐπάγων) Jäger (Hom.). — ἄκ-τωρ (τορ-ος) m. Führer, Feldherr (Aesch.). — ἀγ-ών (ῶν-ος) m. Versammlungsort, Versammlung zu den vier grossen feierlichen Kampfspielen; daraus: Kampfplatz, Wettkampf, Kampf, Anstrengung, Gefahr (Mühsal, Sorge N. T.); ἀγων-ία f. Wettkampf, Anstrengung, Angst (N. T. Todesangst, Agonie), ἀγωνιά-ω in Aufregung, Angst, Unruhe sein, wetteifern; (ἀγων-ιδ:) ἀγων-ίζ-ομαι kämpfen, wetteifern, sich bestreben; ἀγων-ισ-τή-ς m. Kämpfer, Schauspieler, ἀντ-αγωνιστής m. Gegenkämpfer, Gegner, Antagonist, πρωτ-, δευτερ-, τριτ-αγωνιστής der 1. 2. 3. Schauspieler; ἀγώνισ-μα (ματ-ος) n. Wettkampf, Kampfpreis, Waffenthat. — ἄγ-ρα f. das Fangen, Jagen, Jagd, Beute, Wild; βαλαν-άγρα f. Zapfenfänger, Schlüssel (eig. Haken, mit dem man den βάλανος herauszog), κρε-άγρα f. Fleisch-zange, -gabel (mit der man Fleisch

aus dem Topfe nimmt), ὀδοντ-άγρα f. Zahnzange, πυρ-άγρα f.
Feuerzange; ἀγρ-εύ-ω fangen, jagen, Nbf. ἀγρέ-ω einnehmen, er-
obern (Imperat. ἄγρει, ἀγρεῖτε fass' an! daun als Adv. = ἄγε
frisch d'ran! auf!)[4]); ἀγρεύ-ς, ἀγρευ-τή-ς m. Fünger, Jäger, ἄγρευ-μα
(ματ-ος) n. Fang, Beute, Fangnetz (Aesch.); ἀγρε-μών (μόν-ος) m.
Θηρευτής Hes.; αὐτ-άγρε-το-ς selbst gewühlt, in freie Wähl gestellt
(Od. 16. 148), παλιν-άγρε-το-ς zurückzunehmen, widerruflich (Il.
1. 526); ἀνδρ-αγρ-ία f. die dem erlegten Feinde abgenommene
Waffenrüstung (spolia) (Il.); ζωγρέω (ζωο-αγρέω) lebendig im Kriege
gefangen nehmen, gefangen nehmen od. halten, ζωγρ-ία f. das
Lebendiggefangennehmen, Pardongeben; μοιχ-άγρ-ια n. pl. die Strafe,
welche der ertappte Ehebrecher zu erlegen hat (Od. 8. 332). —
ἀγ-ρό-ς m. (ager) Acker, Feld, Land[5]), ἀγρό-θεν vom Lande,
Felde her, ἀγρόν-δε auf das F., L.; ἀγρό-τη-ς m. Landmann (ep.
ἀγροιώτη-ς ländlich, Landmann); ἄγρ-ιο-ς 3. (hom. meist 2) wild
(eig. auf dem Felde lebend, wild wachsend), roh, rauh, heftig,
ἀγριό-ω u. ἀγριαίνω mache wild, zornig, ἀγριό-τη-ς (τητ-ος) f. Wildheit, Rohheit; poet. ἀγρό-τερο-ς (st. ἄγριος) (stets von wildlebenden
Thieren Hom.), Ἀγρο-τέρα Beiname der Artemis (die das Feld
durchstreifende Jägerin). — ἀγ-υιά f. Strasse, Gasse, ἀγυι εύ-ς
(έως) m. Beiname des Apollon als Beschirmer der Strassen und
Wege (ἀγυιά-τη-ς Aesch.), ἀγυιάτ-ιδ-ες (θεραπεῖαι) die heiligen Gebräuche, welche bei den zu Ehren des Apollon Ἀγυιεύς errichteten
Säulen vollzogen wurden (Ὀλυμπιάδων ἀγυιᾶτις Pind. P. 11. 1 ==
Genossin, von der Semele). — (ag-a, europ. ag-ja, griech. ἀγ-ι,
αἴγ:) αἴξ (αἰγ-ός) m. f. Ziegenbock, Ziege[6]), αἴγ-εο-ς (ειο-ς) 3.
von Ziegen; αἴγ-ί-ς (ίδ-ος) f. Ziegenfell[7]); αἴγ-ιλο ς f. Ziegenkraut
(Theokr. 5. 128); αἴγ-αγρο-ς m. f. wilde Ziege, ὄν-αγρο-ς m. Esel-
wild, Waldesel, σύ-αγρο-ς Schweinewild, Eber. — ὄγ-μο-ς m.
Zeile, Schwad, Furche[8]), ὀγμ-εύ-ω den Schwad ziehen, eine Furche
machen. — ὀβ-ελό-ς (statt ὀγ-ελό-ς, dial. ὀδ-ελό-ς) m. Bratspiess,
Spiess, Spitzsäule, Obelisk (ein kritisches Zeichen, d. i. eine wag-
rechte Linie, einen Vers od. eine Stelle eines Werkes als unächt
bezeichnend Gramm.); Demin. ὀβελ-ίσκο-ς m., (dann nebst) ὀβ-ολό-ς
m. ein Metallstäbchen als Scheidemünze gebraucht (Stück Stangen-
geld), Obol (der 6. Theil einer δραχμή, etwa 3³⁄₄ Kreuzer), ὀβελ-
ίζω mit einem ὀβελός, also als unächt bezeichnen; ἀμφ-ώβολο-ς
m. Wurfspiess mit doppelter Spitze (Eur. Andr. 1131)[9]).

-ηγο (ᾱγο): ἀρχ-ηγό-ς beginnend, Subst. Urheber, Anführer,
Herrscher, κυν-ηγό-ς m. f. Jäger, -in, ὁδ-ηγό-ς m. Wegweiser,
Führer, στρατ-ηγό-ς m. Heerführer, Feldherr (στρατ-ηγ-ία f. Feld-
herrn-amt, -würde, στρατ-ηγ-ικό-ς den Feldherrn betreffend); Λᾱγο-ς
(= Λαϝ-άγο-ς) Leuteführer (Λᾱγο ς, Λαγό-ς Stammvater der Pto-
lemäer)[10]), λοχ-ᾱγό-ς (die dorische Form fand zugleich mit dem
Kriegswesen der Dorier bei den Attikern Eingang) m. Anführer

eines λόγος (d. i. einer Abtheilung von etwa 100 Mann, = *cen-turio* Plut.; in der Kyrop. Anführer e. Abth. von 24 Mann im persischen Heere). — Denominativum von ἦγο: ἡγέ-ο-μαι führen, nachhom. erachten, meinen (vermittelt durch: wiegen, wägen); ἡγε-μών (μόν-ος) m. Führer, Leiter, Gebieter, προ-ηγεμών voran-gehender Führer, ἡγεμον-ία f. Führung, Leitung, Ober-befehl, -herrschaft, ἡγεμον-ικό-ς zum Führen, Führer geh., im F. geübt, führend, ἡγεμον-εύ-ω (-έ-ω Pl.) führe, leite, gebiete, ἡγεμό-συνα (τὰ ἱερά) Dankopfer für glückliche Führung; ἡγη-τή-c (τοῦ), -τήρ (τῆρ-ος), ἡγή-τωρ (τορ-ος) m. Führer, Anführer, ἡγητηρ-ία, ἡγητορ-ία f. die am Feste der Plynterien in Athen aufgeführte Masse trockener Feigen (die Kultur der Feigen erschien gleichsam als Führerin zu reinerer Sitte)[11]; ἡγη-μα (ματ-ος) n. Führung, Leitung, Rath (LXX. Lex.); ἅγη-μα (ματ-ος) n. (dorisch) (τὸ προϊὸν τοῦ βασιλέως τάγμα ἐλεφάντων καὶ ἱππέων καὶ πεζῶν, οἱ δὲ τῶν ἀρίστων τῆς Μακεδονικῆς συντάξεως) Kerntruppe, die Elite des spartanischen Heeres, welche die stete Begleitung des Königs bildete und später in dieser Bedeutung von den Makedoniern adoptiert wurde[12]) (vgl. Liv. 37, 40. 42, 51. Curt. 4, 13, 26).

ἀγ-ωγ: ἀγωγ-ή f. Führung, Leitung, Fracht, Abzug; ἀγωγ-ό-ς m. Führer, Wegweiser; ἀγώγ-ιο-ν n. Last, Ladung; ἀγώγ-ιμο-ς 2. was fortgeschafft werden kann, Subst. n. Fracht-, Handels-waare; der von Jedermann vor Gericht gezogen werden kann (geächtet, vogelfrei), lenksam, gefällig; ἀγωγ-εύ-ς m. der fortführt, fortschafft (ῥυτήρ Leitseil, Zügel), ἀγωγ-αῖο-ς zum Leiten dienend (Leon. Tarent. 34); πομφ-αγωγεῖ· τὴν πομπὴν ἄγει Hes. (aspir. vulg., vgl. πέπομφα)[13]).

ag + s = ἄξ.

ἄξ-ων (ον-ος) m. Achse (*axis*). — ἅμ-αξα (ep. ἄμ-; ἀμ- = ἅμα vgl. hom. ἄμυδις) f. Wagen (eig. Achsenverbindung) (beson-ders e. vierräderiger Lastwagen), Sternbild (der grosse Bär), Demin. ἁμάξ-ιο-ν n.; ἀμαξ-ί-ς (ίδ-ος) f.; ἀμαξ-εύ-ς m. Frachtfuhrmann, ἁμαξεύ-ω Fr. sein, Pass. befahren werden, fahrbar sein; ἀμαξι-αῖο-ς so gross, dass zum Fortschaffen ein Lastwagen nöthig ist; ἁρμ-άμαξα f. ein bedeckter morgenländischer Pracht- und Reise-wagen, bes. für Weiber[14]).

wiegen, wägen: ἄξ-ιο-c (aufwiegend, gleich an Gewicht z. B. μνᾶς ἄξιος das Gewicht einer Mine habend = μνᾶν ἄγων) gleich an Werth, werth, würdig, ἀξ-ία (Subst. Fem: von ἄξιος) Werth, Würde, Gebühr, Verdienst; ἀξιό-ω halte für werth, würdig, angemessen, beanspruche, halte dafür; ἀξίω-μα (ματ-ος) n. Würde, Würdigung, Verlangen, das Erachtete, ein ohne Beweis als wahr angenommener Satz (Axiom, Postulat), ἀξιωματ-ικό-ς würdevoll; ἀξίω-σι-ς (σεω-ς) f. Würdigung, Achtung, Anspruch, Meinung; ἀν-άξιος 2. unwürdig, ἀντ-άξιο-ς gleich viel werth, aufwiegend, *ἐπ-άξιο-ς* == *ἄξιος*, *κατ-άξιο-ς* sehr, durchaus würdig; *ἀξιο-βίωτο-ς* des Lebens werth, *-ζήλωτος* beneidenswerth, *-θαύ-μαστος* bewunderungswerth, *-θέατος* sehenswerth, *ἀξιό-θρηνος* thränenwerth, *-κτητος* besitzenswerth u. s. w.

äg-ĕre treiben, betreiben, bewegen, vollziehen (*ad-ĭgo*, *amb-igo*, *cōgo* == *co-igo*, *dēgo* == *de-igo*, *ex-igo*, *in-igo*, *prod-igo*, *red-igo*, *sub-igo*, *trans-igo*) (Imperat. *ăge! agite!* adv. hortativum (Charis. 2 p. 160 f. P. Prisc. 15 p. 1021) mach! handle! wohlan! (vgl. Hand Tursell. I. p. 203 ff.). — *-ăg: rēm-ex* (*ĭg-is*) m. (Rudertreiber) Ruderknecht.

-äg-u, -äg-o (vgl. *-dicu-s, -ficu-s, volu-s*): *ab-ĭga* f. eine Strauchart mit fruchtabtreibender Kraft (*chamaepitys latine abiga vocatur propter abortus* Plin. h. n. 24. 6 (20). 29); *prod-ĭgu-s* (verthuend) verschwenderisch; *-äg-ūre: cast-ĭg-are, fat-ig-are, fum-ig-are, ǫnar-ig-are, iur-g-are* (*iur-ig-are* Plaut.), *lev-ig-are, lit-ig-are, mit-ig-are, nav-ig-are, pur-g-are* (*pur-ig-are* Plaut.), *rem-ig-are* (müd machen, Rauch machen, räuchern u. s. w.). — **-äg-iu-m:** *iur-g-iu-m* n. Rechtshandel, *nav-ig-iu-m* n. Schifffahrt, Schiff, *rem-ig-iu-m* n. Ruderwerk, Rudern. — **äg-u-u-s:** *amb-ĭg-uu-s* (*ambiguum est, quod in ambas agi partes animo potest* Paul. D. p. 17. 1) schwankend, doppelsinnig, *ambigui-ta-s* (*tāti-s*) f. Doppelsinnigkeit; *ex-ĭg-uu-s* (s. pag. 18). — **(ac-ti, ac-si)** *axi-t-es* (*mulieres sive viri dicebantur una agentes*) Mithandelnde, Theilhaber, (*axi-t-iu-m*) *axiti-ōsi* (*factiosi dicebantur, quum plures quid agerent facerentque*) Paul. D. p. 3. 4. M.[16]). — *ac-tu-s* Part. Perf. Pass., Frequ. *acti-ta-re*. — **ac-tu-s** (*tūs*) m. Treiben, Führen, Darstellung, Act, *actu-āriu-s* leicht zu bewegen, schnell (*navis actuaria* Schnellsegler), Subst. m. Schnellschreiber, Buchführer, *actu-āli-s* zum Thun geeignet, *actu-ōsu-s* voll Bewegung, Thätigkeit, *actu-tum* in der Handlung da, sogleich; **anfr-actu-s** (*tūs*) m. (*tu-m* n.) (*amb-* altital. == *amf-s*, vgl. *ex, ab-s, su(b)-s*, dann *s* == *r*: *amf-r, anf-r-*) Biegung, Krümmung, Umschweif, *anfr-ag-ōsu-s* reich an Krümmungen[16]). — *ac-ti-ō(n)* f. Verrichtung, Verhandlung, Demin. *actiun-cula; ac-tor* (*tōr-is*) m. Vollbringer, Darsteller, Vertreter, fem. *actr-ix* (*ic-is*); *act-ĭvu-s* zum Thun geeignet, bestimmt (Gramm. eine Thätigkeit ausdrückend). — Frequ. **äg-ĭ-tä-re** (*ob-igital* == *ante agitat* Fest. p. 189) betreiben, in Thätigkeit setzen, *agitā-tor* m. *-trix* f. Treiber, Lenker, *agitā-ti-ō(n)* f. Bewegung, Betreibung, *agitā-bili-s* leicht beweglich. — **äg-ōn-ia** f. (Paul. D. p. 10. 5. M.) neben Pl. *agōn-ia* (*iōrum*) Opferthier, *Agōn-āli-a* n. pl. die Agonalien (*Agoniu-m* Paul. D.) röm. Fest nach Numa's Anordnung am 9. Jan., 20. Mai, 10. Dec. zu Ehren des Janus gefeiert. — **ag-men** (*min-is*) n. (*āmen* Virg. V. 602 cod. Med.) Zug, Heerzug[17]), *agmin-ā-ti-m* zug-, haufenweise; *ex-ā-men* (*min-is*) n. Schwarm (s. pag. 18), *examin-ā-re* schwärmen. — **äg-e-r** (*ri*) m. (*a pecore agendo*, vgl.

Trift von Treiben) Acker, Feld, Demin. *agel-lu-s, agellŭ-lu-s;*
agr-āriu-s den A. betreffend, *agresti-s* (= *agr-ensi-ti, agr-ens-ti*) auf
dem F. befindlich, wild (wachsend), bäuerisch, *agr-ōsu-s* reich an
Aeckern; *per-agra-re* durchwandern; St. *per-cgro, -egri* (= anderer
Acker, a. Ackerland, Fremdland, Fremde): *per-egre* a) in der
Fremde (Acc. n. der 2. Form), b) aus der Fremde (Abl. der
2. Form), c) in der Fremde (Loc. od. schon Abl.), *per-egri* in der
Fremde (Loc. der 1. od. 2. Form) [18]); *peregr-inu-s* ausländisch,
fremd, *peregrinā-ri* auswärts sein, herumreisen, *peregrinū-bundu-s*
herumreisend. — ăg-ŏ-Ļu-m (*pastorale baculum, quo pecudes aguntur* Paul. D. p. 29. 15). — ăg-ĭli-s beweglich, behend, rührig,
agili-tā-s (tāti-s) f. Beweglichkeit u. s. w. — ig-ni-s m. Feuer,
Gluth, Dem. *igni-cŭlu-s* m., *ign-eu-s ignī-tu-s* feurig, brennend,
*ignitā-bŭlu-m (*ignitā-re) igni-āriu-m* n. Feuerzeug; *ignia (vitium
vasorum fictilium* Paul. D. p. 105. 8); *igne-sc-ĕre* entbrennen [19]).
   -ĭgi -ĭgo: *amb-ăge-s* f. Umgang, Umschweif, Ausflucht,
ambāgi-ōsu-s dunkel, zweideutig; *ind-āge-s* f. das Nachforschen,
Aufspüren, *ind-āgie-s (veri* Marc. Cap. 1. 9); *indāgā-re* nachforschen[20]), *indagā-tor (tōr-is)* m., *-trix (trīc-is)* f. Erforscher-, in, Auf-
spürer, -in, *ind-āg-o (īn-is)* f. Einschliessung, Nachsuchung.
   wiegen, wägen: ăg-ĭua f. Scheere der Wage, Wagbalken
(*agina est, quo inseritur scapus trutinae, id est, in quo foramine
trutina se vertit, unde aginatores dicuntur, qui parvo lucro moven-
tur* Paul. D. p. 10. 3. M.), Demin. *ex-agil-la* f. genaue Wage; *ex-
ăg-iu-m* n. Wiegen, Gewicht; *ex-ā-men* (= *ex-ag-men*) (*mĭn-is*) n.
Zünglein der Wage, Prüfung, *examin-are* prüfen; ex-ĭg-uu-s
exĭlĭ-s (= *ex-ig-ili- ex-ig-li-*) genau, knapp, gering, *exigui-ta-s
exili-ta-s (tāti-s)* f. Knappheit, Dürftigkeit, *ex-ig-ĕre* genau abwägen,
erwägen, prüfen.
   ag + s = ax treiben = drehen, schwingen.
   (*ag-s-a ag-s-i* vgl. ahd. *ah-sa*) ax̆i-s, assi-s m. Achse. —
(*ag-sa-la* — vgl. ahd. *ah-sa-la* — *ag-su-la axu-la ax-la as-la*)
ä-la f. Achsel, Flügel(-glied), Schwinge, Schwunggelenk (*ola, summa
umeri pars* Isid. or. 11. 1. 62), Demin. (*axu-la axu-lŭ-la*) *axil-la;
Ala, Axilla* [21]); *al-āri-s al-āri-u-s* zum Flügel geh., *alā-tu-s* geflügelt; *āle-s (ali-t-is)* com. Flügelgänger, Flieger; ax-ĭc-ia f.
Scheere, Plaut. Curc. 4. 4. 13 (von der Drehung um einen festen
Mittelpunkt).

C. E. 131. 169 ff. 294. — Corssen I. 396. B. 74. — F. W. 3 f. 19.
337. 422 f.; F. Spr. 295. — 1) C. V. 260. 1). 261. 1). 262. 11). 280. 4).
— 2) C. E. 170. — 3) PW. I. 66: *agă* m. Treiber, *ἀγός.* — 4) B. Gl.
121 b: grah *capere, sumere* etc.; *fortasse dissolvenda sunt in* ἀ-γρεύω,
ἀ-γρέω, *abiecta radicis consonante finali, ita ut a respondeat praepos.*
skr. *ā vel ava.* — 5) PW. I. 76: *agra* m. Fläche, Flur, Gefilde, *ἀγρός.*
— 6) B. Gl. 4. b. — P. W. I. 66: *agă* Bock, *agă* Ziege, *αἴξ*; eig. be-
hondo, *agilis.* — Hehn 504: vielleicht ein springendes Jagdthier, dessen

Name bei Bekanntwerden der zahmen Ziege auf diese überging. — Sch. W. s. v.: αἴσσω. — 7) PW. I. 73: *agina* n. Fell. Vielleicht von *ája* Bock, Ziege, wie αἰγίς von αἴξ. Bopp. — 8) PW. I. 75: *agmá* m. ὄγμο-ς Lauf, Bahn, Zug. — 9) F. W. 423. — C. E. 476: Möglicherweise zu βίλος, βιλόνη, in welchem Falle β und δ sich ebenfalls beide aus älterem *g* (W. gal) entwickelt hätten. — 10) ˀFick KZ. XXII. 201. 231. — 11) Hehn 85. — 12) Fick KZ. XXII. 194. — 13) Curtius St. VII. 394. — 14) C. F. 386. — 15) Corssen B. 424; N. 261. — Walter KZ. X. 199. — 16) C. E. 294. — Zeyss KZ. XVI. 381 f. — Corssen I. 397 zu *frag frangere: an-frac-tu-s montium etc.* die gebrochenen Linien der Berge, dann jede Abweichung, also auch die krumme oder gebogene Linie. — 17) PW. I. 75: *áj-man* n., *ag-men.* — 18) Corssen I. 776. — 19) Corssen B. 360. — C. E. 107. 668. — PW. I. 29: *agní* m. Feuer, vielleicht von *ag̍* wegen der Beweglichkeit des Feuers; vgl. slav. *ogní*, lit. *ugnis*, lat. *ignis.* — F. W. 4: *aug* salben, bestreichen, blank machen. — 20) eig. in's Garn treiben C. V. I. 343. — 21) Corssen I. 640.

ag, eg aus*).
ἐκ, vor einem Vocal (ἐκ-ς) ἐξ (böot. ark. ἐς, lokr. *ἐ*) Präp. m. Gen.; örtlich: aus, heraus, von — (weg, her, an), ausser, ausserhalb, fern von; zeitlich: von — an, auf, nach, seit; Ursprung: von, aus, durch; Ursache: durch, infolge; zufolge, gemäss. — ἔξω Adv. (ἔξω-τέρω, -τάτω) heraus, aussen, ausser, ἔξω-θεν von Aussen her, ἐξώ-τερο-ς aussen befindlich (N. T.), ἐξωτερ-ικό-ς äusserlich, ausländisch (τὰ ἐξωτερικά die auf ein weiteres Publikum berechneten Schriften des Aristoteles; vgl. *de summo autem bono quia duo genera librorum sunt, unum populariter scriptum, quod ἐξωτερικòν appellabant, alterum limatius, quod in commentariis reliquerunt* Cic. fin. V. 5. 12), ἐξωτ-ικό-ς ausländisch, fremd (exotisch). — ἐχθοῖ· ἔξω Hes. (Loc. von ἐχ-το statt ἐκ-το; vgl. ἐνδο ἐνδοῖ, ἔξο ἐξοί)¹). — ἔσχ-ατο-ς Superl. (vielleicht = ἐξ-ατο ἐχσ-ατο, Metath. ἐσχ-) der äusserste, letzte, entlegenste²), ἐσχατ-ία f. d. äusserste u. s. w. Theil, Rand, Gränze, ἐσχατ-όων, ὄωσα, ον (Part. von *ἐσχατ-αω od. -οω) der äusserste, letzte, an der Gränze befindlich.

(cc-s) **ĕx, ĕc, ĕ** (*ex* vor Augustus weitaus vorherrschend, *ē* nur 4mal in Inschr. d. voraug. Zeit, *ec* in Compos. vor *f* in alten Gesetzen und bei älteren Dichtern gebräuchlich: *ec-furi, ec-fatus, ec-fero, ec se produnto* Cic. de leg. 3. 9)³); **ex-tĕr**(u-s) **exter-nu-s** auswärtig, Sup. *ex-timu-s, ex-tremu-s* (= *extra-imu-s*), *extremi-ta-s* (*tūti-s*) f. äusserste Umgebung, Umkreis, Ende; *ex-trū* (*ex-trā-d* S. C. de Bac. 16) Abl. (d. i. *parte*) aussen, ausser, *extr-āncu-s*, *-āriu-s* ausserhalb befindlich, *extr-in-secus* (Local. -*in*) von aussen her⁴); *Ecc-tra* (Ἐχέ-τρα) volsk. Stadt (Ἐχε- wohl umbr. Gestaltung der Präp. *che*; das volsk. dem umbr. sehr ähnlich; röm. *Ecc-*, daher = die auswärts gelegene, *ex-tera*)⁵); (*ē-mo* *ē-mi-no* *ē-min-iu-s*) **ē-mĭn-us** (Acc. n. des Comparativs) aus der Ferne; vgl. *cominus*⁶).

*) C. E. 387: „es muss im Gräcoital. ein urspr. *g* sich unter dem Einfluss benachbarter Anlaute verhärtet, oder im Slav. (*izü*) ein urspr. *k* sich erweicht haben. Im 1. Falle, der mir wahrscheinlicher ist, wäre **ag**, **eg** die Grundform, für die man Verwandtschaft mit W. **ag** [1 **ag**] vermuthen dürfte". — FW. 335. 431: „Herkunft völlig dunkel"; **aku** europ., **ak-s** gräcoital.; F. Spr. 93 f.: **ak**, **aks.** — B. Gl. 39a: *avis lξ ex, ciecto* l *et* v *mutato in gutturalem.* — 1) Roscher St. 1b, 105. — 2) C. E. 387. — Sch. W. — 3) Corssen I. 154 f. — 4) Corssen KZ. V. 122. — 5) Corssen KZ. III. 258 f. — 6) Walter KZ. X. 200.

AG, ANG benetzen, salben, bestreichen; blank, hell machen. — Skr. **aṅg** 1) salben, bestreichen, beschmieren, 2) schmücken, zurüsten u. s. w. (P. W. I. 76).

ἄγ-ος ἄγ-ος (ε-ος) n. Sühnung, Schuld, Sünde (von **ag** = beschmieren, ausgleiten; vgl. Skr. *ág-as* n. Aergerniss, Anstoss; Fehler, Vergehen P. W. I. 598)¹). — ἀγ-ής verbrecherisch, Hippon. fr. 4 (ἀγ-ής?), ἀν-αγής schuldlos Hes., ἐν-αγής schuld-, fluchbeladen; ἄγ-ιο-ς· μιαρός (E. M.). — ἀκ-τ-ί-ς (ῑν-ος) f. Strahl (vgl. Skr. *ak-tú* m. Salbe, lichte Farbe, Licht, Strahl P. W. I. 12), ἀκτιν-ό-ει-ς strahlend (Orac. Sib.).

ung-ĕre ungu-ĕre salben, bestreichen, *ungu-en* (*in-is*) *unguent-u-m* (vom Part. Präs. *unguent-*)²) n. *unguē-d-o* (*in-is*) f. Salbe, *unguentā-re* = *unguere*, *ungu-illa* f. Salbengefäss; *unc-tu-s* (*tūs*) m. *unc-tū-ra unc-ti-ō(n)* f. das Salben, *unc-tor* (*tor-is*) m. *-trix* (*trīc-is*) f. Salber, -in, *unctor-iu-m* n. Salbzimmer; *Unxia* (st. *Unct-ia*) die den Salben vorstehende Göttin; Frequ. *unc-ti-tāre.*

Corssen B. 68. — C. E. 169. 644. — FW. 4. 6. 8. 19. 337; Spr. 149. 295; Fick KZ. XXII. 97. — 1) B. Gl. 32b: *agas* n. *rad.* **ag** *tortuose ire*, *vel* **aüg** *ire*, *vel* **ag** *ire*, *suff. -as.* — M. M. V. I. 335 f.: *anhas* bedeutet im Skr. Sünde, aber nur deshalb, weil es ursprünglich ersticken bedeutete — da das Bewusstsein der Sünde dem erwürgenden Druck des Meuchelmörders auf die Kehle seines Schlachtopfers ähnelt. Dieses *anhas* scheint auch mit dem griech. **agos** Blutschuld verwandt zu sein. — 2) Bechstein St. VIII. 368.

1) **AGH** sagen. — Skr. **ah** sagen, sprechen u. s. w. (PW. I. 567).

ἐχ- — ἠ-μί sage, 3. Sing. dor. ἠ-τί, äol. ion. ἠ-σί; Impf. 1. Sing. ἠ-ν (att. ἦν δ' ἐγώ sagte ich), 3. Sing. ἦ hom. (att. ἦ δ' ὅς, ἦ δ' ἦ sagte er, sie). — ἦχ-ανεν· εἶπεν Hes. (von *ἠχ-ανω*; vgl. ϑήγω ϑηγάνω, εὔδω εὐδάνω).

ag. — **ā-j-o** (= *ag-i-o*, vgl. *mē-j-o* st. *meg-i-o*, *mā-jor* st. *mag-ior*) sagen, behaupten; *Aju-s Loculius* (= *ag-iu-s* Sprecher) altröm. Gott; **axāre** Frequ. (*ag-ta- ag-sa-*) anrufen (*nominare* Paul. D. p. 8. 9), *axā-menta* (*dicebantur carmina Saliaria, quae a Saliis* *sacerdotibus canebantur* Paul. D. p. 3. 6) Anrufungen (weil in diesen alten Priestergebeten die Namen aller Gottheiten genannt wurden); **nĕgă-rĕ** (vom Nomen **ne-ĭgu-s*, trotz der auffallenden Kürze der Stammsylbe) nein sagen, leugnen[1]), *nega-nt-ia*, *nĕgū-ti-ō(n)* f. Verneinung, *negāt-īvu-s*, *-ōr-iu-s* verneinend; *negumate* (*in carmine Cn. Marci vatis significat negate, cum ait: quamvis moventium duonum negumate*); Frequ. *neg-i-ta-re.* — **ad-ăg-ĭu-m** n. (*-i-ōn* f.) Zugesprochenes (vgl. *παρ-οιμία*). Zuwort = Sprichwort; **prod-ĭg-ĭu-m** n. Vorhergesagtes = Vorzeichen, Ungeheuer[2]), *prodigi-āli-s*, *-ōsu-s* wunderbar, abenteuerlich, *prodigi-ā-tor* (*tōr-is*) m. Wunderdeuter (*prodigiorum interpres* Fest. p. 229); (*ind-ig-ĭ-tu-s angerufen von *ind-ig-ere = *invocare; ind-* vgl. pag. 30) **indigĭtă-rĕ** anrufen, anbeten, *indigitā-menta* n. pl. (*incantamenta* Fest.) Anrufungen, Religionsbücher mit dem Namen der Gottheit und der Art ihrer Verehrung; **cōgĭtă-rĕ** (= *co-ig-i-tā-re* bei sich besprechen) erwägen, denken (vgl. *quemadmodum abstitit severa fronte curas cogitans* = *curans* Plaut. mil. 2. 2. 46)[3]), *cogitā-ti-ō(n)* f., *tu-s* (*tūs*) m. Gedanke, Denken, Denkkraft, *cogitā-bili-s* denkbar, *cogitā-bundu-s* Gedanken sich hingebend.

ah: *Ah-ā-la* (röm. Zuname in der *gens Servilia*).

Aufrecht KZ. I. 231. — B. Gl. 30b. — Corssen I. 90; B. 425; N. 254; KZ. XI. 411. — C. E. 400; Curtius St. IV. 208; C. V. 149. 8), 258. 9). — F. W. 4. 422. — 1) Ascoli KZ. XVII. 279: *nec-alhere negáiere neg-áere* nein sagen; nach und nach in die *a*-Conjug. verfallen. — Corssen I. 90: *n-eg·o.* — 2) Schweizer KZ. VIII. 304. — 3) Schweizer KZ. XV. 317. — Waltor quaest. etym. 1864. — Anders Varro l. l. 6. 43: *cogitare a cogendo dictum; mens plura in unum cogit unde eligere possit.*

---

2) **AGH** begehren, bedürfen. — (Zend: *az-da* begehrt.) ἀχ-ήν (*ἐν-ος*) dürftig, arm (Theokr. 16. 33), *ἀχην-ία* f. Bedürftigkeit, Armuth (Aesch.); ἠχ-ῆν-εϲ· πτωχοί Hes.; ἰχ-ανᾶν· ἐπιθυμεῖν Hes. — ἄκ-μα· νηστεία, ἔνδεια (κ statt χ, vgl. τετυκεῖν, τετύκοντο); ἄκμ-ηνο-ϲ (vgl. κάρ-ηνο-ν) hungrig[1]).

ĕg-ĕ-rĕ bedürfen, darben, begehren (Denomin. von **ĕgu-s* bedürftig, vgl. *ind-ĭgu-s*), *egē-nu-s* bedürftig, darbend, *eges-tā-s* (*tāti-s*) f. (statt *egent-ta-t- egens-ta-t-*) Dürftigkeit[2]), *egest-ōsu-s* (statt *egestāt-osu-s*) = *egenus*; **ind-ĭgu-s** *ind-igu-u-s* = *egenus*, *ind-ig-ē-re* = *egere* (*ind-* vgl. pag. 30).

C. E. 190. — F. W. 4. 23. 422. — 1) Düntzer KZ. XIV. 212. — F. Spr. 69: **kam** schlürfen: ἄκμ-ηνο-ϲ ohne Trank. — 2) Corssen II. 214. 217*; dagegen KZ. XVI. 308: eg-os-, vgl. *honos hones-ta-s.*

3) AGH, ANGH; NAGH beengen, würgen, schnüren;
kratzen; binden, knüpfen.

agh. — ἄχ-ο-μαι geängstet, betrübt sein, trauern; ebenso:
ἄχ-νυ-μαι, ἀχ-εύ-ω, ἀχ-έ-ω (Part. ἀχ-εύων, -έων; Perf. ἀκ-ηχ-έ-δ-αται,
ἠκ-ήχ-η-νται; Aor. Pass. ἀχ-νύ-ν-θη-ν Anthol. VI. 343; ἀκαχῦναι·
ἀνιᾶσθαι Hes.); ἀκ-ηχ-ε-δόνες· λῦπαι Hes.; caus. ἀκ-αχ-ί-ζ-ω (ep.
ion.) betrüben (Aor. ἦχ-αχ-ο-ν, ἀκ-αχ-εῖν, ἠκ-άχ-η-σα; Med. — gewöhnlich ἄχνυμαι — nur: ἀκαχίζ-εο, -εν betrübe dich, traure)[1]). —
ἄχ-ος (ε-ος) n. Schmerz, Trauer, Betrübniss. — ἄχ-θ-ο-μαι belastet, belästigt, unmuthig sein (St. ἀχθε: Fut. ἀχθέ-σ-ομαι, ἀχθε-
σ-θή-σομαι, Aor. ἠχθέ-σ-θη-ν; ἀχθή-σας· γόμωσας Hes.). — ἄχ-θ-ος
(ε-ος) n. Last (das Beengende), Beschwerde, Kummer[2]), ἀχ-θ-εινό-ς
(= ἀχθεσ-νο-) lästig, unangenehm; ἀχθη-δών (δόν-ος) f. = ἄχθος;
ἀνδρ-αχθ-ής (= ὃ ἀνδρὶ ἄχθος ἐστίν) mannbelastend, woran ein
Mann zu tragen hat (χερμάδια Od. 10. 121)[3]). — ἔχ-ι-ς (ι-ος,
ε-ως) m. (constrictor) Schlange, Natter[4]); Ἐχί-ων; ἔχι-δνα (Fem.
zu ἔχι-ς: ἐχι-νja ἐχι-ν-δ-ja ἐχι-ν-δ-α, ἔχι-δ-ν-α) f. Natter, Viper[5]).
— ἄχ-ρι(ς) nahe zu, zu äusserst, bis[6]) (att. meist μέχρι).

angh. — ἄγχ-ω schnüren, würgen, ängstigen, quälen[7]);
ἀγχ-όνη f. das Erdrosseln, ἀγχόν-ιο-ς zum Erdrosseln; ἀγκ-τήρ
(τῆρ-ος) m. Schnürer, Nadel, um die Wundränder zusammenzuheften,
Verband, ἀγκτηρ-ιάζω n. Verband anlegen (Galen.). — ἔγχ-ελυ-ς
(έλυ-ος) f. Aal (Demin. zu ἔχι-ς). — ἄγχ-ι, ἀγχ-οῦ nahe (vgl.
ἄχ-ρι), Superl. ἀγχό-τατο-ς (Adv. ἀγχοτάτω), ἐπ-άγχι-στο-ς (proximus
genere) Hyp. 17; ἄccον (st. ἀγχ-jον) Comp. näher, davon ein neuer
Comp. ἀσσό-τερο-ς (Adv. ἀσσοτέρω), ἐπ-ασσύ-τερο-ς (υ äol. = υ)
nahe 'an einander, dicht gedrängt, haufenweise. — ἐγγύ-θι ἐγγύ-ς
Adv. (vgl. δό-θι δό-ς; θι Localsuff. = ς) nahe, ἐγγύ-θεν aus der
Nähe, in der N., nahe bevorstehend (Comp. ἐγγυ-τέρω, Sup. -τάτω;
spät u. selten ἔγγ-ιον, -ιστα).

a-na-gh. — St. ὄ-νυ-χ: ὄ-νυ-ξ (ὄ-νυ-χ-ος) m. Nagel, Kralle,
Klaue, Huf[8]), ὀνυχ-ί-ζ-ω die Nägel u. s. w. beschneiden (bevortheilen
Artemid. 1. 22).

ang, angu. — ang-ĕre beengen, ängstigen, würgen; **ang-ina**
f. Beengung, Halsbräune; **ang-or** (ōr-is) m. Beengung, Angst
(animi vel corporis cruciatus, unde et faucium dolor angina dicitur
Paul. D. p. 8. 3); (ang-es-) **ang-us-tu-s** (vgl. onus-tu-s, robustus)
eng, beengt[9]), angust-ia f. Beengung, Klemme; Angar-ōna f. Göttin
der Angst. — **angu-i-s** com. (Nbf. angu-en, in-is n.) Schlange[10]),
Dem. angui-culu-s; angu-eu-s, -inu-s, -īn-eu-s zur Sch. geh., schlangenartig; Angi-, Angui-tia (ital. Göttin der Heilung, besonders gegen
den Schlangenbiss); **anguilla** (Dem. zu angui-s = *angui-la an-
guilu-la) f. Aal. — (ang-to- anc-to- anc-so-) **anx-iu-s** ängstlich,
angstbringend, anxi-ōsu-s Angst verursachend, anxie-ta-s, anxic-
tū-d-o (īn-is) f. Aengstlichkeit. — **ingu-en** (īn-is) n. (Verengung)

Dünnen, Weichen, Geschlechtstheile[11]), *inguin-āli-s (herba)* Scham-
kraut. — **ungu-i-s** m. Nagel, Kralle, Klaue[12]), Dem. *ungui-culu-s;*
ungŭ-la f. Kralle, Klaue, Huf, *ungulā-tu-s* mit N. u. s. w. versehen; *ungulatros (ungues magnos atque asperos* Cato ap. Fest.
p. 279).

nagh s. unter N.

Ascoli KZ. XVII. 280. — B. Gl. Ia. — C. E. 190. 193. 516; C. V.
I. 380. 4). — F. W. 4. 5. 6; Spr. 256 296. — 1) C. V. I. 159. 3). —
Fritzsche St. VI. 287. 303. — 2) Sch. W. s. v.: W. ſαχ, vgl. ὄχος; das
was man bewegt, trägt. — 3) B. Gl. 415b: ἄχος, ἄχομαι, ἄχνυμι, ἄχέω,
ἄχθος, ἄχθομαι *tam e* **sagh** *quam e* **vagh** *abiecta littera initiali explicari
possunt.* — 4) PW. I. 574: *áhi* m. Schlange, Natter, ἔχις. — B. Gl.
31b: **anh** *ire.* — 5) C. E. 637. — Corssen B. 67. — 6) C. E. 190: „dürfte
verwandt sein". — Christ. 264: ἀſις (Skr. *ava*, verwandt mit *apa, ἀπό*).
— 7) PW. I. 6: *anhatí* f. Angst, Bedrängniss u. s. w. ἄγχ-ω, lat. *ang-o*,
goth. *aggv-us, az-ükü.* — 8) Windisch KZ. XXI. 421 f. — C. E. 322.
720 und Walter KZ. XI. 435 f.: *ὀν-v-χ*; υ eingeschoben. — B. Gl. 208a:
a nakhá ŭ-vvξ praefixo o; ähnlich Corssen B. 67. — FW. 434: **nagh**
stechen, kratzen (Vorschlag von *o* ist grükoitalisch). — 9) PW. I. 7:
Skr. *anhas* n. Angst, Bedrängniss, *angus-tu-s.* — 10) PW. I. 81: *anġi*
schlüpfrig; von **ang** salben, bestreichen: *anguis*, lit. *angis.* — 11) FW.
337. — 12) B. Gl. 213b: *ex u-naguis.* — Corssen B. 67: *in u-ng-u-i-s*
der Wurzelvocal *u* ausgefallen. Ist das richtig, so ist *unguis* entstanden
aus *o-nug-u-i-s.* — FW. 434: statt *onogvi-s.*

---

aghia Igel — europäisch.

(ἐχιο- ἐχι-) ἐχῖ-νο-ς m. Igel; θαλάττιος der Meerigel; Ἐχῖνος
St. in Thessalien. — *echinu-s* m. Lehnwort.

C. E. 193; KZ. VI. 87. — F. W. 337; F. Spr. 185. 305. — Förstemann KZ. I. 498. — Pictet KZ. VI. 186: zu ἔχι-ς. Gewiss durch die
beiden gemeinsame schleichende Bewegung; und der Igel wird als Rep-
tile aufgefasst. ἐχῖνος = Skr. *ahina* eine Art grosser
Schlangen.

---

anksta Eingeweide — europäisch.

(ἐγχστα ἐγχτα) ἔγκ-ἄ-τα n. Pl. (cp.) das Innere d. h. die Eingeweide (sowohl in Brust- als Bauchhöhle), heterokl. Dat. ἔγκασι
Il. 11. 438.

(*enksta cksta*) **exta** n. Pl. = ἔγκατα (allgemeiner: *viscera;*
vgl. *exta homini ab inferiore viscerum parte separantur membrana*
Plin. 11. 37); *ext-āri-s* zu den E. geh. (Plaut. Rud. 1. 2. 47); *ext-
äli-s* m. Mastdarm.

Fick KZ XXI. 11 f. — Corssen KZ. III. 287: *ec-ius-ta, ec-is-ta, ec-
s-ta* das äusserste; *exta dicta, quod ea diis prosecentur, quae omnia ex-
tant eminentque* Fest. p. 78; besonders hervorragende Theile an den
Eingeweiden der Thiere.

at, atat Interj.
ἀττατ-αί (oder -αῖ) Wehruf (Soph. Phil. 733), ἀττατaί ἀταττa-ταί (Arist. Th. 223); vgl. τοτοῖ, ὀτοτοῖ (Aesch. Pers. 543. 553), τοτοτοῖ (Soph. Trach. 1005). — ătăt (ălăl, ālăl) allal; ălallălae, ălallălallălae (Naev. ap. Charis. 2. p. 213 f.).
FW. 1080.

at a-na-t a-n-t n-a-t.
at: Skr. āt-í f. ein bestimmter Wasservogel (*turdus Ginginianus*) (PW. I. 617).
a-na-t: ă-na-s (Gen. a-nă-t-i-s) f. Ente, Demin. *anali-cula*.
n-a-t: (νατ-ja νητ-ja) νῆσσα, att. νῆττα (Aristoph. Av. 556), Demin. νησσ-, νηττ-άριο-ν.

Anm. zu **a-na-t** ausserdem: ags. *e-ne-d*, ahd. *a-nu-t*, *a-ne-t-rëchu* Entrich; zu **a-n-t** gehört: mhd. *a-n-t*, lit. *ánt-i-s*.

Brugman St. IV. 128. — C. E. 317. — Förstemann KZ. III. 48. — Windisch KZ. XXI. 423. — Fick W. 9. 339. 425; Spr. 297: **an schnappen**(?), *an-ti* Ente.

atila ein Fisch.
ἐτελίς m. (Arist. h. a. 6. 13); **attYlu-s** (besser wohl *atilu-s*) m. ein dem Stör ähnlicher Fisch im Padus (*acipenser huso* Linné) Plin. 9. 15 (17).
FW. 424.

atta (Lallwort); vgl. Skr. *attā* f. Mutter, ältere Schwester (PW. I. 108).
ἄττᾰ uralte freundliche Anrede eines Jüngern an den Aeltern (lieber Vater, guter Alter, Väterchen). — **atta** (*attam pro reverentia seni cuilibet dicimus, quasi cum avi nomine appellemus* Paul. D. p. 12. 11, cl. p. 13. 18); *Atta, Attu-s, Att-iu-s, Atti-d-iu-s.*

B. Gl. 7a. — C. E. 207. — FW. 6. 424.

1) AD essen. — Skr. **ad** essen, verzehren; caus. füttern (PW. I. 120).
ἔδ-ω (Präs. Hom. Eur.) Nbf. schon bei Hom. ἔc-θ-ω (= ἐδ-θω), att. ἐc-θ-ί-ω essen (Inf. ἔδ-μεναι, hom. ἐ-έδ-μεναι Emped., Imperf. ἔδ-ο-ν, Fut. ἔδ-ο-μαι; St. ἐδε: Perf. ἐδ-ήδο-κα ἐδ-ήδε-σ-μαι ἐδ-ήδο-ται, Aor. ἠδέ-σ-θην); ἐδ-ωδ-ή f. Essen, Speise, ἐδώδ-ιμο-ς 2. (3. Herod.) essbar, geniessbar; ἐδ-ηδ-ών· φαγέδαινα Hes.; ἔδ-ε-c-μα (μᾰτ-ος) n. = ἐδωδή, ἐδ-ε-σ-τή-ς m. Esser, ἐδ-ε-σ-τό-ς gegessen,

essbar; ἐϧ-η-τύ-c (τύ-ος) f. = ἐϧωϧή; εἰϧ-αρ (ἄτ-ος) n. = ἐϧωϧή (st. ἐϧ-ι-αρ, vgl. ὄνε·ι-αρ, ι trat in die vorhergehende Sylbe); ϧερμ-ησ-τή-ς m. Pelzmotte (Leder und Pelzwerk zernagend); ὠμ-ησ-τή-ς, -τήρ rohes Fleisch essend, blutgierig; νῆcτι-c (= νη-εϧ-τι-(ien. νήστι-ος; = νη-εϧ-τι-ϧ Gen. νήστιϧ-ος) nicht essend, fastend, nüchtern (νῆστις f. Leerdarm, intestinum iciunum); νηστ-εύ-ς m. der Fastende, νηστεύ-ω fasten, νηστε(ϝ)-ια f. das Fasten, Nüchternsein. — ὀϧ-ύνη (äol. ἐϧ-ύνη) f. (der fressende, nagende) Schmerz, Betrübniss (quia dolor hominem conficit et quasi comedit)[1]), ὀϧυνά-ω Schmerz verursachen; Pass. Schm. empfinden, ὀϧυνη-ϧό-ς schmerzhaft, betrübend. — ὀϧ-ού-c (ὀϧ-ό-ντ-ος) (äol. ἔϧ-ο-ντ-ες st. ὀϧόντες) m. Zahn[2]), ὀϧοντ-ό-ω mit Z. versehen, ·ὀϧοντ-ι-ά-ω zahnen, ὀϧοντία-σι-ς f. das Zahnen; ἀργι-όϧους weisszähnig, mit blendend weissen Zähnen (homer. Beiw. der Eber u. Hunde); μυλ-όϧοντες m. Backenzähne (dentes molares Eust., neben μύλαι, μύλακροι).

ĕd-ĕre essen; ĕd-ax (āci-s) verzehrend, gefrässig, edāci-tā-s (tāli-s) f. Gefrässigkeit; es-ca (st. ed-ca) f. Speise, Lockspeise[3]), in-escā-re anködern, sättigen, esc-āli-s, -āri-u-s zur Sp. gehörig, esc-ŭ-lentu-s essbar; ĕsu-s (= ĕd-tu-s) 4. m. das Essen; es-tr-ix (ic-is) f. Esserin; in-ĕd-ia f. Fasten, Hungern; ĕd-o (ōn-is) m. Fresser; com-ĕd-u-m (bona sua consumentem antiqui dixerunt Paul. D. p. 58. 6); ed-ū-li-s essbar, edūl-iu-m n. Esswaare, Edul-ia, Ed-ūsa die das Essen der Kinder beschützende Gottheit; Frequ. ēsĭ-tā-re; Desid. ēsŭ-rīre hungrig sein, ēsŭri-e-s (ci), esuri-g·o (in-is), esurī-ti-o (ōn-is) f. Hunger, esurī-tor (tōr-is) m. Hungerleider. — (ve-ed-co- ve-es-co- =) vescu-s (ve- s. dva) zernagend, zernagt, schmächtig, schwach, ärmlich; vesculi (male curati et graciles homines. Ve enim syllabam rei parvae praeponebant Fest. p. 379); (ve-ed-sc-or =) vescor (Inchoat. = ab aliqua re od. de aliqua re paullatim edere) zehren, geniessen[4]). — ŭd-or (ōr-is) m. Spelt, Dinkel (ĕd-or Fest.), älterer Name des Getraides, später far od. far adorcum[5]), ador-cu-s zum Sp. geh., aus Sp. bestehend; ador-ea f. (urspr. Ehrengeschenk an Spelt) Ehrenpreis (adoriam laudem sive gloriam dicebant, quia gloriosum cum putabant esse, qui farris copia abundaret Fest.). — den-s (ti-s) m. Zahn (st. ed-e-nt-, vgl. ὀϧ-ον-τ-)[6]), Dem. dentī-culu-s m., dent-ālia n. Plur. Pflugschaar, dent-ā-tu-s, denticul-ā-tu-s gezähnt, gezackt; Dentātu-s; dentī-re zahnen, denti-o (ōn-is) f. das Zahnen (st. dentī-ti-ōn), ē-dent-are die Z. ausschlagen; ē-dent-ŭ-lu-s zahnlos; ambi-dens sive bi-dens (ovis appellabatur, quae superioribus et inferioribus est dentibus Paul. D. p. 4. 17); tri-den-s Adj. dreizackig, Subst. Dreizack (Attribut des Neptun).

B. Gl. 7ᴬ. — C. E. 239. 242 f. 567. — C. V. I. 295. 381. 10). — FW. 6 f. 338. 433; F. Spr. 185. — 1) Curtius de n. gr. f. 53 f. — Sch. s. v. 553. — B. Gl. 190a: dn rexare; ebenso S. W. s. v.: vielleicht mit

δύη verwandt. — 2) C. E. 242 f. — B. Gl. 179a. -- L. Meyer KZ. V. 371.
— Schweizer KZ. II. 67 (o eher mildere Schwächung des alten α, denn
Verstärkung von ε). — Sch. W. 553: „der Esser". — Schmidt KZ. XV.
234: ad, umgestellt da. — Von da theilen, zertheilen (= der zertheilende): FW. 87. 456; Spr. 130; Schleicher Comp. 76³; Weber KZ. X.
244. — M. M. V. II. 289: ὁ in ὀ-δόντες ein blosser phonet. Auswuchs
(gegen W. ad ohne Angabe einer anderen). — PW. III. 508: dant m.
Zahn. Die gangbare Ableitung von ad essen, will uns nicht zusagen;
eher von danç (beissen`. — Bechstein St. VIII. 347: in cuius sententiam
[Curt. Schleich.] abeundum sit dubito. — 3) Corssen II. 257: *ed-scere,
esc-a u. s. w. — 4) Clemm St. VIII. 59 f. — 5) Schweizer KZ. II. 67. —
6) B. Gl. 179a: fortasse primitive edens, ita ut mutilatum sit ex adant.
— Vgl. Anm. 2. .

2) AD riechen.

ὄζ-ω (= ὀδ-jω) riechen, duften; stinken (Perf. m. Präsensbdt.
ὄδ-ωδ-α, Hom. nur 3. Sg. Plusqu. ὀδώδει Od. 5, 60. 9, 210; St.
ὀζε: Fut. ὀζή-σω, Aor. ὤζη-σα erst Aristoph.); ὀδ-μή (ὀσ-μή) f.
Geruch, Gestank (spät ὀδ-ωδ-ή); δυς-ώδ-ης übelriechend, εὐ-ώδ-ης
wohlriechend (Superl. εὐ-ωδ-έσ-τατο-ς). — 'Οζόλαι Ozolae ein Stamm
der Lokrer am krissäischen Meerbusen (das Land 'Οξολ-ί-ς, -ίδ-ος
Steph. Byz.)¹).

ŏd-or (ŏr-is) m. Geruch, odor-ā-re wohlriechend machen,
odorā-men, -men-tu-m n. Räucherwerk, Specereien, odorā-tu-s (tūs) m.,
-ti-o (ōn-is) f. Geruch, Riechen; ŏdōr-u-s (wohl-, übel-)riechend. —
ŏl-ĕre (Nbf. ol-ĕre)²) riechen (riechen lassen = zu erkennen geben),
olĭ-du-s (wohl-, übel-)riechend, ol-or (ōr-is) m. = od-or; (ole-nt-ia
f. Tert.) olē-tu-m n. Unflath, Koth (hic veto quisquam faxit oletum
Pers. 1. 112); ol-fac-ĕre riechen, wittern (ode-facit dicebant pro ol-
facit Paul. D. p. 179. 12), ol-fac-tu-s (tūs) m. = odoratus, ol-fac-
tā-re beriechen, olfac-tr-ix (īc-is) Riecherin, olfac-tōr-iu-m n. duf-
tender Strauss, Riechfläschchen.

C. E. 243; C. V. I. 318. 9). 383. 24). — F. W. 338. 434; Spr. 296.
— 1) Hehn p. 171: = die Stinkenden, vermuthlich von ihrer Kleidung;
sie trugen in alterthümlicher Weise Ziegenfelle und verbreiteten daher,
wo sie erschieuen, eine Art Juchtenduft. -- Anders Strabo, der den
Namen von dem stinkenden Wasser der Gegend herleitet (IX. 427:
αὐτοῦ δὲ καὶ ὁ Ταφιασσὸς λόφος, ἐν ᾧ τὸ τοῦ Νίσσου μνῆμα καὶ τῶν
ἄλλων Κενταύρων, ὧν ἀπὸ τῆς σηπεδόνος φασὶ τὸ ὑπὸ τῇ ῥίζῃ τοῦ λό-
φου προχεόμενον δυσῶδες καὶ θρόμβους ἔχον ὕδωρ ῥεῖν· διὰ δὲ τοῦτο
καὶ 'Οζόλας καλεῖσθαι τὸ ἔθνος). — 2) d = l vgl. δάκρυ lacrima, 'Οδυσ-
σεύς Ulysses.

adra Kern. — (Vgl. slav. jędro Mikl. Lex. pg. 1166.)

ἁδρό-ς dicht, derb, tüchtig, ἁδρο-σύνη ἁδρο-τή-ς (τῆτ-ος) f.
Reife, Kraftfülle, ἁδρό-ω ἁδρ-ύν-ω zur Reife bringen.

F. Spr. 149 (vgl. Skr. sāndra dick, dicht, stark, weich, zart; PW.
VII. 923 = sa + andra); dagegen W. 197: sadra dicht, dick, voll, derb

„Herkunft dunkel". — Sch. W. s. v.: mit ἄδην oder *άδέω zusammenhängend [statt ἀδροτῆτα — 3mal in der Ilias — stellten Bekker I., Faesi, La Roche hom. Unt. pg. 7 f. gegen Wolf, Spitzner, Dindorf, Düntzer ἀνδροτῆτα „männliches Wesen" wieder her].

ADH, ANDH blühen, spriessen.
adh. — ʼΑθ-ήνη, ʼΑθην-αίη, att. ʼΑθηνᾶ == die blühende [1])
(vgl. isl. Id-unn), ʼΑθην-αῖο-ν ein Tempel der Athene; ʼΑθῆν-αι
(ʼΑθήνη nur Od. 7. 80) Athenae, die Stadt Athen = Florentia [2]),
auch die Landschaft Attika (Her. Soph. Eur.) (ʼΑθήνα-ζε nach A.,
ʼΑθήνη-σι zu A., ʼΑθήνη-θεν von A.), ʼΑθηνα-ῖο-ς athenisch (doch
als Fem. meist Ἀτθίς, ʼΑττικη). — ἀθ-άρ-ιοι (jungfräulich)· αἱ μὴ
διαπεπαρθενευμέναι Hes. — ἀθ-ήρ (ἐρ-ος) m. Hachel an der
Aehre, Spitze, Schneide [3]). — ἀθ-άρ-η (άol. ἀθ-ίρ-η) f. Speltgraupen,
Weizenmehlbrei, ἀθαρ-ώδης breiartig.
andh. — ἄνθ-η f., ἄνθ-ος [4]) (ε-ος) n., ἄνθ-ε-μο-ν n., ἀνθ-έμ-
ιο-ν n. Keim, Blüthe, Blume, ἀνθ-έ-ω keimen, spriessen, blühen,
prangen, ἄνθη-σι-ς f. das Blühen, ἀνθ-ινό-ς ἀνθ-ηρό-ς blühend,
blumig, bunt, ἀνθ-ί-ζ-ω mit Blumen schmücken, buntmachen, Med.
blühen, prangen (γόεδνα δ' ἀνθεμίζομαι Aesch. Suppl. 72, erkl.: τὸ
ἄνθος τῶν γόων ἀποδρέπομαι Schol., d. h. ich pflücke des Jammers
Blüthe == erdulde den höchsten Jammer); ʼΑνθ-ηδών (δόν-ος) f.
Küstenstadt in Böotien, ʼΑνθ-ήλη Flecken in Phokis, ʼΑνθ-ήνη
Flecken in Kynuria im Peloponnes u. s. w. — οἰν-άνθη f. Weintrieb, -blüthe, Rebe; Οἰ-άνθη, -άνθεια (ʼΓ-άνθεια Plut.) Stadt der
ozolischen Lokrer am krissäischen Meerbusen (wohl == Ϝι-ανθη
Veilchenblüthe, Ϝ == ο; also == ʼΙάνθη Tochter des Okeanos). —
ἀνθ-έρ-ιξ (ικ-ος) m. == ἀθήρ (ἀθέριξ Hes.). — ἀνθ-ερ-εών (ῶν-ος)
m. das Kinn, bes. das Unterkinn [5]). — ἀν-ο-θ: hom. ἀν-ήν-ο-
θ-ε-ν (Il. 11. 266 αἷμα in Aoristbedtg.: spritzte hervor), ἐν-ήν
ο-θ-ε (Od. 17. 270 κνίση ist drinnen ausgebreitet), ἐπ-εν-ήν-ο-θ-ε
(Il. 2. 219 λάχνη war darauf angeweht) [gleichsam starke Perf.
zu ἀν-, ἐν-, ἐπ-εν-ανθέω vgl. γηθέω zu γέγηθα] [6]). — ἴ-ανθ-ο-ν·
ἄνθος, καὶ χρωμά τι πορφυροειδές Hes.; ἴ-ονθ-ο-ς m. lanugo, das
junge Haar (ἡ πρώτη ἔκφυσις τῶν τριχῶν Suid.; σημεῖον ἀκμῆς
Poll. 4. 194); ἰ-ονθ-ά-ς (ἀδ-ος) zotthaarig, langbärtig (Beiwort der
wilden Ziege oder des Steinbocks Od. 14. 50) [7]).

C. F. 350; KZ. III. 153 f. — F. W.-9; Spr. 149. — 1) Goebel Hom.
9: W. ἀθ stossen, stechen == die Stossende, Stürmende. — 2) So auch
Lob. Rhem. p. 300. — 3) PW. I. 118: vgl. athari oder atharī m. f.
(Lanzenspitze?). — FW. 7: adhari m. Hachel, Spitze. — 4) PW. I. 258:
andhas n. 1) Kraut, Grün, besonders das Kraut der Somapflanze, 2) Rasen, 3) der Somatrank selbst, 4) Saft, Flüssigkeit. — 5) Goebel Hom.
7: θερ ferire und ἀν == ἀνά, also: Ansammlung von Emporgesprossenem,
Sitz des Bartes, Bart; ebenso: Emporstehendes, Stachliches d. h. Hachel.
— 6) Christ 121 und Pott II, 2, 167 f. == ἀνα + θε, τίθημι. Pott:

„das hervorquellende Blut legt sich (zum Theil) an die Glieder an;
und der Fettdampf lagert sich seiner Fülle halb auf dem Hause,
gleichsam wie der Nebel auf der Flur". S. W. zu *ἐπενήνοθε*: W. *ἀν*
hauchen (*λάχνη* dünnes Wollhaar ist über den Kopf hin angeweht) und
ἀν glänzen (Od. 8. 365 *οἷα θεοὺς ἐπ.* wie es über die Götter hin an-
gestrahlt ist, hinglänzt). — 7) Fritzsche St. VI. 325. — Bekk. An. 44, 23.
— Anders Düntzer KZ. XIII. 20 f.: *ἰονθο-ς* Auswuchs, Knoten, vielleicht
von demselben Stamme mit *ἴο-ν*, *ϝι-ολα* *ἴουλος*, dessen W. *ϝι*, vielleicht
hervorbrechen, nicht mehr nachzuweisen; *ἰονθάς* knotig.

AN athmen, hauchen. — Skr. **an** 1) athmen, 2) nach
Luft schnappen, lechzen, 3) gehen (PW. I. 164) (**an** athmen
I. 84).

ἄν-ε-μο-ς m. Wehen, Wind (heftige Leidenschaft Soph. Ant.
137. 929), *ἀνεμό-ω* aufblähen, *ἀνεμό-ει-ς* (ion. *ἠνεμό-ει-ς*) luftig,
ἀνεμ-ι-αῖο-ς windig; *ἄν-ται· ἄνεμοι* Hes.; *νήνεμος* 2. (= *νη-ανε-
μο-ς*) ohne Wind, windstill, *νηνεμ-ία* f. Windstille; *ποδ-ήνεμο-ς*
('Ιρις) (*ἡ τοὺς πόδας ἄνεμός ἐστιν* windfüssig, schnell wie der
Wind; Seiler: windsturmschnell). — St. *ἤνο* (Mund, Nase, Angesicht): *προς-ην-ής* mit zugewandtem Gesicht, zugeneigt, freundlich, mild (*προσανής* Pind., *προσηνότατος* C. I. Gr.), *ἀπ-ην-ής*
mit abgewandtem Gesicht, abgeneigt, unfreundlich; *ὑπ-ήνη* f. Bart
(die Gegend unter oder am Munde)[1], *ὑπηνή-τη-ς* m. der Bärtige;
Εὔ-ηνο-ς (Schöngesicht); *σαλπιγγο-λογχ-υπην-άδαι* Arist. Ran. 966
bärtige, die von Trompeten und Lanzen reden[2] (Trompetenlanzen-
knebelbärte, Voss).

än-ĭ-ma f. (Weherin) Luft, Athem, Leben; **änĭmu-s** m.
Geist, Seele, Gemüth, Muth; *animā-re* beleben, beseelen, *ex-ani-
mare* entseelen, tödten, *animā-tu-s* (*tūs*) m. Lebenskraft, *anim-ōsu-s*
muthvoll, leidenschaftlich; *anim-al* (*āli-s*) n. Wesen, Thier, *anim-
a-n-s* (*tis*) beseelt, Geschöpf; *-animu-s*, *-animi-s:* *ex-*, *in-*, *un-*,
semi-. — **alu-m** (= *ϑ an-lu-m*) n. wilder Knoblauch (= hauchend, duftend), *āl-iu-m all-iu-m* n. id.; **alā-re** hauchen, athmen,
al-ōn-em (*id est hesterno vino languentem* Paul. D. p. 75); **an-ēlu-s**
schnaubend, keuchend, *anelā-re* schnauben, keuchen[3]), *anelā-ti-o*
(*ōn-is*) Anfathmen (Plur. kurzer Athem, Asthma), *anēl-ĭ-tu-s* (*tūs*)
m. starkes Athemholen: Aushauch, Duft, Dunst. — **ŏn-us** (*on-
er-is*) n. (wobei man schnauft, ächzt) Last, Mühe, *onus-tu-s* belastet;
oner-ā-re belasten, *oner-āriu-s* Last-, Fracht- (*-āria navis* Frachtschiff), *oner-ōsu-s* lästig, schwer.

B. Gl. 9a. — C. E. 306. — F. W. 7. 623. — 1) Sch. W. s. v.: *ὑπό*
und Skr. *hanu* = *γένυς*? — 2) G. Meyer KZ. XXII. 21. — 3) C. E.
307: *an-hēlare* (*an* = *ἀνά*).

1) **ana** negierendes Präfix[1]). — Skr. a vor Cons., an vor Voc.
ἀνα-: ἀνά-εδνο-ς unbeschenkt vom Bräutigam (Hom. nur Il.
9, 146. 288. 13, 366), ἀνά-ελπτο-ς unverhofft (Hes. Th.
660); ἀν- vor Vokalen: ἀν-ἀριθμο-ς unzählig, ἀν-ελεύθερος unfrei u. s. w.;
ἀ- vor Cons.: ἄ-παις, ἄ-τεκνος kinderlos. — ἄν-ευ (dor. ἄνι-ς) ohne[2]),
ἄνευ-θε == ἄνευ; Adv. getrennt, fernab; ἀπ-άνευθε(ν) Adv. Präp.
fernab, ferne. — ἀν-αίν-ο-μαι (ausser dem Pr. nur: Aor. ἀνήν-ατο,
-ηται, -ασθαι Hom., Impf. ἠναινόμην Aesch. Ag. 285) verneinen,
verweigern[3]).

in-: in-doctus, in-felix u. s. w.

B. Gl 9a. — C. E. 307. — FW. 7. 339. 424. — P. W. I. 1. —
1) Curtius: „Mit dem Pronominalst. an wahrscheinlich identisch“. —
2) Curtius: „Die Formen ἄνευ, ἄνις sind noch nicht aufgeklärt“. —
3) C. V. I. 309. 18); ebenso Buttm. Lex. I, 274. II, 113. 272. — Goebel
Hom. 18: W. ἀν sehen, = ἀν-αν-ιο-μαι zurückblicken, als Zeichen der
Ungunst, des Verweigerns.

---

2) **ana** Pron.-stamm der 3. P.[1]). — Skr. ana (P. W. I. 166).
ἀνά (wahrsch. Instrumental) 1) Präp. an, auf, nach oben
hin, auf, durchhin, längs, 2) Adv. auf, hinauf, wieder, zurück;
ἄνω aufwärts, empor, oben, ἄνω-θεν von oben her, herab (Comp.
Sup. ἀνώ-τερο-ς, -τατο-ς). — ἄν (eine dem Griech. eigenthümliche
Particel) „etwa, wohl“ (vgl. an)[2]).

ἐν-ί (Adv. ἔνι) (Local), εἰν-ί (ι epenthet.), εἰν-, ἐν (Apokope des ι) (ark. kypr. ἰν) Präp. in, auf, innerhalb, Adv. (bes.
ἐν δέ und darin, dabei, ebenso, so auch); in der Zusammensetzung:
a) mit Verben: in, darin; ein, hinein; an, daran, b) mit Adjectiven: Annäherung (ἔμ-πικρος etwas bitter), c) mit Subst. (woraus
dann ein Adj.) Verschensein, Ansichhaben (ἔν-αιμος, ἔν-δικος). —
εἰς (ion. altatt. ἐς, arg. kret. ἐνς) == ἐνι-ς (vgl. ec-s, ci-s, ul-s)
in, an, auf, nach, zu, hinan, hinein, bis, bis zu, bis an, nach,
gemäss, behufs, für; ἐν-τόϲ (in-tus) (Abl. Suff. -tas) drinnen, innerhalb. — ἔν-δο-ν (Acc., vgl. St. da) innen, drinnen (ἐνδο-τέρω,
-τάτω)[3]), ἐν-δο-ἰ ἔν-δο-ι (Local) Theokr. 15, 1, 77 == ἔνδο-θι drinnen,
ἔνδο-θεν von drinnen. — ἔσω (hom. εἴσω) (st. ἐν-σω, vgl. πρό-σω)
hinein, nach innen, innerhalb (ἔσω-τέρω). — ἔν-θα demonstr. da, rel.
wo, ἔν-θε-ν von da, von wo. — ἐν-ταῦ-θα, ion. ἐν-θαῦ-τα, hier, da,
darin, ἐν-τεῦ-θεν, ion. ἐν-θεῦ-τεν, von da an, sodann, hierauf
(== ἔν-θα + υ + θα, ἐν-θα-υ-θε-ν, daraus mit Weglassung der
1. Aspiration ἐν-ταῦ-θα, ἐν-τεῦ-θεν oder mit Umspringen der Aspir.
ἐν-θαῦ-τα, ἐν-θεῦ-τε-ν; in ἐντεῦθεν, ἐνθεῦτεν wurde αυ zu ευ durch
Assimil. an -θεν[4]). — ἔν-ε-ροι (== die Inneren) *inferi*, also: die
im Innern der Erde gedachten Unterirdischen, die Unterwelt,
ἔν-ερ-θε(ν) [Hom. Trag. auch ν-έρ-θε(ν)] von unten, unten.

unterhalb, ὑπ-ένερϑε(ν) id., ἐνέρ-τερο-ς (Comp.) tiefer, niedriger
(= ἔνεροι Aesch.).

(Comparativ) an-tara: ἔν-τερο-ν n. (meist Pl.) Gedärm, Eingeweide (= das Innere)[5]), ἐντερ-εύ-ω (die Eingeweide) ausnehmen (von Fischen), ἐντερ-ικό-ς zu den E. geh., δυσ-εντερ-ία f. Durchfall, Ruhr mit Leibschneiden, Dysenterie. — ἄν-τρο-ν n. Höhle, Grotte [antru-m n. Lehnwort] (Ameis Od. 9. 216: ἄντρον das Innere einer Höhle, σπίος die äussere Gestalt), ἀντρ-ώδης voll von Höhlen, ἀντρο-ειδής höhlenartig, ἀντρ-ίτη-ς m. Höhlenbewohner (Steph. Byz.). — ἤ-τρο-ν n. (Inneres) Bauch, Unterleib[6]). — ἦ-τορ (τορ-ος) n. Herz (als Theil des menschlichen Körpers, das bei Hom. seinen Sitz ἐν στήϑεσσιν, ἐνὶ φρεσί, ἐν κραδίῃ hat), Lunge, übertr. Herz, Gemüth[6b]).

an-ta. — ἄντ-α (Instr.) ἔν-αντα, ἄντη-ν (Acc. fem.) gegenüber, ἀντ-ί (Local) gegen, statt, anstatt; ἄντ-ο-μαι, ἀντά-ω (ion. ἀντέω), ἀντιό-ω, ἀντιά-ω, ἀντιά-ξ-ω begegnen; ἀντί-ο-ς, ἐν-αντίο-ς gegenüber, entgegengesetzt, ἀντιό-ο-μαι ἐν-αντιόομαι entgegentreten; ἀντα-ῖο-ς entgegengerichtet; ἀντι-κρύ ἄντι-κρυς[7]) gegenüber, gerade, geradezu; ἐναντιό-τη-ς (τητ-ος) f. Gegen-satz, -theil, ἐναντίωσι-ς f., -μα(τ) n. Widerspruch; Ἀντία-ς (Maked.) Ἀντία-ς[8]).

an-ja = ἑν-ιο. — ἔν-ιο-ι einige, manche, ἐνια-χῇ, -χοῦ an manchen Orten, ἐνί-οτε einigemal, zuweilen. — (fem. St. ἑν-ιᾱ =) ἐννᾱ (äol. Assim.) ἐνᾱ (ν st. νν): ἐς τ' αὔριον ἐς τ' ἔννη-φιν übermorgen (Hes. O. 408), παρεῖναι εἰς ἔνη-ν (Acc.) (= εἰς τρίτην Schol.) (Arist. Ach. 171), ἔναρ ἐς τρίτην, ἐπ-έναρ ἐς τεταρτην· Λάκωνες Hes. (Genit. ἔνα-ς = ἔνα-ρ)[9])

an (ἄν) Fragepartikel[2]) (leitet eine Frage ein, die im Gegensatz zu einem vorhergehenden Gedanken etwas „anderes" hervorhebt; nu-m·dieses, an jenes, anderes); fórs-an (erg. sit) das Schicksal möchte wohl sein = zufällig, wohl, fór-sit (Prisc. XV. 24. H.), fór-sit-an, fort-ás-sis (= forte an si vis), fort-ás-se (Abfall des s, dann i zu e), fort-ás-san (= fortasse an) (Varro r. r. III. 6. 16)[10]).

in (alt en) Präp. in, auf, an; in-tus (= ἐν-τός) drinnen, von innen heraus, intes-tīnu-s inwendig, Subst. n. Pl. Eingeweide[12]). — en-dŏ, in-do, in-du (Acc. = en-do-m; vgl. ἔν-δο·ν): a) Präp. m. Abl. endo caelo, foro, manu (XII tab. Enn. Lucr. Fest.), b) Präfix: indu-ceptus Naev., indu-clusa Gloss., indu-fert Enn., indu-gredi Lucr., indu-pediri Lucr., endoque ploratu Fest., endo-tueor Enn., ind-igere, ind-igitamenta (s. W. agh), ind-ipisci (s. W. ap), ind-u-erc. — c) In Nominibus: endo-itium, indutiae (s. W. i gehen); indu-perator, indi-gena, ind-ole-s, industrius (inde-struum antiqui Fest. p. 106). — in-de indi-dem (s. St. da); per-inde ebenso, je nach dem, prö-inde (pro-in) ebenso, demgemäss.

(Comp. Superl.) an-tara, an-tama, an-ma: in-ter (vgl. got. un-dar unter) innerhalb, zwischen, unter (vgl. inter-ire untergeben); *inter-ior, -ius* d. d. d. innere, *in-tŭmu-s in-tĭmu-s* der, die, das innerste, trauteste, Vertrauter, *intimā-re* ins Innerste thun, einprägen, mittheilen, bekannt machen[13]); *intrā[d] intrō[d]* Abl. (= *intera parte, intero loco*) innerhalb, hinein, *interi-m* (Local) unterdess (*inter-ā-ti-m dicebant antiqui quod nunc interim* Paul. D. p. 111. 1), *intrin-secus* (Loc.) inwendig[14]); (*in-mo*) *im-mo* Abl. (vgl. *sum-mu-s, de-mu-m*) = im Innersten, durch und durch = ganz entschieden, ja wohl, allerdings, fürwahr; negativ: keineswegs, im Gegentheil, nein[15]).

an-ta. — Abl. *anti-d* (*antid-cā, antid-hac, antid-eo, antid-it*), *anti* (nach Abfall des *d-: anti-cessor, anti-cipo, anti-ste-s*), **ante** (*i* zu *e* geschwächt) vor, vorn, voran (*ab-ante* Inscr. vor-weg = ital. *avante*, franz. *avant*); *ant-ĕrior* früher; **an-tae** f. (*latera ostiorum* Paul. D. p. 16. 15) Pfeiler vorn am Gebäude zu beiden Seiten der Thür, *παραστάδες*, Pilaster[16]); **ant-iae** f. vorhängendes Stirnhaar; **ante-s** (*anti-um*) m. Reihen; **antI-cu-s** (*-quu-s*) 3. (was voranzustellen ist) vorig, alt, altehrwürdig, *antiquā-re* in die alte Lage, ausser Gültigkeit setzen, *antiquĭ-ta-s* (*tāt-is*) f. hohes Alter, Alterthum, *antiqu-ārin-s* m. Alterthümler, *antiquĭ-tus* von A. her; *Ant-iu-m* die vorn gelegene[17]), *Ant-īnu-m; Ant-ēin-s, Ant-ōn-iu-s, -īnu-s.*

ana-la: (*ono-lo on-lo ol-lo*) **ollu-s** [vgl. *ullu-s* = *ūnu-lu-s*] (*ab olors dicebant pro ab illis; antiqui enim litteram non geminabant* Paul. D. p. 19) (Ennius: *olli* Dat. Sg. Nom. Pl., *ollis* Dat. Pl., *olli-c* Local) — (daraus *illu-s*) **illĕ** (vgl. *ipsu-s ipse*) *illā illŭ-d* jener (*illā, illā-c, illā-tenus, illi-c, illi-m illin-c, illo, illo-c illu-c, post-illā; ellu-m, ella-m* poët. scen. = *en illum, en illam*); **ōli-m** (Local) einst, vormals, künftig. — (*oul-s* Steigerungsform von *ollu-s*) **ul-s** an jener Stelle, jenseits (Gegensatz *ci-s*) (*uls Cato pro ultra posuit* Fest. p. 379; *Oppius mons, princeps Esquilis ouls lucum facutalem ... cis lucum Esquilinum* Form. sacr. arg. ap. Varr. l. l. 5. 8. 16; *uls et cis Tiberim* Varro l. l. 5. 15. 25); **ul-ter** (*tra, tru-m*) jenseits befindlich, Comp. *ultĕr-ior*, Sup. *ultimu s* der letzte, äusserste, *ultrā* (*parte*) darüber hinaus, weiter hin, *ultrō* drüben, obendrein, von selbst, freiwillig, *ultrō-n-cu-s* freiwillig[18]).

Corssen II. 271 f.   Curtius Chronol. p. 81 f. — FW. 8 f. 19. 339. 432; Spr. 296 f. — 1) Wohl = *a* + *na* (Bopp Gr.² II. 181; Pott E. F.² I. 420 f.). — 2) FW. 339. 424. — 3) Sch. W. s. v.: *ἔνδον, δόμος, δῶ, δῶμα?* - 4) Clemm St. III. 320. — 5) PW. I. 256: Skr. *antrá* (aus *antara*) n. Eingeweide, Gedärm. — 6) FW. 19. — 6ᵇ) Curtius de n. gr. f. 34: *ἦτορ, quod, quamquam digammatis vestigia apud Homerum non inveniuntur, tamen recte fortasse ad vā radicem (ἄϝημι) a Benaryo refertur, quo similiter pertinere potest atque animus ad rad.* an. *quae eandem spirandi notionem habet.* — 7) S. W. s. v.: wohl mit *κόρυς, κάρα* zusammenhängend, nach Christ 41 aus *ἀντίκερυ* entstanden. — 8) *ἄντα* u. s. w.

B. Gl. 6b; C. F. 205; Fick KZ. XXII. 219; Schweizer KZ. III. 392; Zeyss KZ. XIV. 414. — PW. I. 252: *anti* (*ἀντί, ante*) 1) Adv. gegenüber, davor; Angesichts, in Gegenwart, nahe, 2)·Präp. in die Nähe von, zu. — 9) C. E. 310. — Ebel KZ. V. 70: *ἔνιοι* = *ἔνι οἵ* es sind einige darunter, welche; ebenso Sch. W. 256: „vielleicht"; vgl. *ἐστὶν οἵ* im Attischen. — 10) Corssen II. 850. — 11) M. M. V. I. 186: in aus der demonstrat. Wurzel I. — 12) PW. I. 252: *antastja* n. Eingeweide, Gedärm. — 12 b) Corssen II. 271 f. — Stokes K. B. VIII. 325. — 13) PW. I. 238: *antama* (von *anta* Nähe) der nächste; übertr. innigst befreundet. — 14) Local Corssen KZ. V. 122. — 15) *inter* u. s. w.: B. Gl. 12b; Corssen - II. 271; N. 207 f. — 16) Bugge KZ. XIX. 401. — F. Spr. 297. — Osthoff KZ. XXIII. 84: *antā* Vorbau. — 17) Corssen KZ. III. 259. — 18) Corssen B. 301 ff.

anā Alte, Ahne (Lallwort) — vgl. **nanā.**

anu-s (*ū-s*) f. (urspr. *a* Stamm, vgl. *domu-s, nuru-s* u. s. w.) Alte, altes Weib, Demin. *ani-cula, -cel-la; anā-s* f. Altweiberkrankheit (*anatem morbum anuum dicebant sicuti senium morbum senum* Paul. D. p. 29. 19), *an-ili-s* altweiberhaft, *anili-ta-s* (*tāti-s*) f. hohes Frauenalter; *anē-re, ane-se-ēre* ein altes Weib sein, werden.

FW. 339; F. Spr. 296; vgl. ahd. *anā,* mhd. *ane.*

1) AP knüpfen, binden; erreichen, erlangen; besitzen. — Skr. *āp* 1) erreichen, einholen, 2) erlangen, gewinnen, in Besitz nehmen, auf sich laden u. s. w. (PW. I. 649). .

ἅπ-τ-ω a) hef-t-en, binden, knüpfen; Med. sich heften = fassen, anfassen, erfassen, sich befassen, erreichen; b) anzünden = anstecken[1]); ἁφ-ή f. Berühren, Betasten; Anzünden, ἁφά-ω betasten, untersuchen, ἀμφ-αφάω ringsum b., u.; ἅψι-c (= ἁπ-τι-) (Gen. -εως) f. Berührung, ἁψί-c (ἰδ-ος) ion. ἁψί-ς f. Verknüpfung (ἀψῖδες λίνου Il. 5. 487 die Maschen des Zuggarns); ἅψος (= ἁπτ-ες) Gen. -εος n. (Pl.) Verbindung = Gelenk, Glied; ἅμ-μα (ματ-ος) n. Geknüpftes, Knoten, Schlinge, Band, Fessel. — ἀπ-ά-τη (urspr. Bestrickung) f. Irreleitung, Verführung, Betrug, Täuschung[2]), ἀπατά-ω irre leiten u. s. w., ἀπατη-λό-ς (Il. 2. 516, -ήλιο-ς Od.) betrügerisch, ἀπατε-ών (ών-ος) m. Betrüger; ἀπ-αφ-ί-cκ-ω berücken, betrügen (Aor. ἤπ-αφ-ο-ν, ἀπάφω, ἀπαφών, Med. nur ἀπάφοιτο). — (ap-na passend, zutreffend:) ἄφνω Adv. eben, soeben, sogleich, plötzlich, unvermuthet; ἐξ-απίνη-c, ἐξ-αίφνη-c Adv. id., ἐξ-απιν-αῖο-ς ἐξ-αιφν-ίδ-ιο-ς Adj. id.[3]). — ἀπ-ήνη f. Gespann, vierrädriger Wagen. — ἠπ-ά-ο-μαι flicken, heilen, ἠπη·τή-ς Flicker, Schneider, ἠπη-τήρ-ιο-ν ἠπή-τρ-ιο-ν n. Nadel zum Nähen, Flicken, ἤπη·σι-ς f. Heilung (Eust. 1647. 60). — ἤπ-ιο-ς 3. (auch 2. Eur.) urspr. verbunden (durch Verwandtschaft oder gesellschaftliches Verhältniss), von Personen: leutselig, freundlich, gütig; von

Dingen: heilsam, zuträglich, *ἠπιά-ω* lindern, besänftigen[4]); ’Ασκλ-
ήπιο-c (? von *Άσκλης*, König in Epidaurus, von dem der göttliche
Arzt, nach Heilung eines Augenübels, den Namen erhalten hätte),
’Ηπι-όνη dessen Gemahlin[5]). — ἀφ-ε-νοc (*ἄφ-νος* Pind. fr.
240) n. Vorrath, Reichthum, Vermögen[10]), *ἀφνε(σ)-ιό-ς*, -ó-ς reich,
vermögend, *ἀφν-ύ-ω ἀφν-ύν-ω* reich machen (*ὀλβίζω* Hes.); Εὐ-
ηφέν-ης, *εὐ-ηφενέ-ων* (*εὐπλουτούντων* Hes.). — δ-μ-π-νη f. Nahrung
(besonders die aus Feldfrüchten)[6]), *ὄμπν-ιο-ς* zur N. gehörig; wohlgenährt, reich, gross; *Ὀμπνία Δημήτηρ* (*alma Ceres*, als Geberin
des ersten Nahrungsmittels, des Getreides), *ὀμπνεύειν· αὐξάνειν*
Hes. — δφ-ελ-οc n. (nur Nom. Acc. Sg.) Förderung, Nutzen,
Vortheil, Gewinn; ὀφέλλω (= *ὀφελ-jω*) fördern, mehren, nützen,
helfen, unterstützen; ὠφελ-έ-ω id., *ὠφέλη-μα* (*ματ-ος*) n. Nutzen,
ὠφέλεια (ion. *ὠφελ-ίη*, poet. *ὠφελ-ία*) f. Hilfe, Nutzen, *ὠφέλ-ιμο-ς*
helfend, nützend, nützlich; *οἰκ-ωφελίη* (Od. 14. 223) Hausnutzen d. h.
Häuslichkeit, gute Wirthschaft. — ὀφείλω ὀφέλλω (= *ὀφελ-jω*)
verbunden sein = verpflichtet sein, sollen, müssen, schuldig sein[7]),
ὀφειλέ-τη-ς m. Schuldner (*ὀφειλέ-τι-ς*, *τιδ-ος* f. Eur. Rh. 965), *ὀφεί-
λη-μα* (*ματ-ος*) n. Schuld. — ὀφλ-ι-cκ-άνω (Fut. *ὀφλ-ή-σω*, Pf. *ὤφλ-
η·κα*, Aor. *ὤφλ-ο-ν*) schuldig sein, sich einer Strafe schuldig machen;
ὀφλάνειν· ὀφλισκάνειν, *ὀφείλειν* Hes.[8]).

ǎp-ĕ-re (altl., urspr. anbinden) (*comprehendere antiqui vinculo
apere dicebant* Paul. D. p. 18. 19; *apere veteres ritu flaminum alligare dicebant* Serv. ad Virg. A. 10. 270; *ape apud antiquos dicebatur prohibe, compesce* Paul. D. p. 22. 17); **ap-tu-s** verbunden,
angepasst, passend, schicklich (vgl. *qua ex coniunctione caelum ita
aptum est, ut sub aspectum et tactum cadat* Cic. Tim. 5), *aptā-re*
anpassen; *in-eptu-s* unpassend, albern; *inept-iae* f. Possen, *in ept-
i-re* Possen treiben; (*co-ap-ĕ-re coep-ĕ-re*) **coepi**, *coeptus* (*co-ëpit*
Lucr. 4. 619) angreifen, beginnen, *coeptu-s* (*tūs*) m. das Beginnen;
Intens. *coeptā-re;* **ăp-i-sc-o-r** (eig. sich anbinden) fassen, erreichen,
in Besitz bekommen, *ad-ïpiscor*, *red-ïpiscor* (*ep-tu-s*); vgl. *ind-episci*
(*assequi*, *adipisci*) *ind-ep-tu-re* (*consequi*) Paul. D. p. 106. — **ăp-ex**
(*ïc-is*) m. Ziel, Ende, Spitze (*qui, ut sacerdotum insigne, dictus est
ab eo, quod comprehendere antiqui apere dicebant* Paul. D. p. 16; *apere
veteres ritu flaminum alligare dicebant*, *unde apicem dictum volunt*
Serv. ad Virg. A. 10. 270), Demin. *apic-ŭ-lu-m* (*filum, quo flamines velatum apicem gerunt* Paul. D. p. 23. 2), *apic-ā-tu-s* mit einer
Spitzmütze versehen. — (*ap-mo*, *ap-me-t*) **ă-me-s** (*a-mĭ-t-is*) Gestell
zum Anfügen und Aufhängen von Vogelnetzen (*amites perticae
aucupales* Paul. D. p. 21). — **ă-men-tu-m** (= *ap-m.*, *am-m.*,
ā-m.) n. (eig. Werkzeug zum Anfügen, Anknüpfen) Schwung-,
Wurfriemen (*amenta*, *quibus, ut mitti possint, vinciuntur iacula,
sive solearum lora* Fest. p. 12), *amentā-re* mit einem Schw. versehen,
schleudern. — **cōpŭla** (= *cō-ăpula*) f. Band, *copulā-re* verbinden,

copulā-ti-ō(n) f. Verbindung, *copulāt-īvu-s* zur V. geeignet[9]. — St. **op-** (Sing. *op-i-s*, *c-m*, *e*) Plur. *ŏpc-s* f. Mittel, Macht, Vermögen, Hilfe[10]), *Op-s* (Nom. auch *Opi-s* Neue F. I. 135) Erde als Symbol der Fruchtbarkeit, *Op-āli-a* n. Pl. (am 19. Dezember gefeiert), *op-ŭl-cntu-s (cn-s)* mächtig, reich (vgl. ags. *ab-al* Kraft), *opul-cnt-ia*, *i-tā-s* f. Macht, Einfluss, Reichthum; *in-op-s (ŏp-is)* hilflos, arm, *in-ŏp-ia* f. Mangel, Noth; **cōpĭa** (= *co-op-ia*) f. Menge, *Cŏpia* Göttin der Fülle und des Ueberflusses, *copi-ōsu-s* reichlich, reich (*cōpi-s*, *cōpe: o multimodis dubium ct prosperūm coprm diem* Pacuv. ap. Non. p. 84. 23; Plaut. .Turpil.), *copiā-ri* sich reichlich versehen. — *opī-re (vgl. *praed-opionl* = *pracoptant* Festus p. 207 M.): *op-tū-re (opto: opīre = *haustus: haurirc*) wählen, wünschen (*optatam hostiam, alii optimam appellant eam, quam aedilis tribus constitutis hostiis optat, quam immolari relit* Fest. p. 186 M.), *optā-ti-ō(n)* f. Wunsch, *optāt-īvu-s* einen W. ausdrückend, *optā-bĭli-s* wünschenswerth; *op-ti-ō(n)* m. Gehilfe (den man sich wählt), f. freie Wahl, *opt-īvu-s* erwählt; **opt-ĭmu-s** (der gewählteste) beste, *optim-ā-s (-ti-s)* m. einer der Besten, Edelsten, *optimi-tā-s* f. Vortrefflichkeit (Marc. Cap. 4. 109); (*opī-re* geistig erreichen; *coniectura assequi*, Stamm:) **opī-no** meinend, vermeinend: *ncc-opīnu-s, in-opīnu-s, -opinan-s* nicht vermuthet, nicht vermuthend, *opīn-i-ō(n)* f. Vermuthung, Meinung, Glaube, *opīn-i[on]-ōsu-s* voll V. u. s. w., *opinā-ri* vermuthen, meinen, *opinā-ti-ō(n)* f. = *opinio*, *opinā-bĭli-s* muthmasslich[11]).

Aufrecht KZ. II. 147; V. 362 f. — B. Gl. 35a. — C. E. 500 f.; C. St. Ia, 261; IV, 229; C. V. I. 236. 1). — F. W. 8 ff. 20. 340. 425. 434. 1080; F. Spr. 297. — 1) B. Gl. 136b: **tap** *calefacere, urere: fortasse ἅπτω accendo e τάπτω, abiecto τ, vel primum mutato τ in σ, deinde in spir. asp.* — 2) Christ 263 von ἀπό. — Savelsberg Dig. 32: urspr. ἀϝάτη von ἀϝάω. — 3) F. W. 340. — 4) Aufrecht KZ. V. 359 ff. — Düntzer KZ. XII. 24: erreichend, treffend — verständig: gut, mild. — 5) Pictet KZ. V. 42. — 6) PW. I. 310: *apŭpá* m. 1) Kuchen, 2) Honigwaben(?), 3) Waizen; vgl. *pupa* und ὄμπνη. — 7) Sch. W.: ὀφέλλω fördern von Skr. **sphal** schwellen; Präfix *ó* = ἀνα(?); ὀφέλλω schuldig sein: sollte das Wort etwa mit ὄφελος Nutzen, Gewinn d. h. vielleicht auch Zins zusammenhängen und urspr. „zinsen, Zins zahlen" bedeutet haben? — Christ 36: ὀφέλλω fördern von W. **phal** hervorbringen. — 8) ὄφελος u. s. w.: Brugman St. IV. 120 f. — C. E. 667; C. St. Ia, 261; C. V. I. 258. 8). 278. 15). — 9) *apex* u. s. w. Corssen I. 114. 643; N. 267. — Goetze St. Ib. 146. — 10) PW. I. 313: *ápnas* n. Ertrag, Besitz, Habe, *op-s* vielleicht in etym. Zusammenhang mit **ăp.** — 11) Bugge KZ. III. 39. — Ebel KZ. VI. 216. — Fick KZ. XIX. 259 f. — Corssen N. 28 f. Meyer KZ. XIV. 84: **ak** ὄσσεσθαι ahnen, ahnen lassen = *oquinari, opināri*.

2) **AP** arbeiten; zeugen.

φύλ-οπ-ι-c (*ιδ·ος*) f. Stammesarbeit(?), Kampfgetümmel, Kampf (Heerschaar Il. 4. 65)[1]); Δρύ-οψ (*οπ-ος*) (Sohn des Priamos, des

Apollon) = Baum- od. Holzarbeiter; Παν-οπ-εύ-ς (ῆος) Vater des
Ἐπειός (Il. 23. 665); Πηνελ-όπ-εια (πῆνο-ς od. πήνη Einschlagfaden,
*πην-ελη; also =) Gewebearbeiterin, Kleidwirkerin. — St. ὀπ-υ:
ὀπ-ύ-ω, ὀπ-υ-ί-ω (ι zum Präsensst. geh., vgl. Fut. ὀπῡ-σω) (urspr.
fortpflanzen) ehelichen, zur Frau nehmen, beschlafen²); οἶφ-ω οἰφ-
έ-ω (= ὀπ-ι-ω ὀφ-ι-ω) id. (ἄριστα χωλὸς οἰφεῖ Diogen. 2. 2). —
(ap-ra ὀβ-ρο ὀβρ-ιο Gezeugtes) ὄβρ-ια Pl. n. die Jungen der Thiere,
bes. der Löwen, ὀβρί-καλα (vgl. apri-culu-s) Pl. n. id. (φιλομάστοις
θηρῶν ὀβρικάλοισιν Aesch. Ag. 141) (ὀβρίαι, ὀβρίκια Poll. 5. 15).
ŏp-us (ĕr-is) n. Werk, Arbeit, Demin. opus-cŭlu-m, opĕr-
ā̆riu-s m. Arbeiter, opcr-ōsu-s mühsam; **opĕr-a** f. Arbeit, Mühe,
Dienst, Demin. operŭ-la, opcl-la; operā-ri arbeiten, operā-ti-ō(n) f.
das Arbeiten. — **ăp-e-r** (St. ap-ro) m. Eber (= Zeuger)⁴), apra f.
Bache, apr-āriu-s den E. betreffend, apr-inu-s zum E. geh.; **Abella**
(= Aper-ula, Eberstädt) Stadt in Campanien (j. Avella Vecchia),
Abell-inu-m Name verschiedener Städte in Italien, Abellin-āte-s die
Bewohner⁵).

C. E. 117. 276; C. St. Ia, 259 ff. — PW. I. 275: **ap** ausser Gebrauch
gekommene Verbalwurzel, die den Nominn. ápas n. (Werk) und apás adj.
(werk-thätig, -kundig) zu Grunde liegt. — 1) S. W : vermuthlich subst.
Fem. c. Adj. *φϋλοψ v. φῦλον (οψ Ableitungssylbe, vgl. Düntzer Beiw. 36)
od. v. ώψ, s. οἶνοψ, also „schwarmähnlich, geschnaart". Gewöhnl. Ab-
leitg. von φῦλον und ὄψ (= βοή) Schlachtgeschrei, Schlacht, Il. 4. 65
zur Schlacht gerüstetes Heer. — 2) Christ 227: Skr. vapāmi. — 3) B. Gl.
35a. — PW. I. 295: Skr. áp-as n. Werk, Handlung (insb. das heilige
Werk am Altar u. s. w.). — 4) F. Spr. 298. — 5) Corssen KZ. II. 17.

apa. — Adv. Praep.

ap-a (Instrumental). — ἀπό¹) 1) Präp. a) local: von — weg,
herab, fern; b) temporal: von — an, seit, nach; c) causal: von,
aus, wegen, zufolge, nach, durch, vermittelst; 2) ohne Casus als
Adv. bei Dichtern (stets Tmesis), selten in ion. Prosa; 3) in der
Zusammensetzung a) ab, los (ἀπο-λύω), fort, weg (ἀπο-βαίνω);
b) Ab- oder Nachlassen (ἀπ-αλγέω), Vollenden (ἀπο-τελέω); c) entgegen, zurück (ἀπο-δίδωμι); d) Verwandlung (ἀπ-ανδρόω); e) Verstärkung (ἀπ-ασπαίρω); f) = α privat. (ἀπ-άνθρωπος). — ἀπω-τέρω,
-τάτω mehr fern, sehr fern.

ap-as (Genitiv). — (ἀπ-ς) ἄψ Adv. örtlich: fort, rückwärts,
zurück; zeitlich: wieder, wiederum.

ap-i (Local). — ἐπί²) 1) Präpos. A) mit Genitiv: a) local:
auf, in, vor, nach — hin, über, an, nach, gemäss; b) zeitlich:
während, unter. B) mit Dativ: a) local: auf, gegen, um, wegen,
aus, unter (der Bedingung, dass), zum Behufe, in Beziehung, gemäss, ausser; b) zeitlich: während, an, bei, in. C) mit Accusativ:
a) local: auf, hinauf, nach — hin, darüber — hin, in Betreff;
b) zeitlich: bis zu .., über, auf, während. 2) Als Adv. in allen

angeführten Bedeutungen. 3) In der Zusammensetzung: a) darüber, darauf (ἐπι-κεῖσθαι), daran, dabei (ἐπι-θαλάσσιος), darauf hin, heran (ἐπι-βαίνω); b) hinzu (ἐπι δίδωμι, ἐπί-τριτος), nach (ἐπι-σύρω), wieder (ἐπ-έρομαι); c) Ueberordnung (ἐπι-στάτης); d) Veranlassung (ἐπι-γελάω); e) Gemässheit (ἐπί-καιρος); f) Beziehung (meist = be-) (ἐπ-ήρετμος berudert); steigernd: ἐπί-δηλος, ἐπί-λαμπρος, -σμυγερός; einschränkend: ἐπί-βαρυς, -γλυκυς, -λευκος u. s. w. — ἐπ-εί (= ἐπὶ ει)[3]) temporal: nachdem, als, da; causal: da, weil; ferner: wiewohl, obgleich, denn sonst.

üb, ä (= ἀπό) (voraugust. meist *ab, ä* selten im Vergleich zu *ab* und nur vor Cons., aber auch hier seltner als *ab;* erst in der august. Zeit *ab* vor Vocalen, *a* vor Cons.) ab, von — weg.

ab-s (= ἄψ) schon bei Plautus (später nur: *abs te* neben *a te*); *ab-s-que* ausser, ohne, *ab-us-que* weit weg. **ap-ut, -ud** Abl. im loc. Sinne (alte Nbf. *ap-or* vgl. *medi-meri-dies*) bei, an, neben.

op-, ob (= ἐπί) nach — hin, wegen[4]) (= *ad, apud* besonders in der älteren Sprache): *ob-viam, ob-ire, ob-derc, ob-oedio, op-portunus; obi-ter* nebenbei, zugleich.

. B. Gl. 14 f. — Corssen I. 252 ff. II. 1026. — C. E. 263. 265; Chronol. 81. — Ebel KZ. VI. 201 ff. — F. W. 9 f. 425. - - Schweizer KZ. III. 391. 393; XVIII. 297. — 1) PW. I. 275: *apa, ápó, ab*, goth. *af,* sluv. *u.* — 2) PW. I. 303: *ápi, ἐπί* ein an Verbalwurzeln und Nomina antret. Adv. (Präp.), Erlangung, Verbindung und Auschliessung bezeichnend. — 3) Curtius Erläut. 182. — 4) PW. I. 328: *abhi, ἀμφί, ob;* (vgl. pag. 40: **ambh** Anm. 1); ebenso B. Gl. 16 b.

---

ap-ap (Vogelruf).
ἔπ-οψ (ἔπ-οπ-ος) m. Wiedehopf (von seinem Rufe so benannt), ἀπ-αφ-ό-ς· ἔποψ, τὸ ὄρνιον; ἔπ-οπ-ο-ς· ὄρνεον Hes.; ποπ-ίζειν Poll. 5. 89 (hop hop schreien), vgl. [ὁ]κ-ωχ-εύειν.
üp-üp-a (= *op-op-a*) f. Wiedehopf.

C. E. 265. — FW. 425. — Fritzsche St. VI. 289. — Kuhn KZ. III. 69.

---

api (vgl. abd. *impi*).
ἐ-μ-πί-ς (ίδ-ος) f. Stechmücke (das spätere κώνωψ)[1]) (ὀξύστομοι Ar. Av. 244).
äpi-s f. Biene, Demin. *api-cula, api-āriu-s* zu den B. geh., Subst. m. Bienenzüchter, n. Bienenkorb, *ap-ic-iu-s* von den B. gesucht, lecker, süss (*vinum apicium* Muscatwein); Subst. Feinschmecker; *Apiciu-s*.

C. E. 265. — Förstemann KZ. III. 59. — 1) Schneider ad Arist. h. a. 1. 1. 7: *tipula Linnaei.*

apna (vgl. altpr. *umpni-s*).

ἱπνό-c m. Ofen, Backofen (nach Poll. 5. 91 bei Ar. auch: Mistgrube), Demin. *ἱπν-ίο-ν* n., *ἱπνό-ω* (*ἱπνεύω* Hes.) im Ofen backen, dörren, *ἵπν-ιο-ς* zum Ofen geh., *ἱπν-ίτη-ς* im Ofen gebacken (*ἄρτος*); *Ἱπνοί* verborgene Klippen und Höhlungen des Pelion an der Küste von Magnesia, wegen ihrer Form so benannt.

J. Schmidt KZ. XXII. 191 f. — C. E. 699: **pak** *πεπ-νο·ς, πιπ-νο·ς, ἱπ-νό·ς.*

ABH, AMBH, NABH schwellen, strotzen, hervorbrechen, -quellen.

abh. — *ἁβ-ρό-c* (Aspiration unorganisch) üppig = zart, zierlich; weichlich, schwelgerisch, *ἁβρό-τη-ς* (*τητ-ος*) f. Ueppigkeit u. s. w., *ἁβρο-σύνη* = *ἁβρότης*; *ἄβ-ρα* f. Lieblingssklavin, Zofe (*οἰκότριψ γυναικὸς κόρη καὶ ἔντιμος* vgl. Bekk. An. Gr. 322; *delicata* der Römer); *Ἀβρ-ία-ς* Makedonier (Arr. An. 6. 9. 3). — *ἀφ-ρό-c* m. Schaum, Geifer[1]), *ἀφρέ-ω* schäumen, *ἀφρύ-ω* zu Schaum machen. — *νήφω* (dor. *νάφω*) (= *νη + εφ*) (Nbf. *νηφαίνω* Eust.) nicht trunken d. h. nüchtern sein, *νηφ-άλιο-ς* id., *νηφαλι-σ-μό-ς* m. *νηφαλιό-τη-ς* (*τητ-ος*) f. Nüchternheit, *νηφαλι-εύ-ς* (= *νηφάλιος*) Apollo (Hymn. XI, 525. 14).

ambh. — *ὄμβ-ρο-c* m. Regen(guss)²), *ὀμβρέ-ω* regnen, *ὄμβρο-ιο-ς* zum R. geh., *ὀμβρο-ηρό-ς* regenreich. — *ὄμφ-αξ* (*ἄκ-ος*) f. (Demin. aus *ὀμφο-*) Brustwarze, Verhärtung der sauern Knöpfchen des Weinstocks, Herbling, unreife Weinbeere. — *ὀμφ-αλό-c* m. nabelförmige Erhöhung, Nabel, Schildbuckel, Jochknopf³), *ὀμφαλό-* (*Ϝεντ-ς*) *ει-ς* genabelt, *ὀμφαλω-τό-ς* id., *ὀμφάλ-ιο-ς* nabelrund, *ἐξ-όμφα-λο-ς* mit hervortretendem Nabel; *ὀπ-ώφαται· πέπρηται, οἰδεῖ* Hes. (*ambh* = *ωφ* Ersatzdehnung *ὀπ-ωφ-η* *ὀπ-ωφα-ο-μαι*)⁴). — *ἄμβ-ιξ* (*ἴκ-ος*) und *ἀμβ-ῖκο-ς* m. Becher; *ἄμβ-ων* (*ων-ος*) m. *ἄμβ-η* f. (ion.) erhöhter Rand, Boden des Bechers.

abh. — (*eb-ro*) **ěb-r-ĭu-s** üppig, saftreich, trunken, *ebriŏlu-s* leicht angetrunken, *ebriā-re* trunken machen, *ebri-ōsu-s* trunksüchtig, *ebriĕ-tā s* (*tāti-s*) f. Trunkenheit; **sŏbriu-s** (= *so-ebriu-s; so-* statt *se-* vgl. *so-cors*) nüchtern, besonnen, *sobria-re* nüchtern machen, *sobrie-tā-s* (*tāti-s*) f. Nüchternheit. — **ěb-ŭlu-s** m., -m n. Niederholunder, Attich.

ambh. — (*imb-ro, imb-ri*) **imb-e-r** (*imbri-s*) m. Regen, *imbri-cu-s, -du-s* Regen bringend; **imbrex** (*imbri-c-is*) f. Regenziegel, *imbric-ā-re* mit Hohlziegeln decken, *imbricā-ti-m* hohlziegelförmig. — **Umb-ri**, *Umb-r-ia, Umb-r-ö(n)* = Wasseranwohner, wasserreiches Land, wasserr. Fluss (die Umbrer wohnten in ältester Zeit zu beiden Seiten des Tiber und des Apennin in Umbrien und Etrurien, einem Lande reich an Flüssen, Bächen und Seen, in

West und Ost von den Meereswogen bespült[5]). — **umbil-Icu-s**
(aus *umb-ilu-s* = ὀμφ-αλό-ς, vgl. *lectu-s lect-ica*) m. Nabel, Mittelpunkt, Vorsprung[6]). — **umb-o** (*ōn-is*) m. convexe Erhöhung (Schildbuckel, Schild, Ellenbogen u. s. w.).
NABH s. unter **N.**

C. E. 295. 341; C. St. II. 440. — F. W. 11 f. 111. 425 f. 1075; Spr.
149. 191. 298. 335; KZ. XXII. 216. — Windisch KZ. XXI. 422; XXII.
275. — 1) PW. I. 364: *abhrá* n. 1) Gewitterwolke, Gewölk, Wolke =
ἀφρός (nicht ὄμβρος) und ist vielleicht auf eine Wurzel *abh* = *nabh*
(wovon *nabhas*) = *nah* zurückzuführen. — B. Gl. 14a: = Skr. *ap aqua;*
hib. abh flumen. — Sch. W. s. v.: ἀφύω weiss werden? — 2) Christ
97. — PW. I. 388: vgl. *ámbhas* n. *abhrá* n. *ámbu* n. — B. Gl. 18a:
*abrú ut mihi videtur ex abbara aquam gerens, ciecto b et a (nubes),
ὄμβρος imber inserta nasali, nisi haec pertinent ad ámbara caelum vel
ámbas aqua, cf. etiam umbra.* — 3) B. Gl. 213b: *e νοφαλος, nisi ex
ὀ-ναφαλος.* — 4) Fritzsche St. VI. 304. — 5) Corssen II. 169. — 6) B.
Gl. 213b: *e nubilicus vel u-nabilicus.*

---

1) **AM** sch ädigen; schadhaft (unreif), krank sein. —
Skr. **am** 1) befallen, beschädigen, 2) schadhaft, krank sein (PW.
I. 366).
ἀν-ία, ion. ἀν-ίη (= ἀν-ίϝη vgl. Skr. *ámīva* Plage, Drangsal, Schrecken, Leiden, Krankheit PW. I. 376) f. Beschwerde,
Plage, Qual, Schmerz, Kränkung[1]), ἀνιά-ω belästigen, plagen,
quälen, Med. Unmuth empfinden, sich betrüben, ἀνιά-ζ-ω id., ἀνιᾱ-
ρό-ς (ion. ep. ἀνιη-ρό-ς) lästig, beschwerlich, betrübend (Compar.
ἀνιηρ-έσ-τερος Od. 2. 190). — ὠμ-ό-c roh, ungekocht, unreif;
roh, hart, wild, grausam[2]), ὠμό-τη-ς (*τητ-ος*) f. Rohheit, Härte
u. s. w.

am-āru-s herb, bitter, *amari-tā-s, -tū-d-o, -tic-s* f. *amār-or*
(*ōr-is*) m. Herbe, Bitterkeit, *amāre-sc-ere* b. b. werden, (**amar-
Icu-s*) *amaricā-re* b. h. machen, *amarŭ-lentu-s* voll H. B.

B. Gl. 36b. — C. E. 341. 536. — FW. 11 f. 20. 387. 426; F. Spr.
152. — L. Meyer KZ. XVI. 1 ff. — Pictet KZ. V. 341. — 1) Aufrecht
KZ. XIV. 275: ἀν-ίσα Unwunsch, von **ish** streben, begehren. — 2) PW.
I. 668: *ámá* a) roh, ungekocht, halbgeröstet, b) ungebrannt, c) unreif,
d) unverdaut. — Christ 20.

---

2) **AM** stark sein.
ὠμ-ο-c m. Schulter[1]), ὠμα-δόν, -δίς (Hes.) auf der Sch., ὠμ-ι-
αῖο-ς an der Sch. befindlich, zur Sch. geh.; ἐπ-ώμ-ιο-ς = ὠμιαῖος,
ἐπωμ-ί-ς (*ίδ-ος*) f. Obertheil der Schultern (wo sich die Schlüssel-
beine mit dem Schulterblatt verbinden); κατ-ωμάδιο-ς, κατ-ωμαδόν
Adv. von den Schultern her[2]); ὑπ-ωμ-ία f. Gegend unter den

Schultern (Galen.), ὑπ-ώμαιος πούς Vorderfuss (unter d. Sch.) Arat.
— ἀμ-έ-cω· ὠμοπλάται Hes. (ε Hilfsvocal).

ŭm-ĕ-ru-s (= am-c-so-s, om-e-ro-s; vgl. ἀμ-έ-σω) m. Oberarm,
Schulter, Achsel, Demin. umeru-lu-s; umer-āle n. Schulterkleid der
Soldaten. — an-sa f. Handhabe, Henkel, Griff[3]), Demin. ansŭ-la;
ansā-tu-s gehenkelt.

1) Aufrecht KZ. I. 283*). — Corssen II. 127. — C. E. 341. — F. W.
12. 426. — S. W. 636. — Sch. W. 906. — 2) „was man von den Sch.
ausholend wirft" Schaper KZ. XXII. 514. 527. — 3) Bugge KZ. XIX. 401.
— F. W. 9; F. Spr. 297. — P. W. I. 5: vgl. ása-dhrí Geräth zum Kochen?
vielleicht Gefäss mit Handhaben, Henkeln auf beiden Seiten (gleichsam
die Schultern — ása desselben), vgl. ansa, wo nur diese Bedeutung sich
erhalten hat.

3) AM nehmen.
ἀμ-ν-ίο-ν n. Schaale, Schüssel zum Aufnehmen, Auffangen
des Opferblutes (Od. 3. 444)[1]).

ĕm-ĕ-re nehmen, kaufen (ēm-i, em-p-tu-s) (vgl. deutsch beim
Kaufe: ich nehme dies) (emere antiqui dicebant pro accipere Paul.
D. p. 4. 18); -ĭmere: ad-, dir- (= dis-), ex-, inter-, per-, red-;
cŏmere, dēmere, prōmere, sūmere (= co-im-, de-im-, pro-im-, sub-
im-ere). — ĕm-ax (āc-i-s) kauflustig; em-p-t-ĭc-iu-s gekauft, em-
p-t-ĭcu-m (militem mercennarium Paul. D. p. 77. 5); em-p-ti-ō(n) f.
Kauf, em-p-tor (tōr-is) m. Käufer. — ex-ĭm-iu-s (ausnehmend
=) ausgenommen, ausgezeichnet; ex-em-p-lu-m, exempl-ar (āri-s),
-āriu-m n. Vorbild, Muster, Beispiel. — praem-iu-m (= prac-
im-iu-m) n. das vorweg Genommene = Vortheil, Auszeichnung,
Lohn[2]). — prom-p-tu-s (tūs) m. das Offenbarsein (in promptu
öffentlich, vor aller Augen), Bereitwilligkeit, Leichtigkeit; Adj.
promptu-s offenbar, gleich zur Hand, geneigt, fertig, promptu-
āriu-m n. Vorrathskammer. — vin-dēm-ia f. Wein-abnahme, -ernte,
-lese, vindemiā-re W. halten, vindemiā-tor (tōr-is) m. Winzer.

F. W. 387; F. Spr. 185. 298. — Windisch KZ. XXII. 274. — C. E.
598: Jam nehmen. — Corssen B. 496: kam velle, optare. — 1) F. W. I². 19.
— 2) eximius u. s. w. Corssen B. 222; Ebel KZ. V. 182; Grassmann
KZ. XI. 19.

4) (AM?) = ὀμ (die Herkunft ist dunkel).
ὄμ-νῡ-μι schwören, beschwören (Fut. ὀμοῦμαι, ὀμό-σομαι, Aor.
ὤμο-σα, ep. ὄμο-σα, ὤμο σσα, ὄμο-σσα, Perf. ὀμ-ώμο-κα, -σ-μαι, Aor.
Pass. ὠμό-σ-θη-ν ὠμό-θη-ν, Fut. P. ὠμο-σ-θή-σομαι); Nebenf. ὀμ-νύ-ω
(Hom. nur Imperat. ὀμνυέτω Il. 19. 175, Imperf. ὤμνυε Il. 14. 270.
Od. 19. 288; einzeln bei Attik.); ὀμο-τή-ς m. der Schwörende,
ὀμο-τ-ικό-ς zum Schw. geh. (ἐπιρρήματα, adverbia jurandi Gramm.).

C. V. I. 161. 12). 392.

ama Mama (Lallwort).

ămY-ta f. Vatersschwester, Tante von des Vaters Seite (vgl. *mater, mater-tera*), *amit-in-i*, *ae* Geschwisterkinder von Bruder und Schwester.

F. W. 340; F. Spr. 298.

AMB(?) umhüllen.

umb-ra f. Schatten, Demin. *umbel-la;* *umbrā-rc* beschatten, *umbrā-cŭlu-m* n. schattiger Ort, Sonnenschirm, *umbrū-tĭ-cu-s*, *-tĭ-li-s* im Schatten, müssig, beschaulich, *umbr-ōsu-s* schattenreich.

Corssen II. 169 unter Hinweisung auf Skr. *amb-ara·m.* — Jedoch PW. I. 384: *ámbara* n. 1) Umkreis, Umgebung, 2) Kleidung, Gewand, 3) Baumwolle, 4) Luftkreis, Himmel, Luft, 5) Safran, 6) Talk, 7) Ambra. „Wohl aus *anu-vara* (von **var**) verstümmelt". — Die Ableitung von *umbra* aus *umb* bleibt daher recht zweifelhaft; aber eine andere wurde nicht gefunden.

AMBH zusammenhalten — wohl urspr. **ABH.**

ἀμφί[1]) 1) Präpos. m. Gen., Dat. (poet. u. in ion. Prosa), Acc.: um, bei, in der Nähe von, über, von, in Betreff, wegen; 2) Adv. umher, herum, rings (um), auf allen Seiten hin; 3) in der Zusammens.: um, rund um, von zwei Seiten, von allen Seiten; zuw. causal: ἀμφι-μάχομαι; ἀμφί-c (vgl. ἐξ *cx*, ἄψ *ab-s*, *su*[*b*]*-s*) 1) Adv. von oder auf beiden Seiten, um, herum, gesondert, aus einander, besonders; 2) Präp. a) m. Gen.: getrennt, fern, um; b) m. Dat.: um (sehr selten Il.); c) m. Acc.: um, Hom. (stets seinem Casus nachgesetzt); δι-αμφί-ς (Dion. Per. 5. 903) und δι-αμφίδιο-ς abgesondert, verschieden (μέλος Aesch. Prom. 554). — ἄμφω, ἀμφό-τεροι[2]), ἀμφετέρω-θι auf beiden Seiten, -θεν von b. S., -σε, -τέρως nach b. S. hin, auf beiderlei Art; Ἀμφό-τερο-ς (einige alte Gramm. τερό-ς) ein Troer (Il. 16. 415, Sohn des Alkmāon, S. Alexander des Gr.)[3]).

ambi-, amb-, an- (praepos. insep.): *ambi-viu-m*, *amb-ĭ-tu-s*, *an-quiro* (vgl. *an· terminum*, Cato origg. Macrob. Sat. 1. 14). — **om-ni-s(?)** insgesammt, all, jeder, *omnī-no* im Ganzen, gänzlich, überhaupt[4]). — **ambō** beide (= *ambau*, Dualform).

B. Gl. 58a. — C. E. 294. — F. W. 11. 341. 426. — 1) PW. I. 328 f.: *abhi*, zend *aivi*, *ἀμφί*, lat. *ob*, ahd. *umbi*, nhd. *um*, sl. *obŭ;* nicht selten entspricht *abhí* der deutschen Partikel be-: *varsh* regnen, *abhi-rarsh* beregnen; vgl. pag. 36 apu Anm. 4. — Bopp Gl. 16b: Skr. *a-bhi* = Pronom.st. *a* + Suff. *bhi* = φι: ἀ-μ-φί. — 2) P. W. I. 993: *ubhá*, ἄμφω von *ubh* zusammenhalten. — 3) Fick KZ. XXII. 218 f. — 4) C. E. 294: „Man könnte selbst an *omnis* denken". -- Düntzer KZ. XI. 67: Dunkel ist die Abstammung von *omnis*, das Benary *ob-nis* erklärt. — L. Meyer vergl.

Gr. *omnis* = got. *ibna* — eben, gleich (vgl. Schweizer-Sidler KZ. XIV.
153); ebenso Windisch St. II. 291. 45): „got. *ibns*, uhd. *ëbani*, schwed.
jemn. *omnis* würde dann für *ob-ni-s* stehen".

ambha, abbha (Lallwort).
ἄππα Väterchen (Callim. Dian. 6) (ἄπφα, ἀπφά Suid.) schmei-
chelnde Anrede, bes. der Geschwister unter einander, Dem. ἀπφ-
άριο-ν ἀπφ-ίο-ν ἀπφ-ίδ-ιο-ν; ἀπφ-ύ-ς (ύ-ος) (Bekk. An. 857. 7
ἀπφῦ-ς) m. schmeichelnder Name lallender Kinder, den sie dem
Vater geben (Papa) (nur Nom. Acc. Theokr. 15, 14).

Angermann St. V. 386. — F. W. 12; KZ. XXII. 200. — Roscher
St. Ib. 106. — PW. I. 385: *ambā* Mutter, Mütterchen.

ajas. — Skr. *ájas* n. Metall überhaupt, Eisen; *ājasá* 1) Adj.
ehern, metallen, eisern, 2) Subst. n. Eisen, Blasinstrument (PW.
I. 394. 676); vgl. got. *ais* St. *aisa*, abd. *ēr*, *aes*, Eisen.
    St. **ah-es** (*j* = *h*) (*a-es*) **aes** (Gen. *aer-is*) alt *ais* (*ais-is*) n.
Metall, Kupfer(erz), Erz, *aer-eu-s* ehern, *aer-āriu-s* das Erz betreffend, Subst. m. Erzarbeiter, Kupferschmied, n. (erg. *penu*, *pe-
num*) Schatzkammer, *aer-ā-tu-s* mit Erz beschlagen; *aer-ā-men* (*mĭn-is*)
n., -*men-tu-m* n. Erzwerk, Erzgeschirr; *aer-ōsu-s* kupferhaltig; **aer-**
ū-g-o (*ĭn-is*) **aer-ū-ca** f. Rost, Grünspan, *aerugin-ōsu-s* voll von
Rost, Grünspan; *aer-u-ma* (*utensilia ampliora* Paul. D. p. 26. 1);
(*aer-u-scu-s) *aeruscā-re* (*aera undique, id est pecunias colligere*
Paul. D. p. 24. 7), *aeruscā-tor* (*tōr-is*) m. Bettler; (*ah-es-*, *ah-ē*,
a-ē-) **ähĕ-nu-s**, **ăĕ-nu-s** und **ăhĕ-n-eu-s**, **ăĕ-n-eu-s** ehern, *Aheno-*,
Aeno-barbu-s (Rothbart); (*ăĕ-n-*, *aen-*) *Aen-āria* f. Insel, wo man
Erz fand (j. Ischia); (*aen-es-io*) *Aenesī* (*dicti sunt comites Aeneae*
Paul. D. p. 20. 6) also Leute in einer Gegend, wo es Erz gab.

B. Gl. 19b. — Corssen I. 632; B. 466. 474. — F. W. 13. — Götze
St. Ib. 166 f. — M. M. V. II. 252 ff.

1) **AR** erheben, treiben, erregen; sich erheben, aufstreben, wachsen, gedeihen; nähren (= wachsen oder gedeihen machen). — Skr. **ar** sich erheben, aufstreben, gehen, sich
bewegen; bewegen, aufregen, auftreiben, erheben; Intens. sich
regen, streben, herumirren, zu Jemand laufen, fliegen (P. W. I.
399). — Siehe **ar-dh**; 1) **ar-s**.

ar, al. — ἄρ-ο-ν n. Natterwurz[1]) (Theophrast; *arum dra-
cunculus* Linné). — αὐρο-ς (= ἀρ-Ϝο-ς) ταχύς Lob. Aglaoph. 2.
848[2]) (vgl. PW. I. 449: *árvan, árvant* m. Renner, Ross). — ἄλ-η
f. das Sichumhertreiben, Irren, Irrfahrt[3]) (ἀλ-άλ-αγξ· ἡ πλάνη Hes.)[4]);

ἀλά-ο-μαι (ἀλαίνω Aesch. Eur.[5]) irren; ἀλέ-α (ion. ἀλέη) f. das Vermeiden, Ausweichen, ἀλέ-ο-μαι (verstärkte Nbf. ἀλεείνω) ἀλεύο-μαι ausweichen, entgehen, entfliehen; intens. Frequ. ἠλ-άσκ-ω, -άζω schweifen, entrinnen[6]); ἠλ-ό-c ἠλε-ό-c irr, wirr, ἠλ-ίθ-ιο-c thöricht, ἠλιθιό-ω verwirren, betäuben (Aesch. Prom. 1065). — St. ἀλι-τ: ἀλιτ-αίνω (Aor. ἤλἴτ-ον, ἀλἴτ-όμην, ἀλιτ-έσθαι) fehlen, sündigen, freveln, ἀλείτ-η-c m., ἀλἴτρό-c m, Frevler, Schelm (st. ἀλιτη-τρο-), ἀλιτήρ-ιο-c (st. ἀλιτη-τηρ-ιο-) frevelnd, rächende Strafgottheit[7]) (δαίμονες ἀλιτήριοι Poll. 5. 131), ἀλιτή-μων (μον-ος) frevelnd (nur Il. 24, 157. 186); ἀλίσβη (= ἀλιτ-Ϝη) ἀπάτη Hes.[8]). — St. ἀλυ (vgl. Ϝερ, Ϝερυ wahren): ἀλύ-cκ-ω, -σκ-άζω ausweichen, fliehen (-άνω Od. 22. 330) (Fut. ἀλύξω, ἀλύξοι, Aor. ἤλυξα[9]). — ἱ-άλλω in Bewegung setzen, schicken, senden, schiessen (ι Redupl., vgl. ἰ-αύ-ω; Fut. ἰαλῶ, Aor. ἴ-ηλ-α)[10]). — μέτ-αλλο-ν n. (urspr. das Nachsuchen) Grube, Stollen, das in den Gruben Gefundene, Metall (lat. metallu-m Lehnwort)[11]), μετ-αλλά-ω (vgl. μετ-έρχομαι) suchen, forschen, μεταλλ-εύ-ω in der Erde nach Wasser, Erzen, Metallen suchen, μεταλλ-ικό-c auf die Bergwerke bezüglich. — wachsen; nähren: Ἄλ-τι-c (τε-ως) f. der heilige Hain des Zeus in Olympia; ἄλ-co-c (σε-ος) n. Hain (vgl. ἄρσ-εα, φάρσ-ος, ἄψ-ος) (ἄλ-μα, τὸ Lycophr. 318), ἀλσ-ώδης hainartig, mit Gehölz bewachsen; ἄν-αλτο-c unersättlich (γαστήρ Od. 17, 228. 18, 114. 364)[12]).

or, el. — ἐρ-χ-ο-μαι (= ἐρ-σκ-ο-μαι) Inchoat. zu gehen anfangen, gehen, kommen[13]). — ἐλά-ω (selten, statt) ἐλαύνω (= ἐλα-νυ-ω, Specialtempora von ἐλαδ- statt ἐλαϳ) in Bewegung setzen, treiben (fahren, reiten, rudern, marschieren), in die Enge treiben (Fut. ἐλά-σω, att. ἐλῶ, Aor. ἤλα-σα [p. ἔλα-σα, ἔλα-σσα] ἠλά-θη-ν, Perf. ἐλ-ήλα-κα, -μαι, Plusqu. ἐλ-ήλ- und ἠλ-ήλ-α-το und ἐλ-ήλαδ-ατο, ἐλ-ελήδ-ατο)[14]); ἔλα-σι-c (st. -τι-c) f. das Treiben u. s. w., ἐλα-τήρ (τῆρ-ος) m. Treiber, Rosselenker, ἐλατήρ-ιο-c treibend; ion. ep. ἐλαστρέω treiben (Homer nur ζεύγεα Il. 18. 543); ἱππ-ήλατο-c zum Treiben, Fahren bequem (νῆσος, γαῖα Od. 4, 607. 13, 242)[15]). — ἐλά-τη f. (die hoch auftreibende) Tanne, Fichte, der hohe, zum Himmel strebende Baum (homer. οὐρανομήκης, περιμήκετος, ὑψηλή) (pinus picea Linné)[16]), ἐλάτ-ινο-c von Tannen-, F.-holz. — ἔλα-φο-c m. f. Hirsch, Hirschkuh (vgl. ἔρι-φο-c Bock), ἐλάφ-ειο-c vom H.; ἐλλό-c [ἐλλό-c Apoll. Lex.] (= ἐλ-νο-c) m. junger Hirsch, Hirschkalb (Od. 19. 228)[17]); ἱππ-έλαφο-c eine Art Gazelle, ἱπποτραγ-έλαφο-c Rossbockhirsch, ὀν-έλαφο-c Eselhirsch, τραγ-έλαφο-c Bockhirsch, χοιρ-έλαφο-c der indische Schweinhirsch.

or, ol. — ὄρ-νῡ-μι, ὀρ-νύ-ω, ὀρ-ίν-ω (poet. von Hom. an = ὀρ-ι-νιω vgl. βαίνω oder = ὀρ-ι-ννω vgl. τίνω τινύω — lesb. ὀρίννω), ὀρ-ο-θ-ύν-ω antreiben, aufjagen, erregen, Med. sich erheben, auffahren (Fut. ὄρ-σω, Aor. ὦρ-σα, ὦρ-ορ-ο-ν; Med. ὄρνυ-μαι, Fut. ὀροῦμαι, Aor. ὠρ-ό-μην ὦρ-ε-το ὦρ-το ὄρ-ο-ντο ὄρ-μενος,

(*ὡρσάμην) Impt. ὄρσο ὄρσεο ὄρσεν (erhebe dich); von ὀρ-έ-ο-μαι Impf. ὀρ-έ-ο-ντο (= ὀρ-j-ο-ντο vgl. *or-i-u-ntur*); Perf. intr. ὄρ-ωρ-α, -ε (bin erregt, erhoben), ὀρ-ώρ-ε-ται, Plusqu. ὀρ-ώρ-ει; ὀρ-εύ-ω = ὄρ-νυ-μαι sich schnell erheben, losstürzen[18]); Part. -ορ-το: θί-ορτο-ς von Gott entstanden, bewirkt, κονι-ορτό-ς m. Erhebung von Staub, Staubwolke [19]), νέ-ορτο-ς neu erregt; 'Ορτι-, 'Ορσί-λοχο-ς die Schaaren erregend, ebenso: 'Ορσί-μαχος, "Ορσ-ιππο-ς. — ὄρ-νι-ς m. f. (St. ὄρνι, ὀρνί-θ, dor. ὀρνί-χ; χ = ιχο der büot. Demin.; í Hom., ȶ Trag.) ὄρνε-ο-ν n. Vogel (der aufstrebende), Demin. ὀρνίθ-ιο-ν n., ὀρνίθ-ειο-ς vom V., zum V. geh., ὀρνιθ-εύ-ω vogelstellen, ὀρνιθευ-τ-ιχό-ς den Vogelfang betreffend; "Ορ-ολο-ς od. 'Ολ-ορο-ς König der Thrakier; Vater des Thukydides. — ἔρ-νοc (νε-ος) n. (vgl. ἔθ-νος, ἴχ-νος, δῆ-νος, κτῆ-νος; ε statt ο vgl. πελλός πολιός, Κέρκυρα Κόρκυρα)[20]). — οὖρο-ν (= ὀρ-ϝο-ν) n. Strecke, Raum, Wurfweite; δίσκ-ουρα Pl. n. Wurfweite des Diskos (Il. 23. 523)[21]).

ar, al. — a) aufstreben, wachsen: **ǎr-und-o** (-*in-is*) (Gerundiv. *ar-undu-s, *ar-und-ïn*) f. (Emportreibendes, Wachsendes =) Rohr, Angelruthe[22]), *arundin-ētu-m* n. Röhricht, *arundin-ōsu-s* schilfreich, *arundin-eu-s*, -*āc-eu-s* rohr-, schilfartig. — Part. **al-tu-s** = emporgediehen, hoch, erhaben, tief (= nach unten gemessen), *altā-re* erhöhen, *alti-tū-d-o* (*in-is*) f. Höhe, Erhabenheit, Tiefe. — **al-nu-s** f. Erle (als Wachsende)[23]), *aln-eu-s* von Erlenholz. — **al-ǎ-cer** (*cri-s, cre*) (vom aufstrebenden Muthe und von körperlicher Schwungkraft) aufgeregt, munter, frisch, *alacri-tā-s* (*tātis*) f. Aufgeregtheit u. s. w.[24]). — b) wachsen machen, nähren: **ălě-re** wachsen machen, nähren[12]), *alc-sc-c-rc, co-alescere* wachsen, gedeihen, *al-ϊ-li-s* gemästet, fett, *al-tor* (*tōr-is*) m., -*trix* (*trīc-is*) f. Nährer, -in; **al-mu-s** (Alles wodurch wir Leben und Odem haben) labend, gütig, lieb; **al-ü-mnu-s** (Part., der genährt wird) m., -*mna* f. Pflegling, -in, Zögling, -in, *alumnā-re* aufziehen; *alϊ-bïli-s alě-bri-s* nahrhaft (*alebria bene alentia* Paul. p. 25); *alϊ-men-tu-m* n., *ali-mōn-iu-m* n. *ali-mōn-ia* f. Nahrung, *aliment-āriu-s* z. N. geh.; *Alě-mōn-a* (*superstitio Romana dicam finxit Alemonam, alendi in utero fetus* Tert. de anim. c. 37). — **al-vu-s** f. (m.) (der nährende) Bauch, Unterleib; Höhlung, Bienenstock[25]); **alv-eu-s** m. (eig. eine dem hohlen Leibe ähnliche Vertiefung) Flussbett, Becken, Bienenstock, Demin. *alveǒ-lu-s*, *alve-āre* (*i-s*), -*ār-iu-m* n. Bienenstock, *alve-ā-lu-s*, *alvcol-ā-lu-s* muldenförmig, gehöhlt. — (St. ***alě-to:** *alě-ti-tū-d-ïn*) *alctūd-o* (*in-is*) f. (*corporis pinguedo* Paul. D. p. 27. 12).

or, ol. — **ŏr-i-or** 3. sich emporheben, entspringen; *or-tu-s* (*tūs*) m. Entstehen, Aufgang, *Or-t-ōna; orien-s* (*sol*) m. Sonnenaufgang, Morgenland, Orient, *orient-āli-s* morgenländisch. — **or-ig-o** (*in-is*) f. Ursprung, Herkunft, *origϊn-āli-s* ursprünglich; *Ab-origines*

Aboriginer, das Stammvolk der Römer (*Indigenae sunt inde geniti, quos vocant aborigines Latini, Graeci αὐτόχϑονας* Serv. Virg. A. 8. 328). — (*or-du-s* aufsteigend) **or-d-o** (*-in-is*) m. Aufsteigen, Reihe, Ordnung, Klasse[26]), *ordin-āli-s, -āri-u-s* zur Reihe u. s. w. geh., *ordin-āre* reihen, ordnen, *ordinā-ti-o* (*ōn-is*) Anordnung, Regelung, Amtsbestellung, *ordin-ā-tor* (*tōr-is*), *-trix* (*trīc-is*) Ordner, -in, *ordinā-ti-m* in gehöriger Reihe; **ord-ĭ-rī** (vgl. *largu-s largiri*) (*orsu-s* = *ord-tu-s*) anreihen, anspinnen, beginnen, *ord-ia, prim-ord-ia* Pl. *ex-ord-iu-m* n. Anfang, Beginn, Ursprung, *primord-iu-s* ursprünglich. — **or-nu-s** f. (die aufstrebende) Bergesche, *orn-eu-s* zur B. geh. — ***ŏle-sc-ĕre** (*suboles ab olescendo, id est, crescendo* Paul. D. p. 309. 4)[27]); *ad-olescere* (*ad-olē-vi, ad-ul-tu-s*) heranwachsen, *adulesc-e-n-s* m. f. junger Mann, junges Weib, *adulescent-ia* f. Jungemannsalter (zwischen der pueritia und der senectus), *Ad-olc-n-da* die Heranwachsende, eine Göttin, die das Wachsen der Bäume fördert und in demselben ihr Wesen zeigt, daher gleich benannt mit dem heranwachsenden Baume[28]); *ind-ŏle-s* (s. *in*, pag. 30) f. Angeborenes, natürliche Beschaffenheit, Talent, Anlage; *ex-, ob-s-olescere* (*-olē-vi, olē-tus*) auswachsen, alt werden, veralten; *in-olescere* (*-olē-vi, oli-tu-s*) einwachsen; *prōle-s* (= *pro-ole-s*) f. Sprössling, (**pro-olē-tu-s*) *prolēt-āriu-s* m. Bürger der untersten Klasse, Proletarier (die nur mit ihren Kindern, nicht mit ihrem Gelde dem Staate dienten); *im-prōles* (*est, qui nondum vir est* Mar. Victor p. 2465), *im-prōlu-s vel im-prōli-s* (*qui nondum esset adscriptus in civitate* Paul. D. p. 108. 12); *sub-olescere* nachwachsen, *sub-, sob-ŏle-s* f. Nachwuchs, Sprössling (s. oben *olescere*). — **ul-mu-s** f. Ulme, *ulm-āriu-m* n. Ulmenpflanzung, *ulm-eu-s* von U. — **ul-va** f. Schilfgras, Sumpfgras, *ulv-ōsu-s* reich an Sch. S.gras. — *Ul-ŭ-brae* f. rohr-, schilf-tragende Stätte, Röhricht (j. *Cisterna*), ein Ort nahe bei den pontinischen Sümpfen.

Corssen I. 530 f.; B. 129; N. 268. 278 f. — C. E. 348. 350. 358. 486. 540. 546. 575. 596. — F. W. 13. 16 f. 21. 341 f. 427 f. 434; F. Spr. 226. 298. 301 f. — 1) F. W. 427. — 2) Bugge KZ. XIX. 403. — Kuhn KZ. IV. 42. — 3) Bugge KZ. XX. 27: W. vars; altbaktr. *vareta* f. die Irre. — 4) Fritzsche St. VI. 287. — 5) C. V. I. 263. 1). — 6) C. V. I. 277. 10. — 7) Fick KZ. XXII. 98. — 8) Clemm St. VII. 48. — 9) C. V. I. 276. 4). — 10) C. E. 540; C. V. I. 303. 23). — Kuhn KZ. V. 193 ff. XIV. 319 f. — Aufrecht KZ. XIV. 273 f.: sar *si-sal* = ἱαλ senden, entsenden, ausbreiten; ebenso Goebel Hom. 17. — Fick Spr. 150: ls werfen = *lαλ-jω.* — 11) C. E. 540: „vielleicht". — Bühler KZ. VIII. 365 fl.: μετά und *λάω* nach etwas sehen (vgl. μεταβλέπω). — Düntzer KZ. XIII. 2: μα messen: **μέ-τη* die bestimmte Tiefe, μέτ-αλλο-ν die tiefe Grube, μεταλλᾶν in der Grube suchen, ergründen. — Hehn p. 61: lydisch-phönicischer Herkunft? — 12) C. E. 358. — F. Spr. 301 (ἄλσος = ἄλ-τος). — 13) C. E. 66. 540. 546. — F. W. 17. — 14) C. V. I. 254. 9). — Kuhn KZ. XIV. 320. — B. Gl. 45 b: ll *ire, radix* ar *mutato r in l et* a *attenuato in* l. — 15) Meyer St. V. 104: Rosse in Bewegung setzend. — 16) Hehn 255. — 17) C. E. 362. — Legerlotz KZ. VIII. 51: W. vars benetzen: ἐρσ-,

Ιλσ-, *Ιλι-ό-ς*; urspr. der alte Hirschbock, so dass der Name des Vaters auf seine Kinder übergangen wäre. — 18) C. V. I. 161, 15). 189, 39). 260, 2). — 19) Düntzer KZ. XIV. 14. — 20) Bugge St. IV. 327. — C. E. 349. — Düntzer KZ. XVI. 30: **sar**: *ίρνος* der treibende Stamm, von derselben W. wie *ὁρμή*. — Pott (nach Düntzer) Skr. **vṛdh** wachsen. — 21) So auch Leskien, *ratio quam Bekk. in dig. sec. est*, p. 21. — 22) B. (il. 52 b: **ud** *ar-undo, i. e. ad undam crescens.* — 23) F. W. 343, Spr. 301: *als-na; al-nu-s* würde *allu-s* geworden sein [wohl nicht nothwendig, vgl. *ul-na*, *vul-nu-s*]; vgl. auch Grimm W. III. 416 f. *Eller* und *Else* (dies aus dem Slavischen). — 24) Corssen B. 344. — 25) B. Gl. **var** *tegere.* — 26) Corssen B. 108. — 27) B. Gl. 22 b: **ard** *crescere, augeri, cuius l tam ex r quam ex d explicari possit, cum et r et d facile transeant in l.* — 28) Corssen B. 125 f. — Ganz anders Klotz W. (s. v.): wahrscheinl. Name einer röm. Göttin bei der Inbrandsetzung durch Blitz.

2) **AR** erreichen, erlangen, treffen — auch im feindlichen Sinne. — Skr. **ar** auf Jemand oder Etwas stossen, in oder auf Etwas gerathen, erreichen, erlangen; verletzen (P. W. I. 399). — Siehe: **ir**.

ar. — *ἄρ-νῠ-μαι* (nur Präs. Impf., Aor. *ἀρ-έ-σθαι, ἄρ-α-σθαι*) sich erwerben, empfangen. — *ἄρ-ος* (*ε-ος*) n. Nutzen (Aesch. Suppl. 852); *μίσθ-αρ-νο-ς* m. Lohnarbeiter (= löhnempfangend), *μισθαρ-νέ-ω* um L. arbeiten, *μισθαρν-ία* f. Lohnarbeit. — *ἀρ-ύ-ω*, att. Nbf. *ἀρύ-τ-ω*, ion. *ἀρύσσω* (erlangen, gewinnen?) schöpfen[1]); *ἀρυτήρ* (*τῆρ-ος*) m. Schöpfgefäss, Löffel, Kelle (*ἀρυστήρ* Her. 2. 168), *ἀρύτ-αινα* f. Giesskanne (*χαλκοῦν σκεῦος ᾧ τὸ ἔλαιον ἐγχέουσιν εἰς λύχνους* Schol.), Dem. *ἀρύστ-ιχο-ς* m. kleiner Becher, *ἀρυσ-τρί-ς* (*τρίδ-ος*) f. Löffel. — *ἄρ-η* f. Verderben, Unheil, *'Αρά* die Rachegöttin (᷉ -, Hom. in arsi _ _), *ἀρη-τό-ς* (*γόος* nur Il. 17, 37. 24, 747) schrecklich (*ἄ ᾱ* vgl. *'Αρες, 'Αρες βροτολοιγέ* Il. 5. 31. 455), *ἀρη-μένο-ς* beschädigt, gebrochen, bewältigt (*βεβλαμμένος* Hes.). — *'Αρ-ης* (Voc. *'Αρες, 'Αρες*) Gott des Krieges und des wilden Schlachtgetümmels, das Symbol der ungestümen rohen Tapferkeit, nur Krieg und Blutvergiessen liebend[2]), *ἄρε-ιο-ς* (nur Il. 4. 407) sonst *ἀρή-ιο-ς* kriegerisch, streitbar, tapfer.

er. — *ἔρ-ῑ-θ-ο-ς* m. = *μίσθαρνος, συν-έριθο-ς* m. f. Mitarbeiter, -in (Hom. nur f. Od. 6. 32). — *ἔρ-ᾰνο-ς* m. (urspr. wohl Geldsammlung) Mahlzeit, wozu jeder seinen Beitrag gab (*Piknik*), Beisteuer, Beitrag, Unterstützung, Liebesdienst[3]), *ἐρανίζω* Geldbeiträge sammeln. — *ἔρ-ι-ς* (*ιδ-ος, ι-ν*) f. Streit, Zank, Hader, *'Ερι-ς* als Göttin, die Urheberin des Kampfes und Streites, Schwester u. Gefährtin des *'Αρης*[4]); *ἐρίζω* (= *ἐριδ-jω*) wetteifern, kämpfen, streiten, *ἔρισ-μα* (= *ἐριδ-ματ-*) n. Streit (Il. 4. 38), *ἐρισ-τ-ικό-ς* streitsüchtig, zänkisch, *ἐριδ-αίνω* = *ἐρίζω*. — *ἐρ-έ-θ-ω ἐρ-ε-θ-ί-ζ-ω* reizen, anreizen, beunruhigen, *ἐρέθι-σ-μα* (*ματ-ος*) n. Anreizung.

ol. — (?)*ὀλ-λυ-μι* (= *ὀλ-νυ-μι*) (Nebenf. *ὀλέ-κ-ω* Hom. Soph.)

vernichten, verderben, Med. zu Grunde gehen[5]) (Fut. ὀλῶ ep.
ὀλέ-σω, -σσω, Aor. ὤλε-σα ep. ὄλε-σα, -σσα, Perf. ὀλ-ώλε-κα; Med.
ὄλ-λυ-μαι, Fut. ὀλοῦμαι, Aor. ὠλ-ό-μην, gleichbedeut. Perf. ὄλ-ωλ-α);
Part. poet. οὐλόμενο-c (*ὀλ-νο-μαι *ὀλ-λο-μαι, Ersatzd. *οὐλο-μαι)
ὀλόμενο-ς (Eur. Phoen. 1037) verderblich, tödtlich, Unheil bringend
(passiv nur von Personen = perditus Od. 17, 484. 18, 273);
ὀλο-ό-ς = οὐλόμενος; ὀλε-τήρ (τῆρ-ος) m. Verderber, Mörder (Il.
18. 114); ὄλε-θρο-c m. Verderben, Unglück, verderblicher Mensch
(= pernicies, pestis), αἰγ-όλεθρο-ς m. Ziegenpest, ein den Ziegen
tödtliches Kraut (Plin. h. n. 21. 13), ὀλέθρ-ιο-ς = οὐλόμενος. —
St. ὠλ-εc: ἐξ-ώλης ganz verdorben, ἐξώλε-ια (= -ωλεσ-ια) f. gänz-
liches Verderben; παν-ώλης = ἐξώλης; προ-ώλης im Voraus oder
von Grund aus verdorben; φρεν-ώλης gestörten Geistes, wahnsinnig.

or, ol. — ad-ŏr-i-or (-or-tu-s) sich erheben, losgehen, angreifen[6]) (aggredimur de longinquo, adorimur ex insidiis et ex
proximo. Nam adoriri est quasi ad aliquem oriri, id est, exsurgere.
Donat. ad Ad. 3. 3. 50). — ole: ah-ŏlē-re (-olē-vi, olī-tu-s) vernichten, ab-ole-sc-ĕre vergehen, verschwinden, ab-olī-ti-o (ōn-is) f.
Vernichtung, Amnestie[7]).

C. E. 342 f. - Düntzer KZ. XII. 13 f. — Fick W. 13 f. — Meister
St. IV. 436. — 1) C. V. I. 239. 2: „von ἀρ erlangen, gewinnen? Herkunft dunkel". — 2) PW. I. 682: Skr. āra m. der Planet Mars, Saturn.
— 3) Sch. W. 309: vgl. ἥρα eig. „angenehme Gesellschaft". — 4) Sch.
W. 312: vielleicht mit got. vritan, ahd. reizjan zusammenhängend; also
eig. St. Fριδ [dann εριδ] vgl. lat. ri(d)valis. — 5) C. E. 63: ein sicheres
Correlat in den verwandten Sprachen noch nicht gefunden; 562: W. noch
in Dunkel gehüllt. — C. St. V. 218; C. V. I. 166. 45). — Leskien St. II.
102. 9). — 6) F. Spr. 411; F. W. 13. — 7) Fick KZ. XXI. 3. — Corssen
I. 530: wachsen.

---

3) AR fügen, ein-, an-fügen; passen, gefallen. —
Skr. ar: Causat. hineinstecken, hineinlegen, anstecken, befestigen,
infigere; übertr. heften, richten (P. W. I. 399). — Siehe 1) ar-k,
ar-p.

ἀρ-αρ-ί-cκ-ω (Präsensst. nur im Imperf. ἀράρισκε fügte an
Od. 14. 23. Theokr. 25. 103) 1)· transit.: Fut. ἀρῶ ion. ἄρ-σω,
Aor. ἦρ-σα ep. ἄρ-σα, häufiger ἦρ-ἄρ-ο-ν ep. ἄρ-ἄρ-ο-ν (intr. Il. 16.
204. Od. 4. 777), Pass. ἦρ-θη-ν (ἄρ-θε-ν = ἤρθησαν) fügen, verbinden, verschen, ausrüsten; 2) .intransit.: Perf. mit Präsensbed.
ἄρ-ᾱρ-α, ion. ep. ἄρ-ηρ-α, Part. ἀράρ-, ἀρηρ-ώς, fem. ἀράρ-υῖα,
Plusqu. ἦρ-άρ-ει-ν, ion. ep. ἀρ-ήρ-ει-ν, ἠρ-ήρ-ει-ν, Perf. pass. ἀρ-ήρε-
μαι, Part. ἀρ-ηρε-μένο-ς zusammengefügt, Aor. ἄρ-ἄρ-ο-ν [s. oben],
Part. ἄρ-μενο-ς zusammengefügt sein, passen, gefallen, ausgerüstet
sein; ἄρμενος als Adj. angefügt, gefüge, passend; Adv. des Part.

ἀραρότ-ως angefügt = fest, standhaft; ἀρ-αρ-ινοί· ὅσα παρασφηνοῦν-
ται λιθάρια εἰς τὰς ῥαγίδας Hes.¹). — ἄρα (ep. ἀρ vor Cons., ῥα eukl.)
(passend =) eben, gerade, just, nun, also, sofort, alsbald, weiter,
ferner, sodann (trag. auch ἄρα des Metrums wegen); ἆρα (durch
den Ton hervorgehobenes, so als Frageparticel bezeichnetes ἆρα)²);
ἀτ-άρ hingegen, indess, doch, jedoch, aber; aber == und, und
dann³); γάρ (== γε ἄρα) denn, ja, doch, freilich, nämlich⁴). —
ἄρ-ι- füglich, gut, sehr (ep. lyr.): ἀρί-γνωτος, -δακρυς, -δείκετος,
-δηλος, -ζηλος, -πρεπής, -σφαλής, -φραδής; Comp. ἀρε-ίων ἄρε-ιον
(== ἀρεσ-ιων), Sup. ἄρι-στο-c besser, tüchtiger, tapferer, treff-
licher; der beste u. s. w.⁵); ἀριστ-εύ-c (ῆ-ος) der Beste, Vorzüglichste, ἀριστ-εύ-ω sich auszeichnen, ἀριστε(ϝ)-ία f. ausgezeichnete
Heldenthat, ἀριστέ-ῖο-ν n. der Preis des ersten Sieges. — ἄρ-τι
Adv. eben, gerade, ἄρτι-ο-c passend, angemessen, zweckmässig (Adv.
ἀρτίως == ἄρτι), ἀρτί-ζ-ω fertig machen, bereiten, ἄρτισι-c (ε-ως)
f. Zubereitung; ἀρτιά-ζ-ω grad od. ungrad spielen (par impar ludere). — ἀρ-τύ-ω, ep. auch ἀρ-τύ-νω (Fut. ἀρτ-ύσω, -υνέω) zusammen-
fügen, herrichten, zurichten (ἀρτυθῆναι· παρασκευασθῆναι Hes.);
ἄρτῦ-μα (ματ-ο-c) n. Zubereitung, ἄρτυ-σι-c (ε-ως) f. id., ἀρτύνα-c m.
Ordner, obrigkeitl. Person in Argos und Epidaurus, ἀρτυ-τήρ m.
id. (Inscr.). — ἀρ-θ-μό-c m. Bund, Eintracht, Freundschaft (ἀρτύ-c
Hes.), ἀρθμί-ω zusammenfügen, ἄρθμ-ιο-c verbunden, befreundet,
n. Pl. τὰ friedliche Verhältnisse, Eintracht. — ἀρ-ι-θ-μό-c in.
(Reihe ==) Zahl, Zählung⁶), ἀριθμί-ω zählen, ἀριθμη-τό-c ge-
zählt, zählbar, ἀριθμητ-ικό-c zum Zählen (Rechnen) gehörig (die
geschickt (ἡ ἀριθμητική Rechenkunst, Arithmetik), ἀρίθμη-μα (ματ-ος)
n. Gezähltes, Zahl; ἀν-άριθμο-c, -ήριθμο-c zahllos, unzählig,
ἐν-αρίθμιο-c mitgezählt, mit in Anschlag gebracht, μετ-αρίθμιο-c
unter die Zahl gehörig; ν-ήρ-ι-το-c ungezählt (ὕλη Hes. O. 513,
ταύρων ἴχνια Ap. Rh. 3. 1288); εἰκοσιν-ήριτ' (ἄποινα nur Il. 22.
349). — ἄρ-θ-ρο-ν n. Gelenk, Glied⁷), ἀρθρό-ω gliedern, ἀρθρ-
ώδης gliederartig, kräftig, ἀρθρ-ῖτι-c (ι-δος) f. (νόσος) Glieder-
krankheit, Gicht, ἀρθριτ-ικό-c gichtisch krank. — ἀρ-μό-c m.
(Fügung ==) Fuge, Glied, Gelenke, ἁρμο-ῖ Adv. (== ἄρτι, ἀρτίως)
eben, jüngst (Aesch.). — ἅρ-μα (ματ-ος) n. Gespann, Wagen,
Streitwagen⁸), ἁρμάτ-ειο-c zum Wagen geh., ἁρματ-εύ-ω den W.
lenken, fahren, ἁρματ-ί-ζ-ο-μαι id. (Lykophr. 1319); ἁρμ-άμαξα s.
pag. 16. — ἀρ-μό-ζ-ω (wohl Denomin. von ἀρ-μο) (ἀρ-μό-c, Local
ἀρ-μοῖ eben, gleich Aesch., oder vom St. ἀρ-μον) (älter attisch:
ἥρμοσται, ἁρμοστέος dentale Flexion, ἁρμόξαι u. s. w. guttur. Flexion
dorisch, jünger attisch: ἁρμόττω — Homer ausser dem Präs. nur
ἥρμοσε) zusammen-fügen, passen, verbinden, ordnen, lenken; intr.
passen, zusammenstimmen, harmonieren⁹), ἁρμό-διο-c zusammen-
passend, schicklich, Ἁρμόδιο-c Athener, der den Hipparch tödtete,
ἁρμο-σ-τή-c m. Ordner, Lenker, Statthalter, ἁρμό-σ-τωρ (τορ-ος) id.

(Aesch. Eum. 448), ἄρμοσ-μα (ματ-ος) n. das Zusammengefügte (Eur. Hel. 418) (ἁρμοί-ματα· ἀρτύματα Hes.); (ἁρ-μον) ἁρμον-ία f. Fuge, Verbindung, Bund, richtige Fügung, Ebenmaass, Harmonie (Wesen, Sinn Eur. Hipp. 162), ἁρμον-ικό-ς harmonisch; βητ-ἁρ-μων (μον-ος) (mit älterem Spir. lenis) Tänzer = Schritte nach dem Takte machend Od. 8, 250. 383 (παρὰ τὸ ἐν ἁρμονίᾳ βαίνειν Schol., βαίνων ἁρμοδίως E. M.). — ἀμ-αρ-τῇ ὁμ-αρ-τῇ (τῇ) Adv. zugleich, gleichzeitig, ὁμαρτέ-ω sich anschliessen, zusammengehen, begleiten. — ὁμ-ηρο-c (verbunden, nur als Subst.) m. Bürgschaft, Pfand, Geissel (ὅμηρο-ν n. Eur. Alc. 870), ὁμηρέ-ω zusammentreffen (nur Od. 16. 468), ὁμηρ-εύ-ω verbunden sein, als B. Pf. G. dienen, ὁμήρευ-μα (ματ-ος) n. = ὅμηρος; 'Ομ-άριο-ν n. Tempel des Zeus 'Ομάριο-ς ('Ομ-αγύριο-ς) bei Aegium in Achaia, wo sich der achäische Bund versammelte. — δι-ήρ-ηc zweifach verbunden, Subst. τὸ δι-ῆρ-ες μελάθριον das zweite Stockwerk, Obergeschoss (sonst ὑπερῷον) Eur. Phoen. 90. — ἀρ-έ-cκ-ω (von Herod. an, Hom. nur Aor.-formen) gut machen, zufrieden stellen, begütigen, gefällig machen; gefallen (Fut. ἀρέ-σ-ω, -ομαι, Aor. ἦρε-σα ἠρε-σά-μην, ἠρέ-σ-θην, Perf. ἀρ-ήρε-κα, ἤρε-σ-μαι) [10]), Adv. z. Part' ἀρεσκ-ό-ντ-ως gefällig, befriedigend, ἀρεσκ-ε(F)-ία f. und ἀρέσκ-ευ-μα (ματ-ος) n. Schmeichelei, Kriecherei (Plut. Demetr. 11), Vbadj. ἀρε-σ-τό-ς gefällig, beliebt, angenehm. — ἀρε-τή f. Tauglichkeit, Trefflichkeit, Tapferkeit u. s. w., erst bei den Att. die moralische Bedeutung „Tugend" vorherrschend, bei Spät. fast ausschliesslich; ἀρετά-ω taugen, frommen, gedeihen; αἰν-αρέτη-ς schrecklich tapfer (nur Voc. αἰναρέτη von Achilleus Il. 16. 31: Unheilsheld, weil er sich zum Unheil der Griechen dem Kampfe entzieht); 'Αρέ-τη-ς Spartaner u. ein Reitergeneral Alexander des Gr., "Αρετι-ς (ι-ος) Makedonier (Arr. An. 1. 15. 6), 'Αρέτ-ων Spartaner (Inscr. 1249). — ἐρί-ηρ-ο-c (Plur. MetapL ἐρί-ηρ-ες, Acc. -ας) traut, lieb[11]).

ar-s (Gen. ar-ti-s) f. (urspr. das Fügen, künstliches Fügen) Kunst, Geschicklichkeit[12]), artū-tu-s (bonis instructus artibus Paul. D. p. 20. 14); in-er-s (ti-s) kunstlos, ungeschickt, träge, inert-ia f. Ungeschicklichkeit, Trägheit[13]); soll-er-s (ti-s) (s. sollu-s ganz) ganz künstlich, kunstreich, sinnreich, sollert-ia f. Kunstfertigkeit, Erfindungskraft. — ar-tu-s (tūs) m. Gefüge, Gelenk, Glied (Plur. ar-tu-a Plaut. Men. 5, 2. 102), Demin. arti-cŭlu-s m. kleines G., Absatz, Abschnitt[14]), articul-āri-s, ār-iu-s das Glied betreffend, articulā-re gliedern, articulā-ti-m glieder-, stückweise, articul-ōsu-s glieder-, gelenkreich. — ar-tu-s 3. (Part. Perf. Pass. von ar fügen = eng verbinden, engen) festgefügt, knapp, enge, geschlossen, eingeschränkt, dicht, als Subst. ar-tu-m n. Enge, beschränkte, missliche Lage, artā-re festfügen, zusammendrängen, einengen, beschränken (vulgär: artī-re). — ar-ma n. Pl. Geräth, Rüstzeug, Waffen, armā-re bewaffnen, in-ermal (armis spoliat Paul.

D. p. 110. 13), *aꭈmā-ṭūra* f. (*tu-s* 4. m.) Bewaffnung, *armā-men-ta* n. Plur. Rüstung, *armament-āriu-m* n. Zeughaus; *arm-āriu-m* n. Schrank; *in-ermu-s*, *-ermi-s* waffenlos, wehrlos; *semi-ermu-s*, *-ermi-s* halbbewaffnet, halb ohne Waffen. — ar-mu-s m. (Ober-) Arm, Schulter, (**ar-mu* f. **ar-mŭ-la* **armu-l[u]-la*) *armil-la* f. Armband, *armill-ā-tu-s* mit einem A. versehen. — ar-men-tu-m n. (*armenta* f. Enn. ap. Fest. p. 4, Non. p. 129 G.) Heerde (als zusammengefügte, vgl. *ju-mentum*) der Rinder und Pferde (*equorum boumque armenta* Plin. Ep. 2. 17), übertr. einzelne Stücke der Heerde, Vieh, Grossvieh[15]), *arment-āli-s*, *-āriu-s*, *-ic-iu-s* das Gr. betr., *armenl-itu-s* vom Gr. herrührend, *arment-ōsu-s* reich an Gr.

C. E. 341. 345. — F. W. 13. 341. 426. 428. — 1) C. V. I. 278. 7). — 2) F. Spr. 299. — L. Meyer KZ. XV. 24. 36 f.: ῥά hom. mehr als 600mal, nie zu Anfang des Satzes, meist mit Formen des Relativstammes verbunden: ὅς ῥα, ὅτι ῥα, des Demonstr.-stammes: τόν ῥα u. s. w.; mit ὡς so, καί, ἐπεί, ἤ, γάρ, δή, μέν; vereinzelt mit οὐ, ἤ, πρός, ἐς, ἐκ, κάρ (= κατ), ξύν. — Bopp. Gl. 20a: *fortasse* = *aram celeriter, accus.* τοῦ *ara celer.* — Hartung Partik. I. 419. 450: *rap* ἀρκάζω rasch (!). — 3) F. W. 6. 19. — 4) C. E. 675. -- 5) C. E. 337: „der Diphthong tritt in ἀρείων, χερείων d. h. nur da hervor, wo zwischen ε und ι ein σ ausgefallen ist". — B. Gl. 345a: *varijāns melior, varistha optimus.* — F. W. 13 zu 2 ar: treffend, zutreffend, trefflich; besser, best. — 6) F. W. 389, Spr. 357: ra fügen *rima* Reihenfolge, Zahl ά-ρι-ϑ-μό-ς (vgl. πορ-ϑ-μό-ς, μυκη-ϑ-μό-ς); ebenso: *rata, rita* Zahl, ꭑ-ρι-το-ς zahllos. — C. E. 342 hierzu εἴκοσι-ꭑ́ριτα (ohne zu übersetzen) also wohl = zwanzigfach gezähltes Lösegeld (ebenso Pape W. 20faches L.); Sch. W. S. W. εἴκοσι-νήριτος, jener: 20fach unendliches, 20faches und dadurch unermessliches L., dieser: 20mal ungeheures („wahrsch. falsche Lescart für εἴκοσι νήριτ' ἄκοινα"). — 7) B. Gl. 20a: ar *ire, pervenire, adipisci.* — 8) B. Gl. 412a: sar gehen. Ebenso Christ 132. — 9) C. V. I. 340. — 10) C. V. I. 278. 8). — 11) Christ 228: var auswählen (ἤρα, ἐπιήρανος). — 12) B. Gl. 73a. 91b: kar *facere, quod e care mutilatum* et cum skr. *kṛti pro kūrti cohaerere censeo.* — F. W. 16 von 1 ar: *arti* Gang, Weise, richtige Weise; Kunst. — M. M. V. I. 217: da das Pflügen nicht nur eine der frühesten Arten von Arbeit, sondern eine der ursprünglichsten Künste war, so möchte auch wohl *ars* ursprünglich jene Kunst der Künste bezeichnet haben, die Kunst des Ackerbaues, welche den Sterblichen von der Göttin aller Weisheit gelehrt wurde (also zu ar pflügen, ackern). — 13) F. W. 16: *arti* in *in-erti-* trüg bedeutet Drang, ὁρμή (zu 2 ar). — 14) Corssen B. 76, 349: von *arti-re.* — 15) Corssen B. 241. — C. E. 344. — F. W. 341; F. Spr. 299. — M. M. V. I. 216 zu ar pflügen.

---

4) AR a) pflügen; b) (das Meer durchpflügen =) rudern.

a) ἀρο[1]): ἀρό-ω pflügen, ackern (Fut. ἀρό-σω, Aor. ἤρο-σα, ἠρό-ϑη-ν, Part. Pf. ἀρ-ηρο-μένο-ς; ἄρο-το-ς m. Ackern, Pflügen (Trag. Ackerland, Saatfrucht); ἀρο-τό-ς m. Ackerzeit; ἄρο-σι-ς (σε-ως) f. (ἄρσεις· ἀροτριάσεις Hes.) Ackern, Pflügen; ἀρόσι-μο-ς (fem. χώρη ἀροσίμη Or. Sib.) zu beackern, fruchtbar; ἀρό-τη-ς, ἀρο-τήρ (τῆρ-ος) m. Pflüger; ἄρο-τρο-ν n. Pflug, ἀροτρ-εύ-ω, -ι-ά-ω (-ιά-ζ-ω

Schol. Soph. Ai. 1306), -ιό-ω pflügen, ἀροτρ-εύ-ς, ἀροτρευ-τήρ m. == ἀρότης. — ἄρω-μα (ματ-ος) n. wohlriechende Früchte, Kräuter, Gewürz[x]), ἀρωματ-ικό-ς gewürzhaft, ἀρωματ-ί-ζ-ω würzen, nach Gewürz riechen. — πολύ-ηρο-ς· πολυάρουρος Hes. — ἀρο-F: ἄρουρα (== ἀροF-ρα) f. Ackerland, Saatland, Feld, Flächenmaass[3]), ἀρουρα-ῖο-ς zum F. gehörig, ländlich, bäuerisch; Ἀρό-α, -η (== ἀροF-α) Saatfeld, älterer Name für Πάτραι (Paus. 7. 18. 2), Ἀροά-ν-ιο-ς (ein vom culturfähigen Boden umgebenes Gewässer) Fluss in Arkadien. — ἐρα (urspr. gepflügtes Land): Ἔρα-ζε auf die Erde, zur Erde[4]).

b) ἐρε: ἐρέ-τη-ς m. ·Ruderer, ὑπ-ηρέ-τη-ς m. Ruderer, Gehilfe, Diener[5]); (ἐρετ-jα) ἐρεc-ία εἰρεc-ία f. Rudern, ὑπ-ηρεσ-ία f. Ruderdienst, Dienst, Hilfe; ἐρετ-μό-c (Pl. meist ἐρετ-μά n. ἐρετ-μή f. Hes.) Ruder, ἐρετμό-ω mit e. R. versehen; (ἐρετ-jω) ἐρέccω (att. ἐρέττω) (Fut. ἐρέσω, Aor. ἤρεσα) rudern; ὑπ-ηρετέ-ω rudern, Dienste thun, beistehen, helfen, ὑπηρέτη-μα (ματ-ος) n. Dienst, Hilfe, Beistand, ἐρετ-ικό-ς, ὑπηρετ-ικό-ς das Rudern, den Dienst betreffend; Ἐρέτ-ρ-ια (Εἰρ-) f. Stadt auf Euböa, in Thessalia Phthiotis, Ἔρεσσος (== Ἐρετ-jο) Ἔρεσος f. Stadt auf Lesbos. — ἀλι-ήρ-ης meerdurchrudernd, ἀμφ-ήρης auf beiden Seiten berudert, doppelruderig, τρι-ήρης dreifach berudert, dreiruderig, Subst. ἡ τρ. ein Kriegsschiff mit drei Ruderreihen[6]), τριηρ-ικό-ς zur Triere geh., τριηρ-ίτη-ς m. auf einer Tr. fahrend (als Ruderer, Soldat, Passagier); πεντηκόντ-ορο-ς (ερο-ς Her.) f. (mit oder ohne ναῦς) ein Funfzigruderer, Lastschiff von 50 Rudern.

a) **arā-re** pflügen, furchen, arā-ti-ō(n) f. Pflügen, arā-tor (tōr-is) m. Pflüger, arātōr-iu-s zum Pfl. geh.; arā-tru-m (seltne Nbf. ara-ter m.) n. Pflug. — **ar-vu-s** gepflügt (arvus ager, arva terra, arvum solum Pflugland, Saatfeld), arv-āli-s das Saatfeld betr. (fratres arvales Priestercollegium, Schutz von den Göttern für die Saatfelder zu erflehen).

b) (*eret-mo-s *ret-mo-s; altl. res-mo-s vgl. triresmos C. I. L. 195. 12) **rē-mu-s** m. Ruder, Demin. remū-lu-s; remex (rem-ig-is) u. s. w. s. pag. 17; bi-remi-s Adj. zweiruderig, Subst. f. (navis) Zweiruderer, tri-remi-s dreiruderig, Dreiruderer.

c) **ra** (Metathesis). — **rā-ti-s** f. Floss, Fähre (rate-s Nom. Sg. Val. Prob. p. 1473) (rates vocantur tigna colligata, quae per aquam aguntur, quo vocabulo etiam interdum naves significantur Paul. D. 272), rati-āriu-s m. Flössenfahrer (Murat. inscr. 67. 7), rati-āriae (Serv. Virg. A. 143) rat-āriae (Gell. 10. 25) Flösse. — (Fortbewegung auf dem Lande:) **rŏ-ta** f. Rad, Scheibe[7]), Demin. rotŭ-la; rotū-re drehen, rollen, rotā-ti-ō(n) f. rotā-tu-s (tūs) m. Drehen, Rotation, rotā-bili-s drehbar, rotā-ti-li-s kreisförmig; **rŏt-un-du-s** radförmig, rund (rŭtundus Assim., Lucr. II. 451. 458. 466), rotundā-re rund machen, rotundi-ta-s (tāti-s) f. Rundung. — **Rat-u-**

mena *porta* (*meno* Part.-suffix) Wagenthor (*a nomine eius appellata est, qui ludicro certamine quadrigis victor Etrusci generis iuvenis Veiis consternatis equis excussus Romae periit* Paul. D. p. 273. 1)[8]).

B. Gl. 20a. — C. E. 343 f. — F. W. 14. 164. 341 f. 388. 427. 432; F. Spr. 299 f. 358. — L. Meyer KZ. VIII. 267. — M. M. V. I. 215 ff. — 1) Hehn 58: der einzige Wortstamm als Beweis der Bekanntschaft mit dem Pflügen und dem Pfluge vor der Völkertrennung auf europ. Boden. — 2) M. M. V. I. 216: „was ist lieblicher und aromatischer, als der Geruch eines gepflügten Feldes?" In der Genesis 27, 27 sagt Jacob: „der Geruch meines Sohnes ist wie ein Geruch des Feldes, das der Herr gesegnet hat". — 3) So C. E. 344; Misteli KZ. XVII. 178: ἀρ-ορ-ϝα (was C. auch für möglich hält); F. W. 341, Spr. 149: ἀρ-ϝο-ρα; Ahrens Philol. XXVII. 2. 266: ἀρ ἀρϝ ἀρ-ορϝ-ια. — 4) C. E. 344: „zweifelhaft". — 5) PW. I. 407. 412: vgl. Skr. *aritar* Ruderer, *arati* Diener, Gehilfe, Verwalter, Ordner, *administer.* — 6) C. E. 345: ar fügen (Dreidecker). — Sch. W. gleichfalls zn ἐρέσσω. — 7) B. Gl. 317a: *ratha m. currus, a r.* **ar** *suff. tha.* — 8) Corssen I. 528. II. 170.

---

5) AR ausgreifen, biegen.

ἄλ-αξ (wohl *ἄλξ*)· πῆχυς *Ἀθαμάνων* Hes. — ὠλ-ένη (ὠλ-εν-ι-ς) f. Ellenbogen, Arm, Hand, Handvoll (ὠλ-ήν, -έν-ος Suid.), ὠλέν-ιο-ς in den E., Armen (Arat. 164); λευκ-ώλενο-ς weissarmig, Beiname der Here; ὠλλόν (= ὠλ-νό-ν?)· τὴν τοῦ βραχίονος καμπήν Hes.; Ὤλενος f. Stadt in Aetolien (Π. 2. 639).

ar-cu-s (*ūs*) m. Bogen[1]), Dem. *arcŭ-lu-s*; (St. *arcuo*) *arcuā-ri* sich bogenförmig bewegen, *arcuā-ti-m* bogenförmig; *arcu-āriu-s* z. B. geh., B.verfertiger; *arculata* (*dicebantur circuli, qui ex farina in sacrificiis fiebant* Paul. D. p. 16. 10); *in-arculum* (*virgula erat ex malo Punico incurvata, quam regina sacrificans in capite gestabat* Paul. D. p. 113); *arquites* (= *arcu-i-t-*) (*arcu proeliantes, qui nunc dicuntur sagittarii* Paul. D. p. 20). — **ul-na** f. Ellenbogen, Arm, Elle.

C. E. 377. — F. W. 14. 342. 435. — Grimm W. III. 414: In Dunkel ruht, welcher W. *aleina*, *ulna*, ὠλένη zufallen; ist Skr. *aratni* dasselbe Wort, so könnte sich auch unser „Arm" damit berühren, die westlichen Sprachen haben aber einmütig das *r* mit *l* vertauscht. — 1) F. W. 341. 427, Spr. 94: **ark** abwehren; Bogen eig. Wehr.

---

6) AR netzen, besprengen. — Siehe 2) ar-s.

ar, a-na-r, a-n-r, nar (vgl. Skr. *nar* Mann, Mensch, *nára* id. Urmensch, Urgeist PW. IV. 54).

(St. ἀ-νε-ρ:) Nom. ἀ-νή-ρ Voc. ἄνερ, ep. Sg. Gen. ἀ-νέ-ρ-ος u. s. w., Du. ἀ-νέ-ρ-ε, Pl. Acc. ἀ-νέ-ρ-ας; (St. ἀ-ν-ρ, ἀ-ν-δ-ρ:) Gen. ἀ-ν-δ-ρ-ός u. s. w. Mann, Mensch[1]); ἀνδρ-εῖο-ς (ion. -ήιο-ς) männlich; ἀνδρ-εῖα (ion. -ηίη) (eig. Fem. zu ἀνδρεῖο-ς) ἀνδρ-ία f. Mannheit, Männlichkeit, Tapferkeit, ἀνδρειό-τη-ς (τητ-ος) f. id., ἀνδρ-ικό-ς männlich, dem M. geziemend. -- ἀνδρ-ών (ῶν-ος) (ion. εών) m. Wohn- oder Speisezimmer der Männer. — (*ἀνδρι-α-ω sich wie ein Mann od. Mensch geberden, Part. ἀνδρια-ντ wie e. M. thuend, gleichsam „menschelnd", daraus:) ἀνδριά-c (-ντ-ος) m. Menschenbild, Bildsäule, Statue²). — ἀνδρ-ί-ξ-ω z. M. machen, Med. sich als M. zeigen; ἀνδρόμεο-c zum Mann geh. (ἀνδρο-μο-εο == ma + ia == maja vgl. Skr. ajas-má-ja- eisern, ehern P. W. I. 395)³). — Ἀνδρ-έα-ς, Ἀνδρ-εία, -ία, Ἀνδρ-εύ-ς, Ἀνδρη-ῖ ς, Ἀνδρ-ικό-ς, Ἀνδρ-ίσκο-ς, Ἀνδρ-ίων, Ἀνδρ-ώ, Ἀνδρ-ών, Ἀνδρων-ίδη-ς. — γυναικ-άνηρ (Epich. schol. Il. 8. 527) weibischer Mann (Gegentheil: Mannweib); ἀντι-άνειρα (== -ανερ-ια) männergleich, Bein. der Amazonen (Il. 3, 189. 6, 186) (== ἡ ἀντ' ἀνδρός ἐστιν), aber: στάσις ἀντιάνειρα (Pind. Ol. 12. 17) Männer einander gegenüber stellend; ἀντ-ανδρο-ς an Mannes statt (Luc. Dial. Mort. 16. 2); ὑπ-ανδρο-ς unter dem Manne == verheiratet (γύναια ὑπανδρα Plut. Pel. 9 liederliche Weiber); ἀνδρό-γυνο-ς mannweiblich == Mann u. Weib seiend, M. u. W. in sich schliessend, später Schimpfwort: feige Memme (synonym γύν-ανδρο-ς Soph. fr. 865) (ἀνδρόγυνος· ὁ ἑρμαφρόδιτος, καὶ ὁ ἀσθενής, ἤγουν ὁ ἀνίσχυρος Hes.). — St. ἡ-νο-ρ:. ἡ-νο-ρ-έη (cp. Dat. ἠνορέη-φι) f. Mannhaftigkeit, männlicher Muth, Kraft (Il. 4mal, Od. 1mal); ἀγ-ήνωρ (ορ-ος) sehr mannhaft, kühn, übermüthig, Ἀγήνωρ, ἀγ-ηνορ-ίη == ἠνορέη; ἀν-ήνωρ unmännlich (nur Od. 10. 301. 341); Ὑπερ-ήνωρ Sohn des Panthoos, ὑπερ-ηνορ-έων (Part. Präs. von *ὑπερ-ηνορέω) übermännlich == übermüthig; Τψ-ήνωρ Sohn des Dolopion (Il. 5. 76), Sohn des Hippasos (Il. 13. 411). — νῶρ-οψ (-οπ-ος) χαλκός stark⁴). — ἄνθρ-ωπο-c s. pag. 9.

Sabinisch ner-ia, neri-ō(n) virtus, ner-ō(n) fortis, strenuus (vgl. νερίνη γὰρ ἡ ἀνδρία ἐστὶ καὶ νέρωνας τοὺς ἀνδρείους οἱ Σαβῖνοι καλοῦσιν Lyd. de mens. 4. 42): Nēr-ia, Neri-o (ēn-is), Neriēn-es (is), Neriēn-e (e-s), Tapferkeit, von den Römern personificirt und dem Mars als Gattin beigegeben (vgl. Neria Martis te obsecro Gell. 13. 22; Mars peregre adveniens salutat Nerienem uxorem suam Plaut. Truc. 2. 6. 34); Nēr-iu-s Name einer röm. gens; Nēr-o (ōn-is) Bein. in der gens Claudia, Neron-iu-s, eu-s, i-ānu-s.

B. Gl. 210a. — Corssen KZ. II. 26. V. 117. — C. E. 307 f. — Düntzer KZ. XV. 62 ff. — Ebel KZ. I. 307. — F. W. 110. 460; F. Spr. 191. — Grassmann KZ. XVI. 177. — Windisch KZ. XXI. 423. — 1) C. E. 308: „die Wurzel unbekannt". — Schweizer KZ. VIII. 234: einfache Participialbildung von an athmen; ebenso Goebel Hom. b. — Christ 33: an vollenden == Vollender. — 2) Curtius St. VI. 431 ff. — 3) Aufrecht KZ. II. 79. — Corssen B. 260. — 4) Düntzer KZ. XIII. 11 f. — F. W. 412; Spr. 385: snarpa scharf. — Schenkl Zeitschr. f. öst. Gymn. 1864 S. 363: Skr. nārākā m. (eine Art Pfeil, angeblich ein eiserner, Pfeil überhaupt PW. IV. 118).

7) AR sengen, brennen; trocken sein.

är-ea f. (urspr. trocken gelegter freier Platz) ebener Boden, Hofplatz, Spielplatz, Tenne, Gartenbeet, kahle Platte¹), Dem. *arĕŏ-la; arc-āli-s* zum ebenen B. u. s. w. geh.; **assu-s** (= *ar-tu-s*, *ar-su-s*) trocken, gedörrt, geröstet; **ärĕ-re** dürr, trocken sein, *are-sc-ere* d. tr. werden; *ārĭ-du-s (ar-du-s* Plaut. Aul. 2. 4. 18. Lucil. up. N. p. 74. 20) dürr, trocken, *aridi-tā-s (tāti-s)* f. Dürre, Trockenheit; (*arid-ē-re*) **ardĕ-re** brennen, glühen²), *arde-sc-ere* entbrennen, erglühen, *ard-or (ōr-is)* m. Brand, Glut. — **ad-ŏl-ĕ-re** (*ŏl-ui, ul-tu-s*) verbrennen, in Dampf aufgehen lassen (meist vom Brandopfer: *hostiam, tura, viscera* u. s. w.) (vgl. Enn. ap. Lact. 1. 11. 63: *camque hostiam, quam ibi sacravit, totam adolevit;* Virg. E. 8. 65: *verbenasque adole et mascula tura* u. s. w.); *ad-ole-sc-ere* in Brand, Dampf versetzt werden (*Panchaeis adolescunt ignibus arae* Virg. G. 4. 379)⁵).

Corssen I. 403; B. 111. — Fick KZ. XXI. 3; Spr. 302. — 1) F. W. 20: **ära** das Freie, Weite. — 2) Bopp Gl. 22a: **ard** *vexare, lat. ardeo, quod fortasse sensum primitivum radicis* **ard** *exhibet.* — F. W. 343: *uxda* Ast; *ardeo* statt *asdeo?* — 3) Ladewig: „die Opferflamme, die von dem Altare aufsteigend diesen gleichsam emporwachsen lässt". Wohl richtig: „in Panchäischen Opferflammen" (*Panchaia* eine fabelhafte Insel in Arabiens Nähe) „dampfen die Altäre empor". [Klotz W. *uvae* st. *arae.*]

8) AR preisen, beten. — Skr. **ar** preisen (P. W. I. 682). **ἁρ-ά** (ion. ἀρ-ή) f. Gebet, Flehen, Verwünschung, Fluch; ἀράο-μαι beten, flehen, wünschen (ἀρήμεναι Od. 22. 322, Impf. ἠρώμην, Fut. ἀρήσῃ, Aor. ἠρήσατο); ἀρη-τήρ (τῆρ-ος) m. (Beter ==) Priester (Il. 1, 11. 5, 78); ἀρη-τό-ς erfleht, erwünscht; verflucht, verwünscht (Hom. nur Il. 17, 37. 24, 747: ἀρητὸν δὲ τοκεῦσι γόον καὶ πένθος ἔθηκας verwünschte d. i. unselige Klage)¹).

F. W. 20. — 1) S. W. — Düntzer KZ. XII. 13 f.: **ar** *laedere, occidere* (Skr. *r*).

araka, arava, aravinda Pflanzennamen (vgl. Skr. *araka* m. *aravinda* n. PW. I. 403. 409).

ἄραχο-ς (auch ἄραχο-ς Galen.) m. eine Hülsenfrucht, die unter den Linsen als Unkraut wächst¹) (τραχὺ καὶ σκληρόν Theophr.), ἀρακ-ί-ς (ίδ-ος) f. id. — ὄροβο-ς m. Kichererbse, Demin. ὀρόβ-ιο-ν, ὀροβι-αῖο-ς von der Grösse e. K., ὀρόβ-ινο-ς v. K. gemacht, ὀροβί-ας, τη-ς der K. ähnlich, ὀροβ-ί-ξ-ω mit der K. füttern. — ἐρέβ-ινθο-ς (ἐρεβίνθη E. M. 54. 14; λέβινθος Hes.) == ὄροβος.

ervu-m n. Erve, Erbse, *ervĭ-l-ia* f. id.

C. E. 346. — F. W. 14. 341. 427; Fick KZ. XXII. 110. — Siegismund

St. V. 212. — F. Spr. 299: **ar** trennen, auftrennen (die Schote). —
1) Hehn 187: ʃoₑʃo·ç Grundform, die sich nicht weiter auflösen lässt
— Fremdwort aus Kleinasien? — Legerlotz KZ. X. 379 ff.: **kar, kvar**
krumm sein.

ari Lamm.
ĕrĭ-ϕo-c (vgl. ĕlă-ϕo-ς) m. junger Bock, junge Ziege (ἐρίϕη
E. M.), Dem. ἐρίϕ-ιο-ν n., ἐρίϕ-ειο-ς vom j. B., von j. Z.
ări-ĕ-s (ĕt-is) m. Widder, Mauerbrecher, ariet-āriu-s, -inu-s
z. W. geh., widderartig, ariet-ā-re wie ein W. anstossen; **ar-nae**
(caput, agni caput Paul. D. p. 20. 25).

B. Gl. 26b: **avi** ovis, mutato v in r. — Corssen I. 530 f. **ar:** ar-ia,
ar-ie-t- verlangend, begierig, begehrlich. — C. E. 344: **ars** besprengen?

1) **AR·K** anfügen, aneinanderreihen, spinnen. — W.
3) **ar + k.**
ἄρκ-υ-c (ν-ος; Nbf. ἄρκυ-ο-ν Lex.) f. Netz, Fallstrick; ἄρκυ-
σ-μα (-ματ-ος) n. Stellnetz (Aesch. Eum. 112); ἀρκ-άνη (-άλη) f.
das Holz, woran die Aufzugsfäden befestigt sind (τὸ ῥάμμα, ᾧ τὸν
στήμονα ἐγκαταπλέκουσιν αἱ διαζόμεναι Hes.). — ἀρ-ά-χ-νη (χ =
χ wegen ν) f. Spinne (= Spinnerin), Spinngewebe[1]), ἀράχνη-ς
ἀραχνό-ς m. Spinne, ἀράχν-ιο-ν n. Spinngewebe, ἀραχνιό-ω mit Spg.
überziehen, ἀραχν-αῖο-ς, -ή-ει-ς, -ικό-ς zur Sp. geh., ἀραχν-ώδης,
-ι-ώδης, ἀραχνο-ειδής spinngewebeartig. — ἠλ-ᾰ-κ-άτη (ἠλεκάτη Hes.)
f. Rocken, Spindel[2]), Rohr (ἠλακάται· καλάμων ῥαβδία. ἀφ' ὧν καὶ
κῶλα τῶν σταχύων Phot. lex.); ἠλᾰκᾰτα n. Pl. die Wolle auf der
Spindel oder die von der Sp. ausgezogenen Fäden; ἠλακατ-ῆν-ες
m. Pl., eine Art grosser Meerfische (nach ihrer spindelförm. Gestalt
benannt).

Lehnwort: **ăr-ā-n-ea** f. Spinne, Spinngewebe, ārāneu-s m.
Spinne (dann ein Seefisch, trachinus draco Linné) (altlat. -ea nur
Spinngewebe, erst bei Catullus, Vergilius Spinne), Demin. araneŏ-la,
-lu-s, araneu-s zur Sp. geh., spinnenartig, aranc-ōsu-s voll von
Sp., aranca-re voll von Sp. sein (bildl. fauces arancantes die lange
ausser Thätigkeit gesetzt gewesen Appul. Met. 4. p. 152. 34).

Corssen I. 634 ff. — C. E. 343; C. KZ. XIII. 398. — Goetze St. I.
6. 173. — 1) Lobeck Path. Prol. p. 370: εἱλέω. — 2) Sch. W, 350: ἕλκω.

2) **ARK** festmachen, wahren, wehren. — Skr. arḱ feststellen (P. W. I. 424).
ark. — ἀρκ-έ-ω (Fut. ἀρκέ-σω, Aor. ἤρκε-σα) wehren, aus-
dauern, ausreichen, genügen[1]), Adv. vom Part. Präs. ἀρκούντ-ως

hinreichend, zur Genüge; ἄρκ-ιο-ς hilfreich, aushelfend; ἄρκ-ε-σι-ς (σε-ως) f. Hilfe, Beistand; αὐτ-άρκ-ης, αὔτ-αρκες selbstgenügend, vollkommen selbstständig, hinreichend, αὐτ-άρκε[σ]-ια f. Selbstgenügsamkeit, absolute Selbstständigkeit; ποδ-άρκης mit den Füssen ausdauernd, fusskräftig, schnellfüssig; Ποδ-άρκης Sohn des Iphiklos (Il. 2, 704. 13, 693); Ἀρκεσί-λᾱος (= Volksschirmer) Sohn des Lykos (Il. 2, 495. 15, 329); ἀρκεσί-γονο-ς (οἶνος) gliederstärkend (Antiph. b. Athen. X. 446. b.). — (ur-a-k) ἀρ-η-γ (κ = γ zwischen 2 Vocalen) ἀρήγ-ω helfen, beistehen[2]), ἀρηγ-ών (όν-ος) m. f. Helfer, -in; ἀρ-ω-γ-ό-ς hilfreich, beistehend, ἀρωγ-ή f. Hilfe, Beistand; ἀρωγο-ναύτης (δαίμων) den Schiffern beistehend Philip. 12 (IX. 290).

   alk. — ἀλκ-ή f. Stärke, Wehr, Schutz (heterokl. Dat. Hom. ἀλκ-ί πεποιθώς der Stärke vertrauend); ἄλκ-αρ (nur, Nom. Acc.) Abwehr, Schutzwehr; ἀλκ-τήρ (τῆρ-ος) m. Abwehrer; ἄλκ-ι-μο-ς stark, kräftig, wacker, wehrbar (ἀλίκινος· δυνατός Hes. [wohl verschrieben st. ἀλ-ί-κ-ιμο-ς = ἄλκ-ι-μο-ς][3), Ἄλκιμο-ς Vater des Mentor; ein Myrmidone (Il. 19, 392. 24, 474); ἀλκ-αῖο-ς, ἀλκή-ει-ς (h. 28. 3) = ἄλκιμος; Ἀλκμ-ήνη Mutter des Herakles u. Iphikles[4); Ἀλκμ-αίων (ωνος) Sohn des Amphiaraos (Od. 15. 248)[4); Ἀλκμ-άων (ονος) S. des Thestor (Il. 12. 394); Ἀλκέ-τα-ς Namo maked. Könige, auch Molosserkönige (st. Ἀλκη-τα; vgl. φυλή φυλέτη-ς, οἶκο-ς οἰκέ-τη-ς)[5); ἑτερ-αλκ-ής (Hom. nur Acc. -αλκ-έα) die Stärke oder Uebermacht auf eine von beiden Seiten legend. — ἀλ-αλκ: Aor. ἄλαλκ-ε, ἀλαλκ-εῖν, -έμεν, -έμεναι, ἀλάλκησι, ἀλαλκών) abwehren, helfen; Ἀλαλκ-ο-μεν-εύ-ς (Abwehrer) Bein. des Zeus (E. M.), Fem. dazu Ἀλαλκομεν-η-ί-ς (ίδ-ος) (Abwehrerin) Bein. der Athene (Il. 4, 8. 5, 908). — ἀλ-ε-κ-ς: ἀλέξ-ω abwehren, helfen, beistehen (Fut. ἀλεξ-ή-σω, -σομαι, ἀλέξ-ο-μαι Soph. OR. 171, Aor. ἠλέξ-η-σα, -σάμην); Ἀλέξι-ο-ς (= ἀλεξ-τιο, -σιο); ἀλεξ-η-τήρ (τῆρ-ος) m. Abwehrer (-τωρ Soph. O. C. 141), ἀλεξητήρ-ιο-ς zum Abwehren geschickt, rettend; ἀλέξη-μα (μᾱτ-ος) n. Schutzmittel; ἀλέξη-σι-ς (σε-ως) f. Abwehr; ἀλεξ-αίθριος die Kälte abw. (Soph. frg. 120), -ανδρος Männer vertheidigend (Ep. bei Diod. 11. 14), -άνεμος Wind abw., -αρη Fluch abw.; ἀλεξί-κακος Unglück abw., -μορος Tod abw., -πονος Mühsal abw., -φάρμακον Gift abw., Mittel gegen Gift; Ἀλέξ-ανδρος (Wehrmann) maked. Königsname (der 1. dieses Namens regierte 498—454), -άνωρ N. eines in Sikyon verehrten Asklepiaden[6), -αρχος Korinthier; Ἀλεξί-βιος ein Arkadier, -δημος ein Thessalier, -κλῆς ein Athener u. s. w.

   ark. — arc-ē-re (arc-ui) abwehren; ab-arcet, -ercet (prohibet Paul. D. p. 15. 13); co-ércere in Schranken halten; ex-crēre (urspr. wohl aus einer arx herausbringen) in Bewegung, Thätigkeit setzen, beschäftigen, beunruhigen, üben, dann: ausüben, betreiben; Part. Pass. exercĭ-tu-s als Adj. beschäftigt u. s. w., als

Subst. -*tu-s* (Gen. *tūs*) m. (Uebung, Unruhe Plaut.) Heer (das für den Krieg geübte Ganze), poet. auch Schaar, Schwarm; *exercĭt-iu-m,* -*i-ō*(*n*) Uebung; Intens. *exerci-tā-re* sehr oder stark üben, *exercitā-ti-ō*(*n*) f. Uebung, *exercitā-tor* (*tōr-is*) m. Einüber, fem. *trix* (sc. *ars*) die übende Kunst, Gymnastik (Quinct. 2. 15. 25); *porcet* = *por-ercet* (*porcet significat prohibet* Non. p. 159. 33). — **arc-a** (= verschlossenes, festes, haltbares Geräth) f. Lade, Kiste, Kasten[7]), Demin. *arcŭ-la; arc-āriu-s* m. Cassier. — (*arc-s*) **arx** (Gen. *arc-i-s*) f. Wehr, Bollwerk, Burg, Höhe[8]). — **arc-ĕra** f. (gut verdeckter, fest verwahrter) Wagen, Deckelwagen, um Kranke zu fahren (vgl. XII tab. ap. Gell. 20. 1. 19: *si morbus aevitasve vitium esit, qui in ius vocabit, iumentum dato, si nolet, arceram ne sternito*). — **arc-ānu-s** Adj. abgeschlossen, geheim, Subst. n. Geheimniss, Mysterium; *Arc-anum* (*rus*) j. *Fontana bona* oder *Casa di Cicerone.* — *arc-ŭlu-s* (*putabatur etiam deus, qui tutelam gereret arcarum*), *arcula* (*dicebatur avis, quae in auspiciis vetabat aliquid fieri*) (Paul. D. p. 16. 9. 10). — **Lup-erc-u-s** (Wolfsabwehrer) Pan, Pl. die Priester des Pan[9]), *Lup-erc-al* n. Grotte des Pan am Palatinus, Pl. *Luperc-āli-a* das zu Ehren des Pan im Februar gefeierte Fest.

C. E. 132. 386. 522. 624; C. V. I. 380. 1). — F. W. 15. 341. 427 f.; F. Spr. 94. 300. — Fritzsche St. VI. 299. — 1) B. Gl. 315a: **raks** *servare* (so auch FW. 163: **raks**): *fortasse ἀρκέω arceo litteris transpositis e* ῥακέω, *nisi* = skr. *ūraks eiecta vocali radicali.* — 2) C. V. I. 223. 1). — 3) C. E. 719. — 4) Preller gr. Myth. II. 177. — 5) Fick KZ. XXII. 218. — 6) Curtius KZ. I. 35. — Fick KZ. XXII. 217. — 7) Corssen KZ. XI. 361. — 8) So schon die Alten Varro l. l. 5, 151 u. s. w. — Anders Klotz W. s. v.: „jedoch sah schon Gesner richtig, dass *arx* wohl durch Buchstabenversetzung aus ἄκρις entstanden und ἄκρα und ἀκρόπολις zu vergleichen sei". — 9) Corssen KZ. II. 28.

3) **ARK** strahlen. — Skr. **ark** strahlen; caus. strahlen machen (PW. I. 423).

ἠλ-έ-κ-τωρ (*τορ-ος*) [η Steigerung des α = ā] m. (die strahlende) Sonne (Il. 6. 513), Adj. ἠλέκτωρ Ὑπερίων der strahlende Hyperion (Il. 18. 398; h. Ap. 369); Ἠλέκ-τρα die Strahlende, Göttin des wiederspiegelnden Wasserglanzes, Tochter des Okeanos u. der Thetys; Tochter des Danaos, des Atlas, des Agamemnon; Schwester des Kadmos; Ἠλέκτρι-ς (*ιδ-ος*) Bein. der Selene (Orph. h. 8. 6); Ἠλέκτρ-ύων, -ύων (*ωνος, όνος*) S. des Perseus u. der Andromeda, Ἠλεκτρυών-η Tochter d. E., die Alkmene (Hes. Sc. 16). — ἠλ-ε-κ-τρο-ν n. oder -ς m. f. (bei Homer das Genus nicht erkennbar) a) glänzendes Metall, Hellgold, Silbergold, b) Bernstein (der sonnenfarbige, helle)[1]); χρυσ-ήλεκτρο-ν n. Goldbernstein, χρυσ-ελεφαντ-ήλεκτρο-ς (ἀσπίς) aus Gold, Elfenbein u. Bernstein Ep. ad 606 (App. Anth. 330). — ἀλ-έ-κ-τωρ (*τορ-ος*) ἀλεκτρ-υ-ών (*ον-ος*)

m. **Hahn**[²]) (f. Henne Arist. Nub. 662), ἀλεκτρύ-αινα (von Aristoph. Nub. 658 ff. verlacht), ἀλεκτορ-ί-ς (ίδ-ος) f. Henne (Aristot. Plut.), ἀλεκτοριδ-εύ-ς m. Hähnlein (Ael. h. a. 7. 47), ἀλεκτορ-ίσκο-ς id. (Babr. 5. 1), ἀλεκτόρ-εια ᾠά Hühnereier (Synes. ep. 4); Ἀλέκτωρ S. des Pelops (Od. 4. 10), Ἀλεκτορ-ίδη-ς Sohn des Λ. (Orph. Arg. 139), Ἀλεκτρυών Vater des Leïtos (Il. 17. 602).

C. E. 136. — F. W. 14. — Hehn 277 ff. 487. 521 f. — S. W. — Sch. W. — Walter KZ. XI. 430. — 1) Ilchn: der Weg des Bernsteinhandels ging auf der h. Strasse der Etrusker, von den Heliaden und dem Eridanus im innern Winkel des adriatischen Busens zu den Haffen und Nehrungen Preussens. — 2) Hehn: der Haushahn stammt ursprünglich aus Indien, erschien nicht vor der 2. Hälfte des 6. Jahrh. in Griechenland und verbreitete sich erst mit den medopers. Eroberungszügen weiter nach Westen. Der Name (zuerst bei Theognis. v. 864) vielleicht mit Anklang an das iran. *halka*, *alka* erfunden „mit Bezug auf den Sonnengott". — S. W.: ἀ, λέγω eig. der Ruhelose.

4) ARK verletzen. — Skr. **arkh** 1) gehen, 2) feindlich entgegentreten, angreifen (P. W. I. 426).

ἄρκ-το-c (Sp. ἄρκ-ο-ς) m. f. Bär, -in; ἡ Ἄ. der grosse Bär oder der Wagen (ein Sternbild von 7 Sternen in der Gegend des Nordpols, nach welchem schon Odysseus seinen Lauf richtete; Od. 5. 273: Ἄρκτον ϑ᾽, ἣν καὶ ἄμαξαν ἐπίκλησιν καλέουσιν), Dem. ἀρκτ-ύλο-ς (Poll. 5. 15); ἀρκτ-ῷο-ς nördlich, arktisch (Sp.).

ur-su-s (= *urc-tu-s) m. Bär, ur-sa f. Bärin (*Ursa* Gestirn bloss Uebersetzung röm. Dichter von Ἄρκτος; die altl. Benennung im Volksmunde für Siebengestirn ist *septem triones* oder *boves et temo*); urs-āriu-s Bärenwächter, urs-īnu-s vom B. kommend.

B. Gl. 61a. — Corssen II. 166. — C. E. 132. — F. W. 15. 427: ark brüllen; Spr. 94: „Ableitung unsicher". — PW. I. 1038: „*rksha* m. 1) Verletzer, Verderber, 2) Bär, ἄρκτος, ursus, 3) Pl. das Siebengestirn, der grosse Bär, ἄρκτος, ursa. Das Wort kann auf riç und vraçk zurückgeführt werden und ist wohl mit *rakshas* von raksh (beschädigen, verletzen VI. 218) verwandt. Kuhn in Z. f. d. W. d. Spr. I. 155 ff. stellt das Wort mit 1 ark (strahlen) zusammen und nimmt an, dass der Bär nach seinem glänzenden Felle benannt worden sei". — M. M. V. II. 394 ebenso: „nach seinen glänzenden Augen oder seinem glänzend braunen Pelz so benannt".

ARG glänzen, licht sein, hell sein. — Skr. **arg** rösten (P. W. I. 428).

ἀργ-ό-c, ἀργ-ή-c (ῆτ-ος), ἀργ-εννό-c (= ἀργ-εσ-νο), ἀργ-ή-ει-c (dor. ἀργᾶς st. ἀργῆς Aesch. Ag. 112), ἀργ-ινό-ει-c, ἀργυ-φο-c, ἀργύ-φεο-c (W. φα scheinen) (weiss)schimmernd, glänzend, blendend weiss; ἀργό-ς ferner: flink, rasch, schnell (Mittelbegriff: flimmern, schimmern, da jede rasche Bewegung ein Flimmern hervorbringt): κύνες πόδας ἀργοί (Il. 18. 578); ebenso: ἀργ-εσ-τή-ς m. Bein. des Südwindes = schnell, reissend (IL 11, 306. 21, 334); ἀργ-αίνω weiss sein; ἄργ-ε-μο-ς m., -ν n., ἄργ-ε-μα (ματ-ος) n. das Weisse, ein Schaden auf der Iris des Auges (λεύκωμα); (ἀργ-εσ-νο-ϝεντ-ja) Ἀργ-εν-νό-εσσα-ι Ἀργ-ι-νοῦσσαι Ἀργ-ι-νοῦσαι (3 kleine Inseln an der Küste von Aeolis). — ἀργ-ιλο-c, lesb. ἄργ-ιλλο-ς (= ἀργ-ιλ-jo-) m. weisser Thon, Töpfererde, ἀργιλ-ώδης thonartig, thonig. — ἄργ-υρο-c m. Silber, Demin. ἀργύρ-ιο-ν n. kleines Silber d. i. Silbermünze, Geld [9](Pl. Silbergruben = ἀργύρεια ἔργα, μέταλλα), ἀργύρ-εο-ς ἀργυρ-οῦ-ς silbern, ἀργυρ-ικό-ς Silber oder Gold betreffend; ἀργυρ-ῖτι-ς (δο-ς) (ἡ γῆ) silberhaltige Erde; ἀργυρο-ειδής silberartig; λιχνο-φιλ-άγυρο-ς leckerhaftgeizig (Mein. Com. II. 863), παν-άργυρος (= ὃ πάντως ἀργύρου ἐστίν) was ganz von S. ist (κρητήρ, ἔκπωμα), ὑδρ-άργυρο-ς (flüssiges S.) Quecksilber, ὑπ-άργυρο-ς unten silbern, silberhaltig, versilbert.

argu-ĕ-re (von *argu-s hell), hell od. klar machen, aufhellen, beweisen, erweisen, widerlegen (red-erguisse Fest. p. 273. M.); Part. argū-tu-s hell, deutlich, witzig, argūt-ia f. scharfe Darstellung, spitze Rede, argutā-ri spitzfindig sprechen; argū-men-tu-m n. Darstellung, Stoff, Beweis(grund), argumentā-ri zum B. sprechen, argumentā-ti-ō(n) f. Beweisführung, argument-ōsu-s reich an Inhalt, Beweisen. — **argilla** (= argu-la argu-l[u]-la oder Lehnwort) = ἄργιλλα, argill-ōsu-s reich an w. Thon, argill-āc-cu-s aus w. Thon bestehend. — (*argē-re glänzen:) **argo-nt-u-m** n. Silber, argentā-re versilbern, argent-eu-s silbern, argent-āriu-s das Silber betr., Subst. m. S.arbeiter, Geldwechsler, f. (fodina) Silbergrube, (taberna, mensa) Wechslerladen, (negotiatio) Wechslergeschäft; Argent-inus Gott des Silbers (Aug. conf. d. 4. 21).

Bechstein St. VIII. 368. — Brugmann St. IV. 121 f. — Corssen N. 242. — C. E. 171. — F. W. 15. 427. — M. M. V. II. 75..20). — Pott III. 422. — Schweizer KZ. XVIII. 288. — S. W. 94.

---

1) **ARGH** würdig sein (= glänzen?). — Skr. **arh** 1) verdienen, werth sein, 2) vermögen, können; caus. ehren; **argh** einen Werth haben. — Wohl eher Denom. von argha (Werth, Geltung, Preis) als ältere Form von **arh** (P. W. I. 422. 453).

ἄρχ-ω (ἀρχ-εύ-ω Il. 2, 345. 5, 200) der erste sein, vorangehen, anfangen, leiten, herrschen, gebieten; ἀρχ-ή f. Anfang, Leitung, Herrschaft, Würde, das Beherrschte, Reich, Statthalterschaft (ἀρχῆθεν von Alters her); ἀρχ-ό-c m. Führer; (Part. von ἄρχω) ἄρχ-ων (οντ-ος) m. Herrscher, in Athen die erste obrigkeitl. Würde, Archon; ὄρχ-αμο-c m. (vgl. ἀγκ-ών, ὄγκ-ο-ς pag. 2 f., -αμο Superl.suffix)

Führer, Aufseher; ἀρχα-ῖο-c uranfänglich, alt, ehrwürdig, ἀρχ-εῖο-ν (ion. ἤιον) n. obrigk. Gebäude, Obrigkeit; ἀρχ-ικό-ς zum Herrschen geeignet, herrschsüchtig; Ἀρχ-ία-ς. — ἀρχι- (führend, herrschend, Ober-): ἀρχι-ιερεύς, -κλώψ, -κυβερνήτης, -μάγειρος, -μιμος, -οινοχόος, -πειρατής, -ποιμήν (N. T.), -συνάγωγος, -τέκτων, -τελώνης (N. T.), -τρίκλινος (N. T.); Ἀρχί-αναξ, -βιος, -γένης, -δαμος, -δημος, -δικος, -έπης u. s. w.; ἀρχε-: ἀρχέ-κακος Unheil stiftend, -πλουτος Gründer des Reichthums (Soph. El. 72); Ἀρχε-βάτης, -βιάδης, -βιος, -βουλος, -δαμας, -δημος u. s. w.; ἀρχ-: Ἀρχ-αγόρας, -ανδρος, -ιππος; -αρχο: ἄν-αρχο-ς ohne Oberhaupt, ἔπ-αρχος Befehlshaber, Statthalter, ἵππ-αρχος Befehlshaber der Reiterei'(magister equitum), μόν-αρχος alleinherrschend, Alleinherrscher, ὕπ-αρχος Unterbefehlshaber.

— ὑπ-άρχω (urspr. vermögen) vorhanden sein, zu Gebote stehen (τὰ ὑπάρχοντα die vorhandenen Hilfsmittel, die gegenwärtigen Umstände, die natürl. Anlagen, Habe, Gut); trans. zu Theil werden lassen, gewähren, leisten.

B. Gl. 23a. — C. E. 189.

2) ARGH heftig erregen, bewegen; beben.

ὀρχ-έ-ω = πάλλω, κινέω Plat. Cratyl. 407. a (ὥρχησεν φρέ-νας = ἠρέθισε, ἐκίνησε Ion bei Athen. 21. a); ὀρχέ-ο-μαι sich bewegen = tanzen, hüpfen, springen; ὀχρή-σ-τρα f. Tanzplatz, im att. Theater = κονίστρα der zwischen dem Zuschauerplatze und der Bühne gelegene Raum, Bühne; ὀρχη-σ-μό-ς (ion. -θ-μό-ς) m. ὄρχη-σι-ς (σε-ως) und ὀρχη-σ-τύ-ς (τύ-ος) f. ὄρχη-μα (ματ-ος) n. Tanzen, Tanz; ὀρχη-σ-τή-ς, -τήρ (-τῆρ-ος) Tänzer, ὀρχη-σ-τρ-ί-ς (ίδ-ος) Tänzerin; ὀρχη-σ-τ-ικό-ς zum T. geh. (-κή τέχνη Tanzkunst). — ὄρχ-ι-c (-εως, ion. -ιος) m. Hode, Demin. ὀρχ-ίδιο-ν n.; ἐν-όρχη-ς, ἔν-ορχο-ς mit H., nicht verschnitten (Il. 23. 147), μόν-ορχις mit Einer H. (Plut. qu. nat. 21).

Bugge KZ. XIX. 401 f. — F. W. 15. 623; F. Spr. 152. — B. Gl. 352a: varh crescere; fortasse ὀρχέω.

ARD wallen, netzen. — Skr. ard in Bewegung der Theile gerathen, zerstieben, sich auflösen (P. W. I. 439).

ἀρδ[1]). — ἀρδ-ω bewässern, benetzen, tränken; ἄρδ-α f. (Benetzung =) Schmutz, Unreinigkeit; ἀρδ-μό-ς, ἀρδη-θ-μό-ς (von *ἀρδα-ω) m. Tränke; ἄρδ-αλο-ς (ῥύπος, μολυσμός Erot. gl. Hipp.; Adj. ὁ μὴ καθαρῶς ζῶν Erot.), ἀρδαλό-ω beflecken (μολύνω Eustat. 1761. 20); ἀρδάλ-ιο-ν Hes. (ἀρδάν-ιο-ν) n. Wassergefäss; ἀρδ-εF-: ἀρδ-εύ-ω bewässern, ἀρδευ-τή-ς m. Wässerer, ἄρδευ-σι-ς f. ἄρδευ-μα

n. Bewüsserung, ἀϱδε(ϝ)-ία f. das Besprengen; ἄϱ-σ-εα· λειμῶνες Hes.; νεο-αϱδής frisch bewüssert (Il. 21. 346). — (ἀϱδ-ιο ἐϱδ-ιο ἐϱ-ο-δ-ιο ἐϱ-ω-δ-ιο; ω wegen der vielen Kürzen gedehnter Hilfsvocal) ἐϱωδιό-c m. Reiher (ardea maior Linné)[2]).

ῥαδ, ῥα[δ]ν, ῥα[δ]νι[3]). — ῥαδ: Aor. Imper. ῥάσσατε Od. 20. 150, Perf. ἐϱϱάδ-ᾰ-ται Od. 20. 354, Plusqu. ἐϱϱάδ-ᾰ-το Il. 12. 431; ῥάσ-τωϱ (τοϱ-ος)· κϱατήϱ Hes.; ῥάσ-μα n. Gespritztes (ῥάσματα μύϱων ἔπιπτεν ἐπὶ τὴν γῆν Ath. XII. 542. c). — ῥαν: Fut. ῥανῶ, Aor. ἔ-ῥϱᾶν-α; ῥαν-τήϱ (τῆϱ-ος) m. Netzer, ῥαντήϱ-ιο-ς zum Ben. geh. (πέδον ῥαντήϱιον der blutbespritzte Boden Aesch. Ag. 1063); ῥαν-ί-ς (ίδ-ος) f. Gespritztes, Tropfen; (ῥαν-τι:) ῥαντί-ξ-ω (N. T.), ῥάντι-σ-τϱο-ν n. Sprenggefäss, Sprengwedel, ῥαντι-σ-μό-ς m. ῥάντι-σ-μα (ματ-ος) n. ῥάντι-σι-ς f. das Besprengen. — ῥανι: (ϱανιω) ῥαίνω sprengen, besprengen, streuen.

ῥαδ = ῥαθ. — (ῥαθ-αν-ιω) ῥαθαίνω = ῥαίνω Lex., (ῥαθ-ατ-ιω) ῥαθάσσω = ῥαίνω; (ῥαθ-α-μιγ) ῥαθ-ά-μ-ιγξ (ιγγ-ος) f. Tropfen, Körnchen, Stäubchen (vgl. κονίης ῥαθάμιγγες Il. 23. 502), (ῥαθάμιγγες· ῥανίδες, σταγόνες καὶ ὁ ἀπὸ τῶν ἵππων κονίοϱτος Hes.), ῥαθαμίζω besprengen (ῥαθμίζεσθαι Hes).

ard-ea f. = ἐϱωδιός, Demin. ardeŏ-la.

1) B. Gl. 38a. — C. E. 228. 512. — F. W. 16. — Legerlotz KZ. X. 369. — Siegismund St. V. 112 f. — 2) C. E. 348. — F. W. 428. — Walter KZ. XI. 432. — 3) C. V. I. 309. 11). II. 129. — Fick KZ. XXI. 111. — L. Meyer KZ. XV. 26 f. 39.

ARDH erheben, fördern, pflegen. — W. 1) ar + dh. — Skr. ardh 1) Gelingen, Wohlergehen finden, gedeihen, glücklich sein, 2) fördern, gelingen machen, glücklich vollbringen, zu Stande bringen, 3) genügen, befriedigen (PW. I. 440).

ardh[1]). — ὄϱθ-ϱο-c m. die Zeit des Tagesanbruches, Sonnenaufgang, ὄϱθϱ-ιο-ς, ὄϱθϱ-ινό-ς Morgens, früh, ὀϱθϱ-ί-ζ-ω ὀϱθϱ-εύ-ο-μαι früh wach sein.

aldh, ald[1]). — ἄλθ-ε-το (χείϱ, nur Il. 5. 417) heilte; ἀλθαίνω, -ή-cκ-ω heilen (-ι-σκ-ω Hipp.), ἄλθ-εξι-ς f. Heilung (Hippokr.), ἀλθ-ή-ει-ς heilsam, ἀλθ-εύ-ς Helfer, Arzt (Hesych.); ἀλδ-αίνω wachsen lassen, stärken, pflegen, ἀλδ-ή-cκω, ἀλδ-έ-ω (Gramm.) id.; ῎Αλδ-ο-ς, ᾿Αλδή-μιο-ς Bein. des Zeus in Gaza.

ἐλ-υ-θ[2]) [υ Hilfsvocal; vgl. Τύμωλος = Τμῶλος] kommen: Fut. ἐλ-εύ-σ-ο-μαι, Aor. ἤλ-υ-θ-ο-ν, ἤλ-θ-ο-ν, Perf. ἐλ-ήλ-υ-θ-α ep. εἰλ-ήλ-ου-θ-α; ἐλθετώς· ἀντὶ τοῦ ἐλθέ. Σαλαμινοί Hes. (verstärkte 2. P. Imperat. mit auffallendem Accent, löt gräkoit. = τωτ τως)[3]); ᾿Ηλύς-ιο-ν πεδίον (= ἠλυθ-τιο) n. (Aufstieg, Ort wohin die Seelen aufsteigen) (das elysische Gefilde, ein im ewigen Frühlinge prangendes herrliches Land am Westrande der Erde diesseits des Okeanos,

wohin des Zeus Lieblinge gelangen, ohne je sterben zu müssen Od.
4. 563)⁴); Ϝλευσι-ς (= ἐλευϑ-τι-ς) f. das Kommen (N. ⟨Ͳ.), ἤλυσι-ς
Eur. id.; Ἐλευσί-c (ῐν-ος) f. Stadt u. Demos in Attika, berühmt durch
den Tempel der Demeter und die eleusinischen Mysterien (jetzt
Leosina); ἔπ-ηλυ-ς (-ϑο-ς) m. f. Ankömmling, Fremdling, ἐπ-ηλύ-τη-ς
Thuk. id.; Ἐλευϑ-ώ (οὖς), Ἐλεύϑ-να, Ἐλείϑ-να, Εἰλείϑ-υια, Εἰλύϑ-
υια Geburtsgöttin = die kommende, nahende, beispringende⁵). —
ἐλ-εύ-ϑ-ερο-c frei (παρὰ τοῦ ἐλεύϑειν ὅπου ἐρᾷ E. M. p. 329. 44,
also: wer hingehen kann, wohin er will)⁶), ἐλευϑερό-ω befreien,
ἐλευϑέρω-σι-ς f. Befreiung, ἐλευϑερ-ία f. Freiheit, ἐλευϑέρ-ια n. Pl.
Freiheitsfest (zu Platää alle 5 Jahre zum Andenken des Sieges
über die Perser gefeiert), Ἐλευϑερ-αί Flecken in Attika (jetzt Myu-
poli); ἐλευϑέρ-ιο-c *liberalis*, wie ein Freier redend, denkend, handelnd, edel, freisinnig, freigebig, ἐλευϑεριό-τη-ς (τητ-ος) f. *liberalitas*, ·
Edelmuth u. s. w.

(*ardh-va*) **ard-uu-s** steil, schwierig, misslich⁷), *ardui-ta-s*
(*tāti-s*) f. Steilheit u. s. w.; *Ard-ea* f. alte Stadt der Rutuler (6 M.
von Rom), *Ardeā-s* (*āt-is*, Nom. *Ardeāti-s* Cato ap. Prisc. 4. p. 629. P.)
aus A., *Ardeāt-īnu-s* zu A. geh. — **arb-os** (*ŏr-is*) (*ardh- arf-
arb-*; vgl. *rudh*, *ruf-u-s*, *rub-e-r*) f. (der wachsende) Baum⁸), Dem.
arbus-cŭla; *arbor-eu-s* baumartig, *arbor-e-sc-ere* zum B. heranwachsen,
arbor-ā-tor (*tōr-is*) m. Baumzüchter; *arbus-tu-m* n. Baum-werk,
-pflanzung, *arbustu-s* mit B. bepflanzt, *arbustā-re* m. B. bepflanzen;
arb-ŭ-tu-s f. Meerkirschen- oder Erdbeerbaum (*arbutus unedo* L.),
arbutu-m n. die Frucht d. M. oder E., *arbut-eu-s* vom M. od. E.⁹).

1) C. E. 250. 518; C. V. I. 263. 2). 276. 3). 278. 1). 380. 2). — F. W.
16; F. Spr. 301. — Christ 245: Skr. *rrdh* wachsen. — 2) C E. 66. 488. 518.
540. 546. — F. W. 172. 394, Spr. 224, KZ. XIX. 249 ff.: **rudh**, europ.
ludh steigen. — 3) Curtius KZ. VIII. 294 ff. — 4) Fick KZ. XIX. 251.
— 5) Legerlotz KZ. VIII. 422. — Savelsberg qu. lexic. 35. — 6) C. E.
370. 488. — S. W. 203. — F. W. 485: lu gewinnen, *lu-dha* (= *th*) lari-
thero ἐ-λεύ-ϑερο-ς. — Savelsberg KZ. XXI. 126 ff.: **kar** gehen vgl *liber*:
κέλευϑο-ς *κελεύϑερος coluber(us). — Sch. W. 242: von ἐλυϑ unwahrscheinlich, vielleicht hängt das W. mit *liber* zusammen, vgl. *libet*, *lubet*,
also „der seinen Willen hat“. — 7) B. Gl. 61a. — Bugge KZ. XIX.
402 f. — Corssen I. 170. — 8) Ascoli KZ. XVI. 121. — Corssen I. 170,
II. 190. — Schweizer KZ. IV. 69: W. *rbh*, *arbh*, *ἀλφ*. — 9) Hehn 350 f.:
der E. im heissen gebirgigen Süden, geht über das mittlere Italien nicht
gern nach Norden heraus.

AR-P fügen, heften, befestigen. — W. 3) **ar + p.** —
Vgl. Skr. *ar-pajāmi* hineinstecken, -legen, anstecken, befestigen,
infigere (P. W. I. 400).

ἀρπ (Aspiration unorganisch). — ἁρπ-υ-c (υ-ος) f. Verbindung (ἀρφύς’ ἱμάς. Μακεδόνες); ἁρπ-ῐδ-ες (τὰ ὑποδήματα παρὰ
Καλλιμάχῳ: ϑῆκε σὺν ἁρπίδεσσιν, παρὰ· τὸ ῥάπτω ῥαπίδες καὶ

κατὰ μετάθεσιν ἀρπῖδες E. M. 148. 33); ἀρβ-ύλαι (π = β) f. starke Schuhe, die den Fuss bis an die Knöchel bedeckten (Aesch. Ag. 918; frg. 239), ἀρβυλ-ί-ς (ίδ-ος) f. id. (Theokr. 7. 26), (ἀρ-α-β-ύλας· ἀρβύλαι. γένος ὑποδημάτων); κατ-άρβυλος bis auf die Schuhe reichend (χλαῖνα Soph. fr. 559). — ἀρπ-ε-δών (δόν-ος) f. ἀρπεδόν-η f. Seil, Strick[1]; ἀρπεδον-ί-ζ-ω mit S. fangen (λωποδυτέω Hes.). — (ἀρπεδ-ja) ἀρπέζα f. Hecke, Dornhecke (ἅρπιξ Hes.).

C. E. 718. — Siegismund St. V. 211. — 1) Sch. W. 115: zu ἁρπάζω.

1) **ARBH** anfassen, wirken, arbeiten. — Siehe **rabh**.

ἀλφ-άνω (Präs. bei Eur. und Aristoph. dreimal, nach Veitsch) erwerben, eintragen (Aor. ἦλφ-ο-ν); ἀλφ-ή f. Erwerb (Lykophr. Aesch. Soph.), ἄλφη-μα (ματ-ος) n. Kauf-, Pachtsumme; ἄλφη-c-τή-c (ἄνδρες ἀλφησταί Od. 3mal) erwerbende, strebende (vgl. ὀρχη-σ-τή-ς)[1]; ἀλφ-εσί-βοιο-ς (παρθένοι nur Il. 18. 593) Rinder einbringend, nämlich den Eltern durch den Bräutigam, der Rinder als Brautgeschenke bringt.

C. E. 293; C. V. I. 258. 1). II. 14, 8). — Siegismund St. V. 209. — 1) Nitzsch zu Od. 1. 349 = τιμὴν εὑρίσκοντες auf Gewinn ausgehend, betriebsam (daher nur ἄνδρες, nie ἄνθρωποι überhaupt). — Ameis: „gersteverzehrend, fruchtessend", ein stehendes Beiwort von dem Hauptnahrungsmittel. —' S. W. und Sch. W.: ἀλφίτων ἔδοντες, ἄλφι ἐσθίω = brotessend.

2) **ARBH** überlassen, preisgeben.

ὀρφο: ὀρφο-βό-της (ἐπίτροφοι ὀρφάνων Hes.), ὀρφό-ω Hes., Ὀρφώνδα-ς ein Thebaner (Paus. 10. 7. 7). — ὀρφ-ανο: ὀρφανό-ς ὀρφαν-ικό-ς verwaist, beraubt, ermangelnd, ὀρφαν-ία f. das Waisesein, ὀρφαν-ί-ζ-ω verwaisen, zur W. machen, ὀρφαν-ι-σ-τή-ς m. Pfleger der W. (Soph. Ai. 507); ὀρφαν-εύ-ω W. pflegen, erziehen, Med. W. sein, ὀρφάνευ-μα (ματ-ος) n. (Eur. Herc. Fur. 546) = ὀρφανία.

orb-u-s verwaist, beraubt, *orb-āre* (der Kinder) berauben, verwaist machen (vgl. köpfen, also: kindern, in privativer Bedeutung), *orbā-ti-ō(n)* f. Beraubung, *orbā-tor* (*tōr-is*) m. Verwaiser, *orbi-tā-s* (*tāti-s*), *-tŭ-d-o* (*'in-is*) f. das Verwaistsein; *Orb-ōna* (Göttin der Abwehr der Verwaisung und des Trostes bei ihrem Eintritt); *Orb-iu-s*, *Orb-īl-iu-s*, *Urb-il-iae* (st. *Orb-*, C. I. 1103), *Orf-iu-s*, *Orf-id-iu-s*.

Corssen II. 164. — C. E. 296. — F. W. 16. 434; F. Spr. 300. — B. Gl. 23a: *arb'a fortasse e garb'a abiecto g. Huc referri possint ὀρφανός, orbus.*

1) AR-S zu gehen suchen, irren. — Skr. **arsh** (*rsh*) gehen (P. W. I. 452). — W. 1) **ar + s.**

ἄψ-ορρο-c (= *ορσο-ς) sich rückwärts bewegend, zurückgehend (Adv. ἄψορρον rückwärts, zurück, wider); παλίν-ορςο-c zurückeilend, -fahrend (Π. 3. 33).

err-or (st. *ers-*) (*ōr-is*) m. Irrfahrt, Irrthum; (*erru-s*) *errā-re* irren, *errā-tu-s* (*tūs*) m. *-ti-ō(n)* f. das Irren, *errā-bundu-s*, *errā-ti-cu-s* umherirrend.

B. Gl. 23a. — C. E. 646: „s determinativ und, wie wir vermuthen dürfen, desiderativ". — F. Spr. 301: ars fliessen, gleiten; F. W. 342: arsa irr. — S. W. Sch. W.: ἄψορρο-ς, παλίνορσο-ς zu ὄρ-νυ-μι.

---

2) AR-S netzen, besprengen, fliessen, gleiten. — Skr. **arsh** (*rsh*) 1) fliessen, gleiten, schiessen (von Flüssigkeiten), 2) gleitend, rasch sich bewegen. Verwandt mit **varsh** (P. W. I. 452). — W. 6) **ar + s.**

ἄρc-ην m. f. ἄρc-εν n. (εν-ος) altion. altatt., ἔρσ-ην neuion., ἄῤῥ-ην att. männlich, mannhaft, stark (*proprie is qui femineos locos rigat et fecundat*)[1], ἀῤῥεν-ικό-ς männlich (häufig Gramm., Adv. ἀῤῥενικῶς εἴρηται), ἀῤῥεν-ό-της (ρητ-ος) f. Mannheit (Hierocl.), ἀῤῥενό-ω männlich machen, Med. m. werden. — (ἐρσ-) εἴρ-ην (εν-ος) (Jüngling von der Zeugungsfähigkeit benannt) Name der lakedämonischen Jünglinge vom 20. Jahre an (Plut. Lyk. 17) (lakon. ἴρην, ἴρᾶν = ἐρρ-, ἰρρ-, ἰρ-; ἴρανες· εἴρενες οἱ ἄρχοντες ἡλικιῶται. Λάκωνες Hes.) (ἰρέν-ες Her. 9. 85). — Εἰραφι-ώτη-c (Voc. Εἰραφι-ῶτα) Beiname des Dionysos (h. h. 26. 2) (*arsabha-s* Befruchter = Skr. *rshabhá-s* Stier, insofern er Befruchter der Heerde ist P. W. I. 1060) (Ἐρραφε-ώτης Alk. fr. 90; Ἰραφι-ώτης h. Bacch. Anthol. Pal. IX. 524. 10)[2]). — ὄῤῥ-ο-c (= ὀρσ-ο-ς) m. Steissbein, Bürzel, Steiss[3]) ; οὐρ-ά, ion. οὐρ-ή, (= ὀρσ-α, ὀῤῥ-α, Ersatzdehnung οὐρ-ά) f. Schwanz, Schweif, Hintertheil, Nachtrab (ὁ κατ' οὐράν Hintermann Xen. Kyr. 5. 3. 45)[4]); οὐρ-αχό-c, οὐρί-αχο-c m. (Demin. von ὄῤῥο-ς) das hinterste Ende, letztes Stück, Speerschaft; ἵππ-ουρ-ι-c (ιδ-ος) f. mit einem Rossschweife, rossbuschumflattert (Hom. nur Nom. Il. 19. 382 u. Acc. ἵππουρ-ιν). — (ἀρσ-κο, ἀρσ-χο) ἀρ-χό-c m. After (Arist. h. a. 2. 17).

urr-u-n-cu-m n. der unterste Theil der Aehre (*quod in infima spica, appellatur urruncum* Varro r. r. 1. 48. 3).

Brugmann St. IV. 115 f. — C. E. 344. 350. 581. 693. — Christ 247. — F. W. 17. 342; F. Spr. 301. — Legerlotz KZ. VIII. 63. — Sonne KZ. X. 113. — 1) Bopp Gl. 372a: varš vŕš *irrigare*. — 2) Nach den Alten: διὰ τὸ ἐῤῥάφθαι ἐν τῷ μηρῷ τοῦ Διός; vgl. Zeitschr. f. Alterth. 3. Jgg. 10. H. 1065. — Welcker Götterl. II. 587: ἴαρ und φύω = der Lenzgeborne. — 3) Bopp Gl. 25a: *ava-ra posticus, posterus*: οὐρά; *fortasse* ὄῤῥος *anus per assimilationem ex* ὄῤϝος. — 4) Bugge KZ. XX. 30: *vára·*m.

Skr. Schwanz (ebenso Sch. W.), später *rūla, bāla*. — F. W. 187: **vā** weben: Schweif, Wedel.

---

alk Eisvogel — vgl. ahd. *alac-ra*.

ἀλκ-υ-ών (*-όν-ος*) att. ἀλκυών f. Meereisvogel, ἀλκυον-ί-ς (*-ίδ-ος*) f. das Junge; ἀλκυον-ίδες (ἡμέραι) die 14 Wintertage, während welcher der Meereisvogel sein Nest baut, um welche Zeit das Meer ohne Stürme ist, bildlich: tiefe Ruhe (Ar. Av. 1594); 'Αλκυών, 'Αλκυον-εύ-ς, 'Αλκυόν-η, 'Αλκυον-ίδες, 'Αλκυον-ία. **alc-ē-d-o** (*in-is*) f. = ἀλκυών (*haec avis nunc graece dicitur* ἀλκυών Varro l. l. 7. 88; also kein Lehnwort); *alcedōn-ia* n. Pl. =, ἀλκυονίδες.

C. E. 132. — F. W. 428; F. KZ. XXII. 218. — S. W. 40: von ἅλς und κύειν, weil man glaubte, dass dieser Vogel im Meere brüte.

---

alk Elch.

ἄλκη Elchthier (Paus. 5. 12. 1). — **alce-s** (Gen. *alci-s*) f. id.

C. E. 131. — Nach Grimm kein Lehnwort; vgl. W. III. 406 (414): **elen**, elend *cervus alces*, es ist übel, dass dieser, allem Anschein nach, Slaven abgesehne Name, unsern heimischen, welcher ahd. *ēlah* od. *ēlaho*, mhd. *ēlch*, altn. *ēlgr*, schw. *elg* lautete „nud zum latein. *alces* stimmte" verdrängt hat. — Vgl. M. M. V. II. 394. 22).

●

albha weiss.

ἀλφό-c f. Hautfleck (λευκαί καὶ ἄλφοι weisse Hautflecken besonders im Gesicht, *alba vitiligo*); ἀλ-ω-φό-ς· λευκός Hes. — ἄλφι n. ἄλφι-το-ν n. (meist Plur.) Gersten-graupen, -frucht, -mehl, -schrot, daraus gefertigtes Brod, überhaupt: Brod, Lebensunterhalt [1]). — 'Αλφ-ειό-ς (dor. 'Αλφεό-ς) m. Fluss in Elis; Mannsname; ἀλφινία· ἡ λευκή (Hes.) Weisspappel.

albu-s weiss, fahl, *albŭ-lu-s albĭ-du-s* weisslich; *albĭ-ti-ē-s, albĭ-tū-d-o* f. *alb-or* m. Weisse; (**alb-os, -us*) **albur-nu-m** n. Splint; **albur-nu-s** m. Weissfisch[2]); *albā-re* weiss machen (Prisc. perieg. 431), *albā-tu-s* weiss gekleidet, *albā-men-tu-m* n. Eiweiss; *albē-re* weiss, fahl sein, *albē-d-o* (*in-is*) f. = *albities* u. s. w.; (*albu-ere) *albū-g-o* (*in-is*) f. weisser Ansatz, w. Fleck, *albū-men* (*mĭn-is*) n. = *albamentum;* (*albi-cu-s) *albicā-re* w. machen. — **Alba**[3]) (*Alba Longa* Langen-Weissenburg, *Alba Fucentia* Weissenburg am Fucinersee), *Albŭ-la* (älterer Name des Tiber; *Albula Tiberis fluvius dictus ab albo colore* Paul. D. p. 4), *Alb-iu-m* (*Albengo, Ventimiglia*); *Alb-iu-s, Albi-d-iu-s, Albu-c-iu-s, -ia, Albucil-la, Albi-s* (Elbe, bei Vopisc. Prob. 13. *Alba*); *Alb-āna, -ānu-m* (*Albano*), *Alb-ān-iu-s, Alb-īnu-s, Albīn-iu-s, Albur-nu-s* (*Monte di Postiglione*), *Alb-ingau-num* (*Albengo*) Ingaunisch-Weissenburg, *Alb-intemelium* Intemelisch-

Weissenburg (beide von ligurischen Volksstämmen benannt); *Albiuna
ager trans Tiberim dicitur a luco Albionarum, quo loco bos alba
sacrificabatur* (Paul. D. p. 4. 9); *Alf-iu-s, Alf-ēnu-s; Nuceria Alfa-
ter-na* Weiss-Neustadt.

C. E. 293. 719. — F. W. 166. 429; Spr. 218: **rabh fassen** (P. W. VI.
271: *rábhas* n. Ungestüm, Gewalt, *rabhasá* wild, ungestüm, gewaltig,
von lebhafter, stechender Farbe). — 1) Hehn 477: Gerstengraupen ━
weisses Korn, mag seinen Namen von einer neuen, ein reineres Produkt
ergebenden Art des Schrotens erhalten haben. — Savelsberg Dig. 26:
ʃɛl, ʃaɛʃ-, ἄλευρον, ὄλυρα. — 2) Schweizer KZ. III. 386. — 3) Corssen
KZ. III. 263 f.

alja anderer, fremd.

St. ἄλjo: ἄλλο-c (= ἀλjo-ς) ἄλλη ἄλλο ein anderer[1]); ἀλλά
(eig. Neutr. Plur. mit verändertem Accent) Conj.: anders ━ aber,
allein, sondern; ἄλλο-τε ein andermal; ἄλλο-θι anderswo, ἄλλο-θεν
anderswoher, ἄλλο-σε anderswohin; ἀλλο-πρός-αλλος (Bein. des Ares,
nur Il. 5. 831. 889) von einem zum andern sich wendend, wetter-
wendisch, oder (als Bein. des Krieges): den einen gegen den andern
stellend[2]); .περί-αλλο-ς über andere hinaus d. i. vorzüglich (Adv.
ὡς περίαλλα = ὡς μάλιστα Soph. O. T. 1218); ἀλλο-ῖο-c anders
beschaffen, verschieden, ἀλλοιό-ω verändern, ἀλλοίω-σι-ς f. -μα(τ) u.
Veränderung, ἀλλοιό-τη-ς (τητ-ος) f. Verschiedenheit. — St. ἀλλ-ηλο
(Dissimil. im 2. Gliede) ἀλλήλ-ων, οις u. s. w. (ohne Nomin.)
Einer des Andern d. h. einander, untereinander, wechsel-, gegenseitig; ἐπ-άλληλο-ς Einer auf den Andern, dichtgedrängt; παρ-
άλληλο-ς neben einander stehend, liegend, gehend, laufend (ἡ π.
γραμμή die Parallellinie, παρ-αλληλ-ία f. das Nebeneinanderstehen, besonders gleicher Wörter, παρ-αλληλ-ί-ξ-ω neben- oder gegeneinander-
stellen, vergleichen, παρ-αλληλι-σ-μό-ς m. das N., Gramm.). — St.
ἀλλα-κο (vgl. Skr. *anjá, anja-ká* ein anderer, P. W. I. 261. 263)
(ἀλλακ-jω): ἀλλάccω att. ἀλλάττω (Fut. ἀλλάξω, Aor. ἠλλάχ-θη-ν
ἠλλάγ-η-ν) verändern, verwechseln, ἀλλακ-τ-ικό-ς den Tausch od.
Handel betreffend; ἀλλαγή f. (κ = γ) Tausch, Veränderung, Ver-
wechslung id., ὑπ-αλλαγή f. id. (rhetor. *term. t.* = μετωνυμία; *Ennius
'horridam Africam terribili tremere tumultu' cum dicit, pro Afris
immutat Africam. Hanc ὑπαλλαγήν rhetores, quia quasi summutan-
tur verba pro verbis, μετωνυμίαν grammatici vocant, quod nomina
transferuntur.* Cic. or. 27. 93; vgl. Quint. VIII. 6. 23). — St. ἀλλο-
τερο (Comparativsuffix): ἀλλό-τρ-ιο-c (lesb. ὀλλό-τερ-ρο-ς) fremd,
fremdartig, ungehörig, ἀλλοτριό-ω fremd machen, entfremden, abwenden, ἀλλοτρίω-σι-ς (σε-ως) f. ἀλλοτριό-τη-ς (τητ-ος) f. Entfremdung, Abgeneigtheit.

St. **alja**: **äliu-s** *ália äliu-d; aliö* (= *alio-i*) anderswohin,
aliäs (partes) nach einer a. Seite hin, zu a. Zeit; *aliü-ta* anders so

(vgl. *i-ta* dies so) *antiqui dicebant pro aliter, ex Graeco id ἀλλοίως transferentes. Hinc est illud in legibus Numae Pompilii 'Si quisquam aliuta faxit, ipsos Iovi sacer esto'* Paul. D. p. 6. 1. M.[3]). — St. (alĭ) alī (Nom. *ali-s, -d* Prisc. Char. Diom. Lucil. Cat. Lucr., Gen. *ali-s* Prisc. *ali-modi* Fest. p. 28. 2 oder contrahirt aus *alii modi*, vgl. *aliae rei* Fest. p. 27. 19, Dat. *ali* Lucr., *alei* Inscr.): *alĭ-ter* anders, *alĭ-bi* anders wo, *ali-quis, -quot, -quantus, -quando, -cunde, -cŭbi* (s. St. *ka, da*); **ali-ēnu-s** fremd, fremdartig, ungewohnt (*terra aliena* anders gelegenes Land), *alienā-re* entfremden, *alienā-ti-ō(n)* f. Entfremdung, *alieni-tā-s (tātis)* f. Fremdartigkeit. — St. **al: al-tĕro** (vgl. ἀλλο-τερο): *al-ter, -tera, -teru-m*[4]) der andere, *alterās (partes)* in andern Beziehungen, sonst (*alterā-s ponebant pro eo, quod est adverbium alias* Paul. D. p. 27. 2); *alterŭter* s. St. *ka;* **ad-ulter** m. *ad-ültera* f. Ehebrecher, -in, Fälscher, -in (*adulter et adultera dicuntur, quod et ille ad alteram et haec ad alterum se conferunt* Paul. D. p. 22. 1; vgl. Skr. *anja-ga, anjagāmin* zu einem (einer) Andern gehend, ehebrüchig P. W. I. 263)[5]), *adulter-iu-m* n. Ehebruch, Fälschung, *adulter-inu-s* ehebrecherisch, gefälscht, *adulterā-re* schänden durch E., fälschen; (* *alter-cu-s*) **altercā-re, -ri** einen Wortwechsel haben, *altercā-ti-ō(n)* f. Wortwechsel, *altercā-tor (tōr-is)* m. Redner im W.; **alter-nu-s** der eine um den andern, *alternā-re* abwechseln, *alternā-ti-m* wechselweise, *alternā-ti-ō(n)* f. Abwechslung.

Corssen I. 152 ff. B. 295 ff. 513. — C. E. 359. — F. W. 343. 428; F. Spr. 302. — Roscher St. III. 163. — 1) B. Gl. 13b, 31a: = *anjá.* — 2) G. Meyer KZ. XXII. 17. — Schaper KZ. XXII. 514: „der 1. Theil des Compositums wohl ablat. Bedeutung". — 3) B. Gl. 13b: = Skr. *anját'u.* = *anja* + Suff. *tā, áliter.* — 4) B. Gl. 13a: = Skr. *an-tara.* — 5) Bugge KZ. XX. 49. — Sonne KZ. X. 356: *gar* sich nahen: *gvol, rol, ul;* vgl. Skr. *gūra* Buhle.

1) **AV** sich sättigen, erfreuen, gern haben; beachten, aufmerken; helfen, schützen. — Skr. **av** 1) Freude haben, sich gütlich thun, sich sättigen, 2) wohlthun, gütlich thun, sättigen, 3) gern haben, wünschen, lieben, 4) Gefallen finden, sich angelegen sein lassen, beachten, 5) begünstigen, fördern, ermuthigen, helfen, schützen (P. W. I. 465).

ἀF: ἀ-ἴω (= ἀF-jω) wahrnehmen, merken, fühlen (ἄ; Imperf. hom. ἄιον; ι vom Präsensst. auch in die Wortbildung gedrungen, vgl. ἰδ-ίω) (ἄετε· ἀκούετε Hes., Aor. nachhom. ἤ-ϊ-σα), ἐπ-αΐω (contr. ἐπ-άω), ἐπ-άϊ-σ-το-ς (Her.) gehört = ruchbar, bekannt; ἀ-ϊ-τα-ς (dor.) Liebling. — ἀF-η: ἐν-η-ής, -ές (= ἐν-ηF-ης) gütig, freundlich, mild, ἐν-η-ε-ίη (st. ἐν-ηF-εσ-ιη) Güte (Il. 17. 670)[1]); ἐπ-η-τή-ς id., achtsam, aufmerksam (λόγιος, συνετός)[2]), ἐπ-η-τύ-ς (τύ-ος) f. Freundlichkeit (Od. 21. 306). — ἀF-ι: ὀF-ι) ὄ-ϊ-ς att. oἶ-c m. f. Schnaf (= Schützling, Pflegling, Günstling, von seiner Sanftheit)[3]); oἶ-α ὄ-α f. Schaaffell (Lex.), oἶ-εο-ς vom Sch. (διφθέρα Her. 5. 58); Oἶ-τη(?) Schaafberg, Gebirg in Thessalien; 'Oἶ-λεύ-ς König in Lokris (Il. 2. 527), ein Troer (Il. 11. 93) = Volkshirt, Volkshüter. — ἀμ-νό-c m. Lamm (N. T.) = ἀϝι-νο-ς orilis. — ἀϝ-c αὐ-c: αὐc-ατ (lesb. αὔ-ατ-α), οὐc-ατ (hom. οὔ-ατ-α), (οὐ-ατ ὀϝ-ατ) ὠ-ατ (dor. ὤ-ατ-α), (ὀ-ατ ion.) ὠτ contr. (att. ὠ-τ-α), ἀϝ-τ (tarent. ἀ-τα) Nom. οὐc n. Ohr, Henkel, Griff; ἄμφ-ωτ-ο-ς (Od. 22. 10) ἀμφ-ωής dor. (κισσύβιον Theokr. 1. 28) Oehre od. Henkel auf beiden Seiten habend, zwei-öhrig, -henkelig, ἀμφ-ωτ-ί-ς (ίδ-ος) f. Ding mit zwei Oe. d. i. ohrförmigen Henkeln; ἐξ-ωβάδια (lakon.) ἐνώτια Hes.; ἀν-ουατ-ο-ς ohne O. H. (Theokr. ep. 4), μον-ουατο-ς mit Einem O. H.; ουατό-ει-ς (εντ-ος) mit langen O. (Mel. 120); so wohl ουατό-εντα statt ωτώεντα (Il. 23. 264. 513); παρ-αύ-α lesb., παρ-ά-ιο-ν παρ-α-ιά παρ-α-ά παρ-ᾱ-ϊ-ς dor., παρ-ή-ϊο-ν' παρ-η-ϊ-ς ion., παρ-ε-ία att. f. (der um Ohre liegende Theil des Gesichtes, τὸ πάρ' ὠτί) Wange, Backe[4]). — ἀϝ-cθ (vgl. ἀϝ hauchen ἀϊ-σθ-ω) αἰcθ-άν-ο-μαι empfinden, wahrnehmen (Fut. αἰσθ-ή-σομαι, Aor. ἠσθ-ό-μην, Perf. ἤσθ-η-μαι) = ἀΐω, αἴω (αἴσθ-ο-μαι Nbf. Thuk. Pl.)[5]), αἴσθη-τή-ς, -τ-ικό-ς empfindend, empfindungsfähig, αἴσθ-η-τήρ-ιο-ν n. Sinneswerkzeug (Sinn, Verstand N. T.), αἴσθ-η-σι-ς (σε-ως) f., αἴσθ-η-μα (ματ-ος) n. Empfundenes, Empfindung.

av: ἄv-u-s m. Grossvater (von der zärtlichen Behandlung), av-ia (av-a erst Venant. 8. carm. 18. 8) f. Grossmutter[6]); ἄt-ἄvu-s, -avia (s. at, pag. 2) Urälter-vater, -mutter, tri-avu-s m. Vater des atavus, Plur. Urahnen; ar-un-culu-s (Stamm av-an-) m. Grossväterchen, Mutterbruder[7]); Au-lu-s (wohl Demin.form); ἄv-ê-re gern haben, Lust haben, begehren (ave gehabe dich wohl)[8]); arī-du-s gierig, avidi-tā-s (tuli-s) f. Gier; av-āru-s (vgl. am-āru-s) gierig (nach Geld), geizig, avāri-tia f. Geiz. — av-i: ὄv-i-s f. = ὄϊς, oἶ;[3]), Demin. ovi-cula, Ovicula (Q. Fabius Maximus Cunctator Ovicula dictus est a morum elementia Aur. Vict. viri ill. 43), ovi-nu-s, ovi-li-s zum Sch. geh., ovi-l-lu-s (ovile erg. stabulum Schaafstall), Ovi-n-iu-s (a-Laut erhalten in: avillas, ovis recentes partus Paul. D. p. 14. 7). — av-ta: (*au-ta Sättigung, Fülle, Wohlsein, *aula-re S. F. W. bringen, davon Part.) au-t-u-mnu-s m. Herbst, die Zeit des Erntesegens, die S. F. W. bringende Jahreszeit[9]), autumni-tā-s (tuli-s) f. Herbst-zeit, -frucht, autumn-āli-s herbstlich. — av-a-ti: (*av-a-ti-s *ov-i-ti-s *o-i-ti-s *ū-ti-s Hilfe) ü-t-o-r (Sekundärstamm ut, vgl. fa-t-eor, mc-t-ior, sen-t-io) (altl. oitier, oclantur, oisus, oitile) schaffe mir Hilfe (daher mit abl. instr.): brauchen, benutzen, geniessen[10]); ūt-ili-s (ut-i-bili-s Plaut. Ter.) nutzbar, nützlich, dienlich, ūtili-tā-s (tulis) f. Nutzen u. s. w.; (*ut-e-nt-lili- *ut-e-ns-lili-) ut-e-nsīli-s brauchbar, N. Pl. brauchbare Gegenstände, Geräthschaften; (*ut-tu-s) ūsu-s (üs) m. Gebrauch, Uebung, Bedarf, üsi-ū(n). üsū-ra f.

5*

Nutzung, *usu-āli-s*, *-āriu-s* z. G. Ue. B. dienend; Frequ. (**ul-tí-tā-ri*) *ūsǐtāri* häufig gebrauchen, *usitā-tu-s* gebräuchlich, üblich. — *av-tio: (au-tio)* **ō-tiu-m** (vgl. *lautus lōtus*) n. Schutz, Sicherheit, im Gegensatz zum *bellum:* Friede, im Gegens. zum ruhelosen Geschäft: sichere behagliche Ruhe oder Musse[11]), *oti-ōsu-s* müssig, unbeschäftigt, der Musse ergeben (die M. litterarischen Arbeiten widmend), *otiā-ri* in Musse leben; **neg-ōtiu-m** n. Unmusse, Geschäft, Arbeit, Dem. *negotiŏ-lu-m*, *negoti-ōsu-s* geschäftig, *negotiā-ri* Geschäfte treiben, *negotiā-tor (tŏr-is)* m. Geschäfts-mann, -führer, Negociant, *negotiā-ti-ō(ñ)* f. das Betreiben von G., *negotiosi-tā-s* f. Geschäftigkeit (*πολυπραγμοσύνη*) (Gell. 11. 16. 3). — *av-d* (vgl. *-fen-d, -ten-d*): (**av-d-ē-re*) **au-d-ë-re** (streben =) wagen (**audtu-s* = *au-su-s*), *audent-ia* f. Herzhaftigkeit; *aud-ax (āc-i-s)* verwegen, kühn, *audāc-ia* f. V. K.; **au-d-i-re** (beachten =) hören, *ob-œdire* entgegenhören, gehorchen[12]); *audī-tor˙(tŏr-is)* m. Zuhörer, *audī-tŏr-iu-m* n. Hörsaal, Zuhörerschaft, *audī-ti-ō(n)* f. *-tu-s (tūs)* m. Gehörsinn, Gerücht, *audient-ia* f. das Zuhören; *audi-tā-vi (saepe audivi* Paul. D. p. 28. 15). — *av-s: au-s-i-s* altl., **au-r-i-s** f. Ohr, Demin. *auri-cŭla, -cil-la; aur-ī-tu-s* geöhrt; *in-aure-s* f. Ohrgehänge; (**aus-culu-s *aus-culā-ri*) Intens. **aus-cul-ta-ri** aufhorchen[13]), *auscultā-tor (tŏr-is)* = *auditor*, *auscultā-ti-o (ōn-is)* f. das Aufhorchen; (**aus-men*) **os-men** altl., **ō-men** (*mǐn-is*) n. das irgendwie durch die Sinne Wahrgenommene, Wahrzeichen, Ahnung[14]), *omin-ōsu-s* voll W., bedeutungsvoll; (**ominu-s) ominā-ri* ein W. geben; *ab-omināri* ein W. von sich abgewendet wünschen, wegwünschen, verabscheuen. — *av-as* (vgl. Skr. *áv-as* n. Befriedigung, Ergötzen, Genuss u. s. w., *avasá* n. Labung, Nahrung P. W. I. 490; vgl. altbulg. *ovǔ-sǔ*, böhm. *oves*) (**av-as-na av-es-na*) **ǔv-ě-na** f. (Nahrung) Hafer, Halm, *aven-āriu-s* zum H. geh., *aven-āc-eu-s* aus H.[15]).

B. Gl. 24 a. — Brugman St. IV. 142 f. — Corssen I. 631. B. 111. — C. E. 389. 393. 404. 578. — Düntzer KZ. XIII. 2. — F. W. 17 f. 343 f. 429; F. Spr. 302 f. — Meyer St. V. 81. — 1) Goebel Zeitschr. f. Gymn. 1864. S. 491: ǎF hauchen, eig. anhauchend d. h. günstig, gewogen, wohlwollend. — Sch. W. 255: opp. *ἀπηνής*, eig. *ἐνενής?* — 2) Döderlein n. 1016 treffend: von *ἐπαίειν* W. ǎF „der (auf die Vernunft) hört“. — Sch. W. 281: *ἤπιος(?).* — 3) B. Gl. 26 b. — C. E. 393; C. KZ. I. 34. — Christ 194. 275. — 4) Ebenso Pott E. F.[1] pg. 138. — Anders F. W. 429: **äs** Mund, Gesicht: *παρα-ησιο, -ηϊο* = was neben dem Munde ist = *παρ-ηϊο-ν* Wange. — 5) C. V. I. 259. 23). 296. — F. W. 17. 429: *αἰσ* für *ἀϝισ + dhā* merken. — 6) Aehnlich Ascoli KZ. XII. 157 f.: der Geliebte, vorzugsweise Befreundete. — F. Spr. 303: ava Lallwort. — 7) Schweizer KZ. III. 351: der kleinere, jüngere Grossvater, weil nach des Vaters Tode die noch unverheiratete Schwester in des Bruders Schutz und Gewalt tritt (vgl. *si liberi non sunt, proximus gradus in possessione fratres, patrui, avunculi* Tac. Germ. 20). — 8) PW. I. 465: av *ἄω areo.* — 9) Corssen II. 174; N. 46. — 10) Curtius KZ. IV. 237 f. — 11) Corssen B. 17; N. 29 f. — Schweizer KZ. XIII. 303. — F. W. 345: yu mangeln, fehlen: *au-ta* öde, *autja* Oede, leerer Raum, Raum, (Gemächlichkeit, *otiu-m* Musse. — Pott E. F. I.² 598: gleichen Stammes mit **ra-tiu-s** einwärts gebogen = *ava-tiu-s*. — 12) Corssen I. 631. — 13) B. Gl. 396b: ҫru *audire: aus-cul-to.* — 14) Goetze St. Ib. 165 f. — 15) Hehn 477 f.: *avena* Haber (vgl. *aries, capra, ἄρνες*) — der Name vom Schaafe — galt bei den Alten für ein Unkraut, das sich unter das Korn mischte oder in welches das Korn sich verwandelte.

- - - - -

2) AV wehen, hauchen. — Siehe va.

ἀF. — (*ἄ-ω nur in:) ζάει (= δι-άει)· πνεῖ. Κύπριοι Hes.; ἄ-ε-ν Apoll. Rh. 1. 605. — (ἀF-ρα, -ρο, -ερ) αὔ-ρα, ion. αὔ-ρη Luft-hauch, -zug; (ἀF-ερ) ἀ-ήρ att., ἀβ-ήρ lak. (οἴκημα στοὰς ἔχον Hes.), αὔ-ηρ lesb., ἠ-ήρ ion. (Gen. ἀ-έρ-ος) f., von Herod. an m., bei Hom. der zwischen der Erde und der reineren Luft (αἰθήρ) liegende Dunstkreis (vgl. Il. 14. 288: δι' ἠέρος αἰθέρ' ἵκανεν), verdickte Luft, Gewölke, dann überhaupt Luft; ἀέρ-ιο-ς luftig, neblicht, dunstig. — ἄ-ελλα äol. αὔ-ελλα (vgl. θύ-ελλα) f. Wind, Sturmwind, Sturm[1]), ἀελλα-ῖο-ς sturmschnell. — οὐ-ρο-ς (= ὀF-ρο) m. See, Seewind[2]), οὐρ-ιο-ς mit günstigem Winde, glücklich, οὐρ-ί-ζ-ω unter g. W. bringen. — αὐ-λό-ς m. Röhre, Rohr (wodurch man blasen kann), Flöte, Oese[3]), αὐλέ-ω blase die F., αὐλη-τή-ς, -τήρ m., -τρ-ί-ς f. Flötenspieler, -in, αὔλη-σι-ς f. das Spielen auf der Flöte; πλαγί-αυλο-ς m. Querflöte. — αὐ-λή f. luftiger, freier Platz, Hof (lakon. ἀβήρ)[4]), αὔλ-ειο-ς zum H. geh., Demin. αὐλ-ιο-ν n. Hürde; αὐλ-ι-ς (ιδ-ος) f. Aufenthaltsort, Nachtlager, αὐλίζομαι sich im Freien aufhalten, übernachten, Αὐλ-ί-ς (ίδος) f. Flecken in Böotien (j. Vathi). — ἄ-ος n. (πνεῦμα Hes.) (St. ἀF-εϲ); ἀκρ-ᾱ-ής, ές scharf wehend (vgl. Cic. ad Att. X. 17. 3: *Nunc quidem aequinoctium nos moratur, quod valde perturbatum erat. Id si ἀκραὲς erit, utinam idem maneat Hortensius!*), βαρυ-αής schwer athmend (ὕπνος Opp. C. 3. 421), beschwerlich riechend (Nic. Th. 43), δυς-αής widrig wehend, ὑπερ-αής übermässig wehend. — ἀF rufen (= aushauchen): ἀύ-ω (Impf. αὔ-ο-ν, Fut. ἀύ-σω, Aor. ἤϋ-σα) rufen, schreien; ἀϋ-τή f. Geschrei, Ruf, ἀϋτέ-ω = ἀύω; (ἀν-ᾱF-ο-ς, ἀν-ε-ω-ς dav. nur Nom. Pl.) ἄν-ε-ω lautlos, still (ἐγενεσθε, -οντο, ἦσαν, ἦσ-θε, -το); (ἰ-ᾰF-η ἰ-οF-η oder ἰF-ᾰF-η ἰF-οF-η) ἰ-ω-ή f. Rufen, Schreien, Brausen[5]). — ἀF ruhen, schlafen (vom sichtbaren tiefen Athmen entsteht die Vorstellung des Ruhens, Schlafens): ἰ-αύ-ω ruhen, Nachtruhe halten, schlafen (redupl. Präs. zum Aor. ἀF-ε-σα, ἄ-ε-σα), äol. δαύω (= δjαυω), (ἀ-έ-σκω Herod., ἀέ-σκοντο αἰέ-σκοντο· ἀνεπαύοντο, ἐκοιμῶντο Hes.); derselbe Uebergang in: (ἀF-οF-το-ς, ἀF-ω-το-ς, Participialbildung) ἄ-ω-το-ς m. (το-ν n.) Gewehtes = Geflock, Flocke Hom., (wie die flockige Oberfläche des Tuchs dessen Glanz und Schönheit bedingt =) das Feinste, Schönste, Herrlichste (ὕμνων, ἡρώων u. s. w.) Pind., Blüthe

(Aesch. Suppl. 665: μηδ' Ἀφροδίτας εὐνάτωρ βροτολοιγὸς Ἄρης
κέρσειεν ἄωτον); (Part. *ἀϝ-ω-τό-ς geweht, daraus Subst. *ἄϝωτο-ς
.Wehen = Athmen, Schlafen; vgl. ἀροτό-ς ἄροτο-ς, daraus das
denom. Verbum:) ἀωτέ-ω schlafen, tief schlafen (nur ὕπνον Il. 10.
159, Od. 10. 548); ebenso: (ἀϝ-οϝ-ρο-ς) ἄ-ω-ρο-c, ὦρο-c m. Schlaf
Sappho F. M.⁶). — ἀϝ, ὀϝ wohnen (: schlafen = κώμη: κεῖσθαι): ὀϝ-jᾶ: Ο-ἴα f. Flecken in Thera, Ο-ἴη f. Fl. in Aegina,
Ὄ-α f. att. Demos zur pandionischen Phyle geh., Ὄ-η f. att. Demos zur öneischen Ph. geh.; ὦβ-ά (lakon.) eine Unterabtheilung des
lakon. Volkes, deren es 30 gab (Nebenf. ὠγή, ὦα, cypr. οὔα);
οἰη-τή-ς· κωμήτης Soph. fr. 138 Phot.; ὑπερ-ώ-ιο-ν ep., contr. ὑπερ-
ῷο-ν att. n. Obergeschoss, Söller (im homer. Zeitalter die Frauenwohnung, später Gesindewohnung, im N. T. nach der Sitte der
Hebräer auf dem platten Dache errichteter Erker), ὑπερωιό-θεν vom
O. S. her (nur Od. 1. 328); ὑπερ-ῴη f. (eig. Fem. von ὑπερῷος)
Gaumen (Il. 22. 495)⁷).

ἀϝ-ε. — (ἄϝ-η-μι) ἄ-η-μι wehen, hauchen, blasen (ἀ-ε nur:
ἀ-έ-ντ-ες Il. 5. 526, ἀ-έ-ντ-ων Od. 5, 478. 19, 440), ἀ-ή-τη-ς m.
Weher, Blaser, Wind, ἀητέ-ομαι fliegen (Arat. 523), ἄ-η-σι-ς f.
ἄ-η-μα (ματ-ος) n. Wehen; ἀ-ή-cυρο-c (vgl. βλο-συρό-ς) windig,
luftig, windschnell (κοῦφος, ἐλαφρός Lex.)⁸).

ἀϝ-ι (windschnell = Vogel)⁹). — (ὀϝι-, ὀϊ-, ὀι-ωνο- mit am-
pliativem Suffix) οἰ-ωνό-c (vgl. υἱ-ωνό-ς) m. grosser Vogel, Raubvogel, Weissagevogel, οἰων-ί-ζ-ομαι den Flug oder die Stimme der
Vögel beobachten (augurium capere), ahnen, οἰωνι-σ-τή-ς m. Vogelschauer, οἰωνι-σ-μό-ς m. Wahrzeichen, οἰώνι-σ-μα (ματ-ος) id. — (ἀϝι-
ε-το, αἰϝ-ε-το) αἰ-ε-τό-c ion. poet., ἀ-ε-τό-c att. m. Adler, falco
aquila Linné (αἰβ-ε-τό-ς· ἀετός. Περγαῖοι Hes. et Et. M. 28. 7),
ἀετε-ῖο-ς vom A., ἀετ-ιδ-εύ-ς m. junger A., ἀετ-ί-τη-ς λίθος Adler-
stein (Ael. n. a. 1. 35); ἁλι-αίετο-ς, -άετο-ς m. Meeradler, μελαν-
αίετο-ς, -άετο-ς m. Schwarzadler (Arist. h. a. 9. 32). — οἴ-η, ὄ-η, ὄ-α
Sperberbaum, sorbus (ὄο-ν die Frucht, Sperber- oder Arlesbeeren)
Theophr. Diosc. — ȧvja-m (gräkoit. ὄvjo-m, d. i. adj. neutr. von avi
= ὀρνίθειον) ὤιο-ν lesb., ῷό-ν ion. att. n. Ei (= das vom Vogel
herrührende) (ὤϝja ὤϝεα — ὤβεά· τὰ ᾠὰ Ἀργεῖοι Hes.).

ἀϝ-τ: ἀϋ-τ-μή f., ἀϋ-τ-μήν (μέν-ος) m. Hauch, Wind, Duft,
Dunst, Dampf, Feuerglut, Lohe; ἄ-ε-τ-μα· φλόξ, ἀ-ε-τ-μό-ν· πνεῦμα
Hes.; ἀ-τ-μό-c m.¹⁰), ἀ-τ-μ-ί-ς (ίδ-ος f.) Dampf, Dunst, Rauch,
ἀτμ-ί-ζ-ω dampfen. — ἀϝ-δ: εὐ-α-δ-ής· εὐήνεμος, οἱ δὲ εὐαής. εὐ-
α-δ-ές· εὔπνοον Hes.¹¹). — ἀϝ-αδ, ἀϝ-αγ (δ-Stämme oft wie
γ-Stämme behandelt): ἀ-άζ-ω ἄζ-ω athmen, hauchen (ὁ δὲ ἀάζων
ἀθρόον ἐκπνεῖ Arist. Probl. 34. 7); (ἀϝ-αγ-νο duftend, hauchend)
ἄβ-αγ-νο-ν (maked.) Rose, ἄβαγνα· ῥόδα Μακεδόνες Hes. (die
duftende Rose war gerade in Makedonien um Aigai zu Hause)¹²).
— ἀϝ-cθ: ἄ-cθ-μα (ματ-ος) n. schweres Athmen, Engbrüstigkeit

(anhelatio) [10]), (ἀσθ-μαν-jω) *ἀσθμαίνω* ἀσθμά-ξ-ω schwer athmen; *ἀσθματ-ικό-ς* kurzathmig; ᾱ-î-cθ-ω aushauchen.

av. — *(av-ra, av-er:)* **au-ra** (oder Lehnwort = αὔ-ρα?) f. Luft-hauch, -zug (*agitatus aër auram facit* Isid. or. 13. 11. 17), Ausströmung, Geruch, das flüchtige Dahingetragenwerden eines Gerüchtes, das leise Sichzeigen (*popularis aura* die hin- und herschwankende Volksgunst); **ā-ĕr** (*aër-is*) m. Luft (zuerst Enn. ap. Varr. l. l. 5. 65. p. 26. M.; zu Cicero's Zeit bereits völlig im Latein eingebürgert: *aër, utimur enim pro Latino* Cic. Acad. 1. 7. 26; *aër, Graecum illud quidem, sed perceptum iam tamen usu a nostris: tritum est enim pro Latino* Nat. d. 2. 36. 91; die älteren Römer sagten *spiritus, caelum;* vgl. *spiritus, quem Graeci nostrique eodem vocabulo aëra appellant* Plin. h. n. 2. 5; *namque et hoc caelum appellavere maiores, quod alio nomine aëra* ibd. 38), *aër-iu-s* in der L. befindlich. — Lehnwort: **au-la** (= αὐ-λ:') f. Hof, Gehöfte, Vorhof; Hof = Residenz, Palast; metonym. Hof-staat, -leben, -leute; *auli-cu-s* zum H. geh. — **av** rufen: **ov-ā-re** jauchzen, frohlocken, *ovā-tu-s* (*tūs*) m., *-ti-ō(n)* f. Siegesfrohlocken, Ovation, *ovā-li-s* zur Ov. geh. [13]).

av-i. — **ăvi-s** f. Vogel [9]), Demin. *avi-cŭla; avi-āriu-s* m. Vogler, *avi-āriu-m* n. Aufenthaltsort der V., Vogelhaus; *avi-t-iu-m* n. Vogelgeschlecht (Appul. de deo Socr. prol. p. 186 Hild.); *Avi-o-la, Avi-t-iu-s, Avi-ēnu-s;* (*au-tumu-s* = *hariolus*) **autumā-re** behauptend aussprechen, behaupten, sagen [14]) (besonders häufig bei Plautus; in späterer Zeit selten; *autumo tragicum* Quint. 8, 3, 26). — **ōvu-m** (= ᾠό-ν) n. Ei [9]), *ov-ā-tu-s* eierförmig, (*ovi-cu-s*) *ovicā-re* mit e. Ei abquirlen (Plin. Valer. 1. 17).

Bopp Gl. 356b. — Brugman St. IV. 142 f. — C. E. 389 ff. 602. 619. — F. W. 187 ff. 344. 396. 429. 1066; F. Spr. 197. 303. — 1) S. W. 16: Wind, doch heftiger als ἄνεμος, aber minder heftig als θύελλα, ζάλη, λαῖλαψ, καταιγίς. — 2) B. Gl. 356b: *ex οῖ-ρο-ς;* 26a: *ava-ra posticus, posterus etc., lat. fortasse Eurus, cf. etiam* οὐρος *ventus (secundus).* — 3) Christ 232: W. **var, val,** Ϝα anlautend. — 4) L. Meyer KZ. XXII. 530 ff.: = Skr. *vas-ra* n. Haus, Wohnung; ebenso Christ 239: Skr. **vas** *vasami* ich wohne. — 5) Brugman St. IV. 143. — C. E. 390. — Fritzsche St. VI. 303. - - Ueber ἄνεω (nicht Adv. ἄνεω) siehe SW. — Düntzer KZ. XIII. 1: Skr. **ah,** *ajo,* ἄν-αχος, ἄν-αος, daraus mit Quantitätversetzung (vgl. ναός, νηός, νεώς) ἄνεως. — F. W. 23. 345: u, vu schreien, brüllen: ἀ-Ϝυ, αὔω (st. αὔjω), ἀ-Ϝυ-τη, αὔ-τή. — 6) Ahrens KZ. III. 165. — Clemm St. II. 54 ff. — C. E. 391; C. KZ. I. 29; C. St. II. 59; C. V. I. 276, 2). — Leskien St. II. 107. — Sonne KZ. XIII. 429. — Buttm. Lex. II. 31 ist ἀωτέω eig. „schnarchen". — Leo Meyer KZ. XXII. 530 ff.: W. **vas** an einem Orte bleiben, Halt machen, übernachten u. s. w., nicht: schlafen; sondern nur in Verbindung mit νύκτα, νύκτας = sich eine Nacht aufhalten, die Nacht hinbringen; also: ἀ-Ϝεσ, ἄ-Ϝεσ-α (nur Od.); ἀ-Ϝεσ, α-ύσ, ι-αυσω, ι-αύω, ι Vertreter der Redupl. vgl. *iάllω.* — SW. 16: dass ἄεσα nicht „schlafen" im eigentl. Sinne bedeutet, zeigt Od. 3. 150 (νύκτα μὲν ἀέσαμεν χαλεπὰ φρεσὶν ὁρμαίνοντες ἀλλήλοις), wenn es

— 72 —

auch an den übrigen Stellen so übersetzt werden kann. — 7) Brugman St. IV. 160. 12). -- C E. 573. — S. W. 593: *ύπερώιον* entw. von Skr. **vas** wohnen oder vielleicht eher von einer mit *ἀF, ίανω* ident. W. ôF wohnen. — 8) B. Gl. 365b: *ut videtur ex ἄ-Fημι.* — Ebenso F. W. 187 f.: *vâ* wehen: *ά-Fημι, ά-Fητη-ς* u. s. w. — 9) Brugman St. IV. 179. 3). -- C. E. 394. 555. 563. 593. — F. Spr. 303. — 10) F. W. 19: **an athmen** = *ūt-ma(n)*. — 11) C. E. 642: „*ᾖ* epenthetisch". — 12) Fick KZ. XXII. 193; dagegen F. W. 631: **va-d** *ά-Fαδ-jω ἀάζω.* — 13) Corssen B. 10: *ovi-s* ein Schaf **schlachten** = ein Schlachtopfer darbringen = einen Sieg feiern, vgl. *vitulari.* — 14) Düntzer KZ. XI. 65.

3) **AV** anziehen, bekleiden.

(*ἐν-αF-σον, ἐν-αυ-όν*) **ἔναυον** (kypr.)· *ἔνθες* Hes.[1]). — ύ-μήν (*μέν-ος*) m. dünne Haut, Häutchen, Hülle[2]) (*περικάρδιος* Herzbeutel, *περιτόναιος* Bauchfell u. s. w.), *ύμεν-ό-ω* in eine Haut einschliessen, *ύμέν-ινο-ς* häutig.

ind-ŭ-ĕre (s. *in* pag. 30) anziehen, *ind-ŭv-iae* f. Kleidung, *ind-ŭv-iu-m* n. Baumrinde, *ind-ū-cŭla* f. Unterkleid, *ind-ū-mentu-m* n. = *induviae, ind-ū-s-iu-m* n. Frauenkleid Non. p. 539. 32 (*intusium* Varro l. l. 5. 131); **ex-u-ĕre** ausziehen, *ex-ŭv-iae* f. (*exdutae* Paul. D. p. 80. 2) Abgezogenes = erbeutete Kriegsrüstung; **red-ŭv-ia** (von *red-u-ere*) f. rückwärts gezogene Haut = Nietnagel am Finger[3]); **sub-ŭ-cula** (von *sub-u-ere*) f. Unterkleid, Männerhemd, die untere tunica. — (*av, au, ō*) **ō-men-tu-m** n. (Umhüllendes) Fetthaut, Membrane; (*ō-k-ra*) **ō-c-r-ea** f. Beinharnisch, Beinschiene[4]), *ocrc-ā-tu-s* mit einem B. versehen.

Bugge KZ. XX. 137. — Corssen B. 349. 496. — F. W. 17 f. 430 f. 1073; F. Spr. 303. — Zeyss KZ. XIV. 401. — 1) Schmidt KZ. XXII. 315. — 2) W. **ju** verbinden Curtius de n. gr. f. 42, Sch. W. 836. — 3) F. W. 434: **nagh** stechen, kratzen = *red-ungu-ia.* — 4) Corssen I. 393: **ak** scharf, spitz sein. — Varro l. l. 5. 24. 118: *ocrea, quod opponebatur ob crus.*

4) **AV** schädigen, verblenden; verdunkeln.

(**άF-α-ω*) **ά-ά-ω** schädigen, verblenden, bethören; Pass. geschädigt werden, zu Schaden kommen; irren, fehlen (Aor. *ἄ-α-σα ἄ-σα, ά-α-σά-μην, ά-σά-μην, ἄ-σα-το, ά-ά-σθη-ν*); (*ά-άF-α-το-ς*) *ά-ά-α-το-ς* [*ά-* intens.] (‿ ‿ ⏑ ‿) act. unschädlich, pass. unverletzlich, unverbrüchlich (vgl. *ά-άβ-α-κ-τοι· ἀβλαβεῖς, άγ-α-τᾶ-σθαι· βλάπτεσθαι, ἀγάτημαι· βέβλαμμαι* Hes.; F wohl = *γ; ά-ά-σκ-ει· βλάπτει, φθείρει* Hes.); **ἄ-τη** (= *άF-α-τη*; vgl. *αύ-ά-τᾶ* Pind. P. 2, 28. 3, 24) f. Schaden, Verderben, Schuld, Frevel; *"Ατη* Unheilsgöttin, Urheberin alles Unheils und aller Verblendung (ihr wirken entgegen die *Λιταί*); *άτέ-ω* nur Part. *άτέων* tollkühn, besinnungslos (Il. 20. 332. Her. 7. 223). — (*άF* = *η, ω?*) **ή-λύγη** Dunkelheit, Schatten (σκία, σκότος Lex.) (vgl. ὁρῶντες οὐδὲν εἰ μὴ τῆς δίκης τὴν ἠλύγην Ar. Ach. 654 des Rechts Verdunklung, Verdrehung; dazu Schol. ἠλυγισμένος· ἐσκοτισμένος), ἠλυγα-ῖο-ς dunkel, schattig, ἠλυγά-ζ-ω verfinstern, beschatten Hes.; ὠλυγίων· σκοτεινῶν Hes.

Brugman St. IV. 144. — Clemm St. III. 307. VIII. 64 ff. — C. E. 523. 586; C. V. I. 276. 1). — F. W. 180. 187: van, vā, streiten, schlagen: ά-Fατο-ς geschädigt, ά-άFατο-ς ungeschädigt, ά-Fάτη Schädigung.

---

1) AS athmen, leben, sein. — Skr. as sein, vorhanden sein, Stattfinden, geschehen, sich ereignen, 2) Jemand eigen sein u. s. w., 3) weilen u. s. w., 4) gereichen, 5) hinreichen, 6) sein (copula), 7) werden (PW. I. 535).

as = ἐς. — ἐσ-μι (äol. ἔμ-μι) εἰ-μί vorhanden sein, leben, sein, Stattfinden, sich ereignen, fortbestehen, dauern. — Part.-stamm: (a)s-a-nt: (ἐ-ο-ντ) ep. ion. ἐ-ώ-ν (Gen. ἐ-ό-ντ-ος) (ἐ-ο-ντ-ja) ἐ-οῦσα u. s. w., att. ὤν, οὖσα, ὄν (ἔ-ντ-ες tab. Her. 117. 178)[1]).

— sant-a: αὐθ-έντ-η-ς (= αὐτ-έντ-α) Selbst-, Allein-urheber, Selbstherrscher (= selbst thuend, bewirkend, aus sich selbst handelnd), selbstvollbracht (θάνατος, φόνος), αὐθεντ-ικό-ς einen bestimmten Urheber habend = verbürgt, zuverlässig, authentisch[2]) (vgl. etiam illud erat persuasum, Pompeium cum magnis copiis iter in Germaniam per Illyricum fecisse: id enim αὐθεντικῶς nunciabatur Cic. ad Att. X. 9. 1), αὐθ-εντέ-ω unumschränkt herrschen (N. T.). — sant-ja: (ὀντ-ια) οὐς-ία f. das Seiende = Vermögen, Eigenthum; Wesenheit, Wesen; ἀπ-ουσία Abwesenheit, Abgang, Mangel, ἀπουσιά-ζ-ω einen Theil des Vermögens einbüssen (Suid.); ἐξ-ουσία (ἔξεστι) Können = Freiheit, Willkür, Macht, Gewalt, Amt, ἐξουσιά-ζ-ω die Freiheit u. s. w. haben (Dion. Halic. 9. 44), ἐξ-ούσιο-ς des Vermögens beraubt (Philo); ἐπ-ουσία das Darübersein (ἡ κατὰ τὸ ἔτος der jährliche Ueberschuss der Tage (Ptolem.)); μετ-ουσία Theilnahme, Besitz, Genuss, μετουσια-σ-τ-ικό-ς Theilnahme anzeigend (das Derivat. bei Gramm. z. B. παῖς παίδειος); παρ-ουσία Gegenwart, Ankunft, παρουσιά-ζ-ω gegenw. sein, ankommen (Eccl.); περι-ουσία das Uebrig-sein, -bleiben = Ueberfluss, Reichthum, περιούσιο-ς vermögend, reich (auserwählt λαός N. T.); συν-ουσία das Zusammensein, Umgang, Verkehr, συνουσιά-ζ-ω zusammen-sein, -leben, συνουσια-σ-τή-ς m. Gesellschafter, Schüler; ὅμοιο-, ὅμοι-, ὅμο-, ὁμ-ούσιο-ς von ähnlichem oder gleichem Wesen. — sat-a: (ἐτ-ο) ἐτ-ά-ζ-ω (vgl. στενο, στενά-ζ-ω) sehen, ob Etwas wahr ist = prüfen, erproben, meist ἐξ-ετάζω ausforschen, untersuchen u. s. w., ἐξ-έτα-σι-ς f., -σ-μό-ς m. Ausforschung u. s. w., ἐξετα-σ-τή-ς m. Ausforscher u. s. w., ἐξετασ-ικό-ς zum Prüfen u. s. w. geschickt. — sat-ja: ὄς-ιο-ς 3. (2. N. T.) wahr = geheiligt, heilig, fromm, gottselig, gottgefällig, ὁσιό-ω heiligen, weihen, ὁσιό-τη-ς (τητ-ος) f. Frömmigkeit, Gottesfurcht; ἀν-όσιο-ς unheilig, gottlos, ruchlos, ἀν-οσιό-τη-ς (τητ-ος) f. Gottlosigkeit[3]). — **sat-va:** ἐτ-υ, ἔτ-υ-μο-c (ἐτυμώνιος Hes.) seiend = wahr, wahrhaft, τὸ ἔτυμο-ν die wahre Bedeutung eines Wortes vermöge seiner Abstammung, die Herleitung eines W. vom Stamm- oder Wurzelwort, ἐτυμό-τη-ς (τητ-ος) f. Wahrheit, Wirklichkeit, eigentl. Bedeutung; ἐτ-ήτυ-μο-c (vgl. ἐλυθ ἐλ-ήλυθ-α) wahr, wahrhaft. — **sat-aj:** ἔτ-οι-μο-c (ep. ion., auch altatt. ἐτοῖμο-ς) da seiend, wirklich, vorhanden, fertig, von Personen: bereit, geneigt, entschlossen, bereitwillig, ἐτοιμό-τη-ς (τητ-ος), ἑτοιμα-σία f. Bereitwilligkeit u. s. w., ἑτοιμά-ζ-ω bereit machen, herbeischaffen.

ἐc-υ: ἑ-ύ-c, n. contr. als Adv. εὖ (ion. ep. ἠ-ῦ-ς, ἠ-ῦ) urspr. wirklich, wahr = gut, schön, edel, wacker, herrlich (Gen. mit verändertem Spir. ἑῆος, Acc. ἐῦ-ν ἠῦ-ν) urspr. lebendig = wirklich, wahr = gut u. s. w.[4]); εὔ-αγρος, -άγωγος, -άής, -αίρετος, -αίσθητος u. s. w. — ἐc-λο: (ἐσ-λό-ς dor., Simon. bei Plat. Protag. 339. d) ἐc-θ-λό-c = ἑύς; ἐσθλό-τη-ς (τητ-ος) f. Gutsinn, Biedersinn (von Chrysippus gebraucht bei Plut. de virt. mor. 2). — ἐc-τώ = οὐσία (Archyt. bei Stob. 714. 716); sonst nur in den Comp.: ἀει-εστώ ewiges Sein (Lex. aus Antipho); ἀπ-εστώ (Gen. -τοὖς) f. Abwesenheit, Entfernung aus der Heimat Her. 9. 85 (ἀπ-εστύ-ς· ἀποχώρησις Hes.); εὐ-εστώ (Gen. -τοὖς) f. Wohlsein, Wohlbefinden, Glückseligkeit (εὐθηνία, εὐδαιμονία Lex.); κακ-εστώ Uebelbefinden Hes. — (ἐc-αρ) ἔ-αρ εἶ-αρ Blut (ἔαρ αἷμα Κύπριοι, εἰαροπότης αἱμοπότης Hes.), böot. Ι-αρ, dor. ἤ-αρ.

es. — **s-u-m** (= ἔs-u-m) sein u. s. w. (Fut. *escit, escunt* XII tab.; *obescet, oberit vel aderit* Paul. D. p. 188. 9; *superescit* Enn. ap. F. p. 302). — Part.stamm (ἔs-a-nt) *s-a-nt:* **s-e-n-s:** *ab-sen-s* abwesend, *prae-sen-s* anwesend, *con-sent-es dei* die versammelten Götter[5]) (*Iuno Vesta Minerva Ceres Diana Venus Mars Mercurius Iovis Neptunus Vulcanus Apollo*, Enn. ap. App. de deo Socr. p. 42) — unrichtig gebildet *en-s* (*multa ex Graeco formata nova ac plurima a Sergio Flavio, quorum dura quaedam admodum videntur, ut ens et essentia* Quint. 8. 3. 33); **s-o-n-s** (sehr früh als lebendiges Part. nicht mehr gefühlt) seiend, wirklich = der wirkliche Urheber einer Handlung, Thäter, Missethäter, daher der Straffällige, Schuldige (Gegensatz *in-son-s*); *sont-icu-s* wirklich, wesentlich = triftig, erheblich (*sontica causa dicitur a morbo sontico, propter quem, quod est gerendum, agere destitimus* Fest. p. 344. M.), bedenklich, gefährlich (*sonticum morbum in XII significare ait Aelius Stilo certum cum iusta causa, quem nonnulli putant esse, qui noccat, quod sontes significat nocentes* Fest. p. 290. M.)[6]). — **sant-a:** *ab-sentā-re* abwesend machen, sein, *prae-sentā-re* darstellen. — **sant-ja:** *ab-sent-ia* f. Ab-wesenheit, *prae-sent-ia* f. An-wesenheit. —

ĕr-u-s, ĕr-a (= ĕs-u-s, ĕs-a; hĕru-s, hĕra unbeglaubigte Schreibart) m. f. Herr, Gebieter, -in, urspr. Eigner, Eigenthümer (vgl. Zend arihva das eigene selbst), her-ili-s auf den, die H. G. sich beziehend[7]).

ās. — **ōs** (ōr-is) n. Mund, Mündung, Antlitz; c-ōru-m adv. Acc. ins Gesicht, vor den Augen, in Gegenwart, öffentlich (in coram: omnium, sui nur Appul.)[8]); **ōr-a** f. Mund, Lippe = Rand, Saum, Küste[9]); or-c-ae f. Pl. Gebiss (orcae freni, quod ori inferuntur Fest. p. 182. M.); **orā-re** mit dem Munde thun = sprechen, bitten[10]), orā-tor (tōr-is) m., -trix (trīc-is) f. Redner, -in, oratōr-iu-s rednerisch; orā-ti-ō(n) f. Rede, Demin. oratiun-cula; orā-tu-s (tūs) m. Bitten, Fürsprechen; Demin. ōs-cŭlu-m n. Mäulchen, Kuss, osculā-ri küssen (aus-culum, aus-culari Fest. p. 28. M., Prisc. I. 562. P., Placid. gloss. p. 435. M.), osculā-bundu-s küssend, oscŭlā-ti-ō(n) f. das Küssen; davon Demin. oscil-lu-m n. kleines Antlitz, Lärvchen, Puppe, oscillā-re (bei grösseren Festen hing man Puppen auf und liess sie baumeln, daher =) baumeln, schaukeln[11]) (vgl. et te, Bacche, vocant per carmina laeta, tibique oscilla ex alta suspendunt mollia pinu, Bacchusbilder aus Wachs gefertigt, Verg. G. II. 388), oscillā-ti-ō(n) f. das Schaukeln. — (*os-cu-s gähnend *oscā-re) Intens. **osci-tāre** gähnen, oscitā-bundu-s gähnend, oscitā-ti-ō(n) f. das G.; (*oscē-re) oscē-d-o (in-is) f. Gähnsucht. — (os-to, os-t-io) **os-t-iu-m** n. Mündung, Eingang, Ostia n. Pl. (besonders von der Tibermündung), Demin. ostiŏ-lu-m; osti-āriu-s z. M. E. geh., m. Thürhüter, n. Thürsteuer (vectigal), osti-ā-ti-m von Haus zu Haus, einzeln. — (as-ar) **ass-ir** (altl.) n.[12]) = ἔαρ, εἴαρ; **assar-ā-tum** (apud antiquos dicebatur genus quoddam potionis ex vino et sanguine temperatum, quod Latini prisci sanguinem assir vocarent Paul. D. p. 16. 12).

B: Gl. 28b. 406a. 408a. — C. E. 207. 378. 400. — F. W. 18. 20. 193 f. 429. 433. 493; F. Spr. 296. — Leo Meyer KZ. VII. 418 ff. — 1) Die einzelnen Formen siehe C. V. I. 146 ff. 172. 3). — 2) Fick KZ. XX. 367 ff. — 3) Kern KZ. VIII. 400: Wahrhaftigkeit war bei den indogerm. Voreltern die höchste, fast die einzige Tugend, daher wahr = tugendhaft. — 4) B. Gl. 421a: su bonus, pulcher, valde, facile. — F. W. 185 f. 492: vas wesen, ἠΰς ἐΰς gut, eig. wesentlich: Ϝεσυ, ἀ-Ϝεσυ, ἀ-Ϝεΐ, α-Ϝΰ; ebenso Christ 139. 175: Skr. vasu gut. — 5) Corssen N. 281: sentire = consentientes, zusammensinnende, übereinstimmende. — 6) Clemm St. III. 328 ff. — Aufrecht KZ. VIII. 73 f.: κτα, κτάνε = sont zerstörend, tödtend = schuldig. — F. W. 401. 1082: san gewähren; KZ. XX. 369: san, sa sinere, veranlassen. — 7) Brugman KZ. XXIII. 95 f. — Corssen I. 468, C. E. 199, F. W. 69: ghar nehmen, Herr = Nehmer. — 8) PW. I. 735: ās Mund, Gesicht, Instr. āsā adv. gebraucht in Bedeutungen, welche mit coram sehr nahe zusammentreffen: vor und von Angesicht, mündlich; persönlich, gegenwärtig, leibhaftig. — Schweizer KZ. III. 396. — F. W. 20: ās von an athmen, hauchen(?). — 9) B. Gl. 26b: avāra n. ripa citerior fluminis. — 10) Corssen KZ. XI. 336. — 11) Corssen KZ. XV. 156. — 12) F. W. 429: „das ss ist Schnörkel“.

2) AS werfen, wegwerfen, fahren lassen. — Skr. **as**
1) schleudern, werfen, schiessen, 2) vertreiben, verscheuchen,
3) von sich werfen, ablegen, fahren lassen, aufgeben (PW. I. 538).
— Siehe die jüngere Form: IS.

(*as-ti*) ἀc-τι (ἀσ-σι) ἄcι-c (ἄσι-ος) f. das Bewerfen == Schlamm,
Unrath (Il. 21. 321). — (*as-ta*, Nbf. *as-ti: as-ta-ja-m*) (ὀσ-τε-jo-ν)
ὀc-τέ-ο-ν n. Knochen (== Weggeworfenes, Abfall), ὀστέ-ϊνο-ς
knöchern[1]); (*as-ta-ka*) ὀc-τα-κο-c, ἀc-τα-κο-c m. Meerkrebs; (*as-
ta-ra*) ὀc-τά-ρ-ιο-ν n. Knöchelchen; ὄcτρ-εο-ν ὄστρ-ειο-ν n. Auster,
Muschel, ὀστρέ-ινο-ς von der M., zur M. gehörig; ὄcτρᾰ-κο-ν n.
Schale (von Krebsen, Muscheln, Eiern), Scherbe, das irdene Täfelchen, auf welches man die Namen der zu Verbannenden schrieb,
ὀστρακ-ί-ζ-ω mit Sch. abstimmen und verurtheilen, bes. durch das
Scherbengericht aus der Stadt verbannen, ὀστρακι-σ-μό-ς m. das
Scherbengericht und Verurtheilung, Verbannung durch dasselbe;
(mit erhaltenem α-Laut:) ἀcτρά-γαλο-c (γ wohl == κ, vgl. *corni-
culu-m*) m. Wirbelknochen, Halswirbel, Sprungbein, Knöchel, Würfel
(anfangs aus den Sprungbeinen von Thieren, später aus Elfenbein
oder Stein gefertigt) (Nebenf. ἄστρι-ς f. Callim. fr. Lex., ἄστρι-
χο-ς m.), ἀστραγαλ-ί-ζ-ω knöcheln, Würfel spielen (Nbf. ἀστρίζω Poll.
9. 99). — (*as-is-ta*) ὀ-ϊc-τό-c att. οἰc-τό-c m. Pfeil[2]), οἰστ-εύ-ω mit
d. Pf. schiessen, οἰστευ-τή-ς, -τήρ (τῆρ-ος) der m. d. Pf. Schiessende.
— (*as-da*) (ὀσ-δο) ὄζο-c m. (Schuss ==) Schössling, Zweig, Ast.

(*as-i*) **e-n-si-s** m. Schwert, Demin. *ensi-culu-s* m.[3]). — (*as-ti*)
(*os-ti os-si*, vgl. *met-ti-s mes-ti-s mes-si-s*) Nom. **os** (Gen. *os-si-s;*
altl. *ossu-a*, *-um* Neue F. I. 358) == ὀστέον, Dem. *ossi-culu-m;*
oss-eu-s knöchern, *ossu-ōsu-s* knochenreich, *ossu-āriu-m* n. Beinhaus,
ossilāg-o (*in-is*) f. Verknöcherung; *ex-ossā-re* der Kn. berauben,
entgräten, *ex-os*, *ex-ossi-s* knochenlos; (*as-la*, *as-l-ca*) **ā-l-ea** f.
Würfel, Würfelspiel, Glücksspiel, *aleā-ri-s*, *-ri-u-s* zum W. geh.,
alc-ō(n) m. *aleā-tor* (*tōr-is*) m. Hazardspieler, *aleā-tor-iu-s* zum H. geh.

B. Gl. 29 b. — C. E. 209. — F. W. 18. 435. 504. 623. 1082; KZ. XX.
176. — 1) B. Gl. 30 a: *fortasse a rad.* stā *stare, ita ut* a *praepos. sit
mutilata ex* ă *vel* ava. — 2) C. E. 404: ὀϊσ-τό ς kann mit λό-ς nichts zu
thun haben, weil es einen Conson. zwischen o und ι verloren haben
muss. — 3) PW. I. 551: Skr. *así* m. Schlachtmesser, Schwert, *ensis*.

3) AS sitzen. — Skr. ās 1) sitzen, sich setzen, ruhen,
liegen, 2) sich aufhalten u. s. w., 3) sitzen bleiben, stillsitzen,
verweilen u. s. w., 4) obliegen u. s. w., 5) sich legen, ein Ende
nehmen (PW. I. 729).
ās == ἧc. — ἧ-μαι (dor. ἧσ-μαι) sitzen, müssig, unthätig
sitzen, sich verweilen, befinden (att. Prosa κάθ-ημαι) (ἧσ-ται u. s. w.,
Part. ἥ-μενο-ς, Inf. ἧ-σθαι, Impt. ἧ-σο, Imperf. ἥ-μην); (ἑσ-α-μένη)

εἰ-α-μένη (auch εἰ-, ἰ- Hes.) erg. χώρα niedrige Gegend, Niederung, Aue[1]). — ἧϲ-υχο-ϲ (dor. ἆσ-) neben ἡσύχ-ιο-ς (Il. 21. 598)
urspr. ruhig sitzend (*sedatus*) == ruhig, still, mild, gelassen,
ἡσυχα-ῖο-ς id. (Compar. ἡσυχαί-τερο-ς, Sup. Adv. -τατα); ἡσυχ-ία
f. ἡσυχιό-τη-ς f. Ruhe u. s. w., ἡσυχά-ζ-ω ruhen, sich ruhig ver-
halten, transitiv: zur Ruhe bringen. — ἥ-μερο-ϲ (sesshaft, an-
sässig ==) zahm, gezähmt, sanft, mild, gefällig (Hom. nur Od.
15. 162 χήν)[2]), ἡμερό-ω zähmen, entwildern, veredeln, ἡμερό-τη-ς
(τητ-ος) f. Zahmheit, Sanftmuth, ἡμέρω-σι-ς (σε-ως) f. das Zähmen.
äs. — (*ās-mi-s*) ū-nu-s m. Gesäss, After[3]). — **ār-a** (altl.
ās-a) Opferheerd, Altar[4]), Demin. *ārŭ-la; Ara Ubiorum* (Uckert:
wahrsch. Godesberg bei Bonn), *Arae Flaviae* (wahrsch. Hochmauern
bei Rottweil), *Arae Philaenorum* (an der grossen Syrte in Afrika).

B. Gl. 40a. — C. E. 381 (über den Spir. asper, aus dem lenis entstanden, vgl. pag. 676 ff.); C. V. 148. 7). — F. W. 20. — 1) Vgl. χώ-
ρος ἥμενος Theokr. 13. 40. — Classen Beob. II. 9 f.: ἔννυμι „fetter
Boden, der das grüne und blumige Wiesenkleid angelegt hat". —
2) B. Gl. 306b: jam *refrenare, cohibere.* — 3) F. W. 222, Spr. 92: ak
biegen == *ac-nu-s* Afterring vgl. δάκτυλος After. — 4) F. W. 18: as werfen: Erhebung, Altar (eig. Aufwurf).

I.

i Pronominalstamm der 3. Person: der, dieser. — Skr. i
(PW. I. 753). — Siehe **ja.**

ι (ι δεικτικόν; stets lang und betont, verstärkt in att. Um-
gangssprache die Kraft des pron. demonstr.): οὗτοσ-ί, αὕτη-ί, τουτ-ί;
ἐκεινοσ-ί; ὅδ-ί, ταδ-ί u. s. w.; Adv. οὑτωσ-ί, ὧδ-ί, ἐνθαδ-ί, νυν-ί;
(Accusativ ἱ-μ, ἱμ-ιμ, ἱμ-ιν) μ-ίν ion. ν-ίν dor. (ἱ-ν kypr. Hes.)
(wegen Aphärese des ersten ι vgl. νέρθεν, νέρτεροι) Acc. Sg. == αὐτόν,
αὐτήν, αὐτό (Her. auch == ἑαυτόν). — i-va: hom. ἱῷ, fem. ἵα,
ἵαν, ἱῆς, ἱῇ (urspr. derselbe) einer, eine, eines (ἱῷ nur Il. 6. 422,
ἱῇ Il. 9, 319. 11, 174, ἵαν Od. 14. 435).

ai (gesteigert). — ai-na: oἰ-νό-ς οἰ-νή eins (ἔστι δὲ οἰνή
παρὰ τοῖς Ἴωσι μονάς Poll. VII. 204); οἴνη f. *unio*, Ass, die Zahl
Eins auf den Würfeln (Lex.); οἰνίζειν· τὸ μονάζειν κατὰ γλῶτταν
Hes., Schol. Plat. 245. R.; οἰνῶντα· μονήρη Hes. (vom Desid.
*οἰνάω). — ai-va: (oἰ-Fο-ς) οἰ-ο-ϲ allein, einsam, verlassen (Hom.,
selten Trag.)[1]), οἰό-ω allein lassen, verlassen.

i. — I-s, I-d er, es, der, das(jenige) [vom St. i: Sing. Nom.
i-s ei-s (ei-s tab. Bant.), i-d; Gen. ei-us; Dat. ei (ēī Plaut. Ter.
Lucr.); Acc. i-m, e-m (em, em-em Fest.), i-d — Plur. Nom. ei-s (eis
tab. Bant. l. repet.), e-a; Gen. e-um; Dat. Abl. i-bus; Acc. e-a;

vom St. *i-a:* Sing. Nom. *ea*, Gen. *eae*, Dat. *eo*, *eae*, Acc. *eu-m*, *ea-m*, Abl. *eo*, *ea;* Plur. Nom. *ei*, *eae*, *ea*, Gen. *eō-rum*, *eā-rum*. Dat. *ei-s*, *eā-bus*, Acc. *eo-s*, *ea-s*, *ea*, Abl. *ei-s* (m. *eeis* Sc. Bac.)]; Ĭ-bĭ (*ibei* Inscr.) (Localendung *bhjam* = *ficm*, *bī*) daselbst, dort, *inter-ibi* unterdessen (Plaut.), *post-ibi* hiernach, hierauf (Plaut.)²); *eō* (Local = *eō-i*) dahin, desto, *id-eo* deshalb; *post-eā* darnach (vgl. *aduorsum eād* SC. de Bac.); Ĭ-tĕru-m (Comparativ als Adv., Acc. Sing. n.) zum andernmale, abermals³), *iterā-re* wiederholen, *iterā-ti-ō(n)* f. Wiederholung, *itera-t-ivu-s* wiederholend; *e-tru-ius (Compar.suffix) *etru-us (vgl. *plo-ius*, *plo-us*) *etrūs (mehr anders seiend): E-trus-cu-s Fremdling (vgl. umbr. *e-tru* = lat. *alter*), (*Etrūs-ia*) *Etrūr-ia* f. Fremdland (= mehr anderes Land), lat. Form: Tus-cu-s, *Tus-c-ia* (den Umbrern waren die Etrusker fremde Dränger, sie kamen aus den Thälern des Arnus und Umbro nach Osten über den Apennin)⁴); Dem. *Tuscŭ-lu-m* (j. *Frascati*), *Tuscul-ānu-m*, *Tusc-en-iu-s*, *Tusc-ani-ense-s* (j. *Toscanella*). — (St. *i* + Pron.stamm *ta:*) Ĭ-ta (Abl. Sing.) so, also, *itŭ-que* (*itū-que* Naev.) und so, demnach⁵); *ĭ-te-m* ebenso, gleichfalls. — (St. *i* + Pron. stamm *da:*) Ĭ-dem *i-dem* (*eidem* = *īdem* Mil. Popiliar.) derselbe, eben dieser; *ĭ-ti-dem* = *item*, *ĭ-den-ti-dem* wieder und wieder; (*i-d-ū-na*) i-d-ō-n-eu-s (vgl. *ahe-nu-s*, *ahe-n-cu-s*) diesfällig, zeitgemäss, tauglich, geschickt⁶). — i-pse siehe W. *pa* nähren, schützen, erhalten. — (*i-si-ta:*) i-s-te, *-ta*, *-tu-d* (*ste*, *sta*, *stu-d* ohne vorgesetztes *i* vgl. Lachm. ad Lucr. p. 197) der, die, das dort (nach der 2. P. hingedacht)⁷), *istĭ-c* (Local = *istoi-c*) dort, da, hier, *isti-m* *istin-c* von dort, *istō*, *istō-c*, *istū-c* dorthin.

ai (gesteigert). — *ai-na:* (*oi-no-s* altl.) n-nu-s ein; (*ne ocnu-m* *noenu*) nōn nicht [ein] (vgl. *nein* = *ne ein*); *unĭ-cu-s* einzig; *ad-unā-re* *un-ĭ-re* vereinigen, *uni-ta-s* (*tātis*) f. Einheit, Gleichheit; *uni-ō(n)* f. Einheit, m. Zahlperle; die einfache, einzige Zwiebel (ohne Nebenzwiebel, das Gegentheil von Knoblauch, ahd. *chlopo-louh* gespaltener Lauch)⁸) (vgl. *caepam*, *quam vocant unionem ru-stici*, *eligito* Colum. 12. 10. 1); (Demin. *ūnŭ-lu-s* =) ul-lu-s irgend einer; (*ne unulu-s* =) nullu-s nicht irgend einer = keiner, *non-nullu-s* (nicht keiner =) mancher; (Demin. *oini-culu-s*, *ne oimiculus* =) *ningŭlu-s* (vgl. *sin-guli*) keiner (Enn. ap. Fest. p. 177).

B. Gl. 42 ff. — Corssen I. 386 ff. — C. E. 320. 395. 532. — F. W. 21 f. 26. 344. 430; F. Spr. 303. — Windisch St. II. 223 ff. — Zeyss St. VII. 165 ff. — 1) B. Gl. 64 b: *nisi ortum est ex* οἶνος = *ēna-s*, *oino-s*. — 2) Corssen KZ. V. 133 f. — 3) Corssen KZ. III. 257: *i-teru-m* dieses überschreitend = jenes, auf die Zeit übertragen: ein zeitlich zweites, anderes, das zweitemal, wiederum. — 4) Corssen KZ. III. 272 ff. — 5) Corssen KZ. IX. 158. — 6) Ascoli KZ. XVI. 202 f. — Corssen B. 259 f.: Idh leuchten: *id-on-cu-s* hell, klar, leuchtend, glänzend, ausgezeichnet, schön, trefflich, tüchtig. — Kuhn KZ. III. 158 f.: vgl. Skr. *i-dam* + *maja* von solcher Beschaffenheit, so beschaffen; lat. *i-dam =

i-dō (vgl. *agham* = *ego*) + *neu-s*. (PW. I. 796 übersetzt: ans diesem
bestehend und belegt bloss mit Çat. Br. 14, 7. 2, 6.) — 7) Windisch
St. II. 293. — 8) Hehn p. 179.

---

1 **gehen**. — Skr. i gehen, ausgehen, hingehen, sich wohin
begeben, kommen u. s. w. (P. W. I. 753). — Siehe **ja.**

i[1]). — εἶ-μι gehen (St. ı und zu ει gesteigert: εἶ-μι, εἶ-σϑα,
εἶ-σι, ἴ-μεν, ἴ-τε, ἴ-ασι u. s. w.; ἤ-ει-ν, ἤ-ει-σϑα, ἤ-ει u. s. w., Fut. εἶ-
σ-ο-μαι; St. ιε: ἰέ-ναι, ἴε-σσα· βαδίζουσα Hes. u. s. w.; themat.
Conjug. ἴωμι, ἰών, ἰοίην, ἤομεν)[2]). — **i-ta**: ἴ-τη-ς losgehend, unerschrocken, verwegen; ἰτη-τέο-ν (= ἰ-τέο-ν) man muss gehen
(Arist. Nub. 131; Diphil. B. A. 100)[3]), ἰτητ-ικό-ς = ἴτης (ἰτητι-
κώτατον ὁ θυμὸς πρὸς τοὺς κινδύνους Aristot. Eth. 3. 8); ἰτα-μό-ς
= ἴτης und ἰτητικός, ἰταμό-τη-ς (ιητ-ος) f. Dreistigkeit; ἐξ-ίτη-
λο-ς leicht ausgehend (von Farben), schnell verschwindend, ver-
schwunden, verloschen; **i-to**: ἀ-πρός-ι-το-ς unzugänglich, δυς-πάρ-
ι-το-ς woran schwer vorbeizukommen ist, εὐ-πρός-ι-το-ς leicht
zugänglich; ἁμαξ-ι-τό-ς (erg. ὁδός, vgl. Xen. Anab. 1. 2. 21)
f. für Frachtwagen zug., von Fr. befahren; **i-tar**: εἰς-ι-τήρ-ιο-ς
zum Eingang gehörig (τὰ εἰσιτήρια erg. ἱερά), festliches Opfer beim
Anfang e. Jahres, ἐξ-ιτήριο-ς zum Aus-, Weg-gehen gehörig (λόγος Abschiedsrede Eccl.). — **i-dh**: ἴ-θ-μα (ματ-ος) n. Schritt,
Gang (Pl. Il. 5. 778); ἰ-θ-ύ-ς (ύ-ος) f. gerade Richtung im Gehen
(ἀν' ἰθύν gerade auf), Angriff, Unternehmen, Streben; ἰ-σ-θ-μό-ς
m. schmaler Zugang, Erdzunge, Landenge, Ἰσθμός (ὁ τῆς Χερσο-
νήσου, ὁ Κιμμερικός, ὁ τῆς Παλλήνης, ὁ τῶν Λευκαδίων, bes. ὁ
Κορινθιακός, auch schlechthin ὁ Ἰσθμός die Landenge von Korinth).

a i (Steigerung)[4]). — αἴ-νῠ-μαι (nur poet. u. im Präsensst.)
gehen machen, fassen, nehmen, greifen[5]); ἐξ-αι-το-ς ausgewählt,
auserlesen; αἰτέ-ω (Frequ. zu αἴνυμαι) wählen = fordern, begehren, verlangen[5]) (beten N. T.), αἰτη-τή-ς m. Forderer (Dio
Cass.), αἰτητ-ικό-ς der gern bittet, αἴτη-σι-ς (σε-ως) f. -μα (ματ-ος)
n. Forderung; αἰτ-ία f. (urspr. Forderung) Ursache, Grund, Schuld,
Beschuldigung, αἰτιά-ο-μαι (αἰτιά-ζ-ω) als Grund angeben, be-
schuldigen, anklagen, αἰτιᾶ-τό-ς verursacht (τὸ αἰτιατόν causatum
Philos.), davon ἡ αἰτιατ-ικὴ πτῶσις (fälschlich im Latein. durch
casus accusativus interpretiert), αἰτίᾱ-μα (ματ-ος) n. Anklage, Beschuldigung; αἴτ-ιο-ς der etwas veranlasst, daher ὁ αἴτιος Urheber,
Veranlasser, Anstifter, schuldig (τὸ αἴτιον Schuld N. T.); αἰτί-ζ-ω
sehr bitten, betteln (nur Präs. Od.). — **ai-va**: αἰ-ϝο, αἰω (Accus.
αἰῶ Aesch. Choeph. 350), αἰω-ν (nach Analogie der n-Stämme;
vgl. ἥρω-, ἥρων- u. s. w.): αἰών (αἰῶν-ος) m. (f.) Zeit, Zeit-
dauer: Lebenszeit, Ewigkeit (οἱ αἰῶνες die Welt N. T.), αἰών-ιο-ς

immerwährend, ewig, αἰωνιό-τη-ς (τητ-ος) f. ewige Dauer; αἱϜ-ες:
(αἱϜεσ-ι Local:) αἱϜε-ί (C. I. N. 1) αἰε-ί αἐ-ί; (αἱϜεσ, ι abgefallen:)
αἰές (lakon.) ἀές (dor.); (αἱϜε:) αἰέ (lak.) αἐ (dor.) αἰή (tarent.);
(αἱϜε-ν, ν ephelk.) αἰέ-ν (dor.) αἐ-ν (dor.) αἰιν αἰι αἰιν αϜ (äol.),
ἠί (böot.) — immerwährend, stets, jedesmal[6]; ἐπ-ηε-τανό-ς (= ἐπ-
αιϜες- oder auch αιϜο + tana, vgl. cras-timι-s, diu-tinu-s) für immer
du, immerwährend, für alle Zeit ausreichend, überreich, vollauf;
ἀῖ-διο-ς (vgl. μαψί-διο-ς) immerwährend, ewig (in att. Prosa von
Thuk. an).

. oἰ[1]). — oἰ-το-ς m. Loos, Geschick; οἰ-μο-ς[7]) m. Weg,
Bahn, Pfad, Streif, Landstrich; προ-οίμ-ιο-ν contr. φροίμιο-ν n.
Eingang, Vorspiel in der Musik (al nunc omne, quo coeperunt,
prooemium putant, et, ut quidque succurrit, utique si aliqua sen-
tentia blandiatur, exordium Qnintil. 4. 1. 53), Vorrede, Einleitung,
allg. jeder Anfang (vgl. miserae cognosce prooemia rixae Iuven.
3. 288); oἰ-μη f. Weg, Gang, übertr. Gang einer Erzählung, Sage,
Gedicht.

i[1]). — ĕ-ο (ï-vi, ï-tu-m) gehen (St. ï: ï-tu-m, ï-tu-s; ei:
ei-re, ei-tur tab. Aletrin., ab-ei Or. 4848, ad-ei-tur I. R. N. 3889;
ē, ï: ï-re, ï-mu-s, ï-bunt, ab-ï, ad-ï-tur; ē zu ĕ gekürzt: ĕ-o, e-u-nt,
e-a-m u. s. w.; St. ï-n: ob-ïmunt Fest. p. 189; prod-ïmunt Enn. ap.
Fest. p. 229, vgl. Ritschl de epigr. Sor. p. 18; red-ïmunt Enn.
ap. F. p. 286. 13, cl. Paul. D. p. 237. 1); ire: a) durat. Bedeutung: exsequias ire (vgl. betteln gehen), b) pass. Bed. (== in
etwas gerathen): venum ire feil gehen, c) Futurbed. deiectum ire,
amatum iri (vgl. baden gehen). — Participialst. i-e-nt (ientibus,
praeterientes Or. 4358. 4736); schwache Form: i-c-t: äb-ie-s
(-iĕt-is) f. Tanne[7]) (ab == Skr. abhi) == die aufstrebende, schlanke
(vgl. PW. I. 330: abhi-krama m. das Hinaufsteigen); abiet-aria
(negotia dicebantur, quam materiariam nunc dicimus, videlicet ab
abietibus coëmendis Paul. D. p. 27. 11); pär-ie-s (-iĕt-is) m. Wand
== die herumgehende[7]), pariet-inu-s, -āli-s, -äri-u-s zur W. geh. —
ï-co: (*ï-cu-s) Demin. Red-i-cŭ-lu-s (Rediculi fanum extra portam
Capenam fuit, quia accedens ad urbem Hannibal ex eo loco rediit
quibusdam perterritus visis Fest. p. 283) == ein Gott, der Rückkehr
macht od. bewirkt[8]). — i-ta: ï-tä-re, i-ti-tä-re Intens. gehen. —
i-t(i): cŏm-e-s (com-ï-t-is) Mitgehend m. f. == Begleiter, -in, Genosse, -in[9]) (in-comitem sine comite Paul. D. p. 107. 20), com-i-
tä-ri begleiten, comitā-tu-s (tūs) m. Begleitung, Gefolge. — ï-to:
sub-ï-tu-s plötzlich, unvermuthet, unbemerkt (Adv. subito), subit-
ān-eu-s, -är-iu-s id. — i-t-io, -ia: com-ï-t-iu-m n. Platz wo man
zusammenkommt == Sammelplatz, Versammlung welche zusammenkommt == Volksversammlung[9]) (comitiae Inscr. ap. Marin. Att. fr.
Arv. p. 43), comiti-äli-s zu den Comitien geh., in-comitiä-re (significat tale convicium facere, pro quo necesse sit in comitium, hoc est

in conventum venire Plaut. Curc. 3. 1. 30; *quaeso ne me incomities*
Paul. D. p. 107. 5); **exĭtiu-m** n. (Ausgang) Untergang, Ver-
derben, *exiti-ōsu-s*, *-āli-s* V. bringend; **in-ĭ-tiu-m** n. (Eingehen)
Anfang (*endo-itiu-m* Fest.), *initiā-re* anfangen, einweihen; **indŭtiae**
(= *indu-i-tiae*) f. Pl. = Eingang zum Frieden, Waffenstillstand,
Ruhe; siehe *in* pag. 30. — *i-t-i-ōn*: **ĭti-o** (*-ōn-is*) f. das Gehen;
amb-ĭtio (*ōn-is*) f. das Herumgehen (*ambitio est ipsa actio ambientis*
Paul. D. p. 16. 17), Bewerbung, Rücksichtsnahme, Parteilichkeit,
Ehrbegierde, *ambiti-ōsu-s* (= *ambitiōn-ōsu-s*) voller Hang herum-
zugehen, gunstsüchtig, ehrgeizig, prahlerisch; *red-ĭtio* (*ōn-is*) f.
Zurückgehen, Rückkehr; *sēd-ĭtio* (*ōn-is*) f. (für sich Gehen) Zwist,
Aufruhr, *seditiōsu-s* (= *sed-itiōn-ōsu-s*) aufrührerisch. — *i-tu*:
ĭ-tu-s (*tūs*) m. Gehen; *ad-ĭtu-s* m. Zugang, Zutritt; *amb-ĭtu-s* m. Umgang, Umlauf, Kreislauf, Werbung, Gunsterschleichung, Ehrgeiz;
circum-, *circu-ĭtu-s* m. Umgang, Umkreis, Umschweif, Umschrei-
bung; *co-ĭtu-s* m. Zusammengehen, Begattung; contrahiert: *coĕtu-s*
das Zusammenkommen, zusammengekommene Menge, Versammlung; *red-ĭtu-s* m. Rückkehr, Rückkunft, Einkommen, Ertrag; *trans-
ĭtu-s* m. Uebergang, Durchgang, Vorbeigehen. — *i-tor*: **prae-tor**
(= *prae-i-tor*) (Gen. *prae-tōr-is*) m. (Vorgänger) erste Magistrats-
person, Prätor (*praetores* die älteste amtliche Benennung für die
beiden jährlich gewählten Herrscher in Rom, an Stelle der lebens-
länglichen Fürsten = Anführer des Heeres. Erst seit der Zeit
der Decemvirn wurde *consules* die übliche Benennung für dieselben)[10]), *praetōr-iu-s* prätorisch, *praetōr-iu-m* n. Feldherrnzelt,
Leibwache, *praetori-ānu-s* zur L. geh., *praetūr-a* f. Prätur; *trans-
ĭ-tor* (*tōr-is*) m. der Vorübergehende, *transitōr-iu-s* durchgängig,
vorübergehend, kurz. — *it-es*, *it-in-es*: **ĭt-er** (Gen. *ĭt-ĭn-ĕr-is*) n.
Gang, Weg, Reise, Marsch (Nom. *itiner* Plaut. Lucr. Varro, Gen.
itĕr-is Naev. ap. Non. p. 485. 6, Abl. *iter-e* Acc. ap. Non. 485. 8,
Lucr. 5. 652), *itiner-āriu-s* z. R. M. geh., *-āriu-m* Reisebeschrei-
bung, Marschsignal.

ai-va[4]): **ae-vu-m** n. (*aevu-s* m. Plaut. Poen. 5. 4. 14, Lucr.
3. 605) = αἰών; **aeternu-s** (älter: *aevi-ternu-s*) ewig, *aeterni-tā-s*
(*tāti-s*) f. Ewigkeit, *aeternā-re* verewigen; **aetā-s** (älter: *aevi-ta-s*)
f. Lebenszeit, Alter, Demin. *aetāt-ŭ-la* f. zartes Alter, besonders
in weichlichem oder wollüstigem Sinne[11]).

1) B. Gl. 41. 308a. — Corssen I. 383 f. — C. E. 403. 492. 568. —
F. W. 20 f. 26. 429 f. 1080; Spr. 303. — 2) Die einzelnen Formen siehe
C. V. 120. 143. 175, 15) — 3) C. V. I. 336: von *ĭtá-ω* oder *ĭtĕ-ω*. —
4) B. Gl. 37b. 65a. — Brugman St. 172, 11). 179, 4). — C. E. 388; C.
KZ. I. 34. — F. W. 345. 421. - Gerth St. Ib. 211. — M. M. V. II. 76.
271. — 5) Düntzer KZ. XII. 3. — Kuhn KZ. II. 397. — F. W. 21: In
drängen, bewältigen, in seine Gewalt bekommen (= 2 **ĭ** + *nu*): *ĭv-*,
αἴνυται. — C. V. I. 162. 24): „der Hiatus von ἀποαίνυμαι lässt allerdings
auf ϝ schliessen, so dass wir über einen Stamm *al* oder *ϝal* nicht hinaus-

kommen". — [Homer hat aber auch $\dot{\alpha}\pi\cdot\alpha\acute{\iota}\nu\nu\mu\alpha\iota$ Il. 11, 582. 15, 595.
Bleibt also zweifelhaft.] — 6) Pott II. 2. 444 f. bestreitet das *f.* — $\dot{\alpha}\varepsilon\acute{\iota}$
hom. nur: Il. 12, 211. 23, 648. Od. 15. 379, ferner Butr. 175; sonst
$\alpha\dot{\iota}\varepsilon\acute{\iota}$, $\alpha\dot{\iota}\acute{\varepsilon}\nu$ nnr, wenn die letzte Silbe kurz sein soll. — 7) Bopp Gr.
III. 362. — Ebel KZ. I. 305. — Schweizer KZ. III. 371. — Corssen I.
170. II. 210; N. 269: adh wachsen: *ab-iet.* — Corssen II. 210; N. 268:
par schützen, *par-iet* die Wand als schützende. — Pott I. 108: *par-iet:*
par- das herumgehende oder *per-* das hindurchgehende. — 8) Corssen
N. 263. — 9) Corssen N. 251. — Walter KZ. X. 200: com-, co- *co-mo
co-mi-t der Mitseiende. — 10) Corssen N. 284. — Kuhn KZ. II. 474. —
11) Corssen I. 374: W. **Iv, Inv** umfassen, gehen.

---

1) IK schädigen, schlagen.

ἰκ. — **ἰξ** (ἰκ-ός) f. ein dem Weinstock schädlicher Käfer. —
ἰκ-τῖνο-ς m. der Weihe, Hühnergeier, *milvus* (eine Wolfsart Opp.
C. 3. 331)[1]. — **ἴκ-ταρ** Adv. Schlags = sogleich, (örtlich) nahe,
nahe·bei. — **ἴκ-ριο-ν** n. meist Pl. (die in den Kielbalken eingeschla-
genen spitzig emporstehenden Schiffsrippen, welche dann mit Brettern verkleidet wurden =) Verschlag, Gerüst, Verdeck, Demin.
$\iota\kappa\varrho\acute{\iota}\delta\iota o-\nu$ Schol., $\iota\kappa\varrho\iota\acute{o}-\omega$ ein Gerüst errichten, $\iota\kappa\varrho\acute{\iota}\omega-\mu\alpha$ ($\mu\alpha\tau$-$o\varsigma$) n.
Gerüst. — (?)`Ἰκ-ᾰρο-ς m. Sohn des Daidalos; 'Ικ-μάλιο-ς m. Bürger
aus Ithaka ($\tau\acute{\varepsilon}\kappa\tau\omega\nu$ $\pi o\iota\eta\sigma$' 'Ικμάλιος Od. 19. 57). — **ἐν-ίσσω** (= ἐν-
ικ-ϳω) anfahren, schelten (nur Präsensstamm)[2].

ἰπ ($\kappa = \pi$). — **ἴψ** (ἰπ-ός) m. ein Wurm, der Horn und
Weinstöcke benagt, wahrsch. eine Art Bohrwurm oder die Larve
des Pochkäfers (Od. 21. 395). — **ἴπ-ο-ς** m. (f.) das Stellholz in der
Mäusefalle und diese selbst (Lex.), Belastung ($T\iota\varphi\tilde{\omega}\nu o\varsigma$ $\iota\pi o\varsigma$ $\dot{\alpha}\nu\varepsilon$-
$\mu\acute{o}\varepsilon\sigma\sigma\alpha$, der Aetna, Pind. Ol. 4. 8), $\iota\pi\acute{o}-\omega$ drücken, belasten ($\iota\pi o\tilde{v}$-
$\sigma\vartheta\alpha\iota$· $\dot{\alpha}\pi o\vartheta\lambda\acute{\iota}\beta\varepsilon\sigma\vartheta\alpha\iota$, $\pi\iota\acute{\zeta}\varepsilon\sigma\vartheta\alpha\iota$ Poll.). — **ἴπ-νη** f. ein Vogel, Baumhacker, -kletterer. — **ἴπ-τ-ο-μαι** schlagen, bedrängen, bedrücken
(Präsens Gramm., Fut. ἴψεται, Aor. 2. P. ἴψαο Hom., ἴψω Theokr.).

ἰαπ (Nebenform). — **ἐν-ῑπ-ή** (= ἐν-ϳαπ-η) f. Schmähung,
Scheltwort, Tadel, Drohung; $\dot{\varepsilon}\nu$-ῑπ-τ-ω (Aor. $\dot{\varepsilon}\nu$-ἐν-ῑπ-ε, $\dot{\eta}\nu$-ῑπ-
$\ddot{\alpha}\pi$-ε) = $\dot{\varepsilon}\nu\acute{\iota}\sigma\sigma\omega$[2]. — 'Εν-ῑπ-εύ-ς m. Fluss in Phthiotis (j. Gura, Od.
11. 238. 240), in Elis, in Makedonien. — (jιπ, δjιπ, διπ?) (διπ-τ-α
διπ-σ-α) **δίψα** f. (= Bedrängniss, Qual, vgl. $\pi\varepsilon\tilde{\iota}\nu\alpha$) Durst, **δίψ-ος**
($\varepsilon o\varsigma$) n. id., $\delta\iota\psi\acute{\alpha}-\omega$ dursten, $\delta\acute{\iota}\psi\eta$-$\sigma\iota$-$\varsigma$ f. das Dursten; $\delta\acute{\iota}\psi$-ιo-ς $\delta\iota\psi\alpha$-
$\lambda\acute{\iota}o$-ς $\delta\iota\psi\eta$-$\lambda\acute{o}$-ς durstig ($\delta\acute{\iota}\psi\iota o\varsigma$· $\beta\varepsilon\beta\lambda\alpha\mu\mu\acute{\varepsilon}\nu o\varsigma$ Schol.); $\pi o\lambda\nu$-$\delta\acute{\iota}\psi\iota o\nu$
`Ἄργος Il. 4. 471 sehr durstend, durstig = wasserarm[3].

ic-ĕre (ic-i, ic-tu-s) schlagen, stechen, stossen, hauen; *ic-tu-s*
m. (Gen. *icti* Gell. 9. 13. 17) Schlag, Stich, Stoss, Hieb.

C. E. 454. 527. 643. — C. V. I. 234, 3). 235, 7); C. KZ. III. 407. —
Düntzer KZ. XIV. 199 f. — Fritzsche St. VI. 331. — 1) F. Spr. 150:
Skr. ç*jena* Falke(?). — 2) Ebenso S. W. 214; vgl. $\pi\acute{\varepsilon}\sigma\sigma\omega$ aus $\pi\varepsilon\kappa\jmath\omega$ und
$\pi\acute{\varepsilon}\pi\tau\omega$; $\dot{\iota}\nu$-$\acute{\iota}\pi$ $\alpha\pi$·ε mit verschobenem Augment und Redupl. in der Mitte.
— 3) Vgl. E. Curtius Peloponnes II. 340. 588, nach dem einem grossen

Theile von Argolis die Bezeichnung durstig in hohem Grade zukommt.
— F. W. 94: dip glänzen, scheinen: δίψα Durst (wohl eig. Brennen,
Brand).

2) IK gleich sein, ähnlich sein.

ik. — (*ic-mo, *i-mo übereinstimmend, passend, *imā-re
übereinst. machen, passend machen) Frequ. Ĭmĭ-tā-rĭ oft übereinst.
oder passend machen = nachahmen, imitā-tor (tŏr-is), -trix (trĭc-is)
Nachahmer, -in, imitā-bĭli-s nachahmbar, imitā-men, -men-tu-m n.,
-ti-ō(n) f. Nachahmung; ĭmā-g-o (ĭn-is) f. Bild, Abbild (das mit
einem andern übereinstimmende)[1], Demin. imāgun-cŭla f.; imagin-
āli-s bildlich, imagin-āri-u-s scheinbar, imagin-ā-ri sich bildlich (in
der Phantasie) vorstellen, imaginā-ti-ō(n) f. Einbildung, Phantasie.

aik. — (aik-a) aequ-u-s[2]) übereinstimmend, gleich, gleichmässig, -müthig, -giltig, günstig, billig (Gegens. in-iquu-s), aequā-re
gleich machen, aequā-ti-o(n) f. Gleichmachung, aequi-ta-s (tāti-s) f.
Gleichheit, Ebenmaass; aequā-li-s gleichbeschaffen, gleich alt, Subst.
Altersgenosse, aequāli-ta-s (tāti-s) f. Gleichheit, aequā-bĭli-s gleichmässig, aequābili-tā-s (tāti-s) f. Gleichmässigkeit; aequ-or (ŏr-is)
n. Fläche, Meeresfläche, Meer, aequŏr-eu-s zum M. geh., meer-
umflossen. — (aik-ma) ae-mŭ-lu-s übereinstimmend mit einem
andern Etwas thuend, wetteifernd, eifersüchtig, aemulā-ri wetteifern, aemulā-tor (tōr-is) m. Nacheiferer, aemulā-tu-s (tūs) m., -ti-ō(n)
f. Wetteifer; Aemĭl-iu-s, Aemili-ānu-s (Scipio, pro Aemilii filius
Prisc. II. 6. 33).

Corssen I. 374; B. 252 ff.; N. 236. — F. W. 158 f.: jam zusammenhalten, jamo = imo (vgl. ob-ic aus jácio). — 1) Schweizer KZ. III. 342,
M. M. V. II. 372: ma messen, nachbilden, nachahmen: mi-mi-tor. —
2) B. Gl. 62 b: ēka unus, singulus, solus. — F. W. 26: aika eins, gleich,
aequus gleich.

IG sich regen, beben. — Skr. ĭng, ĕg': sich regen, sich
bewegen; caus. in Bewegung setzen (PW. I. 779. 1089).

aig. — αἴγ-ες f. hohe Fluth (τὰ μεγάλα κύματα Artemid. 2.
12; αἶγαι· οἱ Δωριεῖς τὰ κύματα Hes.); αἰγι-αλό-c m. Strand,
Meeresufer[1]), Αἰγιαλό-ς alter Name von Achaia (= Küstenland). —
αἰγ-ερο: αἴγειρο-c f. Zitterpappel, populus tremula (oder Schwarz-
pappel, populus nigra Linné?); αἰγειρ-ών (ῶν-ος) m. Pappelwald[2]).
— αἰγ-ί-c (ίδ-ος) f. Sturmwind[1]); der schirmende Sturmschild
des Zeus, dessen Schwingen Nacht, Donner, Blitz hervorruft;
κατ-αιγί-ς f. plötzlich niederfahrender Windstoss, Sturm, καταιγί-ζω
herabstürmen, stürmisch herniederfahren. — ἐπ-είγω drängen, bedrängen, treiben, betreiben (Skr. éǵati), (ἐπειγ-τι-) ἔπειξι-ς (ε-ως)
f. Beschleunigung, Eile (ἐπειγωλή· σπουδή E. M.), ἐπεικ-τ-ικό-ς antreibend, eilig.

6*

aig. — (*aeg-ro*) **aeg-e-r** (*ra*, *ru-m*) krank, krankhaft[3]), *aegrē-re* krank sein, *aegre-sc-ere* krank werden, betrübt sein; *aegr-or* (*ōr-is*) m. *aegri-mōnia*, *-tūdo* (*in-is*) f. Krankheit, Gemüthsschmerz, Kummer; (*aegro-cre*) **aegrō-tu-s**[4]) krank, *aegrotū-re* krank sein, *aegrotū-ti-o* (*ōn-is*) f. das Kranksein.

B. Gl. 43a. — Corssen I. 375 f. — C. E. 180; C. V. I. 220. 9). — F. W. 344 (**ig** oder **igh** Schmerz haben, verdrossen sein); F. Spr. 304; KZ. XIX. 259. — 1) Sch. W. 17: *αἴσσω.* — 2) Brugman St. VII. 346: vielleicht **gar** rauschen. — 3) C. E. 180: „Zittern ist eins der häufigsten Krankheitssymptome". — B. Gl. 157b: **gvar** *aegrotare, febrire: ae-ger.* — 4) Curtius KZ. XIV. 439.

1D schwellen.

ἴδ-η f. (Schwellung) Waldgebirge, Gehölz, **Ἴδ-η** (dor. **Ἴδ-α**) f. (Gebirge in Phrygien beginnend und durch Mysien sich erstreckend, seine Abdachung bildete die Ebene von Troia). — οἰδ (Steigerung): οἰδ-άνω (Hom.) *-έω* (ᾤδεε Od. 5. 455), später οἰδ-άω, *-αίνω* schwellen[1]), οἴδ-μα (ματ-ος) n. Wasserschwall, Meerschwall, Brandung, οἴδ-ος (ε-ος) n. (Hippocr.), οἴδη-σι-ς f., -μα (ματ-ος) n. Schwellen, Geschwulst, οἴδματ-ό-ει-ς voll Wasserschwall, οἰδ-ί-σκ-ω anschwellen machen (spät). — (**i-n-d ind-u** Tropfen, Funken, lichter Tropfen = Mond:) Ἐνδυ-μίων (ων-ος) (= Mondgott) Liebling der Selene (*a qua*, d. i. *Luna, consopitus putatur, ut cum dormientem oscularetur* Cic. Tusc. 1. 38. 92; *Latmius Endymion non est tibi, Luna, rubori* Ov. a. a. 3. 83).

aid. — **aes-cū-lu-s** f. die hohe (emporschwellende) dem Jupiter geheiligte Winter- oder immergrünende Eiche[2]), *aescul-eu-s*, *-inu-s*, *-in-eu-s* von der E., *aescul-ētu-m* n. Wald von E. — (*aid-mo*) **ac-mī-du-s** altl. = *tumidus* (*aemidum tumidum* Paul. D. p. 24. 4; *aemidus πεφυσημένος* Gloss. Lab.; *aemidus tumidus inflatus* Gloss. Isid.). — (**i-n-d** *ind-u* *id-u*, vgl. *tam tacter tēter*) **1du-s** (*eidu-s* Inscr.) f. Pl. Tag um die Mitte des Monats (im März, Mai, Juli, Okt. der 15., sonst der 13.)[3]).

F. Spr. 304; KZ. XIX. 79 f. XXI. 5. 463. — 1) C. V. I. 258. 7). 388. — 2) B. Gl. 64a: *fortasse huc pertinet, ita ut a crescendo, non ab edendo sit nominata, mutato d in s, sicut in es-ca ex ed-ca.* — 3) Vgl. Skr. *indu* m. urspr. Tropfen, Funken, gerundete Körper; (lichter Tropfen, Funken) Mond, Pl. Monde, Mondwechsel, Mondzeiten, Nächte (P. W. I. 800 f.). — F. W. 430: **idh** entzünden: vielleicht *idus* Vollmondstag, der helle.

1DH entzünden, entflammen; brennen, leuchten. — Skr. **idh**, **indh** entzünden, entflammen (P. W. I. 797).

ιθ: **ἰθ-η**· εὐφροσύνη Hes., *ἰθ-αρό-ς* klar, *ἰθαίνειν* εὐφρονεῖν, *ἰθαίνεσθαι*· θερμαίνεσθαι Hes. — **αιθ:** **αἴθ-ω** (nur Präsensst.) anzünden, brennen, leuchten; (subst. Part. fem.) αἴθουσα (die glänzende, helle) Säulenhalle (nach dem Hofe hin offen, so dass die Sonne hineinscheinen konnte, woher der Name); αἰθ-ό-ς verbrannt, schwarz (funkelnd, ἀσπίς Pind. P. 8. 48), αἴθαι (αἰθόλικες, αἰθύλικες) f. Brandblasen (Hippocr.); Αἴθη f. Stute Agamemnons (von der Feuerfarbe), Brandfuchs (Il. 23. 295); πῦρ-αιθοι Feuerzünder, Feueranbeter in Persien (Strab.). — αἴθ-ων (ων-ος) m. funkelnd, blitzend, strahlend, glänzend, Αἴθων = Αἴθη (Il. 8. 185 Ross des Hektor). — αἰθ-ήρ (ἐρ-ος) f. m. (Hom. stets f., att. Prosa Aesch. Soph. m., Eur. schwank.) die obere reinere Luft im Gegensatz zu ἀήρ (pag. 69), daher: Himmel, Wohnsitz der Götter, bei Spät. überh. Luft, αἰθέρ-ιο-ς ätherisch, luftig, himmlisch; αἴθρ-η f. reine, heitere Luft, Himmelsheitre, αἴθρ-ιο-ς hell, heiter, (dazu Fem. als Subst.) αἴθρ-ία (ion. -ίη) = αἴθρη freier Himmel, freie Luft (ὑπὸ τῆς αἰθρίας sub dio); αἴθρ-ο-ς m. Morgenkälte, Frost, Reif (Od. 14. 318). — αἰθ-άλη (Luc. D. D. 15. 1) f. αἴθ-αλο-ς m. Russ, Αἴθαλο-ς (Manns- u. Ortsname Suid.), αἰθαλό-ω in Russ verwandeln = verbrennen, αἰθαλό-ει-ς russig; glühend, feurig. — Αἴτ-νη (dor. -να) f. der feuerspeiende Berg auf Sicilien, Stadt am Aetna, von Hieron gegründet. — (αἰθ maked. = ἀδ:) ἄδι-ς· ἐσχάρα; ἀδιάς· ἐσχάρα, βωμός Hes.; ἀδῆ· οὐρανύς. Μακεδόνες (vgl. ἀδραιά· αἰθρία. Μακεδόνες); ἀδαλό-ς· ἄσβολος Russ; Ἀδαλίδη-ς (Suid.) wohl = Αἰθαλίδης (myth. Figur der Argonautensage und heros eponymus des attischen Demos Αἰθαλίδαι)[1]). — οἰθ: οἴς-τρο-ς (vgl. ἰα-τρό-ς) m. oestrus Bremse (Od. 22. 300), Stich, Stachel, Trieb, Wuth, Raserei[2]), οἰστρά-ω stacheln, reizen, in Wuth versetzen, intr. wild werden, rasen, toben, οἴστρη-μα (ματ-ος) n. das Wuth Erregende (κέντρων τε τῶνδ' οἴστρημα καὶ μνῆμα κακῶν Soph. O. T. 1318), οἴστρη-σι-ς (σε· ως) f. das Wüthen, Liebeswuth (Suid.).

aid. — (aid-i:) **aed-e-s** (altl. Nom. aid-i-s, Acc. aid-e-m Or. Inscr. 551) f. (urspr.: Feuerstätte, Heerdstätte; diese ist der eigentl. Wohnplatz, um den sich die Familie sammelt; vgl. Stube eig. = Ofen) Wohnung, Wohnhaus, Gotteshaus, Demin. aedi-cūla; **aedī-li-s** (altl. aidili-s; Nom. aidile-s auf dem Scipionensarkophage) Aedil, Obrigkeit für Baulichkeiten u. s. w. (aedilis qui aedes sacras et privatas procuraret Paul. D. p. 13. 7), aedilī-c-iu-s ädilisch, Subst. m. gewesener Aedil, aedili-ta-s (tāti-s) f. Amt des Aedil. — (aid-tu:) **aes-tu-s** m. Gluth, Brandung, Fluth, aestu-ōsu-s voller Wallung, aestu-āriu-m n. Brandungsort, aestu-ā-re wallen, aestuāti-ō(n) f. das Wallen. — (aid-tāt-i:) **aes-tā-s** (tāti-s) f. heisse Zeit, Sommer, aestīvu-s (= *aestāt-ivu-s) sommerlich, aestivā-re den S. zubringen. — (aid-tro?)[3]) St. **a-tro-** ā-t-e-r (tra, tru-m) (eig. schwarzgebrannt, schwarz wie Kohle; vgl. tam excoctam reddam atque atram ut carbo est Ter. Andr. 5. 3. 63) schwarz, dunkel, unglücklich, (*atrā-re) atrā-tu-s finster, schwarz gekleidet, atrā-

mentu-m n. Schwärze, Tinte, *atri-tā-s* (*tāti-s*) Schwärze; **atr-iu-m**
n. (urspr. der Raum, in dem sich der Heerd befindet; dann) das
schwarze Gemach mit dem Hausaltar, dem Ehebett, dem Speise-
tisch und dem Heerd (vgl. *ibi etiam culina erat, unde et atrium
dictum est, atrum enim erat ex fumo* Serv. ad Verg. A. I. 730),
überhaupt: Halle[4]), Dem. *atriŏ-lu-m; atrí-ensi-s* Aufseher im Atrium,
Haushofmeister; *Ater-nu-s* m. Fluss, *-m* n. Stadt in Samnium (j. *Pe-
scara*), *Atern-iu-s* Personenn., *Atel-la* (= *ater-la* d. i. *nigella*) uralte Stadt der Osker, zwischen Capua und Neapolis (*Atell-āna
fabula* altital. Volksspiel, später zu einer besonderen Gattung des
Drama's erhoben, angeblich zuerst eingeführt aus der Stadt Atella);
atrox (*ōc-is;* St. *atro: atrōc* = *fero: ferōc*) düster aussehend =
gefahrdrohend, schreckhaft, trotzig, *atrŏci-ta-s* (*tāti-s*) f. gefahr-
drohendes Wesen u. s. w.

B. Gl. 45a. — Corssen I. 213. 374. 485. II. 228. — C. E. 249. —
C. V. I. 218. 2). — Düntzer KZ. XIV. 181 ff. — F. W. 21. 26. 421. 430.
1) Fick KZ. XXII. 195. 216. — 2) Ascoli KZ. XII. 435 f. — F. W. 191:
ri gehen; führen, treiben, jagen. — 3) Kuhn KZ. VI. 239 f. — 4) Vgl.
„Ueber einige wichtige Bestandtheile des röm. Hauses von Velissky"
Zeitschr. f. österr. Gymn. XXVI. 811 ff., woselbst die irrigen Etymologien des Wortes *atrium* angeführt werden.

———

IR bewältigen, schädigen, zürnen. — Aus 2) **ar.** —
Skr. **irasj,** *irasjáti* sich gewaltthätig benehmen, zürnen, übelgesinnt sein (P. W. I. 815).

Ir-a f. Zorn[1]), *ira-sc-i* in Zorn gerathen, zürnen, *irā-tu-s* erzürnt, *irā-cundu-s* jähzornig, *iracund-ia* f. Jähzorn. — (**air:**)
acr-u-mna f. (eig. Gewaltthat, Misshandlung = zwingendes Mühsal, drückendes Leid, also:) Mühsal, Beschwerlichkeit, Leid; Demin.
acrumnŭ-la f. ein Tragreff (*acrumnulas Plautus refert furcillas,
quibus religatas sarcinas viatores gerebant. Quarum usum quia G.
Marius rettulit, muli Mariani postea appellabantur* Paul. D. p. 24. 1,
cl. Fest. p. 149. 25. M.) eig. kleine Beschwerde, im Volksmunde
speciell verwandt für den gabelförmigen Gepäckhalter, der den
Wandersmann gelegentlich drückte oder beschwerte, *acrumn-ōsu-s*,
acrumnā-bĭli-s voll von Plackerei und Mühsal.

Corssen I. 532. 815. II. 172. — F. W. 22. — 1) B. Gl. 48b: ir *ire,
tremere, commoveri, ita ut a motu animi sit nominatum.*

———

ivú Interjection (vgl. *ioú, ioũ, iώ*).

iFú: iú Interj. (Gramm.). — (*ιβύ, ϝ* = *β, ιβυ-κ*) Ϊβυξ (*ϊβυκ-ος*)
m. ein Vogel, Ἴβυκος lyr. Dichter aus Rhegion um 528 v. Chr.

(βῦξ εἶδος ὀρνεΐου κρακτικοῦ, ἐξ οὗ Ἴβυκος κύριον); ἰβύειν (= ἰβυ-
j-ειν) ἰβύ-ζ-ειν Hes.; (iΕυ-γ) ἰυγ-ή f. Geschrei (ὅτου τοσήνδ᾽ ἰυγὴν
καὶ στόνον σαυτοῦ ποιεῖς; Soph. Phil. 571; ἰυγαί· γυναικῶν οἰμωγαί
καὶ θρῆνοι B. A. 267. 12); ἰυγ-μό-c m. Geschrei, Jauchzen (Il.
18. 572), Wehgeschrei, Geheul (ἰυγμοῖσι βόσκεται κέαρ Aesch.
Ch. 26) [i Hom., ῐ Att.]; ἰύζω (= ἰυγ-jω) laut schreien (Π. 17.
66. Od. 15. 162) (Fut. ἰύξω, Aor. ἴυξα) [i Hom., ῐ Trag]; ἰυκ-
τή-c m. Schreier, Lärmer, auch Pfeifer (ἰυκτά Theocr. 8. 30);
ἰυϝξ (ἴυγγ-ος) f. der Wendehals (torquilla); man schrieb ihm magi-
sche Kräfte zu, band ihn auf ein Rad mit vier Speichen und drehte
dasselbe unter gewissen Beschwörungsformeln (ἴυγγα ἕλκειν ἐπί τινι
den Zauberkreisel gegen Einen umdrehen, einen Geliebten herbei-
zaubern Xen. Mem. 3. 11. 18), daher übertr. Zauberreiz, Liebreiz,
Liebesverlangen (ἴυγγι ἕλκομαι ἦτορ Pind. N. 4. 35). — Vgl. noch:
ἰβύς· εὐφημία; ἰβ-ιβύ-ς· παιανισμός Hes.

jug (vgl. ἰυγ): **jug-ĕre** vom Naturlaut des Hühnergeiers
(jugere milvi dicuntur, cum vocem emittant Paul. D. p. 104. 7; jugit
ἰκτὶν βοᾷ Gloss. Philox.).

C. E. 572. — Fritzsche St. VI. 289. — F. W. 1082: **jug** schreien.

---

1) **IS** schleudern. — Skr. **ish** (ishjati) in rasche Bewegung
setzen, schnellen, schleudern u. s. w. (P. W. I. 820 **ish** 1)*. —
Siehe 2) **as**.

(is-va, ἰσ-Εο) ῑ-ό-c m. (Pl. auch. n. Il. 20. 68) Pfeil.

B. Gl. 46a. b. — Brugman St. IV. 170. 1). — C. E. 404. — Düntzer
KZ. XIV. 201. — F. W. 22. — Sch. W. 381: ἵημι das Entsendete?

---

2) **IS** erregen, beleben; rege, frisch, kräftig sein. —
Skr. **ish** (ishṇáti) antreiben, erregen; beleben, fördern (P. W. I.
820 **ish** 2 unter 2).

is-a. — ῑ-ά-ο-μαι heilen¹) (Fut. ἰά-σ-ομαι, ion. ἰή-, Äol.
ἰά-θη-ν), ἰα-τό-ς heilbar; ἰα-τρό-c poet. ἰα-τήρ, ep. ἰη-τήρ (τῆρ-ος)
m. Arzt, ἰατρ-ικό-ς ärztlich, heilkundig; ἰατρ-εύ-ω Arzt sein, heilen;
ἰάτρευ-σι-ς f. das Heilen, ἰατρε-ία f. Heilung, ἰατρε-ῖο-ν f. Wohnung
des Arztes; ῑᾱ-σι-c (σε-ως) f. Heilung, ἰάσι-μο-ς heilbar; ῑᾱ-μα
(μᾱτ-ος) n. Heilmittel, Heilung, ἰαματ-ικό-ς heilend; Ἰάσων (ων-ος)
(ion. ep. Ἰή-) Sohn des Aeson, Anführer der Argonauten (der
Heilende), Ἰασώ f. Tochter des Asklepios, Göttin der Heilkunde;

---

* **Ish** 1. 2. 3 werden im P. W. I. 820 sämmtlich aus der Grundbedeutung „Etwas in (rasche) Bewegung setzen" entwickelt.

ίαίνω (= ἰσ-αν-jω) beleben, erquicken, erregen, erwärmen (Fut. ἰανῶ, Aor. ἴηνα, ἰάνϑην).

ίs-a-ra[2]). — ἰ-ε-ρό-c (ep. ἱ-ρό-ς, äol. ἰα-ρό-ς) rege, rüstig, stark; göttlich, heilig (urspr. Bed. stark: ἴς Τηλεμάχοιο, μένος Ἀλκινόοιο, μ. Ἀντινόοιο, φυλάκων τέλος, στρατὸς Ἀργείων; munter, rasch: ἰχϑύς Il. 16. 407), ἱερό-ω heiligen, weihen, ἱερω-σύνη f. Priester-amt, -würde, Pfründe; ἱε-ρ-εύ-c m. ἱέρ-ε-ια (Il. 6. 300) f. Priester, -in, ἱερεύ-ω heiligen, weihen, ἱερ-ε-ῖο-ν (ep. ἱηρ-, ion. ἱρήιον, ἱαρεῖον, st. ἱερ-, πρόβατον, βοῦς Hes.) n. Opferthier; ἱερά-ο-μαι Priester, -in sein, (*ἱερα-τη-ς od. -τι-ς) ἱερατ-ικό-ς priesterlich, ἱερατεύ-ω (= ἱεράομαι) Nebenf. ἱεριτ-εύ-ω (zu ἱερεῖ-σι-ς od. ἱερῖ-τι-ς) dazu ἱερίτευχε (histerog. Aspir., Inschr. aus Mantinea)[3]). — **is-a-sa**: ἴ-α-co-c blühend; Ἰασ-ίων (Ἰάσ-ιο-ς Hes. Th. 970) Sohn des Zeus und der Elektra, Liebling der Demeter, Dämon des Wachsthums; Ἰασ-εύ-ς Freund des Φῶκος, des eponymos des Landes Phokis (zu welchem der Dämon des Wachsthums sehr gut passt)[4]).

1) F. W. 22; F. Spr. 150. — L. Meyer KZ. XIV. 146. — Christ 149: Ju Skr. *juvujāmi* ich verdränge Krankheiten. -- Kuhn KZ. V. 50 f. und Pictet ibd. 42: **i, Ja** in causaler Bedeutung, betrachtet als in den Körper einziehender Dämon, daraus die Vertreibung und Heilung entwickelt. — Lobeck Rhem. 157 von *ἰό* ς Gift: *ἰάομαι, ἰαίνω, nam et φάρμακον dicitur in utramque partem.* — 2) C. E. 403. 562; C. KZ. III. 154 f. — F. W. 22. — Kuhn KZ. II. 274 f. — 3) Curtius St. VII. 393. — 4) Düntzer KZ. XIV. 202.

3) **IS** suchen, begehren, wünschen; schätzen, wofür halten. — Skr. **ish** (*ikḱháti*) 1) suchen, 2) zu gewinnen suchen, wünschen, haben wollen, verlangen u. s. w., 3) anerkennen, ansehen für (P. W. I. 820 **ish** 3).

is-a: (*ἰσ-σ-ς wollend) ἰ-ό-τη-c (τητ-ος) f. Wunsch, Wille (meist Dat.: nach dem Willen, Acc. nur Il. 15. 41 δι' ἐμὴν ἰότητα). — **is-mana**: Ἰσ-μηνό-ς (*desideratus*) Sohn des Apollo u. s. w., Ἰσμην-ία-ς, Ἰσ-μήνη (*desiderata*) Tochter des Asopos, T. des Oidipos und der Iokaste, Ἰσμην-ία; Demin. Ἰσμήν-ιχο-ς ein Thebaner (Ar. Ach. 954). — **is-mara**: Ἴσ-μαρο-ς m. Sohn des thrak. Eumolpos und Name der wegen ihres starken Weins berühmten Stadt der Kikonen in Tkrakien, Ἰμ-μάρᾱδο-ς (σμ = μμ, vgl. äol. ὔμμε) m. gleichfalls Sohn des Eumolpos, Ἰσμαρ-ί-ς (ίδ-ος) f. See Thrakiens nahe bei Maroneia nach der Stadt Ismaros genannt (Her. VII. 109); ῑ-μερο-c m. Verlangen, Sehnsucht[1]), ἱμείρω (= ἱμερ-jω) sich sehnen, verlangen, ἱμερ-τό-ς erwünscht, ersehnt, ἱμερό-ει-ς Sehnsucht erweckend, reizend, lieblich, anmuthig; ἴσμερα, ἴμερα· τὰ πρὸς τοὺς καϑαρμοὺς φερόμενα ἄνϑη καὶ στεφανώματα (Hes.); Ἰμέρα, Ἰμέρα-ς m. Fluss in Sicilien, f. Stadt an diesem Fluss; Ἰμερα-ῖο-ς Einw. von Il., Bruder des Demetrius Phalerius; Ἴμ-β-ρο-ς (? vgl.

μεσ-ημ-β-ρία) j. Imbro, Insel an der Küste von Thrakien mit einer Stadt gleichen Namens (durch den Kabeiren- und Hermes-dienst berühmt). — **is-la-ra:** l-λα-ρό-c heiter, lustig, fröhlich (τὸ εὐτυχές καὶ ἱλαρόν = lat. *faustum* Plut. Sull. 34), ἱλαρό-τη-ς (τητ-ος) f. Heiterkeit u. s. w., ἱλαρό-ω, ἱλαρ-ύνω erheitern (Sp.). — **is-la-va** (ἱσ-λα-ϝο): ῑ-λᾰ-ο-c att. ῑ̓-λε-ω-ς, ω-ν (n. Pl. ῖλεα; ῖλαος trag. nur in lyr. St.) huldvoll, gnädig, freundlich, geneigt, ἱλα-σ-μό-ς Sühnung (N. T.), ἱλα-σ-τήρ-ιο-ς versöhnend; Subst. τὸ Gnadenstuhl, der Deckel über der Bundeslade und übertr. von Christus (N. T.), ἱλά-σκ-ο-μαι, ep. ῖλα-μαι, ἱλά-ο-μαι, att. def. ἱλέ-ο-μαι ²) (Aesch. Suppl. 118. 128) (ἱλά-σ-ο-μαι ep. ἱλάσσομαι, ἱλασσάμενος; Imper. ἱλά-σ-ϑητί μοι sei mir gnädig N. T.).

is-k. — προ-ῖξ (meist nur Gen. προ-ικ-ός, Acc. προ-ῖκ-α) f. Erbetenes, Gabe, Geschenk, Mitgift, Demin. προικ-ίδιο-ν n.; προ-ῖκ-τη-ς m. Bettler; προ-ίσσ-ο-μαι betteln (Archil. fr. 130 B.)³).

ais. — (* *ais-tŭmu-s*) **aes-tumā-re** *acs-timā-re* abschätzen, wofür halten⁴), *aestimā-tor* (*tōr-is*) m. Schätzer, *aestimā-ti-ō* (*ōn-is*) f. Schätzung, Würdigung (*aestim-ia-s* *aestimatiōnes* Paul. Diac. p. 26. 8, *aestim-iu-m* Front. de col. p. 127 G.); *ex-istumare*, *-istimare* urtheilen, meinen. — *Aes-ă-ru-s* *Aes-a-r* Fluss in U.-Italien bei Kroton (j. Necete), *Aes-c-r-n-ia* Stadt in Samnium (= Gottes-, Opfer-, Bet-stätte), *Aesernim* (Münzaufschrift statt des Nom. *Aisernio-m*), *Aes-i-s* m. Fl. in Umbrien, f. Stadt in Umbrien (Col. Oesis Or. inscr. 3899)⁵). — **hĭ-lă-ru-s** **hĭ-la-rĭ-s** (= ἱλαρό-ς, im Latein völlig eingebürgertes Lehnwort; vgl. *āēr*) fröhlich, heiter, vergnügt, Demin. *hilarŭ-lu-s;* *hilarā-re* aufheitern, *Hilaru-s, Hilari-us, -inu-s;* *hilari-tā-s* (*tāti-s*), *-tŭd-o* (*in-is*) f. Fröhlichkeit, Heiterkeit, *hilare-sc-ĕre* fr., h. werden (Varro ap. Non. p. 121. 12); *hilarōdas* (*lascivi et delicati carminis cantor* Paul. D. p. 101).

Aufrecht KZ. I. 160. — B. Gl. 43a. 46f. — Brugman St. IV. 102. 119 f. — C. E. 404. — F. W. 22. 430; F. Spr. 301. — Gerth St. Ib. 217. — 1) Sch. W. 380: ῖεμαι. — 2) C. V. I. 277. 11). — 3) C. E. 137. 667; C. V. I. 311. 7). — Bopp Gl. 249: prac̆ *interrogare: Pottius apte explicat* prac̆ *e* praep. pra *et* r. *lc̆ desiderare et confert* προίσσομαι. — S. W. 525: προιχ aus προκι, vgl. lat. *prex* St. *preci;* ebenso Sch. W. 693: vgl. lat. *preces, procus.* — 4) B. Gl. 8a: *adhi-tumo adi-tumo aid-tumo.* — 5) Corssen I. 375.

U.

u, au, ava — Pronominalstamm als Adverb oder Präpos.: weg, zurück, ab, herab. ·— Skr. **ava** weg, ab; herab; als Präp. von — weg (P. W. I. 467).

(ἰϝέ, ἠϝέ) ep. ἠέ att. ἤ (böot. εἴ)¹): partic. disiunct.: oder, sonst,

etwa, partic. compar.: als, *quam;* ep. ἠῦ-τε att. εὖ-τε (εὖτε auch
Il. 3, 10. 19, 386) wie, wie wenn, gleichwie. — αὐ: αὖ wiederum,
wieder, andererseits, dagegen, ebenfalls; αὐ-τό-ς s. St. **ta;** αὖ-τε
= *αὖ;* αὐ-τί-κα auf der Stelle, sogleich; αὖ-θι an Ort und Stelle,
eben da, daselbst; αὖ-θι-ς, ion. dor. αὐ-τι-ς = *αὖ;* αὐ-έρυσαν s.
W. *var* ziehen. — οὐ, οὐ-κ (vor Voc. mit spir. len.), οὐ-χ (vor
Voc. mit spir. asp.), verstärkt οὐ-χί, ion. οὐ-κί (s. St. *ka, ki*):
οὐ negat. Particel: nicht (das Verneinen als ein urspr. in die Ferne
Weisen, ein Abweisen aufgefasst)[2]. — οὐ-ν ion., dor. ὤ-ν (= *ava-m*)
allerdings, wirklich, gewiss, also, nun, deshalb[2]).

au: *au-ferre, au-fugere;* **au-tcm** = αὖτε; **au-t** (vgl. osk.
au-ti, umbr. *o-te, u-te*) = ἠέ, ἦ.

Corssen I. 152 ff.; B. 512 f. — Ebel KZ. V. 70. — F. W. 17. —
Pott I. 688. — Windisch St. II. 277. 362. — B. Gl. 24a: *ava a stirpe
pronom. a + suff. va.* — 1) F. W. 187. 491: vā oder: ἠ-Ϝέ, ἠ-έ später ἦ
(ἦ ist Vorschlag). — 2) Bopp Gr.² II. pg. 194: οὐ: οὐ-κ = *ne: ne-c*
(Verstümmelung von *ne-que*); *ava-m* Acc. Sg. n. — Dagegen Christ mit
Pott οὐκ = Skr. *avāḱ*.

UKH trocknen, dörren. — Skr. **ōkh** eintrocknen (P. W.
I. 1117).

auk. — (*auc-ta auc-sa auxa auxŭ-la aux-la aus-la*) **au-la**
(Paul. Diac. 23. 13. Cato r. r.) f. Topf; Demin. *aulŭ-la* (Appul.
Met. 5. 20. p. 167), *Aulŭl-āria* das Topfstück· oder die Topfkomödie
des Plautus (Plin. 18. 11. 107); Demin. (*aul-la*) **ōl-la** f. Topf
(Todtenurne, Inscr.), *oll-āri-s, -āri-u-s* zum Topf geh.; Demin. *ollŭ-la*
f. Töpfchen (Varro r. r. 1, 54, 2); Demin. (*olli-ca*) *olli-cŭ-la* id.
(Theod. Prisc. 4. 1); ausserdem noch: (*auxŭ-la auxul-la*) *auxil-la*
(*olla parvula* Paul. D. p. 24. 17).

Corssen I. 349; KZ. XI. 360 f.

---

ud hinauf, auf; hinaus, ·aus. — Skr. **ud** id. (P. W. I. 907).

ud-tara: (Compar.; Skr. *út-tara* der obere, höhere, spätere,
hintere u. s. w. P. W. I. 888) ὕσ-τερο-ς der letztere, hintere, spätere, ὑστερα-ίο-ς nachherig, darauf folgend, ὑστερέ-ω später kommen,
nachstehen, versäumen, verfehlen, ὑστερ-ί-ζ-ω id.; ὑστέρα f. (von
ὕστερο-ς) Gebärmutter (= das tiefer Gelegene, das letzte oder unterste Eingeweide im Leibe des Weibes), ὑστερ-ικό-ς die G. betreffend, daran leidend, hysterisch. — **ud-tata:** (Superl.) ὕσ-τατο-ς
(hom. ὑστάτ-ιο-ς Il. 15. 634) der äusserste, letzte, unterste, hinterste. — ὕσ-τριξ s. *darh* wachsen; ὕσ-πληξ s. *par* schlagen.

ŭ-tĕru-s (st. *ut-teru-s;* Nom. *uter* Caecil. ap. Non. p. 188. 15,
uteru-m n. Plaut. Aul. 4. 7. 10) m. Leib, Bauch, Mutterleib, Gebär-

mutter[1]), *uter-ïnu-s* aus Einem Mutterleibe, von Einer Mutter geboren (*fratres* Cod. 5. 61. 21).

B. Gl. 50 f. — C. E. 227. — F. W. 24; F. Spr. 150. — 1) B. Gl. 53a: *udára m., radix ar, praef. ul, suff. a: venter.* — F. W. 19: *antrā* Eingeweide: *uterus?*

upa Präpos. und Verbalpräfix: über (im Sinne der Uebersteigung), unter (im Sinne der Unterordnung). — Skr. **úpa** 1) Adv. herzu, hinzu; dazu, 2) Präp. a) zu her, zu hin; unter, b) in der Nähe von, an, bei, auf, hin — zu, über u. s. w. (P. W. I. 940). a) über. — **upa-ta:** ὕπα-το-ς 'der oberste, höchste, erhabenste; örtlich: der äusserste, letzte, Subst. m. der röm. Consul, ὑπατ-εύ-ω Consul sein, ὑπατ-ε-ία f. *consulatus*, ἀνθ-ύπατο-ς m. Proconsul. — **upa-ra** (Skr. *úpa-ra* P. W. I. 965): ὕπε-ρο-ς m. Mörserkeule (Hes. O. 425), Thürklopfer (Lex.); ὑπερη-φανία u. s. w. (W. *bha*) (St. ὑπερο mit ep. Dehnung vgl. νεη-γενής, ἐλαφη-βόλο-ς); ὑπέ-ρα f. das oberste Tau, das die Segelstange am Mastbaum befestigt. — **upari** (Local; Skr. *upári* P. W. I. 966 = ὑπερι) ep. ὑπείρ, att. ὑπέρ Präp. über, oberhalb, oben auf, drüber hin, übertr.: für, zum Schutze, um — willen, ὕπερ-θε(ν) von oben her oder herab; Ὑπερί-ων (ον-ος) m. (= der oben, in der Höhe oder im Himmel waltende) Bein. des Helios; Sohn des Uranos und der Gäa, einer der Titanen, welcher mit der Theia den Helios, die Selene und Eos zeugte (Hes. Th. 371)[1]). — **up(a)r-i** (*i* ableitend, vgl. *super-u-s*): ὕβρ-ι-ς (ε-ως, ion. ι-ος) f.[2]) Ueberhebung = Frevel, Gewaltthat, Misshandlung, Schmach; Gottlosigkeit, Hoffart, Zügellosigkeit u. s. w., Il. nur 1. 203. 214; (ὕβρι-δ-jω) ὑβρί-ζω sich überheben = freveln, gewaltthätig behandeln u. s. w.; ὑβρισ-τή-ς m. Frevler u. s. w.; ὑβρισ-ικό-ς frech, übermüthig u. s. w.; ὕβρισ-το-ς eine Superlativbildung, wovon ein neuer Comp. ὑβριστό-τερο-ς (Her. Xen.) und Superl. ὑβριστό-τατο-ς (Xen.); ὕβρισ-μα (ματ-ος) n. = ὕβρις; ὑβριστο-δίκαι die dem Rechte Gewalt anthun, bes. bestochene Richter, die Verbrecher durchschlüpfen lassen (Poll. 8. 126. Lex.). — **up(a)-s** (vgl. ἀπ-ς, ἐκ-ς, *sub-s*): (ὑπ-ς· ὑψ)[3]) ὑψό-θεν aus der Höhe, von oben her, ὑψό-θι ὑψοῦ in der H., hoch, ὑψό-σε in die H., aufwärts, Superl. ὑψο-τάτω (Bacchyl. 11. 5); ὑψό-ω erhöhen, ὕψω-μα (ματ-ος) n. Erhöhung; (ὕψο-ι Local) ὕψι = ὑψόθι, ὑψί-βατο-ς hoch gehend, ὑψι-βρεμέτη-ς hoch donnernd u. s. w.; Superl. ὕψισ-το-ς (vgl. ὕβρισ-το-ς) der höchste (τὰ ὑψ. der Himmel N. T.); ὕψ-ος (ε-ος) n. Höhe, Erhabenheit; (ὕψεσ-λο) ὑψη-λό-ς hoch, hoch-gebaut, -gewachsen, -gelegen, ὑψηλό-τη-ς (τητ-ος) f. = ὕψος; ὑψή-ει-ς = ὑψηλό-ς (Nic. ap. Ath. XVI. 684. c).

b) unter, zurück. — ὑπό (Hom. Trag. vor *mutis* auch ὑπα-ί) Präp. unter, Adv. unten, unterhalb; ὕπ-τ-ιο-ς zurück-gebeugt,

-gebogen, rücklings, ὑπτιό-ω (ά-ω Arat. 789. 795) zurückbeugen, ὑπτιά-ζ-ω id., ὑπτία-σ-μα (ματ-ος) n. das Zurückgebeugte.

a) über. — upa-ma (Skr. upa-má der oberste, höchste; nächste, erste; herrlichste, trefflichste PW. I. 961) (*up-mu-s *s-up-mu-s)[4]): sum-mu-s = ὕπατο-ς, (Adj. als Subst.) sum-ma f. das Höchste, Summe, Gesammtheit, Hauptsache, Demin. summŭ-la, summĭ-ta-s (tāti-s) f. Höhe, Spitze, Gipfel, summā-s (ti-s) vornehm, summā-ti-m überhaupt, obenhin, summāriu-m n. Inbegriff. — upa-ra: sŭpĕ-ru-s (Comp. super-ior) supe-r-nu-s der obere (Adv. super-nĕ), (Abl. f. superā d. i. parte) suprā oben, oberhalb, über (Superl. suprēmu-s = supra-imu-s); superā-re überschreiten, übertreffen, superā-bĭli-s überwindlich, superā-tor (tōr-is) m. Ueberwinder, supera-ti-ō(n) f. Ueberwindung. — upari (Local): sŭper = ὑπέρ, in-sŭper oberhalb, über. — up(a)-s: sub-s, su-s (vgl. ὑψ)[2]): su-s-tŭli, surgo (= su-s-rigo), su-s-cipio, su-s-cito, su-s-pendo, su-spico, su-s-tineo; su-s-quĕ dēquĕ aufwärts und abwärts, darüber und dar- unter, (su-s-vorsum) sursum (s. W. vart).

b) unter, zurück. — sub unter, sub-ter sub-tus unterhalb; (sup-u-s) supp-u-s (Fest. p. 290; si suggeri suppus Lucil. ibd.; trinionem suppum vocabant Isid. or. 18. 65); sup-inu-s = ὕπτιος, supinā-re = ὑπτιόω, supini-ta-s (tātis) f. zurückgebogene Stellung (grammat. Ausdruck supinu-m a) die Verbalform auf -tum, -tu, b) das Gerundium, Charis. p. 153. Prisc. p. 811. 823).

B. Gl. 55 f. — C. E. 290 f. 528. — F. W. 25. 430 f. — 1) Düntzer KZ. XII. 7: von *ὑπέρῃ oder *ὕπερο-ν. — Sch. W. 843: st. Ὑπεριονίων? — Hartung Rel. d. Gr. II. 210: ὑπερ ἰών der über uns Wandelnde (woher aber dann J?). — 2) Oder unmittelbar aus upa: ὑβ-ρι-ς vgl. ἰθ-ρι-ς. — 3) Eig. von unten = nach oben; s hat wohl ablat. Kraft. — 4) C. E. 290: „Sollten etwa super und sub aus es-uper, es-ub für ens-uper, ens-ub (ἐνς, ἐς) stehen, so dass in in-super uns aus einer späteren Sprachperiode dieselben Präpos. componirt vorlägen, welche schon weit früher einen Bund schlossen?" — F. W. 431: „mit einem unerklärten vorgeschlagenen s". — M. M. V. II. 307: sub bedeutet zwar im Allgemeinen unter, unterhalb, aber wie ὑπό wird es im Sinne „von unten" gebraucht und kann so zwei einander ganz entgegengesetzte Bedeutungen, unter und nach oben, zu haben scheinen: submittere heisst unterhalb schicken, herab, herunterlassen, sublevare von unten heraufheben, erheben. Summus, ὕπατος bedeutet nicht den untersten, sondern den höchsten".

---

urka irdenes Gefäss, Krug.

ὕρχη Kol. ὕρχη f. ein irdenes Gefäss zu eingesalzenen Fischen (Ar. Vesp. 676, Poll. 6. 14). — urc-eu-s m. (-m n. Cato r. r. 13. 1) Krug, Wasserkrug, Demin. urcĕŏ-lu-s m., urcĕŏ-la f. Ohr-höhlung (Pelagon. a. v. 12), urceol-āri-s zu Kr. geh. (herba Glaskraut, Rebhühnerkraut, parietaria officinalis Linné).

F. W. 431.

UL heulen (onomatop.).

ὑλ. — ὑλ-ά-ω bellen (ὑλά-σκ-ω Aesch. Suppl. 842); ὑλα-κ: ὕλαξ (ὕλακ-ος) Beller, ὑλακ-ή f. ὑλαγ-μό-c m. Bellen, ὑλακά-ω (Opp. Cyn. 3. 281) == ὑλάω; (*ὑλάκ-τη-ς) ὑλακτέ-ω == ὑλάω, ὑλακτ-ικό-ς bellend. — ὑλ (ὀλ-υλ, ὀλ-υλ-υ, ὀλ-ολ-υ, ὀλ-ολ-υ-γ): ὀλολυ-c m. τὸν γυναικώδη καὶ βάκηλον (Phot. ap. Menand. et Theopomp.), ὀλο-λῦγ-ή f., -μό-c m., -ών (ῶν-ος) f. Geschrei, ὀλολύγ-ματ-α n. Pl. (Eur. Heracl. 782), ὀλολυγ-αία (νυκτερίς) die schreiende (Nacht-eule), (ὀλυλυγ-jω) ὀλολύζω schreien (Fut. ὀλολύξ-ω, -ομαι).

ŭl-ŭl-a (ul-ŭ-cu-s[1]) Serv. Verg. E. 8. 55), ululū-re heulen, heulend rufen, ululā-tu-s m., -ti-ō(n) f., -men n. Heulen, Weh-klagen, ululā-bĭli-s heulend, wehklagend[2]).

B. Gl. 59a. — C. E. 374. — F. W. 25. 1058; F. Spr. 227, — Fritzsche St. Vl. 289. — 1) PW. I. 1005: ŭlŭka m Eule, Käuzlein, ulucus. — 2) PW. I. 1006: ululu Adj. oder m. = ululabilis, ululatus.

AI.

ai Interjection. — Skr. ai -1) der Anrede, des Ausrufs, 2) der Erinnerung (P. W. I. 1107).

aí Ausruf der Verwunderung, des Staunens, Schmerzes, meist aí aí (nach Herod. περὶ μον. λ. αλαῖ zu schreiben).

ai; nur aiai ach ach (ipse suos gemitus foliis inscribit, et AIAI flos habet inscriptum, funestaque littera ducta est Ov. Met. X. 215).

F. W. 26.

AID sich scheuen, schämen.

St. αἰδε: αἰδ-έ-ο-μαι sich scheuen, schämen (Fut. αἰδέ-σ-ομαι, ep. -σσομαι, Aor. ᾐδέ-σ-θη-ν, ᾐδε-σάμην, ep. auch -σσάμην; Nbf. αἰδ-ο-μαι Hom. nur im Präsensst., αἰδ-ό-μενο-ς Aesch. Eum. 519. Suppl. 357; Plat. Symp. 3. 6) (Aor. Med. in att. Prosa, verzeihen == sich scheuen einen Bittenden abzuweisen); αἰδε-σι-ς (σε-ως) f. Verzeihung. — St. αἰδο: αἰδώ-c (Gen. αἰδό-ος αἰδοῦς) f. Scheu, Scham, Ehrgefühl, Sittsamkeit, Bescheidenheit; Schamglied (Il. 2. 262); αἰδο-ῖο-ς ehrwürdig, verschämt (Comp. αἰδοιό-τερο-ς Od. 11. 360), n. meist Pl. τὰ, Scham, Schamglied (Il. 13. 568). — St. αἰδεc: αἰδέc-ιμο-c ehrwürdig; (αἰδεσ-μον) αἰδή-μων (μον-ος) schamhaft, bescheiden, αἰδημο-σύνη f. Verschämtheit (Zeno bei Stob.). — St. αἰδ-χες: αἰc-χος (vgl. τέμ-αχος, στέλ-εχος) Gen. αἴσχε-ος n. Schande, Schmach; Makel, Gebrechen; dazu Comp. αἴσχ-ίων, Superl. αἴσχ-ιστο-ς. — St. αἰδ-χρο: αἰc-χρό-c schimpflich, schmachvoll, häss-

lich, schlecht (Comp. αἰσχρό-τερο-ς spät, Athen. XIII. 587 b.),
αἰσχρό-τη-ς (τητ-ος) f. Hässlichkeit, Schändlichkeit (αἰσχρο-σύνη
Tzetz.). — αἰσχ-ύν-η f. Scham, Scheu, Ehrgefühl; Schande, Schmach,
Schimpf; (αἰσχυν-jω) αἰσχύνω hässlich machen, entstellen (Fut.
αἰσχῠνῶ, Aor. ῄσχῡνα, Perf. ῄσχῠμ-μαι, Aor. ῃσχύν-ϑη-ν); Med.
sich schämen, scheuen; αἰσχυν-τήρ (τῆρ-ος) m. Schänder (Aesch.
Ch. 984), αἰσχυντηρ-ό-ς (Plat. Gorg. 487 b.) αἰσχυντηλ-ό-ς verschämt,
schamhaft, αἰσχυντηλ-ία f. Verschämtheit.

C. E. 212. 369. — Savelsberg KZ. XVI. 365: αἶσχος = αἴδjος: s-laut
aus δ nebst parasitischem ι. — B. Gl. 43 a: ịc̣ desiderare, cupere; hic
trahi possit αἶσχος, ita ut cum particula negativa sit conflatum, sicut de-
decus, et proprie significet „non desiderandum“, cum σχ pro c̣, sicut σχίζω
= c̣id.

nira eine Grasart.
αἶρα f. Unkraut im Waizen, Lolch (*lolium*) (Ar. frg. 364.
Theophr.), αἰρ-ικό-ς, αἶρ-ινο-ς von Lolch gemacht (Med.), αἰρ-ώδης
voll Trespe (Theophr.).

F. W. 26.

K.

ka Pronominalstamm: interrog., indefin.; aus der indefin.
Bedeutung: all, jeder (urspr. demonstrativ, wie alle Pronominal-
stämme). — Skr. **ka** 1) interr. wer? welcher? 2) indefin. irgendwer, Jemand, irgendwelcher (PW. II. 1 ff.). — Siehe **ki**.

ka. — dor. ὅ-κα, τό-κα, πό-κα s. ὅ-τε, τό-τε, πό-τε; κο- ion. s.
πο-; (*ka* + Locat. *i*) καί (die demonstr. Bedeutung bewahrt) und,
auch; (*ka* + Locat. τηνι- u. s. w.:) τηνί-κα (dor. τᾱνίκα) zu der
Zeit, ἡνί-κα zu welcher Zeit, πηνί-κα wie an der Zeit? wann?
(*ka* + Instrum. *jaina*, Skr. *jēna* = εἶνα- εἶνε- ἐνε-) εἵνε-κα (ion.)
ἕνε-κα (εἶνε-, ἕνε-κε-ν) dadurch (demonstr. Bedeutung behalten)
= wegen, halben, um — willen. — **ka-ta**: κα-τά (vgl. εἰ-τα)
Präp.[1]) a) mit Gen. von — herab, über — herab, — hin, übertr.
über, rücksichtlich; gegen, wider, b) mit Acc. über — hin, entlang, gegen, übertr. in Gemässheit, zufolge, nach; zeitlich: durch
eine Zeit hin, während; annähernd: ungefähr, gegen; Adv. κά-τω
(Hom. nur Il. 17. 136. Od. 23. 91) hinab, hinunter, unten, unterhalb (Comp. κατω-τέρω, Sup. κατω-τάτω). — Reflexivstamm **sva** =
ϝε, ἑ + Comp. **ka-tara**, Sup. **ka-tita**: ἑ-κά-τερο-ς jeder von beiden,
jeder für sich besonders[2]), ἑκατέρω-ϑεν, -ϑι, -σε auf beiden Seiten,
nach b. S. hin (hom. ἑκάτερ-ϑε-ν); ἕ-κα-στο-ς (= ἑ-κα-τιτο, ἑκαττό,
ἕκαστο) jeder, ein jeder, jeder einzelne[2]), ἑκάστο-τε jedes Mal,

ἑκαϭταχό-ϑεν, -ϑι, -ϭε von jeder Seite her, auf jeder S., überall hin (ἑκάϭτο-ϑι Od. 3. 8) (vgl. unten πότερο-ς, πόϭτϙ-ς).

(κα κϜα πϜα =) ππα, ππο poet. u. äol.: ὀππόϑεν, ὀππύϑι, ὀπποῖος, ὀππόϭε, ὀππόϭος, ὀππόταν, ὀππότε, ὀππότερος, ὀπποτέρω-ϑεν, ὅππως — siehe die Formen ὁπόϑεν u. s. w.

ka = κο ion., πο att. — ποῦ (ion. κοῦ) Genit. wo? wohin? ποὺ (ion. κοὺ) irgendwo, irgendwie; πῇ (ion. κῇ, dor. πᾷ) Dat. Fem. wohin? wie? πὴ (ion. κὴ, dor. πὰ) irgendwohin, irgendwie; ποῖ wohl Dativ: wohin? ποὶ irgendwohin; πό-ϑεν von wannen? von woher? πο-ϑὲν irgendwoher; πό-ϑι wo? πο-ϑὶ irgendwo, irgend einmal, irgendwie; πό-ϭε wohin? πῶ-ς (ion. κῶ-ς) wie? πὼς (ion. κὼς) irgendwie; πό-τε (dor. πό-κα, ion. κό-τε) wann? πο-τὲ (dor. πο-κὰ, ion. κο-τὲ) irgendwann, je, einst; πο-ῖο-ς (ion. κο-ῖο-ς) wie beschaffen? πο-ιό-ς irgendwie beschaffen, ποιό-τη-ς (τητ-ος) f. Beschaffenheit. — **ka-tara ka-tita** (Comp. Superl.:) πό-τερο-ς (Hom. nur Il. 5. 85) (ion. κό-τερο-ς) welcher oder wer von beiden? Einer von beiden, Adv. ποτέρως auf welche von beiden Arten? ποτέρω-ϑι, -ϭε auf welcher von beiden Seiten? auf welche von b. S.? πό-ϭτο-ς (Hom. nur Od. 24. 288) der wie vielste? (vgl. oben ἑ-κά-τερο-ς, ἕ-κα-ϭτο-ς)[3]). — **ka-nta:** πόϭο-ς (ion. κό-ϭο-ς) wie gross? wie lang? wie weit? ποϭό-ς (ion. κοϭό-ς) von irgend einer Grösse oder Zahl. — **ka-vant** (urspr. wie viel? wie gross? = πα-Ϝαντ, πα-αντ): St. παντ: (παντ-ς παντ-ja παντ) πᾶ-ς πᾶϭα πᾶν[4]) (Gen. παντ-ός πάϭης παντ-ός) jeder, ganz, aller, πάντ-ως Adv. ganz und gar, durchaus, gänzlich, παντα-χῇ, -χοῦ überall, πάντ-ο-ϑεν, παντα-χό-ϑεν von allen Seiten her, πάντ-ο-ϭε παντα-χό-ϭε, παντα-χοῖ überall hin, παντα-χῶς auf alle Weise, durchaus; παντ-ο-ῖο-ς allerlei, mannig-fach, -faltig; πάμ-παν (redupl. neutr.) παμπήδην (zuerst bei Theogn.; παμπ- als der stammhafte, -αν als der suffixale Bestandtheil gefühlt)[5]), παντά-πᾶϭι(ν) = πάντως; πάν-υ (wohl eine Zusammenstellung, vgl. Skr. kim-u[6])) ganz und gar, durchaus, gar sehr, sehr; πάγ-χυ sehr (χ ableitend, vgl. πανταχοῦ u. s. w., ῆ-χι; υ äol. statt ο, vgl. ἄλλυ-δις, ἄμυ-δις)[7]), dafür Hes. πάμ-φι (vgl. ὄχεϭ-φι, ϭτήϑεϭ-φι)[8]); ἄ-πας (ϭα zusammen = ἁ) all insgesammt, ganz und gar, völlig; ἔμ-πᾶς (ion. ep. ἔμ-πης, ἔμ-πᾰ Soph. Ai. 563) auf jeden Fall, bei dem Allen, gleichwohl, dennoch; πρό-πᾶς (Hom. nur πρό-παν ἦμαρ Il. 1. 601. Od. 9. 161), ϭύμ-πᾶς allesammt, zusammen, meist Pl. ϭύμπαντες (τὸ ϭύμπαν das Ganze zusammengenommen, ganze Summe, Hauptsache, als Acc. des Bezuges: im Ganzen genommen, ganz und gar, überhaupt). — (ka-sma) πῆ-μο-ς (Hes.) wann?

ka = τα. — τὲ und (schwächer als καί, vgl. καί τε)[9]); ὅ-τε, τό-τε, πό-τε; γάρ τε, καί τε, δέ τε; οὔ-τε, μή-τε; εἴ-τε, ἐάν-τε.

(ka, kva =) qua, quo: **qui, quae, quod** (= quo-i, qua-i) (Inscr. quei, älter nicht bloss qui vir, sondern auch qui mulier Enn. Pacuv.) interr. welcher, indef. irgendwelcher, relat. welcher;

Acc: n. **quo-m, cu-m** zu welcher Zeit, wann, wenn, als, da;
(*-quom-que, -cum-que;* s. unter *que*): *qui-cum-que* wer wann immer
= wer immer, *qualis-cumque* wie immer beschaffen, *quantus-cum-que* wie gross immer, *quot-cumque* wie viele immer, *quotus-cumque*
der wie vielste immer; Acc. f. **qua-m** wie (weit, sehr) a) indef.
quis-quam irgend einer (s. St. *ki*), *quam-quam* wie sehr (immer
auch), wie wohl, *us-quam, nus-quam* s. unten; (**quum-quam *cun-quam*) *un-quam* irgend einmal, jemals, *n-un-quam* nicht irgend ein-mal, niemals[10]); *per-quam* hindurch in irgend einer Weise, durch
und durch, sehr, recht[11]); b) relat. *prae-quam* im Vergleich mit,
gegen, *pro-quam* nachdem, wie, in dem Maasse als, *post-quam*
nachdem, seitdem, als, da, *post-eā-quam* nachdem, *antĕ-quam* eher
als, bevor, *praeter-quam* ausser, *tam-quam* so wie, gleich wie, wie
wenn, gleichsam; Acc. n. **quŏ-d** dass, weil, *quo-circa* (= *quod
circa* C. I. L. I. 198) daher, deswegen (vgl. *id-circo*)[12]); Dat.
(*quo-i* =) **quō** (Richtungsadverb) wohin? wozu? *quō-quō* wohin
nur, *quŏ-ad* wie lange, wie weit; Abl. (*quo-i* =) **quī** (interr.
indef., gelegentl. relat.) wie? inwiefern? warum? wodurch? wo-durch, womit, woher[13]); **quī-n** a) bekräftigend (= *quī* + Suffix
ne, vgl. *pone, sine, superne*): *at-quin, -qui, aliō-quin, -qui* in an-derer Hinsicht, übrigens, sonst, *ceterō-quin, -qui* übrigens, ausser-dem, b) negativ (= *quī* + Negation *ne*): wie nicht? warum
nicht? dass nicht, ohne dass; Abl. fem. **quā** (*parte, via* u. s. w.)
auf oder nach welcher Seite, in wie weit, *quā-quā* wo nur, wohin
nur; *ne-quā-quam* auf keine Art, keineswegs; *quā-re* (**qua-r *co-r*)
cu-r wodurch? warum? — (*ka-ti:*) **quŏ-t** wie viel[14]); *ali-quot*
einige; (*kati-ta quoti-to*, vgl. **inquieti-tudo inquietudo*) **quŏtu-s** der
wie vielte[15]), *quŏtŭmu-s* (= *quotŭ-mu-s* oder *quot-tŭmu-s* id. Plaut.
Ps. 4, 2, 7. 4, 7, 77), *quŏt-iens* wie oft, so oft als; (**quo-ti *cu-ti*)
u-ti, u-t (alt *utei*) wie? wie, so dass, damit, *uti-que* wie auch
immer, schlechterdings, jedenfalls[16]). — (**ka-tara *quo-tero *cu-tero:*) **ŭ-ter** (*tra, tru-m*) wer, welcher von beiden, *ne-uter* keiner
von beiden (*ne-cutro* Or. 4859), *neutr-āli-s* (gramm.) sächlich. —
(*ka-nta:*) **qua-ntu-s** wie viel, wie gross, Demin. *quantŭ-lu-s, quantil-lu-s, quanti-tā-s* (*tāti-s*) f. Grösse, Zahl, Quantität. — (*ka-li:*) **quā-li-s** wie beschaffen, Adv. *quāli-ter, quali-ta-s* (*tāti-s*) f. relative
Beschaffenheit; |*qualisest qualist qualest*] *culest* vgl. *quare cur* (*culest
pro qualis est, neutro positum pro masculino* Non. p. 134 f. G.)[17]).
— (*quo-bi:*) **cŭ-bi ŭ-bi**: *ali-cubi* irgendwo, *ne-cubi* nicht irgendwo,
num-cubi irgendwo? irgendwo (Varro, Ter.), *si-cubi* wenn irgendwo;
u-bi wo, wann, *utr-ubi* auf welcher Seite immer; (**ubi-ius* Compar.,
*ubi-s *ub-s *u-s:) **us-quam** irgendwo (hin), **us-que** überall, in
einem fort, immer, so lange, bis, *n-us-quam* nicht irgendwo =
nirgends, niemals[18]). — (*ka-ja:*) **cŭ-ju-s** wem angehörend? dem an-gehörend; *cūj-ā-s* (*āti-s*) von woher stammend? woher? — (**a-ka-tas,*

ĕ-cŏ-tus [vgl. caeli-tus] ĕ-cĭ-tus, ĭ-cĭ-tus, ĭ-gĭ-tu-s [vgl. tri-ginta]) Ĭ-gĬ-tur also, nun, denn, demnach, folglich (igitur nunc quidem pro completionis significatione valet, quae est ergo; sed apud antiquos ponebatur pro inde et postea et tum Fest.)[18]).

-quĕ (== τέ) aus der indef. die allgém. Bedeutung: all, jeder[9]): at-que, verkürzt ăc, darauf, dazu, und dazu, und mehr (vgl. atque atque accedit muros Romana iuventus und mehr und mehr Enn. ap. Gell. 10. 29); quis-que s. St. ki; uter-que jeder von beiden, utrim-que von oder auf beiden Seiten[20]), utri-que nach beiden Seiten hin; undi-que von allen Seiten, überall; s. oben qui-cum-que u. s. w.; nĕ-que, nĕ-c (nec altlat. == non) und nicht, auch nicht[21]); -que == -pe: qui-ppe (durch· Verschärfung statt qui-pe) denn ja, uspiam (== us-pe-iam) irgendwo (schon); nem-pe s. gan.

B. Gl. 69 f. 84. 127 f. — Corssen B. 251 f.; N. 26 f. — C. E. 138. 459. 479; C. KZ. III. 403. VI. 93. — F. W. 27. 29. 52. 443. 1058; F. Spr. 62 f. — 1) C. E. 460. — B. Gl. 70 a: katám a stirpe pron. ka suff. tam; huc trahimus κατά, cum praepositiones primitivae omnes a pronominibus descendant. — 2) B. Gl. 62 a. 63 a: ex stirpe pronom. e et interrogativo ka. — L. Meyer KZ. XXI. 350 ff.: ἑκάς, Ϝεκάς (aus σϜεκάς) singillatim, in gesonderter Weise, dazu ἑκάτερος; ἕκαστος, ἑκάς verwandt mit secus „anders, nicht so". — 3) Fick KZ. XXI. 110. - 4) F. Spr. 335: pa hüten, weiden, πᾶς voll. — 5) Brugman St. VII. 348. 51). -- 6) PW. II. 286. ε und I. 860: a) in der Redefigur der Epanaphora, b) in Folgerungssätzen: nun, c) in Fragesätzen. — 7) C. E. 510. — 8) Curtius St. III. 187. — 9) PW. II. 903: ka enklit Partikel: und, auch (τε, que), einzelne Theile des Satzes oder ganze Sätze an einander reihend. — 10) Ebel KZ. V. 422. — 11) Corssen N. 208. — 12) Goetze St. Ib. 149. — 13) Corssen KZ. XVI. 304. — Ebel KZ. V. 416. — 14) PW. II. 39: kati, quot, wie viele. — 15) Fick KZ. XXI. 10. — 16) Corssen B. 1; N. 27. — 17) Corssen B. 526. — 18) Corssen KZ. III. 292. — B. Gl. 8 a: ad-que, as-que; a == u (admas == edimus), d == s (ed-ca es-ca). — 19) Bugge St. IV. 349 ff. — B. Gl. 47 b: ihá hic, ibi, fortasse lat. igitur pro igi-tus ex iha + tas. — 20) Corssen KZ. V. 122: utr-im-que, in Local. -- 21) Roscher St. III. 145 f. (nec coniunctionem grammatici fere dicunt esse disiunctionem, ut „nec legit nec scribit" cum si diligentius inspiciatur, ut fecit Sinnius Capito, intellegi possit eam positam esse ab antiquis pro non, ut et in XII est „ast ei custos nec escit").

―――――

1) KA, KAN wetzen, schärfen. — Skr. çā, çān wetzen, schärfen (PW. VII. 123. 140). — Siehe 2) ak.

kῶνο-c m. Spitzstein, Kegel (mathem. Körper), Demin. κων-ίο-ν n. Kegelchen, Fichtenzapfen, κων-ικό-ς kegelförmig, konisch, κων-ί-ς (ίδ-ος) f. ein kegelförmiges Wassergefäss, κωνῖτ-ι-ς (ίδ-ος) aus Fichtenzapfen bereitet (πίσσα), κωνο-ειδής kegelförmig.

(*cŭ-re; vgl. dŭ-re: dō-s, dō-ti-s:) cō-s (cō-ti-s) f. Wetzstein, Schleifstein, Demin. cōti-cŭla f.; cau-te-s (Nom. cau-ti-s Prud. π. στεφ. 10. 701) f. Spitzstein, spitziger Fels; (Part. Pass. vgl. dŭ-

lu-s:) **că-tu-s** spitz, scharf, scharfsinnig (nach Varro l. l. 7. 46
M. sabinisch: *cata acuta; hoc enim verbo dicunt Sabini; quare catus
Acliu' Sextus non, ut aiunt, sapiens, sed acutus* — zum Verse des
Enn. *Iam cata signa ferū sonitum dare voce parabant*); *Cătu-s,
Căt-iu-s,* (*Catŭ-lu-s*) *Catil-īna, Catul-lu-s, Căt-ŭl-iu-s, Căt-o* (*ōn-iş*);
(*cat-ro:*) **trĭ-quĕt-ru-s** dreigespitzt, dreieckig, Subst. *triquetru-m*
n. Gedrittschein oder die Entfernung von 120 Grad, *Tri-quetra* f.
(Verg. A. 3. 440) Sicilien von seiner dreieckigen Gestalt (*Τρινακρία*), als Adj. sicilisch (Hor. Sat. 2. 6. 55). — **cŭn-eu-s** m. Keil
(im Theater die in Keilform auslaufenden Sitzreihen), im C. S.
die Donnerkeile des Jupiter, Demin. *cuneŏ-lu-s* m., *cuneā-re* ver-
keilen, Part. *cuncā-tu-s* verkeilt, keilförmig, *cuneā-ti-m* keilförmig.

Aufrecht KZ. I. 472. — C. E. 159. — F. W. 40 f. — Jurmann KZ.
XI. 399. — Sch. W. 458.

2) **KA, KU** leuchten, brennen; schädigen (vgl. **du**
brennen, quälen).

a) leuchten, brennen[1]).

καυ, καF. — (*καF-jω*) κα-ίω (altatt. κάω) anbrennen, verbrennen,
brennen (Fut. καF-σω = καύ-σω, Aor. ἐ-καF-σα = ἔ-καυ-σα, ἐ-καFFα
= ἔ-κηα ἔ-κεια ep., ἔκεα Trag.; Pass. ἐ-καύ-θη-ν, ion. ἐ-καF-η-ν
= ἐ-κά-η-ν, Perf. κέ-καυ-κα, -μαι, Fut. Pass. καυ-σ-θή-σομαι)[2]);
καῦ-cι-c (*σε-ως*) f. Brennen, καύσι-μο-ς brennbar; καυ-τήρ (*τῆρ-ος*)
m. Verbrenner, Brenneisen, καυτήρ-ιο-ν n. Brenneisen, καυτεριά-ζω
mit glühendem Eisen brennen; (*καυ-σ-τήρ* = καυ-τήρ Herod. π.
μ. λ. 16. 26 und Galen.) καυστηρ-ό-ς (*κύων*, der sengende Sirius)
καύστρα f. Ort, wo man Leichen verbrennt (*bustum*, Strabo V.
236); καυ-σ-τ-ό-ς verbrannt, καυστ-ικύ-ς brennend, ätzend, kaustisch;
καυσαλί-ς (*ιδ-ος*) f. Brandblase (Hes.); καῦ-μα (*ματ-ος*) n. Brand,
Gluth (Il. 5. 865), καυματ-ίζω ausdorren (N. T.). — (*καF* =) κᾱ,
κη: κᾱ-λο-ν, κῆ-λο-ν n. Holz (das dürre, leichtbrennende), κήλ-
εο-ς, -ειο-ς brennend, flammend[3]); κή-ϊα κεῖα· καθάρματα Hes.;
(*καF-ο-Fεντ, -Fειδ-ης:*) κη-ώ-ει-c, κη-ώδ-ηc duftig, wohlriechend.

κFα[4]). — (*kvū-ma, kjā-na* schwarz, schwarzblau, dunkelgrün,
Skr. *çjāma:*) κυα-μο (*j* = *v* statt des helleren Vokals *ι*): κύα-
μο-c (samisch κύανος, πύανος vgl. ion. κοῦ, att. ποῦ) m. Bohne,
Pflanze u. Frucht (vgl. μελανόχροες Il. 13. 589; κούαμα· μέλανα.
Λάκωνες Hes.); sie wurden zum Abstimmen gebraucht (vgl. ἄρχοντας ἀπὸ κυάμου καθίστασθαι Xen. Mem. 1. 2. 9), κυαμ-εύ-ω durch
Abstimmung mit Bohnen erwählen, κυάμ-ειο-ς (*λίθος*) der Bohnen-
stein (Plin. h. n. 37. 11), κυαμ-ών (*ών-ος*) m. Bohnen-feld, -beet;
θερμο-κύαμο-ς m. Hülsenfrucht (*θέρμος* m. Feigbohne, Lupine und
κύαμος, also Genus und Species, Diphil. Athen. II. 55. e). — (*κFα,
πυα, πα:*) Πυαν-εψι-ών (*ών-ος*) (St. πυανο und ἕψω kochen s.

W. *pak*) (älter *Πναν-οψιών*, auf Samos *Κυαν-οψιών*) m. der 4. Monat des attischen Kalenders, der 2. Hälfte des Oktobers und der 1. des Novembers entsprechend, *Πναν-έψια* n. Pl. (älter *Πναν-όψια*, ausserhalb Attika *Παν-όψια* oder *-οψία*) erg. *ίερά*, ein Erntefest zu Ehren des Apollon und der Artemis in Athen am 7. Tage des Monats *Πνανεψιών* gefeiert (der Name rührt daher, dass man dabei ein Gericht von Bohnen, nach Andern von Gerstengraupen und Hülsenfrüchten, kochte und ass; vgl. Plut. Thes. 22: *ϑάψας δὲ τὸν πατέρα τῷ Ἀπόλλωνι τὴν εὐχὴν ἀπεδίδου τῇ ἑβδόμῃ τοῦ Πνανεψιῶνος μηνὸς ἱσταμένου· ταύτῃ γὰρ ἀνέβησαν εἰς ἄστυ σω-ϑέντες. Ἡ μὲν οὖν ἕψησις τῶν ὀσπρίων λέγεται γίνεσϑαι διὰ τὸ σωϑέντας αὐτοὺς εἰς ταὐτὸ συμμῖξαι τὰ περιόντα τῶν σιτίων καὶ μίαν χύτραν κοινὴν ἑψήσαντας συνεστιαϑῆναι καὶ συγκαταφαγεῖν ἀλλήλοις*).

— κύανο-c m. dunkelblau angelaufener Stahl, Lazurstein (*κυανός* Plat. Phaed. 113 b), *κυάν-εο-ς* (*οῦ-ς*) dunkelblau, schwarzblau, dunkelfarbig; *Κυάνεαι Πέτραι* die zwei dunkelblauen oder schwarzen Felsen am Eingang des Pontus Euxinus aus dem thrakischen Bosporus (*Συμπληγάδες, Συνδρομάδες, Πλαγκταί*)[5]).

(*ka-n-ka* =) κα-γ-κ: *καγκ-ανό-ς* trocken, dürr (*ξύλα* Brennholz Il. 21. 364. Od. 18. 308, *κᾶλα* h. Merc. 112), *πολυ-καγκ-έα δίψαν* (sehr trocknenden, brennenden Durst Il. 11. 642; vgl. *πολυκαγκέος· πολυξήρου* Hes.); *καγκ-αλέα* (vgl. *ἁρπ-αλέος, ῥιγ-αλέος)· κατακεκαυμένα* Hes. (*καγκανία ὕλη* Manetho 4. 324), *καγκαίνει· ϑάλπει, ξηραίνει* Hes., *καγκ-ό-μενης· ξηρᾶς τῷ φόβῳ* Hes. (*anhelando?*)[6]).

b) (**ka + ka** =) **kak** schädigen[7]). — Skr. **k̓akk** leiden, Leid verursachen (PW. II. 906).

κακ-ό-c schlecht, schlimm, verderblich; *κακό-ω* schädigen, misshandeln, entstellen, *κάκω-σι-ς* (*σε-ως*) f. Misshandlung, Drangsal, Leiden; *κάκ-η, κακ-ία, κακό-τη-c* (*τητ-ος*) f. Schlechtigkeit, Feigheit, Unglück, Elend; *κακ-ί-ζ-ω* schlecht machen, tadeln, schelten, *κακι-σ-μό-ς* m. das Schlechtmachen u. s. w. (Strabo 9. 422); *κακ-ύν-ω* (Act. schlecht machen, spät), *κακύν-ο-μαι* schlecht werden (= *κακοῦμαι* elend sein Eur. Hipp. 686), *στομα-κάκη* f. Mundleiden (bei dem die Zähne ausfallen), Scharbock (vgl. Plin. h. n. 25. 3); κηκ-ά-c (*αδ-ος*) (spät) schlecht machend, scheltend (*γλῶσσα* Callim. fragm. 253, *ἀλώπηξ* Nic. Al. 185), (*κηκαδ-jω*) κηκάζω schlecht machen (Lycophr. 1386), *κηκαδεῖν· λοιδορεῖν, χλευάζειν* Hes.

a) **ka** leuchten. — (*kva* =) *cra*: **crā-s** Adv. (vgl. Skr. *çvás* Adv. morgen, folgenden Tags PW. VII. 417) (= *luci*) morgen, poet. Zukunft, *cras-tĭnu-s* (vgl. *diu-tĭnu-s*) morgend, zunächst, Adv. *cra-stĭno* morgen (Gell. 2. 29. 9); *pro-, re-crastĭnā-re* auf m. verschieben. — (*kvi* = *kvai*: *kvai-ta*) **crē-ta** f. (die leuchtende) Kreide, Thonerde, Demin. *crētŭ-la* f. weisse Siegelerde, *cret-ōsu-s* kreidereich, thonreich, (*cretā-re*) *cretā-tu-s* mit Kreide bestreichen, *cret-āc-cu-s* kreideartig⁸).

b) **kak** schädigen. — **Cāc-u-s** (vgl. κηκ-ά-ς) == der böse Mann⁹) (gegenüber *Εὔ-ανδρο-ς* der gute Mann) soll auf dem Aventin, besonders über der *porta trigemina* gehaust haben (*ferox viribus* Liv. 1. 7. 5; *Cacus, Aventinae timor atque infamia silvae, non leve finitimis hospitibusque malum* Ov. fast. I. 543 ff.).

1) Brugman St. IV. 151 f. — C. E. 144; C. V. I. 298. 10). — F. W. 44. — 2) B. Gl. 139a: *cur urere: kav* καύ-σω καῦ-μα, *abiecto r finali, nituntur forma rddhi auctā kāur.* — 3) F. W. 46. 437: *skal, kal* glühen, brennen; „liesse sich auch anders deuten"; F. Spr. 77: *kal* schlagen, brechen, biegen. — 4) C. E. 465. 535. 597. — Kuhn KZ. XI. 309. — 5) F. W. 39: *kavana* braun, blau. — 6) Brugman St. VII. 204. 4). — C. V. I. 264. 5). — Fritzsche St. VI. 311. 335. — Sch. W. 387. — 7) C. E. 138. — F. W. 28; F. Spr. 65. 95. 305. — B. Gl. 238b: *pāpā improbus, scelestus;* κακός *mutatis labb. in gutturales.* Ebenso S. W. 327. — 8) Schweizer KZ. III. 367. 389 f. — 9) Grassmann KZ. XVI. 176: *çak* stark sein, vermögen ═ der starke Dämon, der von Garanus oder Hercules überwunden und der gestohlenen Kühe beraubt wird.

---

3) **KA** lieben. — Vgl. Skr. **kan** zu gewinnen suchen, lieben, begehren (PW. II. 51).

cā-ru-s theuer, werth, lieb, *cari-ta-s* (*tūti-s*) f. Werthsein, Werthschätzung, Liebe; *Cāru-s* (*T. Lucretius C.* Dichter; *M. Aurelius Carus* röm. Kaiser 282—283 n. Chr.), *Car-inu-s* Sohn des Kaisers Carus.

Bugge St. IV. 330. — Bopp Gl. 71b: *cārus pro cam-ru-s, abiecta radicis consona finali.*

4) **KA** tönen: **kn + ku, kn + k.** — Siehe 2) **kan.**

κακα. — κακά-βη, κακά-μ-βη, κακκά-βη, κακκα-βί-ς (*ιδ-ος*) f. κάκκα-βο-ς (vgl. κόλο-ς κόλο-βο-ς) m. Rebhuhn (κακκάβα· πέρδιξ Hes.); κακκά-ζω, κακκαβί-ζω schreien, gackern (κακκάζειν· τὰς ὄρνις τὰς πρὸς τὸ τίκτειν φθεγγομένας Ἀττικοί Hes.)¹).

(κακα ═) καχα, κακχα, κα-γ-χα, καχνα (Metathesis des Nasals). — κăχά-ζω (Fut. dor. καχαξῶ Theokr. 5. 142) laut lachen (ἀθρόως γελᾶν Lex.), καχασ-μό-ς m. ausgelassenes Lachen (ἔκχυτος γέλως Lex.; Arist. Nub. 1072); (χ zu φ: καφάζει· καγχάζει, γελᾷ, καφάζειν· γελᾶν Hes.); κακχά-ζω (κακχάζει· ἀτάκτως γελᾷ Hes.); καγχά-ζω (*ἀνα-* Plat. Euthyd. 300. d, ἀν-ε-κάγχασε σαρδόνιον Plat. Rep. I. 337. a) (καγχᾶται· γελᾷ ἀτάκτως Hes.), καγχασ-τή-ς m. der laut lacht, καγχασ-μό-ς m. = καχασμός, καγχά-ς (καγχᾶντ-ος) der Lacher, komische Person auf der dorischen Bühne (vgl. Müller Dor. II. p. 357); καχνά-ζει· κακχάζει Hes.; (καχα-λο, καγ-λο) καχλά-ζω

klatschen, plätschern (nach Hes. auch: lachen), καχλασ-μό-ς m.
κάχλασ-μα (ματ-ος) n. Geplätscher, Geräusch; (καγχα-λο) καγχαλά-ω
laut lachen und jubeln (χαίρειν, γελᾶν Hes.) (Hom.: καγχαλ-όωσι,
·όων, -όωσα), καγχαλίζομαι (χαίρειν Hes.)²). — Vgl. Skr. *kakh*
lachen (PW. II. 13).

cac. — *coco coco* Naturlaut der Hühner (Petron. Arb.
59. 2); (*kak-lo, cuc-lo*) **gal-lu-s³**) (*k* = *g*, vgl. κωβιό-ς *gobiu-s*
Gründling, κόμμι = *gummi, neg-otium, Ζάκυνϑος Saguntus*) m.
Hahn, **gall-ina** f. Henne (*gallinae villaticae* Varro r. r. 3. 9. 3;
cohortales Col. 8. 2. 2 Hof- oder Haushühner; *africanae* Varro
r. r. 3. 9. 18 oder *numidicae* Col. ibd. Perlhühner; *melicae: medi-
cam gallinam melicam vocabant* Varro r. r. 3. 9. 19); (Demin.
gallŭ-lu-s) *gallula-sc-ere* männlich tönen (*vox pueri* Naev. ap. Non.
p. 116. 26); *gallinŭ-la* f. Hühnchen; *gallin-ac-cu-s* die Hühner betreffend (*gallus g.* Haushahn); *Gallu-s, Gallī-na* (röm. Gladiator
Hor. sat. 2. 6. 44).

cach. — **cach-innu-s** m. lautes Lachen²) (Plätschern: *leni
resonant clangore cachinni* Cat. 64. 273), *cachinnā-re* laut lachen,
cachinna-ti-ō(n) f. lautes Lachen, *cachinn-ō(n)* m. lauter Lacher
(Pers. 1. 12).

1) C. V. 1. 324. 66). — Fritzsche St. VI. 283. — C. E. 245: „den
Alten müssen diese Etyma [πέρδιξ von *pard*, κακκαβί-ς von 3) *kak*] nicht
vorgeschwebt haben, sonst hätte Alcman (fr. 60. B.) nicht die κακκαβί-
δες als seine Lehrer im Gesang betrachtet“. — 2) B. Gl. 67b. 124a. —
C. V. 1. 324. 65). 67). — F. W. 28; F. Spr. 64. — Fritzsche St. VI. 311.
336. — Roscher St. Ib. 123. — F. W. 55: καγχαλᾶν: κακ lachen oder zu
gag, gagh schreien, lachen. — S. W. 323: eig. mit aufgesperrtem Munde
lachen, vom St. χα. — 3) Hehn p. 284 ff.: wohl steckt in *gallus* ein
assimilirter Guttural und der Vogel onomatop. = der Gackernde; *gallinae melicae* vielleicht = altbaktr. *mereghu avis*, pers. *murgh*, woraus
dann durch Volksetymologie entstellt μελεαγρίς. — C. E. 177 leitet *gallu-s*
von **gar** rufen ab (= *gar-lu-s*). Dagegen Hehn: dies eine zu alterthüm-
liche Bildung um 500 vor Chr., dann wird *garrire* nie von der Stimme
des Hahnes, wie auch γηρύειν nicht, gebraucht.

---

1) **KAK** können, vermögen; können machen, ver-
helfen. — Skr. **çak** 1) vermögen, im Stande sein, können, zu
Stande bringen, 2) Jemand helfen, (verhelfen zu) Jemand einer
Sache theilhaftig machen (P. W. VII. 8. 9).

(κικ =) κιχ. — κίχ-άνω hom., κιγχ-άνω att. poet., gelangen
= erlangen, erreichen, treffen (St. κιχ: Aor. ἔ-κἴχ-ο-ν, ep. κἴχ-ο-ν;
St. κιχε: Fut. κιχή-σομαι, Aor. κιχή-σατο, *κίχη-μι: ep. Impf. ἐκίχεις,
ἐκίχη-μεν, κιχή-την; Conj. κιχε-ίω, Opt. κιχε-ίην, Inf. κιχῆ-ναι ep.
κιχή-μεναι, Part. κιχείς; Med. κιχή-μενος¹); κίχη-σι-ς f. das Erreichen.

kak²). — **căc-ŭla** (vgl. *rab-ĕre rab-ula*) m. Diener, besonders
im Heere³), *caculā-tu-m* (*servitium* Paul. D. p. 46. 14 M.); (*cacŭl-ōn*,

cacl-ōn) **cäl-ō(n)** m. Tross-, Last-, Pferde-knecht; (*con-ccc-no,* vgl. ahd. *kc-hagin* passend) **con-cin-nu-s** (wozu helfend ⹀) passend, schmuck, geschmückt, zierlich, *concinnā-re* kunstgerecht fügen, bereiten, mit einem Adj. ⹀ *reddcrc* (vgl. *vastam rcm hostium concinnat* Naev. ap. Non. p. 90. 30), *concinni-ta-s* (*tāli-s*) f. kunstger. Fügung, Schmuck, im üblen Sinne: Putz (*non cst ornamcntum virile concinnitas* Sen. ep. 115); (*kak-ma, coc-mo, cog-mo,* Skr. *çagmá*[4]), *cō-mo cō-mi;* vgl. *acru-s acri-s, gracilu-s gracili-s*) **cō-mi-s** (hilf- reich ⹀) gefällig, willig, freundlich, artig, herablassend[5]), *comi- ta-s* (*tāli-s*) f. Gefälligkeit u. s. w.; **cīc-ür** (*ŭr-is*) zahm, mild (Ggs. *fcrus*)[6]), *cicur-a-rc* zähmen, besänftigen (Pacuv. ap. Varr. 1. 1. 7. 91).

1) F. W. 28. — Die Formen des Verbums: C. V. I. 175. 16). 249. 255. 15); Fritzsche St. VI. 311. 336. — 2) F. W. 28. 1060; F. Spr. 116 (W. *kak*); F. KZ. XXII. 377 f. — 3) Brugman St. VII. 343: *skar* springen, der eifrig hin und her Springende ⹀ *scacula.* — 4) PW. VII. 24: *çagmá* (von *çak* helfen) hilfreich, mittheilsam, entgegenkommend, gütig. — 5) Curtius KZ. 1. 32: *kam* lieben. — F. W. 206: *skikara, skaikara* zahm.

---

2) **KAK, KANK** hangen und bangen. — Skr. **çaṅk** 1) in Sorge sein, Scheu empfinden, Misstrauen hegen, 2) Anstand nehmen, Bedenken haben, in Zweifel sein, 3) vermuthen, an- nehmen (P. W. VII. 25).

ŏк-vo-c (st. *κοκ-vo-ς*) m. Säumen, Zaudern, Aengstlichkeit[1]), *ὀκνέ-ω* (*ὀκνείω* ll. 5. 255) säumen u. s. w., *ὀκνη-ρό-ς* saumselig, zaghaft (*ὀκνα-λέο-ς* Nonn. D. 18. 207), *ὀκνηρ-ία* (spät) ⹀ *ὄκνος.*

(***canc-u-s *cancā-re*) Frequ. **cunc-tā-ri** säumen u. s. w.[2]), *cunctā-ti-ō(n)* f. Säumen u. s. w. (*cunctā-men* n. Paul. Nol. 24. 416), *cunctā-tor* m. Zauderer, im guten Sinne: der Bedachtsame, *Cunctā- tor* Bein. des Fabius Maximus, *cunctā-bundu-s* zögernd. — **coc- ti-ō(n)**, **cōc-i-ō(n)** m. (*coctioncs dicti videntur a cunctatione, quod in cmcndis vendendisque mercibus tarde provcniant ad iusti prctii fincm. Itaque apud antiquos prima syllaba pcr u littcram scribe- batur* Fest. p. 51) Mäkler, *cocionā-tura* (Gloss. Labb.).

C. E. 698. — F. W. 28; F. Spr. 117. — Savelsberg KZ. XXI. 128. — 1) Sch. W. 561: eig. *Jóκ-vo-ς.* — 2) B. Gl. 129a: *cać* *vacillare, tre- mere.* — Bréal KZ. XV. 461: ⹀ *coiunctari,* vgl. franz. *tátonncr; cuncta- tor* ⹀ der Combinirende, nicht der Zögernde.

---

3) **KAK** kacken.
κάκκη f. Kacke, Menschenkoth (*ἀπὸ μεν κάκκης τὴν ῥῖν' ἀπ- έχων* Aristoph. Pax 162), *κακκά-ω* (Arist. Nubb. 1384 *κακκᾶν δ' ἄν ουκ ἔφϑης φράσαι*).

cacā-rc ⹀ *κακκά-ω;* Desid. *cacuturi-rc* (Mart. XI. 77: *In* *omnibus Vaccrra quod conclavibus consumit horas et die toto sedet, cenaturit Vaccrra, non cacaturit).*

C. E. 138. — F. W. 346; F. Spr. 117.

---

kakva klein, gering (zend. *kaçva* id.).
κάκκο-ς, κάσκο-ς (lakon. κάχκο-ρ) m. der kleine Finger; κίκκα-βο-ς m. ganz kleine Münze, im Hades komisch fingirt (Pherecr. Poll. 9. 83); κικκάβ-ινο-ν· ἐλάχιστον, οὐδὲν Hes.

F. W. 29.

---

1) **KAT** weggehen, fallen; caus. jagen, fällen. — Skr. **kat** 1) sich ablösen, abfallen, caus. abtrennen (PW. II. 921); **çat** 1) ablösen, abfallen machen, abhauen, 2) zertheilen, zerstreuen, vertreiben. Gilt als caus. von *çad* abfallen, ausfallen (PW. VII. 40).

κότ-ο-ς m. Groll[1]), κοτέ-ω grollen, κοταίνω Nbf. (Aesch. Sept. 467) (Aor. κοτέ-σα-ς, Perf. κεκοτη-ότι θυμῷ; meist κοτέ-ο-μαι, Aor. κοτέ-σσατο, κοτέ-σσεται, κοτε-σσάμενο-ς); κοτή-ει-ς grollend, voll Groll (nur θεός νύ τίς ἐστι κοτήεις Il. 5. 191).

cät-ax (nur Nom.) hinkend, lahm (= fallend, stolpernd); **cat-ēna** Kette, Demin. *catēnŭ-la, calcl-la, catenā-re* zusammenketten, *catenā-ti-ō(n)* f. Verkettung.

F. W. 29; F. Spr. 117. — 1) B. Gl. 97a: *krudh irasci; corruptum esse potest e κρότος et hoc e κρόστος.*

---

2) **KAT** bergen. — Skr. **kat** sich verstecken, caus. (sich verstecken machen) verscheuchen, vertreiben (PW. II. 926).

(*katvala*) κότυλο-ς m. Näpfchen, Schälchen; κοτύλη f. Höhlung (πᾶν δὲ τὸ κοῖλον κοτύλην ἐκάλουν οἱ παλαιοί Apoll. ap. Ath. XI. 479. a) Gefäss, bestimmtes Maass = $\frac{1}{12}$ eines χοῦς, Knochenhöhle, bes. die Pfanne des Hüftbeckens, in welche der Knopf des Hüftknochens eingefügt ist, Hüftpfanne (Il. 5. 306 f.), Demin. κοτύλ-ιο-ν, -ισκο-ς, -ίσκιο-ν, -ίσκη, -ίδιον; κοτύλ-ων (ων-ος) m. Säufer (Spitzname) Plut. Ant. 18 (vgl. deutsch: Schnapsbulle); κοτυλίζω kotylenweise, im Detail verkaufen (Ggs. ἀθρόα τὰ φορτία πεπρᾶσθαι Arist. Oec. 2. 8); κοτυλη-δών (δόν-ος) f. Vertiefung, Saugnäpfchen an den Fängern der πολύποδες oder Dintenfische (mit denen sie sich an Felsen anhängen und ihren Raub fressen Od. 5. 433), die Fänger selbst; eine Pflanze (*umbilicus Veneris* Diosc.).

cät-inu-s m. (Nbf. -*m* n.) Napf, Schüssel, Teller, Schmelztiegel, Demin. *catinŭ-lu-s, catil-lu-s, -lu-m; catillā-re* den Teller ablecken, *catillā-men* (*mĭn-is*) n. Leckerbissen (Arnob. 7. p. 230), *catill-ō*(*n*) m. Tellerlecker.

B. Gl. 68b. — F. W. 29 f. 1058; F. Spr. 65. 153.

---

3) **KAT** lärmen, schwatzen. — Skr. **katth** 1) prahlen, 2) prahlend hervorheben, loben, 3) tadelnd hervorheben, tadeln (PW. II. 41).

κωτ-ίλο-ς geschwätzig, plauderhaft, (κωτιλ-jω) κωτίλλω schwatzen, plaudern, κωτιλ-ά-ς (-άδ-ος) f. Name der Schwalben in Theben (Stratt. ap. Athen. XIV. 622. a).

B. Gl. 69b. — F. W. 29. 351; F. Spr. 65. 305.

---

kata Thierchen, Junges.

cătu-s m. Kater, Katze (*catta* nur Mart. 13. 69: *Pannonicas nobis nunquam dedit Umbria cattas*); Demin. **cătŭ-lu-s** m. Junges (im engeren Sinne: junger Hund), *catŭ-la* kleine Hündin, davon Demin. *catel-lu-s*, *catel-la*, davon *catellŭ-lu-s* (Diomed. I. p. 313 P.); *catuli-re* brünstig sein, *catuli-nu-s* z. H. geh.; (*catulaster*) **catlaster** (*tri*) m. Bursche (insbes. der mannbare, zur Fortpflanzung des Geschlechts geeignete).

Pauli KZ. XVIII. 26. — Hehn p. 398 ff.: *catus* Hauskatze (*felis* nirgends die zahme Katze, sondern: Iltis, Marder, Wildkatze) zuerst Pallad. 4. 9. 4: *contra talpas* (wohl = Maus, vgl. ital. *topo* Maus) *prodest catus* (*cattos*) *frequenter habere in mediis carduetis* (Artischokengärten); der Name sodann von Italien, wie das ägypt. Thier selbst, zu allen Völkern gewandert in Europa und weithin in den Orient. — Dann nach Palladius bei Evagrius Schol. 4. 23: αἴλουρον, ἣν κάτταν ἡ συνήθεια (= *vulgus*) λέγει.

---

katvar, Nebenform **katur**, vier. — Skr. ʼ*katvar*, *katur* (PW. II. 927. 937).

(κατϜαρ-ες, τετϜαρ-ες, τεσϜαρ-ες) τέσσαρ-ες (N. τέσσαρ-α) neuatt. τέτταρ-ες, neuion. τέσσερ-ες, dor. τέττορ-ες, äol. τέτορ-ες (Simon. bei Herod. 7. 228) und πίσυρ-ες, böot. πέτταρ-ες, vier; τέταρ-το-ς (Metath. τέτρα-το-ς poet.) der vierte (Adv. τετάρ-τως in der 4. Art, im 4. Grade); τεταρτα-ῖο-ς viertägig, τεταρταϊ-κό-ς 4täg. Fieber[1]). — (τεταρ-) τετρ- (Synkope; vor Vokalen): τετρ-άρχης, τετρ-ά-ς (άδ-ος) f. die Zahl vier, τετρ-ώβολος, τετρ-ώροφος; (τεταρ-α [a Bindevokal]) τετρ-α- (Synkope; vor Conson.): τετρ-α-βάμων, τετρ-ά-γνος, τετρ-α-γωνος, τετρ-α-(Ϝ)έτ-ης, τετρ-ά-ξυγος u. s. w.; τετρ-ά-κις viermal; τέτρ-α-χα, -χῆ (τετρ-α-χ-jα τετραχ-δja τετραχ-δα) τετρ-α-χ-θά vierfach, in 4 Theile[2]). — St. *πετυρ [vgl. πίσυρ-ες] (πιτυρ-ο, -α):

πέτρο-ς m. πέτρα f. (== *quadrus, quadra*, also *saxum quadratum*, Quaderstein, Quader; gräkoital. Benennung des Quadersteins) der behauene Baustein, Stein, Fels, Klippe, Grotte[3]); πετρα-ῖο-ς felsig, steinig, πετρή-εις id., πετρ-ινό-ς von Felsen gemacht, felsig; πετρό-ω steinigen, πέτρω-μα (ματ-ος) n. Steinigung; πετρ-ών (ῶν-ος) m. felsiger Ort (Inscr.); Πέτρα f. Ort bei Korinth, in Elis, Quelle in Böotien; Πετρα-ῖο-ς Bein. des Poseidon in Italien (weil er die dem Peneios den Weg versperrenden Felsen spaltete), Kentaur, Mannsname, Πετρα-ία f. Tochter des Okeanos, Πετραχό-ς m. Fels in Böotien bei Chäroneia (Paus. 9. 41. 6), bei Plut. Sall. 16 Πέτρωχο-ς.

(kalear kalvor katuor) **quătuor, quattuor** (*tt* wohl bezeugt, doch nicht etymologisch begründet) (*quattor* mit Assim. des *u* Or. n. 4725) vier; (*quatur-tu-s, quatr-tu-s*) **quăr-tu-s** der vierte; (*quatur-iens, quatr-iens, quatr-ies, quatr-is, quatr-s, quater-s*) **quăter** (vgl. *ters, ter*) viermal; *quater-ni* jedesmal vier, *quatern-āriu-s* aus je vier bestehend, *quatern-i-ō(n)* m. die Viere (bes. auf Würfeln); *(quatru- quadru-, t = d* vor *r*) **quadru-***pes, -pedu-s, -plus, -plex* u. s. w.; (*quadri-*) **quadri-***den-s, -duu-m, -enniu-m* u. s. w.; (*quadro-*) **quadru-s** viereckig, Subst. *quadru-m* n. Viereck, Quadrat, Subst. *quadra* f. Viereck, Quadrat, 4eck. Stück Brot oder Kuchen, *Quadra* röm. Bein. (z. B. *Hostius Qu.*); **quadrü-re** 4fach oder 4eckig machen, in's Gevierte fügen, sich fügen, passen, sich schicken; *quadrä-tu-s* 4eckig, Quadrat-, wohlgefügt (vgl. *lenis et quadrata verborum compositio* Quinct. 2. 5. 9), *quadrata Roma* das alte nach etrusk. Städteart in's Quadrat gebaute Rom (*Romae regnare quadratae* Enn. ap. F. p. 258), Subst. *quadratu-m* n. Viereck, Gevierte, Quadrat, *quadra-türa* f. Verwandlung in's Viereck, Quadratur, concr. Quadrat (Vopisc. Firm. 3), *quadrā-ti-ō(n)* f. das Ziehen des Qu., concr. das gezog. Qu. (Vitr. 4. 3. 9); *Quadrā-tu-s, Quadrätil-la;* **quadru-n-s** (*ti-s*) erg. *numerus* der Viertheiler, daher der 4. Theil oder das Viertel, ¼ Fuss, ¼ Juchart, ¼ Pfund, ¼ As = 3 *unciae* (weshalb der *quadrans* früher *teruncius* hiess), dann geringe Münze überhaupt; **quadrant-al** (*āli-s*) n. Viereck, die kubische Gestalt (== κύβος), Kubikfuss, *quadrantāli-s* ein Viertel enthaltend; *quadrantāri-u-s* den *quadrans* oder das Viertelas betreffend, enthaltend. — (*quatro* ==) *petro* (vgl. osk. *petor-a*, umbr. *petur*) **petra** = πέτρα (s. oben)[3]) (vgl. Fest. *petrarum genera sunt duo, quorum alterum naturale saxum prominens in mare, alterum manufactum*), *petr-ōsu-s* == πετρή-εις; *petreia* (*vocabatur quae pompam praecedens in coloniis aut municipiis imitabatur anum ebriam ab agri vitio, scilicet petris, appellata* Paul. D. p. 243. 5); *petr-ō(n)* m. Fels- oder Hartkopf; *Petru-s* (== Πέτρο-ς) der Apostel Petrus (Claudian. ep. 27, 1. 49, 13), *Petra* f. Ortsn., m. Bein. röm. Ritter, (Tac. a. 11. 4), *Petr-ēju-s, Petrō(n), Petrōn-iu-s,* Demin. (*Petron-ü-lu-s) Petrul-lu-s* röm. Zun.

B. Gl. 129 f. — Corssen N. 298 ff.; KZ. III. 296. — C. E. 480. 663; KZ. III. 405. — F. W. 30. 1058. 1080; Spr. 65. — Siegismund St. V. 166. 75). — Windisch Beitr. VIII. 22 f. 36. 3). — 1) PW. II. 929: *Katur-tha-ka* den 4. Tag wiederkehrend, τεταρταῖκος, von Fiebern. — 2) B. Gl. 130 a: *caturddhā caturdhā adv.* = τέτραχα e τέτραθα. — 3) Ascoli KZ. XVI. 205 ff.

KAD fallen, weichen, gehen. — Skr. *çad* abfallen, ausfallen (P. W. VII. 57).

căd-ĕre (*ce-cĭd-i, cā-su-s*) fallen; *-cĭdĕre: ac-, con-, de-, ex-, in-, inter-, oc-, pro-, re-, suc-; cad-ūcu-s* fällig, abfällig, hinfällig (Adv. *caduci-ter* Varr. ap. N. p. 91. 1), *cad-ivu-s* zum Fallen geeignet, fallsüchtig; **cad-ā-ver** (Suff. *-vas, -ves*; vgl. *pul-vis, -ver-is*) n. Gefallenes = Leichnam[1]) (Trümmer: *cum uno loco tot oppidūm cadavera proiecta iacent* Sulp. ap. Cic. fam. 4. 5. 4), *cadaver-ōsu-s* leichenartig (*facies* Ter. Hec. 3. 4. 27); *stiri-cĭd-iu-m* n. Tropfenfall, Eistropfen, Eiszapfen, *stilli-cĭd-iu-m* n. Tropfenfall, Regenwasser, Traufe; *de-, sub-cĭd-uu-s* herabfallend, *oc-cĭd-uu-s* untergehend, *re-cĭd-ivu-s* rückfällig; Frequ. (*cad-tā-re*) **casā-re** (Plaut. Mil. gl. 3. 2. 38. 43), *casā-bundu-s* (oder nach den Handschr.) *cassā-bundu-s* der jeden Augenblick fallen will, wankend (*cassabundus crebro cadens* Paul. D. p. 48. 4. M.); (*cad-tu-s*) **cāsu-s** (*ūs*) m. Fall, Zufall, Casus (gramm.), Unfall, Verfall, *oc-cāsu-s* m. Niedergang, Westen, Untergang, Tod, Ende; (*oc-cad-ti-ōn*) **occasi-o** f. günstiger Zufall, Moment, Gelegenheit (dafür *occasu-s: hic occasu' datus est* Enn. ap. F. p. 178). — (*cĕ-căd, cĕ-cĭd, cĕ-id*) **ced-ĕre** weichen, vorbei-, fort-gehen, (*ced-ti-m*) *ces-si-m* Adv. rückwärts, zurück; (*ced-ti-ōn*) *cessi-ō(n)* f. Weichen, Zurückgehen, Abtretung; (*-ced-tu-s, -ces-su-s* m.:) *ac-cessu-s* u. s. w. — Intens. (*ced-ta-re*) **ces-sā-re** wiederholt weichen, ablassen, säumen, *cessā-tor* (*tōr-is*) m. Säumer, Müssiggänger, *cessā-ti-ō(n)* f. Nachlassen, Abstehen, Unterlassung. — (*ced-e-ss-cre*) **-cessĕre**: (*ad-*, dann *r* st. *d*, vgl. *ar-biter*) **ar-cessĕ-re** Nebenf. *accerscre* (Buchstabenversetzung) caus. *facere ut aliquis accedat* (Nbf. *arcessi-re*, vgl. *arcessi-vi, -tu-s*), *arcessi-tu-s* (*tūs*) m., *-ti-ō(n)* f. das Herbeiholen, *arcessi-tor* (*tōr-is*) m. Herbeiholer; **in-cessere** losgehen, anfallen.

F. W. 30; F. Spr. 118 W. *kad.* — Zeyss KZ. XVII. 427 ff. — B. Gl. 227 b: *pad ire: cado, cedo, mutata lab. in guttur.* — 1) C. E. 350; C. V. ll. 228: durch stammbildendes *ā* aus W. *kad*, wie κεκαφηώς aus dem St. καφε. — Düntzer KZ. XI. 260. — Frohde KZ. XIII. 456: das erschlagene, getödtete, todte. — B. Gl. 79 a: *kalēvara* n. *corpus.*

---

1) **KAN, KNA** krümmen, neigen. — Vgl. 1) **ak, ank. kna.** — κνη-μό-c m. Neige, Bergeshalde, Bergwald; κνή-μη (äol. κνά-μα) f. Unterschenkel, Schienbein, Bein, Wade; κνημ-ι-c

(-*ĭd-os*, Acc. äol. *κνᾶμι-ν* Eust. 265. 18) f. Beinschiene (halb-
gebogene Platte aus Erz oder Zinn, den vorderen Theil des Beines
deckend und oben und unten mittelst Bändern befestigt).

kna-k. — (*κνώκ-jω*) κνώσσω schlafen (poet., nur im Präsensst.; Hom. nur Od. 4. 809 von Penelope, die im tiefen Schlafe
der Naturerscheinung Antwort gibt); (*κ*)νῶκ-αρ (*ἄρ-ος*) n. mit
Schlaf verbundene Trägheit[1]) (*νύσταξις· νωθεία* Hes.), *νωκαρ-ώδης*
schläfrig (Diphil. bei Athen. IV. 133 f.).

kan. — κονεῖν sich mühen, emsig sein, eilen (Lex.)[2]); ἐγ-
κονεῖν id. (Hom. nur part. fem. *ἐγ-κονίουσαι* dreimal); trans. beeilen (*κέλευθον* Aesch. Prom. 964), *ἐγ-κονητ-ί* in Eile (Pind. N.
3. 35), *ἐγ-κον-ί-ς* (*ĭd-os*) f. Dienerin (Suid.).

kni, kni-k. — (*gni gni-k, *gni-tu-s:*) **nī-t-or** (*nit-tu-s* =
nī-su-s; nic-tu-s = *nixu-s;* vgl. *gnītus, gnixus* Paul. D. p. 96) sich
stämmen, stützen auf Etwas (*aliqua re*), sich neigen, sich stämmen
nach Etwas hin, hinstreben, streben, sich anstrengen (*in aliquam
rem*)[3]); *nīsu-s, nixu-s* (*ūs*) m. das sich Neigen u. s. w., Frequ. *nic-
tā-ri,* Desid. *nixūri-re* sich anstämmen, bemühen wollen (Nigid. ap.
Non. p. 144. 19) übertr. für *parturire* (Gloss. Philox.); *Nixi dī* die
altröm. Geburtsgötter, vor der Tempelzelle der Minerva in ge-
neigter Stellung knieend dargestellt (*Nixi di appellantur tria signa
in Capitolio ante cellam Minervae genibus nixa, velut praesidentes
parientium nixibus* Fest. p. 174. 176). — **nīc-ere** (Perf. *nīc-i*)
winken[4]) (*emoriere ocius, si manu niceris. Quid, manu nicerim?*
Plaut. Truc. 2. 1. 63); Frequ. **nic-tā-re, -ri** zwinkern, blinzeln,
sich bemühen (vgl. Lucr. 6. 836: *hic ubi nictari nequeunt insistere-
que alis*), *nictā-ti-ō(n)* f. das Zw. Bl.; *nic-tu-s* m. id.; (*co-gnigv-*)
cō-nīv-ē-re (*ē-re* Prisc. 9. 42. H.) zwinkern, die Augenlieder zusammenziehen, mit halbgeschlossenen Augen blicken, unbeachtet
lassen, Nachsicht üben (vgl. deutsch: ein Auge zudrücken), *coni-
vent-ia* f. Nachsicht; *cō-nivŏla* (*occulta* Paul. D. p. 61. 8).

kan. — (**cōnu-s*) **cōnā-ri** sich mühen, unternehmen, versuchen[2]), *conā-tu-s* (*tūs*) m. *conā-men* (*mĭn-is*) n. Anstrengung, Be-
mühung, *conāmen-tu-m* n. ein Werkzeug zum Ansetzen, Stützmittel
(= *conamen* Ov. M. 15. 229).

Brugman St. VII. 318. — Corssen I. 38 f.; B. 20 ff. 56. — C. E.
584. — F. W. 371; F. Spr. 67. 100. 306. 335; F. KZ. XXI. 368. — Goetze
St. Ib. 181. — Siegismund St. V. 193. 9). — 1) F. W. 106. 460, Spr.
132: *naǩ* verderben, zu Grunde gehen. — 2) F. W. 31. 441: *kan* Nebenform zu *kam* sich mühen. — B. Gl. 379 b: *çaǩ posse, valere:* cō-nā-ri
fortasse e coc-na-ri, ita ut nā respondeat characteri nonae classis et graeco
νη in verbis ut δάμ-νη-μι. — Ebel KZ. VI. 216: *skav *cov-ere *cō-nu-s*
cōnor. — 3) F. W. 111: *nat* sich anlehnen, stützen, stämmen, Hülfe
suchen; von *nam.* — B. Gl. 304 b: *jat operam dare, niti, studere; cum*
l'ottio huc traxerim nitor = scr. *ni* + *jat, eiectā syllabā ja, vel correpto ja in i.* — 4) B. Gl. 296 a: *ut-mis aperire oculos: fortasse nico*
nic-to e nimic-o, nimic-to.

2) **KAN** tönen, schallen, klingen. — Skr. **kan**, **k̓an**
einen Laut von sich geben, wehklagen (PW. II. 39. 937). —
Siehe 4) **kn**.

kan¹). — (καν-α-κ) (καναχ-jω) **kăvázὡ** (Fut. κανάξω, Aor.
κανάξαι Poll. 10. 85), **kăvăχ-έ-ω** (Hom. nur κανάχησε Od. 19. 469)
καναχ-ί-ζω (Hom. nur Impf. κανάχιξε) tönen, rauschen, schallen,
dröhnen; **kăvăχ-ή** f. Getön u. s. w., καναχό-ς (Nic. Ther. 620 βά-
τραχοι), καναχ-ής (nur Aesch. Choëph. 150: ἴετε δάκρυ καναχές mit
lauter Klage verbundenes Weinen). — (κον-α-βο) κόν-ă-βο-c m. =
καναχή (Od. 10. 122), κονăβέ-ω (Hom. nur κονάβησα) κοναβ-ί-ζω
= κανάζω u. s. w. (Hom. nur Impf. κονάβιξε dreimal Il.).

kin. — κιν-υρό-c wehklagend, winselnd (Hom. nur Il. 17. 5),
κίνῡρ-ο-μαι (nur Präsensst.) klagen, jammern; κινύρα f. Saiteninstrument mit 10 Saiten, mit einem Plectrum gespielt, wegen seines
klagenden Tones (LXX. Jos.).

kun. — (κυ-κυν-ο) κύ-κν-ο-c (κύδνος Hes.) m. Schwan (οἱ
κύκνοι . . τοῦ Ἀπόλλωνος ὄντες μαντικοί τέ εἰσι καὶ προειδότες τὰ
ἐν ᾅδου ἀγαθὰ ᾄδουσι καὶ τέρπονται ἐκείνην τὴν ἡμέραν διαφερόν-
τως ἢ ἐν τῷ ἔμπροσθεν χρόνῳ Plat. Phaed. p. 85. b.), κύκνε-ιο-ς
vom Schw. (τὸ κύκνειον ἐξηχεῖν den Schwanengesang singen = das
Letzte versuchen), κυκνῖτις βοή Schwanengesang (Soph. fr. 440);
κυκν-ία-c m. ἀετός der Schwanenadler, weisse Adler (Paus. 8. 17. 3).

kan¹). — **căn-ĕre** (cĕ-cĭn-i, can-tu-) tönen, von der Stimme
der Frösche, Eulen, Raben, Krähen, dann: blasen, singen, be-
singen, feiern, verherrlichen |-cĭn-ui: con- oc- prae- re- suc-cino|;
can-or (ör-is) m. melodischer Klang (vocis rationem Aristoxenus
musicus dividit in ῥυϑμὸν et μέλος, quorum alterum modulatione,
alterum canore ac sonis constat Quint. 1. 10. 22), Gesang, Ton,
canör-u-s melodisch, klangreich; can-tor (tör-is), -trix (tric-is) Sänger,
-in; can-ti-ö(n) f. Lied, Gesang, cantĭ-cu-m n. id., Demin. cantiun-
cŭla f.; Intens. can-tă-re; cantä-tor (tör-is), -trix (tric-is) = can-
tor, -trix, cantā-ti-ö(n) f. = cantio, cantā-men (mĭn-is) n. Zauber-lied,
-formel, cantū-bundu-s sich dem G. hingebend; Intens. dupl. can-
ti-tă-re mit aller Anstrengung, eifrig singen; Demin. (*cantĭ-lu-s)
cantil-ēna f. Liedlein, altes Lied, oft gebrauchte Rede, (*cantĭ-lŭ-
lus *cantillu-s) cantilla-re trillern (App.); can-tu-s (tūs) m. Ton, Gesang; ac-centu-s m. Antönen, Betonung (adhuc difficilior observatio
est per tenores vel accentus, quos Graeci προσῳδίας vocant Quint. 1.
5. 22); con-centu-s m. Zusammenstimmen, Harmonie, Eintracht;
suc-centu-s m. das Accompagniren (Marc. Cap. 1. 11. Plur.). —
(*canu-s) -cĭnu-s, -cĭn: văti-cinu-s weissagerisch, prophetisch, va-
ticina-ri wie ein Seher verkünden, weissagen, vaticinā-ti-ö(n) f.
Weissagung; sambu-cĭn-a (= *sambuci-cina, σαμβύκη sambūca Beck.
Saiteninstrument von schneidenden Tönen) f. Sambucaspielerin (Plaut.
Stich. 2. 2. 57); corni-cen (cĭn-is) m. Hornbläser, Corni-cen, -cĭnu-s;

fĭdī-cen m., *-cĭna* f. Citherspieler, -in, *fĭdi-cĭnu-s* zum Citherspiel geh. (Plaut. Rud. prol. 43); *os-cen* (s. W. *as*, pag. 75) com. Vogel (*arcs aut oscines sunt aut praepetes: oscines quae ore futura praedicant, praepetes quae volatu augurium significant* Serv. ad Verg. A. 3. 361): *tĭbī-cen* m., *-cĭna* f. (= *tibii-*) Flötenspieler, -in; *tŭbĭ-cen* m. Trompeter (*tubicinātor σαλπιγκτής* Gl. Cyr.); **-cĭn-ia**: *lus-cin-ia* (*luc* Licht, *luc-scu-m *lu-scu-m Dämmerung = *lusci-cin-ia) f. Nachtigall (Dämmerungssängerin)[2]), Demin. *luscinĭŏ-la* (*luscĭniu-s* m. Phaedr. 3. 18. 2, *luscĭnus ἀηδών* Gloss. lat. gr.); **-cĭn-iu-m**: *gallicĭniu-m* n. Hahnenschrei; *sin-ciniu-m* (*μονωδία* Isid. or. 6. 9. 16; St. *sin-go* vgl. *sin-gŭlu-s;* st. *singi-ciniu-m) f. Einzelngesang; *tĭbĭcĭniu-m* n. Flötenspiel; *vati-ciniu-m* n. = *vaticinatio.*

cōn: **cĭ-cōn-ia** f. Klapperstorch, Storch (als Instrument: Furchenmesser, Wasserheber) (*cōnia* als pränestin. Form angeführt Plaut. Truc. 3. 2. 23).

Lehnwort: **cy̆cnu-s,** **cy̆gnu-s** (= *κύκνο-ς*) m. Schwan (*itaque commemorat [Socrates], ut cygni providentes quid in morte boni sit, cum cantu et voluptate moriantur, sic omnibus bonis et doctis esse faciendum* Cic. Tusc. I. 30. 73).

Corssen I. 483 f. II. 222; N. 39. — C. E. 140. 695. — F. W. 30. 436; Spr. 66; KZ. XIX. 252. — Förstemann KZ. III. 52. — Fritzsche St. VI. 329. — Froehde KZ. XXII. 548. — 1) B. Gl. 378a: *çaïs dicere, indicare, narrare.* — Bugge KZ. XIX. 405: *skan.* — Corssen I. 483: *kran.* — 2) Schweizer-Sidler KZ. XIII. 301. — Corssen B. 3; N. 36 ff.: (*clov-os clo-us, clus*) *lus-cin-ia* Wohllautssängerin. — Froehde KZ. XXII. 548: *luscinia* = Sängerin, wie Skr. *ruta* auch vom Gesange der Vögel gebraucht wird; *ra, ru* tönen, vgl. mhd. *riuschen, rüschen* rausche.

---

3) **KAN, KAN-T** stechen. — Skr. **knath** verletzen, tödten (PW. II. 471).

ΚΕΝΤ. — **κέν[τ]-σαι** (Aor., *ἵππον* Il. 23. 337) stechen, stacheln, spornen; **κέν[τ]-τωρ** (*τορ-ος*) m. Stachler, Antreiber; **κέν[τ]-τρο-ν** m. Stachel, Sporn, Antrieb; Centrum, Mittelpunkt, in den man beim Beschreiben eines Kreises mit dem einen Zirkelfuss hineinsticht[1]) (*ὡς οἵ γε στρόβιλοι ὅλοι ἑστᾶσί τε ἅμα καὶ κινοῦνται, ὅταν ἐν τῷ αὐτῷ πήξαντες τὸ κέντρον περιφέρωνται* Plat. Resp. 4. 436. d.), Demin. *κεντρ-ίο-ν* n. (E. M.); *κεντρό-ω* stacheln, *κέντρω-τό-ς* mit Stacheln versehen, *κέντρω-σι-ς* (*σε-ως*) f. das Stacheln; *κεντρ-ί-ς* (*ίδ-ος*) f. = *κεντρίον;* (*κεντριδ-ίω*) *κεντρίζω* = *κεντρόω, κεντρισμό-ς* m. = *κέντρωσις* (Eust. 176. 60); *κεντρ-ίνη-ς* m. eine stachelige Haifischart, eine Art Wespen; *κεντρ-ων* (*ων-ος*) m. ein Spitzbube, der die Stachelkeule (*κέντρον*) verdient; das aus Lappen Zusammengestichelte (*Ὁμηρικοὶ κέντρωνες* Eust. = Gedichte aus hom. einzelnen Versen oder Verstheilen zusammengesetzt). — **κοντ-ό-ς** m. Stange,

Ruderstange, Speer, Demin. κοντ-άριο-ν n., (*κοντό-ω) κοντω-τὰ
πλοῖα mit Ruderstangen, Staken, versehene und damit fortgeschobene
Schiffe (D. Sic. 19. 22), κόντω·σι-ς (σε-ως) f. das Fischen mit einer
Stange (Ael. h. a. 12. 43); κόντ-αξ, κόνϑ-αξ (-ἄκ-ος) m. Nagel,
Geschoss. — κεντ-ε: κεντέ-ω = κένσαι, κίντη-σι-ς f. das Stechen,
κίντη-μα (ματ-ος) n. Stachel, Spitze (ζημιώματα Hes.), κεντη·τήρ (τῆρ-ος)·
m. Stachler, κεντη-τήρ-ιο-ν n. Werkzeug zum Stechen, Pfriem.

cent-o (ōn-is) m. aus einzelnen Lappen zusammengeflicktes
Gewand, Lappenwerk, Lumpenwerk, Flickwerk [2]) (= κέντρων),
centōn-āri-u-s das Fl. betr., Subst. Verfertiger von Fl., Cento. —
cont-u-s = κοντ-ό-ς; **per-contā-ri** (-re) = mit der Ruderstange
untersuchen, forschen, fragen (ex nautico usu, qui conto pertentant
cognoscuntque navigantes aquae altitudinem Fest. p. 214. 9. Donat.
ad Ter. Hec. 1. 2. 2) — [nicht percunctari][3]) — percontā-tor (tōr-is)
m. Frager, Erkundiger, percontā-ti-ō(n) f. das Fragen, Erkundigen.

B. Gl. 69 a. — Corssen B. 4; N. 42 f. — C. E. 698; C. V. I. 377. 9).
— F. W. 31. 440; Spr. 118; KZ. XXII. 99. — 1) PW. II. 427: kendra
(aus dem griech. κέντρον) n. Centrum eines Kreises; the equation of the
centre, the argument of a cercle, of an equation. — 2) F. Spr. 67: wohl
nicht entlehnt. — 3) F. Spr. 117: kak hangen und bangen: per-cunctari
durch-zögern, bedenken. — Vgl. Brambach s. v. percontor.

---

4) **KAN** anfangen.

rĕ-cen-s (re-cen-ti-s) eben anfangend = frisch, jung, neu,
übertr. rüstig, ungeschwächt (Comp. ap. Auct. b. Afr. 78), Adv.
rĕ-cens (Acc.) eben erst, unlängst, jüngst, vor Kurzem.

F. Spr. 66. — L. Meyer vergl. Gr. II. 85: Participialform = re-ce-n(t)-s;
vgl. Bechstein St. VIII. 352.

---

kanaba Gerüst.
κάναβο-ς m. Holzgerüst, um welches die bildenden Künstler
modelliren, das Modell selbst, κανάβ-ιο-ς, -ινο-ς zum M. geh.
cănăba, cannăba f. Schenkhalle, Weinzelt (Or. inscr. 39. 4077),
Demin. cannăbu-la f. kleine Hütte oder Zelt.

F. W. 436: „canaba trotz der abweichenden Bedeutung vielleicht
aus dem unterital. Griechisch entlehnt“.

---

kanda Knoten, Knolle, Gelenkknoten. — Skr. kanda
m. 1) Wurzelknolle, Zwiebel, 2) Knolle, Knoten, 3) Anschwellungen
(PW. II. 55).
κόνδο-ς m. κεραία, ἀστράγαλος Hes.; κόνϑ-υλο-ς m. Knochen-
gelenk, τὸ τοῦ δακτύλου καμπτικόν (Ar. h. a. 1. 15), zusammen-

geballte Faust, wo die Gelenkknochen hervorstehen, Faustschlag,
Verhärtung, Geschwulst, κονδ-ύλη f. Beule, Geschwulst (Lex.);
κονδυλό-ο-μαι anschwellen (Hes.), κονδύλω-σι-ς f. κονδύλω-μα (ματ-ος)
n. Geschwulst, κονδυλ-ί-ζ-ω mit der Faust schlagen, κονδυλι-σ-μό-ς
m. das mit der Faust Schlagen, Misshandlung.

F. W. 31.

1) ΚΑΡ fassen, umfassen.

καπ. — κάπ-τ-ω mit dem Munde fassen, schnappen, hastig
schlucken, (καπ-τι) κάψι-ς (κάψε-ως) f. hastiges Schlucken (κάψει
πίνειν schluckweis trinken Arist. h. a. 8. 6). — κάπ-ηλο-ς m. der
mit Lebensmitteln handelt, Kleinhändler, Krämer, Höker, Adj.
betrügerisch, verfälscht (weil diese Leute als Betrüger verrufen
waren) (vgl. κάπηλα προςφέρων τεχνήματα Aesch. fr. 339), fem.
καπελ-ί-ς (ίδ-ος); καπηλ-εύ-ω ein Kleinh. u. s. w. sein, feilhaben,
verhökern, καπηλ-ε-ία f. Kleinhandel, Krämerei (καπηλείαν άσκεῖν
προσώπω von geschmückten Frauen Poll. 5.· 102), καπηλ-ε-ῖο-ν n.
Kramladen, Weinschank, καπηλ-ικό-ς zum Kramladen u. s. w. geh.,
krämerisch, im Handel betrügerisch.

κεπ. — κεφ-αλή (κιβάλη maked. Hes., κίβλη alex. Dicht.,
γαβαλάν· έγκέφαλον ἢ κεφαλήν. Μακεδόνες. Hes.) f. urspr. Schale,
Scherbe, dann: Kopf, Haupt[1]); κέφαλο-ς m. ein Meerfisch mit
grossem Kopfe; Κεφαλαί f. Vgb. am Eingange der grossen Sirte;
Κέφαλο-ς (mak. Κέβαλο-ς), Κεφάλ-ων, -ίων (ων-ος); έγ-κέφαλο-ς was
im Kopfe ist (sc. μυελός), Gehirn (das essbare Mark der Palme,
Palmenkohl, die fast 10 Jahre lang rollenartig eingehüllten Blatt-
keime unmittelbar auf der Spitze des Lanzenschaftes); βου-κέφαλο-ς
(maked. βουκεφάλα-ς) ochsenköpfig, eine Art thessalischer Pferde,
denen das Zeichen eines Ochsenkopfs eingebrannt wurde, bes. das
Leibpferd Alexander des Gr.[2]); Demin. κεφάλ-ιο-ν, κεφαλ-άδ-ιο-ν,
κεφαλ-ίδ-ιο-ν n., κεφαλ-ί-ς (ίδ-ος) f.; κεφαλα-ῖο-ς den K. bildend, zum
K. geh., κεφάλα-ιο-ν n. Hauptsache, Hauptpunkt, Hauptsumme,
Resultat; κεφαλαιό-ω die H. anführen, summarisch behandeln, κε-
φαλαίω-σι-ς f. die summ. Beh., κεφαλαίω-μα (ματ-ος) n. Haupt-
ergebniss, Hauptsumme; (*κεφαλόω) κεφαλω-τό-ς kopfartig; von
Knollengewächsen, wie Knoblauch (κεφαλόῤῥιζα Theophr., vgl.
maked. κάπ-ια n. Pl., τὰ σκόροδα Κερυνῆται Hes., Knoblauch)[3]);
κεφαλ-ῖνο-ς m. ein Meerfisch (sonst βλεψίας); κεφαλ-ίνη f. der hinterste Theil der Zunge nach dem Schlunde zu (Poll. 2. 107).

κωπ. — κώπ-η f. Griff, Heft (Ruder-, Schwert-, Schlüssel-griff),
Ruder, Kurbel; Demin. κωπ-ίο-ν n. kleines Ruder; κωπή-ει-ς mit
einem Gr. u. s. w. versehen; κωπ-εύ-ς m. Ruderholz (κωπεών Theophr.),
κωπεύ-ω rudern (κεκώπευται ὁ στρατός Hes. = schlagfertig, die
Hand an den Schwertgriff legend = πρόκωπο-ς Aesch. Ag. 1637).

cap. — **căp-ĕ-re** (*cēp-i* = *cĕ-cĭp-i *cĕ-ĭp-i, *cap-tu-s*) fassen, greifen, nehmen[4]); *-cip-ĕre:* ac- con- de- ex- · in- inter- oc- per- prac- re- su-s-; *-cĭp-ū-re: anti-* voraus-nehmen, -thun, zuvorkommen; *oc-cŭp-ū-re* (*u* vor dem Lab. vgl. *lŭ-berna, con-tŭ-bern-āli-s*) ein-nehmen, zuvorkommen, beschäftigen; Frequ. *cap-tā-re,* dann: *con-dis- ex- in- oc- re-ccptā-rc;* Intens. *capti-tā-re* mit aller Gewalt haschen (Gell. 9. 6); Inchoat. (Desid. nach Prisc. 10. p. 902 P.) *cap-e-ss-ĕre* sich an etwas machen, um es zu fassen, um es zu be-treiben, mit allem Eifer betreiben. — (*-căpo*) **-cĭpo** (*-cĭpi*) **-cĭp**[5]) **cĭp-io:** (*avi-*) *au-cupā-ri* (vorkl. meist *-āre*) vogelstellen, **au-cep-s** (Gen. *au-cŭp-is*) m. Vogel-fänger, -steller, Aufpasser, *aucŭp-iu-m* n. Vogelfang, Jagdmachen; *formu-cape-s* (s. *ghar* 1.): *forcipes dictae quod forma capiant, id est ferventia* (Paul. D. p. 91. 14 M.), daraus: **for-cep-s** (*cĭp-is*) m. f. (die Glühendes fassende) Zange, daraus (durch weitere Verstümmelung mit hinzugefügter Demin.-Endung): **for-p-ex** (*ĭc-is*) f. Zange (Cato r. r. 3. 11. 5. Vitr. 10. 2. 2) (Bart- oder Haarscheere Isid. Papir.); *hosti-capa-s* (*hostium captor* Paul. D. p. 102; Andere *hosti-capax, -rapax*); *man-cipā-re* oder *man-cupā-re* mit der Hand fassen, zum Besitz übergeben oder überlassen, **man-cep-s** (*-cĭp-is*, älter *-cŭp-is*) comm., in die Hand nehmend **=** Unternehmer, Vermittler, Generalpächter (vgl. Cic. div. in Q. Caecil. 10. 33: *mancipes a civitatibus pro frumento pe-cuniam exegerunt*); *mancĭp-iu-m* oder *mancŭp-iu-m* (*mancipium quod manu capitur* Varro 1. l. 6. 85) n. das Ergreifen mit der Hand vor mindestens 5 Zeugen vor dem *libripens* unter Anschlag des Kaufschillings an die Wagschale, der strengrömische Kauf, Eigen-thumserwerbung, concret: der erworbene Gegenstand, bes. Sklave, Sklavin; **men-cep-s** (st. *menti-cep-*) blödsinnig (*mente captus* Prisc. p. 668); **muni-cep-s** (*-cĭp-is*) (s. W. *mu*) comm., Bürger eines *municipium*, Mitbürger, Landsmann, *muni-cĭp-iu-m* n. Stadt, bes. in Italien mit röm. *civitas*, aber nach eigenen Gesetzen verwaltet, Freistadt; *parti-cĭpā-re* theilnehmen lassen, theilnehmen, **parti-cep-s** (*-cĭp-is*) theilnehmend, theilhaft, Subst. Theilnehmer, Genosse, *particip-iu-m* n. Theilnahme (sonst *participā-ti-o*), gramm. Partici-pium (als die an der Natur des Nomens Theil habende oder zwischen beiden in der Mitte stehende Verbalform, vgl. Quint. 1. 4. 19: *mixtum verbo participium* u. s. w.); *prin-cipā-ri* die erste Stelle einnehmen = herrschen, *principā-tu-s* (*tüs*) m. die erste Stelle, Vorzug, Vorrang, Oberbefehl, Herrschaft, **prin-cep-s** (*-cĭp-is*) Adj. der Erste, Vornehmste, Vorzüglichste (des Kaisers Sohn, Prinz), Hauptperson, Oberhaupt, Fürst, Regent, Herrscher, Anführer, Ur-heber, *princip-iu-m* n. Anfang, Ursprung, Anfangsgründe, Elemente, Grund, *princip-āli-s* (vorkl. *principi-äli-s*) der erste **=** ursprüng-liche, der erste = vorzüglichste, vornehmste, sich auf den Fürsten beziehend, fürstlich, kaiserlich. — Demin. *cĭpŭ-lo, -la:* **capŭlu-s** m.

(selten n.) was fasst oder womit gefasst wird: Sarg, Griff, Fang-
seil, *capulā-re* mit dem F. fangen, *capul-āri-s* für den Sarg bestimmt, dem Grabe nahe; *căpŭl-a* f. kleines Weingefäss, *capulā-re*
mit einem Gefäss ins andere schöpfen, abziehen; *ex-cīpula* n. Pl.
Gefässe zum Auffangen von Flüssigkeiten; *mus-cipula* f., *u-m* n.
Mäusefalle, *muscipulā-tor* m. Mäusefallenleger, Betrüger (Gloss.
Isid.). — *căp-uo:* ex-cīpuu-m (*quod excipitur, ut praecipuum
quod ante capitur* Paul. D. p. 80. 3); prae-cīpuu-s vor Anderen
genommen = eigenthümlich, besonders, vorzüglich. — căp-ax
(*āci-s*) fassungsfähig, befähigt, tauglich, *capācĭ-ta-s* (*tāti-s*) f.
Fassungsfähigkeit. — cap-tor (*tōr-is*) m. Fänger, *captā-tor* m.
Hascher, Erbschleicher; *ac-cep-tor* Annehmer, *de-ceptor* Betrüger,
ex-ceptor der (schreibend) aufnimmt, Schnellschreiber, Actuar, *in-
ceptor* Beginner (Ter. Eun. 5. 9, 4), *inter-ceptor* der vor dem
Munde etwas wegnimmt (*praedae* Liv. 4. 50), *prae-ceptor* Gebieter,
Lehrer, *re-ceptor* Hehler (geheim aufnehmend), *su-s-ceptor* Unternehmer, Einnehmer, Hehler. — cap-tu, -ti-ōn: *captio* f. Streben
zu fangen, Täuschung, das Verfängliche, Trugschluss, *captiōsu-s*
(= *caption-ŏsu-s*) verfänglich; *ac-ceptio* Annahme, *con-ceptu-s*,
con-ceptio das Zusammenfassen, Abfassen, *de-ceptus*, *-ceptio* Täuschung, *ex-ceptio* Ausnahme, *in-ceptus*, *-ceptio* Unternehmen, Beginnen, *inter-ceptus*, *-ceptio* Wegnahme, *per-ceptio* Auffassung, Wahrnehmung, *prae-ceptio* Vorausnahme, Vorschrift, Unterweisung, *re-
ceptus* Zurücknahme, Rückzug, Rücktritt, *su-s-ceptio* Uebernahme.
— cap-t-īvu-s gefangen, *captivi-tā-s* f. Gefangenschaft; *con-ceptivu-s*
aufgenommen (*feriae* die jährlich neu bestimmten Feste), *prae-
ceptivu-s* Vorschriften enthaltend. — căp-i-s (*id-is*) f. gehenkeltes
Gefäss, Becher; capĕ-d-o (*in-is*) f. Opferschale (Cic. parad. 1. 2.
11), Demin. capedun-cŭla (Cic. n. d. 3. 17. 43); *inter-capēdo* f.
Unterbrechung; cap-is-tru-m (= *cap-id-tru-m*) n. Schlinge zum
Halten, Halfter, *capistrā-re* festbinden. — căp-ut (*ĭt-is*) n. Kopf,
Haupt, Haupttheil, Oberhaupt (Haupt-person, -stadt, -sitz, -sache,
-summe, -satz)[6]); Demin. *capit-ŭ-lu-m*, C. Stadt der Herniker in
Latium, *capitel-lu-m* n.; *capit-āli-s* das H. betreffend, das Leben
gefährdend, auf Leben und Tod gehend; Capĭt-ōli-u-m (st. *Capit-
āli-u-m; a* zu *o;* Nbf. der späteren Volkssprache nach der Zeit
des Marius: *Capitodiu-m*) n. Haupt-stätte, -stadt (zuerst die älteste
Burg der Sabiner auf dem Quirinal, *Cap. vetus* Varro l. l. 5. 158,
dann die jüngere Burg auf dem Tarpeischen Berge gegenüber der
Latinerburg *Roma* auf dem palatin. Hügel), *Capitol-īnu-s* zum C.
geh., auf dem C. befindlich; *capĭt-ō(n)* m. Grosskopf, *Capito;* (*ca-
pĭtā-re*) capitā-tu-s mit einem H., K. versehen, *capita-ti-ō(n)* f. Kopf-
geld; *oc-cĭput* (*-cipitis*) (Pers. 1. 62), *oc-cĭpĭt-iu-m* n. Hinterhaupt;
sin-ciput (s. *sa* mit) n. der halbe Kopf, Vorderkopf, Gehirn; *pro-capi-s*
(*progenies quae ab uno capite procedit* (Paul. D. p. 225); -cep-s

(*cĭpĭt-is*): **an-cep-s** (älter *an-cipe-s* Plaut. Rud. 4. 4. 114) (= *ambi-cep-s*) doppelköpfig, doppelt, zweideutig, Subst. n. die höchste Gefahr; *bi-cep-s* (*bicap-s* Inscr. in Giorn. Pis. tom. 11. p. 79) zweiköpfig, zweiträchtig; *tri-cep-s* dreiköpfig, dreifach (*historia* Varro l. l. 5. 32. 148), *quarti-cep-s* viergipfelig (*collis* Varro l. l. 5. 8. 52); **prae-cep-s** (alt *prae-cipe-s* Plaut., Liv. Andr.) mit dem Kopf nach vorn, kopfüber, jählings, jäh, steil, abschüssig, über Hals und Kopf = schnell, heftig, rasch, *praecĭpĭt-iu-m* n. abschüssiger Ort, Abgrund, tiefer Sturz, *praecipĭtā-re* jählings herabstürzen, vorwärts stürzen, beeilen, beschleunigen, *praecipitā-ti-ō(n)* f., *praecipitant-ia* f. das Herabstürzen. — **caep-a, cēp-a** f. (Nom. Acc. auch *cēpe* n. = κάπια n. Pl.) Zwiebel (vgl. *caepa capituta* Plin. 19. 6; *et capiti nomen debentia cepa* (*porra*) Verg. Mor. 74), Demin. *caepŭ-la*[7]; *caep-āriu-s* m. Zwiebelhändler, *Caeparius*, *caep-īna* f. Zw.pflanzung (Colum.). — (*capĭt-lu-s*) **căpil-lu-s** m. (scheint urspr. Adj.) Haupthaar (im Gegensatz zu *barba* Barthaar), Demin. *capillŭ-lu-s* (Corn. Gall. 6), *capillā-ri* behaart sein, die H. lang tragend, *capillā-mentu-m* n. Haarbedeckung, Haar, Faser, *capill-āri-s* das Haar betreffend[8]); (*cap-ĕru-s, caper-ōn*) **capr-ōna-e** f. Stirnhaar von Menschen und Thieren.

caup, cōp. — **caup-ō(n)** m. = κάπηλος, *caupōn-a* f. = καπηλεία. Demin. *cauponŭ-la, cauponā-ri* = καπηλεύειν, *caupōn-iu-m* n. Schenk-, Schankgeräth (Dig. 33. 7. 15); **cōp-a, cūp-a** f. Schenkmädchen, Castagnettentänzerin.

cip, cīb. — **cīb-u-s** m. Speise, Futter, Nahrung[9]), *cibā-re* speisen, füttern, *cibā-tu-s* m. Speisung, Fütterung, concr. Speise, Futter. *cib-āriu-s* zur Sp. geh., (zum blossen Verspeisen im Hause geh. oder zur Speisung der Dienerschaft =) gemein (*panis cib.* Gesinde- oder Leutebrod), Subst. n. Nahrungsmittel, eine zweite Mehlsorte, Mittelmehl (*secundarium*).

Corssen I. 351. 454. II. 85; B. 156 f. 370. 456; N. 276. 293 f. — C. E. 141. 148. 527. — F. W. 31 f. 347. 351; F. Spr. 67. 306. - 1) B. Gl. 71 b. - PW. II. 62: *kapāla* 1) n. Schale, Schüssel, 2) m. n. Scherbe, 3) m. n. Hirnschale, Schädel, Schädelknochen u. s. w. — F. Spr. 67: *kap* auf- und niedergehen, biegen, heben. — 2) Fick KZ. XXII. 225. — 3) Hehn p. 172. - - 4) B. Gl. 35 a: *āp, c-ap-io, cuius c ad praepositionem pertinere videtur.* - 5) Meyer St. V. 55. - 6) Klotz W. I. 775: „Nach einer schon von Varro ap. Lactant. opif. dei 6. 5 geahnten Etymologie von *capio*, als Fassung des Gehirns. - 7) Vgl. 3). — F. Spr. 122: *kip* bohren: bohrend vom Geschmack. - 8) B. Gl. 93 a: *ca-pillus* = *ka* (*caput*)-*pillus, quasi capitis pilus*. - - F. Spr. 377: *skap* schaben, scheeren. — 9) F. W. 436.

---

2) **KAP, KAMP** auf- und niedergehen, biegen, heben. — Skr. **kamp** zittern; caus. 1) zum Zittern bringen, 2) schwingend,

trillernd aussprechen (PW. II. 7G); **Kamp, Kamb, Khamp** gehen (PW. II. 950 f. 1082). — Siehe **kup.**

kap. — κῆπ-ο-c m. Affe (= *agilis*)[1]) (κῆβος, κεῖπος v. l.).

kamp. — καμπ-ή f. Krümmung, Bug; κάμπ-ιμο-ς gebogen, krumm; καμπ-ύλο-ς id., Subst. f. Krummstab (*lituus*), καμπυλό-ω, (καμπυλ-jω) καμπύλλω ion., καμπυλιάζω krümmen, καμπυλό-τη-ς (τητ-ος) f. Krümmung; κάμπ-η f. Spannenraupe[2]) (die sich durch Zusammen-krümmen fortschnellt; ein grosses Thier in Indien, D. Sic. 371); καμπ-τήρ (τῆρ-ος) m. Biegung, Wendung, Winkel; καμπ-εc: ἀ-καμπ-ής unbiegsam, δυς-καμπής id., εὐ-καμπής schön gebogen. — κοῦφ-ο-c leicht (*levis*), flink, behend (κέμπο-ς· κοῦφος, ἐλαφρὸς ἄνθρωπος, κεμφάς· ἔλαφος; κέμφος Schol. Ar.), κουφό-τη-ς (τητ-ος) f. Leichtig-keit; κουφ-ί-ζ-ω leicht sein, leicht machen, κούφι-σι-ς f. κουφισ-μό-ς m. κούφισ-μα(τ) n. Erleichterung, κουφισ-τ-ικό-c erleichternd (Ggs. βαρυντικός)[3]). — κάμπ-τ-ω (Praes. nicht bei Hom.) beugen, krümmen, bewegen, καμπτ-ικό-ς biegsam; (καμπ-τι-ς) κάμψι-ς f. Bie-gung, Krümmung, (καμπ-το-ς) καμψό-ς gekr., geb. (Hes.), καμψ-ικ-ίζω· βαρβαρίζω Hes. (vgl. eine Sprache radebrechen); καμψί-που-ς den Fuss einknickend, daher zum Falle bringend (νῦν δὲ τρέω μὴ τελέσῃ καμψίπους Ἐρινύς Aesch. Sept. 790 D.); καμψί-ουρο-ς den Schwanz biegend (Hes. σκίουρος); καμπεσί-γυιος Glieder beugend (παίγνια Gliederpuppen).

κναπ, γναπ, γνα-μ-π. — ἀν-έ-κναψαν· ἀνέλυσαν, ἀνέκαμψαν. γνάπτει· κάμπτει. γναφῆναι· κλασθῆναι, καμφθῆναι. ἔγναψεν· ἔκαμψεν, ἔπεισεν. ἐπ-έ-γναψαν· ἐπικατέκλασαν, ἐπέγναμψαν (Hes.); γνάμπτω (ἐκ τοῦ κάμπτω Et. M. 236. 10), poët. von Hom. an, γναμπ-τό-ς gekrümmt, gebogen, γνάμψι-ς f. Biegung (E. M.).

kap. — (*cap-ĕru-s) **capera-re** sich kräuseln, runzeln (vgl. *quid illuc est, quod illi caperat frons severitudine?* Plaut. Epid. 5. 1. 3), *capera-ss-ĕre* (*inrugare, contrahi* Placid. gl. p. 450. M.).

B. Gl. 71 f. ·· C. E. 463. 501; C. V. 1. 235. 8). 238. 1). - F. W. 32 f. 347; F. Spr. 67. 153. — Förstemann KZ. I. 496. 2). — Roscher St. Ib. 111. - Siegismund St. V. 192. 8). — 1) PW. II. 63: *kapí* m. Affe. Vielleicht von *kamp*. — 2) PW. II. 61: *kampaná* f. Wurm, Raupe. Vgl. κάμπη. - 3) B. Gl. 103b: *kṣubh commoveri, agitari; Pottius* apte con-fert κοῦφος, *eiecto š*. - PW. VII. 259: *çubh* leicht hingleiten, dahin-fahren: scheint in κοῦφος enthalten zu sein.

---

* •

1) **KAM** krumm sein, sich wölben[1]).

(*kam-ara:*) καμ-άρα f. Gewölbe, alles mit einer gewölbten Decke Versehene: verdeckter Wagen (τὸ ἐστεγασμένον μέρος τῆς ἁμάξης Poll. X. 52; att. σκηνή), gewölbtes Zimmer, Schlafgemach, Himmelbett, bedeckte Gondel[2]), καμαρ-ό-ω, -εύ-ω wölben, καμάρω-μα(τ) n. Gewölbtes, καμάρω-σι-ς (σε-ως) f. das Wölben; Καμάρα,

Καμάρ-ινα; κάμαρο-c Delphinium; κάμορο-c f. Erle (Hes.); κόμαρο-c m. f. Erdbeerbaum (*arbutus*) Theophr. Diosc., *κόμαρο-ν* die Frucht (auch *μιμαίκυλον* Theophr.); κάμαρο-c (*κάμμαρο-ς*, *κάμμορο-ς*) m. eine Krebsart, Hummer, Meerkrebs (Ath. 7. 306. c), *καμμαρ-ί-ς* (*ίδ-ος*) f. id. (Galen.). — (*kam-ala*, *kam-la*, *κμε-λα*) κμέ-λε-θρο-ν (Pamphil. E. M. 521. 28 ==) μέλα-θρο-ν (vgl. *θύρα*, *θύρε-τρο-ν*) n. der grosse auf Säulen ruhende Querbalken, der die Decke trägt (Od. 8. 729), dessen Kopf aus der Mauer hervorsprang, Dach-gebälk, -gesims, Dach, Haus, Wohnung [3]), *μελαθρό-ω* mit Balken verbinden (LXX).

(*kam-ara:*) **căm-ĕra** (**-ăru**) (== *καμάρα*, Lehnwort?) f. Wölbung, ein überwölbtes pontisches flaches Fahrzeug (*barbari camaras vocant artis lateribus latam alvum sine vinculo aeris aut ferri conexam* Tac. H. 3. 47), *camerā-re* wölben, *camer-āriu-m* (*genus cucurbitarum*, das sich aufwölbt, Ggs. *plebcium* das an der Erde hinkriecht Plin. h. n. 19. 5. 24); *Camer-ia*, *-iu-m*, *-inu-m* (jetzt *Camerino*); Demin. *camel-la* f. Schaale für Flüssigkeiten; **căm-ŭru-s** (*cam-ĕru-s*) nach Innen gewunden oder gewölbt (*et camuris hirtae sub cornibus aures* Verg. G. 3. 55); **cum-ĕra** f., **cum-ĕru-m** n. Kasten für Getreide (*vasa fictilia similia doliis, ubi frumentum suum reponebant agricolae.* Acron.). — *cammaru-s* (auch *gammaru-s*) == *κάμμαρο-ς*, bestimmter *cammarus marinus* — Lehnwort.

C. E. 140. — F. W. 32 f. 347. 436; F. Spr. 68 f. 307. — Hehn p. 351. — 1) Skr. *kmar* krumm sein (PW. II. 471) unbelegt, wohl eine Sekundärbildung. — 2) *καμάρα· ζώνη στρατιωτικη* Hes. == zend. pers. *kamara* f. Gürtel. — 3) *ἀπὸ τοῦ μελαίνεσθαι* E. M., daher *αἰθαλόεις* genannt. — Gegen diese Erklärung auch Döderlein n. 2155.

2) **KAM** sich mühen, ermüden, ruhen. — Skr. I) çam 1) sich mühen, eifrig sein, arbeiten, 2) zurichten, zubereiten. II) çam ruhig werden, befriedigt sein, aufhören, sich legen, erlöschen (PW. VII. 71).

kam. — κάμ-ν-ω[1]) sich mühen, ermüden, ermatten; mit Mühe fertigen, erarbeiten, erwerben (Fut. *κάμ-οῦ-μαι*, Aor. *ἔ-κάμ-ο-ν*, Conj. ep. *κε-κάμ-ω*, Part. *οἱ καμ-ό-ντ-ες* die welche ausgelitten haben, die Todten)[2]); κάμ-α-το-c (vgl. *θάν-α-το-ς*) m. Mühe, Erschöpfung, das mühsam Erworbene, *καματό-ω* ermüden (*κοπιάω* Hes.), *καματηρό-ς* mühselig, beschwerlich; *ἀ-κάματο-ς* (*ἀ-καμ-ής* Schol. Aesch. Prom. 324), *ἀ-κάμ-α-ς* (*-αντ-ος*) unermüdlich; *ἀκαμαντ-ο-λόγχαι* unerm. im Speerkampf (*Σπαρτοὶ* Pind. I. 6. 10), *ἀκαμαντο-μάχαι* unerm. im Kampfe (Pind. P. 4. 171), *ἀκαμαντό-που-ς* unerm. Fusses (*ἀπήνη*, *βροντή*, *ἵπποι* Pind. O. 5, 3. 4, 1. 3, 3), *ἀκαμαντό-χαρμαν* unerm. im Kampfe (*Αἴαν*, eigenthüml. Vocat., Pind. fr. 179). — **kma**: Perf. *κέ-κμη-κ-α*, Part. *κεκμη-ώς*, Theokr. I. 7 *κεκμα-ώς*, Adv. *κεκμηκ-ό-τως* mühsam (Schol. Soph. El. 164); Verbaladj.

κμη-τό-c gearbeitet, mit Mühe verfertigt (πεποιημένα, πεπονημένα Hes.); ἄ-κμητο-ς, ἀ-κμή-ς (-κμῆτ-ος) = ἀκάματος (Il. 11, 802. 15, 697).

B. Gl. 382b. — C. E. 104. — F. W. 32; F. Spr. 119. — Hehn p. 38. — Meyer St. V. 17. — Siegismund St. V. 197. 4). — B. Gl. 98a: *a klam defatigari, confici, eiecto l, nisi, quod Pottius suspicatur, ortum est e kiam (tolerare, perferre, pati) eiecta sibilante;* 394b: *çram defatigari.* — 1) C. E. 104: *kam* momentan gefasst: fertigen, erarbeiten, Med. sich verschaffen, Durativ: ermüden; bezeichnend im Neugriech. — thun: μὴ κάμῃς τό (Cypern) thue das nicht. — 2) Hom. 4mal. — F. W. 32: die Beruhigten, Todten; Nägelsb. zu Il. 3. 278: die welche im Leben gelitten haben; Classen Beob. Il. p. 16: welche der Mühe oder Noth des Lebens erlegen, erschöpft in den Tod gesunken sind; Pape W. s. v.: die Todten, entw. weil sie des Lebens Last u. Mühe getragen und nun ausgelitten haben, oder mit Buttm. Lexil. II. p. 237: die Ermüdeten, Entkräfteten, euphem. für θανόντες; Ameis-Hentze zu Od. 11. 476: die erschöpft niedersanken, die mattgewordenen.

3) **KAM** begehren, lieben; Nebenform **kan.** — Skr. **kam** 1) wünschen, begehren, wollen, 2) lieben, der Liebe pflegen, 3) hoch anschlagen, 4) zur Liebe reizen; Nbf. **ḱan** sich einer Sache freuen, befriedigt sein (PW. II. 72. 937).

kam, kan [1]). — (καν-σι-ς, vgl. ταν-σι-ς τά-σι-ς) κά-cι-c m. f. (der, die Liebe =) Bruder, Schwester (Acc. κάσι-ν, Voc. κάσι, Gen. κάσι-ος Orph. Arg. 1234, Dat. Pl. κασί-εσσι Nic. Th. 345); nach Hes. auch überhaupt = ἡλικιώτης; κασί-γνητο-ς s. W. *gan.* — liebend hegen: κομ-έ-ω besorgen, warten, pflegen[2]); κομ-ί-ζ-ω id.; ferner: den Todten besorgen (Il. 13. 196) indem man ihn aufhebt und wegträgt, daher: davontragen, tragen, bringen (retten, erhalten Pind.); κομιδ-ή f. Sorge, Wartung, Pflege, das Herbeischaffen, Zufuhr, Vorrath, Adv. κομιδῇ (Dat.) mit Sorgfalt, ganz und gar, vollends; κομι-σ-τή-ς m. Geleiter (Bestatter, νεκρῶν Eur. Suppl. 25), κομισ-τήρ (τῆρ-ος) m. id., κομίσ-τρ-ια fem.; κομιστ-ικό-ς pflegend, stärkend, κόμισ-τρο-ν n. Lohn, Dank für die Errettung; ἱππο-κόμο-ς Pferde pflegend, haltend, Subst. Pferdeknecht, ἱπποκομέ-ω Pf. pflegen, halten (übertr. κάνθαρον Ar. Pax 74).

[k]-**am**[3]). — (*[c]amu-s) **ămā-re** lieben, gern haben, Gefallen finden, *Amā-ta* Gemahlin des Königs Latinus (Verg. A. 7. 343); amā-tor (tōr-is) m., -trix (trīc-is) f. Liebhaber, -in, amatōr-iu-s den Liebh. betr., zur sinnlichen Liebe reizend, Subst. amator-iu-m n. Liebesmittel; amā-ti-ō(n) f. das sinnliche Lieben; amā-bili-s liebenswürdig, amabili-tā-s (tāti-s) f. Liebenswürdigkeit; amā-siu-s (= *ama-nt-iu-s) m. Liebhaber, Buhle (Plaut. Cas. 3. 3. 27. Gell. 7. 8), amasi-un-cŭlu-s, -cula (vgl. av-un-culu-s pag. 67) m. f. Liebhaber, -in, Buhl-e, -in; am-ĭcu-s (vgl. pud-ĭcu-s) (älter ameicu-s, woher amecu-s Paul. D. p. 15. 6 M.) Adj. lieb, werth, Subst.

Freund, -in, Demin. *amicŭ-lu-s*, *-la; amicĭ-ti-a* (*amicitic-m* Lucr. 5.
1017) f. Freundschaft, *amicā-rc* zum Fr. machen, besänftigen (Stat.
Theb. 3. 470); Gegensatz: **in-imicu-s**, *in-imicitia, in-imicarc;*
ăm-or (*ōr-is*, Nom. *am-os* Plaut. Curc. 1. 2. 2) m. Liebe, *Amor*
Liebesgott, *amor-ā-bundu-s* liebeskrank (*mulier* Lab. ap. Gell. 11. 15).
— **ăm-oenu-s** liebreizend, lieblich[4]) (*amoena loca dicta Varro ait
ab co, quod solum amorem praestant et ad amanda alliciunt* Isid.
or. 14. 8. 33; *amoena dicta sunt loca, quae ad se amanda alli-
ciant, id est, trahaht* Paul. D. p. 2. 9 M.), *amoeni-ta-s* (*tāti-s*) f.
Liebreiz, Lieblichkeit. — *Am-i-tcr-nu-m* n. alte Stadt im Sabinerlande[5]) (j. *Amatrica*), *Am-ĕr-ia* f. Municipalstadt in Umbrien
(j. *Amelia*), *Ameriŏ-la* Stadt in Latium im Sabinerlande, *Amās-ēnu-s*
(vgl. *umāsiu-s*) m. Fluss in Latium (j. *Amaseno*).

1) C. E. 144; C. KZ. I. 31 f. — F. W. 32: *kam* sich Mühe geben,
merken auf, beachten; Spr. 119: *kam* sich mühen. — 2) Sch. W. s. v.:
Skr. *ksham* tragen = auf sich nehmen, aufnehmen, besorgen, pflegen,
warten. — 3) B. Gl. 71b. — Corssen KZ. III. 263; B. 1. — Kuhn KZ.
VIII. 68. — Leo Meyer KZ. V. 380. — Corssen I. 115: *ap-mo ap-mā-re*
Anknüpfung machen, anziehen, an sich schmiegen, begehren, lieben;
W. *äp ap-ĕre*. — Ebel KZ. XIII. 239: *amare* = *emcre; emere* nehmen,
amare nehmen wollen. — 4) Misteli KZ. XIX. 123: ein Part. Fut. Pass.
= *amanja;* nur ist die Zusammenstellung mit altind. *kam* nicht sicher.
— Curtius Erl. zu m. gr. Sch. pg. 74: *ἀμείνων amoenus* eine Vergleichung,
die keineswegs unwahrscheinlich ist. Dazu Ebel KZ. III. 135: höchst
beachtenswerth, wiewohl nicht über allen Zweifel erhaben. — 5) Klotz
W. s. v.: von *am* (*ambi*) und *Aternus* nach Varro l. l. 5. 28. p. 11. M.

---

1) **KAR** thun, machen, schaffen. — Skr. **kar** Etwas
machen in der weitesten Bedeutung: vollbringen, ausführen, bewirken, verursachen, zu Stande bringen, anfertigen, bereiten, veranstalten, begehen u. s. w. (PW. II. 80, Bedeutung 1—27).

kar, kal. — (*καρ-ιο*) καιρό-c m. (vgl. Skr. *kār-ja facien-
dus*) Zeit (χρόνος, worin etwas geschehen muss, die zu etwas bestimmte, geeignete Zeit, die rechte Zeit, Zeitpunkt)[1]); καιρ-ιο-ς
(mit zweifachem *ι*) zu rechter Zeit, schicklich, treffend, den rechten
Fleck oder am rechten Orte treffend (καιρία πληγή tödtlicher Streich,
Hom. nur Neutr., καίριον gefährliche Stelle für tödtliche Wunden);
ἀ-καρής unvollendet, schwach, gering[2]). — Κρ-όνο-c (= Skr. *kār-ana-*
machend, bewirkend) der Bewirkende, *Perficus*, Sohn des Uranos und
der Gäa[3]), Κρόν-ιο-ν n. Tempel des Kr., Berg in Elis bei Olympia
mit einem Tempel des Kr., Κρόν-ια n. Pl. Fest des Kr. (Dem. 24. 26),
die röm. Saturnalien (Luc. Plut.); Κρον-ίων (hom. *ἴων-ος, ἰον-ος*),
Κρονί-δη-ς Sohn des Kr., Zeus[4]). — (*κηλο-c* anthuend) κηλέ-ω
anthun, anhaben, bezaubern, besänftigen (durch Musik, Gesang,
Zauberei), bethören, täuschen[5]) (κηλαίνω· θέλγω Hes.), κηλη-τή-ς

κηλέ-σ-της m. der Bezaubernde, κηλη-τήρ-ιο-ς bezaubernd, besänftigend, κήλη-σι-ς (σε-ως) f. κήλη-μα(τ) n. κηλη-ϑ-μό-ς m. Bezauberung, κήλη-τρο-ν (Hes.) κήλη-ϑρο-ν n. Bez.mittel, κηλη-δόν-ες durch süssen Gesang bez. mythische Wesen (Pind. fr. 25). — (kar-k[ar]:) καρ-χ-ή-ματ-α· ϑέλγητρα Hes.

kra. — αὐτο-κρά-τωρ (τορ-ος) m. Selbstherrscher (der röm. Kaiser, Sp.), αὐτοκρατορ-ία f. Selbstherrschaft, αὐτοκρατορ-ικό-ς zur S. geh., αὐτοκρατορ-ί-ς (ιδ-ος) f. Residenz des S. (Jos.), αὐτοκρατορ-εύ-ω S. sein oder werden (D. Cass.). — ναύ-κρᾱ-ρο-c (durch Dissim. ναύ-κλᾱ-ρο-ς Hes.) einer der ein Schiff bauen lässt, baut (vgl. Caes. classem facere eine Flotte bauen), ausrüstet, stellt, ναυκραρ-ία f. das Bauen, Ausrüsten, Stellen eines Sch., also die Leistung der betreffenden Abtheilung des Volkes, der der ναυκραρ·ίς vorstand (den späteren συμμορίαι entsprechend), dann übertr. der Name der Abth. selbst[6]). — κρέ-ων (οντ-ος) m. Herrscher (Pind.), Κρέων König in ·Korinth, Schwiegervater des Iason; Sohn des Menoikeus, Bruder der Iokaste, K. in Theben; Vater des Lykomedes; κρε-ί-ων (Präsensbildung mit ι) m. (κρε-ι-ο-ντ-ja) κρείουσα ion. poet. = κρέων; Κρείων; εὐρυ-κρείων weitherrschend[7]) (nur Nom., Hom. Ἀγαμέμνων 11mal Il., Od. 3. 248, Ποσειδῶν Od. 11. 751; vgl. late tyrannus Hor. c. 3. 17. 9, late rex Verg. A. 1. 21).

kar-t. — καρτ-ύνω ep. = κρατ-ύνω; καρταίνω· κρατέω Hes.; καρτάζομαι· κρατύνεσθαι Hes.; κάρτ-ος n. ep. = κράτ-ος; κάρτα Adv. stark, sehr (bes. ion. poet.); καρτ-ερό-c = κρατ-ερό-ς; κάῤῥων dor. (= καρτ-jων) = κρείσσων, κάρτ-ιστο-ς ep. = κράτ-ιστο-ς.

kra-t. — (κρατ-ες) κράτ-ος (ε[σ]-ος) n. Stärke, Kraft, Gewalt, Herrschaft, Obergewalt, Sieg; κρατέ-ω Stärke u. s. w. haben, herrschen, beherrschen, besiegen, übertreffen, κράτη-σι-ς f. das Beherrschen, κρατή-τωρ (τορ-ος) m. Herrscher, κρατη-τή-ς m. festhaltend, κρατητ-ικό-ς zum Festh., Ueberwältigen geschickt (νίκη δύναμις κρατητικὴ περὶ ἀγωνίαν Plat. defin. 414 л). — κρατ-ύ-c (= κρατερός, Hom. nur κρατὺς Ἀργειφόντης); Κρατύ-λο-ς Schüler des Heraklit, Lehrer des Plato; κρατύ-νω stärken, kräftigen, Gewalt haben, herrschen, κρατυν-τήρ (τῆρ-ος) Bewältiger (Hes.), κρατυν-τήρ-ιο-ς zum Bew. geschickt; κρατυ-σ-μό-ς m. Kräftigung (Hipp.). — κρατ-αιό-c poet. = κρατερό-ς, κραταιό-ω stark machen (N. T. Eccl.), κραταιό-τη-ς (τητ-ος) f. Stärke (LXX); κραται-ΐ-ς f. Uebergewicht, Wucht (Od. 11. 597), Κραταιΐς die Gewaltige, Mutter der Skylla (Od. 12. 124). — κρατ-ερό-c stark, gewaltig; (κρετ-jων) κρέccων (neuion. dor.) κρείccων (Comp.); κράτ-ιστο-ς (Sup.) stärker, gewaltiger, tüchtiger, der stärkste u. s. w. (Gegensatz ἥσσων); κρεισσό-τεκνος besser, vorzüglicher als die Kinder, die verflucht werden (von Oedipus Aesch. Sept. 783: πατροφόνῳ χερὶ τῶν κρεισσοτέκνων ὀμμάτων ἐπλάγχθη· τέκνοισιν δ᾽ ἀρὰς ἔφηκεν)[8]):

kra-n. — (κραν-jω) κραίνω in's Werk setzen, vollbringen,

vollführen; walten, schalten, beherrschen (Aor. ἔ-κρην-α, Imperat.
κρῆνον Od. 20. 115, Inf. κρῆναι Od. 5. 170, Fut. κρανεῖσθαι Il.
9. 626); hom. (κραjαν That, also Denomin. κραjαν-jω) κραιαίνω id.
(Impf. ἐ-κραίαινε Il. 5. 508, Aor. ἔ-κρηην-α, Imperat. κρήηνον,
κρήηνατε, Inf. κρηῆναι Il. 9. 101, Perf. κε-κράαν-ται, Plusqu. κε-
κράαν-το); κραν-τήρ (τῆρ-ος), κράν-τωρ (τορ-ος) m. Vollender, Herrscher (κραντήρ auch der hinterste, die Zahnreihe vollendende Back-
zahn Arist. h. a. 2. 4), κραντήρ-ιο-ς vollendend, bewirkend (Hes.).

kar, kal. — Cĕru-s *manus* (*intelligitur in carmine Saliari
creator bonus* Paul. D. p. 122.‘ 4) == der wohlgesinnte Schöpfer
(*duonus Ceru-s*, Varr. fragm.), Bein. des Ianus; Cĕr-ēs (*ĕr-is*)
(statt *Cer-us*, vgl. *Ven-us* und *Cer-us-es* Schöpfer im C. S.) == die
schaffende d. i. die altital. Göttin des Getreidebaues und der Feldfrüchte (*a creando dicta* Serv. ad Verg. G. 1. 7)[9]), *cerc-āli-s* zur
Ceres geh., *Cereāli-a* n. Pl. Ceresfest am 19. April; pro-cĕru-s her-
vorgewachsen, aufgew., schlank, hervorragend, langgestreckt[10]),
Dem. *procĕrŭ-lu-s* (App. flor. 2. p. 351. 8), *proceri-tā-s* (*tāti-s*) f.
hoher Wuchs, Schlankheit u. s. w; (*cacrĭ- cacrĕ- cēri-mōnu-s*)
caerĭ-mōn-ia (wegen *ac* vgl. σηκός *saepio*) (Nom. Pl. n. *-mōnia*
Or. inscr. 3188) f. religiös feierliche Handlung, öfter Pl. heilige
oder Religionsgebräuche[11]), *cacrimoni-ōsu-s* voll heil. Verehrung (*dies
Amm. 22. 15). — Gar-anu-s (statt *Car-*, vgl. *Recaranus* bei Aur.
Vict.) == wirksam, kräftig; der urspr. Name des starken Hirten,
welcher den *Cacus* überwältigte[12]). — (*kar-man* Gewächs, Wuchs,
Leib:) ger-men (*mĭn-is*) (statt *cer-*, vgl. *Cermalus Germalus*) n.
Gewachsenes == Spross, Keim[13]), (*germin-u-s*) *germinā-re* sprossen,
keimen, *germinā-tu-s* m., *-ti-ō(n)* f. das Spr., K.; germ-anu-s (vgl.
homon, hum-ānŭ-s) leiblich, Subst. leibl. Bruder, Schwester; übertr.
brüderlich, leibhaftig, echt, wahr, wirklich (Superl. *germanissimus
Stoicus* Cic. Acad. pr. 2. 43. 132). — cal-v-i (vgl. κηλέω pag. 118;
vol- v-ĕre wegen .*v*) Depon. zu täuschen suchen, Ausflüchte machen,
Ränke schmieden (*si calvitur pedemve struit, manum endo iacito*
XII tab. ap. F. p. 313. 6), täuschen, berücken[5]); (*calv-o-meno-s
*calu-o-meno-s *calū-meno-s *calū-mnu-s*) călŭmn-ia (urspr. wohl
Zauberworte, um Jemand zu schädigen, ausgesprochen, dann: Verleugnung des wahren Sachverhaltes gegen die bessere Ueberzeugung) Verdrehung, Rechtsverdrehung, verläumderische Anklage,
calumniā-ri durch Verleugnung der Wahrheit beeinträchtigen, das
Recht verdrehen u. s. w., *calumniā-tor* (*tōr-is*) m. Beeinträchtiger
durch Verl. der W., Rechtsverdreher, *calumni-ōsu-s* ränkevoll.

kar-p. — cŏr-p-us (*ŏr-is*) n. Körper, Leib, Körperschaft[14]),
Demin. *corpus-cŭlu-m* n., (*corpor-u-s*) *corporā-re* mit einem L. versehen, zu einem K. machen, *corpor-eu-s*, *-āli-s* körperlich, zum K.
geh., *corpŏr-ōsu-s*, *corpŭ-lentu-s* (st. *corpus-lentu-s*) wohlbeleibt.

kra. — (St. *kraja̅, creja̅:*) creā-re schaffen, erzeugen, be-

reiten, verursachen, *creā-tor* (*tŏr-is*) m., *-trix* (*trīc-is*) f. Erzeuger,
-in, *creā-ti-ō*(*n*) f. Erzeugung, Erwählung (*magistratuum* Cic. legg.
3. 3. 10), *creā-tūr-a* f. Schöpfung (concr. *caelum et omnis creatura*
Tert. apol. 30), Creatur, Geschöpf (Eccl.); **crĕ-sc-ĕre** (Inchoat.
zu *creo; crē-vi, crē-tum*) hervorwachsen, entstehen, gross werden,
crescent-ia f. das Wachsen (Vitr. 9. 9); **in-crĕ-mentu-m** n. Wachsthum, Zunehmen, Demin. *incrementŭ-lu-m* (App. Met. 5. p. 164. 18);
(*crē* + *vāra*) **crē-bĕr** (*-bra, -bru-m*) ausgedehnt = häufig, dicht,
gedrängt [15]), Inchoat. *crebre-sc-ĕre* h. d. g. werden, sich wiederholen, *crebri-tā-s* (*-tāti-s;* zweif. *-tūdo* Sis. ap. Non. p. 91. 30) f.
Häufigkeit u. s. w.

B. Gl. 73a. — Corssen I. 473; B. 342. 407; KZ. IX. 151. — C. E.
154. 669; C. de n. gr. f. 48. 198). — F. W. 33 f. 203. 348; F. Sp. 69.
— Grassmann KZ. XVI. 174 f. — Maurophrydes St. VII. 346 ff. —
Siegismund St. V. 146. 5). 149. 10). 172. 84). — F. W. *skar* machen
(eig. wie *tak, trak* schneiden, hauen, zurechthauen), europ. *kar* und
mit *skar* scheeren, schneiden, spalten, scharren identisch. — 1) C. E.
110: Grundbegriff „Wandelbarkeit". — Kuhn KZ. XI. 320, Pott KZ. IX.
175*): *kar* gehen. — 2) Düntzer KZ. XIII. 15 f. — 3) PW. II. 445:
kona m. der Planet Saturn aus dem griech. Κρόνος. — Ebenso: G. Herm.
„der Vollender"; Preller gr. M. I. 44. — 4) C. E. 627 f.: Κρον ίων ist
nur ein um das amplific. Suffix *-ων* (*-ον*) vermehrtes Κρόν-ιο-ς (vgl. οὐ-
ράν-ιο-ι, οὐραν-ί-ων-ες). — 5) Bechstein St. VIII. 395. — Brugman St.
VII. 346. — Bugge St. IV. 331. — F. Spr. 79. — Corssen I. 522, II.
172; B. 450: *skar* verletzen, verstümmeln, schädigen. — 6) Meyer St.
VII. 177 ff. — 7) B. Gl. 101b: *kši dominari, ευρυκρείων* = *urukšája.*
— 8) Meyer St. V. 15. — 9) Max Müller KZ. XVIII. 211: Nebenf. zu
sarad Skr. Herbst, d. i. die reifende oder kochende Jahreszeit. —
10) B. Gl. 74b: *quod etiam ad karš trahi potest, unde prakršta longus.*
— 11) Corssen I. 376*): *skir*, Nebenf. zu *skar* heilige Handlung, von
kar ist ae nicht zu erklären. — F. Spr. 80 f.: *ki* ehren: *cae-ri-monia*
Ehrfurcht. — 12) Grassmann KZ. XVI. 175. — 13) F. W. 1073; KZ.
XX. 165 f. — B. Gl. 147b: *ǵan-man origo: ger-men, quod iam Vossius
a geno deduxit, mutato n in r, sicut in ger-manus.* — Corssen I. 799;
N. 236: *garbh* = *gerb-men* Fruchtkeim, *gerb-mano* dem Mutterleib entsprossen; mit *frater, soror:* leiblich, echt; B. 405: *gar* wachen, caus.
beleben; der Spross oder Keim als der Lebendige. — 14) Schweizer KZ.
III. 342 — vgl. Skr. *krp* f. (nur Instr.) schönes Aussehen, Schönheit; Schein
(PW. II. 405). — 15) Aufrecht KZ. VIII. 215. — Corssen B. 356: (*-bhar:*
Wachsthum, Mehrung, Häufung bringend). — Savelsberg KZ. XXI. 137.

---

2) **KAR** gehen, sich bewegen, schüttern; transit. begehen, betreiben, treiben, pflegen. — Skr. **k̓ar** 1) sich
regen, bewegen u. s. w., 2) durchwandern u. s. w., 3) verfahren,
behandeln u. s. w., 4) leben, sein, sich befinden, 5) an Etwas
gehen, üben, treiben u. s. w. — **k̓al** 1) in Bewegung gerathen,
sich rühren u. s. w., 2) sich fortbewegen, 3) sich in Bewegung
setzen, aufbrechen u. s. w. (PW. II. 952. 978).

kar, kal. — κελ: κέλ-ο-μαι in Bewegung setzen, antreiben, ermuntern[1]) (Aor. *ἐ-κέ-κλ-ετο, κέ-κλ-ετο, κε-κλ-όμενος*, dor. *κέν-το* st. *κελ-το* Alcm. fragm. 141; St. κελε: Fut. *κελή-σομαι*, Aor. *κελή-σατο* Pind. Ol. 13. 80 D.)[2]); κέλ-η-ς (*ητ-ος*) m. Renner, Rennpferd, schnellsegelndes Jachtschiff, Demin. *κελήτ-ιο-ν* n. kleines Jachtsch., *κελητ-ίζω* (*κελετιάω* Hes.) reiten, wettreiten; κλ-όνο-ς m. heftige Bewegung, Gedränge, Verwirrung, *κλονέ-ω* (nur Präsensst.) in heftige Bew. setzen, scheuchen, jagen[3]). — (*κελ-jω*) κέλ-λω treiben, bewegen, anfahren, landen (Hom. Aor. *κέλ-σαι* Inf., *κελσάσῃσι νηυσί* Od. 9. 149), in att. Prosa häufig ὀ-κέλλω (*ἀνα-, ὀν-* in äol. Weise?)[4]). — (*κιλλω = κέλλω*:) κίλλ-ουρο-ς m. Wackelschwanz, Bebsterz, Bachstelze (*motacilla*) (*σεισιπυγίς* Hes.). — (κελ-εϜ) κελ-εύ-ω antreiben (*μάστιγι* Il. 23. 642), auffordern, gebieten; Frequ. *κελευ-τι-ά-ω* (nur *κελευτι-όων* ep. st. *-ῶν* Il. 12, 265. 13, 125); *κελευ-σ-τή-ς* m. Taktgeber der Ruderer, Befehler, *κελευστ-ικό-ς* befehlerisch; *κελευ-σ-μό-ς* m. *κέλευσι-ς* f. *κέλευ-σ μα(τ) κέλευ-μα(τ)* n. Befehl (*κελευ-σ-μο-σύνη* Her. 1. 157); κέλευ-θο-ς (hom. Pl. *κέλευθα*, selten *κέλευθοι*) f. Pfad, Weg, Bahn[5]), *κελεύθε-ιο-ς* zum W. geh., *Κελευθεία* Bein. der Athene (Paus. 3. 12. 4); *ἱππο-κέλευθο-ς* den Weg zu Rosse machend, Wagenkämpfer, Bein. des Patroklos (Il. 16, 126. 584. 839); ἀ-κόλουθο-ς (*ἀ* copul.; *κελευθο: κολουθο = ἐλεύσομαι: εἰλήλουθα*) m. den Weg zusammen machend = Begleiter, Diener, Adj. woraus folgend, damit übereinstimmend, *ἀκολουθέω* mit Jemand einen Weg machen, begleiten, folgen, übereinstimmen, *ἀκολουθ-ία, ἀκολούθη-σι-ς* f. *-μα(τ)* n. Nachfolge, *ἀκολουθη-τ-ικό-ς* gern folgend. — κολ: κόλο-ν, κῶλο-ν n. Bein, Fuss, Glied; *κολεῖν· ἐλθεῖν. ἔξω κόλον· ἐξῆλθον* Hes.; δύς-κολο-ς schwer zugänglich, schwierig, mürrisch, unzufrieden, *δυσκολ-ία* f. Schwierigkeit u. s. w., *δυσκολ-αίνω* unzufrieden sein; εὔ-κολο-ς leicht zugänglich, leicht, gutmüthig, *εὐκολ-ία* f. Leichtigkeit u. s. w.[6]); (χορο, κολο begehend = bedienend, pflegend, weidend[6]): *cιο-κόρο-ς* (lakon.)· *νεω-κόρο-ς*, *θεο-κόρο-ς. θεραπευτὴς θεῶν* Hes.; αἰγι-κορ-εύ-ς Ziegenhirt[7]) (*Αἰγικορεῖς* eine der vier alten Phylen in Athen: *Γελέοντες* [dunkles Wort], *Αἰγικορεῖς* Ziegenhirten, Hirten, *Ἀργαδεῖς* Landbauer, *ἄργον = ἔργον, Ὁπλῆτες* Zeug- oder Geräthemacher, Her. 5. 66); θεη-κόλο-ς (elisch) Priester (*= deos colens*), *θεη-κολε-ών* (*ῶν-ος*) m. Priesterwohnung (Paus. 5. 15. 10), *θεο-κολέω* Priester sein (Inscr.); βου-κόλο-ς m. Rinderhirt, Hirt[6]), *βουκολέ-ω* R. weiden, hüten, nähren, übertr. lindern, besänftigen, *βου-κολ-ία* f., *-κόλ-ιο-ν* n. Rinderheerde, *βουκολικό-ς* den Hirten betr., *τὰ β.* (n. Pl.) Hirtengedichte, *Βουκολί-ων* (*ων-ος*) Sohn des Lykaon, des Laomedon, des Holaias, *Βουκολί-δη-ς* Sohn des *Βούκολος*. — κόλ-αξ (*ἄκ-ος*) m. Schmeichler, Schmarotzer[8]), *κολακ-εύ-ω* schmeicheln, *κολακ-ε-ία* f. Schmeichelei, *κολακευ-τ-ικό-ς, κολακ-ικό-ς* schmeichlerisch. — κόρ-ι-ς (*ι-ος*, att. *κόρε-ως*) m. Wanze.

(kal) kval. ⚭ πελ: πέλ-ω, -ο-μαι in Bewegung sein, sich regen, bewegen; sein, Statt finden, sich befinden (*versari, locum habere*); werden (nur Präsensst. hom. πέλει, Impf. πέλ-ε-ν, ἔ-πλ-ε, ἔ-πλε-ο, ἔ-πλεν, ἔ-πλ-ε-το, Iterat. πελ-έ-σκ-εο Il. 22. 433). — πολ: πόλ-ο-ς m. Pol, Punkt, Achse, Angel[9]) (um d. sich etwas dreht); umgewendetes, umgepflügtes Land (Xen. Oec. 18. 8, vgl. πόλος· ἡ μεταβεβλημένη γῆ εἰς κατασποράν Hes.); -πολο-ς (= κολο-ς)[10]): αἰ-πόλο-ς (= ἀϝι-πολο-ς) Schaafhirt[11]); ἀμφί-πολο-ς f. Dienerin, Zofe (geehrter als die δμωαί und δοῦλαι); βου-πόλο-ς Ochsenhirt Hes.; θαλαμη-πόλο-ς im Schlafgemach dienend, Kammerfrau (Od. 7, 8. 23, 293), später die die Frauengemächer bewachenden Eunuchen; ἱππο-πόλο-ς Rosse tummelnd (Bein. der Thraker, nur Il. 13, 4. 14, 227); οἰο-πόλο-ς Schaafe weidend (von Hermes, h. M. 314); weilend: ἀκρο-πόλο-ς hoch weilend, hochragend, hoch (Il. 5. 523. Od. 19. 205), οἰο-πόλο-ς einsam seiend, einsam, öde (Hom. χῶρος, σταθμός, οὔρεα; Pind. P. 4. 28: δαίμων); πολέ-ω umdrehen, umwenden (γῆν), sich aufhalten, bewohnen (νῆσον Aesch. Pers. 229), πολή-σι-ς f. Drehung, Wendung (περὶ τὸν οὐρανόν Plat. Crat. 405. c); πολ-εύ-ω = πολέω (γῆν, κατὰ ἄστυ); αἰ-πολέω Schaafhirt sein, ähnlich: ἀμφι-πολέω, θαλαμη-πολέω, θεο- oder θετη-πλέω ein Priester sein. — (*πώλο-ς, vgl. πώλη-ς Verkäufer Ar. Equ. 131. 133) πωλέ-ω, -ο-μαι verkehren, häufig wohin kommen (*versari*), Waare umsetzen, handeln[12]), πωλη-τή-ς m. Verkäufer, Verpachter, πώλη-σι-ς (πωλή Hyperid. Sophr. bei Phot.) f. Verkauf, πώλη-μα(τ) n. Handelsgegenstand, ἀμ-πώλημα (tab. Her.) *re-venditio*[13]), πωλη-τ-ικό-ς den Verkauf betreffend, verkaufend; σπερμ-αγοραιο-λεκιθο-λαχανό-πωλι-ς (ιδ·ος) f. Sämereien-markt-hülsenfrucht-gemüse-händlerin (Arist. Lys. 457)[14]).

. kar + kar. — kar + k[ar]: καλ-χ-αίνω in heftiger Gemüthsbewegung sein, sorgend nachdenken (vgl. καλχ-αίνεται· φροντίζει, ταράττεται Hes.); κερ-κ-ί-ς (ιδ-ος) f. eine Pappelart, Zitterespe. — ka[r] + kar: κί-κελ-ο-ς· τροχός Hes. — ka-n + kar: κί-γ-καλ-ο-ς, κί-γ-κλ-ο-ς m. ein Wasservogel, der den Schwanz hin' und her bewegt, wie die Bachstelze (ὄρνεον πυκνῶς τὴν οὐράν κινοῦν Hes.); κιγκλί-ζ-ω (κιχλίζειν Hes.) oft schnell hin und her bewegen, wie der Vogel κίγκλος, κιγκλι-σ-μό-ς m. schnelle Bewegung (Hippocr.)[15]).

kar, kal. — cal: cal-li-s (= *cal-ni-s) com. Bergpfad, schmaler Bergsteig. — cel: cĕl-ĕr (m., -ĕri-s f., -ĕre n., Gen. cĕl-ĕri-s) vorwärts eilend, schnell, geschwind, hurtig, rasch, *Celĕr-es* älteste Benennung der röm. Ritter, bes. als Schutzwache der Könige (Celer ihr Anführer und Mörder des Remus), cĕlĕri-tā-s (tāli-s) f. Geschwindigkeit u. s. w., (*celĕru-s) celerā-re schnell eilen, schnell machen, beschleunigen; cĕl-o.r (ōci-s) f. Schnellsegler, Jacht, Jachtschiff; -cello (= κέλλω): re-cellĕre zurückschnellen, zurückbiegen;

prŏ-cĕlla f. Sturmwind (als vorwärts treibender), *procell-ōsu-s* stürmisch; **prŏ-cul** Adv. vorwärts getrieben, weit vor, weit, fern;
cĕlĕ-bĕr (*-bri-s*, *-brc*; vgl. *crĕ-bcr*) stark und oft betreten, viel
besucht, volkreich, verbreitet, gefeiert, *ccĺebrĭ-ta-s* (*tāti-s*) f. zahl-
reicher Besuch, festliches Begehen, Volksmenge, das Gefeiertsein,
(**celebru-s*) *ccĺebrā-re* zahlreich besuchen, festlich begehen, feiern,
ccĺebrā-ti-ö(n) f. zahlreiches Bes. u. s. w., *celĺebrā-tor* (*tŏr-is*) m. Ver-
herrlicher (Mart. 8. 78), *celĺebre-sc-ĕre* verbreitet, bekannt werden
(Acc. ap. N. pag. 89. 15)[16]. — **col: cŏl-ĕre** (*cŏl-ui*, *cul-tu-s*)
(altl. *quol-ĕre*) begehen (vgl. *agrum colĺere*), betreiben, bearbeiten,
bewohnen, wohnen, pflegen, hochhalten, ehren[17]; **cŏl-ōnu-s** m.
Ackerbauer, Landwirth, Ansiedler, *colŏn-ia* f. Feldmark, Pflanzer-
schaft, Pflanz-stadt, -ort, Colonie, *Colōnia* (*Agrippinensis* u. s. w.),
colon-ĭcu-s die Landwirthschaft betr., zur Col. geh.; **cul-tu-s** (*tŭs*)
m. Bearbeitung, Pflege, Erziehung, Tracht, Lebensweise, Sitte, Bildung, Verehrung, *cul-tor* (*tŏr-is*) m. *-trix* (*trĭc-is*) f. Anbauer, Bewohner, Pfleger, Erzieher, Verehrer (-in), *cultūr-a* f. = *cultus*, Cultur;
-cŏla: ac-cŏla m. Anwohner; *agri-cŏla* m. Landbebauer, Landmann,
Agricola, *agricolā-ri* den Ackerbau technisch betreiben, *agricolā-ti-ö(n)*
f. Landbau als techn. Wissenschaft; *in-cŏla* m. f. Bewohner, Einwohner, -in, (*incolā-re* Tertull.), *incolā-tu-s* m. das Wohnen des
Insassen an einem Orte als Mitbürger (Dig. 50. 1. 34; metaph.
spiritus sancti Tert.); **in-quĭl-īnu-s** der aus der Fremde gekommene
Ansiedler, der nicht das volle Bürgerrecht besass, Insasse, Mieths-
mann, Hausgenosse, *inquilinā-re* (Gloss. Philox.) Einwohner sein;
(**ex-cŏla* der ausserhalb wohnende) **Ex-quil-iae** (*Es-quil-iae;* vgl.
sexcenti sescenti) ausserhalb gelegene Wohnstätten, der grösste der
Hügel, auf denen Rom gebaut war, früher ein Begräbnissort,
Ex-, *Es-quil-iu-s*, *-īnu-s*, *-ārius* .exquilisch; (*kala-vara* vgl. *crĺe-ber*,
cele-ber) **cŏlŭ-ber** (*bri*) m. poet., *-bra* f. Schlange (als gehende,
kriechende, vgl. *serpens*)[18], Schlangenhaar (der Medusa, Furien
u. s. w.), *colubr-īnu-s* schlangenartig, listig (*ingenium* Plaut. Truc.
4. 3. 6), *Colubr-āria* f. Schlangeninsel, eine der balear. Ins. —
St. *cara:* (*kara-ska*) **cŏru-scu-s** beweglich, schwankend, zitternd,
zuckend, blitzend (*-m* Subst. n. Blitz, Venant. 3. 4), *coruscā-re* schnell
bewegen u. s. w. — (*kar, kvar, kvor-*) **cur: (***cur-jcre*) **cur-rĕre** (*cu-
curri*, alt *cc-curri* Gell. 7. 9, *cur-su-m* st. *cur-tu-m*) sich schnell bewegen, laufen, eilen; *cur-su-s* m. das Laufen, Lauf, Gang, *cursor*
(*sŏr-is*) m. Läufer, *cursōr-iu-s* zum Laufen geh. (*navis -ia* Jachtschiff),
cursi-ō(n) f. (Varro l. l. 5. 1. 6), *cursūr-a* (Plaut.) = *cursus*,
cursi-m schnell, eilends; Frequ. *cur-sā-re* (st. *cur-tā-re*), *cursi-tāre*
(st. *curti-tare*) hin und her laufen; **cur-ru-s** (*ŭs*) m. Wagen, Streit-,
Triumph-wagen[19]; **curn-li-s** (statt *currū-lis* nach alter Weise)
zum W. geh., auf dem W. sich befindend, (*sella*) c. Wagenstuhl =
Amts- und Ehrensessel der Könige, Consulen, Prätoren und Curul-

ädilen, des Ehrensessels theilhaftig, Curul — (*curules magistratus appellati sunt, quia curru vehebantur* Paul. D. p. 49); Demin. *curriculu-m* n. Lauf, Wettlauf, Laufbahn, concret: Wagen. — **kra:** (*kra-vas, cro-vos*) **crus** (*crūr-is*) n. das Gehende = Schenkel, Schienbein, Demin. *crus-cŭlu-m* n.[20]).

kar + kar. — quer-quĕr-u-s, quer-cĕr-u-s schüttelnd, schaurig, fieberschaurig (*querqueram frigidam cum tremore a Graecis* κάρκαρα *certum est dici* Paul. D. p. 256).

B. Gl. 77 f. 134 a. — Brugman St. VII. 288 f. — Corssen II. 156. 158, 1023 f.; B. 307. 310. 380 f.; KZ. XI. 417. — C. E. 63. 146. 463 f. 716. — F. W. 33 ff.; Spr. 76. 186. 309. — Savelsberg KZ. XXI. 128. — Siegismund St. V. 200. 82). — 1) Doch auch rufen (bei Hom. mit Dativ, wie die andern Verba des Rufens), ausserdem = unrufen, nennen noch Aesch. Ag. 1090, Soph. OR. 169, Pind.; daher κέλομαι zu καλέω und κέλλω zugleich gehörig. — 2) C. V. I. 189. 35). 382. 17). — 3) Siegismund St. V. 163. 59). — F. W. 51: *krau* häufen = κλοϝ-νο-ς. — 4) C. V. I. 301. 8). — 5) Ellendt 3 hom. Abh. pg. 49: „κέλευθος, κέλευθοι bezeichnet einen bestimmten, vorgezeichneten Pfad, Weg; κέλευθα Weg durch Luft und Meer, Strich, Bahn". — 6) Ascoli KZ. XII. 434: δύσ-, εὔ-κολος schwer, leicht zu bewerkstelligen; schwer, schwierig, mürrisch; leicht, anspruchslos: *kar* thun; βου-κόλο-ς u. s. w.: *kal* antreiben. — 7) F. Spr. 69: *kar* sättigen, füttern. · 8) F. W. 33: Skr. *kāraka* Diener (PW. II. 992: Adj. handelnd, zu Werke gehend, Subst. Späher, Kundschafter, Treiber, Hüter). — 9) C. E. 705. — M. M. V. I. 348. 8). — 10) Corssen I. 426: *pa-l* schützen, nähren; ebenso F. W. 123. 464. 1063: *pa* hüten, schützen. — 11) G. Meyer St. VIII. 120 ff. — 12) F. W. 375; Spr. 339: *par* eintauschen, handeln. — 13) Meister St. IV. 453. — 14) G. Meyer KZ. XXII. 21. — 15) Fritzsche St. VI. 315. — 16) Corssen B. 368: *kru* κλέ-ος, κλέ-ειν; cělĕ-ber Ruf tragend, daher „berühmt". Nur lässt sich nicht mit Sicherheit entscheiden, ob *cele-* einer Nominaloder Verbalbildung angehört. — 17) Ascoli KZ. XII. 432 f.: *kar* thun; vgl. 6). — 18) Savelsberg KZ. XXI. 128. — 19) Corssen B. 404: *kars* ziehen. — 20) Ascoli KZ. XVI. 213. — Misteli KZ. VII. 191. — Schweizer-Sidler KZ. XVI. 141. — B. Gl. 131 f.: *car ire, incedere; crus etiam radice cohaerere videtur, eiecto a radicali.*

---

3) **KAR** ragen, sich erheben. — Identisch mit 2) **kar:** treiben, emportreiben (emporgetrieben = ragend, sich erhebend).

kar. — St. καρ n. Haupt, Kopf; καρ-ϝατ: N. κάρ-η (st. καρ-ητ), verkürzt κάρ (nur Il. 16. 392: ἐπὶ κάρ auf den Kopf, kopfüber), G. κάρητ-ος, D. κάρητ-ι; καρ-ας: D. κάρᾳ, N. Pl. κάρᾱ; (καρασ-ϝατ) καρηϝατ: G. καρή-ατ-ος, D. καρή-ατ-ι, N. Pl. καρή-ατ-α; (καρασ-ϝατ, καρα-ϝατ, καρ-ϝατ) κρᾶ-ατ, κρᾱτ m. N. κρᾱς (Gramm.), G. κρᾱατ-ος, κρᾱτ-ός, D. κρᾱατ-ι, κρᾱτ-ι, A. κρᾱτ-α, Pl. G. κρᾱτ-ων, D. κρᾱ-σί; κρατ-ες: κρᾱτ-εσ-φι unter den Häupten (Il. 10. 152. 156); (καρα:) κατά-κ[α]ρη-θεν und κατὰ κρῆ-θεν über den Kopf herab, von oben her, übertr. von oben bis unten, ganz und gar, durch und durch (Τρῶας κατὰ κρῆθεν λάβε πένθος Il. 16. 548);

(καρ-υτ, καρ-υς) κρ-υ(ς): ἀντι-κρύς, -κρύ gerade gegenüber, entgegen, gerades Weges, durch und durch, durchaus, gänzlich[1]); ἀμφι-κάρ-ής (ἀμφικαρῆ σφέλα Od. 17. 231) der Schemel, insofern er zwei herausstehende Köpfe hat, die Stützpunkte für beide Füsse bilden. — (kar-ana, kr-ana:) κάρ-ᾱνο-c m. Häuptling, Oberhaupt (τὸ δὲ κάρανον ἔστι κύριον Xen. H. 1. 4. 3), καρανό-ω vollenden, ausführen; Κάρ-ᾱνο-ς (ion. Κάρ-ηνος) m. ein Heraklide aus Argos, Stifter des maked. Reiches; ein Lakedämonier; Feldherr Alexanders; κάρ-ηνο-ν (dor. καρ-άνο-ν) n. Haupt, Gipfel, ἀμφιτ κάρηνο-ς zweiköpfig (Nic. Th. 372); κρ-ᾱνο-ν n. Kopf, Schädel (nu-Gramm.), Dem. κρᾱν-ίο-ν n. Schädel, Hirnschale (Hom. nur Il. 8. 84) (κρανίξαι· ἐπὶ κεφαλὴν ἀποῤῥίψαι Hes.); κρᾶν-α· κεφαλή Hes.; dazu: ἀμφί-κρανο-ς zweiköpfig, Hydra (Eur. Her. Fur. 1274), ἐπί-κρᾱνο-ν n. das auf dem Kopf Befindliche, Kopf-putz, -bedeckung, Säulenkopf, ἐπι-κραν-ί-ς (ίδ-ος) f. Hirnhaut (μῆνιγξ τοῦ ἐγκεφάλου Plut. plac. phil. 4. 5) = παρεγκεφαλίς (Poll. 2. 45), πρός-κρᾱνο-ν (dor. ποτί-κρανον) = προςκεφάλαιον Kopfkissen (Theokr. 15. 3); κρήνη (dor. κράνα) f. Quell, Quelle (caput fontis), κρήνην-δε zu od. nach der Qu. (Od. 20. 154), Demin. κρην-ί-ς (ίδ-ος) f. κρηνίδ-ιο-ν n.; κρηναῖο-ς zur Qu. gehörig (Νύμφαι κρ. Quellnymphen, Od. 17. 240), κρηνιά-ς (άδ-ος) id., (*κρηνιτη-ς) κρηνῖτ-ι-ς (ιδ-ος) f. an der Qu. wachsend (βοτάνη Hippocr.); κράν-ος (ε-ος) n. Helm (als Kopfbedeckung)[2]). — (kar-adh, kar-dh:) κόρυ-ς (κόρυθ-ος) f. Helm, Sturmhaube, (κορυθ-jω) κορύσσω mit dem H. versehen, wappnen, rüsten, erheben, erregen, κορυσ-τή-ς m. der Gehelmte, Gewappnete, Kämpfer; ἱππο-κορυστή-ς rossgerüstet, χαλκο-κορυστή-ς erzgerüstet, erzgepanzert; κόρυθ-ο-c, κορυθ-ό-ς m. f., κορύθ-ᾱλο-ς, κορυθ-αλλό-ς m., -αλλή, -αλλ-ί-ς (ίδ-ος) f. Haubenlerche; κόρθ-υ-c (υ-ος) f. Haufe (nur Theokr. 10. 46) = σωρός Hes.[3]), κορθύ-ω, -νω in Haufen bringen, erhöhen (Hom. nur: κῦμα κορθύεται erhebt sich, Il. 9. 7); κορθύ-λο-c m. ein Vogel mit einer Kuppe od. Haube (βασιλίσκος Hes.); Κόρ-ινθο-c (= Ἐφύρα Warte) f. (Hom. ἀφνειός; das Genus nicht zu erkennen). — (kar-a[m]bha:) κορυφή f. Scheitel, Gipfel, das Höchste[4]), κορυφα-ῖο-ς an der Spitze stehend; Anführer, Chorführer, Vorsänger, Vortänzer, Subst. f. Kopf-, Stirn-riemen, n. der obere Rand des Stellnetzes; κορυφό-ω zum Gipfel machen, auf die höchste Höhe bringen, vollenden; Med. sich gipfeln (Hom. nur: κῦμα κορυφοῦται thürmt sich hoch auf, Il. 4. 426), math. addiren; κορύφω-σι-ς.f. das Addiren, κορύφω-μα(τ) n. Spitze, Gipfel; κορυφ-ι-σ-τή-ς m. ein Hauptschmuck der Frauen (τὸ περὶ τὴν κεφαλὴν χρυσίον Hes.); κορύπ-τ-ω mit dem Kopf, mit den Hörnern stossen, κορυπτ-ίλο-ς m. der Stössige (Theokr. 5. 147)[5]); κόρυμβο-c m. (Pl. κόρυμβα n.) das Oberste, Spitze, Kuppe, Haarbüschel, (κορύμβη f.) Fruchtbüschel, Blüthentraube (κορύμβους πάντα τὰ μετέωρα καὶ εἰς ὕψος ἀνατείνοντα ἐκάλουν Hes.), κορυμβό-ω zu einem *κόρυμβος* machen, *κορυμβ-ιά-ς* m. Traubenbüschel; *κράμβη* f. Kohl (= *kurambha* Stengel; vgl. Kohl aus *caulis* Stengel) (Batr. 163)[6]; **κολοφ-ών** (*ῶν-ος*) m. Gipfel, Spitze, das Höchste, Letzte, der Schluss, *Κολοφ-ών* f. eine der 12 ion. Städte auf der Küste Klein-asiens (*Κολοφων-ία πίσσα* Geigenharz, noch jetzt: Kolophonium, nach Diosc. 1. 92 von dort bezogen)[7]; **κύρβ-εις** (Sing. **κύρβ-ι-ς** nur Gramm.) f. (m.) in Athen dreieckige, pyramidenartige Pfeiler von weissangestrichenem Holze, um eine Achse drehbar, auf denen die ältesten Gesetze Athens verzeichnet waren[4]). — (**kar-[a]s-a :**) **κόρ-c-η** (Hom. nur Il. 4, 502. 13, 576) (altatt.), **κόρ-ρη** (att.), *κόρ-ρα* (dor.) f. Schläfe (*κόρση· κεφαλή, ἔπαλξις, κλῖμαξ, κρόταφος* Hes.; *κωρέα· ἄκρα* Hes., = *κορσ-έα*)[8]), *δι-κορσο-ς· δικέφαλος* Hes.; *Κόρρ-αγο-ς* (Suff. *αγο* = *αχο* vgl. *οὐρί-αχο-ς*) maked. Name, *Κόρραγο-ν* n. Kastell in Maked. (Aeschin. 3. 165), *Κορρα-ῖο-ς* Mannsname (ein Soldat Philipps)[9]). — (**kal-ama :**) *καλ-άμη* f. Halm (*ὁ τοῦ σίτου κάλαμος* Schol. Eur. Hec. 892), Stoppel, **κάλαμο-c** m. Rohr, Schreibrohr, Angel-, Mess-ruthe[10]), Dem. *καλάμ-ιο-ν* n. *-ισκο-ς* m., *καλάμ-ινο-ς* von R.; *καλαμ-ί-ς (ίδ-ος)* f. Leimruthe von Rohr, Behält-niss für das Schreibrohr, Brenneisen zum Haarkräuseln (hohl wie ein Rohr); *καλαμ-ών* (*ῶν-ος*) m. Röhricht; *καλαμό-ω* einen Knochen-bruch mit Rohr schienen (Galen), *καλαμοῦσθαι* in den Halm wachsen, *καλαμω-τή* f. Einfassung mit Rohr; *καλαμό-ει-ς* voll Rohr; *Κάλαμοι* m. Ort auf der Insel Samos, *Καλάμαι* f. Flecken in Messe-nien, *Καλαμίτη-ς* att. Heros, *Κάλαμ-ι-ς (ιδ-ος)* ein Bildhauer.

kar. — (**cer:**) **cĕr-ĕ-bru-m** n. Gehirn[11]) (mit Tmesis: *saxo cere- comminuit -brum* Enn. ap. Donat. p. 1777), Demin. *cerrebel-lu-m* n., *cerebr-ōsu-s* hirnwüthend, rasend; (*cer-no-uo*) **cer-n-uu-s** (vgl. *ann-uu-s, menstr-uu-s*) kopfüber sich stürzend oder beugend, sich überschlagend[12]), *cernuā-re* (*-ri*) sich überschlagen; **prŏ-cĕr-es** Pl. hervorragende Häupter, Häupter, die Vornehmsten, übertr. die Vornehmsten einer Kunst, Meister. — (**kra, kri:**) **cri-ni-s** m. (f.) Kopfhaar, Haar[13]), *crini-ri* behaart werden (Stat.), *crini-tu-s* be-haart, mit haarähnlichen Schweifen versehen, *crin-āli-s* zu den H. geh., haarartig (als Subst. *-āle* n. Haarschmuck, Ov.); **cri-s-ta** (= *cri-d-ta,* vgl. oben *κόριδ-ο-ς* u. s. w.) f. Haarbusch, Kamm von Thieren, Helmkamm, gezackter Rand des Blattes (Plin.)[14]), Demin. *cristŭ-la* f., (*cristā-re) *cristā-tu-s* mit einem K. versehen. — **cel:** (*cel-jo*) **-cell-ĕre:** *ante-, ex-, prae-cellĕre* hervorragen, übertreffen; (*cel-lo*) *cel-su-s,* erhoben, hoch, erhaben, *Celsu-s, celsi-tū-d-o* (*in-is*), *excelsi-tā-s (tāti-s)* f. Erhabenheit, Höhe. — (**kal-na, -ni:**) **cal-lu-m** (-s) n. (m.) Schwiele (= Erhebung der Haut), Schwarte, Kruste, *call-ōsu-s* schwielig; **calle-re** Schwielen haben (vgl. *ita plagis costae callent* Plaut. Ps. 1. 2. 4), abgehärtet sein, erfahren sein in etwas, verstehen, kennen; *calli-du-s* geschickt, kundig, verschmitzt, *callidŭ-lu-s* (Arnob. 2. p. 91), *callidi-tā-s (tāti-s)* f.

Geschicklichkeit u. s. w.; **col-li-s** m. Hügel, Dem. *colli-cŭlu-s*, *-cel-lu-s* m., *coll-īnu-s* zum H. geh., hügelig (*porta Collina* am quirinal. Hügel). — (*kal[a]ma:*) **călămu-s** (Lehnwort = κάλαμο-ς?) m. Stengel, Stab, Halm, Rohr, **culmu-s** m. Getreide-, Pflanzenhalm; **calam-is-tru-m** n. (*-ter* m.) rohrartiges Werkzeug: hohles Eisen zum Brennen der Haare, Brenneisen (St. *calam-id* = καλαμ-ιδ; Weiterbildung griech. Wörter durch latein. Suffixe vor Attius ganz gewöhnlich)[15], *calamistr-ā-tu-s* mit dem Br. gekräuselt. — (*kal[a]man:*) **cŏlŭ-men, cul-men** (*mĭn-is*) n. Höhepunkt, Gipfel, Giebel, das Höchste; **cŏl-u-mn-a** f. (*col-o-mna* C. I. L. I. 1307) das Hervorragende, Säule[16]), Demin. (von *col-uma *columŭ-la) *columel-la* (Handschr. auch *columnella*), *Columella*, *column-ā-tu-s* durch Säulen getragen, *column-āri-u-m* (*vectigal.*) Säulensteuer.

B. Gl. 387b. — Corssen I. 515 f. II. 172; B. 308. 353 f. 451. — C. E. 138. 142. 152. 516; de n. gr. form. 48. 198). — F. W. 34 f. 39. 349. 437. 441. 1058 f.; Spr. 71. 76. 119. 186. 309; KZ. XX. 355 f. — Siegismund St. V. 146. 6). — 1) ἀντικρύ(ς): Schaper KZ. XXII. 528; ἀμφικαρής: Düntzer KZ. XIII. 14 f. — 2) C. E. 144: *kar* hart sein. — 3) F. W. 38; Spr. 74: *kardh, kardha* Heerde. — 4) F. Spr. 90: *kvarp, kvarbh* drehen, wirbeln: κορυφή = Gipfel, Wirbel; κύρβεις = drehbare Säule. — 5) C. V. I. 238. 7). — 6) C. E. 517: κάρφω dörren; vielleicht von den verschrumpften Blättern. — 7) Hehn p. 365. — Fick Spr. 91: κολ-ο-φών Gipfel von *kvalp* wölben, umhüllen. — 8) Curtius St. I a. 248. — 9) Fick KZ. XXII. 230. — 10) PW. II. 155: *kalăma* m. eine Reisart, Schreibrohr, vgl. κάλαμος, *calamus.* — 11) B. Gl. 387b: *quod capite fertur.* — F. W. 437: = *ceres-th-ru-m.* — 12) Bugge St. IV. 342. — F. W. 437: *cersn-uu-s.* — 13) Anders freilich Paul. D. p. 53. 2: von *cernere* scheiden, spalten (*crines a discretione dicti*). — 14) B. Gl. 387b: *fortasse crista primitive in capite stans, ita ut cri-sta* = scr. çirahstha. — 15) Corssen B. 370. — 16) Vgl. Bechstein St. VIII. 389.

4) **KAR** stossen, zerstossen, schlagen, treffen, brechen. — Vgl. Skr. **kar** verletzen, tödten (PW. II. 103).

kar. — καλ: κῆλ-ο-v n. Geschoss[1]) (das treffende)] poet. nur Göttergeschoss (Hom. nur vom G. des Apollo; Hes. Th. 708: στεροπήν τε καὶ αἰθαλόεντα κεραυνόν, κῆλα Διός; Pind. P. 1. 12 D.: φόρμιγγος κῆλα καὶ δαιμόνων θέλγει φρένας); κολ-έ-τρα-ω (vgl. unten *calc-i-tra-re*) mit Füssen treten, stossen (Ar. Nub. 552; Schol. καταπατεῖν). — κλα: κλά-ω brechen (bes. Blätter, Schösslinge, Zweige u. s. w.) (Fut. κλά-σω, ep. κλάσσω, Aor. ἔ-κλα-σα, Hom. κλά-σε, ἐ-κλά-σ-θη-ν, Perf. κε-κλα-σ-μένο-ς); κλά-σι-ς (σε-ως) f. das Zerbrechen; κλά-σ-τη-ς (ἀμπελουργός Hes.) Verschneider des Weinstocks, κλαστά-ζ-ω den W. abblatten (übertr. στρατηγοὺς κλαστάσεις demüthigen, beugen, Ar. Equ. 166); κλά-σ-μα(τ) n. das Abgebrochene, Bruchstück; κλά-δ-ο-ς m. Schössling, Zweig[2]) (κλαδ-ών, G. -όν-ος Hes.; κλαδ-ε-ών, G. -ῶν-ος Orph. Arg. 923), Demin. κλάδ-ιο-ν n., κλαδ-ί-σκο-ς m.; κλαδ-εύ-ω den Sch. abbrechen, beschneiden, κλάδευ-σι-ς f.

das Abbr. u. s. w., κλαδευ-τήρ (τῆϱ-ος) m. Beschn. der Schössl., κλαδευ-τήϱ-ιο-ν n. Messer zum Beschn.; κλαδ-αρό-c zerbrechlich, übertr. gebrochen, wollüstig, verliebt (κλαμαρός· κλαδαρός, ἀσθενής Hes.); (κλα-ων) κλών (κλων-ός Gen.) m. == κλάδος, Dem. κλων-ίο-ν n., κλῶν-αξ (αχ-ος) m., κλων-άϱιο-ν n., κλων-ίζω == κλαδεύω (Suid.); κλῆ-μα(τ) n. == κλάδος, Dem. κλημάτ-ιο-ν n., κλημᾰτ-ί-ς (ίδ-ος) f., κλημᾰτ-ικό-ς zur Ranke geh., κλημᾰτ-ό-ει-ς rankig (Nic. Al. 530).

kar + kar. — (καϱ-καλ-η) κϱο-κάλ-η f. Kiesel, Kies, Gries, kiesiges Meeresufer³), κϱο-καλ-ό-ς kiesig, kieselig.

kar + k(ar). — (καϱ-κ-α) κϱό-κ-η f.³) == κϱοκάλη; (κυϱ-ι-κ-jω) κυρ-ί-ccω, att. κυϱ-ί-ττω stossen, zerschellen; (χαλ-ι-κ) χάλ-ι-ξ (κ-ος) m. f. kleiner Stein, Kies, Schutt, Kalkstein³). — (καλ-κ, κλα-κ) λα-κ: λάξ, λάγ-δην (τὰ σώφϱονα λάγδην πατεῖται Soph. fragm. 606) mit der Ferse, mit dem Fusse hinten stossend, ausschlagend (πὺξ καὶ λάξ mit Hand und Fuss == mit allen Kräften)⁴); λάκ-τι-c (τι-ος) f. Keule (zum Stossen); λακ-τί-ζ-ω mit der Ferse stossen, mit dem Fusse ausschlagen, λάκτι-σ-μα(τ) n. Stoss, Schlag mit der Ferse (λακτισ-μό-ς m. Hes.); λακτισ-τή-ς m. mit dem Fusse stossend; λαχ-μό-c·(κ == χ vor Liqu.) == λακτισμός (E. M.).

ka[r] + kar. — (κα-κλ:) κά-χλ-ηξ (ηκ-ος) und κό-χλ-αξ (αχ-ος) Diosc. m. == κϱοκάλη³).

kar. — cal: cǎl-ōn-es (calcei ex ligno facti Paul. D. p. 46. 15); (cul-tro) cul-ter (tri) m. (Werkzeug zum Stossen u. s. w.) Messer, Demin. cultel-lu-s, cultellā-re messerförmig machen, durch das Pflugmesser ebnen. — cel: (cel-jo) -cell-ĕre: per-, pro-cellere niederschlagen, niederwerfen, erschüttern (per-cŭl-i, per-cul-su-s). — cla: clā-d-e-s f. Niederlage, Verderben, Unheil⁵); clā-va f. Keule, Knüppel, Demin. clavŏ-la, clavŭ-la, clavū-tor (tōr-is) m. Keulenträger (Plaut.); glǎ-d-iu-s (cl == gl, vgl. klu gloria; altl. gladiu-m n.) m. Schwert⁶), Demin. gladiŏ-lu-s, (*gladiā-re) gladiā-tor (tōr-is) m. Gladiator, Fechter, Klopffechter, gladiǎtŏr-iu-s gladiatorisch, gladiǎtūr-a f. (Tac. A. 3. 43) Gladiatorenkampf.

kar + kar. — cal-car (cār-i-s) n. Sporn, übertr. Reiz, Antrieb; cal-cǔl-u-s (Pseudodeminutiv von calx) m. Steinchen, Stein³) (im Bretspiel, im Rechenbret), übertr. die Rechnung selbst, (medicin.) Stein, steinartige Verhärtung, calcul-ōsu-s steinigt, an Steinbeschwerde leidend; calcul-ense (appellatur genus purpurae a calculo maris, mire aptum conchyliis Plin. 9. 37. 131), calculā-re berechnen, calculā-tor m. Rechner, Buchführer.

kar + k[ar]. — (cal-c) calx (-c-i-s) m. f. Stein, Kalkstein, Kalk⁵), calc-āriu-s den K. betr., Subst. m. Kalkbrenner, f. (officina) Kalkofen; cal-i-cā-la (aedificia calce polita Paul. D. p. 47. 4 M.); calx (-c-i-s) f. (m.) Ferse; (*calca) calcā-re (mit den Fersen oder vollem Fusse) treten, keltern, stampfen, calcā-tor (tōr-is) m. Kelterer, calcǎtŏr-iu-m n. Kelter; calc-i-trā-re (vgl. κολ-ε-τϱά-ω)

mit der Ferse schlagen, hinten ausschlagen[7]), *calcitrā-tu-s (tūs)* m.
das Ausschlagen, *calcitr-ō(n)* m. Schlüger (*equus mordax, calcitro,
horridus* Varr. ap. N. 45. 2); **calc-eu-s** (*-iu-s*) m. Schuh[8]), Demin.
calcĕŏ-lu-s m., *calcĕā-re* beschuhen, *calcĕā-tu-s* m., *-men (mĭn-is)* n.
Beschuhung, Schuhwerk, *calceol-āriu-s* (Plaut. Aul. 3. 5. 38) *cal-
cĕū-toę* (Murat. inscr. 909. -12) m. Schuhmacher; (*cal-ĭ-c*) **cal-i-ga**
(*c* zu *g* erweicht) f. Halbstiefel, Soldatenstiefel, übertr. Soldaten-
dienst, Demin. *caligŭ-la, Caligula* Bein. des C. Claudius (*quem mili-
tari vocabulo Caligulam appellabant, quia plerumque ad concilianda
vulgi studia eo tegmine utebatur* Tac. A. 1. 41), *calig-ā-tu-s* ge-
stiefelt, Subst. gemeiner Soldat.

ka[r] **+** **kar.** — (*co-cl:*) **co-cl-ac-ae** (= *κόχλαξ*) (*dicuntur
lapides ex flumine, rotundi ad cochlearum similitudinem* Paul. D.
p. 39. 7).

F. Spr. 77: zend. *kar* schneiden(?). — Brugman St. VII. 289 f. —
C. E. 148. 364. 493. — F. W. 36. 348. 438. 1060. 1073; Spr. 77. 309;
KZ. XX. 356 ff. — 1) Gegen C. E. 148: „*κῆλον* Geschoss und *κῆλον* Holz
sind völlig verschieden" fehlt auch noch Schenkl im W. s. v. — 2) F. W.
204: *skard* brechen, spalten. — Sch. W. 432: *κραδαίνω* (der schwanke
Zweig). — 3) *kar* hart sein: C. E. 144 (ebenso *calx, calculus*); Siegismund St. V. 146. 2). 214; F. W. 435: *kaklakū* Kiesel, Flusskiesel; *skal*
spalten, graben: F. Spr. 253. 379. — 4) Siegismund St. V. 163. 58: ξ
in *λάξ* wie in *πύξ* aus einem casualen ς hervorgegangen. — 5) B. Gl.
98a: *klath*, 105a: *khad occidere*. — F. W. 204: *skard* brechen, spalten. — 6) Corssen B. 97: *skard* schwingen; Schwert als geschwungenes.
— 7) Corssen B. 371: Stamm *calci-tro* oder *-tra*; mit der Ferse etwas
machen oder hinten ausschlagen. — 8) B. Gl. 133b: *cárman cutis, co-
rium; fortasse calceus, mutato r in l.*

---

5) KAR hart, rauh sein.

kar. — καρ: κάρ-υ-ο-ν (*καρύημα* Iak. Hes.)[1]) n. Nuss, Demin.
καρύ-διο-ν, καρύα f. Nussbaum, *καρύ-ϊνο-ς, καρυ-ηρό-ς* nussartig, zur
N. geh.; καρυ-ωτό-ς (*φοῖνιξ*), *καρυ-ῶτ-ι-ς (ιδ-ος)* f. (Diosc.) (lat.
cāryōta, caryōt-i-s) eine besondere nussförmige Art der Datteln
(zuerst Varr. r. r. 2. 1. 27, dann Strabo u. Scribon. Long.)[2]). —
κᾱρ-ί-ς *(ιδ-ος, ίδ-ος)* f. kleiner Seekrebs, Squillenkrebs, Demin.
καρίδ-ιο-ν (Arist. H. A. 5. 15), *καριδ-άριο-ν* n., *καρῑδ-ό-ω* sich wie
ein Seekr. krümmen. — (St. κερα-τ:) κέρας (*κέρατ-ος*, ep. *κέρα-ος*,
ion. *κέρε-ος*, att. *κέρως* u. s. w.) n. (das Harte =) Horn[3]), Demin.
κεράτ-ιο-ν n.; *κερατ-ία-ς* (Bacchus, Diod. S. 4. 4), *κεράσ-τη-ς* (fem.
κεράσ-τι-ς Aesch. Prom. 677) gehörnt, *κερατ-ίζω* mit dem H. stossen,
κερατ-ῑτ-ι-ς (ιδ-ος) hornförmig (*μήκων* eine Art wilder Mohn), *κεράτ-
ινο-ς* hörnern; *κερατ-ύ-ω* zu Horn machen, *κεράτω-σι-ς* f. das Hörner-
aufsetzen, zum Hahnrei Machen; κερατ-ών (*ῶν-ος*) *βωμός* aus Horn
gemachter Altar auf Delos (Plut. Thes. 21); κερατ-έα, -εία, -ία
(*κερων-ία*) f. die süssen Hörnchen = die Schoten des Johannis-

brodbaumes (*ceratonia siliqua* L.)⁴). — (St. κερα-Ϝο) κερᾱ-ό-c gehörnt, von Horn; -κερως: αἰγο-κέρως (-κερεύς) ziegenhörnig, Subst.
Steinbock⁵), μονο-κέρως Einhorn, ῥῑνο-κέρως Nashorn, ὑψι-κέρως
hochgehörnt. — (κερα-ιο-, κρῑο-?) κρῑό-c m. Bock, Widder (Od. 9. 447.
461)⁶), κριό-ω zum W. machen (Arcad. 164. 28). — (St. καρ:) κάρ-
τη-ν (τὴν βοῦν Κρῆτες Hes.), κάρ-νος (βόσκημα, πρόβατον Hes.);
Καρ-ν-άσιο-ν n. das frühere Oechalia (Paus.); Ἁλι-καρν-ασσού-ς, -ᾱσύς,
ion. -ησσύς (= Meer-hörnchen?) dor. Stadt in Karien. — κρα:
Κρά-γο-c m. Stadt in Lykien am Berge gleichen Namens, Berg in
Kilikien, Ἀντί-κραγο-ς Berg in Lykien; κρά-νο-ν n., κρά-νο-c m. f.,
κράν-εια, ion. κραν-είη f. (καρπὸς κρανείης Od. 10. 242 als Schweine-
futter) Süsskirsche, Kornellenkirsche, Hartriegel, von der horn-
artigen Härte des Holzes (τὸ δὲ ξύλον τῆς κρανείας ἀκάρδιον καὶ
στερεὸν ὅλον, ὅμοιον κέρατι Theophr. h. pl. 3. 12. 1), das besonders zu Wurfspeeren verwendet wurde, darum auch ἡ κράνεια
Lanzenschaft, Lanze; κέρα-co-c, κερα-σό-ς m. f. (*prunus cerasus* L.)
wobl kleinasiat. Form für die eben angef. eigentlich griech., κερασ-ία,
κερᾱσ-ιο-ν id.⁷); κρα-ν-αό-c hart, rauh, felsig (Hom. Bein. von
Ithaka, 1mal Il., 4mal, Od.), ἡ Κραναά die Burg von Athen.

kar + kar. — κάρ-καρ-ο-c (τραχύς, ποικίλος Hes.) hart,
rauh, Subst. Hammer, Knochen, Erbsenstein, κάρ-χαρ-ο-c hart,
rauh, scharf (κάρχαροι· οἱ ἔσχατοι ὀδόντες, τραχεῖς τε καὶ ὀξεῖς Hes.),
κόρ-κορ-ο-c (Ar. Vesp. 239) id., κόρ-χορ-ο-c Theophr. (*corchoro-s,
u-s, u-m*) wildwachsende Gemüseart, Gauchheil (*corchorus olitorius*
Linné), καρ-χαλ-έο-c rauh, scharf, trocken (δίψῃ καρχαλέοι Il. 21.
541, *siti asperi*); καρ-χαρ-ία-c m. eine Haifischart; καρ-καρ-ί-c·
ξύλων ἢ φρυγάνων φορτίον Hes. (*lignum durum?*).

kar + k[ar]. — καρ-κ-ῑνο-c m. Krebs, das Gestirn des
Kr. (Arat. 147), das bösartige Geschwür (Hippocr.); von der Aehnlichkeit mit den Krebsscheeren: Zange, eine Art Fesseln (λήψεται
τὸν τράχηλον ἐντόνως ὁ κάρκινος Eur. Cycl. 605), Demin. καρκίν-
ιο-ν, -ίδιο-ν n., καρκιν-ά-ς (άδ-ος) f., καρκιν-ία-ς λίθος ein Stein von
der Farbe des Meerkrebses, καρκινό-ω wie einen Krebs krümmen,
καρκιν-οῦσθαι an der Krebskrankheit leiden (καρκινοῦται· ὅταν ὑι-
ζοῦται ὁ σῖτος καὶ σκληρύνεται Hes.), καρκίνω-μα(τ) n. Krebs-schaden,
-geschwür; καρκίν-ηθρο-ν, -ωθρο-ν n. eine Pflanze; κάρ-χ-αι· καρκί-
νοι. Σικελοί Hes.; καρχ-υδίων· πεφριγμένων κριθῶν κυρίως, κατα-
χρηστικῶς δὲ καὶ πάντα τὰ πεφριγμένα. καὶ βοτάνη ἡ λιβανωτίς. καὶ
τῆς πεύκης ἡ βλάστησις. καὶ πυροί τινες (Hes.); καρ-χ-ωδές· τραχύ
Hes.; κέρ-χ-ανα· ἢ κερ-χ-άνεα (wohl κερχανέα)· ὀστέα καὶ ῥίζαι
ὀδόντων (Hes.); κέρ-χ-νο-c m. Trockenheit, Rauhigkeit; κέρ-χ-ω,
κερχ-άω, κέρχ-ν-ω, κερχν-άω, -όω (-έω Hes.) trocken, rauh, heiser
machen, intr. tr. r. h. sein⁸), κερχν-α-σ-μό-ς (Galen.) = κέρχνος.

ka[r] + kar. — κά-χρυ-c (υ-ος) f. geröstete Gerste,
Frucht- oder Blüthenähre des Rosmarin und ähnl. Pflanzen, Ansatz

zu den Blüthenkätzchen[9]), Demin. καχρύ-διο-ν n. Hülsen der gerösteten Gerste, Spreu, καχρυδ-ία-ς m. eine der geröst. Gerste ähnl. Waizenart (Theophr.), καχρυ-ό-ει-ς der ger. Gerste ähnlich.

ka-n- + kar. — κέ-γ-χρο-c m. (später f.) Hirse (*panicum italicum* Linné), überhaupt alles Körnige, Gekörnte (Fischeier Herod. II. 93)[10]), κεγχρ-ία-ς m. wie ein Hirsekorn (e. Schlangenart), κεγχριαῖο-ς von der Grösse eines Hirsekorns; κεγχρί-τη-c λίθος ein Stein mit hirseähnl. Körnern (Plin. 37. 11. 73); fem. κεγχρῖ-τι-c (δ-ο-ς) die getrocknete, körnige Feige (ἰσχάς); κεγχρί-c (δ-ος) f. e. Schlangenart, e. Falkenart (= κέγχρος Hippocr.); κεγχρ-αμί-c (δ-ος) f. die kleinen Körner in den Feigen und Oliven; κεγχρ-ε-ών (ῶν-ος) m. Werkstätte, wo Metall gekörnt wird (Dem. 37. 27); Κεγχρέαι f. Stadt in Troas, der östl. Hafen von Korinth, St. in Argolis, Κέγχρεια f. Quelle bei Lerna (Aesch. Prom. 679).

kar. — *car*: **car-ina** f. Nussschale, Schale, Schiffskiel, *Carinae* f. Schiffskiele, ein Stadttheil Roms (jetzt *S. Pietro in vincoli*), *carinā-re* mit e. Wölbung in Gestalt e. Schiffskiels versehen (von Schalthieren, Plin.). — *cer*: **cer-vu-s** (= κερα-Fό-ς, älter *cervo-s; nostri praeceptores seruum ceruumque u et o litteris scripserunt* Quinct. 1. 7. 26) m. (= der Gehörnte) Hirsch (ahd. *hir-uz*, vgl. *Herz-berg* statt *Hirsch-berg*), *cer-va* f. Hirschkuh, Demin. *cervŭ-lu-s, -la*, *cerv-āriu-s* zum H. geh., *cerv-inu-s* id., vom H. — *cor*: **cor-nu** (bisw. *cor-nu-m*) n. Horn, Endspitze, Flügel, Demin. *cornŭ-lu-m, corni-cŭlu-m; cornū-tu-s* gehörnt, hornartig (*cornu-tae* eine Art Seefische), *Cornŭlu-s, corn-cu-s* = *cornutus, corneŏ-lu-s* nett aus Horn bereitet, fest wie Horn, *corne-sc-ere* zu H. werden; *-cor-ni-s, -nu-s: bi-corni-s* zweihörnig, *capri-cornu-s* m. Steinbock (als Gestirn), *ex-corni-s* ungehörnt (Tert. Pall. 5), *uni-corni-s* einhörnig; **cor-nu-s** (Gen. *-ni, -nu-s*) f. Cornelkirsche (als Baum, *cornus mascula* Linné), Wurfspiess, *cor-nu-m* n. (als Frucht; als Baum Ov. M. 8. 408), *corn-cu-s* vom C., *corn-ĕtu-m* n. Gebüsch v. C.bäumen (Varro l. l. 5. 152).

kar + k[ar]. — **quer-c-u-s** m. Eiche, das aus Eichenholz Verfertigte (*quercus dicitur quod id genus arboris grave sit ac durum, tum etiam in ingentem evadat amplitudinem* Paul. D. p. 259), *querc-eu-s, quer[c]-nu-s, quer[c]-n-cu-s* von E.; **querquĕtu-m**, *quercĕtu-m* n. (= *quercu-cetu-m* s. *kaila*) Eichenwald, (Demin. *querquĕtŭ-lu-m) querquĕtŭl-ānu-s* zum E. geh., darnach benannt (*querquetulanae virae* [d. i. *virgines*] *putantur significari nymphae praesidentes querqueto virescenti: quod genus silvae indicant fuisse intra portam, quae ab eo dicta sit querquetularia* Fest. p. 261).

ka[r] + kar. — ·cĭ-cĕr (*-cĕr-is*) m. Kicher, Kichererbse[11]), *cicĕr-a* f. Platterbse, Demin. *cicer-cŭla; Cicer-ējus, Cicĕr-ō(n)*.

ka-n- + kar. — **ca-n-cer** (*-cri*, selten *cĕr-is*) m. = καρκίνος, *cancer-ā-ti-cu-s* krebsartig (*foetor* Veget. a. v. 3. 43. 1).

Brugman St. VII. 282 ff. — C. E. 143 ff. — F. W. 34 ff. 48. 348. 437. 440. 1058; F. Spr. 73. 119. 307. — Fritzsche St. VI. 291 f. 339. — M. M. Vorl. II. 240. — Siegismund St. V. 148. 11). 214. — 1) Xen. An. 5. 4. 29: κάρυα τὰ πλατέα οὐκ ἔχοντα διαφυὴν οὐδεμίαν = Kastanien, den Griechen damals noch wenig bekannt (später κάρια Εὐβοικά, καστα- ναϊκά). — So schon richtig Pollux I. 232: εἴη δ' ἂν ταῦτα τὰ λεπτοκά- ρυα (Haselnüsse) ἢ μᾶλλον τὰ κασταναία ὀνομαζόμενα (nach der thessal. Stadt Κάστανα, wo die Kastanie im eigentl. Griechenland zuerst an- gepflanzt wurde). — 2) Hehn p. 238. — 3) Corssen I. 515 f.; B. 353 f.: kar ragen; ragend am Kopfe. — 4) Hehn: das Vaterland des Baumes war Kanaan; missbräuchlich ägypt. Feige genannt (ὁ δὲ καρπὸς ἔλλοβος ὃν καλοῦσί τινες αἰγύπτιον σῦκον διημαρτηκότες Theophr. 4. 2. 4). — 5) PW. I. 590: vgl. Skr. ākōkēra m. — 6) PW. II. 497: krija der Widder im Thierkreise (aus dem griech. κριός). — 7) Hehn p. 346 ff.: kam aus dem Pontus durch Lucullus nach Europa. — Benannt nach der dortigen Stadt Κερασοῦς (-οῦντος) j. Keresun. — 8) F. Spr. 114: skark, skarg kratzen, heiser machen, kreischen. — 9) Sch. W. s. v.: χρυ, κρυ zu κρα, καρ s. κάρφω. — 10) F. Spr. 64: kak cingere: eig. Traube = Bündel. — 11) Hehn p. 190: cicer arietinus (κριὸς ὀροβιαῖος) die kurzen, dicken, an einem Ende etwas umgebogenen Schoten sehen wirklich einem Widderkopf ähnlich.

6) **KAR** spitzig, stachlicht sein.

kar + k[ar]. — κέρ-κ-ο-ς m. Haarnadel; κερκ-ί-ς (ίδ-ος) f. id. (Ap. Rh. 3. 46), Stachel des Krampfrochen (Opp. H. 2. 63) (ἡ τῆς πίτυος κορυφή); κέρκ-ουρο-ς m. ein Seefisch (Opp. H. 1. 141), eine Art leichter Schiffe der Kyprier; κερκ-ώπη f. eine Cicadenart (von κέρκο-ς, ihrem Legestachel). — (kar-k, kra-k, kla-k) γλω-χ: γλῶχ-ες f. die Hacheln der Achren (nur Hes. Sc. 398); (St. γλωχ-ῖν) Nom. γλωχ-ίν (Schol. Il. 4. 214) oder γλωχ-ί-ς (Buttm. 1. 164) f. Spitze (Il. 24. 274: ὑπὸ γλωχῖνα δ' ἔκαμψαν die mit einer Art von Widerhaken versehene Spitze des ἴστωρ. Spannagels, oder: die Spitze des Jochriemens), Pfeilspitze, (*γλωχι- νό-ω) γλωχινω-τό-ς mit einer Sp. versehen (Paul. Aeg.). — (St. γλωχ-ja) γλῶσσα, att. γλῶττα f. Zunge[1]), (von Homer an:) Sprache, Mundart, Mundstück der Flöte, zungenförmiger Schuhriemen, Dem. γλωσσ-άριο-ν; γλωττ-ικό-ς zur Z. geh. (κέντρον), γλωσσ-ώδης ge- schwätzig (LXX), (*γλωσσά-ω) γλώσση-μα(τ) n. ungebräuchliches, ver- altetes Wort; γλωσς-ί-ς, γλωττ-ί-ς (ίδ-ος) f. Mundstück der Flöte, Schuhriemen, γλωττ-ίζω züngeln, γλωττι-σ-μό-ς m. γλώττι-σ-μα(τ) n. Zungenkuss.

Brugman St. VII. 291 f. — 1) B. Gl. 112b: gar sonare: γλῶσσα, lacon. γροῦσσα.

7) **KAR** krumm, gebogen, gedreht sein.

kar, kal. — (kar-āna) κορ-ώνη f. alles Gekrümmte: der Ring an der Hausthür, das gekrümmte in einen Haken auslaufende

Ende des Bogens, das gebogene Schiffshintertheil, das gekrümmte
Ende der Pflugdeichsel[1]) (Kranz, Krone: erst spät), κορ-ωιό-ς gekrümmt, gebogen (= ἕλιξ, Arch. fr. 8), κορών-ιο-ς id. (Hes.),
κορωνιά-ω sich krümmen; κορων-ί-ς (ἰδ-ος) Adj. gekrümmt, aus-
geschweift (Hom. nur νηυσί oder νήεσσι κορωνίσι Il., Od. nur: 19.
182. 193); Subst. alles Gekrümmte: gewundener Federzug, Schnörkel am Schluss eines Buches oder Abschnittes (τὸ ἐπιτιθέμενον ἐν
τῷ τέλει τῶν βιβλίων E. M. 530. 40), überh. Schluss, Ende, das
Aeusserste (Gramm. das Zeichen der Krasis: τοὐμόν); (kar-an-da)
καλ-ιν-δέ-ω wälzen, drehen, Med. versari, καλίνδη-σι-ς f. das W.,
der Wurf (κύβων Alkiphr. 3. 42). — (kar, kvar, kur =) κυρ, κυλ:
κυρ-τό-ς gekrümmt, gewölbt[2]), κυρ-τό-τη-ς (τητ-ος) f. Krümmung,
Wölbung; κυρτό-ω krümmen, wölben (κῦμα κυρτωθέν Od. 11. 244)
κύρτω-σι-ς f. das Krümmen, Wölben, κύρτω-μα(τ) n. = κυρτότης;
Κῦρ-ήνη (dor. Κῦρ-άνα) f. (Hauptstadt von Kyrenaika in Libyen),
Κηρηναία f. (Landschaft in Lybien von Marmarika bis an die
grosse Syrte); κυλ-λό-c krumm, gekrümmt, gelähmt, κυλλό-τη-ς
(τητ-ος) f. das Lahmsein, κύλλω-σι-ς f. das Krümmen, Lähmen
(Med.); Κύλλα-ς, Κύλλη-ς, Κύλλο²ς, Κυλλ-ία-ς[3]); κύλλ-ιξ Hes. (bos,
cuius alterum cornu pravum ac distortum est)[3]); κυλ-ί-ω, κυλ-ίν-δω,
κυλινδ-έ-ω wälzen, rollen; κύλινδ-ρο-c m. Walze, Rolle, jeder länglich runde Körper, Cylinder, Demin. κυλίνδ-ιο-ν n., κυλινδρ-ικό-ς
walzenförmig, cylindrisch, κυλινδρό-ω mit der Rolle ebnen, walzen;
κο-κρύνδ-ακοι· κυλλοί Hes. (κυρ : κρυνδ = κυλ : κυλινδ?)[5]).

kar + kar. — Κέρ-κῦρ-α, Κόρ-κῦρ-α f. (runde Insel) die
nördlichste unter den Inseln des ion. Meeres, das alte Scheria
(Corfu)[6]).

kar + k[ar]. — κέρ-κ-ο-c m. Schwanz, κέρκ-ωψ (ωπ-ος)
eine langschwänzige Affenart; κερκ-ί-ς (ἰδ-ος) f. ein Stab, womit
man in der alten Weberei am aufrechtstehenden Webstuhl die
Fäden des Gewebes festschlug (später σπάθη; Il. 22. 448. Od.
5. 62), Demin. κερκίδ-ιο-ν n., κερκίζω mit dem Weberschiff das
Gewebe durchschlagen, weben, κερκισ-τ-ική (sc. τέχνη) Weberei
(Plat. Pol. 282. b); κάλ-χ-η (χάλ-κ-η) f. Purpur-schnecke, -saft,
-farbe, eine Blume. — (kar-k =) kra-k: κρί-κ-ο-c (κίρ-κ-ο-ς dor.)
m. Kreis, Ring (Il. 24. 272), κίρκος (κίρκοι. κρίκοι)· ἁρπάγαι. καὶ
πάντα τὰ ἐπικαμπῆ κίρκοι λέγονται Hes.; κρικό-ω zum Kr., R. machen,
(κιρκό-ω mit einem Kr. R. festbinden, Aesch. Prom. 74), κρικω-
τό-ς geringelt, κρίκω-σι-ς f. das Abrunden, κρίκω-μα(τ) n. Ring;
κρό-κ-η f. Einschlagfaden, Faden, Gewebe; κροκ-ί-ς (ἰδ-ος) und
-ύ-ς (ύδ-ος) f. die vom Einschlag des Tuchs sich ablösende Wolle,
Demin. κροκύδ-ιο-ν n.; (κρωκ-jo) κρωσσό-c m. Wassereimer, Krug,
Aschenkrug, Todtenurne, Demin. κρωσσ-ίο-ν.

ka[r] + kar. — (ka-kar-na) κί-κιν-νο-c m. gekräuseltes
Haar, Haarlocke[7]); κά-καλ-α n. Pl. = τείχη (Aesch. bei Hes. u.

Phot.); κό-χλ-ο-c m. (f.) Muschel mit gewundenem Gehäuse, Schnecke, Demin. κοχλ-ίο-ν n. kleine Schn., alles schneckenförmig Gewundene; κοχλ-ία-c m. Schnecke (Batr. 165), alles schn. Gew. (Wendeltreppe, eine Wassermaschine mit einer Schraube); κοχλ-ί-ς (ίδ-ος) f. Demin. von κόχλος, Demin. κοχλίδ-ιο-ν n. [lat. cochlea, coclea Lehnwort]. — (kar, kvar, kur) ku[r] + kur: κύ-κλ-ο-c (= κυ-κυλ-ο-ς) m. Kreis, Umkreis, Rund, Ring, alles kreis-, ringförmig Gestaltete (Rad, Sonnenscheibe, Stadtmauer, im Kreis sitzende Versammlung), Kreislauf[8]), κυκλό-θεν aus dem Kreise, von ringsherum, κυκλό-θι im Kr., ringsum, κυκλό-σε in die Runde, ringsumher; κυκλό-ω in einen Kreis bringen, umringen, umzingeln, κύκλω-σι-ς f. das Umringen u. s. w., κύκλω-μα(τ) n. das Herumgedrehte; κυκλέ-ω auf Rädern, Walzen fortschaffen, fortführen (νεκρούς βουσί Il. 7. 332), intr. umlaufen, κύκλη-σι-ς f. Umwälzung; Demin. κυκλ-ίσκο-ς m. κυκλίσκ-ιο-ν n.; κύκλ-ιο-c, κυκλ-ικό-ς, κυκλό-ει-ς kreisförmig, kreisrund (οἱ κυκλικοί epische Dichter einen Sagenkreis im Zusammenhange behandelnd, κύκλιοι χοροί Reigentänze); κυκλ-ά-c (άδ-ος) = κύκλιος umkreisend, Κυκλάδες (νῆσοι) die kykladischen Inseln, im Kreise um Delos liegend, κυκλάζω umzingeln (Hes.); κυκλαίνω abrunden (Hes.).

ka-n- + kar. — κά-γ-χαλ-ο-c· κρίκος ὁ ἐπὶ ταῖς θύραις. Σικελοί (Hes.); κι-γ-κλ-ί-c (ίδ-ος) f. Gitter, Umgitterung, Schranken; κο-γ-χύλ-η f. Purpurschnecke, Demin. κογχύλ-ιο-ν, κογχυλίδιο-ν n. die Muschel, Muschelschale, Purpurschnecke, κογχυλι-ώδης konchylienartig.

ka[r] + k[ar]. — (St. κι-κ-τυ, ἰ-κ-τυ) ἰξύ-c (ἰξύ-ος) f. Weichen, die Gegend über den Hüften (Hom. nur Dat. ἰξυΐ statt ἰξύι Od. 5, 231. 10, 544); κόκκυξ (st. κο-κ-υξ)· τοῦ ἱεροῦ ὀστέου τὸ πρὸς τοῖς ἰσχίοις (Gramm.), os sacrum[9]); κο-χ-ώνη f. die Stelle zwischen den Schenkeln bis an den After (τύπος ὑπὸ τοῦ αἰδοίου καὶ τῶν μηρῶν καὶ τῶν ἰσχίων Schol. ad Ar. Equ. 422)[10]).

ka-n- + k[ar]. — κό-γ-χ-η f. (concha), κό-γ-χ-ο-c m. die zweischalige Muschel[11]), ein Maass für Flüssigkeiten, Ohrhöhle, Schnecke, Demin. κογχ-ίο-ν n. kleine Muschel, κογχί-τη-ς m. Muschelmarmor, κογχο-ειδής muschelartig.

kar. — cŏr-ōna (s. κορ-ώνη p. 133) f. Kranz, Krone, Kopfbinde, Diadem, coronā-re kränzen, coronā-men (mĭn-is) n. Bekränzung, coronāmen-tu-m n. die zum Kranz gebrauchten Blumen, coron-āli-s, -āri-u-s zum Kr. geh., Demin. coronŭ-la (Veg. a. v. 3. 55. 2), corol-la, coroll-āriu-m (aes, aurum) n. Kranzgeld, Ehrengeschenk, Zugabe (bildl.: Zusatz, Folgesatz, Boeth.), coron-rŏ-la f. Herbstrose (Plin. 21. 4. 10); cir-ru-s m. Büschel: Haar-, Stirn-, Faserbüschel, (*cirrā-re) cirrā-tu-s büschelig, lockig; cŏl-u-s f. Rocken, Spinnrocken; (St. kal-sa) col-lu-m (vgl. vel-se, vel-le) n. (Nbf. collu-s, m.) Hals[12]), coll-āre (āri-s) n. Hals-stück, -band, de-collā-re

abhalsen, köpfen. — **kvar: vār-u-s** (st. *cvar-u-s)* auseinander-
gebogen, auswärts gebeugt, abweichend[13]), Subst. f. *vāra* eine Vor-
kehrung zum Tragen in Gabelform, zum Aufspannen der Netze
u. s. w.; *vār-ō(n)* m. Querkopf, dummer Mensch (Luc. ap. F. p. 329.
30); *Vāru-s*[14]), *Vār-iu-s, Val-la* (vgl. *rārus, Ralla) L. Tullius* ein
röm. Arzt[15]); **vārī-cu-s** mit auseinander gesperrten Füssen (App.
Met. 1. p. 108. 19), *varicā-re* auswärts gehen, grätscheln, *di-
vāricāre* auseinandergehen (*ungulae* Varro r. r. 2. 5. 8), *ob-varicā-tor*
(*qui obviam occurrit* Fest. p. 194 f.), *prae-varicāri* in die Quere
gehen, übertr. es heimlich mit der Gegenpartei halten, heimlich
Vorschub leisten, *praevaricā-tor* m. Pflichtverletzer (*-trix* Sünderin
Eccl.); (*kver:*) **ver-mi-s** m. Wurm[16]), Demin. *vermi-cŭlu-s, vermi-
culā-ri* voll W., wurmstichig sein; (St. *verm-min, rer-mĭn:*) **ver-
mĭn-a** n. Pl. Leibschmerzen in Folge von Würmern (*vermina dicuntur
dolores corporis* Fest. p. 375), *vermin-ōsu-s* voll Würmer, (*ver-
min-u-s) verminā-re* Würmer oder juckende Schmerzen haben, *ver-
minā-ti-ō(n)* f. Würmerkrankheit, zuckender Gliederschmerz. —
kur: cur-vu-s krumm, gekrümmt, gebogen[17]), *curvā-re* krümmen,
biegen, beugen, wölben, *curv-or* (*ōr-is*) m. (Varro l. l. 5. 104),
curvā-ti-ō(n), -tūra f., *-men* (*mĭn-is*) n. Krümmung u. s. w.

    kar + kar. — cir-cŭl-u-s m. Kreis, Ring, Zirkel (kein
Demin. oder nicht mehr von den Römern als solches gefühlt, vgl.
circulus aequinoctialis u. s. w., *c. lacteus* Milchstrasse; *stellae circu-
los suos orbesque conficiunt celeritate mirabili* Cic. r. p. 4. 15. 15)[18]),
circulā-re kreisförmig machen, *-ri* einen Kreis um sich bilden, im
(engern) Kreise oder Zirkel sprechen, *circulā-tor* m. Herumzieher,
Gaukler, Marktschreier, *circulātor-iu-s* marktschreierisch, *circul-
āri-s* zirkelrund; **cur-cŭl-i-ō(n)** f. Kornwurm, Demin. *curculiun-
cŭlu-s;* (*kar-kar-ta, kra-kar-ta, kla-kar-ta, Kla-cer-ta*) **lă-cer-ta** f.
lă-cer-tu-s m. Eidechse[19]).

    kar + k[ar]. — cir-c-u-s m. Kreis: Kreis-, Zirkellinie,
Rennbahn, Circus (*circus maximus* in der 11. Region zwischen
dem avent. und palat. Hügel, nach Trajans Erweiterung gegen
400.000 Zuschauer fassend; *c. Flaminius* in der 9. Region; *c. Vati-
canus* in der vatican. Niederung); *circā* ringsumher, umher, um,
gegen, an, etwa, ungefähr, in Bezug auf, *circĭ-ter* id., *circu-m*
(Acc.) ringsum, um herum, umher (mit Accus. des Nomens:
quod circa, quō circa [nicht Abl.], *quam circum, id circo)*[20]); *circ-
ānea* (*dicitur avis, quae volans circuitum facit* Paul. D. p. 43. 1),
circ-ensi-s den C. betreffend; **circe-s** (*circĭ-t-is*) m. Kreis, -linie
(*circites circuli ex aere facti* Paul. D. p. 20 M.), also: Metallgegen-
stände *ad speciem circuli* gebildet[21]); **circ-en** (*in-is*) n. Kreislauf;
circ-ĭn-u-s m. Zirkel, *circinā-re* zirkeln, *circinā-ti-ō(n)* f. Umlauf,
Kreis, Zirkellinie; *Circ-ēji* m. Pl. Stadt und Vgb. in Latium (jetzt *Cir-
cello), Circēj-ensi-s;* **cal-c-en-d-ix** (*genus conchae* Paul. D. p. 46. 16);

(*cvar, cur:*) **cul-c-ĭ-ta** f. Kissen, Polster, Matratzen [22]), Demin. *culcitŭ-la, culcitel-la.* — **kra-k**: (St. *cru-c*) **crux** (*crŭc-i-s*) f. Kreuz [23]), übertr. Marter, Unglück, Pein, Unheil; *cruc-iu-m (quod cruciat. Unde Lucilius vinum insuave crucium dixit* Paul. D. p. 53. 4), *cru-ciā-re* kreuzigen, quälen, *cruciā-tu-s (tūs)* m. Kreuzigung, martervolle Hinrichtung, Pein (*cruciatio* Vulg. Sap. 6. 9), *cruciā-men* (Prud. cath. 10. 90), *cruciāmen-tu-m* n. Marter, Qual, *cruciā-bili-s* martervoll, *cruciābili-ta-s* f. (Plaut. Cist. 2. 1. 3) == *cruciamen;* (*cli-n-g* mit eingesch. Nasal) **cling-ĕre** (*cingere a Graeco* χυχλοῦν *dici manifestum est* Paul. D. p. 56. 13; *clingit cludit* Gloss. Isid.).

ka-n- + kar. — **ca-n-cer** (vgl. χιγχλίς) (Gen. *cri*) m. Gitter, Demin. *can-cel-lu-s*, meist Pl, Gitter, Schranken (*cancri dicebantur ab antiquis, qui nunc per diminutionem cancelli* Plac. gl. p. 449 M.), *cancellā-re* gittern, gitterförmig anstreichen, *cancellā-ti-ō(n)* f. Ausmessung nach Quadratschuhen, *cancellā-ti-m* gitterförmig, *cancellāriu-s* m. Diener in den *cancelli* des Kaisers (in niederm Sinne: Thürhüter, in höherm S.: Kanzler); (*ca-n-car-nu-s*) **ci-n-cin-nu-s** m. Kraushaar, Haarlocke [7]), Zierrath, *cincinnā-tu-s* mit gebranntem oder gelocktem Haare, *Cincinnātu-s*; **ci-n-gŭl-u-m** n. Gurt, Gürtel (Nbf. *cingŭlu-s* m. nur Erdgürtel == *zona; cingŭla* f.); *cingulos appellabant homines, qui in his locis, ubi cingi solet, satis sunt tenues* (Paul. D. p. 43. 8); *Cingulu-m* n. Stadt in Picenum (jetzt *Cingulo*), *Cingul-ānu-s*.

ka[r] + k[ar]. — (*coc-ta*) **coxa** f. Hüfte [24]), (*coc-ti-m*) *coxi-m, cossi-m* auf die H. gestützt, zusammenkauernd (vgl. *hoc sciunt omnes quantum est qui cossim cacant* Pomp. ap. Non. p. 40. 29), *cox-en-d-ix* (*ic-is*) f. Hüft-gelenk, -bein, -knochen, Winkel der Feldgränze [25]); **con-quĭ[c]-n-ĭ-sc-o** (Perf. *con-quec-si*) zusammen-, niederkauern, *oc-quinisco* id. (*nisi ipsus occquinisceret* Pompon. ap. Non. p. 146. 22) [26]); (*cic-u-s* oder *cic-a* Narbe, *cicā-re* vernarben) **cica-tr-ix** (*ic-is*) f. die vernarbende Wunde == Wundmahl, Narbe, *cicatric-ōsu-s* voll von N., narbenreich; (*kva-k*) **cŭ-c-ŭ-m-is** (*ĕr-is;* auch Acc. *cu-c-u-mi-m*, Abl. *cu-c-u-mi*) m. Gurke, *cucumĕr-āriu-m* n. Gurkenfeld (Tertull. Hieron.).

ka-n- + k[ar]. — **ci-n-g-ĕre** (*cinc-si, cinc-tu-s*) einen Kreis bilden == umschliessen, umgürten, gürten, umgeben, *cinc-tu-s (tūs)* m. Umgürtung, Gurt, *cinctū-tu-s* gegürtet, *cinc-tūra* f. Umgürtung, *cinc-tōr-iu-m* n. Waffengürtel; (*Cinc-t-ia*) **Cinxia** Bein. der Juno als Gürtellöserin der Neuvermählten; *pro-cinc-tu-s (tūs)* m. militär. Ausdruck: das sich Gürten == Gerüstet sein zum Kampfe, Kampfbereitschaft (*antiqui procinctum hominem dixerunt, ut nunc quoque dicitur, qui ad agendum expeditus est. Procincta autem toga Romani olim ad pugnam ire soliti sunt, unde et testamenta in procinctu fieri dicuntur, quae ante pugnam fiunt* Fest. p. 249) [27]); **co-n-g-iu-s** (vgl. χόγχος, χογχίον) m. röm. Maass für Flüssigkeiten, Maass,

Maasskanne (= dem griech. χοῦς), *congi-āriu-s*, *-āli-s* zum C. geh., ihn enthaltend; (*xó-γ-χ-ι-ς) **co-n-ch-i-s** f. Linsenschale, Linse in der Schale (*cunch-i-n vetustissimi* Prisc. I. 35 H.)[28]).

Brugman St. VII. 275 ff. — Corssen I. 412 f. — C. E. 157. — Fick (*kak* binden, umgürten) W. 28 f. 48. 435. 439. 1058; Spr. 64; KZ. XX. 400. — Fritzsche St. VI. 339 f. — 1) F. Spr.: *kar* sich bewegen, herumgehen. — 2) F. W. 203. 441: *skar* drehen; Spr. 70: *kar* herumgehen. — 3) Döffner St. IV. 282. — 5) Fritzsche St. VI. 329. — 6) Fritzsche St. VI. 293. — 7) B. Gl. 136a: *cikurá, fortasse a čar e kar, ita ut crinis a mobilitate sit nominatus; κίκιννος quod assimil. e κίκιρνος explicari posset: cincinnus, quod syllabū redupl. cum scr. čaučur convenit.* — F. W. 439: *kinkinno* oder *kikinno* Locke: κίκυννο-ς, lat. *cincinnu-s* entlehnt? — 8) B. Gl. 128a: *cakra (ut videtur, forma redupl. a rad. kram se movere, abiecto m) rota, orbis, circulus, ut videtur, κύκλος pro ϝύκρος, attenuato α in v.* — F. W. 51. 355: *kvar* = *skar* drehen (*kvakra*). — 9) Hehn p. 480. — 10) C. E. 153. 700: = κοξώνη, χ = ξ vgl. νύκτιος *νύξιος νύχιος. — 11) Corssen II. 189. — F. W. 29. 441: *kanka* Muschel; grākoital. auch Maass für Flüssigkeiten. — 12) F. W. 350; Spr. 77. 309. — B. Gl. 114a: *gala collum: fortasse a gar devorare, mutato r in l, germ. Hals, cuius initialis aspirata nititur latino collum.* — 13) F. W. 69 f.: *ghar* sich biegen, statt *hvarus*; ib. 178: *vak* krumm, schief gehen = *vac-ru-s*, ebenso Spr. 109. — 14) Plin. h. n. 11. 45: *nanque et inventa cognomina Planci, Plauti, Scauri, Pansae, sicut a cruribus Vari, Vatiae, Vatinii.* — 15) Angermann St. V. 390. — 16) B. Gl. 92a. — F. Spr. 71; W. 38. 1059: *skar* drehen. — 17) F. Spr. 70: *kar* herumgehen. — 18) Brugman St. VII. 216. — 19) Brugman KZ. XXIII. 94. — 20) Corssen I. 647; KZ. XI. 336. — 21) Walter KZ. X. 197. — 22) F. W. 45. 1059: *karka* Wulst, Ballen. — 23) Corssen N. 244: = Pfahl mit einem Querholz, gekrümmtes nach verschiedenen Richtungen ausgestrecktes Ding, Kreuz. — F. Spr. 379: *skark:* Kreuz = verschränkt. — 24) B. Gl. 86b: *kukši venter, uterus: coxa, coxendix, κοχώνη?* — 25) Hehn p. 480. — Pott KZ. IX. 347*): *coxendix* trotz der Kürze des i etwa hinten mit ahd. *dioh*, ags. *dheoh*, engl. *thigh*, mhd. *diech (femur).* Vielleicht „die Hüfte am (*en* statt *in*?) Schenkel"? — 26) F. W. 355: *kvak* hocken, kauern; Spr. 83: *kuk, kvak* krümmen, wölben. — 27) Corssen I. 496. — 28) Corssen II. 189.

8) **KAR** kochen; mengen, mischen. — Skr. **çar, çrā, çrī** sieden, kochen, braten, rösten, gar machen; mengen, mischen (PW. VII. 89. 345. 362).

kar. — (*kara[m]bha:*) κάραβο-ς· ἔδεσμα ὀπτημένον ἐπ᾽ ἀνθράκων Hes.; κ[α]ράμβο-ς, κραμβ-αλέο-ς gedörrt, trocken, eingeschrumpft; κόλυβο-ν· σῖτος ἐψημένος Hes.; (κερ, κιρ:) κέρ-νο-ς m., κέρ-νο-ν n. irdene Schüssel[1]); κίρ-νη-μι, κιρ-νά-ω (poet. Nbf., nur Präsensst.) = κεράννυμι[2]). — **krā:** κρᾶ-σι-ς f. Mischen, Mischung (Gramm. Verschmelzung zweier Silben zu einem Mischlaute: τοὔλαιον = τὸ ἔλαιον); κρᾶ-τήρ, ion. ep. κρη-τήρ (τῆρ-ος) m. Mischgefäss, Gefäss (Kessel eines feuerspeienden Berges, in dem die Lava kocht), Dem. κρατήρ-ιο-ν, κρατηρ-ίδιο-ν, -ίσκο-ς, κρατηρ-ίζω aus M. trinken (Dem. 18. 259 ein Geschäft des Dieners bei den Mysterien); κί-γ-κρᾶ-μι

dor. = κιρνάω (κιγκρᾶ· κιρνᾷ Hes.; ἐγ-κί-κρα Sophr. fr. 2)[2]). —
κρα-π: (ἀ-κρα-π-ιν-ες) ἀ-κραιφν-ής (vgl. ἐξαπίνης ἐξαίφνης) unvermischt, rein, unversehrt[3]). — κερα: κερά-ννυ-μι, κερα-ίω, κερά-ω,
κέρα-μαι mischen[4]) (St. κερ: Aor. ἐ-κέρ-ασ(σ)α, ἐ-κερ-ά-σ-θη-ν; St.
κρα: κέ-κρᾱ-κα, -μαι, Hom. κέ-κρᾱ́-νται, -ντο, Aor. κρᾶ-σαι, ion.
κρῆ-σαι; κεράω Hom.: κερῶντας, Impt. κεράασθε, Impf. κερῶντο, κε-
ρόωντο; κεραίω: Impt. κέραιε Il. 9. 203)[5]); κερα-σ-τή-ς m. Mischer
(Orph. fr. 28. 13), κερα-σ-μό-ς m. Gemisch, κέρα-σ-μα(´τ) n. Mischtrank; Κερά-ων (ων-ος) spartan. Heros der Köche (Ath. II. 39);
κέρα-μο-ς m. (terra coctilis) Töpfer-erde, -thon, -waare[5]), (Kerker,
Gefängniss: χαλκέω ἐν κεράμῳ Il. 5. 387; entw. von der Gestalt,
oder weil man darin Jmd. wie im Gefässe verwahrte[6]), Demin.
κεράμ-ιο-ν n. Gefäss, Geschirr, Demin. κεραμίδ-ιο-ν n., κεραμό-ω
mit Ziegeln decken, κεράμ-ιο-ς, -ειο-ς (ion. ep. -ήϊος), -εο-ς, -ικό-ς,
-ινο-ς irden, thönern; κεραμ-ί-ς (ίδ-ος, ion. ίδ-ος) f. das aus Thon
Gemachte: Dachziegel, Gefäss, κεραμιδ-ό-ω = κεραμόω; κεραμ-εύ-ς
(εν-τή-ς) m. Töpfer (Il. 18. 601), κεραμεύ-ω Töpfer sein, κεραμε-ία
f. Töpferei, κεραμε-ῖο-ν n. Töpfer-werkstatt, -laden, κεραμε-ικό-ς
den Töpfer betreffend (κεραμευ-τ-ικό-ς id.); Κέραμο-ς f. Flecken an
der karischen Küste; Κεραμεικό-ς m. (Töpfermarkt) ein grosser
Platz in Athen (der innere im N. W. der Stadt, der äussere ausserhalb der Stadt, wo die im Kriege gefallenen Athener bestattet
wurden); Κεραμεῖς, οἱ att. Demos, von den Einw. des äussern Ke-
rameikos benannt; Κεράμ-ων (ων-ος) Athener (Xen. Mem. 2. 7. 3).
— krī: (κρι-β) κρί-β-ανο-ς att., κλί-β-ανο-ς (verworfen von
Phryn. p. 179) Ofen zum Dörren der Gerste, Pfanne zum Braten,
Backen (vom Meer unterhöhlte Klippen, wahrsch. von der Aehnlichkeit der Gestalt, Ael. h. a. 2. 22), κρίβάνη f., κρίβανο-ν n. eine
Art Kuchen (in rundl. Form im Ofen aus Teig gebacken), (*κρι-
βανό-ω) κριβανω-τό-ς in einem κρίβανος gebacken[7]).

kar. — car-b-o (ōn-is) m. Kohle, Carbo, Demin. carbun-
cŭlu-s m. kleine Kohle, (Kunstausdruck:) Edelsteingattung, röthl.
Tofstein, Carfunkel (der Menschen, der Bäume = Lohe, Mühl-
thau), carbunculā-ri an Carf. leiden, carbuncul-ōsu-s mit röthl. Tofst.
versetzt; (kar kvar kur) cūl-īna (cŏl-ina Non. p. 55. 18) f. Küche[8]),
culin-āriu-s zur K. geh., Subst. Küchendiener; crĕ: (*crĕ-mu-s)
crĕ-mā-re verbrennen[9]), cremā-ti-ō(n) f. das Verbrennen, cremā-
bĭli-s (καύσιμος Gloss. Vat.); crem-or (ōr-is) m. Brei, Brühe,
cremu-m (i. q. cremor, ubi crema rapis Venant. Fort. 11. 14. 1) franz.
crème[10]). — krī: (*clī-b-u-m) lī-b-u-m n. (lī-b-u-s m.) Kuchen,
Fladen (bes. als Opfer für die Götter) — wohl Lehnwort aus dem
Griech.[11]).

B. Gl. 395a. — C. E. 147. — F. W. 34; Spr. 72. — Siegismund
St. V. 201. 21). 317. — 1) F. W. 38; Spr. 71. 307: karu, karaka,
karna m. Schüssel, Topf; Schädel, Kopf; Kopf, Topf sind der alten

Sprache eins. — 2) C. V. 155. 7). 167. 46). 174. 6). 297. 5). — 3) Clemm St. III. 324. — Pape W. s. v.: „schon V. LL. = ἀ-κεραιο-φανής = ἀκέραιος"; ebenso Sch. W. s. v. — 4) B. Gl. 74a: *kar coniicere, spargere, perfundere, obruere, implere.* — F. Spr. 69: indogerm. *kar* beschütten. — 5) Sch. W. s. v.: κέρ-αμο-ς s. κάρφω. — 6) Seiler W. s. v. — 7) Hehn p. 480 f. — Siegismund St. V. 181. 119). — 8) Brugman St. VII. 350 59). — F. W. 46. 437: *skal, kal, kul.* — 9) F. W. 33. 437: *skar, skal: *carmo *cremo.* — 10) F. Spr. 72: *karmas* Brei. — 11) F. W. 484. 487: *lib* netzen, giessen: Kuchen, Opferfladen.

---

9) **KAR** tönen, hallen, rufen. — Skr. **kar** gedenken, Jemandes rühmend erwähnen; **kal** tönen (PW. II. 99. 150).

kar, kal. — a) **kar**: κόρ-αξ (ἄκ-ος) m. Rabe[1]), Demin. κοράκ-ιο-ν n., κορακ-ίσκο-ς m., κορακ-ῖνο-ς m. der junge R., Demin. κορακῖν-ίδιο-ν n.; κορακ-ία-ς rabenartig (κολοιός Rabendohle), rabenschwarz (Hes.), κοράκ-ινο-ς, κορακ-ώδης, κορακ-ο-ειδής rabenartig, κοραξό-ς rabenschwarz; Κόραξ, Κόρακος πέτρη (in Ithaka Od. 13. 408; vgl. deutsch: Rabenstein, Rabenfels), Κορακό-ννησο-ς Insel und Stadt in Lybien; κορ-ώνη f. Krähe (Hom. stets εἰναλίη), Meerkrähe, Seerabe, Scharbe, Kormoran[2]), κορών-ειος συκῆ krähenfarbige, graue Feige (ἰσχάς) (vgl. κορων-αῖος· ἀμπέλου ἢ συκῆς εἶδος Hes.), κορων-ιδεύ-ς m. das Junge der Krähe, κορωνίζω eine Krähe auf der Hand haltend Bettellieder singen, κορωνισ-τή-ς der u. s. w. Bettell. singt. — (St. **kār-n**) κῆρυ-ξ (κήρῡ-κ-ος, äol. κήρῡ̄κο-ς, κηρυκου E. M. 775. 26) m. Ausrufer, Herold (fem. κῆρυξ Nonn. 4. 11, κηρύκ-αινα Arist. Eccl. 713), (κηρυκ-jω) κηρύσσω, att. κηρύττω H. sein, laut ausrufen (predigen N. T.), κηρύκ-ειο-ς, -ικό-ς, -ινο-ς den H. betreffend, n. Subst. κηρύκ-ειο-ν (ion. -ήϊο-ν), -ιο-ν Heroldsstab, κήρυγ-μα(τ) n. (κηρυγ-μό-ς m. Schol. Il. 21. 575, κήρυξι-ς f. Dio Cass. und Sp.) das durch den H. Ausgerufene, Bekanntmachung, Befehl; κηρυκ-εύ-ω = κηρύσσω, κηρυκ-ε-ία (ion. -η-ίη) f. Heroldamt, κηρύκευ-σι-ς f. (Suid.), κηρύκευ-μα(τ) n. (Aesch. Sept. 633) Ausruf, Botschaft des Herolds. — Vgl. Anm. 3. — b) **kal**: καλ-έ-ω rufen (äol. κάλ-η-μι Sappho 1) (Fut. καλ-έ-σω, att. καλῶ, καλ-έ-σομαι, καλοῦμαι, Aor. ἐ-κάλ-ε-σα, ep. κάλ-ε-σσα, ἐ-καλ-ε-σάμην, ep. καλ-ε-σσάμην); καλή-τωρ (τορ-ος) m. Rufer, Herold (Il. 24. 577), Καλήτωρ (Il. 15. 419), Καλετορ-ίδης (Il. 13. 541); ὁμο-κλή (= ὁμο-καλ-η) f. Zusammenruf, Zuruf, Befehl[4]), ὁμο-κλά-ω (nur 3. Sg. Imperf. ὁμό-κλᾱ Il. 18. 156. 24. 248), ὁμο-κλέ-ω (Hom. ὁμό-κλε-ο-ν, ὁμό-κλη-σα, ὁμο-κλήσα-σκε) zusammenrufen, zurufen, befehlen, antreiben; κέλ-ο-μαι s. 2) *kar;* (*κελ-αρο, κελ-αρ-υγ vgl. pg. 141 κορκυρ-υγή:) κελ-αρ-ύζω tönen, rauschen, tosen, lärmen, jauchzen[5]), κελάρυζα κορώνη die krächzende (= λακέρυζα Eust. 488. 19), κελάρυξι-ς (Hes.) das Rauschen u. s. w. — **kal** = rühmend erwähnen (s. oben Skr.), preisen: (*kal-ja* heil, trefflich, *faustus:*) κᾰλ-ό-ϲ (*καλ-jο-ς*) (cypr. *αἰλός*) schön, sittlich schön, trefflich, gut, brauchbar[6]) (Comp. *καλλίων* = *καλ-jων*, Sup. *κάλλιστο-ς*); κάλ-λοϲ (*ους*) (= *kal-jas*) n. Schönheit u. s. w., *καλλο-νή* poet. *καλλο-σύνη* f. id.; *καλλιστ-εύ-ω* der Schönste sein, *καλλιστε-ῖυ-ν*, *καλλίστευ-μα*(*τ*) n. Vorzug, Preis der Sch., Tugend; *καλλι-*: *καλλι-βλέφαρο-ς* mit schönen Augenwimpern, *-βόας* schön rufend, tönend, *-βοτρυς* schöntraubig u. s. w.; *Καλλι-άναξ*, *-άνειρα*, *-βιος*, *-βροτο-ς*, *-γένεια* u. s. w.; *Καλλ-ίας*, *-ιάδη-ς*, *Κάλλιστο-ς* u. s. w., *Κάλα-ς* (Gen. *Κάλα*) nuked. Name (auch *Κάλλα-ς*, *Κάλλα-ντ-ος*)[7]); *καλλ-ύνω* schön machen, schmücken, reinigen, fegen, *καλλυν-τήρ* m. (*κουρεύς* Lex.), *καλλυν-τήρ-ιο-ς* schön machend, τὰ κ. ein Fest in Athen; *κάλλυν-τρο-ν* n. Geräth zum Schönmachen u. s. w., Besen.

kra, kla. — κλη: Perf. *κέ-κλη-μαι*, Aor. *ἐ-κλή-θη-ν*, Fut. *κε-κλή-σ-ομαι*, *κλη-θή-σομαι*; *κι-κλή-σκ-ω* poet. Nbf. zu *καλέω* (Hom. nur Präsens: *κικλήσκ-εις*, *-ει*, *-ουσι*, *-εται*, Inf. *-ειν*, Part. *-οντος*, *-ουσα*, Imperf. *-ε*, *-ον*); *κλη-τό-ς* gerufen, willkommen, erlesen, *κλητ-ικό-ς* zum Rufen geh. (*ἡ κλητικὴ* sc. *πτῶσις*, *casus vocalivus* Gramm.), *κλητ-εύ-ω* vorladen, vor Gericht fordern, Zeuge sein vor Gericht; *κλῆ-ϲι-ς* (*σε-ως*) f. Rufen, Ruf, Vorladung, Benennung; *κλη-τήρ* (*τῆρ-ος*), *κλή-τωρ* (*τορ-ος*) m. Rufer, Herold, Gerichtsdiener; *κλή-δην* (nur Il. 9. 11) *ἐξ-ονομα-κλήδην* mit Namen genannt, namentlich (*ὀνομάζειν* Il. 22. 415, Od. 4. 278, *καλεῖν* Od. 12. 250); *κλη-δών*, ion. ep. *κλεη-δών*, *κληη-δών* (*δόν-ος*) f. Sage, Ruf, Gerücht, Vorbedeutung, *κληδόν-ιο-ς* eine V. gebend (Erkl. von *πανομφαῖος* Schol. Il. 8. 250), *κληδον-ί-ζω* eine Vorbedeutung geben, *κληδονι-σ-μό-ς* m. Wahrnehmen einer V., *κληδόνι-σ-μα*(*τ*) n. Vorbed. (Luc. Pseudol. 17). — κλα-ϑ: κ-έ-λᾰ-ϑ-ο-ϲ m. Geschrei, Lärm, Getöse, *κελαδ-έ-ω* schreien u. s. w.[8]) (poet. *κελαδέοντι* Pind. Pyth. II. 15, *κελαδή-σομαι*, *κελάδη-σα*; Part. *κελάδ-ων* rauschend, brausend, Hom. 3mal), *κελαδή-τη-ς* m. der Lärmende, *κελαδῆ-τι-ς* (*τιδ-ος*) singend (*γλῶσσα* Pind. N. 4. 86), *κελάδη-μα*(*τ*) n. Geräusch, Brausen; (*κελαδ-εσ-*) *κελάδ-ει-νό-ς* (dor. *-εν-νό-ς*) lärmend, brausend.

kar + kar. — (*καρ-καρ-jω*) καρ-καίρω dröhnen (Hom. nur Il. 20. 157)[9]), *κάρκαιρε· ἰδίωμα ἤχου. καρκάρει· ψοφεῖ. ἐκάρ-καιρον· ψόφον τινὰ ἀπετέλουν* (Hes.); *κορ-κόρ-α-ς· ὄρνις. Περγαῖοι* (Hes.); *κόρ-κορ-ο-ς· εἶδος ἰχθύος* (Hes.) vgl. *πεπραδίλη*; κορ-κορ-υγή f. (*κραυγή*, *βοή* Hes.) das Kollern im Bauche, Getöse, *κορκορυγ-μό-ς* m. id., *δι-ε-κορκορύγησεν* (Arist. Nub. 387); *κρέ-κελ-ο-ς· θρῆνος* (Hes.).

kar + k[ar]. — 1) **kark:** a) κερκ, κρεκ: *κέρκ-ο-ς* (*ἀλε-κτρυών* Hes.); *κίρκ-αξ· ἱέραξ* (Hes.); *κερκ-ά-ς· κρέξ τὸ ὄρνεον*; *κερκ-ιθαλλ-ς· ἐρωδιός* (Hes.)[26]); *κερκ-νό-ς· ἱέραξ. ἢ ἀλεκτρυών* (Hes.); *κέρκ-νη*, κερχνη-ί-ς (*ιδ-ος*) f. Thurmfalke (*tinnunculus*)[10]); *κερκ-ίων* f. ein Vogel (Ael. h. a. 16. 3); *κερκο-λύρα· ἀντὶ τοῦ κρεκο-λύρα, ἠχητικὴ λύρα* (Zonar. 1190); κρέκ-ω schreien (vom Häher),

klingen (von der Leier) (κρέκειν· κιθαρίζειν. κρέκοντα· κερκίζοντα
Hes.), κρεκ-τό-ς gespielt, gesungen (Aesch. Ch. 809); κρέξ (κρεκ-ός)
ein Vogel von der Grösse des Ibis (Her. 2. 76) = Häher (κρέξ
ὄρνεον ὀξὺ πάνυ τὸ ῥύγχος ἔχον Schol.; ἡ δὲ κρὲξ τὸ μὲν ἦθος
μάχιμος, τὴν δὲ διάνοιαν εὐμήχανος πρὸς τὸν βίον Arist. 9. 16. 4);
b) κιρκ, κρικ: κίρκ-ο-ς m. eine Habicht- oder Falkenart[11]); κίρκ-η
f. ein Vogel (Ael. h. a. 4. 5. 58); κρίζω (Aor. κρίκ-ε ξυγόν Il. 16.
470) krachen, knarren, knacken[12]); c) κλωκ: (κλωκ jω) κλώσσω
(nur Suid.) Nebenf. von κλώζω[13]). — 2) kαrg: a) καργ, κρατ,
κραγγ: κάρ-α-γ-ο-c m. scharfer, greller Ton (ὁ τραχὺς ψόφος.
οἷον πριόνων Hes.); (κραγ-jω) κράζω krächzen, kreischen, schreien
(Fut. κε-κράξομαι, Aor. ἔ-κρᾱγ-ο-ν, Perf. κέ-κρᾱγ-α, Imperat. κέ-
κραχ-θι, Plusqu. ἐ-κε-κρᾱγ-ειν); κρᾱγ-ο-ς (Aristoph. Equ. 487: κράγον
κεκράξεται; κράγον· βόημα Hes.; vgl. τόνδε τὸν βάδον βαδίζομεν
Arist. Av. 42), κρᾱγ-έ-τη-ς m. Schreier (κολοιοί Pind. N. 3. 78),
κραγγ-ών (ῶν-ος) f. κίσσα Hes., κραγγ-άν-ο-μαι = κραυγάνομαι;
b) κλαγ, κλαγγ: κλάζω klingen, schallen, tönen (St. κλαγ:·Perf.
ep. κέ-κληγ-α, κε-κληγ-ώς, Aor. ἔ-κλᾰγ-ο-ν in Compos.; St. κλαγγ:
Fut. κλάγξω, Aor. ἔ-κλαγξα, Perf. κέ-κλαγγ-α)[14]); κλαγ-ερό-ς schreiend
(von den Kranichen); κλαγγ-ή f. Klang, Schall, Ton, Getöse,
κλαγγη-δόν Adv. mit Geräusch, mit Getön (Hom. nur Il. 2. 463),
κλαγγ-άνω, -αίνω poet. = κλάζω, κλαγγ-έω (vom Anschlagen der
Hunde, Theokr. 9. 432)[15]); c) κριγ: κρίζω (vgl. oben 1, b; Perf.
Ἰλλυριοὶ κεκριγότες Arist. Av. 1521, wozu Schol.: μίμησίς ἐστιν
οὐκ εἰς τὸν ἦχον, ἀλλ' εἰς τὴν ἀσάφειαν τῶν βαρβαρικῶν·διαλέκτων),
κριγ-ή f.·Schrillen, Schwirren; κριγ-η· γλαῦξ Hes.; d) κρυγ: κραυγ-ή
f. Geschrei, κραυγ-ό-ς, κραυγ-ών (ῶν-ος) m. Schreier, ein Vogel,
Specht (δρυοκολάπτου εἶδος Hes.), κραυγ-ία-ς (ἵππος) ein Pferd,
das durch Geschrei scheu wird (Hes.), κραυγ-άζω, -άν-ομαι (ά-ομαι
nur Her. 1. 111)[16]) schreien, krächzen, κραυγασ-τή-ς m. Schreier
(fem. κραυγάστρια Hes.), κραυγασ-τ-ικό-ς gern schreiend, κραυγ-ασο-ς
m. Schreier; e) κρωγ, κλωγ: κρώζω krächzen, kreischen, κρωγ-
μό-ς m., κρῶγ-μα(τ) n. das Kr.; κλώζω glucken, schnalzen (Fut.
κλώξω)[17]), κλωγ-μό-ς m. das Gl., Schn. — 3) grak = γρυκ:
γρύζω grunzen (Fut. γρύξ-ω, -ομαι, Aor. ἔ-γρυξα; γρύξαι· ἠρέμα
κράξαι, ἠρέμα φθέγξασθαι ἢ ὑλακτῆσαι Hes.), (γρυκ-jων) γρύσσων·
χοῖρος Eustath. — 4) grag = γλαγ: γλάζω (μέλος) ertönen
lassen (γλάζει· πτερύσσεται, κέκραγε Hes.; γλάζεις Pind. fr. 75 B.).

kα[r] + kar. —κί-κιρρ-ο-c· ἀλεκτρυών Hes.

kα[r] + k[ar]. — (kik-ja) κίσσα, att. κίττα f. Häher, Holz-
schreier (pica glandaria) (ἡ κίττα φωνὰς μὲν μεταβάλλει πλείστας·
καθ' ἑκάστην γὰρ ὡς εἰπεῖν ἡμέραν ἄλλην ἀφίησι Aristot. h. a. 9.
14. 1), κισσα-βίζω (att. κιττ-) wie der H. schreien (Poll. 5. 90).

kar, kal. — kar: cor-vu-s m. Rabe[18]), corv-īnu-s zum
Raben geh., rabenartig, Corvīnu-s; cor-n-ix (= cor-on-ic, vgl.

caron, carn, Gen. *corn-ĭc-is*) f. Krähe, Dem. *corni[c]-cŭla, Cornicula, Cornicla,* (*cornĭc-a) *cornicā-ri* wie eine Kr. schreien; *Corniscarum* (*dirarum locus erat trans Tiberim cornicibus dicatus, quod in Iunonis tutela esse putabantur*). — **kal:** (*căl-u-s) **călă-re** (vgl. *plăc-ēre plāc-āre, sĕd-ēre sēd-āre*) rufen (in alterth. techn. Ausdrücken: *calare Nonas* Varr., *plebem* Macr., *comitia* Lael. Fel. ap. Gell. 15. 27); *Cala-bra curia* (Paul. D. p. 49. 1; Nbf. *Cale-bra* Gloss. Lat.) (= Stätte zum Rufen) auf dem röm. Capitol, wo der *pontifex minor* die Monats-, Fest-, Gerichtstage u. s. w. öffentlich ausrief[19]); (*căl-ĕ-re*) **Kăle-ndae** f. der 1. Monatstag bei den Römern (*primi dies mensium nominati Kalendae ab eo, quod his diebus calantur eius mensis Nonae a pontificibus, quintanae an septimanae sint futurae* Varro l. l. 6. 27)[20]), *calend-āriu-s* die C. betr., *-āriu-m* n. Zins-, Schuldbuch und das dadurch vertretene Vermögen [neulat.: Kalender]; *inter-cal-āri-s* eingeschaltet (*dies, calendae, mensis, annus*), *intercalāri-u-s* id., zum Einsch. geh., *intercalū-ti-ō(n)* f. Einschaltung; **con-cĭl-iu-m** n. Vereinigung, Versammlung, Berathung, *conciliā-re* vereinigen, gewinnen, erwerben, verschaffen (Part. *conciliā-tu-s* innerlich verbunden = befreundet, geneigt), *conciliā-tu-s* (*tūs*) m. Vereinigung, Mischung, *conciliā-tor* m., *-tr-ix* f. Besorger, Vermittler, -in, *conciliā-tur-a* f. Gelegenheitsmacherei, Kuppelei (Sen. ep. 97), *conciliā-ti-ō(n)* f. Vereinigung, Zuneigung, Erwerbung. — **cla:** **nomen-clā-tor** (*tōr-is*) m. Jemand, der eine Sache beim Namen nennt (*nomenculator* Petr. Sat. 48 B., vgl. *Hercles, Hercules*), *nomenclā-tūra, -ti-ō(n)* f. Benennung, Nomenclatur; *Cla-ter-na*[21]) f. feste Stadt in Gallia cisalp. am heutigen Quadernafluss; (*Cla-sto-id-io*) *Cla-stid-iu-m*[21]) n. fester Ort am Padus in Gallia cisalp., jetzt Chiasteggio; (*clă-mu-s) **clā-mā-re** (vgl. **cremu-s, cre-mare*) laut rufen, schreien[22]), Intens. *clamĭ-tā-re, clamā-tor* m. Schreier, *clamatōr-iu-s* schreierisch, *clăm-or* (*ōr-is*) m. Geschrei, lautes Rufen, Ruf (Abl. *clamā-tu* Paul. Nol. 15. 279), *clam-ōsu-s* schreierisch, pass. mit Geschrei vollzogen, erfüllt; **clă-ru-s** hell, laut, vernehmlich, klar, deutlich, übertr. bekannt, berühmt, herrlich[23]), *clarā-re* hell u. s. w. machen, *clarē-re* hell u. s. w. sein, *clare-sc-ere* hell u. s. w. werden, *clari-tā-s* (*tātis*), *-tūd-o* (*ĭn-is*) f. Helle, Klarheit, Erlauchtheit, *clar-or* (*ōr-is*) m. heller Glanz (Plaut. Most. 3. 1. 111). — **cla + t:** (**cla-t-ti-s, cla-s-ti-s*) **clas-si-s** (vgl. *fa: fa-t-eri,* **fa-t-ti-ōn, fassio*) f. Aufgebot, Versammlung[24]): a) die zur Abstimmung berufene Volksabtheilung (später allgemein: Abtheilung, Klasse), b) die unter die Waffen gerufene Mannschaft (nur im veralt. Lat., bes. *classis procincta*), c) die vereinigte Seemacht = Flotte (dies die häufigste Bdtg.); Demin. *classi-cŭla; classi-cu-s* zur Cl. geh., vorzugsweise zur ersten, κατ' ἐξοχήν so genannten, classisch (bildl. *classicus assiduusque aliquis scriptor, non proletarius* Gell. 19. 8. 15), zur Cl. geh.; Subst. m. Hornbläser der das Versammlungszeichen gibt), Bürger 1. Cl., Seesoldat, n. Versammlungszeichen, Signal, *classi-āriu-s* zur Cl. geh.; *Classica colonia* Benennung von Forum Iulii in Gallia Narb.

kar + kar. — **grä-cŭl-u-s** m. Dohle[25]), (Demin. **gracillu-s) gracillā-re* gackern (*cucurrire solet gallus, gallina gracillat* Auct. carm. Phil. 25).

kar + k[ar]. — 1) **kark** = a) *kerk* = *querqu:* **querqu-ĕdŭlu** f. eine Art Enten, Krickente (Varr. Col.)[26]); b) *crŏc:* **crŏc-ī-re** krächzen, schreien wie ein Rabe, *crŏcĭ-tu-s (tūs)* m. das Kr., (**crŏc-ā-re*) *crŏcā-ti-o* (*corvorum vocis appellatio* Paul. D. p. 53. 3), Frequ. *crŏcĭ-tare.* — 2) **karg** = *cla-n-g:* **clang-ĕre** klingen, *clang-or (ŏr-is)* m. Klang, Ton, Geräusch. — 3) **grak** = *glōc:* **glōc-ī-re** glucken (*ut ova quam recentissima supponantur glocientibus; sic enim appellant rustici aves eas quae volunt incubare* Colum. 8. 5. 4), (*glōcĭdāre* Paul. D. p. 98. 6), *gloc-tŏrūre* Naturl. der Störche (*gloctorat immenso de turre ciconia rostro* Auct. carm. Phil. 29).

ka[r] + kar. — **cŭ-cŭr-īre** von der Stimme des Hahns, kollern[27]) (vgl. oben *gracillare*).

Brugman St. VII. 287.. — C. E. 138. 153. 522. 604. 720. — Fick W. 33. 35 f. 41. 48 ff. 346. 349. 352 f. 437. 440 f. 504; Spr. 70. 72. 77 f. 86. 88 f. 305. 313. — Fritzsche St. VI. 292 f. 341 f. — Leo Meyer KZ. VIII. 266. — M. M. Vorl. I. 319. — Pauli KZ. XVIII. 21. — Siegismund St. V. 145. 187. 7). 199. 16). — 1) B. Gl. 82b: *skr. kūrava, fortasse etiam corax, mutato v in k.* — 2) B. Gl. ibd.: *κορώνη et cornix quodam modo cum kūrava cohaerere videntur.* — S. W. s. v.: „vom starkhakigen Oberkiefer benannt“; also zu 7) *kar.* — 3) Maurophrydes KZ. VII. 348 ff.': κραίνειν = sagen, deuten, verkündigen u. s. w. zur W. *kar* tönen (= κρα-ν ιω); also verschieden von κραίνειν = vollführen, herrschen (vgl. Od. τ. 565: *ἴπε' ἀκράαντα* undeutlich, leer, falsch; hymn. Herm. 427: κραίνων ἀθανάτους u. s. w. = ἀείδων, λέγων; Aesch. Ag. 354: ἔπραξαν ὡς ἔκρανεν = ἐσήμηνε, προεσήμηνε u. s. w). — 4) Schaper KZ. XXII. 528. — 5) F. W. 409; Spr. 379: *skrar* schreien, schrillen. — 6) F. W. 39. 1059; Spr. 77 f. 89. — B. Gl. 79b: *kal-ja praeparatus, sanus;* ähnlich C. E. 140. — Goebel Zeitschr. f. Gymn. XVIII. 321: καF καίω, καϜλός eig. glänzend, brennend. — 7) Fick KZ. XXII. 227 f. — 8) C. V. I. 385. 8. — 9) C. V. I. 306. 23). — 10) F. W. 204: *skark, skarg* kratzen, heiser machen, kreischen. — 11) S. W. s. v.: W. κυρ, eig. Ring, eine Habicht- oder Falkenart, Gabelweihe, die im Schweben Kreise macht. — 12) C. V. I. 320. 29). — 13) C. V. I. 311. 8). — 14) C. V. I. 319. 25). — 15) C. V. I. 256. 6). — 16) C. V. I. 261. 5). 320. 27). — 17) C. V. I. 320. 30). — 18) B. Gl. 82b: *kūrava e kā et rava sonus — cornix.* — 18) Vgl. Anm. 2. — F. W. 441. — 19) Corssen B. 355. — 20) Corssen B. 3. — B. Gl. 83a: *kālā tempus: si in calendae dissolveretur, responderet skr. kālanda qui tempus dat vel kālanda qui tempus ponit.* — 21) Corssen KZ. III. 263. 302. — 22) Corssen B. 240. — Schweizer KZ. IV. 299. VII. 155. — B. Gl. 322a. 396a: *skr. çrāvájāmi rad. çru, v mutatum in m.* — 23) F. W. 504: *skal, kal* glühen. — 24) Corssen I. 496. (KZ. XI. 424: *cala-si-s, cla-si-s, cla-ssi-s.*) — C. E. 139: entweder dor. κλᾶσις oder Verbalst. *cla-t.* — Schweizer KZ. XI. 77:

Lehnwort. — Vgl. Dion. Hal. 4. 18: *ἐγένοντο συμμορίαι ἕξ, ἃς καλοῦσι 'Ρωμαῖοι κλάσεις κατὰ τὰς Ἑλληνικὰς κλήσεις παρονομάσαντες*. — 25) F. Spr. 318: *gra-k* von *gar* tönen. — 26) F. W. 440: *kerkethalo* Vogelname: *κερκιθαλίς*, *querquedula*. — Förstemann KZ. III. 44: *querquedula* lebt von Wasserpflanzen und Schnecken: der Römer scheint missbräuchlich eine Eichelfresserin aus dem Worte herausgehört und das Wort nach Analogie von *monedula*, *ficedula* herausgebildet zu haben. — 27) Der Hahn ist nach seinem Geschrei benannt worden, vgl. illyr. *kukurikati*, Skr. *kukkutá*. PW. II. 305.

kara taub, betäubt. — Vgl. Skr. *kala* stumm, *kalla* taub (PW. II. 152. 180).

κάροc m. n. Betäubung, tiefer Schlaf, Starrsucht, auch Schwindel, *κάρο-ς· κωφός* (Hes.), *καρό-ω* betäuben, in tiefen Schlaf versenken.

F. W. 34. — Sch. W. s. v.: Skr. *kri*, *καρ* krümmen, drehen: Schwindel, Betäubung, tiefer todtenähnlicher Schlaf.

karatho Korb.

κάλαθο-c m. geflochtener Handkorb, bes. zu Früchten (Hes. auch = *ψυκτήρ* Gefäss zum Eisenschmelzen), Demin. *καλάθ-ιο-ν* n., *καλαθ-ίσκο-ς* m., *καλαθ-ί-ς* (*ίδ-ος*) (Hes.) f.

F. W. 437.

KARK hager sein, abmagern. — Skr. **karç** abmagern, unansehnlich werden; caus. abmagern lassen, mager halten (PW. II. 142). — Urspr. W. wohl **kar**.

kar + k[*ar*]. — **kark, kalk.** — κολεκ-, κολοκ-άνο-c hager, mager (*κολεκάνοι· ἐπὶ μήκους σὺν λεπτότητι. κολοκάνοι· εὐμήκεις καὶ λεπτοί* Hes.). *κολοκ-ώνας· τὰς βαλβῖδάς τινες* Hes.; (*κολοκ-jo*) κολοccό-c m. grosse Bildsäule, Riesenbildsäule (über Lebensgrösse), Koloss[1]), *κολοσσι-αῖο-ς*, *κολοσσ-ικό-ς* einem K. ähnlich an Grösse; κολοκ-ύντη (*ύνθη*) f. Kürbis (die Frucht nach ihrer kolossalen Grösse so benannt[2]) (*κολοκύντη δὲ ὠμὴ μὲν ἀβρωτός. ἐφθὴ δὲ καὶ ὀπτὴ βρωτή* Athen. 2. p. 68; *κόλοκυνθα αἰγός* = *cucurbita silvatica* Dioscor. 4. 175); *κολοκύνθ-ινο-ς* von K. gemacht, *κολοκυνθ-ί-ς* (*ίδ-ος*) f. die Koloquintenpflanze und ihre Frucht; *Κολοκ-ασία Ἀθηνᾶ* die Kürbisgöttin, in Sikyon verehrt (Athen. 3. 72. b.). — **krak:** (*κροκ-ο-δειρο?*) κροκ-ό-δειλο-c (*κρεκύ-*, *κερκύ-δειλο-ς* Steph. Thes. IV. p. 1989 Par.) (Dissimil.; = mit schmalem langgestrecktem Rücken) m. das Krokodil, die grösste und gefährlichste Nileidechse, Eidechse überhaupt (*χερσαῖος* Landeidechse, Herod. 4. 192), *κροκοδειλ-ινο-ς* vom Kr., *κροκοδειλ-έα*, *-εία* f. Koth einer Eidechse, zu Augensalben und Schminken gebraucht (Plin. h. n. 28. 8. 28: *crocodili intestina diligenter exquiruntur iucundo nidore referta;* vgl. Hor.

Epod. 12. 11: *colorque stercore fucatus crocodili*), κϱοκοδειλ-ιο-ν n. κϱοκοδειλι-ά-ς (*άδ-ος*) f. ein Kraut, nach seiner rauhen Oberfläche benannt (Diosc.), κϱοκοδειλίζω dem Kr. nachahmen.

kar + kar. — (*kra + kal*) **grä-cĭl-i-s** (Nbf. *gra-cil-a* f. Sg. u. Pl. Lucil. ap. Non. 489. 21. Ter. Eun. 2. 3. 22) hager, mager, schlank, schmächtig, schlicht, *gracil-e-n-s* (*ti-s*) (Naev. ap. Non. p. 116. 8), *gracilent-u-s* (Enn. ap. Non. p. 116. 8), *gracili-ta-s* (*täti-s*) f. Hagerkeit u. s. w. (*gracili-tūdo* Acc. ap. Non. p. 116. 6), *gracile-sc-ĕre* hager u. s. w. werden.

kar + k[ar]. — *kark, krak:* (*crāc-a*) **cracc-a** f. Taubenwicke (eig. die zierliche, schlanke; Plin. 18. 16. 41)[3]); **crac-entes** ≠ *graciles* (*Ennius: Succincti gladiis media regione cracentes* Paul. D. p. 53. 7); (*crocō-tu-s*, vgl. *aegrō-tu-s* pag. 84) **crocot-īnu-m** (*genus operis pistorii* Paul. D. p. 53. 5), Demin. *crocotil-lu-m* (*valde exile*, *Plautus: Extortis talis cum crocotillis crusculis* Paul. D. p. 52. 20). — Lehnwort: *crŏcŏdilu-s*, *crŏcŏdĭlu-s* (Mart. 3. 93. 7), *cŏrcŏdilu-s* (Phaedr. 1, 27. 4, 6) (*crocodillus*, *corrodillus*, *cocodrillus*, *corcodrillus*, *crocodrillus*)[4]).

ka[r] + kar. — (*krar*, *kar:*) **cŭ-cur-bĭta** f. Kürbis, der ähnlich gestaltete Schröpfkopf[5]), Demin. *cucurbit-ŭla; cucurbit-inu-s* kürbisartig, *cucurbit-āriu-s* m. Kürbispflanzer.

Brugman St. VII. 285 f. — C. E. 495. 720. — Fritzsche St. VI. 340. — Hehn p. 270 f. — 1) Sch. W. s. v. — Eigenthüml. Etymologie im E. M.: κολούειν ὄσσε, ὡς μὴ ἐφικνουμίνων τῶν ὀφθαλμῶν ὁρᾶν. — 2) Brugman St. VII. 278: *kar* krümmen. — F. Spr. 78: *karka, kalka* Wulst, κολοκύντη runder Kürbis. — 3) Pauli KZ. XVIII. 16. — Hehn p. 190: *ricia cracca* weist auf κάχληξ, κόχλα, *calculus*, Kiesel, Steinchen, darauf der Name für die Körner zurückzuführen. — 4) Zeyss KZ. XVII. 436. — 5) F. W. 38: *karbhata, kakarbhata;* F. Spr. 90: *kvarp, kvarḷh* Kürbis (als runder).

kar-kar-a gelbfarbig, hellfarbig, bunt.

kar-kar: κάρ-καρ-α· τὰ ποικίλα τῇ ὄψει Hes. — **kar-k[ar]:** κέρκ-ωπες· ποικίλοι. πονηϱοί. πανοῦϱγοι (Hes.), κεϱκώπ-ειο-ς schlau, verschmitzt (Synes.). — **ka[r]-kar:** κί-κεϱϱ-οι· ὠχϱοί (maked.) Hes. — (nicht redupl.:) κιϱϱό-c gelb, gelblich, hellgelb, besonders von der Farbe des Weines (ἐϱυθϱός, ξανθός Hes.), κιϱϱ-αῖο-ς id. (Schol. Nic. Th. 518), fem. κιϱϱ-ά-ς (*άδ-ος*) οἴνη (Nic. Ther. 519), κιϱϱάζω hellgelb sein (Eust.), κιϱϱ-ί-ς (*ίδ-ος*) f. ein Fisch (κίϱϱις Opp. Hal. 1. 129), κιϱϱο-ειδής von gelbl. Aussehen.

Brugman St. VII. 292. — F. W. 349: *karsa* farbig; 43. 1059: *kar* brennen, leuchten; Spr. 122: *ki* brennen, leuchten, *ki-ra* gelb, κιϱϱός hellgelb.

1) **KART** hauen, schneiden. — Skr. **kart** schneiden, zerschneiden, abschneiden, zerspalten, übertr. abschneiden, vernichten (PW. II. 128).

krat. — κρότ-άφο-c m. Schläfe (eig. Einschnitt, Vertiefung) [1]), übertr. Berggipfel, κροτάφ-ιο-ς an der Schläfe, κροταφιαία πληγή Schlag auf die Schl. (Synes.), κροταφί-τη-ς m. Schläfenmuskel, κροταφ-ί-ς (ίδ-ος) f. Spitzhammer (Poll.), κροταφίζω die Schl. schlagen.

(*kart:*) **curt-u-s** verstümmelt, verkürzt, *curtū-re* kürzen, *Curt-iu-s, Curt-īl-iu-s;* (*krat:*) **crē-na** (st. *cret-na*) f. Einschnitt, Kerbe (*crenae* γλυφίδες Onomast. vet. p. 32).

F. W. 36. 347; Spr. 73. — 1) Siegismund St. V. 148. 7: *recte comparasse videtur Fickius cum Skr. kaṭa-s et karta-s, quae cavum significant.* — Sch. W. s. v.: κροτέω vom sichtbaren Pulsschlage; ebenso Pape W. s. v. — S. W. s. v.: „verwandt mit κόρση; κάρα". Lob. Path. El. 1. p. 500.

---

2) **KART** flechten, knüpfen, binden, ballen. — Skr. **kart** den Faden drehen, spinnen (PW. II. 130).

(**kart:**) κάρτ-αλο-c (-αλλο-ς) m. geflochtener Korb, Demin. καρταλ-άμιο-ν. — (**krat:**) κροτ-ώνη f. Knorren, Astknorren, besonders am Oelbaum (Theophr.). — κλώθ-ω spinnen [1]) (auch von den Schicksalsgöttinnen), κλωσ-τό-ς (Eur. Tr. 537), κλώ-σι-ς f. das Spinnen (λινεργής Lycophr. 716), κλωσ-τή-ς (E. M.), κλωσ-τήρ (τῆρ-ος) m. Spinner, Faden, Spindel, κλώσ-μα(τ) n. Gespinnst, Demin. κλωσμάτ-ιο-ν n.; κλώσκων (= κλωθ-σκων) Hes.[2]); Κλωθ-ώ (οῦς) f. eine der Parzen, die den Lebensfaden spinnt; Κλώθ-ες (metapl. st. Κλωθ-οί) f. Spinnerinnen (Od. 7. 197).

(*kart:*) (**cartu-s,* *cartīlu-s) **cartīl-āg-o** (*ĭn-is*) f. Knorpel[3]), *cartilāgin-eu-s* aus Kn. bestehend, *cartilāgin-ōsu-s* knorpelreich. — (*krat:*) **crāt-i-s, crāt-e-s** f. Flechtwerk, Geflechte, Hürde, Demin. *crāti-cŭla, crāti-c-iu-s* aus Fl. bestehend, geflochten; (*crat-tu-s) **crassu-s** (geflochten =) geballt, dick, fest, grob; *Crassu-s, Crass-ic-iu-s; crassā-re* dick machen, *crassā-men* (*mĭn-is*) n. dicker Bodensatz (Colum.), *crasse-scere* dick u. s. w. werden, *crassi-tūdo* (-*tū-s, -tie-s* App.) f. Dicke; *crassundia* (*significare videntur crassiora intestina, quae opponuntur tenuioribus sive hilis* Müll. ad Varr. l. l. 5. 111); (**cret-ti-s,* *ret-ti-s) **res-ti-s** f. Seil, Tau, Strick[4]), Dem. *resti-cula;* *resti-ō(n)* m. Seiler (*resti-āriu-s* Fronto p. 2201).

. F. W. 36. 347 f.; Spr. 73. 308; KZ. XIX. 254. — Siegismund St. V. 148. 9). — 1) B. Gl. 394 b. — Sch. W. s. v.: vgl. (*g)nodus,* Knoten. — 2) C. V. I. 280. 5). — 3) Brugman St. VII. 338. 41): *skar* knappern, knuspern, nagen: *skar-kar-a* Knorpel. — 4) B. Gl. 394 a.

---

1) KARP schnell bewegen.

karp: καρπ-αία (sc. ὄρχησις) ein thessal. Tanz; καρπ-ό-c m. Handwurzel (Hand an der Wende, Hom. stets χεῖρ᾽ ἐπὶ καρπῷ), καρπω-τό-ς bis an die Vorderhand reichend (χιτών); μετα-κάρπ-ιο-ν n. der Theil der Hand zwischen den Fingern und dem Vorder- oder Unterarm (vulgär: καρπό-χειρ st. καρπὸς χειρός Eust. p. 1572. 38); καρπ-άλιμο-c (vgl. ἰδ-, πευκ-άλιμος) reissend schnell; κάλπ-η f. Trab, καλπά-ζ-ω traben, καλπασ-μό-ς m. (Sp.) ⹀ κάλπη. — **krup**: (κραπ-ινο) κραιπνό-c reissend schnell, heftig[1]), κραιπνο-σύνη f. Schnelligkeit (Tzetz. H. 215); (*κραπ-ια, vgl. μαν-ία, davon Demin. *κραπ-ιαλη) κραιπάλη f. Taumel, Schwindel (in Folge des Rausches)[2]), κραιπαλά-ω berauscht sein, κραιπαλ-ικό-ς berauscht (Eust.).

karp. — **carp-entu-m** n. zweirädriger leichter Wagen der röm. Damen (vorzugsweise für die Stadt, selten zu Reisen), Car- rosse, carpent-āriu-s zur C. geh. (Subst. m. Kutscher, Cod. Theod. 8. 5. 31).

crapŭla Lehnwort (⹀ κραιπάλη), crapul-āriu-s zum Rausch geh. (Plaut. Stich. 1. 3. 74).

C. E. 143. 513. 668. — F. W. 348 (karp, krup springen, schwan- ken). 407 (skarp, karp wenden, drehen, wölben, krümmen). — Meyer St. V. 14. — Siegismund St. V. 149. 14). — 1) B. Gl. 103a: kšip iacere, proiicere, suff. -ra. — 2) F. W. 49: krap lärmen, jammern, κραιπάλη Katzenjammer. — Bekk. Anecd. Gr. 45: κρᾶς πάλλειν.

---

2) KARP nass sein. — Vgl. Skr. krp-iḷa n. Wasser (PW. II. 407).

κλέπ-ας, κλέπ-ος n. Nässe, Feuchtigkeit, Sumpf (Hes.).

F. W. 49 (lit. szlap-ia-s nass u. s. w.); Spr. 89. 313.

---

karmusa Zwiebel, Lauch. — (Vgl. lit. kermuszis m., ker- muszė f.; german. *hrams-: ramsen-wurz u. s: w.).

(κρομυσο-ν) κρόμϋο-ν (später κρόμμυο-ν) n. Zwiebel, Garten- lauch (allium cepa Linné) (wird als Zukost erwähnt Il. 11. 630. Od. 19. 233)[1]), Dem. κρομύδιο-ν; κρομυ-ών (ών-ος) m. Zwiebel-garten, -beet, Κρομυών (Κρεμμύων Steph. Byz.) m. Stadt in Megaris an der Gränze von Korinth, später zu K. geh.; κρομυό-ει-ς zwiebel- reich, Κρομυοῦσσα f. Insel Iberiens (Zwiebelinsel).

Bugge KZ. XIX. 419. — F. W. 1073; Spr. 72. 307. — Hehn p. 171 f. 175. — Siegismund St. V. 150. 17). — 1) κοτώ ὄψον; „schien sich mehr für Matrosen als für Könige zu schicken" (Hehn).

KARS ziehen, furchen, pflügen. — Skr. **karsh** 1) ziehen, 2) spannen (den Bogen), 3) an sich ziehen = überwältigen, 4) an sich ziehen = erlangen, 5) entziehen, 6) Furchen ziehen, befurchen, pflügen, einpflügen (PW. II. 142).

(κ = τ) τέλϲ-ο-ν n. (Hom. stets mit ἀρούρη) Endfurche, Gränzfurche, Gränze, Mark (Il. 18. 544, 547), abgegränztes Stück Land, Acker, Flur (IL 13. 707); τελσάς· στροφάς, τέλη, πέρατα Hes. (στροφάς sc. τῶν βοῶν, vgl. βουστροφηδόν). **Cars-ūlae** f. Stadt in Umbrien (j. *Casigliano*), **Cars-eŏli** m. Stadt der Aequer in Latium (j. *Carsoli*); **Cars-ītāni** Gemeinde in der Nähe von Präneste (Varro fr. p. 323. B.) = etwa Pflugacker.

Corssen I. 473. — C. E. 480. — Delbrück KZ. XVI. 273 f.

---

kalja Leim. (Vgl. *klej*, *klej* u. s. w. Mikl. Lex. 291.) (κολja) κόλλα f. Leim, κολλά-ω leimen, zusammenfügen, verbinden, κολλη-τό-ς zusammen-geleimt, -gekittet, fest verbunden[1]), κολλή-ει-ς id. (Il. 15. 389), κόλλη-σι-ς (σι-ως) f. das Anleimen u. s. w., κόλλη-μα(τ) n. das Zusammen-geleimte, -gefügte.

F. W. 350: *kar*, *kal* binden; Spr. 77. 309: *kal* biegen(?). — 1) S. W. s. v.: Vermuthlich von *κολλός von κέλλω, was (als Befestigungs-mittel) ein- oder angetrieben wird: „Pflock, Dobel, Nagel, Klammer, Riegel, Zwinge, Reif", κολλᾶν durch Pflöcke u. s. w. befestigen; κόλλα Leim kennt Homer schwerlich.

---

1) **KAS** schaben, kratzen, jucken; striegeln. — Skr. **kash** reiben, schaben, kratzen, jucken; beschädigen (PW. II. 188). — Vgl. **knu.**

(*kas* striegeln): (*kas-ma*) κό-μη f. Haar, Haupthaar, übertr. Laubwerk, Aehren u. s. w.[1]), κομά-ω (ion. κομέ-ω) das H. lang wachsen lassen, langes H. haben, übertr. Laub u. s. w. bekommen, κομή-τη-ς m. der Behaarte (ἀστήρ Bartstern, Komet), Κομήτη-ς Vater des Argonauten Asterion (Ap. Rh. 1. 35), dor. Κομάτα-ς Hirten-name (Theokr. 5. 4); ἀκρό-κομο-ς auf dem Scheitel behaart, Bein. der Thraker (Il. 4. 533), ἐρημο-κόμη-ς vom Haar entblösst. — (*kas prurire*): (*kas-ja*) κάϲ-ϲα f. Hure[2]) (κασ-άλβη, κασ-αλβά-ς, κασ-αύρα, κασ-ωρί-ς, κασωρί-τι-ς). — (*kas-āra:*) κέ-ωρο-ϲ m. Nessel, κεωρέ-ω jucken.

kas. — **cär-ĕre** kämmen, krämpeln, *car-i-tōres* (*lanarii*, *qui lanam carunt*, *carpunt*, *dividunt* Gloss. Papiae); *car-men* (*min-is*) n. Krämpel, *carmin-äre* krämpeln, *carminā-tor* Krämpler (Or. inscr. 4103), *carminā-li-ō(n)* f. das Krämpeln; **car-du-u-s** m. Kardendistel, die zum Wollkratzen diente, auch: Artischocke, *cardu-etu-m* n. Artischockenpflanzung; *cardu-ēli-s* f. Distelfink, Stieglitz; (*kas-ta*

*_cos-tu-s_) **cos-su-s** m. Holzwurm, _Cossu-s_, _Cossŭ-t-iu-s; (kas-ma:)_
cŏ-ma = κό-μη[1]), (_comā-re_ Paull. Nol. 28. 246) _coma-n-s_, _comā-_
_lu-s_ langhaarig, _comālŭ-lu-s_ zierlich frisiert (Eccl.), _coma-tŏr-ia acus_
Haarnadel (Petr. 21. 1); (_kas-ara_, _kais-ara_) **caes-ŭr-ic-s** f. Haupthaar[3]) (halbverschnitten, doch lang herabhängend, Tituskopf),
caesariā-tu-s behaart.

F. W. 39. 350 f. 441; Spr. 79. 310. — 1) B. Gl. 93a: _ka caput_,
_co-ma_, κόμη; 400a: _çvi crescere_, _fortasse._ — 2) Schmidt KZ. VIII. 319:
= σκαγ-ια, καγ-ια, _skag_ springen, hüpfen. — 3) PW. II. 435: _kĕsara_ n.
Haar, Mähne u. s. w. stützt sich auf das latein. _caesaries._

2) **KAS** singen, preisen. — Skr. **çãs** 1) laut und feierlich aufsagen, recitieren, 2) loben, preisen, rühmen, 3) geloben,
wünschen, 4) aussprechen, sagen, verkünden, mittheilen (PW.
VII. 1).

Nαυσι-κάα (= *_Nαυσι-κάσ-α_) _navibus celebrata, laudata_ (an-
gemessene Bezeichnung für die schöne Tochter des Phäakenkönigs
Alkinoos)[1].

(_kas-man_) **car-men** (_mĭn-is_) n. Preislied, Lied, Spruch; (_kas-_
man-jā) (_Casmēna_, _Carmena_) **Cämĕna** (_Camoena_) f. Göttin des Gesanges und der höheren Musenkünste, Camene (_Casmenarum priscum_
vocabulum ita notum ac scriptum est, alibi Carmenae ab eadem ori-
gine sunt declinatae Varro l. l. 7. 26 f.)[2]; **Carmen-ta**, **-ti-s** f.
(= die Spruchbegabte) Name zweier altital. Nymphen, am palat.
Hügel verehrt, später als Mutter des Euander angesehen, _Carment-_
āli-s zur C. geh. (_flamen_, _porta_), n. Pl. -_ālia_ Carmentafest (am
11. 15. Januar); (*_cas-mu-s_ *_cas-mŭ-lu-s_) **ca-mil-lu-s** (= der
kleine Priester, Priesterdiener, Tempelknabe), **camilla** (_administer_,
administra Varro. l. l. 7. 34) (dann Gramm. und Schol.) frei-
geborner Knabe oder Jüngling, freig. Mädchen, _Camillu-s_ (röm.
Bein. der _gens Furia_), _Camilla_ Dienerin der Diana (_matrisque vo-_
cavit nomine Casmillae, _mutata parte Camillam_ Verg. A. 11. 542 f.).
— _kās:_ **cen̄s-ē-re** erklären, erachten, abschätzen, schätzen; _cens-_
_u-s_ (_ŭs_) m. Abschätzung, Schätzung, Census d. i. Aufnahme der
röm. Bürger in die Censorlisten, dann das durch den C. sich er-
gebende Vermögen, _cens-or_ (_ŏr-is_) (spätere Form _censitor_) m. Censor
(_arbiter populi_ Varro l. l. 5. 81), übertr. (auf das Sittenrichteramt
des Censor) strenger Richter, Sittenrichter, _censŏr-iu-s_ zum C. geh.,
censorisch, _Censor-inu-s_ (Bein. in der _gens Marcia_), _cens-ūra_ f.
Amt und Thätigkeit des C., strenge Prüfung, Censur.

B. Gl. 378b. — Corssen B. 406; N. 130. — C. E. 445. — F. W.
40; Spr. 121. — Götze St. I. b. 166. — Grassmann KZ. XVI. 178. —
Schweizer KZ. I. 512 f. — 1) Clemm St. VII. 33. — 2) Bechstein St.
VIII. 383.

3) **KAS** glänzen = weiss, grau, alt sein. — Skr. **kás** glänzen, leuchten (PW. II. 193).

cas-cu-s alt (*cascum significat vetus; eius origo Sabina quae usque radices in linguam Oscam egit; oppidum, vocatur Casinum, hoc enim a Sabinis orti Samnites tenuerunt, et nostri etiam nunc Casinum forum vetus appellant* Varro 7. 28. M.; *Căsinum* samnit. Niederlassung in Latium, jetzt *San Germano in Terra di Lavoro*, die Citadelle jetzt *Monte Cassino*); *Casca, Cascellius;* (*cas-nar-i seni Oscorum linguā* Plac. gl. p. 450); (**cas-nu-s*) **că-nu-s** grau[1]), *canē-re* weissgrau oder weiss sein, *canc-sc-ěre* w. werden, *cānī-ti-e-s* (*-ti-a* Plin. 31. 7. 91) f. Grauheit.

Aufrecht KZ. II. 151 ff. — Corssen I. 651 f. — 1) B. Gl. 70b: *kan splendere, amare.* — F. W. 350; Spr. 79: *kas* schaben: blank, weiss, grau, lichtgrau.

———·———

kasa Korb. (Vgl. slav. *kośa, kośĭ* = *kos-ja, kos-jŭ* Mikl. Lex.) (*quas-ŭ-lo, quas-lo*) **quā-lu-m** n. **quă-lu-s** m. Korb, Demin. (*quasŭ-lŭ-lo*) *quasi-l-lu-m, quasi-l-lu-s* Körbchen, *quasill-āria* Spinnmädchen, Spinnerin (Petr. 132).

Corssen I. 652. — F. W. 350; Spr. NO 311.

———·———

1) **ki** Pronominalstamm — schwächere Form von **ka** (pg. 94). — Skr. **ki** (Nebenform von *ka* und *ku*) (PW. II. 279).

ki. — τί-c, τί interr., enklit. indef. wer? was? irgendwer (St. *ki* + *na* = τι-ν: τίν-ος, -ι u. s. w., τιν-ός, -ί u. s. w.; St. τj-α: lesb. (dat.) τίω, τίοισι, ion. (ι = ε) τεο, τευ, att. του, τέω τῳ, τέων, τέοισι); ὅ-τι, hom. äol. ὅττι dass, weil; Nebenf. von ἅτινα: (St. τjα: ἅ-τjα, ἅ-τια) ἅσσα, kret. ἅ-τι; Nebenf. von τινά: (ά prosthet. + St. τjα) ἅσσα, att. ἅττα. — **ki** = κι, χι: neutr. Accusative: μή-χι (s. *ma*), ναί-χι (s. 1 *na*), οὐ-χί (Il. 16. 716, 762), οὐ-κί (schon Homer, nur am Ende des Satzes und zwar καί οὐκί), οὐ-κ (Verkürzung) (s. *u* pag. 90), ἤ-χι (ep. statt ᾗ) Adv. wo; μη-κ-έτι (s. *ma*, *a*), οὐ-κ-έτι (s. *a*, *u* pag. 2. 90).

kai (Steigerung), demonstr. Stamm. — (*a* + *kai:*) ἐ-κεῖ, dort, daselbst (= ἐκεῖσε dorthin, = τότε damals), ἐκεῖ-θεν, ep. ion. κεῖ-θεν von dort, daher (zeitlich: von da an Il. 15. 234), ἐκεῖ-θι, ep. ion. κεῖ-θι (ἐκεῖθι nur Od. 17. 10) = ἐκεῖ (= ἐκεῖσε Aesch. Sept. 790), ἐκεῖ-σε, ion. ep. κεῖ-σε dorthin, dahin. — (St. *kai* + *na:*) κεῖ-νο-c, äol. κῆ-νο-ς, dor. τῆ-νο-ς (äol. κηνώ = ἐκεῖ Hes., dor. Adv. τηνεί τηνόθι τηνῶθεν), ἐ-κεῖνο-c (bei Hom. Herod. wechseln κεῖνος ἐκεῖνος, ebenso bei Trag. nach Versbedürfniss, att. auch verstärkt ἐκεινοσ-ί) der dort, jener (weist auf das Abliegende, Entferntere, Ggs. οὗτος).

ki (*kvi*). — **quĭ-s, quĭ-d** (interr.) wer? was? (indef.) irgendwer, irgendwas; *quis-quis, quid-quid* wer oder was nur immer (altl.
quir-quir: olla reter arbos quirquir est Varro l. l. 7. 8); *quis-que,
quid-que* jeder, jedes; *quis-quam, quid-quam* irgend einer, irgend
etwas; *ăli-qui-s, ăli-qui-d* irgend wer, irgend was. — (*ki* = -*cci*)
-**ci**, -**cc**, demonstrativ: a) *ci: ci-s* (Comp. = *ci-ius*, vgl. *pris-
cu-s*) an dieser Stelle, diesseits (Ggs. *ultra, trans*); *cĭ-ter, -tra,
-tru-m* (Positiv selten) diesseitig, Compar. *ci-tĕr-ior, -ius* mehr
diess., Superl. *cĭ-tĭmu-s* zunächst gelegen; *citrā* adv. Abl. fem.
(erg. *parte*) diesseits, *citrō* (adv. dat. Neutr.) nach diesseits, herüber (nur in: *ultro citroque, ultro et citro, ultro citro* hinüber und
herüber, hin und her); b) *cc* (enklitisch:) *hi-ce, hi-c, hac-c, hō-c*
u. s. w., *hujus-ce, his-ce, hos-ce, has-cc; isti-ce, isti-c* u. s. w.; *illi-cc
illi-c* u. s. w.; *si-c* (s. *sa*), *tun-c* (s. *ta*), *nun-c* (s. *nu*); *cē-ve, ce-u*
(s. *var* wollen).

kai. — (*kai-tăra*) *cae-tĕru-s*, **cē-tĕru-s** (*a, um*) (Nom. Voc.
Sing. m. gemieden, häufiger Plur. als Sing.) der die das Uebrige
(verschieden von *reliquus;* vgl. *iam vero reliqua quarta pars mundi,
ea et ipsa tota natura fervida est et ceteris naturis omnibus salu-
tarem impertit et vitalem calorem* Cic. n. d. 2. 10. 27), *cēterā* (Acc.
n. Pl.) das Uebrige betreffend, übrigens, *cetero* (Abl. n.) im Uebrigen,
übrigens.

Corssen I. 673; N. 89. — C. E. 481. 593. 712. ⊤ F. W. 42 f. 351.
439; Spr. 80. 121. 316. — Roscher St. III. 143 ff. — Windisch St. II.
273 ff. 319.

2) **KI** schärfen, antreiben, erregen; gehen. — Skr.
çā, çī wetzen, schärfen (PW. VII. 123. 173). — Siehe 2) **ak**
und 1) **ka.**

ki. — (*κι-jω*) κί-ω gehen, weggehen[1]) (Präs. Ind. nur *κί-εις*
Aesch. Ch. 666, Conj. *κί-ομεν* ep. st. *κίωμεν*, Opt. *κί-οιμι*, Part.
κι-ών, Impf. *ε̃-κι-ον* (nur Il. 12. 138), *κί-ον, κί-ομεν.* — St. κια:
ἰ-κία-το· ἐκινεῖτο Hes., *μετ-ε-κία-θ-ο-ν, -κία-θ-ε* nachgehen, nach-
folgen[2]). — **κῑ-νέ-ω** (Präsensst. zum Verbalst.) in Bewegung setzen,
erregen, erschüttern, Med. sich fortbewegen, in Unruhe gerathen;
κινη-τή-ς, -τήρ (*τῆρ-ος*) m. der in Bew. setzt, *κινητήρ-ιο-ς* bewegend, *κίνη-τρο-ν, -θρο-ν* n. Werkzeug zum Bewegen, Getreide-
schwinge, *κινη-τό-ς* beweglich, *κινη-τ-ικό-ς* zum Bew. geh., geschickt; *κίνη-σι-ς* f. (*κινη-θ-μό-ς* m. Pind. P. 4. 208) Bewegung,
Aufregung, *κίνη-μα(τ)* n. das Bewegte, Bewegung; *κῑ-νύ-μαι* bewegt werden, sich bewegen (Hom. nur *κινύ-μενο-ς, -ν, κίννυντο*;
dann spät. Dichter); *ὀνο-κίν-δ-ιο-ς* m. Eseltreiber (Bein. des Pisander)
(*ὀνηλάτης* Phot.). — (*κι-νυ-κ, κι-νυ-κj-ο-μαι*) **κῑ-νύ-σσομαι** hin und her
schwanken (Aesch. Ch. 194), *κίνυγ-μα(τ)* n. bewegl., schwankender

Körper (Aesch. Prom. 157; die Alten: εἴδωλον ἀέριον); κι-να-θ-ίζω·
κινέω Hes., κινάθισ-μα· κίνημα Hes. (κινάθισμα κλύω πέλας οἰωνῶν
Aesch. Pr. 124). — (κ = τ: τι-να-κ, τι-να-κjω) τινάσσω (Aor.
ἐ-τυνάχ-θ-ην, ἐ-τυνάγ-ην) schütteln, schwingen, erschüttern[3]), τινάκ-
τωρ (τορ-ος) γαίας (Ποσειδῶν, Soph. Tr. 501), fem. τινάκ-τειρα
(τρίαινα γῆς Aesch. Prom. 926), τίναγ-μα(τ) n. Schwingung, Erschütterung (ἀ-κινάγματα E. M.), τιναγ-μό-ς m. das Schwingen
(ἀτιναγμός Hes.).

ki +. **ki.** — κι-κύ-ω· ἰαχύνω Suid. (dissim. υ statt ι, vgl.
κῖ-κυ-ς pag. 158; φυ, φῖ-τυ-ς).

ki + **k[i].** — (κιχ:) κῖχ-ά̄ν-ω hom., κι-γ-χ-ά̄ν-ω att. poet.,
gelangen, erlangen, erreichen, antreffen (St. κιχ: ἔ-κιχ-ο-ν, ep.
κίχ-ο-ν; ἀπ-ἐ-κιξαν Arist. Ach. 869; κίξατο· εὗρεν, ἔλαβεν, ἤνεγκεν
Hes., κίξαντες· ἐλθόντες, πορευθέντες Hes.; St. κιχε: Pr. Conj. κιχε-ίω,
Opt. κιχε-ίη-ν, Inf. κιχῆ-ναι, Part. κιχείς, κιχί-μενο-ς; κιχή-ομεν wohl
st. κιχείομεν Il. 21. 128; Impf. ἐ-κίχεις, ἐ-κίχη-μεν, κιχή-την, Fut.
κιχή-σομαι, Aor. κιχή-σατο).

ki. — (ci-jo) **cĭ-e-re** (in Compos. fast nur cī-re) bewegen,
aufregen, gehen oder kommen machen, herbeirufen, rufen[1]); Part.
cĭ-tu-s (in Bewegung gesetzt; als Adj. =) schnell, rasch, cĭtā-re
in schnelle Bewegung setzen, herbeiziehen, kommen lassen, rufen
(con-, ex-, in-, re-, su-s-citāre), citā-li-ŏ(n) f. Aufruf; **solli-cĭtu-s**
(s. sollus) stark bewegt, erregt, act. beunruhigend, sollicitā-re stark
bewegen, erregen, aufreizen, sollicitā-ti-ŏ(n) f. das Aufregen, Auf-
wiegeln, sollici-tū-d-o (ĭn-is) (statt sollici-tū-dĭn) f. Gemüthsunruhe,
Kummer, Sorge, Sorgfalt.

B. Gl. 131b. — C. E. 149. 482. — F. W. 42 f. 439. 1059; F. Spr.
121. — Fritzsche St. VI. 311. 336. — 1) B. Gl. 447b: hi ire, mittere:
fortasse cieo, κίω, cum c, k = h. — 2) C. V. I. 163. 290). 174. 8). —
F. W. 43; Spr. 121: ki + ja + θε = dha thun = κι-ά-θω. — 3) C. E.
482. 715. — F. W. 77: tan-s ziehen, zerren, schütteln; statt τινσ-ακ-jω.

◆

3) **KI** wahrnehmen, suchen, forschen; einen Preis
setzen = schätzen, ehren; einen Preis geben = bezahlen,
Med. sich bezahlen lassen, strafen, rächen. — Skr. **ki** 1) wahrnehmen, 2) das Augenmerk richten, 3) aufsuchen, suchen, forschen;
ki 1) verabscheuen, hassen, 2) rächen, strafen; **ki** 1) Scheu
haben, Besorgniss hegen, wahrnehmen (PW. II. 1002. 1005).

ki. — (κ = τ: τι-j-ω τε-j-ω) τί-ω hom., τΐ-ω att., zahlen,
schätzen, ehren, τΐ-ν-ω hom. (τῑ-ν-ω später) zahlen, abzahlen,
zahlen lassen = strafen, rächen, Nebenf. τί-νῡ-μι, Med. τί-νυ-μαι,
τί-ννυ-μαι (Fut. τί-σω, Aor. ἔ-τῑ-σα, ἐ-τί-σ-θη-ν, Perf. τέ-τῑ-κ-α, τέ-
τῑ-μαι, τέ-τι-σ-μαι, ep. Impf. τί-εσκον, τι-εσκόμην; St. τει erhalten
im Dor.: inscr. ἀπο-τείσει, ἀπο-τεισάτω, Τεισάνωρ, ark. Impt. ἐπυ-

τειέτω)[1]); τι-τό-ς vergolten, gerächt, (Ggs. ἄ-τῐ-το-ς (Il. 13. 414) ἄ-τῐ-το-ς (Il. 14. 484); τί-cι-c (σε-ως) f. Vergeltung = Busse, Strafe, Rache, Τι-σι-φόνη (W. τι + Suff. τι = τι-τι-)[2]) eine der drei Erinyen (Mordrächerin) (Orph. Arg. 966). — κ erhalten in: κοῖ-ο-c m. maked. = ἀριθμός (Ath. X. 455 d.). — St. τῑ-μα: τῑ-μή f. (poet. selten τῐ-μο-ς m.) Zahlung; Schätzung = Preis, Abschätzung, Strafausmaass, Strafe, Busse; Worthschätzung = Achtung, Ehre, Würde, Ehrenamt, Ehrengeschenk; ξενό-τῑμο-ς Gastfreunde, Fremde ehrend (Aesch. Eum. 517), ὁμο-τῑμό-ς gleich geehrt, ἀ-τιμ-αγέλης m. (Theokr. 25. 132) die Heerde verachtend, abgesondert von der H. weidend (Bekk. An. 459: ὁ ἀποστάτης τῆς ἀγέλης ταῦρος); τῑμ-ιο-ς geschätzt, geehrt; τιμά-ω zahlen, schätzen, abschätzen, bemessen, werthschätzen, ehren, τιμη-τό-ς (τιμήσιο-ς Ael. h. a. 11. 7) = τίμιος, τιμητ-ικό-ς schätzend, ehrend, τιμη-τή-ς m. der Schätzende, Censor, τιμητ-εύ-ω Censor sein (Plut. Tib. Gracch. 14), τιμητε-ία f. Amt des Censors (Plut. Cat. mai. 16); τίμη-σι-ς (σε-ως) f. Schätzung, Werthschätzung, τίμη-μα(τ) n. das durch Sch. Bestimmte, Werth, Geldstrafe, Strafe, Census, τιμή-ει-ς (contr. τιμῆς, τιμῆντα Il. 9, 605. 18, 475 τιμᾶντα dor. Pind.) geschätzt, geehrt, werthvoll.

(ki = κϜι, πι) ποι: ποι-νή (vgl. altbaktr. kaëna) f. Vergeltung, Sühne, Busse, Rache, Strafe[3]), ποινα-ῖο-ς, ποίν-ιμο-ς strafend, rächend, ποινά-ω strafen, rächen, ποινά-τωρ (τορ-ος) Trag. ποινη-τήρ (τῆρ-ος) (Opp. Hal. 2. 421) m. Strafer, Rächer, fem. ποινή-τειρα (Tzetz. P. H. 35); ἄποινα n. Pl. (wohl = ἀπο-ποινα, ἀπ-ποινα) das Sühnende d. i. Blutgeld (für die Erschlagenen), Lösegeld (für den Kriegsgefangenen), Busse, Strafe, Ersatz; ἀντί-ποινο-ς als Ersatz, als Vergeltung dienend.

ti[4]). — Tī-tu-s, Tit-iu-s, Ti-t-ies, Titi-enses (die eine der 3 Tribus, in welche die ersten freien Bürger geschieden und aus welchen dann die gleichnam. 3 Rittercenturien von Romulus gebildet wurden); tī-tū-lu-s (eig. Mittel zu ehren) m. die Inschrift auf Altären, Weihgeschenken, Ehrendenkmälern, Grabmonumenten; Titel-Ehrenname, dann = Name, Vorwand, äusserlicher Grund, titulā-re betiteln, benennen (Tert.).

ki. — (ki, kvi, kvai, kvai-s:) quae-s: quaes-o, quaes-ŭ-mu-s ersuchen, bitten, quaer-ĕre (quaes-ī-vi, -tu-s, Perf. quaes-i Prisc.) suchen, zu erwerben streben, erwerben, suchen was nicht da ist = vermissen, suchen im Geiste = forschen, erforschen, untersuchen[5]) (an-, dis-, ex-, in-, per-, re-quirĕre), Frequ. quaer-ĭ-tā-re; quaes-tu-s (tūs) m. Erwerb, Gewinn, Dem. quaesti-cŭlu-s; quaestu-ōsu-s viel erwerbend, Gewinn bringend, einträglich; quaes-tor (älter quais-tor Or. inscr. 556) (tōr-is) m. Untersucher (= quaesitor) bezüglich eines Bürgermordes (quaestores parricidii Varr. l. l. 5. 81), häufiger: Schatzmeister, Quästor (qui conquirerent publicas pecunias Varro L l. ib.), quaestōr-iu-s zum Qu. geh., quästorisch, Subst.

m. ein Mann von quästor. Range (*quaestor-ĭc-iu-s* Or. inscr. 3721),
n. Zelt oder Wohnung des Quästors, *quaes-tūra* f. Amt des Qu.;
quaes-ti-ŏ(n) f. Untersuchung, Erforschung, wissenschaftl. Frage,
Frage, gerichtl. oder peinl. Criminaluntersuchung, Demin. *quaestiun-*
cula; quaesī-tor (tŏr-is) m. Untersucher, Forscher, Untersuchungs-
richter, *quaesī-tu-s (tūs)* m. Suchen, Erforschung, *quaesi-ti-ŏ(n)* f. das
Suchen, gerichtl. Untersuchung.

(*ki = kvi, pi*) **poi: poe-na** = *poi-vη*[3]), *poen-āli-s, poen-āri-u-s*
zur Strafe geh.; (*poen-īre* Cic. r. p. III. 9. 15, Tusc. I. 44. 107
altl.) **pūn-īre** strafen, *punī-tor (tŏr-is)* m. Bestrafer, *punī-ti-ŏ(n)* f.
Bestrafung; *im-pūni-s* straflos, meist als Adv. *impune; impuni-tā-s*
(*tāti-s*) f. Straflosigkeit; (**poeni-ti* Strafe) **poenit-ĕre** (*paenitere*)
bereuen (= Strafe, Pein empfinden), unzufrieden sein, Missfallen
haben[6]), *poenitent-ia* (*pocnitudo* Pac. ap. Non. p. 152, 30. 169, 25)
f. Reue. — **pai:** (*pāio, pēio, pīio* [vgl. *piius* Momms. u. it. Dial. 287]
pīo [vgl. *fīo fieram*]) **piu-s** der Ehrfurcht bezeugt den Göttern
u. s. w. = fromm, gewissenhaft, tugendhaft, liebevoll, zärtlich gesinnt, kindlich; der liebevolle Rücksicht nimmt = wohlwollend,
gütig, gnädig[7]); *piĕ-ta-s* (st. *pii-ta-s*) f. Frömmigkeit u. s. w., bes.
kindliche Liebe; *piā-re* sühnen, gut machen, ahnden, *piā-cŭlu-m* n.
Sühnopfer, Sühnung, was der Sühne bedarf = Sünde, Verbrechen,
piā-men (Ov. fast. 2. 19), *pia-men-tu-m* n. = *piaculum, piā-ti-ŏ(n)*
f. Sühnung, *pia-tr-ix* (*ic-is*) f. Sühnerin.

C. E. 480. — F. W. 42; Spr. 80 f. — Kuhn KZ. II. 387 ff. —
1) C. V. I. 164. 31). 225. 5). 255. 21) — 2) Fick KZ. XXI. 463. —
3) Bugge KZ. XIX. 406 f. — F. Spr. 81. — F. W. 126, ebenso C. E.
281: *pu* reinigen; Corssen I. 359*). 370: *pu-ina, pov-ina.* — 4) Corssen
B. 373. — 5) Bugge KZ. XIX. 410. — B. Gl. 140b: *ceś/ se movere, ire,*
niti, operam dare: quaes. — Corssen I. 377: *kis* aussuchen, ausscheiden.
— 6) C. E. 281: *pav-ina, paeni-ti.* — 7) Bugge KZ. XIX. 407 f. — B. Gl.
257 f.: *pri exhilarare, amare; fortasse pius e prius = prijā.* — Corssen
B. 391 f : *pu* reinigen: *pov-iu-s, po-iu-s, piu-s* rein, sittlich rein, fromm,
heilig.

4) **KI** liegen. — Skr. ÇĪ 1) stille liegen, daliegen, 2) schlafen
(auch sich schlafen legen) (PW. VII. 217).

kī. — St. κει: κεῖ-μαι liegen (Pr. κεῖται, ion. κέεται, κεῖνται,
ion. κέαται [hom. 4mal], κείαται, κέονται, Inf. κεῖσθαι, ion. κέεσθαι,
Conj. κέωμαι, hom. κῆται, Impf. ἐ-κεί-μην, κεί-μην, Plusqu. ion.
κίατο, ep. κείατο, Iterat. κέ-σκ-ετο Od. 21. 41, Fut. κεί-σ-ομαι; St. κια:
κία-σθαι Hes.)[1]); κει-μή-λιο-v n. kostbares Besitzthum (das man
hinlegt und aufbewahrt), κειμήλιο-ς was im Hause aufbewahrt
wird als k. B. (πατὴρ ὅτῳ καὶ μήτηρ ἐν οἰκίᾳ κεῖνται κειμήλιοι Plat.
Legg. XI. 931 a), κειμηλιό-ω als k. B. aufbew. (Eust.). — St. κοι:
κοῖ-το-c m. Lager, Schlafengehen, Schlaf; κοί-τη f. (Od. 10. 341)
id.; κοιτα-ῖο-ς gelagert, schlafend, κοιτά-ζ-ω lagern; κοιτ-ών (ὤν-ος)

m. Schlafgemach, Dem. κοιτών-ιο-ν, -ισκο-ς; κοιτων-ίτη-ς m. Kammerdiener (Arr. Epict. 1. 30. 7); κοιτ-ί-c (ίδ-ος) f. Kästchen etwas
hineinzulegen, Demin. κοιτίδ-ιο-ν n.; ἁ-κοίτη-ς m. ἅ-κοιτι-ς (ιο-ς) f.
(ἁ copul.) Lagergenoss-e, -in, Gatt-e, -in, παρα-κοίτη-ς παρά-κοιτι-ς
id. — κοι-μά-ω (κοι-μέ-ω Her. 2. 95) einschläfern, einschlafen, schlafen, κοίμη-σι-ς f. das Schlafen, κοίμη-μα(τ) n. Schlaf, Beischlaf; κοιμη-
τήρ-ιο-ν n. Ort zum Schlafen, Schlafzimmer (Ruhestätte, Begräbniss-
platz Eccl., cocmēlērium; franz. cimetière, ital. cimitério, poln. cmen-
tarz, cmętarz), κοιμη-τ-ικῶς ἔχω schlafen wollen (E. M. 425. 18);
κοιμί-ζ-ω einschläfern, besänftigen, stillen, κοιμι-σ-τ-ικός einschlä-
fernd (Schol. Il. 3. 382). — St. (κῳ) κω: κῶ-μο-c m. Gelage,
Festschmaus (gewöhnlich von jungen Leuten mit Musik, Gesang,
Tanz begangen), Freudengelage an Feiertagen der Götter, fest-
licher Aufzug (Zug, Schwarm, Eur.), κώμ-αξ (ακ-ος) m. muth-
williger Mensch (Eust. 1749. 28), κωμά-ζ-ω in lustigem Aufzug
(κῶμος) daher schwärmen (sprüchwörtlich: ὑς ἐκώμασεν· ἐπὶ τῶν
ἀκόσμως τι ποιούντων Diog. 8. 60), κωμασ-τή-ς (κωμάσ-τωρ Maneth.
4. 493) m. der an einem κῶμος theilnimmt, κωμαστ-ικό-ς jubelnd
und schwärmend. — κώ-μη (vgl. got. haim-s Lager, Wohnort) f.
Dorf, Flecken, Quartier, Viertel (vicus)[2]), Dem. κωμ-ίο-ν, κωμ-ίδιο-ν,
κωμ-άριο-ν, κωμ-ύδριο-ν; κωμή-τη-ς m. κωμῆ-τι-ς f. Dorfbewohner,
-in (Nachbarin, Aristoph. Lys. 5), κωμη-δόν dorfweis. — κῶ-μα n.
tiefer, fester Schlaf (nur μαλακὸν κῶμα Il. 14. 359. Od. 18. 201),
κωμαίνω, κωματ-ίζομαι an der Schlafsucht leiden (Hippocr.). — κῶας
n. (Pl. κώεα, κώεσιν) reiches, wolliges Fell, Vliess (auf die Erde
oder über Stühle und Betten gebreitet, um darauf zu sitzen oder
zu liegen) (χρύσειον κῶας das goldene Vliess). — Κύ-μη äol., Κύ-μα
dor., Κού-μη eub., f. die grösste der äol. Städte auf der kleinasiat.
Küste; die von da aus und vom eub. Chalkis aus angesiedelte
Stadt in Campanien, Cumae, berühmt durch die Sibylle (nach
Steph. Byz. auch Städte in Elea, Euböa, Pamphylien).

ki. — St. kai, kei: (*kci-va Haus) cī-vi-s (altl. cci-vi-s
C. I. L. I. 575. 3, tab. Bant. CEVS) comm. Bürger, -in, Mitbürger, -in (der röm. Bürger als „der Hausende, Heimische" im Ggs.
zu peregrinus dem Ausländischen und incola dem Einwohner, der
nicht Eigner des Hauses ist)[3]); civĭ-ta-s (tāti-s) f. Bürger-thum,
-stand, -recht, Bürgerschaft, Gemeinde, Staatsgemeinde, Staat,
Demin. civitāt-ŭ-la; civĭ-cu-s den B. betreffend, civī-li-s den B. betr.,
dem B. zukommend, nicht überhoben, leutselig, civili-ta-s (tāti-s)
f. Staatskunst (= πολιτική Quinct.), Leutseligkeit; cae-leb-s Gen.
cac-līb-is (= caivi-, cacri-, cai- + leb = Skr. rahita- los) allein
liegend, allein hausend, ehelos, unverheiratet[4]), caclib-ā-tu-s (tūs)
m. Ehelosigkeit, caclib-āri-s (-āli-s Prisc. 4. p. 361 P.) den Ehel.
betr.; (St. kei-la) tran-quillu-s ruhig, still, tranquillā-re beruhigen, stillen, tranquilli-ta-s (tāti-s) f. Ruhe, Stille.

kia (erweitert)[5]). — **quie-sc-ĕre** (*quiē-vi*, -*tu-m*) ruhen,
Part. als Adj. *quiē-tu-s* beruhigt, ruhig, *quietā-re* beruhigen (Prisc.
p. 799); **quie-s** (Gen. *quiē-ti-s*), *rĕ-quie-s* (-*quiē-ti-s*) f. Ruhe (Abl.
quie Afr. ap. Prisc. p. 703; *requie* Sal. ap. Pr. p. 781, Gen. *re-
quiei* Prisc. p. 704), Adj. *quie-s* = *quiētus* (Naev. ap. Pr. 704),
quiet-āli-s (*ab antiquis dicebatur Orcus* Fest. p. 257); *quie-tōriu-m*
(Grut. insc. 810. 2) *rĕ-quietoriu-m* (Orell. insc. 4533) n. Grab-,
Ruhe-stätte; *in-quie-s* Unruhe (Plin. 14. 22. 28), Adj. *in-quie-s*, *in-
quietu-s* unruhig, *inquietā-re* beunruhigen, *inquietūdo* (st. *inquieti-
tū-d-o*) f. Unruhe.

B. Gl. 388a. — Budenz KZ. VIII. 287. — Corssen I. 385; B. 50.
— C. E. 145; de nom. gr. form. 43. 180). — F. W. 43. 1059; Spr. 122 f.
— 1) C. V. I. 145. 4). 174. 7). — 2) F. W. 351: *kāma* Dorf. — 3) Corssen,
I. 385. — F. W. 352: *kaiva* Gemeinschaft? Genosse; Spr. 122 f.: *kaiva*
vertraut; Subst. Angehöriger, Genosse (eines sittl. Verbandes); scheint
auf eine Wurzel *kiv* zu geben. — 4) F. W. 352. — Die Etymologie des
Gavius und Modestus „*foedissima ludibria*" s. Quinct. I. 6. 36 f. — 5) F.
Spr. 113 f. 122. 146; KZ. XX. 180: *ski* weilen, wohnen aus *ska: skiā*
weilen, ruhen, *skiāta* wohnlich (*quietu-s*), *skiāti* Wohnlichkeit (*quiē-s*
quiē-ti-s), *skilā* still, ruhig (*tran-quillu-s*).

1) **KU, KVI, KVA-N** schwellen, hohl sein, stark
sein[1]). — Skr. *çvā*, *çvi* anschwellen (PW. VII. 419).

ku. — κυ: κύ-ω (seltner), κυ-έ-ω (von Hom. an), κυ-î-ϲκ-ω
(κναίνω Hes.) schwellen machen = Leibesfrucht tragen, schwanger
oder trächtig sein (ἔχυσε befruchtete, Aesch. fr. 41; ὑπο-κυσαμένη
Hom.; κυή-σω, ἐ-κύη-σα, κε-κύη-κα [D. C. 45. 1], ἐ-κυή-θη-ν)[2]);
κύη-μα(τ) n. Frucht im Mutterleibe, κύη-σι-ς f. Schwangerschaft,
κυη-τ-ικό-ς, κυη-τ-ήρ-ιο-ς zum Empfangen geh., κυη-ρό-ς schwanger
(Hes.). — κύ-αθο-ϲ (*cyathus*) m. das Hohle, der Becher, ein Maass
(= 2 κόγχαι und 4 μύστραι), Demin. κιάθ-ιο-ν n., κναθ-ί-ς (ιδ-ος)
f., κναθ-ίζω bechern, zechen. — κῦ-μα(τ) n. das Angeschwellte (vgl.
οἶδ-μα)[3]): a) Welle, Woge, b) Frucht im Mutterleibe, Demin.
κυμάτ-ιο-ν; κυματ-ία-ς (ion. -ίη-ς), κυματ-ηρό-ς wellenschlagend,
wogend, κυματ-ίζω, pass. auch -όομαι, Wellen erregen, κυμάτω-σι-ς
f. das Wogen; κυμαίνω wallen, wogen; κυμ-ά-ς (άδ-ος) schwanger
(Hes.). — κύ-αρ (ατ-ος) n. Höhle, Loch, Nadelöhr. — κύ-λη, κύλ-ιξ
(ίκ-ος) f. Becher, Dem. κυλίκ-ιο-ν, κυλίκ-νη (E. M. 544. 38), κυλίζ-νη,
κυλίχν-ιο-ν, κυλιχν-ί-ς (ίδ-ος), κυλ-ίσκη, κυλίσκ-ιο-ν; κυλικ-εῖο-ν n.
Schenktisch. — (κυλ-ja) Κυλ-λ-ήνη dor. *Κυλλάνα* f. das höchste Gebirge des Peloponnes (bis 7260 F.) an der Grenze von Arkadien
und Achaia, jetzt Ziria (= Hohlberg, vgl. *mons Caelius*)[4]). — κύ-οϲ
n. = κύημα (Lex.). — κύ-τ-οϲ n. Höhlung, Wölbung, Gefäss, Urne,
Demin. κυτ-ί-ς (ίδ-ος) f. kleiner Kasten, Kiste. — **kū-ra** stark
(= κυ-ρο): κῦ-ρ-οϲ (κυ-ρυ: κῦρ-ος = αἰσχ-ρό-ς: αἰσχ-ος) n. Macht,

Gewalt, κῡρό-ω kräftig machen, bekräftigen, bestätigen, begründen, κυρω-τήρ ἄρχων Hes., κύρω-σι-ς (-μα-τ Eust.) f. Bekräftigung u. s. w.; κύρ-ιο-c 3. (att. poet. auch 2) Herr, Gebieter, Eigenthümer; von Sachen: entscheidend, gültig, festgesetzt (in der Rede: Ggs. von τροπικός); κυριό-τη-ς (τητ-ος) f. Eigenthum, Herrschaft (N. T.); κυρι-εύ-ω H. G. E. sein, κυρίευ-σι-ς f. das Besitzen, κυρίευ-μα(τ) n. Be-fehl. — κοίρ-ανο-c (κοιρανίδη-ς Soph. Ant. 931) m. Herrscher, Ge-bieter⁵), κοιρανί-ω H. G. sein, κοιραν-ικό-ς den H. betr., κοιραν-ία f. Herrschaft, Macht, Gewalt, πολυ-κοιρᾰν-ίη f. Vielherrschaft (uur Il. 2. 204). — (sva-kura = Skr. çva-çura) ἑ-κυρό-c m. ἑ-κυρά f. (beide W. Il. 2mal) Schwieger-vater, -mutter (ἑ-κυρό-ς wohl = ἴδιος κύριος). — κυ + κυ: κῖ-κυ-c (Dissim. vgl. φῖ-τυ-ς, pag. 153) f. Kraft (Od. 11. 393) (δύναμις Hes., ἡ μετὰ δυνάμεως κίνησις Schol.)⁶), κικύ-ω stark sein (ἰσχύω Lex.), ἄ-κικυ-ς kraftlos, schwach.

kau, kav. — καϜ: καυ-λό-c m. (Hohles =) Stengel, Stiel, Schaft (eig. von Pflanzen), essbarer Pflanzentrieb, Kohl; Hom. stets: das obere Ende des Lanzenschaftes (τὸ ἀκρὸν δόρατος, τὸ ἀποξυμμένον, εἰς ὃ ἐμβιβάζεται τὸ κοῖλον τοῦ δόρατος Hes.) (nur Il. 16. 335 Degenheft, Schwertgefäss), Dem. καυλ-ίο-ν n., -ίσκο-ς m.; καυλ-ικό-ς zum St. geh., καύλ-ινο-ς, καυλ-ία-ς aus dem St. gemacht; (*καυλο-ω) καυλω-τό-ς mit einem St. versehen, καυλέ-ω einen St. treiben; (καϜ-λη) κή-λη att. κά-λη f. Geschwulst, Bruch (ἐντερο-κήλη Darmbruch, ἐπιπλο-κήλη Netzbruch). — κοϜ: (κοϜ-οι) κόοι· τὰ χάσματα τῆς γῆς καὶ τὰ κοιλώματα Hes.; κῶ-οι Strabo VIII. 367 (κῶς· εἱρκτή Hes.) bei den Korinthern ein öffentl. Gefängnis (Steph. Byz.); Κό-ωc ep. Κῶc(?) (Acc. Κῶν Il. 2. 677, Thuk. 8. 41, sonst Κῶ, Gen. Κῶ, Dat. Κῷ) f. kleine Insel des ikar. Meeres (j. Stanchio, Ko, Ilankoi, Isola longa). — (κοϜ-ιλο, mit epenth. ι: κοιϜ-ιλο) κοῖ-λο-c, äol. κό-ιλο-ς, ion. κοΐ-ιλο-ς (κοιλ-αῖο-ς Galen.) hohl, bauchig, geräumig, κοιλό-ω aushöhlen, κοιλω-μα(τ) n., κοιλό-τη-ς (τητ-ος) f. Höhlung, Ausgehöhltes, Vertiefung; (κοιλ-αν-jω) κοιλαίνω = κοι-λόω (Aor. ἐκοίλ-ηνα, att. -ανα, Perf. κε-κοίλα-σ-μαι, κε-κοίλαμ-μαι E. M. 233. 58), κοιλαν-σι-ς f. das Aush. (Eust. 120. 41); κοιλ-ία f. Bauchhöhle, Unterleib, Demin. κοιλίδιο-ν n.; κοιλ-ά-ς (άδ-ος) Adj. poet. fem. zu κοῖλος, Subst. Höhlung, Thal, κοιλ-ώδης, κοιλι-ώδης bauchig, hohl; Κοίλη att. Demos, Κοίλη Συρία Cölesyrien, das hohle S., Thalebene zwichen dem Libanos und Antilibanos; τὰ Κοῖλα (hohle Gegenden: τῆς Εὐβοίας, Χίης χώρας, Ναυπακτίας).

kvan. — (κϜεν-jο, κεν-jο) κεινό-c, κεν-εό-c (j = ε) ep. ion., κεννό-c äol., später verkürzt κενό-ς (Hom. nur κενὰ εὔγματα Od. 22. 249, doch Bekk. Ameis κενέ' εὔγμ.) (hohl =) leer, entblösst, ermangelnd; κενό-ω, ion. poet. κεινό-ω leeren, entblössen, κενω-τ-ικό-ς ausleerend, κένω-σι-ς (σε-ως) f. das Leeren, Leere, κένω-μα(τ) n. das Leergemachte, leerer Raum; κενό-τη-ς, ion. κενεό-τη-ς (τητ-ος) f. Leere, Nichtigkeit; κενε-ών (ῶν-ος) m. leerer Raum, bes. die Weichen,

die Seiten des Unterleibes zwischen den Hüften und Rippen; διά-
κενο-ς ganz leer, dünn, nichtig. — κυον, κυν: κύων (Voc. κύον,
später auch κύων, and. Casus vom St. κυν: κυν-ός u. s. w., Dat. Pl.
κυ-σί, ep. κύν-ε-σσι) m. f. Hund, Hündin (häufig und viele Jungen
gebärend)[7]) (poet. auch andere Thiere, bes. fabelhafte Ungeheuer,
insofern sie Wächter der Götter sind, vgl. z. B. Διὸς πτηνὸς κύων
δάφοινος ἀετός Aesch. Prom. 1024), Seehund, Hundsstern (sonst·
σείριος), Demin. κυν-ίδιο-ν, κυν-άριο-ν, κυν-ίσκο-ς, -ίσκη, κυν-ιδεύ-ς
m. junger Hund, κύν-εο-ς, poet. -ειο-ς, dazu f. κυν-ά-ς (ἀδ-ος) vom
H., zum H. geh.; κυνέη, κυνῆ (erg. δορά) Hundsfell, bes. die aus
Seehundsfell oder aus verschiedenen weichen Stoffen gemachte
Kopfbedeckung; κύν-τερο-ς, κύν-τατο-ς (Comp. Superl.) hündischer
= schamloser, frecher, dreister (Hom. nur Neutr.); κυν-ικό-ς
hündisch, bes. ὁ Κυνικός ein cynischer Philosoph, Anhänger des
Antisthenes oder Diogenes (so benannt wegen der an's Hündische
streifenden Lebensweise); κυν-ί-ζ-ω dem Hunde nachahmen, als
Cyniker sich betragen (μετὰ βλακείας περιπατεῖν Hes.), κυνισ-μό-ς
von cyn. Denk- und Handlungsweise, κυνισ-τί auf hündische Art,
κυνηδόν id.; προ-κύων (Antiph. 5. von den Grammatikern: πικροὶ
Καλλιμάχου πρόκυνες die bitteren vordringlichen Kläffer); πρωτο-
κύων der 1. Hund, der Erste unter den Cynikern, Lucil. 47 (XI.
154); (κυν-ja) Κύν-να eine athen. Hetäre; ein Städtchen bei Hera-
klea; Κύννα, Κύνα, Κυνάνη Tochter Philipp II. von Maked. und
der Illyrierin Andata (darum Κυννάνη ἡ Ἰλλυρίς Ath. VIII. 560);
Κυν-ίσκο-ς, Κυν-ίσκα[8]).

ku. — (in-cui-ent = ἐγ-κυ-ε-οντ, vgl. κυ-έ-ω, ἐγ-κύ-η-σι-ς
Theophr.) **in-ci-en-s** (vgl. clui-ent, cli-en-s) trächtig; **cŭ-mŭlu-s** m.
(Anschwellung =) Haufe, cumulā-re häufen, cumulā-ti-m haufenweise. — Lehnwort: culigna (= κυλίχνη) kleiner Kelch (culigna vas
potorium; culigna vas vinarium a Graeco dicta, quam illi dicunt
κύλιχα Fest. p. 51. 65). — (kū-ra: sva-kura, sŏ-cero, vgl. svap,
som-nu-s) **sŏ-cer** (so-ceru-s Plaut., Gen. so-cĕri) m., **so-cru-s** (ūs) f.
= ἑκυρός, ἑκυρά; socru-āli-s schwiegermütterlich.

kau, kav. — **căv-u-s** hohl, hohlgewölbt, n. (selten m.)
Subst. Höhlung, Loch (cavum aedium, cavaedium der innere Hof
des Hauses), cavā-re höhlen, cavā-tor (tōr-is) m. Hohlarbeiter, c.
arborum ein Vogel, Baumhauer, cavā-tūra, -ti-ō(n) f., -men n. Höhlung
(cav-ōsi-ta-s Tert.); cavat-īcu s in H. sich erzeugend, lebend; **căv-ea**
f. Hohlgang, eingehegter Raum: Käfig, Gitterthür zum K. (spät
gr. καβιοθύρα), Bienenstock, Schauplatz; (cav-es-na) **căv-er-na** f.
Höhlung, Loch, Demin. cavernŭ-la, caverna-re = cavare, cavernū-
li-m durch Löcher, cavern-ōsu-s voll L.; **cau-lae** f. Pl. (a cavo
dictae Fest. p. 46) Höhlen, Höhlungen (cavillae Varro l. l. 5. 20);
cau-li-s, cō-li-s m. = καυ-λό-ς, Demin. cauli-, cōli-cŭlu-s m., cauli-
cul-ū-tu-s = καυλω-τό-ς; (*cavi-lu-m, *cai-lu-m) **cae-lu-m** (abgekürzt

cacl: divom domus altisonum cacl Enn. ap. Aus. 12. 17) n. Wölbung
(*camerarum* Vitr., *capitis* Plin., *cacli* Plur. Varro l. l. 5. 16, *Ka-ili*
C. I. L. 849), Himmelswölbung, Himmel (der sich wie eine Kugel
über der Erde wölbt)[9], *caeli-tus* vom H. her; *cacle-s* (*cacli-t-is*)
der Himmlische, *caclesti-s* (= *cacl-ens[i]ti-s*) himmlisch (*cacli-ru-s*
Stat. Silv. 2. 3. 14); *Caelu-s* Vater des Saturnus, *Cacl-iu-s* Name
einer röm. gens, *C. mons* (= Κυλλήνη) Name eines der 7 Hügel
Roms (früher *Querquetulanus*), *Caeli-olu-s* ein Theil des *C. mons;*
(*cacli-lu-s*) **caerü-l-eu-s** (poet. Nbf. *caerü-lu-s*) blau (himmelblau,
meerblau, schwarzblau, düster, grünlich); **co-u-s** (*carum*) Höhlung
am Pflugjoch (Varro l. l. 5. 135).

kvi. — (*qui-o*) **que-o** *qui-re* (vgl. *i*, *eo*, *ire*) stark sein =
können, vermögen[10] (*qui-vi qui-i, qui-tu-m*), Ggs. *në-queo* (*ne-
qui-n-ont* Liv. ap. Fest. 162, *ne-qui-en-s, ne-que-unt-is*); **ne-qui-ti-a**,
-*e-s* f. Untauglichkeit, Nichtswürdigkeit, Schlaffheit, Schlechtigkeit[11]), *nequi-ter* untauglich u. s. w. (*nequissime* Plin. 12. 25. 54).

kvan. — **në-quam** (st. *ne-quan;* vgl. *decem* st. *decen?*) untauglich u. s. w.[12]); **cän-i-s**, altl. *can-e-s* m. f. = κύων, Demin.
cani-cüla f., *cani-nu-s* = κύν-εο-ς, *Canïn-iu-s*.

B. Gl. 392a. 398 ff. — Corssen I. 353. 370; N. 231. — C. E. 135.
146. 156 ff. 594. — F. W. 44. 46. 51 ff. 219. 350. 352. 355. 432. 435.
438. 502. 632; Spr. 82. 123. 125. 438. 811. — Windisch K. B. VIII. 40.
— 1) Corssen I. 353; B. 412 ff.: wahrscheinlich = *sku* decken. — 2) C. V.
I. 279. 14). 386. 10). — 3) S. W. s. v.: aus κύημα zusammengezogen. —
4) Ebenso S. W. s. v. — 5) C. E. 158: „weniger entschieden, da der
Diphthong Schwierigkeiten macht; doch λοιγ-ό-ς, λυγρό-ς, λευγαλέο-ς". —
6) C. E. 157. 703. — Fritzsche St. VI. 283. — F. W. 28; KZ. XXII.
379: ƙak Skr. çak vermögen; κικυ- aus κωκυ-, vgl. πί-νω äol. πώ-νω,
oder κικυ- aus κικνυ-, κεκνυ-, vgl. πιτνέω aus πετ, dann vgl. Präsensth.
Skr. çak-nu. — S. W. s. v.: hängt wohl mit κίω (Eust.), κίνυμαι zusammen. — 7) Döderlein n. 2458: κύσαι liebkosen! — 8) Fick KZ. XXII.
231. — 9) M. M. Vorl. I. 331. — 10) B. Gl. 379b: çak posse, valere; ne-
qui-n-ont Fest. = çak-nu-vânti. — 11) F. W. 53: ne-qui-tia Nichtsnutzig-
keit (oder von qui-s wer) = Nichtigkeit. — 12) F. W. 52.

2) **KU** schreien, heulen, klagen. — Skr. **kn**, **ku** ein
Geschrei erheben; **küg** einförmige Töne von sich geben; knurren,
brummen u. s. w. (PW. II. 377).

ku. — καϜ: (καϜ-αк, καϜ-к) καύ-āξ (āк-ος), ion. καύ-ηξ (ηк-ο-ς)
m. ein Meervogel, eine Mövenart; κῆ-υξ, κή-ϋξ (υκ-ος) m., κήξ
(κηκ-ός) f. id. (Od. 15. 479: εἰναλίη; dazu Schol. λαρός, αἴθυια)[1].

ku + ku. — (καϜ-κυ:) κω-κΰ-ω (ū Fut. Aor. bei Trag.)
heulen, schreien, klagen, κωκϋ-τό-ς m. das Heulen u. s. w., κώκϋ-
μα(τ) n. id. Trag., Κωκυτό-ς m. (= Heulstrom) Fluss der Unterwelt, welcher aus der Styx floss (Od. 10. 514), Fl. in Thesprotien,
in den Acheron mündend (Paus. 1. 17. 5); κο-κυ (verkürzt) κο-κκυ

(xx st. κ, vgl. κακκάζω, μάμμα, πάππας u. s. w.): κοκκῦ Kukuks-
ruf (vgl. χῶπόϑ' ὁ κόκκυξ εἴποι κόκκυ Ar. Av. 505); κόκκυ-ξ
(κόκκῦ-γ-ος) m. Kukuk, ein Meerfisch, Knorrhahn (der einen kukuk-
ähnl. Ton ausstossen soll, Arist. h. a. 4. 9), Schimpfwort von geilen
und liederlichen Menschen (nach Kukuksart die Eier in fremde
Nester legend), κοκκύζω (dor. κοκκύσδω Theokr.) kukuken, krähen,
krächzen, κοκκυσ-τή-ς m. Kräher, Kreischer, Schreier, κοκκυσ-μό-ς
m. das Kukukrufen u. s. w.; ἀ-βελτερο-κόκκυξ (Phryn. B. A. 27)
einfältiger Gimpel (Phryn.: ἀβέλτερος καὶ κενός).

ku + k[u]. — κυκ-ῶν· ταράσσων, ἀναξέων. ϑρηνῶν Hes.,
κυκοῦντος· ϑρηνοῦντος Hes.; καυκ-αλίας· ὄρνις ποιός Hes.; καύχ-η
f. das Prahlen[2]), καυχά-ο-μαι prahlen, Desider. καυχη-τι-ά-ω (E. M.
206. 22), καυχη-τή-ς m. Prahler, καύχη-σι-ς f. das Pr., καύχη-μα(τ)
n. Gegenstand des Pr., καυχηματ-ία-ς m. Grossprahler, Prahlhans.

(ku + k = ku + g) **ku-n-g:** (κυ-γ-γ-jo, κνυ-γ-jo, κνυ-ξο)
κνυ-ζά-ω, κνυ-ξέ-ω, κνύ-ξω „knutschen", knurren, winseln, κνύξη-
μα(τ) n., κνυξηϑ-μό-ς m. (Od. 16. 163) Geknutsch, Geknurr, Ge-
winsel.

ku + bh. — κύ-μ-ινδι-ς (bh = m) m. Nachthabicht, Nacht-
aar (Il. 14. 290: ὄρνιϑι λιγυρῇ ἐναλίγκιος, ἥν τ' ἐν ὄρεσσιν χαλκίδα
κικλήσκουσι ϑεοί, ἄνδρες δὲ κύμινδιν; Plin. h. n. 10. 8. 10: noctur-
nus accipiter cymindis vocatur, rarus etiam in silvis, interdiu minus
cernens. bellum internecivum gerit cum aquila, cohaerentesque saepe
prehenduntur). — **ku + kubh:** κου-κούφ-α-ς m. ein Vogel[3]); (κυ-
κυβ, Dissim.) κι-κυβ: κί-κυβ-ο-ς, κί-κυμ-ο-ς m., κί-κυμ-ι-ς (ιδ-ος)
(Callim. fr. 318) f. eine Eulenart; κικυβεῖν· δυςωπεῖν, νυκτιλωπεῖν
Hes.; κίκυμος· λαμπτήρ ἢ γλαῦξ· ὁμοίως δὲ καὶ κίκυβος Hes.; κικυ-
μώσσειν blödsichtig sein wie die Nachteulen (δυςβλέπειν Hes.,
τυφλώττειν Lex.); κι-κκαβ: κι-κκάβ-η f. Nachteule, κικκαβ-άζω (Eust.
229. 29), -ίζω wie eine Nachteule schreien (κικκαβίζειν· τὴν τῶν
γυναικῶν φωνὴν οὕτως καλεῖ Ἀριστοφάνης Phot. 164. 20).

ku + ku. — cu-cu-s, cucū-lu-s m. Kukuk, cuculā-re Naturlaut des K. (Auct. carm. philom. 35). — **ku + ku + bh:**
(*cu-cu-b-u-s) cucubā-re Naturlaut der Nachteule (id. 41: noctua
lucifuga cucubat in tenebris). — Lehnwort: cicuma = (*κικύμη)
κίκυμο-ς (avis noctua Gloss. post Fest. 381. 1. M.).

C. E. 152. 553. — F. W. 44. 47. 439. 1074; Spr. 82 ff. — Fritzsche
St. VI. 284. 301. 336. — Roscher St. III. 137. — Siegismund St. V.
191. 5). — 1) F. Spr. 64: kak lachen. — 2) Sch. W. s. v.: stammverwandt
mit αὐχέω. — 3) Skr. ku-kkubha m. ein wilder Hahn (PW. II. 306).

3) KU schlagen, klopfen, hauen, schneiden.

ku. — (κοϝ, κϝοϝ) ποϝ: ποι-έ-ω (vgl. πνοϝή, πνοιή, πνοιά)
machen, dass etwas geschlagen wird, durch Schlagen etwas aus-

arbeiten, schmieden, Hom. Hes. von Arbeiten, die eine grössere Kunstfertigkeit fordern, bauen (δῶμα, ναούς, θάλαμον, τεῖχος, πύλας u. s. w.), dann übertragen: hervorbringen, schaffen, veranlassen, thun, geistig schaffen == dichten (die Verse als ein Werk von Metall gedacht, z. B. ἀψευδεῖ δὲ πρὸς ἄκμονι χάλκευε γλῶσσαν Pind. P. 1. 86; *male tornatos incudi reddere versus* Hor. a. p. 441; *ablatum mediis opus est incudibus illud* Ov. Tr. 1. 7. 29; vgl. unser „Verseschmied u. s. w.“)[1]; ποιη-τό-ς gemacht, gefertigt, gebaut (Hom. nur von Waffen, Geräthen, Wohnungen), ποιητ-ικό-ς zum Machen u. s. w. geh., geschickt, bes. zum Dichten geh., dichterisch, poetisch; ποιη-τή-ς m. Verfertiger, bes. Dichter (*poëta*; späterer Ausdruck, erst nach Pind. entstanden, statt des früheren ἀοιδός, als man begonnen hatte Tonkunst und eig. Dichtkunst zu scheiden), fem. ποιή-τρ-ια; ποίη-σι-ς (σι-ως) f. das Machen, Verfertigen, bes. das Dichten, Dichtkunst, Poesie (auch Dichtung); ποίη-μα(τ) n. das Gemachte, Werk, Arbeit, bes. Gedicht, Poem, überhaupt: Schriftwerk, Buch, Dem. ποιημάτ-ιο-ν n., ποιημάτ-ικό-ς zum Gedicht geh., dichterisch.

ku + d. — κυ-δ: (κυ-δ-ο, κυ-δ-οι) κυδ-οι-μό-c (vgl. δει-μό-ς, στολ-μό-ς, χυ-μό-ς) m. Lärm, Schlachtgetöse (θόρυβος, τάραχος Lex.), κυδοιμέ-ω lärmen, in Verwirrung setzen, κυδοι-δοπᾶν Lärm machen (Arist. N. 616, Pax 1118). — κυδ-άζω schmähen, lästern, beschimpfen; κυδ-άγχω id., κυδ-άγχη Schmähung u. s. w. (Hes.).

ku + d. — cū-d-ěre (vgl. *clau-d-o, fen-d-o, pen-d-o, ten-d-o*) (*cūd-i, *cūd-tu-s == cū-su-s*) schlagen, pochen (vgl. *c. frumenta* abdreschen das Korn), bearbeiten, schmieden, prägen, übertr. hervorbringen (*quas tu mihi tenebras cudis* Plaut. Epid. 3. 4. 40; *procudere dolos* Plaut. Ps. 2. 2. 20, *saecla* Lucr. 5. 847)[2]); (*cud-ta-re*) cūsa-re Frequ. (Prisc. 10. p. 890), cūs-or m. Präger, *cūsi-ō(n)* f. das Prägen (Cod. Theod.); in-cū-s (*cūd-is*) f. Ambos; subs-cu-s (*cūd-is*) f. eine Art Verklammerung (Nbf. *subscud-in-es* Aug. conf. d. 15. 27).

Bugge KZ. XIX. 413 ff. — Corssen B. 114. — Curtius St. III. 193 f. — F. W. 44. 351; Spr. 83. 311. — 1) F. W. 126: *pu* geistig sichten, schaffen, dichten. — 2) B. Gl. 138b: *cud mittere, impellere etc.* — C. F. 648: *cu-j-o == cu-d-o* oder Determin. *-d*, vgl. *ru-d-o*.

KUDH hüten, bergen, hehlen[1]).

κυθ. — κεύθ-ω bergen, hehlen (poet. von Hom. an; Fut. κεύ-σω, Aor. κύθε Od. 3. 16, Conj. κε-κύθ-ωσι Od. 6. 303, Perf. κέ-κευθ-ε Il. 22. 118. Od. 9. 348), Nbf. Impf. ἔ-κευθ-αν-ο-ν (nur Il. 3. 453)[2]); κυνθ-άνω Hes.; κευθ-μών (μῶν-ος), κευθ-μό-c (ep. Il. 13. 28) m. Schlupfwinkel, Höhle, Schlund, Schlucht (κεύθ-μα n.

Theogn. 243. ?); κεῦθ-ος n. verborgene Tiefe, Erdgeschoss, Gruft (Hom. nur ὑπὸ κεύθεσι γαίης Il. 22. 482. Od. 24. 204); κευθ-ῆν-ες· οἱ καταχθόνιοι δαίμονες (Suid.). — κώθ-ων (ων-ος) m. lakon., irdenes Trinkgeschirr, auch das Trinkgelage selbst, Dem. κωθών-ιο-ν n.; κωθων-ίζω bechern, zechen, κωθωνισ-μό-ς m. das B., Z., κωθωνισ-τήρ-ιο-ν n. Lustort zum B., Z. — κηθ-ί-ς (= κϜηθ-) f. das Gefäss, in das beim Wählen der Richter die Loose geworfen wurden; Becher zum Umschütten der Würfel, Dem. κήθ-ιο-ν, κηθ-ίδιο-ν, κηθ-άριο-ν.

(*cud-to *cus-to-cre) cus-to-s (-tō d-is) comm. Wächter, Hüter, -in[3]), custōd-ia (Nebenf. cuslōd-ēla) f. Wache, Bewachung, Gewahrsam, Haft; custod-ī-re bewachen, bewahren, in Gewahrsam halten; custodi-āriu-s Gefangenwärter (Or. inscr. 1541), -āriu-m Wachhaus (ibid. 1391).

C. E. 259. — F. W. 45. — 1) Skr. kúha, kuhú m. ein Bein. Kurera's (Betrüger, Heuchler) aus kuh = κεύθω = guh (PW. II. 375). — B. Gl. 117a: gunth, gudh. — 2) C. V. I. 216. 222. 8). 249 f. 258. 11). II. 17. 58). — 3) Curtius KZ. XIV. 439. — Corssen I. 353: sku bedecken.

KUN, KVAN stinken. — Skr. knūj stinken, caus. durchnässen (PW. II. 471).

κον-ίλη f. ein Kraut, eine Art Origanum (Nic. Ther. 626).

cun-īre (est stercus facere, unde et inquinare Paul. D. p. 50. 16); an-cūnū-lentae (feminae menstruo tempore appellantur, unde trahitur inquinamentum Paul. D. p. 11. 12); (*cūnu-s, *quīnu-s) In-quīnā-re beschmutzen, besudeln, Part. inquinā-tu-s als Adj., inquinā-mentu-m (-bulu-m Gloss. Philox.) n. Schmutz; inquinā-ti-ō(n) f. Beschmutzung (Vulg.).

Lehnwort: cŏn-īla, cŭn-īla, cūn-ēla = κονίλη (Col. Plin.).

Curtius KZ. III. 416. — F. W. 45; Spr. 84.

KUP, Nebenform **kubh;** wallen, aufwallen; schwanken, auf und niedergehen. — Skr. kup 1) in Bewegung, Wallung gerathen, 2) aufwallen, erzürnen; caus. 1) in Bewegung bringen u. s. w., 2) in Zorn versetzen, erzürnen, 3) zürnen (PW. II. 331). — Vgl. 2) kap, kamp (pag. 114).

kup. — κυπ: κύπ-η (γύπη· τρώγλη Hes.) f. Höhlung[1]); κύπ-ελλο-ν (= κυπ-ελ-jο-ν) n. Becher, Pokal[2]) (κυπελλί-ς f. Eust. 1776. 32); ἀμφι-κύπελλο-ν δέπας Doppelbecher, d. i. ein Becher, der auf beiden Seiten einen Kelch bildet, wie der jetzige Römer.

kubh. — κυφ: κυφ-ή (κύφερον ἢ κυφὴν κεφαλὴν Κρῆτες Hes.); κύφ-ερο-ς· κεφάλαιον ἀριθμοῦ Hes. (= cifra Ziffer); κύφ-ελλο-ν n. das Hohle, Geräumige, Umhüllung (Ohrhöhlen, Lykophr.); κῦφ-ό-ς

11*

vornüber gebogen, gekrümmt (γήραϊ Od. 2. 16), κῡφό-ω v. biegen, krümmen, κύφω-μα(τ) n. Krümmung, Buckel, κύφω-σι-ς f. id., κυφό-τη-ς (τητ-ος) f. das Gekrümmtsein; κύφ-ων (ων-ος) m. das krummgebogene Holz, Joch, Nackenholz (zum Krummschliessen der Missethäter); κῦψ-ος n. = κύφωμα; κύπ-τ-ω (Nbf. κύφω Schol. Ar. Plut. 476) sich vorwärts neigen, biegen, ducken (κέ-κῡφ-α, Hom. nur κύψει' Aor. Opt. Od. 11. 585, Part. κύψα-ς, -ντι), κυπ-τό-ς vorwärts geneigt u. s. w. (ταπεινούμενον Hes.), κυπτ-άζω (Frequ.) sich oft bücken, vorgestreckt hinsehen, lauern. — κυβ: κύβ-η · κεφαλή (E. M. Schol. ad Eur. Phoen. 1151), κυβάζω auf den Kopf stellen (κυβάσαι· καταστρέψαι Hes.), κύβ-δα mit vorwärts geneigtem Kopfe, kopfüber; (*κυβίζειν *κυβίσ-τη-ς) κυβις-τά-ω (ἑ-ω Opp. Cyn. 4. 263) sich kopfüber stürzen, sich überschlagen, einen Purzelbaum schlagen, κυβιστη-τή-ρ (τῆρ-ος) m. Radschlager, Gaukler, Springer, Taucher (Il. 16. 750), κυβίστη-σι-ς f., -μα(τ) n. das Radschlagen, κυβιστ-ίνδα παίζειν Purzelbaumschlagen spielen. — (κύβη · *κύβ-ερο-ς = κύφη: κυφ-ερό-ς; κυβ-ερ-ινο) κύβ-ερ-νο-ς (späte Form = κεφαλαῖος, κορυφαῖος, die Hauptperson des Schiffes, capitano, Kapitän), κυβ-ερ-νά-ω (κυβερνά-ω : κύβερνο-ς = ἱεράομαι : ἱερός) Hauptmann oder Steuermann sein, steuern, lenken (κυμερνᾶν äol. wohl = κυμβ- κυμμ-; μ st. μμ)³); κυβερνή-τη-ς m., κυβερνή-τι-ς (δ-ος) f., κυβερνη-τήρ (τῆρ-ος) m., κυβερνή-τειρα f. Steuermann, Lenker (-in), κυβερνη-τ-ικό-ς zum St., L. geh., lenkend, κυβέρνη-σ-ις (σε-ως) f. (κυβερνισμός LXX) das St., L., κυβερνή-σια n. Pl. von Theseus zum Andenken an seine Steuerleute Nausithoos und Phaiax gestiftetes Fest in Athen (Plut. Thes. 17). — κύβ-ο-ς (cub-u-s) m. Würfel, kubischer Körper⁴), κυβ-ικό-ς (-οστό-ς Diophant.) kubisch, κυβά-ω Würfel spielen (Hes.); κυβ-ίζω zum W. machen, κυβισ-μό-ς m. das Erheben einer Zahl in den K.; κυβ-εύ-ω würfeln, aufs Spiel setzen, wagen, κυβευ-τή-ς m., κυβεί-τρ-ια f. W.spieler, -in, κύβευ-μα(τ) n., κυβε-ία f. W.spiel, κυβε-ῖο-ν (κυβεών Tzetz.), κυβευ-τήρ-ιο-ν n. Ort zum W.spiel, Spielhaus, κυβευ-τ-ικό-ς zum W.spiel geh., geneigt. — κύβι-το-ν (Hippocr., κύβ-ωλο-ν Poll. 2. 141) n. Ellenbogen, κυβιτ-ίζω mit dem E. stossen (παίειν ἀγκῶνι). — κυ-μ-β: κύ-μ-β-η (cymba) f. Höhlung: Kahn, Gefäss, Ränzel, = κεφαλή; (κύββα· ποτήριον Hes.); κύμβ-ο-ς m. Höhlung: Gefäss, Schüssel, Becken, Demin. κυμβ-ίο-ν, -εῖο-ν, -αῖο-ν n.; κύμβ-αχο-ς kopfüber, pronus, Subst. Helmbügel, woran der Helmbusch befestigt ist (Il. 15. 536)⁵); κύμβ-αλο-ν n. Becken von Metall, Cymbel (öfter neben τύμπανα), κυμβαλ-ίζω die C. schlagen, κυμβαλισ-τή-ς m., -τρ-ια f. C.schläger, -in, κυμβαλισ-μό-ς m. das C.schlagen.

   kup. — **cŭp-a** (κύπ-η) f. Küpe, Kufe, Fass, Tonne, Grabnische, Dem. cūpŭ-la, cupel-la; cup-āriu-s m. Küper; **cŭp-ĕre** (älter cupīre; cupĭrei Lucr. 1. 72) aufwallen = begehren, verlangen, geneigt sein, lieben; cupĭ-du-s begehrlich, begierig, cupidī-tā-s *(tāli-s)* f. Begehren, Begierde, Verlangen, Leidenschaft; *(cupĭ-re)* *cupĭ-d-o* (*ĭn-is*) f. id., person. Cupido, Sohn der Venus, Liebesgott, *cupidĭn-cu-s* zum C. geh., lieblich, reizend (Mart. 7. 87); (*cūpu-s, *cūpē-re) *cūpē-d-o* (vgl. *albu-s*, *albē-do*) (*ĭn-is*) f. Begierde, Leckerhaftigkeit, *cupedĭn-ārĭu-s* zum L. geh., Subst. Leckerbissen-, Delicatessenhändler, Zuckerbäcker; *cūpēd-ia* f., *-ĭu-m* n. Leckerhaftigkeit, Leckerbissen; (*cūpu-s) *cūpe-s* (Gen. nicht erhalten, wohl *cupĭ-t-is*, vgl. *dĭvu-s*, *dĭve-s dĭvĭ-t-is*) lecker, leckermäulig (Plaut. Trin. 2. 1. 17). — St. *cup-ro* begehrt, gut (sabin. *ciprum*, *cuprum; nam cyprum Sabine bonum* Varro l. l. 5. 159; sabin. *Cupra = bona dea; Mars Cuprius; Cūpra* Stadt im Picenischen): **rĕ-cŭp-ĕ-rā-re** (vgl. *integro*, *red-integrare*) wieder gut machen = frisch, stark nfachen, Med. sich erholen (*se quiete reciperare* Varro r. r. 1. 13; *si et vos et me ipsum recuperaro* Cic. fam. 14. 1. 3 u. s. w.), *ius, libertatem* u. s. w. *recuperare* das Recht u. s. w. wieder gut, stark machen = wiedererlangen[6]), *recuperā-tor* (*tōr-is*) m. (jurist. Ausdr.) Richter (das Recht gut zu machen, zu vergüten; 3 bis 5 an der Zahl, ein Gericht bildend), Wieder-erlanger, -eroberer (*urbis* Tac. A. 2. 52); *recuperā-ti-ō(n)* f. richterliche Entscheidung (*reciperatio est, cum inter populum et reges nationesque et civitates peregrinas lex convenit, quomodo per reciperatores reddantur res reciperenturque, resque privatas inter se persequantur* Fest. p. 274), Wiedererlangung (*libertatis* Cic. Phil. 10. 10. 20); *recuperatōr-iu-s* zu den *rec.* geh. (*-m iudiciu-m*), *recuperat-ivu-s* was wiedererlangt werden kann.

kub, ku-m-b. — (**cŭb-u-s;* vgl. *in-cŭbu-s* m. Alp, Kobold, der sich auf die Weiber legt, August. c. d. Isid.) **cūbā-re** (*-ui, ĭ-tum;* Perf. Conj. *cubāris* Prop. 2. 15. 17, Inf. *cubasse* Quinct. 8. 2. 20) niedergebeugt sein = liegen, Frequ. *cubĭ-tā-re; cubĭ-tu-s* m., *cubā-ti-ō(n)* (Varro l. l. 8. 30. 117), *cubĭ-ti-ō(n)* f. (Aug. ep. 151) das L.; *cubĭ-tor* (*tōr-is*) m. einer der liegt (*bos*, Colum. 6. 2. 11), *cubi-tūr-a* f. = *cubitus* u. s. w.; *cŭbĭ-culu-m* n. Schlafzimmer, übertr. der erhöhte Kaisersitz im Theater, *cubicul-ārĭu-s* zum Schlafz. geh., Subst. Kammerdiener; *cŭbĭ-tu-m* (= *κύβιτο-ν*) n. Ellenbogen, Elle, *cubit-āli-s* zum E. geh., eine Elle lang, Subst. *-al* n. Ellenbogenpolster, Lehnpolster; *cŭb-ĭle* (*ĭli-s*) n. Lager, Lagerstätte, übertr. Fuge der Steine (auch *cubiculum*) Vitr.; **-cumb-ĕre** (*cŭb-ui, i-tum*); *ac-, con-, de-, dis-* u. s. w. (*pro-cumbere* sich nach vorwärts niederbücken, -neigen, -legen; *re-cumbere* sich rücklings überbeugen, rückwärts niederlegen u. s. w.).

Lehnwort: **gŭbernā-re** = *κυβερνά-ω* [7]); *gubernā-tor* (fem. *-trix*) = *κυβερνη-τήρ* (*-τειρα*), *gubernā-ti-ō(n)* = *κυβέρνη-σι-ς; gubernā-cŭlu-m* n. Steuerruder, Leitung, Lenkung; *gŭber* (*κυβερνήτης* Gloss. Gr. Lat.); *guber-nu-m = gubernāculum* (Lucr. Lucil.); *gubern-iu-s* (Laber. ap. Gell. 16. 7. 10), *guberni-ō(n)* (Isid. or. 19. 1) = *gubernator*.

B. Gl. 88 f. — Corssen I. 352. 546. — C. E. 157 f. 517 (vgl. 114).
— Curtius St. III. 195 ff. — F. W. 45 f. 53. 439; Spr. 84 f. — Pauli
KZ. XVIII. 11 f. — 1) B. Gl. 91a: Skr. *kúpa forea, carum, specus, puteus.* — Hehn p 497 f. — 2) Froehde KZ. XIII. 435: *skap* aushöhlen.
— 3) Düntzer KZ. XVI. 30: κυβέρνη Steuer entweder von κύβη Schiff
(ερν = αρν in σκέπ-αρνον, κέ-αρνον, *caverna, taberna*) oder von W.
κυβ, das Steuer als gebogen; vgl. Anm. 7. — 4) F. W. 439: *knb* aufliegen: Würfel = aufliegend. — Sch. W. s. v.: die urspr. Bed. scheint
mit κύπτω zusammenhängend „Gelenkknochen" gewesen zu sein, vgl.
die ausführl. Wörterb unter κύβιτον, *cubitus*, woraus sich dann, wie
bei ἀστράγαλος, die Bedeutung „Würfel" entwickelte. — 5) Düntzer:
die Wölbung des Helmes; La Roche: die Kuppe, der oberste Theil des
H. — 6) Corssen KZ. X. 21 f.; XX. 83. — Schweizer-Sidler KZ. XII. 228.
— 7) F. W. 440: *kuberno:* κύβερνο-ς Steuermann (sehr spät); *gubernäre*
u. s. w. entlehnt? vgl. Skr. *kubara* Deichsel; was am Wagen die Deichsel,
ist am Schiffe das Steuerruder. — M. M. Vorl. II. 275: *gubernare:*
Fremdwort, d. h. die Römer entlehnten es von den Griechen, welche in
sehr frühen Zeiten westwärts gesegelt waren, Italien entdeckt und dort
Colonien gegründet hatten, gerade wie in spätern Zeiten die Völker
Europas weiter nach Westen segelten, Amerika entdeckten und dort
neue Colonien anlegten.

KUS. — kausa Behälter. — Skr. **ϛushi** f. Höhle, Grube
(PW. VII. 272).

κυϲ-ό-ϲ, κύϲ-θο-ϲ m. Höhlung, weibliche Scham (πυγή. γυνα
κεῖον αἰδοῖον Lex.); (*κυ-σι-ς) κυσι-ά-ω· πασχητιάω Hes.; κύϲ-τη f.
Harnblase, κύσ-τι-ς (τε-ως und τιδ-ος) f. id. (Il. 5. 67, 13. 652),
Beutel, Schlauch, κύστιγξ (ιγγος) f. kleine H. (Hippokr.); κύϲτ-ιο-ν
eine Art Judenkirsche, deren Frucht in einer Art Blase sitzt
(Diosc.).

(*cus-nu-s) cun-nu-s m. ≒ κυσ-ό-ς.

Aufrecht KZ. IX. 232. — C. E. 158. — F. Spr. 85; anders W. 209›
sku-t, skju-t abträufeln; Spr.: vielleicht *cos-ta* f. Rippe.

---

kaita Trift, Feld, Heide.

bu-cëtu-m n. Kuh-heide, Trift (*bucita* Varro l. l. 5. 164);
quercëtu-m (= *quercu-cëtu-m*) s. pag. 132.

Fick Spr. 82; KZ. XXI. 368 f. — Windisch K. B. VIII. 39. 9).

KNU, KNU-K kratzen, schaben. — Vgl. 1) **kas.**

knu. — κνυ: (κνυ-jω) κνύ-ω kratzen, schaben; κνῦ-μα(τ) n.
das Kr., Sch.; κνύ-ος n. Krätze, Schäbigwerden; κνῦ· ἐλάχιστον
(Hes.) Abschabsel, soviel man vom Nagel abschabt. — κναϜ:
(κνᾰϜ-jω) κνα-ίω, κνᾱ-ω == κνύω (κναίσω, ἔκναισα)[1]); (κναϜ ==
κνηϜ) κνη: κνή-θ-ω == κνάω. jucken, brennen[1]), Desid. κνη-θι-ά-ω

(E. M. 116. 25), κνη·σι·ά·ω, κνη·σεί·ω Lust haben sich zu kr., ein Jucken empfinden; κνη·θ·μό·ς m. Jucken, Brennen (Nic. Al.); κνῆ-μα(τ) n. das Abgeriebene; ὀφρύ·κνη·σ·το·ς die Augenbrauen reibend (ὀφρύκνηστον· ἐρυθριῶντα. οἱ γὰρ ἐρυθριῶντες κνῶνται τὰς ὀφρῦς Hes.)²); (κνηϝ·ορο) κνέ·ωρο·c m. (Theophr.), κνέ·ωρο·ν n. (Hes.) eine Art Brennnessel. — κνοϝ: (κνοϝ·ο·ς) κνό·ο·c m., κνό·η f. das Reiben des Rades in der Radbüchse³); (κνοϝ·ι·ς, κνο·ι·ς) κόν·ι·c (ι·ος, ε·ως) f. Staub⁴) (auch wohl Erdstaub, Bodenstaub, Od. 11. 191), (κονι·jω) κονίω bestäuben (Hom. Fut. κονίσουσι, Aor. ἐ·κόνῑσε, Pf. κεκονῑ·μένο·ς, Plusqu. κε·κόνῑ·το; Part. Präs. κονίοντες πεδίοιο hinstäubend durch das Gefilde); κόνι·ο·ς staubig, κονιό·ω == κονίω; κονί·α, ion. ep. κονί·η f. Staub, Staubwolke, Sand, Flusssand (Il. 21. 271), Asche (Od. 7. 153. 160), das über Asche gegossene Wasser, Lauge (ἔστι δὲ ἡ κονία τὸ ἐκ τέφρας καθιστάμενον ὑγρόν Poll. 7. 40), κονιάω == κονίω betünchen (ἐν λάκκοις κονιατοῖς in mit Kalk überzogenen Cisternen, Xen. An. 4. 2. 22; Rehdantz zu d. St.: „man findet noch heute in Kurdistan und Armenien viele [früher in Gebrauch gewesene] gepflasterte Cisternen“); κονῑα·σι·ς f. das Uebertünchen; κονῑα-μα(τ) n. Anstrich mit Kalktünche, Estrich; κονί-ζ-ομαι sich im Staube wälzen, besonders von Ringern, die den mit Oel gesalbten Leib mit feinem Sande bestreuten, um fester zu fassen und im Sande kämpften (== γυμνάζεσθαι); κονισ·τ·ικό·ς m. ein Vogel, der sich gern im Sande badet (Arist. h. a. 9. 49); κονίσ-τρα f., κονισ·τήρ·ιο·ν n. Staubplatz, mit feinem Sand bedeckter Platz.

cĭn-ĭs (cin-ĕr·is) m. (f.) Asche (ciner Nom. Prisc.)⁴), cinĕr-cu-s asch-artig, -ähnlich, -farben, ciner-āc-cu-s id., ciner-āri-u-s zur Asche geh., Subst. -āriu-m n. Aschenkammer in Grabmülern (Or. inscr.), ciner-ōsu-s voll Asche.

knu-k. — nauc-n-m n., nauc-u-s m. Abgeschabtes, Geringes (vgl. Fest. p. 166) in den Verbindungen: non nauci habere, facere, nauci non esse nichts werth halten oder sein; nux (nŭc-is; Gen. Pl. nuc-ĕr·um Cael. ap. Charis. I. p. 40) f. Nuss (nuces calvas avellanas praenestinas et graecas, haec facito ut serantur Cato r. r. 8. 2; calvae Walnuss oder Kastanie, avellanae aus Campanien stammend, Lamberts- d. h. lombard. Nüsse, kamen aus dem Pontus zu den Griechen, von da nach Italien, graecae Mandeln)⁵), Dem. nuc-ŭ-la, nucel-la f. (nuculas Praenestinos appellabant, quod inclusi a Poenis Casilini famem nucibus sustentarent, vel quod in eorum regione plurima nux nascitur Paul. D. p. 17. 2. 1), Nucula; nuc-un-cŭlu-s m., vgl. av·un·culu-s pag. 67, ein kleiner Nusskuchen (Not. Tir. p. 176); nŭc-eu-s, nuc-īnu-s von der Nuss, nuc-ā-menta n. Pl. Tannzapfen (Plin. h. n. 16. 10. 19); nŭcŭl-, nŭcl-eu-s m. Kern, Demin. nucleŏ-lu-s m., nucleā-re kernig oder hart werden.

Brugman St. IV. 153. 31). VII. 318. — C. E. 493. — F. Spr. 86. 312: kas, knas, knu; wohl aus sknu wetzen, schärfen; W. 39. 352:

kas, europ. *knas*, kratzen, stechen, jucken. — 1) C. V. I. 300. II. 340. 369. 5). — 2) Meyer St. V. 104. — 3) F. Spr. 86; W. 47: *knu* tönen; aus *kran* = *kan*. — 4) F. W. 31. 1058. 1080; Spr. 66: *kan* anfangen: *kana* Kleines, Korn. — 5) Hehn p. 341 f.

krat Vertrauen, Glauben. — Skr. **çrat** oder **çrad**; mit *dhā:* a) vertrauen, Jemand glauben, für wahr 'halten, Etwas glauben, b) sich einverstanden erklären, gutheissen (PW. VII. 332).

(*cret-děre cred-děre*) **crĕ-dĕre** (s. *dha*) Vertrauen oder Glauben setzen, vertrauen, glauben (*crē-dĭdi, cre-dĭtu-m*) (ältere Formen: *credu-am, -as, -at, -is, -it, cred-ier* Plaut.), Intens. *credi-tūre* (Fulg. M. 1. 6); *crēdĭ-tor (tōr-is)* m., *-tr-ix (ĭc-is)* f. Gläubiger, -in; *crēdĭ-bĭli-s* glaublich, glaubwürdig; (*crēd-u-s*) *crēdŭ-lu-s* leichtgläubig, *creduli-tā-s (tāti-s)* f. Leichtgläubigkeit.

Corssen II. 410. — C. E. 254. — C. V. II. 347. 1): „die Identität dieses *çrad-dadhā-mi* mit *crēdo* gehört zu den am frühesten erkannten und zugleich 'merkwürdigsten Thatsachen der Sprachwissenschaft". — F. W. 48: *dha* setzen durch *da* geben ersetzt; Spr. 123: *kret-dha* oder *kret-da.*

KRAP lärmen, schreien, jammern. — Skr. **krap** ersehnen, trauern; jammern, flehen (PW. II. 477).

crĕp-ĕre (*ui, ĭtu-m*) lärmen, klappern, rauschen u. s. w., schwatzen; *crepĭ-tu-s (tūs)* m. 'das Lärmen u. s. w.; *crĕp-u-nd-ia* n. Pl. Klapper, *crep-ŭ-lu-s* rauschend; Intens. *crĕpĭ-tūre* stark lärmen u. s. w., *crepĭtā-cŭlu-m* n. = *crepundia*, Demin. *crepitacil-lu-m*; (*crāb-ru-s*) **crāb-r-ŏ'n)** m. Hornisse, grösste Wespenart (*vespa crabro* Linné).

F. W. 49; Spr. 87. — W. 205: *skarbh, skarp* tönen.

1) **KRAM** ragen, hangen. — Skr. **kram** schreiten, gehen; ersteigen, überragen u. s. w. (PW. II. 477).

κρεμά-ννῡ-μι hängen (seit Plato), κρέμᾰ-μαι hangen, schweben (seit Homer) (Fut. κρεμά-σω, att. κρεμῶ, ep. κρεμόω, Aor. ἐ-κρέμα-σα, ἐ-κρεμα-σάμην, ἐ-κρεμά-σ-θη-ν, Fut. P. κρεμα-σ-θή σομαι, Pf. spät: κε-κρέμα-σ-μαι)'); κρεμα-σ-τό-ς haugend, schwebend (im Schiffe: τὰ κρ. das hangende Geräth, Tauwerk und Segel); κρέμα-σι-ς f., κρεμα-σ-μό-ς m. das Hängen; κρεμα-σ-τήρ (τῆρ-ος) m. der Aufhängende, κρεμαστήρ-ιο-ς = κρεμαστός; κρεμά-ς-τρα, κρεμά-θρα f. Hänge-matte, -korb, -maschine (um einen Schauspieler in der Luft schwebend zu erhalten); Fruchtstiel (an dem die Frucht hängt); κρημ-νό-ς m. abschüssiger, steiler Ort, Abhang, schroffe Felsenwand, κρημνό-θεν aus dem Abgrund (Orph. Argon. 995); κρήμ-νη-μι (κρημ-νά-ω D. L. 6. 50) hinabstürzen, hangen oder schweben lassen, Med.

κρήμ-νᾰ-μαι herabhangen, schweben [1]); κρημ-νίζω einen Abhang hinabstürzen, κρήμνισι-ς f., κρεμνισ-μό-ς m. das Hinabstürzen.

C. E. 155. — F. Spr. 87 (*kram* müde werden, ruhen?). — 1) C. V. 1. 167. 48). 170. 3). 174. 9). II. 39. 309. 14).

2) KRAM ermüdet, schlaff, beunruhigt sein. — Skr. çram müde, überdrüssig werden, sich abmühen; caus. müde machen, ermüden (PW. VII. 336).

klam. — **clĕm-en-s** (*ti-s*) (Part. = Skr. çrāmjant-) = *languescens*[1]), gelassen, gelinde, mild, nachsichtig, gnädig, *Clemens, clĕment-ia* f. Gelassenheit; (*clĕm-*) **lĕm-ŭr-es** m. die Geister oder Schatten der Verstorbenen, insbesondere insofern sie als ruhelos umherschweifend und Ruhe suchend gedacht werden[2]); übertr. Nachtgeister, nächtliche Schreckbilder (*larvae nocturnae et terrificationes imaginum et bestiarum* Non. p. 135. 15), *lemur-ia* n. Pl. das Fest zur Sühne der abgeschiedenen Seelen am 9. Mai.

1) Bechstein St. VIII. 351; woselbst L. Meyer Vergl. Gr. II. 269 angeführt wird: *clē-ment*, *clē* aus *clet* = deutsch hold. — F. W. 49; anders ib. 1073: *kal* schlagen, brechen, biegen: *clē-mens* gebrochen = mild. -- Schweizer-Sidler KZ. XIV. 153: „sinnig und lautlich gerechtfertigt ist die Vergleichung (L. Meyers Vgl. Gr. II. Bd. 1. Theil 1863) von *clemens*, deutschem h u l d u. s. f. mit Skr. çrat in çrad-dadhāmi credo". — 2) Grassmann KZ. XVI. 181.

KRI lehnen, beugen, sich stützen; europ. **kli**[1]). — Skr. çri 1) act. lehnen u. s. w., 2) Med. sich lehnen, Halt finden, haften, sich befinden u. s. w. (PW. VII. 349).

(κλῐ-vjω) **κλίνω**, lesb. κλίνν-ω, lehnen, beugen (Fut. κλῐνῶ, Aor. ἔ-κλῑνα, ἐ-κλῐ-θη-ν, ion. ep. ἐ-κλίν-θη-ν, in Comp. ἐ-κλίν-η-ν. Perf. κέ-κλῑ-μαι, 3 Pl. κε-κλί-αται)[2]); κλίν-η (aus dem Präsensst.) f. Lager, Bett, Dem. κλιν-ί-ς (ίδ-ος) f., κλινίδ-ιο-ν n., κλιν-άριο-ν u.; κλῖν-ικό-ς bettlägerig, meist Subst. m. der seine bettlägerigen Kranken besuchende Arzt (spät: ἡ κλινική sc. τέχνη die ärztliche Kunst, Klinik), κλίν-ειο-ς zum L. geh.; κλιν-ά-ς (άδ-ος) f. Tisch-lager, -polster (Euseb.). — κλιν-τήρ (τῆρ-ος) m. Lehnstuhl, Ruhebett (Od. 18. 190), κλι-σ-μό-c m. id., Demin. κλιντήρ-ιο-ν, κλιντηρ-ίδιο-ν n. — κλῐ-τύ-c (-τύ-ος) f. abschüssiger Ort, Abhang, Hügel (Il. 16. 390. Od. 5. 470); κλῐ-τ-ος n. Abschüssigkeit, = κλίμα. — (κλι-τι) κλί-σι-c f. Biegung, Neigung, Schwenkung, das Liegen; gramm. Abwandlung (Declin. und Conjug.), κλι-τ-ικό-ς zur grammat. Abwandlung geh. — (κλι-τι-α) κλί-σί-α, ion. -η f. (Ort zum Anlehnen, Hinlegen) Hütte, Lagerhütte, Zelt, Baracke (Lehnstuhl, Od. 4, 123. 19, 55)[3]), κλισίην-δε nach der H., κλισίη-θεν aus der H.; κλῐ-σι-ο-ν n. Wirthschaftsgebäude, Wohnung für das Gesinde, um das Herrenhaus herumgebaut (Od. 24. 208), att. schlechtes Häuschen, Hütte; κλιcι-ά-c (ά-δος), meist Pl. κλυσιάδες f. Thorweg zum Anlehnen und Aufschlagen. — (κλι-μακ) κλῖ-μαξ (ακος) f. Leiter, Treppe (Od. 3mal) (rhetor. Figur der Steigerung; *gradatio, quae dicitur* κλίμαξ Quinct. 9. 3. 54), Demin. κλιμακ-ί-ς (ίδ-ος) f., κλιμακ-τήρ (τῆρ-ος) m. Stufe einer Treppe, Leitersprosse, Stufenjahr, κλιμακτηρ-ικό-ς zur St: geh. (ἐνιαυτός bes. das 63. Lebensjahr, als der gefährlichste Abschnitt im menschl. Leben), κλιμακ-ό·ει-ς mit einer L. oder Tr., κλιμακη-δόν stufenweise, κλιμακ-ίζω ein Ringerausdruck (wahrsch. sich auf den Rücken des Gegners schwingen, um ihn zum Falle zu bringen; κλιμακίζει τοὺς νόμους Dinarch, dazu Lex.: παράγει καὶ διαστρέφει), κλιμακισ-μό-ς m. Kunstgriff der Ringer. — κλῖ-μᾶ(τ) n. Neigung, Abhang, Abdachung, Abflachung der Erde gegen die Pole hin, Himmelsgegend, Witterung, Klima, geogr. Lage; ἀπό·κλιμα abschüssige Lage, Abdachung (spät)[4]. — (κλῖ-τρα) λῖ-τρα f. (dor.) Gewicht (12 Unzen), Pfund, Münze (in Sicilien = 1⅓ att. Obolen), Wage (am Himmel)[5]), λιτρ-αῖο-ς, λιτρ-ι-αῖο-ς so schwer, gross, werth wie eine λίτρα.

(*clī-nu-s) **clīnā-re** lehnen, beugen (zweifelh.), *clīnā-tu-s* geneigt, sich senkend, gebr. in Compos.: ac-, de-, in-, pro-, re-clinare; *clīnā-mĕn* (mĭn-is) n. Neigung (Lucr. 2. 292); **-clī-ni-s:** *ac-clīni-s* sich anlehnend, angelehnt; *re-clīni-s* zurück-gelehnt, -gebogen; *reclina-tōr-ia* (*vulgus appellat ornamenta lectorum quae fulciunt toros sive caput* Isid. or. 19. 26. 3) Rücklehnen; *tri-clīn-iu-m* n. Speiselager, -sopha, -zimmer; (*cli-tra *cli-tera*) **cli-tel-lae** f. Pl. Saum-, Packsattel, bergauf und bergab führende Stellen der Strasse, Einsattelungen; (*cli-ter-no* am Bergabhange liegend:) *Cli-ter-nu-m* n. Stadt im Aequerlande, *Cli-ter-n-ia* f. Stadt im Frentanerlande[6]); (*cli-tu* = κλι-τύ-ς, *cli-tu-o-meno-s*, *cli-tū-mno*) *Cli-tū-mnu-s* m. (der geneigt, bergab stürzende) Fluss in Umbrien, jetzt *Clitunno*[7]); (*cli-vo*) **cli-vu-s** m. (Nebenf. Pl. *cliva*) sanft ansteigende Höhe, Anhöhe, Abhang, *cliv-ōsu-s* reich an Anhöhen; *ac-clīvu-s*, *-clīvi-s* allmählich aufsteigend; *de-clīvu-s* (*per decliva* Ov. M. 2. 206), *-clīvi-s* hügelabwärts geneigt, schräge; *pro-clīvu-s* (*a proclivo* Plaut. mil. 4. 2. 27), *-clīvi-s* vorwärts geneigt, abschüssig, übertr. geneigt, bereit, bereitwillig; *re-clīvu-s* (*nave recliva* Ven. Fort. Mart. 3), *-clīvi-s* rückwärts geneigt, schräge; (*cli-bra*) **li-bra** (= λί-τρα) f.[8]) Gewicht (12 Unzen), Wage (am Himmel Manil. 4. 545), ein Maass für flüssige Dinge (*frumenti denos modios et totidem olei libras* Suet. Caes. 38); Demin. *libel-la* f. kleine Silbermünze (¹/₁₀ Denar, Ass), überhaupt eine kl. Münze, Wasser-, Blei-, Setzer-wage (*ad libellam* wagerecht, Varr. r. r. 1. 16); **librā-re** wägen, gleichmachen, in Schwung bringen, schwingen, *librā-tor* (*tōr-is*) m. Abwäger, Wurfschütze (Tac. A. 2. 20), *librā-tūra* f.

Gleichmachen (Veget. a. v. 2. 22), *librā-ti-ō(n)* f. Abwägen, Schleudern, *librā-men* (*mĭn-is*) n. Schwung, Schwungkraft, *librā-men-tu-m* n. Gewicht, Gefälle (des Wassers), wagerechte Ebene, Gleichheit, *libr-āriu-s*, -*āli-s*, -*ili-s* ein Pfund schwer; (**liberu-s*) **de-libĕrā-re** abwägen, erwägen, überlegen, berathen, *delibĕrā-ti-ō(n)* f. Erwägung u. s. w., *deliberā-men-tu-m* id. (Laber ap. Front.), *deliberat-icu-s* zur Ueberlegung geh., *deliberā-bundu-s* sorgfältig überlegend (Liv. 1, 54. 2. 45).

Corssen I. 536 f. II. 174; B. 371. — C. E. 149. — F. W. 49. 353 f. 442; Spr. 123. 316. — 1) B. Gl. 395 b: *çri ire, adire, inire, ingredi.* — 2) C. V. I. 308. 5). II. 365. — PW. VII. 349: *çri* (= κλίνω, *hlinén*) lehnen; sich lehnen an, sich befinden (vgl.: νήσων αἴ θ' ἀλλ κεκλίαται Od. 4. 607). — 3) PW. VII. 91: καλιά, κλισία, κλισίον u. s. w. zu *çar* sich anlehnen u. s. w. — Corssen I. 463: *kli* decken. Dazu C. E. 150: „durchaus verfehlt. Stellen wie σ. 213, K. 472, der Gebrauch von κλίμα u. s. w. beweisen, dass κεκλίσθαι nie etwas anderes als liegen, sich befinden bedeutet". — 4) PW. I. 661: *apóklima* n. astron. = ἀπόκλιμα Weber Lit. 227. Ind. St. 2. 254 u. s. w. — 5) Corssen I. 537. — 6) Brugman St. IV. 75. 11). — Corssen KZ. III. 261. — 7) Bechstein St. VIII. 393 f.

KRID spielen. — Skr. **krid** spielen, seinen Scherz treiben (von Menschen, Thieren, Wind und Wellen, auch vom Liebesspiel) (PW. II. 501).

(*crid, croid, cloid, loid*) **lud: lud-ĕ-re** (*lū-si, lū-sum*) spielen, scherzen, necken, spotten, sein Spiel treiben, hintergehen; *lūd-u-s* (Acc. Plur. *loidos, loedos*) m. Spiel, Scherz u. s. w.; *lūd-iu-s* m. Schauspieler, Pantomime, Tänzer, *lud-ia* f., *lud-iō(n)* m. (Liv. 7, 2. 39, 6) id.; *lūd-or* (*ōr-is*) m. Spieler (Schol. Iuv. 6. 105); *ludĭ-cru-s, ludĭ-cer* (-*cra*, -*cru-m*; *ludi-cri-s* Prisc. 7. 73. H.) kurzweilig, ergötzend, *ludicrā-ri* scherzen, schäkern (Front. ep. ad am. 1. 15); (**ludi-bru-s*) *lūdĭ-br-iu-m* n. Spott, Hohn, Spielzeug, *ludibri-osu-s* spöttisch; *ludi-bundu-s* spielend, scherzend, leicht, ohne Mühe oder Gefahr; *lūdĭ-mentu-m* n. Spielwerk (παίγνιον Gloss. Philox.), *ludi-ariu-s* zu den Sp. geh. (Or. inscr. 2601). — (**lud-tu-s*) **lu-su-s** (*ūs*) m. = ludus, (**lud-ta-re *lusa-re*) *lūsĭ-ta-re* Frequent. (*luditor* διαπαίζω Gloss. Phil.), *lūsor* (*ōr-is*) m. Spieler, Spötter, *lusōr-iu-s* zum Spiel geh., spielend, spasshaft, *lusi-ō(n)* f. das Spielen.

Aufrecht KZ. V. 137 f. — Corssen I. 378. 793; B. 345. 358; N. 35; KZ. XI. 404. — Schweizer KZ. VII. 150 f. VIII. 304. XIII. 301. — B. Gl. 91 a: *kürd ludere, huc trahi posset ludo ex urdo, abiecta gutturali et litteris transpositis;* 186 b: *div splendere, huc trahi posset ludo, mutato d in l;* 209 a: *nand gaudere, ludo etiam huc referri posset, mutatis liquidis n in l, attenuato a in u.* — Bugge KZ. XX. 11 f.: Skr. *rēg* hüpfen, beben, zittern, zucken; got. *luikan*, alth. *leika leikr, ludere ludus;* italisch: *loig* + d. — F. W. 73: *ghrad, ghrid* lustig sein, übermüthig sein; st. *hloidere?* (üppig sein und so?) spielen.

---

1) **KRU** hören, lauten. — Skr. **çru** hören, erfahren, aufmerken; caus. hören lassen, verkünden, hersagen (PW. VII. 375). **kru?** — ἀ-κρο(F)-ά-ο-μαι (vgl. ἀ-κροβ-ᾶσθαι Hes.) hören; trag. sich nennen hören, genannt werden[1]); ἀκροᾱ-τή-ς m. Hörer, ἀκροᾱ-τήρ-ιο-ν n. Hörsaal; ἀκρόᾱ-σι-ς f. das Hören (ἀκροάσεις ποιεῖσθαι Vorlesungen halten); ἀκρόᾱ-μα(τ) n. das Gehörte, Ohrenschmaus, Leute, die sich hören lassen, ἀκροαμᾰτ-ικό-ς hörbar (δι-δασκαλίαι die bloss mündlichen, rhetorischen Vorträge der Philosophen); ἀκροᾱ-τ-ικό-ς μισθός das Honorar.

klu. — κλυ: κλύ-ω hören (Impf. mit Aoristbedeutung ἔ-κλυ-ο-ν, Impt. Aor. hom. trag. κλῦ-θι, κλῦ-τε, κέ-κλῦθι, κέ-κλῦτε, Part. κλύ-μενο-ς Theokr. 14. 26, vgl. Περι-κλύμενο-ς Sohn des Neleus und der Pero (Od. 11. 286)[2]); κλῦ-τό-ς berühmt, herrlich; κλυτο-εργός berühmt durch Arbeiten, κλυτό-μητις ber. durch Einsicht, Kunstgewandtheit, κλυτό-πωλος rosseberühmt, κλυτο-τέχνης kunstberühmt. — κλεF: κλέ-ω, poet. κλε-ίω, berühmt machen, rühmen, preisen, κλέ-ο-μαι berühmt sein; κλει-τό-ς, κλει-νό-ς berühmt, ruhmvoll, Κλεῖ-το-ς (Clī-tu-s) Eig. schon bei Hom., häufig in Athen und Maked., Κλεῖτ-ων (ων-ος) Athener und Makedonier; (κλεF-ιδ) κλε-ίζω, altatt. κλήζω rühmen; κλεῖσ-μό-ς Benennung (spät), κλεῖσ-μα(τ) n. id.; (εὔ-κλεF-ια) εὐ-κλε-ίη (Il. 8. 285. Od. 14. 402), εὔ-κλε-ια f. guter Ruf; (κλεF-ες:) κλέ-ος (Gen. κλέ-ε-ος κλέ-ους) n. Ruf, Sage, Ruhm, Ehre (poet. κλεῖ-ος, Pl. κλεῖα Hes. Th. 100)[3]); (-κλεF-ες) -κλέ-ης ion. ep., -κλῆς: Ἀγαθο-κλῆς, Βαθυ-κλῆς, Ἡρα-κλῆς, Περι-κλῆς, Σοφο-κλῆς u. s. w.; ἀ-κλε-ής, ἀ-κλη-ής ruhmlos (Acc. *ἀ-κλέFεσ-α, *-κλήε-α, *-κλῆ-α, -κλέ-ᾱ Od. 4. 728), Adv. ἀκλειῶς (Il. 22. 304. Od. 1. 241), ebenso: δυς-κλέᾱ (Il. 2, 115. 9, 22).

klu. — **clŭ-ĕ-re, clŭ-ē-re** (altl.) trans. hören lassen = nennen, feiern, rühmen, intr. wohl lauten = berühmt sein, genannt werden, heissen; Part. *clue-n-s* (*cluentum fides* Plaut. Men. 4. 2. 6 (575) R.), **cli-e-n-s** com. der Hörige, Schützling, Client[4]) (*client-a* f.), Dem. *clientŭ-lu-s* (Tac. de or. 37), *client-ēla* f. Schutzgenossenschaft, Clientel; Part. Pass. *in-clŭ-tu-s, in-clī-tu-s* berühmt, gerühmt; *clu-ior* (*nobilior* Isid. Gloss.); *prae-clu-i-s* sehr berühmt (Marc. Cap.); *Clŭ-āna* Stadt an der picen. Küste; *Clŭ-āt-iu-s* Architekt; *Clu-ent-iu-s* Bein. einer röm. gens; *Clu-il-iu-s, Cloel-iu-s* id.; *Clŭ-v-iu-s* Name eines campan. Geschlechtes, *Clŭ-v-ia* Stadt in Samnium (Liv. 9. 31. 2); *Clu-tur-nu-m* ibid.; *clau: (clau-ant clav-ant clav-ad clav-ud cla-ua)* *laud*[5]): **lau-s** (*laud-is*) f. Lob, Ruhm, Preis; (*laudu-s) laudā-re* loben u. s. w., *laudā-tor* (*tōr-is*) m., *-tr-ix* (*-īc-is*) f. Lobredner, -in, *laudā-ti-ō(n)* f. das Loben, Lobrede, *laudā-t-īru-s* zum L. geh., lobend; *laudā-bili-s* löblich, lobenswerth, *laudābili-tā-s* f. Löblichkeit (ein Titel, Cod. Theod.); *Lau-su-s* Sohn des Numitor, des Mezentius; *clou: (clou-os clov-os glov-os glo-os glōs)* **glōr-ia** f. Ruhm, Ruhmbegierde[6]), Demin. *gloriŏ-la, gloriā-ri* sich rühmen, prahlen, *gloria-tōr* (*tōr-is*) m. Prahler, *gloriū-ti-ō(n)* f. das Pr., Rühmen, *glori-ōsu-s* ruhmvoll, rühmlich, ruhmredig, ruhmsüchtig.

B. Gl. 395 f. — Brugman St. IV. 164. 1). 186. — Corssen I. 360 f.; B. 53; N. 38 f.; KZ. 111. 264. — C. E. 150. — F. W. 49. 353 f. 442 f.; Spr. 124 f. — Siegismund St. V. 185. 2). — 1) C. E. 151. 647. 713. — 2) C. V. I. 187. 19). — 3) PW. VII. 343: *çrávas* (von *çru*) *κλέος* Getöne, Ruf; lautes Lob. — 4) Bechstein St. VIII. 347. — 5) Ebel KZ. IV. 398. — B. Gl. 342b: *v and laudare, celebrare, fortasse laus, laud-is, mutato v in l, n in u*. — 6) B. Gl 155: *g nā scire, nosse: fortasse glōria e gnoria*. — Bugge KZ. XIX. 421: **clār-ia*, vgl. *ignārus ignorare*, **vlaro-m loru-m*.

---

2) **KRU** stossen, stampfen; hart, rauh, roh werden; grausen. — Weiterbildung: **kru-s**. — Zend: **khru**.

kru. — κρυ: κρύ-ος n. Eiskälte, Frost, Schauder (παρὰ τὴν κρούσιν τῶν ὀδόντων τὴν γιγνομένην ἐν τῷ κρύει E. M.), κρῦ-ερό-ς eisig, meist: Schauder erregend, schauerlich, κρυ-ό-ει-ς id. (Il. 9, 2. 5, 740), ὁ-κρυόεις id. (Il. 6, 344. 9, 64) (o prosthet. oder leicht blosses Missverständniss, da die vorhergehenden Genitive auf -οο lauteten); κρῦ-μό-ς m. Eiskälte, Frost, κρυμ-αλέο-ς eiskalt, frostig, κρυμ-ώδης id. — κραυ: κραῦ-ρο-ς zerstossen, spröde, brüchig, κραυρό-ω spröde machen, κραυρό-τη-ς (τητ-ος) Sprödigkeit; κραῦ-ρα f. eine Viehkrankheit (Ruhr?), κραυρά-ω an der κρ. leiden. — κραϜ: (κρἁϜ-jατ, κρᾱϜ-jας, κρή-ιας, κρῆ-ας, κρη-ας) κρέ-ας n. Fleisch (das rohe, blutige), Pl. Fleischstücke (Gen. κρέατ-ος, att. κρέως; Hom. Pl. κρέατα κρέα, Gen. κρεάων h. M. 130, κρεῶν κρειῶν, Dat. κρέασι)[1]), Demin. κρε(Ϝ)-άδ-ιο-ν n. κρεϜ-λλιο-ν (Synes.); (κραϜ-ιο) κρή-ϊο-ν, κρεῖο-ν n. Fleischbank, Hackbret (Il. 9. 206); (κρήϊον· κρεωϑήκη, κρεοδόχον λέβητα Hes.). — κροϜ: κρο-αίνω stampfen, schlagen (vom Pferde, Il. 6, 507. 15, 264; μέλος κροαίνειν ein Lied auf der Cither schlagen, spielen, Anakr. 59. 6)[2]); (κροϜ-το) κρό-το-ς (vgl. 3 *kru*: κλοϜ-νι κλό-νι-ς) m. lauter Schlag (κύρτος· κρότος Hes.)[3]), κροτέ-ω klappern, rasseln, klatschen, klopfen, schlagen (Il. 15. 453) (κροτεῖν· κροτεῖσϑαι Hes.; κροταίνω Opp. Cyn. 4. 247); κροτη-σ-μό-ς m., κρότη-σι-ς f., κρότη-μα(τ) n. == κρό-τος; κρότ-αλο-ν n. Klapper, Zungendrescher; κροτ-άλια n. Pl. Perlen, die im Ohr getragen durch Aneinanderschlagen klappern; κροταλ-ίζω (Il. 11. 160) == κροτέω, κροταλισ-τή-ς m. Becken-schläger, κροταλισ-μό-ς m., κροτάλισ-μα(τ) n. Beifallgeklatsch.

kru-s[4]). — κρυ-ς: (*κρυ-σ-το, *κρυστα-νjω) κρυ-ς-ταίνω ge-rinnen, gefrieren; κρύςτ-αλλο-ς m. Gerinnen, Eis, dem Eise Aehn-liches, Helles, Krystall[5]), κρυσταλλό-ω == κρυσταίνω, κρυστάλλ-ινο-ς von Kr., hell, κρυσταλλίζω hell sein wie Kr. (N. T.). — κροϜ-ς: κρού-ω schlagen, stossen, klopfen, spielen (ein Instrument), er-regen; κρουσ-τ ικό-ς zum Schl. geh.; κροῦσι-ς f. das Schlagen u. s. w.;

κρουσ-μα(τ), κροῦ-μα(τ) n. Schall, gespieltes Tonstück; Dem. κρου-μάτ-ιο-ν; κρουσματ-, κρουμματ-ικό-ς = κρουστικός.

kru. — (cru-os) **crŭ-or** (ōr-is) m. das aus einer Wunde fliessende Blut, das Gerinnende, (sanguis das im Körper und aus einer W. fl. Blut), cru-cntu-s (vgl. zend. part. praes. khrvañ) blutig, blutdürstig, blutroth (myrta Verg. G. 1. 306), cruentā-re mit Bl. beflecken, beflecken, roth färben; **crŭ-du-s** roh = blutig, blutend; roh = unreif, rauh, hart, grausam[6]), crude-sc-ĕre roh, hart, heftig, stark werden, crudi-tā-s (tāti-s) f. Unverdaulichkeit (crudilalio Cael. Aur. tard. 5. 2); **crŭd-ĕli-s** hart, grausam[6]) (Adv. crudeli-ter), crudēlĭ-tā-s (tāti-s) f. Härte, Grausamkeit; (crau crav carv; carv-ōn car-on caren) carn: **cŭr-o** (carn-is, Nom. Sing. carni-s Liv. Andr. ap. Prisc. 6. 3. 6. p. 684, Liv. 37. 3. 4) f. = κρέας, Dem. carun-cŭla, carni-cula f.; carn-āriu-s das Fl. betr. (Varro l. l. 8. 55), meist Subst. m. Fleischer (κρεωπώλης) (Liebhaber fleischiger Mädchen: carnarius sum, pinguiarius non sum Mart. 11. 100), n. Fleisch-, Rauchkammer, carn-āli-s fleischlich (Tert.), carn-ōsu-s fleischig, fleischern, carnŭ-lentu-s id., carn-ā-tu-s id.

krŭ-s. — **crŭ-s-ta** f. harte Aussenseite, Rinde, Schale, Kruste[5]), Demin. crustŭ-la, crustā-re mit R. u. s. w. überziehen, übertünchen, crust-ōsu-s mit dicker Rinde überzogen; **crŭ-s-tu-m** n. Stück Gebackenes, Backwerk, Zuckerwerk, Demin. crustŭ-lu-m, crustŭl-āriu-s Zuckerbäcker (Sen. ep. 56).

B. Gl. 96b. — Brugman St. IV. 153. 32). — Corssen I. 359 f.; B. 66. — C. E. 154 f. — F. W. 49 f. 442. 1060; Spr. 87 f. 411. — Spiegel KZ. V. 232. — 1) PW. II. 495: kravjás kravja n. rohes Fleisch, Aas, κρέας; ibd. 507: krūvá a) wund, saucius, b) blutig, grausam; roh, hart; gräulich, furchtbar, schrecklich. Das Wort steht ohne Zweifel, wie schon Lassen vermuthet hat, mit kravjás und kravja in Verbindung. — 2) C. V. I. 264. 7). — 3) F. W. 36, Spr. 73: kart hauen, schneiden; Siegismund St. V. 148. 8): kart lärmen. — 4) Curtius St. III. 194. — Delbrück KZ. XVI. 271 f. — 5) Corssen l. c.: κρυ-ισ-το, κρυ-σ-το, κρυ-σ-τ-αν-λο-ς; crusta = cru-os-ta. — 6) B. Gl. 97a: krudh irasci, krurá crudelis; fortasse huc pertinet crudelis, nisi cohaeret cum crudus. — F. W. 1060: crūdus = crovidus.

3) KRU häufen.

kru. — (krau) κροϜ: κρώ-μαξ, κλώ-μαξ (μακ-ος) m. Steinhaufen, κρωμακ-ό-ει-ς, κλωμακ-ό-ει-ς (Hom. nur Ἰθώμη Il. 2. 729) steinig, felsig (dazu: κρωμακωτό-ς Eust.). — κλοϜ: (κλοϜ-νι) κλό-νι-ς (νε-ως) f. Steissbein (os lumbare)[1]); κλόνιο-ν n. Hüfte (ἰσχίον, ὀσφύς Hes.); κλονιστήρ· παραμήριος μάχαιρα Hes.; γλου-τό-ς m. Hinterbacken (Il. 5. 66, 13. 651, Plur. Gesäss 8. 340; τὰ γλουτά Schol. Theokr. 6. 30; später meist πυγαί).

kru. — gru: **grŭ-mu-s** m. Erdhaufen, Erdhügel (terrae collectio minor tumulo Paul. D.), Demin. grūmŭ-lu-s; Grŭm-entu-m eine

Stadt in Lucanien (die auf einem Erdhügel liegt oder mit einem Erdwall umgeben ist). — *clū:* **clū-nī-s** comm. (meist Pl.) = Hüfte, Hinterbacken, Demin. *cluni-cŭlu-s, -cŭla, clun-āli-s* zu der II. geh.; *clunas (simias a clunibus tritis dictas existimant* Paul. D. p. 55. 9); (**clū-nu-s *cluna-re*) *clunā-cŭlu-m, -clu-m* n. Hüftmesser, Schinkenmesser (mit dem die Schenkelstücke, μηρία, oder Schinken der Opferthiere zugeschnitten wurden; *clunaclum cultrum sanguina-rium dictum, vel quia clunes hostiarum dividit vel quia ad clunes dependet* Paul. D. p. 50. 6).

B. Gl. 396 b. — Corssen B. 347 f. 379. 470. — C. E. 150. — F. W. 51. 355. 443; Spr. 125 (Skr. *çrōṇ-ati*). — Pott E. F. II.¹ 169; Wb. 682. — 1) B. Gl. l. c.: *çrōṇi nates, clunes, ut videtur, a çrōṇ concerrare, suff. i.*

KRUD schnarchen, grunzen.

(κο-ρυδ-*jα*) κόρυζα f. Schnupfen, Katarrh, übertr. Stumpfsinn (vgl. *homo emunctae naris* scharfsichtig, Hor. Sat. 1. 4. 8), κορυζά-ω den Schn. haben, stumpfsinnig sein, κορυζᾷς· ἰσχυρῶς κορυζῶν Men. bei Suid.), κορυζ-ώδη-ς schnupfig (Hippokr.).

F. Spr. 88. 313 (woselbst lit. *snarg-lý-s* Rotz von schnarchen ver-glichen wird). — W. 37: *kard* netzen, ausbrechen(?). — Misteli KZ. XIX. 93. 115: καρϜατ, κορϜατ·*jα*, κορυδ-*jα* (b st. τ, vgl. ὀνομάζω = ὀναμαδ*jω* von ὀνοματ-) κόρυζα Schnupfen (*gravedo capitis*).

KLU spülen, reinigen (europäisch).

klu. — κλυ: (κλυ-*jω*, κλυ-δ*jω*) κλύ-ζω bespülen, an-, ab-spülen, waschen, reinigen (Fut. κλύ-σω, ep. κλύ-σσω, Aor. ἔ-κλυ-σα, ἐ-κλύ-σ,θη-ν, Perf. κέ-κλυ-κα, κέ-κλυ-σ-μαι)¹); κλύ-σι-ς f. Abspülen, Reinigen; κλυσ-τήρ (τῆρ-ος) m. (Abspülungs-, Reinigungsmittel) Klystier, Demin. κλυστήρ-ιο-ν, -ίδιο-ν; (κλυ-*j*-ων, κλυ-δ*j*-ων) κλύ-δ-ων (ων-ος) m. das Wogen, Wellenschlag (Od. 12. 421; metapl. Accus. vom St. κλυδ: κλύδ-α Nic. Al. 170), Demin. κλυδών-ιο-ν, κλυδων-ίζομαι, κλυδ-άζομαι (κλυδ-άττομαι D. L. 5. 66) Wellen schlagen, κλυδωνισ-μό-ς, κλυδ-ασ-μό-ς m., κλυδώνισ-μα(τ) n. das Wogen; κλύδ-ιο-ς wogend, rauschend (τὸ κλύδιον· πέλαγος Hes.); Κλυ-μένη eine Nereide = die Plätschernde (Il. 18. 47)²); κλυσ-μό-ς m. = κλύσις; κλύσ-μα(τ) n. Flüssigkeit zum Abspülen, Ort wo die Wellen anspülen, Brandung, Demin. κλυσμάτ-ιο-ν; σύγ-κλυ-ς (-κλυδ-ος) zusammengespült, ἄνθρωποι σύγκλυδες zufällig zu-sammengelaufener Menschenhaufe, Gesindel. — κλαϜ: (κλαϜ-*jω*) κλα-ίω, att. κλάω weinen (vgl. *plu: plo-r-are*) (Fut. κλαύσομαι, κλαυ-σοῦμαι, seit Demosth. κλαιή-σω, κλαή-σω, Aor. ἔ-κλαυ-σα, Perf. κέ-κλαυ-μαι, spät κέκλαυ-σ-μαι, Iterat. κλαίεσκε Il. H. 364)³); κλαυ-σ-τύ-ς zu beweinen, κλαυστ-ικύ-ς weinerlich; κλαυ-σ-τήρ (τῆρ-ος) m. der Weinende (Man. 4. 192); κλαῦ-μα(τ) n. nur Pl. das Weinen, Klagen; κλαυ-ϑ-μό-ς m. = κλαῦμα; κλαυ-ϑ-μ-ών (ῶν-ος) m. Ort des Weinens (LXX); κλαυ-ϑ-μ-ηρό-ς = κλαυστικός; κλαυϑμυρίζω zum Weinen bringen, κλαυϑμυρισ-μό-ς m. das Weinen, Wimmern (κλαυϑμύρισμα Eccl.); κλαυ-σι-ά-ω, κλαυ-σείω weinerlich thun.

klu. — **çlŭ-ĕre** (*antiqui purgare dicebant* Plin. 15. 29. 36). — *clou:* (*clov-āca*) **clŏ-āca** f. bedeckter Abzugsgraben für Regenwasser und Unrath (in Rom zuerst von Tarquinius Priscus angelegt; *infima urbis loca cloacis fastigio in Tiberim ductis siccat* Liv. 1. 38. 6), Dem. *cloācŭ-la* (Lampr. El. 17), *cloacū-re* (*inquinare* Paul. D. p. 66. 2; μολύνω Gloss. Labb.), *cloac-āli-s* zur Cl. geh.; *Cloāc-ina*, *Clŭāc-īna* Bein. der Venus, die Reinigende (vielleicht führte man auf sie die Trockenlegung und Reinigung des Forum zurück, Weissenborn Liv. 3. 48. 5).

C. E. 151. 640. — F. W. 354 f. 443; Spr. 124. 316. — Jurmann KZ. XI. 398. — 1) B. Gl. 98a: *klid humectari*. *Pottius confert* κλυδ κλύζω, *quod consonantibus egregie cum klid convenit, vocali autem et sensu ad formam causalem klēdájāmi pertinet, ita ut posterius diphthongi ē elementum omissum et α in υ attenuatum sit.* — C. V. 1. 318. 5). — S, W. s. v.: onomat. Wort, dem Laute des bewegten Wassers nachgebildet, wie unser „klitschen". — 2) S. W. s. v. — 3) C. V. 1. 298. 11). 382. 19).

KVAK (onomatop.) quaken, quieken.

(κϜακ) κοακ (Ϝ = ο): κοάξ (komische Nachbildung des Froschgequakes: βρεκεκεκὲξ κοάξ κοάξ Aristoph. Ran. 209 f.); κοῖζω von den Ferkeln, quieken (γρυλλιξεῖτε καὶ κοῖξετε Ar. Ach. 746).

cŏaxā-re (wohl Nachbildung von κοάξ) quaken, coaxen (vgl. das spielende Nachahmen des Quakens der Frösche: *quamvis sint sub aqua, sub aqua maledicere temptant* Ov. Met. 6. 376); *quaxare* (*ranae dicuntur cum voces mittunt* Fest. p. 258).

C. E. 560. — Deffner St. IV. 305.

KVAD, KUD treiben, auf-, empor-treiben.

kvad. — (κϜαδ) κωδ: κώδ-εια f. Kopf, Mohnkopf (Il. 14. 499), κωδ-ία, κωδ-ι-ς, κωδ-ύα f., κώδ-vo-ν n. id., Demin. κωδ-άριο-ν.

kud. — *ka* + *kud* (redupl.): **ca-cŭ-men** (*mĭn-is*) n. Spitze, Wipfel, Gipfel, *cacumin-ā-re* zuspitzen.

F. W. 28; Spr. 90. — PW. II. 8 f.: *kakúd* f. 1) *culmen*, Kuppe, Gipfel, übertr. Oberstes, Haupt, 2) jede hervortretende Spitze; Nebenf. dazu *kakúbh* f. 1) *cacumen*, Kuppe, Gipfel, 2) Weltgegend u. s. w.

KVADH zieren, putzen, schmücken. — Skr. çudh, çundh a) reinigen, b) sich reinigen, rein werden (PW. VII. 255).

κᾰθ-ᾰρό-c rein, lauter, unbefleckt (dor. κοθ-αρό-ς)[1]), καθάρ-ιο-ς, -ειο-ς reinlich, sauber; καθαρό-τη-ς (τητ-ος) f. Reinheit, Unbetlecktheit, Unbescholtenheit, καθαριό-τη-ς (καθαρειότης Eust.) f. Reinheit, Reinlichkeit, Sauberkeit; (καθαρ-jω) καθαίρω reinigen, säubern, putzen (Fut. καθαρῶ, Aor. ἐ-κάθηρ-α, ep. κάθηρ-ε, -αν, ἐ-κάθᾱρ-α, ἐ-καθάρ-θη-ν) (καθαρίζω Lex. und N. T.), καθαρ-τ-ικό-ς reinigend, καθαρ-τή-ς m. Reiniger, καθαρ-τήρ (τῆρ-ος) (Man. 4. 251) id., fem. καθάρ-τρ-ια (Schol. Pind. P. 3. 139), καθαρτήρ-ιο-ς = καθαρτικός; κάθαρ-τρο-ν n. Reinigungsmittel (Tzetz.); κάθαρ-σι-ς (σε-ως) f. Reinigung, Sühnung, καθάρσι-ο-ς reinigend, sühnend; καθαρ-μό-ς m. id., κάθαρ-μα(τ) n. der beim Reinigen weggeworfene Schmutz, Kehricht, Auswurf (τὰ μετὰ τὸ καθαρθῆναι ἀποῤῥιπτούμενα Ammon.), καθαρματ-ώδης verwerflich; καθαρ-εύ-ω rein sein, sich rein halten, καθάρευ-σι-ς f. das Reinsein (Hesych.). — (καθ-νο) και-νό-c urspr. geputzt, blank, frisch = neu, fremd (καινὰ πράγματα res novae)[2]), καινό-τη-ς (τητ-ος) f. Neuheit, Ungewöhnliches, καινό-ω neu machen, neuern (οἴκημα καινοῦν Her. 2. 100 „einweihen" nach Valckenaer), καίνω-σι-ς f. Neuerung (Philo. Ios.); καινί-ζ-ω = καινόω, καινισ-τή-ς m. Neuerer, καίνισι-ς f., καινισ-μό-ς m., καίνισ-μα(τ) n. Neuerung; κάδ-μο-c (kret.) Waffenschmied, Κάδμο-ς[3]); Καcταλία f. Quelle am Parnass.

(ḉad-tu-s) cas-tu-s = καθαρός, Subst. castu-m n., castu-s (ū-s) m. die heilige Festzeit einer Gottheit; casti-tā-s (casti-tūd-o Acc. ap. Non. p. 85. 11), casti-mōnia f. Reinheit, Sittenreinheit, castimoniu-m n. das Fasten (App. Met. 11. p. 266. 9); in-cestu-s befleckt, unrein, unzüchtig, incestu-m n., incestu-s (ūs) m. Unzucht, incestā-re beflecken, besudeln, schänden; cast-ĭg-āre (s. pg. 17) = castum agere zurechtweisen, züchtigen, verbessern, castigā-tor (tōr-is) m. Zurechtweiser, Tadler, castigātōr-iu-s zurechtweisend, castigāti-ō(n) f. Zurechtweisung u. s. w., castigā-bili-s züchtigungswerth (Plaut. Trin. 1. 2. 6).

B. Gl. 390a (çudh). — Brugman St. IV. 72. — C. E. 137; Curtius KZ. I. 32 f. — F. Spr. 118: (kad). — Meister St. IV. 373. — 1) S. W. s. v. — Sch. W. s. v.: W. kad, urspr. blank, rein. — 2) B. Gl. 70b: kan splendere, amare. — F. W. 31; Spr. 66. 152: kan anfangen, kan-ja = jung, klein. — Sch. W.: W. kad, lat. candere, candidus; dagegen C. E. 138: dem lat. castus scheint candidus, candor nahe zu liegen, die aber wegen candere, candela getrennt werden müssen; vgl. C. E. pg. 511. — 3) S. W. s. v.: Auf seiner Wanderung kam er endlich nach Böotien und gründete die Burg und Altstadt Theben (Καδμεία). Der Name ist wahrsch. phönik. Ursprungs, von Kedem Morgenland, der Morgenländer; Andere geben der Sage einen europ. Ursprung = „Anordner" (κόσμος, κεκάσθαι), so Welcker, Preller; Unger = κηδεμών „der Sorgende".

KVAP aushauchen: athmen, dunsten, rauchen, riechen. — Skr. *kapí*, *kapi-ǵa* m. Weihrauch (PW. II. 63 f.).

kvap. — καπ (καφ): καπ-ύ-ω athmen, aushauchen (ψυχὴν κάπυσσεν hauchte aus, Qu. Sm. 6. 523); ἀπ-ε-κάπυσσεν Il. 22. 467; κε-καφ-η-ότα θυμόν eig. verhaucht = die schwerathmende, ausathmende Seele (nur Il. 5. 698. Od. 5. 468; ἐκπεπνευκότα Schol.), κέ-κηφ-ε· τέθνηκε Hes. (eig. *spiravit*) [1]); κάπ-ος n. κάπυ-ς· ψυχή· πνεῦμα Hes. — καπ-νό-ς m. Rauch, Dampf, Feuerdampf (unterschieden von κνίση Fettdampf), καπνό-ω in Rauch verwandeln, verbrennen; κάπ·νη f., καπν-εῖο-ν n. (= καπνο-δόχη, -δόκη) Rauchfang; καπνη-ρό-ς, -λό-ς rauchig, räucherig, καπνικό-ς id., καπν-ία-ς id. (καπνίας οἶνος edler Wein, der im Rauch alt werden musste, *vinum fumosum*); καπνί-τη-ς m. (*fumaria*), κάπν-ιο-ς, κάπν-εο-ς (ἄμπελος) Rebenart mit dunklen rauchfarbigen Trauben; καπνιά-ω räuchern, rauchen, dampfen; καπνί-ζ-ω Rauch machen = Feuer anzünden (ep. Aor. κάπνισσαν Il. 2. 399), räuchern (καπνιστὰ κρέα Ath. 3. 153. c), καπνισ-τ-ικό-ς zum Räuchern tauglich; κάπνισ-μα(τ) n. das Geräucherte, Räucherwerk, κάπνισι-ς f. das Räuchern (Eust.); καπνο-ειδής, καπνώδης rauchartig, καπνωδ-ία f. Russ; (καπ-ανο) Κᾰπ-ᾰν-εύ-ς der Schnaubende, Brausende oder Mann des Rauches und Feuers (einer der sieben Fürsten vor Theben). — (καπύ-ω) καπυ-ρό-ς an der Luft getrocknet, trocken, gedörrt, καπυρό-ω trocknen, dörren, καπυρ-ίδια n. Pl. Kuchenteig (καπυρίδια καλούμενα τράκτα d. i. *tracta*, Pl. von *tractu-m* n. Cat. r. r. 76. 1. 4; vgl. die thüring. „Kräpfel")[2]); ζεσ-ελαιο-ξανθ-επι-παγ-καπυρω-τό-ς (Mein. fr. com. III. 636) im siedenden Oel ganz gelb gedörrt[3]). — κάπ-ρο-ς, κάπρ-ιο-ς ep. m. Eber, Keuler (= Schnaufer, Stinker)[4]), fem. κάπρ-αινα (eig. wilde Sau) übertr. geiles Weib (καταφερὴς πρὸς τὰ ἀφροδίσια Lex.), κάπρα· αἶξ Τυρρηνοί Hes., Dem. καπρ-ίδιο-ν, dann: καπρ-ίσκο-ς m. ein Seefisch, der einen grunzenden Ton von sich gab, κάπρ-ειο-ς vom Eber, κάπρ-ιο-ς (Her. 3. 59. 10) eberförmig (vgl. Choerilos: νηῦς δέ τις ὠκυπόρος Σαμίη συὸς εἶδος ἔχουσα); καπρ-έα, -ία f. Eierstock der Säue (ἡ καπρία τῶν θηλειῶν ὑῶν Arist. h. a. 9. 50); καπράω, καπριάω, καπρίζω, καπρώζω von wilden Schweinen, ranzen, läufisch sein; καπρέα, καπρᾶ f. Geilheit (Hes.). — κοπ: κόπ-ρο-ς f. (m.) Mist, Schmutz, Koth[5]); κοπρό-ω, κοπρέ-ω, κοπρί-ζω misten, düngen, κοπρ-ικό-ς, -ινό-ς zum M. geh., dreckig; κοπρ-ία-ς m. schmutziger Possenreisser, Mistfinke (*copreae* Suet. Tib. 61); κόπρ-ανο-ν n. Stuhlgang, Koth; κοπρώ-σι-ς, κόπρισι-ς f., κοπρισ-μό-ς m. das Misten, Düngen; κοπρ-ία f. κοπρ-ών, -εών (ῶν-ος) m. Misthaufen; κοπρ-ιών (ῶν-ος) m. Mistkäfer; κοπρ-, κοπρι-ώδης mistartig. — κ-ιν-απ: κινάβ-ρα f. Bocksgestank, Schweissgeruch, κιναβρά-ω Bocksg. haben, stinken, κινάβρ-ευμα(τ) n. = κινάβρα (ἀποκαθάρματα ὄζοντα Hes.); κενέβρ-ειο-ν κρέας Aas (ad Ar. 538 Lex.: θνησίδια καὶ νεκριμαῖα κρέα)[6]).

kvap. — (c)vap: **văp-a,** vappa f. verdunsteter, umgeschlagener, kahmiger oder kahniger Wein, übertr. Taugenichts[7]); văpi-du-s
verdunstet, umgeschlagen, kahnig; **vŭp-os** (altl., s. Quint. 1. 4. 13),
răp-or (ōr-is) m. Dunst, Dampf, Brodem, rapor-ōsu-s voll von D.,
vapor-āli-s dunstähnlich (August.), vapōr-u-s (Nemesian. Prudent.)
dünstend, dampfend, vaporā-rc dampfen, mit D. erfüllen, räuchern,
vaporā-ti-ō(n) f. Verdünstung, vapor-āriu-m n. Wärmeleitung im
Bade. — c(v)ap: **căp-e-r** Bock[8]), Caper, **căpra** f. Ziege, Demin.
(caperŭ-lu-s, -la) capel-lu-s, capel-la, Capella; capr-āriu-s m. Ziegenhirt; Capr-äsia, -āria (insula) Ziegeninsel (zwischen Corsica und
Etrurien), kleine Insel bei Majorca, gefährlich für die Schifffahrt;
capr-inu-s von der Ziege, Ziegen-; Caprin-cu-s; capr-ile n. Ziegen-
stall, Caprĭl-iu-s; căpr-ĕa f. wilde Ziege, Capreae f. Insel an der
campan. Küste im tyrrhen. Meer (j. Capri); caprĕŏ-lu-s m. Gems-
bock, techn. Weinhäkelchen, Rebschoss[9]), zweizackige Jäthacke,
Strebeband; (*caprō-tu-s vgl. aegrō-tu-s) Caprōt-ina f. Bein. der
Juno (Nonae Caprotinae, 7. Juli, von den röm. Frauen mit Opfern
gefeiert).

Corssen I. 34; B. 2; N. 31 f. — C. E. 141. — F. W. 52. 443; Spr.
90. — 1) C. V. I. 235. 9). 388. — 2) Savelsberg KZ. XX. 441. —
3) G. Meyer KZ. XXII. 21 (wie Pape W.). — 4) F. Spr. 68. 306: wohl von
kap sich heben. — 5) B. Gl. 379b: çákṛt: fortasse κόκρος e κόκρος. —
6) F. Spr. 90; dagegen W. 45: *kun* stinken, verwesen: κνεϝ-ρειο, κενεϝ-
ρειο, κναϝ ρα. — 7) Pauli KZ. XVIII. 9. — 8) B. Gl. 141a: čaga, čagalá
caper, capra: in secunda syllaba guttur. in labialem et mediam in tenuem concertit. — 9) Hehn p. 478.

KVARP, KVARBH wölben, drehen.

kvalp. — κάλπ-η, κάλπ-ι-c (ιδ-ος) f., κάλπ-οc (ποτηρίου εἶδος)
n. Krug, Urne, Dem. καλπ-ίο-ν n. — κόλπ-ο-c m. Wölbung, Bausch,
tiefer Thalgrund zwischen hohen Bergen, Busen, Bucht[1]), κολπό-ω
(κολπίζω Suid.) einen B. bilden; κόλπω-σι-ς f. das Bilden eines B.,
κόλπω-μα(τ) n. der gemachte B., κολπ-ία-ς mit einem B., bauschig
(πέπλος Aesch. Pers. 1017); κολπῖ-τη-ς m. Anwohner eines Meer-
busens (Philostr.); κολπο-ειδής, κολπ-ώδης busenartig.

kvarbh. — κρωβ-ύλο-c m. Schopf, altattische Haartracht
(εἶδος πλέγματος τῶν τριχῶν ἀπὸ ἑκατέρων εἰς ὀξὺ ἀπολῆγον Schol.
ad Thuk. 1. 6. 3; doch Xen. Anab. 5. 4. 13 wohl ein Rosshaar-
busch oder ein Geflecht aus Lederriemen); κυρβ-ασία f. Turban
(τιάρα ἐστὶν ἡ λεγομένη κυρβασία, ᾗ οἱ Περσῶν βασιλεῖς μόνοι ὀρθῇ
ἐχρῶντο, οἱ δὲ στρατηγοὶ κεκλιμένῃ Schol. ad Plat. r. p. 8. 553. C.).

kvalp: **culp-ar** (āri-s) n. (erg. vas) Gefäss für Wein, (erg.
vinum) junger Wein vom Fasse. — *kvarbh:* **corb-i-s** comm.
Korb[2]) (gedreht, geflochten), Corbi-ō(n), Demin. corbi-cŭla, corb-ŭ-la,

Corbul·ō(n); *corbi-ta* (erg. *navis*) Last-, Transportschiff, Corvette (vom Mastkorb, *corbis*, benannt).

Bugge St. IV. 332. -- C. E. 62. — F. W. 438; Spr. 90 f. 314. — 1) F. W. 408: *skarp* wölben: *skalpa* Wölbung, Bausch. — 2) F. W. 437: *karatho* Korb (vgl. pag. 145).

KVAS, KUS saugen; wallen, schnaufen, seufzen. — Skr. **çvas** 1) blasen, zischen, sausen, schnaufen, 2) athmen, 3) seufzen, aufseufzen; Nbf. **çush** zischen, pfeifen (von der Schlange) (PW. VII. 272. 413).

kus. — (*κυσ-νο) κῠ-νέ-ω küssen (Fut. κύ-σω, Aor. ἔ-κυ-σα, ep. κύ-σα, κύ-σε, κύσσε, κύσσαι) = sich ansaugen[1]); προc-κυνέω küssend berühren; bei den Orientalen die Sitte, sich vor dem Könige oder vor den Vornehmen niederzuwerfen und des Anderen Füsse, Kniee, auch den Boden zu küssen, daher: τινά fussfällig verehren, vor Einem niederfallen, προcκυνη-τή-ς m. Verehrer, Anbeter, προcκύνη-σι-ς f., -μα(τ) n. Verehrung, Anbetung, προcκυνήσι-μο-ς verehrungs-, anbetungswürdig.

kvas. — cās-eu-s m. (*cāscu-m* n. Cato r. r. 76. 3. 4) eig. Gegohrenes = Käse (zur Erhaltung des *s* vgl. *nā-su-s*), Demin. *cascŏ-lu-s*, *casc-ū-tu-s* mit K. versehen, *cāse-āriu-s* den K. betr. — **quĕr-1** (*ques-tu-s sum*) eig. seufzen = klagen, sich beklagen, *ques-tu-s* (*tū-s*) m., *quer-ēla*, *quer-ĭ-mōnia* f. Klage, (*querelā-re) *querela-ns* klagend (Serv. Arg. ad Verg. E. 1), *querel-ōsu-s* voller Klagen, *quer-ŭ-lu-s*, *quer-ĭ-bundu-s* = *querelans;* Intens. *quĕr-i-tā-ri* heftig klagen; **quĭr-1-tā-ri** Klagegeschrei erheben, laut klagen, wimmern, kreischen, *quiritā-tu-s* (*tūs*) m., *-ti-ō(n)* f. Klagegeschrei, Gewimmer.

Ascoli KZ. XVI. 209. — B. Gl. 399a. — Corssen B. 50. — F. W. 53. 1074; Spr. 91. 126. — 1) B. Gl.: *kus* amplecti, fortasse κύω, κυνέω, *abiecta consonante finali;* ebenso S. W. s. v. — C. E. 158: Skr. *kus* oder *kuç* amplecti. „Weil die Sktw. unbelegt ist, kann man zweifeln". — F. Spr. vergleicht Goethe: fest sich anzusaugen an geliebte Lippen; diese Stelle lautet genau: „Nicht zu liebeln leis mit Augen, sondern fest uns anzusaugen an geliebte Lippen". G. I. 140. — Sch. W.: vgl. ahd. *chus*.

KH.

KHAN graben. — Skr. khan 1) graben, ausgraben, aufwühlen, aufschütten, 2) vergraben (PW. II. 597).

ἐ-cχά-ρα, ἐσχάρη ion. f., ἐσχαρε-ών (ῶν-ος) Theokr. und spät. Dichter, (urspr. Erdaufwurf) Feuerstelle an der Erde, Herd, Opfer-

herd, Gestell zum Auflegen von Feuer oder Kohlen, Schorf auf
einer Brandstelle, Dem. ἐσχάρ-ιο-ν n. Feuergestell, Kohlenpfanne,
ἐσχάρ-ιο-ς zum Herde geh., ἐσχαρί-τη-ς m. (ἄρτος) auf dem Rost gebackenes Brot, ἐσχαρ-ί-ς (ίδ-ος) f. Kohlen-, Räucherpfanne, ἐσχαρ-
εύ-ς m. Schiffskoch; ἐσχαρό-ω mit einem Schorf überziehen, ἐσχαρω-
τ-ικό-ς geeignet einen Schorf zu bilden, ἐσχάρω-σι-ς f., -μα(τ) n.
Schorf, Schorfbildung; ἐσχαρ-ώδης schorfartig.

PW. II. 600: *khára* ein viereckiger Erdaufwurf, um die Opfer-
gefässe darauf zu setzen. Könnte in dieser Bedeutung auf *khan* zurückgeführt werden. Weber macht uns zugleich auf ἐσχάρα aufmerksam.
khara bezeichnet auch einen zum Aufbau eines Hauses besonders zu-
gerichteten Platz. — Diefenbach KZ. XVI. 224: Altbulg. *skrrada, skorrada,
skrada, sartago*, vgl. lit. *skarrada* u. s. w. Blech; ahd: *scarta cralicula*
(Bratrost), nhd. *schart sartago;* ist auch ἐσχάρα verwandt?

Skr. **khjā** 1) passiv: bekannt sein, angemeldet werden,
2) caus.: a) bekannt machen, verkünden, b) offenbaren, verrathen,
c) berichten, aussagen, d) rühmen, preisen. Die Grundbedeutung
scheint „schauen" zu sein (PW. II. 620).

in-qua-m sag' ich (*in-quī-s*, *-quī-t*, *-quī-mus*, *-quī-tis*, *-qui-unt*,
Conj. *-quia-t*, Impf. *-quī-ba-t*, Fut. *-quiē-s*, *-quiē-t*, Perf. *-qui-sti*).

B. Gl. 108: *in-quam* pro *in-quiam*, *quod ex in-quiunt* = *skr.
khjánti, in-quias, in-quiebam etc. exspectaveris. In inquis, inquit etc. aut
solum khj (mutato j in i) relictum est, omissa vocali, aut, quod etiam
verisimilius est, i attenuatum est ex ū.* — Grassmann KZ. IX. 15. — Vgl.
Corssen II. 595. — Savelsberg KZ. XXI. 177. 2).

G.

1) **GA gehen.** — Skr. **gā** 1) gehen, kommen, 2) in einen
Zustand gerathen, theilhaft werden (PW. II. 719).

gav. — ΓαF: (*γᾰF-ια*) (vgl. Skr. *gāu-s* st. *gau-s*) γα-ῖα ion.
poet., (*γᾱ-ϊα γᾱα γᾶα*, ion. *γηα*) γᾶ dor., γῆ ion. att., (*γη-α*) γέα
Lex., (*γα-ια γϜα-ια Ϝα-ια*) αἶα ion. poet.[1]) f. Land, Erde, Feld;
Γαῖα (h. 30), nur Γῆ Hom., Gäa, Ge, *Tellus*, Mutter des Τιτυός,
nach Hesiod Gemalin des Οὐρανός; Demin. γή-διο-ν n. Landgüt-
chen; γῆ-θεν aus der Erde, dem Lande (trag.); (*γᾶF-ιο*) dor. γά-
ιο-ς, ion. γή-ιο-ς irdisch, irden, γή-ϊνο-ς id.; (*γη-ιο*, *γε-ιο*) -γειο-ς,
(*γη-ϊο*, *γη-ο*, *γη-ο*) -γε-ω-ς: εὔ-γειο-ς, att. εὔ-γεω-ς mit gutem frucht-
barem Boden, πρός-γειο-ς (*-γαιο-ς* Strabo) an der Erde, niedrig,
nahe am Lande, μεσό-γειο-ς, *-γαιο-ς* mittelländisch; (*γαϜ-ι-τα*) γη-
ί-τη-ς, γή-τη-ς m. Landmann (Soph. Tr. 32); (*γαϜ-ι-τ-ον*, *γη-ι-τ-ον*,

γε-ι-τ-ον) γείτ-ων (ον-ος) m. f. Nachbar, -in (γείταινα f. Choerob.),
γειτον-έ-ω, ·εύ-ω benachbart sein, γειτόνη-μα(τ) n. γειτόνη-σι-ς f.
γειτόνευ-μα(τ) n. Nachbarschaft, γειτον-ία, γειτν-ία id., γειτονιά-ω,
γειτνιά-ω, γειτνιά-ζω == γειτονέω, γειτνιᾶ-σι-ς f. == γειτόνησις, γειτό-
συνο-ς, γειτνια-κό·ς benachbart, nachbarlich; ἀγϱο-γείτονες (Plut. Cat.
mai. 25) Landgutnachbarn (etwa Nachbarn vermittelst der Aecker)²);
(γαϝ-ι-ων) γαι-ών (ῶν-ος) m. Erdhaufen, Gränzhügel (tab. Her. 1.
88)³). — **gvn**: (γϝα-α, gekürzt? γυ-α, vgl. γϝα-να == γυνή) γύ-α,
poet. ion. γύ-η f. Saatfeld, Acker.

ga, gva == βα. — (βα-νjω) **βαίνω** (Fut. βή-σ-ο-μαι, dor.
βασεῦμαι, Aor. ἔ-βη-ν, dor. ἔ-βα-ν, Perf. βέ-βη-κ-α, Aor. M. ἐ-βή-
σ-ε-το; ἐβήσατο nur causat. == ἔβησε) gehen, schreiten, wandeln;
transit. gehen machen, in Bewegung setzen (Fut. βή-σ-ω, Aor.
ἔ-βη-σ-α); βά-σκ-ω (Imperat. βάσκ᾽ ἴθι geh schnell, eilig, Hom. Il.
6mal, einzeln Aeschyl. Aristoph.), causat. ἐπι-βασκέμεν (κακῶν ἐπι-
βασκέμεν υἷας Ἀχαιῶν die A. in's Unglück bringen, Il. 2. 234);
redupl. βι-βα (intens.): βι-βά-ω (poet. Nbf. von βαίνω) schreiten,
dazu Part. βιβῶν neben hom. βι-βά·ς, βι-βᾶσα intens., weit aus-
schreitend⁴); βα-τό-ς gangbar, ersteigbar, ἄ-βατο-ς nicht betreten,
nicht zu betr., ὑψί-βατο-ς hoch einherschreitend. — (βα-τι) βά-σι-c f.
Tritt, Schritt, Gang, Gestell, (geom.) Grundlinie, Grundfläche⁵),
βάσι-μο-ς gangbar, zugänglich, wo man fest fussen kann. — βα-τήρ
(τῆρ-ος) m. der Einherschreitende (Hes.), Schwelle, Erhöhung der
Rennbahn, βατήρ-ιο-ς zum Besteigen, Bespringen geh., βατηρ-ί-ς
κλίμαξ Steigeleiter (Zon. 7); βά-τη-c (Hes.) Bespringer, Beschäler;
βάδην im Schritt, Schritt für Schritt (Il. 13. 516), βάδην ταχύ
im Sturmschritt (zu Fuss, Aesch. Pers. 19). — βῆ-μα(τ) n. Tritt,
Schritt, Gang, Weg, erhöhter Ort (erst in maked. Zeit: Längenmaass == 10 παλαισταί == 2¹/₂ πόδες), βηματ-ίζω schreiten, nach
Schritten abmessen (τὸ τοῖς ποσὶ μετρεῖν. ἔστι δέ πως ἡ λέξις
Μακεδονικὴ Hes.), βηματισ-τή-ς m. der nach Schritten Abmessende,
βηματισ-μό-ς m. Ausmessung. — βη-λό-c m. Schwelle, Erhöhung (τὸν
τῆς θύρας οὐδόν Lex.); βα-λ-βί-c (vgl. στα-λ, φα-λ; das Suffix -λο hier
festgewachsen und wurzelhaft geworden) Gen. βαλβίδ-ος f. Schwelle,
Schranke, Zinne, Ziel (βίου Eur.)⁶); βαλβιδ-ώδης schrankenartig. —
βω-μό-c m. Erhöhung, Gestell, Altar, Demin. βώμ-αξ (ᾶκ-ος) βωμ-ί-ς
(ίδ-ος) f. βωμ-ίσκο-ς m.; βώμ-ιο-ς, βωμι-αῖο-ς zum A. geh., auf dem
A. sitzend, (βωμιδ-τρ-ια) βωμισ-τρ-ία f. Altardienerin (ἱέρεια Schol.);
βωμο-ειδής altarähnlich; ἀμφι-βώμιο-ς den Altar umgebend (σφαγαί
Eur. Tr. 578), ἀπο-βώμιο-ς fern vom Altar, gottlos (Eur. Cycl.
365). — (redupl.) βε-βα: βέ-βα-ιο-c (Perfectstamm βεβα == aus-
geschritten sein, feststehen; παρὰ τὸ βέβηκα Herod. Il. 5. 64)
feststehend, fest, zuverlässig, sicher; βεβαιό-τη-ς (τητ-ος) f. Festigkeit u. s. w.; βεβαιό-ω befestigen, bekräftigen, verbürgen, βεβαιω-
τ-ικό-ς bekräftigend, βεβαιω-τή-ς m. Bekräftiger, Gewährsmann,

βεβαίω-σι-ς f., -μα(τ) n. Bekräftigun*g* u. s. w.; βέ-βη-λο-c zugänglich, betreten, nicht eingeweiht, profan, βεβηλό-ω entheiligen, entweihen, βεβήλω-σι-ς f. Entheiligung, Entweihung. — βαϲι (Causalbedeutung: gehen machen, führen): βαϲι-λεύ-c, elisch βασί-λη-ς (βασι + ion. λευ = λαο, vgl. Λευ-τυχίδης; vgl. ζευξί-λεως Soph. fr. 136 D. = ᾧ ὑποζευγμένοι εἰσὶ λαοί Hes.) m. (urspr. Volksführer, Herzog =) König, Fürst, von den Perserkriegen an: Perserkönig, bei den Athenern der 2. Archon, übertr. der Erste, Ausgezeichnetste[7]); βασιλεύ-τωρ = βασιλεύς Antim. fr. 4; βασιλεύ-ω König sein, herrschen, βασιλευ-τό-ς von Königen beherrscht, beherrschbar; βασιλε-ία, ion. βασιλη-ίη f. Königsherrschaft, Königthum, Amt des Archon, βασιλειά-ω König sein wollen (Schol. Soph. Ai. 582); verkürzter Stamm βαϲι-λ: fem. βασίλ-εια, βασίλ-η (Soph. fr. 292), βασιλ-ί-ς (ίδ-ος), βασίλισσα, βασίλιννα[8]); βασίλ-ειο-ς, ion. βασιλ-ήϊο-ς königlich, fürstlich (Plur. τὰ β. Königspalast, Residenz), fem. dazu βασιλη-ΐ-ς (ίδ-ος); βασιλ-ικό-ς = βασίλειος, würdig K. zu sein, eines K. würdig; als Subst. -ική (στοά) n. Säulenhalle in Athen, in Rom öffentl. Gebäude mit Säulengängen und seit Constantin die nach dieser Art gebauten christl. Kirchen; βασιλ-ίζω von der königl. Partei sein, sich wie ein K. betragen; βασιλ-ίνδα (παίζειν, ein Spiel, worin Einer zum König gemacht wird).

βα-κ: βά-κ-τρο-ν n. Stock, Stab, Stütze[9]), βακτρ εύ-ω sich auf einen St. stützen (Suid.), βάκτρευ-μα(τ) n. Stab, Stütze; βακτηρ-ία = βάκτρον, Dem. βακτήρ-ιο-ν, βακτηρ-ίδ-ιο-ν; βακτηρ-εύ-ω, -ιάζω = βακτρεύω; τὰ βάκ-λα· τύμπανα, ξύλα, οἷς τύπτονται ἐν τοῖς δικαστηρίοις οἱ τιμωρούμενοι Schol. ad Ar. Plut. 476. — βα-τ: ἀμφις-βη-τ-έω (ἀμφισβατέων Her. 9. 74. 5) auseinandergehen in den Meinungen, widersprechen, im Widerspruch behaupten, streiten, rechten[10]); ἀμφισβήτη-το-ς bestritten (Thuk. 6. 6), ἀμφισβητητικό-ς streitsüchtig; ἀμφις-βήτη-σι-ς f., -βήτη-μα(τ) n. Streit, Streitfrage, Zweifel (ἀμφις-βα-σί-η f. Her.), ἀμφισβητησίσι-μο-ς streitig, zweifelhaft; βη-τ-άρμων (-άρμον-ος) Tactgänger, Tänzer (Od. 8. 250. 383) (παρὰ τὸ ἐν ἁρμονίᾳ βαίνειν Schol., βαίνων ἁρμοδίως E. M.)[11]); βού-βη-τ-ι-c (tab. Her.)[12]). — βα-δ: βά-δ-ο-c m. Weg; βαδ-ι-ζ-ω (Fut. βαδιοῦμαι, spät βαδίσω, βαδιῶ) schreiten, gehen, wandern, anrücken; βαδισ-τό-ς zu gehen, gangbar, βαδιστ-ικό-ς gern gehend, gut zu Fuss; βαδισ-τή-ς m. Fussgänger, Passgänger; βά-δισι-ς f., βάδισ-μα(τ) n. Schritt, Gang; redupl. βι-βαδ: (βιβαδ-jω) βιβάζω kommen oder gehen lassen, bringen (causat., anders βιβάς, βιβάω; von Herodot an: Fut. βιβάσω, βιβῶ, Aor. ἐβίβασα u. s. w.); βι-βαδ-ϑ-ων = βι-βάσ-ϑ-ων nur Il. 13, 809. 15, 676. 16, 534, stets μακρὰ βιβάσϑων weit ausschreitend[13]); βι-βασ-τή-ς m. Beschäler. — βα-ϑ: βά-ϑ-ρο-ν n. (βαϑρεία f. Aesch. Suppl. 839) Grundlage, Schwelle, Stufe, Demin. βαϑρ-ίο-ν n., βαϑρό-ω begründen (Tzetz.), βαϑρ-ικό-ν n. Treppchen (Inschr.). — βα-ν: (ἀμφις-βα-ν-ια)

ἀμφίς-βαινα (Aesch. Ag. 1233 D. Nic. Th. Nonn.) f. eine Schlangenart mit stumpfem Schwanze, welche vor- und rückwärts zu kriechen
im Stande ist (ἐκατέρωϑεν βαίνων), so dass man sie für zweiköpfig
halten kann (λέγεται καὶ διὰ τοῦ μ ἀμφίςμαινα Hes.; ἔστι δὲ εἶδος
ὄφεως ἔχοντος ἐξ ἑκατέρου κεφαλὰς καὶ ἀναβαίνοντος E. M. 91. 10)[14]).

(ga, gva) va. — (ga-dh, gva-dh) va-d: vă-d-u-m n. (Nbf.
vădu-s m.) Ort, wo man festen Fuss fassen kann, Grund zum
Stehen im Wasser, Untiefe, Furt[15]); Văda (n. Pl.) = Furt (Vada
Sabatia j. Savona; V. Volaterrana j. Torre di Vado); vad-ōsu-s
reich an Furten; vădā-re durchwaten (Veget. a. m. 2. 25); văd-
ĕ-re (vgl. păcisci păcare) festen Schrittes gehen, schreiten, vorwärts gehen. — (ga-n, gva-n) vĕ-n[16]): vĕ-n-ire (vēn-i, ven-tu-m)
kommen (Fut. veni-bo Pompon. ap. Non. p. 508. 23; ad-ven-at
Plaut. Pseud. 1030; e-ven-at Enn. Trag. 238, Plaut. Curcul. 1. 1.
39, Pompon. 35); Frequ. ven-tā-re (Varr. ap. Non. p. 119. 2),
venti-tā-re; ven-ti-ō(n) f. das Kommen (Plaut. Truc. 2. 7. 61); co-
ventio (Abl. coventionid Ep. de Bacc. C. 196, 186 vor Chr.; in
covenumis C. I. L. I. 532), conti-ō(n) f. Zusammenkunft, Volksversammlung, die in der V. gehaltene Rede, Demin. contiun-cula;
contion-āli-s, -āri-u-s zur V. geh.; contion-ā-ri sich mit oder in der
V. beschäftigen, laut vor dem versammelten Volke verkündigen,
contionā-tor (tōr-is) m. Volksredner als Demagog, contionā-bundu-s
eifrig zum Volke sprechend; ven-il-ia (unda est quae ad littus
venit Varro ap. Aug. c. d. 7. 22); ad-vĕn-a m. f. Ankömmling,
con-vĕna m. f. Zusammenkömmling, meist Pl. Zusammenläufer,
Sammelvolk, Convenae Sammelvolk von Cn. Pompejus zu einer Gemeinde vereinigt, am Fusse der Pyrenäen, jetzt St. Bertrand des
Comminges; Bĕnĕ-ventu-m n. uralte Stadt der Hirpiner in Samnium,
jetzt Benevento, früher Maleventum genannt (Maleventum, cui nunc
urbi Beneventum nomen est Liv. 9. 27. 14).

(ga, gva) ba. — (*bă-ter; vgl. πα-τήρ) ar-bĭ-ter (-tri) m.
der Hinzukommende = Zeuge, Beobachter, Schiedsrichter, Vermittler, Gebieter, Willkürherrscher[17]), fem. arbitra (Hor. epod.
5. 50); arbitr-iu-m (arbiter-iu-m) n. das Dazukommen, Schiedsrichteramt, Bestimmung nach Gutdünken, freie Verfügung, freier
Wille, Willkür, arbitr-āriu-s (-āli-s Macr. sat. 7. 1) zum Sch. geh.,
willkürlich; arbitrā-re sich aussprechen, erklären; weit häufiger
arbitrā-ri in Betracht nehmen, erwägen, dafür halten; arbitrā-tu-s
(tūs) m. freies Ermessen, Gutachten; arbitrā-tor (trix) Willkürherrscher (-in), arbitrā-ti-ō(n) f. Begutachtung (Gell. Cod. Theod.). —
(*dva-ba-iu-s vgl. ἀμφισ-βη-τ-έω) dŭ-b-ĭu-s hin- und herschwankend,
zweifelhaft, ungewiss[18]) (dubi-ōsu-s Gell.), dubic-tā-s (tāti-s) f. (vgl.
piu-s, pie-tas) Zweifel (Amm. Eutr.); (*dubĭ-tu-s) dubi-tā-re zweifeln, zögern, Bedenken tragen, dubitā-tor m. Zweifler (Tert.),
dubitā-ti-ō(n) f. Zweifel, Ungewissheit, Schwanken, dubitā-bilis =

dubius, dubita-t-īvu-s id. (Tert. Prisc.); (**bă-lu-s:*) (*ambi-bŭ-lu-s*) -*am-bŭ-lu-s* in: *fun-ambŭlu-s* m. Seiltänzer (Ter. Suet.); **ambu-lā-re** herum- oder umher-wandeln, lustwandeln, wandern, gehen, laufen, sich bewegen; *ambulā-cru-m* n. Ort zum Lustwandeln; *ambulā-tor* m., *-tr-ix* f. Spaziergänger, -in, Hausirer, *ambulātōr-iu-s* zum Wandeln eingerichtet, übertragbar, *ambula-tūra* f. von Pferden: Schritt, Pass (Veget.; vgl. ital. *ambiadura, ambio,* franz. *l'amble*), *ambula-ti-ō(n)* f. das Auf- und Abgehen, Spazierengehen, concr. Ort zum Sp., Demin. *ambulatiun-cula, ambula-t-ĭli-s* sich hin und her bewegend (Vitr. 10. 8. 1). — **ba-k:** *ba-c-ŭlu-m* n. (Nbf. *ba-culu-s* m.) = βά-κ-τρο-ν[9]) Stab, Stock, Wander-, Lictor-, Bettel-stab. — **ba-t:** (*bai-t*) **bĕ-t-ĕre** (Varro. Pacuv. Pompon.; *baetere* verderbt) gehen, schreiten, kommen[19]); Comp. *-bitere* bei Plautus: *ad-, e-, im-, inter-, per-, praeter-.*

B. Gl. 114a. 119b. — Brugman St. IV. 145 f. — Corssen I. 429 f.; B. 58. 62 f. 345. — C. E. 63. 176. 465. 474. — F. W. 3. 55. 58. 63. 1061. 1081. — L. Meyer KZ. VIII. 283 f. — Walter KZ. XI. 437. — 1) F. W. 17: *ara* weg, zurück, ab, herab: *ἀῖα αἶα* f. die Erde, eig. die niedrige. — S. W. s. v.: *γαῖα,* wie *αἶα,* wahrsch. W. *γα, γέγαα, γίγνομαι.* — 2) Meyer St. V. 254 f. -- 3) Meister St. IV. 437. — 4) C. V. I. 152. 1). 183 1). 263. 274. 1). 290. — F. W. 58: *gam* gehen: *βαμ-jω βαν-jω βαίνω; grem-io ven-io.* — 5) M. M. Vorl. II. 76: urspr. Tritt, Schritt, dann Basis als der Grund und Boden aufgefasst, worauf man sicher treten und gehen kann. -- 6) Brugman St. VII. 348. 53). — 7) C. E. 364; Curtius de n. gr. f. 18. 83); Curtius KZ. I. 34. — Meyer KZ. VIII. 284. — Meyer St. V. 113. — Misteli KZ XVII. 186. — Bergk Rh. Mus. 1864 pg. 604: vom Steinsitz des Richters oder Königsstuhl. — F. W. 461: *pa* nähren: *βα-σι-λεύ-ς = ποιμὴν λαῶν* Leutehirt, Leutehüter; *βασι- = jüngerem βοσι-* hütend, gedehnt *βωτι-άνειρα.* — Kuhn Ind. St. I. 334: *βα + λευ = λᾶϜα (λᾶας)* Stein, also „Steinbetreter", mit Rücksicht auf die altgerm. und kelt. Sitte, dass der König dem Volke sich auf einem Steine zeigte. (Vgl. dazu C. E. 364.) — 8) Misteli KZ. XIX. 116: *βασι-λιχ-ja = βασιλιϭσα; βασιλ-ιντja = βασίλιννα.* — 9) C. E. 63. — F. W. 475: *bak* Stab, Stock; „die Bedeutung der Basis *bak* ist nicht zu er-mitteln". — Pauli KZ. XVIII. 15 f.: *bak* schlagen. — 10) C. E. 610. — 11) Meyer St. V. 113. — Schaper KZ. XXII. 525: *βητ-άρμων* der nach dem Tacte schreitet. (*ἄρμα = dem abgeleiteten *ἁρμονία,* da meistens die Neutra auf -*μα(τ)* in der Composition an 2. Stelle das Suffix in -*μον,* Nom. -*μων,* verwandeln.) — Sch. W. s. v.: *βαίνω, ἁρμός.* — 12) Meister St. IV. 436 f.: *„nos βούβητιν pro fonte habemus, cum dicatur ϭέϝοϭα. Videtur dictus de bobus, qui eum frequentabant* (Franz. p. 711), vgl. den Bach Rindsfurt bei Donauwörth". — 13) C. V. I. 323. 61). II. 343. 345. — 14) Roscher St. III. 136. — 15) Corssen B. 59. — C. E. 465 f. 583. — F. W. 396; Spr. 366: *vadh* gehen. — PW. II. 732: Skr. *gādh* fest-stehen, *gādhá* n. Grund zum Stehen im Wasser, Untiefe, Furt; *vadum.* — 16) Siehe Anm. 4. — B. Gl. 111a: *gam ire; cum Pottio I. p. 260 huc traxerim venio, ita ut hoc ortum sit e guemio, abiecta gutturali.* — 17) Schweizer KZ. III. 384: aus der W. *bă* selbst. — 18) Curtius KZ. XIII. 397: vielleicht zusammenhängend mit *ba,* was *ἀμφις-βητεῖν* wahr-scheinlich macht, es hiesse also eig. zwie-gehend, wie doch auch Zweifel, goth. *tveifl-s,* ein Compositum sein wird. — Klotz W. s. v. richtig: *dubius* nach zwei Seiten sich bewegend; vgl. *fluctibus dubiis volvi coeptum est*

mare Liv. 37. 16. 4; Weissenborn übersetzt: ohne bestimmte Richtung.
— 19) F. W. 1061: *bē* = βη; vgl. *ma me-t-erc* mähen; vielleicht vom
Part. *bē-to.*

2) GA, GA-N zeugen. — Skr. g̒an: I) trans. 1) zeugen,
gebären u. s. w, 2) bestimmen zu, machen zu; schaffen, verschaffen.
II) intrans. 1) gezeugt oder geboren werden; entstehen, 2) wieder-
geboren werden, 3) werden, sein, 4) Statt finden, 5) möglich oder
zulässig sein (PW. III. 16).

ga. — γα: Perf. op. γέ-γα-α, 3. Pl. γε-γά-ᾱσι (9mal Hom.),
2. Pl. γε-γά-ᾱτε (Batr. 143), Inf. γε-γά-μεν, Part. Acc. Sg. γε-γα-
ῶτα (4mal), Pl. -ῶτας, fem. γε-γα-υῖα (h. M. 552); γι-γα: γί-γα-c
(γί-γα-ντ-ος) m., meist Pl. Γίγαντ-ες ein riesiger, wilder, den Göttern
verhasster Volksstamm in der Gegend von Hypereia[1]), γιγάντ-ειο-ς,
γιγαντ-ι-αῖο-ς, -ικό-ς gigantisch, riesenhaft, γιγαντιά-ω sich wie ein
G. benehmen (Suid.); αἰνο-γίγας schreckl. Riese (Nonn. D. 4. 447),
ἀνδρο-γίγας Riesenmann (Callim. Cer. 34); νη-γᾰ-τεο-c (*νεή-γα-
το-ς = *νεη-γά-τεο-ς) eig. neu oder eben geworden (νεωστὶ γενόμε-
νος) = neugemacht, neuverfertigt (χιτών, κρήδεμνον Il. 2, 43.
14, 185)[2]); (νεο-γα-ja-λα) νεό-γῐ-λο-c neugeboren, jung (σκύλαξ
Od. 12. 86)[3]); Ταῦ-γε-το-ν, ion. Τηῦ-γε-το-ν (Ταῦ-γετο-ς m. Plut.).
n. (τηΰς· μέγας, πολύς Hes. = gross-geworden) hohes bis 7500 F.
sich erhebendes Gebirg in Lakonien (Od. 6. 103), noch jetzt *Tay-
getos*, die südl. Hälfte *Pentalonia*, *Pentadactylos* benannt[4]). —
(γϜα) γυ: (πρα-jας-γυ, πρεις-γυ, vgl. *prīs-cu-s*, πρεσ-γυ, verkürzt, vgl.
ἀπό-δειξις, ion. -δεξις) πρές-γυ-ς dor., πρεῖ-γυ-ς kret., πρές-βυ-c alt,
Subst. der Alte, Greis[5]) (Comp. Sup. πρεσβύ-τερο-ς, -τατο-ς nur
übertr. geehrter, ehrwürdiger, heiliger; οἱ πρεσβύτεροι die Vorfahren, *maiores* N. T., die Aeltesten des jüdischen Volkes und der
christl. Kirche, ibd.); Gesandte (Sing. nur poet., wofür πρεσβευτής
in Prosa, Pl. häufig), weil zu diesem Ehrenamte Greise bestellt
wurden, fem. πρέσβᾰ ep. die ehrwürdige, hehre, πρέσβειρα (Eur.
I. T. 963), πρεσβη-ί-ς (ιδ-ος) τιμή die würdigste Ehre (H. h. 29. 3);
πρεcβύ-τη-c m. der Alte, fem. πρεσβῦτι-ς (ιδ-ος) die Alte, πρεσβυτ-
ικό-ς greisenhaft; πρεσβυ-τέρ-ιο-ν n. Versammlung oder Rath der
Aelteren (N. T.), πρεσβυτερ-ικό-ς die Alten, bes. die Vers. des
Presbyteriums betreffend (Eccl.); πρεcβ-εύ-c m. der Gesandte (nur
Dat. πρεσβεύ-σι Lycophr. 1056), πρεσβεύ-ω 1) der Aelteste sein,
Pass. geachtet werden, intr. den Vorzug, Vorrang haben, 2) Ge-
sandter sein, als G. reisen, unterhandeln; πρεσβευ-τή-ς (kret. Acc.
Pl. πρειγευτάν-ς C. I. G. II. n. 3058. 4, Chishull) s. πρέσβυ-ς (Pl.
πρεσβευταί Thuk. 8. 77), fem. πρεσβεύ-τειρα die Gesandtin (Opp.
Cyn. I. 464), πρεσβευτ-ικό-ς zum G. geh., πρέσβευ-σι-ς f., -μα(τ) n.
Gesandtschaft; πρεσβε-ία (poet. πρέσβ-ι-ς) f. das Alter, die Gesandt-
schaft selbst; πρεσβε-ιο-ν (ion. πρεσβή-ϊο-ν Il. 8. 289) n. Ehren-

geschenk, πρεσβειό-ω mit einem E. begaben, ehren, vorziehen (Lycophr. 1205); πρέσβ-ος n. (poet.) Gegenstand der Verehrung, Ehrenversammlung (Aesch. Ag. 829).

ga-n. — γεν: (γι-γεν) γί-γν-ο-μαι, γί-ν-ο-μαι werden, erzeugt werden, entstehen, sich ereignen, geschehen (St. γεν: Aor. ἐ-γεν-όμην, Perf. γέ-γον·α; St. γενε: Fut. γενή-σομαι, Aor. ἐ-γενή-θην dor., nicht gut att., Perf. γε-γένη-μαι, Part. γεγενᾱ-μένο-ς Pind. Ol. 6. 53; Verbaladj. γενη-τό-ς; ἔ-γαν· ἐγένετο Hes. = ἐ-γαν-τ, ἐ-γαν-ν?); (γεν-jo-μαι) γείνο-μαι poet. geboren werden (Pr. nur γεινό-μενος Il. 10. 71. Od. 4. 208), Aor. ἐγεινάμην, Inf. γείνασθαι = erzeugen, gebären; γί-νυ-μαι (Mundart von Aegosthena; γίνυμαι : γείνομαι = κτίνυμαι : κτείνω). — γεν-ή f. Geschlecht (Call. fr. E. M.); γεν-ικό-ς zum G. geh. (Gramm. ἡ γ., erg. πτῶσις, casus genitivus)[6]. — γενε-τή f. Geburt (ἐκ γενετῆς von G. an Il. 24. 535. Od. 18. 6); γενέ-τη-c, γενε-τήρ (τῆρ-ος), γενέ-τωρ (τορ-ος) m. Erzeuger, Vater, Ahne (γενέτης auch: der Erzeugte, Soph. Eur., als Adj. = γενέθλιος, γ. θεοί Stammgötter, Aesch. Eur.), fem. γενέτειρα Erzeugerin (die Erzeugte, Tochter, Euphor. fr. 47); Γενετυλλί-ς (ίδ-ος) f. Schutzgöttin der Zeugung, Aphrodite (Arist. Nub. 52), Pl. im Dienste der A. stehende Göttinnen (Paus. 1. 1. 5). — (γενε-τι) γένε-cι-c (σε-ως) f. Ursprung, Entstehung, Schöpfung, γενέσιο-ς den U. betr., die Geburt betr., τὰ γενέσια Todtenfest (verschieden von γενέθλια; vgl. Ammon. de diff. vocc. p. 35: γενέθλια τάσσεται ἐπὶ τῶν ζώντων καὶ ἐν ᾗ ἕκαστος ἡμέρᾳ ἐγενήθη, γενέσια δὲ ἐπὶ τῶν τεθνηκότων ἐν ᾗ ἕκαστος ἡμέρᾳ τετελεύτηκε. Geburtstag: erst N. T. und Sp.). — γενέ-θλη f. Geburt, Abstammung, γένε-θλο-ν n. Stamm, Geschlecht, Sprössling (τὰ θνητῶν γένεθλα die Menschengeschlechter, Soph. O. R. 1425), γενέθλι-ιο-ς, -ειο-ς, ion. -ίιιο-ς zur Geburt geh. (τὰ γενέθλια Geburtsfest, θ. τὰ γενέσια), γενεθλια-κό-ς zum Geburtstag geh., γενεθλιάζω den G. feiern. — (γεν-ja) γέν-να f. poet. = γένος; γεννα-ῖο-c, γενν-ικό-ς der Abkunft gemäss, in der Art liegend (Il. 5. 253), meist: von edler Abkunft, adelig, edel, wacker, trefflich[7]), γενναιό-τη-ς (τητ-ος) f. Adel, Edelsinn (vom Lande: Fruchtbarkeit), γεννά-δα-ς edel von Geburt, von Charakter, Ehrenmann (Arist. Ran. 179. 640. 738); Γεννα-ῖ-ς (ίδ-ος) f. = Γεντυλλί-ς (Paus. 1. 1. 5); γεννά-ω zeugen, γεννη-τό-ς erzeugt, sterblich, γεννητ-ικό-ς zum Erz. geb., geschickt, γεννη-τή-ς, γεννή-τωρ (fem. γεννή-τρ-ια) = γενέτης, γενέτωρ; γέννη-σι-ς f. das Erzeugen, γέννη-μα(τ) n. das Erzeugte, Kind (act. das Erzeugen, Aesch. Prom. 852, Plat. Soph. 266. d). — (γεν-ες) γέν-ος n. Geschlecht, Stamm, Sprössling, (von Herod. an) Volksstamm, Volk, Gattung (im Gegensatz der εἴδη, genus, species)[8]); -γεν-εc (Nom. -γεν-ής, -ές): αἰθρη-γενής äthergeboren, Beiw. des Boreas (Il. 15, 171. 19, 358), διο-γενής zeusentstammt (Boiw. der Könige und Helden), εὐ-γενής edelgeboren, von edlem Geschlechte, wohlbegütert, reich, *ἰϑαι-γενής* (poet.) *ἰϑᾱ-γενής* (*ἰϑύ-ς*) geradebürtig, ebenbürtig d. h. in rechtmässiger Ehe geboren (Od. 14. 203), von selbst oder von Natur entstanden, eingeboren (= *αὐτόχϑων*)[9] u. s. w.; (*γεν-εσ-ja, γεν-ε-ια*) ϝεν-ε-ά, ion. *γεν-ε-ή* f. Abstammung, Geschlecht, Geburt, Alter, Menschenalter, Stammort, Geburtsstätte, *γενεῆ-ϑεν* von Geburt an, von Anfang an (Arat. 260); (*γενεσ-jo*) -ϝένε-ιο-ϲ: *ἠρι-γένεια* die im Tagen geborene, Beiw. der Eos, Subst. die Göttin der Frühe[10]); *Τρῖτο-γένεια* die Drittgeborene, insofern der Aether, den Athena darstellt, nach Himmel und Erde entstanden gedacht wurde (Nbf. *Τριτο-γενής, -έος* f. h. 28. 4. Her. 7. 141)[11]). — ϝον: ϝόν-ο-ϲ m., ϝον-ή f. Geburt, Abstammung, Erzeugtes, Nachkommenschaft, Erzeugung, *γον-ικό-ς* zur Zeugung gehörig, die Eltern betreffend, *γόν-ιμο-ς* zeugungskräftig, zur Geburt reif (*γ. ἡμέρα, μήν, ἔτος* ungerader Tag u. s. w., wo sich die Krankheiten zu entscheiden pflegen, daher übertr. kritisch, entscheidend, Hippocr.), echt, wirklich (= *γνήσιος*), *γονιμό-τη-ς* (*τητ-ος*) f. Fruchtbarkeit, Geburtsreife; ϝον-εύ-ϲ m. Erzeuger, Vater, Pl. die Eltern (*γόν-αρ* lakon. Mutter, Hes.), *γονεύ-ω* erzeugen, *γονε-ία* f. Zeugung; *ἄ-γονο-ς* ungeboren, unfruchtbar; *ἄ-γονο-ν* Theophr. (*πήγανον ἢ πολύγονον* Hes.); *ἐπί-γονος* dazu, danach geboren[12], Subst. der aus 2. Ehe Geborene (*εἰ δὲ καὶ ἐκ διαφόρων μητέρων εἶεν, ἐπίγονος ἂν ὁ δεύτερος τῷ προτέρῳ ὀνομάζοιτο* Plat. Legg. V. 740. c), Pl. die Nachkommen; *Ἀντί-γονο-ς* (nur bei Maked., bei Griechen erst in maked. Zeit = zum Ersatze geboren) Feldherr Alex. des Gr., *ὁ Γονατᾶς* Sohn des Demetrios Poliorketes, *Ἀντι-γόνη* Tochter des Oedipus und der Iokaste, T. des Eurytion, T. der Berenike[13]), *Ἠρι-γόνη* (die im Frühling geborne) T. des Ikarios, T. des Aegisthos. — (*γϜαν*) ϝυν: (*γυν-α, γυν-α-κ-ι, γυναικ*) ϝυνή, Gen. *γυναικ-ός* (lakon. *βανά, βανηκός*; Komiker: Acc. auch *γυνή-ν*, Nom. Plur. *γυναί*; Nom. *γύναιξ* Choerobosc.) f. urspr. Gebärerin, Mutter = Weib[14]), Demin. *γύνα-ιο-ν, γυναίκ-ιο-ν, γυναικ-ίσκ-ιο-ν* (Hes.); *γύνα-ιο-ς* (*γ. δῶρα* Geschenke an ein Weib, Od. 11, 521. 15, 247), *γυναικ-εῖο-ς* (*ήϊο-ς* Herod.) den Frauen eigen (*γ. βουλαί* Weiber-anschläge, -intriguen, Od. 11. 437), *τὸ γ. οἴκημα* Frauenwohnung, *τὰ γ.* monatl. Reinigung, *γυναικ-ικό-ς* weibisch, weiblich; *γυναικ-ία-ς* m. Weichling; *γυναικ-ί-ζ-ω* weibisch sein, sich weibisch benehmen, *γυναικισ-τί* auf weibische Art, *γυναικισ-μό-ς* m. weib. Benehmen, *γυναίκισι-ς* f. Nachahmung des Weibes (Ar. Th. 863); *γυναικ-ών* (*ῶν-ος*) m. Frauengemach, der von den Fr. bewohnte Theil des Hauses, *γυναικων-ί-τη-ς* (erg. *οἶκος*) m., *γυναικων-ῖ-τι ς* (*τιδ-ος*) f. id.; *γυναικ-ώδης* weibisch, schwächlich; *γυναικ-ό-ομαι* zum W. werden, w. werden (Hippokr.).

gam. — ϝαμ (*μ* wohl statt urspr. *ν*)[15]): ϝάμ-ο-ϲ m. Hochzeit, Vermählung, Ehe, *γάμ-ιο-ς, γαμ-ικό-ς* hochzeitlich, die Ehe betreffend; ϝαμέ-ω heiraten, zum Weibe nehmen, Med. sich verheiraten (*nubere*), von den Eltern: das Kind verheiraten, Pass. verheiratet werden (St. γαμ: Aor. ἐ-γημ-α, ἐ-γημ-ά-μην; St. γαμε: Fut. γαμέ-ω, att. γαμῶ, später γαμή-σω, Med. γαμέ-σομαι [ep. -σσ-], γαμοῦμαι, Aor. ἐ-γάμη-σα [N. T.], Perf. γέ-γαμη-κα, Aor. ἐ-γαμή-θη-ν, Verbaladj. γαμη-τέο-ν Plut. Demetr. 14)[16]); γαμέ-τη-ς m. Gatte, γαμε-τή, γαμέ-τ-ι-ς (ιδ-ος) f. rechtmässige Gattin (Ggs. κτητή oder ἑταίρα); γαμ-ίζω, -ίσκω verheiraten, von Eltern, Med. später: heiraten; γαμησείω gern heiraten wollen (Alkiphr.); γαμ-ήλ-ιο-ς hochzeitlich, γαμηλι-ών (ῶν-ος) der 7. att. Monat (Ende Jänner und Anfang Februar), in dem die meisten Ehen geschlossen wurden, γα-μήλ-ευ-μα(τ) n. Ehe (Aesch. Ch. 616). — γαμ-ρο: γαμ-β-ρό-ς m. der durch Heirat Verwandte, Verschwägerte: Schwiegersohn, Schwager, Schwiegervater, (äol. dor.) Bräutigam[17]), γάμβρ-ιο-ς (-ειο-ς Suid.) den Schwiegersohn betr., γαμβρ-εύ-ω verschwägern (Lex.); δορί-γαμβρος Speerbraut == durch die Vermülung Krieg erregend, von der Helena (Aesch. Ag. 672). — gam == δαμ (vgl. *garbh*: δελφ-ύς ἀ-δελφ-ό-ς; dann durch Nachwirkung des urspr. Gutturals) δυμ: (δϜι-δυμ-νο) δί-δυμ-νο-c (Pind. Ol. 3. 35), meist δί-δυμο-c (vgl. νώνυμνος, νώνυμος) zwiefach, doppelt, Zwillingsbruder, δίδυμοι Zwillinge (Il. 23. 641)[18]), διδυμό-τη-ς (τητ-ος) f. Zwiefachheit, διδυμάων (ον-ος) m. ep. Zwillingsbruder (nicht im Sing., Il. 4mal), διδυμ-εύ-ω Zwillinge haben (LXX); τρί-δυμο-ς dreifach, τετρά-δυμο-ς vierfach.

gnä. — γνη: (-γνη-το) κασί-γνητο-c (s. pag. 117) m. Bruder (von derselben Mutter, echter, leiblicher Bruder), naher Verwandter, Geschwisterkind, κασι-γνήτη f. leibl. Schwester; Adj. brüderlich, geschwisterlich (κασιγνητ-ικό-ς Eust. ad Il. 9. 567); αὐτο-κασίγνητος, -κασιγνήτη id.; πατρο-κασίγνητος m. Vaters Bruder, Oheim (Il. 1mal, Od. 2mal)[19]). — (γνη-τι) γνή-ςι-ο-c zum Geschlecht geh., von echter Abkunft, vollbürtig, echt, rechtmässig, Ggs. νόθος (nur Il. 11. 102. Od. 14. 202)[20]), γνησιό-τη-ς (τητ-ος) f. Vollbürtigkeit; ἰ-γνη-τ-ες (== αὐθιγενεῖς, rhodisch) eingeboren.

gn. — Gā-iu-s, Gā-ia (geschr. *Cāïus Cāïa, Cājus Cāja*, abgekürzt *C.* == *Cajus, ꓓ* == *Caja*; vgl.: *nam et Gaius C littera significatur, quae inversa mulierem declarat; quia tam Gaias esse vocitatas quam Gaios etiam ex nuptialibus sacris apparet* Quintil. 1. 7. 28) röm. Vorname[21]); in-ge-n-s (*ti-s*) == *increscens* (*in-* intensiv) immer wachsend, unermesslich, ungeheuer, gewaltig, mächtig[22]); (*indi-ge-to* *indi-ge-t*) Indi-gĕ-t-es eingeborne, nach dem Tode vergötterte Heroen[23]), vgl. pag. 30.

ga-n. — gen: (*gi-gen-*) gi-gn-ĕre (*gĕn-ui, gĕn-ĭ-tu-s*) (altl. *genĕre*; vgl. *genunt* Varro ap. Prisc. p. 898, *genitur* Cic. de or. 2. 32. 41, de inv. 2. 42. 122, Varro r. r. 2. 6. 3, Inf. *geni* Lucr. 3. 797, Ger. *genendi* Varro r. r. 1. 40. 1)[24]) zeugen, erzeugen, gebären, *gigno-r* == γίγνομαι; Part. *gignent-ia* (n. Pl. als

Subst.) erzeugende Naturkräfte, organ. Körper; **-gĕn-o, -a:** *alieni-gena* m. fremdgeboren, fremdländisch, ausländisch, Subst. Fremde, Ausländer; *alieni-gĕnu-s* vom Fremden stammend, fremd, fremdartig, ungleichartig; *caeli-genu-s* vom Himmel erzeugt; *indi-gĕna* (s. pag. 30) com. der, die Eingeborne (*-genu-s* App. Met. 1. pg. 9); *terrī-gena* com. der, die Erdgeborne; poet. *Marti-, Phoebi-, Soli-gena* u. s. w.; *oeni-genos unigenitos* (Fest. p. 195. 2); **g[e]n-o:** *ābiĕ[t]-gnu-s* von Tannenholz; *āpru-gnu-s* vom Eber herrührend (*aprugna* erg. *caro*), Schweinswildpret; (*avi-gnu-s*) *a-gnu-s* m. schaafgeboren = Lamm[25]), *bignae* (*geminae dicuntur, quia bis unā die natae sunt* Paul. D. p. 33. 13. M.); (*beni-n-gnu-s*) *benī-gnu-s* vom Guten geboren, guter Art, gutartig, gütig, mild; Gegensatz: *malī-gnu-s*[26]); *privi-gnu-s* (s. *privus; prugnum pro privignum* Paul. D. p. 226) einzeln geborner, Einzelkind, insofern nur noch eine Person von seinen Eltern, nämlich die Mutter lebt, also Stiefkind des Mannes, an den die Mutter sich wiederverheiratet (Ggs. *patrimus et matrimus*, ehel. Kind, dessen beide leibl. Eltern noch leben)[27]); (*prac-gnu-s *prae-gnā-re = vor der Geburt sein, im Begriffe sein zu gebären, gebären wollen = *parturire;* dazu Part.) *prac-gna-n-s* schwanger, trächtig, (*praegna-tu-s) *prac-gnā[t-]s* id. (vgl. *mansuetus, mansuēs*)[28]); **gĕn-io, -ia:** *gĕn-iu-s* m. die angeborne Natur, der höhere göttliche Keim, Geist, Schutzgeist (*genium dicebant antiqui naturalem deum uniuscuiusque loci vel rei aut hominis* Serv. ad Verg. A. 1. 302); *in-gĕn-iu-m* n. angeborne Beschaffenheit, ang. Talent, Geist, Genie, übertr. Pl. geistreiche Leute, Demin. *ingeniŏ-lu-m, ingeni-ōsu-s* geistvoll, geistreich, verständig; *prŏ-gĕn-ie-s* f. Abstammung, Stamm, Geschlecht, Nachkommen; **-gĕn-uo:** *in-gĕn-uu-s* eingeboren, freigeboren, edel, aufrichtig, *ingenui-ta-s* (*tāti-s*) f. Stand eines Freigeborenen, Edelmuth u. s. w.; *genu-īnu-s* angeboren, angestammt, natürlich, echt, unverfälscht[29]), *in-genuinu-s* einem Freig. angeh. (Gruter inscr. 8. 7); **gen-ti:** *gen-s* (*gen-ti-s*) f. Geschlecht, Familie, Volksstamm, *genti-cu-s* zum Volksst. geh., national, *gentī-li-s* geschlechtsverwandt, vaterländisch, *gentili-tā-s* f. Geschlechtsverwandtschaft, *gentilī-c-iu-s* = *genticus*. — *Mana Gen-ē-ta* die gute Todesgöttin (vgl. W. *ma* messen), die zugleich Geburtsgöttin genannt wird (vgl. osk. *Genetai deivai*); *gĕnĭ-tor* m. *genĕ*(*genī*)-*tr-ix* f. Erzeuger, Vater m., Gebärerin, Mutter f., *geni-tūr-a* f. Zeugung, Geburt, Geburtsstern (Abl. *genitū* App. Magn.); (vom Part. *genitu-s:*) *genit-āli-s* (*genitabilis*) zur Zeugung, Geburt geh., erzeugend, fruchtbar, Subst. *-āle* n. Geschlechtstheil, *gĕnĕt-*(*genit-*)*īvus* zur Zeugung, Geburt geh., angeboren, ursprünglich (gramm.: Genetiv; mit oder ohne casus); *gĕnĭ-men* (*mĭn-is*) n. Erzeugniss, Frucht (Vulg. Tert.). — *gen-ro* (vgl. γαμ-β-ρο): **gĕn-ĕ-r** (Gen. *-ĕ-ri*) m. Schwiegersohn, Tochtermann, Eidam (seltner Schwestermann, Schwager)[30]). — **gen-es:** *gĕn-us* (*ĕr-is*) n. Abstammung, Stamm, Geschlecht, Gattung,

Art, Classe (gramm.: Geschlecht, philos.: Gattung, Ggs.: *species*, *partes*), *gener-āli-s* zur G. geh., zum Allgem. geh., allgemein; *gener-ōsu-s* edler Abkunft, guter Art, ausgezeichnet, edel, edelmüthig, *generosi-tā-s* f. edle Abkunft, Art, natürl. Güte; (**gĕnĕr-u-s) gencrā-re* = *gignere* (*gcnera-sc-cre* Lucr. 3. 745), *gcnerā-ti-m* nach Gattungen, Geschlechtern, Arten, classenweise, allgemein, überhaupt; *generā-ti-ö(n)* f. Zeugung, das Erzeugen (Plin.), *gencrā-tor, -trix* = *geni-tor, -trix, gcnerator-iu-s* zur Z. geh. (Tert.), *gencrā-bĭli-s* zeugungsfähig, erzeugbar.

gam. — **gem-ĭ-nu-s** = δί-δυμ-νο-ς (pag. 189)[31]), Demin. (*geminŭ·lu-s) gemel-lu-s, geminā-re* verdoppeln, paaren, *geminā-ti-ö(n)* f. Verdoppelung, *gemini-tu-d-o (ĭn-is)* f. Unterscheidungsmerkmal von Zwillingen (Pacuv. ap. N. p. 116. 18); *tri-gcminu-s* oder *ter-geminu-s* dreiwüchsig, dreifach entstanden, dreifach (*Porta trigemina* Thor im alten Rom).

gnâ. — *(g)*na-sc-o-r = γίγνομαι; *(g)nā-tu-s* geboren (*gna-tis parce tuis* Enn. A. 4. 3), *a[d]-gnātu-s*, meist Subst., der Zugeborene, Agnat, *co-gnātu-s* mitgeboren, blutsverwandt, Subst. der Bl., verwandt, gleichartig, ähnlich, *pro-gnatu-s* geboren, entsprossen; *E-gnat-iu-s* (Liv. 10. 18 u. s. w.), *Egnat-ia* f. Stadt in Appulien (in der Volksspr. *Gnatia*) jetzt *Torre d' Agnazzo* oder *d' Egnasia*, *Egnatu-l-ēju-s* röm. Quästor (Cic. Phil. 3. 3. 7); *nāt-āli-s* zur Geburt geh., Subst. (*dies*) Geburtstag, Pl. *natales* Geburt, Herkunft, Ursprung, *natali-c-iu-s* zur G.stunde oder zum G.tage geh.; *nāti-vu-s* durch Geburt entstanden, geboren, von Natur entstanden, natürlich, ursprünglich (grammat. *nativa verba* Grund- oder Stammwörter; *quae significata sunt primo sensu* Quint. 8. 3. 36), *nativi-tus* von Geburt an (Tert.), *nativi-tā-s* f. Geburt (Dig. Tert.); **nā-ti-ö(n)** f. Geburt (person.: *Natio dea putanda est; quae quia partus matronarum tueatur, a nascentibus Natio* [andere Lesart: *Nascĭö*] *nominata est* Cic. de n. d. 3. 18. 47), Geschlecht, Nation, Völkerschaft (*nationes* Heiden, Eccl.), Dem. *natiun-cŭla* f. (Not. Tir. p. 79); *nā-tu-s* (nur Abl. *natū*) m. Wachsthum, Alter; **nā-tūra** f. eig. die Hervorbringende = (Geburt, Ter.) Natur d. i. natürl. Beschaffenheit, Wesen, Gestalt, Lage, Naturell = Charakter, natürl. Einrichtung, nat. Anlage, concret (meist *n. rerum*) Weltall, *natur-āli-s* zur G. geh., zur Natur geh., natürlich, angeboren, *naturali-tus* von N. (Sidon. ep. 9. 11), *naturali-tā-s* f. Natürlichkeit (Tert.); (*gna-io*) **gnaeu-s**, (*gna-i-vo;* vgl. *Gnaivō-d* C. I. L. 30) **nae-vu-s** m. (Angebornes =) Muttermal, Mal, Demin. *naevŭ-lu-s; Gnaeu-s* (auch *Cnaeus, Cneus* geschr.; vgl. *Gaius), Naev-iu-s.* — **gnê** (vgl. γνη pag. 189): *Gnē-u-s, Gnē-iu-s.*

B. Gl. 146 f. — Corssen 1. 435 ff.; N. 122; KZ. V. 453. XI. 417. — C. E. 174. 472. 594. — F. W. 56 f. 63. 357. 447 f. 1081; Spr. 316. — Siegismund St. V. 196. 1). — 1) Preller gr. Myth. I. 56 zu γῄ; ebenso

Welcker I. 787. — 2) C. V. II. 355. — Clemm St. VIII. 89. — 3) Curtius St. VI. 431. — Nach Hes. und Eust. statt *νεογινός*, *νεογνός*. — 4) Vgl. Ernst Curtius Pelop. II. 203 ff. — 5) C. E. 472. — Schweizer-Sidler KZ, XII. 303. – Sonne KZ. XII. 295: = indg. *paras-gu*, eig. vorangehend, früherkommend. — Sch. W. s. v.: *πρός-θεν* und St. *φυ*, *φύω*. — 6) C. V. I. 187. 25). 308. 1). 390. II. 398. — 7) PW. III. 131: *gén-ja* *γενναῖος*. — 8) PW. III. 28. 31: *gánus* und *genús* n. *γένος*. — 9) Düntzer KZ. XII. 4: *ā* Bindevocal, *αι* Verstärkung des *α*. — B. Gl. 46b: *ἰθα-*, *ἰθαι-* = *ihá* hic ibi; a stirpe pron. *i*, suff. ha, quod primitive sonuit dha = *θα*. — Pott KZ. V. 262: von *ἰθύ* oder zend. *idha* (heic). — 10) Fick KZ. XXII. 96. — 11) Düntzer KZ. XII. 9. — Delbrück St. Ib. 133 ff.: *ταρτο-*, *τιρτο-*, *τίρτο-*, *τρῖτο-* (woran Siegismund St. V. 180. 112b) zweifelt; vgl. Zend *traêtaona*, Skr. *trita tŗta*). — Sch. W. s. v.: *tri*, vgl. Skr. *tvar* eilen, sich heftig bewegen: *Τρίτον,* die aus dem wogenden Meere Entsprossene, vgl. Preller Myth. I. 126, Benfey Gr. W. II. 254. — Weiteres darüber s. ibd.; S. W. s. v.; Th. Kock ad Arist. Equ. 1189; Pape gr. Eigenn. s. v. — 12) PW. I. 308: *api-gá*, *ἐπίγονος*. — 13) Fick KZ. XXII. 219. — 14) B. Gl. 146a. — C. E. 667. — M. M. Vorl. II. 238. — Sch. W. s. v.: *γυναικ* = *γυνα* + *Ϝικ*, vgl. *εἰκών* Frauensbild, Weibsbild. — 15) B. Gl. 148a. — C. E. 536. — F. W. 63: *gáma* m. (Geburt) Verwandtschaft, adj. verwandt. — 16) C. V. I. 278. 10). 376. 2). — 17) Corssen B. 268 f. — Meyer St. V. 90. — B. Gl. 151b: *etiam γάμβρος* *ad skr. gánara (vide gener) reduxerim, mutata dentali nasali in labialem, quam ob rem δ euphonicum, quod in ἀνδρός etc. videmus, transierit in μ: cf. μεσημβρία.* Vgl. Anm. 30. — 18) Bugge KZ. XIX. 422 f. — Walter KZ. XII. 405 f. — PW. III. 103: *gituma* (aus *δίδυμοι*, mit beabsichtigter Annäherung an *git*) n. die Zwillinge im Thierkreise. — Sch. W. s. v.: *δύο* mit Reduplication? — 19) Fick St. VIII. 313: *αὐτο-κασί·γνητος* von demselben Schoosse geboren; *κασί·γνητος* „schoossgeboren" und *κάσι·ς* „Schooss" sind sinnlos, wenn man sie nicht, wie man muss, als kosende Kürzungen von *αὐτοκασίγνητος* versteht. — 20) S. W. s. v.: synk. aus *γενησιος* von *γένος*, wie *genuinus* von *genus*. — Sch. W. s. v.: wahrscheinlich synk. — 21) Corssen I. 436. — Aufrecht KZ. I. 232: zu *gau* (*gaudere*): *Gav-iu-s*, *-ia* = *Gă-jus*, *-ja*. — 22) Clemm St. VIII. 11 f. — Bechstein St. VIII. 352: *in-gen-s* = *degener* entartet, vgl. ungeschlacht, oder: ungeboren, nicht dagewesen. — 23) Clemm St. l. c. — Meyer KZ. XIV. 82. — Corssen N. 254: Skr. *ah: Ind-ig-et-es dii* = *invocati dii.* — 24) Curtius St. V. 434 f. — 25) C. E. 578. — Förstemann KZ. I. 493. — F. W. 3. 337; Spr. 295: *agina* n. Vliess, Fell; *agnu-s* = Vliessthier (vgl. KZ. XX. 174). — 26) Delbrück KZ. XXI. 83. — Pott E. F. II. 482. — Benfey KZ. VIII. 76: *gno;* *beni-gnus* wohlerkennend, wohldenkend, wohlgesinnt; *malignus* das Umgekehrte. — 27) Corssen KZ. III. 284. — 28) Bechstein St. VIII. 363. — 29) Vgl. Anm. 20. — 30) B. Gl. 151b: *nisi directe venit a rad. gen, ita ut genitorem significet; separari possit in ge-ner* = skr. *gă-nara uxoris (i. e. filiae) vir, correpto ă in ě.* Vgl. Anm. 17. — 31) Bechstein St. VIII. 386 (mit Pott W. II. 53): *gam cohibere, refrenare: gem* + Suffix *ino;* Skr. *gama, gămana i. e. qui cohibiti, coniuncti vel copulati sunt.*

---

3) **GA** biegen, krümmen. — Stamm **ga-na**, **ga-nu** = **gna**, **gnu**. — Skr. **gắnu** n. Knie.

ga-nu. — (*γονυ*, *γονυ* + *ατ* = *γουν-ατ*[1]); vgl. *δόρυ;* *νερ-Ϝο-ν νεῦρο-ν*): *γό-νυ* n. Knie, Absätze, Knoten der Halmenpflanzen

— 193 —

(Gen. γόν-ατ-ος, ion. ep. γούν-ατ-ος, γουν-ός, Pl. γόν-ατ-α, ion. ep.
γούν-ατ-α, γοῦν-α, Gen. γούν-ων, Dat. γούν-ασι, -ασσι, -εσσι; selten
Tr. γούν-ατ-α; äol. Pl. γονϝα = γόννα, γόνα), Demin. γονάτ-ιο-ν;
γονατ-ό-ο-μαι Kniee, Knoten bekommen (Theophr.), γονατ-ώδης mit
K. versehen (Theoph.); γουν-ό-ο-μαι poet. (nur Präsensst.) = γουνά-
ζομαι; γουνάζ-ο-μαι knieend anflehen, flehentlich bitten, γουνασ-μό-ς
in. γούνασ-μα(τ) n. knieendes Anflehen .(Eust. Lyc.); ἐπι-γουν-ί-ς
(ίδ-ος) f. = ὃ ἐπὶ τῷ γούνατί ἐστιν was auf oder über dem Knie
sitzt, Oberschenkel, Lende²); bei Hippocr. = ἐπιγονατίς Kniescheibe.
— (γονϝο) γουνό-c m. Biegung oder Erhöhung des Bodens, Bühl,
Hügel (γουνὸς ἀλωῆς hügeliges Saatland, Il. 9, 534. 18, 57, 438)³);
Γόννοι m., Γόννο-ς f., Γόννο-ν n. Stadt der Perrhäben in Thessalien am Peneus; Γονό-εσσα Stadt auf einem Vorgebirge bei Pellene
(= die hügelreiche), Il. 2. 573; γων-ία f. Winkel, Ecke, Winkelmaass, Demin. γωνίδ-ιο-ν, γωνια-ῖο-ς eckig; γὼνιό-ω winklig machen,
γωνίω-σι-ς f., -μα(τ) n. Krümmung; γωνιασ-μό-ς (Ar. Ran. 956:
λεπτῶν τε κανόνων εἰςβολάς, ἐπῶν τε γωνιασμούς, Voss: Anlegen
feines Messgeräth, um Verschen abzuwinkeln) m. Abmessen nach
dem Winkelmaass.

gnu: γνύ-ξ Adv. mit gebogenem Knie (Hom. stets γνὺξ ἐρι-
πεῖν in die Kniee sinken [Il. 6mal]), γνύ-πετο-ς s. pat fallen; (προ-
γνυ) πρό-χνῦ (γ = χ vor ν, vgl. λύχ-νο-ς) Adv. vorwärts auf die
Kniee (καθέζεσθαι Il. 9. 570, ἀπολέσθαι knielings = hingesunken,
Il. 21. 460. Od. 14. 69), spät. Dichter: sehr, wirklich⁴); (ἐγ-γνυ-α,
ἰγ-γνυ-α, kret. ἰν = ἐν, vgl. ἴγ-χρο-ς· ἐγ-κέφαλος Hes.) ἰ-γνύ-α,
ion. ἰ-γνύ-η f. Kniekehle, poples (Il. 13. 212)⁵); ἰ-γνύ-ς f. id.
(h. Merc. 152, Acc. ἰγνύα Theokr. 26. 17).

ga-nu. — gĕ-nu = γόνυ, n. (genu-s m. Lucil. ap. Non.
p. 207. 28, Plur. gēnua Verg. A. 5, 432. 12, 905: genua labant,
Dat. genu-bus Sen. Hipp. 667), Demin. genī-cŭlu-m n. (technisch -s
m. Vitr. 8. 7), (*geniculā-re, vgl. con-genuclat percussus, auf das Knie
zusammensinken, Cael. Antip. ap. Non. p. 89. 6), geniculā-tu-s mit
gebogenem Knie, knotig (dafür geniculosus App. herb. 77), geniculā-
ti-m knotenweise, geniculā-ti-ō(n) f. das Kniebeugen (Tert.); Gēnu-a
(vgl. Γόννοι n. s. w.) f. bedeutende Stadt in Ligurien (Einw. Genu-
ates, -enses); Genu-c-iu-s, Genucil-iu-s; genu-āli-a N. Pl. Kniebinde
(Ov. M. 10. 593).

B. Gl. 161b. — Brugman St. VII. 319. — C. E. 179. 555; C. V. I.
160. 9). — F. W. 63. 66. 447. — 1) Curtius Erl.² pag. 69. — 2) Schaper
KZ. XXII. 509. — 3) Andere von γεν, γόνο-ς = fruchtbarer Boden, γ.
ἀλωῆς Fruchtfeld. — Sch. W.: die Erklärung „Vorsprung, Höhe, Anhöhe" wahrscheinlicher. — 4) Sch. W. s. v. γνύξ: πρό-γνυξ, vgl. ὑπό-
δρα? — 5) Ebenso Pott I. 404. — Christ p. 34: ι prothetisch.

Vaniček, etym. Wörterbuch.   13

4) **GA singen.** — Skr. **gā** singen, in singendem Tone sprechen; besingen (PW. II. 723).

(*gā, gva*) **vā: vā-te-s** comm. singender Seher, Weissager und Sänger, fem. -in; *vali-cĭn-u-s* u. s. w. s. pag. 108.

C. E. 474. — B. Gl. 111a: *kath dicere, loqui, memorare; narrare; vates e qvates sicut vermis e qvermis.* — F. W. 178: *vat* kennen, bekannt sein, merken, verstehen. — Schweizer-Sidler KZ. XVI. 131: die Suffixe von *vatēs*, wohl gewiss „Sänger", und *cautēs* harren noch bestimmter Aufklärung.

gatara Bauch, Magen. — Skr. **gáthára** Bauch, Leib, Mutterleib; übertragen: Höhlung, Inneres, Schooss (PW. II. 12). γαстήρ (St. γαστεϱ; Gen. γαστέϱ-ος, synk. γαστϱ-ός, Dat. γαστϱάσι, Hippocr. γαστῇϱ-σι) f. Bauch, Unterleib, Mutterleib; übertr. Esslust, Magen; Magenwurst (Od. 18, 44. 20, 25. Aristoph. Nub. 409); Demin. γαστϱ-ίο-ν, γαστϱ-ίδ-ιο-ν u.; γάστϱ-ι-ς (ιδ-ος) f. dickbäuchig; γαστϱίζω den Bauch füllen, mästen; auf den Bauch schlagen (Arist. Equ. 273. 454; γαστϱίζομαι· τύπτομαι εἰς τὴν γαστέϱα Suid.), γαστϱισ-μό-ς m. Schlemmerei; γάστϱ-ων (ων-ος) m. Dickbauch; γαστϱοειδής, γαστϱ-ώδης bauchig, bauchartig; γάсτϱᾱ, ion. γάστϱη f. Bauch eines Gefässes, Schiffsbauch (Il. 18. 348. Od. 8. 437), γαστϱαία (Hes.) id.

(? *ge-n-ter, gve-n-ter*) **ve-n-ter** (*ven-tr-is*) m. = γαστήϱ, Rundung, Höhlung, Dem. *ventri-cŭlus* m. Bauch, Magen, Herzkammer (*cordis* Cic. n. d. 2. 55. 138), *ventricul-ōsu-s, ventr-āli-s* zum B. geh., Subst. -*āle* n. Bauchkissen, *ventri-ōsu-s* dickbäuchig, bauchig.

B. Gl. 125b. 146a: *venter fortasse e guenter inserta nasali.* — Curt. de u. gr. form. 34; C. E. 173: „γασ-τεϱ geht jedenfalls von einer W. auf *s* uns und stellt sich zum Deutschen *wans-t; venter* dagegen zeigt keine Spur eines *s.* — F. W. 55. 449: γα-σ-τήϱ vgl. γνω-σ-τήϱ; g-v-e-n-ter. — Corssen B. 57 f.: nicht von *ghas*, da *s* vor anlaut. *t* des Suffixes nicht hätte schwinden können.

---

gatu zähe Masse. — Skr. **gátu** n. Lack, Gummi (PW. III. 14).

(*gatu-, gvatu-, betu-, bĭtu-*, vgl. *bos, bitere*) **bĭtū-men** (*mĭn-is*) n. Bergtheer, Erdpech, Judenpech (weil es in Palästina vorzüglich gefunden wurde), *bitumin-eu-s* aus E. bestehend, *bitumin-ā-tu-s* mit E. versetzt, *bitumin-ōsu-s* erdpechhaltig.

Bugge KZ. XIX. 428 f.

---

1) **GADH** verderben, vernichten. — Skr. **gandh** verletzen (PW. II. 652).

κοθ-ώ (οὖς) f. βλάβη Hes.

Bezzenberger KZ. XXII. 479. — F. W. 56.

---

2) **GADH, GABH** tauchen. — Skr. **gadh, gāh** sich tauchen, eindringen, sich vertiefen; *gabhīrá, gambh-irá* tief (PW. II. 664. 741).

gadh. — βαθ[1]): βαθ-ύ-c (ion. fem. -είη, ep. -ίη = βαθεῖα) tief, hoch[2]), βαθύ-τη-ς (τητ-ος) f. Tiefe, βαθύ-νω (Hom. nur Il. 23. 421) vertiefen, aushöhlen, βάθυ-σ-μα(τ) n. Vertiefung (λίμνης Theophr.); βάθ-oc (ους) n. Tiefe, Höhe; (βᾶθ-ja, βασσα, vgl. μεθ-jο-ς, μέσσο-ς) βῆσσα f. tiefes Thal, Schlucht, Waldschlucht, βησσή-ει-ς schluchtenreich, waldig; Βῆσσα f. Stadt der Lokrer (Il. 2. 532); Βάσσαι m. Ort in Arkadien (Paus. 8. 30. 4). — βε-ν-θ: βένθ-οc n. poet. = βάθος, βένθος-δε nach der Tiefe (Od. 4, 780. 8, 51). — βυθ: βῦθ-ό-c m. = βάθος[3]), βυθά-ω in der Tiefe sein (Nic. Th. 506), βύθ-ιο-ς versenkt, in der Tiefe, Subst. Tiefe, βυθ-ί-ζω versenken, in Grund bohren, senken, βυθισ-μό-ς m. das Versenken (Heliod. 9. 9); (βυθ-να) βύ-νη f. Meer (Euphr. fr. 91 nach E. M. 565. 45), Βύνη Bein. der Ino Leukothea (Drac. p. 32)[4]); (βυθ-jo, βυσσο) βυσσό-c m. ion. = βυθός (Il. 24. 80), βυσσό-θεν vom Grunde auf; ἄ-βυσσο-ς grundlos, unermesslich[5]) (Subst. f. Abgrund, Hölle N. T.; *abyssus* f. m. Untiefe Isid., Hölle Eccl.).

gabh. — βαφ, βαφ-τ[1]): βαφ-ή f. das Eintauchen, Fürben; βάπ-τ-ω (Aor. ἐ-βάφ-η-ν von Plato an; Hom. nur Od. 9. 392) tauchen, fürben, baden, waschen, schöpfen (= durch Eintauchen füllen)[6]); βαφ-ιχό-ς zum F. geh.; βαφ-εύ-ς m. Fürber, βαφε-ίο-ν n. Färberei; πτιλο-βάφος Federn fürbend, *plumarius* (St. Thes.), χολό-, χολοί-βαφος, χολο-βαφής in Galle getaucht, daher grün oder goldgelb; Βαφύ-ρα-ς m.(?) Fluss in Makedonien (Paus. 9. 30. 8); βάμμα(τ) n. Alles worin eingetaucht wird: Farbe, Brühe; βαπ-τό-ς eingetaucht u. s. w., βάπ-τρ-ια f. Fürberin (Eupol. ap. Poll. 7. 169); βαπτί-ζω = βάπτω (taufen N. T. Eccl.), βαπτισ-τή-ς m. Täufer (Matth. 3. 1), βαπτισ-τή̣ρ-ιο-ν Badstube (Taufzelle Eccl.), βαπτισμό-ς m., βάπτισ-μα(τ) n. Taufe (N. T.). — ζάψ (St. ζαπ; ζ statt β) f. θάλασσα (Euphor. fr. 43) das tiefe Meer[7]).

---

1) C. E. 466: „mit Recht wird βαφ mit βαθ zusammengestellt. Wir haben hier wie in andern Wörtern ein frühes Schwanken der Aspirata". — F. W. 58. 131. 437: βαθ = *badh, bhad*; Spr. 344: *bhadh* graben; βαφ = *gabh* klaffen, tief sein. — B. Gl. 262a: βαθ = *banh vel vanh crescere.* — 2) B. Gl. 264a: *bahû multus*; ebenso Christ p. 106. — 3) C. E. 706. — F. Spr. 348: *bhu-dh.* — 4) Brugman St. IV. 95. — 5) Clemm St. VIII. 70: ἀ privat., vgl. Un-tiefe (dagegen: τὸ βυσσός πλεονασμῷ ἢ ἐπιτάσει γίνεται ἄβυσσος Eust. p. 1340. 37). — 6) C. V. I. 236. 2). — 7) F. W. 58.

13*

GAN, GNA kennen, erkennen. — Skr. gnâ 1) kennen, wissen; erkennen, innewerden, merken u. s. w., 2) anerkennen; caus. zu wissen thun, verkünden, bekannt machen; desid. zu kennen begehren; untersuchen, prüfen (PW. III. 135).

gan. — γέ-γων-α (poet. Perf. mit Präsensbed., Hom. nur γέγων-ε Od. 4mal, in Aoristbed. Il. 2mal, Od. 1mal, Inf. γεγωνέμεν Il. 8. 223, Part. γεγωνώς, Plusqu. [oder Impf. von γεγωνέω] ἐγεγώνει Il. 2mal, Od. 1mal)¹) durch die Stimme erkennbar, vernehmlich sein = vernehmlich schreien, zuschreien (nur von der menschl. Stimme; vom Leblosen: schallen, Arist. de an. 2. 8); Nbf. γεγων-έ-ω (γεγωνή-σω, γεγωνῆ-σαι), γεγώνη-σι-ς f. das Schreien, Rufen (Plut. Symp. 8. 3. 6); Nbf. γεγων-ί-σκ-ω (Trag. Thuk. 7. 76 und Sp.); γε-γων-ό-ς (ό-ν) laut gesprochen, vernehmlich, tonreich (Comp. γεγωνό-τεροι κύκνων τέττιγες Ant. Th. 30). — gan = δαν, (dann durch Nachwirkung des ursprünglichen Gutturals) δυν (vgl. δί-δυμο-ς pag. 189): δύν-ἄ-μαι (μέγα δῦναμένοιο durch Arsis Od. 1, 276. 11, 414, Δῦναμένη f. die Mächtige, eine Nereide, Il. 18. 43) (vgl. kram: κρέμ-α-μαι) können (got. kunnan), vermögen, im Stande sein, gelten, bedeuten²) (Impf. ἐ-δυνά-μην, Fut. δυνή-σομαι, Aor. ἐ-δυνή-θη-ν, ion. ἐ-δυνά-σ-θη-ν, Hom. ἐ-δυνή-σατο; Augment im Impf. und Aor. Hom. Her. ἐ-, selten bei ältern Att. ἠ-, nie ἠδυνάσθην, att. und späte Prosa ἐ- und ἠ-)³); Verbaladj. δυνα-τό-ς vermögend, möglich, Ggs. ἀ-δύνατο-ς; δυνατέ-ω viel vermögen (N. T.), δυνητ-ικό-ς (σύνδεσμος, potentialis Schol. Theokr. 1. 4); δύνα-σι-ς (Pind. Soph. Eur.) = δύναμις; δυνά-τη-ς (Aesch. Pers. 661), δυνά-σ-τη-ς, δυνά-σ-τωρ (τορ-ος, Eur. I. A. 280) m. der Mächtige, Gewalthaber (fem. δύναστ-ι-ς, ιδ-ος Dem. Phal. 311), δυναστ-ικό-ς gewalthaberisch; δυναστ-εύ-ω die Macht haben, der Erste im Staate sein, δυναστε-ία f. Macht, Herrschaft, bes. einzelner Männer (beim Einzelnen dann τυραννίς), auch Aristokratie, δυνάστευ-μα(τ) n. Reich, Provinz (LXX); δύνα-μι-c (ε-ως) f. Vermögen, Kraft, Ansehen und Einfluss, Macht, Werth, Gehalt (math. Quadrat, Plat. Theaet. 198b), δυναμι-κό-ς vermögend, kräftig (Theophr.); δυναμ-ό-ω kräftigen (Sp.), δυνάμω-σι-ς f. Kräftigung.

gna. — γνω: γι-γνώ-σκ-ω (Nbf. γῑ-νώ-σκ-ω, Ersatzdehnung; γνώ-σκ-ω· κατὰ Ἠπειρώτας Et. Orion. 42. 17) kennen lernen, erkennen, wahrnehmen, einsehen, meinen, urtheilen (caus. bekannt machen, preisen: γνώσομαι Κόρινθον Pind. Ol. 13. 3) (Fut. γνώ-σομαι, Aor. ἔ-γνω-ν, 3. Pl. ἔγνον Pind., γνο-ίη-ν, γνῶ-ναι, γνού-ς, Perf. ἔ-γνω-κα, ἔ-γνω-σ-μαι, Aor. Pass. ἐ-γνώ-σ-θη-ν)⁴); γνω-τό-ς gekannt, bekannt, Hom. verwandt, Bruder⁵), ἄ-γνωτο-ς unbekannt, ἀρί-γνωτο-ς sehr kenntlich, wohlbekannt (ironisch Od. 17. 375); γνω-c-τό-c erkennbar (bekannt, Aesch. Ch. 691 und Sp.), γνωστ-ικό-ς das Erk. befördernd. — γνῶ-σι-c (σε-ως) f. Erkennen, Einsicht, Erkenntniss, Bekanntsein; γνώ-c-τη-c, γνω-c-τήρ (τῆρ-ος) m. Bürge,

Zeuge (Kenner, N. T.)⁶). — γνώ-μη f. Erkenntnissvermögen, Verstand, Einsicht, Urtheil, Beschluss, Meinung, Sinnspruch (= γνώμων Kennzeichen, Theogn. 60), Demin. γνωμ-ίδιο-ν n., γνωμη-δόν Stimme für Stimme (Dion. Hal. 8. 43), γνωμ-ικό-ς in Form eines Denkspruches (τὸ γν. Denkspruch, γν. ποιητής gnom. Dichter); γνῶ-μα(τ) n. Kennzeichen, Beweis, Erkenntniss, Meinung (γρομα, Feldmessergeräth, Suid.), γνοματ-εύ-ω erproben, beurtheilen, γνωμάτ-ευ-μα(τ) n. Erkenntniss, Urtheil; γνώ-μων (μον-ος) m. Kenner, Beurtheiler, Uhrzeiger, Kennzahn, Richtschnur, Winkelmaass, Demin. γνωμόν-ιο-ν n., γνωμον-ικό-ς urtheilsfähig, zur Sonnenuhr geh., γνωμον-εύ-ω = γνωματεύω, γνωμο-σύνη f. Beurtheilungskraft. — (γνω-ρο, vgl. gnā-ru-s pag. 198) γνω-ρί-ζω (νάρω· συνίημι, νάρειν· ζητεῖν Hes.; Fut. γνωρίσω, att. γνωριῶ) kenntlich oder bekannt machen, kennen lernen, erkennen, γνωρι-σ-τ-ικό-ς zum Erk. geschickt, γνωρισ-τή-ς m. der Kenntnissnehmende (δίκης Antiph. 5. 94), γνώρισι-ς f. das Kennenlernen, Bekanntmachen, γνωρισ-μό-ς m. id., γνώρισ-μα(τ) n. Kennzeichen, Merkmal; γνώρ-ιμο-ς kenntlich, bekannt, befreundet, angesehen (Od. 16. 9)⁷), γνωριμό-τη-ς (τητ-ος) f. Bekanntschaft (Stob.). — γνο: (gna-man = γνο-μαν, γνο-μαν-τ, ὀ-γνο-μαν-τ) ὄ-νο-μα(τ) (ion. poet. οὔνομα, äol. ὄνυμα) n. Name, Ruf, Ruhm⁸), Demin. ὀνομάτ-ιο-ν n. Wörtchen (Longin.); ὀνομά-ζω (äol. ὀνυμάζω) den Namen sagen, nennen, Pass. heissen (Fut. ὀνομάσω, dor. ὀνομάξω), Verbaladj. ὀνομα-σ-τό-ς genannt, zu nennen (οὐκ ὀ. unnennbar, infandus), ὀνομασ-τικό-ς den N. betr. (τὸ ὀ. Namen-, Wörterverzeichniss, ἡ ὀ., erg. πτῶσις, Nominativus), ὀνομασ-τί namentlich, mit N., ὀνομασ-τήρ-ια (erg. ἱερά) Namenstagsfeier (Sp.), ὀνόμασι-ς, ὀνομασί-α f. Benennung; (ὀνομανjω) ὀνομαίνω dor. äol. poet. = ὀνομάζω (ὀνυμαίνω Tim. Locr. 100, c. d); ἀν-ώνυμ-ο-ς, ν-ώνυμ-ο-ς, poet. ν-ώνυμ[α]ν-ο-ς unbenannt, ohne Namen, namenlos, ruhmlos, ἐπ-ώνυμο-ς (-ωνύμ-ιο-ς Pind. O. 11. 81. P. 1. 30) ein Name, der ein Beiname ist, d. h. bei einer bestimmten Gelegenheit gegeben, worpach benannt oder benennend (später der 1. Archon, nach dem das Jahr benannt wird, in Sparta ἔφορος ἐπ.), ὁμ-ώνυμο-ς gleichnamig, συν-ώνυμο-ς id., ψευδ-ώνυμο-ς von oder mit falschem Namen (Aesch. Prom. 719. Sept. 652). — γνο-Fο: νό-ο-ς, νοῦ-ς (νοῦς Hom. nur Od. 10. 240) m. Verstand, Vernunft, Klugheit, Einsicht; Seele, Gemüth, Herz, Gemüthsart, Sinnesart; Gedanke, Meinung, Absicht, Rathschluss; νοέ-ω, äol. γνοίω (Fut. νοή-σω, Aor. ἐ-νόη-σα, νόη-σα, Perf. νέ-νω-μαι Her.) wahrnehmen, bemerken; denken, bedenken, erwägen; ausdenken, sinnen, ersinnen⁹); νοη-τό-ς geistig wahrnehmbar, intellectuel, νοητ-ικό-ς zum Begreifen geschickt (ψυχή Aristot.); νόη-σι-ς (σε-ως) f. das Wahrnehmen, Begreifen; νόη-μα(τ) n. Gedanke, Denkkraft, Absicht, νοημματ-ικό-ς den G. betr., νοημματ-ίζω denken (Eust.), νοή-μων (μον-ος) nachdenkend, einsichtsvoll, verständig; νοη-ρό-ς, νοε-ρό-ς verständig;

(γνοϜ-ια) ἄ-γνο-ια f. Unwissenheit, ἀγνοέω nicht kennen, nicht wissen (ἀγνοῖϳσι Od. 24. 218 wohl poet. Licenz, vgl. εἴατο statt ἕατο); ἀμφι-γνοέ-ω schwanken, zweifeln; σύγ-γνοια (ξύγγνοιαν ἴσχειν Soph. Ant. 66) = συγ-γνώμη Verzeihung; ἄ-νοο-ς, ἄ-νου-ς unverständig, ἀγχί-νοο-ς nahen Geistes d. h. scharfsinnig, klug (Od. 13. 332; ταχὺς περὶ τὸ νοῆσαι Schol.); δύς-νοο-ς, -νου-ς übelgesinnt, εὔ-νοο-ς, -νου-ς wohlgesinnt, κακό-νοο-ς, -νου-ς = δύςνους u. s. w. **gnā.** — (*nā-man*, *nā-ma*, *nā-me*) **nă-m** (vgl. Acc. Sing. fem. *ā-m* = *ă-m*) näm-lich, eben, denn, freilich, sicherlich, wahrlich, *nam-que* denn eben u. s. w., *quis-nam* wer denn? **nem-pe** denn doch, doch ja, sicherlich; **ĕ-ni-m** allerdings, wahrlich, denn (vgl. *sam: sem-per, sim-ul*)[10]); **gnā-ru-s** (Nbf. *gnārŭris* Plaut. Auson. Arnob.) kundig, wissend, pass. gekannt, bekannt[11]) (Tac. = *notus*), Ggs. *i-gnāru-s* (*ignarures* Gloss. Philox. cl. Plaut. Poen. pr. 47), *gnāri-tā-s* (*tāti-s*) f. Kenntniss, *gnarivisse* = *narrasse* Paul. D. p. 95; *gnar-ig-āre* (s. pag 17; *gnarigavit significat apud Livium narravit* Paul. D. p. 95), daraus (*gnar-g-arc* [vgl. *purigarc, purgarc*], *gnarr-arc*) **narrā-re** kundig machen, erzählen, berichten, *narrä-ti-ō(n)* f. (*narrati-bus* m. Ov. M. 5. 499) Erzählung, Demin. *narratiuncula*, *narrā-tor* m. Erzähler, *narrä-bili-s* erzählbar (Ov. Pont. 2. 2. 61); (g)**nā-vu-s** sich kundthuend, sich bethätigend, thätig, emsig, betriebsam, eifrig (vgl. deutsch: kennen, können)[12]), (g)*navi-tā-s* (*-ti-e-s* Gloss. Philox.) f. Emsigkeit u. s. w., *navā-re* (noch die urspr. Bedeutung:) an den Tag legen, beweisen (*operam*), Mühe anwenden, emsig betreiben; Ggs. *i-gnā-vu-s* lässig, träge, schlaff, faul, feige, *ignāv-ia* f. Lässigkeit u. s. w.; caus. *ignav-ire* (*saepe ignavit fortem in spe exspectatio* Acc. ap. Non. p. 123. 13), inchoat. *ignave-sc-ere* (Tert.). — *gnō*: **nō-sc-o** (*nō-ri, nō-tu-s*) kennen lernen, untersuchen, erfahren (*gnoscier* C. I. L. I. 196. 28; *novi* habe erkannt, erkenne, kenne, weiss); vgl. *a-gnosco, co-gnosco, di-gnosco;* (Part. als Adj.) *nō-tu-s* bekannt, sicher, gewiss, Gegensatz *i-gnōtu-s;* Inchoat. *nōte-sc-ere* bekannt werden; Frequ. *nosc-i-tā-re* kennen, wahrnehmen, betrachten; *nō-ti-ō(n)* f. Kennenlernen, Kenntniss, Begriff, Kunde; *noti-ti-a* f. Bekanntsein, Kenntniss (Gen. *notitiai* Lucr. 2. 123; Nom. *notitie-s* Lucr. 5. 183. 1046); *nō-tor* (*tōr-is*) m. Kenner, Zeuge, *notoriu-s* anzeigend, kundgebend (Subst. n. spät: Denuntiation, Anzeige); *nōt-ivu-s* zur Kenntniss dienlich (Not. Tir. p. 79); **nō-bĭli-s** (*gnobilis* Fest. p. 174) kennbar, kenntlich, bekannt, vornehm, edel, vorzüglich; *Nobilior;* Gegens. *i-gnobili-s; nobili-tā-s* (*tāti-s*) f. Berühmtheit, Adel, edle Art, Vortrefflichkeit, *nobilit-ā-re* (st. *nobilitat-arc*) bekannt oder berühmt machen, feiern, veredeln; (*gnō-men*, s. ὄνομα) **nō-men** (*mĭn-is*, *nomin-us* Sen. C. de Bacch.) n. Name, Benennung, Ruhm, Ruf, Vorwand, Veranlassung, *a-gnomen* Beiname, *co-gnomen* Zuname, *prae-nomen* Vorname (z. B. *Publius prae-nomen*, *Cornelius nomen*, *Scipio cognomen*, *Africanus agnomen*);

(*$nomin$-u-s, vgl. -ωνυμ-ο-ς) $nōmĭnā$-rc benennen, nennen, ernennen,
angeben; Frequ. $nomĭni$-$tā$-re Lucr.; Part. als Adj. $nominā$-tu-s
bekannt, berühmt, $Nominātus$ röm. Beiname, $nominā$-tu-s ($tūs$)
m. Benennung (Varro), $nominā$-ti-m namentlich, $nominā$-ti-$ō(n)$ f.
Nennung, Benennung, Ernennung, $nominā$-tor m. Ernenner (Dig.),
$nominātor$-iu-s benennend, $nominat$-$īvu$-s zur Ben. geh., gramm.
Nominativ, $nominā$-$bĭli$-s nennbar; i[n]-gnōmĭn-ĭa f. (= nicht
gute Benennung) Entehrung, Schimpf (späte Nbf. $ignominĭu$-m n.
Isid.), $ignomini$-$ōsu$-s schimpflich, entehrend, beschimpft ($ignomi$-
$niā$-tu-s Gell. 8. 15); (*$gnō$-ru-s, *$gnorā$-re) i[n]-gnōra-re nicht
kennen, nicht wissen, verkennen, Part. $ignora$-ns unkundig, nicht
ahnend (Caes. b. G. 6. 42); $ignorant$-ia f. Unwissenheit, Unkunde,
Unkenntniss, $ignorā$-ti-$ō(n)$ f. id., $ignorā$-$bĭli$-s unbekannt, unerkenn-
bar; di-$gnorant$ ($signa$ $imponunt$, ut $fieri$ $solet$ in $pecoribus$ Paul. D.
p. 72. 16); nor-ma (= *$gnor$-ima = γνώρ-ιμο-ς Lehnwort?) f.
Winkelmaass, Richtschnur, Regel, Norm, Demin. $normŭ$-la, (*nor-
$mare$) de-$normare$ von der regelmässigen Gestalt entfernen (Hor.
Sat. 2. 6. 9), $normā$-tu-s nach dem W. abgemessen, $normā$-ti-$ō(n)$
f. Abmessung nach dem W., $norm$-$āli$-s nach dem W. gemacht;
e-$normi$-s von der Norm abweichend, unregelmässig, übermässig
gross, $enormi$-$tā$-s f. Unregelmässigkeit, überm. Grösse. — $gnō$:
nō-ta f. Merkmal, Kennzeichen, Makel, Flecken, Schmach, Demin.
$notŭ$-la (Marc. Cap. 1. 17), not-$āriu$-s. zum Geschwindschreiben gehörig, Subst. Geschwindschreiber, Schreiber; $nŏtā$-re bezeichnen,
schreiben, sich merken, anmerken, beobachten, (wegen schlechter
Handlungen) tadeln, rügen; $notā$-$cŭlu$-m (Minuc. Fel. Oct. 31) =
$nota$; $notā$-ti-$ō(n)$ f. Bezeichnung, Wahrnehmung (Bedeutung, Etymologie: $etymologia$, $quae$ $verborum$ $originem$ $inquirit$, a $Cicerone$
$dicta$ est $notatio$, $quia$ $nomen$ $eius$ $apud$ $Aristotelem$ $invenitur$ σύμβο-
λον, $quod$ est $nota$ Quint. 1. 6. 28), $notā$-men ($mĭn$-is) n. Kennzeichen (Boëth.), $notā$-$bĭli$-s bemerkenswerth, bemerkbar, sich aus-
zeichnend; (*$gnŏ$-tu-s) in Comp. -$gnĭ$-tu-s (vgl. St. $avaro$, $avari$-
tia): a-$gnĭ$-tu-s ($agnŏtus$ Pacuv. ap. Prisc. 10 p. 887); co-$gnĭ$-tu-s
bekannt, co-$gnĭ$-ti-$ō(n)$ f. Erkenntniss u. s. w.

B. Gl. 155f. 213b. — Corssen I. 437 f.; B. 401. — C. E. 178 f. 321.
564. 666. — F. W. 4. 56. 65 f. 112. 358. 448 f.; Spr. 317. — L. Meyer
KZ. VIII. 255. — 1) C. V. I. 376. 3). — 2) Bugge KZ. XIX. 422 f. —
Walter KZ. XII. 406. — Dagegen Curtius E. 485: „scheint mir nicht
überzeugend" (nur Walter wird citirt); Verb. I. 111: „die Etymologie von
δύναμαι ist gänzlich unaufgeklärt"; ibd. 170. 8): „sollte δυ identisch
sein mit δύω, δύνω, δυνέω, also δύναμαι = ὑποδῦναι, ὑποδύεσθαι =
subire sich unterziehen, übernehmen? — 3) C. V. l. c.●d II. 66. 374. —
4) C. V. l. 185. 12). 274. 3). — 5) verwandt, der Verwandte II. 3, 174.
14, 485; Bruder II. 13, 697. 17, 35. 22, 234. — C. E. 178: „zwischen dieser
W. und der W. γεν (pag. 186) findet●ein unverkennbares Verwandtschafts-
verhältniss statt. Die befriedigendste Erklärung scheint: vermittelnder
Begriff zwischen zeugen und erkennen ist „kommen". — Vgl. dazu PW. .

III. 150: *ģnā-ti* m. naher Blutsverwandter (Geschwister, Kinder), Verwandter. *ģnāti* von *ģnā* würde urspr. „den nächsten Bekannten" bezeichnen; vgl. γνωτός, ή, welches bei Homer geradezu „Bruder, Schwester" bedeutet. — 6) PW. III. 149: *ģnātar* 1) Kenner, 2) Bekannter, daher wohl Beistand, oder, wie gr. γνωστήρ, Bürge. — 7) S. W. s. v.: eigentlich γνώσιμος. — 8) M. M. Vorl. I. 332: bezeichnet ursprünglich das, woran wir ein Ding kennen lernen. — Vgl. PW. IV. 112: *nāman* (von *ģnā* mit Verlust des Anlauts) n. 1) Kennzeichen, Merkmal; Erscheinungsform, Form, Art und Weise, *modus*, 2) Name, Benennung. — 9) Rödiger KZ. XVI. 312: *νοέω* 136mal bei Homer, darunter 82mal auf Wahrnehmungen von irgend etwas im Bereiche des Gesichtssinnes bezogen. — 10) Ebel KZ. VI. 206. — Kuhn KZ. IV. 375 f. — Corssen B. 290: Stamm *na*. — B. Gl. 64b: *enim = ēna is, hic, iste, ille = acc. skr. enam vel ēnām*. — 11) Zu Cicero's Zeiten waren die Formen *gnotus, gnavus* u. s. w. gänzlich ungebräuchlich und ihm unbekannt. Dies beweist Cic. or. 47. 158: '*noti* erant et '*navi*' et '*nari*', quibus cum '*in*' praeponi oporteret, dulcius visum est '*ignoti ignavi ignari*' dicere, quam ut reritas postulabat.* — 12) Corssen I. 435 ff.: *ga-n* zeugen: *gnavus, navus* zeugend, schaffend, daher emsig, betriebsam, tüchtig.

gann Kinn, Kinnbacken. — Skr. **hanu-s** m. *maxilla*.

γένŭ-c (υ-ος) f. Kinn, der untere Kinnbacken, Schneide, Schärfe[1]; γέν-ειο-ν n. das Kinn (später = Kinnbacken)[1], γενειά-ω, -σκω (γενειήσας Od. 18. 176. 269) einen Bart bekommen, mannbar werden[2]); γενειά-ς (άδ-ος) f. Bart, Kinn, Wange, Pl. Barthaare (Od. 16. 176), γενειάζω = γενειάω; γενειά-τη-ς, ion. γενειή-τη-ς bärtig; προ-γένειο-ς mit vorstehendem Kinn (Theokr. 3. 9); γνά-θο-c f., γνα-θ-μό-c m. (vgl. λί-θο-ς, κέλευ-θο-ς, ψάμ-αθο-ς neben ψάμ-μο-ς) = γένυς[3]), γναθό-ω einen Backenstreich geben (Phryn.), γνάθ-ων (ων-ος) m. Pausback als Eigenname von Para-siten (Com.); κ-ά-ναθ-οι (γ = κ und θ = δ)· σιαγόνες, γνάθοι (Hes.)[4]).

gĕn-a f. Wange[1]) (urspr. der obere Theil des Gesichts vom Backenknochen bis zu den Augenlidern; *extremum ambitum genae superioris antiqui cilium vocavere, unde et supercilia: infra oculos malae homini tantum, quas prisci genas vocabant* Plin. 11. 37. 57); *genu-inu-s* die W. betr., zu den Backen geh., besonders *dentes genuini* Backenzähne.

· B. Gl. 442a. — C. E. 308. — F. Spr. 186. — 1) B. Gl. 109b: *gaņḍā gena; fortasse huc referenda sunt γένυς gena (ut mutilatum sit e genda), nisi pertinent ad hanā, quod ipsum cum gaņḍā cognatum esse possit, mutata guttur. media in aspir. mediam eiusdem organi.* — F. W. 68. 356. 448: *gha* auseinandertreten, klaffen. — 2) C. V. I. 277. 7). 284. — 3) F. W. 57: *gandh* fassen. — 4) Fick KZ. XXII. 210.

GANDH duften. — Skr. **gandhá** m. Geruch, Duft; wohlriechender Stoff, Wohlgerüche (PW. II. 652). — Grākoitalisch **gnith**, griech. κνιθ.

κνιθ. — (κνιθ-ja) κνίϲα (κνίσσα), cp. κνίση f. Fettdampf, Opfer-dampf, -duft; Fett, Nierenfett (in welches man die Opferstücke wickelte); Demin. κνισ-άριο-ν (τὸ μικρὸν λίπος Suid.); κνῑσά-ω, κνῑσό-ω mit F., O. erfüllen, κνῑσω-τό-ς mit F., O. erfüllt (Aesch. Ch. 478); κνισό-ς der den F. liebt, leckerhaft, = κνισήεις; κνισή-ει-ς, dor. κνισά-ει-ς (κνισᾶντι = κνισήεντι Pind. Ol. 7. 80) voll von F., O., κνισ-ώδης fettig (οἶνος verdampft, verrochen).

guld. — **nīd-or** (ōr-is) m. Duft, Dunst, Brodem, Dampf (kom. nidor c culina Küchenknecht, Plaut. Most. 1. 1. 5), (*nidoru-s) nidor-ā-re D. ausströmen (Not. Tir. p. 167), nidor-ōsu-s duftend, dampfend (Tert.).

F. W. 449. — Misteli KZ. XVII. 172. — Seit Spitzner richtiger κνῑσα (nicht κνῑσσα), vgl. Pape, Schenkl, Seiler u. s. w. — Dagegen Misteli l. c. und XIX. 117 für σσ. — Benfey I. 271: kun stinken (wozu Siegismund St. V. 190: „dubium est").

GABH schnappen, beissen, klaffen. — Skr. **gab, gambh** schnappen, mit dem Maule packen; caus. zermalmen, vernichten; intens. den Rachen aufreissen, schnappen (PW. III. 37. 41).

ga-m-bh. — γαμφ: γαμφ-αί (Lykophr. 152. 358), γαμφ-ηλαί f. Kinnbacken, Rachen (spätere Poesie: Schnabel)[1]; γαμφαί ἢ γναμφαὶ αἱ γναθοὶ Hes. — γομφ: γόμφ-ο-ς (γόμφους· ὀδόντας Hes.) m. Zahn, Backenzahn, Pflock, hölzerner Nagel (Od. 5. 248), Dem. γομφ-άριο-ν n.; γομφ-ίο-ς m. (sc. ὀδούς) Backenzahn (Schlüsselzahn, Schlüsselbart, Ar. Th. 423), γομφιά-ζω beim Durchbrechen der Backenzähne Schmerz empfinden, γομφία-σι-ς f., γομφιασ-μό-ς m. Schmerz beim D. der B.; γομφό-ω durch γόμφοι verbinden, γομφω-τό-ς zusammengefügt, γομφωτ-ικό-ς zum Verb. durch γ. geh.; γόμφω-σι-ς f. das Verb. durch γ. (Knochenverband, Galen.), γομφω-τήρ (τῆρ-ος) m. Schiffszimmermann (Zelot. 2), γομφωτήρ-ιο-ς = γομφωτικός (τὰ γ. Werkzeuge zum Verb. durch γ.); γόμφω-μ̈(τ) n. Zusammengefügtes, Verband; Γόμφοι m. Stadt in Thessalia Hestiäotis am Peneus (Strab. 9. 437). — gabh: γέφ-ῡρα, lak. διφοῦρα, theb. βλέφυρα. (Hom. nur Pl.) f. Damm, Erdwall (Il. 5. 88; πόντου γ. die korinth. Landenge, Pind. N. 6. 40), die beiden Schlachtreihen (welche wie zwei Dämme den Kampf auf beiden Seiten einschliessen, πολέμοιο γέφυραι), erst von Her. (4. 85) an: Brücke (= der zur Brücke führende Damm und die „Brücke" selbst), Γέφυρα f. Stadt in Böotien, später Tanagra, Γεφυρεῖς ein att. Demos, Γέφυρο-ς Mannsname; Demin. γεφύρ-ιο-ν n.; γεφυρό-ω dämmen (ποταμόν Il. 21. 245), .gangbar machen (κέλευθον Il. 15. 357), überbrücken, γεφυρω-τή-ς m. Brückenbauer (Plut. Lucull. 26), γεφύρω-σι-ς f. das Ueberbrücken, γεφύρω-μα(τ) n. das Gedämmte, die Brücke; γεφυρί-ζω· ἐν Ἐλευσῖνι ἐπὶ τῆς γεφύρας τοῖς μυστηρίοις καθεζόμενοι ἐσκώπτουν τοὺς παριόντας Lex.) zügellos schimpfen (Plut.), γεφυρισ-τή-ς m. der Verhöhnende (Plut.), γεφυρισ-μό-ς m. das Verhöhnen, Schimpfen.

gab. — **gāb-ālu-s** m. Gabel, daher ein‑Galgen, übertr. Galgenstrick (Schimpfwort); **Gäb-ii** m. eine Stadt in Latium, *Gabī-nu-s* G. angehörig, gabiisch, *Gabīn-iu-s* m. Bein. einer röm. gens, *Gabi-ēnu-s* röm. Eigenn.

B. Gl. 148 b. — C. E. 173. 308. 484. — F. W. 58. 1060. — Kuhn KZ. I. 123 ff. — 1) S. W. s. v.: „wohl mit *γαμπτω, κάμπτω zusammenhängend".

GAM drücken; gedrückt sein, voll sein, seufzen.

γέμ-ω voll sein, strotzen (nur Präsensst.), γεμ-ίζω anfüllen, befrachten; γέμ-ος n. die den Leib füllenden Eingeweide (Aesch. Ag. 1194); γόμ-ο-ς m. Schiffsladung, Fracht, Gepäck, γομό-ω ein Schiff befrachten[1]).

gĕm-ĕre (-ui, -itum) seufzen, stöhnen, klagen, Inchoat. in-gemi-sc-ere; gemĭ-tu-s (tus; Gen. -ti Plaut. Aul. 4. 9. 11) m. das Seufzen u. s. w.[2]); gĕmĕ-bundu-s (Ov. M. 14. 188) seufzend, stöhnend (gemulu-s App. flor. p. 349. 21); gĕmursa kleine Geschwulst zwischen den Zehen (sub minimo digito pedis tuberculum, quod gemere faciat cum, qui id gerat Paul. D. p. 95); **gem-ma** f. die (strotzende) Knospe, übertr. (durch den Mittelbegriff des strotzenden Glanzes) Edelstein, Juwel, Demin. gemmŭ-la, gemmā-re knospen, mit E. besetzt sein, gemm-eu-s mit E. besetzt, juwelenartig glänzend, gemm-ōsu-s voll E., gemm-āriu-s die E. betr., Subst. Juwelier (Or. inscr.); gemma-sc-ere zu knospen anfangen, gemme-sc-ere zu Edelstein werden; **gŭm-ia** Schlemmer[2]) (Lucil. ap. Cic. de fin. 2. 8. 24: compellans gumias ex ordine nostros).

C. E. 112. 174. — 1) F. W. 356; Spr. 186: gam fassen, fest drücken, fest gedrückt sein; „mit gemere seufzen scheint kein Zusammenhang zu bestehen" (F. W.). Vgl. jedoch C. E. 112; auch Klotz W. s. v. ahnt das Richtige: „gemo, vielleicht verwandt mit γέμειν voll sein, s. Döderl. 5. 243". — 2) F. Spr. 69: kum gemere, urspr. schlürfen.

---

1) **GAR** tönen, rufen. — Skr. gar 1) anrufen, rufen, 2) ankündigen, anpreisen, verkünden, 3) lobend nennen, beloben, preisen; gŏr 1) knistern, rauschen, schnattern, 2) sich hören lassen, rufen, anrufen (PW. II. 688. III. 49).

gar. — γερ: γέρ-ανο-ς m. Kranich (Il. 3mal), Kran (eine Maschine zum Lastenheben, nach der Gestalt), ein Tanz (nach dem Fluge der Kr. benannt), ein Fisch (γ. θαλάττιος); γεράν-ιο-ν n. eine Pflanze (Storchschnabel), Kran; γεραν-ί-τη-ς λίθος Kranichstein (Plin. h. n. 37. 11), *γεραν ωδης* kranichartig; *Γεράν-εια* (*Γι-ρανία* Suid.) f. Berg zwischen Korinth und Megara. — (*γερ-ας*) γέρ-ας (Gen. *γέρα-ος*, att. *γέρως*; Pl. *γέρα* hom. durch Apokope st. *γέρα-α*, ion. *γέρεα*, att. *γέραα, γέρα*) n. Ehrengabe, Ehrenamt, Würde[1]); *γερα-ρό-ς* ehrwürdig, ansehnlich (*γερ-αιραί, αἷραι* die Ehrw., Bacchuspriesterinnen), (*γεραρ-jω*) *γεραίρω* mit einer E. auszeichnen, ehren, *γεράσ-μ-ιο-ς* ehrend, geehrt; (*γερα-ιχο*) Γραικοί die Altehrwürdigen, Graeci[2]) (urspr. Name der Anwohner von Dodona, von den Römern auf das ganze Volk der Hellenen ausgedehnt). — γηρ: γῆρ-υ-ς (*υ-ος*) f. Stimme, Ton (Il. 4. 437), *γηρύ-ω* (dor. *γαρύ-ω*) ertönen lassen, singen, *γήρυ-μα(τ)* n. = *γῆρυς*; *Γηρυ-ών* (*όν-ος*) (Brüller) Riese, der dem Herakles die Rinderheerden entführte (auch *Γηρυόνης, Γηρυονεύ-ς*); *μελί-γηρυ-ς* einen Klang so lieblich wie Honig habend, lieblich tönend (ὄψ Od. 12. 187, *ἀοιδή* h. Ap. 519).

gar + gar. — **gar-gar:** *γαρ-γαρ-ής· θόρυβος* Hes.; *γερ-γέρ-ινο-ς· διάβολος* Hes. — **gar-g[ar]:** *γερ-γ-ινο-ς· διάβολος* Hes. — **ga-n-gar:** *γί-γ-γρο-ς· αὔλημά τι· ὅπερ ἔνιοι γίγγρον. οἱ δὲ αὐλοῦ γένος* Hes.; *γιγγρ-ίαι· αὐλοὶ μικροί. ἐν οἷς πρῶτον μανθάνουσιν* Hes.; *γιγγρα-σ-μό-ς· ἦχος* Hes.; *γιγγρί· ἐπιφώνημά τι ἐπὶ καταμωκήσει λεγόμενον, καὶ εἶδος αὐλοῦ* Hes.; *γαγ-γαλ-ίδ-ες· γελασῖνοι* Hes.; (*γαγ-γελ-jω*) *ἀγ-γέλ-λω* (vgl. *ἀγ-γέρ-ιο-ς· ἄγγελος* Hes.) melden, verkünden[3]) (Fut. *ἀγγελῶ*, ep. ion. *ἀγγελέω*, Aor. *ἤγγειλα*, ion. poet. und später auch *ἤγγελον*, Plusqu. *ἄγγελ-το* Her. 7. 37, Aor. Pass. *ἠγγέλ-η-ν* Eur. Iph. T. 932); *ἄγγελ-ο-ς* m. Bote, Gesandter, Botschaft (Pol. 1. 72. 4), Engel (N. T. Eccl.), *ἀγγελ-τήρ* m., *ἀγγέλ-τρ-ια* f., *ἀγγελι-ώτη-ς* m., *-ώτι-ς* f. (Callim.), *ἀγγελίεια* f. (Orph. h. 78. 3) Bote, Botin; *ἀγγελ-ικό-ς* den Boten betr.; *ἀγγελ ία* f. Botschaft, Nachricht; *ἄγγελ-μα(τ)* n. = *ἀγγελία*; *εὐ-άγγελ-ιο-ν* n. Lohn für gute Botschaft, gute Botschaft, Evangelium (N. T. Eccl.); *ὑπ-άγγελος* von Boten gerufen (*ἥκω μὲν οὐκ ἄκλητος, ἀλλ᾽ ὑπάγγελος* Aesch. Ch.. 825). — **ga-n-g[ar]:** *γα-γ-γ-αίνειν· τὸ μετὰ γέλωτος προσπαίζειν* Hes., *ἀνα-γαγγανεύουσι· ἀναβοῶσιν* Hes.

gar. — (*ar[i]-gur*) **au-gur** (*gŭr-is*) comm. (älter *au-ger* Prisc. 1. p. 554. P.) urspr. Vogel-ansager, -deuter = Zeichendeuter, Weissager, Seher[4]); *augŭr-iu-m* n. Vogeldeutung = Vorbedeutung, Wahrzeichen, Weissagung, Ahnung, *augur-iu-s* zum Aug. geh., den A. betr.; *augur-āli-s* id., Subst. *-āle* n. das Abzeichen der A. (sonst *lituus*), Augurenplatz; *Augur-inu-s* Bein. in der *gens Genucia, Minucia*; *auguru-m* = *auguriu-m* (erhalten bei Acc. ap. Non. p. 488. 3: *pro certo arbitrabor sortis, oracla, adytus, augura*); *augurā-ri* (*-re*) Vogeldeuter sein, vorhersagen, ahnen, vermuthen, *augurā-culum* (*appellabant antiqui, quam nos arcem dicimus, quod ibi augures publice auspicarentur* Paul. D. p. 18. 14), *augura-tu-s* (*tū-s*) m. Auguramt, *augurā-ti-ō(n)* f. = *augurium*, *augurā-tōr-iu-m* n. Ort zu den Augurien. — *garu:* **gru-s** (Nom.

gru-i-s Phaedr. 1. 8. 7) f. = γέρανος, *gru-ĕrc* Naturlaut der Kraniche.

gar + gar. — **ga-n-gar:** *gi-n-gr-u-m·* φωνὴ χηνός Gloss. Phil., *gingrī-rc· anscrum vocis proprium* Paul. D. p. 95. 6, *gingrī-tu-s* m. Gänsegeschnatter (Arnob. 6. 205); *gingrī-na* f. eine Art kleiner Flöten, *gingriä-tor tibicen* Paul. D. 95. 6. — **ga[r]-gar:** *gi-ger-ia* n. Pl. (*intestina gallinarum cum hisctica* [*hepatica* O. Müller] *cocta* Lucil. ap. Non. p. 119. 20; *ex multis opsoniis decerpta* Paul. D. p. 95).

gar + s. — (*gar-s-u-s, *gar-r-u-s) **gar-r-ŭ-lu-s** schwatzhaft, *garruli-tā-s* (*tāti-s*) f. Geschwätzigkeit; *gars-i: garr-ī-rc* schwatzen, *garrī-tu-s* (*tū-s*) m. das Schw. (Sidon. ep. 8. 6), *garrī-tor* m. Schwätzer (Amm. 22. 9)[5]).

B. Gl. 112b. — Brugman St. VII. 302 ff. — C. E. 175. 177. — F. W. 59. 356; Spr. 318. — Fritzsche St. VI. 291. 314. — Froehde KZ. XXII. 548. — L. Meyer KZ. VIII. 258. — M. M. Vorl. I. 320. — 1) F. W. 60. 447: indog. *garas* Ehre, vgl. Zend *gar* Ehrwürdigkeit. — C. E. 468: Skr. *garu-tā* Schwere, Würde, *gar-vas* Hochmuth; „dazu stellt sich auch Zend *gar*, *gar-anh* Ehrerbietung, das lautlich dem gr. γέρ-ας (γεραρό-ς) gleichkommt, ob auch begrifflich?" — 2) Hehn p. 472. — Ameis ad Il. 2. 498: Γραῖα wird als die Wurzel des späteren Namens Γραικοί betrachtet. — 3) Ebenso Christ Lautl. p. 80. 126; Corssen B. 405. — B. Gl. 113a: *garg clamare*, *strepere:* ἀγγέλλω, quod *Thierschius ex* ἀναγέλλω *explicat.* — PW. I. 55: *ángiras* m. pl. ·in Geschlecht höherer Wesen, das zwischen Göttern und Menschen steht. Ihr Name stimmt am nächsten mit ἄγγελος (vielleicht auch mit ἄγγιρος). *anh* gehen enthält scheinbar eine Erinnerung an den urspr. Begriff. — 4) M. M. Vorl. II. 263. — Corssen B. 270 f. zu *augēre: aug-ur* Mehrer; Spender des *augmen*, Opferspender (= *sacerdos*), urspr. *aug-us.* — Ebel KZ. IV. 444: W. αὐχ, εὐχ laut aussprechen (*profiteri*): „*aug-ur* der betende, Gelübde aussprechende (*εὐχέτης*), gewiss eine sehr bezeichnende Benennung des Opferpriesters". — Die Ableitung von *aris* und *gero* findet sich schon bei den Alten; vgl. Paul. D. p. 2. 1. M., Serv. A. 5. 523. — 5) B. Gl. 113: *garg clamare, strepere, crepare; assimilatione e gargio explicari possit.*

---

2) GAR schlingen = essen, trinken. — Skr. **gar, gal** essen, verschlingen (PW. II. 690. 710).

gar. — ταρ: τάρ-ο-c m., τάρ-ο-ν n. Brühe.

gal = gul, glu. — τλυ, τλυ-κ: τλυ-κ-ύ-c angenehm von Geschmack, süss, lieblich[1]), Nbf. γλυκ-ερό-ς, γλύκ-ιο-ς (Arist. Eth. eud. 7. 2. 40), γλυκ-ό-ει-ς (Nic. Al. 444); γλυκύ-τη-ς (τητ-ος) f. Süssigkeit, Freundlichkeit (γλύκυσμα u. id. Liban.); γλυκ-άδ-ιο-ν n. Essig (E. M.); γλυκά-ζω süss machen, süssen Geschmack gewähren, süss sein, γλυκασ-μό-ς m., γλύκασ-μα(,τ) n. Süssmachen, Süssigkeit; γλυκ-ισμό-ς m. Versüssung (Ath. V. 200. a); γλυκ-αίνω süss machen, versüssen, γλυκαν-τ-ικό-ς versüssend, γλύκαν-σι-ς f. Versüssung (Theophr.); γλυκ-ίνα-ς eine Kuchenart (ὁ διὰ γλυκέος καὶ ἐλαίου πλακοῦς Athen. XIV. 645 d). — τλευκ: τλεῦκ-ос n. Most (τὸ ἀπὸ τῆς ληνοῦ ἀπόσταγμα, αὐτομάτως καταῤῥέον ἀπὸ τῆς σταφυλῆς· ἐστι δὲ τοῦτο γλυκύτατον Lex.), γλεύκ-ινο-ς von M.; ἀ-γλευκ-ής herbe; γλεύκ-η = γλυκύ-της (Schol. Nic.).

gar + gar. — γαρ-γαρ-ί-ζω gurgeln, γαργαρι-σ-μός m. das G.; γαργαρ-ε-ών (ῶν-ος) m. Zapfen im Munde (uvula); Γάρ-γαρ-ο-ν n. eine der beiden höchsten Spitzen des Berges Ida in Troas mit einem Tempel des Zeus, jetzt *Kaz-Dagh* (ἀπὸ τοῦ γαργαρίζειν καὶ ἀναδιδόναι τὰ ὕδατα Schol. O. 48); γέρ-γερ-ο-ς· βρόγχος Hes. (Kehle). γερ-γύρ-α· ὁ ὑπόνομος, κυρίως δι᾽ οὗ τὰ ὕδατα φέρεται τὰ ὄμβρια und γορ-γύ-ρα· ὑπόνομος δι᾽ οὗ τὰ ὕδατα ὑπεξῄει (E. M.) = Schlingloch für das Regenwasser, unterirdischer Wassergang. — **ga-n-gar:** γά-γ-γρ-αινα f. Gangräne, ein um sich fressendes krebsartiges Geschwür (ossium caries, φαγέδαινα, ἐδηδών)[2]), γαγγραιν-ικό-ς zur G. geh., γαγγραινό-ο-μαι von der G. ergriffen werden, γαγγραίνω-σι-ς f. das von der G. Ergriffenwerden. — **gar-g[ar]:** γέλ-γ-η· βάμματα Hes., γέλγει· βαπτίζει, χρωματίζει Hes.

gra-s. — γρά-ω nagen, essen (Call. fr. 200)[3]), γραίνω id. Hes., γρᾶ· φάγε. Κύπριοι Hes.; γρά-ς-τι-ς f. Gras, grünes Futter, γραστί-ζω mit gr. F. versehen, γραστισμό-ς m. das Geben von gr. F.

gar = gvar. — βαρ: βάρ-α-θρο-ν n. Schlund, Kluft, Abgrund[4]), bes. in Athen ein jäher Felsenschlund hinter der Burg in dem Demos Κειριάδαι, in welchen die zu dieser Todesart verurtheilten Verbrecher hinabgestürzt wurden (ion. βέρ-ε-θρο-ν; g, γj, δj, ζ: ζέρ-ε-θρο-ν [arkad. maked.]· βάραθρα, κοῖλοι τόποι Hes.; g, γj, δj, δ: δέρ-ε-θρο-ν· λίμνη ἀποχώρησιν ἔχουσα Hes.), βαραθρό-ω in die Kluft hinabstürzen, βαραθρ-ώδης kluftähnlich, klippenreich. — βορ: βορ-ά f. Frass, Speise, βορ-ό-ς gefrässig, βορό-τη-ς f. Gefrässigkeit; δημο-βόρο-ς volksfressend = die Güter des Volkes verzehrend (Il. 1. 231), σκοτοι-βόρο-ς im Dunkel fressend, übertr. heimtückisch, χολοι-βόρο-ς in Galle, d. i. wie mit Galle fressend (Nic. Ther. 593). — βρο: βρό-μο-c m. Hafer (Theophr.; βόρμος ὂν καὶ βρόμον λέγουσιν Hes. E. M. 285. 3)[5]). — βρω: βι-βρώ-σκ-ω essen, verzehren (Präs. ganz selten, am häufigsten Perf.; hom. Präs. βεβρώθοις Il. 4. 35; ἀνα-βρώσκων· κατεσθίων Hes.; Fut. βρώ-σομαι, Pass. βε-βρώ-σεται, Perf. βέ-βρω-κα, βε-βρώ-κοι Her. 1. 119, Part. βε-βρω-κώς, βε-βρῶτες Soph. Ant. 1022; βέ-βρω-μαι, Aor. κατ-έ-βρω-ς h. Ap. 127, ἔ-βρω· ἔφαγεν, ἔδακε, διέσπασε Hes.); desid. βρωσείω Hunger haben (Call. fr. 435)[6]); βρω-τό-ς essbar, βρωτ-ικό-ς zum Essen geh.; βρωτύ-ς (ύ-ος) f. tüchtiges Essen, Schmausen; βρῶ-ci-c f. das Essen, Speise (Il. nur 19. 210), βρώσι-μο-ς = βρωτός; βρω-τήρ (τῆρ-ος) m. Esser, Fresser; βρώ-μη f. ion. ep., βρῶ-μο-ς m. (Arat. 1021) = βρῶ-μα(τ) n. Speise, Demin. βρωμάτ-ιο-ν n. — βρυ, βρυ-κ[7]): βρύ-κ-ω beissen, zerbeissen, verschlingen (βρύχειν· λάβρως ἐσθίειν· ἀπὸ τοῦ τρίζειν τοὺς ὀδόντας. βρύχουσα· δάκνουσα. βρυκεδανός· πολυφάγος. βρύττειν· ἐσθίειν Hes.), βρυγ-μό-ς m. das

Beissen, βρῦγ-μα(τ) n. Biss, βρύγ-δην bisslings; βρύ-κ-ω, βρύ-χ-ω (βρυχεῖν nur Anthol. VII. 252) knirschen mit den Zähnen (βρύ-χων· συνερείδων τοὺς ὀδόντας μετὰ ψόφου Hes.), βρύχ-η f. das Zähneklappern, Knirschen, βρύχ-ε-τός m. das kalte Fieber, eig. das Zähneklappern beim Fieberfrost. — βροῦκ-ο-c, βροῦχ-ο-c m. eine ungeflügelte Heuschreckenart (Theophr.).

gul, glu. — *gul*: gül-a f. Speiseröhre, Kehle, Schlund, übertr. Fressgier, Leckerhaftigkeit, *gŭl-ō(n)* m. Feinschmecker, Schlemmer, *gul-ōsu-s* leckerhaft, schlemmend; (*sama-, sam-, sin-* + *gul*) sin-gul-tu-s (*tū-s*) m. Schluchzen, Schlucken, Röcheln, (Glucken"), *singultā-re*, *singulti-re* schluchzen u. s. w., *singul-ti-m* schluchzend; (**gul-c-i-s*) dul-c-i-s (durch Dissim.; vgl. *tam tenebrae*, *-bhi* in: *mi-hi, ti-bi*) == *γλυ-κ-ύ-ς* [1]), Demin. *dulci-cŭlu-s* süsslich; *dulci-tā-s, dulci-tū-d-o, 'dulcē-d-o (in-is)* f. (*dulc-or* m. Tert.) Süssigkeit, Annehmlichkeit; *dulci-a (ōru-m)* n. süsser Kuchen, Zuckerkuchen, Demin. *dulciŏ-la* n. Pl.; *dulce-sc-ere* süss worden; *dulcā-re* versüssen (Sidon.), *dulcā-tor* m. Versüsser (Paul. Nol. 23. 237).
— *glu* [9]): glu-tu-s (*gluttus*) m. Schlund, *glu-ti-re (gluttire)* verschlucken, verschlingen; *glŭt-ō(n)* m. Schlemmer; in-glŭ-v-ie-s f. Kehle, Kropf, übertr. Gefrässigkeit, *ingluvi-ōsu-s* gefrässig (Paul. D. p. 112).

gar + gar. — gur-gŭl-i-ō(n) m. Luftröhre, Gurgel. — *gar-g[ar]:* gur-g-e-s (*gur-g-i-t-is*) m. Strudel, Gewässer, tiefes Wasser [10]), übertr. Abgrund, Schlemmer; *gur-g-us-t-iu-m* (vgl. *ang-us-tu-s, op-us-tu-s*) n. Höhle, Loch, Hütte, Schuppen (*gurgustium genus habitationis angustum, a gurgulione dictum* Paul. D. p. 99. 3) [11]), Dem. *gurgustiŏ-lu-m* n.

gra-s. — grā-men (*mĭn-is*)' n. Gras, Kraut, Pflanze [12]), *grāmĭn-eu-s* grasig, *gramin-ōsu-s* grasreich; gli-s (*glī-r-is*) m. Haselmaus, *glir-āriu-m* n. Behältniss für H. (Varro r. r. 3. 15, 1).

gar == gvar. — *vŏr:* -vŏru-s *carni-vŏru-s* fleischfressend (Plin.); *vorā-re* verschlingen, gierig fressen, verzehren, *vorā-tor* m. Fresser (Tert.), *rora-tr-īna* f. Fressanstalt (Tert.), Schlund, Abgrund (Amm. 17. 7), *vor-ax (āci-s)* gefrässig, *voraci-tā-s* f. Gefrässigkeit; *vorā-g-o (in-is)* f. Schlund, Abgrund, Tiefe, Strudel, *voragin-ōsu-s* voll Schlünde u. s. w. — *vor, vro, vro-k:* brŏ-c-u-s (*broccu-s, brocchus*) Subst. m. Raffzahn, hervorragender Zahn, Adj. raffzähnig, mit hervorr. Zähnen; *Broccus* (C. I. L. 1266).

B. Gl. 112a. — Brugman St. VII. 293. 12). — Corssen II. 163; B. 58. — C. E. 470. 483. — F. W. 59 f. 356. 447. 460. 1074; Spr. 186. 317. — Fritzsche St. VI. 291. — Siegismund St. V. 198. 12). — 1) C. E. 360. — Siegismund St. V. 163. 61). — F. W. 457: *dulku* süss: *γλυκύ-ς* statt *δυλκυ-ς, δλυκυ-ς* durch Assimilation an den Anlaut der zweiten Silbe; *dulcis* statt *dulqu-i-s* (vgl. *brev-i-s, tenu-i-s*); F. Spr. 238: *dar* blicken, grükoital. *dol-ku*; Corssen B. 382: Grundform *dluku.* — 2) Fritzsche St. VI. 314. — 3) B. Gl. 121a. — F. W. 66. — Brugman

St. VII. 296: *gar* reiben. — 4) Sch. W. s. v.: verwandt mit βόθρος. —
5) Siegismund St. V. 159. 42). — 6) C. V. I. 191. 50). 275. 2). -- 7) C. E.
63; C. V. I. 311. 3). II. 15. 18). 207. — Roscher St II. 148. — Siegismund
St. V. 181. 116). — F. W. 476: *bruk* knirschen, beissen. — 8) Baudry
(Schweizer-Sidler) KZ. XXI. 276. — Corssen B. 287. — 9) Pauli KZ.
XVIII. 24 f.: St. *gelu* (vgl. *arg, argu*) *glu* von **gluo* schlinge. — 10) B.
Gl. 113a: *garg strepere; fortasse gurges, ita ut ab aquae strepitu dictus
sit.* — Corssen N. 261: *gar*, gur-co oder gur-ca, gur-c-e-t-. — PW. II.
696: *gárgara* (onomatop.) m. Strudel, *gurges.* — 11) Corssen II. 164:
oder alte Superlativbildung: gur-g-us-to. — 12) Vgl. Anm. 3. — B. Gl.
121a: *et nostrum Gras, ita ut proprie pabulum significent, et gramen
mutilatum sit e gras-men.* — Kuhn KZ. II. 136.

3) GAR wachen. — Skr. **gar** 1) wachen, wachsam sein,
2) erwachen u. s. w.; caus. erwecken, ermuntern, beleben (PW.
II. 691).

gar = ἐ-γερ (ἐ entweder Rest der im Skr. *gū-gar-ti* „er
weckt" vollständiger erhaltenen Doppelung oder prothetisch)[1]):
(ἐ-γερ-jω) (lesb. ἐ-γέρρω) ἐ-γείρω Fut. ἐγερῶ, Aor. ἤγειρα, ἠγέρ-
θη-ν, synk. ἤγρ-ετο, Impt. ἔγρ-εο, Opt. ἔγρ-οι-το, Inf. ἐγρ-έσθαι,
Part. ἐξ-εγρόμενος Plato Symp. p. 223. C., Perf. ἐγ-ήγερ-μαι, nachatt. Prosa -κα), ἐγρή-γορ-α [durch Metathesis aus ἐγερ-γορ-α][2])
Act. wecken, erwécken, erregen, ermuntern, Med. erwachen, auf-
wachen, ἔγρετο erwachte, ἐγρήγορα bin wach (nicht bei Hom.), jedoch in der Ilias: ἐγρήγορθε (st. ἐγρηγόρατε) 7, 371. 18, 299, Inf.
ἐγρήγορθαι 10. 67, 3. Pl. ἐγρηγόρθασι 10. 419. — ἐγρήσσω wacheń,
wach sein (ep. Präsens und spät. Dichter). — Adv. ἐγερ-τί ermunternd (Soph. Ant. 409), munter (Eur. Rhes. 524); ἐγερ-τ-ικό-ς erweckend, ermunternd; ἔγερ-σι-ς f. das Erwecken, Erregen (Auf-
erstehung, N. T.), ἔγερσι-μο-ς erweckbar; ἐγερ-τήρ-ιο-ν n. Anrei-
zungsmittel; ἐγρε-κύδοιμο-ς Kriegslärm erregend, Pallas, ἐγρε-μάχας
Schlachten erregend (Soph. O. C. 1054), ἐγερσι-μάχας id. (Ant.
Sid. 87); vom Perfectstamm: ἐγρηγορ-όων (zerdehnt aus -ῶν wie
von *ἐγρηγοράω) wachend (Od. 20. 6), ἐγρηγορ-ότως id. (Plut.),
ἐγρήγορ-ο-ς, -ικό-ς wachsam, munter, im Zustand des W. geschehend
(-ικαὶ πράξεις Aristot.), ἐγρηγορ-τί im Wachen (Il. 10. 182); ἐγρήγορ-
σι-ς, ἐγρηγόρη-σι-ς f. das Wachsein, Munterkeit, ἐγρηγόρσι-ο-ς munter, wach erhaltend (Pherecr. E. M. 312. 19).

1) C. E. 179; C. V. II. 141. — Fritzsche St. VI. 321 f. 330. —
Dagegen γε-γερ, γε-γειρ-ω: B. Gl. 151a (*gāgan rigilare*), Brugman St.
VII. 213, F. W. 59. — 2) C. V. I. 307. 30). II. 16. 30). II. 141. 17). 208.

4) GAR herankommen, zusammenkommen. — Skr. **gár**
sich in Bewegung setzen, sich nähern, herbeikommen (PW. III. 49).
gar. — **gar-gar:** γάρ-γαρ-α n. Pl. Haufen, Menge (Schol.

Ar. Ach. 3); ψαμμακοσιο-γάργαρα Ar. Ach. 3 (Wolf: sandeshundert-
dltnenmal, Voss: Wüstensandmalmeeressand); ταργαίρειν voll sein,
wimmeln¹); γέρ-γερ α. γάρ-γαλ-α· πολλά Hes.

ga[r]-gar. — (γα-γερ) ἀ-γερ: (ἀγερ-jω) lesb. ἀγέρρω, ἀγείρω
zusammen-bringen, -berufen, sammeln, Med. zusammenkommen,
sich versammeln²) (Aor. ἤγειρ-α, ἄγειρα, Perf. ἀγ-ήγερ-κα, -μαι,
episch: Plusqu. 3. Pl. ἀγ-ηγέρ-ατο, Aor. P. ἀγέρ-θη, 3. Pl. ἤγερ-
θεν, ἄγερ-θεν, Med. ἀγερ-όμην, Inf. ἀγέρ-έσθαι, Part. ἀγρ-όμενος)³);
ἄγερ-σι-ς f. Versammlung; ἀγερ-μό-ς m. das Herumziehen (bettelnder
Priester); ἀγερμο-σύνη f. Versammlung der Bacchantinnen (Opp. Cyn.
4. 251); (ἀγερ-jo) Ἄγερρο-ς ein Makedone (Arr. 3. 23. 9)⁴). —
ἀγορ-ά, ion. -ή f. (ἄγορο-ς m. Eur. 4mal, lyrisch) Versammlung,
Versammlungsplatz, Marktplatz, Markt, verkäufliche Sachen, Verkauf (Strasse, LXX. N. T.), ἀγορῆ-θεν aus der V., ἀγορήν-δε zur
V. (καλεῖν), ἀγορα-ῖο-ς deu Markt betreffend, auf dem M. verkeh-
rend, pöbelhaft, gemein; ἀγορά-ο-μαι in der Versammlung reden,
ἀγορη-τή-ς m. Redner, Sprecher in der V. (Od. nur 20. 274),
ἀγορητύ-ς (ύ-ος) f. Redegabe, Beredsamkeit (Od. 8. 168); ἀγορ-
εύ-ω = ἀγοράομαι, att. auch überhaupt: sprechen, sagen; ἀγο-
ρά-ζω auf dem Markte sein, kaufen (ἀγοράσδων = ἀγοράζων Theokr.
15. 16), ἀγορα-σ-τό-ς· ὤνιος (Lex.), ἀγοραστ-ικό-ς den Handel betreffend, ἀγορασ-τή-ς m. Käufer, ἀγορασ-μό-ς m. das Kaufen, ἀγόρασ-
μα(τ) n. Pl. (ὤνια und αὐτὰ τὰ ἠγορασμένα = Waaren, Lex.);
ἀγορασείω kaufen wollen (Schol. Ar. Ran. 1100); ὑψ-αγόρης hoch-,
stolz-redend, prahlend (Od. 4mal). — ἀ-γυρ (äolisch): ἄγυρ-ι-ς f.
Versammlung, Menge; ἀγύρ-τη-ς m. herumziehender Sammler, Bettler, Gaukler, Betrüger (ἔστι δὲ καὶ ὁ συναγείρων ὄχλον Hes.; οἱ
τὰ χρήματα ἀγείροντες ἑαυτοῖς ὀνόματι δαίμονος, οἷον 'Ρέας Et. Gud.),
ἀγ-αγύρ-τη-ν· ἀγύρτην Hes.; ἀγυρτά-ζω (ἀγυρτάζει· συλλέγει, ἀγείρει
Hes.) einsammeln, zusammenbetteln (χρήματα Od. 19. 284); ἀγυρτ-
εύ-ω betteln (Suid.), ἀγυρτε-ία f. Bettelei, ἀγυρ-τευ-τή-ς (= ἀγύρτης) Tzetz.; ἀγυρ-τήρ (τῆρ-ος) id. (Man. 4. 218), fem. ἀγύρ-τρ-ια
(Aesch. Ag. 1246); ἀγυρ-τί-ς (ίδ-ος) Tzetz.; ἄγυρ-μα(τ) n. das Ge-
sammelte. — ὁμ-ήγυρ-ι-ς f. (dor. ὁμ-άγυρι-ς Pind. I. 6. 46) = ἄγυ-
ρις (Il. 20. 142), ὁμηγυρίζομαι (ὁμηγυρίσασθαι Od. 16. 376) versammeln; παν-ήγυρ-ι-ς f. Versammlung des ganzen Volkes, bes.
Festversammlung, πανηγυρι-κό-ς zur Volksvers., zum Volksfeste
geh. (λόγος Festrede, Lobrede, panegyricus, bes. die Festrede des
Isokrates zur Verherrlichung Athens und zur Herstellung der Eintracht im Kriege gegen die Perser, vollendet 381 v. Chr., vgl.
Plut. dec. oratt. d. p. 387 F.: τὸν πανηγυρικὸν ἔτεσι δέκα συν-
έθηκεν, οἱ δὲ δεκαπέντε λέγουσιν), πανηγυρίζω eine παν. bilden, ein
Volksfest feiern, eine Lobrede halten, πανηγυρισ-τή-ς m. der eine
παν. begeht, πανηγυρισ-μός m. das Beg. einer παν. — ἀ-γελ:
ἀγέλ-η f. (Zusammengetriebenes =) Heerde⁵) (bei den Kretern

und Spartanern die Abtheilungen der Knaben, welche zusammen
erzogen wurden), ἀγελη-δόν heerdenweise; ἀγελα-ῖο-ς von der H.,
heerdenweise lebend, zum grossen Haufen geh., gemein; ἀγελή-τη-ς
id. (Lex.), ἀγελά-τη-ς m. Aufseher der Knabenabtheilungen; ἀγελά-
ζομαι heerdenweise leben, ἀγελα-σ-τ-ιχό-ς in Heerden lebend, ge-
sellig (ζῶον, βίος), ἀγέλασ-μα(τ) n. Schaar (νούσων Procl. h. in
Minerv. 43).

    gar + g[ar]. — γορ-γ-ό-c· εὐκίνητος, ταχύς. γόργ-ευσον·
τάχυνον, σπεῦσον Hes.

    gar + g[ar]. — grĕ-g: **grex** (grĕ-g-is) m. (f.) Heerde, Schaar
(greges ex Graeco dicti, quos illi γέργερα solent appellare Paul. D:
p. 97)[6]), greg-āli-s, greg-āriu-s zur H. geh., gemein; (*greg-u-s)
greg-ā-re schaaren, ab-gregare (est ab grege ducere Paul. D. p. 27.
7. M.), gregā-ti-m heerden-, schaarenweise; **e-grĕg-iu-s** aus der
Menge ausgewählt = vortrefflich, vorzüglich, herrlich, egregiā-tu-s
(tüs) m. Herrlichkeit (Titel in der spätern Kaiserzeit).

    Brugman St. VII. 309. 17). 349. 57). — C. V. I. 307. 27). — F. W.
59. — Fritzsche St. VI. 287. 291. — 1) C. V. I. 306. 22). 307. 27):
„wohl ein intransitives Intensivum". — 2) B. Gl. 442b: *har prehendere;
fortasse = āharāmi cum γ = h, sicut in γίννς = hannì.* — 3) C. V. l. c.
II. 14. — 4) Fick KZ. XXII. 216. — 5) Sch. W., S. W., Pape W. s. v.
von ἄγω. — 6) Richtig Klotz W. s. v.: verwandt mit ἀγείρω, γάργαρον
Schaar.

    5) **GAR** a) intrans.: zerbrechlich, morsch werden; wel-
ken, verschrumpfen; b) trans.: reiben, zerreiben, zerklei-
nern, aufreiben, altern machen. — Skr. **g̃ar** (Nbf. g̃ur)
gebrechlich werden, in Verfall kommen, sich abnutzen, morsch
werden, altern u. s. w.; caus. aufreiben, abnutzen, verzehren, altern
machen (PW. III. 47. 123).

    gar. — γερ: (γερ-οντ eig. Part. Präs.) γέρ-ων (οντ-ος) m.
der Alte, Greis, οἱ γέροντες die Volksältesten, die Angeschensten
im Volke (als Adj.: γέρον σάχος Od. 22. 184, von dem alten, ge-
borstenen, mit Schmutz und Moder bedeckten Schild des Laërtes),
Demin. γερόντ-ιο-ν n. altes Männchen; γερόντ-ειο-ς (Poll. 2. 13),
-ιχό-ς, -ιαῖο-ς (Eust.) den Gr. betr.; γεροντ-ία-ς m. Grossvater von
väterl. Seite bei den Lakedämoniern, γεροντιά-ω altern (D. L. 3.
18); γεροντ-εύ-ω Senator sein (Inscr.); (γεροντ-ια) γερουc-ία Raths-
versammlung der Alten, Senat (in Sparta: γεροντ-ία), = πρεσβεία
Gesandtschaft (Eur. Rhes. 936), γερούσ-ιο-ς die Greise betreffend
(ὅρχος Il. 22. 119), οἶνος Ehrenwein (Il. 4. 259. Od. 13. 8); δημο-
γέρων der Volksälteste (Il. 3. 149), vom Königssohn Ilos (Il. 11. 372);
δρυψο-γέρων abgeschabter, alter Greis (Hes.); νωδο-γέρων zahnloser
Greis (Poll. 2. 16). — (γερ-ην) γερ-ήν-ιο-c (ἱππότα Νέστωρ, οὖρος
Ἀχαιῶν (vgl. σειρ-ήν, λειχ-ήν, σειλ-ηνό-ς oder *γερ-ηνη Alter, vgl.

γαλ-ήνη, εἰρ-ήνη)¹). — (γερ-ᾰϜο): γραό-ς· γραῦς, γυνὴ γηράσασα Hes.. — γεραϜ-ιο: γερα-ιό-ς (γερα-λεό-ς Aesch.) alt, hochbejahrt (οἱ γεραίτεροι die Aelteren, Volksältesten); ion. γρή-ϊο-ς, γρη-ΐη greis, alt, att. γρα-ῖο-ς, γρα-ῖα; (γερ-αϜι vgl. καραβίδες Hes.) γραῦι-ς (Callim. E. M. 240. 5), poet. γρηῦ-ς, ion. γρηῦ-ς, att. γραῦ-ς (γρᾶ-ός, γρᾶ-ΐ, γρᾶ-ες u. s. w.; das auslaut. ι des Stammes abgefallen wie in den meisten Casus der Fem. auf -αϜι) f. 1) Greisin, alte Frau, alte Jungfer, 2) die runzelige Haut, welche sich über Milch, Brei u. dgl. bildet, Demin γραΐδ-ιο-ν altes Mütterchen, γραιό-ο-μαι zum alten Weibe werden (Schol. Theokr. 5. 121). — (γραυ-καλο = culo) γραύ-καλο-ς (γραυκάλας) ὄρνις τεφρός Hes. (a colore cineraceo sive ravo, quasi γραῖος gravastellus. Guttur. κ accessione increvisse videtur Lob. Prol. p. 92)²). — (γηϱ-ας) γῆρ-ας (Gen. γήρα-ος, att. γήρως, Dat. γήρα-ϊ, att. γήρᾳ) n. Greisenalter (γῆρ-ος späte Form, Dat. γήρει N. T.); abgestreifte Schlangenhaut³); ἀ-γήρα-ο-ς, -ο-ν, att. ἀ-γήρω-ς, -ν nicht alternd, unvergänglich; γηρά-σκω, γηρά-ω (Fut. γηρά-σομαι, seltner γηρά-σω, Aor. ἐ-γήρα-σα, ἐ-γήρᾶ-ν, Inf. γηρᾶ-ναι, Part. γηρά-ς, Dat. γηράντ-εσσι Hes. Op. 188, intr. γηρ-εί-ς gealtert Xenophan. fr. 8 B.³, Perf. γε-γήρᾶ-κα) altern, alterschwach werden⁴); γήρα-μα(τ) und γήρ-ειο-ν n. die Federkrone auf dem reifenden Samen einiger Pflanzen.

gur, gru. — γῦρ-ι-ς f. feines Weizenmehl (pollen)⁵), γύρ-ί-τη-ς (sc. ἄρτος) das aus feinem W. bereitete Brot (γυρίτας· αὐτοπύρους ἄρτους Hes.), γῦρ-ίνη f. eine Kuchenart (Luc. Trag. 157). — γρῦ n. (Wurzelnomen, vgl. κάρ, κρῖ, κνῦ) eig. das Zerriebene, ein Körnchen, Stäubchen, Schmutz unter den Nägeln (ὁ ἐν τοῖς ὄνυξι βραχὺς ῥύπος Lex.), überhaupt: alles Kleinste und Feinste (οὐδὲ γρῦ ne granum quidem, ne minimum quidem); γρύ-τη f. altes abgenutztes Zeug, Gerümpel, Tand, Trödelwaare (σκεύη, λεπτὰ σκευάρια Lex.); γρυμ-αία, -εία, -έα id.

gar + gar: γερ-γέρ-ιμο-ς verschrumpft, abfällig, von überreifen Früchten (Oliven, Feigen). — ga[r]-gar: γί-γαρ-το-ν n. Kern der Weinbeere; γίγαρτ-ί-ς getrocknete Weinbeere, Rosine; (γα-γλ-ίϑ) ἄ-γλ-ίϑ-ες f. die einzelnen Kerne des Knoblauchs, welche den ganzen Kopf oder die ganze Zwiebel (γελγίς) bilden⁶); ἀ-γλ-ίδ-ια· σκόροδα (Hes.). — ga-n-gar: (γα-γ-γορ-α) ἄ-γ-γορ-α· ῥάξ. σταφύλη Hes.; γό-γ-γρ-ο-ς m., γο-γ-γρ-ώνη f. knorriger Auswuchs an den Bäumen (Theophr. Galen.). — gar-g[ar]: γελ-γ-η n. Pl. kleine kurze Waaren, Plunder, Tand; γελ-γ-ί-ς (ίδ-ος, ίϑ-ος) f. Kopf des Knoblauchs, Pl. αἱ γέλγεις (Theophr.) die Kerne im Knoblauchskopf⁶); γελγιδ-ό-ο-μαι an der Wurzel Kerne ansetzen.

gar. — grū: grä-nu-m n. Körnchen, Korn, Kern⁷), Demin. grānū-lu-m; gran-āria n. Pl. Kornböden, Kornkammern, gran-ōsu-s voll Körner, Kerne, gran-ū-tu-s mit K. versehen, granā-ti-m körner-

weise (App.); *grān-ca* (erg. *puls*) f. Speise aus gestossenen Ge-
treidekörnern (Cato r. r. 86); *Grān-iu-s* Bein. einer röm. gens.

Brugman St. IV. 146. VII. 296 ff. — Clemm. St. III. 294 ff. —
C. E. 175 f. — F. W. 59 f. — 1) Düntzer KZ. XII. 9 (vgl. C. E. 176).
— Goebel Hom. p. 13 f.: γέρων + W. ἀν altersstrahlend, altersfrisch.
— Andere von der Stadt oder dem Bezirk Γερηνία in Lakonien am
Messenischen Meerbusen, wo Nestor entweder geboren war oder wohin
er sich bei der Zerstörung von Pylos flüchtete. — 2) Curtius St. Ia. 259.
— Fritzsche St. VI. 342: *kar* tönen = τρυκ. — 3) PW. III. 52: *ǵarāju*
γῆρας abgestr. Schlangenhaut. — 4) C. V. I. 193. 57). 277. 8). II. 328. 333.
— 5) Hehn p. 481: mahlen (von der kreisrunden Bewegung beim Drehen
der Handmühle). — 6) Brugman St. VII. 309. 16). — C. E. 174. — Hehn
p. 173. — 7) B. Gl. 149a. — Corssen N. 87 f. — C. E. 113. 176. —
F. W. 356; Spr. 317.

6) **GAR, GUR** krümmen, runden, drehen, schlingen.

gar, gur. — (*ǵερ-σο-ν*) γέρ-ρο-ν (*γάρσανα· φρύγανα. γάρκαν·
ῥάβδον. Μακεδόνες* Hes.) n. Ruthen-, Reisergeflecht (urspr. vielleicht: Ruthe, Reis)[1]), γερρ-άδια n. Pl. Decken von Flechtwerk
(Lex.). — (*γυρ-Ϝο:*)[2]) γῦρ-ό-ϲ (*γύρ-ιο-ϲ*) krumm, gewölbt, bucklig
(*ὤμοισιν* Od. 19. 246 rundschulterig); γῦρ-ο-ϲ m. Krümmung,
Kreis, runde Grube, γυρό-ω krümmen, rings umgeben, γύρω-σι-ϲ
f. das rings Umgraben; *Γῦραι πέτραι* runde Meeresfelsen (wo der
lokrische Aias Schiffbruch litt). — γύλ-ιο-ϲ (*γυλιό·ϲ*) m. (der geflochtene) Tornister der Soldaten (*εἶδος πήρας στρατιωτικῆς, ἐν ᾧ ἦν
σκόροδα καὶ κρόμμυα* B. A. 228). — γαυλ-ό-ϲ m. rundes Gefäss,
Eimer, Krug, Bienenkorb, γαυλ-ί-ϲ (*ἰδ-ος*) f. id. (Opp. Cyn. 1. 126);
γαῦλ-ο-ϲ m. rundes (phönicisches) Kauffahrteischiff. — γωρ-υτό-ϲ m.
Bogenbehälter (Od. 21. 54) (vgl. hom. ὤλξ neben αὐλαξ)[3]); γωλ-
εό-ϲ m. (Pl. auch *τὰ γ.*) Schlupfwinkel, Wildlager[4]); *γωλιοί· σπή-
λαια. καὶ αἱ πρὸς θάλασσαν καταδύσεις* Hes.

gur + g[ur]: γύρ-γ-αθο-ϲ m. aus Weiden geflochtener Korb,
Fischerreuse. — **ga-n-gur:** (*γα-γ-γούρ-ιο-ν*) ἀ-γ-γούρ-ιο-ν (*ἄγγου-
ρο-ν*) n. Wassermelone; γο-γ-γύλ-ο-ϲ (*γογγύλον· στρογγύλον* Hes.)
rund; γογγύλ-η, γογγυλ-ί-ϲ f. runde Rübe; γογγυλίδ-ιο-ν n. Pille,
γογγυλίζω abrunden (Schol. Ar. Th. 56), *γογγυλεῖν· συστρέφειν.
γόγγυλσιν· συστροφήν. γογγυλεύματα· στρογγυλεύματα* Hes.; γογγυλ-
ώδης rundlich (Schol. Ar. Pax 789); (*γα-γ-γάλ-ιο-ν* Hes.) γά-γ-
γλ-ιο-ν n. Nerven-verschlingung, -verwebung; γί-γ-γλυ-μο-ϲ m.
Vergliederung, Gelenk (*ὁ στρεφόμενος γόμφος ἐπὶ τῶν θυρῶν. καὶ
ἐπὶ τοῦ θώρακος οἱ στροφεῖς, καὶ φιλήματος εἶδος* Hes.), γιγγλυμό-
ο-μαι gelenkartig in einander greifen (Hippocr.), γιγγλυμω-τό-ϲ ver-
gliedert (Mathem.). — **ga-n-g[ar]:** γα-γ-γ-άμη f., γά-γ-γ-αμο-ν n.
kleines Fischernetz, γαγγαμ-εύ-ϲ m. Fischer.

gur. — (*gur, gvur*) būr-a f., būr-i-s m. (vgl. W. *ga, gva, ba*
pg. 184) das krumme Hintertheil des altröm. Pfluges, Krummholz[5]).

— **gar-g**[ar]: (glo-g, glo-gv) **glŏ-b-u-s** m. Kugel, Klumpen, klumpen-förmige Masse[6]), Demin. globŭ-lu-s (vgl. schweizer. krugele Kugel), glob-ōsu-s kugel-förmig, -rund, globā-re abrunden, zur Kugel ge-stalten, massenweise zusammendrängen; **glē-b-a** f. Scholle, Erd-stück, Masse, Klumpen[6]), Demin. glebŭ-la, gleb-āli-s, -āriu-s zur Sch. geh., gleb-ōsu-s voll Sch., gleb-ā-ti-ō(n) f. Aeckerabgabe, Grund-steuer (Cod. Theod.); (*glo-b-mo, *glo-b-m-es) glō-m-us (Lucret. I. 360. B.), **glŏ-m-us** (ĕr-is) n. Knäuel, Kloss (= globus) bei Opfern (Paul. D. p. 98), gekochter Kloss (Cato r. r. 79, Varro l. l. 5. 107)[6]), (*glomer-u-s) glomerā-re knäuelartig ballen, rund machen, zusammen-pressen, -drängen, glomerā-ti-m haufenweise, glomerā-ti-ō(n) f. knäuelförmige Bewegung der Schenkel, Trott bei Pferden (quibus mollis alterno crurum explicatu glomeratio Plin. 8. 42), glomerā-men (mĭn-is) n. Rundung, concret: Kugel, glomerā-bĭli-s gerundet, rund (Manil.); glomer-ōsu-s knäuelartig, rund gedrängt (apes Colum 9. 3. 1).

Brugman St. VII. 305 ff. — C. E. 174. — F. W. 65. 356 f. 1061. — Fritzsche St. VI. 315. — 1) Fick KZ. XXII. 203. — 2) Vgl. Christ p. 278. — 3) Christ p. 230: rar bedecken = Ϝωρυτό-ς, verwandt mit ἐρύομαι. — 4) F. W. 357: gälja Lager eines Thieres. — 5) Frochde KZ. XXII. 255. — 6) Brugman St. VIII. 314. — Corssen B. 248: glŏ-mus (= glob-mo, glob-m-os) Knäuel, Kloss (bei Opfern, Paul. D. p. 98), glob-u-s m. Kugel, ein gekochter Kloss in der Sprache des Landvolkes (Cato r. r. 79). — PW. II. 869: glau etwa Ballen, kropfartiger Auswuchs. Vielleicht ver-wandt mit globus, glomus. — Corssen I. 455: skrabh graben: (screb-a, greba) glēbā gegrabener Erdklump, Scholle, Ackerstück.

7) **GAR** fallen, gleiten; fallen oder entgleiten lassen, werfen. — Skr. **gal** 1) herabträufeln, 2) herabfallen, abfallen, 3) wegfallen, verschwinden; caus. 1) durchseihen, durchsieben, 2) flüssig machen, auflösen, schmelzen (PW. II. 709, Verbess. pg. II).

gar, gal. — **gla** (herabträufeln): γλά-μη, γλή-μη, λή-μη (γλα-μό-ς· μύξα Hes.) f. die aus den Augen fliessende und in den Augenwinkeln gerinnende Feuchtigkeit, Augenbutter[1]), Dem. γλημ-ίο-ν; γλαμά-ω, λημά-ω triefäugig sein, λημό-τη-ς f. Triefäugigkeit (lippitudo), λημο-λέο-ς triefäugig, γλάμ-ων (ον-ος), γλαμ-ώδης, λημ-ώδης id. — (gvar, gval:) βαλ: (βαλ-jω) βάλλω (ark. ζέλλω, δέλλω; vgl. Ϝζελεν· ἔβαλεν. διαδέλλειν· διασπᾶν Hes.; ἐς-δέλλω· ἐκ-βάλλω Inscr. Teg.) trans. werfen, schleudern, treffen, intrans. fallen, stür-zen, rennen (St. βαλ: Fut. βαλῶ, Aor. ἔ-βαλ-ο-ν, βάλ-ο-ν u. s. w.; St. βολε: ep. Perf. βε-βόλη-μαι [-αται], -μένο-ς; St. βλη: Perf. βέ-βλη-κα, -μαι, Aor. Pass. ἐ-βλή-ϑη-ν [nicht bei Hom.], hom. ἔ-βλη-το, βλῆ-το [wurde getroffen], Inf. βλῆ-σϑαι, Part. βλή-μενο-ς, Conj. βλή-εται [st. βλήηται], Opt. βλεῖο [βλε-ίη-ς = cadas Epicharm. fr. 154], Fut. συμ-βλή-σεαι)[2]); βαλλητύ-ς f. λιϑίνη das Werfen mit

Steinen (Ath. 9. 406 d). — βάλ-ανο-ς f. (Aesop. 123 m.) Eichel, Zapfen (die Eichel gleichsam die herabfallende oder herabgefallene Frucht, κατ᾽ ἐξοχήν· τὸ βαλλόμενον, τὸ πῖπτον ἀπὸ τοῦ δένδρου. vgl. *et quae deciderant patula Iovis arbore glandes* Ov. M. 1. 106)[3]), Demin. βαλάν-ιο-ν n. Eicheltrank, Pille, Seifenzäpfchen, βαλανί-τη-ς eichel-artig, -förmig, fem. βαλανῑ-τι-ς eine Art Kastanien (Plin. h. n. 15. 25), βαλάν-ινο-ς aus E. gemacht; βαλανό-ω die Thür durch den Zapfen verschliessen (βεβαλανῶσθαι verstopft sein, Aristoph.), βαλανω-τό-ς mit dem Z. versehen; βαλανο-ειδής, βαλαν-ώδης eichel-artig; μυρο-βάλανο-ς f. *glans unguentaria*, Behennuss? (Arist. pl. 2. 10). — βελ: βέλ-ος, βέλ-ε-μνο-ν (vgl. μέδ-ι-μνο-ς, τέρ-α-μνο-ς) n. Geschoss, Pfeil, Wurfspiess (Hom. nur Pl. Il. 3mal); ὀξυ-βελής (ὀξὺ βέλος ὤν) scharfgespitzt (οἰστός Il. 4. 126), spitz, scharf, rauh; βελ-όνη f. Nadel, Spitze, Hornhecht, Demin. βελόν-ιο-ν n. (Eust.), βελον-ί-ς (ίδ-ος) f. id.; βελονο-ειδής nadelförmig (Galen.). — βολ: βολ-ή f., βόλ-ο-ς m. Wurf, Demin. βόλ-ιο-ν n. Würfel (Lex.); βολ-ί-ς (ίδ-ος) f. Wurfgeschoss, Senkblei, βολίζω das S. auswerfen (N. T.), βολισ-τ-ικό-ς mit Netzen zu fangen (Plut.); βολ-εύ-ς m. Werfer (Tzetz.); ἄ-βολο-ς (α copul.) zusammenkommend, erreichend; (== *ἀμφ-βολο-ς) Umwurf (αἱ ἄβολοι erg. στολαί; lat. *abolla*); ἀ-βολέω begegnen; ἀνα-, dor. ep. ἀμ-βολάδην aufwallend, aufsprudelnd (Il. 21. 364), ἀμ-βολο-γήρα f. das Alter aufschiebend, Bein. der Venus (Paus. 3. 18)[4]); ἑκατη-βόλο-ς weithin oder aus der Ferne treffend (Bein. des Apollon, der Artemis, h. 8. 6), ἐπεσ-βόλο-ς mit Worten um sich werfend, Zungendrescher (λωβητήρ Il. 2. 275), ἐπ-ήβολος (== ἄβολος w. s.) theilhaftig, habhaft (Od. 2. 319); ·ὠκυ-βόλο-ς schnell werfend, schiessend, treffend; λιθο-βολέ-ω mit Steinen werfen, steinigen (LXX. N. T.). — βλη (Metathesis): βλη-τό-ς (βελ-τό-ς· βλη-τό-ς Hes.) geworfen, getroffen, βλή-ς (βλητ-ός) poet. id., meist in Compos., βλή-δην wurfweis, werfend (Hes.), ἀνα-βλήδην, dor. ep. ἀμ-βλήδην == heraufwerfend, anhebend (γοᾶν) d. i. mit heftigem Ausbruche (Il. 22. 476); βλῆ-μα(τ) n. Wurf, Schuss, Geschoss, Pfeil.

gar, gal. — *gra, gla*: grā-m-iae, *glā-mae* (Paul. D. p. 96) == γλάμη[1]), *grami-ōsu-s* eiterig; (*gal-an-* == βαλ-αν-, *gal-an-di*) **glan-s** (*glandi-s*) f. Eichel[5]), Kugel (aus Blei oder Thon, zum Schleudern auf die Feinde), *gland-āriu-s* zur E. gehörig; Demin. *gland-ǔ-lae* f. eig. kleine Eicheln == Mandeln am Halse (*tonsillae*), Drüsen, *glandul-ōsu-s* voll Dr.

gru. — **gru-ĕre**[5]): *con-gruo* zusammen-fallen, -laufen, -treffen, *congruent-ia* f. Uebereinstimmung, Harmonie, *congru-u-s* übereinstimmend, harmonisch; *in-gruo* herein-fallen, -stürzen, -brechen; **grō-ma** (*grū-ma*) f. Messstange, übertr. Mittelpunkt des Lagers, wo die M. eingesteckt wurde, (*gromā-re*, *gromā-tu-s*) *gromāticu-s* zum Lager- oder Feldmessen geh.

C. E. 467. 476. — F. Spr. 234. 319. — Siegismund St. V. 199. 15).
— 1) F. W. 449: *grāmā*, *grāmia* f. Augenbutter. — Siegismund St. V.
163. 60: *fortasse e radice gal splendcre.* — 2) C. V. I. 190. 43). 300. 2).
389. II. 15. — 3) C. E. 468; de nom. gr. form. 53. — F. W. 356. —
Windisch KZ. XXI. 246. — 4) Meyer St. V. 107. — 5) F. W. 1061. 1074;
Spr. 318. — Corssen B. 457; N. 242 f.: *skra* schreiten: *kra*, *gra-d*,
gru (vgl. *ska*, *ska-d*, *sku* decken) vgl. got. *screi-tan* schrei-ten. — Kuhn
KZ. VII. 61 ff.: *dru* laufen; *dr* zu *gr* (vgl. *nd* zu *ng*: niederd. *kinder* =
kinger).

_ _ _ _ _ _

8) GAR heiter, hell sein, glänzen. — Skr. **gval** hell
brennen, flammen; verbrennen, glühen, leuchten; caus. in Flammen
setzen, glühend machen, erleuchten; **gūrv** durch Glut verzehren,
versengen, verbrennen (PW. III. 129. 169).

gar, gal. — γαλ: γαλ-ήνη (*γαλήν-εια* Eurip.) f. heiteres
Wetter, Wind-, Meeres-stille; übertr. Ruhe, Heiterkeit; Bleierz
(*plumbago*) (Plin. h. n. 33. 6), γαλην-ός (poet. -αῖος, γαλήν-ιος Luc.
Halc. 2) windstill, ruhig, heiter, γαληνό-τη-ς (τητ-ος) f. Ruhe, Heiterkeit; γαληνι-άω (-όω E. M.) w. r. h. sein; γαληνί-ζω w. r. h.
machen, γαληνι-σ-μό-ς m. Ruhe (Epic. bei Diog. L.), γαλην-ώδης
wie meeresstill (Schol. Aesch. Pr. 139); γαλ-ερό-ς heiter, vergnügt.
— γελ: (γελε) γελεῖν· λάμπειν. ἀνθεῖν Hes.; Γελέ-ο-ντ-ες eine der
vier alten attischen Phylen (*Γελέοντες, Αἰγικορεῖς, Ἀργαδεῖς, Ὅπλητες*)
= die Leuchtenden, Glänzenden, Vornehmen (vgl. *Luc-um-ones* bei
den Etruskern)[1]; (γελ, γελα:) γελά-ω lachen (== heiter sein)
(Fut. γελά-σομαι, spät γελάσω, Aor. ἐ-γέλα-σα, ep. (ἐ)γέλασσα; Part.
Pr. Od. γελόωντες, γελώωντες); γελα-σ-τό-ς belachenswerth, lächerlich,
γελαστ-ικό-ς zum Lachen geneigt, γέλα-σι-ς f. das L. (E. M.), γελάσι-
μο-ς lächerlich; γελα-σ-τή-ς m. Lacher, Verl., fem. γελάσ-τρ-ια (Schol.
Ar. Th. 1059); γελα-σ-ῖνο-ς == γελαστής; οἱ γελασῖνοι sc. ὀδόντες
die vorderen Schneidezähne, die man beim L. zeigt (*nec gratu est
facies, cui gelasinus abest* Mart. 7. 25. 6 die beim Lachen sich
bildenden Wangengrübchen, γραμμαὶ αἱ ἐκ τοῦ γελᾶν γιγνόμεναι
Suid.); γέλασ-μα(τ) n. das L. (κυμάτων Geplätscher); γελᾱ-νή-ς
lachend, heiter (Pind.); desid. γελασείω lachen mögen (Plat. Phaed.
64b); (γελο) γελο-ῖο-ς (γελοίο-ς Il. 2. 215) lächerlich, γελοιό-τη-ς
f. Lächerlichkeit; γελοιά-ζω lächerliche Dinge sagen, Spass machen,
γελοια-σ-τή-ς m. Spassmacher, γελοια-σ-μό-ς m. das Sp.; γέλ-ως
(ωτ-ος, hom. Dat. γέλῳ, Acc. γέλω) m. das Lachen, Gelächter;
κλαυσί-γελως Lächeln unter Thränen (Xen. Hell. 7. 2. 9; vgl. dort
das eben vorhergehende: γυναῖκας χαρᾷ δακρυούσας).

gvar. — (*gur, gru*) γρυ: γρύ-ω glühen, schmelzen (οὔτε ὁμοίως
γρύσει ἡ θερμότης Arist. probl. 4. 2), γρῡ-νό-ς, γρου-νό-ς m. Brand,
Fackel (Lycophr.). — (*garv, galv*) γλαϜ: γλαυ-κό-ς glänzend, licht,
schimmernd (die Farbe entsteht: κυανοῦ λευκῷ κεραννυμένου Plat.
Tim. 68. c), Γλαῦκο ς (der Glänzende) Sohn des Sisyphos und der

Merope, Sohn des Hippolochos; Γλαύκη eine Noreide (Il. 18. 39); γλαῦκο-ς m. ein bläulicher Seefisch, Dem. γλαυκ-ίδιο-ν n. id., γλαυκ-ίσκο-ς m. id.; γλαύκ-ιο-ν n. eine bläul. Pflanze, ein blauäugiger Wasser-vogel; γλαυκό-τη-ς f. bläul. Farbe; γλαυκό-ω blau machen, Med. bläu-lich werden; bes. vom Auge: befallen werden vom γλαύκω-μα(τ) n. bläul. Haut über dem Augenstern, später auch Staar, γλαύκω-σι-ς f. das Erblinden durch das γλαύκωμα (Hippocr.); (γλαυκ-jω) γλαύσσω leuchten, glänzen (Lex.); δια-γλαύσσουσιν· ἀντὶ τοῦ φωτίζουσιν ἢ δια-λάμπουσιν, ὅθεν καὶ ἡ Ἀθηνᾶ γλαυκῶπις, καὶ γλήνη ἡ κόρη τοῦ ὀφθαλμοῦ, παρὰ τὸ γλαύσσειν, ὅ ἐστι λάμπειν. καὶ Εὐριπίδης ἐπὶ τῆς σελήνης ἐχρήσατο 'γλαυκῶπίς τε στρέφεται μήνη' (Schol. Apollon. Rhod. I. 1280); (γλαυκ-jο-ν) γλαυσόν· λαμπρόν (Hes.); γλαυκι-άω (ausser Opp. Cyn. 3. 70 nur) Part. γλαυκιόων funkelnd, mit fun-kelndem Blick (vom Löwen, Il. 20. 172); γλαυκίζω bläulich aus-sehen. — γλαῦξ (γλαυκ-ός) f. Eule (wohl vom scharfen Blick, vgl. σκώψ; vgl. ἀπὸ τοῦ γλαύσσω Schol. Il. 17. 172), γλαύκ-ειο-ς von der E. (Arcad. p. 44. 15). — (γλαϝ-να, -νο:) γλή-νη f. Augenstern, Pupille, Augapfel; verächtlich: Puppe, Püppchen (κακὶ γλήνη Il. 8. 164)[2]); γλῆν-ος (ους) n. Schaustück, Prachtstück[2]). — (galva):· (γαλ-ο-ϝο, γαλ-ο-ω; ω Ersatzdehnung) γαλ-ό-ω-ς, att. γάλω-ς (Suid. γαλοώ-νη) f. Mannesschwester, Schwägerin[3]) (ἡ τοῦ ἀνδρὸς ἀδελφή τῇ ἐκείνου γυναικί Poll. 3. 32) = die heitere, angenehme, er-heiternde (vgl. andere Schmeichelnamen der angeheirateten Ver-wandten, belle socur); vgl. γέλαρος (phryg.)· ἀδελφοῦ γυνή Hes. [γάλον Phot. Cod. 279].

ga[r] + gar. — (γα-γαλ) (ἀ-γαλ-jω) ἀ-γάλλω verherrlichen, schmücken, Med. prangen, prunken, sich erfreuen[4]); ἄγαλ-μα(τ) n. (πᾶν ἐφ' ᾧ τις ἀγάλλεται Lex.) Prachtstück, Schmuck, Kleinod[5]), Demin. ἀγαλμάτ-ιο-ν n., ἀγαλματ-ία-ς bildschön (Philostr.); ἀγαλλιάω sich freuen, jauchzen, ἀγαλλία-σι-ς f., -μα(τ) n. Freude (Eccl. N. T.). — (γα-γλα) ἀ-γλα-ό-ς glänzend, herrlich, prangend[4]), ἀγλα-ΐα, ion. ἀγλα-ΐη f. Glanz, Herrlichkeit, äussere Schönheit, tadelnd: Prunk, Hoffart, Ἀγλαΐη Gemalin des Charopos, Mutter des Nireus (Il. 2. 671); ἀγλαΐ-ζω schmücken, Med. glänzen, prangen, ἀγλαΐσ-μό-ς m., ἀγλάϊσμα(τ) n. Zierde, Schmuck. — (γα-γιλ) (ἀ-γιλ-η) αἴγλη f. Glanz[6]), αἰγλή-ει-ς glänzend, αἰγλή-τη-ς m. Apollo (der Strahlende), αἰγλάζω erleuchten (Man. 4. 264). — gar-g[ar]. — (γαλ-γ, γλα-γ) λο-γ-άδ-ες f. das Weisse im Auge (Nic. Ther.), auch das Auge selbst (Paul. Sil.)[4]).

gar, garv[7]). — gal: gel-u (ūs) n. Frost, Kälte, Erstarrung[8]), gelī-du-s frostig, kalt, eiskalt, starr; gelā-re gefrieren machen, Med. gefrieren, erstarren (auch gela-sc-ere Plin.), gelā-ti-ō(n) f. Gefrieren, Frost (gelā-tu-s m. Cael. Aur. tard. 4. 3); (*garvu-s gelb, roth-gelb; die Farbe als gebrochenes Licht:) galbu-s hellgelb, gelb-grün (χλωρός Gloss. Philox.), Dem. galbŭ-lu-s grüngelb, Subst. m.

Cypressennuss (Varro r. r. 1. 40. 1), *galbula (avis)* f. die Goldamsel, Pirol; *galb-cu-s* gelblich; *galb-ănu-s*, -*ĭnu-s* gelblich, grünlich gelb, Subst. n. Galban, Mutterharz, *galban-cu-s* aus G. (*odores* Verg. G. 4. 264); **gilvu-s** hellgelb, falb (nur von der Farbe des Pferdes). — (*gal, gil, gvīl*) **bil-i-s** (vgl. *ga, gva, ba* pag. 184) f. Galle, Gallenerguss (die Farbe galt den Römern als eigenth. Eigenschaft der Galle, diese als Sitz der Gemüthsstimmungen und Launen: *atra, nigra bilis* schwarze G., trübe Laune, μελαγ-χολία; *splendida bilis* tolle Laune, Hor. S. 2. 3. 141), *bili-ōsu-s* reich an Galle (*bilis suffusio* Gallensucht, Gelbsucht, *bile suffusus* gallen-, gelbsüchtig). — (*gal-o-vo + Suff. *s*, vgl. *flōs, rōs* — *gl-o-vo-s) **glōs** (*glōr-is*) f. = γαλόω-ς, γάλω-ς[3]) (*viri uxor* Paul. D. p. 98; *fratris uxor* Non. p. 557).

Ascoli KZ. XII. 319. — C. E. 172 f. 177. 562. — F. W. 67. — Siegjamund St. V. 163. 60). — 1) Corssen B. 262. — H. Stein zu Herod. V. 66. 10: Γελεοντες ist noch dunkel. — 2) Brugman St. IV. 144. — Bugge St. IV. 326. — 3) C. E. 173. 562. — F. W. 356. 447; Spr. 235. 319. 412. — 4) Brugman St. VII. 310. 18). — 5) Overbeck Ber. d. k.. sächs. Ges. der Wiss. 1864 p. 247: ἄγαλμα eig. Alles, woran Jemand eine Freude hat, was ihm wohlgefällt, also „Freude, Stolz, Wohlgefallen“. — 6) Brugman St. VII. 310. 18). — C. E. 143. 667: *ag*: ἀγ-*ᾱη*; vgl. Skr. *ag-ni-s*, lat. *ig-ni-s*. — 7) Corssen I. 519 f.; B. 158. 210. — Zu *gilvus* Bopp Gl. 120b: *gāura, gilvus ciecto u diphthongi āu et attenuato ā in i*. — Zu *bīlis* vgl. C. E. 203: nicht zu *ghar* = χόλο-ς, *fel.* „Wie man auch *bilis* auf denselben Stamm zurückführen will, sehe ich nicht, da von *gh* zu anlautendem *b* keine Brücke führt. — 8) C. E. 173: *gal* hell sein, glänzen. — F. W. 1074; Spr. 319: *gal* (europäisch): kalt sein, frieren.

9) **GÁR** schwer sein, stark sein.

1) **garu** schwer. — Skr. *gurú*, schwer, gross, ausgedehnt, wichtig, gewichtig, viel geltend, hochfahrend, ehrwürdig (PW. II. 767).

garu. — **gvaru, varu.** — βαρύ[1]): βαρύ-c schwer, lastend, lästig, beschwerlich, gewichtig, (bes. bei Späteren) vielvermögend, mächtig; βαρύ-τη-ς (τητ-ος) f. Schwere, Last, Lästigkeit, Beschwerlichkeit, βαρύ-ϑ-ω beschwert, belastet sein (Il. 16. 519), (βαρύ-νjω) βαρύνω beschweren, belasten, βαρυν-τ-ικό-ς beschw. machend (bei den Gramm. die die Barytona liebenden Aeoler), βάρυν-σι-ς f. Beschwerde, Plage (Artem. 1. 17); βάρ-ος (ους) n. Schwere, Stärke, Last, Kummer, βαρέ-ω (ark. ἐπι-ζαρέω) = βαρύνω (οἴνῳ βεβαρηότες Od. 3, 139. 19, 122), βάρη-μα(τ) n. Last, βάρη-σι-ς f. Belastung (Iambl.); ἀ-βαρύ· ὀρίγανον (τὸ ἐν) Μακεδονίᾳ (nicht schwer d. h. zu verdauen). — βρι[2]): βρί· ἐπὶ τοῦ μεγάλου Hes.; (*βριο-ς) βριά-ω stark machen, stark sein (Hesiod.); βρι-ϑ-ω (= *βρι-ν-ϑ-ω) (Fut. βρί-σω, Aor. ἔ-βρι-σα, Perf. βέ-βριϑ-α mit Präsensbedeutung) wuchten, schwer belastet sein, strotzen, mit aller Wucht bedrängen, das Uebergewicht haben, überlegen sein; βρι-θύ-c schwer, wuchtig; βρίϑ-ος n., βριϑο-σύνη f. Wucht, Schwere, Last; βρί-ζω (Fut. βρίξω) einnicken, einschlafen, schläfrig, unthätig sein (Il. 4. 223; vgl. οἴνῳ βεβαρηότες), ἀπο-βρίζω (ἀποβρίξας Od. 9, 151. 12, 7) id.; βρί-μη f. Wucht, Grimm, Zorn (ἀπειλή Hes.), βριμη-δόν wuthschnaubend (Nonn.); βρι-μό-ς (μέγας, χαλεπός Hes.) ὄ-βριμο-c, ὀμβριμο-c (ὀβριμό-ει-ς Tzetz.)[3]) wuchtend, gewaltig, stark, Ὄβριμο-ς ein Schriftsteller, Ὀβριμώ, Βριμώ Bein. der Persephone (Lycophr. 698)[4]), βριμά-ω, βριμα-ίνω, βριμό-ο-μαι ergrimmen, βρίμω-σι-ς f. das Zornschnauben (Philodem.); (βρῖ-ϝαρο) βρι-ᾰρό-c wuchtig, schwer (κόρυς, τρυφάλεια), βριαρό-τη-ς f. Stärke (Eust.); Βριάρεω-ς (Ὀβριάρεως Hes. Th.) = der Wuchtige, der hundertarmige Riese (Buttm. Lex. I. 231 „Starkwucht‟). — garva: (γαρϝο) γαῦρο-c (vgl. *νερϝο-ν, νεῦρο-ν, nervu-s) stolz, hochfahrend[5]), ἀ-γαυρό-ς id., γαυρό-ω übermüthig machen (Dio Cass.), sonst Med. -ομαι sich prahlen, brüsten, γαύρω-μα(τ) n. Stolz; γαύρ-ᾱξ (ᾰκ-ος) m. Grossprahler (Hes.); (γαυρ-ιο) γαυρ-ιά-ω übermüthig, stolz sein, γαυριά-μα(τ) n. Hoffärtigkeit (Plut. LXX).

garu. — (*garu-i-s, vgl. tenu-i-s, *garv-i-s) **grăv-i-s** = βαρύ-ς (Adv. gravi-ter; Demin. des Comp. gravius-culu-s Gell. 1. 11); gravi-tā-s f. = βαρύ-τη-ς; gravi-du-s beschwert = schwanger, trächtig, übertr. angefüllt, voll, gravidi-tā-s f.· Schwangerschaft, gravida-re beschweren, schwängern; (*gravu-s) **gravă-re** beschweren, belästigen, drücken, verschlimmern, gravā-ri schwer ertragen, Schwierigkeiten machen, gravā-ti-m mit Schwierigkeit, schwer, gravā-bili-s beschwerend (Cael.), gravā-men (mĭn-is) n. Beschwerlichkeit, körperliche Beschwerde (Cassiod.); grave-sc-ĕre beschwert, schwer, arg werden; (*gravē-rc) **gravē-d-o** (ĭn-is), (gravi-tūd-o) f. Schwere der Glieder, Eingenommenheit des Kopfes, Schnupfen, gravedinōsu-s zum Schnupfen geneigt, Schn. hervorbringend. — gar, gra: **gra-ndi-s** gross, mächtig, stark, grossartig, erhaben[6]), Demin. grandi-culu-s ziemlich gross (Plaut. Poen. 2. 35), grandi-tā-s (tāti-s) f. Grösse u. s. w., grandi-re gross machen (grandire est grandem facere Nonn. p. 115. 1), gross werden (Cato r. r. 141. 2), grandesc-cre gross werden, wachsen; vē-grandi-s (s. dva) = exilis, gracilis, tenuis nicht eben gross, klein, winzig[7]). — gar, gvar: **gur-du-s** (schweren Sinnes) stumpfsinnig, dumm, tölpelhaft[8]); **bar-du-s** id., **bār-ō(n)**, **vūr-ō(n)** m. Tölpel, Dummkopf; barōsu-s (stolidus Glossat.); (gur, gru) **bru-tu-s** schwerfällig (brutum antiqui gravem dicebant Paul. D. p. 31), plump, stumpf, dumm, gefühllos (= ἀναίσθητος)[9]), Brutu-s röm. Zun. in der gens Iunia.

2) **gar** Berg. — Skr. giri m. Hügel, Berg, Gebirge, Zend gairi, Altbulg. gora, böhm. hora (PW. II. 744[10]). Mikl. Lex. 136).
gar, gvar[10]). — (γϝορ, ϝορ:) ϝορ-ϵc: ὦρ-οc dor., οὐρ-οc ion., ὄρ-οc att. n. Berg, Gebirge; Ὀρέσ-τη-ς Sohn des Agamemnon

und der Klytämnestra, ὀρεστ-ιά-ς (ιάδ-ος) bergbewohnend, im Gebirge sich aufhaltend (Νύμφαι Il. 6. 420); ὀρεί-τη-ς (Tzetz.), ὀρεί-
τωρ, ὀρειώ-τη-ς (Πάν Eryc. 5) m. Bergbewohner; (ὀρεσ-ιο) ὄρε-ιο-c
= ὀρεστίας (poet. ὀρέσ-τερο-ς id.); ὑπ-ώρεια, ion. ὑπ-ωρέη (eig.
Adj.) f. Gegend unten am Berge, Fuss des Berges (Il. 20. 218);
ὀρει-ά-ς (άδ-ος) f. id. (αἱ Ὀρειάδες Bergnymphen); (ὀρεσ-νο) ὀρει-νό-c
gebirgig, im Geb. wild wachsend (αἰγιθαλός· διὰ τὸ διατρίβειν ἐν
τοῖς ὄρεσιν Arist. h. a. 8. 3), ὀρει-ώδης bergartig, gebirgig (Eust.);
ὀρεσκεύω sich im Geb. aufhalten (Nic. Th. 43). — St. ὀρ: ὀρ-εύ-c,
ion. ep. οὐρ-εύ-ς m. Bergsteiger, Bergthier, Maulthier[11]), ὀρ-ικό-ς,
(spät) ὀρ-εικό-ς vom M., dazu gehörig (ζεῦγος M.gespann). —
(Βορ-jα-ς, j = ε) Βορ-έα-c, ion. Βορ-έη-ς, Βοῤῥᾶ-ς (Assimil.) m.
Bergwind, Nordwind, person. Βορέα-ς (wohnt in Thrake, Il. 9. 5);
Ὑπερ-βόρεοι Leute jenseits der Berge, nämlich der Ῥιπαῖα ὄρη am
Nordende der Erdscheibe (nach Pindar P. 10. 49 am Istros, nach
Herod. 4. 13 in Skythien wohnend)[12]).

1) B. Gl. 117 f. — C. E. 468. 521; C. V. II. 272. — F. W. 60 f.
447. — Walter KZ. XI. 437. — 2) „Das ι ist noch unaufgeklärt". C. E.
468. 521. — Delbrück St. Ib. 132; KZ. XXI. 84. — Siegismund St. V.
179. 101). — F. W. 476: *bri* lasten, schwer, wuchtig sein; hängt wohl
kaum mit *garu* schwer zusammen. — Roscher St. Ib. 122. 42): *varu*
= βρι. — 3) C. E. 521: ὁ prothetisch. — Schaper KZ. XXII. 524: ὁ =
συν: ὁ-βριμο-ς *robur secum habens*. — F. W. 425 f.: *abh* schwellen:
ὄμβρ-ιμο-ς. — PW. I. 389: vgl. *ambhṛṇa* gewaltig, schrecklich. Offenbar
aus *ambhṛiṇa* verkürzt und dieses von *ámbhas* (*ambhar*) n. Gewalt =
ὄμβριμος, ὄβριμος. — 4) C. E. 711. — 5) C. E. 468; dagegen ibd. 172
und Verb. I. 298. 8): *gav* freuen. — 6) Walter KZ. XI. 437. — 7) Vgl.
über die Bedeutung des Wortes Clemm St. VIII. 60. — 8) Anders Quintil.
1. 5. 57: *gurdos, quos pro stolidis accipit vulgus, ex Hispania originem
duxisse audivi*. — 9) Bugge KZ. XIX. 446 f.: *mūrá-s* ved. stumpfsinnig:
mrü-tu-s, brü-tu-s. — 10) Daselbst: „Oefters ist von dem grossen Gewichte der Berge die Rede, so dass man geneigt sein möchte, *giri* (vgl.
qairi im Zend und *gora*) auch etymol. mit *guru* zusammenzustellen". —
Vgl. B. Gl. 116a. — Brugman St. IV. 175. 23). — C. E. 350. 474. 594;
de nom. gr. f. 36. — Schweizer KZ. XI. 73. — 11) Hehn p. 116: vgl.
Il. 17. 142, wo das Maulthier Balken und Schiffsbauholz aus den Bergen
mühsam hinabschleppt; ferner Il. 23. 114 ff. — 12) Ebenso M. M. Vorl.
II. 9. 6): „den Griechen eben so mythisch, wie die Uttarakurus den
Brahmanen".·

10) GAR (?).

gar + gar. — gar-g[ar]: γορ-γ-ό-c schaudern machend,
furchtbar; überh. heftig, lebhaft, rasch, γοργό-τη-ς f. fürchterliches
Aussehen u. s. w. (Lex.), γοργύ-ο-μαι wild, unbändig werden (vom
Pferde: κυρτοῖ μάλιστα τὴν κεφαλὴν γοργούμενος Xen. de re equ.
10. 4); Γοργ-ώ (-οῦς, -όν-ος) f. die Schreckliche (ein furchtbares
Ungeheuer, deren Haupt vorzüglich als Schrecken erregend erwähnt
wird [Il. 8, 349. 11, 36]. Homer versetzt sie in die Unterwelt
[Od. 11, 634]; Hesiod. Th. 276 und Spätere nennen drei, Σθενώ

die Gewaltige, Εὐρυάλη die Weitschweifende, Μέδουσα die Herrschende).

Brugman St. VIII. 311. 19). — Fritzsche St. VI. 338. — F. W. 60: Intensiv *garg(ar)* schreien, anschreien, drohen zu *gar* rufen, anrufen u. s. w., Skr. *garǵ* schreien, anschreien, drohen. — Dagegen erheben Br. und Fr. (*haec radix eodem modo significatione prorsus discrepat, cum voci graecae nihil sit cum clamore*), auch Windisch (KZ. XXI. 395) Widerspruch. Auch bedeutet ferner *garǵ* nach PW. (II. 696): „brüllen, brummen, toben, brausen, tosen". — Kuhn KZ. I. 460 fügt gleichfalls das Wort zu Skr. „*garǵ* brüllen, heulen, namentlich donnern, besonders vom fernen Donner". — S. W. s. v.: „*γοργός torvus* verwandt mit ὀργή".

GARDH ausgreifen, begehren. — Skr. **gardh (grdh)**, verwandt mit *grabh, grah* (siehe unten) 1) ausgreifen, streben nach etwas, 2) gierig sein, heftig verlangen (PW. II. 700).

γλιθ: (γλιϑ-σκ-ο-μαι) γλί-χ-ο-μαι (nur im Präsensst., ausserdem ἐγλιξάμην Plato Com. II. 695. M.) nach etwas verlangen, streben, begehren [1]).

gräd. — **gräd-io-r** (*grädi, gres-su-s; ad-grettus* Paul. D. p. 6, *adgretus* ibd. p. 58. L., alterthüml. Schreibweise st. *grettus*) ausschreiten, einhergehen; Compos. *-grědior: ad-, ante-, circum-* u. s. w.; *gräd-u-s* (*üs*) m. Schritt, Gang, Stufe, Grad, Rang; *grad-āriu-s* schrittweise gehend, zum Schr. geh., *grad-āli-s* (*pugna* Diom. p. 473) schrittweise; (**gradā-rc*) *gradā-tu-s* abgestuft, stufenweise, *gradā-ti-m* schritt-, stufenweise, allmählich, *gradā-ti-ō(n)* f. Stufenerhöhung, rhetor. Steigerung; (**gradŭ-lac, *grad-lac*) **gral-lae** f. Stelzen, *grallā-tor* (*tōr-is*) m. Stelzengeher (Paul. D. p. 97); *gres-su-s* (alt *gret-tu-s*) m. Schritt, Gang (poet. statt *in-gressus*); (*grad-ta-ri*) **gras-sā-ri** Intens. herumgehen, sich herumtreiben, umherschwärmen, speciell: feindlich verfahren, wüthen, *grassā-tor* m. Herumstreicher, Wegelagerer, *grassā-tūr-a, -ti-ō(n)* f. das H., W.

Ascoli KZ. XVII. 324 f. — F. W. 61. — Siegismund St. V. 182. 121). — Brugman St. VII. 309. 17): *gar* sich in Bewegung setzen: *gar-gar* Beine und Hände ausstrecken, stämmen. — Corssen B. 457; N. 242 f.: *skra* schreiten: *kra, gra-d*, vgl. got. *screi-tan* = schrei-ten. Ebenso Lottner KZ. VII. 184: ahd. *scri-tan*, altn. *skriða-* schreiten. — 1) C. E. 692. 700: χ = *sk*. „Der Vocal ist überall vor diesem aus *sk* entstandenen χ lang". Curtius (ebenso Sch. W. s. v.) stellt γλίχομαι zu γλίσ-χ-ρο-ς (pag. 233), also eig. „an etwas kleben". — Vgl. noch C. V. I. 283.

GARBH, GRABH greifen, fassen. — Skr. **grabh, grah** ergreifen, fassen, festhalten, nehmen; in sich begreifen, in sich schliessen u. s. w. (PW. II. 834 ff., wo 25 Bedeutungen dieser W. angeführt werden). — Vgl. oben *gardh.*

grabh. — ἄ-γρειφ-να (st. ἀ-γρεφ-ινα?) f. Harke¹) (κενοδον-
τίς Phan. 4; ἐργαλεῖον γεωργικόν, δι' οὗ συνάγουσι τὸν χόρτον Suid.).
— [*garbha:* a) der Empfangende == Mutterleib, Schooss, b) das
Empfangene == Leibesfrucht u. s. w.:] δελφ (Dentalismus und
weichere Liquida): δελφ-ύ-c (ύ-ος), dor. δελφύ-α f. Mutterleib,
Schooss, Gebärmutter (*concipiens*), vgl. δολφ-ό-ς· ἡ μήτρα Hes.;
(St. δελφυ == δελφεϜ): (ἀ-δελφεϜ-ιο) ep. ἀ-δελφε-ιό-c, ἀ-δελφε-ό-ς,
att. ἀ-δελφ-ό-c m. (== co-uterinus) Bruder, Pl. Geschwister, ἀδελφε-ιή,
ἀδελφε-ά (ion. -ή), ἀδελφή f. Schwester; Dem. ἀδέλφ-ιο-ν, ἀδελφίδ-
ιο-ν (Ar. Ran. 60); ἀδελφ-ιδ-έο-ς, -οῦ-ς m. Neffe, ἀδελφιδ-ῆ f.
Nichte; ἀδελφί-ζω Br. nennen (Isocr. 19. 30), ἀδελφ-ικό-ς brüderlich, schwesterlich (auch ἀδελφός Trag.), ἀδελφό-τη-ς f. Brüder-
lichkeit (N. T.); ἐξ-αδελφ-ό-ς, -ή Bruder- oder Schwesterkind (att.
ἀνεψιός) Phryn. — δέλφ-αξ (ἄκ·ος) m. f. Schwein, von Aristot. an:
Ferkel, Demin. δελφάκ-ιο-ν; δελφάκ-ειο-ς vom F. oder Schw., δελφακ-
ό-ο-μαι vom Ferkel zur Sau heranwachsen (Ar. Ach. 751). — δελφ-ί-c
(äol. βελφ-ί-ς, später auch δελφ-ί-ν) (-ῖν-ος) m. Delphin, Tummler
(Bauchfisch), eine Kriegsmaschine auf den Schiffen, Dem. δελφιν-
ίσκο-ς, δελφινο ειδής delphinartig (Diosc.); Δελφ-οί, äol. Βελφοί
m. (wohl von der Lage in einer tiefen Schlucht) Delphi in Phokis
am Parnass mit dem berühmten Tempel des Apollo. — βρεφ
(Labialismus): βρέφ-οc n. Leibesfrucht, Kind, Junges (*conceptum*),
βρέμβος· ἔμβρυον Hes., Demin. βρέφ-ιο-ν, βρεφ-ύλλιο-ν Kindlein,
βρεφ-ικό-ς, -ώδης kindlich, kindisch, βρεφό-θεν von Kindheit an,
βρεφό-ο-μαι zum Embryo werden (σπέρμα).

grabh. — (* grab-mo, * greb-mo, * grĕ-mo) grĕ-m-iu-m n.
Schooss (bisw. die Mitte, das Innere eines Gegenstandes)²).

B. Gl. 113b. — C. E. 471. 516. 563. — F. W. 61. — Siegismund
St. V. 158. 40). — 1) F. W. 358: *grabh* europ. auch harken == zusammenfassen. — 2) Corssen I. 799; M. 236. — Walter KZ. XII. 405:
wahrscheinlich Uebergang von *b* in *m: greb- grĕm-iu-m.* — F. W. 69 f.:
ghar sich biegen: *gharmja* n. das Innere, die Tiefe.

galakt, glakt n. Milch.

γαλακτ: γάλα (Gen. γάλακτ-ος) n. Milch (Pflanzensaft == ὀπός,
Milchstrasse οὐράνιον), Demin. γαλάκτ-ιο-ν n. ein wenig Milch; Pl.
Milchspeisen, γαλακτ-ικό-ς (ινο-ς) milchweiss, γαλακτ-ώδης milch-
artig, γαλακτ-ι-ά-ω viel M. geben (Poll. 3. 50), γαλακτί-ζω milchweiss sein, Pass. gesäugt werden, γαλακτ-ό-ο-μαι zu M. werden,
γαλάκτω-σι-ς das Milchwerden (Theophr.); (γαλακς) γαλάξ-ια n. Pl.
das Milchfest in Athen zu Ehren der Cybele, γαλαξ-ία-ς m. (κύκλος == Milchstrasse, λίθος == γαλακτίτης ein Stein der angefeuchtet
gerieben einen Milchsaft giebt, Diosc.), γαλαξια-ῖο-ς säugend (Nonn.),
γαλαξ-ή-ει-ς milchweiss (Nonn.); ὀξύ-γαλα saure oder geronnene

Milch, Quark; ὠό-γαλα Milch mit Eiern vermischt, Eiermilch; ἀ-γάλακτ-ο-ς milchlos (Hippocr.), nicht mehr saugend (λέων Aesch. Ag. 727, dazu Schol. ἀπογαλακτισθείς), den Säugethieren schädlich (νο-μαί Galen. 6. 436). — γλακτ: γλακτ-ο-φάγο-ς milchessend (Il. 13. 6), Bein. der Hippomolgen, γλακτο-φόρο-ς milchtragend (Sp.). — γλακ: γλακ-ῶντες· μεστοὶ γάλακτος (Hes.); γλακκύν· γαλαθηιόν (Hes.). — γλαγ: γλάγ-ος n. = γάλα (Il. 2, 471. 16, 643. Nic. Al. und spätere Dichter), γλαγ-ερό-ς voll M., γλαγ-ό-ει-ς id., milchfarbig, γλαγ-ά-ω milchig sein (Anthol.); εὐ-γλαγ-ής reich an M., νεο-γλαγής noch die Mutter-milch trinkend, neugeboren (Nonn.), περι-γλαγής voll M. (Il. 16. 642).

   glakt: lac (*lact-is; altl. Nom. lacte*) n. = γάλα, *lact-eu-s* milchen, milchfarben, Demin. *lacteŏ-lu-s* weiss oder schön wie M., *lact-āri-s* säugend (Marc.), *lact-āriu-s* milchgebend (Varro r. r. 2. 1. 17), M. enthaltend, Subst. n. Milchspeise, *lact-ōsu-s·* γαλακτώδης (Gloss. Philox.); (**lac-tu-s*) *lactā-re* säugen, saugen, *Lactant-iu-s* berühmter christl. Kirchenschriftsteller unter Constantin dem Gr., *lactā-tu-m* (*est potio e lacte* Isid. or. 20. 3. 10); Intens. *lacti-tā-re* (Mart. 7. 101. 3); *lactē-re* saugen, milchen; Inchoat. *lacte-sc-ĕre* in M. übergehen, M. bekommen; **lact-ū-ca** f. (*lactuca a lacte, quod olus id habet lac* Varro l. l. 5. 104) Milchkraut, Lattich (Salat, Kopfsalat), Demin. *lactūcŭ-la, lactuc-ōsu-s* reich an L., *Lactūc-īnu-s* Bein. in der gens Valeria; *lacti-c-īn-a, -iu-m* Milchspeise (ὠόγαλα Gloss. Philox. Apic. 7. 11); (Pflanzen) *lactŏri-s, lactĕri-s* (*-d-is*), *lactilāg-o* (*ĭn-is*) f.; *lacturcia dea,* auch *lacturnus deus* (Gottheit des milchenden Getreides, August).

   C. E. 172 werden fünf weit auseinandergehende Vermuthungen an-geführt und besprochen: 1) γα-λακτ = St. *gav* (βοϜ) + Skr. *raĝas* Wolke, Wasser oder λάζω, Nebenform von λαμβάνω (Bopp, M. Müller, Pictet); 2) zu ἀμέλγω: *mlag, blag, glag* (Pott); 3) zu βδέλλειν saugen, W. *gal* (Walter); 4) *gal* hell sein, glänzen (H. Weber); 5) *gar* schlingen, trin-ken (Brunnhofer). — Die letzte Vermuthung nennt Curtius „ansprechend", Windisch KZ. XXI. 243 ff. bekämpft jedoch dieselbe als „allzusieges-gewiss" und schliesst: „somit wäre nach unserer Untersuchung γάλα iso-lirter und räthselhafter denn je" (wobei er noch *gal* „träufeln" er-wähnt). — F. W. 449: *glakt* n. Milch. — Vgl. noch dazu B. Gl. 119b: „*Cum gō bos, vacca, cf. gr.* γα *τοῦ* γα-λακτ, *quod primitive lac vaccinium significaverit, et cuius pars posterior convenit cum lat. lact, et, nisi fallor, cum skr. dugdhá pro dukta, mutato dh in l"*; ferner 190b: *dugdhá* (*part. perf. pass. a r. duh-) lac; fortasse lat. lact, ita ut a respondeat skr. ō = a + u, abiecto u. Fortasse tamen potius, ut Weberus putat, per-tinet ad raktá a r. rañĝ tingere, ita ut a colore nominatum sit.*

   GAV sich freuen.
γαυ, γαϜ[1]): γα-ί-ω (vgl. καυ, καϜ pg. 98) stolz sein auf etwas, sich freuen (Il. 4mal: κύδεϊ γαίων); ἀ-γαυ-ό-c bewundernswerth = herrlich, trefflich, erlaucht; βου-γά-ιο-ς der auf seine Stärke stolz ist, Grossprahler (scheltend: Il. 13. 824. Od. 18. 79); Γαυ-άνη-c

Sohn des Temenos aus Argos, der älteste Bruder des Perdikkas (*Γαυάνης* τε καὶ *Ἀέροπος* καὶ *Περδίκκης* Her. 8. 137)²). — γά-νῡ-μαι (vgl. κλοϜ-νι-ς, κλό-νι-ς pag. 174) poet. sich ergötzen, sich freuen (Fut. γανύσσεται Il. 14. 504), γανύ-σκ-ο-μαι erst Themistius u. a. Sp.; γανυ-ρό-ς· ἱλαρός Hes.; γάνυ-σ-μα(τ) n. = γάνος (Paul. Sil. 74. 6); γα-νά-ω schimmern, glänzen³) (Hom. nur: γανόωντες, γανόωσαι), sich erfreuen, γα-νό-ω glänzend machen, erheitern, Med. ergötzt werden, γά-νος (vgl. ἔϑ-νος, ἴχ-νος) n. Glanz, Zierde, Erquickung. — γαϜ-θ[ε]⁴): γη-θέ-ω (poet. von Homer an, erst spät: γηϑ-ω, -ομαι) sich freuen, froh sein (Fut. γηϑή-σω, Perf. γέ-γηϑ-α, Pind. γέ-γᾱϑ-α, mit Präsensbedeutung); γῆθ-ος n., γηθο-cύνη f. Freude, γηϑόσυνο-ς froh, heiter, γηϑ-αλέο-ς id. (Sp.). — ἄ-γᾰ-μαι 1) anstaunen, bewundern, staunen, 2) neidisch sein, unwillig sein, sich entrüsten (Aor. ep. ἠγᾰ-σάμην, -σσάμην, ἀγᾰ-σάμην, -σσάμην; Nbf.: ἀγα-ίο-μαι = ἄγαμαι 2) (Od. 20. 16), ἀγά-ο-μαι (ἀγάασϑε st. ἀγᾶσϑε, ἀγάασϑαι st. ἀγᾶσϑαι; Impf. ἠγάασϑε st. ἠγᾶσϑε); ἀγά-ζω nur Aesch. Suppl. 1047 (βαρέως φέρειν Hes., λίαν ἐξετάζειν Schol.); ἀγη-τό-ς bewundernswerth, herrlich; ἄγη f. Staunen, Bewunderung, Neid; ἀγα-νό-c freundlich, sanft, mild⁵).

gau. — *gau* (Enn. A. 451, dann Auson. idyll. 12) n. Freude; **gau-d:** *gaud-iu-m* n. Freude, Lust, *gaudi-mōn iu-m* n. id. (Petron. 61. Vulg.), *gaudi-āli-s*, *-bundu-s* fröhlich, sich freuend (App. Met.); (*gav-ī-d-u-s) *gaudē-re* sich freuen, ergötzen (*gavid-tu-s = *gavi-su-s*, altes Perf. *gavīsi* = *gavid-si Liv. Andr. ap. Prisc. p. 868 P.)⁶).

Brugman St. IV. 146. — C. E. 172; C. V. I. 163. 25). 277. 6). 298. 8). 376. 4). II. 343. — F. W. 56 (*gan*, *gā* glänzen, heiter sein); 446 (*gau* sich freuen). — 1) B. Gl. 450b: *hlād gaudere, laetari; fortasse γῆϑος, γηϑέω, eiectū liquidā, transpositā aspiratione; fortasse γαίω e γαίϑω vel γαϑίω, lat. gaudeo.* — 2) Fick KZ. XXII. 226. — H. Stein ad l.: „vermuthlich an Bedeutung gleich = βουκόλος, verwandt mit Skr. *gō* = βοῦς und γῆ“. — 3) B. Gl. 70b: *kan splendere, amare; fortasse mutata tenui in mediam.* — 4) F. W. 446: *gauth* (*gau*, *gave* + *th* = *dhā* setzen, thun). — 5) C. V. 171. 1). 297. 3). II. 371 f. — 6) Corssen B. 112: *gav-ī-su-s* von *gav-i-re (vgl. γαϜί-ειν) davon (*gav-i-do) *gau-d-ēre*.

gavān Leisten am Unterleib. — Skr. *gavīni* oder *garini* f. (Dual) ein Theil des Unterleibes in der Gegend der Geschlechtstheile, etwa die Leisten (PW. II. 715).

(βοϜϜών, βουϜών) βουβών (ῶν-ος) m. Drüsen neben der Scham, Schamgegend, Weichen (Il. 4. 492), bes. Drüsen in krankhaft geschwollenem Zustande (βουβὼν περὶ βουβῶνας οἴδημα μετὰ φλεγμονῆς entzündliche Geschwulst, Poll. 4. 202); βομβών id. (E. M., Hes. s. v.); βουβων-ό-ο-μαι zum βουβών anschwellen (Hippocr.), βουβων-ι-ά-ω geschwollene Schamdrüsen haben.

bôva oder **boa** f. Schenkelgeschwulst (Klotz W. jedoch: Röthel-krankheit oder Masern); Wasserschlange.

Bugge KZ. XIX. 431. — F. W. 62; Spr. 158. — Savelsberg KZ. XXI. 201.

GAS gehen, kommen; europ. causal: kommen oder gehen machen = bringen, führen.

(*gas*, *gvas*) βαc (vgl. *ga*, *gva*, βαίνω pag. 182) (*βασ-το-ς) βαc-τά-ζω emporheben, in den Händen hoch halten = tragen, anfassen[1]) (Fut. βαστάσω, Aor. ἐ-βαστάχ-θη-ν), βαστακ-τό-ς zu tragen (MeL 7), βασταχτ-ικῶς· ἀέρδην (Schol.); βάσταγ-μα(τ) n. Last, Stütze.

ges. — **gĕr-ĕre** (*ges-si*, *ges-tu-s*) tragen, mit sich führen, aus-führen; verrichten[2]) (*gerundu-s*, davon *gerund-iu-m* = *quod gerundum est* was zu thun ist, auch *gerund-īvus modus* Serv. Verg. p. 1788); **ag-ger** (= *ad-ger;* Gen. *ag-gĕr-is*) m. Herbeigebrachtes, Auf-gehäuftes (*agger est cuiuslibet rei coacervatio* Serv. A. 9. 567) = Schutt, Wallerde, Aufschüttung, Wall, Damm, *agger-ā-re* aufhäufen, aufdämmen, anhäufen', vergrössern; -gĕru-s[3]): *belli-ger* kriegfüh-rend, kriegerisch, *mōri-gĕru-s* willführig, gehorsam, *rumi-gerā-re* (Fest. p. 270. 19) = *rumori-gerare* öffentlich bekannt machen, *muneri-gerŭli* (*manipulatim mihi adsint* Plaut. Ps. 1. 2. 48) m. Ge-schenkebringer; -ger-ia: *con-gĕr-ie-s* f. Zusammenhäufung, *ē-gĕr-ie-s* f. Auskehricht; *E-gĕr-ia* (urspr. Springquelle = *aqua, quae egeri-tur ex terra* vgl. *aquam egerere vomitu* Curt. 7. 5) f. Quellnymphe (Liv. 1. 19; nach 1. 21 Numa's Gemalin)[4]); (-ger-īvo) *inter-gerivu-s* dazwischengefügt (*intergerivi parietes dicuntur, qui inter confines struuntur et quasi intergeruntur* Paul. D. p. 110. 21); *ger-ō(n)* m. Träger (Plaut. Truc. 2. 7. 1). — **ges-tu-s** (*tūs*) m. Tragen, Führen, Bewegen, Bewegung, Haltung, Miene, Geberde; *sug-ges-tu-s* m., *sug-ges-tu-m* n. Erhöhung, Anhöhe, Tribüne, Rednerbühne; *gestu-ōsu-s* voll Geb., lebhaft gesticulirend; Demin. *gestĭ-cŭlu-s* m. aus-drucksvolle Geberde (Tert.), *gesticulā-ri* ausdr. G. machen, Panto-mimen darstellen; *ges-ti-ō(n)* f. Verrichtung, Besorgung, Ausführung (Aufführung, Dig.), *ges-tor* (*tōr-is*) m. Austräger (*gestores linguis, auditores auribus* Plaut. Ps. 1. 5. 12) Besorger, Vollstrecker (Dig.); vom Part. Pass. *ges-tu-s*: **gestā-re** an sich tragen, haben, führen, *gestā-tu-s* (*tūs*) m. das Tragen (Plin. 15. 25); *gestā-tor* m., *-tr-ix* f. Träger, -in, *gestatōr-iu-s* zur Spazierfahrt geh. (*sella* Suet.); *gestā-ti-ō(n)* f. das Sichtragenlassen, Fahren, Lustfahrt, Ort dazu: Promenade, Allee; *gestā-men* (*min-is*) n. Last, Bürde, Trage, Bahre, *gestā-bili-s* tragbar (Cassiod.); Intens. *gesti-tā-re* oft oder viel tragen, zu tragen pflegen; (*gesti-s*) **gesti-re** leidenschaftlich sich ge-berden, ausgelassen froh sein, leidenschaftlich begehren.

Bugge KZ. XIX. 429 ff. — F. W. 63. 447. 632; Spr. 319: *gā*, *gam*
gehen: *ga-s.* — 1) S. W. s. v.: von W. βα, βαίνω, βιβάζω nach Lob.
Par. p. 430. — 2) B. Gl. 442b: *har prehendere, fortasse ita ut ges-tum*
ortum sit e ger-tum. — 3) Schweizer KZ. XIV. 438. — 4) Pott KZ. VIII. 96.

GI bewältigen, siegen. — Skr. **ǵi** 1) gewinnen, ersiegen,
erbeuten u. s. w., 2) besiegen, überwinden, übertreffen u. s. w.;
ǵjā 1) trans. überwältigen, unterdrücken, schinden, 2) intr. unter-
drückt, gesch. werden, 3) altern (PW. III. 95. 154).

gi, gvi. — Fι: (*Fι-ς*) ἴ-c (Gen. *ἰ-ν-ός*, Acc. *ἴ-ν-α*, Pl. *ἴ-ν-ες*,
Dat. *ἴ-ν-ε-σι*) f. Sehne, Nerv, Muskelkraft, Leibeskraft, Stärke
(Hippocr. Aristot. die thierischen Fleischfasern, Theophr. auch
Pflanzen-, Holz-fasern)[1], vgl. *γίς· ἱμὰς καὶ γῆ*(?) *καὶ ἰσχύς* (Hes.);
ἰνο-ειδής nervig, faserig; (eig. Demin.) ἴν-ίο-ν n. die Muskeln am
Hinterkopf bis zum Hals, Genick, Nacken (Il. 5, 73. 14, 495). —
ἴ-φι (ep. Adv.) mit Gewalt, mit Macht, gewaltig, mächtig, stark
(nur mit *ἀνάσσειν*, *δαμᾶν*, *δαμῆναι*, *κτάμενος*, *μάχεσθαι* Hom.)[2];
ἴφι-ο-ς stark, bes. kräftig, feist (Hom. nur *ἴφια μῆλα* die feisten
Schaafe); 'Ἰφ-εύ-ς (der Starke) von Patroklos erlegt (Il. 16. 417),
Ἰφ-ι-ς f. (die Starke) Sklavin des Patroklos (Il. 9. 667), Ἰφῖ-το-ς,
Ἰφιτ-ίων, Ἰφιτ-ί-δη-ς u. s. w. — ἴ-cχ-ύ-c (*ὕ-ος*) f. (ῡ in den zweisilb.,
ῠ in den dreisilb. Casus), lakon. βί-σχ-υ-ς (*Fι* + W. *σεχ*, *ἴ-σχ-ο-ν*;
zu υ vgl. *πληθ-ύ-ς*, *οἴζ-ύ-ς* u. s. w.) Gewalthabung, Stärkebesitz,
Stärke, Kraft[3], *ἰσχύ-ω* stark sein, Kraft haben, gelten, vermögen;
ἰcχῡ-ρό-c stark, kräftig, mächtig, *ἰσχυρό-τη-ς* (neben *ἴσχῡ-σι-ς*) f.
= *ἰσχύς* (Philo), *ἰσχυρό-ω* stark machen, bekräftigen (Sp.); *ἰσχυρ-*
ικό-ς = *ἰσχυρό-ς*; *ἰσχυρί-ζομαι* (Fut. *ἰσχυριοῦμαι*) sich stark, fest
machen, zeigen, sich tapfer halten, fest behaupten, versichern
(dafür *ἰσχυριστικῶς ἔχω* Galen.); Desid. *ἰσχυριείω* Lust haben zu behaupten (Hippokr.). — βι: βί-α, ion. *βίη*, f. Kraft, Gewalt, Gewaltthätigkeit[4]); βιά-ω (*βε-βίη-κα*) überwältigen, bezwingen, bedrängen;
βία-ιο-ς gewaltsam, erzwungen, *βιαιό-τη-ς* f. Gewaltthätigkeit (Antiph.
und später); Comp. -βιο-c: *ἀντί-βιο-ς* (hom.) entgegenkämpfend, Gewalt entgegensetzend (als Adv. = wider, entgegen: *ἀντί-βιο-ν*,
ἀντι-βίη-ν, *ἐν-ἀντί-βιο-ν*), *ὑπέρ-βιο-ς* übergewaltig, übermächtig,
meist tadelnd: gewaltig, frevelhaft; *βια-τά-ς* gewaltig, gewaltthätig
(Pind.); βιά-ζω = βιά-ω (Aor. *ἐ-βιά-σ-θη-ν*, Perf. *βε-βία-σ-μαι*), *βιασ-*
τή-ς (Sp.) = *βια-τά-ς*, *βιασ-τ-ικό-ς* mit Gewalt zwingend (Plat.
Legg. XI. 921 c), *βιασ-μό-ς* m. Gewaltthätigkeit, Nothzucht. — βι-
νέ-ω nothzüchtigen, beschlafen, *βινη-τι-ά-ω* heftigen Trieb zum β.
haben.

gi, gvi. — vi: **vī-s** (*vi-m*, *vi*, Pl. **vī-s-es* = *rī-r-es*) f. =
βί-α[5]), Demin. *vīri-cūlae* (App. Met. 11. p. 271. 24); *per-vī-cu-s*
(Acc. Plaut. ap. Non. p. 487. 15), *per-vic-ax* (*āci-s*) festbeharrend,

beharrlich, standhaft, *pervicācia* f. Beh., Standh.; (*-vi-u-s* vgl.
·βιο-ς, *viŏ-lu-s) **viŏ-lā-re** gewaltsam behandeln, verletzen, entehren, schänden, *violā-ti-ō(n)* f. Verletzung, Schändung, *violā-tor*
(*tōr-is*) m. Verletzer, Schänder, *violā-bili-s* verletzbar; (*vio-lē-re*)
vio-le-n(t)-s (Hor. 3. 30. 10, ep. 1. 10. 37, Lucr. 2. 621 u. a.),
viŏlent-u-s gewaltsam, heftig, ungestüm[6]) (Adv. *violen[t]-ter*), *vio-*
lent-ia f. Gewaltsamkeit u. s. w. — *viē* (= Skr. *ǵjā* altern): **viē-**
tu-s vom Alter bewältigt, alt, welk, verschrumpft[7]), *vie-sc-ĕŕe*
welk werden, einschrumpfen (Col. 12. 15. 1); *bē:* (*bē-cŭlo*) **im-**
bĕ-cil-lu-s (-*li-s* Plin. pan. 79. 4)[8]) schwach, ohnmächtig, hinfällig, *imbecilli-tā-s* (*tātis*) f. Schwäche u. s. w.

Corssen B. 60. 465. — C. E. 469. — F. W. 63 f. 450; Spr. 148. —
1) F. W. 190 f.: *vi* flechten, knüpfen, weben; ebenso C. E. 392: „so scheint
es; oder Gemeinschaft mit Skr. *va-jas* n. Kraft und *vish* ausrichten?"
— Ameis zu Od. 18. 3 unterscheidet: *ἴς* innere Spannkraft, βίη Stärke,
äusserliche Lebenskraft in ihren Wirkungen. — 2) Nach den Alten alter
Dativ von *ἴς*, nach Schenkl (W. s. v.) eig. alter Instrumental; nach
Bekker, Freytag, ·Hentze (Il. 1. 151), Lobeck adverbial gebrauchtes Neutrum eines Adj. Ἶφι-ς. — 3) B. Gl. 49b: *ih; ita ut sit pro ἰχύς, propter*
adamatam coniunctionem litterarum σ et χ. — Savelsberg Dig. p. 40: von
ἴσχω. — 4) PW. III. 155: *ǵjū* f. Uebergewalt, βία. — C. E. 469: Ob
diese W. *gi, gri* etwas mit Fι (*Fί-ς*) gemein hat, ist mir sehr zweifelhaft. — 5) C. E. 392: *vi* durch *s*, später *r* erweitert (vgl. *flo-s, glo-s,*
mo-s, ro-s). — Corssen B. 1. c.: *vis* = *vi-as* (Suff. ·*as* zu -*is*, vgl. *cin-is*),
vi-is, vis (*vīr-es, ium, ibus*); ders. KZ. X. 152: *vis* wirken: (*vis-i,*
vii) *vi*. — Kuhn KZ. X. 120: *r* aus *n* entsprungen: *Fίς, Fίφι : Fῖνες*
= *vis : vires*. — 6) Bechstein St. VIII. 365. — 7) Corssen I. 540; N.
57 f.: *vi* biegen, winden, weben: *viē-tu-s* biegsam, schlaff, welk, mürbe,
mulsch, faulig. — 8) F. W. 1061.

GIB sich bücken.

gibbu-s buckelig, höckerig, Subst. m. Buckel, Höcker (f.
Suet. Dom. 23); *gibb-er* (*ĕr-is*) m. Buckel, Höcker, *gibber[us],* -*a,*
-*um* = *gibbus, gibber-ōsu-s* voll H.; *Gibba* Agnomen eines Terentius
Varro (nach Ascon. ad Cic. pro Mil.)[1]).

F. W. 357; Spr. 319 = Skr. *kubǵa*(?). — Ebenso B. Gl. 88b. —
Vgl. jedoch PW. II. 335: „*kubǵá* bucklig, krumm hängt offenbar mit
ubǵ (gerade machen; niederhalten, zusammendrücken) zusammen; unregelm. Form für *kūbǵa* (*ku* am Anfange von Comp. als Ausdruck des
Mangelhaften, Schlechten + *ubǵa*). — Klotz W. s. v.: Entweder von
κύπτω, κυφός, St. κυπ, *gib* gebogen; gekrümmt, oder von κύββα, Nbf.
von κύμβη *cymba*, nur im Griech. als Concavum, im Latein. als Con-
vexum gedacht. — 1) Angermann St. V. 380.

GIV leben. — Skr. **gῐv** 1) leben, 2) aufleben, 3) seinen
Lebensunterhalt haben; caus. lebendig machen, beleben u. s. w.
(PW. III. 111).

giv. — (*γϝιϝ, γβιϝ*) βιϝ : βί-ρ-c m. Leben, Lebens-art, -unterhalt (-beschreibung, Plut.); *ἄ-βιο-ς* nicht zu leben, ohne Lebensunterhalt, arm (α negat.); dagegen (α copul.): τὸν ἄβιον Ἀντιφῶν ἐπὶ τοῦ πολὺν βίον κεκτημένου ἔταξεν, ὥσπερ Ὅμηρος ἄξυλον ὕλην λέγει τὴν πολύξυλον (Harpocr.); *ἄβιος·* πλούσιος ὡς Ἀντιφῶν ἐν ἀληθείᾳ (Hes.)[1]); poet. βίο-το-c m., βιο-τή, βιό-τη-ς (τητ-ος) f. = βίος, Dem. βιότ-ιο-ν n. kärglicher Lebensunterhalt (Ar. Plut. 1165); βιοτ-εύ-ω leben, sein Leben erhalten, βιοτε-ία f. Lebensart, βιότευ-μα(τ) n. id. (Ep. Socr. 29); βιό-ω leben (Präs. erst bei Späteren häufig, meist dafür ζάω, Fut. βιώ-σομαι, ep. βεί-ο-μαι, βέ-ο-μαι, Aor. ἐ-βίω-σα selten, meist ἐ-βίω-ν, Imp. βιώ-τω Il. 8. 429, Inf. βιῶ-ναι [oft mit Präsensbedeutung], att. Conj. βιῶ, Opt. βιῴην, Part. βιούς, Perf. βε-βίω-κα, βέ-βίω-ταί μοι ich habe gelebt)[2]); βιω-τό-ς zu leben, βιωτ-ικό-ς lebenswerth, das L. betr. (ἡ βιωτική Lebenskunst, M. Ant. 7. 61); βίω-σι-ς f. Leben (N. T. Eccl.), βιώσι-μο-ς lebenswerth, zu leben; βιώ-σκ-ο-μαι aufleben (Aristot. Meteor. 1. 14; Sp. leben, und ἀνα-βιώσκω)[3]). — (*γιϝ*) διϝ: (*διϝ-αι-τα* oder *διαϝ-ι-τα*) δίαιτα f.[4]) Leben, Lebens-art, -weise (Diät), -unterhalt, Aufenthalt, Wohnort, (Lebensbrauch = Gewohnheit, Rechtsgewohnheit, der dieselbe betreffende Spruch, das. Amt des diesen Spruch fällenden =) Schiedsrichteramt, schiedsrichterliche Entscheidung; ἁβρο-δίαιτα üppige Lebensweise (Ael. 5, 4. 12, 24), τρυφερὰ ζωὴ καὶ ἁπαλή (Lex.); διαιτά-ω zu leben geben, ernähren, Schiedsrichter sein (leiten, regieren, Pind.), διαιτη-τ-ικό-ς zur Lebensweise geh., schiedsrichterlich; διατη-τή-ς m. Schiedsrichter; διαιτη-σι-ς f. Lebensweise (medicin.), διαιτήσι-μο-ς schiedsrichterlich (Is. ap. Poll. 8. 64); δίαιτη-μα(τ) n. Lebens-einrichtung, -weise, Wohnung, διαιτη-τήρ-ιο-ν n. Wohnstube (Xen. Oec. 9. 4). — (*διϝ-αν-jω*) δι-αίνω urspr. beleben, erquicken, erfrischen = benetzen, anfeuchten[5]), διαν-τ-ικό-ς zum Benetzen (Aristot. Meteor. 4. 9); (*διϝ-ερο*) δι-ερό-c (οὐκ ἔσθ᾽ οὗτος ἀνὴρ διερὸς βροτός Od. 6. 201; dazu ζῶν Aristarch, dazu: καὶ ἰκμάδος μετέχων Schol.) lebendig, lebensfrisch; rasch, rege (διερῷ ποδί Od. 9. 43); feucht (att. Dichter und spät. Schriftst.)[5]). — (*giv, gju, γιἄϝ, διἄϝ*) ζᾱϝ: ζά-ω (ζῶ), ep. ion. ζώ-ω (bisw. auch Trag. in lyr. Stellen) leben, übertr. in Kraft sein, Bestand haben[6]) (Inf. ζῆν, Imp. ζῆ, Hes. ζόε, Opt. ζώην, Impf. ἔζων, Dem. 24. 7 ἔζη-ν, Fut. ζή-σω, -σομαι, Aor. ἔ-ζη-σα Plut. N. T., dafür gut att. ἐβίωσα, ζω-τ-ικό-ς zum L. geh., belebend, lebenskräftig, ζώω-σι-ς f. das Beleben (Sp.); ζω-ό-c (bei Hom. meist m., fem. nur Il. 18. 418. Od. 11. 86, n. nirgends; dor. ζοό-ς Theokr. 2. 5, ζώ-ς aus ζαό-ς Il. 5. 887, Accus. ζών 16. 445) lebendig, am Leben; ζωή (ion. poet. ζόη, Theokr. 29. 5 ζοΐα) f. Lebensunterhalt, Leben (im Ggs. des Todes, z. B. περὶ ζωῆς καὶ θανάτου λέγειν Plat. Phaed. 71. d), ζωη-ρό-ς lebendig, belebend (Suid.); ζώ ϊο-ν (vgl. Et. M. 413. 17), ζῷο-ν (ζῶο-ν) n. lebendes Wesen, Thier (πᾶν ὅ τι περ

ἂν μετάσχῃ τοῦ ζῆν, ζῷον ἂν λέγοιτο ὀρθότατα Plat. Tim. 77. b),
auch gemaltes Wesen, Gemälde (ζῷον καὶ τὸ ἀληϑινὸν καὶ τὸ γε-
γραμμένον λέγουσι Phot.); daher ζῷα γράφειν, γράφεσϑαι = ζω-
γραφεῖν; Demin. (ζω-ιδ-ιο-ν) ζῴδ-ιο-ν n. Thierchen, Bildchen, bes. die
Bilder des Thierkreises; ζῳδια-κό-ς κύκλος (ζῳδιακή erg. ὁδός Maneth.
4. 168) Thierkreis (zōdiăcus: orbis signifer Cic. Arat. 3. 7); weitere
Demin.: ζῳδ-άριο-ν, ζῳδαρ-ίδ-ιο-ν, ζῳ-άριο-ν (Schol. Ap. Rh. 1. 1265),
ζω-ύλλιο-ν (Tzetz.); ζώ-πυρ-ο-ς das Feuer belebend, Feuer anzün-
dend, Subst. n. glühende Kohle, Pl. τὰ ζ. Blasebalg (οἱ φυσητῆρες
ὅϑεν οἱ χαλκευταὶ τὸ πῦρ ἐκφυσῶσι Suid.), ζωπυρέ-ω anfachen, entflammen, ζωπύρη-μα(τ) n. das Angefachte, der Funken, ζωπυρ-ί-ς
(ιδ-ος) f. (ϑέρμη belebende Wärme, Julian); Ζώπυρο-ς, Ζωπύρα,
Ζωπυρ-ᾶ-ς, -ῖνο-ς, -ίων; μινύ-ζηος· ὀλιγόβιος Hes.

giv. — (gviv, gvigv, gvig =) **VIV, vig.** — viv: **VIV-u-s**
(altl. veiv-o-s) lebendig, lebend (Sup. vivissimus Fest. p. 379);
vivī-du-s Leben enthaltend, lebhaft, lebendig, vividā-re beleben
(Marc. Cap. 9. p. 309); viv-ax (āci-s) lang lebend, lebhaft, kräftig,
dauerhaft, vivaci-tā-s f. langes Leben, Lebhaftigkeit; viv-āriu-s zu
leb. Thieren geh., Subst. n. Thier-, Fisch-behälter; viv-ĕre leben,
sich befinden[7]); Inchoat. vive-, vivi-sc-ĕre lebendig, lebhaft, kräftig
werden; (*vivita) **VI-ta** f. = βίο-ς, vitā-li-s zum L. geh., vitali-ta-s
(tāti-s) f. Leben, Lebenskraft (Plin.); (* Vitō-mcno-s) Vitu-mnu-s der
Leben schaffende, belebende Gott (per quem viviscat infans Tert.
adv. n. II. 11. August. civ. dei VII. 2. 3)[8]). — vig: (vig-si =)
vixi (veixei, veixsit C. I. L.; vixet st. vixisset Verg. A. 11. 118),
vic-tu-s[7]); Vic-ta die der Kost vorstehende Gottheit; vic-tu-s (tūs)
m. Lebens-unterhalt, -mittel, -art, -weise, victu-āli-s zum Lebens-
unterh. gehörig, Subst. n. victuālia Lebensmittel, Victualien (Cassiod.);
Frequ. victi-tā-re von etwas leben, sich nähren. — (giv, gjav, gjou,
jou) jou-g (vgl. stru-g, flu-g) **jūg-i-s** lebendig, immer fliessend
(vgl. Schiller: ein lebendiger Quell; vivum flumen Verg. A. 2. 719.
Liv. 1. 45, viva aqua Varro l. l. 5. 26. 35, vivi fontes Ov. fast.
2. 250 u. s. w.), vgl. ex puteis jugibus aquam calidam trahi (Cic.
n. d. 1. 9. 25), jugis aquae fons (Hor. s. 2. 6. 2), puteosne peren-
nes jugis aquae (id. ep. 1. 15. 16) u. s. w.[9]).

B. Gl. 153 f. — Brugman St. IV. 147 f. VII. 209. 12). — Corssen
l. 389 f. — C. E. 469. 483. 605. — F. W. 63 f. 357. 450. 1061. — 1) Clemm
St. VIII. 91. — 2) C. V. I. 193. 56). — 3) C. V. I. 277. 5). — 4) Bugge
KZ. XIX. 422 = διατια, altbaktr. jjäiti f. Leben. — F. W. 21: in
drängen: lv, αἴνυται nehmen, fassen, αἶτο-ς genommen in ἐξ-αιτο-ς;
davon αἰτ-έω und δί-αιτα f. — 5) Bugge KZ. XIX. 423 f. — S. W. s. v.:
Verwandt mit ἰαίνω, δενώ. Ebenso Sch. W. — Die verschiedene Auffassung von Od. 6. 201 siehe in S. W.; derselbe übersetzt: „furchtbar".
— 6) Vgl. Savelsberg Qu. lexic. p. 56. — 7) Corssen B. 72 f.: gi-giv
(Skr. gi-gīv) redupl., gvi-gvīv, ri-vīr, vir: rivere; gvi-gvir, vi-gīv, vi-gīv
(redupl. Formen lieben ˘, vgl. stāre, sistĕre u. s. w.), ri-gīv-ere, vi-gu-ere,

daraus *vig-si, *vi-g-tu-s: vixi, victus. — 8) Bechstein St. VIII. 391.
394: participium verbi denominativi in -ōre a stirpe in o: *vitōre (* rito-).
— Corssen II. 174: denomin. Verbalstamm ri-t-ō oder ri-t-ū leben machen,
beleben. — 9) Brugman St. IV. 148. 66).

1) GU tönen, ertönen lassen. — Skr. gu tönen; caus.
ertönen lassen, laut aussprechen, verkünden; intensiv: aufjauchzen
(PW. II. 750).

gu. — γυ (versprechen, zusagen, geloben)[1]): ἐγ-γύ-η f. Zusage, Bürgschaft, Verlobung (= Zusage der Tochter), ἐγ-γυ-ο-ς
Bürgschaft leistend, Subst. Bürge (verbürgt, Lys. 32. 15), ἐγγυά-ω
verloben, sich verbürgen (ἐγγυᾷ μὲν ὁ διδούς, ἐγγυᾶται δὲ ᾿ λαμβάνων Eust.), ἐγγυη-τό-ς verbürgt, verlobt, ἐγγυη-τή-ς m. Bürge,
ἐγγύη-σι-ς f. Verbürgung, Verlobung. — γοF: γό(F)-ο-c m. lautes
Wehklagen, Klage; ὀρθρο-γόη die früh, am frühen Morgen klagende
Schwalbe; γοά-ω (poet., in Prosa nur: θυγάτηρ πολλὰ γοωμένη
Xen. Kyr. 4. 6. 9, wozu Pyll. 3. 10: κλαίειν, ἀποδακρύειν. Ξενο-
φῶν δὲ γοωμένη που λέγει ποιητικώτερον) jammern, klagen, bejammern, beklagen (hom. Opt. γοάοιμεν, γοάοιεν, Inf. γοήμεναι,
Part. γοόωντ-α, -ες, -ας, fem. γοόωσα, Impf. γόων, Fut. γοή-σεται,
Aor. γόον wohl nur Il. 6. 500, γοη-θείς, Iterativ γοάασκε Od. 8. 92)[2]);
γοερό-ς (γοηρό-ς Lykophr. 1057) klagend, jammernd (beklagenswerth, Aesch. Ag. 1149); γοή-μων (μον-ος) id.; γό-η-c (ητ-ος) m.
ein Wehklagender (Aesch. Ch. 809); meist: Zauberer, die ihre
Zaubersprüche im dumpfen, heulenden Tone vortrugen (vgl. in-
cantare; ὁ μετὰ γόου ἐπᾴδων Eust.), Gaukler, Betrüger (πλανός,
ἀπατέων Lex.), γοητ-ικό-ς zur Zaub. geh., gauklerisch; γοητ-εύ-ω
bezaubern, betrügen, γοητ-ε-ία f. Zauberei, Gaukelei, Betrügerei,
γοήτευ-σι-ς f. id., γοητεύ-τρ-ια f. Zauberin (Eust.), γοήτευ-μα(τ) n.
Zauberstück, Trug. — (gu-gu, gu-n-gu, γυ-γ-γυ) γο-γ-γυ (Dissi-
milation: o statt υ): γογγύ-ζω murren, unwillig sein[3]) (N. T.
Sp.; gurren, von Tauben, Poll. 5. 89), γογγυ-σ-τή-ς m. der Mur-
rende, Unwillige (Eccl.), γογγυσ-τ-ικό-ς zum M. geneigt (Eccl.),
γογγυ-σ-μό-ς m. das M., der Unwille (LXX. N. T.), γόγγυσι-ς (LXX) id.

(γοF, γϝοϝ) βοϝ. — βο(F)-ή f. Geschrei, Ruf, Schlachtgeschrei, -getümmel, Trag. flehender Anruf, Gebet; βοά-ω (βοάζω
E. M.) schreien, rufen, laut rufen, laut befehlen (Fut. βοή-σομαι,
ion. βώ-σομαι, Aor. ἐ-βόη-σα, ion. ἔ-βω-σα, Pass. ἐ-βοή-θην, ion.
ἐ-βώ-σ-θην, Perf. βε-βόη-μαι, ion. βέ-βω-μαι, Part. βεβοημένος berühmt, berüchtigt, Her. und Sp.); περι-βόη-το-ς rings umher ver-
schrieen, berüchtigt, von Lärm umgeben; βόη-ς m. Schreier (Luc.
Lapith. 12), βοη-τή-ς id. (Hippocr.), fem. Adj. βοᾶ-τι-ς (τιδ-ος)
Aesch. Pers. 567; βόη-σι-ς f., βοη-τύ-ς f. (Od. 1. 369), βόη-μα(τ), βόα-
μα(τ) n. Schreien, Geschrei, Rufen, Ruf. — (βοϝ-ς) βοῦ-c (βο-ός,

βοῦ-ν, selten βό-α, Pl. βό-ες, selten βοῦς, βοῶν, βᾶν Hes. Th. 983, βουσί, auch βοσί, poet. βό-ε-σσι, βοῦ-ς; dorisch: βᾶ-ς, βῶ-ν, βω-σί, βῶ-ς) == Brüller[4]), m. f. Stier, Kuh, Rind (gav-ja-s == γα-ῖο-ς, γαιός· ὁ ἐργάτης βοῦς Hes.), fem.: der mit Rindsleder überzogene Schild, Rindshaut; Dem. βο-ίδ-ιον, βοιδ-άριο-ν n.; βό-ειο-ς, ion. poet. auch βό-εο-ς, vom Rind, Ochsen (βοείη, βοέη f. sc. δορά Rindshaut); -βο-ιο-ς in Compos.: τεσσαρά-βοιο-ς 4 Stiere werth, ebenso: ἐννεά-, δωδεκά-, ἐεικοσά-, ἑκατόμ-βοιο-ς; ἑκατόμ-βη f. Hekatombe[5]), eig. ein Opfer von 100 Stieren (doch hält sich schon Hom. selbst nicht an die urspr. Bedeutung weder in Bezug auf die Zahl, noch auf die Thiergattung; Hekatomben von 12 Stieren, 81 Rindern, 50 Schaafböcken u. s. w.), also: grosses Opfer, Festopfer; ἑκατομβαι-ών (ῶν-ος) der 1. Monat im att. Kalender (gleich der letzten Hälfte des Juli und der ersten des August, von der Feier der ἑκατόμβαια sc. ἱερά, früher Κρόνου μήν; ἑκατομβεύ-ς Hes.); βο-ει-κό-ς (βοϊ-κό-ς) == βόειος; βο-εύ-ς (ἦ-ος) m. das aus Rindshaut verfertigte Tau (Od. 2, 426. 15, 291; vgl. Od. 12. 422: ἱπλίονος — βοὸς ῥινοῖο τετευχώς); βού-τη-ς m. Ochsenhirt; (*βοά-ω) βοώ-τη-ς der mit Stieren pflügt, am Himmel auch == Ἀρκτοῦρος Od. 5. 272; βοωτ-ία f. das Pflügen (Suid.), βοωτί-ω pflügen (Hes. O. 389); βοϊστί λαλεῖν in der Ochsensprache reden (Iambl.); βοο-ειδής ochsengestaltig. — (βου-ϝ-αλο, -αλι) βού-β-αλο-ς m., βού-β-αλι-ς f. Reh, Antilope, Gazelle, besonders in Afrika heimisch (später βούβαλο-ς Büffel, Diod. Sic. 2. 51 u. s. w.)[6]).

gu. — (gvov) vŏv: vŏv-ē-re (vŏv-i, vō-tu-s) zusagen, geloben, weihen, übertr. wünschen, widmen[1]), (Part. als Subst. n.) vŏ-tu-m das Gelobte, Gelübde, der Wunsch, das Verlangen (Ehegelöbniss, Ehe, App., Cod.), vot-īvu-s zum G. geh., gelobt, geweiht (erwünscht, angenehm); de-vovēre == vovere verfluchen, verwünschen, bezaubern, Part. devŏ-tu-s geweiht, gelobt, verflucht, verwünscht, bezaubert; gewidmet, ergeben == deditus (fromm, andächtig, Hieron.), de-votā-re weihen, widmen. — bŏv: (*bova == βοϝή) bŏ(v)ā-re, bo-ē-re laut schreien, stark ertönen (bovantes Enn. ap. Varr. l. l. 7. 104, boat Plaut. Amph. 1. 2. 77, bount Pac. ap. Non. p. 79. 5), boā-tu-s (tūs) m. das laute Schr. (Appul. Met. 3. p. 130. 17), re-boare zurücktönen, wiederhallen; (*bov-inu-s) bovinā-tur (conviciatur Paul. D. p. 30. 12), bovinā-tor m. Schreier, Grossprahler (θορυβοποιός, θρύλλον ποιῶν καὶ ταραχήν Gloss. Philox.), dann == tergiversator (Gell. 11. 7) der Ausflüchte sucht und in böser Absicht Jemand hinhält. — (*bov-s) bŏ-s (bŏv-is) m. f. == βοῦ-ς[4]) (Nom. bŏv-i-s Petron. sat. 62. 13, Pl. bŏ-um, älter auch bŏv-ēr-um, bū-bus, bō-bus), bos urus Auerochs, bos primigenics Wisent; Demin. bū-cŭlu-s der kleine oder junge Ochse, būcula die kl. oder j. Kuh, Färse; bū-cēlu-m m., s. pag. 166; (*bovŭ-lu-s) bovill-us, bo-āriu-s zum R. geh., von ihm herrührend, Bovillae f. (Ochsenstadt) kleine, sehr alte Stadt in Latium (in deren Nähe Clodius erschlagen wurde), *Bovi-ānu-m* n. in Samnium, jetzt *Bojano;* (*bov* = *bub*, *v* zu *b* assimiliert) **bŭbŭ-lu-s**, *bubul-inu-s* = *bovillus,* *boarius; bubul-cu-s* m. Ochsenknecht, bes. der pflügende (*armenta-rius alius ac bubulcus* Varro r. r. 2. 4), *Bubulcus* Bein. in der *gens Iunia, bubulci-tā-re* den O. machen, wie ein O. schreien; *bŭb-ĭlc* (*bŏv-ĭlc*) n. Rinder- oder Ochsenstall; *Bubul-ariu-s vicus* Name eines Stadtviertels zu Rom, (*Bubē-tu-m*) *Bubet-āni* Name von Einwohnern einer alten Stadt in Latium (Plin. 3. 5. 69), *Bubet-iu-s* röm. Zun., *Bubet-ii ludi* (der Rinder halber gefeiert, Plin. 18. 33), *Rub-óna* Name der Rindergöttin (August. civ. d. 4. 34). — **bŭ-b-ălu-s** m. = βούβαλο-ς, *bubal-inu-s* (vom *bubalus*)[6].

Aufrecht KZ. I. 190 f. — Brugman St. IV. 159. 1). — Corssen B. 63; N. 180 f. — C. E. 470 f. — F. W. 62. 64 f. 475 f. — Froehde KZ. XXII. 548. — Walter KZ. XI. 437. — 1) F. W. 448. — 2) C. V. I. 391. II. 15. 20). 381. — 3) Brugman St. VII. 211. 16). — C. E. 179. 604. — C. V. I. 323. 63). — Vgl. PW. II. 752: *gung* summen, brummen. — F. W. 55. 447: *gag, gagh* schreien, lachen. — 4) Vgl. auch Klotz W. s. v.: *bös* identisch mit βοῦς, vermittelst des dor.-äol. βῶς, s. Varro 1. L 5. 96 und Prisc. 6. p. 609 P. und onomatop. gebildet von dem dumpfen Tone des Brüllens; unsere Kleinen „die Muh" d. h. die Kuh. — 5) Schaper KZ. XXII. 529: -βη = Skr. *gā* (Acc. Sg. *gām*), wenn nicht aus ἑκατομ-βοίη sc. ϑυσίη zusammengezogen. — 6) Hehn p. 533 f.: in Italien begann das Volk mit diesem Wort *bubalus* die Auerochsen und Wisenten der german. Wälder zu bezeichnen, die mit dem flüchtigen Reh (δορκάς) nichts gemein haben. *Quibus (uris) imperitum volgus bubalorum nomen imponit, cum id gignat Africa vituli potius cerrique quadam similitudine* (Plin. 8. 38). Verwechselung wohl durch Anklang an *bos* entstanden; als die Büffel unter den Longobarden in Italien erschienen, war der Name ganz fertig. — Zweifelnd Förstemann KZ. I. 499: „Zweifelhaft ist βούβαλος (neugr. βουβάλι) *bubalus*, wozu das deutsche Büffel (entlehnt oder verwandt?) zu gehören scheint, obwohl die mit diesen Wörtern bezeichneten Thiere wohl urspr. verschieden waren. Ist βούβαλος indo-german. und gehört es wirklich zu βοῦς? dann dürfte man an Skr. *gō-pāla* denken, welches den Hirten, dann aber auch den Anführer oder König (ποιμήν λαῶν) bedeutet. Kann es nicht auch die Bedeutung des Stiers als des Anführers der Heerde angenommen haben?" — Zum späteren βούβαλο-ς *bubalu-s* = Büffel vgl. Skr. *gavala* m. der wilde Büffel (PW. II. 713), altbulg. *byvolŭ, buvolŭ,* russ. *bujvolŭ,* poln. *bawol,* böhm. *bŭvol,* lit. *bavolas.* — F. Spr. 257: *gavala* zum Rind gehörig, Subst. rindartiges Thier: βού-β-αλο-ς, *bŭ-b-ŭlu-s*.

---

2) **GU krümmen.**

ΓΥ: γύ-η-c m. Krummholz, winkeliger Knochen; γνή-τη-ς m. der Lahme (Lex.); γυ-ιό-c gliederlahm, gelähmt, schwach, γυιό-v n. Knie, später Glieder überhaupt, γυιό-ω verkrümmen, lähmen; ἀμφί-γυο-ς (hom. nur Dat. Pl. ἀμφιγύοισιν) Speer, an beiden Enden Glieder habend, zweigliederig (in Bezug auf die eigentl. Spitze und den gleichfalls spitzen σαυρωτήρ oder οὐρίαχος) = an beiden Enden spitzig, zweispitzig[1]) (ἐξ ἑκατέρου μέρους γυῶσαι, οἷον βλάψαι *δυνάμενα*; beide Glieder [Hände und Füsse] gebrauchend, Soph. Trach. 504: *ἀμφίγυοι* = *ἰσχυροὶ ἀμφοτέροις τοῖς γυίοις*, *χερσὶ καὶ ποσίν* = *ἀμφιδέξιος*, da beim Ringkampfe Arme und Füsse thätig sind (Schneidewin); *ἀμφι-γυ-ή-εις* Bein. des Hephaistos = auf beiden Seiten mit kräftigen Gliedern (Armen) begabt, starkarmig, armkräftig[2]). — *γύ-ᾰλο-ν* n. poet. Krümmung, Höhlung, Wölbung (auch von Gefässen), Panzerwölbung, Panzer; *γνάλα-ς* m. Becherwölbung, Becher (*εἶδος ποτηρίου παρὰ Μακεδόσι* Hes., nach Athen. XI. 467 c. ein Becher bei den Megarensern); *ἐγ-γυαλίζω* poet. (*γναλα Hand; Hohlhand) eig. in die (hohle) Hand geben, einhändigen, übergeben, ertheilen, verleihen (Fut. *ἐγγυαλίξω*, Aor. *ἐγγυάλιξα*).

(*grola*): **võla** f. Höhlung der Hand, hohle Hand; *volema pira* eine grosse Birne, Pfundbirne (wörtlich die hohle Hand, *vola*, füllend).

F. W. 450; KZ. XXII. 204. — Hehn p. 480. — 1) So auch S. W. mit Ameis und Faesi. — Hoffm. hom. Unters. I. 5 f.: „an beiden Seiten gekrümmt oder ansgeschweift", an der Speerspitze, die zwei ausgeschweifte Schärfen hat, also „zwei- oder doppelschneidig", oder genauer: „mit länglich ausgeschweifter zweischneidiger Spitze". — 2) Sch. W. s. v.: der auf beiden Füssen Hinkende (welche Deutung Goebel „de epith. in -εις desin." p. 2 verwirft).

3) GU kauen.

(*gi-n-gāvā, *gi-n-gēvā redupl.) **gi-n-gīva** (*ē* = *ī*, vgl. *Consēvus* = *Consivus*) f. Zahnfleisch (die Redupl. bezeichnet die Wiederholung des Kauens), Demin. *gingivŭ-la*.

Bugge St. IV. 347 f.: „die W. liegt deutlich vor im kirchensl. *živati*, Präs. *iva* und *žuja* (W. *ž u*), ahd. *chiūwan*, ngs. *ceówan*". — Vgl. dazu Mikl. Lex. 192. 202. — Corssen B. 73: zu *viro: gin-giv-a* (redupl.) Zahnfleisch als lebendiges, da aus ihm die Zähne hervorwachsen. — F. W. 58: *gabh* schnappen, beissen: intensiv *gingib*.

GUS kiesen, kosten. — Skr. *gush* 1) befriedigt, günstig, vergnügt sein, 2) gern haben, lieben, Gefallen finden, sich einer Sache erfreuen, sich munden lassen u. s. w. (PW. III. 124).

γευς, *γευ*: *γεύ-ω* kosten lassen, Med. (nur bei Hom.) kosten (*γj*, *δj* = *ζ*: *ζεύσασθαι* wohl ark.; *γj*, *δj* = *δ*: *δεύάσθαι* kypr., *γεύσασθαι* Hes.)[1]); *γευσ-τό-ς* was gekostet werden kann, *ἄ-γευστο-ς* act. der nicht gekostet oder erfahren hat, pass. nicht gekostet, *γευστικό-ς* zum K. geh., kostend; *γεῦ-σι-ς* f. das Kostenlassen, Geschmack; *γεύσ-τη-ς* m. der Kostende (Inscr.); *γευσ-τήρ-ιο-ν* n. Werkzeug zum K., kleiner Becher; *γεῦ-μα(τ)* n. das Gekostete, Vorschmack, Geschmack (= *ἄριστον* Eust., *δεῖπνον* Schol. Od. 12. 439); *γευ-θ-μό-ς* (Nic. Al.) = *γεῦσις*.

gus. — **gus-tu-s** (*tūs*) m. das Kosten, Schmecken, Geschmack, Probe, Demin. *gustŭ-lu-s* m. kleines Vorgericht, Imbiss (Kuss, App. Met. 2. p. 119); (Part. Perf. Pass. *gus-tu-s;* vgl. *gustu-m* n. Vorgericht, Apic. 4. 5) *gus-tā-re* kosten, schmecken, *gustā-tu-s* m. Geschmack, *gustā-ti-ō(n)* f. == *gustum* (Petr. 21. 31), *gusta-tōr-iu-m* n. id., *gustā-bili-s* γευστός (Boëth.); *dc-gu[s]-n-ĕre* (*degustare* Paul. D. p..71. 21 und Gloss. Lab.).

C. E. 176. 483; C. V. I. 221. 3). II. 144. 367. 4). — F. W. 65. 357. 448; Spr. 320. — Delbrück KZ. XVI. 271. — Kuhn KZ. II. 136. — 1) B. Gl. 148a: *ǵam edere:* γεύω? 154b: *nisi hoc pertinet ad ghas.*

---

gja Bogen(sehne). — Skr. **ǵjá** f. Bogensehne (PW. III. 155). βῐό-c m. Bogen (Hom. == τόξον).

B. Gl. 153b. 157b. — C. E. 470. — F. W. 63. — Kuhn KZ. X. 289.

GRATH flechten, winden. — Skr. **grath, granth** knüpfen, winden, an einander reihen; bewinden; besäen (PW. II. 830).

grat. — (*grot-tu-s*) **gros-su-s** (geflochten ==) geballt, dick (Sulp. Sev. Dal. 1. 21. Vulg.), *grossi-tū-d-o* (*ĭn-is*) f. Dicke (Sol. 4. 3. Vulg.); *grossu-s* m. f. die unreife Feige, Demin. *grossŭ-lu-s*.

F. W. 36. 66; KZ. XIX. 254 f.

---

grävan Stein. — Skr. **grávan** 1) m. a) Stein zum Ausschlagen oder Pressen des Soma, b) Stein, Felsblock, 2) Adj. hart, fest (PW. II. 861).

(*grāva* == ϝλᾶϝα) λᾶϝa: λᾶα-c, att. λᾶ-c (λᾶ-ος, -ι, -αν, Dual λᾶ-ε, Pl. λά-ων, -εσσι; Gen. λάου Soph. O. C. 196) m. (poet.) Stein, Felsstein, Fels, Klippe, Demin. λᾶ-ἰγξ (ιγγ-ος) f. (Od. 5. 433, 6. 95) Steinchen, spät. Dichter auch von grösseren Steinen; (λᾶϝα, λᾶυ, λην) λευ, dor. λεύ-c == λᾶας, λεύ-ω (== λευ-jω) steinigen, λευ-σ-τῆρ (τῆρ-ος) m. Steiniger, λευ-σ-μό-c m. Steinigung (Aesch. Eum. 180), λευ-σι-μο-c das Steinigen betreffend; κραταί-λεως hartsteinig, felsig (Trag.).

lau-tümiae (== λᾶ-τομία) f. Steinbruch; ein Stadtbezirk in Rom, in dem ein Staatsgefängniss war, früher hinter Privatgebäuden, später hinter den Basiliken, also auf der Nordseite des Forum nach dem Quirinalis zu, an das argiletum stossend (Weissenborn ad Liv. 26. 27. 3); *lautumiu-s* zum Steinbruch geh. (*carcer* Sen. ad Marc. 17).

Bugge KZ. XIX. 432 f. — C. E. 542. — Misteli KZ. XIX. 92. — Müller KZ. V. 152. — Schweizer KZ. XII. 303: *gar* fallen, gewichtig sein: *grävan, λᾶας*.

GRU Naturlaut (die Stimme der Schweine nachahmend).

γρῦ Grunzlaut der Schweine; γρῦ-λο-c, γρύ-λλο-c m. Ferkel, Demin. γρυλ-, γρυλλ-ίων (ιον-ος) ὁ χοῖρος (Hes.), γρύλλη᾽ ὑῶν φωνή (Hes.); γρῦλ-, γρυλλ-ίζω grunzen (dor. γρυλιξεῖτε Arist. Ach. 711), γρῦλ-, γρυλλ-ισμό-ς m. das Grunzen; γρύ-ζω grunzen, übertr. sich muchsen, einen Muchs thun (Fut. γρύξομαι, Aor. ἔ-γρυξα; γρύσει Arist. Probl. 4. 2 wohl schon wegen der Bedeutung nicht sicher[1])); γογ-γρύζειν᾽ τονθορύζειν. τὸ τὰς ὗς φωνεῖν .... τὸ αὐτὸ καὶ γρυλίζειν λέγεται (et γρύζειν) Hes.

gru-n-d-irc, (später) *grunn-irc* grunzen[2]), *grunni-tu-s* m. das Gr. (Cic. Tusc. 5. 40. 116).

Clemm St. III. 293. — Fick Spr. 318. — Fritzsche St. VI. 314. — 1) C. V. I. 319. 24). 337. — 2) Ascoli KZ. XVII. 324: *ghrad*, *ghrund*. — Fick Spr. 88: *krud* schnarchen, grunzen.

GLA klebrig, schlüpfrig, glatt sein.

gli. — γλί-α (γλοι-ά Hes.), γλί-νη f. Leim, γλιν-ώδης leimig (Geop.); γλοι-ό-c m. klebrige Feuchtigkeit, γλοι-ώδης klebrig, zäh, γλοιό-ο-μαι k., z. werden. — (*glai-va*) λεῖ-ο-c glatt, eben, flach[1]), λειό-τη-ς (τητ-ος) f. Glätte, Ebenheit, λειό-ω glätten, ebnen (fein zerreiben Med.); (λει-αν-jω) λει-αίνω, ep. λι-αίνω == λειόω (Fut. λεανῶ, ep. λειανέω), λίαν-σι-ς f. das Gl., E., λεαν-τ-ικό-ς zum GL, E. geschickt, mildernd, λεαν-τήρ (τῆρ-ος) m., λεάν-τειρα f. Glätter, -in; (*glaiv-ro*) λευ-ρό-c == λεῖος; ausgebreitet, übertr. schlicht, arglos (σωφροσύνη Hes.}[1]); λεῖ-αξ, λί-αξ (-ακ-ος hypokorist. Suffix) m. der unbärtige Knabe == Glattbart (παῖς ἀρχιγένειος Hes.).

gli-t. — (γλι-τ-χρο-) γλί-c-χρο-c (vgl. αἰδ-χρο-, αἰσ-χρό-ς) klebrig, schlüpfrig, übertr. beharrlich, zäh, zäh am Seinigen haltend == filzig, karg, γλισχρό-τη-ς f. Klebrigkeit u. s. w.; γλίσχρ-ων (ον-ος) m. kärglich lebender Mensch (Ar. Pax. 193; dazu Schol. γλισχρία == γλισχρότης); γλίσχρ-α-σ-μα(τ) n. das Zähe, Schleimige (Hippocr.); γλισχρ-αίνομαι zäh, schl. werden (id.), γλισχρ-ώδης von z., schl. Art (id.); γλιττόν᾽ γλοιόν Hes.; γλίττον᾽ τὸ ἀπόλαυμα Eust.

(γλιτ) λιτ: λῖ-c glatt, kahl (nur λῖς πέτρη Od. 12. 64. 79), λιτ-ό-c glatt, eben, schlicht, einfach, λιτό-τη-ς (τητ-ος) f. Einfachheit, Schlichtheit (rhetor. eine Figur, wo weniger gesagt als gemeint ist); (λιτ-jo) λισσό-c (fem. λισσά-ς), (λιτ-ϝo) λίς-πο-c, att. λίς-φο-c == λιτός. — (λιτ-τρο-ν) λίς-τρο-ν n. Werkzeug zum Aufgraben und Ebnen des Erdreiches, Schurfeisen, Harke, Spaten (Löffel, Poll. 10. 98), Demin. λιστρ-ίο-ν, λιστρό-ω ebnen, glätten, λιστρ-εύ-ω umgraben, umhacken (ξύειν, περισκάπτειν Hes.), λιστρ-αίνω id. (Suid.). — (ὁ-λιτ-θ-αν-ω) ὁ-λισ-θ-ά-νω (von Sophokles an) (ὁ-λιτ : γλιτ == ὄνομαν : gnomen) ausgleiten, auf einem schlüpfrigen

Wege fallen (Fut. ὀλισϑ-ή-σω, Aor. ὤλισϑ-ο-ν, hom. nur 3. Sg.
ὄλισϑε Il. 20, 470. 23, 774, spät ὠλίσϑ-η-σα, Perf. ὠλίσϑ-η-κα);
ὀλισϑά-ζω id. (Epich. ap. Ath. 6. 237 a); ὄλισϑ-ο-ς m. Schlüpfrig-
keit, Glätte; ὀλίσϑη-σι-ς f., -μα(τ) n. Fall, Fehltritt; ὀλισϑ-η-ρό-ς,
poet. ὀλισϑή-ει-ς, schlüpfrig, glatt.

(γ)λι-π, (γ)λι-β: (λιπ-ς) λίψ· πέτρα Hes. (Fels, von seiner
Glätte); (ἄτι sehr + γλιψ = ἄτι-γλιψ, αἰ-γλιψ) αἰ-γ-ί-λιψ sehr
glatt (πέτρη Il. 9, 15. 13, 63. 16, 4), Αἰγί-λιψ (λίπ-ος) f. Gau
oder Ort auf Ithaka (oder in Akarnanien oder Insel bei Epeiros)
Il. 2. 633 (vgl. λισσή δ' ἀναδέδρομε πέτρη Od. 5, 412. 10, 4)[2]).
— ὀ-λιβ-ρό-c schlüpfrig (Hes.)[3]), ὀλιβρά-ζω (Fut. ὀλιβράξω) Gramm.

gla. — gla-p: (glāp-a) **lappa** f. Klette (= klebend, hangend),
vgl. plattd. klībe[4]), lapp-āc-eu-s klettenartig, lapp-ā-g-o (ĭn-is) f.
eine klettenartige Pflanze.

gli. — (glai-va, -ri) **lĕ-vi-s** glatt, lēvi-ta-s (-tūdo Lactant.)
f., lēv-or (ōr-is) m. Glätte; (*le-ru-s) lē-u-s (Plin. 20. 9. 33), lēvā-re
glätten, lev-ig-ārc id. (s. pag. 17), klein machen, zerreiben, levigā-
ti-ō(n) f. Glättung (Vitr. 7. 1); (glai-sa) **blae-su-s** lispelnd, undeutlich redend (eig. klebrig), Blaesu-s[5]). — gli-t: **gli-s** (gli-t-is) lockere
Erde (humus tenax Isid.), glū-tu-s, glit-tu-s glatt, locker (glittis
subactis, levibus, teneris Paul. D. p. 98).

glu. — glu-o (συστύφω Gloss. Philox.). — glu-t: **glu-s**
(glū-t-is) f., glū-t-en (ĭn-is), glū-t-ĭn-u-m n. Leim[6]), glūtĭn-eu-s leimig,
glutin-ōsu-s voll Leim, klebrig, zähe, glutin-āriu-s m. Leimsieder
(Or. inscr. 4198); glutinā-re leimen, bildlich: schliessen (eine
Wunde), glutinā-tor (tōr-is) m. Leimer, Buchbinder, glutinatōr-iu-s
zusammenziehend (medic.), glutinā-ti-ō(n) f. das Zusammen-kleben,
-ziehen, glutinā-men (mĭn-is) n. das Zusammengeleimte, glutinā-
t-īvu-s = glutinatorius. — glu-b: (*lu-b-ro = ὀ-λι-β-ρό-ς) **lu-b-
rĭ-cu-s** schlüpfrig, glatt, übertr. wankend, unsicher, misslich[3]),
lubricā-re schlüpfrig u. s. w. machen.

Corssen I. 384. — C. E. 367. 369; C. V. II. 343. — F. W. 484.—
Pauli KZ. XVIII. 23. — 1) Pauli KZ. XXII. 354: liv weisslich, blank
= glatt. — 2) Düntzer KZ. XIV. 205 f. — S. W. s. v.: „hoch, jäh, steil“.
— Pape W., Sch. W. s. v. halten noch an der alten Erklärung: „selbst
von Ziegen verlassen, ihnen nnzugänglich“ (οὗτος ὑψηλή, ὥστε καὶ αἶγα
λείπεσϑαι, μὴ ἐπιβαίνειν Lex.). — 3) F. W. 484. 487: lib netzen, giessen:
lib-ro; loibricus aus libricus gesteigert. — 4) Pauli KZ. XVIII. 10. —
5) Bugge KZ. XIX. 433. — F. W. 476: bri lasten, schwer, wuchtig
sein = schwer sprechend. — 6) B. Gl. 121a: granth iungere, nectere;
fortasse glut-en, mutato r in l.

GLAP sehen.
γλεπ, βλεπ: βλέπ-ω (Fut. βλέψομαι) sehen, blicken, beachten
(einsehen, Tr.); (βλεπ-τι-) βλέψι-ς (Lex.), βλέπ-η-σι-ς (Poll. 2. 56)

f. das Sehen, Blicken, βλεπ-τ ικό-ς zum S. geschickt, gehörig, βλέμ-μα(τ) n. Blick, Anblick, Pl. Augen; γλέφ-ᾰρο-ν dor. (Pind. O. 3. 12), βλέφ-ᾰρο-ν (poet., selten Prosa, Plat. Tim. 45 d) n. Augenlid[1]), βλεφαρ-ί-ς (ίδ-ος) f. Augenwimper, βλεφαρίτ-ιδες τρίχες Haare der Augenwimpern (Paul. Aeg.), βλεφαρί-ζω blinzeln.

F. W. 358: „kirchensl. *glip-ajq*, *-ati* blicken. Sonst nicht nachzuweisen"; Spr. 235. 321. — Christ p. 84: urspr. γλέπω, vgl. γλέφαρον. — 1) Benfey KZ. VII. 52: βλέφαρον = βλεπ-ϝαρον. — Grassmann KZ. XII. 103: π = φ durch aspirirenden Einfluss des ρ.

GH.

gha (Demonstrativstamm, enklit. Partikel) **wenigstens, gewiss, ja**[1]).

γέ (dor. *γά*) enklit. Part., einen Begriff oder auch ein Satzglied hervorhebend, und zwar durch Steigerung oder Hervorhebung im eigentl. Sinne, d. h. Beschränkung; beschränkend: wenigstens, nur (häufig beim Imperat. und in Wünschen); steigernd und hervorhebend: gar, sehr; eben, gerade (*ἐγω γε equidem*, *ός γε qui quidem* u. s. w.); in Verbindung mit andern Partikeln: *ἕως γε* bis eben, *πρίν γε* bevor eben, *εἴ γε si quidem* u. s. w. — (*a-gha-m*) ἐ-γώ-ν dor. und episch vor Voc., sonst ἐ-γώ (s. pag. 2) ich[2]).

ě-gŏ ich[2]). — St. **ho**: (*hŏ-ka*, s. *ka* pag. 94) **hi-ce, hae-ce, ho-ce** (irrig die Grammat. der Kaiserzeit: *hicce, haecce, hocce*) dieser, diese, dieses; und seit dem 3. Jahrh. v. Chr. daraus: **hi-c, hae-c, ho-c** (*hui-c, hun-c, han-c*) [= *ho-i-ce* m., *ha-i-ce* f., *ho-d-ce* n., vgl. *quŏ-d, illŭ-d, istŭ-d* st. *illŏ-d, istŏ-d; hŏc* Plaut. Ter., *hōc* ausschliesslich bei Lucret. und den Dichtern der august. Zeit; Sing. Dat. *hoi-ce* Tab. Bant., f. *hae rei* statt *huic rei* Cato r. r. 14. 2; Plur. Nom. f. *hae-c* Terent. und auch in der lat. Prosa der besseren Zeit, Dat. Abl. *hi-bus* Prisc. I. 10. 15 H., Acc. n. *hai-ce* Sen. de Bacch.]; *hāc* (erg. *viā, parte*) hier; *antid-, ante-hāc, post-hāc* vor oder nach dieser Zeit, *praeter-hāc* weiterhin, *hāc-tenus* bis hieher, so weit; (*hoi-c* =) *hūc: ad-huc* bis hieher, noch (immer, mehr, weiter); (*hoi-c* =) *hi-c* stets mit Localbedeutung: hier, vgl. *illī-c, istī-c; h-in-c* von dort, von da, von hier, temporal: darnach, hernach, causal: daher, daraus, deswegen; *ab-hinc* von hier ab, von jetzt an, *dě-hinc* = *hinc, ex-hinc* hierauf, *pro-hinc* daher, deswegen (App. Met.); bei angehängtem fragendem *-ne: hi-ci-ne, hae-ci-ne, ho-ci-ne*.

B. Gl. 31 a. — Corssen I. 647; N. 89 f. — C. E. 514. — F. W. 67. 337. 432. — Windisch St. II. 302. — 1) PW. II. 870: *gha* enkl. Partikel der Hervorhebung: wenigstens, gewiss ja; meistens nicht zu übersetzen, analog dem griech. γε. Im R. V. häufig, sonst nur selten vorkommend. Padap. giebt stets die Form gha, sonst immer ghū. — 2) Skr. aham (PW. I. 572).

GHA klaffen, gähnen, leer sein, ermangeln. — Skr. hā relinquere, dimittere; ire, cedere.

χα, χαν: (χα-νj-ω) χαίνω, χά-σκ-ω gähnen, klaffen, gaffen (Präsens erst aus Dichtern der Anthologie zu belegen, zum St. χαν ist das Präsens χά-σκ-ω üblich; Fut. χανοῦμαι, Aor. ἔ-χαν-ον, Perf. κέ-χην-α, nach Apoll. Dysk. auch κέ-χαγ-κα)[1]); dazu Frequ. χασκά-ζω (Ar. Vesp. 695), χάσκ-αξ (αχ-ος) m. Maulaffe (Eust.); χαν-δόν gähnend, mit weitgeöffnetem Munde, gierig (ἑλεῖν οἶνον Od. 21. 294); χάν-νη f., χάν-νο-ς m. ein Meerfisch (hiatula); ἀ-χαν-ής hians, patens, immensus (ἀχανὲς πέλαγος· παρὰ τὸ χαίνω, χάνω, χανές καὶ μετὰ τοῦ ἐπιτατικοῦ ἀ ἀχανές, τὸ λίαν κεχηνός E. M. 180. 16; τὸ λίαν ἀνεῳγμένον Et. Gud. p. 99)[2]); (χατο) χατέ-ω, χατί-ζω eig. nach etwas schnappen = verlangen, begehren, bedürfen, nöthig haben[3]); χάτ-ος n., χάτι-ς f. Mangel, Bedürfniss; χά-σ-μη (χάσ-μη-σι-ς Eust.) f. das Gähnen, Maulaufsperren, Gaffen, χασμά-ο-μαι (ion. poet. χασμέ-ο-μαι) gähnen, den Mund aufsperren, übertr. verblüfft, verlegen sein, χάσμη-μα(τ) n. das Gähnende, Klaffende (Ar. Av. 61); χά-σ-μα(τ) n. gähnende oder klaffende Oeffnung, Spalte, Kluft, Erdschlund, Schlund, Rachen, χασματ-ικό-ς (σεισμός) grosse Schlünde hervorbringend. — χα = dimittere, cedere: (χα-δj-ο-μαι) χά-ζομαι weichen, sich zurückziehen, ablassen, abstehen (Fut. χάσομαι, ep. χάσσομαι, Aor. ἐχασάμην, ep. ἐχασσάμην); (χα-λα Nominalst., vgl. σχο-λα) χα-λά-ω trans. nachlassen, fahren lassen, aufgeben; intr. erschlaffen[4]), χαλα-σ-τό-ς nachgelassen, lose, erschlafft, χαλαστ-ικό-ς zum Nachlassen, Erschlaffen geh. oder geschickt; χάλα-σι-ς f., χαλα-σ-μό-ς m. (Diosc.), χάλα-σ-μα(τ) n. das Nachlassen, Abspannung, Erschlaffung; χαλα-ρό-ς nachgelassen, schlaff, lose, χαλαρό-τη-ς (τητ-ος) f. Erschlaffung; χαλαίνω = χαλάω (ῥυτὰ χαλαίνοντες Hes. Sc. 308).

χη: χη-νύ-ω, χη-νύ-σσω gähnen, χηνύ-σ-τρα f. das Gähnen, χηνυστρά-ω = χηνύω (Hes.); χή-μη f. das Gähnen; Gienmuschel (mit zwei klaffenden Schalen, chama), Dem. χημ-ίο-ν; χῆτι-ς, χητεία (Hes.), χητο-σύνη (Antp. Th. 35) f. = χάτι-ς; χητίζω = χατίζω (E. M.). — χῆ-ρο-ς beraubt, entblösst, entbehrend, verwittwet, verwaist, Adj. f. als Subst. χήρα, ion. χήρη Witwe, χηρό-ω berauben, entblössen, leer machen, χήρω-σι-ς f. Beraubung, Verwaisung; χηρ-εύ-ω leer, öde sein, verwittwet, verwaist sein (Hom. nur Od. 9. 124: ἀνδρῶν), trans. leer u. s. w. machen, χηρ-ε-ία (χηρο-σύνη Ap. Rh. 4. 1064, χήρευ-σι-ς LXX) f. Witwenstand (Thuk. 2. 45). — χηρ-αμό-ς m. Kluft, Spalt, Höhle, Loch, Schlupfwinkel

(Il. 21. 495), χηραμ-ί-ς f. (Hesych.), χηραμ-ύ-ς f. (Strabo 1. 34), χηραμ-ών m. (Orph. Arg. 1264) = χηραμός. — χη-λό-c m. Behälter, Lade, Truhe, Dem. χηλ-ίο-ν. — χη-λή f. Spalt, Kerbe, alles Zwiespaltige (eine zwiesp. Nadel, Netze zu stricken und Matten zu flechten); χηλό-ω spalten, einkerben; stricken, flechten, χηλω-τό-ς gestrickt, geflochten, χηλώτ-ιο-ν n. = χηλή, χήλω-μα(τ) n. Spalte, Kerbe; χηλ-εύ-ω = χηλόω, χηλευ-τό-ς = χηλωτός (Her. 7. 89), χηλευ-τή-ς m. Stricker, Flechter (Lex.), χήλευ-σι-ς f. das Stricken, Flechten, χήλευ-μα(τ) n. das Gestrickte, Geflochtene.

χω: χω-ρίc (χῶ-ρι Callim. fr. 48) Adv. gesondert, getrennt, für sich, Präp. getrennt von, ohne; χωρί-ζω sondern, trennen (Fut. χωρίσω, att. χωριῶ)[5]; χωρι-σ-τό-ς abgesondert, trennbar, χωρισ-τή-ς m. einer der trennt, absondert (Gloss.), χωρι-σ-μό-ς m. Trennen, Trennung.

χαϜ. — χαῦ-νο-c (χαῦ-λο-ς, χαύλ-ιο-ς Lex.) auseinanderklaffend, fallend, erschlafft, locker, lose, weichlich, nachlässig, nichtig, thöricht, χαυνό-τη-ς (τητ-ος) f. Schlaffheit u. s. w.; χαῦν-αξ (ακ-ος) m. Maulaffe, Betrüger; χαυνό-ω schlaff, lose machen, übertr. aufblähen, χαύνω-σι-ς f. das Schlaffmachen u. s. w., χαύνω-μα(τ) n. locker gemachte Erde (Plut. Sertor. 17). — (χαϜ-ες) χά-οc n. Spalt, Kluft, Abgrund, symb. der tief dunkelnde Abgrund, Dunkel, als Uranfang der Dinge gedacht[6]) (Hes. Th. 116; Plato Symp. 178 b: Ἡσίοδος πρῶτον μὲν χάος φησὶ γενέσθαι, αὐτὰρ ἔπειτα φησὶ μετὰ τὸ χάος δύο τούτω γενέσθαι, Γῆν τε καὶ Ἔρωτα). — (χαϜ-ια, χη-ϊα) χε-ιή (Il. 22. 93. 95), χε-ιά (χειά Nic. Th. 79) f. Loch, Höhle, Schlupfwinkel[7]). — χαϜ-ρο: χῶ-ρο-c m. (der klaffende, leere) Raum, Platz, Stelle, Gegend, Ort, Demin. χωρ-ίο-ν, χωρ-ίδ-ιο-ν n., χωρέ-ω Raum geben, Platz machen, weichen, von der Stelle gehen, von Statten gehen, einen Raum, eine Stelle einnehmen, in sich aufnehmen, fassen, χώρη-σι-ς f. das Fassen, Aufnehmen, χώρη-μα(τ) n. Raum, Spielraum; χῶ-ρα f. = χῶρος, Land, Landstrich, Gebiet, Demin. χωράφιο-ν n. (Hes.); χωρί-τη-ς m. Landbewohner, Einwohner, Adj. ländlich, bäuerlich, χωριτ-ικό-ς dem L. geh., ländlich[7]).

ghu = χυ, χ-θ-υ (vgl. χαμα, χθαμα pag. 241): ἰ-χ-θ-υ (vgl. ἰ-χθίς), ἰ-χ-θ-ύ-c (ἰχθύ-ος) (ὑ in den 2silb., ῠ in den 3silb. Casus) m. Fisch[8]), Schimpfwort, vgl. unser Stockfisch (ἰχθὺς τοὺς ἀμαθεῖς καὶ ἀνοήτους λοιδοροῦντες ἢ σκώπτοντες ὀνομάζομεν Plut. sol. anim. 22), Demin. ἰχθύδιο-ν n.; ἰχθύ-α f. getrocknete Haut des Fisches ῥίνη squalina, die man zu Raspeln brauchte (Galen.); ἰχθυά-ω, ἰχθυά-ζω fischen; ἰχθυ-ικό-ς, ἰχθύ-ινο-ς, ἰχθυ-ηρό-ς die F. betreffend, ἰχθυ-ία f. Fischfang (Procl.); ἰχθυ-ή-ματα n. Fischschuppen (ῥινίσματα Raspelspäne, Erotian.), ἰχθυ-ό-ει-ς fischreich; ἰχθυο-ειδής, ἰχθυ-ώδης fischartig; ἄπ-ιχθυ-ς keine F. essend (ὁ παντελῶς ὀλίγος ἰχθύς? Eust. 1720. 23).

gha. — ghi, ghi-a: hi-sc-ĕre klaffen, sich öffnen, aufthun,

den Mund aufthun = mucksen; *hia-sc-ĕre* sich öffnen, spalten;
(*hiu-s*) **hiä-re** = *hiscĕre*, übertr. nach etwas schnappen, haschen,
sich sehnen, begehren[9]), Intens. *hiĕ-tā-rc; hiä-tu-s (tūs)* m. Oeffnung, Spalte, Kluft, übertr. Begierde (gramm. Hiatus; *vocalium
concursus; qui cum accidit, hiat et intersistit et quasi laborat oratio*
Quint. 9. 4. 33); (*hiu-s*, *hiŭ-lu-s*) *hiu-l-cu-s* klaffend, gespalten,
übertr. unzusammenhängend, von der Rede (*et nonnunquam hiulca
etiam decent faciuntque ampliora quaedam, ut „Pulchra oratione
acta"* ibd. 9. 4. 36), *hiulcā-re* klaffend machen, spalten, öffnen.

gha = fa. — (*fa-ti*) **fati-sc-i** klaffen, auseinandergehen,
Risse bekommen, übertr. kraftlos, schwach, matt werden, hinschwinden (*dissolvi* in geistigem Sinne); (*fa-ti-s*) *ad fati-m*, **áf-
fátim** (enklit. Wortverbindung, doch im älteren Latein *ad-fátim*
betont) bis zur Ermattung, bis zum Ueberdruss, bis zur Genüge
(*Terentius affatim dixit pro co quod est ad lassitudinem* Paul. D.
p. 11)[10]); *fa-t:* (*fa-t-tu-s*) **fe-s-su-s** ermüdet, müde, matt, schwach,
Fess-ön-ia f. Göttin der Ermüdung (August. c. d. 4. 21), *in-dē-
fessus* unermüdet; *fat-ig-āre* (s. pag. 17) müde u. s. w. machen,
übertr. plagen, beunruhigen, mürbe machen; sich womit beschäftigen, oft gebrauchen, bei Späteren: necken, zum Besten haben,
fatigā-ti-ō(n) f. Ermüdung, *fatiga-tör-iu-s* neckend (Sidon. ep. 1. 17),
fatigā-bili-s ermüdbar (Tert.); (*fŭ-mo*, vgl. *al-mo, fa-m-ie, fa-m-i*)
fŭ-m-c-s f. (eig. Leere, Mangel =) Hunger, übertr. Gier, Begierde (Nom. *fami-s* Varro r. r. 2. 5. 15, Gen. *famei* Prisc. 6. 59. H.,
fami Cat. Lucil. ap. Gell. 9. 14. 10, Abl. *famē* Lucr. Juven. Lucan.)[11]);
(*famē-lu-s*) *famcli-cu-s* ausgehungert, dürr, mager, Subst. Hungerleider (Ter. Eun. 2. 2. 29); *famelic-ōsu-s* βουλιμιώδης Gloss. Philox.

ghav. — *fav, fov:* **fav-issae** f. pl. Höhlungen, unterirdische
Räume, Gruben, Behälter (Varr. ap. Gell. 2. 10); **fŏv-ea** (vgl.
cav-ea) f. Grube, Fallgrube, Falle[12]).

Ascoli KZ. XVII. 347. ÷ B. Gl. 446b. — Brugman St. IV. 157.
45). — Corssen B. 77. 216 f. — C. E. 196 f. 200. — F.·W. 70 f. 359 ff.
444 ff. 623; Spr. 320. 323. — Pott E. F. I. 200. — 1) C. V. I. 281. 8).
309. 16). — B. Gl. 106a: *khan fodere, perfodere*, χαίνω. — 2) Clemm
St. VIII. 53 (Buttmann: α *intensivum*, Passov. und Lobeck: α *euphonicum*): „*Nobis α protheticum esse videtur, nisi quis mavult esse praepositio-
nale, nam ex ἀγχανής i. e. ἀναχανής cui praepositionis significatio quam
maxime convenit ἀχανής nasci potuit nasali consona elisa"*. — 3) B. Gl.
129b: *čat poscere, petere, mutata tenui in aspiratam*. — 4) F. W. 69 f.:
ghar sich biegen, schwanken, stürzen. — 5) F. W. 69. 446: *ghar* nehmen,
fassen. — 6) B. Gl. 106a: *kha aër, caelum, cavum*. — 7) Brugman St.
IV. 157. 45): *fortasse huc nobis cum Benfeyo (KZ. VII. 58) referendum
sit*. — F. W. 446: *ghar* nehmen, fassen, einfassen: *ghara* χῶρο-ς. —
8) F. W. 361. 623; Spr. l. c.; KZ. XXII. 383. — Benfey I. p. 245: ιχθυ·
piscis. So auch Förstemann KZ. III. 50, jedoch = ἐπι-χθυς (« Ueber-
rest des fortgefallenen ἐπί), woran wieder Schweizer KZ. VI. 444 zweifelt. — PW. I. 791: *ittha* n. = ιχθύς. — 9) B. Gl. 108b: *khjā dicere,
praedicare etc.; ad khjū hiare etiam trahi possit, quod sensu „os ape-*

rire" *cum notione dicendi cohaeret.* — 10) F. W. 100. 454: *fatis, fatigare:* „*dha* säugen, aufziehen, sättigen", *ad fatim* bis zur Sättigung, bis zur Genüge. — 11) Schweizer KZ. XIV. 155. — Pott E. F. I. 200. — Ascoli KZ. XVII. 346: *bhas* kauen, verzehren: *fas-me-s* fressend. — B. Gl. 267b: *bhaks edere, vorare;* Ag. Benary Röm. Lautl. p. 155: *fa-mes huc trahit.* — 12) Froehde KZ. XVIII. 160. — F. W. 445: *ghu* giessen = aufschütten, ausgraben = *chaveja.*

GHADH fassen. — Skr. ġadh: *ā-* Part. Präs. Pass. etwa angehängt, angeklammert; *pari-* Part. umklammert (PW. II. 651). χαδ, χα-ν-δ: χα-ν-δ-άν-ω fassen, umfassen, in sich begreifen, enthalten (Fut. χενδ-σ-ο-μαι = χείσομαι, Aor. ἔ-χαδ-ο-ν, Inf. χαδ-έειν Il. 14. 34, Perf. κέ-χανδ-α mit Präsensbedeutung, Plusqu. κε-χάνδ-ει Il. 24. 192)[1]). — (κιϑ-jo) κισσό-ς (vgl. μεσσό-ς), att. κιττό-ς m. Epheu, dem Bakchos heilig, = der Umfassende, Demin. κισσ-ίο-ν (Diosc.); κίσσ-ινο-ς, κισσ-ή-ει-ς von E.; κισσό-ω mit E. um-winden, bekränzen, κίσσω-σι-ς f. das U., B. mit E. (Inscr.); κισσ-ών (ῶν-ος) m. ein mit E. umwachsener Ort; κισσο-ειδής, κισσ-ώδης epheuartig; κισσ-ύβιο-ν n. (Hom. Od. 3mal) ein hölzernes Trink-gefäss, Schale oder Napf aus Epheuholz[2]) (κίσσινον ποτήριον Ath. 11. 476 f.) oder mit E. bekränzt (Poll. 6. 97); Κίσσο-ς (Manns-name), Κισσ-αία Bein. der Athene in Epidauros (Paus. 2. 29. 1), Κισσ-εύ-ς Name von Phrygern, Thrakern; Vater der Hekabe (Eur. Hek. 3), auch Bein. des Dionysos (Paus. 1. 31. 6) als Personi-fication des den Phrygern eigenthümlichen Dionysosdienstes; Κισσῆ-ς (= Κισσία-ς) Vater der Theano (Il. 11. 223), die Tochter dess. Κισση-ῒ-ς (Il. 6. 299); Κισσούσσα (Κισσό-εσσα Amat. narr. 1) f. = Epheuquelle, in Böotien bei Theben (Plut. Lys. 28). — ϝαθ: ά-ϝαθ-ί-ς (ίδ-ος) f. Knäuel (Lex.).

hed, he-n-d. — **pre-he-n-d-ĕre** (statt *prae-*), *pre-n-d-ĕre* fassen, ergreifen, erreichen[3]) (*prehend-i, prend-i, prehensu-s, pren-su-s*), *prehensi-o, prensi-o* (*ōn-is*) f. das Fassen u. s. w.; *prehensū-re, prensā-re, prensi-tā-re* (Sidon. ep. 2. 8) fassen u. s. w., *prensā-ti-ō(n)* f. Amtsbewerbung (Cic. Att. 1. 1); *prens-ōriu-m* n. Mäusefalle (Gloss. Gr. Lat.); *deprensa* (*dicitur genus militaris animadversionis, castigatione maior, ignominia minor* Paul. D. p. 71. 15)); (***prae-hed-a,** *prae-hid-a*) **praed-a** f. Beute, Raub, Gewinn (Abl. *praeda-d* Col. rostr. D. ap. Or. inscr. 549), *praedā-ri* (*-re* Prisc. p. 799) Beute machen, rauben, plündern, *praedā-tor* (*tōr-is*), *-tric* (*trīc-is*) Beutemacher, *-in* u. s. w., *praedatōr-iu-s* plündernd, *praedā-ti-ō(n)* f. das Beutemachen u. s. w., *praedā-bundu-s* auf B. ausgehend, *praeda-t-īc-iu-s* von B. gewonnen (Gell.); *praed-ō(n)* m. = *prae-dator*, Demin. *praedōn-ŭ-lu-s* (Cato ap. F. p. 242), *praedōn-iu-s* räuberisch; (*prae-hed-, prae-hid-*) **praed-iu-m** n. Landgut, Grund-stück, Besitzung[4]), Demin. *praediŏ-lu-m* n. — **hĕd-ĕra** f. Epheu,

hederā-tu-s mit E. geschmückt, *heder-ōsu-s* voll E., *heder-āc-eu-s* aus E.,
epheufarbig. — (*ghand-, ghnad-, gnōd-o*) **nōd-u-s** m. Knoten, Band,
Schlinge, Verwickelung, Schwierigkeit, Hinderniss, Demin. *nodŭ-*
lu-s m., *nod-ōsu-s* knotig, verwickelt, schwierig, *Nodŭ-tu-s* m. Gott
der Saaten, der sie bis zum ersten Knoten brachte (Aug. c. d. 4. 8);
nodā-re knüpfen, binden, *nodā-ti-ō(n)* f. das Knotigsein (Vitr. 2. 9),
nodā-men (*mĭn-is*) n. Knoten, Verknüpfung; *tri-nōdi-s* dreiknotig,
dreisilbig (*dactylus* Auson.), *multi-nōdu-s, -nōdi-s* vielknotig, ver-
schlungen.

C. E. 196. — F. W. 56 f. 358. 444; Spr. 820; KZ. XXII. 229. —
Schweizer KZ. XIV. 152. — Windisch St. VII. 184. — 1) C. V. I. 248.
257. 18). — 2) F. W. 40: *kas, kis* essen, zu essen geben, zutheilen. —
3) B. Gl. 121 f.: *grah capere, sumere etc.; e grehendo ortum esse possit,*
mutata guttur. in labialem, sicut in κλέπτω. *Adiectum end referri potest*
ad ā*na imperatiri grhāṇa vel ad* nā *τοῦ grhṇámi etc. adiecto d post n.*
— 4) C. E. l. c.: gehört hieher oder wie *prae-s* zu W. *vadh.*

GHAN, GHNA schaben, nagen; europäisch **ghnu.**

χυυ: χναύ-ω kratzen, schaben, knuppern, nagen (bes. an
Dingen, die man aus Leckerei zum Nachtisch ist), χναυ-σ-τ-ικό-ς
m. Leckermaul (Ath. 14. 661); χναῦ-μα(τ) n. Schnitte, Leckerei,
Leckerbissen, Dem. χναυμάτ-ιο-ν n.; χναυ-ρό-ς leckerhaft. — (χναϜ)
χνό(Ϝ)-ο-c, att. χνοῦ-c m. Schabsel, Flaum, Schaum des Meeres
(Od. 6. 226), Milchhaar (*lanugo*)[1]), χνο-το-ς mit feinem Flaum bedeckt (παρειά Anacr. 16. 19), χνοά-ω, -ζω mit feinem Fl. bedeckt
sein, das erste Milchhaar bekommen, χνο-ώδης von dem Ansehen
eines Flaums.

Brugman St. VII. 314 ff. — F. W. 67. 361. — 1) C. E. 493: „χνοῦς
Staub, Schaum; Lobeck Rhemat. 29 und Pott W. I. 673 wohl richtig
zu κνάω, κόνις“. — Aehnlich Clemm St. III. 298.

ghans-a, europ. **ghans** Gans. — Skr. *haṅsá* m., *haṅsī* f.
Stamm χενc: χήν (χην-ός) m. f. Gans, Dem. χην-ιο-ν, χην-άριο-ν
n., χην-ιδ-εύ-ς m.; χην-ίσκο-ς m. ein wie ein Gänsehals gebogener
Zierrath am Schiffshintertheile; χήν-ειο-ς, ion. -εο-ς, von der G., zur
G. geh., χην-ώδης gänseartig. — χην-αλώπηξ (εκ-ος) m. Fuchsgans,
Fuchsente, oder ägypt. Gans (ἱροὺς δὲ τοῦ Νείλου φασὶν εἶναι τῶν
ὀρνίθων τοὺς χηναλώπεκας Herod. 2. 72; ὁ δὲ χηναλώπηξ ἔχει μὲν
τὸ εἶδος τὸ τοῦ χηνός, πανουργίᾳ δὲ δικαιότατα ἀντικρίνοιτο ἂν τῇ
ἀλώπεκι· καὶ ἔστι μὲν χηνὸς βραχύτερος, ἀνδρειότερος δὲ καὶ χωρεῖν
ὁμόσε δεινός. ἀμύνεται γοῦν καὶ ἀετὸν καὶ αἴλουρον Ael. 5. 30;
anserini generis sunt chenalopeces Plin. h. n. 10. 22. 29; *est anas*
tadorna Linnaei, quae vulpis instar cavernas terrae habitat, vulp-
anser Gazae. Schneider).

St. *hans-er* (mit neuem Suffix): **anser** (*ansĕr-is*) m. (f.) Gans, Demin. *anser-cŭlu-s* m. (Colum. r. r. 8. 14. 7), *anser-īnu-s* zur G. geh., die G. betreffend, *anser-ārin-s* der Gänse hält oder mästet (= χηνοβοσκός Glossat.); *Anser* schlechter lat. Dichter, Freund des Triumvirn M. Antonius.

B. Gl. 440a. — C. E. 200. — F. W. 68. 359. 444.

1) ghama Erde[1]).

χαμα: χαμα-ί (Locativ) auf der Erde, am Boden; χαμᾰ-ξε, χαμά-δις auf die E., zu B.; χαμᾰ-ϑεν (χαμό-ϑεν später, unatt., χαμαῖ-ϑεν Gramm.) von der E., vom B.; χαμαῖ-τη-c, χαμί-τη-c m., χαμαῖ-τι-ς, χαμί-τι-ς (τιδ-ος) f. die frei am Boden gezogene Rebe in Kleinasien (*orthoampelus ipsa se sustinens*)[2]); *Χαμ-ύνη* Bein. der Demeter in Elis (Paus. 6. 21. 1). — (χ-j-αμα) χθαμα: χϑᾰμᾰ-λό-c, später χἄμη-λό-c an der Erde, niedrig (χϑαμαλ-ής Schol. Ap. Rh. 2. 981), χϑαμαλύ-τη-ς (τητ-ος) f. Niedrigkeit (Eust.), χϑαμαλύ-ω niedrig machen, erniedrigen. — (χϑαμ, χϑομ) χϑον: χϑών (χϑον-ός) f. Erde, Erdboden (poet. Land, Gegend) (χϑόα f. Hes.); *Χϑών* als Mutter der Titanen (Aesch. Eur.); αὐτό-χϑων aus dem Lande selbst, eingeboren, οἱ αὐτόχϑονες nicht aus der Fremde gekommene, sondern von jeher urspr., einheim. Volksstämme, bes. von den Athenern (μόνοι γὰρ πάντων ἀνϑρώπων, ἐξ ἥσπερ ἔφυσαν, ταύτην ᾤκησαν, καὶ τοῖς ἐξ αὐτῶν παρέδωκαν Demosth. 60. 4); χϑόν-ιο-c (χϑόϊνος Hes.) in der Erde, im Schoosse der Erde, unterirdisch; irdisch, von Erde (κόνις Aesch. Sept. 718); im Lande, zum L. geh., einheimisch = ἐγχώριος; ἐπι-χϑόνιο-c auf der Erde, irdisch (οἱ ἱ. die Irdischen, die Menschen, δαίμονες Schutzgeister der M., Hes. O. 122), κατα-χϑόνιο-c unterirdisch (δαίμονες die Manen).

hŭmo: hŭmu-s f. Erdboden, Erde[3]) (Abl. *humū* Varr. ap. Non. 488. 6), (*hŭmo-i*) *humī* auf der E., auch: auf die E. hin, zur E., *humā-re* (mit Erde bedecken =) beerdigen, begraben, *humā-ti-ō(n)* f. Beerdigung, *humā-tor* m. Beerdiger (Luc. 7. 799); **hŭmĭ-li-s** (mit sekund. Dehnung der Stammsilbe) dem Boden nahe, niedrig, gering, gemein, *humili-tā-s* (*tāti-s*) f. Niedrigkeit, niedere Gesinnung, *humili-ā-re* erniedrigen, herabwürdigen, *humiliā-ti-ō(n)* f. Erniedrigung (Tert.). — (*gham-an* der Irdische, Erdensohn, der aus Erdenstaub Geborene; im Gegensatz zu den *divi* oder *caelestes*): *hem-ōn, hem-ōn-u-s* (*hemōna humana et hemonem hominem dicebant* Paul. Diac. p. 100. 5), *hom-on* (*homōn-is, -em* Enn. ap. Prisc. 6. p. 683, *homōn-es* Naev. ap. Calp. Pis.), daraus **hŏm-o(n)**, *hom-ĭn-is* m. Mensch[4]), Demin. (*hom-on-lu-s*) *hom-ul-lu-s*, *homullŭ-lu-s*, (*hom-on-cu-s*) *hom-un-cŭ-lu-s*, *hom-un-ci-ō(n)*); *hūm-ān-u-s* (abermals mit secundärer Dehnung) menschlich, menschenfreundlich, liebreich, fein gebildet, human; *humani-ta-s* (*tāti-s*) f.

Menschlichkeit u. s. w., Adv. *humānĭ-ter, -tus* (*humanāri* von der Menschwerdung Christi, Cassiod.); (*ne-hemon*) **nēmo** (*nēmĭn-is*) kein Mensch, Niemand (*nemo non* Jeder, *non nemo* Mancher; Gen. *neminis* selten, auch Abl. selten in der früheren Periode).

Ascoli KZ. XVII. 321. — Corssen I. 100. II. 85 f. 127; B. 241 ff. — C. E. 197. — F. W. 68. 359. 444; Spr. 321. — M. M. Vorl. I. 336. — 1) B. Gl. 100 b: *ksham tolerare, kshamá terra.* — Corssen II. 127: *gha* aushalten, dauerhaft, fest sein. — Curtius I. c.: Als W. möchte man „*gha* klaffen" vermuthen, da alle diese Wörter die Erde als die Tiefe (vgl. *θεοὶ χθόνιοι*) auffassen (vgl. *τότε μοι χάνοι εὐρεῖα χθών* Δ 182). — PW. II. 532 f. übereinstimmend mit Bopp: *ksham* f. Erdboden, Erde, *χθών* (vgl. *χαμαί* u. s. w.). Identisch mit *ksham* geduldig ertragen u. s. w., indem die Erde als Bild der Geduld aufgefasst wird (535: *kshámja* im Erdboden befindlich, *χθόνιος*, irdisch). — 2) Hehn p. 70 f. — 3) B. Gl. 277 b: *bhu esse, existere.* — 4) Bopp Gr.² III. 168: *bhu* der sciende; vgl. Skr. *gána* der geborene.

---

2) **ghama** gebogen?

χαμό-ς· καμπύλος Hes.; *χαβό-c* (Schol. ad Arist. Equ. 1150; *χαβόν· καμπύλον, στενόν* Hes.) == Maulkorb für Pferde.

hāmu-s m. Haken, Angelhaken, Angel, Demin. *hāmŭ-lu-s* m., (**hamā-re*) *hamā-tu-s* mit H., A. versehen, hakenförmig, gekrümmt, übertr. lockend, ködernd (*viscatis hamatisque muneribus* Plin. ep. 9. 30. 2), *hamāt-ĭli-s* mit A. versehen.

C. E. 198. — F. W. 444 (*gha* klaffen: *cha-mo* gebogen == auseinandertretend?). — Roscher St. III. 134.

---

1) **GHAR** glühen, glänzen, heiter sein; übertr. glühen == begehren. — Skr. **ghar** leuchten, glühen, brennen (Nbf. *gharṇ, ghṛṇ*) (PW. II. 881).

ghar == *χαρ, χαλ.* — *χαρ:* (*χαρ-jω*) *χαίρω* sich freuen, vergnügt, fröhlich sein¹) (St. *χαρ:* Aor. *ἐ-χάρ-η-ν*, ep. auch *ἐ-χηρ-άμην, κε-χαρ-όμην*, Perf. *κέ-χαρ-μαι*, Part. *κε-χαρ-μένος*; St. *χαρε:* Perf. *κε-χάρη-κα, -μαι*, Part. *κεχαρη-ώς, -μένος*, Plusqu. *κεχάρη-ντο*, Fut. *κεχαρη-σίμεν*; St. *χαιρε:* Fut. *χαιρή-σω* Hom. nur Il. 20. 363, *ἐ-χαίρη-σα* erst seit Plut.)²); Verbaladj. *χαρ-τό-ς* erfreuend, erfreulich, *κακό-χαρτο-ς* schadenfroh (Hes. O. 28. 193); Impt. *χαῖρε* sei gegrüsst, lebewohl (*salve, vale*); *χαιρε-τί-ζω* (eig. *χαῖρε* sagen) grüssen, bewillkommnen, *χαιρετι-σ-μό-ς* m. Gruss, Besuch, Aufwartung (die *salutatio* der Römer); *χαιρη-δών* f. Freude (Ar. Ach. 4), *χαιρο-σύνη* id. (Hes.). — *χαρ-ά* f. Freude. — *χάρ-ι-c* (*ιτ-ος*) f. Alles worüber man sich freut: Anmuth, Liebreiz, Gunst, Dank, Genuss, Freude (Acc. *χάριν* absolut == zu Jemandes Gunsten, Vortheil, dann als Präp. um — willen, wegen); Pl. Χάριτ-εc die Chariten, Grazien,

die Göttinnen des Reizes, Schöpferinnen und Verleiherinnen der
Anmuth, Schönheit, Heiterkeit (Homer nennt nur die Pasithea Il.
14. 269. 275, Hesiod 907 nennt drei als Töchter des Zeus und
der Eurynome (τρεῖς δέ οἱ |Διι] Εὐρυνόμη Χάριτας τέκε καλλι-
παρήους, Ὠκεανοῦ κούρη, πολυήρατον εἶδος ἔχουσα, Ἀγλαΐην τε καὶ
Εὐφροσύνην Θαλίην τ' ἐρατεινήν; doch Suidas p. 3881. G.: τρεῖς
αἱ Χάριτες, Πειθώ, Ἀγλαΐα καὶ Εὐφροσύνη); sie waren zunächst
Begleiterinnen und Dienerinnen der Aphrodite, doch im h. Ven. 95:
Χάριτες .. αἵτε θεοῖσιν πᾶσιν ἑταιρίζουσιν[3]); (χαριτ-ιο-ς) χαρίσ-ιο-ς
zur χάρις geh. (χαρισία βοτάνη Liebeskraut), χαριτ-ήσια (auch χαρί-
σια) erg. ἱερά das Fest der Chariten; χαριτ-ό-ω angenehm, lieblich
machen; χαριτ-ία f. Scherz, Spass (Xen. Kyr. 2. 2. 13); χαρί-ζο-
μαι (Fut. χαρίσομαι, att. χαριοῦμαι, Aor. ἐχαρισάμην, Perf. κε-χάρι-
σ-μαι, Hom. 3. Pl. Plusqu. κε-χάρι-σ-το) Angenehmes, Erfreuliches
u. s. w. erweisen, zu Willen sein, willfahren; freudig geben, schenken; angenehm, lieb, erwünscht u. s. w. sein; χαρι-σ-τ-ικό-ς, -ήριο-ς
zur Gunst u. s. w. geneigt, dankbar (τὰ χαριστήρια erg. ἱερά Dankopfer, Dankfest); χάρι-σ-μα(τ) n. Gunstbezeugung, Gefälligkeit, Geschenk. — (χαρι-ϝεντ) χαρί-ει-ς (εσσα, εν) angenehm, anmuthig, liebreizend, lieblich, erfreulich, lieb; att. von Pers. einnehmend, artig,
witzig (Adv. χαριέντ-ως), χαριεντ-ί-ζομαι mit Anmuth, Anstand,
Artigkeit handeln, reden; auch scherzhaft, witzig reden, χαριεντι-
σ-μό-ς m. (χαριεντ-ό-τη-ς f.) feines, artiges Benehmen, scherzhafte,
witzige Reden, χαριέντισ-μα(τ) n. Scherz, Witz. — χάρ-μα(τ) n.,
χαρ-μον-ή, χαρμο-σύνη f. Freude, Wonne, Lust, Vergnügen; χαρμον-
ικό-ς, χαρμόσυνο-ς fröhlich, freudig, angenehm. — χάρ-μη f. Kampf-
lust, Streitlust, Kampf, Streit, Schlacht[4]); ἱππιο-χάρμη-ς m. Wagenkämpfer (Hom.), Reiter (Aesch. Pers. 29), σιδηρο-χάρμη-ς in Eisen
kämpfend (von den gepanzerten Kampfrossen, Pind. P. 2. 2), χαλκο-
χάρμη-ς in eherner Rüstung kämpfend (πόλεμος Pind. I. 5. 26);
(ἀνα negirend + χάρμη) ἄγ-χαρμο-ν n. das Aufgeben des weiteren
Kampfes, die Ergebung, das Zeichen hievon war im maked. Heere
das Aufheben der Lanze (ἄγχαρμον· ἀνωφερῆ τὴν αἰχμήν. κάγχαρ-
μον· τὸ τὴν λόγχην ἄνω ἔχειν. Μακεδόνες (= καὶ ἄγχαρμον)[5]). —
χαρ-οπό-ς (χαρ-ώψ Hes.) hellblickend, hellaugig, funkelnd (Beiw.
des Löwen Od. 11. 611: mit wildfunkelndem Blick, Beiw. des Meeres,
des Mondes, pros. der Name einer dunkleren Farbe, namentlich
des Auges: bläulich, graublau, meerblau); χάρ-ων (ων-ος)· ὁ λέων.
ἀπὸ τῆς χαροπότητος. Μακεδόνες = der Freudige, Kampflustige[5b]).
— (χαρ-το, χυρ-το, χῦρ-το, χρῦ-το, χρῦ-τjο) χρῦ-σό-c m. Gold[6])
(lyrisch zuweilen ῡ, auch in den lyrischen Stellen der Tragiker,
Pindar nur N. 2. 115), Demin. χρυσ-ίο-ν (auch überhaupt Gold),
χρυσίδ-ιον, χρυσιδ-άριο-ν n. ein Stückchen Gold; χρύσ-εο-ς, att. χρυσ-
οῦ-ς, ep. χρύσ-ειο-ς (χρυσή-ει-ς Orac. Sib., χρύσ-ινο-ς Alciphr. 3. 3)
golden, goldfarbig, goldgelb; χρυσί-τη-ς (χρυσῖ-τι-ς f.) goldartig,

goldhaltig; χρυσ-ί-ς (ιδ-ος) f. goldenes Geräth, Kleid (= χρυσῖτις Poll.), χρυσί-ζω golden, goldähnlich sein; χρυσ-ών (ῶν-ος) m. der Schatz (Nicet.); χρυσ-αλλί-ς (ιδ-ος) f. die goldfarbige Puppe der Schmetterlinge, aurelia; (χρυσ-εϜ) χρυσ-ε-ίο-ν n. Gold-grube, -berg-werk, Goldarbeiterwerkstätte; χρυσό-ω (χρυσαΐζω Hes.) golden machen, vergolden, χρυσω-τό-ς vergoldet, χρυσω-τή-ς m. Vergolder, χρύσω-σι-ς f. das V., χρύσω-μα(τ) n. Goldgeschirr, Goldarbeit; χρυσο-ειδής goldartig, goldähnlich; διά-χρυσο-ς mit G. durchwirkt; ἐπί-χρυσο-ς mit G. überzogen; γλου-νό-ς· χρυσός Hes. [phryg. γλου-ρό-ς· χρυσός, γλούρεα· χρύσεα Hes.; mit eranischem g statt gh].

χαλ. — χάλ-ι-ς m. reiner, ungemischter Wein (ὁ ἄκρατος οἶνος E. M.); χάλι-μο-ς trunken, übertr. thöricht, rasend, χαλίμη die Trunkene, bes. die Bakchantin, χαλιμά-ς (άδ-ος) id. — (χλα) χλι[7]): χλί-ω warm werden, schmelzen, zerfliessen, übertr. üppig sein, schwelgen, prunken, (χλι-αν-jω) χλιαίνω wärmen (Perf. κε-χλίλαγ-κα· τεθέρμαγκα Hes.), χλίαν-σι-ς f. das Wärmen; χλῖ-αρό-ς, ion. χλι-ερό-ς warm, lau, χλιαρό-τη-ς (τητ-ος) f. Erwärmung; (χλι-ja, χλι-δja) χλῖ-δή (χλῖδή Phokyl. 20) f. Ueppigkeit, Schwelgerei, üppiger Wuchs, üpp. Schmuck[8]) (χλοδή· ἔκλυσις, μαλακία·Hes.), χλιδά-ω weichlich, üppig sein (χλιδῶσα μολπή weicher Gesang, Pind. Ol. 11. 88), χλίδη-μα(τ) n. = χλιδή (Eur. I. A. 74); χλιδ-ανό-ς weichlich, üppig, üppig gewachsen, χλιδαίνω verweichlichen, in W. schwelgen; χλιδ-ών (ῶν-ος) m. Schmuck, Prunk; δια-κε-χλῖδ-ώς (βαδίζει Plut. Alc. 1)· διαρρέων ὑπὸ τρυφῆς Hes.; χλοιδῶσι· θρύπτονται Hes.; κέ-χλοιδ-ε-ν· διέλκετο Hes.

ghar-gh[ar]. — χαλ-κ: χαλκ-ό-ς (auch χαλκ-ι in Compos.) m. Erz, Metall, ehernes Geräth, Geschirr[9]) (χ. Κύπριος gemeines Kupfer, weil man es auf Kypros zuerst gefunden hatte, davon: lat. cuprum, deutsch Kupfer, χ. λευκός weisses Kupfer, χ. ἐρυθρός Messing, χ. κεκραμένος gemischtes K., Bronze), Demin. χαλκ-ίο-ν n. bes. kupfernes Geschirr, Kupfermünze; χάλκ-εο-ς, att. χαλκ-οῦ-ς, poet. χάλκ-ειο-ς, ehern, kupfern, χαλκί-τη-ς (χαλκῖ-τι-ς f.) kupfer-haltig, λίθος Kupfer-stein, -erz; χαλκό-ω mit E. oder K. bedecken, aus E., K. arbeiten, χάλκω-μα(τ) n. ehernes, kupfernes Geräth, Demin. χαλκωμάτ-ιο-ν n.; χαλκί-ζω wie E. oder K. glänzen, klingen, mit Kupfermünze spielen, χαλκι-σ-μό-ς m. das Spiel mit K. (χαλ-κίνδα παίζειν Poll. Eust.); χαλκ-εύ-ς, χαλκευ-τή-ς m. Erz-, Kupfer-, Metallarbeiter, χαλκεύ-ω aus Erz oder Metall fertigen (Hom. nur Il. 18. 400); Verbaladj. χαλκευ-τό-ς, χαλκευτ-ικό-ς zur Schmiede-kunst geh. (ἔργα χ. Schmiedearbeit), χαλκε-ία f. das Schmieden, χαλκε-ῖο-ν, ep. χαλκε-ών (ῶν-ος) Od. 8. 273 die Schmiede, χαλκή-ιο-ς den Schmied betreffend (ὅπλα χ. Schmiedegeräthe Od. 3. 433, δόμος = χαλκεών Od. 18. 328) (τὰ χαλκεῖα erg. ἱερά ein Fest in Athen am Ende des Monats Pyanepsion, die lat. Volcanalia), χάλκευ-μα(τ) n. = χάλκωμα; χαλκο-ειδής kupferähnlich, wie Erz; χάλκα-ς ein Makedone; Χαλκ-ηδών, (Χαλχ-) Καλχ-ηδών (όν-ος) f. (die Gegend durch Erz ausgezeichnet) Stadt in Bithynien am thrak. Bosporus, Byzanz gegenüber, Χαλκῖτι-ς f. Insel in der Propontis mit Erzgruben[10]).

St. χαλ-υβ: χάλ-υψ (υβ-ος) m. Stahl, gehärtetes Eisen, Nbf. χάλυβο-ς m. (Aesch. Sept. 710), χαλυβ-ικό-ς, χαλυβ-δ-ικό-ς stählern. ghar = θερ, θαλ, θελ[11]). — θερ: θέρ-ω (Fut. θέρ-σ-ω) wärmen, meist Med. θέρ-ο-μαι sich erw., erglühen, heiss werden (Aor. dazu ἐ-θέρ-η-ν); θερ-μό-c warm, von der lauen Wärme des Bades an bis zur Siedhitze und verkohlenden Gluth[12]), Θερμαί, Θερμά (Pl.) Orte mit heissen Quellen; διά-θερμο-ς sehr warm, παρά-θερμο-ς ziemlich warm, übertr. gegen das rechte Maass leidenschaftlich, allzu heftig; θερμό-τη-ς (τητ-ος) f. Wärme, Hitze, θέρ-μη f., θέρ-μα(τ) n. id.; θέρ-μ-ε-τε und θέρ-μ-ε-το (Il. 18, 348. 23, 381; Od. 8, 426. 437; Arist. Ran. 1339) wärmt, wurde warm; θερμωλή f. Hitze, Fieberhitze (Hippocr.); θερμά-ξω erwärmen, erhitzen, θέρμα-σ-τρα f. Schmiedofen (Hes.), θερμαστρ-ί-ς (ίδ-ος) f. Feuerzange; ein heftiger Tanz von der zangenartigen Verschränkung der Füsse (auch θερμαυστρίς), θερμαστρίζω den T. θερμαστρίς tanzen; (θερμα-νjω) θερμαίνω = θερμάζω (Fut. θερμανῶ, Aor. ἐ-θέρμην-α, ἐ-θερμάν-θη-ν, Perf. τε-θέρμαγ-κα, τε-θέρμα-σ-μαι), θερμαν-τό-ς erwärmbar, θερμαντ-ικό-ς zum Erw. geschickt, θέρμανσι-ς f. Erwärmung, θερμαν-τήρ (τῆρ-ος) m. Wärme, Kessel, θερμαντήρ-ιο-ν n. id.; (θερ-ες) θέρ-ος (ους) n. Sommer, Sommer-zeit, -hitze, Ernte, θέρ-ε[σ]-ιο-ς sommerlich, Adj. als Subst. f. θερε-ία erg. ὥρα Sommer(zeit), θερέσ-ιμο-ς die Ernte betr. (Hes.), θερ-ινό-ς = θέρειος; θερί-ζω die Sommersaat mähen und einernten, den Sommer zubringen (Ggs. χειμάζω, ἐαρίζω), θερι-σ-τ-ικό-ς zum Ernten, Mähen geb. (τὰ θ. die Ernte, Strabo 17. 831), θερι-σ-τή-ς, -τήρ (τῆρ-ος) m. Schnitter, θερίσ-τρ-ια f., θεριστήριο-ς = θεριστικός, θερι-σ-μό-ς m. das Ernten, Mähen, θέρι-σ-τρο-ν n. Sommerkleid. — θαλ, θελ: θαλ-υ-κρό-c warm, hitzig, leidenschaftlich (διάπυρος Suid., θαλυκρόν· λαμπρόν, θερμόν Hes.). — θαλ-π: θάλ-π-ω warm machen, erwärmen, entzünden, entflammen[13]) (Θάλπημι Bakchyl., θαλπείω E. M., θαλύψαι· θάλψαι, πυρῶσαι Hes.); θαλπι-ά-ω warm werden, sich erwärmen (θαλπιόων st. θαλπιῶν Od. 19. 319); θάλπ-ος n. Wärme, Hitze, δυσ-θαλπ-ής schlimme d. h. wenig Wärme habend, kalt, θαλπει-νό-ς (st. θαλπεσ-νό-ς) warm (E. M.); θαλπ-νό-ς erwärmend (Pind. O. 1. 6); θαλπ-ωρό-ς id.; θαλπ-ωρή f. Erwärmung, übertr. Erquickung, Beruhigung, Trost, Freude[14]); Θάλπ-ουσα (Steph. Byz.) (eig. Part. von θάλπω, erg. κρήνη), Θέλπ-ουσα, Θέλφ-, Τέλφ-ουσα (Diod. Sic.) Nymphe, Quelle und Stadt in Arkadien (Pausan.)[15]).

(ghar, ghrn) gra (da hr keine latein. Lautgruppe ist): grātu-s mit Gunst begabt[16]): a) in Gunst stehend, beliebt, willkommen, angenehm, b) Gunst, Wohlwollen, Dank empfindend = dankbar, erkenntlich, *gratā-ri* willkommen heissen, Glück wünschen, sich über etwas freuen; (**grătŭ-lu-s*) *grătŭlā-ri* = *gratari;* feierlich Dank sagen, danken, *grătulā-ti-ō(n)* f. Freudenbezeugung, Glückwunsch, Willkommenruf, relig. Dank- und Freudenfest, *gratulā-bundu-s, -tōriu-s* glückwünschend; (*grā-ti*) **grăte-s** f. (fast nur *grates, gratibus*) der öffentl. und feierliche, besonders den Göttern dargebrachte Dank (*grates agere, habere*); **gră-t-ĭn** f. Gunst: a) die man findet = Beliebtheit, Huld, Wohlwollen, Freundschaft; auch· = χάρις An. muth, Schönheit u. s. w., b) die man erweist = Gunstbezeugung, Gefälligkeit, Dienst, Gefallen, (für die erwiesene Gunst =) Dank, Dankbarkeit; davon Abl. *gratiā* = χάριν, Pl. *gratiis, gratīs* (Plaut. Terent. nur *gratiis*, beide Formen in der klass. Zeit) aus Gunstbezeugung, Gefälligkeit, ohne Bezahlung, umsonst; *Gratiae* = Χάριτες (*tres Gratiae sorores manibus implexis, ridentes, iuvenes et virgines, solutaque ac pellucida veste* Sen. de ben. 1. 3); *grati-ōsu-s* voll Gunst, = *gratus* a), dann: Gunst erweisend, gefällig, *gratiosi-tā-s* f. Annehmlichkeit (Tert.); *Grāt-iu-s, Grati-ānu-s* (Sohn und Mitregent des Kaisers Valentinian), *Grātĭ-d-iu-s; grā-tu-ĭ-tu-s* freiwillig, frei, umsonst, ohne Lohn, Gewinn (Adv. *-tō*). — **ghla:** (*ghlansa* Glanz) **glĕsu-m** (*glaesum, glessum*) n. Bernstein [17] (*sed et mare scrutantur, ac soli omnium succinum, quod ipsi glesum vocant, inter vada atque in ipso litore legunt* Tac. Germ. 45); *Glesāriae insulae* die Bernsteininseln an der Nordseeküste. — **ghli:** **gli-sc-ĕre** entglimmen, entflammen, auflodern, übertr. sich erheben, vermehren[18]; *glisc-erae mensae* (*gliscentes instructione epularum* Paul. D. p. 98. 9).

ghar = (*far*) *for, fur*[11]): **for-nu-s, fur-nu-s** m. Brennofen, Backofen[19], *furn-āriu-s* m. Bäcker (Dig.), *furn-aria* f. Bäckerei (Suet. Vit. 2); *Furn-iu-s* (Name eines plebej. röm. Geschlechtes = Brenner, Brennecke, Brand, Brendel od. ähnl.); *prac-furn-iu-m* n. Platz vor dem Ofen, O.-loch; **forn-ăx** (*ăci-s*) f. (nur bei Aelteren m.) (vgl. *ed-ax, loqu-ax*) Ofen[19], *Fornax* als Göttin, die Beschützerin der Oefen, Backgöttin, Ofengöttin (*facta dea est Fornax. laeti Fornace coloni orant, ut fruges temperet illa suas* Ov. Fast. 2. 525), Demin. *fornāc-ŭ-la, fornac-āriu-s, -āli-s* zum O. geh., *Fornac-āli-a* n. Pl. Fest der Göttin *Fornax;* **for-mu-s** (vgl. *al-mu-s;* altl. *for-vu-s* Serv. Verg. A. 8. 453) warm[19]) (*forma significat modo faciem cuiusque rei, modo calida; de-forma exta = decocta* Paul. D. p. 83. 11); *formĭ-du-s* warm (*aedificium aestate frigidum, hieme formidum* Cat. ap. Fest.); *for-ceps, for-pex* s. pag. 112.

3) Vgl. noch C. E. 120 (Χάριτες nicht = ved. *haritas* die Sonnenrosse). —
4) Facsi überall (ausser Il. 13. 82) nur in der Bedeutung: Kampf, Schlacht;
von χράω anfallen, bedrängen das Wort ableitend (Handgemenge). —
5) Fick KZ. XXII. 208. 215. — 5ᵇ) F. W. 359: *gharap* funkeln, europ.
Weiterbildung: χαροπό-ς, vgl. sub. *hirpu-s* Wolf. — Sch. W. s. v.: gewöhnl.
von χαρά und ὤψ abgeleitet „froh oder freudig blickend", während
Andere viel wahrscheinlicher einen Zusammenhang mit Skr. *hari* grün
und ὤψ annehmen „mit wildfunkelndem Blick". — 6) C. E. 204. —
Roscher St. 1b. 136. — Schweizer KZ. IV. 310. — F. W. 446: *ghar* gelb
sein, *chruto* = χρυτ-jo oder χυρ-το; ders. KZ. XX. 363: *skru*, *skrut-jo*
χρύσό-ς. — Hehn p. 61. 487: lydisch-phönizischer Herkunft? semitisch
kharous. — 7) Ascoli KZ. XVII. 323 f. — C. E. 640 f. — Grassmann
KZ. XII. 89. — Walter KZ. XII. 386. — 8) F. W. 73: *ghrad*, *ghrid*
strotzen; lustig, übermüthig sein; höhnen; ibid. 362: *ghlid* glänzen. —
9) Hehn p. 61: lydisch-phönizischer Herkunft? — 10) Roscher St. 1b.
100. — 11) Ascoli KZ. XVII. 340. — B. Gl. 125a. — Corssen Il. 165 f.;
B. 203; N. 224 [oder *bhar*, *bhra*]. — C. E. 485 f.; KZ. II. 399. —
Schweizer KZ. III. 346 f. VII. 153. — Zeyss KZ. XIX. 161 f. — 12) PW.
II. 882: *gharmá* Gluth, Wärme, sowohl Sonnenhitze als Feuersgluth,
θερμός. — 13) F. W. 364: *tarp* glühen, schmelzen, st. ταλπ-, ταλφ-ω.
— 14) S. W. s. v.: Ameis nach brieflicher Mittheilung: „weil der Trost
und Beruhigung in demselben Maasse (physiologisch) als Würme em-
pfunden wird, wie das Gegentheil als Kälte (Schauer, ὀκρυόεις von κρύος).
— 15) Roscher St. 1b. 100. — 16) Ascoli KZ. XVII. 323. — C. E. 198.
— Grassmann KZ. XII. 89. — Auch Klotz W. s. v.: vgl. χαρτός, *χαρη-
τος von κεχαρῆσθαι. — B. Gl. 122a: *grah capere*, *sumere etc.*; *fortasse
sicut acceptus ab accipiendo est dictum, abiecta consonante finali.* — F.
W. 61: *gar* rufen, anrufen, loben, ehren, danken; Spr. 146: Skr. *gúrta*
gelobt, gebilligt, willkommen, angenehm. — Ebenso PW. II. 766: *gur*,
Nbf. von 1 *gar* (anrufen, rufen u. s. w.). Vom einf. Verbum nur das
Part. Prät. Pass. *gúrta* zu belegen, in der Bedeutung gebilligt, willkommen, angenehm, *gratus* (vielleicht damit verwandt). — 17) F. W.
72; Spr. l. c. (Skr. *ghrámsa*, *ghrams* Glanz, Gluth, altn. *glaes-a* glänzend machen, mhd. *glins* m., *glos*, *glose* f. Glanz, Gluth, altengl. *gliss*,
nhd. *gleissen*/ unser „Glas"). — 18) Vgl. Anm. 7. — F. W. 66: *gri* sich
ausbreiten, ausdehnen. — Vgl. Klotz W. s. v.: vielleicht verwandt mit
[*crescere* Paul. D. p. 98. 9 oder mit] χλιδή und gleissen. — 19) F. W.
140. 473: *bhar* = *ferv* sich heftig bewegen, zucken, wallen.

---

2) GHAR grün oder gelb sein; sprossen.

ghar. — χολ: χόλ-ο-ς m., (in Prosa meist) χολ-ή f. Galle
(= das Grüne, Grüngelbe), übertr. Zorn, Groll, Grimm, Widerwillen, Ekel; χολό-ω die Galle reizen = zum Zorn reizen, erzürnen, aufbringen, Med. in Zorn gerathen, zürnen, χολω-τό-ς erzürnt, zornig; χολά-ω (χολαίνω) gallig, toll sein, später auch =
χολόομαι; χολα-ιο-ς, χολ-ικό-ς, χολό-ει-ς gallig, gallsüchtig, voll G.;
χόλ-ιο-ς zornig, zürnend; χολο-ειδής, χολ-ώδης gall-artig, -ähnlich,
übertr. zornig; χολ-έρα (*cholěra*) f. Gallenerguss durch Brechen und
Durchfall, Brechdurchfall, χολερ-ικό-ς zur Krankheit χ. geh., an ihr
leidend, χολερ-ι-άω die Kr. χ. haben, χολερ-ώδης von der Art der
Kr. χ. — χλο: (χλο-ϝο, -ϝα) χλό-ο-ς, χλοῦ-ς m. die grüngelbe oder

hellgrüne Farbe; überhaupt == χλό-η, χλό-α, ion. χλο-ίη f. der gelbgrüne Pflanzentrieb, junge Saat, junges Gras, poet. Grün, Laub; Χλόη Bein. der Demeter als Beschützerin der jungen Saat, Frauenname; χλοά-ζω (poet. χλοά-ω, ion. χλοιά-ω, Hes. χλοιό-ω) junge Keime treiben, grünen, grüngelb aussehen; χλο-ανό-ς grünlich, grüngelb (erst sehr spät). — (χλοϜ-ϱο, χλοϜ-ε-ϱο) χλω-ϱό-ϲ, (poet. auch) χλο-ε-ϱό-ϲ (χλο-η-ϱό-ς) eig. von der Farbe der jungen Saat: grüngelb, blassgrün, wassergrün, stahlgrau, dämmerungsgrau, sandfarben, honigfarben, falb, bleich; übertr. poet. frisch, jugendlich; χλωϱό-τη-ς (τητ-ος) f. das Grüngelbsein u. s. w.; übertr. (spät) Jugendlichkeit (χλῶϱ-ος n. Arcad. 69. 10, χλώϱασμα n. Galen. aus Hipp.); χλωϱαίνω grüngelb u. s. w. machen; χλωϱ-ἴ-τη-ς m. ein grasgrüner Stein; χλωϱ-ίων (ιων-ος) m. ein ganz gelber oder gelbgrüner Vogel (Goldammer), χλωϱ-ί-ς (ιδ-ος) f. das Weibchen des χλωϱίων; Χλῶϱ-ι-ς (ιδ-ος) Gemalin des Neleus (Od. 11. 281); χλωϱ-εύ-ς m. ein grünlicher oder gelblicher V. (vielleicht == χλωϱίων); χλωϱ-η-ἴ-ς (ιδ-ος) eig. ep. fem. zu χλωϱό-ς: grünlich, gelblich, falb, blass (nur Od. 19. 518: χλωϱηῒς ἀηδών); χλωϱιά-ω, χλωϱί-ζω grünlich, gelblich, gelbgrün sein, χλωϱία-σι-ς f. die grünl., hellgrüne, blasse Farbe.

ghar. — (ghvar, hvar, var; Skr. ʿhári-ta) **vĭrĭ-dĭ-s** grün, übertr. blühend, jung, frisch[1]); viridi-ta-s f. das Grün, übertr. Jugendfrische, Blüthe, virid(i)-āriu-m n. Baumpflanzung, Lustgarten; (*viri-du-s) viridā-re grün machen, grün sein; vire-re grünen, grün sein, übertr. blühend u. s. w. sein, vire-tu-m n. Rasen, grünes Feld; vire-ō(n) m. eine Art Grünfink; Inchoat. vire-sc-cre. — (ghal-ti) fel-ti: fel (fel-li-s st. fel-ti-s) n.[2]) == χόλος, χολή, fell-eu-s gallicht, fell-ōsu-s, felli-tu-s voll von Galle. — (ghal-vo) **hel-vu-s** graugelb, lederfarben, helvŏ-lus schillernde Uebergangsfarbe zwischen purpurn und schwarz an Trauben == rothgrau, Adj. als Subst. f. helvŏ-la, helvĕ-la, helvel-la Küchenkraut (holera minuta, λαχανάϱια Gloss. Philox.); (*helv-eu-s) helveŏ-lu-s == helvolus; helvĭ-nu-s blassgelb; helv-ēn-ācu-s, -āc-iu-s == helvolus; Helv-iu-s, Helvi-d-iu-s; **flā-vu-s** (e viridi et rufo et albo concretus Fronto ap. Gell. 2. 26. 11) olivengrün, grüngelb, sandfarben, staubfarben, korngelb, blond (Beiw. der Ceres, wie χλόη der Demeter)[3]), flavē-re röthlichgelb u. s. w. sein, Inchoat. flave-sc-cre r. werden; Flāv-iu-s, -ia; Flav-ina, Flavin-iu-m; **ful-vu-s** (de rufo atque viridi mixtus Fronto l. c.) grüngelb, jaspisgrün, graugelb, bronzefarben, sandfarben, blond[4]); Fulv-iu-s, -ia, fulvas-ter gelblich (radix App. herb. 109). — (ghal-as) **hŏl-us**, ŏl-us (-ĕr-is) n. Küchenkraut, Kohl, Gemüse, vgl. ξέλ-κια· λάχανα. Φϱύγες Hes. (Gen. Plur. oler-orum Lucil. ap. Non. p. 490. 25, Dativ oler-is Cato r. r. 149) (helus et helusa antiqui dicebant, quod nunc holus et holera; foedum antiqui dicebant pro huedo, folus pro olere, fostem pro hoste, fostiam pro hostia Paul. D. p. 84. 100),

Demin. *holus-cŭlu-m* n.; (*holer-u-s) *holerā-re* Gemüsepflanzen einsetzen, *holerā-tor* (*tŏr-is*) m. Gemüsehändler (λαχανοπώλης Gloss.
Philox.); *holer-āriu-m* n. Gemüsegarten (λαχανάριον Gloss. vet.);
holer-āc-eu-s krautartig; *hol-ĭ-tor* m. Kohl-, Küchengärtner, *holitŏr-iu-s*
zum K. geh. (*hol. forum* Kohlmarkt). — (*ghal-man* das Spriessen)
(*h*)**ĕl-ĕ-men-tu-m** n. (regelm. Pl.) Grundbestand, Ursprung, Anfang; übertr. Buchstaben :(als Grundstoff der Wörter); metonym.
Elementarschüler (Quint. 1. 2. 26), *element-āriu-s* zu den Anfangs-
gründen geh., *element-ĭc-iu-s* zu den El. geh. (Tert.)[5]. — (*ghal-v*[a],
ghla-v, *ghlau*, *ghlū*, *hlū*) *lū:* **lŭ-tu-m** n. Wau, Gilbkraut, gelbes
Färbekraut, gelbe Farbe[6]), *lūt-eu-s* goldgelb, orangegelb (rosen-
roth, *Aurora* Verg. A. 7. 26), *lutĕŏ-lu-s* gelblich; *lūt-ea* f. Berg-
grün; (*lū-ru-s = χλω-ρό-ς) **lŭ-rĭ-du-s** blassgelb, leichenblass,
erdfahl; bleich oder blass machend (vgl. χλωρὸν δέος *horror luri-
dus*)[6]); *lūr-or* (*ōr-is*) m. erdfahle Farbe, Leichenfarbe.

Ascoli KZ. XVII. 322. XVIII. 341. — Aufrecht KZ. VIII. 213 f. —
B. Gl. 445a. — Brugman St. IV. 160. 10). — Corssen B. 208 f. 211; N.
229 f. — C. E. 202 f. — F. W. 359. 445 f. 623; Spr. 187. 236. 321. —
Siegismund St. V. 164. 62). — 1) B. Gl. 445a. — Leo Meyer KZ. VIII.
266. — 2) Corssen B. 318: *fel-vo*, *fel-vi*, *fel-li*, *fell*, Nom. *fel*. — 3) F.
W. 381; Spr. 247: *bhur*, *bhlu*. — 4) F. W. 471: *bhrag* leuchten =
fulg-ru-s röthlich gelb. — 5) F. Spr. 187; KZ. XXII. 348: „von *alere*
kann *elementum* schon des abweichenden Vocals wegen nicht abgeleitet
werden; dazu kommt noch, dass die entsprechende Bildung von *ale-re*
durch das Suffix *men-tu-m* im Latein schon vorhanden ist, nämlich *ali-
mentu-m*; man müsste also abenteuerlich genug annehmen, dasselbe Wort
wäre im Latein zweimal vorhanden". — Von *alere* leiten das Wort u. a.
ab: Corssen I. 530 f.: *al* Wachsen hervorbringender Stoff, Grundstoff,
st. *ol-mentum*, *o* zu *e* assimilirt. — Ferner C. E. 358 f.: *al* nähren;
el : *ol* = *velim*, *velle* : *volo; = incrementum* Keim. — Pott E. F. II. 193
dagegen: *lï solrere*, in Verbindung mit der Präposition *ē*. — 6) Froehde
KZ. XXII. 250 f. — Corssen I. 550: *pal*, *pul*, *plŭ*, *lū:* *lū-ri-du-s* gelb,
mattgelb, fahl, todtenfarben, schattenfarben.

3) **GHAR** greifen, nehmen, fassen. — Skr. **har** *rapio*,
adipiscor.

χερ: (St. χερ-, χερι-, χειρι-) χείρ (χειρ-ός u. s. w., ion. und
poet. auch χερ-ός u. s. w., χερ-σί, χειρ-εσσι, -εσι Il. 20. 468; Dat.
Dual. Pl. χερ-οῖν, Nom. Sing. χέρ-ς Timocr. fr. 9 B.) f. Hand[1]), das
Werk der Hände, Handvoll Menschen, Haufe, Schaar (*manus*),
Dem. χειρ-ίδ-ιο-ν n. Aermel (Gloss.), (χειρίδ-ό-ω) χειριδω-τό-ς mit
Ae. versehen; -χειρ: ἐγχεσί-χειρ die Lanze als Hand habend d. h.
vom Erwerb der Lanze lebend (Orph. π. σεισμ. 18), ἑκατόγ-χειρ
100händig (die riesigen Kinder des Uranos und der Gäa, Apollod.);
-χειρ-ο-ς: ἑκατόγ-χειρο-ς id. (*Briareos* Il. 1. 402), πρό-χειρο-ς vor
oder bei der Hand, fertig, bereit; χείρ-ιο-ς unter den Händen, in

der Gewalt, unterwürfig, ὑπο-χείριο-ς id. — χέρ-ηc (ep.; D. χέρη-ι,
A. χέρη-α, Positiv zu χείρων, χερείων, χειρό-, χερειό-τερο-ς) eig.
unterthan = gering, schwach, schlecht (im Ggs. des Königs, der
Vornehmen); εὐ-χερής leicht zu behandeln, zu handhaben, leicht,
auch tadelnd: leichtsinnig, unbeständig, ferner: gutmüthig, nachgiebig, Ggs. δυς-χερής schwer zu b., zu h., widrig, unangenehm,
mürrisch, verdriesslich. — χειρό-ω handhaben, behandeln, Med. unter
seine Hände, in seine Gewalt bringen, überwältigen, bezwingen,
gefangen nehmen, χειρω-τό-ς überwältigt, zu überwältigen, χειρωτ-
ικό-ς zum Ue. gehörig, geschickt, χείρω-σι-ς f. das Ue., χείρω-μα(τ)
n. das mit der Hand Verrichtete, Ueberwältigte (θανάσιμον χ.
tödtliche Bewältigung, Soph. O. T. 560). — χειρ-ά-c (άδ-ος) f. Riss,
Schrunde an der H., aber auch an den Füssen (χειράδες χειρῶν,
ποδῶν aufgesprungene H., F.), χειρι-ά-ω R. oder Schr. an den H.
oder F. haben. — χειρ-ί-c (ίδ-ος) f. Bedeckung der Hand, Handschuh,
B. des Armes (Od. 24. 230). — χειρί-Ζω handhaben, behandeln,
medic. operiren, χειρι-σ-τέο-ν zu h., zu b., χειρι-σ-τή-ς m. der Handh.,
Behandelnde, χειρι-σ-μό-ς m. Handhabung, Behandlung, wundärztl.
Operation, χείρι-σ-μα(τ) n. behandelter oder operirter Theil. —
χορ: χορ-ό-c m. eingefasster, umgezäunter Platz, also auch: Tanzplatz (λείηναν δὲ χορόν Od. 8. 260), dann: Tanz, Chortanz, Reigen
(πέπληγον δὲ χορὸν θεῖον ποσίν Od. 8. 264, vgl. *pars pedibus plau-
dunt choreas* Verg. A. 6. 644), in dieser Bedeutung auch bei den
Trag.; endlich: eine Reihe tanzender Personen, Chor; überhaupt
Schaar, Haufe (vgl. ἐν δὲ χορὸν ποίκιλλε περικλυτὸς ἀμφιγυήεις
bildete einen Chortanz hinein, Il. 18. 590)[2]), χορ-ικό-ς zum Chor
geh. (τὸ χορικόν der Chorgesang); χορί-τη-ς m., χορῖ-τι-ς (χοροῖτις
Nonn.) f. Reigentänzer, -in; (χορ-εϝ) χορ-εύ-ω Reigen tanzen, mit
Chortänzen feiern, ehren, χορ-ε-ία f. das Tanzen, der Chor-, Reigentanz selbst, χορεῖο-ς zum Chor, Tanz geh. (metr. ὁ χ. erg. πούς
= τροχαῖος, auch = τρίβραχυς); χορεῖο-ν n. Tanzplatz; χορευ-τ-
ικό-ς zum Chor-, Reigentanz geh.; χορευ-τή-ς m., χορεύ-τι-ς f. =
χορῖτις; χόρευ-σι-ς f. das Tanzen, Feiern mit Chortänzen; χόρευ-μα(τ)
n. Reigen, Tanz. — χόρ-το-c m. ringsum eingeschlossener Platz,
Gehege, Hof, innerer Hofraum (χόρτος οὐρανοῦ Himmelsraum,
Hes.). — χρο: χρό-νο-c m. Zeit, Lebenszeit, Dauer, Weile[3]);
χρόν-ιο-ς nach langer Zeit, spät (ἐλθών Od. 17. 112), seit l. Z.,
l. Z. hindurch, lange verweilend, zögernd, χρονιό-τη-ς (τητ-ος) f.
lange Zeit; χρον-ικό-ς von der Z., zur Z. geh., die Z. betr. (τὰ
χρονικά erg. βιβλία Zeit- oder Geschichtsbücher); χρονί-ζω die Z.
zubringen, verweilen, zögern, trans. verzögern, hinhalten, χρονι-σ-
τό-ς verweilend, zögernd, χρονι-σ-μό-ς m. das Verweilen, Zögern
(ἀνα-χρονισμό-ς m. Verwechselung der Zeiten).
    χραϝ: χρά-ω, ion. χρέ-ω, ep. χρεί-ω fassen == darreichen,
geben, ertheilen, insbesondere: eine Antwort geben, ein Oracel

oder einen Götterspruch ertheilen oder verkündigen; Med. sich ein
Oracel geben lassen d. h. ein Oracel oder einen Gott befragen;
χρά-ο-μαι, ion. χρέ-ο-μαι (Fut. χρή-σομαι, Aor. ἐ-χρη-σάμην, Perf.
κέ-χρη-μαι; χρῆ-ται, χρῆ-σθαι == *χρᾰϜ, *χρηϜ-εσθαι, *χρη-εσθαι)
sich geben, darreichen lassen == brauchen, sich bedienen; abs.
immer gebrauchen, haben; dann brauchen == bedürfen, Bedürfniss haben == wornach sich sehnen, verlangen; χρή (impers.) es
nöthigt, es ist nöthig, es braucht, soll, muss, man muss, es ist
billig, es ziemt (Conj. χρῇ, Opt. χρε-ίη, Inf. χρῆ-ναι, Part. χρε-ών
nur Neutr. [aus χρᾰ-ον], Präter. ἐ-χρῆν [ν ephelk.] oder χρῆν, Fut.
χρήσει)[4]); ἀπό-χρη es reicht hin, genügt (Impf. ἀπ-έ-χρη, ion. ἀπ-
έ-χρα, Fut. ἀπο-χρήσει, Aor. ἀπ-έχρη-σε); χρη-î-ζω ion. ep., χρήζω
att. (χρήσδω, χρήδδω dor.) brauchen, nöthig haben, bedürfen (iterat.
Nbf. χρη-ί-σκ-ο-νται nur Herod. 3. 117)[4]); κί-χρη-μι leihen, borgen
(Fut. χρήσω, κιχρήσει· δανείσει Hes.), Med. κί-χρᾰ-μαι sich leihen,
borgen (Fut. χρήσομαι, Aor. χρησαμένη Batr. 187)[5]). — (χρᾰϜ-ια,
χρηϜ-ια) χρε-ία att., χρη-ίη ion., f. Gebrauch, Brauchbarkeit, Nutzen,
Vortheil, Umgang, Verkehr (chria rhetor., allgemeine Sentenz, auf
einen bestimmten Fall angewendet und zum Verarbeiten bestimmt,
vgl. Quint. 1. 9. 3 ff.); das Bedürfen, Nöthighaben, Bedürfniss, Noth,
Mangel; χρε-ίο-ς brauchbar, nützlich, brauchend, bedürftig, dürftig.
— (χρᾰϜ-ες, χρηϜ-ες) χρέ-ως, χρέ-ος, ep. χρεῖ-ος n. Bedürfniss,
Noth, Verlangen, Wunsch, Geschäft, Angelegenheit, das zu Leistende
== Schuld, Pl. Schulden, das Abzubüssende == Schuld, Vergehen;
χρεώσ-τη-ς m. Schuldner, χρεωστέ-ω Sch. sein, χρεωστ-ικό-ς dem Sch.
eigen, zukommend; χρε-ώ, ep. auch χρείω (Gen. χρειόος, χρεούς,
Dat. χρειοῖ) f. Bedürfniss, Nothdurft, Noth; χρεώ erg. ἐστί == χρή (mit
Acc. der Person und mit Gen. der Sache oder Infin.). — Verbaladj.
zu χράομαι: χρη-c-τό-c (χρηστ-ικό-ς spät) brauchbar, nützlich, tauglich, heilsam; gut, brav, bieder (οἱ χρηστοί optimates), χρηστό-τη-ς
(τητ-ος) f. Brauchbarkeit u. s. w., χρηστ-εύ-ο-μαι sich wie ein χρη-
στός betragen, gut, milde, liebreich sein (N. T.), χρησ-τέο-ς zu
brauchen, man muss brauchen. — χρῆ-cι-c f. Gebrauch, Benutzung,
Umgang (Oracel, Pind. O. 13. 73), χρήσι-μο-ς brauchbar, tauglich, geschickt, tüchtig; gebraucht, benutzt, χρησιμό-τη-ς (τητ-ος) f.
Brauchbarkeit (Eccl.). — χρη-c-τή-c, χρη-σ-τήρ E. M., χρή-σ-τωρ Hes.,
der ein Oracel gibt, Weissager; Gläubiger, Wucherer; χρηστήρ-ιο-ς
zum W. geh., prophetisch, zum Gebrauch bestimmt (τὰ χ. erg.
σκεύη Hausrath, utensilia), χρηστήρ-ιο-ν n. Oracel, -sitz, -spruch,
Opfergabe für das Or., Opferthier, χρηστηριά-ζω Oracel geben,
prophezeien; χρη-σ-μό-ς m. die Antwort eines befragten Or.; χρησμο-
σύνη f. Nothdurft, Dürftigkeit, Mangel. — χρῆ-μα(τ) n. eine Sache,
die man braucht, deren man bedarf, daher Pl. Vermögen, Besitz,
Geld, Hab und Gut; χρημοτ-ία-ς (Maneth. 4. 378), -ί-τη-ς (Diod.
Sic. 4. 14) m. der Vermögende; χρηματ-ικό-ς zum Verm., Geld geh.;

χρημ*ατί-ζω* Geschäfte machen, Handel treiben, ein öffentliches Amt oder Geschäft verwalten (bei Späteren auch: einen Amtstitel, Namen annehmen, führen); Verbaladj. χρηματι-σ-τέο-ν Xen. Lac. 7. 3; χρη-ματι-σ-τή-ς m. Einer der Geschäfte treibt, ein betriebsamer, wohlhabender Mensch, χρηματισ-τ-ικό-ς zu Geschäften, zum Erwerb, zum Gewinn geh., geschickt; χρηματισ-τήρ-ιο-ν ein Ort zur Betreibung von Geschäften, Staatsgesch., Berathungszimmer, Audienzsaal; χρη-ματισ-μό-ς m. Besorgung, Betreibung eines Geschäftes, Amtes u. s. w., Erwerb, Gewerk, Handel (Spät. Amtstitel, Name).

(χερ-εν-δον, χελ-ī-δον, *ι* aus *ε* nach Unterdrückung eines Consonanten, vgl. χίλιοι, äol. χέλλιοι) (?) χελ-ῑ-δών (δόν-ος) f. Schwalbe (als greifende, fassende, welche die Insekten im Fluge hascht)[5], ein fliegender Meerfisch von der Farbe der Schwalbe (*exōcoctus volitans* oder *evolans* Linn.), χελιδόν-ιο-ς, -ειο-ς der Schw. geh., ähnlich, χελιδόν-ιο-ν n. Schwalbenkraut, Schillkraut (γλαυκόν oder κυάνεον und χλωρόν); χελιδον-ία-ς m. eine Art Thunfisch, ein Sternbild, Frühlingswind, mit dem die Schwalben kommen (Favonius); χελιδον-ιδ-εύ-ς m. junge Schwalbe; χελιδονί-ζω zwitschern wie die Schw., bettelnd umherziehend das Schwalbenlied singen, χελιδόνι-σ-μα(τ) n. das Schwalbenlied, das die rhodischen Knaben im Monate Boëdromion herumziehend vor den Thüren sangen und wobei sie bettelten.

ghar. — *har:* **hăr-a** f. (Einhegung ⚌) kleiner Stall, kleiner Behälter für Thiere (*hara autem est, in qua pecora concluduntur* Donat. ad Ter. Ph. 4. 4. 28). — *her:* (*her-cu-s, *herc-i-o nehmen, davon Part.) **here-tu-m** n. Genommenes, in Besitz Genommenes = Erbschaft, Erbe; (Inchoat. von *her-c-i-o) *her-c-i-sc-ĕre* Erbtheil in Anspruch nehmen, sich in eine Erbschaft theilen; *hēr:* (*her-e-re, *her-ē-du-s, *hēr-ē-d*) **hērē-s** (*d-is*) m. Erbe (Accus. *her-e-m* Non. p. 331 Gerl.), *Herē-s* Erbschaftsgöttin (*Her-e-m Martem antiqui accepta hereditate colebant, quae a nomine appellatur heredum et esse una ex Martis comitibus putabatur* Paul. D. p. 100); *herēd-iu-m* n. Erbgut, ererbte Besitzung; *heredi-tā-s* (*tāti-s*) f. Erbschaft, *heredi[at]-āriu-s* zur Erbschaft geh., erblich, ererbt; *ex-heredā-re* (spät *ex-heredi-tā-re* Salvian.) enterben; (*Hered-n-io) *Heren-n-iu-s* (vgl. *mercen-n-āriu-s*) Name einer röm. gens. — *hir:* **hir, ir** n. (indecl.) Hand (*"quibus vinum defusum e pleno siet, ir siphove"*, ut ait Lucilius Cic. fin. 2. 8. 23, d. i. Hand oder Heber, σίφων, sēphō[n]), Höhlung der Hand (Θίναρ, Charis. I. p. 32 K.); **hir-n-ea** (*irn-*, *ern-*) f. Höhlung = Gefäss, Vase; **hĭr-uu-d-o** (*īn-is*) f. = χελ-ī-δών[6]), *hirundin-cu-s*, *-inu-s* die Schwalbe betr.; **hĭr-ŭ-d-o** (*īn-is*, st. *hir-un-*) f. Blutigel[7]. — *hor:* **hor-tu-s** (= χόρ-το-ς) m. Einzäunung, Gehege = Meierhof (Isid. or. 17. 10), Garten, übertr. Küchen-, Garten-kräuter (*caule suburbano qui siccis crevit in agris dulcior, irriguo nihil est elutius horto* Hor. S. 2. 4. 15),

Demin. *hortŭ-lu-s, hortul-ānu-s* zum G. geh. (*hortu-āli-s* App.), Subst.
Gärtner (Macrob. App.); (*hort-cnto, vgl. Laur-cntu-m, For-cntu-m,
Ackergehöfte, Gartenland, *hort-ent-io) hort-cns-iu-s (durch Assi-
bilation *t* zu *s*) zum G. geh., Subst. Hort-cns-iu-s (= Besitzer eines
Ackergeh., Gartenl.) röm. Familienname (bes. *Q. Hortensius Hor-
talus*)[6]; (*cŏ-hor-ti*) **cŏ-hors** (Gen. *co-hor-ti-s*) (auch minder richtig
coors, cors, chors) f. Hürde, Gehege, Hof, übertr. ein Gehege,
Hof von Menschen (selten Thieren) = Schwarm, Schaar, Gefolge;
technischer Ausdruck: eine Abtheilung des röm. Fussvolkes (3 Ma-
nipeln, 6 Centurien, der 10. Theil einer röm. Legion; im Ggs. zu
den Legionen: Abtheilung von Hilfstruppen, auch feindl. Truppen-
abtheilungen)[9]; *cohors praetoria* eine Heeresabtheilung, welche
seit Scipio Africanus der Feldherr für sich zu bilden pflegte =
Leibwache, Leibgarde; Dem. *cohorti-cŭla* (Cael. ap. Cic. fam. 8. 6. 4),
cohort-āli-s aus, vom Viehhof, zu ihm geh., zur Leibwache geh.
(*cohortal-īnu-s* Cod. Theod.); *Cort-ōna* urspr. umbr. Stadt (nord-
westlich vom trasimen. See)[10]).

Ascoli KZ. XVII. 322. — B. Gl. 146. 442a. — Brugman St. IV.
158 f. — Corssen I. 468 ff.; B. 39 ff. 111. 129. — C. E. 199. — F. W.
69. 359. 446. — Froehde KZ. XXII. 251 f. — Meyer St. V. 86. 92. —
1) = die fassende (Schweizer KZ. XIV. 153); *a capiendo dictum* (B. Gl.
l. c.). — 2) Vgl. Otto Gallus, Programm des Gymn. zu Landskron 1875
pg. 2. — 3) C. E. 200: die umfassende Zeitgränze; Bopp Gr.² III. 418:
die Zeit als fortnehmende, vertilgende. — F. W. 73: *ghar* altern, greisen: Alter, Zeit. — 4) C. V. 145 f. 279. 20). — 5) C. V. I. 155. 8). —
6) Corssen I. 468; B. 129. — F. W. 69: *ghar* gellen. — C. E. 199 hält
beide Ableitungen für zweifelhaft. — Hugo Weber KZ. X. 247: „die
Wurzel ist unbekannt". — 7) Stokes Kuhn Beitr. VIII. 324. — 8) Corssen
B. 469 f. — 9) Vgl. M. M. Vorl. II. 273. — 10) Corssen KZ. III. 262.

---

4) **GHAR, GHAR-S** reiben, kratzen, rauh machen;
rauh sein, starren. — Skr. **gharsh** (*ghrsh*) reiben, einreiben
(PW. II. 883).

ghar, ghrä, ghri(s). — χρι-(c): χρί-ω (= *χρῖσ-ω) einreiben, salben, bestreichen; streifen, ritzen, verletzen (Fut. χρί-σω,
Perf. κέ-χρι-σ-μαι, κέ-χρῖ-μαι), χρι-σ-τό-ς bestrichen, gesalbt; Χριστό-ς
der Gesalbte = hebr. *Maschiah* Messias, der Gesalbte des Herrn,
Jesus Christus (N. T. Eccl.); χριστ-ιανό-ς Anhänger der christ-
lichen Lehre, Christ, χριστιαν-ικό-ς christlich, χριστιανί-ζω sich zum
Christenthum bekennen, χριστιανι-σ-μό-ς m. das Bek. zum Chr., das
Christsein (Eccl., vgl. Tac. A. 15. 44; Plin. ep. 96); χρῖ-σι-ς f.
das Salben, Bestreichen, Anstrich, Tünche; χρισιά-ζω mit Salbe,
Schminke bestreichen (Eccl.); χρί-σ-τη-ς m. Anstreicher u. s. w.;
χρισ-τήρ-ιο-ν n. Salbe, Salbenfläschlein (Suid.); χρῖ-μα(τ), χρῖ-σ-μα(τ)
n. Salbe, Salböl (σύειον Schweineschmalz, Xen. A. 4. 4. 13), Farbe,

Tünche, Anwurf. — χρί-μ-π-τ-ω an der Oberfläche eines Körpers
hinstreichen lassen; Med. hinstreifen, sich nähern, sich hinzu-
drängen (Hom. nur χριμφϑείς πέλας nahe gekommen, Od. 10. 516;
ἐχρίμψατο h. Ap. 439). — (χρα-νjω) χραίνω berühren, anstreichen.
färben, besudeln (Aor. ἔ-χραν-α Aesch., Fut. χρανῶ Eur., Aor.
ἐ-χράν-ϑη-ν. spät)[1]). — χραϝ: χραύ-ω streifen, ritzen, verwunden
(nur χραύσῃ Il. 5. 138; χραύσαντα Qu. Sm. 11. 76).

ghars. — χέρς-ο-ς, att. χέρρ-ο-ς starr, hart, fest, festländisch;
starr = unbebaut, wüst, unfruchtbar, Subst. f. (auch m.) Festland[2]), χερσό-ϑεν vom festen Lande her, χερσό-ϑι auf dem f. L.,
χέρσον-δε auf das f. L.; χερσ-αῖο-ς aus f. L. bestehend, auf f. L.
befindlich; χερσό-ω zu wüstem Lande machen, verwüsten; χερσ-εύ-ω
wüst oder öde liegen; sich auf f. L. aufhalten; χερσ-ε-ία f. das
Wüstliegen, Veröden (ἐρημία Hes.). — (χορσ-ιο-ς, χορρ-ιο ς) χοῖρο-ς
m. (das sich reibende) Ferkel, junges Schwein (Od. 14. 73), auch
überhaupt Schwein[3]); Dem. χοιρ-ίο-ν, χοιρ-ίδ-ιο-ν n., χοιρ-ίλο-ς, χοιρ-
ίσκο-ς m.; χοίρ-ειο-ς, ep. -εο-ς (κρέα Od. 14. 81) vom F., Schweinefleisch, χοιρ-ώδης schweinähnlich, schweinisch, χοιρωδε-ία f. Schwei-
nerei (Schol. Ar. Equ. 982); ἀκανϑό-χοιρο-ς m. Stachelschwein. —
Mit χοῖρο-ς scheint verwandt: χήρ (χηρ-ός) m. (Hes.), ēr (ēr-is)
(Nemes. cyneg. 57), hēr-, ēr-in-āc-cu-s m. Igel[4]).

ghri = *fri*[5]). — fri-āre zerreiben, zerbröckeln, *friā-bili-s*
zerreiblich, mürbe; *frī-cac* eine sicilische Steinart, Reibesteine
zum Poliren und Glätten (*ipsis quaedam Siculi cognomina saxis
imposuere fricas* Lucil. Aetn. 526); frĭcā-re (*fric-ui, fricā-tum,
fric-tum*) reiben, abreiben, frottiren, *fricā-tor* m. Reiber, Frottirer,
fricā-tu-s m., *-tūra, -ti-ō(n)* f., *-mentu-m* n. das Reiben, Frottiren;
frĭc-iu-m n. das zum Reiben der Zähne dienende Zahnpulver;
(*fri-la*, *fritŭ-la*) *fritŭl-la* f. Kuchen, Brei aus (geriebener) Hirse
u. s. w., Opferbrei; (*fri-vara, -vala*) frī-võlu-s zerrieben, abgerieben = schäbig, lose, locker, schofel, abgenutzt, abgeschmackt,
läppisch; Subst. n. Pl. zerriebenes = zerbrochenes, abgenutztes
Geräth, ärmlicher Hausrath (*frivola sunt proprie vasa fictilia quassa*
Fest. p. 90)[6]). — ghar + ghar: (*far-far*) fur-fur (*furfŭr-is*)
m. Kleie[7]) (als eine Masse zerstreuter oder zerriebener Bestandtheile des Kernes bezeichnet, die sich dem Auge auf einmal dar-
bietet), Domin. *furfur-i-cŭlae* f. feine Kl., *furfur-cu-s* aus Kl. bestehend, *furfur-āc-cu-s, -ōsu-s* kleie-artig, -farbig, -bräunlich, *fur-
fur-āriu-s* zur Kl. geh. = ghar-dh: (*ghra-dh, ghra-n-dh*) fre-n-d:
frĕ-n-d-ĕre altl. zerreiben, zermalmen (*saxo fruges frendas* Att.
Trag. rel. R. 478; *fabam frendere* Varro r. r. 2. 4. 17 u. s. w.);
knirschen (indem das Knirschen durch die Reibung der Zähne
hervorgebracht wird[8]); *fren-d-or* (*ōr-is*) m. das Knirschen (*dentium*
Tert. resurr. carn. 35).

ghars. — *hors:* (*hors-ē-re*) horr-ē-re starren, struppig, rauh sein; übertr. starren vor Schreck = grausen, schaudern, sich entsetzen, schrecklich aussehen, einen schauerlichen Anblick gewähren[9]), Inchoat. *horre-sc-ěre;* (*horru-s) *horrĭ-du-s* ́starrend, struppig, stachelig, rauh, schauerlich, schrecklich, Demin. *horridŭ-lu-s; horri-bĭli-s* schauerlich, schrecklich; staunenswerth· (*diligentia* Cic. Att. 8. 9); *horr-or* (*ōr-is*) m. (*horrent-ia* f. Tert.) Starren, Rauhigkeit, Schauer, Schauder, Erstaunen; *hirs: (Hirs-iu-s) Hirr-iu-s; (hirs-u)* **hirs-n-tu-s** struppig, rauh, dicht, dicht bewachsen, behaart; übertr. ungeschmückt, *hirsūt-ia* f. Struppigkeit (Solin. 25); (*hirs-tu-s, *hirr-tu-s) **hir-tu-s** = *hirsutus; Hirt-iu-s,* (*Hir-tu-s, *Hirtŭ-lu-s) Hirtŭ-l-eju-s.*

Bugge KZ. XIX. 433 f. — Corssen I. 517. 802; B. 206 f. — C. E. 202 f.; C. V. II. 369. — F. W. 70. 445. — Siegismund St. V. 181. 118). — 1) C. V. I. 309. 17). — 2) S. W. und Sch. W. s. v.: verwandt mit σχερός, ξερός, ξηρός. — 3) B. Gl. 94a: *kōlā aper.* — 4) Vgl. C. E. 200. — F. W. 446: *ghars?* — 5) Ascoli KZ. XVII. 344 f.: *bhar* schaben. F. W. 381; Spr. 349: *bhar, bhri* zerreiben. — 6) Vgl. Savelsberg KZ. XXI. 138. — 7) Ascoli KZ. XXI. 222 f.: *bhas* zermalmen. — F. W. 473: *bhar* mengen: Kleie = Gemeng. — 8) Corssen B. 208. 244; N. 234. — Froehde KZ. XVIII. 313 f. — C. E. 203: χρεμ: χρεμ-ίζω wiehern u. s. w. Durch *d* (urspr. wohl *dh*) weitergebildet ist *fren-d-ěre.* — Fick Spr. 349: *bhram fremo.* — 9) B. Gl. 445b: *horreo e horseo* = Skr. caus. *harśájāmi.*

5) **GHAR** sich schlingen, sich biegen, schwanken, stürzen. — Skr. **g͡har** herabfliessen, herabstürzen (PW. III. 173).

ghar. — χορ: χορ-δή, *chorda,* Darm, Darm-saite, -sehne[1]); Wurst (Aristoph.), Dem. χορδ-άριο-ν n.; χορδ-εύ-ω Wurst machen, χόρδευ-μα(τ) n. Wurstdarm, Wurst. — χολ: χόλ-ιξ (*ιχ-ος*) f. (m.) meist Pl. Eingeweide, Gedärme, Kaldaunen, Demin. χολίκ-ιο-ν n.; χολ-ά-ς (-*άδ·ος*) f. meist Pl. Eingeweide, Gedärme (Sing. die Vertiefung zwischen dem Brustknorpel und den Seiten); χολ-έρα f. Wassersturz, Dachrinne. — (χαλ-ϝο) χαῦλ-ο-ς, χαύλ-ιο-ς gebogen (vgl. νερ-ϝο-ν, νεῦρο-ν); (χολ-ϝο) χωλ-ό-ς schwankend, lahm, hinkend[κ]), χωλό-τη-ς (*τητ-ος*) f. Lähmung, Hinken; χωλό-ω lähmen, χώλω-σι-ς f. das L., χώλω-μα(τ) n. die Lähmung; χωλ-εύ-ω lahm sein, hinken, trans. lähmen, χώλευ-μα(τ) n., χωλε-ία f. = χωλότης; χωλ-αίνω = χωλεύω, χώλαν-σι-ς, χώλα-σ-μα(τ) n. = χωλεία.

ghar. — *har:* (*haru* Darm, Eingeweide) **hărū-spex** (*hari-, ari-, arc-, arre-spex* Orelli 2298 ff., Gen. -*spĭc-is*) (s. W. *spak* spähen) m. Beschauer der Eingeweide eines Opferthieres, Weissager (hauptsächlich nur von Seiten und für die relig. Angelegenheiten des Staates angestellte Beamte), *haru-spĭc-a* f. (Plaut. mil. 3. 1. 99), *haru-spĭc-iu-m* n. Weissagung aus den Opfern, *haruspĭc-inu-s* zur Eingeweideschau, Weissagung geb.; (*haru, *har-io) **hărĭŏ-lu-s** m. (*har-iŏ-la* f. Plaut.) = Gedärmemann, Weissager (Privatleute, die aus ihrer Kunst ein einträgliches Geschäft machten; das Deminutiv mit verächtlichem Sinne, vgl. *Graeculus;* die Opfer- und Vogelschauer waren schon dem alten Cato lächerlich als Windbeutel und Lügenpropheten), *hariolā-ri* weissagen, schwatzen, faseln, *hariolā-ti-ō(n)* f. Weissagung; *har-vig-a* s. W. *vag* stark sein; **hīra** f. Leerdarm[3])[*] (Plaut. Curc. 2. 1. 23. Macrob. somn. Scip. 1. 6); Demin. (*hirŭ-la*) *hil-la* f., meist Pl. *hillac*, kleine Därme, Eingeweide (*hira, quae diminutive dicitur hilla, quam Graeci dicunt* νῆστιν, *intestinum est, quod ieiunum vocant; hira* ἐγκοίλιον Gloss. Lab.); (*hirŭ-lu-m*, *hil-lu-m*) **hīlu-m, fīlu-m** n. Schnur, Faden, übertr. Geringfügiges, Unbedeutendes (vgl. *hilum putant esse, quod grano fabae adhaeret* Fest.); *ne hilu-m* nicht ein Faden = nicht das Mindeste, Geringste; daraus: **nīhilu-m**, *nihil, nilum, nīl* Nichts (*nihilo* um Nichts; *nil* meist poet., nicht bei Cicero; *nilum, nilo* bei Lucret.), *nihil-o (ōn-is)* m. ein nichtsnutziger Mensch (Vet. Gloss.)[4]); (*ghar-na* Gedärm) **her-n-ia** f. Eingeweidebruch, Bruch, *herni-ōsu-s* der einen Bruch hat[5]).

Ascoli KZ. XVII. 341. — Aufrecht KZ. III. 194 ff. — Corssen I. 509; B. 213. — C. E. 202. — F. W. 69 f. 444. — 1) B. Gl. 76b: *kard crepitare, fortasse huc pertinet.* — 2) Christ p. 46: Skr. *khōlas* lahm. — 3) Ueber lat. *ī* = urspr. *ă* siehe Walter KZ. XII. 412*: *tär tir-ō(n), spar spir-a*, γραφ *scrib-o* u. s. w. — 4) F. Spr. 322. — 5) Clemm St. III. 295. — M. M. Vorl. II. 376. — F. W. 1074: *ghisla, ghaisla* Faden, Schnur; KZ. XXII. 383: vielleicht: *ghais* haften.

---

6) GHAR tönen, gellen, lachen, wiehern.

gha[r] + ghar: κι-χήλ-η, κί-χλ-η f. Drossel, Krammetsvogel (Od. 22. 468) (auch ein Meerfisch von ähnlicher Farbe)[1]), κιχλά-ζω vom Schnarren der D., κιχλί-ζω kichern; Krammetsvögel essen als Leckerei, nach Leckereien lüstern sein (Arist. Nub. 983).

ghar: (*ghir, *hir-ni-s*) **hin-nī-re** wiehern[2]), *hinnī-tu-s (tūs)* m. das W., *hinnitat* (χρεμετίζει Gloss. Philox.), *hinnī-bilis* wiehernd (App.)* — **ghir-s:** (*hir-si*) **hir-rī-re** knurren, heiser bellen (*hirrire garrire, quod genus est vocis canis rabiosae* Paul. D. p. 101. M.; *canibus innatum est, ut, etsi non latrant, tamen hirriant* Sidon. ep. 7. 3), *hirrī-tu-s (tūs)* m. das Knurren.

Brugman St. VII. 314. 21. — 1) F. W. 55. 447: *gag, gagh* schreien, lachen. — 2) B. Gl. 449b: *hĕs hinnire; fortasse per assimil. e hisnio* (*quod deduci posset a nomine actionis hesana eiecto a*).

---

7) GHAR bedecken, hüllen. — Skr. **ghar** bedecken (PW. II. 881).

ghal, ghla. — (χλα-vja, Metath.) χλαῖνα, ion. χλαίνη f., wollenes

Oberkleid, Mantel, über das Unterkleid (χιτών) geworfen, von Männern getragen (zum Schutz gegen Kälte, Sturm), auch: Decke, Teppich[1]), Demin. χλαιν-ίο-ν n.; χλαινό-ω mit einem M. bedecken, bekleiden, χλαίνω-μα(τ) n. Bedeckung, Bekleidung; χλαν-ί-ς (-ίδ-ος) f. feines wollenes Oberkleid, von Männern und Frauen mehr zum Putz getragen, Demin. χλανίδ-ιο-ν, χλανιδ-ίσκ-ιο-ν, χλαν-ίσκο-ς, χλανίσκ-ιο-ν, χλανισκ-ίδ-ιο-ν; ,χλα-μύ-ς (μύ-δ-ος) f. weites grobes Oberkleid der Männer, bes. der Reiter, Kriegsmantel, Feldherrnmantel, Demin. χλαμύδ-ιο-ν n., χλαμυδ-όω mit einer χλ. bedecken, bekleiden.

(hlaina) laena = χλαῖνα[2]) (toga duplex, in qua flamines sacrificant infibulati Serv. ad Verg. A. 4. 262); Laen-a-s (āti-s) Bein. in der gens Porcia.

Fick Spr. 418. — Brugman St. VII. 280: kar krümmen. „Möglicherweise λάχ-νη für *κλάκ-νη. Die diesem Worte nahestehenden λάσιο-ς rauh, χλαῖνα, χλα-μύ-ς, χλα-νί-ς rauhhaariges Obergewand würden unredupliciert sein". — 1) F. W. 446: χλι wärmen: chlaina; laena statt hlaena entlehnt. — Christ p. 61: aus χλαγύα, W. hlag bedecken. — 2) Froehde KZ. XXII. 250 (vgl. Anm. 1).

8) GHAR altern, greisen. — Skr. ghūr alt werden; vgl. gūr, gar (PW. II. 888).

(ghar-va, ghrā-va) rā-vu-s graufarbig, grau, blaugrau, ravĭdu-s etwas grau, graubläulich; (*rāvŭ-la, ravil-la) Rāvilla Bein. des Cassius Longinus (Ravillae a raris oculis, quemadmodum a caesis caesullae Paul. D. p. 274).

Corssen I. 360*). — Fick W. 68 (Nbf. zu gar zerbrechlich, morsch, alt machen, werden). 70. 361; Spr. 323. — Froehde KZ. XXII. 251. 6).

gharu Schildkröte.

χέλ̄ῡ-ς (υ-ος) f., χελ-ών (ῶν-ος) m. Hes., χελ-ών-η, lesb. χελών-α, χελων-ί-ς (ίδ-ος) f. Schildkröte, aus deren Schale Hermes die erste Lyra verfertigte, daher die Lyra selbst, bes. der Schallboden ders.; Brusthöhle, Brust; χέλυ-ο-ν n. Schildkrötenschale, Schildplatt; χέλυ-σ-μα(τ) n. die der Schildkrötenschale ähnliche Beschalung am untern Schiffstheile; χελών-ειο-ν, -ιο-ν n. = χέλυον; der gewölbte Theil des Rückens, die gewölbte Schildkrempe an Maschinen; χελωνο-ειδής schildkröten-artig, -ähnlich. — κλέμμυ-ς (Pape W. κλεμμύ-ς) f. = χέλυς Anton. Lib. 32 (etwa dialektisch statt χλέ-μυ-ς?).

C. E. 199. — F. W. 359 (vgl. Skr. harmu-ja m. Schildkröte mit κλέμμυ-ς); Spr. 187 237. 322. — Bopp Gl. 91a: kūrmá testudo; fortasse κλίμμυς, χέλυς, χελώνη *quodam modo cum kūrmá cohaerent, mutato r in l.* — Brugman St. IV. 171: χελϜονᾱ = χελώνη.

ghardha Gerste.

(καρϑη, κῖρϑη, κῖρϑη) κρῑθή f. (meist Pl.) Gerste; Gerstenkorn (am Auge), das kleinste Gewicht, ein Gran (Theophr.), Demin. κριϑ-ιον, κριϑ-ιδ-ιο-ν, κριϑ-άριο-ν n. Gerstenkörnchen; κρῑϑ-ινο-ς von G., aus G. bereitet (οἶνος, ἄρτος); κριϑιά-ω zuviel oder zur unrechten Zeit G. fressen und darauf krank werden, übertr. muthwillig, ausgelassen sein (vgl. „ihn sticht der Hafer“), κριϑῑᾱ-σι-ς f. eine Pferdekrankheit, wenn das Pferd zuviel u. s. w. G. gefressen hat; κρῑ (abgestumpfte ep. Form, nur im Nom. und Acc.) = κρῑϑή (Il. 3mal, Od. 3mal)[1]; vgl. δῶμα, δῶ.

hord-eu-m *(ford-eu-m* Ter. Scaur. p. 2250. 2252. 2258 P.) n. Gerste (eig. Adjectiv: gersten)[2]; *hordĕŏ-lu-s* m. Gerstenkorn am Auge; *horde-āc-cu-s, -āriu-s* zur G. geh. (*hordēu-s* kom. Bildung Plaut. Cas. 2. 8. 58).

Corssen B. 213. — C. E. 155. — Delbrück St. Ib. 132. — F. W. 359. 445; Spr. 322 (χιρϑη, χριϑη). — Hübschmann KZ. XXIII. 20. — 1) Vgl. auch Lobeck Par. p. 115, de apocope p. 6 sq. — 2) Corssen I. 514; N. 104 f.: *ghars* reiben, zerreiben: *hors-d-cu-m;* der Weizen, das Getreide zum Brotbacken; durch Dreschen der Achre gewannen sie ihr wichtigstes Nahrungsmittel. — Kuhn KZ. XI. 385. — Zeyss KZ. XIX. 186: *ghrs* = *horreo,* wegen der langen emporstrebenden Grannen.

GHAS verletzen, schädigen, schlagen. — Skr. **hins** (statt *hans*) schlagen, verletzen.

has. — **has-ta** f. Spiess, Speer, Lanze, Wurfspiess, Schaft (*gramineas hastas* Grasschafte, indische Bambusrohre, Cic. in Verr. 4. 56. 125; *hastarum vicem praebent additis cuspidibus* Plin. h. n. 16. 161); Demin. *hastŭ-la* eine Pflanze, *hastula regia* Asphodill; *hast-ile* n. Schaft des Wurfsp., Spiess, schaftförm. Holz; (*hastā-re) hastā-tu-s* mit einem Spiess bewaffnet (*hastati* das 1. Glied in der röm. Schlachtordnung); *sub-hastāre* öffentlich versteigern (von dem bei Auctionen zum Merkzeichen aufgesteckten Pfahl), *hast-āriu-s* zur Auction geh. (Gruter inscr. 379. 7). — (Europäisch *ghas-ti-s*) **hos-ti-s** comm. Schläger, Verletzer, Schädiger; (schädigender) Ausländer, „Fremdling (*hostis enim apud maiores nostros is dicebatur, quem nunc „peregrinum“ dicimus* Cic. de off. 1. 12. 37; vgl. Fest. p. 102 M.), Kriegsfeind, Staatsfeind, Feind, Gegner des *civis Romanus*[1]) [aus dem Begriffe Fremdling slavodeutsch: Gast]; *hostĭ-cu-s, hostī-li-s* feindlich, feindselig, *hostili-tā-s (tāti-s)* f. Feindseligkeit (Sen. v. 6. 32); *Host-iu-s, Hostīl-iu-s;* **host-ire** *(ferire* Paul. D. p. 102) a) als Feind oder Gegner handeln, behandeln, b) dagegen leisten, c) gleichthun, ausgleichen, vergelten, erwiedern (*acquare* Paul. D. p. 314), *red-hostire* wieder dagegen thun oder leisten (*cedo quid mihi red-hostis* Acc. ap. Fest. 270. 21), *hosti-mentu-m* u. Gegenleistung, Ausgleichung (*beneficii pensatio* Paul. D. p. 102; *aequamentum* Non. 3. 26); (*hosti-ia*) hostia f. (das geschlagene oder geschlachtete) Opferthier, Schlachtopfer, Opfer (*hostia dicta est ab eo, quod est hostire ferire* Paul. D. p. 102), *hostiā-re* versöhnen (*hostia victima est dicta, quod di per illam hostientur* Serv. Verg. A. 2. 156).

Ascoli KZ. XVII. 343. — Brugman St. V. 228 f. — Corssen I. 796 f.; B. 217 ff. 416. — C. E. 486. — F. W. 70. 360: *ghas, ghans* schlagen, stossen, stechen; von *ghan* durch *s*; Spr. 322. — 1) *ghas* essen B. Gl. 125b; F. W. 360: *ghasti* Fremder, Gast („beschmausend").

GHI werfen.

ghi = χι. — (*ghj-am*, vgl. ved. *him* Kälte, Frost, χι-ομ) χι-ον[1]): χι-ών (*όν-ος*) f. Schnee (= das aus den Wolken Herabgeworfene; Uebergang: Schnee = Winter, Kälte, Frost); χιόν-εο-ς (poet. χιον-ό-ει-ς Nic. Al. 512) von Schnee, schneeig, χιον-ικό-ς schneeweiss; χιονί-ζω beschneien, schneeweiss machen; χιονο-ειδής; χιονώδης schneeartig, schneeähnlich; Χιόν-η f. Schneegöttin (von der Artemis erschossen). — (*ghi-ma*) -χι-μο-ς: δύς-χιμο-ς sehr winterlich, stürmisch, übertr. schauerlich; μελάγ-χιμο-ς schwarz (Trag.), τὰ μελάγχιμα Orte wo der Schnee geschmolzen ist und die daher schwarz aussehen, Winterlager der Hasen (*ἰχνεύεσθαι δὲ τοὺς λαγῶς ὅταν νίφῃ ὁ θεὸς ὥστε ἠφανίσθαι τὴν γῆν· εἰ δ' ἐνέσται μελάγχιμα, δυσζήτητος ἔσται* Xen. Kyn. 8. 1; vgl. Poll. 5. 66: *ἔστι δὲ ταῦτα τὰ κοῖλα ἐν οἷς ἡ χιὼν διατέτηκεν, κέκληται δὲ ὅτι παρὰ τὴν ἄλλην τῆς γῆς ὄψιν λευκὴν οὖσαν ὑπὸ τῇ χιόνι ταῦτα μόνα μελαίνεται*). — (*ghima-ra* = χιμαρα, χιμαρ-ια) Χίμαιρα Schnee- oder Wintergottheit (vom Sommerhelden Bellerophon getödtet), dann Appellativum: χίμαιρα f. Winterling, ein Thier, das erst einen Winter alt ist, dann die einjährige, urspr. einwintrige Ziege, Ziege Il. 16. 181 (indem das Sprachbewusstsein beide Wörter sich verwischte, erhielt die Wintergöttin die Gestalt eines jungen Zicklein, dem aber, um es furchtbar zu machen, der Kopf eines Löwen und der Schwanz einer Schlange beigelegt wurde; vgl. Hes. Th. 319 ff., Il. 6. 179 ff.: *Χίμαιραν . . ἥ δ' ἄρ' ἔην θεῖον γένος, οὐδ' ἀνθρώπων, πρόσθε λέων, ὅπιθεν δὲ δράκων, μέσση δὲ χίμαιρα*, vgl. noch 16. 328), dazu m. χίμαρο-ς Ziegenbock (*χίμαροι αἴγες χειμέριαι ἢ ἔριφοι* Hes.)[2]).

ghai = χει. — (*ghai-ma*, χει-μο) χειμ: (χειμ-ιο-) χειμ-ίη (Adj. f. als Subst., erg. ὥρα) ion. Winter-zeit, -kälte, Frost (Hippokr.); χειμέ-ω frieren (Hippokr.); χειμά-ζω (χειμά-ω, χειμε-ίω Hes., auch: χειμαδ-εύ-ω Strabo 4. 6. 7, χειμαδί-ζω Zos.) transit. mit Winter,

17*

Sturm, Unwetter heimsuchen, Pass. vom Winter u. s. w. heimgesucht, betroffen werden, übertr. bedrängt werden, in Bedrängniss u. s. w. gerathen; intr. stürmen; überwintern, den W. zubringen, im Winterlager sein; χειμάδ-ιο-ς winterlich, Subst. τὸ χ. Winter-wohnung, -quartier; χειμασ-ία, ion. -ίη, f. das Ueberwintern, Winterquartier; χείμασ-τρο-ν n. Winterkleidung; χείμ-ε-τλο-ν, -θλο-ν, χίμ-ε-τλο-ν n., χειμ-έ-τλη f. (Diosc.) Frostbeule, Frostschaden (τραύματα καὶ ἀποκαύματα, τὰ ἐκ χειμῶνος ἀποψύγματα Schol.), χειμετλ-, χιμετλ-ι-άω Frostbeulen oder erfrorene Glieder haben; (ghai-man) χει-μαν: (χει-μαν-jω) χειμαίνω = χειμάζω; χει-μών (μῶν-ος) m. Winter, Winterwetter, Unwetter, Sturm, Regenguss, übertr. Drangsal, Noth; (χει-μαν-τα) χεῖ-μα-(τ) n. = χειμών; (ghaima-ra) χειμερο: χειμέρ-ιο-ς (poet. -ο-ς) den W. betreffend, winterlich, stürmisch, frostig, kalt; δυς-χείμερο-ς sehr winterlich, stürmisch (Beiw. von Dodona, Il. 2, 750. 16, 234); χειμερί-ζω = χειμάζω (διαχειμάζω Hes.), χειμερ-ινό-ς was zur Winterzeit geschieht, Pl. τὰ χ. Winterzeit; χειμερ-εύ-ω = χειμερίζω, χειμερ-ε-ίη f. Winterzeit.

ghi. — (ghj-am, hj-am) hiem: **hiem-s** (hiem-is; Handschr. bisweilen hiem-p-s) f. = χειμών (personificiert: et glacialis Hiems, canos hirsuta capillos Ov. M. 2. 30)[3]), hiem-āli-s winterlich, Subst. -āli-a n. Pl. Winterquartiere; (*hiema) hiemā-re gefrieren lassen, überwintern, kalt, stürmisch sein, hiemā-ti-ō(n) f. Ueberwinterung (Varro r. r. 3. 16. 34); (ghi-ma) -hĭ-mu-s: (bi-, tri-, quadri- + hĭmu-s =) **bĭmu-s, trĭmu-s, quadrĭmu-s** zwei-, drei-, vierwintrig = zwei-, drei-, vier-jährig, 2, 3, 4 Jahre alt (Zählung der Jahre nach Wintern, vgl. auch Sommer, Lenze = Jahre; quasi a bis, ter, quater ab ista hieme dicta, Eutyches ap. Cassiod. de orthogr. 9. Putsch. p. 2311)[4]); (hima, himŭ-la) Himel-la m. Name eines Flüsschens im Sabinerland (Casperiamque colunt Forulosque et flumen Himellae Verg. A. 7. 714)[5]); **hĭbernu-s** (hibernāli-s Vulg.) winterlich, kalt, stürmisch[6]), hibernā-re überwintern, Winterquartiere halten, beziehen, hibernā-cŭlu-m n. Winter-wohnung, -quartier.

Ascoli KZ. XVII. 328. — B. Gl. 448a: hi in hac formatione fluere significare videtur. — Corssen B. 249 f. — C. E. 201 f. 536. — F. W. G8. 71. 178. 445 f. — Meyer St. V. 84 f. — 1) F. W. G8: ghajana winterlich. — 2) M. Müller KZ. XIX. 43. — C. E. 202: Stamm χιb(?). — F. W. 178: urspr. bloss: winteralt, jahralt, dann: jahralte Ziege, dann gar: wilde oder Bergziege. — 3) Corssen B. 250: hi, Verbalst. hi-e, Suff. mo: hie-mo, hie-m. — F. W. 445: cheimo, hiemo, heim, heiem, hiem, hiem-s. — Brambach Hülfsb. für lat. R.: hiems besser als hiemps. Die letzte, physiologisch begründete und bei den klass. Schriftstellern vorkommende Form wurde von der Schulgrammatik der Kaiserzeit zurückgedrängt. — 4) Aufrecht KZ. IV. 413 ff. (gegen diese Erklärung Klotz W. s. v.: aus bi-annus; wegen des m-Lauts statt des n-Lauts vgl. solemnis neben solennis; nicht etwa von bis und hiems). — B. Gl. 410a: samā (fem. vocis samā similis, aequalis) annus: e bi-smu-s mutilatum esse *ridetur.* — 5) Corssen B. 251. — 6) C. E. 201: „So gewiss alle angeführten Wörter zusammengehören, so viele Schwierigkeiten bieten sie im einzelnen, bes. das lat. *hiem-s* und das *b* von *hibernus*". — *hibernus* wird nun verschiedenartig gedeutet: Ascoli KZ. XVII. 328 f.: *hi-n-thro, hin-tro, hin-fro, him-bro, hi-bro, hi-ber-, hi-ber-nu-s.* — Corssen B. 250: *hie-ber-no (-ber,* vgl. *salu-ber, candelu-ber), hi-ber-no* winter-bringend, mit Winter begabt, winterlich. — F. W. 446: *cheimerino, heimrinu-s, heim-b-rinu-s, hi-b-rinu-s, hi-b-rnu-s, hi-b-e-rnu-s* (späte Wiedererweiterung). — Schmidt KZ. XV. 158 f.: *himes-ternu-s* (von **himos, *himes = χειματ), hims-ternu-s, hins-ternu-s, his-ternu-s (s* aspirierende Kraft und dann geschwunden), *hi-fernu-s, hi-bernu-s.* — Derlei zahlreiche und künstliche Variationen wird das Wort kaum durchgemacht haben. Die einfachste Erklärung dürfte wohl diese sein: *hiem: him-er-nu-s* (vgl. *χειμ-ερ-ι-νό ς), hib-er-nu-s.* Ueber *m = b* vgl. Corssen KZ. II. 17.

GHU giessen.

χυ¹). — (χέω pg. 262:) Aor. Pass. *ἐ-χύ-θη-ν* (hom. nur *χυ-θε-ίη* Od. 19. 590), Perf. *κέ-χυ-μαι*, Plusqu. *ἐ-κε-χύ-μην* (hom. *κέ-χυ-το*), Aor. Med. ep. *ἐ-χύ-το, χύ-το, χύ-ντο*, Part. *χυ-μένη²*); Verbaladj. χυ-τό-ς gegossen, flüssig gemacht, flüssig, aufgeschüttet (hom. nur *χυτὴ γαῖα* aufgeschüttete Erde, Grabhügel; *χυτοὶ ἰχθύες* Aristot. h. a. 5. 9. 32 Zugfische, die sich von allen Seiten ergossen d. h. schwärmend drängen und mit Netzen gefangen werden), *χυτ-ικό-ς* zum G., Ausg. geschickt (Galen.); *χύ-τη-ς* m. der Giessende, Werkzeug zum G. (Sp.). — (χυ-τι) χύ-σι-ς f. das G., Schmelzen; das Ausgegossene, Guss (von der Libation), der aufgeschüttete Haufen, grosse Masse. — χύ-τρο-ς, τρα (ion. κύ-θρο-ς, θρα, κύ-τρο-ς, τρα) m. f. Topf (*Χύ-τροι* in dem Fest der Anthesterien, von dem der griech. Blüthenmonat, Februar, benannt wurde: der 1. Tag *Πιθοιγία* Fassöffnung, der 2. Tag *χόες* Kannenfest, der 3. *Χύτροι*, ein ernstes Todtenfest, benannt nach einem dem Hermes *χθόνιος* und den Geistern der Verstorbenen in Töpfen dargebrachten Opfer; Kock zu Arist. Ran. 218), Dem. *χυτρ-ίο-ν, χυτρ-ίδ-ιο-ν* n., *χυτρ-ί-ς (ίδ-ος)* f.; *χύτρ-ειο-ς, χυτρ-εοῦ-ς, χύτρ-ινο-ς* töpfern, thönern, irden; *χυτρ-ίνδα παίζειν* das Topfspiel spielen (Poll. 9. 113); *χυτρί-ζω* in einen Topf setzen, besonders ein Kind in einem T. aussetzen, *χυτρι-σ-μό-ς* m. das Auss. eines K. in einem T. (Hes.); *χυτρ-εύ-ς* m. Töpfer; *χυτρο-ειδής* topf-ähnlich, -artig. — χύ-τλο-ν n. Flüssigkeit: Wasch-, Bade-, Fluss-wasser, Pl. τὰ χ. die zu einem Trank- oder Todtenopfer gehörenden Flüssigkeiten, das Opfer selbst; *χυτλό-ω* waschen, baden (Med. sich baden und nach dem Bade sich salben, Hom. nur Od. 6. 80); *χυτλά-ζω* giessen, ausgiessen, hinbreiten. — χύ-δην Adv. gussweise = reichlich, haufenweise, hingeschüttet, ordnungslos, in ungebundener Rede (Ggs. *ἐν ποιήμασι. τῶν γὰρ δὴ πλείστων λόγων, οὓς ἐν ποιήμασιν ἢ χύδην οὕτως εἰρημένους μεμάθηκα καὶ ἀκήκοα* Plat. Leg. 811. d); χυδαῖο-ς in Menge ausgegossen, ausgeschüttet, übertr. gemein, gering, *χυδαιό-τη-ς (τητ-ος)*

f. Gemeinheit, χυδαιό-ω gemein machen; χυδαΐ-ζω in Menge zusammenströmen, übertr. gemein sein, werden, χυδαΐσ-τί in gem. Art, in gem. Sprache (Eust.). — χῡ-μό-c m. Flüssigkeit, Feuchtigkeit, Saft, bes. insofern er den Geschmack afficiert, daher auch: Geschmack, Demin. χυμ-ίο-ν n.; χυμό-ω einen G. hervorbringen; χυμί-ζω schmackhaft machen, würzen (ἔγχυμον ποιεῖν Suid.); χυμεύ-ω vermischen, χύμ-ευ-σι-ς, χυμ-ε-ία f. Vermischung, χυμευ-τ-ικό-ς zum V. geh., geneigt; χυμο-ειδής, χυμ-ώδης saftartig. — χύ-μα(τ) n. das Ausgegossene = Guss, Fluss, Strom, Flüssigkeit, χυματ-ίζω anfeuchten, benetzen. — χῡ-λό-c m. Saft, Geschmack, Dem. χυλάριο-ν n. (Suid.); χυλό-ω zu S. machen, den S. ausdrücken, mit S. benetzen, χύλω-σι-ς f. das Verwandeln in S. u. s. w.; χυλί-ζω = χυλόω, χυλι-σ-μό-ς das Ausziehen des Pflanzensaftes, χύλισ-μα(τ) n. ausg. Pflanzensaft; χυλο-ειδής, χυλώδης saftartig, saftreich. — νή-χυτο-ς (νη- negative Bedeutung) nicht auszuschöpfen, unerschöpflich, grundlos (oft bei Alexandr. Dichtern: ὕδωρ, ἅλμη Apoll. Rh., ἱδρώς Nic. Al. u. s. w.); ἀ-χύν-ε-το-ς (von der späten Form χύνω statt χέω) = νήχυτος (πῦρ μὲν ἀείζωον καὶ ἀχύνετον ἔτρεσεν ὕδωρ Nic. Al. 174)[3]). — (χυ + χυ, κυ + χυ) κο + χυ (dissimiliert:) κο-χύ· πολύ, πλῆρες (Hes.); κοχυ-δεῖν· ὑπερέχειν Hes., κοχυδεῖ· ῥεῖ ἰσχυρῶς καὶ μετὰ ψόφου καὶ λάβρως Hes.; vgl. ἐκ δὲ μετώπω ἱδρώς μευ κοχύδεσκεν Theokr. 2. 106 (dazu Schol. δαψιλῶς ἔρρει).

χευ, χεϝ. — (χευ-ω, χεϝ-ω) χέ-ω giessen, ausgiessen, schütten, hinstreuen, schleudern, fallen lassen; ergiessen, reichlich ausg., verbreiten; Med. sich erg., ausbreiten, sich drängen, wimmeln (von Menschen und Thieren: von Schaafen Il. 5. 141, von den Myrmidonen Il. 16. 259, von Fischen Od. 22. 387) (Fut. χεϝ-ο-μαι, χέ-ο-μαι; ἐκ-χεῶ N. T.; Aor. ἔ-χεϝ-α, ἔ-χε-α [hom. nur ἔ-χε-αν Il. 18, 347. 24, 799; sonst ἔ-χευ-α, χεῦ-α], Inf. χεῦ-αι, Conj. χεύ-ω, Imper. χευ-άντων Od. 4. 214, Med. ἐ-χεύ-α-το, χεύ-α-το; χεϝ-ίω: ἐγ-χείη Od. 9. 10; χείουσι Hes. Theogn. 83; s. χυ pag. 261)[2]). — χεῦ-μα(τ) n. Guss (κασσιτέροιο Il. 23. 561), Strom, Fluth, Trankopfer und Gefäss dazu (sonst χοεύς). — (χεϝ-αρα, χεϝ-αρ-ια) ῑο-χέαιρα (Pind. P. 2. 9 ῑ) die Pfeilausgiessende, Pfeilschüttende d. h. Pfeilschützin (sagittas fundens), Beiwort der Artemis (Hom.); von der Schlange: die giftausgiessende (Nic. Ath. 3. 99 b)[4]).

χοϝ. — (χοϝ-ο) χό-ο-c, contr. χοῦ-ς m. 1) ein Gefäss, um einzuschütten, Kanne, dann ein bestimmtes Maass für Flüssiges (= 6 ξέσται oder 12 κοτύλαι, etwa 2½ W. Maass; [St. χοϝ: Dat. χο-ΐ, Acc. χό-α, Pl. Nom. χό-ες, Gen. χο-ῶν, Dat. χου-σί, Acc. χό-ας]), οἱ Χόες s. oben Χύτροι, 2) aufgeschüttete Erde, Schutt (auch angeschwemmte Erde, Theophr.); χο-ή f. Ausgiessung, bes. Weiheguss, Trankopfer bei Todtenopfern (Od. 10, 518. 11, 26), reinigendes Wasser; χό-ανο-c (Il. 18. 470), χῶνο-c m. Schmelzgrube, -tiegel, die irdene Form, in welche das geschmolzene Metall

gegossen wurde, Trichter; χο-άνη, χώνη f. = χόανος⁵); Demin.
χοάν-ιο-ν, χων-ίο-ν; χοαν-εύ-ω, χων-εύ-ω Metall schmelzen und giessen,
χωνευτός geschmolzen, schmelzbar, χωνευτ-ικό-ς zum Schm. geh.,
geschickt; χωνευ-τή-ς m. Schmelzer, Metallgiesser, χωνευ-τήρ-ιο-ν n.
Schmelzofen; χώνευ-σι-ς, χωνε ία f. das Schm.; χώνευ-μα(τ) n. das
Geschm., Gussarbeit. — χω: χώ-ο-μαι (: χέϜ-ω = πλώ-ω : πλέϜ-ω)
in Wallung gerathen = zürnen, zornig sein, sich betrüben (Fut.
χώ-σομαι, Aor. ἐ-χω-σάμην; hom. Präs. χω-ό-μενος, Impf. χώ-ε-το,
Aor. ἐ-χώ-σατο, χώ-σατο, Conj. χώ-σεται, Part. χω-σάμενος)²); χωό-
μενος· συγχεόμενος Aristarch (vgl. confusus animo); χώ-ννύ-μι
(Arrian. Dio Cassius), χωννύ-ω (Polyb.), älter χό-ω (Her. Thuk.);
(Fut. χώ-σω, Perf. κέ-χω-σ-μαι, Aor. ἐ-χώ-σ-θην) schütten, aufschütten, Erde, Dämme, Wälle aufwerfen, ausschütten, zuschütten⁶),
χω-σ-τό-ς aufgeschüttet, gedämmt, χῶ-σι-ς f. das Schütten, Aufschütten u. s. w.; χω-c-τρί-c (ίδ-ος) f. Sturmdach, unter dem die
Belagerer Gräben zuschütten; χῶ-μα(τ) n. aufgeschüttete Erde,
Schutt, Damm, Wall, bes. Grabhügel; χωματ-ία-ς ποταμός ein Fluss,
der viel Schutt, Schlamm mit sich führt.

ghu = fu. — fū-tī-s f. Wassergefäss, Giesskanne (vas
aquarium vocant futim, quod in triclinio allatam aquam infundebant
Varro l. l. 5. 119. M.); fū-tī-re giessen (Prisc. 4. p. 631), ec-, ef-
futire ausgiessen = ausschwatzen; (*fu-tu-s) fū-ta-re oft giessen,
Redeerguss machen, beweisen (futavit fudit, futavere fudere Placid.
Gl. 463. 464; futare arguere est, unde et confutare. Sed Cato hoc
pro „saepius fudisse" posuit Fest. p. 89); effutū-tī-m gussweise =
reichlich, häufig (id quodque interim futatim nomen commemorabitur
Plaut. Truc. 4. 4. 29); con-fūtare durch Beweisführung zusammendrängen, in die Enge treiben, zurückweisen, widerlegen (spät:
eines Verbrechens überführen, Cod. Theod.), re-futare zurück-
drängen, zurückweisen, widerlegen. — (fou) fov (χευ, χεϜ) (fov-
ont = χεϜ-οντ, fo-ont, font): fon-s (font-is) m. Quelle⁷), Bronn,
übertr. Ursprung, Ursache, Anfang, Demin. fonti-cŭlu-s m.; font-
ānu-s, fontān-cu-s, -āli-s zur Qu. geh., Quell-; Font-ēju-s Boin. einer
röm. gens.

fŭ-d: fu-n-d-ĕre (fūd-i) = χέω (bes. auch von der zeu-
genden Kraft der Erde: fundere fruges, flores, fetum u. s. w.)⁸),
Part. (*fud-tu-s) fū-su-s als Adj. weit ergossen = ausgebreitet,
ausgedehnt, breit, weit; davon fūs-ĭli-s befähigt gegossen zu werden,
dann: gegossen, geschmolzen, flüssig; (*fud-tu, *fud-tu-ra, *fud-
ti-ōn) fū-su-s (ūs) m., fū-sū-ra, fū-si-ō(n) f. das Giessen; (*fud-tor)
fū-sor m. Giesser, fusōr-iu-s zum Giessen geh., Subst. fusōriu-m n.
Gosse (Pallad.); fundī-bŭlu-m n. Trichter (χώνη Gloss. Philox.);
(*fud-tu-s, *fud-ti-li) fut-tī-li-s, fū-tī-li-s⁹) zum Giessen befähigt,
dann ein Mensch mit nicht zu hemmendem Redeguss, geschwätzig,
daraus: nichtig, eitel, leer (futiles dicuntur qui silere tacenda ne-

queunt sed ea effundunt, sic et futilia a fundendo vocata Fest. p. 89),
futtili-ta-s (tāti-s) Nichtigkeit u. s. w.; *fütfile* (Subst.) n. == *futis.*

ghū-s == *hau-s:* **hau-r-ire** (*haus-i*, *haus-tu-s*) schöpfen, übertr.
trinken, schlürfen, verschlingen, verzehren, an sich ziehen, nehmen,
geniessen (*hauribant* Lucr. 5. 1323, *haurierint* Varro ap. Prisc.
p. 905. P., *hauritus* App. Met. 3. p. 130)[10]); *haus-tu-s* (*tūs*) m.
das Schöpfen, übertr. Trinken, Trunk; *haus-tor* (*tōr-is*) m. Schöpfer,
haus-tru-m n. Schöpfmaschine; *haurī-tor-iu-m* n. Schöpfgefäss (*ἄν-
τλημα* Vet. Gloss.).

Brugman St. IV. 160. 11). — Corssen I. 158. 558. 801; B. 76.
214 f. 375; N. 234. — C. E. 204. 708. — F. W. 360 f. 445; Spr. 323.
— Fritzsche St. VI. 284. — Hehn p. 470. — 1) B. Gl. 138b: *ćut* == *χυ*
abiecta litt. finali et mutata tenui in aspir. — 2) C. V. I. 187. 24). 223.
19). 299. 19). II. 315. 364. 15). — 3) Clemm St. VIII. 88. — 4) Ameis-
Hentze ad Od. 5. 102. — C. E. l. c. — Düntzer KZ. XII. 8. — Ebel KZ.
II. 80. — S. W. s. v.: die gewöhnl. Ableitung von *χαίρω* und Deutung
„pfeilfroh" ist nicht haltbar (so auch Pape W.); ebenso Sch. W. s. v.:
„richtiger die Pfeile ausgiessende, versendende". — 5) Curtius de n. gr.
f. 61. 254). — 6) C. V. I. 166. 44). — PW. II. 597: *khan* graben, ausgraben, aufwühlen; aufschütten; *χώννυμι.* — 7) Vgl. Bechstein St. VIII.
352. — Bugge St. IV. 343: *dhan* in Bewegung setzen, laufen machen;
dhanv rennen, rinnen, *dhāv* rinnen == lat. *fen.* — Ebenso Kuhn KZ.
III. 399: *dhav-ant* rinnend, Part. zu *dhāv* laufen, waschen. — 8) Ebenso
Pott E. F.[2] II. 486; vgl. got. *giu-t-an.* — B. Gl. 259a: *plu natare, na-
rigare; fortasse fundo e flundo, adiecto d, inserta nasali.* — 9) Brambach s. v.: *futtilis* besser als *futilis.* — 10) F. W. 361, ders. KZ. XXII.
384: *h-aus* vgl. altn. *ausa jōs* schöpfen; beweisen lässt sich freilich
die Gleichung *haurio* == altn. *ausa* schöpfen nicht. — Corssen I. 356[*]:
*ha-us == *χά-ος;* *haus haur-ire* leer machen, leeren (*poculum, pateram*),
daher: ausschöpfen, austrinken, heraus-nehmen, graben.

ghaida. — Vgl. got. *gait-ei*, nhd. *geiss.*

haedu-s, altl. *faedu-s*, m. Böckchen, der junge Ziegenbock;
Demin. *haedŭ-lu-s*, *haedil-lu-s*; *haed-īnu-s* von B. (*faedum antiqui
dicebant pro haedo, folus pro holere, fostem pro hoste, fostiam pro
hostia* Paul. D. p. 84. 5; *similiter ergo et haedos dicimus cum aspiratione, quoniam faedi dicebantur apud antiquos* Vel. Long. p. 2230 P.).

Corssen B. 212 f. — F. W. 361; Spr. 323. — *haedus* im Munde
der Gebildeten zur Zeit des Caesar und Augustus wie im Schriftgebrauche;
aedus schon in alter Zeit ohne Hauchlaut gesprochen (vgl. Quint. 1. 5.
20: *parcissime ea* [nämlich *h littera*] *veteres usi etiam in vocalibus, cum
oedos ircosque dicebant*); *edus* im Munde der Landleute; das altl. *faedus*
von den Landleuten der sabin. Reatina *fedus* gesprochen (Varro l. l. 3.
19. 28). — Brambach: *haedus*, nicht *hoedus*, *aedus*, *edus. aedus* ist eine
nicht klassische Nbf.; *edus* ist bäuerisch.

GHAIS hangen, haften.

haes: (**haes-ĕre*) **haer-ĕre** (*haesi, haesum*) hangen, stocken, stecken, kleben, haften, verweilen, Bedenken tragen; Intens. *haes-i-tā-re; haesitant-ia, haesitā-ti-ō(n)* f. Stocken, Verlegenheit, Unentschlossenheit, *haesitā-tor* m. der Unentschlossene, *haesitā-bundu-s* stockend, betreten.

Fick Spr. 320; KZ. XXII. 383.

---

ghjas gestern. — Skr. **hjas.**

(*γjας, χ-ϑ-jας, χ-ϑ-jες*) χ-ϑ-έc, έ-χϑέc gestern (πρώην τε καὶ χϑές, χϑὲς καὶ πρώην gestern und vorgestern d. i. jüngst, neulich, eben); (χϑεσ-ο-, ϑεσ-ο-, σεσ-ο-) σερ-ό-ς (elisch); χϑεσ-ινό-ς (Aristoph.) gestrig, von gestern; (χϑεσ-διϜ-ο-, s. W. *div* glänzen, χϑε[σ]-δj-ο-, χϑε-ζο-) χϑι-ζό-c (ion. poet.), χϑιζ-ινό-ς (selten) = χϑεσινός.

hies, hes. — (*hĕs-i*) **hĕr-i**, *hĕr-e* (Local) = χϑές (*here nunc E littera terminamus, at veterum comicorum adhuc libris invenio „Heri ad me venit"; quod idem in epistulis Augusti, quas sua manu scripsit aut emendavit, deprehenditur* Quint. 1. 7. 22); *hes-ter-nu-s* gestrig, von gestern, *hesterno* am gestr. Tage.

Ascoli KZ. XVII. 322. — B. Gl. 450a: χϑες *pro* χες. — C. E. 201. 662. — F. W. 72. 446. — Schweizer KZ. III. 390.

GHRA riechen. — Skr. **ghrā** 1) riechen, 2) beriechen, an Etwas riechen, beschnuppern (PW. II. 900).

(**χρω-ματ, *ἀ-χρω-ματ*) ἄ-ρω-μα(τ) n. Gewürz, wohlriechende Kräuter[1]), ἀρωματ-ικό-ς gewürzhaft, ἀρωματ-ί-τη-ς (οἶνος) m., -ῖ-τι-ς (πόσις) f. mit G. abgezogen; ἀρωματ-ίζω würzen; nach G. riechen, schmecken; ἀρωματ-ώδης gewürz-haft, -artig.

ghra + ghra. — (**frā-gra, *frā-gru-s*) **frā-gra-re** riechen, duften[2]); **frā-gu-m** (statt *fra-gru-m*, Einbusse der Liquida im 2. Gliede) n. Erdbeerkraut, Pl. Erdbeere (als duftend).

B. Gl. 127b. — Brugman St. VII. 349. 58). — Pott. E. F. 182. — 1) M. M. Vorl. I. 216: *ar* pflügen: „was ist lieblicher und aromatischer als der Geruch eines gepflügten Feldes?" (vgl. Gen. 27. 27: „der Geruch meines Sohnes ist wie ein Geruch des Feldes, das der Herr gesegnet hat"). — 2) Corssen I. 399; B. 181 f.: *dhrag* wehen, streichen, ziehen; St. *frag-ro*. — F. W. 381: *bhrag;* Spr. 102. 348: *bhark, bhrak;* riechen, duften.

GHRAD tönen, rasseln. — Skr. **hrād** tönen. — Weiterbildung aus 6) *ghar* durch *d: ghra + d.*

χραδ, χλαδ. — χ-α-ραδ (α Hilfsvocal): χαράδ-ρα f., χάραδρο-c

m. (χαραδ-εύ-ς m. dor. Tah. Her., χαράδρ-ειο-ν poet.) Wildwasser, Waldstrom, Giessbach, Sturzbach (Il. 16. 390), (der von ihm gemachte) Erdriss, Spalt (Il. 4. 454); Schlucht, Kluft, Demin. χαράδρ-ιο-ν n.; χαραδρό-ω Strombetten, Erdspalten eröffnen, durch Waldströme u. s. w. unwegsam machen; χαραδρα-ῖο-ς, χαραδρή-ει-ς von oder aus der χ., darin befindlich, χαραδρε-ών (ῶν-ος) m. ein durch χ. zerrissener Ort; χαραδρ-ιό-c m. ein in Klüften, Erdspalten wohnender gelblicher Vogel (vgl. τὰς δ' οἰκήσεις οἱ μὲν [τῶν ὀρνίθων] περὶ τὰς χαράδρας καὶ χηραμοὺς ποιοῦνται καὶ πέτρας, οἷον ὁ καλούμενος χαραδριός. ἔστι δὲ ὁ χαραδριὸς καὶ τὴν χρόαν καὶ τὴν φώνην φαῦλος· φαίνεται δὲ νύκτωρ, ἡμέρας δ' ἀποδιδράσκει Aristot. h. a. 9. 12. 1; dazu Schneider IV. p. 82: sunt qui charadrium hiaticulam Linnaci interpretentur, alii cum Gesnero charadrium oedicnemum comparare malunt, quorum equidem sententiae accedo); χ-ε-ρ-ά-c (άδ-ος) f. Flussgerölle, Steingries, mitgeführt von angeschwollenen Strömen, χέρᾰδ-οc (εος) n. id. (Il. 21. 319). — (κα-χλαδ-jω) κα-χλάζω klatschen, plätschern, καχλασ-μό-ς m., κάχλασμα(τ) n. Geplätscher. — χλῆδ-ο-c m. Gemülm, Schlamm, mitgeführt von reissenden Strömen. — (χ-α-λαδ-ja, α Hilfsvocal) χ-ά-λαζα f. Hagel, Schlossen, χαλαζά-ω hageln, χαλαζη-δόν hagelmässig, χαλαζήει-ς, χαλαζί-τη-ς hagel-artig, -ähnlich.

grad. — (gra-n-d-en) gra-n-d-o (ĭn-is) f. (m. Varr. ap. Non. 208. 11) = χάλαζα, grandĭn-eu-s, -ōsu-s voll H., Sch., (*grandĭn-u-s) grandinat es hagelt, schlosst; sub-, **sug-grund-a** f., -iu-m n. Wetterdach, Vordach.

Ascoli KZ. XVII. 324. — C. E. 196. — F. W. 72. 361; Spr. 322. — Fritzsche St. VI. 321. — Walter KZ. XI. 433.

GHRAM grimmen, greinen, grinsen. — Weiterbildung aus 6) ghar durch m: ghra + m.

χρεμ[1]). — χρεμ-ί-ζω (Hes. Sc. 348), (*χρεμ-ε-το-ς) χρεμ-ετά-ω, χρεμ-ε-τί-ζω (χρεμ-έ-θ-ω) wiehern, Getöse machen (hom. nur Impf. χρεμέτιζον Il. 12. 51), χρεμετισ-τ-ικό-ς gewöhnlich wiehernd, wiehern könnend, χρεμετισ-μό-ς m., χρεμέτισ-μα(τ) n. Gewieher; χρέμ-η-c (ητ-ος) m. ein Meerfisch; Χρέμη-ς, Χρεμ-ύλο-ς der sich räuspernde, grämliche Alte in der Komödie. — χρόμ-ο-c, χρόμ-η Hes., χρόμ-ᾰδο-c m. knarrendes Geräusch, Knirschen (γενύων Il. 23. 688); χρόμ-ι-c, χρόμ-ιο-ς m. ein Meerfisch (der einen knarrenden Laut von sich gegeben haben soll).

χρεμ-π[2]). — χρέμ-π-τ-ο-μαι sich räuspern, ausspucken (von Eurip. an)[3]); (χρεμπ-τι) χρέμψι-ς f. das Aussp.; (χρεμπ-ματ) χρέμμα(τ) n., χρεμπ-τό-ν n. Auswurf, Spucke; χρέμψ ein Fisch (Aristot. h. a. 4. 8).

Brugman St. VII. 314. 21). — C. E. 203. — F. W. 72. 361; Spr.
322. — 1) B. Gl. 450b: *hreś hinnire*. — 2) F. W. 409; Spr. 379: *skrap*
sich räuspern, ausspeien: σχρεμπ, σχρεμπ, χρεμπ. — 3) C. V. I. 239. 10).

GHLU.

χλυ. — χλεύ-η (im Plur. h. Cer. 202) f. Scherz, Spott, Hohn;
χλενά-ζω scherzen, spotten, verspotten, höhnisch, übermüthig behandeln, χλενα-σ-τ-ικό-ς spöttisch, zum Sp. geh., geneigt; χλενασ-
τή-ς (χλεύαξ Poll. 9. 149) m. Spötter, χλενασ-ία f., χλενασ-μό-ς m.,
χλεύασ-μα(τ) n. Spott, schnöde Behandlung.

F. Spr. 323.

GHVA preisen.

ho + Suffix *nas* (vgl. *fē-nus*, ἄφε-νος): **hŏ-nos, -nor** (*nōr-is*)
m. Ehre, Ehren-amt, -erweisung, (das was Ehre bringt =) Zierde,
Schmuck, Glanz, Schönheit; *honōr-u-s* ehrwürdig, ehrenvoll (*honor-
ōsu-s* Isid. or. 10); *honorā-re* ehren, beehren, schmücken; *honorā-
bili-s* ehrenvoll; *honor-āriu-s* die E. angehend, ehrenhalber geschehend (Subst. n. *-āriu-m* Ehrengeschenk, *honorarium decurionu-
tus inferre* Plin. ep. 10. 114), zum Gewohnheitsrecht geh. (Dig.);
Honōr-iu-s Sohn Theodosius des Gr., *Honōri-a-s* (*ăd-is*) dessen
Tochter; **hŏ-nes-tu-s** passiv: geehrt, geachtet, angesehen, activ:
ehrenvoll, ehrenwerth, würdig, rühmlich (*honestu-m* n. das An-
ständige, Schöne), schön, edel, *honestā-re* ehren, Ehre verleihen,
honestā-men-tu-m n. Schmuck, Zierde; *hones-ta-s* (*tāti-s*) f. Ehre,
Ehrenhaftigkeit, Anstand, Würde (*honesti-tū-d-o* f. Acc. ap. Non.
p. 121. 1).

F. W. 623: mit Vergleichung von Zend *zbā-tar* Lobredner.

T.

ta Pronominalstamm der 3. Person; demonstrativ: der, dieser, er. — Skr. **ta** (PW. III. 189).

ta. — το: (το-δ = Skr. *ta-d*) Nom. τό n., Gen. τοῦ, τῆς,
Dat. τῷ, τῇ u. s. w. (epische Formen: Sing. τοῖο; Pl. τοί ταί, τάων,
τοῖσι τῆσι τῆς; Dual. τοῖιν); (ὁ, ἡ) τό hat noch bei Homer wie
im Deutschen die Bedeutung des demonstr. und relat. Pronomens,
doch die demonstr. Kraft zeigt in ihrer Abschwächung oft schon
den Uebergang zum Artikel; τῇ Adv. (eig. Dat. fem.) demonstr.
an dieser Stelle hier, da (dahin, dorthin), auf diese Weise, so;
relat. (ion. poet. statt ᾗ) an welcher Stelle, wo. — (*tā-t* Abl.) τώ-ς

poet. Adv. (= ὥς, οὕτως) so. — (ta-smat Abl.) τῆ-μος ep. Adv. der
Zeit: da, zu der Zeit, dann, alsdann[1]) (absol. damals h. Merc. 101;
heute Apoll. Rh. 4. 252). — (tā-vat) (τη-ος) τε-ώς, ep. ion. τεί-ως
bis dahin, so lange, indessen, unterdessen (dem relat. ἕως entsprechend); abs. unterdessen, indessen; bis dahin, eine Zeit lang.
— (ta-ja) το-ῖο-c solcher, so beschaffen, dergleichen (dem relat. οἷος
entspr.); mit Inf.: von der Art, fähig, tüchtig; so recht, so ganz
(mit einem Adj. z. B. τύμβος ἐπιεικὴς τοῖος so recht angemessen
Il. 23. 246); τοῖον (als Adv.) so, also, so gar, so recht, so sehr.
— (ta-sja) (το-σιο-) τό-ccο-c, τό-cο-c so gross, so viel, so weit,
so lange, so stark; τόσσον, τόσον (τόσα) als Adv. so viel, so
sehr, so weit. — (St. i + St. ta: i-ta, ai-ta) εἶ-τα darauf, hernach, sodann (nicht bei Hom., tragisch und in att. Prosa); in un-
willigen, ironischen Fragen: itane? itane vero? ei wirklich? so? —
(a + u + ta = α-ὐ-το, α-ὐ-τα) αὐ-τό-c, αὐ-τή, αὐ-τό (αὖ-ς αὐ-
τός· Κρῆτες καὶ Λάκωνες) urspr. er selbst (ist blosser Stellvertreter
eines vorhergehenden Nomens und führt dasselbe nachdruckslos
gleichsam in den grammat. Funktionen fort, welche die folgenden
Sätze verlangen) selbst, selber; derselbe, ebenderselbe, der näm-
liche (später regelm. ὁ αὐτός); in Compos.: von selbst, aus eigenem
Antriebe, nichts als, sammt, mit, ähnlich, leibhaftig, absolut (τὸ
αὐτόκαλον das absolut Schöne). — (sa + u + ta; ta + u + ta
= σο-υ-το, σα-υ-τα, το-υ-το) οὖ-το-c, αὖ-τη, τοῦ-το urspr. dieser
selbige (vgl. das *spätere ὁ αὐτός) (weist regelmässig auf das
Object, von dem die Rede gewesen, auf das bereits Erzählte; ὅδε
auf das Folgende, zu Erzählende), dieser, diese, dieses (auch jener,
jene, jenes); Adv. οὕτως, οὕτω auf diese Weise, so, also. — (ta
+ sa + u + ta = το-σο-υ-το, το-σα-υ-τα) το-coῦ-το-c, το-σαύ-τη,
το-σοῦ-το(ν), episch auch τοσσοῦτος u. s. w.: so gross, so viel, Pl.
so viele, τοσοῦτον (ep. τοσσ-) Adv. so sehr, so weit. — (ta +
ja + u + ta = το-ιο-υ-το, το-ια-υ-τα) το-ιοῦ-το-c, το-ιαύ-τη,
το-ιοῦ-το(ν) ein solcher, so beschaffen. — (tā + lika + u + ta
= τη-λικο-υ-το, τη-λικα-υ-τα) τη-λικοῦ-το-c, τη-λικαύ-τη, τη-λικοῦ-
το(ν) (nicht bei Hom., sondern nur τη-λίκο-ς) so alt, so gross, so
bedeutend, so wichtig[2]).

tu. — Acc. tu-m (vgl. quu-m pag. 96) dann, alsdann, damals;
hierauf, darauf; tum — tum einmal — dann, bald — bald; (tum-ce)
tun-c dann, alsdann, dann eben, dann erst; damals, damals eben;
(ta + ti) tŏ-t so viele, so viel, (tŏti + ta) tŏ-tu-s (erst bei
sehr späten Schriftstellern, daher wohl dem alten quŏtus nur nachgebildet) der so vielste[3]) (entspr. quŏ-tu-s, pag. 96); tŏti-dem eben
so viele, eben so viel (s. St. da), tŏt-iens, -ies so oft, so häufig;
(ta-nta) ta-ntu-s von solcher Grösse, so gross (entspr. quantu-s,
s. pag. 96)[4]); Abl. tanto um so viel, desto, Acc. adv. tantu-m so
sehr, so viel, bloss, allein, nur, höchstens; tantus-dem (s. St. da)

ebenso gross, ebenso viel; Demin. *lantŭ-lu-s*, *lantil-lu-s* so klein,
so gering; (*ta* + Pron. *sma*, Locat. *la* + *smi-n*)[5]) **tă-me-n** eig.
bei alledem = doch, dennoch, jedoch, gleichwohl; (*tă* + *me*
Locat. fem.) *tă-me* (Fest. p. 350) **tă-m** (urspr. tempor., dann mo-
dale Bedeutung) in so weit, so weit, so sehr, in dem Grade;
ta-n-dem (so weit in der Zeit =) endlich, doch, einmal (übertr.
zuletzt, statt *denique*); (*tŏ-d* n.) **tod-per*, **top-per** a) sofort, schnell
(erg. *momentum* = *hoc ipso momento; -per* euklit., vgl. *sem-per*,
nu-per), vgl. *topper fortunae commutantur hominibus* Nel. carm.
fragm. 3. R.; b) vielleicht (*-per* nicht hervorhebend, sondern =
quidem und *tod-* nur Stütze für die Enklitika), vgl. *topper, tecum,
sist potestas, faxsit* Pacuv. fragm. 424. R.[6]). — (St. *i* + *ta*) **ĭ-ta**
so, also; *ĭ-te-m* ebenso, gleichfalls; *ĭ-tĭ-dem* (s. St. *da*) = *item;
i-den-ti-dem* wiederholentlich, mehrmals, oftmals; *is-tu-s* (Plaut. Mil.
1233), **is-te**, *is-ta*, *is-tu-d* (s. pag. 78) der, die, das dort (nach der
2. Person weisend), dieser, jener; *is-tĭ-c* (Locat.) dort, *is-tim, is-tin-c*
von dort, von da her, *is-tō* dorthin; (St. *u; au* + *ta*) **au-tem** dagegen, aber, andererseits, **au-t** oder, *aut-aut* entweder, oder; (St. *ka*
+ *ta: cu-tei; -tei* Locat. m. oder n.) **ŭ-tĭ**, **ŭt** wie, auf welche Weise,
in welcher Art, a) Adv. interr. wie? auf welche Weise? exclam.
wie! auf welche Weise! relat. wie sehr, auf welche Art und
Weise, b) Conjunction: dass, so dass, dergestalt dass, *ŭti-que* auf
welche Weise immer, immerhin, schlechterdings, jedenfalls[7]).

B. Gl. 161. — F. W. 73. 76. 81. — Windisch St. II. 256 ff. —
1) C. E. 582. — B. Gl. 169b: *tăvat* adv. num.: τῆμος, *mutato v in μ.* —
Corssen B. 83 f.: τ-ῆμος (*ῆμος Nbf. n. =) an dem Tage, damals. —
2) Zu *lika* = λιχο vgl. Petters KZ. XI. 160; Lottner ibd. 162; Miklosich
Lex. Palaeoslov. pg. 337 s. v: *likŭ: to-likŭ, ko-likŭ.* — 3) B. Gl. 69b.
— F. W. 76; KZ. XXI. 10. XXII. 100. — 4) B. Gl. 169b: = skr. *tăvant;
correptum e tavantu-s, adiecto u.* — 5) Curtius KZ. VI. 84. — F. W. 452. —
6) Pauli KZ. XVIII. 37. — 7) Corssen B. 1. 289. 293. N. 27: St. *ta*, davon
Acc. f. *ta-m*; m. *te-m, tu-m;* daselbst folgende Uebersicht der Formen
des Stammes *ta*: 1) a: *ta-m, ta-m-e, ta-m-en, ta-n-dem, is-ta, i-ta;*
2) o, u: *tu-m, tu-n-c, is-tu-m;* 3) e, i: *au-te-m, au-t, tu-te, is-te, i-te-m,
i-ti-dem, iden-ti-dem, u-ti.*

TA, TAN dehnen, strecken[1]) (dehnen: 1) dünn, zart;
,2) Gedehntes: Strick, Sehne; 3) Dehnung: Spannung, Ton, Geräusch). — Skr. **tan** 1) sich dehnen, sich erstrecken, 2) sich
ausbreiten, 3) sich in die Länge ziehen, 4) dehnen, strecken,
spannen, 5) in die Länge ziehen u. s. w.; **tan**: erschallen, laut
tönen, rauschen (PW. III. 214. 221).

ta. — (Zu τείνω pag. 270:) Perf. τέ-τα-κα, -μαι, Aor. ἐ-τά-ϑη-ν;
Verbaladj. τα-τό-ς[2]); τατ-ιχό-ς spannend, zur Sp. geschickt; τῆ (alter
ep. Imperat.) = strecke oder halt' her die Hand, nimm, da (mit
einem andern Imper. z. B. Κύκλωψ, τῆ, πίε οἶνον Od. 9. 347),

Plur. τῇ-τε (Sophr. fr. 100. Ahr.)³). — τᾰ-νῠ́-ω (ep. ion.) spannen, strecken, übertr. heftig bewegen, erregen; Med. sich anspannen, im gestreckten Laufe eilen (Aor. ἐ-τάνυ-σα, ep. τάνυ-σε, -σσε, Perf. τε-τᾰ́-νυ-σ-ται, Aor. ἐ-τα-νύ-σ-θη-ν, Part. τανυσθεί-ς; Präs. Med. τά-νυ-ται nur Il. 17. 393)²); τανυ-σ-τύ-ς (τύ-ος) τόξου das Auf-ziehen, die Spannung der Bogensehne (Od. 21. 112); τανύ-γλωσσο-ς zungenstreckend (Od. 5. 66), τανυ-ήκης die Spitze ausstreckend, mit ausgestreckter langer Spitze, langspitzig⁴), τανυ-πτέρυξ mit ausgebreiteten Flügeln, breitgeflügelt (Il. 12, 237. 19, 350), τανύ-φυλλος mit gestr. Blättern, langblätterig u. s. w. — (τανανͅ, τανα౯) τᾰνᾰ-ό-c gestreckt, gedehnt (αἰγανέη Il. 16. 589), lang, τανα(౯)-ήκης == τανυ-ήκης, ταναύ-πους die Füsse streckend, streckfüssig (μῆλα Od. 9. 464). — (tă-ti) τᾰ-cι-c (σε-ως) f. Dehnung, Spannung. — (tă-na) τό-νο-c m. Spannung = Strick, Seil, Tau, Faden; Dehnung, Anspannung, bes. der Stimme = Ton, tŏnu-s; übertr. Nachdruck, Kraft⁵); τον-αῖο-ς gespannt, angestrengt; τον-ιχό-ς durch Sp. bewirkt, tönend; τονό-ω (τονέω Eust.) spannen, ansp., betonen, τονω-τ-ιχό-ς zum Ansp. geh., darin geübt, τύνω-σι-ς f. das Spannen, Ansp., Betonen; τονί-ζω mit dem Tonzeichen versehen (Gramm.); τονι-αῖο-ς von der Länge eines Tons; τον-άριο-ν n. Stimmpfeife (φωναστικὸν ὄργανον, ᾧ τοὺς φθόγγους ἀναβιβάζουσιν Plut. Tib. Gracch. 2; cui [d. i. C. Gracch] contionanti consistens post cum musicus fistula, quam „tonarion“ vocant, modos, quibus deberet intendi, monstrabat Quint. 1. 10. 27); τονο-ειδής, τον-ώδης tonartig, dem T. ähnlich. — (tă-la == τη-λο ausgedehnt == weit, fern:)⁶) τη-λοῦ, τῆλε (poet., bes. ep.), τηλοῖ, τῆλυ (Apoll. Dysc.) fern, weit, fern von (Comp. τηλο-τέρω Arat. Dios. 328, Superl. τηλο-τάτω nur Od. 7. 322, Superl. τήλιστο-ς, Adv. -ιστο-ν, -ιστα Orph. Arg. 179. 1193); τηλό-θεν aus der Ferne, von fern her, τηλό-θι in der F., fern, τηλό-σε in die F., fern hin, weit weg; Τήλε-μο-ς berühmter Seher (Od. 9. 507 ff.).

tan. — ταν: (ταν-ια) ταιν-ία (τεν-ία Gramm.)⁷) f. Langgezogenes = Streif, Band, Haarband, Binde, Kopfbinde, Erdstreif, Erdzunge (taenia id.; Bandwurm taenia solium Linné, Bandfisch), Dem. ταιν-ίο-ν, ταιν-ίδ-ιο-ν n.; ταινιό-ω (ταινιά-ζω Suid.) mit einem B. binden, mit einer K. schmücken; ταινι-ώδης bandartig; (τι-ταν-jω) τι-ταίνω (Aor. ἐ-τίτην-α) nur Homer und Epiker == τείνω⁸); τέ-ταν-ο-c m. Spannen, Spannung, bes. die krankhafte mit Steifheit verbundene Verzerrung einzelner Körpertheile nach einer Seite hin (tĕtănu-s m. Halsstarre, Plin.), τεταν-ιχό-ς am τέτανος leidend; τε-τανό-ς gespannt, gestreckt, daher glatt, ohne Runzel; τετανό-ω anspannen, glätten; τετάνω-θρο-ν, -μα(τ) n. Mittel die Haut zu glätten. — τεν: (τεν-jω) τείνω dehnen, spannen, strecken; sich erstrecken, ausdehnen, hinziehen, gerichtet sein, abzielen (Fut. τενῶ, Aor. ἔ-τεινα; s. pag. 269)²); τέν-ων (οντ-ος), τέν-ος (οὖς) n. straffes

Band, Sehne, Flechse, Muskelknoten, daher besonders Nackeu-
muskel, Nacken[8]); (τεν-ες) ἀ-τεν-ής (= ἀν-τενης) tenax, intentus,
strenuus[9]), εἰλ-ι-τενής gewunden sich hinstreckend (Theokr. 13. 42).
ta-d. — ἐπι-τη-δ-ές[10]), att. ἐπί-τηδ-ες, dor. ἐπί-τᾱδες (Theokr.
7. 42) intente, sorgfältig, mit Vorbedacht, absichtlich; hinreichend,
hinlänglich (Hom. nur Il. 1. 142. Od. 15. 28); (ἐπιτήδεσ-ιο) ἐπι-
τήδε-ιο-ς 3. 2. tauglich, brauchbar, passend, dienlich, erforderlich
(τὰ ἐ. Bedürfnisse, Lebensmittel, Proviant), ἐπιτηδείό-τη-ς (τητ-ος)
f. Tauglichkeit u. s. w., Bedarf; ἐπιτηδ-εύ-ω genau oder mit Sorgfalt verrichten, absol. sich anstrengen, ἐπιτηδεύ-τη-ς der etwas übt
(Jos.), ἐπιτήδευ-σι-ς f. das Betreiben, ἐπιτήδευ-μα(τ) n. Beschäftigung, Gewerbe, Studium, Lebensweise (τὰ ἐ. Einrichtungen,
Sitten).

ta-p hinstrecken, ausbreiten[11]). — τάπ-η-ς (ητ-ος) f. (der
ausgebreitete) Teppich, Decke, Dem. ταπήτ-ιο-ν (Alciphr. fr. 18),
ταπ-ι-ς (ιδ-ος, Acc. τάπιδ-α Xen. An. 7. 3. 27), δάπ-ι-ς f. id. — (ταπ-
εσ-νο) ταπ-ει-νό-ς ausgebreitet, hingestreckt = humilis niedrig,
übertr. niedergeschlagen, unterwürfig, demüthig, kleinmüthig, feig[12]),
ταπεινό-τη-ς (τητ-ος) f. Niedrigkeit u. s. w.; ταπεινό-ω niedrig machen,
erniedrigen, ταπεινω-τ-ικό-ς erniedrigend, ταπείνω-σι-ς f. Erniedrigung, Niedergeschlagenheit u. s. w., ταπεινω-μα(τ) n. das Ernie-
drigte (astron.: niedriger Stand der Gestirne, Ggs. ὕψωμα). — (τοπ-
εϜ-ιο) τοπ-ή-ϊο-ν ion., τοπ-ε-ῖο-ν Seil, Tau (Pl. τὰ τ. gespanntes
Tauwerk).

ta. — (tă-na) *těnu-s sich erstreckend, reichend (vgl. pro-
tena-m, pro-tina-m bei älteren Dichtern: sofort, sogleich; a proti-
nus, continuitatem significans Varro l. l. 7. 6. 107); dazu Compar.
těn-us weiter reichend, dann: ausgedehnt, sich erstreckend =
bis an, bis nach, bis zu (Tauro tenus bis zum Taurus erstreckt);
übertr. nach (verbo tenus dem Namen, Worte nach); ĕā-tenus bis
dahin sich erstreckend = in so weit, in so fern; hac-tenus bis
hieher sich erstreckend; quā-tenus (-tĭnus) wohin sich erstreckend,
bis wie weit, wie weit, in wie fern, caus. indem, da, weil; prō-
tinus, -tĕnus weiter vorwärts reichend = vorwärts, fort, weiter,
in einem fort, sofort, sogleich, unmittelbar nach[13]); *-tĕnu-s bildet
ferner Adj. aus Adv. der Zeit = bis — reichend, sich erstreckend:
cras-tĭnu-s morgend, erweitert: zunächst folgend, künftig; diū-tĭnu-s
lange dauernd, lange; (prius-) pris-tĭnu-s vorig, vormalig, ehemalig;
sērō-tĭnu-s spät geschehend, eintretend, reifend. — (ta-văra = *ta-
běro Ausgespanntes, Ausdehnung, Brett)[14]) **tă-ber-na** f. Bretter-
bude, Bude, Hütte, Laden, Kramladen, Demin. tabernŭ-la f., tabern-
āriu-s zu den B. geh., Subst. Budenkrämer; tabernā-cŭlu-m n. Zelt
(Ausgespanntes; dicuntur tabernacula a similitudine tabernarum Fest.
p. 356), tabernacul-āriu-s m. Zeltmacher (Grut. inscr. p. 642. 8);
cou-tŭbern-iu-m n. das Zusammenwohnen in einer Taberne, Zelt-

genossenschaft, Zeltkameradschaft, das Zusammenleben, concret: gemeinsame Wohnung, g. Zelt, *con-tubern-āli-s* m. Zeltgenoss, Zeltkamerad, Genosse, Geführte; *tă-bŏla* (C. I. L. 196, 26. 208), tă-bŭln f. ausgespannte Platte, Brett, Tafel, Schreibtafel [15]) (*tabulae publicae* Staatsarchiv), Gesetztafel u. s. w., gemalte Tafel = Gemälde; *tabul-īnu-m* n. getäfelter Ort, Balcon, Bildergallerie, *tabul-āri-s* zu den Br., T. geh., *tabulāri-u-s* zu den schriftl. Documenten geh., Subst. m. Archivar, Rechnungsführer, n. Archiv; (*tabulā-re) *tabulā-tu-s* mit Br. versehen, getäfelt, Subst. *-tu-m* n. Getäfeltes, Tafelwerk, Stockwerk; übertr. Reihe, Schicht; *tabulā-ti-m* reihenweise (Pall. Febr. 9. 11); *tabulā-ti-ō(n)* f., *-mentu-m* n. Getäfel, Tafelwerk; Demin. *tabel-la* f. Täfelchen, Brettchen, bes. Schreibtafel, Brief, Schrift, Contract, Testament, Stimm-, Votiv-täfelchen, *tabell-āriu-s* zur *tabella* geh., Subst. Briefbote, Postbote; *tabell-i-ō(n)* m. Notarius.

tan. — *ten:* tĕn-u-i-s (*tēnvis* Lucr. 1, 874. 2, 232. 3, 233) ausgedehnt = dünn, fein, eng, schmal, schmächtig, übertr. gering, ärmlich, schwach, leicht, Demin. *tenui-cŭlu-s* sehr gering, ärmlich (*apparatus* Cic. fam. 9. 19. 1), Adv. *tenŭi-ter; tenui-tā-s* (*tātis*) f. Dünnheit, Feinheit u. s. w.; (*tenu-u-s) *tenuā-re* dünn u. s. w. machen, übertr. verringern, schwächen, vermindern, *tenuā-ti-m* dünn, verdünnt (Apic. 2. 4), *tenuā-ti-ō(n)* f. Abmagerung (Cael. Aur. tard. 2. 1); *tenue-sc-ĕre* schwach, klein werden (*luna*, Censor. fr. 3); ten-ĕr (*-ĕra*, *-ĕru-m*) dünn, fein = weich, sanft, zart, jugendlich, jung, Adv. *tenĕre, tenerī-ter;* Demin. *tenel-lu-s, tenellŭ-lu-s; teneri-tā-s* (*tāti-s*), *-tū-d-o* (*in-is*) f. Weichheit, Zartheit; *tenera-sco, tenere-sco* weich, zart werden; ten-or (*ōr-is*) m. Weitererstreckung, Fortgang, Fortdauer, Verlauf (Ton, Accent; *comparantes acuto tenore concludunt* Quint. 1. 5. 26; *tenores, quos quidem ab antiquis dictos „tonores" comperi videlicet declinato a Graecis verbo, qui τόνους dicunt* id. 1. 5. 22), Adv. *uno tenore* in Einem fort, ununterbrochen (juridisch: *tenor legis* Sinn, Inhalt); tĕn-us (*ōr-is*) n. = τέν-ος Sehne, Seil (*tenus est laqueus, dictus a tendicula* Non. p. 6. 12; *tenus est proprie extrema pars arcus* Serv. ad Verg. A. 6. 62). — ten-ēre (*tĕn-ui,* *ten-tu-m*) urspr. strecken, vgl. *per-tinere* bis hin sich erstrecken, daraus: halten, inne haben, festhalten, bewahren, behaupten; Stand halten, sich aufhalten; anhalten, dauern, währen (Perf. Conj. *tetinerim* Pacuv., *tetinerit* Acc., Inf. *tetinisse* Pacuv., Fut. ex. *tetinero* Fest. p. 252; Perf. *tenēri* Charis. p. 220); tĕn-ax (*āci-s*) haltend, festhaltend, fest, dicht, beharrlich, hartnäckig, Adv. *tenācĭ-ter; tenāc-ia* f. Beharrlichkeit, Ausdauer, Hartnäckigkeit, *tenāci-ta-s* (*tāti-s*) f. Festhalten, (des Geldes =) Sparsamkeit, Kargheit; *tenāc-ŭ-lu-m* n. Halter, Werkzeug zum Halten (Terent. Maur.); *per-tinax* festhaltend, zäh, karg, anhaltend, dauernd, beharrlich, unablässig, Adv. *pertinacī-ter,* *pertināc-ia* f. = *tenūcia; ten-tu-s* Part.; davon: **ten-tā-re**, *tem-p-tā-re* (Frequent.) eig. wiederholt dehnen, strecken bis es passt, wiederholt handhaben = betasten, befühlen, untersuchen, prüfen, versuchen; übertr. beunruhigen, reizen; *tentā-ti-ō(n)* f., *tentā-men* (*min-is*), *tentamen-tu-m* n. Angriff, Probe, Versuch, Versuchung; *tentā-tor* (*tōr-is*) m. Versucher (*notus et integrae tentator Orion Dianae* Hor. c. 3. 4. 70); *tentā-bundu-s* versuchend, probirend (Liv. 21. 36). — **ten-d**: ten-d-ĕre (*tĕ-tend-i, ten-tu-m, ten-su-m*) dehnen, spannen, strecken, wohin streben, sich richten, sich mühen; Part. *ten-su-s* (*ten-tu-s*) straff angezogen, straff; *tensi-bili-s* dehnbar (Cassiod.); *tens-iō(n), tens-ūra* f. Spannung, Ausdehnung, *tend-or* (*ōr-is*) m. Anspannung, Anstrengung; *tendi-cŭla* f. kleine Schlinge, Fallstrick; (*ten-tī-re*) *ten-tī-g-o* (*in-is*) f. Spannung, Brunst, Geilheit; **ten-tŏr-iu-m** n. Zelt, Demin. *tentoriŏ-lu-m, tentōriu-s* zum Z. dienlich; *o(b)-s-tendere, por-tendere* entgegenstrecken, vorhalten, zeigen, offenbaren; **osten-tu-m, porten-tu-m** n. Wunderzeichen, Anzeichen, Wunder (*praedictiones vero et praesensiones rerum futurarum quid aliud declarant, nisi hominibus ea ostendi, monstrari, portendi, praedici? ex quo illa ostenta, monstra, portenta, prodigia dicuntur* Cic. n. d. 2. 3. 7; dazu vgl. Döderl. Syn. 5 pg. 174: *in prodigium* das Bedeutungsvolle und Folgenreiche, *ostentum* das Wunderbare und Ausserordentliche, *portentum* das Schreckliche und Gefahrdrohende, *monstrum* das Unnatürliche und Hässliche der Erscheinung besonders hervortretend).

ton. — **tŏn-āre** (-*ui*; Präs. *ton-ĭ-mu-s* Varro ap. Non. p. 49. 20) ertönen, donnern, donnernd schallen, dröhnen, krachen [16]), Inchoat. *tone-scere* (*caelitum altum tonitribus templum tonescit* Varro ap. N. p. 180. 15); *toni-tru-s* (*trūs*) m., *toni-tru* n. (nur Charis. I. p. 38 K.), *tonitru-u-m* n. Donner [17]) (*nos „tonitrua" pluraliter dicimus, antiqui autem „tonitrum" dixerunt aut „tonum". Hoc apud Caecinnam invenio* Sen. nat. qu. 2. 56. 1); *tonitru-āli-s* zum D. geh.; *tonitr-āli-s* ertönend, donnernd (*templa cacli* Lucr. 1. 1098).

tan + tan [18]). — **tin-tĭn-u-s** (*tin-tinnu-s*) m. Klingel, Schelle, *tintinā-re* klingen, klingeln, schellen (*tintinī-re* Afran. ap. Non. p. 40. 14), *tintinā-cŭlu-s* klingend u. s. w. (Plaut. Truc. 4. 3. 8); *tintinā-bŭlu-m* n. = *tintinus*, Demin. *tintinābel-lu-m* (Not. Tir. p. 128); *li-tinn-āre, -ire* (Afran. und Nigid. ap. Non. p. 40. 13, vgl. thrak. τιτανισμός· παιανισμός); **ti**[*ti*]**nnire** = *tintinare*, übertr. schreien, singen, ertönen, zwitschern, *tinnī-tu-s* m. das Klingeln, Geklingel, *tinnī-mentu-m* id. (Plaut. Rud. 3. 5. 26); (*tinnu-s*) *tinnŭ-lu-s* = *tintināculus* (von hohlen Schönrednern: *tumidos et corruptos et tinnulos et quocunque alio cacozeliae genere peccantes* Quint. 2. 3. 9).

tan-p, tam-p; dehnen, spannen. — **temp-us** (*ŏr-is*) n. Zeit = Spanne [19]), rechte Zeit, Zeitpunkt, Gelegenheit (*tempŏr-e, tempŏr-i, tempĕr-i* Plaut., zur rechten Zeit, mit der Z., allmählich), Zeit-

umstände, Umstände (grammat. *tempus verbi;* Zeitmaass, Quantität
z. B. *longam esse duorum temporum, brevem unius, etiam pueri sciunt*
Quint. 9. 4. 47); Schläfe; *tempor-āli-s, -āriu-s* zur Z. geh., nur
eine Zeitlang dauernd, *temporāli-tā-s* f. Zeitlichkeit (Tert.); *tempor-
ān-cu-s* zur rechten Z. kommend, geschehend; (Demin. *temp-ŭ-
lu-m) ex-templŭlo, ex-templo[20]*) von dem Augenblicke an, im Augenblick, sofort, unverzüglich (= *ex tempore, e vestigio, repente, illico*),
Plautus auch: *quum extemplo* sobald (= *ubi primum, simulac*);
tempes-tā-s (*tāti-s*) f. Zeit-abschnitt, -punct, -raum; Wetter, Witterung, Sturm; übertr. Ungemach, Unglück (*libri augurum pro
tempestate tempestutem dicunt supremum augurii tempus* Varro l. l.
7. 51. M.); (*tempestat-īvu-s) tempest-īvu-s* zur rechten Zeit geschehen, zeitgemäss, angemessen, geeignet; zeitig, reif; frühzeitig,
früh; Ggs. *in-tempestivu-s; intempest-u-s* unzeitig, ungesund, stürmisch; *tempestivi-tā-s (tatis)* f. rechte Zeit, r. Beschaffenheit, Zeiti-
gung; *tempestu-ōsu-s* stürmisch (*incursus hostium* Sidon. ep. 4. 9);
tempĕr-iē-s f. rechte Beschaffenheit, Eintheilung, Mischung; (*tem-
pĕr-u-s*) **tempĕrā-re** gehörig eintheilen, geh. mischen, mässigen,
einrichten, ordnen, lenken; absol. sich mässigen, sich enthalten;
Part. *temperan-s* mässig, enthaltsam, *temperā-tu-s* gehörig eingerichtet, gemässigt, Maass haltend, *temperant-ia* f. moral. Maass-
halten, Mässigung; *temperā-ti-ō(n)* f. rechte Eintheilung, rechtes
Verhältniss, Gleichmaass, Organisation; *temperā-tor (tōr-is)* m.
Lenker, Ordner; *temperā-tūra* f. rechte Beschaffenheit, Eintheilung,
r. Maass, (*t. caeli* gemässigtes Klima); *temperā-mentu-m* n. = *tem-
peratio; temperā-culu-m* n. Bearbeitung (*ferri* App. flor. p. 342. 40).

tan-s ziehen, schütteln[21]). — **tons-a** f. (meist Pl., poet.)
Ruder (das man hin- und herzieht), Demin. *tonsi-cŭla; (*tens-era*)
tess-ĕra f. Würfel (die man schüttelt), würfelförmiges Steinchen,
Täfelchen (militär. Täfelchen, worauf etwas geschrieben ist =
Parole, Commando), *tesser-āriu-s* zum Würfel geh., Subst. m.
Würfelmacher (Gruter inscr. 624. 8); der die Parole empfängt und
vertheilt; Demin. *tesserŭ-la, tessel-la; tessell-āriu-s* der *tess.* macht;
tessellā-re würfelförmig machen, *tessellā-tu-s* aus *tess.* gemacht (*t. pavi-
menta* Mosaikboden, Suet. Caes. 46), *tessellā-ti-m* würfelförmig.

B. Gl. 162 f. — Corssen B. 88. 114. 359. — C. E. 216. 553; KZ.
VI. 91. — F. W. 76. 210. 362. 451 f.; Spr. 324. 420. — M. M. Vorl. I.
320 f. — 1) B. Gl. 426 b: *stan, tonare;* Corssen B. 372. 436: *stan sonare;* F. W. 210. 362; Spr. 420: *stan* tönen, europ. *tan;* Savelsberg
KZ. XXI. 230: *stan: ten-ere, ten-d-ēre.* — 2) C. V. I. 163. 30). 309. 14).
310. 23). II. 347. 3). 365. — 3) C. V. II. 43. — S. W. s. v.: „Andere
ziehen es zum Pronominalst. το, entsprechend unserm da, wogegen der
Plural τῆτε spricht". — Dagegen Sch. W. s. v. (der τῆ gleichfalls zum
St. το zieht): „Gar nicht entscheidend ist τῆτε, da man ebenso gut in
deutschen Dialekten von *da* einen Plural *dat* bildet". — 4) Düntzer KZ.
XII. 8. — 5) So auch: F. Spr. 155: Faden, Schnur, gedehnter Ton. —
PW. III. 294: *tana* m. (von *tan*) 1) m. Faden, Faser; (ein gedehnter,

angehaltener) musikalischer Ton. Vgl. τόνος und *ekatana*, welches urspr. wohl „einen und denselben Ton lange anhaltend" bedeutet; 2) u. Ausdehnung. — 6) F. Spr. 325; dagegen W. 364 zu *tar*. — 7) Ueber die Epenthese des *i* (ταν ταιν-*ia*) vgl. C. E. 669 f., wo besonders mit Hinweisung auf die Zendsprache erörtert wird, dass *i* oder *j* der folg. Sylbe aus dem *a* der vorhergehenden Sylbe *ai* macht; vgl. φύ-ει[τι], είνί neben ίνί, κρείσσων, κλαίσιον. — 8) Savelsberg KZ. XXI. 144: wahrscheinlich τειν-ϝών. — 9) Clemm St. VIII. 96. — 10) C. E. 217: „Sollte nicht ίπί-τηδ-ες *intente* u. s. w. ebendahin gehören? vgl. *ma:* με-δ-ι-μνο-ς *mo-d-iu-s* (pg. 65)". — Buttm. Lex. I. p. 46: *ίπί* τάδε, τάδεσο = zu diesem Zwecke, zu dem Behufe. — Goebel Phil. XIX. p. 436: *ίπί* τὸ ἦδος. — 11) Düntzer KZ. XII. 13. — Ebel KZ. I. 304: Skr. *tvak tegere* (zu welcher W. das PW. III. 464 bemerkt: wohl nur eine zur Erklärung von „*tvak* Haut" gebildete Wurzel). In Bezug darauf Curtius KZ. III. 417: „sehr ansprechend in Hinsicht auf die Bedeutung, minder in Hinsicht auf die Form, da wir für *tc*, im ion. Dialekt wenigstens, *σ* erwarten. Ueberdies steht das Wort zu vereinzelt da, um eine Gewissheit des Ursprungs zuzulassen (über das seltene Antreten einer dentalen Media an die Stelle einer Tenuis „ταπίς, δάπις" vgl. C. E. 524 f.). — 12) F. W. 77: *tap* drücken: niedergedrückt. — Sch. W. s. v.: στείβω, στέμβω stampfen; also eig. (σ)ταπ-εινό-ς niedergetreten, niedrig, *humilis* [wenn das Wort zu *stabh*, C. E. 212, gehören würde, müsste es wohl ταφεινό-ς oder ταβ-εινό-ς lauten]. — 13) Corssen II. 419; KZ. III. 267. — 14) Savelsberg KZ. XXI. 138. — 15) M. M. Vorl. II. 76: *sta; tabula* von stare ist urspr. etwas Stehendes oder etwas, worauf Dinge gestellt werden können. — 16) Vgl. Anm. 1. — 17) Windisch KB. VIII. 441: beachtenswerth die Bemerkung (A. Bucmeister's), dass irisch *taran* Donner mit -*tru* in *tonitru* zu vergleichen sei. Eine ähnl. Bildung würde τονθρύς Gemurmel sein (C. E. Nr. 317), mit intensiver Reduplication wie z. B. in Skr. *kanikrada* wiehernd? — 18) F. W. 362. — 19) F. Spr. 325. — Ascoli KZ. XVII. 335*): *tap* urspr. heisse Witterung, dann Wetterung (Temperatur) überhaupt, daraus: Zeit. — Ebenso B. Gl. 163 f. *tap: tepidus* u. s. w. — Corssen B. 441: *tank ire; k* zu *p;* die Zeit als gehende, sich bewegende. — 20) F. Spr. l. c. — So auch Klotz W. s. v.: abzuleiten von *ex* und *tempulum*, Deminutivform von *tempus*, kleiner Zeitabschnitt. — Corssen N. 44: *tam;* von dem Beobachtungsraum auf dem Erdboden aus = von der Stelle aus, auf der Stelle. — 21) F. W. 77. — PW. III. 191: *tans* schütteln, hin- und herbewegen; ausschütteln; caus. schütteln; hin- und herziehen.

---

1) TAK hauen, zurechtmachen; wirken, hinwirken, zielen; machen, zeugen; **tak, tag** fügen, ordnen. — Erweitert **tak-s** hauen, behauen, machen, wirken[1]). — Skr. **taksh** 1) behauen, schnitzen, bearbeiten, 2) verfertigen, ausarbeiten; machen, schaffen, 3) zurechtmachen, zubereiten, hinwirken auf; **tvaksh** schaffen, wirken (PW. III. 192. 462).

tak. — τεκ: τίκ-τ-ω (st. τεκ-τω) schaffen, zeugen (bes. von der Fortpflanzung des Geschlechtes), gebären, hervorbringen (τίττεν dor., τίτθειν· τίκτειν Hes.; Fut. τέξ-ο-μαι, doch -ω Od. 11. 249, Aesch. Eur., Aor. ἔ-τεκ-ο-ν, ep. τέκ-ο-ν, ἐ-τέχ-θη-ν[2])). — τέκ-νο-ν, poet. τέκ-ος (ους) n. das Erzeugte, Geborene = Kind, Sohn, Tochter, das Junge, Demin. τεκν-ίο-ν (Anth.), τεκν-ίδ-ιο-ν n. (Ar. Lys. 889); τεκνό-ω mit K. versehen, K. zeugen, gebären, an Kindesstatt annehmen, τέκνω-σι-ς f. das mit K. Versehen u. s. w., τέκνω-μα-(τ) n. das Erzeugte, Kind (Aesch. fr. 301). — τέκ-μαρ, ep. τέκ-μωρ (nur Nom. Acc.) n. Ziel, Gränze, Ende, das durch Festsetzung gegebene Zeichen, Wahrzeichen, Kennzeichen, Merkmal, Beweis, (τεκμαρ-jo-μαι) τεκμαίρ-ο-μαι als Ziel, Gränze setzen, festsetzen, anordnen, (aus Wahrzeichen) erkennen, vermuthen, schliessen, folgern, τεκμαρ-τό-ς woraus man Zeichen entnehmen u. s. w. vermag; τέκμαρ-σι-ς f. Schlussfolgerung (Thuk. 2. 87. 1); τεκ-μήρ-ιο-ν n. = τέκμαρ, τεκμηριό-ω beweisen, Med. aus Zeichen abnehmen, schliessen, τεκμη-ρίω-σι-ς Beweis (Arr. An. 4. 7. 8). — τέχ-νη f. (Il. nur 3. 61) Kunst, Kunstfertigkeit, Kunstgriff, List, Arglist; allg.: Art und Weise (πάσῃ τέχνῃ u. s. w.), Demin. τεχν-ίο-ν, -ύδριο-ν n. (Plat. Rep. 5. 475. c); τεχν-ικό-ς künstlich, zur K. geh., wissenschaftlich; τεχνά-ω künstlich bearbeiten, ersinnen, Kunst oder List brauchen, τεχνη-τό-ς künstlich oder listig gemacht, τεχνητ-ικό-ς künstelnd; τέχνη-μα(τ) n. Kunstwerk, künstlich gesponnene List, Ränke, künstl. Erfindung; τεχνά-ζω == τεχνάω, τεχνα-σ-τό-ς durch K. oder List gemacht, τεχνα-σ-μό-ς m. künstl. Einrichtung, τέχνα-σ-μα(τ) n. = τέχνημα; τεχνό-ω in der K. unterrichten (Galen.); τεχνί-τη-ς (später τεχνή-τη-ς) m., τεχνί-τι-ς (τιδ-ος) f. Künstler, -in; τεχνιτ-εύ-ω künstlich, listig machen oder handeln, τεχνίτευ-μα(τ) n. Kunstwerk, τεχνιτε-ία f. Künstelei; τεχνή-ει-ς, τεχνή-μων künstlich gearbeitet, kunstvoll, Adv. τεχνηέν-τως kunstverständig (Od. 5. 270); τεχνο-ειδής kunstartig (D. L. 6. 156). — ΤΟΚ: Perf. τέ-τοκ-α (zu τίκτω); ΤΟΚ-ο-ς m. das Gebären, das Geborene, Junge, Nachkommenschaft, Ertrag, Gewinn, Zins (Batr. 186), Wucher, Demin. τοκ-άριο-ν, τοκαρ-ίδιο-ν n. kleiner Zins, Wucher; τοκ-ε-τό-ς m. Geburt, Geborenes; τοκά-ω gebären wollen, parturire; τοκ-ά-ς (άδ-ος) (σῦς Mutterschwein, Od. 14. 16; τοκήεσσα Hippocr.) f. die Gebärende, Adj. fruchtbar; τοκ-εύ-ς m. Erzeuger, Vater (Hom. stets Pl. τοκῆ-ες die Eltern; meist nur poetisch); τοκί-ζω auf Zinsen leihen, wuchern, τοκι-σ-τή-ς m. Wucherer, τοκι-σ-μό-ς m. das W.; δυς-αριστο-τόκεια (Il. 18. 54) Unglücksmutter des besten Sohnes (die den trefflichsten Sohn zu dessen eigenem Verderben geboren hat; ἐπὶ κακῷ τὸν ἄριστον τετοκυῖα, τεκοῦσα, ἐπὶ δυστυχίᾳ εὔτεκνος Schol.)[3]).

ΤΑΚ, ΤΑΓ fügen, ordnen. — (ταχ-jω) nachhomerisch: τάσσω, neuatt. τάττω (ταξιό-ω Pind. Ol. 9. 84) ordnen, stellen, in Ordnung stellen; verordnen, verfügen, befehlen (Fut. τάξω, Perf. τέ-ταχ-α, τέ-ταγ-μαι, Aor. ἐ-τάχ-θη-ν, selten und später: ἐ-τάγ-η-ν)[4]); ταχ-τό-ς geordnet, angeordnet, bestimmt, befehligt, ταχτ-ικό-ς zum Ordnen u. s. w. gehörig, geschickt (ἡ ταχτική erg. τέχνη die Kunst, ein Heer in Schlachtordnung zu stellen, Taktik; auch τὰ ταχτικά). — τάγ-ό-ς m. Anordner, Anführer, Befehlshaber[5]), τᾱγέ-ω A., B. sein;

τᾱγ-ή f. das A., B., Oberbefehl (τᾰγή Schlachtordnung, siehe Anm. 5); ταγ-εύ-ω beherrschen, anführen, Med. zum Führer einsetzen, ταγε-ία f. Amt, Würde des ταγός. — (ταγ-τι-) τάξι-ς (ε-ως) f. das Ordnen: Ordnung, Anordnung, Einrichtung, Stellung; Bestimmung, Festsetzung; das Geordnete: Reih und Glied, Schlachtordnung, Abtheilung, Schaar; der in der· Schlachtordnung angewiesene Platz, Platz, Stellung, Rang; Demin. ταξείδιο-ν Suid.; ταξε-ώτη-ς m. (spät) Diener der Obrigkeit, Scherge, ταξεωτ-ικό-ς zum Diener u. s. w. geh. — (ταγ-ματ) τάγ-μα(τ) n. das Geordnete: Anordnung, Verordnung; geordnete Menge, Legion, Heerschaar, ταγματ·ικό-ς zur H. geh.

tak, tvak = τυκ, τυχ. — τύκ-ο-ς, τύχ-ο-ς m. Werkzeug zum Behauen: Meissel, Schlägel, Hammer (ἡ δὲ σφῦρα τῶν λατόμων καλεῖται τύκος Poll. 7. 118), Axt (mit einfachem Blatte und 2 bis 2½′ langem Stiele, erscheint auf den Denkmälern sowohl als Waffe wie als Werkzeug der Zimmerleute, um Bäume zu fällen, Thore zu erbrechen u. dgl.; Heinr. Stein zu Her. 7. 89. 15); τυκί-ζω Steine behauen, bearbeiten (σιδήρια λιθουργικὰ τύκοι, ἀφ' ὧν καὶ τὸ τυκίζειν Poll. 7. 125), τύκι-σ-μα(τ) n. das Behauen, das aus beh. Steinen Erbaute. — τεύχ-ω bereiten, rüsten, fertigen, veranlassen, verursachen, Pass. bereitet werden, werden, entstehen, zu Theil werden, Med. sich bereiten lassen (Fut. τεύξ-ω, -ομαι, Aor. ἔ-τευξα, τεῦξα, ἐ-τευξά-μην, Perf. τέ-τευχ-α, hom. nur τε-τευχ-ώς, Perf. Pass. τέ-τυγ-μαι, ep. ion. 3. Pl. τε-τεύχ-α-ται, Inf. τε-τύχ-θαι, Plusqu. ἐ-τε-τύγ-μην, τε-τύγ-μην, ep. ion. 3. Pl. ἐ-τε-τεύχ-α-το, τε-τεύχ-α-το, Aor. Pass. ἐ-τύχ-θη-ν, spät ἐ-τεύχ-θη-ν, Fut. 3. τε-τεύξ-ο-μαι; ep. ion. Aor. τε-τυκ-εῖν, τε-τύκ-ο-ντο, τε-τυκ-έ-σθαι; St. τευχ-ε nur: τε-τευχῆ-σθαι Od. 22. 104 bewaffnet, gerüstet sein)[6]; τυκ-τό-ς bereitet, gemacht, oft = εὔτυκτος (vgl. ποιητός, τετυγμένος) gut, wohl, künstlich gearbeitet. — τυ-γ-χ-άν-ω treffen (mit Gen.), antreffen, erreichen, finden, erlangen, den Zweck erreichen, glücklich sein; intr. zufällig da sein, zufallen, zu Theil werden (Fut. τεύξομαι, Aor. ἔ-τυχ-ο-ν, τύχ-ο-ν; Part. τυχ-όν als Adv. von Ungefähr, aufs Gerathewohl; dazu ep. Aor. vom St. τυχε: ἐ-τύχη-σα, τύχη-σα, Perf. τε-τύχη-κα, Part. intr. τε-τυχη-κ-ώς, Demosth. τέ-τευχ-α, Herod. Plusqu. ἐ-τε-τεύχ-εα). — τι-τύ[χ]-σκ-ο-μαι (nur Präsensst.) zurecht machen, bereiten, zielen, hinzielen, bezwecken, im Sinne haben; Formen bei Hesychius: τύσσει (wohl = τυχ-jει)· ἱκετεύει. τε-τύ-σκ-ων· ἐμφανίζων. τε-τύ-σκ-ε-το· κατεσκευάζετο. (mit Umspringen des vor σκ geschwundenen Hauches auf den Anlaut) ἀπο-θύ-σκ-ειν· ἀποτυγχάνειν. ἐν-θύ-σκ-ει· ἐγτυγχάνει[7]). — τύχ-η f. das den Menschen Treffende = Schicksal, Fügung, Glück, Unglück (ἀγαθῇ τύχῃ = quod felix faustumque sit; ἀπὸ τύχης von Ungefähr, durch Zufall); Τύχη Tochter des Okeanos (hymn. Cer. 420); τυχ-ικό-ς, τυχη-ρό-ς vom Glück, Zufall herrührend; εὐ-τυχ-ία f. glückliches Treffen, Glück,

εὐ-τυχέ-ω gut treffen, Glück haben, glücklich sein, εὐ-τύχη-μα(τ) n.
glückliches Gelingen, Glücksfall; εὐ-τυχ-ής der gut getroffen hat,
glücklich; Ggs. ἀ-, δυς-τυχ-ία, ἀ-, δυς-τυχέ-ω, ἀ-, δυς-τύχη-μα(τ) n.,
ἀ-, δυς-τυχ-ής; Τυχ-ίο-ς (= Verfertiger) Künstler aus Hylä in
Böotien, fertigte dem Aiax seinen Schild aus sieben Ochsenhäuten
(Il. 7. 220). — Τεῦκ-ρο-ς a) Sohn des Skamandros, der älteste König von Troia (nach Apollod. 3. 12. 1); b) Sohn des Telamon und
der Hesione, der beste Bogenschütze im griech. Heere, gründete
nach dem troian. Kriege die Stadt Salamis auf Kypros (Pind. N.
4. 46)").

tak-s hauen, behauen u. s. w. — τόξ-ο-ν n. Bogen (zum
Schiessen), poet. oft im Pl. (weil er aus mehreren Theilen bestand); Pl. poet. das Bogenschiessen, das Schiessgeräthe; Geschoss,
Pfeile; Demin. τοξ-άριο-ν n.; τοξ-ικό-ς zum Bogen u. s. w. geh. (τὸ
τ. φάρμακον das Gift, womit man die Pfeile bestrich); τοξό-τη ς
m. Bogenschütze (Hom. nur Voc. τοξότα Il. 11. 385), das Sternbild des Schützen[9]); fem. τοξό-τι-ς B.-in, Bein. der Artemis; Schiess-
scharte; τοξο-σύνη f. die Kunst des Bogenschiessens (Il. 13. 314);
τοξ-εύ-ω (poet. τοξάζομαι) mit dem Bogen schiessen, abschiessen;
übertr. zielen, bezwecken, τοξευ-τό-ς geschossen, erschossen, τοξευτ-
ικό-ς zum B. geh., geschickt, τοξε(ϝ)-ία f. das Bogenschiessen; die
Kunst zu sch., τοξευ-τή-ς, -τήρ (τῆρ-ος) m. (-τειρα f. Opp. Cyn. 3.
22) = τοξότης, τόξευ-σι-ς f. das Bogensch., τόξευ-μα(τ) n. das Geschoss, der abgesch. Pfeil, Schussweite; ἀργυρό-τοξο-ς mit silbernem
Bogen, Bein. des Apollo, κλυτό-τοξο-ς mit dem berühmten oder
herrlichen Bogen; γλωττο-τοξόται Zungenschützen (die Jambographen
bei Tzetz. II. p. 1250 M.), ἱππο-τοξότης Bogenschütze zu Pferde,
σκυθο-τοξότης skythischer Bogenschütze, ψυλλο-τοξότης Bogensch.
auf Flöhen reitend, Flohschütze (Luc. v. h. 1. 13); (*τόσσω:)
τόσσας Part. Aor., τύσσαις dor. treffend (Pind. P. 3, 27. 5, 48);
ἐπι-τόσσαις (ibd. 10. 33); ἐπ-έ-τοσσε (ibd. 4. 25). — τεκ-τ (durch
Assim. aus tak-s): τέκ-τ-ων (-ον-ος) m. Zimmermann, Baumeister,
Arbeiter; poet. Erzeuger; Τεκτον-ίδη-ς Sohn des Tekton (Od. 8.
114); τεκτον-ικό-ς zum Z. u. s. w. geh. (ἡ τ. erg. τέχνη Baukunst),
τεκτο[ν]-σύνη f. Kunst des Z. (Plur. Od. 5. 250), Baukunst, Bau;
τεκτον-εύ-ω Z. sein, τεκτον-ε(ϝ)-ία f. Zimmermannsarbeit, τεκτον-
ε(ϝ)-ίο-ν n. Werkstätte eines τέκτων; (τεκτ-ᾱν) τέκταινα f. zu τέκτων
(Gramm.), τεκταίν-ο-μαι (Hom. nur Aor. τεκτήν-ατο) als Z. arbeiten,
meist trans. zimmern, bauen, verfertigen (νῆας Il. 5. 62), übertr.
schmieden (μῆτιν Il. 10. 19), listige Anschläge machen.

tak. — **tig-nu-m** (statt tec-, tic-) n. Bauholz, Balken, Dem.
(*tig-u-m, *tigŭ-lu-m) tigil-lu-m n. (lignŭ-lu-m Boëth.), tign-āriu-s
zum B., zu den B. geh. (t. faber der Zimmermann), con-tignā-re
aus B. zusammenfügen, mit B. versehen; Tigil-lu-s Bein. des Jupiter, weil er die Welt wie einen Balken zusammenhält (August.

c. d. 7. 11), *Tigell-iu-s* Name zweier Musiker (*Tig. Sardeas* und
M. Hermogenes Tig.); (*tcc-mōn*) **tĕ-mo** (*mōn-is*) m. Deichsel, Stange;
übertr. Wagen, Sternbild des W., das Siebengestirn. — *tak* treffen:
(*tcc-lu-m*) **tĕ-lu-m** n. Waffe zum Treffen d. i. Werfen, Stechen,
Hauen = Wurfspiess, Degen, Schwert, Dolch [10]).

tak, tag fügen, ordnen; übertr. denken, wissen, kennen
(vgl. goth. *thagk-jan* denken; osk. *tangino* = *jussus, decretum*):
long-ēre (*Aelius Stilo ait noscere esse, quod Praenestini longitio-
nem dicant pro notionem. Significat et latius dominari. Ennius
„Alii rhetorica longent". Et vincere etiam quandoque videtur significare.* Fest. p. 356. M. [11]).

tak-s hauen, behauen u. s. w. — **tax:** *tax tax tergo meo
erit* Plaut. Pers. 2. 3. 12 (Naturbezeichnung der Schläge; klatsch
klatsch); **tax-u-s** f. (urspr. das Material für den Künstler in Holz)
Taxus, Eibe (besonders zu Bogen verwandte es die Urzeit, die
Schönheit des Holzes machte es den Drechslern und Schnitzlern
werth) [12]), *tax-eu-s, -icu-s* von T., E.; (*tax-lu-s, *tas-lu-s*) **tā-lu-s**
m. Knöchel (als zusammengefügtes Glied oder Gelenk, als Gefüge
von Knochen), länglicher Würfel (aus den Fussknöcheln der Thiere
gemacht) [13]), *tāl-āri-s* zum Kn. geh., bis über die Kn. gehend (*tunica*), Subst. *-āri-a* n. Pl. Knöcheltheile, Gelenk, Knöchelschuhe,
Flügelschuhe (z. B. des Mercur); *tāl-āri-s, -āriu-s* zu den Würfeln
geh.; *sub-tel* n. Fusshöhle (= τὸ κοῖλον τοῦ ποδός Prisc. 5.
p. 644) [14]); Demin. (*taxŭ-lu-s, *taxĭ-lu-s, *taxi-lŭ-lu-s*) *taxillu-s*
m. kleiner Würfel [15]). — **tex:** **tex-ēre** (-*ui*, -*tu-s*) zusammen-fügen,
-setzen, fertigen, bilden, flechten, weben, Part. *tex-tu-m* als Subst.
n. Zusammenfügung u. s. w.; *tex-tu-s* (*tūs*) m. = *textu-m;* übertr.
von der Rede: Verbindung, Zusammenhang, Inhalt (*verba vel in
textu iunguntur vel in fine claudantur* Quint. 9. 4. 13); *tex-tor*
(tōr-is) m., *-trix* (*trīc-is*) f. (Demin. *textrīc-ŭla*) Weber, -in, *textōr-
iu-s* zum Flechten, Weben geh.; *tex-tr-īnu-s* = *textorius (t. ars
Weberkunst, Subst. -*īnu-m* n. Weberei, -*īna* f. Weberwerkstatt);
tex-tūra f. Gewebe, Verbindung, Zusammenfügung; *textĭ-li-s* geflochten; gewebt, gewirkt; Subst. *-tile* n. Zeug, Gewebe, Tuch,
Leinwand; (*tex-la, *tes-la*) **tē-la** f. Gewebe, Aufzug des Gewebes,
Webe-baum, -stuhl; übertr. das Gewebe = Ersonnene [16]); *man-tēlc,
man-tīlc* (vgl. *barba, im-berbe;* Nbf. *mantēl-, mantīl-iu-m*) n. Hand-
gewebe, Hand-tuch d. h. zum Abwischen der Hände (*mantelium,
ubi manus terguntur* Varro l. l. 6. 85), Serviette, wohl auch Tisch-
tuch; (*sub-tē-li-s* st. *sub-tē-lu-s*, vgl. *barba, im-berbi-s*) **sub-tī-li-s**
untergewebt, feingewebt = fein, dünn, zart, scharf, genau, gründlich, sorgfältig; bes. vom Ausdruck: ansprechend, schlicht, einfach [16]), Adv. *subtīli-ter; subtīli-ta-s* (*tāti-s*) f. Einfachheit u. s. w.;
(*sub-tex-men*) **sub-tĕ-men** (*min-is*) n. Einschlag des Gewebes als

untergewebtes Ding (*quod subit stamini* Varro 1. 1. 5. 23. 33); Ge-
wobenes, Gesponnenes, Garn, Faden [16]).

B. Gl. 160 a. — Corssen I. 638. — C. E. 219. 497. — F. W. 74 f.
362. 451; Spr. 95 f. 324. — Roscher St. I b. 106. — 1) Jurmann KZ.
XI. 388: behauen, zimmern; zimmernd, behauend etwas zu Stande
bringen; anfertigen. — 2) C. V. I. 239. 2). — 3) Schaper KZ. XXII. 508.
— 4) C. V. I. 313. 26). — 5) Hom. nur Il. 23. 160 nach Aristarchs Leseart; seit Rothe und Spitzner wieder die Vulg. τ' ἀγοί, da das Metrum
eine kurze Silbe fordert. S. W. s. v. (Eine analoge Kürze haben wir
Arist. Lys. 105: ὁ δ' ἐμός γα, κᾶν ἐκ τὰς „τᾶγὰς" ἕλσῃ πόκα.) — 6) C. V.
I. 223. 17). 257. 15). 384. 30). II. 289. — 7) C. V. I. 281. 7). 313. 27).
— 8) Hohn p. 459: der zwar kein Werkmeister, aber, wie auch der
Künstler muss, immer das Richtige traf. — 9) Skr. *taukshiku* (aus dem
gr. τοξότης) m. der Schütze im Thierkreise, PW. III. 405. — 10) B. Gl.
165 b: *tar transgredi, traiicere, telum a penetrando dictum*. — 11) Aufrecht KZ. I. 353. — Corssen I. 478. — 12) Hehn p. 459. — 13) Goetze
St. I b. 170. — 14) F. Spr. 238. — 15) Corssen I. 642. — 16) Corssen I.
510. 642 f. — Goetze St. I b. 170. — M. M. Vorl. II. 307 (*tēla* = *texela*).

·2) **TAK** laufen, fliessen; zerfliessen, schmelzen (urspr.
wohl *ta* + *k*). — Skr. **tak** schiessen, stürzen (bes. vom Flug des
Vogels) (PW. III. 191).

ταχ. — τᾰχ-ύ-ς (-εῖα, -ύ), poet. ταχ-ινό-ς schnell, rasch, eilig
(vgl. Skr. *taku-s* eilend); Comp. ταχ-ίων, bei Späteren häufig, ganz
selten att.; durch Versetzung der Aspir. in den Anlaut θάσσων,
θᾶσσον, att. ττ; Sup. τάχ-ιστο-ς), Adv. ταχέ-ως; τάχα = ταχέως
(Hom. nur zeitl.: bald, alsbald, sogleich; nachhom. auch: leicht-
lich, vielleicht, wohl)[1]); ταχυ-τή-ς (τῆτ-ος) f. Schnelligkeit, bes.
Schnellfüssigkeit; τάχ-ος (ε-ος) n. Schnelligkeit; ταχ-ύν-ω schnell
machen, beschleunigen; intr. sich beeilen, eilen. — ταχ-ίνα-ς m.
(laked.) Hase (wegen seiner Leichtfüssigkeit, Ael. h. a. 7. 47).

τακ, ταγ. — τᾰκ-ερό-ς geschmolzen, weich, übertr. schmelzend,
schmachtend, τακερό-ω flüssig machen, schmelzen. — τήκ-ω (dor.
τάκω Pind. fr. 88. Theokr. 2. 28) = τακερόω (Fut. τήξω, Perf. τέ-
τηκ-α, Aor. ἐ-τάκ-η-ν, Plat. Tim. 61 b ἐ-τήχ-θη-ν; St. τακε: Fut. τακή-
σομαι; Pass. [wozu τέτηκα] geschmolzen sein = erweicht werden,
schmelzen, zerfliessen, sich auflösen, verwesen; übertr. abzehren,
sich abhärmen (τέτηκα κλαίουσα Il. 3. 176)[2]); τηκ-τό-ς geschmolzen,
schmelzbar (σώματα τηκτὰ καὶ ἄτηκτα Plat. Soph. 265. c), τηκτ-ικό-ς
schmelzend; τηκε-δών (δόν-ος) f. das Schmelzen (des Schnees), Ab-
zehrung, Schwindsucht, τηκεδ-ανό-ς = τηκτός, τηκτικός (Greg. Naz.).
— τάγ-ηνο-ν, τήγ-ανο-ν n. Tiegel, Bratpfanne, ταγην-, τηγαν-
ί-τη-ς m. geröstetes Brot (ἄρτος ἐπὶ τηγάνου γεγονὼς καὶ μετὰ τυ-
ροῦ ὀπτώμενος Hes.; πλακοῦς ἐν ἐλαίῳ τετηγανισμένος Ath. XIV.
646. d), ταγην-, τηγαν-ίζω braten, rösten, Verbaladj. ταγην-, τηγαν-
ι-σ-τό-ς; τηγανι-σ-μό-ς m. das Braten, Rösten.

Tīc-inu-s m. (jetzt *Tessino*) = Fluss (Nebenfluss des Po im cisalp. Gallien)³).

tā-be-s (-*bi-s;* vgl. 3) *par,* Anm. 34) f. Flüssigkeit, Hinschwinden, Schwindsucht, Verwesung; *tābĭ-du-s* schmelzend, zergehend, schwindend. Dem. *tabidŭ-lu-s* etwas schm. u. s. w.; *tabē-re* schmelzen, zergehen, schwinden; Inch. *tabe-sc-ĕre;* **tā-bu-m** (vgl. 3) *par,* Anm. 34) n. verwesende Flüssigkeit, geronnenes Blut, Eiter; übertr. zehrende Krankheit, Pest (*tabum fluentem* m. Sen. Herc. Oet. 510)⁴).

C. E. 218. 498. — F. W. 73 f.; Spr. 95. — 1) Vgl. Lehrs Arist. 2. Aufl. p. 92. — 2) C. V. I. 224. 10). II. 327. 338. — 3) Froehle KZ. XXII. 256. 1). — 4) B. Gl. 164 b: *tam tabescere, confici: fortasse „tabes" huc pertinet, mutata nasali in mediam eiusdem organi.* — F. W. 76: *tan* sich ausdehnen = flüssig werden, aufthauen.

3) TAK (europäisch) schweigen.

tăc-ēre (*ui*) schweigen, still sein, von Sachen: ruhen, trans. verschweigen; *tacĭ-tu-s* verschwiegen, schweigsam, still, Demin. *tacitŭ-lu-s; C. Corn. Tacitus* der grosse Historiker, *M. Claud. Tac.* ein späterer Kaiser; *Tacita* (sonst *Muta*) die Göttin des Stillschweigens (*ecce anus in mediis residens annosa puellis sacra facit Tacitae, vix tamen ipsa tacet* Ov. fast. 2. 571); *tacitur-ire* schweigen wollen; *taci-tur-nu-s* (von *taci-tor* Schweiger)¹) = *tacitus, taciturni-tā-s* (*tati-s*) f. Verschwiegenheit, Schweigsamkeit, Stillesein; *re-ticēre* stillschweigen (d. i. nicht antworten), verschweigen, *reticent-ia* f. das Verschw. (rhetor. Figur; ἀποσιώπησις, *quam idem Cicero reticentiam, Celsus obticentiam, nonnulli interruptionem appellant* Quint. 9. 2. 54); *con-ticc-sc-ere* verstummen, still werden, nachlassen, aufhören.

F. W. 73. 362 (*tak, tvak* ruhig, froh, zufrieden sein, machen); Spr. 97. 324; KZ. XXI. 6.— Lottner KZ. VII. 189. — 1) Corssen I. 418.

ta-ta Väterchen (Lallwort). — Skr. *tatá* Vater (vertrauliche Benennung), *tátá* freundliche Anrede der Kinder an den Vater u. s. w. (PW. III. 200. 292).

τά-τα (Myrin 4. Anth. XI. 67), τέ-ττα Väterchen, Alter (Il. 4. 412).

tă-ta, Demin. *tatŭ-la* (vgl. *mammas atque tatas habet Afra, sed ipsa tatarum dici et mammarum maxima mamma potest* Mart. I. 100); *Titus Tāt-iu-s* der väterliche *Titus* d. i. *Titus,* der Vater, Ahn der *Tities; gens Tettia.*

B. Gl. 168 b. — C. E. 224. — F. W. 57 f. 81. 450. — Fritzsche St. VI. 286.

TAP warm sein, glühen; erwärmen. — Skr. **tap** 1) warm
sein, 2) erwärmen, 3) intrans. durch Gluth verzehren, verbrennen,
4) trans. idem, 5) Schmerz empfinden, 6) Schmerz verursachen,
quälen, peinigen u. s. w. (PW. III. 236).

τέφ-ρα, ep. ion. τέφ-ρη (π zu φ vor ρ) f. Asche (eig. die
warme, heisse Asche), τεφρ-ό-ς, τεφρα-ῖο-ς, τέφρ-ινο-ς, poet. τεφρή-
ει-ς (Nonn. D. 6. 228) aschfarbig, aschgrau; τεφρ-ά-ς (άδ-ος) id.
Beiwort der τέττιξ (Ael. h. a. 10. 44); τεφρό-ω aschgrau machen, zu
Asche machen, einäschern; τεφρί-ζω aschfarbig aussehen (= τεφρόω
Hes.); τεφρο-ειδής, τεφρ-ώδης wie A., aschgrau.

tĕp-ĕre lau sein, warm sein; übertr. liebeswarm sein; lau
sein = erkaltet sein; Inchoat. *tepe-sc-ĕre* (*tep-ui*); *tepĭ-du-s* lau,
lauwarm, mässig warm; übertr. laulich, matt, erkaltet, *tepidā-re*
lau oder warm machen, *tepid-āriu-s* zum 1. Wasser geh., Subst. n.
Laubad; *tep-or* (*ōr-is*) m. milde Wärme, Lauheit, Süden; Ggs. von
Wärme: Lauheit, Mattheit (Tac. h. 3. 22. or. 22), *tepŏr-u-s* lau,
mild, *teporā-re* lau machen, erwärmen; *tep-ŭla aqua* aufs Capitol
gebrachtes lauwarmes Wasser (Front. aqu. 8). — **tăb-ānu-s** m.
Bremse, Stechfliege (die brennende, quälende)[1], sonst *asilus*.

B. Gl. 163. — C. E. 492. — F. W. 77. 363. 452; Spr. 187. 325. —
Grassmann KZ. XII. 103. — 1) Ascoli KZ. XII. 437.

---

1)**TAM, TAN** schneiden (*tin-a scindo* Mikl. Lex. 1027).
ταμ. — τάμ-ν-ω ion. dor. = τέμ-νω (s. unten), Aor. ἔ-τάμ-ο-ν,
Fut. ταμῶ[1]). — ταμ-ία-ς, ep. ion. ταμ-ίη-ς, m. eig. Zerschneider,
der Jedem sein Theil zuschneidet oder zumisst (Vorschneider,
Döderl. n. 2179), Wirthschafter, Schaffner, Verwalter; Obwalter,
Herr (πολέμοιο von Zeus, ἀνέμοιο von Aiolos); Schatzmeister, in
Rom der Quästor; fem. ταμ-ία, -ίη; ταμι-εύ-ω ein ταμίας, eine
ταμία sein; daher: verwahren, haushälterisch sein; übertr. mässig
behandeln (Quästor sein, Plut. Num. 9); ταμιευ-τ-ικό-ς zum Haus-
halten geschickt, haushälterisch (*quaestorius* Plut. Cat. min. 16),
ταμιέυ-σι-ς f. Haushaltung, Verwaltung, ταμιευ-μα(τ) n. Vorrath;
ταμιε(ϝ)-ία f. Amt des τ. = ταμίευσις (*quaestura* Plut. Cat. min.
17), ταμιε(ϝ)-ῖο-ν (ταμεῖο-ν Strabo 6. 2. 7) n. Vorraths-, Schatzkammer, Magazin, ταμιεύ-τωρ (τορ-ος) m. = ταμίας (Maneth. 4.
805), ταμιευ-τήρ-ιο-ν n. = ταμιεῖον (Schol. Ar. Thesm. 426). — ταμ-
εσί-χρως (χροος) m. f. die Haut ritzend = den Leib zerschneidend,
verwundend (χαλκός, ἐγχείη). — (St. ἀ-ταμ-εν, ἀ proth.) ἀ-τμ-ήν
(έν-ος) m. Knecht, Diener (ὁ δοῦλος ... οἷον ὁ ἄτιμος· ἢ πολύτμητός
τις ὢν ὑπὸ τῶν μαστίγων τοῦ α ἐπιτατικοῦ Et. M. 164. 34).

'τεμ. — τέμ-ν-ω (Nbf. τέμει Il. 13. 707) schneiden, hauen,
spalten, zerschneiden u. s. w.; (gleichsam aus etwas Grösserem

herausschneiden) absondern, abgränzen; (von der Bewegung durch einen Raum hin) durchschneiden, bes. vom Schiffe (τέμνειν πέλαγος, κύματα u. s. w.), einen Weg einschlagen (Aor. ἔ-τεμ-ο-ν, Fut. τεμῶ; s. ταμ; in der Bedtg.: berühren, erreichen, antreffen: ep. ἐ-τέτμ-ο-ν, τέ-τμ-ο-ν, Conj. τέτμῃς)[1]). — τέμ-εν-ος (ους) n. das der Gottheit oder den Häuptern der Gemeinde abgegränzte Grundstück[3]), gewöhnl. ein heil. Hain mit einem Tempel oder Altar; überhaupt: heil. Raum, Hain (später auch Lusthain), τεμέν-ιο-ς (ιχό-ς, ί-τη-ς) vom Hain oder Tempel, dazu geh.; τεμενί-ζω einen heil. Hain oder Tempel weihen, τεμένι-σ-μα(τ) n. das Geweihte, bes. Hain oder Tempel (D. Cass. 57. 9). — τημ (wahren, pflegen): τημ-έλη Sorge, Wartung, Pflege (Phryn. B. A. 66), τημελέ-ω sorgen, warten, pflegen; τημελ-ής (ές) sorgsam, wartend, pflegend, τημελέ(σ)-ια f. = τημέλη; Gegensatz: ἀ-τημελέω sorglos sein, vernachlüssigen, ἀτημέλη-το-ς vernachlässigt, ἀ-τημελής, ἀ-τημέλεια[4]).

τομ. — τόμ-ο-ς m. Schnitt, Abschnitt, Theil eines Buches (Demin. τομ-άριο-ν E. M.); τομ-ό-ς (Adj. verb.) schneidend, theilend, scharf; τομ-ή f. Abgeschnittenes, Stumpf (Il. 1. 235); Schnitt, Hieb, Wunde, Schneiden; Absonderung; τομα-ίο-ς schneidend, geschnitten; τομά-ω des Schnittes bedürfen (οὐ πρὸς ἰατροῦ σοφοῦ θρηνεῖν ἐπωδὰς πρὸς τομῶντι πήματι Soph. Ai. 582); τόμ-ιο-ς geschnitten (τὰ τόμια erg. ἱερά = ἔντομα ein bei feierl. Schwüren gebräuchliches Opfer); τομ-ία-ς m. der Geschnittene, Verschnittene; τομ-ιχό-ς zum Schn. geh., geschickt; τομ-εύ-ς m. der Schneidende; Schneidewerkzeug, Kneif; Pl. Schneidezähne; (math.) Schnitt, Kegel-, Kugel-schnitt.

τμα, τμη. — (Zu τέμνω): Perf. τέ-τμη-κα (τετμη-ώς mit pass. Bedeutung Ap. Rh. 4. 156), τέ-τμη-μαι, Aor. ἐ-τμή-θη-ν, Fut. τε-τμή-σ-ομαι[1]); Verbaladj. τμη-τό-ς geschnitten, getheilt, τμη-τέο-ς zu schneiden, zu theilen, τμη-τ-ιχό-ς schneidend, durchdringend; τμη-τή-ς (τοῦ), τμη-τήρ (τῆρ-ος) m. der Schneidende; τμῆ-σι-ς f. das Schneiden, · Abschneiden, Zerstören; Schnitt, Hieb, Zertheilen; τμη-δήν schnittweis, schneidend, ritzend; τμῆ-μα(τ) n. Geschnittenes, Abschnitt, Stück, τμηματ-ώδης von der Art eines τμῆμα; schneidend, trennend (Hippocr.).

τμα-κ, τμα-γ, τμη-γ. — τμήγ-ω = τέμνω (Fut. τμήξω, Aor. ἔ-τμηξα, ἔ-τμάγ-ο-ν, ἐ-τμάγ-η-ν, 3. Pl. τμάγεν; hom. ἀπο-τμήξειε, τμήξα-ς, δια-τμῆξαι, δι-έ-τμαγ-ο-ν, Pass. δι-έ-τμαγεν); τμήγ-η-ς m. (dor.) Pflugschaar (Hes.); τμῆγ-ος n. mit der Pfl. geschnittenes Land, Furche (Hes.).

τ-ε-μα-χ. — τέμάχ-ος n. ein abgeschnittenes Stück, bes. von grossen eingesalzenen Meerfischen (τεμάχη μόνον ἐπὶ ἰχθύων, τόμους δὲ ἐπὶ κρεῶν Bekk. Anekd. 65), Demin. τεμάχ-ιο-ν n. Bruchstück, Glied; τεμαχ-ί-τη-ς m. ein grosser Meerfisch, der zerschnitten und eingesalzen wird (Arist. Equ. 283 τέμαχος; dazu Schol. ἰδίως

δὲ τεμαχίτας ἰχϑῦς, τοὺς μεγάλους καὶ κατακοπτομένους); τεμαχί-ζω
zerschneiden, zerstückeln, grosse Meerfische einsalzen, τεμαχι-σ-τό-ς
zerschnitten, eingesalzen, τεμαχι-σ-μό-ς m. das Zerschneiden, Zerstückeln.

tan-dh = τενϑ, τενϑ nagen. — τέν-ϑ-ω, att. τέν-θ-ω nagen,
benagen, benaschen; τίνϑ-η-ς m. Leckermaul, Näscher (λίχνος Hes.),
προ-τένϑης id. (προγευστης Pherecr. ap. Ath. 4. 171. c); τενϑ-εύ-ω
ein Leckermaul sein, naschen, τενϑε(ϝ)-ία f. Leckerei, Naschen.

tem. — tem-n-ĕre (urspr. absondern, verwerfen; dann übertr.)
verschmähen, verachten, gering schätzen (poet., auch Tac. h. 3. 47)[5]),
temn-i-bili-s zu verachten (Cassiod. inst. div. litt. 29); con-tem-n-ĕre
(tem-p-si, tem-p-tu-s) = temnere; contemp-tu-s (tūs) m., -ti-ō(n) f.
Verschmähung u. s. w., contemp-ti-m auf verächtliche, schmähende
Weise, contemp-tor (tōr-is) m., -tr-ix (ic-is) f. Verächter, -in; con-
tempti-bili-s verächtlich (Dig. Eccl.). — (*tem-ŭ-lu-m, vgl. spec-ŭ-
lu-m, *tem-lu-m) tem-p-lu-m n. = τέμενος (quocirca caelum, qua
attuimur, dictum templum. In terris dictum templum locus augurii et
auspicii causa quibusdam conceptis verbis finitus Varro l. l. VII. 7 f.;
templum dicitur locus manu auguris designatus in aëre, postquam
factum illico captantur auguria Serv. ad Verg. A. 1. 92); freier
weiter Raum, Umkreis (nec mare nec tellus neque caeli lucida
templa Lucr. 1. 1013); geweihter, heiliger Ort, Heiligthum, Capelle[6]); templŭlu-m (curator templi Grut. inscr. p. 323. 1); templ-
ā-li-m von Tempel zu Tempel (Tert.); (*templā-re den ausgeschie-
denen Himmelsbezirk betrachten, beobachten, nur erhalten in:)
con-templā-ri (vgl. con-sider-āre) (contemplare vorklassisch) allgemein: anschauen, beschauen, betrachten, beobachten; contemplā-
ti-ō(n) f. (Abl. auch contemplā-tū m.) Anschauung u. s. w.; con-
templā-tor (tōr-is) m., -tr-ix (ic-is) f. Beschauer, -in, contemplatōr-
iu-s (στοχαστικός Gloss. Cyr.); contemplā-t-ivu-s beschaulich (philo-
sophia autem et contemplativa est et activa: spectat simul agitque
d. i. ϑεωρητικὴ καὶ πρακτική, Sen. ep. 95. 10), contemplā-bundu-s
in Anschauung versunken (Tert.), contemplā-bili-s zielend (Amm.).

tan. — tĭn-ea f. nagender Wurm, Motte[7]) (phalaena tinea
Linné), Holzwurm (agrestes tineae Raupen, Ov. M. 15. 368), Demin.
tinĕŏ-la; tinc-āria, -ālica (herba) Mottenkraut, tinc-ōsu-s voll Würmer; tinĕre Motten haben (Vulg.). — ton-d-ĕre (tō-tond-i, ton-
su-s; tonduntur Calend. ap. Gruter. 138) scheeren, mähen, pflücken;
abweiden, benagen[8]); (tond-tu) ton-su-s (sūs) m., tonsū-ra f. das
Scheeren, Beschneiden, (tond-tor) tonsor (ōr-is) m., tonstrix (ic-is)
f. Bart-, Haar-Scheerer (-in), Demin. tonstrīc-ŭ-la Cic. Tusc. 5.
20. 58; (tond-tor-ina) tons-tr-ina f. Barbierstube, tonstrīnu-m n.
Barbierkunst (Petron. 46. 64); (tond-li-li-) tonsĭ-li-s scheerbar, be-
schoren; Frequ. (tond-ti-tā-re) tonsi-tare (Plaut. Bacch. 5. 2. 9).

C. E. 220. 684. 721. — F. W. 363. 452; Spr. 325. — Siegismund
St. V. 197. 5). — 1) C. V. I. 224. 11). 255. 20). — 2) Clemm St. VIII.
49. — 3) Mangold St. VI. 408. — 4) Clemm St. VIII. 86. — F. W. 364:
tam beachten. — 5) Pott E. F. II. 609. — 6) Corssen B. 440: *tem-tulu-m,
tem-tlu-m, tem-p-tlu-m, tem-p-tu-m;* vgl. id. KZ. XI. 420. — F. Spr. 325:
tamp dehnen, (umspannter Raum) Gesichtskreis, Tempel. — 7) F. Spr.
l. c. — 8) C. E. 221: *tam-dh.* — Walter KZ. XII. 414: *tom-dere.*

2) **TAM** sticken, stocken; stocken machen, hemmen.
— Skr. **tam** 1) den Athem verlieren, ersticken; betäubt werden,
ausser sich sein u. s. w, 2) stocken, starr, hart werden, 3) begehren, verlangen (PW. III. 250).

tem. — **tēm-ētu-m** n. betäubendes Getränk, Meth, Wein;
abs-tēm-iu-s sich betäub. Getränke enthaltend, nüchtern (*ex absti-
nentia temeti composita vox est* Quint. 1. 7. 9); *tēm-ŭ-lentu-s* trunken,
temulent-ia f. Trunkenheit. — (*tĕm-ĕro*) **tĕm-ĕre** (*temeri-ter* Enn.
ap. Prisc. p. 1010) blindlings, unüberlegt, von ungefähr; *temer-
āriu-s* von ungefähr, unüberlegt, unbesonnen; *temeri-tā-s* (*tāti-s*)
(*temeri-tū-d-o* Pac. ap. Non. p. 181. 23) f. Ungefähr, Unüberlegt-
heit, Verwegenheit; *tēmĕrā-re* verwegen handeln, speciell: schänden, entehren, entweihen, *temĕrā-tor* (*tōr-is*) m. Verletzer, Ver-
fälscher. — (*tem-e-bra* das die Bewegung und Handlung, das
allgemeine Leben hemmende = Dunkel, vgl. *lat-, ter-, vert-e-bra;*
daraus *ten-e-bra: m* zu *n* zur Vermeidung des Labials in zwei auf
einander folgenden Sylben; vgl. *mi-hi* st. *mi-bhi; ti-bi*) **tĕn-ĕ-brae**
f. Pl. (Sing. Lamprid. Comm. 16) Dunkel, Finsterniss[1]), *tenebrā-re*
verfinstern, Inchoat. *tenebre-sc-ĕre* (August. Hieronym.); *tenebr-iō(n)*
m. lichtscheuer Mensch, Dunkelmann; *tenebr-ōsu-s* dunkel, finster,
in Dunkel gehüllt; *tenebri-cu-s* = *tenebrosus, tenebric-ōsu-s* = *tenebrosus, tenebricosi-tā-s* (*tātis*) f. Verfinsterung der Augen; (*tem-tro*)
tē-ter, *tae-ter* (*tra, tru-m*) finster im übertr. Sinne: hässlich, garstig,
widerwärtig, schändlich[2]), *tetrā-re* hässlich u. s. w. machen (Pac.
ap. Non. p. 178. 8); *tetrĭ-cu-s* finster, ernst, streng; *tetri-tū-d-o*
(*in-is*) f. Hässlichkeit (Acc. ap. Non. p. 179. 33).

tim. — **tĭm-or** (*ōr-is*) m. (eig. Umdüsterung des Sinnes,
die das Handeln hemmende) Furcht, Befürchtung, Besorgniss; speciell: Ehrfurcht, religiöse Furcht[3]); *tĭm-ēre* (*-ui*) fürchten, besorgt
sein; (*tĭ-mu-s*) *timĭ-du-s* furchtsam, scheu, schüchtern, verzagt,
Demin. *timidŭ-lu-s* (App.), *timidi-tā-s* (*tātis*) f. Furchtsamkeit u. s. w.

B. Gl. 165a. — C. E. 533 f. — F. W. 77 f. 363. — Grassmann
KZ. XVI. 198. — Kuhn KZ. IV. 5. XIV. 222. XV. 238 f. — 1) Vgl. PW.
III. 254: *támas* n. Finsterniss, Dunkel; die über den Geist ausgebreitete
Finsterniss, Irrthum, Verblendung, Wahn. Das Wort geht wohl auf
tam zurück: die Finsterniss erscheint als eine Hemmung des allgemeinen
Lebens. — Ascoli KZ. XVI. 196 f.: *tam-tra, tan-tra, ten-tra, ten-thra,
ten-fra, ten-e-fra, ten-e-bra.* — B. Gl. l. c.: *ad skr. tamisra vel timisra*

trahi posset, ita ut ortum sit e tem-brae, inserto b euphonico, sicut in μεσημβρία, ἀμβροσία. — Corssen B. 263: *tan extendere;* Skr. *ara-tan, pari-tan tegere; tenebrae* Finsterniss als verhüllende, dichte, starre, unbewegliche; N. 189 f.: *ta, ta-m, ta-n* dicht, unbeweglich sein oder werden; vgl. Skr. *ta-li-s* Schaar, dichte Masse. — F. W. 363: *tamasra, temesro, temes-th-ro, tene-b-rae.* — 2) Corssen I. 371 f.: *tu* stark, strotzend, feist sein. — 3) Corssen B. 373: *ki* ehren. — Froehde KZ. XXII. 257: *tvi* schrecken; vgl. Zend: *thwja* Furcht.

---

1) **TAR, TRA** bewegen; sich bewegen*) = überschreiten, übersetzen, an's Ziel kommen, durchdringen, eindringen; drehend bewegen = reiben (europäisch), bohren (gräkoitalisch). — Skr. **tar** 1) über ein Gewässer setzen, überschiffen, Etwas überschreiten, 2) an's Ende gelangen, Etwas durchmachen, vollbringen, 3) bemeistern, Herr werden, überwinden, sich bemächtigen, in den Besitz gelangen, 4) Jemand hinüber-, hindurch-bringen, retten (PW. III. 256).

I) **tar, tra.**

ταρ, τρα, τρη. — Τάρ-ᾱ-ς (ντ-ος) alter Heros in Tarent, die Stadt Tarent in Unteritalien (*Tärentum,* jetzt *Tarento*); (*tara, ταρο, τρο*) Τρο-ία; (*Τροι-ι-ην, ι = ζ) Τροι-ζ-ήν (Suffix ableitend; vgl. κωλῆ, κωλήν), Τροι-ζήνη, Τρο-, Τροι-ζήνιοι[1]). — ὀ-τρη-ρό-ς, ὀ-τρα-λέο-ς hurtig, schnell, flink, rührig, emsig (ὀτρηρής Lykophr. 997); vgl. pag. 289 ὀ-τρύνω. — τί-τρη-μι, τι-τρά-ω (Galen. Appian.), τε-τρα-ίνω bohren, durchbohren (Fut. τρή-σ-ω, Aor. hom. τέ-τρην-ε; δι-ε-τί-τρη App. P. 4. 122)[2]); Verbaladj. τρη-τό-ς durchbohrt, durchlöchert (τρητὰ λέχεα hom. schön durchbrochen; Döderl. n. 644 glatt und sauber poliert). — τρᾱν-ής, -ές (τετραίνω) durchbohrend, durchdringend, scharf, hell, deutlich, Nbf. τρᾱν-ό-ς (Antiphil. 23), τρανό-τη-ς (ητ-ος) f. Deutlichkeit des Tons; τρανό-ω hell, deutlich machen, aufklären, τράνω-σι-ς f. das Hell-, Deutlich-machen, τράνω-μα(τ) n. das hell oder deutlich Gemachte. — (*ταρ-το- gerieben, *ἀ-ταρ-το- nicht aufgerieben, unaufreibbar) ἀ-ταρ-τη-ρό-ς (vgl. αἱματηρό-ς, καυματηρό-ς; ὀδυνη-ρό-ς, διψη-ρό-ς) nicht aufzureiben, zu erweichen = hart (ἀταρτηροῖς ἐπέεσσιν Il. 1. 223, Μέντορ ἀταρτηρέ, φρένας ἠλεέ Od. 2. 243); ἀταρτάται· βλάπτει (…εται?), πονεῖ, λυπεῖ Hes.[3]). — τρῆ-σι-ς f. das Durchbohren. — τρῆ-μα(τ) n. das Durchbohrte, Loch, Oeffnung, Demin. τρημάτ-ιο-ν n., τρηματ-ό-ει-ς löcherig (λίθος Bimsstein); τρηματ-ίζω Würfel spielen, auf die Löcher oder Punkte der Würfel Geld setzen (Poll. 9. 96), τρηματι-σ-τή-ς (τρηματίτη-ς Eust., τρηματίκτη-ς dor.) m. Würfelspieler. — τρά-μι-ς f. der enge Raum zwischen den Beinen (τὸ τρῆμα τῆς ἕδρας, ὁ ὄρρος, τινὲς ἔντερον, οἱ δὲ ἰσχνύν Hes.) (τρά-μη id. Hippon. ap. Erot.)[4]).

τερ. — τέρ-θρο-ν n. Ende, Spitze, das Aeusserste, Höchste, das äusserste Ende der Segelstange, Rae; τέρθρ-ιο-ς m. Tau, mit dem die Segel an die Raen befestigt wurden; τερθρω-τήρ (τῆρ-ος) m. Platz auf dem äussersten Schiffsvordertheile; τερθρη-δών (δόν-ος) m. Untersteuermann (Hes.). — τέρ-μα(τ) n., τέρ-μων (μον-ος) m. (Trag.) Endpunkt, Ziel, Gränze; Höchstes, Gipfel, oberste Gewalt; τερματ-ίζω begränzen; τέρμ-ιο-ς (τερμόν-ιο-ς Aesch. Prom. 117) am Ende befindlich, der äusserste, letzte; τερμιό-ει-ς bis an die Gränze reichend (χιτών bis auf die Füsse reichend, Od. 19. 242; ἀσπίς den ganzen Körper deckend, Il. 16. 803); τερμι-εύ-ς Ζεύς als Gränzgott (E. M.). — (τερ-jω) τείρω, lesb. τέρρω, (nur Präsensst.) reiben, ab-, zer-, auf-reiben, entkräften, erschöpfen[2]). — ἀ-τειρ-ής unaufreibbar, unverwüstlich, unermüdlich (von der durchdringenden Stimme, wie vom harten Erze und Herzen[5]). — τερ-έ-ω bohren, drechseln (τέρεσσεν᾿ ἐτόρνωσε Hes.); τέρε-τρο-ν n. Bohrer, bes. Hand-bohrer (vgl. τρύπανον), Demin. τερέτρ-ιο-ν n. (Theophr.); τερη-δών (δόν-ος) f. Holzwurm; Bein-, Knochenfrass (Med.), τερηδον-ίζομαι vom H. angefressen werden, den Kn. haben. — τέρ-ην (-εινα, -εν, Gen. τέρ-εν-ος) eig. abgerieben = glatt, zart, weich, sanft. — (taru) τερυ: τέρυ-ς (τέρυ-ος) abgerieben, aufgerieben, erschöpft, schwach; τερύ-σκ-ω aufreiben, erschöpfen, schwächen; s. pag. 289 τρύω (Hes.; vgl. ibd. τερύ-νη-ς ὄνος ein alter, abgetriebener Esel). — τελ: (tar-as) τέλ-ος (ους) n. das erreichte Ziel, Ende, Voll-endung, Vollbringung, Erfüllung[6]), τέλοσ-δε zur Vollendung, zum Ziele hin; (τελεσ-jω) ep. τελε-ίω, att. τελέ-ω (Fut. τελέ-σω, ep. τελέ-ω, att. τελῶ, Perf. τε-τέλεσ-μαι, Aor. ἐ-τελέσ-θη-ν; τελέσκων Nic. f. 74. 10; τελισκόμενος· πληρούμενος, τελειούμενος Hes; ι erst in christl. Zeit)[7]) vollenden, vollbringen, vollführen; bewirken, bereiten; zur Vollendung gelangen lassen = gewähren, verleihen, erfüllen; zur Vollendung oder Reife bringen = weihen, einweihen; intr. in Erfüllung gehen; τελεσ-τό-ς vollendet, eingeweiht, τελεστ-ικό-ς (τελέσ-ιο-ς Hes.) vollendend, einweihend; τελεσ-τή-ς (τοῦ), τελέσ-τωρ (τορ-ος) m. Vollender, Einweiher, τελεσ-τή-ιο-ν n. Ort der Ein-weihung (τὰ τ. erg. ἱερά Dankopfer für glückliche Vollendung); τελεσ-μό-ς m. Vollendung. — (τελεσ-ιο) τέλε-ιο-ς, ion. τέλε-ο-ς, was sein Ziel, Ende erreicht hat: vollständig, vollkommen, vollkommen ausgewachsen; vollbracht, in Erfüllung gegangen; activ: voll-bringend, vollendend (arithm. die Zahlen, welche der Summe ihrer Factoren gleich sind: 6 = 3 + 2 + 1); τελειό-τη-ς (τητ-ος) f. Vollendung, Vollkommenheit; τελειό-ω, ion. τελεό-ω, vollenden, voll-kommen machen, τελειωτ-ικό-ς vollendend, τελειω-τή-ς (τοῦ) m. Vollender, Vollbringer, τελείω-σι-ς f. das Vollenden, Vollbringen, τελείω-μα(τ) n. id. (LXX). — τελ-ε-τή f. Vollendung, Ende, Weihe; τελ-ε-θ-ω (τελέθ-ε-σχ-ε h. Cer. 242) vollendet dasein, werden, ent-stehen; vollkommen sein. — (τελ-εϝ) τελ-εύ-τή f. Vollendung, Voll-ziehung, Ziel, τελευτά-ω vollenden, vollbringen, beendigen, (das Leben =) sterben, intrans. zu Ende gehen, ein Ende nehmen

(Part. Präs. = endlich, zuletzt: τελευτῶν εἶπε u. s. w.), τελευτα-ῖο-ς vollendend, beschliessend, am Ende seiend = der letzte, äusserste; τελή-ει-ς (εσσα, εν) vollendet, vollendend, erfüllend, erfolgreich (hom. nur ἑκατόμβαι; ἔπεα τελέεντα sichere Weissagungen, Tyrt. ap. Plut. Lyk. 6). — τᾶλι-ς (vgl. τέρην) f. blühende Jungfrau, Braut (Soph. Ant. 629) (ἡ μελλόγαμος παρθένος καὶ κατωνομασμένη τινί, οἱ δὲ γυναῖκα γαμετήν Hes.)[8]).

τορ. — τόρ-ο-ς m. Meissel, Grabstichel; τορ-ό-ς (vgl. τρᾱ-νής) durchdringend, durchbohrend, von der Stimme: laut, deutlich; überh. stark, kräftig; ῥινο-τόρο-ς Schilddurchbrecher ("Αρης Il. 21. 392); τορέ-ω (Präs. nur: ἀντι-τοροῦντα h. Merc. 283, Aor. ἔ-τορ-ε Il. 11. 236, ἀντ-ε-τόρη-σεν Il. 5. 337) durchbohren, durchstechen (τετορεῖν· τρῶσαι Hes.)[9]), τορη-τό-ς (Lycophr. 456). — τόρ-νο-ς (tarent. τορ-ό-νο-ς) m. Zirkel, Dreheisen, Schnitzmesser, Meissel, Dem. τορν-ίσκο-ς; τορνό-ω abzirkeln, abrunden, rund ausarbeiten, wölben; τορν-εύ-ω drehen, drechseln, zirkelrund machen, τορνευ-τό-ς gedreht u. s. w., τορνευτ-ικό-ς zum Drehen u. s. w. geschickt; τορνευ-τή-ς (τοῦ) m. Dreher, Drechsler, τορνευ-τήρ-ιο-ν n. das Eisen des Drechslers, τόρνευ-μα(τ) n. das Gedrechselte, Drechselspähne, τορνε(F)-ία f. das Drehen u. s. w. — (τορ-εF) τορ-εύ-ς m. Schnitzmesser, Grabstichel, Bohrer, τορεύ-ω erhaben arbeiten, schnitzen, gravieren, ciselieren, τορευ-τό-ς geschnitzt, graviert, τορευτ-ικό-ς zum Schnitzen, Gravieren geschickt, τορευ-τή-ς (τοῦ) m. Schnitzer, Bildner, Graveur, τόρευ·σι-ς, τορε(F)·ία f. das Schnitzen u. s. w., τόρευ-μα(τ) n. erhabene, getriebene Arbeit, Schnitzwerk. — τόρ-μο-ς m. (τόρ-μη f. Hes.) Zapfenloch, Radbüchse (πλήμνη), auch Thürangeln. — (ἰαιτι:) τορύ-νη f. Rührkelle (σημειωτέον, ὅτι τορύνη πανταχοῦ ἐκτέταται [ῡ], εἰ μὴ παρ' Εὐπόλιδι Schol. ad Ar. Av. 78); τορύνω, τορυν-άω, -έω umrühren; (τορυ-) τρυ-ήλα f., τρυ-ήλη-ς m., τρύ-ηλι-ς f. (ζωμήρυσις Hes.) = τορύνη.

II) tur, tru[10]).

τυρ. — (vgl. tar Skr. 3; PW. III. 361: tur Nebenform von tar:) τύρ-αννο-ς königlich, fürstlich (Trag.); Subst. Herrscher, Gebieter, Herr (Trag.); (als die aristokratische Republik an die Stelle des Königthums getreten war, hiess der die Herrschaft gegen den Volkswillen sich Anmassende τύραννος =) Usurpator, Gewaltherrscher, (und da ein solcher oft nur durch Gewaltmassregeln sich erhalten konnte, erhielt das Wort τ. den üblen Nebenbegriff unseres Ausdrucks) Tyrann, Despot (τί δ' ὅταν μήτε κατὰ νόμους μήτε κατὰ ἔθη πράττῃ τις εἰς ἄρχων, μῶν οὐ τότε τὸν τοιοῦτον ἕκαστον τύραννον κλητέον; Plat. Pol. 300. c); τυρανν-ικό-ς zum Herrscher geh., despotisch, tyrannisch; despotisch gesinnt; im Herrschen geübt (Is. 9. 46); τυραννέ-ω, τυραννεύ-ω unumschränkter Herr u. s. w. sein, Pass. unumschränkt oder despotisch beherrscht werden; τυρανν-ί-ς (ίδ-ος) f. unumschränkte Herrschaft, Willkürherrschaft,

Despotie, τυραννί-ζω es mit den Tyrannen halten (Dem. 17. 7),
τυραννιά-ω den Tyr. spielen, nach tyr. Herrschaft streben (τηραννη-
σείω Sol. ap. D. L. 1. 65); τυραννε(ϝ)-ίο-ν n. das Haus des Tyr.
(Plut. Tim. 13).

τρυ. — τρύ-ω (τέ-τρῡ-μαι), dazu Causativ: (*τρυ-σκ-ω) τρύ-χ-ω
(τερύσκω, τρύσκω. τερύσκεται· νοσεῖ, φθίνει. τερύσκετο· ἐτείρετο Hes.)¹¹)
aufreiben, verzehren, erschöpfen, plagen (hom. Part. Fut. τρύξοντα).
— τρύ-μη f. Loch (= das durch Reiben, Bohren entstandene), übertr.
durchtriebener, verschmitzter Mensch (Arist. Nub. 448), Dem. τρυ-
μάτ-ιο-ν (E. M.); τρῦ-σι-c f. Abreibung = Erschöpfung, Plage (πό-
νος, νόσος Hes.), τρύ-οc n. id. (E. M. 94. 42). — (τρυχ-ιο) τρυccό-c
(Hes.) leicht zu zerreiben, zerbrechlich, übertr. schwächlich, weichlich; τρῦχ-οc n. Abgeriebenes, Zerrissenes, bes. ein abger., zerriss.
Kleid, Lumpen, Fetzen, Demin. τρυχ-ίο-ν, τρύχ-ινο-ς lumpig, τρυχ-
ηρό-ς erschöpft, abgenutzt, zerlumpt; τρυχό-ω = τρύχω (Mimn.
2. 12), τρύχω-σι-ς f. = τρῦσις. — ἄ-τρυ-το-c (α privativum) nicht
aufzureiben, unermüdlich, unablässig (πεπαυμένην κακῶν ἀτρύτων
Soph. Ai. 788; dazu E. M. 167. 12: ἄτρυτος σημαίνει τὸν ἀκατα-
πόνητον ... ἄτρυτα· ἀκάματα, σκληρὰ καὶ ἰσχυρά); (*ἀ-τρυϝ-ε-το,
ϝ aus υ entwickelt:) ἀ-τρύγ-ετο-c unaufreibbar, nicht zu bewältigen, unermüdlich (vom Meere: unermüdlich wogend)¹²); 'Αμφι-
τρύ-ων (ων-ος) = der Ringsumbedrängende oder der ganz Ermü-
dende; Sohn des Alkäos, Enkel des Perseus, Gemal der Alkmene,
Pflegevater des Herakles. — (ὀ-τρυ-νϳω) ὀ-τρύ-νω (ὀ prothet.; vgl.
ὀ-τρηρό-ς pag. 286, ὀ-μίχλη, ὀ-φρύ-ς; ἀ-τρύ-νων· ἐγείρων Hes.) (Fut.
ὀτρυνῶ, jon. ep. ὀτρυνέω, Aor. ὤ-τρῡνα, ep. Impf. ὀ-τρύν-ε-σκ-ο-ν
Il. 24. 24) in schnelle Bewegung setzen, antreiben, anspornen,
anregen, ermuntern¹³), ὀτρυν-τ-ικό-ς antreibend (Eust.), ὀτρύν-τη-ς
(του), ὀτρυν-τήρ (τῆρ-ος) m. Antreiber, Ermunterer; ὀτρυν-τύ-ς (τύ-ος)
f. Aufmunterung, Antrieb, Befehl (Il. 19. 234. 235); 'Οτρυν-τ-εύ-ς
König von Tmolos (Il. 20. 384), 'Οτρυντείδη-ς Sohn des Otrynteus
= Iphition (Il. 20. 383).

τραυ, τραϝ. — τραῦ-μα(τ), ion. τρῶ-μα(τ) n. Verletzung,
Wunde, Schaden, Niederlage; τραυματ-ία-ς (τρωματίτη-ς Her. 3. 79)
verwundet; τραυματ-ίζω (ion. τρω-); τρώ-ω (Aor. ἔ-τρω-σα, Fut.
τρώσω), τι-τρώ-σκ-ω (nicht bei Hom.), τρωννύω (spät bei Gramm.)
verletzen, verwunden, schädigen¹⁴); τρω-τό-ς verwundet, verwundbar
(Il. 21. 568); τι-τρω-σ-μό-ς m. Verwundung; Fehlgeburt (Hippocr.).

I) tar, tra.

tar, tra. — tar-du-s langsam, säumig (vgl. *terere tempus*),
übertr. geistig langsam, stumpfsinnig; *tardi-ta-s, tardi-tū-d-o* f.
(*tard-or* m. Varr. ap. N. 229. 22) Langsamkeit u. s. w.; *tar-dā-re*
säumig machen, verzögern, hemmen, Inchoat. *tarde-sc-ere* (Lucr.
3. 478); *tardā-bili-s* langsam machend (Tert.)¹⁵). — *-trā-re*: **tra-n-s**
(Part. Praes.; überschreitend das Meer = über das Meer =) über,

über — hin, hinaus; jenseits (in der Zusammens. *trans-*, *tran*-gewöhnl. vor *s* und stets vor *sc*, *trans-*, *tra*- vor *i* [= *i*, *j*], *d. l*, *m*, *n*)[16]; ferner: *ex-trāre* hinaustreten (*extrahunt* Afran. Ribb. Com. p. 141); *in-trāre* hineintreten, betreten, eindringen, durchbohren; *pene-trāre* durchdringen, eindringen, übertr. Eindruck machen, ergreifen, *penetrā-ti-ō(n)* f. das Eindr.; *penetr-āli-s* durchdringend, übertr. innerlich, inwendig; davon *-āle* (*-āl* Macr. sat. 7. 1) Subst. n. das Innere, die inneren Räume, speciell: das Verborgene, Geweihte, Heiligthum, Tempelheiligthum, Capelle; *penetrā-bili-s* durchdringlich, -dringbar, -dringend; (**Trā-ju-s*) *Tra-j-ānu-s* röm. Kaiser (98—117 n. Chr.; die Heimat *Italica* in Hispanien ist eine Ansiedlung röm. Invaliden)[17]; (**Tra-eja*) *Treja* Stadt in Picenum, die Einw. *Treienses*, *Treenses* (Plin. 3. 13)[17]); **trans-tru-m** n. Querbalken; Querbank, Ruderbank, Dem. *trans-tillu-m* Vitr. 5. 12. 3); (**trans-mo*, **trans-mi*, **trans-mi-t*) **trā-me-s** (*-mĭ-t-is*) m. Querweg, Seitenweg, Weg, Pfad[18]); (**trans-ŭ-mo*, **tras-ŭ-mo* jenseits befindlich, dann: *tras-u-m-eno*) **Trăs-ŭ-m-ēnu-s** (*lacus*) = jenseits gelegener See d. h. jenseits der Berge, vom Thal des Ombrone und vom obern Tiberthal durch waldige Bergketten getrennt, *Ταρσουμένη λίμνη*, jetzt *Lago di Perugia* (berühmt durch den Sieg des Hannibal über den röm. Feldherrn Flaminius 217 v. Chr.), *Trasumenica strages* (Sid. carm. 9. 247)[19]). — (**tar-mo*, **tar-mi*, **tar-mi-t*) **tar-me-s** (*-mĭ-t-is*) f. Holzwurm (als bohrender); *termes* id. (Isid. or. 12. 5. 10)[20]).

ter. — **tĕr-ĕre** (s. pag. 291 *tir*, *tri*) reiben, zer-, ab-reiben, glätten; einen Ort betreten, besuchen; übertr. abnutzen, (die Zeit) hinbringen; (**ter-ĕre* = *τερέ-ω*, **terē-tu-s*) **tere-(t)-s** abgerieben = abgerundet, gerundet, rund, glatt, geglättet, fein (*teres est in longitudine rotundatum* Fest. p. 363); *tĕr-ē-d-o* (*ĭn-is*) f. = *τερηδών* Holzwurm, Motte; (**ter-en* = *τέρ-ην*; sabinisch: *ter-ēn-u-s* weich) *ter-en-t-īna* (*nux* weichschalige Nuss; *nux terentina dicitur, quae ita mollis est, ut vix attrectata frangatur; de qua in libro Favorini sic reperitur: Itemque quidam Tarentinas aves vel nuces dicunt, quae sunt terentinae a tereno; quod est Sabinorum lingua molle, unde Terentios quoque dictos putet Varro ad Libonem primo* Marc. Sat. 2. 14); *Tĕr-en-t-iu-s* (= Jüngling) röm. Gentilname (z. B. *M. Terentius Afer* der Komödiendichter)[21]); *Terentillu-s* röm. Eigenn.; *tĕr-ĕ-bra*, *tere-bru-m* (Hieronym.) (= *τέρ-ε-τρο-ν*) f. Bohrer, Bohrwurm[22]), *terebrā-re* bohren, durchbohren, übertr. durchsuchen, durchstöbern, *terebrā-tor* (*τρυπητής* Gloss.), *terabrā-ti-ō(n)* f. das Bohren; concr. das gebohrte Loch (*terebramen* Fulg.); *ter-men-tu-m* (*pro eo, quod nunc dicitur detrimentum* Fest. p. 363); *ex-ter-men-t-āriu-m* n. (*linteum quod teritur corpore* Varro l. l. 5. 21). — überschreiten u. s. w.: (**ter-mo*, **ter-mi*, **ter-mi-t*) **ter-me-s** (*-mĭ-t-is*) m. Palmzweig (wohl von *τέρ-μα* = der als Siegespreis am Ziel aufgesteckte

Zweig; *et quaqua incesserit quisquam, termites et spadica cernit assidua, quorum ex fructu mellis et vini conficitur abundantia* Amm. Marc. 24. 3. 12)[23]); *ter-mŏ(n)* (Enn. Ann. 470 Vahlen), *ter-men* (Varro l. l. 5. 21 M., Att. fr. inc. fab. 37, Orelli inscr. 3121), **ter-mĭnu-s** = Ueberschrittenes, Grünze (als überschrittene), Gränzlinie, Ziel, Ende[24]), *terminā-re* abgränzen, begränzen, abschliessen, endigen, *terminā-tor* m. Abgränzer (Augustin.), *terminā-ti-ō(n)* f. Abgränzung, Begränzung (gramm.: Wortendung, Prisc. 7. p. 727), *termin-āli-s* zur Gr., zum Ende geh.; *Terminu-s* m. Gott der Gränzen, *Terminālia* dessen Fest (am 23. Februar, VII. Cal. Mart.); *am-termini* (*qui circa terminos manent* Fest. p. 17); **prŏter-vu-s** vordringend = keck, frech, schamlos, muthwillig, *proterci-tā-s* (*tāti-s*) (*proterv-ia* Auson.) f. Keckheit u. s. w., *proterv-i-re* keck u. s. w. sein (*dilectio non inflatur, non protervit* Tert. pat. 12).
— (*teru: teru-a*) **tru-a** (= τορύ-νη) f. Kelle, Rührlöffel, mit dem die Eingeweide der Thiere beim Kochen umgerührt werden (*truam quoque vocant, quo permovent coquentes exta* Paul. D. p. 9); Röhre (als gerundetes, durchbohrtes), durch die das Wasser aus der Küche in die Gosse floss (*trua, qua e culina in lavatrinam aquam fundunt; trua, quod travolat eā aqua* Varro l. l. 5. 118); *truā-re* drehend bewegen; (*ambi-, amp-, an-*) *amp-truare, an-truare, andruare* (vgl. *quattuor, quadraginta*) sich drehend herumbewegen; *red-amptruare* sich zurückdrehend herumbewegen (etwas entsprechendes thun: *nil mediocriter redamptruare* Pacuv. ap. F. 273. 3; vgl. *praesul ut amtruet, inde vulgus redamtruat* Lucil. ap. F. p. 270; *redantruare dicitur in Saliorum exsultationibus, cum praesul amptruavit, quod est motus edidit, eidem referantur invicem idem motus* Fest. p. 270[25]); Demin. *tru-ella, trulla, trulissā-re* mit Mörtel bewerfen, berappen, *trulissā-ti-ō(n)* f. Bewerfung mit M.; *Tru-ent-u-m* n. Stadt in Picenum am Flusse Truentus (j. *Tronto*).
tor. — **tor-nu-s** = τόρ-νο-ς, *tornā-re* = τορνό-ω, *tornā-tor* m. Drechsler (Firm. Math. 4. 7), *tornā-tūra* f. Drechslerei (Vulg.), *tornā-tĭ-li-s* gedrechselt, rund (Vulg.).

II) tir, tri.

tir-ō(n) m. (vgl. τέρ-ην, *Ter-en-t-iu-s*) Jüngling, der die *toga virilis* erhält, junger Kriegsmann, Rekrut, Neuling; von Thieren (*tironem, erg. bovem, cum veterano adiungant* Varro r. r. 1. 20. 2); *Tiro* Eigenn.; *tiron-ā-tu-s* (*tūs*) m. Rekrutenschaft (Cod. Theod.); (**tiron-co-ino-io*) *tirō-c-ĭn-iu-m* n. Rekrutendienst, Neulingswerk, Anfängerarbeit, Probearbeit, Probe. — (*ter-ĕre*) **trī-vi, trī-tu-s;** *trī-tor* (*tōr-is*) m. Reiber; *trī-tūra* f. das Reiben, übertr. Dreschen; *tritūrā-re* dreschen, *tritūrā-ti-ō(n)* f. das Dreschen; (**tri-tu-m*) **trī-tĭ-cu-m** n. (gedroschenes Getraide) Waizen (*quod tritum e spicis* Varro l. l. 5. 106), *trītĭc-eu-s, -inu-s* aus W., zum W. geh.; **trī-būlu-m** n. (vgl. *verti-bulu-m*), *tri-bu-la* f. (Colum.) Dresch-maschine,

-walze, *tribulā-re* pressen, übertr. drücken, plagen (Tertull.), *tri-bulā-ti-ō(n)* f. Trübsal, Noth (Eccl.); **tri-ō(n)** m. (Dresch-, Pflug-) Ochse, übertr. *triōn-es* das Gestirn des Wagens (gedacht als ein von fünf Sternen gebildeter Lastwagen mit zwei Zugrindern. Alle sieben Sterne zusammen hiessen mit ungenauer Uebertragung *septem trio-nes*, woraus der Sing. *septemtrio* sich bildete. Auch beide Bären, d. i. der grosse und der kleine Wagen, zusammen heissen *trio-nes*)[26]; metonymisch: mitternächtige Gegend, Norden, Nordwind (ἀπαρκτίας), *septemtrion-āli-s* (*āriu-s* Gell. 2. 22. 15) nördlich; **-tri-men-tu-m**: *de-, inter-trī-men-tu-m* (s. pag. 290 *termentum*) n. eig. Abgeriebenes, Verlorenes = Abbruch, Verlust, Schaden[27], *detri-ment-ōsu-s* sehr schädlich (nur Caes. b. G. 7. 33); *re-trī-mentu-m* n. Abfall, Schlacken; *inter-trī-g-o* (*in-is*) f. das Wundreiben.

III) tur.

tur-nn-da f. Nudel, Wolger (mit Rundung begabt); (*tūr-u-s* bohrend) **-turare**: *ob-tūra-re, rē-tūra-re* verbohren = verstopfen, *obtūra-cŭlu-m, -mentu-m* n. Stöpsel, Zapfen, *obtūra-ti-ō(n)* f. Verstopfung (*aurium* Vulg.).

---

*) Curtius Chronol. der indogerm. Sprachf. p. 28: *tar* (*tar-ala-s* zuckend, zitternd) oder *tra* mit dem Grundbegriff der Bewegung; Weiterbildungen: *tra-s* und *tra-m, tra-k, tra-p;* von *tra* nur durch Vocalschwächung verschieden: *tri, tru; tru-p, tri-b*.

B. Gl. 165. — Brugman St. IV. 156. 43). —- Corssen I. 511 ff.; B. 126. 144 ff.; N. 257. — C. E. 221 f. 614. 700. 711. 713. — F. W. 78. 80 f. 363; Spr. 97. 187. 325 f. — L. Meyer KZ. VIII. 259. — Siegismund St. V. 178. 99[b]). 197. 8). — 1) C. E. 221: wahrscheinlich auch Ταρᾶ-ς, vgl. Πειραιν-ς, vielleicht sogar Τρο-ία, Τροιζήν (über das ζ vgl. ibd. p. 614). — 2) C. V. I. 277. 15). 306. 17). 310. 22). II. 398. — 3) Clemm St. VIII. 86. — Düntzer KZ. XII. 11 f. XVI. 24: *ά-ταρ-τηρ-ό-ς: ά* intens. und ταρ „treffen, verletzen" redupliciert „treffend, schnäbend"; vgl. ΐαμβος vom St. ιαπ. — Goebel Philol. XIX. p. 434: ταρ redupliciert und *ά-* (gleich Clemm) privativ „unverwüstlich, unbezwinglich". — Die Alten deuten das Wort βλαβερός und leiten es ab von άτη, *άτηρ-ς = unheilstiftend, verderblich, feindselig (so auch Pape W. und Sch. W.). — S. W.: „sehr verletzend, sehr kränkend". — 4) F. W. 364; Spr. 187: *tar* durchbohren: *tar-mi* Darm, Mastdarm. — Siegismund St. V. 153. 23). — 5) Düntzer KZ. XV. 351. —- 6) C. E. p. 221: das erreichte Ziel. — Schweizer KZ. III. 212: der Ort bis wohin geschritten, und welcher, geht man weiter, überschritten wird. — 7) C. V. I. 279. 18). II. 370. 4). — 8) C. E. 222: „sollte sich in der Nebenform von *tarupi* Mädchen, junge Frau *talupi* das Analogon zu dem seltenen τάλις Braut erhalten haben?" — 9) C. V. I. 387. 21). — 10) F. Spr. l. c.: *taru, tarv, tru* aufreiben. — 11) Vgl. Anm. 2; ibd. I. 283. — F. Spr. l. c.: *tru-k* bersten, brechen, reissen: τρύ-χ-ω, τρύχ-ο ς Bruchstück, τρυσσό-ς zerbrechlich. — 12) Clemm St. VIII. 87. — C. E. 586. — Nach der Etymologie der Alten von τρυγάω ernten: wo nichts zu ernten ist d. h. unfruchtbar, öde (ἅλς, θάλασσα, πόντος; auch vom Aether Il. 17. 425). Jedoch Herod. im E. M. erklärt wohl richtig: ἀκαταπόνητος. — Der Etym. der Alten folgen noch Heutze (Il. 1. 316), Pape, Schenkl, Seiler. — 13) C. E. 321. 712 f. — 14) C. V. I. 166. 42). — 15) Schweizer-Siedler KZ. XIII. 307. — Schroeder KZ. XIV. 351 nach Pott: aus *trah-i-du-s* (vgl. *valde, udu-s, caldu-s*).

wogegen Curtius KZ. I. 268: „schwerlich". — Corssen B. 99: *tras tenere sustentare* = *tars-du-s;* wogegen Schweizer-Siedler 1. c. — 16) B. Gl. 170a. — Kuhn KZ. II. 473. — Schweizer KZ. III. 397. — F. W. 78: Accus. Plur. von *tara* das Durchsetzen. — Vgl. noch PW. III. 331: *tirás trans;* offenbar von *tar;* in der Endung *-as* vermuthen wir das Suffix des Ablativs. — 17) Corssen KZ. III. 276 f. — 18) Walter KZ. X. 199. — 19) Corssen KZ. III. 276 f. — 20) Corssen N. 266. — 21) Bechstein St. VIII. 377. — 22) Kuhn KZ. XIV. 218: *ter-e-tro*, *-thro* = *dhro*, daraus *-bro*, *-bra;* vgl. das franz. Demin. *terebelle* Steinbohrer (Wurm). — 23) Hehn p. 519. — Corssen N. 265: keimender Schössling, besonders der Zweig der Olive (Hor. Epod. 16. 45); vgl. *ramus desectus ex arbore, nec foliis repletus, nec minus glaber* Paul. p. 367. — Walter KZ. X. 198: *ter-mo*, *ter-me-t* = Zärtling, zarter Schössling. — 24) Bechstein St. VIII. 381 f. — 25) Kuhn KZ. VII. 61 ff.: *dru* sich rasch bewegen, fliessen. — 26) M. M. Vorl. II. 397 f.: *trio* = urspr. *strio* Stern (vgl. Skr. *star* neben *tārā* Stern). Nachdem der Name *trio*, Stern, veraltet war, blieben die *Septem triones* ein rein traditioneller Name, und wenn uns Varro erzählt, dass es einen Vulgärnamen für Ochse im Lat. gegeben habe, nämlich *trio*, was dann von *tero* zerreiben, zermalmen, herzuleiten sein würde, so würden die Bauern, indem sie von den *Septem triones*, dem Siebengestirn sprachen, sich natürlich eingebildet haben, dass sie von sieben Ochsen sprächen. — 27) Düntzer KZ. XI. 69.

2) **TAR, TAL** heben, tragen; wägen, vergleichen[1]). — Skr. **tul** 1) aufheben, 2) durch Aufheben das Gewicht bestimmen, wägen, abwägen, 3) im Gewicht gleichmachen, gleichsetzen, gleichstellen, vergleichen, 4) Jemand die Wage halten, sich messen, gleichen (PW. III. 366).

ταλ. — (s. τλα pg. 294) Aor. ἐ-τάλα-cα (2. Sg. ep. ἐ-τάλασσα-ς Il. 17. 166, Conj. ταλάσσ-ῃς, -ῃ Il. 13. 829, 15. 164). — (St. ταλ-αν:) τάλ-ᾱ-ς m., τάλ-ᾰν n., (fem. ταλαν-ja) τάλαινα duldend, leidend, duldsam; tadelnd: verwegen, dreist, frech (Od. 18, 327. 19, 68). —. τάλαν-το-ν n. Wage, Pl. Wagschalen; das Gewogene: Gewicht (bei Hom. unbestimmt, wahrsch. kleines Gewicht Goldes; später: Goldtalent, wahrsch. = 6 Golddrachmen; Silbertalent und zwar das vorsolonische etwa 64 W. Pf., das attische 44½ W. Pf.); die dem Gewichte entsprechende Geldsumme (nach Metall und Münzfuss in verschiedenen Zeiten verschieden), ταλαντ-ι-αῖο-ς ein Talent schwer, werth, ein T. im Vermögen habend; ταλαντ-εύ-ω (-άω, -όω) wiegen, schwenken; wägen, abwägen, bestimmen, übertr. ein Gewicht geben, den Ausschlag geben, ταλάντω-σι-ς f. das Wägen, Schwanken; ἀ-τάλαντο-c (ἀ copul.) gleichwiegend, gleich, vergleichbar; Ἀταλάντη Tochter des Iasos und der Klymene; T. des böot. Königs Schoineus; Insel: im Euripus, bei Attika; Stadt in Emathia. — τάλ-αρο-c m. Korb, Tragkorb (καλαθίσκοι τάλανες ἐς τὸ αἴρειν ὡς βασταχτικοί Eust. ad Il. 18. 568), Demin. ταλάρ-ιο-ν n., ταλαρ-ίσκο-ς m. — (ταλ-αϝο) ταλ-αό-c = τλήμων[2]) (wohl nur Arist. Av. 687: ταλαοὶ βροτοί); Ταλα-ό-ς, Ταλα-ίων (Patronym.), daraus Ταλαιον-ίδη-ς (Patronym.) Il. 2. 566. — Τάν-τᾰλ-ο-ϲ (= der Verwegene, Freche) Sohn des Zeus und der Pluto, oder des Tmolos, König zu Sipylos in Phrygien, Vater des Pelops, Grossvater des Atreus und Thyestes (vgl. Od. 11. 582 ff.)[3]). — ταλα-: ταλα-εργό-ς Arbeit ertragend, ausdauernd bei der Arbeit; ταλα-πείριο-ς (= ὅς πολλὰς πείρας ἔτλη der viele Gefahren bestanden hat)[4]); ταλα-πενϑής Trauer, Leiden duldend, duldsam (Od. 5. 222; ὑσμίναι Panyasis ·1. 5); (ταλα-ϝρινο) ταλα-ὑρῖνο-ς schild-tragend; übertr. standhaft, unüberwindlich (qui clipeum sustinet Hoffm. quaest. hom. I. p. 137); ταλαι-: ταλαί-πωρο-ς schwere Mühsal ertragend, mühselig, unglücklich. — (tāla:) τηλ-ία f. Fläche, Brett, Gerüst[5]).

τελ. — τελ-α-μών (μῶν-ος) m. Tragriemen, Träger, Wehr-gehenk; Verband, τελαμων-ίζω umgürten, umbinden; Τελαμών Sohn des Aeakos, Bruder des Peleus, Vater des Aias und Teukros, König in Salamis. — (τελ-jω) τέλ-λω sich erheben, aufgehen (ἡλίου τέλλοντος Soph. El. 684); meist ἀνα-τέλλω (aufgehen, aufsprossen lassen, ἀμβροσίην ἵπποις Il. 5. 777), ἀνα-τολή (ἀντολαὶ ἠελίοιο Od. 12. 4) Aufgang der Sonne, des Mondes, Trag. auch der Sterne; die Gegend des Aufgangs, der Morgen; ἐπι-τέλλω auferlegen, auf-tragen, anbefehlen (sublatum onus imponere Lob. Rhem. p. 115); intr. = ἀνατέλλω. — τέλ-ος (ους) n. das Aufgelegte = Zoll, Abgabe, Steuer; Ausgaben, Aufwand; in Athen das Vermögen des Bürgers und die ihm darnach zukommende Klasse, daher: Bürger-klasse, Stand, Rang = dem röm. census (τέλη λύειν = λυσιτελεῖν Oed. T. 316); εὐ-τελής wohl zu bestreiten = wohlfeil, von ge-ringem Werthe, gering, einfach; πολυ-τελής viel Aufwand ver-ursachend = kostbar, prachtvoll.

τολ. — τόλ-μα, τόλ-μη f. das Wagen = Wagniss, Muth, Kühnheit, Dreistigkeit; τολμά-ω, ion. τολμέ-ω wagen, sich erkühnen, aushalten, dulden; τολμη-τό-ς gewagt, zu wagen, τολμη-τή-ς (-τοῦ) m. Wagehals, τόλμη-σι-ς f., τόλμη-μα(τ) n. das Wagen, Wagniss, τολμη-ρό-ς kühn, τολμή-ει-ς, poet. τολμῆς, kühn, duldend, ausharrend (τολμήτ-ικό-ς id., Schol. Eur. Or. 1405); Τόλμ-αιο-ς Athener, Τολ-μίδη-ς dessen Sohn; παρά-τολμο-ς zur Unzeit kühn. — τολ-υ-π: τολ-ύ-π-η f. Knäuel (pensum), τολυπ-εύ-ω eig. abwickeln, abarbeiten = anspinnen, anzetteln (δόλους Od. 19. 137), Mühsames thun, verrichten, durchmachen (πόλεμον)[6]), τολυπευ-τ-ικό-ς zum Voll-bringen geschickt (Hes.).

τλα, τλη. — Verbalstamm ταλ, τλα: ertragen, erdulden, aus-harren; über sich nehmen, unternehmen; über sich gewinnen, ver-mögen (Aor. ϝ-τλη-ν, ep. τλῆ, τλῆ-μεν, 3. Pl. ἔ-τλα-ν; Opt. τλα-ίη-ν, Conj. τλῶ, Inf. τλῆ-ναι, Impt. τλῆ-ϑι, Part. τλά-ς; Fut. τλή-σομαι. dor. τλά-σομαι; Perf. mit Präsensbed. τέ-τλη-κα, 1. Pl. τέ-τλᾰ-μεν, Impt. τέ-τλᾰ-ϑι, Opt. τε-τλα-ίη-ν, Inf. τε-τλά-ναι, hom. τε-τλά-μεναι,

-μεν, Part. τε-τλη-ώς; vgl. pag. 293 ἐ-τάλα-σα)⁷); Verbaladj. τλη-τό-ς
duldend, ausharrend (θυμός Il. 24. 49); zu erdulden, erträglich;
ἄ-τλητο-ς unerträglich (ἄχος, πένθος Hom. nur Il. 9, 3. 19, 367),
ἀτλητέ-ω nicht ertragen können, ungeduldig sein (Soph. O. C. 515);
δύς-τλητο-ς schwer zu dulden, πολύ-τλητο-ς der vieles erduldet hat
(Hom. nur: γέροντες Od. 11. 38). — Part. τλά-ς: πολύ-τλας =
πολύτλητος. — Ἄ-τλας = Träger, der die Säulen hält, die den
Himmel und die Erde auseinanderhalten (Od. 1. 52: Ἄτλαντος
θυγάτηρ ὀλοόφρονος, ὅστε θαλάσσης πάσης βένθεα οἶδεν, ἔχει δέ τε
κίονας αὐτὸς μακράς, αἵ γαῖάν τε καὶ οὐρανὸν ἀμφὶς ἔχουσιν; vgl.
E. M. p. 164. 28: σημαίνει δὲ καὶ . . . ; τοῦ α κατ᾽ ἐπίτασιν, ἵν᾽
ᾖ ὁ μὴ τλῶν καὶ ἀνάγκῃ ποιῶν, ἀλλ᾽ ἑκουσίως φέρων καὶ οὐ κατὰ
κόλασιν)⁸). — τλη-: τλη-πάθεια f., -πάθημα(τ) n. erduldetes Unglück; Τλη-πόλεμο-ς Sohn des Herakles und der Astyoche (Asty-
dameia, Pind.); Sohn des Damastor; jener von Sarpedon, dieser
von Patroklos getödtet. — τλησι-: τλησί-μοχθο-ς, τλησί-πονο-ς m.
Mühsal, Arbeit ertragend. — τλῆ-σι-ς f. das Dulden; Unternehmen,
Wagen (τόλμα, θράσος Hes.). — τλή-μων (μον-ος) duldend, stand-
haft; tadelnd: verwegen, frech (Adv. τλημόν-ως); τλημο[ν|-σύνη f.
Duldsamkeit, Drangsal. — δ-τλο-ς (phonet. Vocalvorschlag) m.
Leid, Drangsal, Elend (μόχθος, κακοπάθεια Lex.) (Aesch. Sept. 18);
ὀτλέ-ω, ὀτλεύ-ω leiden, erdulden (bei spät. Dichtern); ὄτλη-μα(τ) n.
= ὄτλος (Hes.), ὀτλή-μων (ἄθλιος Hes.)⁹). — (ἀνα-τλα) ἀν-τλέ-ω
aushalten, ertragen; schöpfen, ausschöpfen¹⁰); ἄντλο-ς m. Kielwasser
(sentina), Schöpfgefäss, Schiffspumpe; ἀντλία f. Kielwasser; ἀντλη-
τή-ς (τοῦ), ἀντλη-τήρ (τῆρ-ος) m., ἀντλη-τήρ-ιο-ν (erg. ἀγγεῖον) n.
Schöpfgefäss; ἄντλη-σι-ς f., ἄντλη-μα(τ) n. das Schöpfen.

tal (gleichmachen). — **tāl-i-ö(n)** (vgl. *tāg: con-tāg-i-ōn*) f.
Gleichmachung, gleiche Wiedervergeltung (vgl. *si membrum rupit,
ni cum eo parit, talio esto.* XII tab. ap. Fest. p. 363)¹¹); *re-taliare*
wiedervergelten (*quod imprudentia factum est, retaliari per impru-
dentiam debet* Gell. 20. 1. 16).

tel. — (Vgl. τηλ-ία pag. 294) **tell-us** (*ūr-is*) f. Erd-fläche,
-boden, -körper; übertr. Land, Landschaft, Gegend¹²); person.
Tellus die Erde als ernährende Gottheit (ihr wurden am Feste der
Fordicidia, am 15. April, trächtige Kühe geopfert; *inde a vi fe-
minina dictam esse Tellurem, a masculina Tellumonem* Varro ap.
Aug. c. d. 7. 23), *Tellūr-u-s* = *Tellūmō(n)* (Marc. Cap. 1. 16);
tellus-ter zur Erde geh. (id. 7. 237); *mĕdĭ-tull-iu-m* n. Binnenland
(*meditullium dicitur quasi meditellium, ab eo, quod est tellus* Fest.
p. 92 L.).

tol. — (*tola-jo, tol-jo*; vgl. *τάλαιω in ταλαί-φρων, -μοχθος,
goth. *thulai-th* erduldet) **tol-lo**, *tollĕre*¹³) heben, aufheben, erheben;
mit dem Nebenbegriff des Entfernens: aufheben, weg-nehmen,
-führen, entfernen, vertilgen, vernichten; (*toll-ōn*) *toll-ĕn-ō(n)* m.

Schwungbalken (der durch die Bewegung eines Gewichtes niedergelassen und wieder emporgehoben wird; *suspensum et mutans
machinamentum* Tac. h. 4. 30); Schwengel, Brunnenschwengel (*tolleno
est genus machinae, quo trahitur aqua, alteram partem praegravante
pondere, dictus a tollendo* Plaut. ap. Fest. p. 274); (*tol-es, **tol-
ĕr-u-s,* · vgl. *gĕn-es, **gen-cr-u-s: gĕnĕrā-re*) **tŏl-ĕrā-re** ertragen,
aushalten, unterhalten; Part. *tolera-n-s* ertragend, duldend, *tolcrā-
tu-s* erträglich, gelind, *tolerant-ia*, *tolerā-ti-ō(n)* f. Ertragung, Er-
duldung; *tolcrā-bĭli-s* erträglich, leidlich (ausharrend, Ter. Heaut.
1. 2. 31), *tolerābili-tā-s* f. ἀνεκτότης Gloss.; *tŏlū-ti-m* (die Füsse auf-
hebend) trabend, im Trab, im Trott[14]), *tolut-āri-s*, *-āriu-s* im Tr.
gehend (*equus* Passgänger), *tŏlūti-loquentia* schnelles Reden (Naev.
ap. Non. p. 4. 7); *Tŏl-um-n-iu-s* (vgl. Τόλμ-αιο-ς) König der Ve-
jenter; ein Weissager bei den Rutulern[15]).

tul. — **tŭl-o** (*tĕ-tŭl-i* altlt.; dann *tŭl-i*) tragen (*tulat; tetuli*
Inc. fr. 25, *tetulisti* Acc. fr. 102. 116 R. Caec. fr. 75, *tetulit* Pall.
fr. 52; *a tulo quoque, quod veteribus in usu fuit, tetuli dicebatur*
Prisc. p. 896 P.); *abs-tulo* fortnehmen (*Plautus compositum efficit
in Rudente: „aulas abstulas", ut sit instans „abstulo".* Diom. 1.
p. 376. 21); *at-tulo* herbeibringen (*attulas* Naev. v. 87, *attulat* Pacuv.
v. 228); *su-s-tulo* (Diom. p. 369. 376. 378 P.); *Tul-lu-s* röm.
Vor- und Zuname in den *gentes Volcatia, Hostilia, Cloelia; Tull-
iu-s* röm. Familienbenennung (*Servius Tullius, M. T. Cicero* u. s. w.),
Tull-ia, Tulliŏ-la Tochter des Cicero (liebkosende Benennung); *ŏpi-
tŭlu-s* Hilfebringer, Helfer, Juppiter (Fest. p. 184), *opi-tŭlā-ri*
Hilfe bringen, helfen, *opitulā-tor* = *opitulus* (Fest. l. c. App. flor.
p. 353. 25), *opitulā-ti-ō(n)* f. Hilfeleistung (Arnob. 4. 129).

tln. — *tlā-tu-s (vgl. τλη-τό-ς) **lā-tu-s** getragen; *ē-latu-s, sub-
lā-tu-s* erhaben; Frequ. *lāti-tā-re* (*latitaverunt Cato posuit pro saepe
tulerunt* Paul. D. p. 121. 21); *lā-tor* (*tōr-is*) m. Antragsteller eines
Gesetzes (*legis, rogationis*), *lā-ti-ō(n)* f. das Tragen, Bringen; Vor-
schlagen, Mitstimmen.

B. Gl. 172b. — C. E. 220. 553. — F. W. 80. 450. 454. 1062. —
Leskien St. II. 114 f. — Siegismund St. V. 199. 14). — Zeyss KZ. XVII.
413 ff. — 1) Bezzenberger KZ. XXII. 357: „Beachtenswerth ist, dass
diese Wurzel (soweit ich sehen kann) in den iranischen Sprachen nirgends *l* zeigt". — 2) Leskien l. c.: *ταλασ-ο-ς; vgl. **κερασ-ο-ς κερα-ό-ς,
**ά-γηρασ-ο-ς ά-γήρα-ο-ς (ἀγήρως).* — 3) Vgl. Preller's Myth. I. p. 380.
— 4) Schaper KZ. XXII. 504. — 5) F. W. 80. — 6) C. E. 220: wahrscheinlich. — 7) C. V. I. 191. 48). — 8) Clemm St. VIII. 48. — C. E.
714: a phonet. Vocal. — Döderlein gloss. Hom. III. 276: ἀνά-τλας, ἄν-
τλας, Ἄ-τλας. — Das Wort wird verschieden übersetzt: „der Träger,
Verwegene, Trotzer, Dulder" (verschiedene Ansichten über den Atlas-
mythus und deren Widerlegung bringt namentlich Welcker Götterlehre
1. p. 748 ff.). — 9) C. E. 714. — 10) C. E. 220: „Benfey II. 258; gewiss
richtig nach Pott's Vorgang". — F. W. 423: *ankalo* schöpfend, ge-
schöpft; *anculare, anclare* (vgl. *ancus* pg. 3). — Osthoff KZ. XXIII. 86:

am versammeln: ἄμ-η, ἀμ-ά-ω, ἄν-τλο-ς. — 11) Brugman St. V. 234 ff.:
„Aug' um Auge, Zahn um Zahn" ist wie bei den Semiten so auch bei
unseren indogermanischen Völkern der primitivste Rechtssatz und der Aus-
gangspunct zugleich für alle weitere Entwickelung des Rechts (vgl. den
νόμος der Lokrer bei Demosth. κατὰ Τιμοκράτους §. 140: νόμος, ἐάν τις
ὀφθαλμὸν ἐκκόψῃ, ἀντεκκόψαι παρασχεῖν τὸν ἑαυτοῦ). — 12) F. W. 80.
— Corssen II. 149: tel-no Particip + Suff. fem. -ūs = urspr. -ǎs, -ǒs,
-ǔs, -ǐs; tell-ǔs die Erde als tragende und stützende Grundlage der
irdischen Dinge. — 13) C. V. I. 335; Et. 220: vielleicht mit Corssen B.
209 aus tol-jo. — 14) C. E. 220: „wohl aus tolö-tim von einem secun-
dären tolo-o = ταλά-ω. — 15) Bechstein St. VIII. 396.

***

TARK drehen == 1) **tar** + **k.** — Skr. **tark** vermuthen,
für etwas halten, nachsinnen u. s. w. (Weber: urspr. drehen; vgl.
torqueo) (PW. III. 272).

tark. — ἄ-τρακ-το-ς (ἄ = ἀμφ; vgl. ἄ-βολο-ς Umwurf) m.
Spindel; Pfeil (von der ähnlichen Gestalt; meist Tragg.), Demin.
ἀτράκτ-ιο-ν; ἀτρακτ-υλί-ς (ίδ-ος) f. distelartiges Gewächs, das man
zu Spindeln brauchte; ἀτρακτο-ειδής spindelartig. — ἀ-τρεκ-ής
(Adv. -έως; späte Gramm. ἀ-τρεχ-; νη-τρεκ-έως Lykophr. 2) unverdreht, unumwunden, wahrhaft, in Wahrheit (Adv. bei Hom.
mit ἀγορεύειν, καταλέγειν, μαντεύεσθαι verbunden)[1]); ἀτρέκ-ε[σ]-ια
(ion. -ηίη, -ίη) f. Zuverlässigkeit, wahrer Sachverhalt (person.
νέμει γὰρ Ἀτρέκεια πόλιν Λοκρῶν Ζεφυρίων Pind. O. 11. 13). —
εὐ-τρόσσ-ε-σθαι (wohl = εὐ τρόσσεσθαι d. i. τροκ-je-σθαι)· ἐπιστρέ-
φεσθαι. Πάφιοι (Hes.). — ταργ-άνη, σαργ-άνη f. Geflecht, Flechtwerk, Seil[2]) (ταργάναι· πλοκαί, συνδέσεις. τεταργανωμέναι· ἐμπεπλεγ-
μέναι Hes.) (κ zu γ; vgl. C. E. 522 f.).

tarp wenden, drehen; keltern, treten, stampfen[3]).
ταρπ, τραπ. — Ἀ-ταρπ-ώ == Ἄτροπος (Schol. Od. 7. 197);
ἀ-ταρπ-ό-ς, ἀ-ταρπ-ιτό-ς (Hom. 4mal), att. ἀ-τραπ-ό-ς, ἀ-τραπ-ι-
τό-ς (Hom. nur Od. 13. 195) „der betretene" Pfad, Fusssteig (ἀ
copulat.)[4]). — τε-τάρπ-ε-το· ἐτρέπετο (Hes.). — τράπω ion. ==
τρέπω; s. pag. 298 (Impf. τράπ-εσκον, Aor. ἐπ-έ-τραψα, Fut. ἐπι-
τράψομαι, Aor. ἐ-τάρφ-θη-ν Od. 15. 80 med. Bedtg.), Verbaladj. τραπ-
η-τ-έο-ς. — τραπ-έ-ω mittelst der Drehkelter auspressen, keltern,
Trauben treten (τραπεῖν· ληνοπατεῖν Hes.; das Simplex nur Hom.
Od. 7. 125 τραπέουσι und Hes. Sc. 301; aber ἐπι-τραπέω zuwenden,
überlassen, Il. 10. 421)[5]); τραπη-τό-ς ausgekeltert (οἶνος Most,
Hes.), τραπη-τή-ς m. Kelterer (πατητής Hes.) [trăpētu-m; trăpētu-s;
trape-s, Gen. trapē-t-is Olivenkelter, Oelpresse sind Lehnwörter].
— εὐ-τράπ-ε-λο-ς beweglich, gewandt (Schol. ad Thuk. 2. 41:
εὐκινήτως, ἐνδεξίως), εὐτραπελ-ία f. das Wesen und Betragen des
εὐτράπελος (ἡ εὐτραπέλεια πεπαιδευμένη ὕβρις ἐστίν Aristot. rhet.
2. 12). — τράπ-ηξ (ηκ-ος) (τράφηξ) m. Dreh-, Wende-balken,
Pfahl, Pfosten[6]).

τερπ, τρεπ. — τερπώμεϑα· τρεπώμεϑα Hes. — τρέπ-ω, ion. τράπ-ω pag. 297 (vgl. τραπέω, τροπέω, τρωπάω), drehen, wenden, kehren, lenken, richten, Med. sich drehen u. s. w. = sich ändern, wechseln (Fut. τρέψω, Aor. ἔ-τρεψα, τρέψα; ἔ-τραπ-ον, τράπ-ον nur Hom.; Perf. τέ-τροφ-α, τέ-τραφ-α, τέ-τραμ-μαι, 3. Pl. τε-τράφ-α-ται; Aor. P. ἐ-τρέφ-ϑη-ν, ἐ-τράπ-ή-ν)[7].

τροπ. — τροπ-έ-ω, poet. Nbf. von τρέπω (nur Impf. τρόπεον ὄχεα Il. 18. 244); ep. Nbf. τρωπ-ά-ω; Iterativform des Imperf. τρωπάσκετο (Il. 11. 568). — τρόπ-ο-ς m. Wendung; meist: Art und Weise, Gebrauch, Sitte, Charakter (meist Pl.); musik.: Tonart; rhetor.: der umgewandte, uneigentliche, figürliche Ausdruck (*est igitur tropos sermo a naturali et principali significatione translatus ad aliam ornandae orationis gratia, vel, ut plerique grammatici finiunt, dictio ab eo loco, in quo propria est, translata in eum, in quo propria non est* Quint. 9. 1. 4); τροπό-ω wenden. — τροπ-ό-ς m. ein gedrehter lederner Riemen, mit dem das Ruder an dem Pflocke festgebunden war, „Stropp" (Od. 4, 782. 8, 53) (bei Späteren = τράπηξ), τροπό-ω das Ruder mit dem Ruderriemen anbinden; τροπωτήρ (τῆρ-ος) m. = τροπός. — τροπ-ή f. das Umwenden, Umkehren (τροπαὶ ἠελίοιο Sonnenwende, Od. 15. 404), das Umkehren des Feindes zur Flucht, das Schlagen in die Flucht; Wendung, Wechsel, Veränderung; τροπα-ῖο-ς zur Wendung u. s. w. geh. (ϑεοὶ τρ. die den Feind in die Flucht gewendet); passiv: abgewendet (Eur. El. 467); τροπαῖο-ν ion. altatt., τρόπαιο-ν, Adj. als Subst. n. Fluchtdenkmal (wo die Feinde in die Flucht geschlagen wurden), Siegeszeichen, Tropäe. — τροπαία (erg. πνόη) f. wiederkehrender Wind, Wechselwind, bes. von der See nach dem Lande wehend (Ggs. ἀπογαία), = τροπή (Aeschyl.). — τροπ-ία-ς m. umgeschlagener oder verdorbener Wein. — τροπ-ικό-ς zur Wende geh. (κύκλος τρ. Wendekreis); rhet. tropisch, figürlich. — τρόπ-ηξ (ηκ-ος) m. Rudergriff, Ruder (vgl. τράπηξ). — τρόπ-ι-ς (Gen. ι-ος, später ιδ-ος, εως) f. Kielbalken, Schiffskiel, Dem. τροπιδ-εῖο-ν; τροπίζω mit einem Kiel versehen. — τροπ-ηλί-ς, dor. τροπ-ᾱλί-ς (ιδ-ος) f. Bündel; τροπαλίζω, -ισ-μό-ς (Hes.) = τρέπω, τροπή. — Ἄ-τροπ-ο-ς = die Unabwendbare, eine der 3 Parzen (Hes. Th. 259); πολύ-τροπο-ς = vielwendig, vielgewandt (*versatus*), verschlagen (Beiw. des .Odysseus, Od. 1. 1)[8].

(τάρπ, τύρπ, τῦρπ) τρῦπ[9]). — τρῦπ-α, τρύπ-η f. Loch (das Gedrehte, Gebohrte); τρῦπά-ω drehen, bohren, durchbohren (Opt. τρυπῷ Od. 9. 384); τρυπη-τή-ς (τοῦ) m. der Bohrende, τρυπη-τήρ (τῆρ-ος) m. ein durchlöchertes Gefäss; τρύπη-σι-ς f. das Bohren, τρύπη-μα(τ) n. das Gebohrte = τρύπη; Bohrspäne; τρύπ-ανο-ν n. (τρυπάνη Hes.) der grosse Bohrer der Tischler und Zimmerleute, „Drellbohrer" (Od. 9. 385) (vgl. τέρετρον); chirurg. Instrument zum Trepaniren, Durchbohren der Hirnschale; Demin. τρυπάν-ιο-ν; τρυπαν-ία der durch den Bohrergriff gezogene Riemen (Poll. 10. 146); τρυπανίζω = τρυπάω (τρυπάνῳ πλήττειν Hes.). — τρυφ (π = φ; vgl. C. E. 491 ff.): τρυφ-ή f. eig. Aufreibung = Weichlichkeit, Ueppigkeit, Schwelgerei; bei Sp. Schwächlichkeit, Zerbrechlichkeit; τρυφά-ω weichlich, üppig leben, schwelgen, τρυφη-τ-ικό-ς = τρυφερός, τρυφη-τή-ς (-τοῦ), -τ-ιά-ς m. Schwelger, Weichling, Wollüstling, Desid. τρυφητιά-ω habe Lust zu schwelgen; τρῦφ-ερό-ς (selten poet. τρυφ-ηλό-ς) weichlich, üppig, schwelgerisch; schwächlich, zerbrechlich, morsch; τρυφερ-ία (Rufus), τρυφερό-τη-ς (τητ-ος) f. = τρυφή, τρυφερ-εύ-ο-μαι, τρυφερ-αίνομαι verweichlicht werden. — τρύφ-ος n. das Abgebrochene, Bruchstück, Stück (Od. 4. 508), Demin. τρυφ-αλί-ς (ίδ-ος) f. — (τρυφ-τ-ω) θρύπ-τ-ω (vgl. ταφ: θάπ-τ-ω) (Präsens von Aeschylus an: διαθρυπτόμενον Aesch. Prom. 891) [19]) zerreiben, zerbröckeln, zerbrechen; übertr. aufreiben, schwächen, entkräften; intrans. kraftlos, weichlich sein (Fut. θρύψω, Aor. ἐ-τρύφ-η-ν, sehr spät ἐ-θρύβ-η-ν, ἐ-θρύφ-θη-ν); θρυπ-τ-ικό-ς zerreibend, übertr. weichlich u. s. w., θρυψικό-ς (τρυφερός, μαλακός Hes.). — θρύμ-μα(τ) n. = τρύφος, θρυμματ-ί-ς (ίδ-ος) f. eine Art Kuchen.

(ταρπ, τιρπ, τιρβ) τρίβ[11]). — τρίβ-ω reiben, abreiben, aufreiben; übertr. entkräften, schwächen; treiben, üben; zögern, zaudern, verweilen (Fut. τρίψω, Aor. ἔ-τριψα, Inf. τρῖψαι, Perf. τέτριφ-α, τέ-τριμ-μαι, Aor. Pass. ἐ-τρίβ-η-ν, ἐ-τρίφ-θη-ν, Fut. τρίβ-ή-σο-μαι); τριβ-ή f. das Reiben; übertr. das Betreiben, die Uebung; Zögern, Aufschub, Verweilung, Zeitvertreib; τρίβ-ο-ς f. (m.) = τριβή; (ein durch vieles Gehen abgeriebener) vielbetretener Fusssteig; die Landstrasse; τρίβ-ων (ων-ος) m. abgeriebenes, abgetragenes Kleid (bes. der abgeschabte Mantel der Spartaner, später der Philosophen, endlich der Mönche); Adj. geübt, kundig, Demin. τριβ-ών-ιο-ν, -άριο-ν u., τριβων-ώδης mantelartig; τριβ-εύ-ς m. Reiber; Ueberzug im Loche, an dem die drehende Welle sich reibt.

tark. — **torqu-ēre** (tor-si) drehen, wenden, schwingen, schleudern; verdrehen, foltern, martern (= die Glieder auf der Folter verdrehen); Part. tor-tu-s gedreht, gewunden, übertr. verfänglich, zweifelhaft (Subst. tortu-m n. Gewundenes = Strick, Seil) (artus torto distraham Pacuv. ap. Non. p. 179. 16); tor-ta f., tortŭ-la f. gewundenes, feines Geback, Torte (Vulg.); tor-tu-s (tūs) m. Drehen, Winden, Krümmung, Riegel, Kreis, tortu-ōsu-s voll Windungen, übertr. verwickelt, verworren, tortuosi-tā-s f. Windung, Winkelzug (Tert.); tor-tor (tōr-is) m. Schleuderer (Balcaris tortor habenac Luc. 3. 710), Folterknecht (carnifex); tor-tūr-a f. Marter, Qual, Plage; tor-ti-ō(n) (torsio Vulg.) f. id.; tor-tĭ-li-s gedreht, gewunden; Frequ. tor-tā-re; tor-men (mĭn-is) n. Pein, Qual; meist Pl. Grimmen, Leibschneiden, Kolik (δυσεντερία), tormin-āli-s zur Kolik gehörig, tormin-ōsu-s an der Kolik leidend; tor-men-tu-m n.

Werkzeug zum Drehen u. s. w.: Strick, Seil, Folter, übertr. =
tortura; Werkzeug zum Schleudern, Schleuder-, Wurf-maschine,
grobes Geschütz, das daraus geschleuderte Geschoss. — *torqu-i-s*
(c-s) m. f. Kette, Ringel, Guirlande, Wirbel; *torc-ŭl-u-m*, -ar n.
Presse, Kelter, *torculū-re* keltern, *torculā-tor* == *calcator*, λφνοβά-
της Gloss. — **nas-turc-iu-m** n. (Nasen-pein) dreiblättrige Kresse,
κάρδαμον (*quod nasum torqueat* Varr. Non. p. 7. G.)[12]).

(*tark, tirk*) *tric:* **tric-ae** f. Windungen, Verwickelungen,
Schwierigkeiten, Ränke, Widerwärtigkeiten (*tricae sunt impedimenta
et implicationes et intricare impedire, morari* Non. p. 5. Gerl.),
tricā-ri Schwierigkeiten machen, Ausflüchte suchen, sich nicht deutlich erklären; *ex-tricare* (-ari Plaut. Epid. 1. 2. 49) heraus-winden,
-wickeln; auftreiben, zu Stande bringen; *in-tricare* verwickeln, verwirren (vgl. franz. *intrigue, intriguer*).

(*tark, turk*) *truc* bersten, brechen, reissen: **tru-n-c-u-s** (*truncus* Lucr. 1. 354) zerbrochen, verstümmelt, abgehauen; Subst. m.
Rumpf, Stumpf, Klotz[13]); Demin. *truncŭ-lu-s; truncā-re* verstümmeln,
abhauen, beschneiden; *truncā-ti-ō(n)* f. das verstümmelnde Abhauen
(Cod. Th.).

tarp[3]).

trĕp: trĕp-i-t (*vertit, unde trepido et trepidatio, quia turba-
tione mens vertitur* Fest. p. 367); **trĕp-i-du-s** (trippelnd aus Geschäftigkeit oder Furcht ==) hastig, unruhig, ängstlich (übertr.
res trepidae Angst und Noth), Demin. *trepidŭ-lus* (Gell. 2. 29. 8),
trepidā-re trippeln, hastig u. s. w. hin- und herlaufen, in Unruhe
sein, ängstlich fürchten, beben, *trepidā-ti-ō(n)* f. hastiges Laufen,
ängstliche Unruhe, Angst, Beben. — *tarp* sich abwenden, sich
schämen (Skr. *trap* verlegen werden, sich schämen PW. III. 413);
turp-i-s schändlich, schmählich, schimpflich, hässlich[14]), Demin.
turpĭ-cŭlu-s; turpi-tŭ-d-o (*in-is*) f. Schändlichkeit u. s. w., (**turpu-s*)
turpā-re schänden, beschimpfen, entehren, hässlich machen, besudeln, beflecken.

tarp == *tarb:* **trăb-e-s** (alt, Neue I. 135), *trab-s* (*trăb-i-s*)
f. Balken[15]) (== τράπ-ηξ, τράφ-ηξ[16]), Gebälk, Dachstuhl, Dach,
daher: Haus, Demin. *trabĕ-cŭla* f.; *trăbĭ-ca* (erg. *navis*) Floss (Pacuv.
fr. 406 R.); *trăb-āria* (erg. *navis*) id. (Isid. or. 19. 1. 27), *trab-
āli-s* zu den Balken geh., balken-artig, -stark. — *Trĕb-ia* (in Umbrien, j. *Trevi*); *Trĕb-ŭ-la* (*Mutusca, Suffina* im Sabin.; in Campanien, j. *Maddaloni*); *Trĕb-iu-s, Trĕb-ōn-iu-s.*

B. Gl. 174 b. — Corssen I. 502; B. 50. — C. E. 461 f.; KZ. III. 409.
— F. W. 79. 363. 365; Spr. 97 f. 187. 325 f. 328. — Meyer St. VII.
180 ff. — Siegismund St. V. 150. 20). — 1) Schweizer KZ. XI. 78. —
So auch Döderlein N. 655. 2467: „unverdreht". — 2) C. E. 384: Pictet
II. 171 vielleicht mit Recht zu W. *starg stringere.* — 3) Ueber urspr.
k == *p* vgl. C. E. 448 ff. — 4) Andere von τρέπω wenden; z. B. Lobeck
Path. El. I. 38: *callis devia et ἀποτετραμμένη, i. e. diversa a via publica.* —

Nach Eustath. ά privat.: στενή, καθ᾽ ἣν οὐκ ἔστιν ἐκτραπῆναι. — 5) C.
V. I. 387. 22). — 6) F. W. 365. 453: *trapi* Balken (altn. *thref, thraf-ni*).
— 7) F. W. 82 trennt τρέπω ohne ersichtlichen Grund von *tark:* „nicht
mit europ. *tark* drehen zu confundiren". (Vgl. oben Skr. *tark*.) —
8) Döderlein n. 666: „der sich viel hin- und hergewendet, herumgetrieben
hat, vielgewandert, vielgereist". — 9) B. Gl. 176b. — C. E. 222. —
Delbrück St. Ib. 136. — F. W. 84: *trup* zerschlagen, zerbrechen, zerbröckeln. — 10) C. V. I. 236. 7). -- 11) C. E. 222; C. V. I. 226. 6). —
Siegismund St. V. 182. 120). 188. 8). — 12) Corssen I. 433. — 13) F. W.
366; Spr. l. c. — Corssen N. 119: *sta-r: truncus* Stummel. — Legerlotz KZ. VII. 66: *tarh* wachsen = *truc-nu-s; a* zu *u* wegen *n.* —
14) Corssen II. 164. — 15) Vgl. Anm. 6. — Corssen I. 569 f.: *trab*
festigen, fügen, bauen [das PW. III. 281 kennt nur *tarb* gehen]. —
16) Lottner KZ. VII. 178.

---

1) TARG nagen, knuppern = 1) **tar + g.**

τραγ. — τράγ-ο-ς m. Bock (Hom. nur Od. 9. 239); übertr.
Bocksgeruch, Geilheit (τράγανο-ς Medic.); ein kleiner Seefisch; eine
Graupenart; Name mehrerer Pflanzen; Demin. τραγίσκο-ς m.; τράγ-
αινα f. eine unfruchtbare Ziege (Arist. g. a. 4. 4); τράγ-ειο-ς, -εο-ς,
-ινο-ς vom Bocke, ihm geh.; τράγ-ιο-ν, τραγ-εῖο-ν n. eine Pflanze
mit Bocksgeruch (Diosc.). — τραγ-ικό-c bockig, bocksartig; meist:
tragisch (siehe τραγωδία W. *vad* singen), der Tragödie eigen, ihr
angemessen; übertr. in erhabenen Worten ausgedrückt, grossartig;
tadelnd: schwülstig; leidenschaftlich; τραγικ-εύ-ο-μαι sich tragisch
geberden, tragisch sprechen; τραγικ-ώδης dem Tragischen ähnlich.
— τραγ-ά-ω 1) bocken = wie ein Bock stinken, geil sein; 2) von
Pflanzen: geil in's Laub schiessen, ohne Frucht anzusetzen. —
τραγί-ζω = τραγάω 1). — (Zu τρώγω, s. τρωγ:) Aor. ἔ-τράγ-ο-ν,
Pass. ἐ-τράγ-η-ν[1]). — τραγ-ε: τράγη-μα(τ) n. Knupperwerk zum
Nachtisch (Nüsse, Mandeln, Zuckerwerk, *dragées*), meist Pl., τραγη-
ματ-ίζω, meist -όμαι, Naschwerk essen, naschen, τραγηματι-σ-μό-ς
m. das Essen von Naschwerk.

τρωγ. — τρώγ-ω (schon Hom. Od. 6. 90; Fut. τρώξονται
Arist. Acharn. 806; Aor. selten ἔ-τρωξα, s. τραγ) nagen, knup-
pern, essen, fressen[1]); Verbaladj. τρωκ-τό-ς benagt, roh gegessen
(τὰ τρωκτά Nachtisch; ἄλσος ἡμέρων δένδρων ὅσα ἐστὶ τρωκτὰ ὡραῖα
Xen. An. 5. 3. 12; dazu Suidas: τρωκτὰ· τὰ κατακτὰ τῶν ὀπωρῶν
[die Knackfrüchte], οἷον κάρυα καὶ βάλανοι); τρώξ (τρωγ-ός) m.
Nager, Fresser, = τρώγλη Hes.; τρωξ-αλλί-ς (ίδ-ος) f. nagendes
Ungeziefer, Raupen; Τρωξ-άρτης (-αο) Brotnager, kom. Mausename
(Batr. 28. 104. 109. 253); τρώκ-τη-c m. Nager, Näscher, hom.
Beiwort der schlauen phönizischen Kaufleute, die auf Gewinn ausgehen (Od. 14, 289. 15, 416; wozu Schol. πανοῦργος, κακοῦργος,
ἀπατεών, φιλοχρήματος); ein Meerfisch mit scharfem Gebiss =
ἀμία, eine Art Thunfisch (Ael. h. a. 1. 5); (τρωγ-τι-) τρώξι-c f.
das Nagen, Essen, τρώξι-μο-ς zu benagen, essbar; τρωγ-άλιο-ς id.

(Hes.), τρωγ-άλια n. Pl. == τραγήματα. — τρώγ-λη (*targ* == bohren) f. Loch, Höhle; τρωγλ-*ί*-τη-ς m. die in Sandlöchern wohnende Uferschwalbe; τρωγλῖτι-ς f. eine Art Myrrhe; τρωγλο-ειδής höhlenartig. Lehnwort: *tructa* f. (Isid. or. 12. 6), *tructu-s* m. (Plin. Val. 5. 43) == τρώκτης eine Art Forelle.

C. E. 462. — Siegismund St. V. 153. 24). — 1) C. V. I. 224. 12).

***

2) TARG drohen, hart anfahren, schmähen[1]). — Skr. **targ´** 1) drohen, 2) hart anfahren, schmähen, 3) erschrecken, in Angst versetzen, 4) verhöhnen, verspotten (PW. III. 275).

ταργ. — (ταργ-αν) ταργ-αίνω· ταράσσω Hes.; τάργ-ανο-ν n. (urspr. das Rauhe, Unmilde) == trübe gewordener Wein, Essig, Nachwein (ταρακτόν E. M.) (vgl. *cultura quoque torva fiunt vina* Plin. 17. 23); ταργανό-ω durcheinanderrühren (οἶνος τεταργανωμένος Plat. Com.: getrübter Wein)[2]).

ταρβ[3]). — τάρβ-ος (ε-ος) n. (τάρβ-η f. Suid.) Schrecken, Furcht, Scheu (Hom. nur Il. 24. 152. 181); ταρβέ-ω (ταρβύζω Hes.) erschrecken, furchtsam sein, scheuen; ταρβ-αλέο-ς erschrocken, furchtsam; ταρβο-σύνη == τάρβος (nur Od. 18. 452), ταρβόσυνο-ς == ταρβαλέος (Aesch. Sep. 222).

targ. — (*torg-vu-s*) **tor-vu-s** schrecklich, grässlich, grimmig, wild, widerlich; rauh, unmild, herb, sauer (im guten Sinne Statius von Vergilius: *Maro torvus* == ehrwürdig, Respect einflössend); *torvĭ-dus* id. (Arnob. 6. 10); *torvi-tā-s* (*tāti-s*) f. Schrecklichkeit, Grässlichkeit u. s. w.

C. E. 473. — F. W. 79 f. — Froehde KZ. XIII. 453 f. — Kuhn KZ. XIII. 454. — 1) F. W. l. c.: *tar:* durchbohrend, scharf, heftig, grässlich; also == *tar* + *g.* — 2) Gegen diese lautlich und begrifflich annehmbare Zusammenstellung (Froehde l. c.) ist Curtius l. c. („werden wir lieber bei Seite lassen"). — 3) Ueber den Uebergang von ursprüngl. *g* in *b* vgl. C. E. 465 ff.

***

TARGH == 1) **tar** + **gh** bewegen == aufregen, verwirren; sich bewegen == eilen, laufen.

1) Aufregen, verwirren: ταρχ, τραχ, τ-α-ραχ[1]).

ταρχ: τάρχ-η· ταραχή Hes. τάρχ-ανον, τέρχ-ανο-ν· πένθος, κῆδος Hes. ταρχαίνειν· ταράσσειν Hes.

τραχ. — (τραχ-jω) θράσσω, θράττω, ion. θρήττω (vgl. τριχ, θρίξ) beunruhigen (Aor. ἔ-θραξα); Perf. τέ-τρηχ-α bin in Aufregung, Verwirrung[2]). — τρᾱχ-ύ-ς, ion. ep. τρηχ-ύ-ς, aufgeregt == heftig, zornig, wild; übertr. auf Gegenden: wild, rauh, schroff; τρᾱχύ-τη-ς (τητ-ος) f. Rauhheit, Härte; τρᾱχύ-νω zornig, wild machen; rauh, uneben machen, τραχυν-τ-ικό-ς zornig u. s. w. machend; τρᾱχυ·σ-μό-ς

m. das Rauhmachen (Hippocr.), τράχυ-σ-μα(τ) n. = τραχύτης; τραχ-ό-ω = τραχύνω (Jos.); τράχω-μα(τ) n. Rauhheit (Med.), τραχωματ-ικό-ς die R. betreffend, sie heilend; τραχ-ών (ῶν-ος) m. rauhe Gegend (D. Hal. 17. 5). — (?)Θρᾱκ-ες, ion. Θρήϊκ-ες, Θρῆκ-ες (mit vertauschter Aspirata) = die Rauhen oder die Gebirgsstämme[3]), Thraker (Hilfsvölker der Troer); fem. (Θρακ-ja) Θρᾷσσα, att. Θρᾷττα, ion. Θρῇσσα, Θρηΐσσα[4]); Θράκ-ιο-ς, ion. Θρήϊκ-, Θρηΐκ-ιο-ς thrakisch. τ-α-ραχ. — ταραχ-ή f., τάραχ-ο-c m. Aufregung, Verwirrung, Bestürzung; (ταραχ-jω) ταράσσω, att. ταράττω, aufregen, verwirren, bestürzt machen (Fut. ταράξω, Med. ταράξομαι in pass. Bedeutung Thuk. 7. 36, Xen. Cyr. 6. 1. 43); Verbaladj. ταρακ-τό-ς beunruhigt, verwirrt, ταρακτ-ικό-ς beunruhigend, verwirrend (τῆς γαστρός den Durchfall bewirkend, Medic.); ταράκ-τη-ς (τον), poet. ταράκ-των (τορ-ος) Aesch. Sept. 554, ταραξία-ς (Suid.) Verwirrer; (ταρακτι-) τάραξι-ς f. = ταραχή; τάρακ-τρο-ν ein Geräth zum Umrühren, Rührkelle (καὶ κύκηθρον καὶ τάρακτρον Aristoph. Pax 654); ταραγμό-ς m., τάραγ-μα(τ) n. (Eur. Her. Fur. 1091) = τάραξις; ταραχ-ώδης von unruhiger Art, verwirrt, zornig, schreckend; βορβορο-τάραξι (Vocat.) Pape W.: Schlammaufrührer, Wirbelkopf (Arist. Equ. 309)[5]). — θ-α-λαχ: (ϑ-α-λαχ-ja) θ-ά-λασσα, att. θάλαττα (kret. ϑάλαϑϑα) f. Meer (von der unruhigen Bewegung, das erregte, wilde) (δάλάγχαν· ϑάλασσαν [maked.?]. δάξα· ϑάλασσα. Ἠπειρῶται Hes.); ϑαλάσσ-ιο-ς, -ειο-ς, -αῖο-ς, -ίϑιο-ς aus, von dem Meer, zum Meer geh., ϑαλασσ-ία eine Pflanze (Diosc.); ϑαλασσό-ω zum Meer machen, überschwemmen; vom Wein: mit Meerwasser vermischen (auch οἶνος ϑαλασσ-ία-ς, -ίτη-ς), ϑαλάσσω-σι-ς f. Meerüberschwemmung (Philo); ϑαλασσίζω Meerwasser haben, nach Meerw. schmecken; ϑαλασσ-εύ-ς m. Fischer (Hes.), ϑαλασσεύ-ω sich auf dem M. aufhalten, im M. sein, ϑαλασσο-ειδής, ϑαλασσ-ώδης meerähnlich.

2) Eilen, laufen: τραχ, τρεχ, τροχ[6]).

τρεχ: τρέχ-ω, dor. τράχω laufen (Fut. ϑρέξ-ω, -ομαι, Aor. ἔ-ϑρεξα poet., hom. nur: ϑρέξασκον Il. 18. 599, 602; ἐπι-ϑρέξαντος Il. 13. 409).

τροχ: τρόχ-ο-c m. Lauf, Kreislauf; Laufplatz, Kreisbahn (τροχή id. Hes.); τροχ-ό-c m. Läufer; gew. kreis- oder scheibenförmig Gerundetes = Kreis, Scheibe, Rad; runde Einfassung; Ringmauer (τρόχωμα E. M.), Demin. τροχ-ίσκο-ς (auch Seifenkugel, Pille), τροχίσκ-ιο-ν; τροχ-αῖο-ς laufend, schnell, meist metrisch: ὁ τρ. erg. πούς _ ᴗ, der Trochäus, auch χορεῖος (= Geschwindmarsch, Suid.), τροχαϊ-κό-ς trochäisch; τροχ-ιό-ς schnell, im Kreise laufend, rund, davon als Subst. f. τροχ-ιά Lauf, Geleis, Rundung; τρόχ-ι-c m. Läufer, Bote, Diener; τροχά-δην laufend, im Lauf; ἐπι-τροχά-δην (ἀγορεύειν Il. 3. 213. Od. 18. 26) nach Art eines ἐπίτροχος, eines darüber hineilenden[7]) (Schol. παρατρέχων τὰ πολλὰ καὶ τὰ ὲxαίρια μόνον λέγων); τροχ-ά-ς (ἀδ-ος) f. ein Rennschuh (σανδάλια ἀπὸ αἰγείου δέρματος Hes.); (τροχαδ-jω) τροχάζω, Nbf. τρυχάω = τρέχω (ἀματροχόων, ep. zerdehnt st. -ῶν, Od. 15. 451); τρόχας-μα(τ) n. Renn-, Eilwagen; (τροχ-ιδ) τροχίζω auf dem Rade umdrehen, martern, rädern, intrans. im Kreise umlaufen; (τροχ-αν) τροχ-αν-τήρ (τῆρ-ος) m. Laufer, Hüftknochen am Kopfe, ein Marterwerkzeug; τροχ-ερό-ς schnell, umlaufend; τροχ-αλό-ς laufend, schnell, flink, hurtig, rund; τροχαλ-ία f. ein runder Körper: Cylinder, Walze, Haspel, Winde (auch τροχιλ-ία, -αία, τροχηλ-ία, -ία), τροχαλ-εῖο-ν n. Kreis, Kugel, τροχαλί-ζω wälzen, rollen; τρόχ-ιλο-ς (τροχ-ῖλο-ς, -ίλο-ς) m. Strandläufer, ein kleiner geschwind laufender Vogel, am Wasser lebend, wahrsch. eine Kibitzart (charadrius monocephalus) (vgl. Her. 2. 68); Goldhähnchen, Zaunkönig (Plin. 8. 25); τρόχ-μαλο-ς (erg. λίθος) ein runder, vom Wasser glatt geriebener Stein; Pl. ein Haufen solcher Steine; (τροχο-ϝεντ-) τροχό-ει-ς gerundet (μόλιβδος Bleistift); τροχο-ειδής, τροχ-ώδης rad-, kreis-förmig, rund; τροχαλι-ώδης von der Art, Gestalt eines Cylinders u. s. w.

τραχ beweglich sein: τράχ-ηλο-ς m. Hals, Nacken (von seiner Beweglichkeit); der oberste Theil der Purpurschnecke (trachali appellantur muricum ac purpurae superiores partes. Unde Ariminenses, maritimi homines, cognomen traxerunt Trachali Paul. D. p. 367. 3; auch der Bein. der Galerii, Gruter. inscr. 300. 1); der mittlere Theil des Mastes; τραχήλ-ια n. Pl. ein Stück Fleisch vom Halse; τραχηλι-αῖο-ς vom, am H., den H. betreffend; τραχηλιά-ω den Nacken stolz gehoben tragen, stolz einhergehen; τραχηλί-ζω den Hals beim Schlachten umbiegen, daher überh. entblössen, öffnen; beim Halse fassen und ringen; τραχηλι-σ-μό-ς m. das Umbiegen des H.; τραχᾶλᾶ-ς (ντ-ο-ς) dorisch, Bein. Constantin des Grossen = mit starkem oder stolz gehobenem Nacken (ὁ παχὺς ἅμα καὶ εὐμήκης θυμικὸν ἄνδρα καὶ μεγάλαυχον καὶ αὐθάδη σημαίνει Ptolem. physiogn.).

tragh. — **träh-ĕ-re** (traxi, trac-tu-s) bewegen, ἄγειν καὶ φέρειν = ziehen, schleppen, mit sich führen, verziehen, hinziehen[8]); träh-a, -ea f. Schleife (eine mit Stein oder Eisen gezackte Bohle ohne Räder, von Lastthieren über die Aehren gezogen, um das reine Korn zu gewinnen), trah-ārin-s m. Schleifenknecht; träh-ax (āci-s) gern an sich ziehend (procax, rapax, trahax Plaut. Pers. 3. 3. 6); Part. trac-tu-s in Einem fortgehend, fliessend (von der Rede); als Subst. n. f. trac-tu-m, trac-ta in die Länge Gezogenes = gezogene Spinnerwolle; ein dünner Kuchenteig (λάγανον); trac-tu-s (tūs) m. Ziehen, Zug, Strich, Landstrich; Hinziehen, Ausdehnung, Gedehntheit, tractu-ōsu-s zerrig, zäh; trac-ti-m ziehend, zugweise, gezogen, gedehnt; trac-t-ĭc-iu-s gezogen, geschleppt; tractōr-iu-s zum Ziehen geh., Subst. n. (machinarum genus) Zieh- oder Hebemaschine; trac-tūra f. Ziehen; trac-tĭ-li-s ἑλκυστός (Gloss.). —

Frequ. **trac-tā-re** herumziehen, zerren, schleifen; belasten, berühren, handhaben, behandeln, abhandeln, vornehmen; *tractā-tu-s* (*tūs*) m. Behandlung, Abhandlung (Predigt, Homilie, August.), *tractā-ti-ō*(*n*) f. Bearbeitung, Behandlung, Betreibung, *tractā-tor* (*tōr-is*) m. der Behandelnde, *tractātōr-iu-m* n. Sitzungssaal; *tractābili-s* betastbar, behandelbar, nachgiebig, geschmeidig, *tractābīlĭ-tā-s* (*tāti-s*) f. Geschmeidigkeit; Compos. *-tracto*, *-trecto: at-trecto* antasten, *de-tracto*, *-trecto* ablehnen, *ob-tractat* (*contra sententiam tractat* Fest. p. 187) u. s. w. — **trāg-ŭ-la** f. Fischernetz; = *traha;* ein Wurfspiess der Gallier und Hispanier (*genus teli dicta, quod scuto infixo trahatur* Paul.; *tragula est hasta* Non. Marc. p. 553), wurde gewöhnlich mit einem Riemen (*armentum*) geworfen.

targh. — **terg-u-m** (vgl. τράχ-ηλο-ς), *terg-us* (*ōr-is*) n. (*familiarem tergum* m. Plaut. As. 2. 2. 53) Rücken, Rückseite, Fläche; Rückenbedeckung = Haut, Fell, Leder; *terg-inu-m* n. Fell, Leder; *terg-illa* f. Schweinshaut, Schwarte; *terg-or-āre* bedecken, überziehen.

1) C. E. 655. 719; KZ. I. 33. — Siegismund St. V. 155. 33). — F. W. 363. 365; Spr. 97. 326: t ark drehen, drängen, drücken; *tranku*, *trāku* rauh, holperig, uneben = τραχύς. — 2) C. V. I. 311. 5).·317. 54). — Buttmann Lex. I. pg. 211 f.: ταράσσω, τραάσσω, θράττω. — 3) Hehn p. 56: „scheint eine griechische Benennung". — 4) C. E. 654. — 5) Meyer St. V. 113. — 6) C. E. 195. — C. V. II. 400. — F. Spr. 328. — F. W. 82: *trak* ziehen, laufen; W. 96: *dragh* quällen, peinigen: τέρχ-ανο-ν. — 7) C. E. 633. — Döderlein n. 697: „heftig, stürmisch". — Ameis: „mit drohender Hast, hastig". Faesi: „über die Sachen hineilend und nur die Hauptpuncte berührend, kurz und bündig, *summatim, succincte* oder *transcursim*". — S. W. und Sch. W.: „darüber hinlaufend, geläufig". — Pape W.: „eilig und obenhin, kurz". — 8) Ascoli KZ. XVII. 272 f. — Corssen N. 107 f. — F. W. 79: *tragh* zerschmettern, zermalmen, reissen.

TARD = 1) **tar** + **d** stossen, drängen. — Skr. **tard** (*trd*) spalten, öffnen, durchbohren, zerhauen (PW. III. 277).

(*tar-d*) **tru-d.** — **trūd-i-s** f. Stange zum Stossen (*trudes hastae sunt cum lunato ferro* Isid. or. 18. 7); *trūd-ĕre* (*trū-si, trū-su-s*) stossen, drängen, treiben; *abs-trūdo* wegstossen, verdrängen = verstecken, *re-trudo* fortstossen (*retrusu-s* entfernt, verborgen) u. s. w., Frequ. (**trud-tā-re*) *trūsāre* stark stossen (Catull. 56. 6), *trusā-tĭ-li-s* zum Stossen geh. (*mola* Handmühle); *trūs-i-t-āre* zum öfteren hin und her stossen.

Corssen I. 547 f. — F. W. 366; Spr. 187. — Lottner KZ. VII. 189.

tarna Gras, Kraut, Halm. — Skr. *trṇa* (*trṇá*) m. n. Gras, Kraut, halmartiges Gewächs, Grashalm, Stroh, Rohr (PW. III. 382).

τρόνα, θρόνα n. pl. Blumenverzierungen in Geweben, hom.
nur Il. 22. 441 (*ἀγάλματα ἢ ῥάμματα ἄνθινα. ἄνθη καὶ τὰ ἐκ χρω-*
μάτων ποικίλματα Hes.)[1]); Zaubermittel (alex. Dichter), vgl. *θρόνα*
πάντα καὶ ἀλθεστήρια νούσων Nic. Th. 413; ποικιλο-θρόνο-c Beiw.
der Aphrodite (Sappho 1. 1)[2]).

C. E. 492. — Roscher St. Ib. 109. — Siegismund St. V. 156. 35).
— 1) Roscher l. c.: cτορ *στορέννυμι „ut θρόνα proprie significet flores*
pictos vel ornamenta, quibus vestes et stragula consternuntur. — 2) Wust-
mann Rhein. Mus. XXIII. 238 (Curtius l. c. „passend"). — Pape W.
übersetzt: auf buntem, mannichfach verziertem Sitze thronend (also zu
θρόνος Sitz, W. *dhar*).

TARP sättigen, erfreuen; europäisch: starren. — Skr.
tarp (*trp, trmp*) 1) sich sättigen, satt werden, befriedigt werden,
2) sättigen, laben, 3) anzünden (das Feuer sättigen); **tarph** (*trph,
trmph*) id. (PW. III. 278. 280).

ταρπ, τερπ. — τέρπ-ω sättigen, laben, erquicken, erfreuen
(Fut. τέρψω, Aor. ἔ-τερψα, ἐ-τέρφ-θη-ν; Hom. Aor. Conj. ταρπ-ώ-μεθα,
redupl. τε-ταρπ-ό-μην; Aor. Pass. ἐ-τέρφ-θη-ν, τάρφ-θη, τάρφθεν
statt ἐτάρφθησαν, ἐ-ταρπ-ή-την, Inf. ταρπ-ῆ-ναι, ταρπ-ή-μεναι, Conj.
τρά̄π-ει-ομεν Il. 3, 441. 14, 314. Od. 8. 292)[1]). — (τερπ-τι) τέρψι-c
(ε-ως) f. Sättigung, Labung u. s. w.; τερπ-νό-c vergnügend, erfreulich, anmuthig, reizend (Comp. τερπνό-τερο-c; Superl. τερπν-ίσ-τατο-c,
τέρπν-ισ-το-c Call. fragm. 256); τερπνύ-τη-c (ητ-ος) f. Vergnügen,
Annehmlichkeit; τερπ-ωλή f. id. (hom. nur Od. 18. 37); τερπ-ών
(όν-ος) m. id. (E. M. 812. 16). — ἄ-τερπ-ο-c (Il. 6. 285), ἀ-τερπ-ή;
unerfreulich; sich nicht freuend (Aesch. Suppl. 668); τερπι-κέραυνο-c
donnerfroh, sich am Donner freuend (Bein. des Zeus bei Hom.
und Hes.)[2]); τερψί-μβροτο-c Menschen erfreuend (Helios, Od. 12,
269. 274), τερψί-νοο-c den Sinn erfreuend, τερψι-χόρο-c tanzfroh,
am Reigen sich freuend, Τερψι-χόρα, ion. -χόρη eine der 9 Musen,
Vorsteherin des Chorgesanges und der Tonkunst.

ταρφ, τραφ, τρεφ, τροφ (π zu φ hysterogen, vgl. λιπ ἀλείφω).
— τρέφ-ω fest, dick machen, gerinnen lassen (γάλα Od. 9. 246);
füttern, nähren, aufziehen, erziehen, pflegen (Fut. θρέψω, θρέψο-
μαι, Aor. ἔ-θρεψα, ἐ-θρεψά-μην, hom. ἔ-τρᾰφ-ο-ν intrans., trans.
nur Il. 23, 90, ἐ-τράφ-η-ν, ἐ-θρέφ-θη-ν, Perf. τέ-τροφ-α, τέ-θραμ-
μαι, Inf. τε-θράφ-θαι). — ταρφ-ύ-c dicht, häufig (als Adv. ταρφέα
dicht, häufig, oft); τάρφ-ος n. Dichtigkeit, Dickicht (nur ἐν τάρ-
φεσιν ὕλης Il. 5, 555. 15, 606). — (τραφ, θραπ, δραπ, δραπ-μο,
δραμ-μο, δρᾱμο + μι, vgl. θε-μι, δυνα-μι): δρᾶ-μι-ν· ἄρτον. Μακεδόνες. δρά-μι-κ-ες· ἄρτοι. Ἀθαμᾶνες (Hes.)[3]). — τραφ-ερό-c wohlgenährt, feist, fett; geronnen, fest; als Subst. ἡ τραφερή das feste
Land, Festland (hom. ἐπὶ τραφερήν τε καὶ ὑγρήν). — (τρεφ-το)
θρεπ-τό-c genährt, aufgezogen; ἱλεό-θρεπ-το-c sumpfgenährt, auf

feuchtem Wiesengrunde gewachsen (σέλινον Il. 2. 776), θρεπτ-έο-ν zu ernähren, θρεπτ-ικό-ς zum Ernähren geschickt, dasselbe betreffend; (τρεφ-τι) θρέψι-c f. das Ernähren, Aufziehen, θρεπ-τήρ (τήρ-ος) m. Ernährer, (θρεπτερ-ια) θρέπτειρα f.; θρεπ-τήρ-ιο-ς ernährend (τὰ θρεπτήρια, synt. θρεπτρά), Lohn für das Ern., Erzieherlohn; ernährt (Aesch. Ch. 6); (τρεφ-ματ) θρέμ-μα(τ) n. das Ernährte, Pflegling, Demin. θρεμμάτ-ιο-ν n. — τροφ-ή f. Nahrung, Kost, Unterhalt, Lebens-unterhalt, -weise, Pflege, Erziehung; τροφ-ό-c m. Nährer, Pfleger, Erzieher, f. Nährerin, Amme; τρόφ-ι-c wohlgenährt, feist, stark, gross, gewaltig (τρύφι κῦμα Il. 11. 307); τροφι-ό-ο-μαι (παχύνομαι Hes.); τρόφι-μο-c (τροφιμ-αῖο-ς Philo) nährend, nahrhaft, Subst. Pflegling; τροφιμό-τη-ς (τητ-ος) Nahrhaftigkeit (Eust.); τροφ-εύ-c m. Ernährer, Erzieher, τροφεύ-ω späte Nbf. zu τρέφω, τροφε(F)-ῖο-ν n. Kostgeld, Ammenlohn (βίου τροφεῖα Lebensunterhalt, Soph. O. C. 341); (τροφο-Fεντ-ς) τροφό-ει-c wohlgenährt, stark, gross (κύματα Il. 15. 621. Od. 3. 290); τροφαλί-c (ίδ-ος) f. Geronnenes, frisch gemachter Käse, Demin. τροφάλιο-ν n., τροφ-ώδης von nahrhafter Art. — θρό-μ-β-ο-c m. Klumpen, bes. von geronnenen Flüssigkeiten[4]), Demin. θρομβ-εῖο-ν, ion. -ήϊο-ν, -ίο-ν (Diosc.); θρομβό-ο-μαι zu Klumpen gerinnen, θρύμβω-σι-ς f. das Gerinnen(-machen), θρομβο-ειδής, θρομβώδης zu Kl. geronnen. — ἀπαλο-τρεφής wohlgenährt, fett, feist (σίαλος Il. 21. 363; λειμῶνες weichbegrast, Anth.); διο-τρεφής von Zeus ernährt, erzogen (Beiw. der Könige und Vornehmsten des Volkes); ζα-τρεφής == ἀπαλοτρεφής (δια == äol. ζα[5]); κηρι τρεφής zum Unglück auferzogen (ἄνθρωποι Hes. O. 420); πελειο-θρέμ-μων Tauben fütternd, nährend (von der Insel Salamis, Aesch. Pers. 209 D.).

torp. — torp-ēre starren, starr sein, regungslos sein, geistig gelähmt sein[6]), Incboat. torpe-sc-ĕre; torp-or (ör-is) m., torpē-d-o (in-is), torpă-lū-d-o (in-is) (Not. Tir. p. 94) f. Starrheit, Stumpfheit, Stumpfsinn, Erschlaffung; torpi-du-s starr, regungslos, gefühllos, stumpf; (*torpōr-u-s) torporā-re erstarren machen, betäuben (Turpil. Lactant.).

B. Gl. 167 b. — C. E. 223. — F. W. 79 f. 364; Spr. 327. — 1) Roediger KZ. XVI. 314: die urspr. Bedeutung „sättigen" besonders an Formen mit stammhaftem a haftend. — 2) G. Meyer VII. 180 ff. zu τρέπω: der Lenker oder Schleuderer des Blitzstrahls, Donnerkeils; derselbe übersetzt jedoch St. V. 116: am Donner sich freuend. — 3) Fick KZ. XXII. 205 f. — 4) C. E. 516. — 5) C. E. 602 f. — 6) Schweizer KZ. XIV. 436: star-p starren.

tarpja Mantel, Gewand. — Skr. tārpja n. ein aus einem bestimmten Pflanzenstoffe gewebtes Gewand (PW. III. 312).

träb-ea f. Trabea, Umwurf mit Purpurstreifen, Staatskleid der Könige, Ritter, Auguren, Consuln; metonym. Ritterstand, Consulat; (*trabe-ūre) *trabe-ātu-s* mit der Trabea bekleidet; *trabe-ūli-s* zur Tr. 'gehörig.

F. W. 80.

TAR; tar + m, + s (=˙1 *tar* + *m*, *s*) sich be- wegen, zucken, zittern; fliehen. — Skr. tras erzittern, beben, erschrecken; caus. in Bewegung setzen, erzittern machen, er- schrecken, in Furcht setzen (PW. III. 418)[1]).

tar[2]). — ταρ-ταρ-ίζειν vor Frost zittern, klappern (τὸ ῥι- γοῦντα` πάλλεσθαι καὶ τρέμειν); Τάρ-ταρ-ο-ς m. (oft Τάρταρα n. pl.) ein stets finsterer Abgrund unter der Erde, so tief unter dem Hades, als der Himmel von der Erde entfernt ist (nicht in der Od.); später überhaupt die ganze Unterwelt, entweder für den Hades überhaupt, oder für den Theil, wo die Verdammten ihre Strafe büssen; ταρτάρ-ειο-ς, -ιο-ς den T. betreffend; ταρταρό-ω in den T. hinunterstürzen (N. T.). — ταν-θαρ-ίζειν, ταν-θαλ-ύζειν zittern, baumeln (τ = θ nach ν); zu letzterm Hes. τρέμει. Δω- ριεῖς· οἱ δὲ σπαίρει.

(*tar-m* =) tra-m. — τρεμ: τρέμ-ω (nur im Präsensst.) zittern, beben, sich fürchten; verstärkte Form: τε-τρεμ-αίνω nur in der att. Kom. (Aristoph. Nub. 294. 374)[3]); ἀ-τρέμᾱ(ς) ohne Be- wegung, regungslos, ruhig, still[4]). — τρομ: τρόμ-ο-ς m. Zittern, Beben, Furcht, Schrecken, τρομέ-ω zittern, beben, sich fürchten; τρομε-ρό-ς zitternd, furchtsam (spät τρομ-ικό-ς, τρομη-τύ-ς id.).

(*tar-s* =) tra-s. — τρες: τρέ-ω = τρέμω (Fut. τρέ-σ-ω, Aor. ἔ-τρε-σ-α, τρέ-σα, τρέσ-σα; ἔ-τερσεν· ἐφόβησεν Hes.); τρε-ίω (erst Oppian Cyn. 1. 416; ὑποτρείουσι Timon Phlias fr. IX. W.)[5]); Part. als Subst. ὁ τρέσα-ς m. Flüchtling, Ausreisser (vgl. φυγών); so hiessen in Sparta überhaupt οἱ ἐν τῇ μάχῃ καταδειλιάσαντες (Plut.) wohl nach dem Verse des Tyrtaeos fr. 10. 14: τρεσσάντων δ' ἀν- δρῶν πᾶσ' ἀπώλωλ' ἀρετή; τρέσ-τη-ς der Zitternde, Furchtsame (Hes.); ἄ-τρεσ-το-ς (meist Trag.) nicht zitternd, unerschrocken. — (τρεσ-ρο, τρεσ-ρ-ων) τρη-ρό-ς, τρή-ρ-ων (ων-ος) furchtsam, flüchtig, schüch- tern (τρηρός· ἐλαφρός, δειλός Hes.); Beiw. der Tauben bei Homer: πολυ-τρήρων taubenreich (nur: Θίσβη, Μέσση Il. 2. 502. 582; Ameis- Hentze ad 502: der englische Reisende Chandler hat dadurch die Ruinen des Ortes aufgefunden).

(*tar-m* =) tra-m. — *trĕm*: trĕm-ĕre (-*ui*) = τρέμω (*trem- ĕre* Commod. 41. 10; *trem-o-nti* carm. Sal. Fest. p. 205); Frequ. *trĕm-i-sc-ĕre*, *trem-e-sc ĕre*; *treme-ndu-s* schrecklich, furchtbar; *trĕm-or* (*ōr-is*) m. Zittern, zitternde Bewegung, spec. Erderschütterung, Erdbeben; meton. der Zittern erregende Gegenstand, der Schrecken (Martial.); *trem-ŭ-lu-s* zitternd; caus. Zittern erregend; *Tremulu-s. Tremel-l-iu-s*; *trĕmĕ-bundu-s* zitternd (*cucumis effetae tremebundior ubere porcae* Col. 10. 396 = weicher, schlotteriger).

(*tar-s, tra-s* =) **ters, tris.** — (*ters-ēre) **terr-ēre** (-*ui, ĭ-tu-s*)
schrecken, erschrecken, in Schrecken setzen, abschrecken, Frequ.
terri-tā-re; terr-or (ōr-is) m. Schrecken, concr. Schreck, Schreckniss;
terri-cŭla Pl. n. Schreck-mittel, -bilder, *terriculă-mentu-m* n. id.
(App. Sidon.); (Suffix -*vara*, -*vala:*) *terri-bola* (gloss. Mai Cl. auct.
6. 548 a, 8. 593 a), *terri-bula* = *formidolosa* (gloss. Ampl. 383.
196), später: *terrĭ-bĭli-s* schrecklich, schreckenerregend, mit act.
Bedeutung (vgl. *manā-, adjutā-bili-s*)[6]), *terribili-tā-s* f. die hässlich
abschreckende Gestalt (Jornandes Get. 24). — **tris-ti-s** traurig,
betrübt; finster, mürrisch, verdriesslich, grimmig; streng, ernst,
kalt, rauh, hart[7]); Demin. *tristi-culu-s; tristĭ-tia, tristitic-s, tristi-
tā-s* (Pac. fr. 59, cl. Non. p. 181. 33), *tristi-tū-d-o* (App., Sidon.),
tristi-mōn-ia (Auct. b. Afr. 10. 3) f. (-*moniu-m* n. Petron. 63. 4)
Traurigkeit, Betrübniss u. s. w.; (*tris-tu-s) *tristā-ri* traurig sein,
sich betrüben (Sen.), *con-tristare* betrübt machen.

B. Gl. 175a. — C. E. 224. 495. — F. W. 83. 365. 453; Spr. 187 f.
328. — Leskien St. II. 86. — Siegismund St. V. 135. 153. — 1) PW.
l. c.: Aristarch hält bei τρέω die Bedeutung „fliehen" für die urspr. und
die Stellen aus Veda und Çat. Br. könnten auch für diese Bedeutung
von *tras* geltend gemacht werden; auf der anderen Seite aber steht die
Bed. „in Bewegung gerathen, erzittern" auch von leblosen Dingen fest
und stellt sich durch Vergleichung des Slavischen sogar als alt heraus;
der Uebergang von „zittern" zu „fliehen" erscheint uns aber natürlicher
als der umgekehrte. — 2) Fritzsche St. VI. 295. 317. — 3) C. V. I.
261. 12). — 4) Savelsberg KZ. XXI. 136: = ήρέμας W. r am; άτι-ρέμας
άτ-ρέμας. — 5) C. V. I. 210; 299. 15). II. 369: τρε-έω = Skr. *tras-jā-mi*
oder blosse Nachbildung epischer Formen: θείω, πλείω u. s. w. — 6) Savelsberg KZ. XXI. 138. — 7) Vgl. Skr. *tras-ta* zitternd, bebend, erschrocken,
feig (PW. l. c.). — B. Gl. l. c. — Corssen N. 248. — F. W. 82; Spr.
188: *tarsta* rauh, widerlich, trübe.

---

1) **TARS** dürsten, dürr sein, dörren, trocknen. —
Skr. **tarsh** (*trsh*) dürsten, lechzen, caus. dürsten lassen (PW.
III. 281).

ταρς, τρας. — ταρς-ό-ς, att. ταρρ-ό-ς, m. Vorrichtung, bes.
von Flechtwerk, etwas darauf zu dörren oder zu trocknen, Horde,
Darre (Od. 9. 219); ταρσ-ό-ω, ταρρ-ό-ω eine Darre flechten, auf
der D. trocknen, τάρσω-, τάρρω-μα(τ) n. = ταρσ-, ταρρ-ό-ς; ταρς-ία,
häufiger τρας-ία f. = ταρσός (τὸ ἐκ καλάμου πλέγμα, ἐφ' οὗ ψύχε-
ται τὰ σῦκα Poll. 7. 144; ή τῶν σύκων ψύκτρα, παρὰ τὸ τερσαίνειν·
ἤγουν τόπος, ἔνθα ξηραίνουσιν αὐτά Hes.). — (ταρσ-, ταρρ-) τάρ-ι-
χο-ς m. Pökelfleisch, Salzfisch [1]), Dem. ταρίχ-ιο-ν; ταριχ-, ταρχ-ηρό-ς
(τ. ἀγγεῖον Fass zum Pökeln) eingesalzen, eingepökelt; ταριχ-εύ-ω
einsalzen, einpökeln; ausdörren; den todten Leib künstlich vor
Fäulniss bewahren, einbalsamiren; ταριχευ-τό-ς eingesalzen, eingepökelt, einbalsamirt, ταριχευ-τή-ς m. der Einsalzende u. s. w.,

ταρίχευ-σι-ς, ταριχε(F)-ία f. das Einsalzen u. s. w., ταριχε(F)-ίο-ν, ion. -ήϊο-ν n. der Ort, wo man einpökelt, einbalsamirt; ταρχ-ύ-ω (ταρχενω Hes.) bestatten, begraben (Hom. nur Fut. ταρχύσουσι und Aor. Conj. ταρχύσωσι); τάρχ-ανο-ν· πένθος, κῆδος (Hes.). ταρχάν-ιο-ς· ἐπιτάφιος (Lex.).

τερς. — τέρς-ο-μαι trocknen, trocken werden, dürr sein (Aor. τέρσον, τέρσαι, Pass. τερσ-ῆναι, τερσ-ήμεναι; Fut. τέρσει Theokr. 22. 63); (τερσ-αν-jω) τερσ-αίνω trocknen, abtrocknen, abwischen (hom. Aor. τέρσηνε Il. 16. 529); τερς-ιά f. = ταρσία, τρασία.

tars + g (europäisch). — ταργ: ταργ-ηλιο (vgl. γαμ-ήλιο-ς, ἀπατ-ήλιο-ς): Θαργ-ήλια (Ταργήλια Hippon.) n. Pl., Fest in Athen und Milet zu Ehren der Artemis und des Apollo (Ταργήλιος Anacr. Theogn.), wovon der 11. attische Monat Θαργηλι-ών (ῶν-ος) = Ende Mai, Anfang Juni (ὅτε ὁ ἥλιος πυρώδης ἐστὶ καὶ τὰ τῆς γῆς ἄνθη ἀνεξηραίνετο E. M.), also = Dörrmonat, der heisseste Monat (vgl. θάργηλος· θερμός E.·M.); Personenname: Θάργηλο-ς, Θαργηλ-ία.

(ταργ, τυργ) τρυγ: τρύγ-η f. (τρύγ-ο-ς m. spät) Hitze, Trockenheit, Dürre (Nic. Th. 367); die durch Sonnenhitze gereifte Frucht = Feld- und Baumfrüchte, Getraide, Obst, Wein u. s. w.; Ernte, Weinlese; τρύγ-ω, τρυγ-έω, (τρυγ-σχ) τρύ-σκ-ω (rösten)· ξηραίνω Hes.; τρῡγά-ω Früchte einsammeln, ernten; τρύγη-το-ς m. das Einsammeln, Ernten, Erntezeit, Lese; die geerntete Frucht, Herbstfrucht selbst (in dieser Bedeutung auch τρυγητό-ς; vgl. ἄμητος', τρυγητ-ικό-ς zur Ernte, Weinlese geh.; τρυγη-τή-ς (τοῦ), τρυγη-τήρ (τῆρ-ος) Winzer (Hes. Sc. 293: ῡ), τρυγή-τρ-ια f. Winzerin; τρύγη-σι-ς f. = τρύγητος; τρυγήσι-μο-ς zur Ernte, Weinlese reif (E. M. 271. 32).

ters. — (ters-a) terr-a f. die Erde als das Trockene (im Gegensatze zu den ὑγρὰ κέλευθα des Meeres), Erd-körper, -boden, -kreis[2]); Demin. terrŭ-la; terr-eu-s aus E. bestehend; terr-ēnu-s aus E. best., erdig, irden; zur E. geh., irdisch (terrulentu-s Prud.); terr-āli-s herba Brunnenkresse (sonst sisymbrium); terr-ōsu-s erdig; (*terr-ensi-s, vgl. prat-ensi-s, port-ensi-s u. s. w.; *terr-ens-tri-s) terr-es-tri-s zur Erde, zum Lande geh., auf dem Lande befindlich; terri-tōr-iu-m n. Ackergebiet (colonis locus communis qui prope oppidum relinquitur, territorium Varro 1. 1. 5. 4. 8), territori-āli-s zum Ackergebiet geh.; ex-torri-s aus dem Lande verjagt, vertrieben; sub-terr-ān-eu-s (-terr-eu-s Arnob., -terr-ēnu-s App.) unterirdisch. — (ters-ta) tes-ta f. gebrannter Thon, Ziegelstein, Backstein (vgl. lateres coctiles); gebranntes, irdenes Geschirr, Topf, Urne, Krug, Flasche; Scherbe, Schale; Demin. testŭ-la; test-āc-eu-s (-iu-s Orelli inscr. 4353) aus Ziegelstein bestehend; Subst. n. eine Art Brandstein; Schalthier; testu, testu-m n. irdener Deckel; irdenes Gefäss, Scherbe[3]), testu-āt-iu-m n. im ird. Geschirr gebackener Kuchen, Napfkuchen (Varro 1. 1. 5. 22. 31); testū-d-o (ĭn-is) f. Schild-

kröte (als mit Schale begabtes Thier)[4]); Schildkrötenschale, Schildplatt; (das wie eine Schildkrötenschale gewölbte) Saiteninstrument,
Laute, Cither, Leier; milit.: gewölbtes Schutzdach, Schilddach;
testudin-cu-s zur Schildkröte gehörig, aus Schildkrötenschale, *testu-
dine-ātu-s* gewölbt (*tectum*).

tors. — (*tors-ēre) **torr-ēre** (*torr-ui, tostu-s*) dörren, braten,
rösten, sengen, Inchoat. *torre-sc-ere* (Lucr. 3. 903), Frequ. *tos-tā-re*
(Plin. Val. 2. 28); Part. *torre-n-s* brennend, heiss; Subst. m. wildes
Wasser,. Sturzbach, Giessbach (insofern er im Sommer austrocknet,
während er im Winter χειμάῤῥοος ist), dann: brausend, reissend,
gewaltsam strömend; *torrĭ-du-s* gedörrt, dürr, trocken, verbrannt,
versengt, übertr. von der Kälte zusammengeschrumpft, erstarrt;
activ: brennend, sengend, heiss, *torridā-re* dörren, braten, verbrennen; *torr-ōr* (*ōr-is*) m. das Dörren, die Hitze. — **torr-i-s** m.
Brand, brennendes Scheit.

B. Gl. 168a. — Corssen B. 402. — C. E. 223. — F. W. 80. 364.
450; Spr. 327. — Roscher St. Ib. 114 f. — Siegismund St. V. 153. 25).
177. 97). — 1) C. E. 719. — 2) B. Gl. 199a: *dharā terra; fortasse huc
pertinet.* — 3) F. W. 75; Spr. 97. — 4) Corssen B. 130: (*test-ōn-do,
test-ūn-do, test-ūn-d-ōn*) *test-u-d-o.*

2) **TARS** halten, stützen. — Skr. **tras** halten (v. l. ergreifen, zurückhalten) (PW. III. 419).

ters. — (*ters-ti) **tes-ti-s** m. f. (n. *caelum teste vocat* Alcim.
Avit. 6. 576) Zeuge, Zeugin = der die Aussage stützt, der Unter-
stützer oder Helfer vor Gericht, Eideshelfer; *testi-mōn-iu-m* n. Zeugniss, Beweis, *testimoni-āli-s* zum Z. dienend; *testā-ri* bezeugen, beweisen, bes. seinen letzten Willen kundgeben, testiren; als Zeugen
anrufen; Part. *testā-tu-s* bezeugt, bewiesen, offenbar; *testā-tor* m.,
-tr-ix f. Testirer, -in; *testā-ti-ō(n)* f. Zeugenaussage, Anrufung als
Zeugen, Zeugniss; *testā-bĭli-s* das Recht zur Z. habend (Gell. 6.
7. 2); *testā-men* (*mĭn-is*) n. Zeugniss, Beweis (Tert.); *testāmen-tu-m*
n. Kundgebung des letzten Willens, Testament (das alte und neue
T. der Bibel, Tert. Lact.).

Corssen B. 5; N. 40 f. — Gegen diese „scharfsinnige, aber nicht
unbedenkliche" Deutung ist Schweizer KZ. XIII. 302, da die Skrtwurzel
in der angegebenen Bedeutung unbelegt ist. Er stellt das Wort KZ. III.
384, IV. 309 zu Skr. *ati-thi* Genosse = *ati* (ἔτι-) *-sthi* d. i. der dabei
stehende. — Diese Deutung hält er auch KZ. XI. 73 gegen die L. Meyer's
aufrecht: „*tak, taksh* bereiten". — *Sub iudice lis est.*

TITH brennen, qualmen. — Skr. *tithá* m. Feuer (PW.
III. 327).

· τιθ: τι-ν-θ-ό-c, τινθ-αλέο-c kochend, heiss, τινθό-ς m. Rauch
des Kessels (Lycophr. 36). — τιτ: τιτ-ώ (οῦς) f. poet. Tag (Callim.

fr. 206. Lycophr. 541). — Τῖτ-άν (ᾶν-ος) m. Sonnengott, Bruder des Helios (Paus. 2. 11); Pl. Τῖτ-ᾶν-ες, ep. ion. Τιτ-ῆν-ες[1]), das alte Göttergeschlecht, Söhne des Uranos und der Gäa (Οὐρανίωνες Il. 5. 898); Τιταν-ί-ς (ίδ-ος) Tochter des U. und der G. — τῖτ-ανο-ς f. Kalk (als brennbar), Gyps; überh. weisse Erde, Kreide, τιτανό-ω kalken, gypsen, τιτανω-τό-ς mit K. oder G. bestrichen. tῖtί-ö(n) m. Feuerbrand, brennendes Scheit.

F. W. 81. 451 (gräkoitalisch). — 1) S. W. s. v.: Ableitung und Deutung zweifelhaft. Hes. Th. 207 von τιταίνω = die Strebenden (οἱ τιταίνοντες τὰς χεῖρας E. M.); nach Neueren von τίω die Geehrten (vgl. Preller Myth. I. pg. 39); die Gefürchteten (Hartung Rel. der Gr. II. p. 40). — An W. ταν denkt auch C. E. p. 328 bei Anführung von μί-μο-ς (vgl. „Τί-τᾶν", Σί-συφ-ο-ς).

TIP träufeln, netzen. — Skr. tip träufeln; tēp träufeln, zittern, fallen (dip) (PW. III. 328. 395).

τίφ-η f. Wasserspinne; ein Insekt (Ar. Ach. 884. 889) (auch τίλφη, wohl statt τιφ-λη); τῖφ-ος n. stehendes Gewässer, Sumpf, Teich (κάθυγρος τόπος Ap. Rh. 1. 127; τὰ τίφη· ἕλη, ἄλση Lycophr. 268), τίφ-ιο-ς sumpfig (Hes.); τῖφ-ώδης sumpfartig, sumpfig (Strab. 8. 3. 19).

tῖp-ŭla (tippŭla) f. (Varr. ap. Non. p. 180. 10), Demin. von *tipō(n) = *tipon-la, *tipol-la, vgl. Cato, Catullus = τίφη (bestiolae genus sex pedes habentis, sed tantae levitatis, ut super aquam currens non decidat Paul. D.); daher zur Bezeichnung von etwas sehr Leichtem (neque tipulae levius pondus est quam fides lenonia Plaut. Pers. 2. 2. 62).

F. W. 81. 451. — Förstemann KZ. III. 56. — Pauli KZ. XVIII. 29 f.

---

1) TU schwellen, wachsen, gross sein. — Skr. tu Geltung, Macht haben, valere; caus. in Kraft, Wirkung setzen, zur Geltung bringen; tūv fett werden (PW. III. 348. 350).

τυ. — τύ-λο-ς m., τύ-λη f. Wulst, Schwiele, polsterartige Unterlage, Polster, Pfühl; Demin. τυλ-είο-ν n., τύλ-αρο-ς m.; τυλό-ω eine Schw. machen; Pass. zur Schwiele werden, verhärten, Schw. bekommen; τυλω-τό-ς verschwielt, verhärtet, τύλω-σι-ς f., τύλω-μα(τ) n. Verhärtung zur Schw.; (τυλ-ικ-jω) τυλ-ίσσω wulsten, aufrollen, biegen (ἐ-τυλίχ-θη Theokr. 23. 54); (τυλο-Fεντ) τυλό-ει-ς = τυλω-τός; τυλο-ειδής, τυλ-ώδης schwielenähnlich, verhärtet. — Τῖ-τυ-ό-ς m. ein ungeheurer Riese[1]), der im Hades auf neun Plethren Landes ausgestreckt lag, wo ihm Geier wegen seines versuchten Attentates auf Leto die Leber zerfleischten (Od. 11. 576 ff.). —

ταυ, ταϝ: (ταϝ-υ) τα-ῦ-ϲ, ταῦ-ϲ· μέγας, πολύς. ταῦ-σα-ς· μεγαλύνας (Hes.)²).

tu. — (St. *tŭ-to*) **tŭ-tŭ-lu-s** (oder redupl.?) m. hoher Kopfputz (von den Frauen, bes. der Gattin des Flamen, auch vom Flamen selbst getragen), *tutulā-tu-s* mit einem *tutulus* versehen (Varro 1. 1. 7. 3. 44. Fest. p. 271). — (St. *tu-mo*) **tŭ-mĕ-re** geschwollen sein, strotzen; übertr. sich blähen, schwülstig sein, wallen, aufbrausen, Inchoat. *tume-sc-ere* (*tum-ui*); *tumĭ-du-s* geschwollen, schwellend, strotzend u. s. w.³); *tŭm-or* (*ōr-is*) m. Geschwulst, Erhöhung, Aufgeblasenheit n. s. w. (*tumidi-ta-s* Firm. math. 8. 29); **tŭ-mŭlu-s** m. (vgl. *cu-mulu-s* pg. 159) (aufgeworfener) Erdhügel, Grabhügel, Grabmal⁴), *tumul-ōsu-s* voll E., hügelig (Sall. Jug. 91. 3), *tumulā-re* mit einem E. bedecken, begraben, *tumulā-men* n. = *tumulus* (Fabr. inscr. n. 290 p. 634); **tŭmul-tu-s** (*tūs*, alter Gen. *-ti*) m. eig. das unruhige Anschwellen, Gährung = Tumult, lärmende Unruhe, Lärm, Verwirrung; bes. Waffenlärm, Aufruhr⁵); *tumultu-āre*, *-āri* lärmen, unruhig sein, *tumultuā-tor* ὀχλοκύπος Gloss., *tumultuā-ti-ō(n)* f. = *tumultus* (Liv. 38. 2. 8), *tumultu-āriu-s* in Hast zusammengebracht, tumultuarisch, ungeordnet; *tumultu-ōsu-s* lärmend, geräuschvoll.

tau, tav. — (**tav-i-da, *ta-i-da*) **tae-da** f. Speckstück; Kien, Kien-holz, -fackel (= das von Fett strotzende Stück)⁶). — (**ta-vido* strotzend voll = **taedo*) **taede-t** (*taesum est*) es macht strotzend voll = macht Ueberdruss, Ekel⁷); *taede-sc-it* (Min. Oct. 28); *taed-iu-m* n. Ekel, Ueberdruss, *taediā-re* E. empfinden (Lamprid. Veget.), *taedi-ōsu-s* ekelhaft, verdriesslich; *taedulum* (*fastidiosum* Fest. p. 360); *fastidium* s. W. *dhars.*

(*tou =*) **tō, tŭ.** — **tō-tu-s** (vgl. oskisch *tou-to* Gemeinde) völlig, ganz, sämmtlich (Gen. *totīus; totīus* Lucr. oft, *toti* Afran. ap. Prisc. p. 694; Dat. *toti; toto* Prop. 3. 11. 57, *totae* Plaut. ap. Varr. 7. 5. 100); **tō-men-tu-m** Polsterung, Pflockwerk, Stopfwerk⁸). — (**tŭ-v-er*, vgl. *plu-v-ia*, dann *v* zu *b*) **tu-b-er** (*er-is*) n. wachsendes Ding = Geschwulst, Höcker, Buckel, Beule; übertr. Knorren, Erdschwamm, Morchel, Demin. *tuber-culu-m*, *tubera-sc-ere* anschwellen, *tuber-ōsu-s* voll Buckel, Erhöhungen; *Tūber-tu-s, Tūber-ō(n)*.

B. Gl. 171 a. 400 a. — Corssen I. 371 f ; B. 247 f. 340. — C. E. 225. — F. W. 81 f.; Spr. 146. 415. — M. M. Vorl. II. 229. — 1) C. E l. c.(?). — Fritzsche St. VI. 286. — Pott KZ. VII. 253 *). — 2) Curtius Zeitschr. für klass. Alterth. 1847. X. 49 ff. — F. W. l. c. — 3) PW. III. 361: *tumra* strotzend, feist, kräftig, *tumidus*. · · 4) Schweizer KZ. I. 560. — 5) PW. III. 359: *tumula* Adj. geräuschvoll, lärmend; n. Lärm, verworrenes Geräusch, *tumultus*. — 6) F. W. 451: *tith* trennen; *tita* Tag, Glanz, Gluth. — 7) Ebenso Schweizer KZ. XVIII. 303. — PW. III. 234: *tand, tandatē* nachlassen, ermatten; hieher ist auch wohl die mit Anklang an *tand-ra* gebildete Form 3. Sg. *tandrat* zu ziehen R. V. 2, 30. 7.;

die' Constr. ist unpersönlich anzusehen wie *taedet me*, nach Sáj. lässig machen. — ð) Mart. XIV. 159: *tomentum Leuconicum;* 160: *Circense (haec pro Leuconico stramina pauper emit)*. Dazu Hehn p. 157: der Gebrauch gestopfter, mit Leinwand überzogener Polster und Kissen (*tomenta, culcitae*) kam aus Gallien, namentlich von den Cadusci, nach Italien, denn das frühere Alterthum bediente sich der *stramenta*.

2) TU schauen, schützen.

tu-o-r (Catull. 20. 5, *tuïmur, tuantur, tuëre* Lucr.), **tu-e-o-r** schauen, anschauen, auf etwas schauen = sorgen, bewahren, beschützen, schützen[1]); Part. **tu-tu-s** sicher, wohlverwahrt, refl. sich sichernd, vorsichtig; *tū-tor* (Dig. 26. 1. 1: *tutores quasi tuitores et defensores*) m. Beschützer, Vormund, f. *tu-tr-ix* (Cod. 5. 35. 3), *tutōr-iu-s* vormundschaftlich, *tu-i-ti-ō(n)* f. Beschützung; *Tū-t-ānu-s* eine Schutzgottheit (Varro ap. Non. p. 47. 32); *tū-t-ēla* f. Fürsorge, Schutz, meton. Beschützer, Schützling, *tutel-āri-s* zum Schutz, zur Vormundschaft gehörig, *tutel-āriu-s* m. Besorger des Capitolbaues (Plin. 34. 7); *Tutel-ina* f. Schutzgöttin (Roms; des Getraides); Frequ. *tū-tä-re* (alt), *tū-tā-ri; tutū-tor* = *tutor* (App. de. d. Socr. p. 52. 12), *tuta-ti-ō(n)* f. = *tuitio* (Jul. Firm. 4. 7); *tutā-men, -men-tu-m* (*tutā-culu-m* Prud. adv. Symm. 2. 387) n. Schutzmittel; *contuöli* (*oculi sunt in angustum coacti conniventibus palpebris* Paul. D. p. 42. 1); *ob-tū-tu-s* (*obtuitus* Fest. p. 187) m. Sehen, Blick, Hinblick; bei Spät. das Auge, *optutu* (*quasi optuitu a verbo, quod est tuor et significat video* Fest. p. 186. 18). — **aedi-tū-u-s** m. Haushüter, Tempelhüter[2]), *aedi-tu-a* f., *aedi-tu-e-n-s* (Lucr. 6. 1273); *Aedituu-s* röm. Beiname (Valerius Aed. Gell. 19. 9); *aedi-tü-mu-s* (ältere, aber minder geläufige Form als *aeditu-u-s*) (vgl. *Sementivis feriis in aedem Telluris veneram rogatus ab aeditumo, ut dicere didicimus a patribus nostris, ut corrigimur a recentibus urbanis, ab aedituo* Varro r. r. 1. 2. 1), *aeditumā-ri* Tempelhüter sein (Pomp. ap. Gell. 12. 10), *aedituāri* (Non. p. 75. 15); (*Palāti-tu-a*) **Pälä-tu-a** Schutzgöttin des *Palatium* (Varro l. l. 7. 345)[3]), *palatu-āli-s* (*flamen* Fest. p. 245), *Palatu-ar* (st. -āre, erg. *sacrificium*) ein der Schutzgöttin auf dem Palatium dargebrachtes Opfer (Fest. p. 348).

Ebel KZ. VII. 230. — 1) B. Gl. 171a: *tu crescere*. — 2) Corssen I. 213. 374 (aus *-tu-os*, vgl. *Ven-os, vct-us, Jani-t-os;* dann *aedituus* in die 2. Decl. übergetreten). — 3) Fick KZ. XXII. 101. — Corssen I. 426. 428 ganz anders: *pa-l-a* schützen, nähren; daraus *Pā-l-a-t-ua* gebildet wie von *fa- Fā-t-uu-s, Fā-t-ua*, also „schutzspendende, nahrungsspendende" Göttin, *Pä-l-a-t-ua* war insbesondere eine Schutzgöttin des *Pä-l-a-t-iu-m* (Klotz W. *Pälätua*).

tursi Thurm.

τύρϲι-ϲ, τύρρι-ϲ f. Thurm, Schloss; auch eine mit Mauern befestigte Stadt, ein mit einer M. umgebenes Haus.

turri-s f. = τύρσι-ς, bes. Befestigungsthurm (Taubenschlag, Ov. Pont. 1. 6. 51), übertr. eine viereckige Art der Schlachtordnung (Gell. 10. 9. 1), Dem. *turrī-cŭla* (Würfelbecher, Mart. 14. 16); *turrī-tu-s* gethürmt, aufgethürmt, thurmhoch.

F. W. 461 (*turri-s* entlehnt?). — Lottner KZ. VII. 178.

TUS tönen, husten. — Skr. **tus** tönen (PW. III. 376).

(*tus-ti*) **tus-si-s** f. Husten[1]) (Pl. *tusses* bösartiger, hektischer Husten), Demin. *tussi-cula, tussicul-āri-s* zum H. geh., *tussicul-ōsu-s* zum H. geneigt, *tussĭ-cu-s* id.; *tussī-re* husten; *tuss-ē-d-o* (*ĭn-is*) f. = *tussis* (App. M. 9. p. 222. 38).

B. Gl. 173a. — Corssen N. 247. — F. W. 82. — G. Meyer St. V. 111. — Pictet KZ. V. 347. — 1) Pott E. F. l. 186: *tud tundere*.

---

tuska leer, nichtig. — Skr. *tukkha* (= *tuska*) leer, nichtig (PW. III. 354).

tesqua (sabinisch) n. Pl. rauhe, wilde Gegenden, Oeden, Wüsten, Bergheiden, Steppen (*loca deserta et difficilia. Lingua Sabinorum deserta et repleta sentibus sic nominantur.* Acro. *Loca aspera et silvestria.* Porphyrio. Κατάκρημνοι καὶ ῥάχεις καὶ ἔρημοι τόποι Gloss. Labb. — Vgl. *quis tu es mortalis, qui in deserta et tesqua te asportes loca?* Acc. in Phil. Lemn. ap. Varr. l. l. 7. 11).

F. W. 82; vgl. Zend *tush*, *taosh-ayćiti* schädigen, scheeren. — PW. l. c : wohl = *tūsha* (m. Hülse des Reises, Getreides u. s. w., Spelze). — Brambach Hülfsb. f. lat. R.: „*tesqua*, nicht *tesca*".

---

tri drei. — Skr. **tri** (*trajas* nom. m.) drei (PW. III. 422). τρεῖς m. f., τρί-α n. (τρι-ῶν, τρι-σί; τριοῖσι Hippon. fr. 8) drei. — (*tri-gha*) τρι-χο: Adv. τρί-χα, τρί-χῇ, τρι-χῶς dreifach, auf dreifache Art, in 3 Theile, τρι-χοῦ an 3 Orten (Her. 7. 36). — (*tri-gh-ja*, τρι-χ-jo) τρι-σσό-c, att. τριττό-c, ion. τριξό-ς dreifach (vgl. δισσός St. *dva, dvi*), τρισσα-χῇ an drei Stellen (Arist. meteor. 1. 13), τρισσό-θεν von drei Stellen, Seiten (Paul. Sil. 64); τρισσά-τιο-ς poet. = τρισσό-ς; τρισσ-εύ-ω dreimal, zum drittenmal thun (LXX); τριξά-ς (ντ-ος), (τριᾶς Hes.) eine sicilische Münze (= 3 χαλκοῦς, *triens;* Poll. 9. 81); τριττ-ύ-c (τρι-τ-ύ-ς, τριτύ-α) f. die Zahl drei; ein Opfer aus drei verschiedenen Thieren (vgl. *su-ove-taur-ilia*); in Athen eine Abtheilung der φυλή, ein Dritttheil; τριττύ-α f. = τριτύ-ς (οἱ παλαιοὶ ἔλεγον τὴν ἐκ τριῶν ζώων θυσίαν οἷον δύο μήλων καὶ βοός, ἢ βοὸς καὶ αἰγὸς καὶ προβάτου u. s. w. (Eust.

ad Od. 11. 131 und Philem. lex). — (*trigh-ja*, τριχ-*ja*, τριχ-δ-*ja*, τριχ-
ϑ-*ja*) τριχ-θ-ά poet. = τρίχα[1]); τριχϑά-διο-ς dreifach, dreitheilig
(Agath. 72). — (*tri-gha-ta*, -*tja*, τρι-φα-το, -τιο) τρί-φα-το-ς (Nic. Ther.
102) τρι-φά-cιο-c dreifach, im Plur. = τρεῖς. — (*tri-ta*) τρί-το-c
(äol. τέϱ-το-ς) der dritte, Adv. τρίτο-ν, τρίτως drittens, zum dritten;
τριτό-ω zum 3. machen, in 3 Theile theilen, τρίτω-σι-ς f. Vermin-
derung bis auf ein Dritttheil; τρίτᾰ-το-ς poet. = τρίτο-ς; τριτα-
ῖο-c am 3. Tage, alle 3 Tage, auch: vor 3 T.; auch = τρίτος;
ὁ τριταῖο-ς erg. πυρετό-ς das dreitägige Fieber, τριταϊ-κό-ς zum 3täg.
F. geh., τριταίζω das 3täg. F. haben; τριτ-εύ-c der 3. Theil eines
μέδιμνος (Poll. 4. 168), τριτεύ-ω der 3. sein, etwas zum drittenmal sein, τριτευ-τή-ς der etwas zum drittenmal ist, τριτε(ϝ-)ῖο-ς dem
Dritten zukommend (τὰ τριτεῖα der 3. Rang, Preis, dem πρωτεῖα,
δευτερεῖα entsprechend). — (τρι-αγ-*jω*, τρι-αδ-*jω*) τρι-άζω besiegen,
überwinden[2]) (nachdem .der Gegner dreimal zu Boden geworfen,
in drei Gängen nach einander überwunden worden), τριαχ-τήρ (τῆϱ-ος)
m. Sieger (ὃς δ᾽ ἔπειτ᾽ ἔφυ, τριαχτῆρος οἴχεται τυχών Aesch. Ag.
171 D.), τριαγ-μό-ς m. Sieger (Callim.). — (τρι-αδ) τρί-ά-c (-άδ-ος)
f. Drei, Dreizahl; Dreieinigkeit, τριάζω verdreifachen, mit drei
multiplicieren. — (τρι-αν-*ja*) τρί-αινα (τρίν-αξ Phil. p. 6. 104) f. Dreizack, die gew. Waffe des Poseidon; dreizackige Hacke, τριαινό-ω
den Dreizack führen; das Land behacken (καὶ τριαινοῦν τῇ δικέλλῃ
διὰ χρόνου τὸ γῄδιον Arist. Pax 570 B.), τριαινω-τήρ (τριαινᾱ-τήϱ
Hes.) m. der das Land behackt, τριαινο-ειδής von dreizackiger Gestalt. — (*tri-ijäns*, *tri-ijas*, *tris*) τρίc dreimal; steigert oft den Begriff des Simplex: τρισ-άϑλιος, τρίσ-μαχαρ.

trita der Dritte[3]): Ἀμφι-τρίτη Nereide, bei Homer: Allegorie
oder Repräsentantin der rauschenden dunkelnden Meeresfluth (κυάνω-
πις, ἀγά-στονος); nach Hes. Th. 930 f. Gemalin des Poseidon, welche
mit ihm das Mittelmeer beherrscht und Mutter des Triton[4]); Τρίτ-ων
(ων-ος) nach der späteren Sage in Menschengestalt dargestellt, die
sich in einen Fischschwanz endigt, auf einer Muschel blasend (Apoll.
Rh. 4. 1610); Τριτο-γένεια s. pag. 188.

tres (auch *treis*, *tris*) m. f., *tri-a* n. (*tri-um*, *tri-bus*) = τρεῖς,
τρία; *tri-ärii* m. die Triarier, die ältesten und verlässlichsten Soldaten der röm. Legion, im Treffen das dritte Glied bildend, hinter den *hastati* und *principes* (*res ad triarios rediit* es ist auf's
Aeusserste gekommen; vgl. Liv. 8. 8. 11: *si apud principes quoque haud satis prospere esset pugnatum, a prima acie ad triarios
sensim referebantur. inde rem ad triarios rediisse, cum laboratur,
proverbio increbuit*); *Triariu-s* Bein. in der *gens Valeria*. — tri-
fä-riu-s = τρι-φά-σιο-ς[5]), *tri-faria-m* (erg. *partem*, Adv.) dreifach,
auf drei Seiten, an drei Orten, auf drei Arten. — (*tri-tio*) ter-
tiu-s (vgl. Skr. *tr-tijas*, äol. τέϱ-το-ς) der dritte, Subst. *tertiae* (erg.
partes) ein Dritttheil, die dritte Rolle, Adv. *tertium* zum dritten

Male, *tertio* = *tertium;* drittens; *terti-ānu-s* zum dritten geh.,
Subst. *tertiana* f. das dreitägige Fieber, *tertiani* m. Soldaten der
3. Legion, *terti-āriu-s* ein Dritttheil enthaltend, Subst. n. Dritttheil, *tertiā-re* zum dritten Male wiederholen, pflügen, *tertiā-ti-ō̆(n)*
f. Wiederholung zum 3. Mal (Col. 12. 52. 11). — (*trīs-no*) **trī-
nu-s** drei, der dritte, dreifach, dreifältig; **ter-ni** je drei. — **tri-
e-n-s** (*-t-is*) m. der 3. Theil eines zwölftheiligen Ganzen ($^4/_{12}$ oder $^1/_{3}$),
Dritttheil, Drittel ($^1/_3$ Ass; bei Erbschaften $^1/_3$ des Ganzen; Längenmaass u. s. w.), *trient-iu-s* für das Drittel hingegeben (*ager* Liv.,
31. 13. 9), *trient-ālis* = $^1/_3$ eines (zwölfzölligen) Fusses, *trient-
āriu-s* zum Drittel gehörig. — *tri-ā-tru-s* Festtag der Tusculaner,
3 Tage nach den Iden (Fest. p. 257)[6]). — (*tri-ies, tris;* vgl.
τρίς; *tirs, ters*) **ter** dreimal; übertr. oftmal; bei Adj. steigernd =
sehr, höchst, überaus (z. B. *o ego ter felix* Ov. Met. 8. 51).

B. Gl. 173b. 175f. — Corssen I. 386; B. 163; KZ. III. 295. —
C. E. 225. — F. W. 83 f. 452 f. 624. — Schmidt KZ. XVI. 436 f. —
1) C. E. 663. — B. Gl. 176a: *tri-dhā*, Suff. *dha*, τρίχα, dor. τρίχϑα. —
2) Ueber ζ durch die Mittelstufe *dj* aus *gj* entwickelt siehe C. E. 604 f.
— 3) PW. III. 429: *tritá* (von *tri*) 1) Name eines vedischen Gottes, der
namentlich in Verbindung mit den *Marut, Vāta* oder *Vāju* und *Indra*
erscheint, und welchem, wie jenen, Kämpfe mit dämonischen Wesen,
mit den *Tvashtra, Vrtra*, dem Drachen und anderen zugeschrieben
werden, 2) eine Götterklasse (vielleicht die Dritten d. h. die im Himmels-
gebiet Wohnenden) scheint das Wort zu bezeichnen, wenn es in der
Mehrzahl und zur Bezeichnung *Varuṇa's* und *Agni's* (des himmlischen)
gebraucht wird. — So auch: F. W. l. c. und Hintner Zeitschr. f. österr.
Gymn. 1875 pg. 51. — 4) Preller gr. Myth. I. 467; der das Wort von
*τρέω fliessen ableitet (τριτώ· ύεῦμα, τρόμος, φόβος Hes.). — Welcker:
τρέω, von der zitternden Wellenbewegung. — 5) Schmidt l. c.: = τρι-
φά-σιο-ς mit Wandlung von *s* zu *r* so geschickt romanisiert, dass man
den fremden Ursprung völlig vergass. — 6) Corssen B. l. c.: Suffix *-tar*
vollbringen.

---

triampo alter Jubelruf im Culte.

(τριαμπο, τριαμφο) θρίαμβο-ς m. Festlied und Festzug zu
Ehren des Bakchus; bei röm. Historikern Triumph[1]), θριαμβ-ικό-ς
den Tr. betreffend; θριαμβ-εύ-ω triumphiren, einen Triumph halten,
θριαμβευ-τή-ς m. der Triumphator (Suid.), θριαμβευτ-ικό-ς den
Triumphator betreffend, θριαμβε(ϝ)-ία f. Triumph (Euseb.).

triumpu-s (alt, Varro l. l. 6. 7. 69) **triumphu-s** m. der bei
feierl. Umzügen der arvalischen Brüder den Dreischritt begleitende
Ausruf (*triumpe, triumpe, triumpe* C. fratr. Arv. ap. Or. inscr.
2270); später der für einen wichtigen Sieg vom Senate zugestandene
feierliche Einzug in Rom, Siegeszug, Triumph; *triumphā-re* einen
Triumph halten, triumphiren, frohlocken (Fut. *triumphavit* in der
lex Julia bei Ritschl XXXIII v. 63. C. I. L. n. 206: *quo die quis-
que triumphiarit, ducei oportebit;* d. i. urspr. *r* erhalten, vgl. umbr.

Fut. *purtuv-ie-s*)²), *triumpha-tor* (*tōr-is*) m. der Triumphirende, fem. *triumphatr-ix* (*īcis*), *triumphatōr-iu-s* ('Tert.), *triumph-āli-s* zum Triumph gehörig, Subst. m. einer der triumphirt hat.

F. W. 453. — 1) Düntzer KZ. XV. 48: W. θορ; eig. *θρίαμβος*. — Nach Suidas als urspr. Beiname des Dionysos erklärt aus *θηρίαμβος*: *διότι ἐπὶ θηρῶν τουτέστιν ἐπὶ λεόντων βέβηκε*. — Nach Anderen wieder von *θρίον* Feigenblatt, weil diese bei den Festaufzügen des Dionysos von den Knaben gehalten wurden. — 2) Savelsberg KZ. XXI. 189.

TRU dräuen.

(*trŭ-co, tru-c:*) **trŭ-cŭ-lentu-s, tru-x** (Gen. *trŭ-c-is*) wild, raub, trotzig, drohend; hart, streng, grimmig; *truculent-ia* f. Rauheit, Unfreundlichkeit, finsteres Benehmen (*truculentia caeli praestat Germania* Tac. a. 2. 24).

Grassmann KZ. XII. 88; vgl. ags. *þreóv-an* (Thema *þrur*), *þreav-jan*, ahd. *drāw-jan*, nhd. *dräuen, drohen*. — B. Gl. 196a: *druh nocere, laedere*. — Ebenso Kuhn KZ. VII. 62. — Corssen N. 118 f.: *struc*; ahd. *strah rigidus*. — F. Spr. 326: wohl zu germ. *thrug* drücken.

---

tva, tu Stamm der 2. Person Sing. — Skr. **tva, tu** (PW. III. 460).

τϜε, τε. — (Dor. τύ, böot. τοῦ-ν, τού) cú du (Nom. ep. τύνη; Gen. σοῦ nicht bei Hom., dafür σέο, σεῦ, σεῖο, σέθεν; dann τεοῖο in den schon bei den Alten als unächt geltenden Versen Il. 8, 37. 468; Dat. σοί, dor. ep. τοί, auch τεῖ-ν; Acc. σέ; τρί· σέ. Κρῆτες Hes.). — Dual (*tra* = σϜα, σφω) cφω: σφῶ-ι (Nom. Acc.) ihr beide, euch beide (contr. σφώ; Gen. Dat. σφῶ-ιν, contr. σφῶν), σφωί-τερο-ς euer beider (nur Il. 1. 216). — (τϜάν vgl. Skr. *tvam*) in att. Anrede: ὦ τᾶν oder ὦ τάν o du! sowohl im guten Sinne: mein Lieber! als auch tadelnd: du Sonderling! du wunderlicher Mensch! (vgl. τᾶν· σύ. Ἀττικῶς Hes.)¹). — Possessivum: (*sra, σϜo*) có-c, (*tva, t-a-ra, τ-ε-ϝo*) τ-ε-ó-c (ep. dor.) dein.

tve, te. — **tu** du (Gen. *t-is*, Plaut. mil. 4. 2. 42: *quia tis egeat;* Gen. *tu-ī* ist Gen. Sing. des Possessivum; Dat. *ti-bĭ* st. *tvi-bhi, Inscr. *ti-bei;* Acc. *tē*, erweiterter Stamm ohne eigentl. Casussuffix; vgl. *i-d, quo-d;* Abl. *tē-d* [altl.], *tē*); *tu-ū-ti-m* (*eccere, iam tuatim facis tu, ut tuis nulla aput te fides sit* Plaut. Amph. 2. 1. 4) nach deiner Art (*significat autem tuo more* Charis. 1. p. 195). — Plural: (*sva, svo*) vō-s Nom. Acc. (Dehnung nach Analogie des Acc. Pl. auf *ōs*, z. B. *equōs;* Dat. Abl. *vō-bĭ-s;* Gen. *vos-tri, rostrum* ist Gen. Sing. und Plur. des Possessivum; *vos-trum* = *vostrorum*).·—— Possessivum: (*te-vo-s*) **tuu-s** dein, **vos-ter** (*tra, tru-m*) euer.

B. Gl. 177a; Gramm. II. 122. — C. E. 218. 447. 570. 588. — F. W. 82. 84. 451. — Savelsberg KZ. XXI. 123. — 1) C. E. 675.

TVAK netzen, waschen. — Skr. **tuç** etwa: träufeln (PW. III. 372). — Vgl. 2) *tak*.

(*tak, tag*) τεγ: τέ-γ-γ-ω (Fut. τέγξω) netzen, anfeuchten, erweichen, übertr. rühren[1]); τεγκ-τ-ό-ς benetzt u. s. w.; (τεγγ-τι) τέγξι-ς Benetzung, Befeuchtung (Hippocr.).

tig: ti-n-g-ĕre (*tinguĕre*)[2]) (*tinxi, tinc-tu-s*) = τέγγω; übertr. tränken, erfüllen, reichlich versehen; *tinc-tor* m. Färber (Vitr. 7. 14. 1?), *tinctōr-iu-s* zum Färben geh.; *tinc-tu-s* (*tūs*) m., *tinc-tūr-a* f. das Eintauchen, Färben (*tinctio* Tert. = *baptismus*); *tinc-tĭ-li-s* worin etwas eingetaucht wird (Ov. tr. 3. 10. 63: *volucri ferro tinctile virus inest*).

Corssen B. 68. — C. F. 219. 523. — F. W. 84. 451: (vielleicht nur eine Specialisirung aus *tag* [= indogerm. *stag*], lat. *tangere* in der Bedeutung netzen, *tangere rino*, und altnd. *stökkra* besprengen); Spr. 98. — Sch. W. s. v. (vgl. ahd. *tunchōn*, tünchen). — 1) Ueber γ = urspr. κ C. E. 522 f. — 2) Brambach Hülfsb. f. lat. R.: „*tingo*, nicht *tinguo*".

TVIS erregt, bestürzt sein. — Skr. **tvish** 1) in heftiger Bewegung, erregt sein, 2) anregen, in's Leben rufen (PW. III. 470). τε-τί-η-μαι ep. Perf. Pass. mit Präsensbedeutung (τετίη-σθον Il. 8. 447, τετιη-ώς, gewöhnl. τετιη-μένο-ς ἦτορ) bekümmert, missmuthig, traurig sein.

F. W. 84. — Froehde KZ. XXII. 257: *tri*, zend. *thwi* erschrecken: „vielleicht gehört auch τετίημαι hieher, welches Fick zu *tris* stellt, welches im Griech. anders vertreten ist" (σϝείσω = σείω ibid. 263). — Pape, Seiler, Schenkl: St. τι, τιε: τίω, τίνω „rächen, strafen, verletzen".

D.

da Pronominalstamm der 3. Person: der.

-δε verstärkt die Hinweisung auf die schon durch den Accus. ausgedrückte Richtung = nach, -wärts (urspr. *da* erhalten in: θύρ-δα· ἔξω Hes.): a) tritt an Ortsnamen und örtl. Begriffe: Αἴγυπτόν-δε, Κύπρον-δε, ἄγρον-δε, οἰκόν-δε (selten an andere: θάνατόν-δε, φόβον-δε; an Adject. ὄν-δε, δόμον-δε), b) an Pronomina, um die demonstr. Kraft zu verstärken: ὅ-δε, τοιόσ-δε, τοσόσ-δε u. s. w.; äol. hom. -δι-ς (α zu ι geschwächt und ς angefügt: vgl. ἐκ-ς, ἀμφί-ς): ἄλλυ-δι-ς anderswohin (ἄλλυδις ἄλλη hierhin und dorthin), ἄμυ-δι-ς zusammen, zugleich, οἴκᾰ-δι-ς (neben οἴκᾰ-δε) nach Hause, in die Heimat, heim, χαμά-δι-ς (neben χαμά-ζε) auf die Erde, zum (zu) Boden. — δεῖ-να, ὁ, ἡ, τό (Acc. Pl. n.; St. *na*;

oder *na* das unveränderte, hier erstarrte Suffix) ein gewisser, den man nicht nennen will oder kann; unflectirt oder flectirt gebraucht (Sing. δεῖ-να, -νος, -νι, -να, Plur. δεῖ-νες, -νας, δεί-νων). — (*da* + *u* + *ra*, *da* + *u* + *la*, Pronominalst. *da*, *u* und Suffix des Comp. Superl. *ra*, *la*) δε-ῦ-ρο, δε-ῦ-τε (δεύρω nur Il. 3. 240) da, hier; woraus: hieher! her! heran! herzu! auf! wohlan!¹); (ἔν-δο-μ Accus.) ἔν-δο-ν (vgl. St. *ana* pag. 29). — Als selbständige Conjunction: δέ (aus dem Gegensatz „von da, hier“, mit welchem ein 2. Satz einem 1. gegenüber hervorgehoben wurde, entwickelte sich die Bedeutung:) aber, hingegen, dagegen, nach einer Negation: sondern; häufig auch Sätze einfach anreihend: nämlich, denn, ja; epaneleptisch: also, sag' ich²).

de (vgl. oskisch *da-t*) örtlich: von — herab, hinweg, her, ab, fort; zeitlich: unmittelbar, sogleich nach; in anderen Beziehungen: von, über, wegen, in Betreff; *in-de*³) örtlich: von da, von dort, daher; zeitlich: von dieser Zeit an, hierauf, darnach; *de-in-de* = von da herab (auch *de-in*) = *inde*; in der Reihenfolge: alsdann, demnächst, ferner; [c]*un-de* (St. *ka*) von woher, woher, *ali-cun-de* von irgend woher, *quam-de* bis zu welchem Grade, wie weit, wie sehr (*quamde pro quam usos esse antiquos cum multi veteres testimonio sunt tum Ennius in primo: Iuppiter, ut muro fretus magis quamde manus vi. Idem in secundo: Quamde tuas omnes legiones ac popularis. Et Lucretius: clarus ob obscuram linguam inter inanes quamde gravis inter Graios qui vera requirunt. Fest. p. 261. 4). — -*da-m*, -*de-m*, -*do-m*³) (erstarrte Accusative): *qui-da-m* ein gewisser, jemand; *quon-da-m* zu einer gewissen Zeit, einstmals, ehemals, einst; neulich, vor Kurzem; *i-de-m* der da, der eben = derselbe⁴) (s. St. *i*), *ili-dem*, *identi-dem*; *ili-dem* eben dort, gerade da, eben daselbst; *indi-dem* eben daher; *qui-dem* zwar, nämlich, jedoch, aber; wenigstens, gewiss, fürwahr; *utrobi-dem* auf jeder von beiden Seiten eben (Plaut. Truc. 1. 2. 50: *utrosque percognori utrobidem*); *tan-dem* urspr. so weit eben = endlich; in Fragesätzen: doch, endlich, einmal; *tantus-dem* eben so gross, eben so viel; *en-do*, *in-do*, *in-du* s. *in* pag. 30. — (*de-no, *de-no-que, davon Local) **dē-nī-que** und abwärts, und schliesslich = endlich, am Ende, zuletzt noch, gar noch⁵); **dē-mu-m** (Superlativ; *demu-s* Liv. Andr. Fest. p. 70) = am meisten abwärts = endlich, zuletzt, erst⁶); **de-tĕr-ior** (doppelte Endung). Superl. *de-ter-ĭmu-s*, mehr abwärts befindlich = geringer, schlechter, schlimmer⁷); (Positiv *de-ter-iu-s in:) *deter-iae porcae, id est macilentae* Paul. D. p. 73. 5; *deteriora-re* verschlechtern (Claud. Frontin. Symm.).

Clemm St. III. 313 ff. — C. E. 233. 633. — 1) Clemm St. III. 308 ff. — Curtius St. III. 322 *); „oder steckt in δεῦτε doch ein ἴτε, während δεῦρο, δεύρω Il. 3. 240, äol. δεῦρυ (Herodian. π. μον. λεξ. p. 95. Lehrs

rein pronominal ist. — Sonne KZ. XII. 282: Thema *ju: ju, dju* = *div,*
dev; div-te = *ju-ka, te* = Skr. *ca; div-ro* = *r* im goth. *thar, hvar.* —
2) Aehnlich Kvíčala Zeitschr. f. österr. Gymn. 1864 pg. 315 ff.: urspr.
identisch mit dem deikt. *di* (*ōdi, oíkóvde* u. s. w.), so dass es urspr. nur
ein *di* gab = hier (dort), hierher (dorthin); Verstümmelung eines alten
adv. gebrauchten Locativs von einem Pronominalst. *ta, da;* stets mit
deiktischer Kraft: da. — Klotz, Pape, Schenkl: abgeschwächt aus *dή,*
wie *μέν* aus *μήν;* dazu gibt Klotz als Grundbegriff an: *aliquam rei du-
dum cognitae adseverationem.* — 3) Vgl. *in* pag. 30. — Corssen B. 497 ff.:
-de — Abl. die oder Acc. *die-m* mit abgefallenem *m; -da-m* = *dia-m;*
-de-m = *die-m.* — 4) Clemm St. III. 317. — 5) Corssen B. 85. — Ebel
KZ. I. 307 f.: **dene* (vgl. *pos, pone, infer-ne, super-ne*); *deni-* (vgl. *unde,
undi-que*) + *que* und. — 6) Corssen B. 83 f.; KZ. III. 242. — Ebel l. c.
— 7) Corssen KZ. III. 252. — Fick Spr. 187: *tar* reiben.

---

1) **DA** geben. — Skr. **dā** geben, schenken; verleihen, gewähren; Med. empfangen (PW. III. 565).

δο, δω. — δί-δω-μι geben, schenken, verleihen; darbringen,
weihen; übergeben, hingeben, überliefern; von den Eltern: zur
Frau geben, verheiraten (homer. Präs. διδοῖς, διδοῖσθα, διδοῖ,
Impt. δίδω-θι Od. 3. 380, Inf. διδού-ναι Il. 24. 425; Fut. δώ-σω,
hom. δι-δώσο-μεν Od. 13. 358, Inf. διδώσειν Od. 24. 314; Aor.
ἔ-δω κα, hom. Iterat. δό-σκ-ο-ν, Conj. δῶμεν, δώομεν; Aor. ἔ-δω-ν,
lakon. 3. P. Pl. ἔ-δο-ν; Perf. δί-δω-κα, δέ-δο-μαι, hom. nur δίδο-
ται Il. 5. 428; Aor. M. ἐ-δό-μην, P. ἐ-δό-θη-ν)[1]; Verbaladj. δο-
τέο-ς; δοτ-ικό-ς geberisch (gramm. ή δοτική erg. πτῶσις, Dativus);
(δο-τι) δό-σι-ς f. das Geben, Gabe, Geschenk, Schenkung (im
Testament), medic.: Portion, Dosis; δο-τήρ (τῆρ-ος), δό-τη-ς (LXX)
m. Geber, (δο-τερ-ια) δύ-τειρα, δο-τί-ς (τίδ-ος, Arcad. p. 35. 3) f.
Geberin; δό-μα(τ) n. Gegebenes, Geschenk. — δω: δώ-ς f. (nur
Nom., Hes. O. 554) Gabe; δω-τί-νη, δω-τύ-ς f. = δόσις; δώ-τη-ς
(Hes. O. 353), δω-τήρ (τῆρ-ος), δώ-τωρ (τορ-ος) (Od. 8. 335) m.
= δότης, δοτήρ, δώ-τειρα f. = δότειρα; δωτιν-άζω Gaben einsammeln, annehmen (Her. 2. 180); δῦ-ρο-ν n., δωρ-εά f. (δωρία
Hes.) Gabe, Geschenk, Ehren-, Weih-geschenk (δώρων γραφή Klage
wegen Bestechung); δωρέ-ω schenken, beschenken (δωρήσαιτο Il.
10. 557), δωρη-τό-ς durch Geschenke versöhnbar (Il. 9. 526), bestechlich, beschenkt, δωρητ-ικό-ς = δοτικός; δωρη-τήρ (Leon. Tar.
14) = δωτήρ; δώρη-μα(τ) (meist poet.) n. = δῶρον, δωρημστ-ικό-ς
(Dion. Hal. 8. 60) = δωρητικός; ἀλγεσί-δωρο-ς Schmerzen bringend
(Opp. H. 2. 668); ἐκκαιδεκά-δωρο-ς sechzehngebend, das Geweih
eines Sechzehnenders bezeichnend (Il. 4. 109)[2]; ζεί-δωρο-ς (st. ζειο-)
getreidegebend, nahrungspendend (ἄρουρα)[3]; Δώ-σ-ων (ων-ος) der
stets geben wird d. h. nichts giebt, Bein. des Antigonus II. von
Makedonien (Plut. Koriol. 11); Desid. δωσείω.

da-n. — δά-ν-ος n. Gabe (E. M.); meist: ausgeliehenes Geld,

Wucher, Zins; δάν-ειο-ν n. Darlehn, gegebenes oder empfangenes Geld; δανείζω (δανίζω Lucill. 102) Geld auf Zinsen geben, leihen. Med. borgen, δανεισ-τή-ς m. Ausleiher, Gläubiger, δανεισ-τ-ικό-ς zum Leihen geneigt, Wucherer, δανεισ-μό-ς m., δάνεισ-μα(τ) n. = δάνειον. — 'Απι-δανό-ς, ion. 'Ηπι- m. Wasserspender, Fluss in Thessalien, Nebenfluss des Peneus.

da-s. — (δοσ-υ-λο, vgl. παχ-υ-λό-ς, δυ-υ-λο) δο-ῦ-λο-ς m. Sklave, Knecht[4]), δούλ-η f., Dem. δουλ-άριο-ν; δούλ-ιο-ς (hom. nur δούλιον ἦμαρ Tag der Knechtschaft), δούλ-ειο-ς (Od. 24. 252), ion. δουλ-ήϊο-ς, δουλ-ικό-ς sklavisch, knechtisch; δουλο-σύνη f. Knechtschaft (Od. 22. 423), δουλόσυννο-ς knechtisch, dienstbar; δουλό-ω zum Sklaven machen, unterjochen, δούλω-σι-ς f. Unterjochung; δουλ-εύ-ω Sklave oder Knecht sein, unterworfen sein, δουλευ-τή-ς m. Knecht (Eust.); δούλευ-μα(τ) n. (sehr spät δούλευ-σι-ς f.) Knechtschaft, Dienst, δουλε(F)-ία, δουλη-ίη (Her. 6. 12), δουλ-ία (Pind. P. 1. 75) f. Knechtschaft, Unterwürfigkeit; collectiv: Dienerschaft, Gesinde.

du. — dă-re (dĕ-d-i, dă-tu-s) = δίδωμι (Inf. dăsi st. dă-ri Fest. p. 68 M., Perf. dedet C. I. L. 32. 63, deda ibid. 1. 177 = dedant = dederunt); -dăre: circum-, pessum-, satis-, venum-dăre; -dĕre: ad-, de-, dis-, ē-, per-, pro-, red-, tra(ns)-, ven-dĕre; dă-tă-re vergeben, hingeben; dătă-ti-m wechselseitig sich gebend, zuwerfend (qui ludunt datatim Plaut. Curc. 2. 3. 17); dă-tu-s m. das Geben (meo datu Plaut. Trin. 5. 2. 16); dă-tor (tōr-is) m. Geber, dă-ti-ō(n) f. das Geben, Zutheilen, dă-t-īvu-s zum Geben geh. (grammat. Dativ); ad-dĭ-ti-ō(n) f. Hinzufügung, Zugabe, dē-dĭ-ti-ō(n) f. Ueber-gabe, Capitulation, ē-dĭ-ti-ō(n) f. Hervorbringen, Gebären, Heraus-geben, Leistung, prō-dĭ-ti-ō(n) f. Verrath, Verrätherei, ven-dĭ-ti-ō(n) f. Verkauf, Versteigerung u. s. w.

do. — dō-s (dŏ-ti-s) f. Mitgabe, Mitgift, Aussteuer, dō-tā-re ausstatten, aussteuern, dot-āli-s zur Mitgift der Frau (selten des Mannes) gehörig; sacer-dō-s (ti-s) comm. (sacrdōta Or. inscr. 2184; Demin. sacerdotŭ-la) Opfergeber[5]) = Priester, -in, Sacerdos röm. Beiname (C. Licinius S.), sacerdōt-iu-m n. Priester-thum, -amt, -würde, sacerdot-āli-s priesterlich; Subst. m. der ein Priesteramt verwaltet hat. — dō-nu-m n. = δῶρον, dōnā-re schenken, ge-währen, verleihen; Schuld, Strafe schenken = erlassen, verzeihen; Donā-tu-s (Aelius D. berühmter Grammatiker des 4. Jahrh. n. Chr., Lehrer des h. Hieronymus; Tiberius Claudius D. Commentator Ver-gils); donā-tor m., -tr-ix f. Schenker, -in, donā-ti-ō(n) f. Schenkung; don-āriu-m n. Aufbewahrungsort für die Weibgeschenke in den Tempeln; auch: Weibgeschenk, Tempel; donā-tĭ-cu-s zur Schenkung geh.; donā-t-īru-m n. kaiserl. Geschenk an die Soldaten; donā-bĭli-s beschenkenswerth (edepol infortunio hominem praedicas donabilem Plaut. Rud. 3. 2. 40). — cĕ-dŏ, ce-tte (= ce date) (vgl. pag. 152) gib oder gebt her, her damit, heraus, lass oder lasst sehen[6])

(z. B. *D. quin' tu mi argentum cedo. Ph. immo vero uxorem tu cedo*
Plaut. Phorm. 5. 8. 42; *salvete, optima corpora, cette manus vestras
measque accipite* Enn. ap. Non. p. 85. 1; *cedo, quaeso, codicem:
circumfer, ostende* Cic. Acc. 2. 42. 104).

du. — *du-im, -is, -it, -int;* besonders Plaut., Terent.; *ad-
du-ēs (addideris* Paul. D. p. 27. 14); *du-i-to-r* (XXII tab. ap. Plin.
h. n. 24. 3. 5); *per-du-is, -it, -int*[1]).

da-n. — *dăn-it, dăn-unt,* Impt. *dan-ĕ*[8]). — *danus* = (rust.)
da-r-n-us (fenerator Gloss.), *danista* = δανειστής; *dar-dan-āriu-s*
Geldverleiher, Wucherer, Mäkler, Aufkäufer (das *r* in *darnus, dar-
danarius* wohl, weil man den Wucherer, indem man das Wort
gleichsam von δέρειν ableitete, als einen Schinder bezeichnen wollte,
wie er bei uns ein Halsabschneider genannt wird[9]).

B. Gl. 184. — Corssen I. 413 f. — C. E. 236. 463. 509. 594. —
F. W. 90 f. 92. 95. 367. 455 f.; Spr. 329. — 1) C V. I. 152. 3). 185. 13).
— 2) Düntzer KZ. XIV. 199. — S. W., Sch. W. s. v.: sechzehn Hand-
breiten (δώρα) lang. — 3) Schaper KZ. XXII. 519: Geschenke habend,
welche Getreide sind. — 4) B. Gl. 186a: *dās dare Skr. dāsá famulus:
sic δοῦλος a dando, porrigendo nominatus esse videtur.* — Düntzer KZ.
XVI. 27: δοῦλος scheint aus δόσυλος entstanden und wie Skr. *dāsa* den
„Besiegten" zu bezeichnen, insofern die besiegten δοριάλωτοι zu Sklaven
gemacht wurden. — PW. III. 604 f.: *dās* bedeutet nach Dhûtup. 21. 28
„geben", *dāsá* Sklave, Knecht. — C. E. 356: vielleicht W. *d*e binden;
woselbst (pag. 233): „besonders des *o* wegen zweifelhaft, das dieser
Wurzel fern liegt". — Sch. W. s. v. ähnlich: δέω; eig. der Gebundene.
— Pape W. s. v.: δέω? — Jedenfalls bleibt die hier gegebene Deutung
zweifelhaft. — 5) Corssen KZ. II. 28. — 6) Corssen II. 584. 844: *cĕ* +
Imper. *dū; ā* zu *ō* verdunkelt wie in *dōnum, dōs* und *ū* zu *ŭ* gekürzt
wie in *pŭtŏ, mŏdŏ* u. a. — Aehnlich Curtius St. II. 439, KZ. VI. 92. —
Dagegen Klotz W. s. v.: „alte, vielleicht urspr. nicht einmal Verbalkraft
in sich tragende Wortform, die, wie unser 'her' oder 'heraus' Impera-
tivbedeutung annahm und ganz wie das griech. δεῦρο in δεῦτε (pag. 320),
so dieses in *cette* eine wenn auch im Gebrauch beschränktere Pluralform
erhielt". — Auch Schweizer-Sidler Elementar- u. Formenl. der lat. Spr.
§. 160: „zweifelhaft ob Imperative: *cĕdŏ, cette*". — 7) Corssen I. 364 f.;
N. 239. — 8) Neue Formenl. II. 316. — 9) Zeyss KZ. XVII. 433.

---

2) DA theilen, zutheilen.

1) da.

δα. — δα-ναʹ· f. μερίς. Καρισtίοι Hes. — δη: δῆ-μο-ς m. „auf-
getheiltes, vertheiltes Land" unter die Mitglieder einer Genossenschaft (so auch die attischen δῆμοι, die 174 Unterabtheilungen
der φυλαί; schon vor Theseus selbständige Gemeinden und von Klei-
sthenes zu neuer Bedeutung im Staatsorganismus umgeschaffen),
also: „Gemeinde-land, -eigenthum, -gut"; (dann aus Land:) „Gesammtheit der Landesangehörigen = Volk"[1]), δημό-θεν von Volks-
wegen, auf Kosten des Volkes (Od. 19. 197); Dem. δημ-ίδιο-ν (Arist.

Equ. 726. 1199); δημό-τη-ς m. Einer aus dem Volke, zum V. geh., gemeiner Mann (*plcbcjus*), Bürger cines Demos, δημό-τι-ς (-τιδ-ος) f. Gaugenossin, Landsmännin; δημοτ-ικό-ς, poet. δημό-τερο-ς = δημότης, dem Volke, der Demokratie ergeben, befreundet, überhaupt: menschenfreundlich; einen attischen Demos betreffend; δημοτ-εύ-ο-μαι zu einem Demos gehören; δήμ-ιο-ς, δημό-σιο-ς (später auch δημοσιακό-ς) das Volk angehend, dem Volk oder dem Staat angehörend, öffentlich, Gegensatz ἴδιος (τὰ δ. Staatseinkünfte), Subst. m. der öffentl. Diener in Athen, Folterknecht, Scharfrichter, n. Staat, Gemeinwesen, Staatscassa; δημοσιό-ω veröffentlichen (δημόω D. Cass. bei Suid.), zum Staatseigenthum machen, confisciren; δημοσίᾳ (Ggs. ἰδίᾳ) öffentlich, nach Beschluss oder auf Kosten des Staates; δημοσι-εύ-ω öffentlich, allgemein machen: zum Staatsgut machen, unter dem Volke verbreiten; Staatsgeschäfte treiben, δημοσίευ-σι-ς f. Bekanntmachung; öffentl. Versteigerung; δημίζω es mit dem Volke halten, es betrügen (Ar. Vesp. 699); δημ-εύ-ω das Vermögen eines Bürgers für Staatseigenthum erklären, was mit der „δήμευ-σι-ς f. Achtserklärung" verbunden ist; δημο-ειδής, δημ-ώδης volksmässig, gewöhnlich, gemein; allgemein bekannt. — ἀπό-δημο-ς, ἔκ-δημο-ς ausser Landes; ἔν-δημο-ς im Volke, einheimisch, national; ἐπι-δημέω (-εύω Od. 16. 28) in seinem Volke, in der Heimat sein, aus der Fremde nach Hause kommen; als Fremder irgendwo sich aufhalten, ἐπιδήμ-ιο-ς (ἐπί-δημος Soph. O. R. 494) in oder unter dem Volke, einheimisch, durchs ganze Volk verbreitet, bes. von Seuchen, epidemisch, ἐπιδημ-ία f. das in der Heimat Sein; von Seuchen: die Verbreitung im Volke; μετα-δήμιο-ς mitten im Volke, dabeim, zu Hause; πάν-δημο-ς, παν-δήμιο-ς im ganzen Volke, ganz allgemein; ὃς παντὸς τοῦ δήμου ἐστίν der das ganze Volk angeht (πτωχός Od. 18. 1).

2) **da-i.** — Skr. **daj** 1) theilen, ertheilen, zutheilen, 2) als Theil haben, besitzen, 3) zertheilen = zerstören, verzehren, 4) Antheil nehmen (PW. III. 519).

(δαι-jω) δαίω; nur als Pass. und Med. δαί-ο-μαι theilen, in Theile zerlegen, Pass. getheilt werden; gewaltsam zertheilen = zerreissen, zerfleischen (δαί-ε-ται ἦτορ dilaceratur Od. 1. 48; διχθὰ δε-δαί-α-ται in zwei Theile getheilt, Od. 1. 23)³); s. St. δα-τ pag. 325. — -δαιο: Ἀρι-δαῖο-ς (Nbf. Ἐρρι- st. Ἐρι-) = stark spendend, freigebig, milde (Sohn des Philipp, Halbbruder Alexander des Gr., Strabo 17. 794); Θρασυ-δαῖο-ς = Muthspender (ein Thessaler, Thebaner, Eleer); Κλεό-δαιο-ς (Κλεοδαῖος Suid.) = Ruhmspender (Sohn des Hyllos, Enkel des Herakles; Sohn des Aristomachus)⁵). — δαί-νυ-μι (Fut. δαί-σω, δαίσειν Il. 19. 299, Aor. ἔ-δαι-σα) vertheilen = ein Mahl geben; Med. sich bewirthen lassen, essen, schmausen⁶); (δαι-τ:) δαί-ς (δαι-τ-ός) f. Gastmahl, Schmaus, Speise; δαι-τη f. id.; δαίτη-θεν vom Mahle her (Od. 10. 216); δαίτα-ς·

μεριστάς (Eurip. fr. 475. 12)· ὡς οἱ Μακεδόνες φασίν (Cyr. 171); δαι-τύ-ς (-τύ-ος) f. = δαίτη (Il. 22. 496)[4]); δαιτυ-μών (μόν-ος)' m. (δαιτυμον-εύ-ς Nonn. D. 2. 666) Gast, Schmauser (gew. Tischgenosse nur Od. 4. 621); δαιτ-ρό-ς m. Vertheiler, Zerleger, Vorschneider (ὁ μάγειρος E. G.), δαιτρό-ν n. das Zugetheilte, die Portion (δαιτρὸν πίνειν das beschiedene Maass trinken,' Il. 4. 262); δαιτρο-σύνη f. das Vertheilen, Vorschneiden (Od. 16. 253); δαιτρεύ-ω vertheilen, zerlegen, vorlegen, δαιτρε(F)-ία f. Kochkunst (Spät.); δαιτ-αλ-ά-ο-μαι schmausen (Lycophr. 654), δαιταλ-εύ-ς Schmauser vom Adler des Prometheus: ἄκλητος ἕρπων δαιταλεὺς πανήμερος Aesch. Prom. 1024). — δαίζω theilen, zertheilen = zerreissen, spalten, zerhauen, niederhauen, tödten, morden (Fut. δαΐξω, Aor. δαῖξαι, Perf. Pass. δε-δαΐγ-μένος); δαϊκ-τό-ς zu vernichten, δαϊκ-τήρ τῆρ-ος) herzzerreissend (γόος Aesch. Sept. 899), δαϊκ-τή-ς id. (φθόνος Anacr. 42. 10), δαΐκ-τωρ id. (Aesch. Suppl. 779).

3) da-t[5]).

Zu da-t)oder auch zu da): Fut. δά-σο-μαι, Aor. ἐ-δά-σά-μην hom. ἐ-δά-σα-ντο, δάσ-σα-ντο, δάσ-σα-σθαι u. s. w., Iterat. δα-σά-σκ-ε-το; Perf. δέ-δασ-ται; Inf. Fut. ἀπο-δάσ-σε-σθαι, Aor. ἀπο-δάσ-α-σθαι, Fut. κατὰ πάντα δά-σο-νται Il. 22. 354); Verbaladj. ἀνά-ασ-το-ς. — δατ-έ-ο-μαι (nur Präsensst.) theilen, vertheilen, zertheilen; δατη-τή-ς m. Vertheiler, δάτη-σι-ς f. Theilung, (δατη-τηρ-ιο) ατήριο-ς zertheilend[6]) (Aesch. Sept. 711). — δα-σ-μό-ς m. Theilung (Il. 1. 166), zugetheilte Abgabe, Tribut, Steuer; δά-σ-μα(τ) . Antheil (Hes.); δά-σ-μ-ευ-σι-ς f. Theilung (Xen. An. 7. 1. 37).

4) du-p[7]). — Skr. caus. dā-p-ajati 1) geben, schenken u. s. w. eissen, bezahlen lassen, einfordern, 2) verrichten, vollbringen assen, 3) auflegen oder auftragen lassen (PW. III. 568).

δαπ. — δαπ-άνη f. Ausgabe, Aufwand, Verschwendung, ἄπανο-ς verschwenderisch; δαπανά-ω aufwenden, verschwenden, απανη-τή-ς m. Verschwender (E. M.), δαπάνη-σι-ς f., -μα(τ) n. = απάνη, δαπανη-ρό-ς = δάπανος; δαπανη-τ-ικό-ς aufzehrend, aufeibend (φάρμακον). — (δαπ-τι-λο) δαψι-λό-ς (αἰθήρ Empedokl. 180) nermesslich; δαψιλ-ής (vgl. λιπαρ-ό-ς, λιπαρ-ής) überflüssig, reichch; viel aufwendend, freigebig, δαψίλε[σ]-ια f. Ueberfluss, reichcher Vorrath; Aufwand; δαψιλ-εύ-ο-μαι Ueberfluss haben, Pass. eichlich verwendet werden. — δαπ-τ: δάπ-τ-ω zertheilen = zereissen, zerfleischen; übertr. zu Grunde richten, tödten[8]); δαπτ-αί Nager = blutsaugende Insekten (Lycophr. 1403); δάπ-τρ-ια νοῦσος) verzehrend (Sp.); κατα-δάπτω = δάπτω (Aor. κατ-έ-δαψα, ατα-δάψαι).

δεπ. — δέπ-α-ς (α-ος) n. Becher, Pokal, auch grosser Pokal, n welchem ein Mischtrank bereitet wird (meist von Gold und unstvoll gearbeitet) (hom. δέπας οἴνου wohl = Maass Wein;

hom. Dat. δέπαϊ, δέπαι (Od. 10. 316); Pl. δέπα aus δέπαα, Gen.
δεπά-ων, Dat. δεπά-εσσι, δέπα-σσι); δέπασ-τρυ-ν = δέπας (Antim. ap.
Ath. 11. 468. a), δεπαστρ-αῖο-ς (ποτός) aus dem Becher (Lycophr.
489). — (δεπ-ινο) δεῖπνο-ν n. (δεῖπνο-ς m. Spät.) (urspr. *distributio;*
bei Homer die erste ordentl. Mahlzeit, regelmässig des Mittags oder
in den ersten Nachmittagsstunden genommen, daher:) Hauptmahlzeit (im Ggs. von ἄριστον, δόρπον), bei den Att. die gegen Abend
gehaltene Hauptmahlzeit[9]); δειπνο-σύνη f. id. (Matro ap. Ath.
134 f.), Demin. δειπν-ίο-ν, -ίδιο-ν, -άριο-ν; δειπνέ-ω die Mahlzeit
halten (Desid. δειπνησείω Gramm.), δειπνη-τ-ικό-ς zur M. geh.,
δειπνη-τή-ς m. der Speisende (Pol. 3. 57. 7), δειπνη-τήρ-ιο-ν n.
Speisesaal; δείπνη-σ-το-ς (δειπνη-στό-ς) m. die Essenszeit (Od. 17.
170)[10]), δειπνη-σ-τύ-ς f. id. (Hes.); δειπνίζω bewirthen; δειπνῖ-τι-ς
(τιδ-ος) zum Gastmahl gehörig (στολή D. Cass. 69. 28). — ἀριστό-
δειπνον (Ath. 2. 47. c) ein δεῖπνον, das wie ein ἄριστον zugerichtet
ist, Mittagabendmahlzeit (Pape); ἐπί-δειπνον (ἐπι-δειπνί-ς f.) Nachtisch (Athen.); σύν-δειπνον gemeinschaftliches Essen.

da-p.

dap-s (*dăp-is*) f. Festmahl, Opfermahl; später (bes. poet.)
jedes reiche und prächtige Mahl, *dăp-āli-s* zum Opfermahl gehörig, durch das O. gefeiert; (*dap-īnu-s* vgl. δεπ-ινο, δειπνο) *dap-
inā-re* als Mahl auftragen (Plaut. Capt. 4. 2. 117); *dapsĭli-s* (*dapsĭ-
lu-s*) wohl Lehnwort = δαψιλό-ς, δαψιλ-ής; Adv. *dapsile*, *dapsili-
ter*; *dapaticum*, *magnificum*, *dapatice*, *magnifice* (Paul. D. p. 68.
4. 5). — (*dap-no*) dam-nu-m (vgl. *svap*, *sop-nu-s*, *som-nu-s*, *scab-*,
scap-, *scam-nu-m*) n. Aufwand, Ausgabe, vergebliche Ausgabe, das
Verlorene, Verlust, Schaden[11]); *damn-ōsu-s* verschwenderisch =
δαπανηρό-ς (Plaut., Ter.; auch Suet. Ner. 31: *non in alia re damnosior
quam in aedificando*); gewöhnlich: schadenbringend, schädlich, verderblich; *damnā-re* zu Schaden bringen, zur Strafe ziehen, schuldig
erklären, verurtheilen; allgemein: verwerfen, missbilligen, Part.
damnā-tu-s verurtheilt; metonym. verworfen, verbrecherisch; (*dam-
nā-lo, damnā-t*) *damnā-s* indecl. (alter jurist. Kunstausdruck:) verpflichtet, verurtheilt (*heres meus dare illi damnas est omnia sua*
Quint. 7. 9. 12; *Maevio decem dare damnas sunto* Dig. 30. 122);
damnat-ĭc-iu-s zur Verurtheilung geh. (Tert.); *damnā-tor* m. Ver-
urtheiler (Tert.), *damnatör-iu-s* = *damnaticius;* verurtheilend;
damnā-ti-ō(n) f. Verurtheilung; vom Erben: Zahlungspflichtigkeit;
damnā-bili-s verdammenswürdig; *in-demni-s* ohne Verlust, schadlos,
indemni-tā-s f. Schadloshaltung; *in-demnā-tu-s* nicht verurtheilt, nicht
beschuldigt; *con-demnāre* verurtheilen, schuldig sprechen, verdammen;
prae-damnare vorher verurtheilen (erst bei Liv. 5. 11. 12; meta-
phorisch: 27. 18. 8 *praedamnata spe dimicandi;* wozu Weissenborn: „schon im Voraus, ohne den Kampf zu wagen, habe er die
Hoffnung ihn mit Erfolg zu bestehen aufgegeben“).

Aufrecht KZ. VII. 310 ff. — C. E. 229. — F. W. 91 f.; KZ. XXII. 205. -- 1) Mangold St. VII. 403 ff. — Sch. W. s. v. ist ähnlicher Meinung; doch zweifelnd: „δαίω, Abtheilung?" — Die gewöhnliche Ableitung von W. δαμ = die Unterworfenen widerlegt C. E. 231 (andere zu δε binden oder δέμω = Anbau). — 2) C. V. I. 163. 27). 297. 4). — 3) Fick KZ. XXII. 221. — 4) PW. III. 586: dānú m. das Austheilen, namentlich von Speise; Mahl, Opfermahl; vgl. δαίς, δαίτη. — 5) F. W. l. c.: δας- (speciell griechisch): δασ-jω, δαίω, δαίομαι, δάσ-σο-μαι, έ-δασ-σά-μην, δέ-δασ-μαι; data: δατ-έω zertheilen. — 6) C. V. II. 369. — Fick KZ. XXII. 98. — 7) C. E. 232. — F. W. 92. 456. — S. W., Sch. W. s. v. — 8) C. E. l.-c.; C. V. I. 238. 2). — Bugge KZ. XIX. 426 f.: Skr. gabh gambhajami den Rachen aufsperren, um etwas zu schnappen = γαφjω, δαφjω. -- PW. III. 513: dabh Jemand etwas anhaben, anthun, schädigen, versehren, benachtheiligen; verletzen „vgl. δάπτω, damnum"; wozu C. E. 236: „ohne Wahrscheinlichkeit, weil diese Wurzel sonst keine Vertretung im Griechischen und Lateinischen hat". — Schweizer-Sidler KZ. XII. 228: „Wird kaum mit Curtius zu erklären sein, sondern für δάρπτω (mit p von W. dar abgeleitet) stehen, wie ja auch W. μαπ neben μαρπ auftritt". — 9) Döderlein n. 2469: urspr. Speise, dann Imbiss, Essen; ferner Frühstück; Mittags- und Abendmahlzeit. — 10) Nach den Scholien ist δείπνηστος die Essenszeit, δειπνηστός die Mahlzeit selbst. — 11) Bechstein St. VIII. 384 f.: impendium, sumptus, unde notio detrimenti, iacturae eodem modo ducta est, quo in ipso vocabulo „impendium". — Düntzer KZ. XI. 64 ff. — Fleckeisen, Mommsen, Pott, Ritschl an den von Curtius C. E. 236 und Bechstein angeführten Stellen: Part. Perf. Pass. von dă-re; dŭ-minu-m = damnum = τὸ δι-δό-μενο v, quod datur. — B. Gl. 179b: dam domare; fortasse damnum. — PW.: dabh; siehe Anm. 8.

---

3) DA zeigen, weisen, lehren.

1) da. — Zend: dā wissen.

δα. — lehren, lernen, kennen lernen, erfahren, daher auch: kennen, wissen (fast nur poet.; Homer: Aor. δέ-δά-ε; Perf. Part. δε-δα-ώς Od. 17. 519 gelernt habend, gelehrt, kundig; Inf. Präs. δε-δά-α-σθαι Od. 16. 316 sich belehren, kennen lernen, ausforschen. — δαε: Aor. Ind. ἐ-δάη-ν, Opt. δαε-ίη-ς, Conj. δαῶ, δαείω, Inf. δαῆ-ναι, δαή-μεναι, Part. δαεί-ς; Fut. δαή-σο-μαι; Perf. δε-δάη-κα. Part. δε-δαη-κ-ότ-ες, Med. δε-δαη-μένο-ς)[1]; δαή-μων (μον-ος) kundig, erfahren, δαημο-σύνη f. Kenntniss, Erfahrung; (δαε-ρα, δαε-ρ-ιη) δάειρα, contr. δαῖρα, die Wissende (Bein. der Persephone)[2]; ἀ-δαή-μων, ἀ-δα-ής unkundig, ἀδαημον-ίη Unkunde (Od. 24. 244); ἀ-δάη-το-ς ungewusst (Hes. Th. 655). — δη: δή-ω ep. Futur. oder Präsens mit Futurbedeutung, wovon nur: δή-εις, δή-ο-μεν, δή-ε-τε du wirst u. s. w. finden, antreffen; δῆ-ν-ος n. (Sing. Hes.); nur Pl. δήν-ε-α (poet., meist ep.) Entschlüsse, Rathschläge, Gedanken; im schlimmen Sinne: Anschläge, Ränke, Kniffe[2]; μετα-δήα· μεταμελέτη Hes.; πολυ-δήνεα· πολύβουλον, πολύμητιν Hes.[3]).

2) da-k. — Zend: da-kh-sh (d. i. da-k-s) zeigen, lehren.

δακ: δι-δαχ-ή (st. δι-δακ-η) f. Lehre, Unterricht; (δι-δαχ-σκ-ω) δι-δά-σκ-ω (Fut. διδάξω, Aor. ἐ-δίδαξα, Perf. δε-δίδαχ-α, δε-δίδαγ μαι; διδασκῆ-σαι Hes. Op. 64, διδασκή-σαιμι hymn. in Cer. 144) lehren, unterrichten[4]) (διθύραμβον, δρᾶμα von den Dichtern, die einen Dithyrambus, ein Drama selbst einstudieren, die Schauspieler anweisen und die Aufführung leiten); διδακ-τό-ς lehrbar, gelehrt, eingelernt; διδακτ-ικό-ς unterrichtend, belehrend; (διδακ-τι) δίδαξι-ς f. das Lehren (Eur. Hec. 600); δίδακ-τρο-ν Lehrgeld (Poll. 6. 186); διδακ-τήρ-ιο-ν n. Beweis (Hippocr.); δίδαγ-μα(τ) n. Lehre, Unterricht. — διδάσκ-ᾰλο-ς m. Lehrer; κωμῳδο-, τραγῳδο-διδάσκαλο-ς (abgekürzt κωμῳ-, τραγῳ-διδάσκαλος) der Komödien-, Tragödiendichter, insofern er sein Stück einstudieren lässt; διδασκάλ-ιο-ν n. das Gelehrte (= δίδακτρον Plut. Alex. 7), διδασκαλ-ία f. == δίδαγμα; Einübung und Aufführung eines Stücks oder Chors, das Stück selbst; διδασκαλ-ικό-ς zum Lehren gehörig, geschickt; διδασκαλ-ε(ϝ)-ιο-ν n. Schule.

3) **di-k** (jüngere Form). — Skr. diç 1) zeigen, vorweisen, 2) anweisen, zuweisen, 3) erweisen, 4) heissen (mit Inf.) (PW. III. 627).

δικ. — δίκ-η (δικαία E. M. p. 24. 48) f. Weisung == Weise, Sitte, Brauch (δίκη-ν nach Art und Weise); Rechtsweisung, Recht, Gerechtigkeit; Rechtssache, Process; richterliche Entscheidung, Strafe (δίκησις LXX), Busse[5]), Demin. δικ-ίδιο-ν n. Processchen (Aristoph.). — -δικο-ς: ἄ-δικο-ς ungerecht; ἀντί-δικο-ς Gegner vor Gericht (eig. eine δίκη gegeneinander habend); ἔκ-δικο-ς was ausserhalb des Begriffes der δίκη liegt, widerrechtlich; σύν-δικο-ς einem vor Gericht beistehend, Sachwalter (in Athen die nach der Vertreibung der 30 Tyrannen eingesetzten Staatsfiscale). — δικα-ιο-ς (δικαϊκός M. Ant. 5. 34) gerecht, gesetzmässig (τὸ δ. das Recht), gleichmässig (διώρισται τὸ δίκαιον τό τε νόμιμον καὶ τὸ ἴσον Arist. Eth. Nic. 5. 2. 8); δικαι-άδικο-ς ungerecht und dabei doch gerecht (Philo); ἀκριβο-δίκαιο-ς streng gerecht (Arist. Eth. Nic. 5. 10. 8); δικαιό-τη-ς (τητ-ος) f. Gerechtigkeit; δικαιο-σύνη f. id., Rechtlichkeit (δ. ἐστι τὸ τὰ αὑτοῦ πράττειν καὶ μὴ πολυπραγμονεῖν Plat. Rep. 4. 433a), δικαιό-συνο-ς Ζεύς Beschützer der Gerechtigkeit; δικαιό-ω (ion. δικαιέ-ω) für recht erachten; richten, strafen, verurtheilen, δικαιω-τή-ς m. der Richter, der Strafende, δικαίω-σι-ς f. das Gerechtmachen == gerichtliche Vertheidigung; Verurtheilung; gerechte Forderung, Rechtsgrund; Ansicht vom Recht, δικαίω-μα(τ) n. das Gerechtgemachte == gerechte Handlung, Rechtsgrund (Recht N. T.). — δικά-ζω (Fut. δικάσω, Inf. δικᾶν Her. 1. 97. 5, Perf. δε-δίκακα Ath. 12. 517b) richten, Recht sprechen, Med. sich Recht sprechen lassen, einen Process führen; δικα-σ-τή-ς m. Richter, Rächer, δικάσ-τρ-ια f. (Luc. Pisc. 9), δικασ-τ-ικό-ς den Richter betreffend; δικασ-τήρ-ιο-ν (δικαιω-τήρ-ιο-ν) n. Gerichtshof, Gericht. — δικ-αν-ικό-ς Recht und Processe betreffend, Subst. m. ein gewandter Processführer, δικανίζω Processe führen (Eust.). — δjικ (j vor ι entwickelt):

(*δε-δjικ-σκ-ο-μαι) δειδί-σκ-ο-μαι (ep., nur δειδισκ-όμενος, δειδίσκ-ε-το) urspr. ein Zeichen von sich geben == begrüssen, bewillkommnen; ep. Perf. zu δείκ-νυ-μι: (δε-δjειγ-μαι vgl. λιπ: λέ-λειμ-μαι, dann epenth. δει-δειγ-μαι) δεί-δεγ-μαι (vgl. hom. κέ-σκετο zu κεῖμαι), δει-δέχ-αται, Plusqu. δεί-δεκ-το, δει-δέχ-ατο (-ατ' ἀλλήλους sie bewillkommneten sich d. i. sie tranken sich zu)⁶).

δικ == richten aufs Ziel, bestimmen, festsetzen; richten den Wurf, werfen⁷). — ἔ-δικ-ο-ν, δικεῖν (vereinzelter poet. nachhom. Aorist)⁸). — δίσκ-ο-ς (== δικjο-ς)⁹) m. Wurfscheibe (nach einem gewissen Ziele geschleudert), überh. Scheibenförmiges (Teller, Schüssel u. a.); δισκέ-ω mit der W. werfen (Od. 8. 188), in spät. Prosa gew. δισκ-εύ-ω; δισκό-ω in eine Scheibe verwandeln; δισκ-ευ-τή-ς der Diskuswerfer; δίσκη-μα(τ), δίσκευ-μα(τ) n. Diskuswurf; δισκο-ειδής diskus-, scheiben-förmig; δίσκ-ουρα s. or pag. 43. — (δικ-ελα, δικελ-ja) δίκ-ελλα f. Worfel, Schippe, Spaten, Hacke¹⁰), δικελλ-ίτη-ς mit der δίκελλα werfend u. s. w., δικελλο-ειδής von der Gestalt einer δίκελλα. — (δίκ-τυ-ς) δίκ-τυ-ο-ν n. Fischernetz (Od. 22. 386), Jagdnetz¹¹), Demin. δικτύδιο-ν; δικτυό-ω netzförmig machen, δικτιωτό-ς gegittert (θύραι Gitterthüren); δικτυ-εύ-ς m. Netzfischer, δικτι-εύ-ω mit dem Netz fischen, δικτυε(F)-ία, δικτυία f. Netzfischerei; δικτυο-ειδής, δικτυ-ώδης netzartig; Δικτύ-νη, Δίκτυ-ννα f. Beiname der Artemis als Jagdgöttin (so hiess Artemis im westl. Theile Kreta's, im östl. Βριτόμαρτις).

δεικ (Verbalformen durchwegs aus dieser gesteigerten Form; neuion. δεικ Präsensstamm, sonst δεκ)¹²). — δείκ-νυ-μι, δεικ-νύ-ω zeigen, weisen (Fut. δείξω, Aor. ἔ-δειξα, Perf. δέ-δειχ-α, δέ-δειγμαι (neuion. δέξω, ἔδεξα, δέδεγμαι); δεικ-αν-ά-ο-μαι (ep., nur 3. Pl. Impf. δεικανόωντο sie bewillkommneten sich), δεικανά-α-σκ-ε-ν (Theokr. 24. 56). — δείκ-τη-ς m. Zeiger (δικαιοσύνης Orph. H. 7. 16), δεικτικό-ς zeigend, hinweisend (bes. Gramm.); προ-δέκτωρ m. Voranzeiger (λέγοντες ἥλιον εἶναι Ἑλλήνων προδέκτορα Her. 7. 37. 14)¹³); (δεικ-τι-) δεῖξι-ς f. das Zeigen, Beweis; δεῖγ-μᾰ(τ) n. das Vorgezeigte, Probestück, Muster, Beweis, in Athen und Rhodus: Ausstellungsort für Waaren, παρά-δειγμα(τ) n. id., δειγματ-ίζω zum Beispiel aufstellen (N. T.); δείκ-ηλο-ν (-ελο-ν Agath. 61) n. Darstellung, Bild, Bildsäule, δεικηλ-ίκ-τη-ς (dor. st. ισ-τή-ς) m. Darsteller niedrig komischer Charaktere. — ἀρι-δείκ-ετο-ς sehr gezeigt, ausgezeichnet, berühmt¹⁴) (meist wie ein Superl. mit: ἀνδρῶν, πάντων λαῶν).

1) da-k.

dŏc. — dŏc-ĕre (dŏc-ui) zeigen, weisen == unterweisen, lehren¹⁵) (d. fabulam vgl. διθύραμβον, δρᾶμα pag. 328), Part. doctu-s gelehrt, kundig, geschickt; doc-tor (tōr-is) m. Lehrer, doctr-ix (īc-is) f.; doctr-īna f. Lehre, Unterricht, Kenntniss, Gelehrsamkeit, doctrin-āli-s theoretisch; dŏc-ŭ-men (min-is) Lucr. 6. 392, dŏc-ŭ-

men-tu-m n. Beweis, Lehre, Warnung, Muster; *doc-ĭli-s* gelehrig, *docĭli-tā-s (tuti-s)* f. Gelehrigkeit.

2) **di-k** (jüngere Form).

dĭc. — *(dic-sc-ĕrc)* **di-sc-ĕre** (vgl. *δι-δά-σκ-ω*), Perf. *dĭ-dĭc-i* (Part. Fut. *disc-i-tūru-m* Apul. ap. Prisc. 10 p. 887) lernen, erfahren, einsehen[16]); *discĭ-pŭlu-s* m., *-pŭlu* f. (statt *-cŭlu-s*, *-cŭlu*, da kein Suffix *-pŭlu-s* sich zeigt) Schüler, *-in*[17]); *discipul-ā-tu-s* m. Schülerschaft (Tert.), *discipl-īna* (== *discĭpŭl-ina* Plaut. Most. 154, dann auf einer Münze Hadrian's) f. Unterweisung, Belehrung, Unterricht; Zucht, Gewohnheit; metonym. Kenntniss, Lehre, Wissenschaft; *disciplin-ā-tu-s* gut erzogen (Tert.), *disciplin-āri-s* zur Lehre, Wissenschaft geh. (Boëth.), *disciplin-ōsu-s* gelehrig (Cato ap. Non. p. 463. 5). — **-dĭc**: *in-dex (dĭc-is)* m. Angeber, Verräther, bes. Zeigefinger, übertr. Aufschrift, Inschrift, Verzeichniss; *jū-dex* == **jus-dex (dĭc-is)* m. Recht-weiser == Richter (*quod ius dicat, accepta potestate* Varro 1. 1. 6. 7), Beurtheiler, Sachkenner, Kunstkenner; *vin-dex (dĭc-is)* m. f. Begehrsprecher, Beansprucher (s. W. *ran* verlangen), Beschützer, Bürge, Retter, Bestrafer, Rächer, f. Begehrsprecherin u. s. w.; (*μη-τι* Rath, lat. *mc-ti*, *mc-t*, *mcd-dĭc*) *med-dix* (Enn. ap. Fest. p. 123), *medix* (Liv. 23. 35. 13) Rechtsprecher[16]); *dĭc-is causā* oder *gratiā* der Ordnung wegen, um der Form willen, zum Scheine; **-dĭco**: *causi-dĭcu-s* m. Sachwalter, Rechtsanwalt; *fāti-dĭcu-s* das Schicksal verkündend, Subst. Weissager, *mălĕ-dĭcu-s* übelredend, scheltend, schmähend, *vēri-dĭcu-s* wahrredend, wahrhaft; **dĭcā-re** bekannt machen, zusprechen, weihen, widmen, *dicā-ti-ō(n)* f. Widmung (Lobpreisung, Cod. Theod.), *ab-dicare* absagen, abschaffen, *de-dicare* zusprechen, weihen, gründen, *in-dicare* anzeigen, angeben, erwähnen, *jū-dicare* Recht sprechen, richten, urtheilen, beurtheilen, erkennen, beschliessen, *prae-dicare* öffentlich bekannt machen, lobend erwähnen, *vin-dicare* beanspruchen, in Anspruch nehmen, beschützen, retten, bestrafen, rächen; **-dĭc-io-**: *in-dĭciu-m* Anzeige, Angabe, *ju-dĭc-iu-m* n. Rechtsprechung, Urtheil, Gericht, Beschluss, übertr. Process, Gerichts-ort, -saal, Richteramt; **dĭc-i-ōn**: *dĭc-i-o (ōn-is)* f. (nur *dĭciōn-is*, *-i*, *-em*, *-e*) das Recht zu sprechen oder zu befehlen == Gewalt, Herrschaft, Botmässigkeit, Gebiet; *con-dĭciō(n)* f. Verabredung == Bedingung, Vorschlag, Forderung, *condĭciōn-āli-s* an B. geknüpft, auf B. beruhend (*condicionābilis* Tert.); **dĭc-ax** *(āci-s)* zum Sprechen geneigt, spec. in der Rede witzig, witzelnd, spöttisch redend, Demin. *dicāc-ŭ-lu-s*, *dicācĭ-tā-s* f. Stichelrede, spöttische Witzelei (*dicacitas sinc dubio a dicendo ducta cst, proprie tamen significat sermonem cum risu aliquos incessentem* Quint. 6. 3. 21).

deic (altl.), **dĭc.** — **dĭc-ĕre**, *dixi, dic-tu-s* (altl. *deicere* u. s. w.) anzeigen == sagen, berichten, erzählen, erklären u. s. w.; (*ad-*, *con-*, *contra-*, *ē-*, *in-*, *inter-*, *prae-dĭcĕre*); (ältere Formen: Perf. *dixti* (*restituisse te dixti* Quint. 9. 3. 22), Conj. *dixis*, Inf. *dixe*; Fut. *dicebo*; Imperat. *dice*); Part. *dic-tu-m* n. das Gesagte = Wort, Rede; Gebot, Befehl, Spruch, Sentenz (*referre dictum dictu-i* Aur. Vict. epit. 14); *dic-ti-ō(n)* f. das Reden, Vortragen, der Vortrag, Ausdruck, *dicti[ōn]-ōsu-s* satirisch (Varro l. l. 6. 7. 67); Desid. *dictŭrī-re* sagen wollen (Macr. Sat. 7. 2); Frequ. *dic-tā-re* zu wiederholten Malen, oft sagen, behaupten, erklären; vorsagen, dictiren; übertr. verlangen, gebieten; Part. Pass. *dictā-ta* n. Pl. das Dictat, allg. Vorschriften, Regeln, *dictā-ti-ō(n)* f. das Dictiren, Demin. *dictatiuncŭla*; *dictā-tor* (*tōr-is*) m. der erste Beamte in italischen Städten; in Rom später auf 6 Monate ernannt und mit unbeschränkter Macht ausgerüstet, *dictatōr-iu-s* dictatorisch (*dictatr-ix* Plaut. Pers. 5. 1. 18), *dictā-tūr-a* f. Dictatur; Intens. *dic-ti-tā-re* nachdrücklich oder oft behaupten, aussprechen, sagen.

B. Gl. 187b. — Corssen I. 380; B. 47. — C. E. 134. 229. — F. W. 81. 85. 91. 93. 455. 457; Spr. 130. 132. 156. — 1) C. V. I. 384. 33). II. 15. 21). — B. Gl. 155b: δαῆναι *gnū nosse; denominativum esse videtur a gnāna, eiectis nasalibus.* — F. W. 90: *das, dans* lehren, anordnen. — 2) F. W. 87. 90: *dasra* *δασεϱια δάειϱα; dansas δῆνος.* — 3) Aufrecht KZ. II. 147. — 4) C. V. I. 280. 1). 381. 9). — B. Gl. 155b: *gna nosse; mutatis gutturalibus in linguales.* — 5) C. V. I. 337. — 6) C. V. I. 280. 2. — Fritzsche St. VI. 301. — 7) Legerlotz KZ. VIII. 396. -- Sonne KZ. XV. 82. — 8) C. V. II. 16. 25). — 9) Savelsberg KZ. XVI. 365 (vgl. αἰϑϳος αἶσχος). — 10) Benfey I. 198, Pott I. 223: = δϝι-κιλλα zweizackige Hacke. — Dagegen L. Meyer KZ. VIII. 140 f. — 11) Döderlein n. 2040: δέχομαι. — S. W., Sch. W. gleichfalls zu δικεῖν. — 12) C. V. I. 159. 4). 260. 2). 280. 2). — 13) Stein ad l.: „locale Neubildung aus πϱοδεικνύειν". — 14) Bezzenberger K. B. VIII. 120: Suffix -ετο gleich ved. -ata; vgl. ἄσπ-ετο-ς. — 15) B. Gl. 156a: *explicari possit e caus. skr. gnāpájāmi, mutata labiali in gutturalem* — Corssen B. 48: *dic*; vgl. *men, monere* denken machen; also: bezeichnen machen. — 16) B. Gl. 156a: *correptum esse censeo e didasco.* — Corssen B. 48: *dic*; ich fange an zu bezeichnen, anzusagen = ich lerne. — 17) Schmidt KZ. XVI. 433. — Schweizer KZ. XI. 73. — Corssen I. 362: *pu* zeugen: *disci-pŭ-lu-s.* — 18) Corssen KZ. XI. 333. — Oskischer Name nach K. O. Müller Etrusker I. 5. 29. — Weissenborn ad Liv. 23. 35. 13: „*medix tuticus"*: *medix* (oskisch *meddis*) von der Wurzel *med-eri; tuticus* von *touto* osk. Volk oder Staat, das latein. *totus;* also *medix tuticus* = *curator populi, reipublicae.*

4) DA binden. — Skr. dā binden (PW. III. 579).

δε. — δέ-ω binden, fesseln, festhalten, hindern (Fut. δή-σω, Aor. ἔ-δη-σα, δῆ-σα, Perf. δέ-δε-κα, δέ-δε-μαι, auch δέ-δε-σ-μαι Hippocr., Fut. Pass. δε-δή-σο-μαι, Aor. Pass. ἐ-δέ-ϑη-ν); Nbf. δίδη-μι (Impt. διδέ-ντων Od. 12. 54, Imperf. δίδη Il. 11. 105; in Prosa διδέ-ασι Xen. An. 5. 8. 24); Verbaladj. fem. als Subst. δε-τή gebunden = das aus Kienholz zusammengebundene Bündel, Brand, Fackel (nur im Plural Il. 11, 554. 17, 663). — (δε-τι) δέ- cι-c f. das Binden, die Verbindung, in der Trag.: Verwickelung. — (δεϑ)

δε-ς-μή (auch δέ-σ-μη) f. Bündel, Bund, Demin. δε-σ-μ-ί-ς (ίδ-ος) f.
(Hippocr. Theophr.); δε-ς-μό-ς m. Band, Fessel; Gefängniss (Plur.
δε-σ-μά n. poet., selten in Prosa); ζυγό-δεσμο-ν n. Jochriemen, mit
dem das Joch am Vorderrade der Deichsel festgebunden wurde
(Il. 24. 270); δέ-ς-μᾰτ-α n. Pl. poet. = δεσμό-ς; Hauptbinde, die
das Haar der Frauen zusammenhält (Il. 22. 468); Demin. δεσμάτ-
ιο-ν u. (Schol. Theokr. 4. 18); δέ-ς-μ-ιο-ς gefangen, gefesselt;
fesselnd, Neutr. als Subst. Band, Fessel (Anth. 9. 479); δεςμό-ω
(δεσμέω spät) binden, fesseln, in's Gefängniss werfen, δεσμώ-τη-ς
m. der Gefangene, δεσμῶ-τι-ς (τιδ-ος) f.; δεσμω-τήρ-ιο-ν n. das Gefängniss, δέσμω-μα(τ) n. Fessel (Trag.); δεςμ-εύ-ω = δεσμόω,
δεσμευ-τή-ς m. der Fesselnde, δέσμευ-σι-ς f. das Fesseln, δεσμευ-τ-
ικό-ς zum Binden tauglich. - διά-δημα(τ) n. das Durchgeschlungene
= das Band um den Turban der Perserkönige, überh. das Zeichen
königlicher Würde, Diadem. — κρή-δε-μνο-ν n. Kopfbinde, Kopf-
tuch, Schleiertuch (weibl. Kopfputz, der bis zu den Schultern herab-
hing, mit dem daher das ganze Gesicht verhüllt werden konnte);
übertr. Zinnen, von der Burgmauer (pars pro toto); Deckel (Od.
3. 392).

δε-F. — (δεF-ει) δεῖ es bindet, verpflichtet = man muss, es
ist nöthig, es bedarf (Hom. nur: τί δὲ δεῖ πολεμιζέμεναι Τρώεσσιν
Ἀργείους; Il. 9. 337, sonst χρή), Conj. δέη, Opt. δέοι, Inf. δεῖν,
Part. δέον neben δεῖν (= *δέF-jον, *δεῖον, vgl. πλεῖον, πλεῖν),
Impf. ἔ-δει, ion. ἔ-δε-ε, Fut. δε-ή-σει, Aor. ἐ-δέ-η-σε; daraus persönl.
δέω bedürfen, entbehren, ermangeln[1]) (Fut. δε ή-σω, Aor. ἐ-δέ-η-σα;
Homer nur: ἐμεῖο δὲ δῆσεν meiner bedurfte er, Il. 18. 100); Med.
δέ-ο-μαι, hom. δεύ-ο-μαι, für sich bedürfen, entbehren, ermangeln,
es ermangeln lassen, nachstehen; begehren, wünschen, bitten (Fut.
δε-ή-σο-μαι, hom. δευ-ή-σεαι, δευ-ή-σεσθαι, Aor. ἐ-δε-ή-θη-ν, Perf.
δε-δέ-η-μαι); δε-η-τ-ικό-ς bittend; δέη-σι-ς f., δέη-μα(τ) n. Bedürfniss,
Bitten, Bitte.

C. E. 233. — C. V. I. 152. 2). 200. 21). 381. 8). II. 363. 2). —
F. W. 91 f. — 1) Brugman St. V. 224: du geben, fortgehen: δεύω ent-
behre, ermangle (= bin fern von), begehre, wünsche (δέομαί τινος). —
F. W. 90: das ausgehen, mangeln, ermatten. — Vgl. noch Sonne KZ.
XIII. 409 f.

---

1) DAK verehren, gewähren. — Skr. dâç 1) verehren,
huldigen, 2) verehrend darbringen, 3) gewähren, verleihen (PW.
III. 601).

δοκ. — δοκ-έ-ω scheinen, den Anschein haben, gelten; meinen,
glauben, gedenken; δοκεῖν überführt, überwiesen erscheinen; δοκεῖ
μοι es scheint mir gut = ich beschliesse, bestimme, bes. von
Volks- oder Senatsbeschlüssen (Hom. nur Präs. Ind. und Aor.
δόκη-σε Od. 10. 415, 20. 93; nachhom.: Fut. δόξω, Aor. ἔ-δοξα,

Perf. *δέ-δογ-μαι*, Aor. *ἐ-δόχ-θη-ν*; poet. St. δοκε: Fut. *δοκή-σω*,
Aor. *ἐ-δόκη-σα*, Perf. *δε-δόκη-κα*, *-μαι* [auch Her. 7. 16], Aor.
ἐ-δοκή-θη-ν)[1]. — (*δοκ-τα*, *δοκ-σα*) δόξα f. Vorstellung, Meinung,
Erwartung; Meinung in der man steht = Ruf, Ruhm, *δόξι-ς* f.
(Democr. ap. Sext. Emp. adv. math. 7. 137), Demin. *δοξ-άριο-ν* n.
kleiner, nichtiger Ruhm; *δοξ-ικό-ς* ruhmvoll glänzend (spät); *δοξό-*
o-μαι im Rufe stehen (Herod.); δοξά-ζω meinen, vermuthen, *δοξα-*
σ-τό-ς vorstellbar (berühmt, LXX); *δοξα-σ-τή-ς* der Meinende, Wäh-
nende, *δοξασ-τ-ικό-ς* meinend; *δοξα-σ-μό-ς* m., *δόξα-σ-μα(τ)* n., *δοξα-*
σία f. das Meinen, Wähnen; *δοξό-σοφο-ς* sich weise dünkend. —
δόκ-ιμο-ς geltend; bewährt, erprobt; angesehen, ansehnlich; *δοκίμ-*
ιο-ν, *δοκιμ-είο-ν* u. Mittel mit dem man untersucht, prüft; *δοκιμό-*
τη-ς (*τητ-ος*) f. Bewährtheit (Chrys.); *δοκιμ-ή* f. Prüfung, Probe
(N. T. Diosc.); δοκιμά-ζω (*δοκιμό-ω* Pherek. ap. D. L. 1. 122)
prüfen, untersuchen; als erprobt annehmen, billigen, annehmen;
δοκιμα-σ-τό-ς erprobt, bewährt; *δοκιμα-σ-τή-ς*, *-τήρ* (*τῆρ-ος*) m. der
Prüfende, Untersuchende, *δοκιμασ-τήρ-ιο-ς* (*-τικό-ς* Suid.) zum Prüfen
gehörig; δοκιμα-σία f. Prüfung. — δοκε: δόκη-σι-ς f. unbegründete
Meinung, Schein, δόκη-μα(τ) n. Erscheinung, Schein (Eur.); *δοκησί-*
νοο-ς, *-σοφο-ς*, *δοκησι-δέξιο-ς* sich klug, weise, geschickt dünkend.

děc. — **děc-et** (*děc-uit*) es geziemt, schickt sich u. s. w.[2]),
Part. *dece-n-s* geziemend, schicklich, angemessen (Adv. *decenter*),
decent-ia f. Anstand, Schicklichkeit; *Decent-iu-s* Verwandter und
Feldherr des Maxentius; (St. *dec-es:*) *děc-us* (*ŏr-is*) n. Schmuck,
Zierde, Herrlichkeit, Würde, Ansehen[2]); (**děcŏr-u-s*) *děcŏrū-re*
schmücken, verzieren, verherrlichen, *decorū-men* (*mĭn-is*), *-men-tu-m*
n. Schmuck; *děcŏr-i-s* oder *děcŏr* geschmückt, schön (*decoremque*
Ditem Naev. ap. Prisc. 6. p. 699); (St. *dec-ōs*) *děc-or* (*ŏr-is*) m.
Anstand, Anmuth, *decōr-u-s* geziemend, anständig (*πρέπον appel-*
lant hoc Graeci, nos dicamus sane decorum Cic. or. 21. 70), anmuthig. — Gegensatz: *dē-děcet* es ziemt nicht; *dē-děcus, dē-děcŏrāre*,
de-děcŏrōsus; de-děcŏr; de-děcŏrus: Entehrung, Schande, entehren,
verunstalten u. s. w.

dĭc. — **dig-nu-s** (st. *dic-nu-s;* vgl. *salic-s salig-nu-s, seco*
seg-mentu-m, nec-lego neg-lego) würdig, werth, entsprechend, angemessen[2]), *dignĭ-tā-s* (*tāti-s*) f. Würdigkeit, Würde, amtliche Würde,
Amt, *dignit[at]-ōsu-s* mit Würde ausgerüstet (Petron. 57. 10);
dignā-re, meist *dignā-ri*, würdigen, werth halten, *dignā-ti-ō(n)* f.
Würdigung, Werthschätzung, Würde, *dignā-bili-s* würdigenswerth
(Alcim. ep. 10. 72). — Gegensatz: *in-dignus, in-dignitas, in-dignāri,*
in-dignatio; indignā-bundus unwillig, *indignat-ĭvu-s* id. (Tert.).

C. E. 134. — F. W. 85. 458; Spr. 130. — 1) C. V. I. 376. 5). —
2) Corssen I. 380; B. 47 f.: *dik* zeigen: *dec-et* es bezeichnet, es zeichnet
aus, ziemt, *dec-us* Bezeichnung, Auszeichnung, Zier; *dig-nu-s* gezeigt,
bezeichnet = ausgezeichnet.

2) DAK fassen, nehmen.
1) dak.

δακ. — (gräkoitalisch: *dak-cto;* δαχ-το, δακτ-ϋλο) δάκτ-ῡλο-c m. (δάκτυλα n. pl.)[1]) Finger (vgl. fangen, Finger); (ποδός) Fusszehe; das kleinste griech. Längenmaass; der Versfuss _ ᴗ ᴗ; Dem. δακτυλ-ίδιο-ν n.; δυκτύλ-ιο-ς m. Ring, Siegelring; alles Ring- oder Kreisförmige; δακτυλι-αῖο-ς einen Finger lang, dick, breit, fem. dazu δακτυλ-ί-ς (ίδ-ος) eine Weintraubengattung, δακτυλῖ-τι-ς (τιδ-ος) eine Pflanze; δακτυλι-ώτη-ς m. Ring-, Goldfinger; δακτυλ-ικό-ς für die Finger bestimmt, aus Daktylen bestehend (ῥυϑμός); δακτυλήϑρα f. Handschuh; ein Marterwerkzeug (Synes.); δακτυλ-εύ-ς m. eine Art Meerfisch; δακτυλο-ειδής fingerförmig. — ῥοδο-δάκτυλος rosenfingerig, Bein. der Eos (Hom. Hes.)[2]).

δεκ ion. dor. äol.; δεχ att. (doch auch δεκ). — δέχ-ο-μαι, ion. δέκ-ο-μαι (ganz späte Nebenform δέχ-νυ-μαι) nehmen, hinnehmen, aufnehmen; sich zum Aufnehmen bereit machen = erwarten, abwarten; intr. folgen, *excipere* (Fut. δέξομαι, Aor. ἐ-δεξά-μην, Perf. δέ-δεγ-μαι, Part. δε-δεγ-μένο-ς, 3. Pl. ep. δέχαται; Aor. ep. ἐ-δέγ-μην, δέκ-το, Impt. δέξο, Inf. δέχ-ϑαι, Part. δέγ-μενος; Fut. 3. δε-δέξομαι Il. 5. 238; einzelne Perfectform: δε-δοκ-η-μένο-ς Il. 15. 730)[3]); δεκ-τό-ς annehmlich (N. T.), δεκτ-ικό-ς annehmend, zur Annahme geeignet; δέκ-τη-c m. Empfänger, Bettler (Od. 4. 248); δεκ-τήρ (τῆρ-ος) m. (Lex.), δέκ-τωρ (τορ-ος) auf sich nehmend, Vertheidiger (αἵματος δέκτωρ νέου Aesch. Eum. 204 D.), fem. δέκ-τρ-ια (Archil. ap. Ath. 13. 594 d); (δεχ-τι) δέξι-c f. Aufnahme; δεξί-δωρο-ς Geschenke annehmend (Suid.), δεξί-μηλο-ς Schafe annehmend (Eur.); δεξα-μενή (Part. Aor.) Cisterne (die gefangen hat), Wasserbehälter, Δεξαμένη Nereide (Il. 18. 44). — δεκά-ζω Frequ. (vgl. μιγά-ζο-μαι) bei sich aufnehmen, bewirthen, tractiren = bestechen, δεκα-σ-μό-ς m. Bestechung.

δοκ, δοχ. — δοκ-ό-c m. f. Tragbalken, Deckbalken, Dem. δόκ-ιο-ν, δοκ-ίδιο-ν n., δοκ-ί-ς (ίδ-ος) f. auch: Stäbchen, Ruthe; δύκωσι-ς f. Gebälk, Dach (LXX); δοκ-άνη = ϑήκη (Hes.) = στάλιξ (Hes.) Gabel, um das Stellnetz zu stützen. — -δοκο-c: δωρο-δόκο-ς Geschenke annehmend oder gebend; bestechlich, bestechend (καὶ ὁ διδοὺς καὶ ὁ λαμβάνων B. A. 242), κρειο-δόκο-ς Fleisch aufnehmend, enthaltend (σκαφίς Aristo 1), παν-δόκο-ς (poet.) alles in sich aufnehmend, allumfassend; bes. alle Fremden aufnehmend und bewirthend, Πάν-δοκος Troer, von Aias getödtet (Il. 11. 490); -δόκη: δουρο-δόκη f. Speerbehälter (Od. 1. 128), ἱστο-δόκη f. Mastbaumbehälter (Il. 1. 434) (wahrscheinlich eine von der ἱστοπέδη, Mastbaumfessel, bis nach dem Hinterdeck laufende schräge Rinne, Hentze ad l.). — - δοχ-ή f. Aufnahme, δοχ-ό-ς, -αῖο-ς aufnehmend, fassend (Subst. = δοχεῖον Hes.); δοχ-εύ-c m. der Aufnehmende, δοχεῖο-ν, ion. poet. -ήϊο-ν n. Gefäss zum Aufnehmen, Behälter; δοχ-μή f. ein

Längenmaass, soweit man mit ausgespreizter Hand zwischen dem Daumen und dem kleinen Finger fassen kann (τὸ δεκτικὸν τῆς χειρός E. M.; τοὺς τέσσαρας δακτύλους συγκλεισθέντας Poll. 2. 157).

2) **dak-s.** — Skr. **dak-sh** es recht, zur Genüge machen; Med. taugen, tüchtig sein, bei Kräften sein; caus. tauglich, tüchtig machen (PW. III. 480).

δεκ-c. — δεξ-ιό-c, poet. δεξι-τερό-ς, rechts, geschickt, gewandt (im Ggs. des Linkischen; ἡ δεξιά, meist ohne χείρ, f. die Rechte, übertr. Handschlag, Versprechen, Vertrag), glücklich, günstig[4]), δεξιό-τη-ς (τητ-ος) f. Gewandtheit, Geschicklichkeit; δεξιό-ο-μαι (δεξιά-ο-μαι) die Rechte flehend erheben; bei der Rechten fassen, mit dargebotener Rechten bewillkommnen; δεξιω-τ-ικό-ς die Rechte darreichend, bewillkommnend (Eust.); δεξίω-σι-ς f. das Darreichen der Rechten; δεξίω-μα(τ) n. Begrüssung, Vertrag, Freundschaft; δεξιά-ζω die rechte Hand gebrauchen (LXX); ἀμφι-δέξιο-ς, περιδέξιο-ς (ambi-dexter) (Il. 21. 163) auf beiden Seiten oder an beiden Händen rechts, beide Hände gleich geschickt gebrauchend, sehr geschickt, gewandt; δια-δέξιο-ς von sehr glücklicher Vorbedeutung (Her. 7. 180).

1) **dak.**

dig. — **dig-itu-s** m. = δάκτυλος (st. dec-eto-s; c = g vgl. *nec-otium negotium, Ζάκυνθος Saguntus)[1]), Dem. digitū-lu-s; digitellu-m n. eine Pflanze, Hauswurz; digitā-tu-s mit Fingern oder Zehen versehen; digit-āli-s Finger- (gracilitas, crassitudo); Digit-iu-s (röm. Eigenn.).

2) **dak-s.**

dex. — **dex-ter,** -tĕra, -tĕru-m und -tra, -tru-m[4]) = δεξιός (Comp. Sup. dextĕr-ior, dex-tĭmu-s; Dat. Plur. dextrā-bus Non. p. 493. 20), Subst. f. dextĕra, dextra = ἡ δεξιά, Demin. dextel-la; dexteri-lū-s (tāti-s) f. Geschicklichkeit, Gewandtheit; dextr-āle n. Armband (Cypr.), Demin. dextrāli-ŏlu-m (Vulg. Jud. 10. 3); dextrā-tu-s rechts gelegen (Auct. de lim. p. 298. G.), dextrā-ti-ō(n) f. Bewegung nach der rechten Hand (Solin. 45).

B. Gl. 187b. — C. E. 133. 234. 497. — 1) Corssen I. 380; B. 47. — F. W. 456; Spr. 130: dak, dik zeigen, weisen. — 2) Hentze ad Od. 2. 1: „die rosenfingrige" bezeichnet die Morgenröthe am griechischen Frühhimmel; denn ziemlich lange bevor die Sonne ihre Strahlen uns sichtbar entgegenschiesst, sendet sie von ihnen ein „rosenfarbenes" Abbild fächerartig gestaltet wie „ausgebreitete Finger" der Handfläche über den Himmel. Allgemeiner ist κροκόπεπλος. — 3) C. V. I. 159. 5). 189. 31). — F. W. 85: dak gewähren, annehmen: gewähre mir, nehme an; sich gefallen lassen. — 4) PW. III. 480: dakshá (von daksh) a) adj. tüchtig, tauglich; geschickt, anstellig, gescheidt, vgl. δεξιός, b) Subst. Tüchtigkeit, Tauglichkeit, Fähigkeit u s. w. — F. W. 86. 458: von dak zeigen, lehren oder von duk gewähren. — S. W. s. v.: δεξιός: glückverkündend, heilvoll, günstig, bes. vom Vogelfluge und von anderen Götterzeichen;

weil griech. Vogelschauern, die nach Norden blickten, die Zeichen des Glücks rechtsher von Osten, die Zeichen des Unglücks links von Westen kamen.

3) DAK beissen. — Skr. **daūç, daç** beissen (PW. III. 475). δακ. — δάκ-νω beissen, stechen; übertr. nagen, verletzen, kränken (bei Homer fehlen die Formen des Präsensstammes) (Fut. δήξομαι, Aor. ἔ-δακ-ο-ν bes. poetisch von Homer an, der δάκε, δακέειν bietet; Perf. δέ-δηχ-α, δέ-δηγ-μαι, Aor. Pass. ἐ-δήχ-θη-ν); Nebenform bei Gramm.: δα-γ-κ-άν-ω, δῆκ-ω [1]); δακνά-ζομαι sich betrüben (nur: στένε καὶ δακνάζου Aesch. Pers. 571 D.); δακ-ετό-ν n. beissendes Thier (ἑρπετά τε καὶ δακετά Ar. Av. 1069 Bergk, Kock); δάκ-ος n. = δακετόν (vom troianischen Pferde: Ἀργεῖον δάκος Aesch. Ag. 824 D.); δακν-ηρό-ς beissend, kränkend (Herm. Stob. ecl. 1. p. 964), δακν-ώδης beissend, reizend (Galen.); δακέ. θυμο-ς herzbeissend, kränkend. — ὁ-δάξ (ο proth.)[2]) poet. Adv. beissend, mit den Zähnen (hom. ὀδ. λάζεσθαι γαῖαν. ἑλεῖν οὐδας oder γαῖαν fallen im Kampfe, vgl.: in's Gras beissen; ὀδ. ἐν χείλεσι φῦναι sich auf die Lippen beissen, als Zeichen verhaltenen Zorns); ὀδάξ-ω, -ομαι, ὀδαξ-άω, -έω, ion. ἀδάξω u. s. w., ὀδακτάζω = δάκνω (ὀδάξει· τοῖς ὀδοῦσι δάκνει Hes.); ὁ-δαγ-μό-ς, ion. ἀ-, ὀδαξη-σ-μό-ς m. Beissen, Stechen, Jucken (ὀδαξησμό-ς· τριςμός ὀδόντων Hes.); ὀδαξη-τ-ικό-ς (-σ-τικό-ς) Beissen u. s. w. erregend. — δηγ-μό-ς m., δῆγ-μᾰ(τ) n. Beissen, Biss, δηγματ-ίζω reizen (Synes.). — δάκ-ρῠ, δάκ-ρῠ-ο-ν, δάκ-ρῠ-μᾰ(τ) Trag. n. Thräne (die Thräne beisst), träufelnde Flüssigkeit (z. B. τῶν δένδρων τὰ δάκρυα Harz, Arist. h. a. 9. 40), Dem. δακρύ-διο-ν; δακρύ-ω weinen, beweinen (Fut. δακρύ-σω, Aor. ἐ-δάκρῠ-σα, Perf. hom. δε-δάκρῠ-σαι, -ται; ῠ zuw. bei spät. Dichtern) Thränen vergiessen, weinen, beweinen; (δακρυο-ϝεντ) δακρυό-ει-ς thränenreich, bejammernswerth, viel Thränen hervorrufend; ἄ-δακρυ-ς, ἀ-δάκρῠ-το-ς thränenlos = act. nicht weinend, pass. unbeweint (Adv. ἀδακρυτί)[3]).

dak = *lac* (vgl. *od-or ol-ēre*, Ὀδυσσεύς Ulixes): **lăcrĭ-ma**, *lăcrŭ-ma* f. = δάκρυ, δάκρυο-ν (*lacrimas pro lacrimas Livius saepe posuit* Paul. D. p. 68. 10), Demin. *lacrimŭ-la; lacrim-ōsu-s* = δακρυόεις, *lacrimā-re* = δακρύω, *lacrimā-ti-ō(n)* f. . das Thränen, *lacrimā-bĭli-s* thränen-werth, -erregend (-artig, Arnob. 7. p. 233), *lacrimā-bundu-s* sich den Thränen hingebend.

B. Gl. 27 b. 177 b. — C. E. 132 f. — F. W. 85 f. 366. 456; Spr. 130: *dak* aus *da* zertheilen. — M. M. Vorl. II. 288. — 1) C. V. 254. 5). 256. 3). II. 15. 23). 374. — 2) C. E. 716. — Brugman St. VII. 214: verstümmelte Reduplication; vgl. zend. *da-dāṅçi* bissig, Skr. *dan-daçu-s* Zahn, *dan-daçūka-s* bissig. — 3) Clemm St. VIII. 72.

dakan zehn[1]). — Skr. *dáçan* zehn (PW. III. 458).

δέκᾰ zehn; auch Ausdruck einer unbestimmten Vielheit; δεκά-κις 10mal; δεκα-χῆ 10fach, in 10 Theile. — (δεκαν-το) δέκᾰ-το-c der 10.; δεκά-τη f. der 10. Theil, Zehend; das Fest der Namengebung am 10. Tage nach der Geburt; δεκατό-ω mit dem Zehend belegen (N. T.); δεκατ-εύ-ω den Zehend eintreiben, den 10. Theil nehmen, den 10. Mann hinrichten = decimiren; δεκατευ-τή-ς m. der Zehendeinnehmer (Hes.), δεκατευ-τήρ-ιο-ν n. Zollhaus, wo der Zehend eingenommen wird, δεκάτευ-σι-ς, δεκατε(ϝ)-ία f. Nehmung des 10. Theiles, Mannes, Decimirung, δεκάτευ-μα(τ) n. Zehend; δεκατ-αῖο-ς 10tägig, am 10. Tage. — δεκ-ά-c (ἀδ-ος) f. die Zahl 10, eine Abtheilung von 10 Männern, Dekade, Decurie, δεκαδ-ικό-ς die Zahl 10, die 10. Zahl, δεκαδ-εύ-ς zu einer Decurie gehörend. — -δεκα: ἕν-δεκα, δώ-δεκα, hom. δυώδεκα (auch runde Zahl), τρις-καί-δεκα, τεσσαρες-, τεσσαρα-καί-δεκα, πεντε-καί-δεκα, ἑκ-καί-δεκα, ἑπτα-καί-δεκα, ὀκτω-καί-δεκα, ἐννεα-καί-δεκα = 11—19.

[*da*]**kan-ti, -ta.** — (*dvi-kan-ti*, ϝι-χαν-τι) εἴ-κο-cι(ν), ep. ἐ-(ϝ)είκοσι(ν), böot. ϝί-χᾰ-τι, lak. βεί-χᾰ-τι (ἴχαντιν· εἴχοσιν Hes., Nasal erhalten) zwanzig; -κοντα: τριᾱ-χοντα, ep. ion. τριη-χοντα (Gen. τριηχόντων E. M., Dat. τριηχόντεσσιν spät. Dichter, die auch τριάχοντα brauchen) 30, τεσσᾰρᾱ-χοντα, att. τεττᾰρά-χοντα 40, πεντή-χοντα 50, ἑξή-χοντα 60, ἑβδομή-χοντα (dor. ἑβδεμή-, böot. ἑβδομει-) 70, ὀγδοή-χοντα, ὀγδώ-χοντα 80, ἐνενή-χοντα (ἐννήχοντα) 90 (wohl Stamm ἐνε-μο, vgl. Skr. *nava-ma*-, daraus ἐνε-νο durch progress. Umlaut, vgl. *nonāginta*). — (χοντι-το, χοντ-το, χονσ-το) -κοc-το: εἰκοσ-τό-ς, ep. ἐ-εικοστό-ς, τρια-χοσ-τό-ς, τεσσαρα-χοσ-τό-ς, πεντη-χοσ-τύ-ς (ἡ πεντηχοστή, erg. ἡμέρα, der 50. Tag nach Ostern d. i. Pfingsten, Eccl.), ἑξη-χοσ-τό-ς, ἑβδομη-χοσ-τό-ς, ὀγδοη-χοσ-τό-ς, ἐνενη-χοσ-τό-ς der zwanzigste u. s. w. — -άκιc: εἰκοσ-άκις, τριαχοντ-άκις, τεσσαρα-χοντ-άκις, πεντηχοντ-άκις, ἑξηχοντ-άκις, ἑβδομηχοντ-άκις, ὀγδοηχοντ-άκις, ἐνενηχοντ-άκις zwanzigmal u. s. w. — εἰκοστ-αῖο-ς, τριαχοστ-αῖο-ς, τεσσαραχοστ-αῖο-ς, πεντηχοστ-αῖο-ς, ἑξηχοστ-αῖο-ς, ὀγδοηχοστ-αῖο-ς am 20., 30. u. s. w. Tage. — -άδ (ἀδ-ος) f.: εἰχ-ά-ς, τριᾱχ-ά-ς, ion. τριηχ-ά-ς (contr. aus τριαχοντ-α-ς), τεσσαραχοντ-ά-ς, πεντηχοντ-ά-ς, ἑξηχοντ-ά-ς, ἑβδομηχοντ-ά-ς, ὀγδοηχοντ-ά-ς die Zahl zwanzig u. s. w.; πεντηχοστ-ύ-ς die Zahl 50, bes. eine Abtheilung Soldaten (der 4. Theil des λόχος), πεντηχοσ-τήρ (τῆρ-ος) m. Anführer von 50 Mann.

[*dakan* ⨯ *da*] **kan-ta.** — (ἐν-χαν-το-ν, Skr. *ça-tá*) ἑ-κα-τό-ν 100 (auch: unbestimmte Vielheit); (-χατ-ιο) -χατ-ιοι dor., -κοc-ιοι: διᾱ-κόσιοι (ion. διή-), τρια-κόσιοι (ep. ion. τριη-), τετρα-κόσιοι, πεντα-κόσιοι (ion. πεντη-), ἑξα-κόσιοι, ἑπτα-κόσιοι, ὀκτα-κόσιοι, ἐνα-, ἐννα-κόσιοι zweihundert u. s. w.; (ἑκατον-τι-το, ἑκατον-τ-το, ἑκατον-σ-το) ἑκατο-σ-τό-ς, (-χοσιο-τι-το, -χοσιο-τ-το, -χοσιο-σ-το) δια-χοσιοσ-τό-ς, τρια-χοσιοσ-τό-ς, τετραχοσιοσ τό-ς, πεντακοσιοσ-τό-ς, ἑξαχοσιοσ-τό-ς, ἑπτα-

κοσιοσ-τό-ς, ὀκτακοσιοσ-τό-ς. ἐνα-, ἐννα-κοσιοσ-τό-ς der 100 u. s. w.;
διακοσι-άκις 200mal; ἑκατοντ-ά-ς (άδ-ος), ἑκατοστ-ύ-ς (ύ-ος) f. die
Zahl 100, *centuria*.

dakan. — **dĕcem** zehn (auch eine unbestimmte runde Zahl);
dĕc-ĭmu-s (Superlativsuffix; alt *dec-ŭmu-s; decmus, decmo* C. I. L. I.
821) der zehnte; (*dec-ni) dē-ni* je zehn; *dĕc-iens, -iēs* (Comp.-Suffix)
je zehn. — *Dccimu-s* röm. Vorname; *decima* f. (erg. *pars*) der
10. Theil, Zehend, *dĕcŭm-, dĕcim-ānu-s* zum Zehnten geh. (-*ārin-s*
Cod. 8. 58), zur 10. Cohorte geh. (*porta d.* das dem Feinde ab-
gewandte Hauptthor des Lagers, wo die zehnten Cohorten lagerten,
gegenüber der *porta praetoria; limes d.* eine von Westen nach
Osten gezogene Grenzlinie); *decimā-re* = δεκατεύω; *Decimā-tru-s*[2]
bei den Faliscern der 10. Tag nach den Iden (Fest. p. 257. 6);
(*decn-āriu-s) dēn-āriu-s* die Zahl Zehn enthaltend; Denar[3] (röm.
Silbermünze zu 10, dann 18 Assen; Apothekergewicht = *drachma;*
übertr. = Geld). — (*dak-ara* 10 enthaltend, *dakar-ja* Subst.)
dĕcŭr-ia f. Abtheilung von zehn Personen (Varro l. l. 9. 86), im
Spätlatein von Dingen[4]); *decuriā-re* in Abtheilungen von je zehn
Mann, in Decurien bringen, *decuriā-ti-m* decurienweise, *decuriā-tu-s*
(*tūs*) m. Abth. nach Decurien, *decuriā-ti-ō(n)* f. id., *decuri-ō(n)* m.
Vorsteher einer Abth. von 10 Mann, Decurio (bes. Anführer einer
Reiterdecurie, später auch grösserer Abtheilungen), Vorsteher verschiedener Collegien in Rom; in den kleineren ital. Städten, Muni-
cipien: Rathsherr, Senator, *decurion-ā-tu-s* (*tūs*) m. Amt und Würde
eines Decurio; *decures (decuriones)* Paul. D. p. 71, 22. 75, 9, *de-
curionu-s (decurio)* id. p. 49. 16. — -*dĕcim: un-decim, duo-decim,
trē-decim, quattuor-decim, quin-dĕcim, sē-decim, septen-dĕcim* 11—17.

[*da*]**kan-ti, -ta.** — (*dvi-kan-ti, -ta, dvi-cin-ti, -ta,* vgl. *nec-
otium, neg-otium:*) *vī-gin-ti* zwanzig; *trī-gin-tā* 30, *quadrā-gintā* 40,
quinquā-gintā 50, *sexā-gintā* 60, *septua-gintā* 70, *octō-gintā* 80,
nōnā-gintā 90. — (*centi-tŭmo, cent-tŭmo, cens-tŭmo, censŭmo, cē-
sŭmo*) *cē-sĭmo: vi-cēsimu-s (vicesma* C. l. C. L. I. 187), *tri-cēsimu-s;
gē-sĭmo: quadrā-gēsĭmu-s, quinqua-gēsĭmu-s, sexa-gēsĭmus, septua-
gēsĭmu-s, octo-gēsĭmu-s, nona-gēsĭmu-s* der zwanzigste u. s. w. —
(*centi-ni, cent-ni, cen-ni*) *cē-ni: vi-cē-ni, tri-cē-ni; -gē-ni: quadra-
gēni, quinqua-gēni, sexa-gēni, septua-gēni, octo-gēni, nona-gēni* je
zwanzig u. s. w.; -*iens, -iēs: vīc-ies, tric-ies, quadrag-ies, quin-
quag-ies, sexag-ies, septuag-ies, octog-ies, nonag-ies* zwanzigmal u. s. w.;
-*āriu-s: vicēn-āriu-s, tricēn-āriu-s, quadragen-ariu-s, quinquagen-
ariu-s, sexagen-ariu-s, septuagen-ariu-s, octogen-ariu-s, nonagen-ariu-s*
die Zahl 20 u. s. w. enthaltend, 20 u. s. w. Jahre alt.

[*dakan* ✕ *da*] **kan-ta.** — **cen-tu-m** 100; eine unbestimmte
grössere Zahl überhaupt; *du-cen-ti (-tae, -ta), tre-centi,* (*quadrini-)
quadrin-gentī;* (*quīni-) quin-gentī* (alt *quīn-centi; quīncentŭm et pro-
ducta prima syllaba et per c litteram usurpabant antiqui, quod*

postea levius visum est ita, ut nunc dicimus, pronuntiari Fest. p. 254),
sex-centi, (**septīni-*) *septin-genti*, (**octīni-*) *octin-genti*, (**nōni-*) *non-
genti* zweihundert u. s. w. — Die Endung *-ēsĭmo* irrig als be-
sonderes Suffix gefasst und zur Bildung der Ordinalia der Hun-
derte gebraucht: *cent-ēsĭmu-s*, *ducent-ēsĭmu-s*, *trecent-ēsĭmu-s*, *qua-
dringent-ēsĭmu-s*, *quingent-ēsĭmu-s*, *sexcent-ēsĭmu-s*, *septingent-ēsĭmu-s*,
octingent-ēsĭmu-s, *nongent-ēsĭmu-s* der Hundertste u. s. w. — Ebenso
die Endung *-ēni* als Suffix gebraucht in: *cent-ēni* je hundert;
(*-centi-ni*, *-cent-ni*, *-cen-ni*) *-cē-ni*, *-gě-ni*: *du-cē-ni*, *tre-cēni*,
quadri-, *quadrin-gēni*, *quin-gēni*, *sex-cēni*, *septin-gēni*, *octin-gēni*, *non-
gēni* je zweihundert u. s. w. (Priscian de fig. num. 24 p. 413 f.
H.: *ducent-ēni*, *trecent-eni*, *quadringent-eni*, *quingent-eni*, *sexcent-eni*,
septingent-eni, *octingent-eni*, *nongent-eni*). — *-iens*, *-ies*: *cent-ies*,
ducent-ies, *trecent-ies*, *quadringent-ies*, *quingent-ies*, *sexcent-ies*, *septin-
gent-ies*, *octingent-ies*, *nongent-ies* je hundertmal u. s. w. — (**kan-
tara* 100 enthaltend, *kantar-ja Subst.) **centŭr-ĭa** f. Abtheilung
von 100 Männern, Centurie, Compagnie[4]) (*centuria qui sub uno
centurione sunt, quorum centenarius iustus numerus* Varro l. l. 5. 88);
eine der 193 Abtheilungen des gesammten röm. Volkes nach dem
Census des Servius Tullius; in der Landwirthschaft ein Acker-
maass von 100 Jucherten, später vermehrt (*prima a centum iuge-
ribus dicta, post duplicata retinuit nomen*. Varro); *centuriā-re* zu
100 Mann oder in Centurien abtheilen (vom Fussvolk, *decuriare*
von den Reitern), *centuriā-ti-m* centurienweise, *centuriā-tu-s* (*tūs*)
m. Eintheilung nach Centurien, Amt und Würde des Centurio;
centuriā-ti-ō(n) f. Ackerabtheilung nach Centurien (Agrimens. p.
16 G.); *centuri-āli-s* die Centurie betreffend, zu ihr gehörig; *cen-
turi-ō(n)* m. Anführer einer Centurie, Centurio, *centuriōn-ā-tu-s* (*tūs*)
m. Centurionenamt; *centurion-u-s* (*antea, qui nunc centurio, et cu-
rionus et decurionus dicebantur* Paul. D. p. 49. 16).

B. Gl. 182 b. 381 a. — Corssen I. 638. 644 f. — C. E. 133 f. 135.
311. — F. W. 31. 85. 191. 366. 436. 458; Spr. 118. 131. 137. 315. —
1) C. E. l. c.: *dak* fassen; *δάκτυλο-ς digitu-s*, *δέκα* die Summe der Finger.
— 2) Corssen B. 163: Suffix *-tar*. — 3) PW. III. 645: *dināra* m. = *de-
narius* (und auch daraus entstanden), eine bestimmte Goldmünze. —
4) Bugge St IV. 341; F. Spr. I. c.: *kantaria* Hundertschaft. Jener vergleicht: ahd. *huntari* n. (*centena*), altschwed. *hundari*. *huntari* war urspr.
gewiss ein aus 100 Hofstellen bestehendes Territorium, deren jede wol
einen Kriegsmann stellte. — Corssen II. 683: nach Ausfall eines *v* ist
tieftoniges *i* nach hochbetontem *ŭ* geschwunden in: *decŭ-ria*, *decŭ-rio*,
centŭ-ria, *centŭ-rio*, deren Erklärung aus *decu-viria, *centu-viria u. a.
neben *decem-viri*, *centum-viri* (Pott E. F. I. 123. II. 493. Wurzelwörtb.
d. Indog. Spr. II. 1. 577) nach Laut und Bedeutung gerechtfertigt ist.

---

daghma schräg, schief. — Skr. *jihmá* nach unten oder
seitwärts abfallend, schräg, schief (PW. III. 106).

22*

δοχμό-c, δόχμ-ιο-c von der Seite her, seitwärts, in die Queere, schräg, schief (metrisch: δύχμιος πούς, auch δοχμιακὸς πούς: ⏑‑‑⏑‑ in der Grundform), δοχμό-ω seitwärts neigen, krümmen (δοχμωθείς b. M. 146).

F. W. 86 (*gihma* für *dihma*, *dahma* wie *gihva* Zunge für *dihra*, *dahva* und *gjut* glänzen für *djut*). — PW. l. c.: *gihma* vielleicht eine redupl. Form und verwandt mit *hvar*. — S. W. s. v.: Ableitung zweifelhaft; unwahrscheinlich Doederlein's n. 2054 aus λοξός.

dangvü, danghvā Zunge. — Skr. *gihva* m. Zunge (PW. III. 107).

dingua altl. (Mar. Vict. p. 2457 P.), **lingua** f. Zunge, übertr. Sprache, Rede (speciell: Pflanzen: Ochsenzunge, *bubula*, Hundezunge, *cynoglossus*; Erdzunge; Blättchen oder Mundstück bei der Flöte; Löffel als Maass; kurzes Ende des Hebels), Demin. *ligŭla*, *lingŭ-la* (*quamvis me ligulam dicant equitesque patresque, dicor ab indoctis lingula grammaticis* Mart. 14. 120); *lingulāca* f. Plappermaul, Zungenfisch, Sumpfhahnenfuss; *lingu-ax* (*āci-s*), *lingŭ-lu-s*, *lingu-ōsu-s* zungenfertig, schwatzhaft; *lingu-ā-tu-s* mit Zunge begabt, beredt, *linguātŭ-lu-s* Demin. (Tert.); *lingul-ā-tu-s* zungenförmig; *linguāriu-m* n. Zungengeld (komischer Ausdruck, Sen. ben. 4. 36. 1).

Corssen I. 81. 223. II. 274. — C. E. 194. — F. W. 86 (vgl. *daghma*). — PW. l. c.: wohl von *hvā*; vgl. *guhú* Zunge. — C. E. l. c.: *dingua* = goth. *tuggó*. — Lottner KZ. VII. 185. 84): Wurzel „spitz sein".

(DAP?) — dep-s gräkoitalisch: **kneten, gerben.**

δέφ-ω (obscön); δέψ-ω, δεψ-έ-ω kneten, gerben, erweichen (δεψήσας κηρόν Od. 12. 48); δέψα f. gegerbte Haut; διφ-θέρα (= δεψ-τερα, Suff. -τερα; vgl. ἑψ-το, ἑψ-θό-ς) f. gegerbte Haut, Fell, bes. Ziegenfell, Leder (alles aus Fell gemachte: rohes Pergament, Kleider aus Fellen, lederne Zeltdecken, Lederranzen), Demin. διφθέρ-ιο-ν n., διφθερ-ία-ς m. der mit einem Kleide aus Ziegenfell Bekleidete, fem. διφθερῖ-τι-ς (γραῦς Poll. 4. 138), διφθέρ-ινο-ς von Fellen, ledern; διφθερό-ω mit Leder überziehen. — βυρco-δέψη-c m. (Häute-kneter) Gerber, βυρσοδεψέω gerben, βυρσοδεψε(F)-ίο-ν n. Gerberei, βυρσοδεψ-ικό-ς zum Gerben geh.

deps-ĕre (-ui, -tu-s) = δεψέω (entlehnt?), *con-depsere* zusammenkneten; *deps-t-ic-iu-s* (*ǐt-iu-s*) tüchtig geknetet (*panis* Cato r. r. 74).

Ebel KZ. XIV. 47. — F. W. 458. — Lottner KZ. VII. 172. 21).

1) **DAM** zahm, sanft sein; zähmen, bändigen. — Skr. **dam** 1) zahm sein, sanft sein, 2) zähmen, bändigen, bezwingen (PW. III. 515).

δάμ. — δάμ-νη-μι, δαμ-νά-ω (von Homer an poet.), δαμά-ζω (nachhomerisch, Hesiod. Pind. Aeschyl.) (δάμνει· δαμάζει Hes.) zähmen, bändigen; in's Joch spannen; in's Ehejoch bringen = verheiraten, vermählen (subigere, z. B. ἀνδρί Il. 18. 432); bezwingen, überwinden, besiegen, unterwerfen; überwältigen, entkräften (Fut. δαμά-σω, att. δαμῶ, hom. δαμᾷ, δαμάᾳ, δαμόωσι, Aor. ἐ-δάμα-σα, hom. meist -σσα; Passiv- und Medialformen: δάμνᾰ-μαι, Aor. ἐ-δαμα-σά-μην, ἐ-δαμά-σ-θη-ν, ἐ-δάμ-η-ν; Iterat. δάμνα-σκ-ε h. Ven. 352; übrigens s. δμη)[1]). — δαμα-ῖο-ς m. Bändiger (Poseidon, Pind. Ol. 13. 66); (δαμα-τι) δάμα-σι-ς f. Bändigung (ibid. 13. 98); δαμα-σ-τήρ (τῆρ-ος) m. = δαμαῖος; (δαμα-τερ-ja) δαμά-τειρα f. (δαμ-νῆ-τι-ς Hes.), δαμαστήρ-ιο-ς bändigend, bezwingend (Eccl.); δάμ-αρ (αρ-τ-ος) f. Gattin, Ehefrau, poet. (eig. δμηθεῖσά τινι domita), δόμορ-τι-ς· γυνή Hes.; δαμά-λη-ς Bezwinger ("Ερως Anakr. fr.), junger Stier, δαμά-λη, δάμα-λι-ς (ε-ως) f. Kalb, junge Kuh; Mädchen; δάμα-λο-ς m. Kalb; δαμαλ-ίζω = δαμάζω (Pind. P. 5. 121). — -δαμο-ς: ἱππό-δαμο-ς rossebändigend, rossezähmend (häufiges Beiwort griech. und troischer Helden bei Hom.), 'Ιππόδαμο-ς ein Troer, von Odysseus erlegt (Il. 11. 334), 'Ιπποδάμεια f. Tochter des Adrastos, des Anchises, eigentl. Name der Briseis, Dienerin der Penelope; -δᾰμᾰ-το-ς: ἀ-δάματο-ς, ἀ-δάμα-σ-το-ς unbezwinglich, unerweichlich (Il. 9. 158); -δαμαντ: ἀ-δάμα-ς (ντ-ος) nicht zu überwältigen, daher = das härteste Eisen, Stahl (zuerst Hes. Sc. 137), Diamant (erst seit Theophrast), ἀδαμάντ-ινο-ς stählern, fest; 'Ιππο-δάμα-ς ein Troer, von Achilles erlegt (Il. 20. 401), Πολυ-δάμα-ς, ep. Πουλυ-, ein kluger und tapferer Troer, Sohn des Panthoos; παν-δαμά-τωρ (τορ-ος) poet. Allbändiger, Allbezwinger, Beiw. des Schlafes; δαμασι-: δαμασί-μβροτο-ς Sterbliche bezwingend, tödtend (Pind. O. 9. 85), δαμάσ-ιππο-ς Pferde bündigend, δαμασίφρων das Herz bezwingend (Pind. O. 13. 75), δαμασί-φως = δαμασίμβροτος (vom Schlaf, Simon, Schol. Il. 24. 5); -δαμνο: Πολύ-δαμνα (entweder vom Präsensst. δαμνα oder -να Suffix, vgl. πότ-νια, πότ-να)[2]) Gemalin des Aegypters Thon (Od. 4. 228), τοξό-δαμνο-ς den Bogen beherrschend ("Αρης, Aesch. Pers. 86), mit dem Bogen überwältigend, tödtend ("Αρτεμις, Eur. Hipp. 1451); δάμν-ιππο-ς = ἱππόδαμος (Orph. Arg. 738).

δμα, δμη. — Zu δάμ-νη-μι u. s. w. (s. oben) Perf. δέ-δμη-κα, μαι, hom.: δε-δμή-μεσθα, Part. δε-δμη-μένο-ς, Plusqu. δε-δμή-μην, δέ-δμη-το, -ντο; Aor. ἐ-δμή-θη-ν; Fut. 3. δε-δμή-σε-σθε h. Ap. 543; Verbaladj. δμη-τό-ς[1]); (δμη-τι) δμῆ-σι-ς f. Bändigung, Zähmung (Il. 17. 476); δμη-τήρ (τῆρ-ος) m. Bändiger, Bezwinger, fem. (δμη-τερ-ια) δμή-τειρα (Il. 14. 259); Δμή-τωρ Sohn des Iason (Od. 17. 443); ἄ-δμη-το-ς unbezwungen; ledig, unvermählt (παρθένος); "Αδμη-το-ς König zu Pherä in Thessalien, Vater des Eumelos (Il. 2. 713 f.), 'Αδμήτη eine Okeanide (h. Cer. 421); ἀ-δμή-ς (δμῆτ-ος) = ἄδμητος.

δμω. — δμώ-c (δμω-ός) poet. m. der Bezwungene == Sklave, Leibeigene, Knecht; δμῶ·o-ς = δμώς (Hes. B. A. 1181), δμω-ή f. (auch Xen. Kyr. 5. 1. 6), δμω-ΐ-ς (ἰδ-ος) id. (Trag.), δμωϊ-ά-ς (ἀδ-ος) id. (Qu. Sm.); δμώ-ϊο-ς knechtisch⁵).

δομ, δωμ. — δόμ-ο-c m. poet. urspr. Gebiet, Gewaltbezirk, dann == Gebäude, Haus, Wohnung; Hauswesen, Familie (Trag.), in Prosa: alles Aufgebaute, Zusammengefügte⁴); δόμον-δε nach Hause; δῶμ-α (δώμ-ατ-ος) n. Haus, Wohnung, Palast, Gemach, Männersaal; episch abgekürzt: δῶ (st. δομ; δω : dam = ἐγώ : aham) Nom. nur Od. 1. 392, sonst Accus.⁵), Demin. δωμάτ-ιο-v n., δωματ-ί-τη-ς m., δωματ-ΐ-τι-ς f. zum Hause gehörig, δωματ-ό-ω ein Haus bauen (δεδωμάτωμαι δ' οὐδ' ἐγὼ σμικρᾷ χερί Aesch. Suppl. 958 = bin wohl mit Häusern versehen). — δομ-ή f. Bau, Gebäude (spät), δομα-ΐο-ς zum Bau gehörig, δομέ-ω, δωμά-ω bauen, δόμη-σι-ς. δώμη-σι-ς f. das Bauen, δωμη-τό-ς id. (Hes.); δομή-τωρ (τορ-ος) m. Baumeister, δόμη-μα(τ) n. = δομή (Eus.).

δόm. — δόm-āre (-ui) = δάμνημι; δŏmĭ-tū-re id.; Part. Pass. domĭ-tu-s, davon Domĭt-iu-s (vgl. Quinctus, Quinct-iu-s), Do-mili-ānu-s; domĭ-tu-s (tūs) m., -tūra f. Zähmung, Bändigung, domi-tor (tōr-is) m., -tr-ix (ic-is) f. Bezähmer, -in (domātor Tib. 4. 1. 116), domā-bĭli-s zähmbar (poet.); **dom-Ĭnu-s** (im späteren Latein häufig domnu-s, vgl. domnaedius, domnicus, domnifunda, domni-praedia Or. inscr.) m., Gewalthaber, Gebieter, Herr (nach Tiberius Zeit Benennung der Kaiser); domĭna f.; dubenus (Paul. Ep. p. 67. M.) = dominus (wohl statt dumenus verschrieben); domin-iu-m n. Gewalt, Herrschaft, Eigenthum; Gastgebot; domini-cu-s dem Herrn gehörig (in der Kaiserzeit: kaiserlich; dies dominica Sonntag, Eccl.); dominā-ri herrschen, gebieten, dominā-tu-s (tūs) m., -ti-ō(n) f. Gewalt-, Oberherrschaft, domina-tor (tōr-is) m., -tr-ix (ic-is) f. Beherrscher, -in; **dŏm-u-s** (Gen. domūs, domuis Non. und Gell. 4. 16, domi Kom., domos von Augustus gebraucht, Suet. Aug. 87; Dat. domo, domui; Acc. domum, do = δῶ Enn. ap. Diom. p. 436; Abl. domo, Plaut. m. gl. 2. 1. 48 domu; Plur. Nom. do-mūs, Gen. domōrum, domuum, Dat. Abl. domibus, Acc. domos, do-mus) f. Haus, Wohnung⁴) (domo-i = domi zu Hause, domu-m nach H., in's Haus, heim, domo von oder aus dem H.); übertr. Aufenthaltsort, Wohnsitz, Heimat, Vaterland, Demin. domu-n-cula: (St. dom-es, vgl. gen-es:) dom-es-tĭcu-s zum Hause geh., Hausgenosse, einheimisch, vaterländisch, domestic-ā-tu-s (tūs) m. Würde des princeps domesticorum, domesticā-ti-m im Hause, zu Hause (Suet. Caes. 26).

B. Gl. 179b. — C. E. 231. — F. W. 87 f. 367. 456. 458; KZ. XXII. 216 f. — Siegismund St. V. 197. 6). — 1) C. V. I. 169. 1). 254. 6). II. 372. — 2) G Meyer St. V. 107. — 3) S. W. s. v.: die δμῶες müssen gröbere Hausarbeit thun, Holz spalten, das Vieh besorgen, die Herden hüten und die Felder bestellen; ebenso mussten die δμωαί das Haus fegen,

Korn mahlen, backen, weben (vgl. ἀμφίπολος). — Nitzsch Od. 4. 10: δμώς der Sklave im Allgemeinen, mag er als solcher geboren, gekauft oder im Kriege gefangen sein. — 4) PW. III. 515: „damá m. oder n. (Gebiet); Haus, Heimat. Das Wort hat im Sanskrit keine andere Ableitung als von 1) dam (zahm sein u. s. w.), bezeichnet demnach ursprünglich „den Ort, wo der Mann unumschränkt waltet, Gebiet, Bann des Hauses und Hofes". Dass nicht die Wohnung als Gebäude verstanden ist, zeigt der Gebrauch des Wortes. Ist diese Ableitung richtig und, wie sich kaum zweifeln lässt, das griech. δόμος gleicher Abstammung mit damá, so darf jenes nicht mehr auf δέμω zurückgeführt werden". — F. W. 87: „von 1) dam (errichten, bauen) und 2) dam zahm sein, zähmen, bändigen". — C. E. 233: zu dam bauen, δέμω. Ebenso Miklosich Lex. (s. v. domŭ: scr. damas, dam domus, gr. δέμω, lat. domus). Siegismund St. l. c. — 5) Kuhn KZ. IV. 315. — Goebel Phil. XVIII. pag. 221: δῶ (23mal bei Homer) von δῶς δωτός wie χρῶ von χρῶς χρωτός.

2) **DAM** errichten, aufrichten, bauen. — Skr. **dan** (ved.) gerade sein, gerade machen; zurechtbringen (PW. III. 507).

δεμ. — δέμ-ω bauen, erbauen (Aor. ἔ-δειμα, Conj. δείμομεν Il. 7. 337; Perf. δέ-δμη-κα, -μαι, 3. Pl. δέ-δμα-νϑ᾽ Th. 15. 120). — δέμ-ας n. poet. (nur Nom. Acc., Hom. nur Acc.) Körperbau, Leibeswuchs, äussere Gestalt; als Adv.: nach Art, gleich, instar (Il. z. B. δέμας πυρός gleich dem Feuer). — (δεμ-νο-ιο) δέμ-ν-ιο-ν n. nur im Pl., poet. Lagerstelle, Bett[1]) (Od. öfter, Il. nur 24. 644).

C. E. 233. — F. W. 87; Spr. 329. — Siegismund St V. 197. 7). —
1) F. W. 92: von dá binden, wie goth. badi n. Bett von bandh binden.

1) **DAR** spalten, bersten, reissen, behauen; speciell: Haut abziehen, schinden; intrans. zerplatzen, auseinanderstieben = laufen. — Skr. **dar** (dṝ, dṛ) 1) bersten, zerfahren, zerfallen, 2) bersten machen, sprengen, zerreissen, zerpflücken; passiv: 1) sich spalten, bersten, aufbrechen, 2) auseinanderstieben, sich fürchten; caus. 1) sprengen, zerreissen, zerspalten, aufbrechen, 2) zersprengen, auseinanderlaufen machen (PW. III. 520).

I) Spalten, bersten, reissen, behauen; Haut abziehen, schinden*).

δαρ, δερ. — δέρ-ω, (δερ-jω, δαρ-jω) ion. δείρω, lesb. δέρρω (wohl unrichtige Schreibung δαίρω) die Haut abziehen, abhäuten, schinden; übertr. durchgerben, durchprügeln (Fut. δερῶ, Aor. ἔ-δειρα, Pass. ἐ-δάρ-η-ν, Fut. δαρ-ή-σομαι, Perf. δέ-δαρ-μαι), Verbaladj. δρα-τό-ς (Il. 23. 169), δαρ-τό-ς (bei neueren Schriftstellern)[1]). — (δαρ-τι) δάρ-σι-ς f. das Abhäuten (Galen.). — δέρ-ι-ς (ε-ως) f., δέρ-ας (ἄτ-ος), δέρ-ος n. Haut, Fell, Leder, Decke; δέρ-τρο-ν n. Darmfell, Netzhaut (Od. 11. 579), Hautdecke (Antim. fr. 73). — δέρ-μα(τ) n. = δέρας, Schlauch (Od. 2. 291), Dem. δερμάτ-ιο-ν n., δερματ-ί-ς (*ἰδ-ος*) f.; δερματ-ικό-ς, -ώδης haut-, lederartig (-ικόν erg. ἀργύριον Hautgeld, für die verkauften Häute u. s. w. der Opferthiere, das in die Staatskasse floss), δερμάτ-ινο-ς ledern; ἐπι-δερμ-ί-c (*ἰδ-ος*) f. Oberhaut, Schwimmhaut der Wasservögel; δερμύλλω die Haut zurückziehen (Schol. Ar. Nub. 724); (*δερμ-ίζω mit Fell bekleiden oder überziehen; davon *δερμιστηρ =) δερβιστηρ (Suid.) wohl: ein Kleid oder ein Ueberzieher aus Fell.

δορ. — δορ-ά f. = δέρας, δέρμα; δορ-ί-c (*ἰδ-ος*) f. Messer zum Abhäuten; δορ-ό-c m. lederner Schlauch (Od. 2. 354. 380). — Das Spalten der Hand = Aufthun: δῶρ-ο-ν n. (= παλαιστή) Breite der flachen Hand als Längenmass (vgl. ark. δάρ-ι-ς, δαρ-ε-ί-ρ f. geöffnete Hand, Spanne, σπιθαμή Hes.); ὀρθό-δωρον n. die Länge von der Vorderhand (καρπός) bis zu den Fingerspitzen (Poll. 2. 157).

δυρ[2]). — Reissen, brechen (vgl. das Herz bricht): (δύρ-ο-μαι) δύρ-ο-μαι Trag., ὀ-δύρ-ο-μαι (gebrochen sein =) wehklagen, jammern, beklagen, bejammern (ausser dem Präsensstamm nur noch Aor. ὀδυράμενος Il. 24. 48), ὀδυρ-τό-ς beklagenswerth, ὀδυρ-τ-ικύ-ς kläglich, weinerlich, ὀδύρ-τη-ς m. der Klagende, ὀδυρ-μό-ς m., ὄδυρ-μα(τ) n. Klagen, Wehklage; πάν-δυρτο-ς (Trag.) allbeklagt, klagenreich. — Vgl. *dolor* pag. 347.

dar-dar[3]). — (*da-dar, da-n-dar*) δα-ν-δαλ-ίδ-ες· κάχρυες. κριθαί. ἢ σίτος πεφρυγμένος (Hes.); δε-ν-δαλ-ίδ-ας· ἱερὰς κριθάς (Hes.). — **dar-d**[*ar*]: δαρδῶσαι· ῥῖψαι (M. Schmidt ῥῆξαι), σπαράξαι, ταράξαι (Hes.); δαρδαίνει· μολύνει (Hes.).

δαλ. — δάλλει· κακουργεῖ. δαλῆ· κακουργῇ. δαλῆσασθαι· λυμήνασθαι, ἀδικῆσαι[4]). — Behauen, bearbeiten: (δαι-δαλ-jω Redupl. mit Diphthong, vgl. παι-πάλλω, μαι-μάω) δαι-δάλλω poet. künstlich bearbeiten, künstlich verzieren (Hom., Pind., letzterer: δε-δαίδαλμένο-ς, δαιδαλ-θ-εί-ς), δαιδαλό-ω (Pind. Ol. 1. 105. Opp. C. 1. 361), δαιδαλ-εύ-ω (Philo); δαίδαλ-ο-ς, δαιδάλ-εο-ς, δαιδαλό-ει-ς künstlich gearbeitet, kunstreich verziert; δαίδαλο-ν, δαίδαλ-μα(τ) n. Kunstwerk; δαιδαλ-εύ-τρ-ια f. Künstlerin, Bereiterin (Lycophr. 578); Δαίδαλο-c m. Künstler, der Collectivname bezeichnet eine Reihe attischer und kretischer Künstler (bei Homer Il. 18. 592 Künstler in Holzbildnerei und Architektur, während Hephaistos die Metallarbeiten liefert)[5]).

δελ. — δέλ-το-c f. (Spalte, Spelte =) Schreibtafel (Pl. Batr. 3), Schrift, Testament, Dem. δελτ-ίο-ν, δελτ-άριο-ν n.; δελτό-ο-μαι sich etwas aufschreiben (Aesch. Suppl. 179 D.). — (*dāla-ja*) δηλέ-ο-μαι (δάλλειν: δηλέομαι = θάλλω: θηλέω) meist poet.: (δηλαίνω Hes.) schädigen, verderben, verwüsten, zerstören (Homer nur Fut. δηλήσ-εαι, -εται und Aor. mit oder ohne Augm. -ατο, -αντο, Opt. -αιτο)[6]); δήλη-σι-ς f. das Beschädigen; δηλη-τήρ (τῆρ-ος) m. Verderber, Unheilstifter, δηλη-τήρ-ιο-ς schädlich, verderblich, Subst. -ιο-ν n. Gift (Plut. Symp. 4. 13); δήλη-μα(τ) n. Schaden, Verderben,

(Od. 12. 286), δηλή-μων (μον-ος) (Subst. Verderber, Vernichter), δηλή-ει-ς = δηλητήριος, δηλητηρι-ώδης = δηλητήριος; ά-δήλη-το-ς unverletzt, κεντρο-δήλητο-ς durch den Stachel verletzend (ὀδύναις τε κεντροδᾱλήτοις Aesch. Suppl. 562 D.), ξιφο-δήλητο-ς mit dem Schwerte getödtet (Θάνατος Tod durchs Schwert, Aesch. Ag. 1528 D.).

dar-k reissen, pflücken; fassen, greifen[7]).

δαρκ, δρακ. — δράξ (δρᾰκ-ός) m. f. (δρακ-ύς· τῆς χειρός Hes.); δραχ-μή (vgl. πλεκ, πλοχ-μό-ς) f. (ark. δάρχ-μα. δαρχ-μή· δραχμή Hes.) Griff, Handvoll, Drachme (als Gewicht die att. Drachme = 82¹/₇ Par. Gran, etwas mehr als ein Quentchen; als Silbermünze die älteste att. Drachme = 6 gute Gr. = 22¹/₂ Kr.)[k]); Demin. δραχμ-ίο-ν; δραχμα-ῖο-ς, δραχμε-ῖο-ς, δραχμή-ϊο-ς eine Drachme werth. — δραγ-μό-c m. das Erfassen, δραγ-μή id. (E. M.); δράγ-μα(τ) n. das Zusammengefasste, Bündel, manipuli, so viel man mit der Hand fassen kann, besonders Aehrenbündel, Garbe (Il. 11, 69. 18, 552) (δάρκες· δέσμαι Hes.); δραγμ-ί-c (ίδ-ος) f. drei Finger voll; δραγμ-εύ-ω (δραγματ-εύ-ω Eust.) zu Garben sammeln (Il. 18. 555); (δρακ-jo-μαι) δράσσομαι, neuatt. δράττομαι, später δράσσω, greifen, fassen, ergreifen (Hom. nur δε-δραγ-μένο-ς κόνιος den Staub ergreifend, Il. 13, 393. 16, 486); δράγ-δην fassend, ergreifend.

δαρπ, δρεπ, δρυφ (κ = π, Labialismus). — δάρπ-η· σαργάνη, κύφινος Hes.; (δαρ-δαρπ-) δαρ-δάπ-τ-ω (ep. nur Präs.) zerreissen, zerfleischen, übertr. verprassen (κτήματα) (δε-δάρ-δαφ-ε Hes.)[9]). — δρέπ-ω (Nebenf. δρέπ-τ-ω poet., erst bei Dichtern der alexandr. Zeit)[10]) pflücken, brechen, abschneiden, bes. Blumen und Früchte; Med. für sich pflücken (δρεψάμενοι φύλλα Od. 12. 357), ernten; δρέπ-ᾰνο-ν n. (Od. 18. 368), δρεπ-άνη f. (Il. 18. 551; selten in Prosa) Sichel, krummes Schwert, Demin. δρεπάν-ιο-ν; Δρέπ-ανο-ν n. Vorgebirge in Achaia = ῾Ρίον, in Kreta und Sicilien; Δρέκ-ανο-ν (altes κ noch erhalten) Vorgeb. der Insel Kos (Strab. XIV. 657); δρεπαν-ί-c (ίδ-ος) f. die Erd- oder Mauerschwalbe, von ihren sichelförmigen Flügeln (Arist. h. a. 1. 1); δρεπανο-ειδής, δρεπαν-ώδης sichelförmig; δορυ-δρέπανο-ν n. Lanzensichel, Sichel in Form einer Lanze; Enterhaken bei den Schiffen; δρεπ-εύ-ς (E. M.), δρεπ-τ-εύ-ς (Hes.) m. Winzer. — δρύπ-τ-ω kratzen, zerkratzen (eig. vom Abschälen der Baumrinde, Gramm.) (Hom.: δρύψ᾿ Il. 16. 324, δρυψαμένω Od. 2. 153, ἀπο-δρύφοι Opt. Präs. oder Aor., Il. 23, 187. 24, 21, ἀπο-δρύψωσι Od. 17. 480, ἀπ-έ-δρυφθεν st. -ησαν Od. 5. 435); δρυφ-ή, δρυφός, δρυφ-άδ-ες (Hes.) das Abgestreifte, Rinde, δρύψια, δρύψελα n. Pl. (Lex.) id.[11]).

II) Zerplatzen, auseinanderstieben = laufen**).

dar, dra. — Skr. **drä** laufen, eilen (PW. III. 801).

δρα. — δι-δρά-σκ-ω, ion. δι-δρή-σκ-ω (von Herodot an in Compos. ἀπο-, δια-, ἐκ-) entlaufen, entfliehen (Fut. δράσο-μαι, Aor. ἔ-δρᾱ-ν, δρᾶ-ναι, δρά-ς; Hom. nur ἀπο-δράς Od. 16, 65. 17,

516)[12]); δρα-cκ-ά-ζειν (Lys. 10. 17 aus Solon's Gesetzen: διδιότα δὲ δίκης ἕνεκα δρασκάζειν, erklärt: δρασκάζειν, ὃ νῦν ἀποδιδράσκειν ὀνομάζομεν), δρα-σ-μό-ς m. (Trag.), δράσκα-σι-ς f. (Hes.) das Entlaufen. — ἄ-δρα-c-το-c unentrinnbar, unvermeidlich (ἀνδράποδα ἄδρηστα Her. 4. 142: nicht zum Entlaufen geeignet); "Αδραστο-ς, ion. "Αδρησ-το-ς König in Argos und Sikyon; Sohn des Merops, Bundesgenosse der Troianer u. s. w.; 'Αδρήστη Dienerin der Helena (Od. 4. 123), 'Αδρηστ-ίνη Tochter des Adrastos, Aigialeia (Il. 5. 412); 'Αδράστεια, ion. 'Αδρήστεια, Bein. der Nemesis = die Unentfliehbare ('Αδράστεια ἤτοι παρὰ τὸ ἀνέκφευκτος καὶ ἀναπόδραστος εἶναι ὠνομασμένη Cornut. de nat. d. 13. Osann; 'Αδράστεια ἡ Νέμεσις, ἣν οὐκ ἄν τις ἀποδράσειεν, [ἀπὸ] 'Αδράστου, ὃς πρῶτος ἱερὸν Νεμέσεως ἱδρύσατο (Iles.)[13]).

dru. — Skr. **dru** 1) laufen, eilen, davonlaufen, 2) einen raschen Angriff machen, 3) in Fluss gerathen, schmelzen u. s. w. (PW. III. 804).

δραϜ. — (δροϜ-σο-) δρό-co-c f. (δροσ-ία) Thau, übertr. Feuchtigkeit, Wasser, Meerwasser (ἀμπέλου Wein, φονία Blut u. s. w.); alles Weiche, Zarte[14]); δροσό-ω, δροσί-ζω bethauen, befeuchten, δροσ-ινό-ς, δρόσ-ιμο-ς, δροσ-ερό-ς, δροσό-ει-ς thauig, bethaut, feucht, δροσι-σ-μό-ς m. das Thauen (Eust.), δροσαλλί-ς (ίδ-ος) f. eine Rebenart (Geop.); δροσο-ειδής, δροσ-ώδης thauartig, thauig.

dra-p. — Skr. drāpajati zum Laufen bringen (PW. III. 801).

δρᾱπ. — δρᾱπ-έ-τη-c, δράπ-ων (ων-ος) m. ein entlaufener Sklave, Ausreisser, Flüchtling, fem. δραπέτ-ι-ς (ιδ-ος), δραπέτρια (Io. Chrys.), Demin. (in verächtl. Sinne) δραπετ-ίσκο-ς; δραπετ-ικό-ς den entlaufenen Sklaven u. s. w. betreffend; δραπετ-εύ-ω entlaufen, bes. von Sklaven, δραπέτ-ευ-σις, δραπετε(Ϝ)-ία f., δραπέτευ-μα(τ) n. das Entlaufen; δραπετίνδα (παίζειν, παιδιά) ein Spiel, wobei einer mit verbundenen Augen andere zu fangen sucht.

dra-m. — Skr. dram hin- und herlaufen, irren (PW. III. 796)[15]).

δραμ (laufen). — Fut. δραμοῦμαι, ion. δραμέομαι, Aor. ἔ-δραμ-ο-ν. Hom. δράμε, δραμέτην, δραμών, Perf. δέ-δρομ-α nur poet., δε-δράμ-η-κα. — δρόμ-ο-c m. Lauf, Rennen, Wettlauf; Rennbahn, Laufbahn; δρομ-ή (Arcad. p. 110) f., δρόμ-η-μα, δράμ-η-μα (ματ-ος) n. Lauf, δρομά-δην im Lauf (Hes.), μετα-δρομάδην nachlaufend, verfolgend (Il. 5. 80); δρομα-ίυ-ς, δρομ-ά-ς (άδ-ος) laufend, herumschweifend, δρομ-ικό-ς zum Laufen geeignet, schnell laufend, Subst. n. Wettlauf; δρομ-εύ-c m., δρόμ-ων (ων-ος) Läufer; ἱππό-δρομο-ς m. Rennbahn für das Pferderennen oder das Wettfahren, Hippodrom, ἱππο-δρόμους ψιλούς (Her. 7. 158. 19) wahrsch. leichte Fusstruppen, die man zwischen die Reiter stellte (wie sie z. B. Caesar B. G. I. 48 bei den Germanen fand); περί-δρομο-ς act. herumlaufend, gerundet, kreisförmig; pass. zu umlaufen = umgehbar, freiliegend; ὠκυ-δρόμο-ς schnell im Laufe, schnelleilend (ἄελλαι Eur. Bakch. 871).

I) Spalten, bersten; behauen.

dar, dal.

dar-d[ar]: (*dar-d-u-i* vgl. *ten-u-i*, *dar-dvi*, *der-bi* vgl. *dvis*, *bis*:) *derbi-ōsu-s* räudig, grindig (= *impetiginosus*).

dal. — **dŏl-ā-re** behauen, hauend bearbeiten (Nbf. *dolere; scyphus caelo dolitus* Varro ap. Non. pg. 99. 17); *dŏl-iu-m* n. Fass, Dem. *doliŏ-lu-m* n. (*doliola florum* Blumenkelch, Plin. h. n. 11. 13); *doli-ūriu-m* n. Weinkeller (Dig.), *doli-āri-s* zum Fasse geh., noch nicht abgezogen (*d. vinum*, Ggs. *diffusum*), wie ein Fass aussehend, dick (Plaut. Ps. 2. 2. 64); *dolā-tu-s* (*tūs*) m., *dolā-men* (*min-is*) n. das Behauen; *dolā-tōr-iu-m* Werkzeug zum Behauen (Hieron.), *dolā-ti-li-s* leicht zu behauen; *dolā-bra* (vgl. *ter-e-bra*) f. Hacke, Brecheisen, Demin. *dolabel-la*, *Dolabella* Eigenn. in der *gens Cornelia; dolabrā-tu-s* hackenförmig, mit einer H. versehen (Pallad. 1. 43. 3). — Reissen, brechen (vgl. ὀ-δύρ-ο-μαι p. 344): **dŏl-or** (*ōr-is*) m. Schmerz, Gram, Kummer, Leid, Verdruss, *dolor-ōsu-s* schmerzlich; *dol-ēre* (*-ui*, *-itu-m*) Schmerz u. s. w. empfinden (*doliturus* Schmerz zu empfinden geneigt), Part. *dole-n-s* schmerzend, schmerzlich, Adv. *dolenter*, *dolent-ia* f. Schmerz (Laev. ap. Gell. 19. 7. 9), *doli-du-s* schmerzhaft (Cael. Aurel. acul. 3. 3)[16]). — **dĕl-ē-re** = δηλ-έ-ο-μαι p. 344 (*dēlē-vi*, *dēlē-tu-s; delī-tu-s* Varr. ap. Diom. 1. p. 372); *dĕlē-tu-s* (*tūs*) m. Vernichtung (Tert.), *delē-ti-ō(n)* f. id. (Lucil. ap. Non.p. 97. 4), *dele-tr-ix* (*ic-is*) f. Vernichterin (Cic. h. resp. 23. 49), *dele-ti-c-iu-s* ausgerieben (Dig.), *dele-ti-li-s* was auslischt.

II) Zerplatzen, auseinanderstieben = laufen, stürzen.

dru[17]).

ru. — **ru-ĕre** (*ru-i*, *rŭ-tu-s; ru-i-tūru-s*) intr. stürzen, stürmen, eilen, niederstürzen, sinken; trans. raffen, fortraffen, hin-, niederstürzen; *ru-īna* f. Stürzen, Sturz, Umsturz, Fall, Ruin, Unfall, Untergang, Verderben; meton. eingestürztes Gebäude, Trümmer, von Personen: Verderber, Zerstörer; *ruin-ōsu-s* baufällig, poet. eingefallen, eingestürzt; *rŭ-tru-m* n. Werkzeug: Spaten, Hacke (zum Umbrechen der Erde), Maurer- oder Mörtelkelle (zum Umrühren oder Umwerfen des Kalkes), Demin. *rutel-lu-m* n. (Lucil. ap. Non. p. 18. 22); (*rŭ-tu-s*, *ru-tū-re*) *ru-tā-bŭlu-m* n. Werkzeug, Ofenkrücke, -gabel (zum Umschütten der Asche im Ofen); Rühr-kelle, -löffel (zum Umrühren der Speisen); = *penis* (Naev. ap. Non. p. 262. 6).

3) Brugman l. c. — 4) C. V. I. 301. 5). — 5) C. V. I. 302. 21). — Goebel Ztschr. f. Gymn. XVIII. 323: *δαίω* schimmern, *δαίδαλος* = schimmernd. — Ueber die Bedeutung des Collectivnamens *Δαίδαλος* vgl. Overbeck Gesch. der Plastik I. 34. — 6) Aehnlich Christ 125: *dr*, *δείρω*. — 7) F. W. 89. 369: *dargh*, *dhragh*, *dhargh* festmachen, festhalten, fassen. — 8) PW. III. 796: *dramma* = *δραχμή* und auch daraus entstanden. — 9) Brugman l. c.: *δαρ-δαρ-π-τω*. — C. V. I. 238. 3): „Wie es scheint, eine sehr vereinzelt dastehende Zusammensetzung der W. *δαρ* (*δερ*) und *δαπ*". — F. Spr. l. c.: *δαρ-δραπ-τω*. — Hentze-Ameis zu Od. 14. 92: „ein durch Reduplication verstärktes *δάπτω*, mit *ρδ*, weil *πδ* unverträgliche Laute sind". — Lobeck Par. p. 15; Elem. I. p. 182 betrachtet es als Redupl. von *δάπτω*, vgl. *ἀταρτηρός* von *ἀτηρός*. — Sch. W. s. v. ebenso, doch zweifelnd: „redupl. Form von *δάπτω*?" — Schweizer-Sidler KZ. XII. 228: „*δαρδάπτω* ist doch nichts anderes als eine der vereinzelten griech. Intensivformen, und *δάπτω* selbst wird kaum mit Curtius zu erklären sein". Vgl. weiter pg. 327, Anm. 8. — 10) C. V. I. 234. 2). — Pott II. p. 416 betrachtet *δρέπω* gleichfalls als Weiterbildung von *δερ*, *δέρειν*. — 11) C. V. I. 236. 4). — Siegismund St. V. 177. 99): „*Dubitaveris, an fortasse *δερυπτειν (cf. καλύπτειν) primaria forma fuerit, cum radix *δυρ-π nusquam servata conspiciatur. Tamen hanc quondam exstitisse verisimile fit δύρ-ο-μαι (ὀ-δύρ-ο-μαι) verbo, quod, nisi fallor, cognatum est".*

**) B. Gl. 194 f. — C. E. 237. — F. W. 96 f.; Spr. 156. — Siegismund St. V. 195. — 12) C. V. I. 183. 2). 275. 5). II. 16 28). — 13) Clemm St. VIII. 72. — 14) Kuhn KZ. II. 138 f. VII. 63 f. — B. Gl. 319b: *rasa: δρόσος praefixo δ, sicut in ἀνδρός etc.* — 15) B. Gl. 194 f: *dru drav drávämi, mutato v in μ.* — 16) Froehde KZ. XXII. 259: „die übertragene Bedeutung hat auch *gadh. doran cruciatus, dolor* bei Diefenbach vgl. wtb. II. p. 656; Analogien bieten griech. *λύπη* neben Skr. *lumpati rumpere,* das vulgäre deutsche „sich schneiden", Skr. *rujá* Schmerz von *ruj* zerbrechen u. a. — B. Gl. 190a: *du vexare; fortasse doleo e doveo, nisi pertinet ad dar.* — 17) Corssen B. 112. 360. 367. — Ebel KZ. V. 392. B. Gl. 436b: *sru fluere.* — F. W. 170. 484: *ru* zerschmettern, zerschlagen, reissen.

---

2) **DAR** schlafen. — Skr. **drā** schlafen (PW. III. 802).

δαρ-θ: δαρ-θ-άν-ω schlafen (Fut. *δαρθ-ή-σομαι*, Aor. *ἔ-δαρθ-ο-ν*, ep. nur *ἔ-δραθ-ε* Od. 20. 143), *κατα-δαρθάνω* einschlafen, daher Aor. schlafen (Hom. nur *κατ-έδραθον*, 3. Du. *καδδραθέτην = κατεδραθέτην* Od. 15. 494, Conj. *κατα-δράθω* Od. 5. 471; Perf. *κατα-δεδαρθ-η-κώς ἀνέστην* Plat. Con. 219 c.); *παρα-δαρθάνω* neben oder bei Jemandem schlafen (Homer nur Aor. *παρ-έ-δραθ-εν* Od. 20. 88, *παρα-δραθέειν* Il. 14. 163) [1]).

dar-m europäisch [2]).

dor-m-ire schlafen, übertr. unthätig sein (Fut. *dormibo* Plaut. Trin. 3. 2. 100, Cato r. r. 5. 5), *dormi-tor* (*tōr-is*) m. Schläfer, *dormitōr-iu-s* zum Schlafen gehörig (bes. *d. cubiculum,* auch bloss *dormitoriu-m* n. Schlafzimmer), *dormi-ti-ō(n)* f. das Schlafen; *dormi-tā-re* einschlafen, schläfrig werden, übertr. träumen, schläfrig oder unthätig sein, *dormitā-tor* m. Träumer (Plaut.), *dormitā-ti-ō(n)* f. das Schlafen (Vulg.); *con-dormire, -dormiscere* einzuschlafen beginnen.

B. Gl. 196 b. — C. E. 232. — F. W. 88. 456; F. Spr. 330. —
Siegismund St. V. 171. 3). -- 1) C. V. I. 259. 21). 389. II. 16. 24). —
2) Vgl. Miklosich Lex. 180: „drémati vustázειν dormitare (böhm. drimati);
cf. τρέμειν tremere a scr. tras et ahd. tramjan, and. dreyma".

3) DAR thun, arbeiten.

δρα. — δρά-ω intr. thun, thätig sein, hom. bes. „als Diener
aufwarten"; trans. thun, ausführen, vollbringen (stärker als ποιέω)
(hom. Pr. Conj. δρώωσι, Opt. δρώοιμι, Fut. δρά-σω, Perf. δέ-δρα-κα,
δέ-δρα-μαι, später häufig δέ-δρα-σ-μαι, Aor. Pass. ἐ-δρά-σ-θη-ν;
παρα-δρώωσι st. -δράουσι Od. 15. 324). — δρᾶ-νος n. (vgl. ἔθ-νος,
ἴχ-νος)· ἔργον, πρᾶξις (Hes.); (δρανjω) δραίνω thun wollen (nur
Il. 10. 96; erkl. δραστικῶς ἔχειν, ἰσχύειν); δρανείω poet. id.; ὀλιγο-
δραν-ής wenig sich regend = wenig vermögend, ohnmächtig (Ar.
Av. 686); ὀλιγο-δρανέ[σ]-ω schwach, ohnmächtig, kraftlos sein
(hom. nur Part. Präs. Il. 3mal, einzeln spät. Dichter). — (δρα-τι)
δρᾶ-ςι-ς f. Thun, Wirksamkeit, δράσι-μο-ς was zu thun ist; δρά-
ς-τη-ς, ion. ep. δρή-ς-τη-ς (Pind. Archil.), δρα-ς-τήρ, ion. ep.
δρη-ς-τήρ (τῆρ-ος), ὑπο-δρηστήρ Od. 15. 330 (nach dieser Analogie späte Dichter ὑπο-δρήσσω, nur Präsensst.) m. der Arbeitende,
Diener (erkl. διάκονος, θεράπων, ὑπηρέτης), fem. (δρασ-τερ-ια) δρά-
στειρα, ion. ep. δρήστειρα; δραστήρ-ιο-ς (δραστηρός Hes.), δρα-σ-τ-
ικό-ς thatkräftig, unternehmend, wirksam (τὸ δραστήριον That-
kraft, dafür δραστηριό-τη-ς f. Eust.), δραστηριό-ο-μαι kühn handeln
(Eust.); δρη-ς-το-σύνη Thätigkeit, Geschicklichkeit (Dienstwürter-
kunst, Ameis; Od. 15. 321); δρης-μο-σύνη f. der heil. Opferdienst
(h. Cer. 476). — δρᾶ-μα(τ) n. das Gethane, That, Handlung, bes.
die auf der Schaubühne dargestellte Handlung, Schauspiel (bes.
von der Tragödie), Demin. δραμάτ-ιο-ν; δραματ-ικό-ς dramatisch;
δραματ-ίζω ein Schauspiel bearbeiten, δια-δραματίζω ein Schauspiel
zu Ende spielen.

C. E. 237; C. V. I. 308. 2). 315. 40). — F. W. 88; F. Spr. 330. —
C. E. l. c.: „sollte diese W. mit δρα laufen eins sein? Bei Homer hat
das Wort nur die Bedeutung geschäftigen Ausrichtens". — F. W. l. c.:
vgl. Skr. drav-as-ja geschäftig sein?; altpers. durar thun, machen, lit.
dar-aú, dar-ýti thun, machen. — PW. III. 797: dravasjáti sich abquälen;
um Jemand herum sein, aufwarten. Vielleicht von dru (laufen, eilen).

4) DAR, DAR-K abzielen auf, blicken, berücksich-
tigen, sehen. — Skr. ā-dar Rücksicht nehmen, beachten (PW.
I. 523); darç (drç) sehen, erblicken, ansehen, beachten; sehen =
mit dem Geiste schauen, erkennen; sein Auge auf etwas richten
= sich um Etwas kümmern, untersuchen, prüfen; erschauen, ersinnen u. s. w. (PW. III. 530).

dar.

δαρ, δρα. — ὑπό-δρα von unten aufblickend = finster, zornig, trutziglich (nur mit ἰδών bei Hom., vgl. *torva tucns* Verg. A. 6. 467)[1]) [erst Nic. Th. 765: ὑπό-δραξ]; ὑπο-δράω· ὑποβλίπω (Hes. E. M. Lob. Rhem. p. 63).

(δαλ) δελ, δολ. — (*δελ-jο-μαι, *δελλο-μαι) δῆλο-μαι (streng dorisch), δείλο-μαι (mild dorisch) wollen (= abzielen auf etwas, hinsehen auf etwas). — (δεν-διλ-jω) δεν-δίλλω (Redupl. wie in δέν-δρεϜο-ν neben δρῦ-ς) seitwärts blicken, einen Seitenblick werfen d. h. durch einen Seitenblick zu verstehen geben (Hom. nur: δεν-δίλλων ἐς ἕκαστον Il. 9. 180), sich scharf umsehen (ὀξέα Ap. Rh. 3. 281) (erkl. ὀφθαλμὼ παραβάλλειν Poll. 2. 52; δινεῖν τοὺς ἴλλους = ὀφθαλμούς Gramm.; περιβλέπειν Schol.)[2]). — δέλ-ε-αρ, poet. δέλει-αρ (ᾱτ-ος; Dat. δέλ-ητ-ι Hes.), äol. βλῆρ (δ = β, weil δλ keine griech. Lautgruppe) n. Köder, Lockspeise, Anreizung; δέλε-τρο-ν Opp. 2. 431, δέλ-ος n. Geop. (id.); Dem. δελῆτ-ιο-ν (Sophr. E. M. 254. 53); δελεά-ζω mit Köder versehen, betrügen, berücken; δελεα-σ-τ-ικό-ς lockend, verführerisch (Clem. Al.); δελεά-σ-τρα f., δελέα-σ-τρα n. pl. Köderfalle, δελεαστρ-εύ-ς der mit Köder fängt (Nic. Th. 793); δελεα-σ-μό-ς m. das Fangen mit Köder, δελέα-σ-μα(τ) n. = δέλεαρ (Arist. Equ. 789), δελέᾱ-μα(τ) n. id. (Suid.), Dem.. δελεασμάτ-ιο-ν n. — δόλ-ο-ς m. Köder, Lockspeise (Od. 12. 252), List, listiger Anschlag; δολό-ω überlisten, betrügen, verfälschen, δόλω-σι-ς (σε-ως) f., δόλω-μα(τ) n. List, Betrug; δύλ-ιο-ς, δολ-ερό-ς, δολό-ει-ς listig, schlau, betrügerisch; δολιό-ω listig sein, betrügen; δολιό-τη-ς (τητ-ος) f. Listigkeit u. s. w.; δολί-ζω verfälschen (Diosc.);° δολι-εύ-ο-μαι hinterlistig handeln; Δύλ-ων (ων-ος) Sohn des Eumedes, ein Troer, der als Kundschafter in das Lager der Griechen schleichen wollte (Il. 10. 314 ff.).

dark.

δαρκ, δρακ. — δέρκ-ο-μαι (δερκ-ι-ά-ο-μαι Hes. Th. 911) blicken, sehen, schauen; trans. sehen, erblicken (iter. Impf. δερκ-έ-σκ-ε-το Od. 5, 84. 158; Aor. poet. von Homer an ἔ-δρακ-ο-ν Od. 10. 197, ἐ-δρακ-ό-μην Anth. 7. 224, Pass. ἐ-δράκ-η-ν, ἐ-δέρχ-θη-ν; Perf. mit Präsensbedeutung δέ-δορκ-α, πῦρ ὀφθαλμοῖσι δεδορκ-ώς feurige Blicke werfend, Od. 19. 446; vgl. πρόσωπον μήτε δεδορκὸς μήτε σύννουν Aristot. Physiogn. p. 808a. 4 ein weder ausdrucksvolles noch kluges Gesicht; εἰς-έ-δρακ-α Orph. Arg. 133)[3]). — -δερκτο: ἀ-δέρκτων (ὀμμάτων τητώμενος Soph. O. C. 1200 = ὥστε γενέσθαι ἄδερκτα nicht sehend); (δερκ-τι) δέρξι-ς f., δεργ-μό-ς m. (Hes.) das Blicken, Sehen; δέργ-μᾱ(τ) n. Blick (Trag.); ὀρκή oder ὀρκή· ὄψις (Hes. = δορκ, δjορκ, jορκ, ὀρκ). — δράκ-ος n. das Auge (Nic. Al. 481); -δερκ-ες: ἱμερο-δερκής Sehnsucht blickend (Paul. Sil. amb. 275) (vgl. Uhland: und was er blickt, ist Wuth), μονο-δερκής mit einem Auge sehend, einäugig (Eur. Kykl. 78), ὀξυ-δερκής scharfsehend,

scharfsichtig; ἀ-δρακές· ἀδερκτόν. εὐ-δρακής· εὖ δερκτός (Hes.). —
Δίρκ-η (ε = ι) Tochter des Helios, Gemahn des Lykos in Theben[4]) (Apoll. 3. 5. 5). — δράκ-ων·(-οντ-ος) m. Schlange, Baum-
schlange (die prachtvollste aller Schlangen, Ameis ad Il. 2. 308;
ll. öfter, Od. nur 4. 457), bei Trag. besonders von der Lernäischen
Schlange und vom Drachen Python (παρὰ τὸ δέρκω, τὸ βλέπω·
ὀξυδερκὲς γὰρ τὸ ζῶον E. M.); ein Fisch dieses Namens (Arist.
h. a. 8. 13); fem. δράκαινα (h. Apoll. 300 und öfter bei Trag.
die Furien), ein Fisch neben δρακαιν-ί-ς (ίδ-ος) f. (Ath. 7. 322. e);
Demin. δρακόντ-ιο-ν n. ein Fisch (Hippocr.), der Faden- oder Haut-
wurm (Med.), eine Feigenart, eine Art Natterwurz; δρακόντ-ειο-ς
(δρακοντίας E. M.) vom Drachen, drachenartig, (τὸ δρ. Drachen-
blut, ein Färbestoff); δρακοντ-ί-ς (ίδ-ος) f. ein Vogel (Ant. Lib. 9);
δρακοντιά-ς (άδ-ο-ς) f. eine Taubenart (Ath. 9. 395. c); δρακοντ-
ώδης drachenähnlich (κόραι die Erynnien, wegen ihres Schlangen-
haares, Eur. Or. 249).

δορκ, δροκ. — δορκά-ζω, δροκ-τά-ζω (Stamm δορκο, δροκ-το)
sich umsehen (περιβλέπειν Hes.). — δόρξ (δορκ-ός) f., δόρκ-η
f., δόρκ-ο-ς m., δορκ-ά-ς (άδ-ος) f., δόρκ-ων (ων-ος) m., δορκ-
αλ-ί-ς (ίδ-ος) f. ein hirschartiges Thier, Reh, Gazelle (von den
schönen hellen Augen = hellblickend) (δορκαλίς auch Peitsche aus
Rehleder, ὄργανον κολαστικόν Suid.); Demin. δορκάδ-ιο-ν n. (LXX);
δορκάδ-ειο-ς vom Reh, δορκαδ-ίζω wie ein Reh springen (vom
Puls, Med.). — (δορκ, *δjορκ, ζορκ, ἰορκ:) ζόρξ (Kallim. Dian.
97; ἡλικία ἐλάφου ἢ δορκάς Hes.), ζορκ-ά-ς (Her. 4. 192) =
δόρξ, δορκάς; ἰορκ-ο-ς = δύρκος (δύρκους ὄρυγάς τε καὶ αἰγλήεντας
ἰόρκους Opp. Cyn. 3. 3); ἰορκ-ες· τῶν δορκάδων ζώων, ἔνιοι δὲ
ἡλικίαν ἐλάφου (Hes.); ἴυρκ-ες (υ äol.)· αἶγες ἄγριοι, ὑστριχίδες
(Art Peitsche aus Rehleder). — (δαρκ, δαρπ, Labialismus, δραπ)
δρωπ (vgl. τραγ, τρώγω): δρωπάζειν, δρώπ-τ-ειν = δροκτάζειν (Hes.).

dar.

dol: dŏl-u-s m. = δόλ-ο-ς; dol-ōsu-s = δόλιος u. s. w.; Adv.
dolose, dolosi-tā-s (tūli-s) f. Betrug (Vulg. Sir.).

dark.

larc (vgl. δάκρυ dacrima lacrima, Ὀδυσσεύς Ulixes): (larc-va)
lar-va f. Maske (Hor. Sat. 1. 5. 64, wozu Orelli: non est simpli-
citer persona, sed μορμωλύκειον, persona horribili sua facie terrorem
incutiens), Gespenst, Fratze[5]), larv-cu-s maskirt (hostis Venant. 5),
larv-āli-s gespensterartig; larvā-re behexen, bezaubern.

B. Gl. 181. — Brugman St. VII. 346. 49). — C. E. 133. 236. 476.
546. 645. 647. — F. W. 88 f. 90. 367. 458. 1062; F. Spr. 131 f. 238. —
Fritzsche St. VI. 315. — Siegismund St. V. 154. 32). 170. 1). — 1) C. E.
133 mit Pott[2] 938, W. I. 137. — M. M. Vorl. I. 386. — S. W. — F. W.
und Spr. l. c.: = ὑπο-δρακ; vgl. Voc. ἄνα κτ. ἄνακτ, ἄναξ; ebenso
Ameis ad Od. 19. 70. — Sch. W.: „vielleicht verstümmelte Form von

ὑπόδραξ". — Leo Meyer KZ. XIV. 84: von unten; ὑπο + Suffix *tra* = *dra.* — 2) C. V. l. 103. 22); vgl. ahd. *zil-jan.* — Sch. W. s. v.: „scheint eine redupl. Form der W. *διλ*, Skr. *drç*, vgl. *δέρκομαι* zu sein". — Döderlein nr. 2422: „sich hinwenden von *δίνειν, δινεῖν*". — 3) C. V. II. 16. 27). 155. 2). — 4) C. E. 702: „vielleicht", wie Bu. im Litt. Centralblatt 1866 S. 371 vermuthet. — 5) W. Stokes K. B. VIII. 310: *dark* 'to see', ir. *drech, w. drych (aspectus, visus)* == br. *derch. Siegfried's ingenious explanation of Lat. larra ex* *dar(c)ra is also deserving of notice.*

darsa Hals, Rücken.

(δερσα) δέῤῥα äol., δήρα, δέρα dor., δειρή ep. (Hom. 13mal), δέρη Trag., δέρι-ς (ι-ος, Hes.), δειρ-ά-ς (άδ·ος), dor. δηρ-ά-ς f. Hals, Rücken, Bergrücken, Abhang [1]); δέρ-αιο-ν, δειρ-άδ-ιο-ν n. Halsband (Poll. 2. 235); δειϱ-αῖο-ς felsig (Lycophr. 994); δειρό-ς· λόφος, κατάντης τόπος Hes.; δέρα· ὑπερβολὴ ὄρους. οἱ δὲ τὰ σιμὰ τῶν ὁρῶν Hes.; δεῤῥιστήρ· περιδέραιον ἵππου Hes.; δεῤῥιστής· κυνάγχης περιαυχένιος (Hundehalsband) Hes.; δουλιχό-δειρο-ς langhalsig (Beiw. des Schwans, Il. 2, 460. 15, 692), πολυ-δειρά-ς vielgipfelig (Ὄλυμπος Il. 1, 499. 5, 754. 8, 3). — *Δέραι* f. Ort in Messenien, *Δέρας* n. Castell in Sikyonien, *Δειρά-ς* f. Ort auf der Burg Korinths (wovon Apollo, der dort einen Tempel hatte, *Δειραδιώτης* hieß), *Δειράδ-ες* f. attischer Demos zur leontischen Phyle gehörig; *Δειρσαῖοι*(?) thrakisches Volk oberhalb der *Σαπαῖοι* im Binnenlande (Her. 7. 110, Thuk. 2. 101).

dorsu-m n. (*dorsu-s* m. Plaut. m. 2. 4. 44) == δειρή u. s. w. (vgl. *vorsus, torreo, horreo*)[2]), *dorsu-āli-s* zum Rücken gehörig (Subst. *-āli-a* n. Rückendecken für die Thiere); *Dors-ō(n)* lat. Zuname; *ex-dorsu-āre* vom Rücken entblössen, entgräten (bei den Fischen).

C. E. 234; C. St. I a. 256 ff. — F. W. 90. 457. — E. Kuhn KZ. XVII. 233. — 1) L. Meyer KZ. XXII. 537 ff. == Skr. *grivá* f. Hals, Hinterhals, Nacken. — F. W. l. c.: *daresa* == *dorosum*, denn urspr. *dorsu* müsste *dorru* geworden sein.

_____

dasa, dasu dicht[1]).

δασυ. — δασύ-ς dicht, dichtbewachsen, haarig, rauh (ῥῶπες, δέρμα Od. 14, 49. 51) (Gramm. πνεῦμα δασύ, *spiritus asper*, auch δασεῖα προςῳδία; τὰ δασέα, *aspiratae*: χ, ϑ, φ); ἀμφι-δάσειαν (αἰγίδα Il. 15. 309) herum zottig d. i. mit Troddeln behangen[2]); δασύ-τη-ς (τητ-ος) f. das Behaartsein (gramm. Aspiration), δασυ-σμό-ς m., δάσυ-μα(τ) n. Rauhheit (φωνῆς Diosc.); δασυλλί-ς f. der zottige Bär (E. M.); δάς-ος n. Dickicht, Gebüsch, Rauhheit; (δασυ-νjω) δασύνω rauh, haarig machen, verdichten, verdicken (gramm. mit dem *spir. asper* versehen), δασυν-τή-ς m. der gern den *spir. asper* braucht (wie●die Attiker); δασκόν· δασύ. δασ-πέταλον· πολύφυλλον Hes. — (δασυ-ϱο) Ἐπί-δαυ-ρο-ς f. eig. mit Dickicht bewachsener Ort, Stadt in Argolis am saronischen Meerbusen (ἀμπελόεις Il. 2. 561; jetzt Ruinen in der Nähe des heutigen Pidauro oder Νέα Ἐπίδαυϱος)[3]). — (δασύ-λο) δαυ-λό-ς, auch δαῦ-λο-ς (vgl. ἡδύ-ς, ἡδυ-λό-ς) dicht bewachsen, übertr. von versteckten Anschlägen (Aesch. Suppl. 97); Δαυλ-ί-ς (ίδ-ος) f. Stadt in Phokis auf einer Anhöhe unweit Delphi (noch jetzt ist die Gegend mit dichten Granatbüschen bewachsen)[4]).

densu-s dicht, gedrängt; dicht hintereinander = häufig; *densi-ta-s* (*tāti-s*) f. Dichtigkeit, das Vorhandensein häufig hinter einander (*sententiarum, figurarum* Quint.); *densā-re* verdichten; *densēre* = *densare* (poet., namentlich Lucret., dann spätere Prosaisten)[5]); *densā-ti-ō(n)* f. Verdichtung; *densā-t-īvu-s* zur Verdichtung, Verstopfung geeignet; *densā-bili-s* verstopfend, verdichtend (Cael. Aur.); (*dens-imu-s* vgl. ἄνϑ-ιμο-ς; *densmu-s*) **dusmu-s** (*dusmo in loco apud Livium significat dumosum locum* Paul. D. p. 67. 8; *dusmum incultum, dumosum vel squalidum* Plac. p. 452 M.), **dūmu-s** m. Dornstrauch; (*dumē-re*) *dumē-tu-m* (*dumectum* Paul. D. p. 67. 10) Dorn-gebüsch, -hecke, übertr. die verwickelten Lehren der Stoiker (Cic. Acad. pr. 2. 35. 112), *dum-ōsu-s* reich an Dorngebüsch, buschig, *dum-āli-s* strauchartig, struppig; *dumc-sc-ēre* mit Gebüsch bewachsen sein (Diom. p. 335. P.).

1) C. E. 232. — B. Gl. 177 b: *daṅ́ś mordere; fortasse* δασύ-ς. — F. W. 456: *da theilen: danto* dicht (etwa verzahnt, wie mit Zähnen in einander greifend). — 2) Düntzer: rings rauh, ebenso Pape W.; Faesi: wahrsch. ⚌ ἀμφίμαλλον (Her. 4. 189); Hoffmann hom. Unt. I. pg. 9: sehr zottig; Sch. W.: ringsum behangen entweder mit Haaren oder mit Troddeln (vgl. ϑυσανόεις); Schol. πανταχόϑεν τετριμμένην, οἱ μὲν ἀμφίμαλλον, οἱ δὲ κύκλῳ δασείαν διὰ τοὺς ϑυσάνους. — 3) C. E. l. c.: „Pott vermuthet". — Ueber den noch heute Weinbau besonders pflegenden Ort vgl. E. Curtius Pelop. II. pg. 415 ff. — 4) Ebenso S. W.; vgl. Bursian Geogr. von Gr. I. pg. 168. — 5) Froehde KZ. XXII. 258.

1) **DI, DIV** scheinen, glänzen, leuchten. — Skr. **dī** scheinen, glänzen, leuchten; (gut) scheinen, wohlgefallen; **div** strahlen; spielen, scherzen, tändeln; sich freuen (PW. III. 616. 641).

Daraus: 1) leuchtend, Glanz, 2) Tag (als der helle, leuchtende), 3) Himmel, Tageshimmel (als der leuchtende), 4) Gott (als der leuchtende, dann als Personification des leuchtenden Himmels; vgl. Psalm 104. 1. 2: Herr, mein Gott, du bist sehr herrlich; Licht ist dein Kleid, das du an hast).

dív.

div. — δῖF: Δί-ς Nom. (Theogn. Cram. Anecd. II. 135. Rhinth.

B. A. 1194), *Δι-ός*, *Δι-ί*, *Δί-α* (cas. obl⁰ zu Ζεύς) (*Cretenses Δία
τὴν ἡμέραν vocant* Macr. Sat. 1. 15).

div-a. — -διϜ-ο, -δῐ-ο: εὔ-δῐ-ο-c, εὐ-δῐ-ανό-c (Pind.) still,
ruhig, heiter (Arat. Orph. ῐ̆), Comp. εὐ-δι-αί-τερο-ς (Xen. Hell. 1.
6. 38); ἡ εὐδία (sc. οὐσία)ʼ Heiterkeit des Himmels, Wetters, auch
des Gemüthes; εὐδιά-ω still u. s. w. sein (nur Part. Präs. bei spät.
Dichtern), εὐδιά-ζω id. (Eccl.); ὀρθρί-δῐο-ς was früh am Tage geschieht, frühtäglich (Antp. Th. 5). — (διο, δjο) -Ϲο: πρώϊ-Ϲο-c.
att. πρῶζο-ς früh, Adv. πρωΐζα; (χθεσ-διο, p. 265) χθι-Ϲό-c (vgl. ἰς.
ἴσ-θι) ion. poet. gestrig, am gestrigen Tage; hom. meist statt des
Adv. (χθιξὸς ἔβη er ging gestern); Adv. χθιξόν, χθιζά (χθιξά τε
καὶ πρωΐξα Il. 2. 303: gestern und ehegestern; sprichwörtlich von
einem vor nicht langer Zeit geschehenen und noch in frischem
Gedächtniss lebenden Ereignisse. Ameis). — Διό-ʋŪϲο-c (hom. nur
Od. 11. 325), böot. Διώ-νῦσος, Δεύ-νυσος (Anakr. im E. M.), lesb.
Ϲόν-νυξο-ς (Sohn des Zeus und der Semele, das Symbol der vegeta-
tiven Kraft der Erde, insbes. Gott des Weinbaues und somit Geber
des Weins und der durch ihn erzeugten Freude und Begeisterung)[1]).
— (δεϜ-α, δοϜ-α[2]): δέο-μαι· δοκῶ. δέα-ται· φαίνεται,
δοκεῖ. δεά-μην· ἐδοκίμαζον, ἐδόξαζον (Hes.). δέατο: δέατʼ εἶναι er
schien zu sein (Od. 6. 242); ep. Aor. δοά-σσατο, Conj. δοάσσεται
scheinen, dünken; (ἀ-δεϜ-ο ς) ἄ-δε-ο-ς = ἀφανής unsichtbar (ἄδεον·
ἀόρατον. ἄδεος· ἀόρατος. ἀδέει· οὐ δοκεῖ Hes.).

div-ā. — (διϜ-ā, δι-ᾱ, δj-ā) Ϲū: Ϲή-ς (Pherek. Herod. π. μ.
λ. 16. 16, Acc. Ϲῆ-ν, Δᾱ-ν Theokr.; att. φεῦ δᾶ, πόποι δᾶ, οἱοί
δᾶ[3]); vgl. Δίᾱν τὸν οὐρανὸν Πέρσαι Hes.[4])); (ἐν-διϜ-ᾱ, ἐν·διᾱ. ἰν·
διᾱ, ἰν Präp. kypr. maked. = ἐν) ἰν-δέᾱ [wohl ἴν-δία zu schrei-
ben] erg. ἡμέρα· μεσημβρία. Μακεδόνες (Hes.)[5]); (ἐπι-διϜ-ᾱ, -δϜᾱ,
-Ϝδᾱ, -βδᾱ) ἐπί-βδᾱ f. Nachtag, Tag nach dem Feste, nachfol-
gender Tag (ἡ ἐπιοῦσα; vgl. ἐπί-δαιτρον Nachmahl[6]). — διϜ-η:
(δϜη) δη-θά = δήν, δηθά-κι(ς) oftmals; δηθ-ύνω zögern, verweilen,
zaudern (Hom., dann spät. Dichter); δηθ-αίων· μακρόβιος (Lex.);
διϜη-ν (Acc.; δϜη-ν) δή-ν den Tag über = lange, lange Zeit her
(der Tag in Bezug auf die einzelnen Momente eine lange Frist);
δᾱ-ν· μακρῶς ἢ πολὺν χρόνον Ἠλεῖοι (Hes.); δοά-ν Alkm. (B. A.
949); διϜη-να: (δϜη-να) δη-να-ιό-c lange dauernd, lange lebend
(Il. 5. 407); διϜη-ρο: (δϜη-ρο) δη-ρό-c = δηναιός, δηρό-ν (als
Adv.) lange (δᾱρό-ν Trag.).

div-ja. — (διϜ-ιο, δι-ιο) δῖο: δῖο-c dem Himmel oder Zeus
angehörig, himmlisch, hehr, herrlich, trefflich, edel (Hom. nur
δῖος, δῖα, δῖᾱν, δῖον, δίῳ, δῖοι, Voc. δῖε und einmal δίου Od. 3.
84[7])); ἔν-δῐο-c (ῐ Ap. Rh. und Anth.) mittäglich, am Mittag (Hom.
nur Od. 4. 450, Il. 11. 726); im Freien, unter freiem Himmel,
ἔνδῖο-ν n. (sc. οἴκημα) Aufenthalt, Wohnung unter freiem Himmel
(Eust.). überh. Aufenthaltsort, Schlupfwinkel; ἐνδιά-ω unter freiem

Himmel, überh. an einem Orte verweilen, wohnen (trans. μᾶλα ἰνδιάασχον liessen weiden, Theokr. 16. 38).

div-as. — διϜ-εc: (διϜ-εσ-νο) εὐ-δι-ει-νό-c heiter, windstill (εὐδιεινὴν γαλήνην παρασχών heitere Ruhe, Plat. leg. 11. 919 a); εὐ-δι-εc-τάτη (Superl. zu εὔδιος Hippokr.); (διϜ-ασ-ιο) Δι-άc-ια n. pl. Diasien, Fest zu Ehren des Ζεὺς Μειλίχιος, am 23. Anthesterion ausserhalb der Stadt unter ernsten Ceremonien mit unblutigen Opfern gefeiert (ἔστι γὰρ καὶ ᾿Αθηναίοις Διάσια, ἃ καλεῖται Διὸς ἑορτὴ Μειλιχίου μεγίστη, ἔξω τῆς πόλεως, ἐν ᾗ πανδημεὶ θύουσι, πολλοὶ οὐχ ἱερεῖα, ἀλλὰ θύματα ἐπιχώρια Thuk. 1. 126. 6)[8]).

daiva. — (δῐϜ-ᾶν, δῐ-ᾶν, δj-ᾶν. daraus:) Ζᾶν (vgl. böot. δᾶν): Ζήν (Tzetz. A. H. 35), Ζην-ός, Ζην-ί, Ζῆν-α (Zeus); kret. Δήν, acc. Δῆνα; Ζήν-ων (ων-ος)·Eigenn.; (διϜ-ων) Δῑ-ων (ων-ος) Eigenn.; (ΔῑϜ-ωνη) Δῑ-ώνη Mutter der Aphrodite vom Zeus (Il. 5. 370)[9]; (διϜωνη, διωνη, δjωνη) δωνη (vgl. δει-δι-ω, δει-δj-ω, δεί-δ-ω) Δω-δώνη uralte Stadt und Oracelsitz des pelasgisch-hellenischen Zeus, thess. Βοδών (vgl. duis bis, duonus bonus)[10]). — (δαιϜ-μον) δαίμων (μον-ος) m. f. Gott, Göttin, Gottheit, göttliches Wesen, Dämon; oft = Geschick; Glück oder Unglück (neben θεός bedeutet das Wort untergeordnete Gottheiten)[11]; böser Geist, Teufel (N. T. Eccl.), fem. (spät) δαιμον-ί-c (ίδ-ος); δαιμόν-ιο-c (Hom. nur Voc.) die Einwirkung eines Dämons an sich tragend; im guten Sinne: Seltsamer, Wunderlicher; beim Vorwurf: Thörichter, Unbesonnener, Heilloser; beim Mitleid: Unglücklicher; von einer Gottheit verhängt, herrührend: glücklich, unglücklich, ausserordentlich, τὸ δαιμόνιον die Wirkung, Stimme der Gottheit, überh. Gottheit (der böse Geist, N. T.); δαιμον-ικό-c von einem Dämon besessen, herrührend; δαιμον-ά-ω, -ιά-ω, -ίζομαι in der Gewalt eines D. stehen, besessen, sein; δαιμονι-ώδης Dämonen ähnlich, die D. betreffend; ἀνθρωποδαίμων ein Mensch gewesener Gott (Eur. Rhes. 971) (später: böse Geister in Menschengestalt); ὀλβιο-δαίμων gottgesegnet (Il. 3. 182). — (δαιϜαρ, δαιϜερ, δαιϝρ, δαjερ) δᾱήρ (δαέρ-ος, Voc. δᾶερ; Gen. δαέρων zweisilbig Il. 24. 769) m. Schwager, Bruder des Mannes[12]).

dju, djau, djav. — Skr. *div, dju* (= diu), *djō* Himmel, Tag, Helle; *dju-t* blicken, leuchten, glänzen; caus. erleuchten (PW. III. 618. 788).

djau, djav.

djev: Ζεύ-c, böot. Δεύ-ς (δj = δ statt ζ), Voc. Ζεῦ (s. ΔιϜ) Sohn des Kronos und der Rhea, der Vater der Götter und Menschen[13]). — *djäϜ-ω:* Δη-ώ (οῦς) Name der Demeter[14]) (h. Cer. 47. 211. 492).

djav-ja. — (jāv-ja, jāv-ā) ἥβ-η (Ϝ = β durch Einfluss des *j*) f. Jugendalter, Jugend, jugendliche Manneskraft[15]); ῞Ηβη Tochter des Zeus und der Here, des Herakles Gattin, Dienerin der Götter, späterhin Göttin der Jugend; ἡβά-ω in der Blüthe des Alters

23*

stehen, mannbar sein, vollkräftig sein (Hom. Opt. ἡβώοιμι, ἡβῷμι, Part. ἡβῶν, ἡβώοντ-α, -ες, ἡβώωσα, Aor. Conj. ἡβήσῃ, Part. ἡβήσ-ας, -αντε); ἡβά-σκ-ω mannbar werden (ἡβάσκειν ἐπὶ τῶν παίδων τῶν ἀρχομένων ἡβᾶν ὡς ἐπὶ τὸ πλεῖστον Ἀττικοί Moeris p. 198 B.)[16]; ἡβη-τή-ς m. der mannbare Jüngling, Adj. jugendlich (h. Merc. 56), ἡβη-τήρ (τῆρ-ος), ἡβή-τωρ (τορ-ος) m. id.; ἡβητήρ-ιο-ν (ἐν- Her. 2. 133) n. Versammlungsort junger Leute, Lustort; ἡβη-τ-ικό-ς, ἡβη-δόν jugendlich; ἄκρ-ηβο-ς in erster, frischester Jugend stehend (Theokr. 8. 93), ἔφ-ηβος (ἔφᾱβος Theokr. 23. 1) der das Alter der Mannbarkeit erreicht hat (in Athen: der Jüngling mit dem 18., das Mädchen mit dem 14. Jahre so genannt), πρός-ηβος dem reifen Jugendalter nahe. — (jav-jāv-o, -io, jaj-jāv-o, -io, die Fülle der Jugendkraft versinnlichende Reduplicationsform:) *αἰ-ζηF-ο, -ιο: αἰ-ζη-ό-ς, αἰ-ζή-ιο-ς kräftig, rüstig (Adj. und Subst.); Mensch (Ap. Rh. 3. 268)[17]. — (djava-ista; vgl. Skr. javishṭha der jüngste, Agni Javishṭha PW. VI. 89; ἡFα-ιστο) Ἥφα-ιστο-ς (F = φ vgl. sva σφε u. s. w.) = (der jüngste d. i. voll von Jugend, voll von Lebenskraft) m. Hephaistos, Sohn des Zeus und der Here, Gott des Feuers und der Metallarbeiten (κλυτοτέχνης, κλυτόεργος u. s. w.)[18]).

djav-la. — διᾱF-λο: δῆ-λο-ς einleuchtend, klar, offenbar; διάλον· φανερόν. διάλας· τὰς δήλας καὶ φανεράς (Hes.); Δῆλο-ς f. Insel des ägäischen Meeres, Geburtsort des Apollon und der Artemis (früher Ὀρτυγία)[19]); δηλό-ω klar, offenbar, kund machen; intr. δηλοῖ es ist klar, es erhellt (Fut. P. δηλώσομαι, Thuk. 1. 144. 2 δηλωθήσεται); δήλω-σι-ς (σε-ως) f. das Erklären, Offenbaren; δήλω-μα(τ) n. Erklärung, Offenbarung; δηλω-τ-ικό-ς zum Erkl. geh., geschickt; ἄ-δηλο-ς unsichtbar, unmerklich, unbekannt[20]); ἀρί-δηλο-ς, dial. Nbf. ἀρί-ζηλο-ς, αἴ-ζηλο-ς (= ἀτι-, ἀσι-, αἰ- verstärkendes Präfix) sehr deutlich, sehr merklich[21]); Ἀρί-δηλος, -ζηλος Mannsname; Ἀριδήλαν· τὴν Ἀριάδνην Κρῆτες (Hes.); (ἐν-δηλο, ἐν-ζηλο, ἐν-ζελο, vgl. δοτήρ, δωτήρ, dann ἐν-ζελο; s. pg. 354 ἐν-δία; ἐ-ζελο) ἰ-Ζέλα· ἀγαθή τύχη. Μακεδόνες (Hes.); eig. hervorleuchtend[22]). — διᾱF-ε-λο: δά-ε-λο-ν· διάδηλον; δέ-ε-λο-ς = δῆλος (Il. 10. 466), δέ-ε-λο-ν· δῆλον, φανερόν Hes.; εὐ-δή-ε-λο-ς (so statt εὐ-δείελος zu schreiben) sehr deutlich, kenntlich, weithin sichtbar[23]) (Hom. von Ithaka und Inseln überhaupt).

di-p glänzen, scheinen[24]). — Skr. dīp flammen, strahlen, glänzen (PW. III. 646).

διφ. — διφ-ά-ω (δῑφ-έ-ω Crinag. 24) sehen nach = suchen, aufsuchen, aufspüren (τηΰτα διφῶν Il. 16. 747)[25]); δῑφή-τωρ (τορ-ος) m. der Aufsucher (βυθῶν Opp. h. 2. 435).

div.

div, diva. — -dívo-m, -duo-m: bi-duu-m, tri-duu-m, quadri-duu-m n. Zeitraum von 2, 3, 4 Tagen; pran-diu-m n. Frühstück, Vormittagsessen[26]), Demin. prandiŏ-lu-m n., prandi-cula f. (Fest.

p. 250); (verkürzter Stamm: *pran-d:*) *pran-dē-re* (*prand-i*) früh-
stücken, (*prand-to*) *pran-su-s* der gefrühstückt hat, Frequ. (*prand-ti-*)
pransĭ-tā-re; pransor (*ŏr-is*) m. Frühstücker, Gast, *pransŏr-iu-s* zum
Frühstück geh.; (*sū-divo, -dio, -djo, -do*) **sn-du-s** (= εὔ-διο-ς; *sū*
gut ved., *hu* altbaktr.) heiter, hell, unbewölkt, n. als Subst.: das
heitere Wetter[27]); **rĕ-dĭv-ĭvu-s** wieder glänzend geworden, wieder
frisch oder neu geworden, erneuert (im Gegensatz zu *novus, in-
teger* techn. Ausdruck der Baukunst), vgl. *redivivum est ex vetusto
renovatum* Fest. p. 273 [erst im 4. Jahrh. nach Christus vom
„wiedererstandenen" Christus, Prudent. cathem. 3. 4. 204: *dux
parili redivivus homo ignea Christus ad astra vocat*][28]).

divā. — (*divā-s, diā-s*) **dĭē-s** (*diē-i*) m. (im Sing. oft f.)
Tag, bestimmter Tag, Zeit im Allgemeinen (Gen. *die* Sall. Jug.
21, 2. 52, 3. 97, 3; *dii* Verg. A. 1. 636; *die* oder *dici?* Caes. (i.
7, 11. b. c. 1, 14. 3, 76; Dat. *die* Plaut. Amph. 1, 1, 20. 1, 3,
48), Dem. *die-cŭla* f.; *di-āriu-m* n. Tages-kost, -sold, Tagebuch;
(**medio-die, medie-die*) *medĭ-die-s* (Varro 1. 1. 6. 4. Prisc. 4. 34.
Cic. or. 47. 157. Quint. 1. 6. 30: *meridiem an medidiem dici opor-
teat quaeritur*)[29]), *meri-die-s* (Dissimil.) m. Mittag, Mittagsseite,
Süden, *meridĭ-ānu-s, -āli-s, meridi-ōn-āli-s, -āriu-s* mittägig; *meri-
diā-re, -ri* Mittagsschlaf halten, *meridiā-ti-ō(n)* f. Mittagsschlaf (Cic.
div. 2. 68. 142); *ante-meridi-ānu-s (-āli-s)* vormittägig, *post-, (pos-)
po-meridi-anus* nachmittägig. — Acc. *die-m* = *dem: pri-de-m*
(= *prius-, pris-diem*) vordem, vorlängst, ehedem, *prŏpĕ-diem* nächstens, nächster Tage, ehestens; Loc. *diei* = *die*[30]): *hŏ-die* (= *hoi-
die*) heute; *per-en-die* (*en* = loc. *in*[31])) übermorgen; *postrī-die* übermorgen (= *posteroi die*), den Tag darauf, nachher, am folgenden
Tage; (*prai-, prī-*, vgl. *pri enim antiqui pro prae dixerunt* Fest. p. 226)
pri-die Tags zuvor, gestern[32]), *pridi-ānu-s* vortägig, gestrig, *quŏtī-
die* am wie vielten Tage (immer es sei) = täglich[33]), *quŏtidi-
ānu-s* täglich, alltäglich, gemein (*quŏti-* Catull. 66. 139); *di-āli:
aequi-diāle* (*apud antiquos dictum est, quod nunc dicimus aequi-
noctiale, quia nox diei potius, quam dies nocti annumerari debet.
Graeci quoque in hoc consentiunt, ἰσημερίαν, id est, aequidiale, di-
centes* Paul. D. p. 24. 5. M.); *noven-diāli-s* neuntägig, am 9. Tage
geschehend.

div-na. — *-dino:* (*noven-, noven-, noun-*) *nūn-dĭ-nu-s* zu 9
Tagen geh., Subst. *nundinae* f. der 9. Tag, d. h. der Markt-, Wochen-
markttag, übertr. Handel, Verkauf; *nundinu-m* n. Marktzeit (*inter-
nundinum, trinum nundinum* die Zeit zwischen 2, die Zeit von 3
Nundinen), *nundin-āriu-s* zum Markt geh.; *nundinā-ri* zu Markte
sein, Handel treiben, handeln, verhandeln, verkaufen; übertr. zahlreich zusammenkommen; *nundinā-tor* (*tŏr-is*) m. Händler, Mäkler;
nundinā-ti-ō(n) f. Markthalten, Handel, Marktpreis; *per-en-dĭnu-s,
com-perendinus* (s. *perendie*) übermorgend, zu übermorgen geh.,

perendinā-ti-ö(n) f. Verschiebung auf übermorgen (Marc. Cap. 9. 304), *comperendinare* auf den nächsten 3. Tag vorladen; von der Partei: die Aufschiebung auf den nächsten 3. Tag verlangen.

div-as. — *di-es: Dies-piter* (s. *pater*) Name Jupiters (= Tagesherr), Acc. *Diespitrem* (Macr. Sat. 1. 15), Gen. *Diespitris* (Prisc. 6. p. 695. P.)[34]); (*div-es-no*) *hŏ-dĭ-er-nu-s* heute betreffend, heutig, gegenwärtig.

    daiva. — **dĭvu-s, dĭu-s** zur Gottheit gehörig, göttlich, Subst. *dĭvu-s, dĭva* Gott, Gottheit, übertr. vergöttert; *dĭvu-m* n. der Himmel (*sub dĭvo, sub dio* unter freiem Himmel, im Freien); (**gravi-dĭvu-s,* *grav-dĭvu-s) **Grā-dĭvu-s** Beiname des Mars (zu dessen Dienste die *Salii* bestellt waren, Liv. 1. 20) = der gewaltige, furchtbare Gott (*Grădivus* nur Ov. M. VI. 427: *et genus a magno ducentem forte Gradivo*)[35]). — (*divi-t*) **dĭve-s** (*dĭvĭ-t-is*), Nbf. **dis, dĭte** glänzend = reich, mächtig, kostbar, fruchtbar[36]), *divit-iae* (*divit-ia-m* Acc. ap. Non. 475. 24) f. Reichthum, (*divi-tu-s) *divitā-re* (*divitant* Acc. ap. Gell. 14. 1. 34. Turp. ap. Non. p. 95. 9), *dĭtā-re* bereichern, reich machen; *dĭte-sc-ere* reich werden; **Dis** (Gen. *Dĭt-is;* auch Nom. *Dit-i-s* Serv. ad Verg. A. 6. 273) Gottheit, bes. Jupiter, dann: Gott der Unterwelt[37]). — (**Deiv-ana, Dei-ana*) **Dĭ-āna** (Enn. ap. App. de deo Socr. 2. p. 42. Verg. A. 1. 499: *exercet Diana choros*), *Dĭ-āna, J-āna* (Nig. ap. Macr. Sat. 1. 9. Varro r. r. 1. 73. 3), *Deāna* (Or. 1453. 1462. 1546), urspr. rein italische Göttin der Jungfräulichkeit, später (mit der Ἄρτεμις identificiert) Jagd-, Mond-, und Zauber-göttin, *Dian-iu-m* n. Dianentempel, *Dian-āriu-s* zur D. geh. (von der Pflanze *artemisia*). — **dĭv-ĭnu-s** = *dĭvus;* übertr. gottbegeistert, weissagerisch, ahnend; überhaupt: übermenschlich, ausgezeichnet, vortrefflich, *divĭnĭ-tus* durch die Gottheit, durch göttliche Eingebung, auf göttl. Weise; *divini-tā-s* (*tāti-s*) f. Göttlichkeit, Weissagung, Vortrefflichkeit; *divinā-re* prophezeien, ahnen, *divinā-tor* m., *-tri-x* f. Weissager, -in, *divinā-ti-ö(n)* f. Vermögen der Weissagung, Ahnung (jurist.: Voruntersuchung, wer von mehreren Klägern der geeignetste zur Uebernahme der Klage ist). — (*Div-öna, Di-öna, Dj-önu, Dj-ūna*) **Jŭn-ö(n)** Schwester und Gemalin Jupiters, *Junön-iu-s, -āli-s* der Juno angehörig, junonisch[38]). — (*div-āli*) *Dĭ-āli-s* zum *Dĭvus,* Jupiter geh. (*flamen* oder *sacerdos Dialis,* eingesetzt von Numa), davon wieder *Dialis* den *flamen Dialis* betreffend, ihm gehörig, *sub-divāli-s, -diāli-s* = *sub divo;* Subst. *sub-dival, sub-diāle* n. ein Altan. — (*daivir, deivir, dēvir*) **lĕ-vir** (Gen. *lēviri*) m. = δαήρ[12]) (*d* = *l* vgl. *dacruma lacrima,* Ὀδυσσεύς *Ulixes*), vgl. *levir est uxori meae frater meus* (Paul. D. p. 115): *viri frater levir est* (Dig. 38. 10. 4). — (*dĭvu-s, dĭu-s*) **dĭu-s, dĕu-s** m. Gott, **dĕa** f. Göttin[39]) (Voc. *dee* Prud. Ham. 939, Pl. N. V. *dei, di, dii,* A. *deos,* G. *deorum, deūm,* D. Abl. *deis, dis, diis* [Inscr. *dibus, diibus*]); *dei-tā-s* (*tāti-s*) f. Gottheit (Aug. c. d. 7. 1); *Dius Fïdius* Gott der Treue; *e-dius Fi-dius* (Charis. II. p. 198) o Gott, Treugott, *me-dius Fïdius* (erg. *iuret* oder ähnl.; vgl. „so wahr mir Gott helfe")[40]); (*e-dee-Pollux, e-de-Pol_x, e-de-Pol-s*) *ě-dě-pol* bei Gott, meiner Treu u. s. w.[41]).

dju, djau, djav.

dju. — *nū-diu-s* (= *nunc-*) nun der Tag, meist *nudiu-s tertius* vorgestern, *quartus* vorvorgestern (*quintus, sextus* Plaut.). — (*diu-m* Acc. =) **du-m** den Tag lang, die Weile während, während, so lange als, indem, indess, so lange bis, bis, bis dass, in so weit, in so fern, wofern nur; *dū-dum* (= *diu-dum*) = eine lange Weile d. i. vor geraumer Zeit, längst, vorher; *haud-dum* (Liv. 2. 52 u. s. w.); *inter-dum* zuweilen, bisweilen, unterdess, *inter-du-ā-ti-m* Plaut. Truc. 4. 4. 29 (*interduatim et interatim dicebant antiqui, quod nunc interdum et interim* Paul. D. p. 111. 1); *ně-dum* gar nicht nun, vollends nicht, viel weniger, geschweige denn; *neque-dum, nec-dum* und noch nicht; *non-dum* noch nicht; *primum-dum* = *primum* (Plaut.); (*sed-dum*) *sē-dum* aber indessen[42]); *vix-dum* kaum erst, kaum noch; an Imperat. gehängt: *ades-dum, age-dum, circumspice-dum, fac-dum, jube-dum, mane-dum* u. s. w. — (*dio* Abl. =) **-do:** *quan-do* (alte Form: *quando-d* Fest. p. 258) = an einem Tage, zu irgend welcher Zeit, einmal, einst, als, da, indem, wann; causal: da, weil, *ali-quando* an irgend einem Tage = irgendwann u. s. w.; *dō-nĭ-cum* (Plaut. Cato), *dō-ně-c* = an dem Tage nicht wann, zu der Zeit nicht wann; den Zeitpunkt des Aufhörens bezeichnend: bis; auf die Dauer des Bestehens über-tragen: so lange als, während. — **dju-as:** *diūs* Subst. n. (selbst. bei Plautus); *inter-diūs* Tages über, bei Tage (Plaut. Cato), *per-diūs* den ganzen Tag hindurch (Gell. Amm. App.); (*dius-nu-s*) *diur-nu-s* bei Tage, lang dauernd, zum Tage geh., auf den Tag sich beziehend, Subst. n. Tageblatt, Tageslohn, *diurnā-re* lange dauern, lange leben (Quadrig. ap. Gell. 17. 2. 6), *diurn-āriu-s* m. Journa-list (Cod. Theod. 8. 4. 8); *diurn-āli-s* ἡμερούσιος (Gloss.); *diū[s]*: *inter-diū* = dem älteren *interdiūs* (s. oben); *diū* lange (Acc. n.), *tam-diu* so lange, *quam-diu* wie lange; (*diu-to*) *diut-ius, diut-issime* (Comp. Superl.); *diū-ti-nu-s* (vgl. *primo-, sero-tinus*); (*diu-tero*) *diū-tur-nu-s* lange, lange dauernd, *diu-turni-ta-s* (*tātis*) f. lange Dauer; spät: *diu-tule* (Gell. 5. 10. 7 u. s. w.). — (*dju-var*) **jū-bar** (*bār-is*) n. Glanz der Himmelskörper, Sonnenlicht[43]). — (*dju, djo*) **jŏ-cu-s** m. Scherz, Spass, Liebeständeleien (vgl. pg. 353 Skr. *div* spielen, scherzen, tändeln)[44]), *joc-ōsu-s* scherzhaft, schalkhaft, launig, spass-haft, lustig, *jocā-re, -ri* scherzen, *jocā-ti-ō(n)* f. das Scherzen, *jocā-bundu-s* sich dem Scherze hingebend; Demin. *jŏcŭ-lu-s, jocul-āris, -ārius* = *jocosus*, (*joculā-ri*) Part. *jocula-n-s* (Liv. 7. 10), *joculā-tor* (*tōr-is*) m. Spassmacher, Witzbold, *joculatōr-iu-s* spasshaft, *joculā-ti-ō(n)* f. Spass (Firm. math. 5. 5).

djau, djav.

djov: *Diov-i-s* (Nom. Varr. l. l. 5. 66; *Diŏv-ei,* *-e* [Dat.],
-em, *-e* C. I. L. p. 578), **Jŏv-i-s** (Nom. Enn. ap. App. de deo
Socr. p. 42), *Jŏv-is,* *-em,* *-e* (*sub Jove* = *sub divo, dio* Ov. f. 3.
527. Hor. c. 1. 1. 25; vgl. *aspice hoc sublime candens, quem in-*
vocant omnes Jovem Enn. ap. Cic. n. d. 2. 25); *Ve-diŏv-i-s, Ve-*
iŏv-i-s, (* *Ve-diov-s*) *Ve-diu-s* (Marc. Cap. 2. 40)[45]); *Jŏv-iu-s,* *-ia*
der, die Himmlische; (*Diov-, Jov-*) **Ju-pĭter,** *Juppiter* = Ζεύς[46]).
— *djuv:* (**jŭv-u-s*) **juvā-re** (*jūvi, jūtum, jurā-turus* Sal. Jug. 51)
erheitern, erfreuen, ergötzen; helfen, fördern, nützen, unterstützen[47])
(*juvat me* u. s. w. es erheitert, erfreut, ergötzt mich, es beliebt,
gefällt mir); *juvant-ia* f., *juvā-men, -mentu-m* n. (spät) Hilfe; *ad-*
juvare (*jūvi, jūtum,* seltner *juvā-vi, -tum*); Frequ. *ad-jū-tā-re, -ri,*
ad-jū-tor (tōr-is) m. Helfer, Gehilfe, Beigegebener (*attaché*), Beistand (Adjutant), fem. *ad-ju-tr-ix* (*īc-is*); *ad-jutōr-iu-m* n. Hilf-
leistung, Unterstützung; *ad-jū-mentu-m* n. Hilfsmittel, Hilfe; (*juv-*
cundo) **ju-cundu-s** förderlich, erfreulich, angenehm; *jucundi-tā-s*
(*tātis*) f. Anmuth, Heiterkeit, Ergötzlichkeit, Freudigkeit, Frohsinn,
Vergnügen, *jucundā-re* erheitern, ergötzen, erfreuen (August.,
Lactant.). — (*juv-an*) **jūv-ĕn-i-s** (Comp. *jūn-ior,* selten *juven-ior*)
jung, jugendlich, Subst. Jüngling, junger Mann, Jungfrau, junge
Frau; *juven-cu-s* (alt *juncus* Ritschl Proleg. CLI) m. junger Stier,
bildl. junger Mensch, Jüngling, *juven-ca* f. junge Kuh, Färse; *juven-ix*
(Plaut. mil. 304 R.), *jūn-ix* (*-īc-is*) f. = *juvenca; juvencŭ-la* junges
Mädchen (Tert.); *juven-ta, -tā-s, -tū-s* f. Jugend, das jugend-
liche Alter; *Juvent-iu-s* Name eines röm. Geschlechts; *juven-āli-s*
jugendlich, n. Pl. *juvenālia* ein Jugendfest, *Juvenālis* (D. Junius)
Satiriker gegen das Ende des 1. christl. Jahrhunderts; *juvenī-li-s*
jugendlich, heiter, lebendig, kräftig, *juvenili-tā-s* (*tati-s*) f. Jugend
(Varr. ap. Non. 123. 8); *juven-āri* jugendlich handeln, über das
Maass hinausgehen (Hor. a. p. 264); *juvene-sc-ere* in die Jugend
treten; wieder jung werden, sich verjüngen. — (*juv-no, jū-no*)
Ju-n-iu-s altröm. Familie; Adj.: dazu gehörig, junisch (*mensis*);
(*juv-lo, jū-lo*) **Ju-l-iu-s,** *-eu-s, Juli-ānu-s* dem julischen Geschlechte,
bes. dem Cäsar und Augustus, angehörig; *Juliānus* als Eigenn.
(röm. Kaiser, ermordet 193 n. Chr.; *Julianus Apostata*).

B. Gl. 186 f. 194 b. 313 b. — Brugman St. IV. 146 f. — Corssen I
365 f. 381 f.; B. 86. 243. 466. 500 f. — C. E. 235. 476. 558. 601 ff. 605.
— F. W. 93 f. 96. 457. — Grassmann KZ. XI. 2 ff. — Legerlotz KZ. VII.
298 ff. — M. M. Vorl. II. 458 ff. — Schmidt KZ. XIX. 384 f. — 1) Legerlotz
l. c.: „die zweite Hälfte noch dunkel". — Bergk Philol. XIV. 182: θεός
νύχιος. — Preller pg. 523: der Gott von Νῦσα. — Savelsberg KZ. XVI. 60:
νυσο-ς = συνσο-ς, Skr. *snusā,* ahd. *snur,* lat. *nurus,* gr. νυός; also = Διό-
συνσο-ς Zeus-sohn. — 2) C. E. 235. 558; C. V. I. 172. 2). — F. W. 94. —
3) C. E. 601. — Ameis, Bekker, Dindorf, Faesi: Ζῆν; wozu Ameis ad II. 8.
206: Ζῆν Acc. von einem Nomen Ζής wie ebenfalls am Ende des Verses Ξ.

265. Ω. 331. Dagegen S. W. 275: „gegen die Schreibart Ζῆν, die keine Gewähr in den Quellen hat, s. La Roche Unters. 165 zu Il. 8. 206". — 4) Vgl. noch: (Πέρσαι) τὸν κύκλον πάντα τοῦ οὐρανοῦ Δία καλέοντες Her. 1. 131; wozu Stein: „die Perser verehrten den höchsten Gott (Δία) unter dem Namen Ahura-mazda = der sehr weise Herr, aber sie identificiren ihn nicht mit dem Himmel, der vielmehr sein Werk ist".— 5) Fick KZ. XXII. 208. — 6) C. E. 575. — 7) Düntzer KZ. XXI. 22*): „Θεΐου. Hom. hat nie den Gen. δΐου, sondern dafür immer Θεΐου. Schien ihm δΐου des Digamma's wegen nicht wohllautend?(" — 8) Roediger KZ. XVI. 320. — 9) Unger Philol. XXIV. 396 ff.: als Göttin der feuchten Natur hauptsächlich in Thesprotien verehrt, daher von δΐω = δεύω. — 10) C. E. 476. — Unger Phil. l. c. (Anm. 9): δαίω = δεύω, διαίνω. — Ueber die Lage der Stadt am südl. Ende des Sees von Jannina und über die ungewisse Lage des Heiligthums (wohl am Thalkessel des Gebirges Tomaros) s. Bursian Geogr. von Griech. I. 21 ff.. — 11) Bopp Gr. III. 167. — Christ p. 267. — Legerlotz KZ. VII. 307. — Schaper KZ. XXII. 519 (Gottheit, soweit sie wirkt, Menschen wohlthut und schadet). — F. W. 90: das lehren, anordnen (δασ-ι-μων?). — 12) B. Gl. 193a. — Brugman St. IV. 179. 1). — C. E. 230. — PW. III. 754 f.: dēvár, dēvara m. des Mannes Bruder, insbes. ein jüngerer. — F. W. 96. 455: dū Antheil nehmen. — 13) M. M. Vorl. I. 10: „Zeus bezeichnete urspr. den hellglänzenden Himmel, im Skr. Dyaus, und viele der von ihm als dem obersten Gott erzählten Sagen hatten nur ihre Bedeutung insofern, als sie ursprünglich auf den hellen Himmel bezogen werden, dessen Strahlen wie ein goldener Regen auf den Schooss der Erde, der Danae fallen, die ihn Vater in dem dunkeln Kerker des Winters gefangen hält. — 14) Grassmann KZ. XVI. 161. — 15) C. E. 575 (vgl. Zend java̅n). — Christ 152. — F. W. 425 f.: abh schwellen, strotzen = Jugendkraft. — 16) C. V. I. 277. 9). — 17) Brugman St. VII. 214. — Christ Lautl. 151, ebenso Benfey (II. 210): ζηο = Skr. java; dagegen C. E. 615: „Vermuthung" (αἰ-ζηός in seinem ersten Bestandtheile zu dunkel). — Savelsberg Quaest. lex. p. 5: ἀϱι-, ἀι-, αι- + St. von ζῆν, daher = valde vegetus, vivax. — Ebenso Ameis-Hentze ad Od. 12. 83. — 18) M. Müller KZ. XVIII. 212 ff. — Ueber φ = F vgl. C. E. 587 f. — Preller gr. Myth. I. 137. Anm. 1: ἄπτεσθαι. — 19) Ebenso S. W. s. v.: „weil nach der Sage Zeus sie plötzlich emporsteigen liess, als Leto von Here verfolgt wurde" (Preller gr. Myth. I. 185 f.). — 20) Vgl. Clemm St. VIII. 72. — 21) Ameis-Hentze ad Il. 2. 318. — Dagegen C. E. 644: αἰδηλος ist activ = ἀφανίζων, ἀΐζηλος passiv = ἀφανής (dies offenbar eine seltne, dem hieratischen Gebrauche verbliebene Form); dagegen wieder S. W. s. v., der αἰ = ἀεί stellt (vgl. αΐδιος = ἀείδιος, αἰ oder ἄι, äol. = ἀεί). — 22) Fick KZ. XXII. 207 f. — 23) Brugman St. l. c.: pro homerico εὐδείελος nullus dubito quin restituendum sit εὐδήελος i. e. *εὐδϳαϜ-ε-λο-ς vel *εὐ-δϳεϜ-ε-λο-ς. — 24) F. W. 94 f. — PW. l. c.: wohl verwandt mit dī (scheinen, glänzen, leuchten) und div Himmel. — 25) Faesi: nach Austern untertauchend. -- 26) C. E. 285: eigentlich das frühtägliche (dies). C. St. II. 177: in seinem ersten Bestandtheile zwar noch nicht aufgeklärt, aber doch sicherlich mit prae πϱοί zusammenhängend. — 27) Bugge KZ. XX. 33 ff. -- Corssen B. 100 f.: Skr. çudh purificare, lustrare; ç = s, vgl. çvaçuras socer. — 28) Corssen B. 94 ff. — Zeyss KZ. XVI. 371. — 29) Corssen I. 239. — 30) Anders Grassmann l. c.: div-as: ho-die(s); ebenso pri-die, postri-die u. s. w. — 31) Grassmann l. c. — Corssen I. 776: = *pero-m die-m „den anderen Tag", daher „den Tag darüber hinaus, übermorgen", Skr. para-s anderer, para-m darüber hinaus. — 32).Corssen I. 308. 780. II. 855. — 33) Schweizer KZ. XVIII. 300. — 34) Corssen KZ. II. 4. — Pott W. II. 210. — 35) Haupt

ad Ov. M. 6. 427 (von *grādior* = *gradivus* der Schreitende schon deshalb unwahrscheinlich, weil bei Virgilius die erste Silbe lang ist; A. 3. 335: *Grādivumque patrem*). — Ebenso Weissenborn ad Liv. 1. 20. 4: *Marti Gradivo*, wahrscheinlich = *Marti grari deo*, der mächtige grosse Gott. — Klotz W. s. v.: entweder von *gradior* der Ausziehende, zu Felde Ziehende, oder statt *granduevus* als *auctor gentis*, oder statt *gravis deus*. — 36) Walter KZ. X. 197. — 37) Vgl. Haupt ad Ov. M. 4. 438. — 38) Grassmann KZ. XVI. 161. — Corssen N. 142: *Djov* der männl. Gottesname: *Divu-na Frau des *Divu-s oder *Djov-i-s, Frau des Himmelsgottes; oder *djov* der Himmel: *Diou-na die himmlische; dann: *Diou-na, Ju-na, Ju-n-on* (nicht die ampliative Bedeutung wie in *Nas-on, Labe-on* u. a.). — 39) Corssen I. 381. II. 339. 670. 678. 680. — 40) Corssen II. 857. — 41) Corssen I. 533. — Hand Turs. 2. p. 355. — 42) Schweizer KZ. X. 144. — 43) Savelsberg KZ. XXI. 137. — Ahrens KZ. III. 162: *jubar* = *juras* Lichtglanz, Glanz. — Ebenso Wilbrandt KZ. XVIII. 108 f. — Corssen B. 158 f.: *jub-a* Mähne, *jub-ar* der mähnen- oder strahlenartige Glanz eines Gestirnes, allgemeiner: Glanz, Funkeln, Leuchten; urspr. *jubar* ein Ding, an dem sich eine Mähne befindet. — 44) B. Gl. 186 b. — Corssen I. 365 f.; B. 243. — F. W. 387: *juka* Scherz; Spr. 357: Herkunft dunkel; vielleicht zu *jacio*, wie ἴαμβος zu ἰάπτω. — 45) Clenum St. VIII. 62: *Vedijovis* (*Veiioris, Vedius*) *deus est ab ipso Jove separandus, qui non in Capitolio cum ceteris diis sed separatim colitur inter duos lucos* (*ve*- vgl. „*dva*“). — 46) Corssen I. 211*): die Schreibart *Juppiter* findet sich zwar in gut verbürgten Inschriften der älteren Kaiserzeit neben *Jupiter*, auch in Handschriften ist *Jupp.* wohl häufiger als *Jup.* Aber sicher ist in *Jupp.* das doppelte *pp* lediglich aus Consonantenverschärfung entstanden wie *tt* in *littera* u. a. Es ist daher unrichtig, *Jup-piter* zu theilen (Curt.) statt *Ju-ppiter*. — Vgl. noch die Ableitung Cicero's de n. d. II. 25. 64: *Jupiter, id est juvans pater, quem conversis casibus appellamus a iuvando Jovem* (gegen diese Ableit. vgl. Schoemann ad 2. 2. 4). — 47) B. Gl. 310 a. — F. W. 159. 161. 387.

2) **DI** sich schwingen, eilen. — Skr. **dī** fliegen, **dī** schweben, fliegen; intens. enteilen, davonfliegen; **dīv** schleudern, werfen (PW. III. 185. 616. 640).

dī[1]). — **dī-νη** f. Wirbel, Strudel, Umschwung; **dī-νο-c** m. = δίνη; Drechslerwerkzeug; runde Dreschtenne; Δίνη, Δείνη eine Quelle süssen Wassers an der argiv. Küste mitten im Meere (so genannt wegen des aufsteigenden Wirbels, den sie bildete)[2]): δινέ-ω, διν-εύ-ω (nur Präsensst.), äol. δίννω (δινό-ω Lex.), Iterativ. δινεύ-ε-σκ-ε (Il. 24. 12), träns. wirbeln, herum-schwingen, -treiben; intr. sich im Kreise herumdrehen, umher-schweifen, -streichen: sich umherdrehen, herumlaufen[3]); δίνη-σι-ς f. das Umdrehen, Wirbeln: δινη-τό-ς im Kreise gedreht, δίνη-μα(τ) n. kreisförmige Umdrehung (Man. 4. 553); δινω-τό-ς = δινητός gerundet, rundgedrechselt, kunstreich gearbeitet; δίν-ευ-μα(τ) n. id.: δινή-ει-ς wirbel-, strudelreich (διν-ώδης Dio C. 68. 13); ἀργυρο-δίνης silber-wirbelnd, -sprudelnd[4]), βαθυ-δίνης tief-wirbelnd, -strudelnd (ποταμός vom Xanthos, ὠκεανός Hom.), βαθυ-δινή-ει-ς voll tiefer Wirbel oder Strudel (Ξάνθος Il. 21. 15. 603).

δῖ, δjᾱ (vgl. *i*, *ja* pag. 79): διᾱ-κ⁵). — διάκ: διάκ-τωρ (τορ-ος) Lex.; διάκ-τορ-ο-c m. bei Hom. Beiwort des Hermes als Botschafters und Dieners der Götter, bes. des Zeus (meist mit Ἀργειφόντης, auch Ἑρμείας) (von der Eule als Botin der Athene, Callim. fr. 164; vom Adler Διὸς δ. Antip. Sid. 92)⁶), διακτορ-ία f. Botendienst (Jul. Aeg. 11). — διάκ: διάκ-ο-νο-c, ion. διήκ-ο-νο-ς m. f. Diener, -in⁷), διακον-ία f. Dienst, Geschäft, Bedienung, διακον-ικό-ς zur Bed. geh., geschickt, διακονέ-ω (ion. διηκ-) dienen, bedienen, aufwarten, verrichten, ausrichten (διακονίζω Lex.); διακόνη-σι-ς f., -μα(τ) n. = διακονία.

διωκ. — διώκ-ω (Hom. nur Präsensst.) jagen, in Bewegung setzen, treiben, dahintreiben; verfolgen, nachsetzen; in athen. Gerichtssprache: gerichtlich verfolgen, verklagen (Ggs. φεύγω) (Fut. διώξ-ω, -ομαι), Nbf. διωκάθω; διώκ-τη-ς m. Verfolger (Eccl.), διωκτικό-ς zum Verfolgen geeignet (καὶ ταχύς E. M.); (διωκ-τι-) δίωξι-ς f. das Verfolgen, Nachsetzen, Anklagen; διωκ-τηρ (τῆρ-ος) m. = διώκτης (Babr. fab. 6), fem. διώκ-τρ-ια; δίωγ-μα(τ) n. das Verfolgte, Wild; auch = δίωξις: διωγ-μό-ς m. = δίωξις (διωκ-τύ-ς Callim. Dian. 194); διωξι-κέλευθο-ς den Weg verfolgend, διώξ-ιππο-ς Rosse antreibend. — (διωκ) ιωκ: ιωκ-ή (metapl. Acc. ἰῶκ-α Il. 11. 601) f. das Verfolgen in der Schlacht, Schlacht-getümmel, -getöse; personificirt (wie Ἔρις) Ἰωκή Il. 5. 740 (δίωξις, διωγμός)⁸); ἰωξι-c (παλίωξις, προϊωξις); ἰωχ-μό-c m. = ἰωκή (Il. 8. 89. 158; Hes. Th. 683).

1) F. W. 94. — C. E. 234 verbindet diese Wurzel mit δι: δίεσθαι, δείδια, δίος u. s. w., stellt jedoch St. VIII. 465 f. für die letztgenannte Wortfamilie nun δϊι als erwiesene Wurzel auf, welche von δϊ demnach gänzlich geschieden ist. -- 2) Hehn p. 44. — 3) C. V. I. 254. 7). 308. — 4) Ameis-Hentze ad Il. 2. 753: weil der Peneios beim reissend schnellen Einströmen des Titaresios glänzend weisse Wellen schlägt und Strudel bildet. Durch diese reissende Strömung geschieht es zugleich, dass man das Wasser des T. noch eine Zeitlang von dem des P. unterscheiden kann. — 5) C. E. 647; C. V. I. 223. 2). — Coressen I. 453. — F. W. 367; Spr. 99. 331: *du* gehen; διϝ-ωκ eine jüngere Bildung. — B. Gl. 39b: διώκω *ex* δια + ωκω (*acú celer*) *explicaverim*. — 6) Meist von δι-άγω abgeleitet (ὃς διάγει τὰς ἀγγελίας τῶν θεῶν, vgl. Eust. ad Il. 2. 103). Ebenso Ameis-Hentze ad Od. 1. 84 (διάκτορος: διάκτωρ = χρυσάορος zu χρυσάωρ) der geleitende (διαμπερὲς ἡγεμονεύων p. 194), der zum erwünschten Ziele glücklich „hindurchführt“. — 7) F. W. 31. 441: *kann* sich mühen: δια-κον-ο-ς. — 8) Ebenso Christ p. 262; S. W.; Sch. W.; Pape W.

DIGH salben. — Skr. **dih** bestreichen, verstreichen, verkitten, salben (PW. III. 639). — Vgl. lit. *daž-ý-ti* eintunken.

lig (*d* = *l* vgl. *dacruma lacrima* u. a.). — (*por-li-n-g; por-s. pra*) **pol-li-n-g-ĕre** (-*linxi*, -*linctus*) einsalben (die Leiche vor

dem Verbrennen) (übertr. *pollinctum iam corpus* Val. M. 7. 7. 4
= dem Grabe nahe), *pol-linc-tor* (*-lictor*) m. Leichensalber.

B. Gl. 188b. — Corssen B. 88 f. — C. E. 30. — F. W. 487: *righ*
lecken, europ. *liyh*. — Lottner KZ. VII. 178. — Ascoli KZ. XVII. 280
gegen diese Deutung, ohne eine sichere aufzustellen.

---

1) **DU gehen, fortgehen, eingehen.** — Skr. **du** gehen,
sich bewegen (PW. III. 662).

δυ. — δύ-ο-μαι, Nbf. δύ-νω in att. Prosa selten, hinein-
gehen, eindringen (πόλιν, πύλας, στρατόν), eingehen in = anziehen,
anlegen (τεύχεα, ἔντεα), untergehen, von den Gestirnen (Fut. δύ-
σο-μαι; Aor. ἐ-δῡ-σά-μην, hom. nur (ἐ)δύσετο, Imperat. δύσεο, Part.
δυσόμενος Od. 1. 24; Aor. ἔ-δῡ-ν, Conj. δύ-ω, Opt. δύην st. δυίην
Od. 18, 348. 20, 286, Impt. δῦ-θι, Part. δύ-ς, Inf. δύ-μεναι, δύ-
ναι; δύ-ω, in Compos. z. B. κατα-δύω: trans. eingehen machen =
einhüllen, eintauchen, versenken (Fut. δύ-σω, Aor. ἔ-δῡ-σα, Pass.
ἐ-δύ-θη-ν)[1]; ἐν-δι-δύ-cκ-ω caus. anziehen lassen (Jos. LXX. N. T.).
— δύ-τη-c m. Taucher, δυ-τ-ικό-c zum Tauchen geschickt, gegen
Untergang gelegen, westlich; δύ-ci-c (σε-ως) f. Untergehen, Untertauchen, bes. Sonnen-, Sternen-untergang, Westen (πρὸς ἡλίου δύσιν),
Schlupfwinkel (Opp. Hal. 1. 330). — (δυ-θ:) δυ-θ-μή (Callim. fr.
539 Schn.), δυ-c-μαί f. Untergang (poet.). — ἄ-δῠ-το-c nicht zu betreten; Subst. τὸ ἄδυτον der innerste, nur den Priestern zugäng-
liche Tempelraum, das Allerheiligste (Il. 5, 448. 512); οἱ ἄδυτοι
Vorrathsraum (h. M. 247); ἀμφί-δύ-μο-c (λιμένες ἀ. Od. 4. 847)
wo man auf beiden Seiten einfahren kann[2]).

δευ, δεϜ[3]). — *δεϜ-ελο: abgehend, sich entfernend; von der
Mittagshöhe herabsteigend, sich neigend, untergehend: δείελο-c,
δειελ-ινό-ς, δειλ-ινό-ς nachmittäglich, abendlich (δείελον ἦμαρ der
niedergehende Tag, Od. 17. 606, δείελος ὀψὲ δύων der spät sinkende
Abend oder Abendstern, Il. 21. 232); δείλη f. Tagesneige, der
sinkende Tag, der späte Nachmittag und der eintretende Abend
(Il. 21. 111: ἔσσεται ἢ ἠὼς ἢ δείλη ἢ μέσον ἦμαρ); bei den Alten
gewöhnlich: δείλη πρωία (von 2—4 Uhr), ὀψία (von 4—6 Uhr),
meist aber bei Att. = ὀψία, daher: περὶ δείλην gegen Abend (vgl.
Buttm. Lex. II. 182 ff.); δείλε-το τ' ἠέλιος Od. 7. 289 (die Sonne
neigte sich zum Spätnachmittag); (*δειελ-ια) δειελιά-ω (nur σὺ
δ' ἔρχεο δειελιή-σας Od. 17. 599: nachdem du zu Abend gegessen,
gevespert); δειελίη (erg. βρῶσις) f. Nachmittagsbrod, Vesperbrod
(erst Callim. fr. 190 Eust.); προ-δείελο-c vor Abends geschehend
(Theokr. 25. 223).

δυ-κ. — (*δυκ-jo-μαι) δα-δύcc-ε-cθαι, δαι-δύcc-ε-cθαι· ἕλκεσθαι,
σπαράττεσθαι (Hes.)[4]). — (*ὀ-δυκ-jω, *ὀ-δυσσω) 'Ο-δυcc-εύ-c (vgl.
ἐπείγω, Ἐπειγ-εύ-ς), ep. auch 'Ο-δυc-εύ-c (vgl. ποσσί, ποσί) „Führer"

(*Ulysses, Ulixes*)[5]) Sohn des Laërtes und der Ktimene, König des Kephallenenreichs, Gemal der Penelope und Vater des Telemachos; dor. Ὀ-δύξ-ης (aus dem Aoristst. ὀδυξ) (vgl. etr. *Uthuxe;* vgl. ἀνάσσω, Ἀναξώ); Ὀ-λυσσ-εύ-ς (Eust. ad Il. 289. 34, C. I. Gr. 7697); äol. Υ̓-λυσσ-εύ-ς (vgl. Ὄλυμπος, Υ̓́λυμπος); att. vulgär und wohl auch böot. Ὀ-λυττ-εύ-ς (stets Ὀλυτεύς geschrieben); dor. Ὀ-λίξ-ης, kret. Oὐ-λίξ-ης (vgl. Ὄλυμπος, Oὔλυμπος). — ἐ**ν** δυκ-έως eindring-lich = sorglich, sorgsam, eifrig, treulich (Od. 14. 109 emsig: ἐνδυκέως κρέα τ' ἤσθιε πῖνέ τε οἶνον). — δεύκ-ω· φροντίζω (Hes.); ἀ-δευκ-ής der Sorge ermangelnd, rücksichtslos, lieblos; Πολυ-δεύκ-ης (ε-ος) = viel sorgend, voll Sorge[6]). — δύ-cγ-ω· ἀποδύω Hes. (γ aus κ, vgl. μίσγω).

δυ-π (erst bei alex. Dichtern) δύπ-τ-ω (der älteste Gewährs-mann wohl Antimachus, dann Ap. Rh., Lykophr.) untertauchen[7]); δύπ-τη-ς m. Taucher (Callim. Opp. Lykophr.).

du-k gehen machen, führen, leiten.

dux (*dŭc-is*) m. f. Führer, Leiter; -in (*ducā-tor* Tert. adv. Jud. 13), *dŭc-ā-tu-s* (*tūs*) m. Kriegsführung, Feldherrnwürde (Just. Suet. Flor.); *rĕ-dux* zurück-führend, -bringend, zurück-geführt, -gebracht, zurückkehrend; *trā-dux* hinübergeführt, als Subst. m. Weinranke, Weingesenk. — **douk**: *douc-ĕre* (altl., vgl. *ab-doucit* [I. L. I. 30]) **dūc-ĕre** (*duxi, duc-tu-s*) führen, leiten, ziehen, bringen, fortbewegen; im Bes.: an sich ziehen, annehmen; heimführen (*uxo-rem, in matrimonium*); das Heer führen = befehligen; schaffend hervorbringen, veranstalten; übertr.: antreiben, locken, ableiten, herleiten; hinziehen, in die Länge ziehen, hinbringen (*actatem*); das Resultat ziehen, berechnen, anschlagen, schätzen, für etwas halten (Imperat. *duce* Plaut., *duxti* Cat. Prop.); *duc-ti-m* zugweise; *duc-tu-s* (*tūs*) m. Zug, Leitung; *duc-tor* (*tōr-is*) m. = *dux; duc-ti-ō(n)* f. das Führen; *duc-tĭ-li-s* ziehbar, dehnbar; Frequ. *duc-tā-re*; *ductā-bili-ta-s* f. Verführbarkeit (Arc. ap. Non. p. 150. 13); Frequ. *duc-ti-tā-re.* — (**dukā* Zug:) **e-dūcā-re** erziehen, aufziehen; *educā-tor* (*tōr-iş*) m., *-trix* (*trīc-is*) f. Erzieher, -in; *educā-ti-ō(n)* f. Erziehung, *educā-tu-s* (*tūs*) m. id. (Tert.).

Brugman St. V. 221 ff. — Corssen I. 368; N. 243 f. — C. E. 62. 134. 621. — F. W. 95. 367. 1074; F. Spr. 99. 331. — Fritzsche St. VI. 307. 327. — Roscher St. IV. 196 ff. — 1) C. V. I. 186. 17). 254. 8). 261. 3). 275. 6). 281. 1). II. 366. — 2) Ebenso Pape W. s. v. — Ameis-Hentze, S. W., Sch. W.: δύο und δυμος, Suffix wie in δί-δυμος, τρί-δυμος, eig. zweifach, doppelt; Faesi ebenso ableitend: doppelt, doppelt geöffnet, mit doppelter Einfahrt. — 3) Brugman St. l. c. — Haimbach Abh. 1866: δαϜ, διϜ brennen, leuchten. — 4) C. V. I. 311. — F. W. 95: dus schlecht, böse, zornig sein. — 5) Roscher St. l. c. — C. E. 244: drish hassen: ὁ prothet., vi in v (vgl. γρη-ῦ-ς = γρη-Ϝι-ς, ὑδ-νη-ς) zusammengezogen. — S. W.: der Name wohl passiv zu deuten: der Gehasste, vom Zorn oder Groll (einiger Götter) Geplagte oder Ver-folgte. — 6) F. Spr. l. c.: „vielleicht" (ἐνδυκέως colenter, ἀδυκής un-

hold = nicht anziehend). — Dagegen W. 91: *dak* gewähren, annehmen.
— Unger Philol. XXV. 212 f. — Sch. W. ähnlich: *ἐνδυκέως* (*ἐνδύω* eindringlich, inständig?). — C. V. I. 221. 4): *δεύκω· φροντίζω* nur bei Hes., und sicher von Lobeck Rhem. 59 richtig mit dem homer. *ἐνδυκέως* zusammengestellt. Zusammenhang mit der von Roscher gefundenen Wurzel *δυκ* anzunehmen, wäre wohl zu kühn. [Vielleicht doch nicht, da diesem Zusammenhange lautlich und begrifflich Nichts im Wege steht.] — S. W.: *Πολυδεύκης* „der Ruhmreiche?" — 7) C. V. 1. 238. 4).

●

2) **DU** brennen, verzehren, quälen. — Skr. **du** (*dū*)
1) intr. brennen, vor innerer Hitze vergehen, sich verzehren, vor Kummer, Trauer vergehen, 2) trans. brennen, in Glut, Feuer, Trauer versetzen, hart mitnehmen (PW. III. 661).

δυ.

δύ-η f. Unglück, Elend, Drangsal; *δυά-ω* oder *δυό-ω* unglücklich machen (nur Od. 20. 195: *θεοὶ δυόωσι πολυπλάγκτους ἀνθρώπους*)[1]); *δύ-ϊο-ς* (Aesch. Suppl. 809), *δυ-ερό-ς* unglücklich, elend.

δαυ, δαϝ.

(*δαϝ-ιω*) δα-ίω act. nur Präsensstamm = trans. *καίω* anzünden, anbrennen; *δαίομαι* intr. brennen, flammen, leuchten (Perf. *δέ-δη-ε* ist entbrannt, lodert, wüthet, Plusqu. *ἐ-δε-δή-ειν* war entbrannt u. s. w; Aor. Conj. *δά-η-ται* Il. 20, 316. 21, 375)[2]); *κατ-ε-δάη· κατεκάη* (Hes.); *ἐ-δάβ-η-ν* (lak.) Hes. *δαύω τὸ καίω παρὰ Σιμωνίδη· μηρίων δεδαυμένων. παρὰ τὸ δαίω, τὸ καίω, τροπῇ τοῦ ι εἰς υ* (E. M. 250. 18); *δεδαυμένου· περιφλεγμένου* Hes.; (*δαυ-ματ) *δαυμάσαι· ἐκκαῦσαι* Hes. — δαϝ-ιο: δά-ϊο-ς, ion. δή-ϊο-ς verzehrend, vernichtend, feindlich, Subst. Feind; elend, unglücklich (Trag.); *δηϊό-ω*, *δηό-ω* vernichten, verwüsten, niederhauen, erschlagen (von *δηϊόω* hom. nur:. Opt. *δηϊόφεν*, Part. *δηϊό-ων, -ωντες*, Impf. *δηώ-ωντο*; *δηόω* regelmässig); *δηϊό-τη-ς* (*τητ-ος*) f. Feindseligkeit, Schlacht, Kampf. — δαυ-ακ: *δαύ-ακ-ες· θυμάλωπες* = *οἱ κεκαυμένοι ἄνθρακες ἢ ἡμίκαυτα ξύλα ἢ σπινθῆρες* (Phot.). — δαυ-κο: *δαῦ-κο-ς· ὁ θρασύς* (= *fervidus*, hitzig, heftig) *καί βοτάνη τις Κρητική* (ein leichtbrennendes lorbeerartiges Gewächs); *δαυ-χ-μό-ς* (*δαυχμόν· εὔκαυστον ξύλον* E. M. p. 250. 20). — δαυ-αδ: *δαυ-άς· μέλαινα* (Hes.) eig. verbrannt. — δαϝ-ιδ: δὰ-ῑ-ς, δαί-ς (*δα-ιδ-ος*), att. δᾴς (*δᾳδ-ός*) f. Brand, Kienspan, Kienfackel, Kienholz; poet. δα-ῑ-ς (*δη-ῑ-ς* Eust.) Kriegsbrand = Gemetzel, Schlacht (nur Dat., bei Hom. nur: *ἐν δαῒ λυγρῇ* oder *λευγαλέῃ*; Acc. *δαῖν* Callim. fr. 243), Dem. *δᾳδ-ίο-ν*; *δᾳδ-ί-ς* (*ίδ-ος*) f. das Fackelfest (Luc. Alex. 39), *δᾳδ-ινο-ς* von Fichten (Galen.); *δᾳδ-ό-ο-μαι* kienig werden, *δᾴδω-σι-ς* f. das Kienigwerden (Theophr.); *δᾳδ-ώδης* kienig (Theophr.). — δαϝ-νο: δᾱ-νό-ς ausgedörrt, dürr (Od. 15. 322: *ξύλα* Brennholz, *cremia*). — (*δαϝ-να*) δάφ-νη f. Lorbeerbaum (*λάφνη· δάφνη Περγαῖοι* Hes.; *δαύ χ-νη* thess. in: *ἀρχι-δαυχνα-φορείσας* Boeckh C.

l. 1766; δάφνο-ς Diosc.; δαυχ-νό-ς m. Nicand.)³), δαφνα-ῖο-ς zum L. geh., δάφν-ιο-ς, -ινο-ς von L.; δαφν-ί-τη-ς m., -ῖ-τι-ς (-ί-τιδ-ος) vom L.baum, mit Lorbeer bekränzt; δαφν-ί-ς (ίδ-ος) f. Lorbeer, Frucht der δ. (Hippocr.); δαφνή-ει-ς lorbeerreich; δαφν-ών (ῶν-ος) m. L.gebüsch (Gramm.); δαφνια-κύ-ς, δαφνω-τό-ς, δαφνο-ειδής. δαφν-ώδης lorbeerartig (γύαλα mit L. bewachsen, Enr. Ion 76). — δαϝ-λο: δᾱ-λό-c m. Feuerbrand, Fackel, Demin. δᾱλ-ίο-ν (Ar. Pax 959); δαλ-ε-ρό-ς brennend heiss; (δαϝ-ε-λο) δαβ-ε-λύ-ς· δαλός. Λάκωνες Hes.; (δαϝ-ε-λ-ιχ, δαι-έ-λ-ιξ) δαιέλιξι τοῖς πεπυρακτωμένοις ξύλοις κατὰ τὸ ἀρχαῖον μετὰ προςβολῆς πυρσῶν, παρὰ Ἀργείοις (Hes.). — δαϝ-ες: δά-oc n. = δαλός.

dav-ro: lau-ru-s (d = l, vgl. δάφνη λάφνη) = δάφνη; meton. Sieg, Triumph (auch St. lau-ru: Gen. laurūs, Abl. laurū, Pl. laurūs, Gen. lauru-um) (Cato: laurus Cypria, Delphica, silvatica; silv. wohl = viburnum tinus Linné der lorbeerartige Schneeball; vgl. tinus, hanc silvestrem laurum aliqui intelligunt Plin. 15. 128)⁴); laur-eu-s zum L.baum geh., Subst. laurea L.-baum, -kranz, -zweig, meton. Sieg, Triumph, Dem. laurcŏ-la; laurē-tum n. L.wald auf dem mons Aventinus (Varro l. l. 5. 32. 42), laur-īnu-s von Lorbeer, (*laurcā-re) laurcā-tu-s mit Lorbeer bekränzt, geschmückt; laurāg-o (in-is) f. lorbeerartige Pflanze (App. herb. 58); Laurca Freigelassener Cicero's, Lawre-nt-u-m n. Stadt in·Latium, jetzt Torre di Paterno, Lauren-s (älterer Nom. Laurenti-s), Laurent-inu-s.

Brugman St. IV. 147. — C. E. 230. — F. W. 94. — Hehn 191 ff. 514. — Legerlotz KZ. VII. 290 ff. — M. M. Vorl. II. 229 (vgl. got. tundnan zünden, ahd. zünden, engl. *tind, ags. tendan und tynan*, engl. tinder Zunder). — 1) Ameis-Hentze: entstellen, verunstalten, κακῶσαι π. 212. — 2) C. V. I. 298. 9). II. 15. 22). — B. Gl. 182a: dah urere, δαίω ciecto h. — 3) Hehn l. c.: der Lorbeer ein thessalisches Gewächs, durch aromatische „Räucherung" reinigender Baum; vgl. itaque eandem laurum omnibus suffitionibus adhiberi solitum erat (Paul. p. 117. M.); oder stammt das Wort aus einer asiatischen Sprache. — M. M. Vorl. II. 533*): dah brennen. Die Morgenröthe hiess δάφνη, das Brennen, ebenso der Lorbeer als leicht brennendes Holz; man nahm, wie in solchen Fällen gewöhnlich, an, dass die zwei einer seien. (Vgl. dazu C. E. 457). — 4) Hehn l. c.: oder von lu sühnen. Lorbeer reinigte von dem im Kriege vergossenen Blute; Laurentum die angeblich mit Lorbeer umkränzte Sühnstadt.

DUS, DVAS schlecht, böse, zornig sein. — Skr. dush verderben, schlecht werden, zu Grunde gehen, Schaden nehmen; caus. verderben, verschren, vernichten, schlecht machen u. s. w.; dvish abgeneigt sein, Widerwillen empfinden, anfeinden, hassen (PW. III. 699. 840).

δυc. — δύc- (δυ- vor στ, σϑ, σχ) Präfix: miss-, übel-, un-; bezeichnet das Missliche, Widrige, Schwierige einer Sache; δυς-αής widrig wehend, δύς-βατος schwer zugänglich, unwegsam, δυςγενής unedel, δυς-δαίμων unglücklich, δυς-ειδής missgestaltet u. s. w.; δύ-στηνος unglücklich, jammervoll, δυ-σθενέω kraftlos sein, δυσχιδής schwer zu spalten.

ὀ-δυς (o prothetisch): *ὀ-δυς-jo-μαι zürnen, grollen (mit Acc. erzürnen: Ζῆνα Epigr. 6. 8; ἐμὴν νηδύν Stat. Flacc. 10), ep. Deponens: Aor. ὠδύσ-α-ο, ὀδύσ-α-το, -ντο, ὀδυσ-σάμενος; ὠδύσ-α-το Ζῆνα Ep. l. c.; ὠδύσ-α-ντο (Soph. fr. 408: πολλοὶ γὰρ ὠδ. δυσσεβεῖς ἐμοί), Perf. nur ὀδ-ώδυσ-ται mit Präsensbed. Od. 5. 423. — ὠδύσθην Hes.; ὠδυσ-ίη· ὀργή Hes.; ὀδ-οδυσ-ταί· ὀργισταί Hes. (vielleicht zu lesen: ὀδώδυσται· ὤργισται).

B. Gl 192a. — C. E. 238. 244; C. V. II. 368. — F. W. 95; F. Spr. 152. — Fritzsche St. VI. 289. — Leskien St. II. 86 f. — PW. l. c.: dush = δύς und wie diese Partikel das Schlimme, Ueble, Schwierige einer Sache bezeichnend. — Pott I. p. 743 stellt δυς- (dus) zu δις; ebenso Sch. W.: „möglich, dass es mit dis zusammenhängt, da die Begriffe: Zweiheit, Getrenntheit, Mangel und Entgegensetzung des Guten und Angenehmen äusserst nahe liegen"; vgl. lat. dif-ficilis.

---

drāk Traube. — Skr. drākshā, dhrākshā f. Weinstock und Weintraube (PW. III. 802. 1000).

(ῥᾱκ) ῥᾱγ: ῥάξ (ῥᾱγ-ός) f. Weintraube, Beere (Nom. ὀρᾱξ Draco, Lob. Phryn. 76); (ῥᾱγ-ματ) ῥά-ματ-α· βοτρύδια. σταφυλίς· Μακεδόνες (Hes.). ῥαγ-ίζω Beeren lesen; ῥαγ-ικό-ς von B.; ῥαγοειδής, ῥαγ-ώδης traubenähnlich. — ῥῶγ: ῥώξ (ῥωγ-ός) f. = ῥάξ.

rac. — răc-ēmu-s m. = ῥάξ; auch Kamm einiger Pflanzen, bes. der Weinrebe, racem-āriu-s zur W. geh., racem-ōsu-s beerenreich; racemā-ri Nachlese halten, übertr. nachträglich abhandeln (Varro r. r. 3. 9. 1), racemā-tu-s mit Beeren versehen.

B. Gl. 195a. — Corssen B. 30. 144. — Fick KZ. XXII. 213. — Kuhn KZ. VII. 66. — Brugman St. VII. 297: gar reiben, verschrumpfen: gargar, garg, grag = γρᾱγ. — F. W. 483: rak Beere, Traube; δράγμα· τὸν τῆς σταφυλῆς βότρυν Hes. (von δραχ, δράσσω gleichsam Bündel) und Skr. drākshā, dhrākshā sind kaum herbeizuziehen. — Ueber die Erweichung des κ zu γ (ῥᾱγ, ῥωγ) vgl. C. E. 522 f.

---

dru Baum. — Skr. dru: 1) m. n. = dāru Holz, ein Geräthe aus Holz, z. B. Schale, Ruder, 2) m. Baum (PW. III. 809).

δρυ. — δρῦ-c (δρυ-ός) f. (später m.) Baum; Eiche (nur im Griech.); Δρῦ-ς f. Stadt in Thrakien; (δρυ-αχο) δρύ-οχο-c eichene, in zwei Reihen stehende Hölzer oder Pfähle, zwischen welchen während des Baues der Schiffskiel lag (Od. 19. 574) (στηρίγματα τῆς πηγνυμένης νηός Tim. lex. Plat.), Ständer, Stütze, überh. Hölzer, (nach Theophr.) die Beschelung des Kieles von Eichenholz

(δρύοχοι Waldungen, Archil. 7, τὰ δρύοχα id., Eur. El. 1164)[1]);
δρυάκ-ες Hes.; δρυ-ῖ-τη-ς λίθος eine Steinart (Theophr.); Δρύ-ᾱ-c
(αντ-ος) m. = Baummann (ein Lapithe, Il. 1. 263; Vater des Ly-
kurgos, Il. 6. 130); Δρυ-ά-c (άδ-ος), meist Pl. αἱ Δρυάδες, Baumnymphen (Paus. 8. 2. 2 u. a.); δρυ-ῖνα-c m. eine in hohlen Eichen
sich aufhaltende Schlangenart (Nic. Th. 471); δρύ-ῐνο-ς von Eichenholz; Δρύ-οψ s. pag. 34; δρῡ-μό-c m. (Pl. τὰ δρῦ-μά) Wald, Gehölz, Strauchwerk; δρῡμ-ών (ῶν-ος) m. id.; δρῡ-μον-ία ("Αρτεμις,
die Waldliebende, Orph. h. 35. 12); (δρυ-ο-ϝεντ) δρυ-ό-ει-c voll
Eichen; δρυ-ώδης id., eichenartig; δρυμ-ώδης⁻ waldig (D. Sic. 3. 25).
— γεράν-δρυο-ν alter, abgestorbener Baum; ἡμερό-δρυ-ς zahme
Eiche (Hes.).

δρευ, δρεϝ. — (δρεϝο, δρεο, δριο²) δρίοc Gebüsch, Dickicht,
Waldung (im Sing. das Geschlecht unbestimmt, nur Nom. Acc.;
erst Opp. und Anthol. τὸ δρίος; Plur. τὰ δρία Nom. Acc. ohne
andere Casus); Δρίον Berg in Daunien (Strabo 6. 284), Δρῖος n.
Berg in Achaia (D. Sic. 5. 50); δριά-ω (θάλλω Hes.). — *δεν-
δρεϝο (redupl., vgl. τεν-θρη-δών, πεμ-φρη-δών) δέν-δρεο-ν (ion.
poet. ältere Form), δένδρειο-ν Arat. Phoen., Nic. Th., δέν-δρο-ν (ver-
kürzte Form), δέν-δρος (Her. 6. 79) n. Baum (Dat. Pl. δένδρεσι
in att. Prosa häufiger als δένδροις), Demin. δενδρ-ίο-ν, δενδρύφιο-ν
(Theophr.); δενδρό-ο-μαι, δενδρ-ίζω zum B. werden; δενδρυάζειν
(sich hinter einem Baum verstecken, lauern) ταπεινῶς ὑπὸ τὰς δρῦς
παρασφεύγειν Hes.; ὑπο-δενδρυάζειν· τὸ ἐξ ἀφανοῦς καὶ ἐξαιφνιδίως
ἐπιφαίνεσθαι Hes.; δενδρ-ικό-ς, -ιακό-ς zu den B. geh., δενδρί-τη-ς
id. (Bein. des Bakchos, Plut. Symp. 5. 3. 1), δενδρί-τι-ς f. (νύμφαι Baumnymphen; ἄμπελος am B. hinaufrankend); δενδρ-ά-ς (άδ-ος),
δενδρ-ή-ει-ς baumreich, buschig; δένδρ-ωμα(τ) n. Baumgarten (LXX);
δένδρω-σι-ς f. das Erwachsen zum B.; δενδρῶ-τι-ς (τιδ-ος) mit Bäumen besetzt; δενδρο-ειδής, δενδρ-ώδης baumartig (νύμφαι Baumnymphen).· — λιθό-δενδρον n. Steinbaum, baumförmig gebildete
Korallen (Diosc.); ῥοδό-δενδρον n. = Rosenbaum (nerium oleander
Lin.), Oleander oder Lorbeerrosenbaum (rhododendron, ut nomine
adparet, a Graecis venit; alii nerium [νήριον] vocarunt, alii rhodo-
daphnen [Rosenlorbeer], sempiternum fronde, rosae similitudine, cau-
libus fruticosum Plin. 16. 79)³); ἀνα-δενδρ-ά-ς f. Baumrebe⁴).

δαρυ, δορυ. — (δαρυ-λ-jo) δάρυ-λλο-ς· ἡ δρῦς ὑπὸ Μακεδόνων Hes.; (δορυ, δορυ-ατ, δουρ-ατ vgl. γόνυ pag. 192⁵) δόρυ n.
Holz: Stamm, Baumstamm, Balken, Schiffsbohlen; Lanzenschaft;
Lanze, Speer, Spiess⁶) (Gen. δόρατ-ος, ep. δούρατ-ος, δουρ-ός
= *δόρυ-ος durch Metath. [hom. 20mal], δορ-ός Trag.;˙ Dat.
δόρατ-ι, ep. δούρατ-ι [auch Soph. Phil. 721], δουρ-ί [hom. 122mal],
δορ-ί, δόρει Trag. [auch Thuk. δορὶ λαβεῖν, κτήσασθαι]; Dual δοῦρ-ε
[hom. 13mal]; Pl. Nom. δόρατ-α, δούρατ-α [hom. 18mal], δοῦρ-α
[hom. 22mal], δύρη Eurip. Rhes. 274, Gen. δοράτ-ων, δούρ-ων ep.,

Dat. δόρασι, ep. δούρασι [auch Herod.], δούρεσσι); Demin. δοράτ-
ιο-ν, δορύδιο-ν (Oribas), δορύλλιο-ν Suid.; δούρ-ειο-ς (δορ-ήϊο-ς
Theophan.), δουράτ-εο-ς hölzern; δορατ-ίζο-μαι und δορύσσω (= δορυ-
κj-ω) mit dem Speere kämpfen, δορατι-σ-μό-ς m. Speerkampf. —
δωρυ (vgl. γόνυ, γωνία): Δωρ-ί-ς (-ίδ-ος) f. Landschaft in Hellas,
Stammort des dor. Stammes = Holzland, Waldland [7]); οἱ Δωριεῖς
(= Holsaten) Name der Einwohner [oder nach Doros, Sohn des
Hellen benannt], Δώρ-ιο-ν n. Ort im Gebiet Nestor's (Il. 2. 594).

B. Gl. 185b 196a. — C. E. 237 f. 708. 718. — Fritzsche St. VI.
315. — M. M. Vorl. II. 238 f. — F. W. 92. 96 f.; Spr. 189. 329 f.; Kuhn
KZ. IV. 84 ff.; Mannhardt KZ. V. 170; Schweizer KZ. VI. 446: *dar* spalten, zerbersten, behauen. — Vgl. C. E. 238: „Baum“, die ursprüngliche
Bedeutung, auch bei Griechen, nicht Eiche. Wegen dieser in so vielen
Sprachen erhaltenen Bedeutung kann ich die von Kuhn und andern versuchte Herleitung aus W. δερ, wonach der Baum vom Holze, als dem
geschundenen oder gespaltenen genannt wäre, nicht billigen. — Vgl.
M. M. Vorl. l. c.: Skr. *dru* Holz und Baum (*dāru* Stamm, Klotz); δρῦς
Baum, bes. Eiche; im irischen *darach*, im wallis. *derw* soll die Bed. Eiche
vorwiegen; slav. *drjevo* Baum. — Vgl. noch Miklosich Lex. palaeoslov.:
drěvo n. *lignum, fustis; drěva* Pl. *silva;* dazu got. *triu,* ahd. *trěo,* altn.
trê, alts. *trio;* lit. *derva* Kienholz; alb. *dru;* ir. *dair quercus.* — Vgl.
endlich russ. *drevo,* poln. *drzewo,* böhm. *drevo* Baum, Holz, Schalt. —
1) Düntzer KZ. XV. 44. — S. W. — Ameis-Hentze: „Schiffsrippen“, die
oben ein Oehr zur Aufnahme der κληΐς für den τροπός hatten, unten in
den Kiel eingefugt wurden. (Gegen diese Erklärung ist Grashof: das
Schiff bei Homer pag. 9.) — 2) F. Spr. l. c. — Ahrens Δρῦς p. 17:
δριϜό-ς. — Savelsberg Dig. p. 51: δρϜίο-ς. — 3) Hehn pg. 355 ff.: wahrscheinlich aus Kleinasien, speciell der Pontusgegend stammend, dem
Vaterlande der Gifte und Gegengifte; kam wohl erst in den letzten
Zeiten der röm. Republik nach Griechenland, später nach Italien. —
4) Hehn p. 70: in Etrurien und Campanien, dem Gebiet der Tusker. —
5) Curtius Erläut.[2] pag. 69. — 6) Düntzer KZ. XVI. 30: δόρυ klingt nur
zufällig an δρῦς an; es ist der „abgezogene“, der Rinde beraubte Stamm,
von W. δερ; ganz anders wieder Sch. W. s. v.: δρῦς aus δόρυ durch
Ausstossung des Wurzelvokals entstanden. — Hehn p. 232: Homer „Baum“
nur Od. 6. 167 von der Palme auf Delos, wohl mit Bezug auf den ge-
raden, zweiglosen, oben in eine Krone endigenden Schaft — Ameis-
Hentze: „Reis“ zur Veranschaulichung des schlanken Wuchses. — 7) C.
E. 238: „vielleicht“. — Vgl. E. Curtius gr. Gesch. I. 89 ff.

DRU tödten, verletzen. — Skr. **dru** etwa ausholen (zum
Schlag, Wurf) oder treffen; **drun** tödten, verletzen; *druṇa, drūṇa*
(m. Scorpion, Biene, Verläumder u. s. w.; f. Bogensehne; n. Bogen,
Schwert) (PW. III. 809. 813).

rū-na f. eine Art Geschoss, übertr. Runenschrift (Venant.
carm. 7. 8. 19); (*runā-re*) *rūnā-tu-s* = *pilatus·(runa genus teli
significat,* Ennius: *runata recedit, id est pilata;* andere: *praeliata)*
Paul. Diac. p. 263. 1.

Corssen B. 143 f. — Kuhn KZ. VII. 66. — F. W. 170. 484: *ru*
zerschmettern, zerschlagen, reissen. — *Runa* findet sich nach Klotz W.

(Lübker) bei Cic. legg. 3. 9. 20; Klotz aber schreibt dort (ed. Teubner. 1855): *ruinis.*

---

dva, dvi zwei; **dvis** auseinander, entzwei. — Skr. *dva, dri (dvā-, dvi-)* zwei; *dvis* zweimal (PW. III. 818. 827. 842).

dva. — (δϜο) δύο, ep. lyr. auch δύω, zwei (Hom. indecl. mit Dual und Plural; Gen. Dat. δυοῖν, Nbf. δυεῖν; Dat. δυσίν Thuk. 8. 101 [?] und bei Spät. [Ar. Plut. N. T.]; ion. auch δυῶν, δυοῖσι Herod.). — (*dvaja*) δϜοιο: δοιοί, δοιά zwei, ein Paar [1]); δοιό-ς zwiefach, doppelt; δοιή f. Zweifel, Ungewissheit (II. 9. 230,; δοιά-ζω verdoppeln, zweifelhaft sein (Ap. Rh.). — (*dva-tara*) δϜε-τερο (durch Metathesis:) δεύ-τερο-ς der Zweite [2]), (Acc. als Adv.) δεύτερον zum zweitenmale, zweitens, wiederum; Superl. δεύ-τατο-ς der letzte (δεντάτ-ιο-ς Paul. Sil. E. 419); δευτέρ-ιο-ς zum Zweiten geh. (τὸ δ. und τὰ δ. Nachgeburt, Med.), δευτερ-ία f. die zweite Stelle (Jos.), δευτεριά-ζω die 2. Rolle spielen (Ar. Eccl. 634); δευτερ-ία-ς m. (οἶνος) Nachwein, Tresterwein (δευτέριο-ς Nicoph. B. A. 89); δεύτερα-ῖο-ς am 2. Tage; δευτερό-ω zum zweitenmale thun, wiederholen, δευτέρω-μα(τ) n. Wiederholung (Eust.), δευτέρω-σι-ς f. der 2. Rang (LXX), die Tradition der Juden (Eccl.), δευτερω-τή-ς m. Ausleger der Tradition, Rabbiner (Eccl.); (δευτερ-εϜ) δευτερ-εύ-ω der Zweite sein = δευτεριάζω nachstehen, δευτερ-ε-ῖο-ν n. (Sing. spät), meist Pl. δευτερ-ε-ῖα der 2. Kampfpreis, der 2. Platz, Rang.

dvi. — (*dvija* Instr.) δϜιja: διά (◡◡; ῑ einigemal am Anfang des Verses, Il.) (bezeichnet ursprünglich die Trennung in eine Zweiheit, dann in eine Mehrheit) Präp. a) mit Gen.: durch, hindurch, durch hin, nebenhin, längs; temporal: durch, während, instrum.: durch, vermittelst; b) mit Acc.: local: durch, hindurch, längs, tempor.: während (nur Hom. διὰ νύκτα); causal: auf Veranlassung, durch, wegen, aus. In der Zusammensetzung: Bewegung, Verbreitung (δια-βαίνω, -γίγνομαι), Vollendung, Auszeichnung (δια-φθείρω, -πρέπω); Trennung = zer- (δι-αιρέω); Wechselwirkung (δια-λέγομαι), Mischung (διά-λευκος). — (δja =) ζά aeolisch [3]) = sehr: ζά-βατος, ζά-δηλος, ζα-ελεξάμαν, ζα-βάλλειν; ausserhalb des Aeolismus: ζα-μενής, ζα-πληθής, ζά-πλουτος, ζά-πυρος, ζά-χολος, ζά-χρυσος; Homer: ζά-θεο-ς, ζά-κοτο-ς (Il. 3. 220), ζα-τρεφής, ζα-φλεγής (Il. 21. 465); (δja) δᾶ-: δά-σκιος, δα-φοινός. — (*dvi-gha*) δϜι-χο: Adv. δί-χα, δι-χῆ, δι-χῶς zwiefach, zwiespaltig, zweierlei, verschieden, διχοῦ (Her. 4. 120), διχό-θεν von zwei Theilen oder Seiten; διχά-ω, διχα-ίω, διχό-ω (Arat.), διχά-ζω theilen, trennen (intrans. διχαζούσης τῆς νυκτός Suid.); διχ-ά-ς (άδ-ος) f. Hälfte, Längenmaass (= 2 παλαισταί); δίχᾰ-σι-ς f. Theilung, Hälfte (Arat.), διχα σ-μό-ς m. id.; διχα σ-τῆρ-ες ὀδόντες Schneidezähne (Poll. 2. 91). — (*dvi-gh-ja*) δϜι-χ-jo: δι-σσό-ς, att. δι-ττό-ς (auch Batr. 61), ion. διξό-ς, zweifach, doppelt, poet. bes.

Trag. zwei[4]), δισσα-χῆ, -χοῦ, -χῶς zweifach (Arist. Theoph. Hes.), δισσάκις zweimal, zweifach; δισσό-ω verdoppeln, δισσ-εύ-ω doppelt sein. — (dvi-gh-ja, δϜι-χ-ja, δϜι-χ-ϑ-ja, δϜι-χ-ϑ-ja) δι-χ-ϑ-ά zwiefach (διχϑὰ δεδαίαται Od. 1, 23. 10, 203; διχϑὰ κραδίη μέμονε Il. 16. 435); διχϑά-δ-ιο-c id., doppelt, dazu fem. διχϑά-ς (άδ-ος) Mus. 298. — (dvi-ijāns, dvi-ijas, dvīs, δϜῖς) δίc zweimal, doppelt (Hom. nur Od. 9. 491); in der Zusammensetzung δι- (zuw. δισ- vor ϑ, μ, π, τ, χ): δί-γλωσσος, -δραχμος, -ξυξ, -ϑηκτος, -κλίς, -λοφος, -μοιρος, -ξοος, -πηχυς, -ραβδος, -στιχος, -τάλαντος, -φϑογγος, -χηλος, -ψῦχος; δic-ϑανής, -μύριοι, -παππος, -ταφής, -χίλιοι.

dva. — **dŭŏ** (dŭō Auson. ep. 19. 13) m. n. (Dual erhalten), **duae** f. zwei (Acc. m. duo, duos, Gen. duorum, duum). — (dvi-dha oder dvi-gha: dvi-dh-ja oder dvi-gh-ja: *dvi-b-io) **dŭ-b-iu-s** nach zwei Seiten hin, hin- und herschwankend (vgl. fluctibus dubiis volvi coeptum est mare Liv. 37. 16. 4; „ohne bestimmte Richtung" Weissenborn); meist übertr.: schwankend, zweifelhaft, ungewiss, unsicher; ferner: gefährlich, misslich, schwierig = anceps; wechselnd = varius[5]); dubiĕ-tā-s f. Zweifel (Amm., Eutr.); dubi-ōsu-s zweifelhaft (Gell. 3. 3. 3); (*dubi-tu-s) dubitā-re schwanken, zweifeln, stocken, zaudern, zögern; Adv. dubita-nter (dubitā-ti-m Sis. ap. Non. 98. 33); dubitā-ti-ō(n) f. Schwanken u. s. w., dubitā-tor m. Zweifler (Tert.); dubitā-t-ĭvu-s, dubitā-bili-s zweifelhaft. — (dva-i, Local, va-i:) **vē-** (Particel, bezeichnet die „Absonderung" vom rechten Maasse, ein fehlerhaftes Zuviel = sehr, oder Zuwenig = nicht sehr, nicht): vē-pallidu-s (nur: vepallida mulier Hor. S. 1. 2. 129) zu viel blass, sehr blass; vē-cor-s = nicht sehr verständig, verstandeslos, wahnsinnig; ve-grandi-s nicht recht gross, klein, winzig; vē-sānu-s nicht recht gesunden Sinnes, unsinnig, wahnsinnig, rasend[6]).

dvi. — (dvi-ies, dbi-ies, bi-ies) **bis**[7]) zweimal (vgl. englisch: twice, twise); in der Zusammensetzung bi-: bi-ceps, bi-dens u. s. w.; (dvi-no, dbi-no) **bi-nu-s**[8]) zweimal vorhanden (suppellex Lucr. 4. 450; corpus id. 5. 876); sonst fast nur Pl. bi-ni je zwei, allemal zwei (Gen. binum), com-bīnā-re je zwei zusammenbringen (spät); (dvi-s) **di-s**[9]): auseinander, entzwei, zer- (dis- vor c, p, q, s, t mit folg. Vocal; sonst di): dis-cors, -par, -quiro, -solvo, -tendo; dī-duco, -gero, -lanio, -moveo, -numero, -rumpo, -vello; (dis- oder di- vor j:) dis-jicio, di-judico; (dis- = dir-:) dir-ibeo, dir-ĭmo (dis-hiasco); assimiliert: dif-famo, -fero, -ficilis u. s. w. — (dvi-tara-ika, dvi-taro-ico) **vi-tr-ĭcu-s** m. der zweite Vater, Stiefvater[10]). — (dvi =) **duī**[11]): dui-census (dicebatur cum altero, id est cum filio, census Paul. D. p. 66. 14), dui-dens (hostia bidens Paul. D. p. 66. 16); (duī = duē:)[11]) *duē-lo: (*duē-lu-m) **duē-llu-m** (ll durch Consonantenverschärfung) n. Zwist, Zweikampf, Krieg; per-duellu-m n. id. (Acc. ap. Non. 22. 15); per-duelli-s m. = hostis (= inimicus Plaut. Ps. 2. 1. 8);

per-duelli-ō(n) f. feindliche Handlung gegen das Vaterland, Hochverrath — die ältere Form *duellu-m* == (**dvellu-m*, **dbellu-m*) **bellu-m** n.; *bellĭ-cu-s* (*duelli-cu-s* Plaut. Epid. 3. 4. 14, Lucr. 2. 661) zum Kriege geh., den K. betreffend, Kriegs-, Subst. n. Kriegsruf (*bellicum canere*); *bellic-ōsu-s* kriegerisch, reich an Krieg (*bellōsu-s* Caec. ap. Non. p. 80. 33, *bell-ax* Luc. 4. 406); *Bell-ōna* (*apud aedem Duelonai* C. I. L. 1. 196. 2; 186 v. Chr.) die Kriegsgöttin der Römer, mit dem Tempel auf dem Marsfelde neben dem Circus Flaminius, *Bellon-ārii* Priester der Bellona (*Acro* Hor. Sat. 2. 3. 223), *bellonaria* Bellona's Kraut (App. herb. 74); *bellā-re* kriegen, *bellā-tor* (*duellātor* Plaut. Capt. 68) m. Krieger, Kriegsheld (poet. häufig Appos. mit einem Subst.: *deus*, *equus*, *Turnus*), fem. *bella-tr-ix*, *bellatōr-iu-s* zum Krieg oder Streit geeignet; *Bell-iu-s*, älter *Duell-iu-s*, später *Duil-iu-s*, *Bil-iu-s* (wo *e* durch Assim. wieder zum urspr. *i* geworden) (*ut duellum bellum et duis bis, sic Duellium cum, qui Poenos classe devicit* [494; 260 v. Chr.], *Bellium nominaverunt, cum superiores appellati essent semper Duellii* Cic. or. 45. 153; *ex duello bellum, unde Duellios quidam dicere Bellios ausi* Quint. 1. 4. 15); *im-belli-s* unkriegerisch, friedfertig, friedlich, kraftlos, *imbellia* f. Kriegsuntauglichkeit (Gell. 5. 5. 5); *rĕ-belli-s* den Krieg erneuernd, aufrührerisch; *re-bell-i-ō(n)* f. Kriegserneuerung, erneuerter Aufstand, ern. Abfall; *re-bellā-re* den Krieg wieder erneuern, wieder aufstehen, widerstreben, *rebellā-ti-ō(n)* f. == *rebellio*, *rebella-trix* sich wieder empörend (*provincia* Liv. 40. 35).

B. Gl. 197. — Corssen I. 652; N. 172. — C. E. 38 f. 238. 602. 606. — F. W. 97. 368. 457 f.; Spr. 137. 331. -- M. M. Vorl. I. 40. II. 238. 269 f. — Schmidt KZ. XVI. 437 f. — Schweizer-Sidler Oesterr. Gymnasialzeitschr. 1876 pag. 183. — 1) L. Meyer KZ. VII. 213. — C. E. 559: zweifelhaft ob δϜο-ιο oder δϜ-ιο. „Die letztere Auffassung scheint den Vorzug zu verdienen". — 2) Savelsberg Dig. p. 47: aus δυότερο-ς. — 3) Vgl. noch Ahrens dial. aeol. p. 46. — 4) Grassmann KZ. XI. 25 und Schmidt l. c. — Benfey KZ. II. 220 und C. E. 238: δϜι-τjο-ς, τρι-τjο-ς. — 5) Schmidt l. c.: „im Lat. sowohl *gh* als *dh* durch *f*, inl. durch *b* vertreten. — Corssen II. 1027: *du-hib-iu-s* zwiefach gespalten == zwiefach gemeint, zweifelhaft. — Curtius KZ. XIII. 397: „vielleicht W. *ba* gehen: *du-b-iu-s*, *du-b-itare*, was ἀμφις-βητεῖν wahrscheinlich macht, es hiesse also eig. zwie-gehend, wie doch auch Zweifel, got. *tvei/l-s*, ein Compositum sein wird". — Savelsberg KZ. XXI. 137*): == *duviu-s*, vgl. *δοϜιο·ς δοιό-ς. — 6) Clemm St. VIII. 62 f.; vgl. Nauck ad Hor. Sat. l. c. — B. Gl. 359b: *ri praep. inseparab.* (*pers. bĭ sine*), *fortasse lat. re.* — Ebel KZ. IV. 448: *ve* == Skr. *vahi(s)* mit Ausfall des *h*. — F. W. 400: *vai-* übel-, miss-, un-, präfixartig gebraucht. — 7) M. M. Vorl. II. 269 f. (δυις, δϜις, δίς). — 8) F. W. 368: *dvi-na* oder *bĭ-nu-s* aus *bis-nus*. — 9) F. Spr. 137: Instrum. *dvi-s*, vgl. *ec-s*, *ab-s*. — 10) Ebel KZ. V. 238. — 11) Corssen I. 124. II. 354; vgl. C. E. 448.

DVI fürchten, scheuen; trans. scheuchen. — (Vgl. Zend *dvi* fürchten in: *dvaē-tha* f. Furcht.)

ὅϝι; gesteigert: ὅϝει (ὅδει). — Imperf. ὅί-ε: περὶ γὰρ δίε (bei
Homer stets an derselben Versstelle „denn er fürchtete sehr", Il.
5, 566. 9, 433. 11, 557. 17, 666. Od. 22. 96, δί-ο-ν [τρὶς περὶ
ἄστυ δίον sie flüchteten], Med. Conj. δί-ω-μαι Od. 21. 370, δί-η-
ται (Hom. 4mal), δί-ω-ν-ται Il. 17. 110, Opt. δί-οι-το tr. scheuchen,
treiben, verfolgen; δι-ό-μενο-ς Aesch. (3mal); St. ὅϝιε: Präs. δίε-
νται (πεδίοιο sie fliehen, Il. 23. 475), Inf. δίε-σθαι (σταθμοῖο sich
wegjagen lassen, Il. 12. 304), Imperf. ἐν-δίε-σαν (ταχέας κύνας sie
hetzten an, Il. 18. 584). — Sich fürchten, besorgen, in Angst
sein; fürchten, scheuen: Fut. δεί-σο-μαι, Aor. ἔ-δει-σα, Hom. περί-
δδεισα, Part. περιδδείσα-ς, ὑπ-έδδεισα-ν, ὑπο-δδείσα-ς; Perf. mit
Präsensbed. *δε-δϝί-α: δε-δία-σιν Il. 24. 663, dann mit epenthet. ι
(vgl. ἐνί, εἰνί, εἰν): δεί-δι-α, -ας, -ε, -μεν, περι-δείδια; Imperat. δεί-
δι-θι (Hom. 3mal), -τε, Inf. δει-δί-μεν, vom. Part. δει-δι-ώς Hom.:
δει-δι-ότ-α, -ες, -ων, -ας; Plusqu. ἐ-δεί-δι-μεν, -σαν neben δεί-δι-σαν,
ὑπ-ε-δείδισαν; Präs. redupl. δε-δϝί-ω, δε-δι-ω, δε-δj-ω, δε-δ-ω, mit
epenth. ι: δεί-δ-ω (Hom. die 1. P.Sing. 11mal), δειδ-ε-τε Simon. 56,
δειδ-ο-μεν Dion. Hal. 6. 32. — St. ὅϝι-κ: Perf. *δε-δϝοικ-α, ep.
δεί-δοικ-α, -ας, -ε (Il. 12, 244. 21, 198), schwächere Form δί-
δοικ-α von Theogn. (v. 39) an; Präs. redupl. δε-δϝικ-jο-μαι, mit
epenth. ι: δει-δϝικ-jο-μαι: δει-δίccο-μαι ep., δε-δίττο-μαι att., trans.
schrecken, intr. in Schrecken gerathen, sich fürchten (Hom. Fut.
δειδίξεσθαι Il. 20, 201. 432, Aor. δειδίξασθαι Il. 18. 164); ἐ δι-
δίσκ-ε-το (Arist. Lys. 564); δε-δείκ-ελο-ς· ἀεὶ φοβούμενος. — δεδιό-τως
(Dion. Hal., D. C.), δεδοικό-τως (Philostr.), δειδή-μων (μον-ος) (Il.
3. 56. Nonn. D. 14. 321) furchtsam, feig. — ὅϝει-εc: (δϝεj-ες,
δϝε-ες [vgl. κλεϝ-ες, κλε-ες], δε-ες) δέ-οc n. Furcht, Angst, Ursache zur Furcht (δ = δϝ macht Position; οὔτε τί με δέος ἴσχει
ἀκήριον Il. 5. 817); ἀ-δε-ής, ep. ἀ-δει-ής, ἀ-ὅδε-ής furchtlos, kühn,
trotzig, unverschämt (κύον ἀδεές Scheltwort: freche Hündin, Il. 8,
423. 21, 481. Od. 19. 91); ὑπερ-δε-ής (nur ὑπερδέα δῆμον, synk.
= ὑπερ-δε-έ α Il. 17. 330) über die Furcht erhaben, unerschrocken[1]);
θεου-δής (θεο-σεβής Hes.; θεο-δεής, δεισι-δαίμων Schol. Palat. ad
Od. 6. 121) (wohl θεο-δής zu schreiben; Hyphäresis des ersten ε)
gottesfürchtig, fromm, gerecht[2]). — (δϝεjεσ-νο, δεεσ-νο) δεc-νο:
δει-νό-c (vgl. ὀρεσ-νο, σκοτεσ-νο, φαεσ-νο = ὀρει-νό-ς u. s. w.)
furchtbar, schrecklich; (= deutsch: fürchterlich) ausserordentlich,
erstaunlich, gewaltig, Scheu einflössend = ehrfurchtgebietend, ehrwürdig, erhaben; ausgezeichnet, tüchtig, trefflich, geschickt, erfahren (δ = δϝ macht Position, vgl. μέγα τε δεινόν τε Il. 11. 10);
δεινό-τη-ς (τητ-ος) f. das Furchtbare u. s. w.; δεινό-ω schrecklich,
gross machen, übertreiben, δείνω-σι-ς (σι-ως) f. das Schr.-, Gr.-
machen, Uebertr., δεινω-τ-ικό-ς zum Uebertr. geneigt; Δειν-ία-ς
(korinth. Δϝειν-ία-ς); (äol. δέν νο-ς) δέν-νο-c m. Beschimpfung,
Schande, δεννά-ζω beschimpfen, verhöhnen (Trag., Theogn. 1211;

ὑβρίζω Schol.). — δει-μό-c m. Schrecken, personificirt Δεῖ-μο-c, Diener und Wagenführer des Ares (Il.). — δεῖ-μα(τ) n. Furcht, Schrecken, Entsetzen (Il. 5. 682); δειμάτ-ιο-ς in Furcht setzend (Zeus, Dion. Hal. 6. 90), δειματ-ό-ω in Furcht setzen, δειματ-ό-ει-ς furchtsam, δειματ-ώδης schrecklich (Hes.). — (δει-μαν-jω) δειμαίνω sich fürchten, in Angst sein; in Schrecken setzen (Aesch.); δει-μάλέο-ς furchtsam, furchtbar. — δει-λό-c furchtsam, feig; elend, schlecht, nichtsnutzig, elend, unglücklich, bejammernswerth, arm; δειλ-ία f. Furchtsamkeit, Feigheit, δειλιά-ω furchtsam sein; δειλία-σι-ς (Plut. Fab. 17), δειλό-τη-ς (Hes.) f. = δειλία; δειλό-ω, δειλιαίνω furchtsam machen, δειλό-ο-μαι furchtsam werden, zagen; θρασύ-δειλο-ς der Feigling, der sich keck stellt (ἐν τούτοις θρασυνόμενοι τὰ φοβερὰ οὐχ ὑπομίνουσι Arist. Eth. 3. 7). — δεισι: δεισ-ήνωρ Männer fürchtend, achtend (Aesch. Ag. 148), Δεισ-ήνωρ (Fürchtemann) ein Lykier (Il. 17. 217); δεισι-δαίμων die Götter fürchtend; tadelnd: abergläubisch; δεισί-θεος id. (Poll. 1. 21).

dvi. — **di-ru-s** (vgl. *dvis, dis;* zum Suff. vgl. *mī-ru-s*) = δει-νό-ς, furchtbar, schrecklich, grausam[3]), *dirae* (erg. *res*) Verderben kündende Wahrzeichen; *diru* n. Pl. Verderben, schreckliches Geschick; *diri-ta-s* (*tāti-s*) f. Furchtbarkeit, Grausamkeit.

dvi, du scheuen, ehren. — *dŭ-ōnu-s* (altl., Fest. p. 105. 30. M.), **bŏ-nu-s** (vgl. *duis bis, duellum bellum* pag. 373) geehrt, ehrsam = gut, tüchtig, wacker, brav; vortheilhaft, heilsam, nützlich[4]); Subst. m. Biedermann, Gutgesinnter, Patriot; n. das Gute, Gut, Pl. Güter, Glücksgüter, Vermögen; *boni-ta-s* (*tāti-s*) f. Güte u. s. w. — Demin. (*bonŭ-lu-s, *bon-lu-s, *bol-lu-s*) **bel-lu-s** ganz hübsch, nett, gefällig, artig, allerliebst[5]), Demin. *bellŭ-lu-s; belli-lū-d-in-cm* (*sicut magnitudinem Verrius dixit,* Paul. D. p. 35. 11. M.), *bell-āria* n. Pl. gute Bissen, Naschwerk; Adverb. (*bŏne*) *bĕnĕ* (das *e* der Wurzelsilbe durch das *e* der folgenden Silbe aus *o* assimilirt)[5]); *bene-dico, -facio, -rolo, -ficus, -volu-s; benignu-s* s. *ga* pag. 190. — (*du-u-s, *du-a-re*) **bĕ-ā-re** urspr. beehren, geehrt machen = glücklich machen, beglücken, erfreuen[4]), Part. als Adj. *beā-tu-s* beglückt, begütert, wohlhabend; übertr. reich begabt, reich (spätlat. von den Verstorbenen = selig), Subst. *bca-tu-m* n. Glückseligkeit, Demin. *bcatŭ-lu-s* (Pers. 3. 103); ·*bcati-tā-s, bcati-lū-d-o* f. id. (zuerst von Cicero versucht, Cic. n. d. 1. 34. 95: *sive bcatitas sive bcatitudo dicenda est; utrumque omnino durum sed usu mollienda nobis verba sunt*)[6]); *Beatrix* (Beglückerin) röm. Frauenn. (Grut. inscr. 703. 3).

Corssen I. 453. — C. E. 234. 607. 645; C. V. 175. 13). 274. 4). 316. 17. II. 185; C. St. VIII. 465 f. — F. W. 97. — Fritzsche St. VI. 90 f. 300. — Leo Meyer KZ. VII. 194 ff. — 1) Fritzsche St. l. c. (nach Eustath.); Pape W. — Dagegen S. W. Sch. W.: über die Maassen gering, sehr gering (τὰ λίαν ἐνδεῆ Poll. 4. 170); ebenso Facsi ad l.: σφόδρα *ἐνδεῄ* = τῷ *πλήθει ὀλίγους ὄντας*. — 2) Ebenso Schaper KZ. XXII. 523: = *Θεο-δϝεῄς*, Furcht vor den Göttern habend. — 3) C. E. 234. — Lottner KZ. VII. 172. — Corssen I. 506: *dar* spalten, zerreissen: grimmig, ingrimmig, grausam, verderblich, herzzerreissend, erschrecklich, gräulich. — 4) F. W. l. c. — Tobler KZ. IX. 261: „*bonus*, alt *duonus* (ϝτυμον?)“. — 5) Corssen II. 366. — 6) Schoemann ad l.: „*durum*“ nur weil noch ungebräuchlich; sonst ist die Bildung beider Formen unanstössig, wie *necessi-tas, -tudo, clari-tas, -tudo* u. s. w.

DH.

1) **DHA** setzen, legen, stellen; thun, machen, schaffen. — Skr. **dhā** 1) setzen, legen, stellen, 2) hin-bringen, -schaffen, 3) versetzen, 4) richten, 5) bestimmen, verleihen, 6) ein-, festsetzen, 7) machen, schaffen, hervorbringen, 8) halten, fassen, 9) tragen = erhalten, 10) an sich nehmen, 11) sich zu eigen machen; inne haben (PW. III. 901).

dha.

Θε. — τί-θη-μι setzen, legen, stellen; hin-setzen, -stellen, aufstellen; niederlegen, aufbewahren, verwahren; beisetzen, bestatten; schriftlich niederlegen, aufzeichnen; übertragen: Einen oder Etwas an einen Platz setzen = wozu zählen oder rechnen; in irgend eine Lage u. s. w. setzen oder bringen = machen; setzen = annehmen; herstellen, her-, an-richten; bewirken, veranlassen; festsetzen, anordnen; einsetzen, einführen; beilegen, beendigen (Präs. ep. *τίθη-σθα*, von *τιθε-ω*: *τιθεῖς* Pind. P. 8. 8, *τιθεῖ* Il. 13. 732, Inf. *τιθέ-ναι*, ep. *τιθή-μεναι*; Imperf. *ἐ-τί-θη-ν*, *ἐ-τί-θου-ν*; Fut. *θή-σω*, ep. Inf. *θη-σέμεναι*; Aor. *ἔ-θη-κα* im Sing., doch *ἐ-θή-καμεν* Xen. Comm. 4. 2. 15, ep. *θῆ-κα*, *ἔ-θη-ν* im Dual und Plur., Conj. *θῶ*, ep. *θεί-ω*, *-ης*, *-η*, *θή-ης*, *-η*, *θέω-μεν*, *θείο-μεν*, Opt. *θε-ίη-ν*, Imp. *θέ-ς*, Inf. *θεῖ-ναι*, ep. *θέ-μεναι*, *θέ-μεν*, Part. *θείς*; Perf. *τέ-θει-κα*, Plusqu. *ἐ-τε-θεί-κειν*. Med. *τί-θε-μαι*, Part. ep. *τιθή-μενο-ς*, Aor. *ἐ-θηκά-μην*, ep. nur *θήκα-το*; *ἐ-θέ-μην*; ep. Conj. *θή-αι* Od. 19. 403. Opt. *θεῖ-το*, Imp. *θέ-ο*, ion. *θεῦ*: *ὑπό-θευ* Od. 15. 309, Inf. *θέ-σθαι*, Part. *θέ-μενο-ς*. Pass. Aor. *ἐ-τέ-θη-ν*, Fut. *τε-θή-σο-μαι*; St. *θιε* nur: *θίη-μι· ποιῶ*, *θιῆ-σαι· ποιῆσαι* Hes. — Verbaladj. *θε-τό-ς* gesetzt, festgesetzt, bestimmt (*παῖς*, *υἱός* adoptirt); *ἀκμό-θετο-ν* n. Ambos-gestell, -stock (nur Il. 18, 410. 476, Od. 8. 274), *τὸ κοίλωμα*, *ἐν ᾧ τίθεται ὁ ἄκμων* (Lex.); *ἀμφί-θετο-ς* auf beide Seiten zu setzen (*φιάλη* Il. 23, 270. 616), Doppelschale; *θετ-έο-ς* zu setzen, anzunehmen; *θετ-ικό-ς* setzend, festsetzend, positiv (*νόμοι*. *θετικὰ ἐπιρρήματα* Adject. verbalia z. B. *θετέος* u. s. w.). — *θέ-τη-ς* (*θε-τήρ*) m. der Setzende, Bestimmende, *θεσμο-*, *νομο-θέτη-ς* der Gesetzgeber. — (θε-τι) θέ-cι-c f. das Setzen, Stellen u. s. w.; das zum Unterpfand Geben, Verpfändung; Annahme an Kindesstatt; aufgestellter Satz, Thesis; Gramm. Verssenkung (Ggs. ἄρσις). — (dha-ma, dha-mi) θε-μι: θέμι-c (Gen. ion. *θέμι-ος*. Acc. att. *θέμι-ν*; St. *θεμιτ*: att. dor. Gen. *θέμι-τ-ος*; St. *θεμι-δ-τι, *θεμι-σ-τι, *θεμι-σ-τ: Gen. *θέμιστ-ος* stets Homer) f. Eingesetztes, Satzung, Gesetz, insoweit es auf altem heiligem Brauch beruht, das Billige, Gebührliche: Sing. Ordnung, Sitte, natürliches Recht, Recht, Gesetz; Plur. *θέμιστες* Satzungen von den Göttern, Gesetze, rechtliche Anordnungen, Aussprüche, Gerechtsame; Θέμι-c (Gen. Hom. Θέμιστ-ος; sonst Θέμι-ος, Θέμιτ-ος [Pind.], Θέμιδ-ος) Tochter des Uranos und der Gäa (versieht das Heroldsamt im Olymp und ordnet die Volksversammlungen; später Beschützerin der gesetzl. Ordnung und Göttin der Gerechtigkeit)[1]); θεμιcτ-εύ-ω (*θεμί-ζω* Eust., *θεμισσα-μένους ὀργάς* Pind. P. 4. 141) Recht sprechen, richten, Oracel geben, *θεμιστευ-τό-ς· νομοθετητύς* Hes., *θεμίστευ-μα(τ)* n. = *θέμις* (Nicet.), *θεμιστε-ία* f. Weissagung, Oracel, *θεμιστε-ίο-ς* gesetzlich, gerecht (*θ. σκᾶπτος* Pind. O. 1. 12); θεμιcτ-ό-c, *θεμιτ-ό-ς* gesetzmässig, recht, billig, *θεμίστ-ιο-ς* Recht und Gesetz schützend; *θεμιστο-σύνη* = *θέμις* (Orph. H. 78. 6); ἄ-θεμις (Pind.), *ἀ-θέμιστ-ο-ς, ἀ-θεμίστ-ιο-ς, ἀ-θέμιτ-ο-ς* gesetzlos, ungerecht, frevelhaft, *ἀ-θεμιστ-ία* f. Frevel. — θε-μό-c· *θεσμός* Hes., *θεμό-ω* bewirken, zwingen (nur *νῆα θέμωσε χέρσον ἱκέσθαι* Od. 9, 486. 542; dazu Hes. *ἠνάγκασε, ἐγγίσαι ἐποίησε*). — θε-c-μό-c (Hom. nur Od. 23. 296), dor. τε-θ-μό-ς m. (wohl = θε + θε: θε-θ-μο-) das Festgesetzte, Satzung, Brauch, Sitte, *θέσμ-ιο-ς*, dor. *τέθμ-ιο-ς* gesetzmässig, herkömmlich, *θεσμο-σύνη* f. Gerechtigkeit (Agath. 87). — θε-ματ: θέ-μα(τ) n. das Gesetzte, Aufgestellte, der Satz; der ausgesetzte Preis, Kampfpreis (Inscr.), Grammat. Stammform, Thema; Demin. *θεμάτ-ιο-ν* n. bes. von der Constellation der Sterne; *θεματ-ικό-ς* zum Thema geh.; das, worauf ein Preis gesetzt ist (*ἀγῶνες*); (gramm. *θ. ῥῆμα* Stammwort); *θεματίτη-ς ἄγων* = *θεματικὸς ἄγων* (Inscr.); *θεματ-ίζω* einen Satz aufstellen, als Stammform annehmen, die Nativität stellen, *θεματι-σ-μό-ς* m. das Aufstellen eines Satzes u. s. w. — θε-με-λο, -λ-ιο: θέ-με-θ-λο-ν, θε-μέ-λ-ιο-ν, θε-μείλ-ιο-ν (späte Dichter: *θέ-μειλο-ν*) n. im Plur. Grund, Grundlage (*θέμεθλα ὀφθαλμοῖο* Augenhöhle, Il. 14. 493; *στομάχοιο* Wurzel der Kehle d. i. der Hals, wo der Schlund liegt, Il. 17. 47); *θεμέλ-ιο-ς* (meist Pl.) Grund-(*λίθοι* Grundsteine); *θεμελιό-ω* den Grund legen, gründen, *θεμελιω-τή-ς* m. Gründer, *θεμελίω-σι-ς* f. Gründung (LXX).

dha-ta (Part. Perf. Pass.): *ha-ta, χα-το* (vgl. got. *guþ*, nhd. *gut*; Abfall des d vor h muss schon vor der Sprachtrennung stattgefunden haben), *γα-θο* (Metathesis der Aspiration), *ἀ-γα-θο* (ἀ = *sa* copul., vgl. ἄ-λοχο-ς, ἀ-δελφ-ειό-ς; oder proth., vgl. ἀ-στήρ, ἀ-σταχύς): ἀ-γᾰ-θό-c (ἀ-κα-θό-ς Hes.) urspr. gesetzt, festgesetzt, gesetzlich =

gut, trefflich, tüchtig, edel, vornehm; von Sachen: gut, heilsam²);
ἀγαϑ-ικό-ς· σπουδαῖος Lex.; ἀγαϑό-ω wohl thun (LXX); ἀγαϑύνω
id., schmücken, Pass. gut erfunden werden, sich freuen (LXX);
ἀγαϑω-σύνη f. Wohlwollen, Güte (N. T.) (nach Thom. Mag. unatt.
st. χρηστότης); ἀγαϑο-ειδής das Ansehen des Guten habend (Sp.
gutartig); Ἀγάϑ-ων (ων-ος) m. Sohn des Priamos und der Hekabe
(Il. 24. 249). — χα-το, χα-τ-jo: χά-c-ιο-c (vgl. φίλ-ο-ς, φίλ-ιο-ς,
ἄμβροτ-ο-ς, ἀμβροσ-ία), χά-ϊο-c, χαι-ό-c (α ι contr.), χα-ό-c (ι aus-
geworfen) =' ἀγαϑύς (vgl. Lob. Phryn. 404). — χι-το (α zu ι geschwächt, vgl. Skr. hi-ta gesetzt, gut), dann χι-τ-jo: κι-ττό-c lakon.
(κιττόν καλόν Λάκωνες, κιττῷ καλῷ, χρηστῷ, ἀγαϑῷ Hes.).

dhā.

θū, θη. — θή-κη f. Ort zum Niederlegen, Behältniss, Demin.
ϑηκ-ίο-ν n. (Hes.), ϑηκα-ῖο-ν (οἴκημα) Grabgewölbe (Her. 2. 86);
ἀγγο-ϑήκη Behältniss zur Aufstellung eines Gefässes (Athen. 5.
210. c), ἀπο-ϑήκη Speicher, Scheuer, Magazin (vgl. Apotheke),
βιβλιο-ϑήκη Bücher-behälter, -sammlung, Bibliothek, πινακο-ϑήκη
Bildersaal, Landkartensammlung, Pinakothek (Strabo 14. 944) u. s. w.
— θη-τ: θή-c (ϑητ-ός) m. Miethling, Lohnarbeiter, Tagelöhner, ver-
armte Freie, die sich um Lohn verdingen³) (Hom. nur Od. 4. 644:
ϑῆτές τε δμῶές τε Lohnarbeiter und Knechte; die ϑῆτες bildeten
nach der Solonischen Classenabtheilung die 4. Classe), fem. (ϑητ-ια)
ϑῆσσα, att. ϑῆττα; ϑητ-ικό-ς den ϑής betreffend (τό ϑ. die. Classe
der ϑῆτες in Athen); ϑητ-εύ-ω um Lohn arbeiten, ϑητε-ία f. Lohndienst (μίσϑωσις, δουλεία Lex.). — θη-γο: εὐ-ϑη-νό-c glücklich
(Hdn. epimer. p. 175), εὐ-ϑη-νέ-ω (eig. att. Form εὐ-ϑε-νέ-ω bis
Aristot.) im guten Zustande sein, sich wohl befinden, gedeihen,
Ueberfluss haben; εὐϑην-ία f. blühender Zustand, Fülle. — (ϑα-
μο-ιο, ϑαμιο) ϑαιμό-c· οἰκία, σπόρος, φυτεία Hes. — θη-μα-τ: ϑῆ-
μα(τ) n. = ϑήκη oder ἀνάϑημα (Soph. fr. 484); ἀνά-ϑημα(τ) n.
das Daran-, Dazu-gestellte = Zugabe, Anhängsel, Zuthat (Od. 1,
152. 21, 430), nachhom. Weihgeschenk (von Herodot an, 1. 14.
92), ἀναϑηματ-ικό-ς zum W. geh. — θη-μον: ϑη-μών (μῶν-ος) m.
das Zusammengelegte, der Haufe, Schober (ἤτων Od. 5. 368), ϑη-
μον-ιά Hes., -ία Suid. Eust., ϑημων-ιά-, -ία (LXX) id.; ϑημονο-ϑετέω
(Schol. Theokr. 10. 46), ϑημωνιά-ω auf einen Haufen legen,
schütten.

θυ (ϑυ: τίϑημι = στυ: ἵστημι), θαϝ, θωϝ⁴). — (ϑαϝ-ακο)
ϑᾱκο: ϑᾶκο-c m. Sitz, Wohnsitz, ϑᾱκέ-ω (nur Präsensst.) sitzen
(Trag.) (ϑακεύω Plut. Lyc. 20); ϑάκη-μα(τ) n. Sitzen, Sitz (Trag.),
ϑάκη-σι-ς f. Sitz (Soph. O. C. 9), ἐν-ϑάκησι-ς f. (Soph. Phil. 18);
(ϑαϝαχ-jω) ϑαάσσω ep., ϑάccω att., sitzen, ruhen (Hom. nur Inf.
ϑαασσέμεν, Impf. ϑάασσε Il. 9, 194. 15, 124. Od. 3. 336); θῶκο-c
(ion. poet. = ϑᾶκος; ep. ϑόωκος Od. 2, 26. 12, 318) m. Sitz,
Sitzung, Versammlung, ϑῶκον-δε zur Sitzung (Od. 5. 3); ϑωκέ-ω

= ϑᾱκέ-ω Her. 2. 173. — ϑωϜ-μο: ϑω-μό-c m. = ϑημών pag. 378 (Aesch. Ag. 295 D. und spät. Dichter).

mad + dha = Messen-thun[5]). — μιδ + ϑο: μιc-ϑό-c m. Lohn, Sold, Miethe, Demin. μισϑ-άριο-ν n.; μίσϑ-ιο-ς besoldet, gemiethet; μισϑό-ω um Lohn verdingen, vermiethen, μισϑω-τό-ς gemiethet, Söldner, μισϑωτ-ικό-ς zum Vermiethen, Lohndienst geh.; μισϑω-τή-ς m. Pächter (Is. 6. 36), Lohnarbeiter (Spät.), fem. μισϑώ-τρ-ια (Phryn. ap. Poll. 7. 1. 31); μισϑωτ-εύ-ω für Lohn dienen; μίσϑω-σι-ς f. das Vermiethen, Verpachten, Dingen, μισϑώσι-μο-ς zu vermiethen, zu verpachten, μισϑωσιμ-αῖο-ς vermiethet; μίσϑω-μα(τ) n. der bedungene Lohn, Miethzins, Pacht, Demin. μισϑωμάτ-ιο-ν n. (Alkiphr. 1. 36).

sva + dha = eigenes Thun[6]). — cϜε + ϑο, cϜε + ϑ, έ + ϑ. — (έϑ-ες) έϑ-οc (ους) n. Gewohnheit, Sitte, Brauch; έϑ-ίζω gewöhnen (Fut. έϑι-ῶ, Aor. είϑι-σα, Perf. είϑι-κα, είϑι-σ-μαι, Aor. είϑι-σ-ϑη-ν); ep. (Ϝέϑω) έϑω nur: Part. έϑων pflegend, gewohnt (Il. 9, 540. 16, 260; Perf. |Ϝε-Ϝωϑ-α, έε-Ϝωϑ-α, vgl. έέλπεται aus Ϝελπεται, εί-Ϝωϑ-α| εί-ωϑ-α[7]), ion. έ-ωϑ-α gewohnt sein, pflegen (κατὰ τὸ είωϑός nach Gewohnheit, wie gewöhnlich); zu *Ϝεϑύω: (έ-Ϝεϑω-κα) ε-νέϑω-κα üol., έϑω-κα, ήϑω-κα dor.; Verbaladj. έϑι-σ-τέο-ν; έϑι-κό-ς gewöhnlich; έϑι-μο-ς gewöhnt; έϑι-σ-τό-ς was man sich angewöhnen kann; έϑι-σ-μό-ς m. Gewöhnung, Gewohnheit; έϑι-σ-μα(τ) n. das Angewöhnte; έϑήμων (μον-ος) gewohnt (Mus. und spät. Dichter), έϑημο-σύνη f. Gewohnheit (Lex.). — ἦϑ-οc (ους) n., Hom. nur im Pl. ἤϑ ε α gewohnter Aufenthaltsort von Thieren (von Rossen = Weideplatz; von Schweinen = Kofen, Od. 14. 411); von Menschen: Wohnung; Gewohnheit, Herkommen, Sitte[8]); ἠϑε[c-]ῖο-c urspr. Hausgenosse (οἰκεῖος), bei Hom. = traut, theuer, lieb, meist Subst. ἠϑεῖε Trauter; adj. ἠϑείη κεφαλή geliebtes Haupt (vgl. deutsch: trautes Herz; in der Il. 5mal, Od. nur 14. 147), dor. ἠϑαῖο-ς (= ἠϑεῖος, ξεῖνος Pind. I. 2. 48); ἠϑ-ά-c (άδ-ος), ion. έϑ-ά-ς gewohnt, bekannt, zahm (τιϑασός Hes.); ἠϑαῖο-ς, ἠϑά-διο-ς, ἠϑα-λ-έο-ς id.; ἠϑ-ικό-c ethisch, sittlich, den Charakter darstellend, auf das Gemüth wirkend; zum Charakter gehörig, charakteristisch, ἠϑικό-τη-ς f. Moralität, moral. Rede (Chrys.), ἠϑικ-εύ-ο-μαι sittlich reden (Schol. Il. 7. 408). — cυν-ήϑ-ης zusammen-wohnend, -lebend, an einander gewöhnt, συν-ήϑε[σ]-ια f. das Zusammen-wohnen, -leben, geselliger Umgang, Angewöhnung, Gewohnheit (συνήϑειαι μαλακαί hymn. Merc. 485: das sanfte gewohnte Spiel der Saiten, Franke); Plur. = καταμήνια Arist. h. a. 6. 21); παρα-συνήϑης ungewohnt.

dha + p. — (Vgl. Skr. dhāpajāmi caus.) — Setzen, beisetzen, condere; begraben.

(ϑα-π, ϑα-φ) τα-φ[9]). — (*ταφ-τ-ω) ϑάπ-τ-ω bestatten, beerdigen, begraben (Fut. ϑάψω, Aor. έ-ϑαψα, ϑάψα-ν Il. 23. 612,

Pass. ἐ-τάφ-η-ν zuerst Herod., ἐ-θάφ-θη-ν Her. 2, 81. 7, 228; Perf.
τέ-θαμ-μαι, 3. Pl. τε-θάφ-α-ται und τε-τάφ-α-ται); τάφ-ο-c m., ταφ-ή
f. Leichen-bestattung, -feier, -mahl, Begräbniss, Grab; ταφε-ῖο-ς,
ion. ep. ταφή-ϊο-ς zum Begräbniss oder Grab geh. (τάφ-ιο-ς Diod.
12); ταφε-ών (ῶν-ος) m. Gräberstätte (Eus.); ταφ-εύ-ς m. Leichen-
bestatter; ταφο-ειδής dem Begräbniss und Grabe ähnlich (D. Cass.
67. 9); ἐπι-τάφ-ιο-ς == ταφεῖος (λόγος Leichenrede, ἀγών Leichen-
spiel). — τάφ-ρο-c und τάφ-ρη f. (Her. 4. 201) Graben (Od. nur
21. 210)[10]); ταφρ-εύ-ω einen Graben machen, ziehen, τάφρευ-σι-ς,
ταφρε-ία f. das Graben-machen, -ziehen, τάφρευ-μα(τ) n. der gemachte oder gezogene Graben; ταφρο-ειδής, ταφρ-ώδης einem Graben
ähnlich.

    dha-s == dha (vgl. Skr. Desiderativ *dhā* Med. sich ver-
schaffen wollen, zu gewinnen suchen, PW. III. 904) + s. — θε-c
begehren, flehen[11]).

    (*θεσ-ο-ς) θε-ό-c (urspr. angefleht) m. .Gott, Gottheit (θεοί
einsilbig Il. 1. 18, θεοῖσιν zweisilbig Od. 14. 251); θεά, (θεα-νja)
θέαινα f. Göttin (vgl. δέσποινα, λύκαινα; äol. βασίλι-ννα, Κόρι-ννα)[12];
θεύ-τη-ς (τητ-ος) f. Gottheit; θεό-ω göttlich machen, vergöttern,
θέω-σι-ς (ἀπο-θέωσι-ς Cic. Att. 1. 16. 13) f. Vergötterung; θε-ῖο-c
(θε-ϊκό-ς Sp., θε-ινό-ς Inscr. II. p. 418) göttlich; einer Gottheit
geweiht, heilig; herrlich, schön, vortrefflich (τὸ θεῖο-ν das göttl.
Wesen, die göttl. Vorsehung); θειό-τη-ς (τητ-ος) f. Göttlichkeit,
göttl. Natur, göttl. Wesen; θειό-ω göttlich machen, einem Gotte
weihen, θείω-σι-ς f. das Göttlichmachen; θεά-ζω ein Gott sein
(Sp.), auch == θειάζω, θεα-σ-τ-ικό-ς von Gott eingegeben (Sp.);
θειά-ζω == θεόω; begeistern; in göttl. Begeisterung prophezeien,
θεια-σ-τ-ικῶς begeistert (Poll. 1. 16), θεια-σ-μό-ς m. Begeisterung,
Prophezeiung in der Begeisterung; θεο-ειδής gottähnlich, göttergleich. — ἀγχί-θεο-ς den Göttern nah, nah verwandt (von den
Phäaken, Od. 5, 35. 19, 279); ἀντί-θεο-ς göttergleich, gottähnlich,
ausgezeichnet (ein feindlicher Gott, Heliod. 4. 7); κατά-θεο-ς gott-
gemäss, fromm (Poll. 1. 20); ἀνδρο-θέα mannhafte Göttin, Mann-
göttin (Athene, A. P. 15. 22). — ἔν-θεο-c, (ἐν-θέεο-ς) ἐν-θοῦ-c
(Sp.) Gott in sich habend, gottbegeistert; (*ἐν-θεε-ω, Part. *ἐν-
θεεοντ, fem. *ἐν-θεεοντ-ja, *ἐν-θεουντ-ja, *ἐν-θουντ-ja) ἐν-θουc-ια
f. göttl. Begeisterung (Zonaras pg. 728), ἐν-θουσιά-ω, ἐν-θουσιά-ζω
gottbegeistert, begeistert, verzückt sein; ἐνθουσια-σ-τή-ς m. ein Be-
geisterter, Schwärmer, Enthusiast (Eust. Eccl.), ἐνθουσια-σ-τ-ικό-ς
begeistert, schwärmerisch, enthusiastisch (act. begeisternd, ἁρμονία
Arist. Pol. 8. 7); ἐνθουσία-σι-ς f., ἐνθουσια-σ-μό-ς m. göttl. Begeisterung, Enthusiasmus, ἐνθουσι-ώδης == ἐνθουσιαστικός (Plut.
Pyrrh. und Sp.)[13]).

    θεc flehen noch in: θέcc-ε-cθαι· αἰτεῖν, ἱκετεύειν (Hes.); Aor.
θέσσ-α-ντο (Pind. N. 5. 10, ηὔξαντο Schol.), θεσσ-ά-μενο-ς (Hes.

ir. 23), Θεσσ-ά-μενοι (Ap. Rh. 1. 824. αἰτήσαντες, ἐξ αἰτήσεως ἀνα-
λαβόντες Schol.) Arch. fr. 11 B.³; kret. θησάμενοι (Hes.); ἀπό-θεс-
το-c verwünscht, verachtet (Od. 17. 296), πολύ-θεс-το-c viel erfleht (Call. Cer. 48). — Θέс-τωρ (τορ-ος) m. = Beter (Sohn des
Enops, von Patroklos getödtet, Il. 16. 401; Vater des Kalchas,
daher Κάλχας Θεστορ-ίδη-ς Il. 1. 69); Πασῑ-θέ-η = die All-
begehrte (eine der Charitinnen, welche Here dem Gotte des Schlafes
zur Gemalin verspricht, Il. 14, 269. 276)¹⁴). — Θέсκελο-c, Θέсπι-c
s. *sak* sagen; Θέсφατο-c s. *bha*.

dha.

-dĕ-re (-dĭ-d-i, -dĭ-tu-s): *ab-dĕre* wegthun, fortthun, fortschaffen, *ab-dĭtu-s* verborgen, versteckt; *ad-dĕre* zu Etwas oder
wohin thun, bringen, legen, hinzu-thun, -fügen, beigeben; *ad-dĭ-
ti-ō(n)* f. Hinzufügung, Zugabe; *additĭ-c-iu-s* später hinzugefügt
(Dig. Tert.), *addĭt-ivu-s* was hinzugefügt zu werden pflegt (*add.
pronomen, ἐπιταγματικόν* Prisc. 17. p. 1095 P.); (*addĭ-tā-re) ad-
dĭtā-men-tu-m* n. Zugabe; *con-dĕre* urspr. zusammenthun (vgl.
condo et compono quae mox depromere possim Hor. Ep. 1. 1. 12)
= aufbewahren, verwahren, bergen, verbergen; zusammenthuend
bilden, schaffen, einrichten, gründen, stiften; abfassen, verfassen;
condĭtu-s verschlossen, verborgen, Pl. n. die eingetragenen Vor-
räthe, das gefüllte Magazin (Dig. Cod. Theod.); *condĭ-tu-s* m. Gründung, Verwahrung (Sp., nur Abl. *condĭtu*); *condĭ-tor* (*tōr-is*) m.
Stifter, Gründer, Schöpfer, Ordner, Urheber, fem. *condĭ-tr-ix* (*ĭc-is*),
condĭtōr-iu-m n. Vorrichtung zur Aufbewahrung, Grabmal, Gruft,
Sarg, *condĭ-tūr-a* f. das Verfertigen (*vasorum* Petr. 51. 5), *condĭ-
ti-ō(n)* f. Aufbewahrung (*frugum* Cic. div. 1. 51. 116), Schöpfung
(Prud. Tert.); (*Cond-io) Consu-s* (vgl. umbr. *Fiso* statt *Fidio*) der
geheime oder verborgene Gott¹ᵇ), Vorstand der Rathschläge (*Consus consilio, Mars duello, Lares comitio potentes* Tert. spect. 5),
Consu-ālia n. Pl. das Fest des Consus, am 18. oder 21. August
gefeiert (*Consualia ludi dicebantur, quos in honorem Consi faciebant,
quem deum consilii putabant* Paul. D. p. 41); *in-dĕre* hinein-thun,
-setzen, -bringen, -fügen; Part. *indĭtu-s* hineingethan u. s. w.; metaph.
beigelegt, zugesellt (*nomen, cognomen*); *ob-dĕre* vor etwas legen,
-setzen, -stellen, vormachen, vorlegen, verschliessen, hineinfügen,
metaph. blossstellen (*latus* Hor. Sat. 1. 3. 59); *per-dĕre* (*per-
= Skr. párā weg, ab, fort, hin; vgl. *per-eo*¹⁶) = wegthun, hin-
thun, d. i. verthun, verderben, zu Grunde richten; übertr. verlieren, verlustig gehen (Plautus: *perdu-unt*, Conj. *perdu-im, -is, -it,
-int; perditur* Amm. 14. 5); Part. *perdĭtu-s* unglücklich, verloren,
heillos, verdorben, *perdi-tor* (*tōr-is*) m. Verderber, Vertilger, fem.
perdi-tr-ix (Eccl.), *perdi-ti-ō(n)* f. das Verderben (Alcim. 4. 138),
perdi-ti-m (*amare* Afran. ap. Charis. 2. p. 191); *offici-perd-u-s* (Cato
Is. gl.) die Wohlthaten übelanwendend, *officiperda* bei dem die W.

übel angewandt sind (*gratior officiis, quo sis mage carior, esto, ne nomen subeas quod dicitur officiperdae* Cato distich. 3. 87); *sub-dĕre* unten oder unter hin thun, legen, setzen, stellen, unterlegen, -setzen, unterwerfen, unterthänig machen; übertr. preisgeben, überlassen, fälschlich unterschieben; *subdit-ĭciu-s, -ivu-s* untergeschoben, unächt; *subdi-tā-re* unterfügen, anbringen (*stimulum* Lucr. 6. 603). — Zu *per-dĕ-re:* (*per-d-ti, *per-s-ti) **pes-ti-s** (vgl. *tes-ti-s* pg. 311) f. Verderben, Untergang, Tod, Unheil (diese Bedeutung ist die gewöhnliche geblieben; s. *pestilentia*[17]), *pesti-li-s* ungesund, verpestet (Arnob. 1. pg. 11), *pestili-ta-s* (*tāti-s*) f. Seuche, Pest (Lucr. 6. 1097); (*pestilĕ-re) *pestile-n-s* (*t-is*) pestilenzialisch, ungesund, schädlich, verderblich, *pestilent-u-s* = *pestilis* (Laev. ap. Gell. 19. 7. 7), *pestilent-ia* f. die mit Verderben behaftete Krankheit, Pest, Seuche, ungesunde Witterung (*pestis* dafür nur stellvertretend), *pestilenti-ōsu-s, -āriu-s* = *pestilis; pesti-mu-s* (λοιμοφόρος Gloss. Gr. Lat.).

sva + dha (vgl. pg. 379)[18]). — (*sva-dhā, *so-dā Gewohnheit:) **sŏ-dā-li-s** m. f. Gefährte, Kamerad, Gesellschafter, Genosse, Zechbruder, im schlimmen Sinne: Spiessgeselle (fem. *sodali-a* Gruter inscr. 1134. 2, Murat. inscr. 1074. 10), *sodāli-c-iu-s* zum Sodalis gehörig, Subst. n. Bruderschaft, Kameradschaft, Freundschaftsbund, Genossenschaft, Gesellschaftsmahl, Kränzchen, Piknik, im schlimmen Sinne: unerlaubte, geheime Verbindung (*sodalici-āriu-s, -āria* Orelli inscr. 4794. 4644); *sodāli-ta-s* (*tāti-s*) f. = *sodalicium.*

dhă = fă.

fă-c-ĕre (*fĕ-făc-i, *fĕ-fĭc-i, *fĕ-ĭc-i = *fēci, fac-tu-s; feci* C. I. L. 5. 551, *fecerun* ibd. 2658) thun, machen, verfertigen, verursachen, erregen, begehen, erzeugen, erbauen[19]) (*verbum facere omnem omnino faciendi causam complectitur, donandi, solvendi, iudicandi, ambulandi, numerandi* Dig. 50. 16. 218); neutr.-passive Bildung: (*fa-i-o, fe-i-o*) **fĭ-o,** *fi-erī* (altlat. Inf. Activi = *fierei*) gethan werden; werden, entstehen, geschehen, stattfinden[20]) (Präs. *fĭ-o, fi-s, fĭ-t, fĭ-unt,* Conj. *fĭ-am,* Imp. *fĭ, fĭ-te,* Inf. *fĭ-ĕrī;* Part. *fiens* Diom. 1. p. 352; Ind. *fitur* Prisc. 8. 789; Impf. *fĭ-ēbam, fĭ-erem,* Fut. *fĭ-am*). — Composita: (im Passivum: Präposition mit *făcio* = *ficior;* Verbalstamm oder Adverbium mit *făcio* = *fio*) a) -*făcio, -fĭo:* arc-, assue-, calc-, commone-, labe-, made-, pate-, tepe-u. s. w.; b) -*ficio, -ficior:* af-, con-, de-, ef-, in-, inter-, of-, per-, prae-, pro-, re-, suf- (Ausnahmen: *con-fieri, -fit, -fieret; de-fieri, -fit, -fiat, -fiet*). — Intens. *fac-tā-re* verrichten (Plaut. Merc. pr. 93. Truc. 5. 53); *af-fectā-re* mit aller Gewalt sich an etwas machen, zu erreichen suchen, erstreben (*adfectare est pronum animum ad faciendum habere* Paul. D. p. 2. 4); *fac-ti-tā-re* häufig oder emsig thun, schaffen (Tert. *factitā-tor* Verfertiger, *-tio* das Schaffen, *-mentu-m* Gemachtes); *făc-e-ss-ĕre* mit Eifer betreiben, im schlimmen

Sinne: zu schaffen machen, Schlimmes bereiten; *se f.* sich davon machen, entfernen; **pro-fīc-ĭ-sco-r** (*pro-fec-tu-s sum*) ich fange an (*-sco*) mich [eig. sich] (*se = r*) fort (*pro*) zu machen (*facere*); dazu auch act. (vorclass.) *proficisco* ich mache fort = sich aufmachen, sich auf den Weg machen, ziehen, gehen, reisen, marschieren, fort-, wegreisen u. s. w.[21]), *profec-tĭ-ō(n)* f. Abreise, von Sachen: das Herkommen (*profectio pecuniae requiratur* Cic. Cluent. 30. 82), *profec-t-ĭc-iu-s* ausgehend, herrührend (*profecticia dos est, quae a patre vel parente profecta est* Dig. 23. 3. 5); *pro-fector* der Reisende (*ἔκδημος* Gloss. Gr. Lat.). — **fac-tu-m** (Part. Pass. als Subst.) n. das Gethane, That, *prŏ-fecto* in der That, wahrlich, wahrhaftig, wirklich; *fac-tu-s* (Abl. *fac-tu*) m. Bereitung; *fac-tor* (*tōr-is*) m. Thäter, Urheber (Oelpresser, Cato r. r.), *factōr-iu-m* n. Oelpresse, *fac-tūr-a* f. das Bilden, Schaffen, Verfertigen (das Geschaffene selbst, das Wort, *dei*, Prud.); *fact-ĭc-iu-s* künstlich (gramm. *nomen* ein nach den Naturlauten gebildetes Wort, Prisc. p. 581. P.); **fac-tĭ-ō(n)** f. das Thun, Machen; das Mitthun = Verbindung, Vereinigung, meist im schlimmen Sinne: Partei, Plur. Parteiungen; (**faction-ōsu-s*) *factiōsu-s* viel vermögend (Plaut. Bacch. 3. 6. 13: *lingua factiosi*); bes. sich auf eine Partei stützend d. h. herrschend, herrschsüchtig, viel geltend; (**făc-ĭn-es*, vgl. **ĭt-ĭn-es*, *iter* pag. 81) **făc-ĭn-us** (*-ŏr-is*) n. das Gethane, That, Handlung, Begebenheit, Uebelthat, Schandthat, Verbrechen, *facinor-ōsu-s* lasterhaft; **făc-ĭli-s** (*per-facul* Fest. p. 214. 215) was sich machen lässt = leicht; leicht geneigt, passend, tauglich; leicht zu behandeln = freundlich, nachgiebig, gefällig (Adv. *facile; facili-ter* Quint. 1. 6. 17. Vitr., *facul-ter* Paul. D. p. 87. 1); *facili-ta-s* (*tāti-s*) f. Leichtigkeit, Neigung, Geneigtheit, Freundlichkeit u. s. w.; *facul-tā-s* (*tātis*) f. Vermögen oder Fähigkeit zu thun, Kraft, Gelegenheit, Möglichkeit, Geschicklichkeit, Kunst; übertr. (= *copia*) grosser Haufe, Menge, Pl. Vermögen, Reichthum, Demin. *facultāt-ŭ-la* (August. Hieron.), *facultati-cula* (Not. Tir. p. 51) kleines Vermögen; *Facultāli-s* Bein. (Fabr. inscr. p. 435. 22); (**dis-facili-s*) *dif-fĭcĭli-s* (*dif-ficul* Varr. ap. Non. p. 111. 25) schwer zu thun = schwer, schwierig, beschwerlich, rauh; schwer zu behandeln = unfreundlich u. s. w. (Adv. *dif-ficile, -ficiliter, -ficulter*); *dif-ficul-tā-s* (*tātis*) f. Schwierigkeit, schwierige Lage, Beschwerlichkeit, Noth, Mangel; Eigensinn, Unfreundlichkeit. — **-fĭc:** *-fex* (*fĭc-is*): *arti-fex* m. f. Künstler (-in), Meister, Adj. kunst-fertig, -voll, künstlerisch; *auri-fex* m. Goldarbeiter; *carni-* oder *carnu-fex* m. f. Scharfrichter, Henker, Peiniger, -in, Adj. peinigend; *dapi-fex* der am Hofe die Speisen bereitet (Murat. inscr. 915. 3); *of-fex* (*impeditor, qui officit,* Isid. Gl.); *opi-fex* m. f. Werkmeister, Arbeiter, Handwerker (-in); *ponti-fex* (älter *pontu-*) m. Pfadbereiter (s. W. *pat*) (der zum Pfade der Götter leitet), Oberpriester bei den Römern (der Vorsteher hiess *p. maximus*), übertr. der christl. Bischof (Sid. carm. 16. 6)²²). — -**fico**: *bene-ficu-s* gut- oder wohlthätig, *grati-ficu-s* gefällig, willfährig (*pectus*, Paul. Petr. vit. s. Mart. 2. 716), *honori-ficu-s* ehrenvoll, *horri-ficu-s* schauderhaft, schrecklich, *magni-ficu-s* gross in That und Gesinnung, glänzend, prächtig, im schlimmen Sinne: grossthuend, prahlerisch, *male-ficu-s* schlecht handelnd, ruchlos, gottlos, schädlich, nachtheilig, *miri-ficu-s* Be- oder Ver-wunderung erregend, wunderbar, auffällig, *muni-ficu-s* Geschenke machend (= *muneri-ficus*), *per-ficu-s* vollendend, vollbringend (*natura*, Lucr. 2. 1115), Subst. *Perfica* die Göttin des Vollbringens (Arnob. 4. pg. 131), *tabi-ficu-s* schwinden machend, schmelzend, verzehrend, *terri-ficu-s* Schrecken erregend, *vene-ficu-s* giftmischend, vergiftend, bezaubernd, Subst. Giftmischer, -in (= *veneni-ficus*): hiezu der Comparativ und Superlativ: *-ficu-s*, *-fic-ere*, Part. *-fic-ent*; daraus *-fic-ent-ior*, *-ent-issimu-s*: *bene-ficent-ior*, *-issimus*, ebenso: *honori-*, *male-*, *magni-*, *muni-* und *miri-* (dies blos im Superl.)²³), woraus die Substantiva auf *-fic-ent-ia*: *bene-fic-ent-ia*, ebenso: *honori-* (Vop. Aur. 25. Symm. ep. 6. 35. 36), *magni-*, *male-* (Plin. 9. 9. Lactant.), *miri-* (Chrysol. serm. 63), *muni-*. — -**fic-io**: *aedi-ficiu-m* n. Gebäude, *arti-ficiu-m* Kunst-übung, -betrieb, -fleiss, -fertigkeit, -werth, -griff, *bene-ficiu-m* Gutthat, Wohlthat, Vergünstigung, Verdienst, *male-ficiu-m* Uebelthat, Verbrechen, Betrug, zugefügter Schaden, *opi-ficiu-m* (Varr. Appian.), *of-ficiu-m* n. Werkverrichtung, Leistung, Obliegenheit, Pflicht, Aufgabe, Schuldigkeit, Freundesdienst, Gefälligkeit, *ori-ficiu-m* Mund-Öffnung, -loch, Mündung (App. Macrob.), *vene-ficiu-m* Giftmischrei, Zauberei; -**fica-re**: *aedi-ficare* einen Bau machen, ein Gebäude errichten, bauen, errichten, *carni-ficare* Henkerdienst verrichten, peinigen, *grati-ficari* (-*äre* Cassiod. 7. var. 6) einen Gefallen thun, willfahren, darbringen, opfern, schenken, *honori-ficare* Ehre anthun, ehren (Eccl.), *horri-ficare* furchtbar, schauerlich machen, erschrecken, *imbri-ficare* beregnen, befeuchten (Marc. Cap. 6. 191), *magni-ficare* hochschätzen, hochachten, *muni-ficare* beschenken (Lucr. 2. 625), *noti-ficare* bekannt machen (Pomp. ap. Non. p. 144. 24), *orbi-ficare* verwaisen, kinderlos machen (Acc. ap. Non. p. 179. 26), *terri-ficare* schrecken, erschrecken (Lucr. Verg. Stat.), *testi-ficari* Zeugniss ablegen, bezeugen, bekunden, darthun, *vivi-ficare* lebendig machen, wieder beleben (Eccl.). — -**fic-ina** f.: *carni-*, *carnu-fic-ina* Henker-, Peinigeramt, Peinigung, *opi-ficina* Werkstatt (Plaut. mil. 3. 3. 7. Jul. Valer. res gest. Alex. M. 3. 83), *of-ficina* Werkverrichtung, Werkstätte, Arbeitsort, *offi-cina-tor* m., *tr-ix* f. Werkmeister, -in. — *-fic-äc*: **ef-fic-ax** (*äcis*) wirksam (Adv. *efficaci-ter*), *efficac-ia* (Plin. 11. 5. Amm. 16. 12. 25), *efficaci-tä-s* (*täti-s*) (Cic. Tusc. 4. 13. 31) f. Wirksamkeit.

/ā-ma Haus (mit veränderter Quantität)²⁴): **fämü-lu-s** (οἰκέτης zum Hause gehörig) m., *famüla* f. Hausgenoss-e, -in,

Diener, -in; adj. dienstbar, dienend (schon Fest. p. 87: aus dem Osk. *famel* Sklave); *famuli-tā-s* (Pacuv. ap. Non. p. 109. 29); *famul-ā-tu-s* (*tūs*) m. Dienstbarkeit, *famuli-t-iu-m* n. id., Dienerschaft, Hausgesinde; *famul-āri-s* zum Diener geh., ihn angehend; *famulā-ri* dienen (-*re* dienstbar machen, Tert.), *famulā-ti-ō(n)* f. Dienerschaft (App.), *famula-tor-iu-s* knechtisch (Tert.), *famula-tr-ix* f. Dienerin (Donat. ad Ter. Andr. 1. 1. 3), Adj. dienend (Sidon.), *famulā-bundu-s* dienstbar (Tert.); **fa-mĭ-l-ia** f. Hausherrschaft oder Verwandtschaft des Hausherrn (*pater-*, *mater-familiās*); Hausdienerschaft; Hausgenossenschaft (Herrschaft und Dienerschaft zusammen); Hauswesen, Hausbesitz; Demin. *familiŏ-la* (Hieron. ep. 108. 2); *famili-āri-s* (Adv. -*ter*) zur Dienerschaft u. s. w. geh.; eigenthümlich, einheimisch, eigen, bekannt, freundschaftlich, vertraut, Subst. Diener, Sklave, Vertrauter, Freund, *familiari-cu-s* id. (Varro r. r. 1. 13. 14, Dig.), *familiari-tā-s* (*tāti-s*) f. Vertraulichkeit, Freundschaft, (concret) Pl. vertraute Freunde, *familiare-sc-ĕre* vertraut werden (Sidon. ep. 7. 2).

dhaman, dhamas: *fēmen* (*femĭn-is*), *fēmur* (*femŭr-is*) n. Hüfte, Oberschenkel (*dicitur tamen et hoc femen feminis, cuius nominativus raro in usu est* Prisc. VI. 52), *femin-ālia* n. Pl. Schenkelbinden (Suet. Aug. 82. Hieron.).

B. Gl. 200 ff. — Corssen II. 410; N. 239. — C. E. 254 f. 525; C. V. I. 156. 12). 175. 14). 184. 9). II. 347. 365. — F. W. 100 f. — L. Meyer KZ. VIII. 276 ff. — 1) Vgl. Ahrens Themis Hannover 1864. — 2) Legerlotz KZ. VIII. 416 f.: „dem Skr. *ha-ta-s *χα-το-ς entspricht ganz regelmässig das goth. *guþ*, unser *gut*", — Goebel N. Qu. p. 16: zu ἀγα-μαι; bewundernswerth. So auch Herodian; vgl. Plat. Kratyl. 412 c.: καὶ μὴν τὸ γε ἀγαθόν, τοῦτο τῆς φύσεως πάσης τῷ ἀγαστῷ βούλεται τὸ ὄνομα ἐπικεῖσθαι. — Grassmann KZ. XII. 129: als Wurzel ist *gadh* zu vermuthen (ved. *ā-gadh-ita*, *pari-gadh-ita* angeklammert, umklammert, *gādhja-s* was man festhalten muss, zu erbeuten) mit dem Bedeutungsübergange etwa durch den Mittelbegriff „*aptus*" hindurch. — Pott KZ. IX. 33 (gegen Legerlotz): „Gleichheit von *gods*, gut, mit ἀγαθό-ς (zur Wurzel ἤγαθεος comp. wie ζάθεος?) ist mehr als zweifelhaft. S. Dief. s. 435". — Tobler KZ. IX. 255: *gut*, got. *gōd*, ἀ-γαθός? Grundbegriff also: „füglich", vgl. *jus: jungere;* ibd. pg. 262: mit anderer Zerlegung seiner Elemente könnte es zu ἀγαμαι gehören. — Die Deutung von ἀγαθός bleibt also zweifelhaft, obwohl sich gegen jene von Legerlotz lautlich und begrifflich kaum Erhebliches einwenden lässt. — 3) So auch Buttmann Lex. II. 111: θέω, θάσσω, τίθημι „Sasse, Insasse". — Düntzer KZ. XVI. 27: *dha* thun: „der arbeitende, der thuende". — Lobeck Aglaoph. 1319: θάω nähren. — Vgl. Nägelsb. Hom. Th. pg. 289. — 4) Sonne KZ. XIII. 436*). — Vgl. Buttm. Lex. II. pg. 111. — 5) C. E. 260; C. V. II. 349. — F. W. 155. 386. — Miklosich Lex. pg. 388: *mizda* (vgl. nsl. *mezda*, böhm. *mzda*, oserb. *mzda*, *zda*, goth. *mizdo*). — Pott KZ. XIII. 349: ags. *meord*, dessen *r* statt *z* in goth. *mizdo*, μισθός, zend *mijda* (*j* wie im franz.), *mizda*, *mizda*, *récompense;* vgl. Grimm Gesch. I. 422: „leider ihrem Ursprunge nach noch unaufgeklärt": — 6) Benfey gr. W. II. 352, vgl. I. 372. — C. E. 251; C. V. I. 123. 3). 392. — F. W. 219. — 7) Vgl. Savelsberg Qu. lexic. pag. 6. — 8) B. Gl. 417 a: *sādh proficisci, superare, vin-*

cerc. — 9) C. E. 502; C. V. I. 236. 6). — B. Gl. 163b: *tap calefucere*, *urere: tepeo, quod primitive cremare significat.* — 10) So auch Pape W.: „hängt mit ϑάπτω, τάφος, wie im Deutschen Grab und Graben zusammen". — 11) C. E. 503 ff.: „nach alldem scheint mir immer noch die Deutung die zulässigste, die ich früher im Anschluss an Döderlein (Gl. n. 2500) aufgestellt habe". Nach der dort angestellten sorgfältigen und scharfsinnigen Begründung der eigenen Deutung und der Widerlegung anderer Deutungen bleibt dem Verf. wohl nichts anderes übrig als „*iurare in verba magistri*", wenn auch andere Deutungen, namentlich die von dir glänzen, *dēvá* himmlisch, mitunter sehr angesehene Vertreter haben. Dem Verf. sind im Ganzen folgende Deutungen von ϑεός bekannt: a) Curtius und Döderlein: θε-ς begehren, flehen. — b) *div* glänzen, leuchten; *dēvá* himmlisch: Ascoli frammenti linguist. III (*divjás* ved., *divjas* Skr. = δι*F*εό-ς, δι*F*εο-ς = δ*F*εό-ς, ϑεό-ς, vgl. *drūra*, ϑύρα, δ = ϑ durch Ausfall der Spirans). Benfey griech. W. L. II. 207 (δει-*F*ό-ς, δει-ō̃-ς, *F* = spir. asper; δ = ϑ durch Einfluss des Digamma). B. Gl. 193a (*dir splendere*). Kuhn KZ. I. 185 (wie Benfey). Lassen ind. Alterthumskunde I. 755. Lefmann KZ. XIX. 400 (*deus*, ϑεός u. s. w. ein Beweis mehr für die Annahme auch jüngerer individueller Bildung von Aspiraten [*dh*] an Stelle älterer und einfacher Media [*d*]). Legerlotz KZ. VII. 307 (δει-*F*ό-ς, δει-ό-ς, ϑει-ό-ς, ϑεj-ό-ς, ϑε-ό-ς). L. Meyer KZ. VII. 17 (δει-*F*ό, ϑει-*F*ό, ϑει-ό, ϑε-ό). Pape W. s. v. (andere bringen es richtiger mit Ζεύς, Διός, *deus* zusammen). Sch. W. s. v. (Skr. *dēva*, lat. *deus*; vgl. Ζεύς). Schweizer KZ. III. 209 (wie Benfey). Also eilf Vertreter dieser Deutung. — c) *dī-dhi*, aspirirte Nebenform von *div* (*didhi* ϑεός) Grassmann KZ. XI. 5. — d) θε schaffen, ϑεό-ς Schöpfer: Haimbach Drei Abhandl. Progr. Giessen 1866. Rödiger KZ. XVI. 158 f. (ϑε + Suff. εο, ιο = Skr. *ja*: *dh-ja-s* ϑ-ιό-ς, lakon. σιός, σιά, kret. ϑιός). Vgl. Herod. II. 52: ϑεούς δὲ προσουνάμασάν σφεας ἀπό τοῦ τοιούτου, ὅτι κόσμῳ ϑέντες τὰ πάντα πρήγματα καὶ πάσας νομὰς εἶχον (Lhardy: *eo quod illi omnes res ordine posuissent, et distributionem earum omnem in manu haberent*). — e) θε-ς, Nebenwurzel von ϑε schaffen: Goebel KZ. XI. 55 (ϑεσ-ό-ς, ϑε-ό-ς der Schaffer, Schöpfer, κόσμου δημιουργός). — f) *dhi* einsichtig, andächtig sein, beten: Bühler Benf. Or. u. Occ. I. 508 ff. (Skr. *dhi-s* Gedanke, Einsicht, Andacht; ϑεός und die nordischen *diar* = die weisen oder die glänzenden). F. W. 368 (*dhi*, *dhaja* Gott, ϑεό-ς, and. *dia-r* m. pl. die Götter). — g) *dhu*, *dhū* erschüttern, in stürmischer Eile laufen, Skr. *dhavá-s* urspr. Held, Mensch: Grotefend allgem. Lit. Zeitung 1829 N. 179. Schleicher KZ. IV. 399 (*dhu*, mittelst Steigerung ϑε*F*ο-ς). Schweizer KZ. I. 158. Vgl. Plato Kratyl. p. 397 D: ἅτε οὖν αὐτὰ ὁρῶντες πάντα ἀεὶ ἰόντα δρόμῳ καὶ ϑέοντα, ἀπὸ ταύτης τῆς φύσεως τῆς τοῦ ϑεῖν ϑεοὺς αὐτοὺς ἐπονομάσαι. — h) Skr. *stáva* der Preiswürdige: Pauli Gesch. der lat. Verba auf *uo* 1865 (aber PW. VII. 1261 bietet blos: *stáva* m. Lob, Verherrlichung, Loblied). — 12) Vgl. C. E. 637; C. KZ. IV. 213. — 13) Leo Meyer KZ. VII. 417. — 14) C. E. 509; C. V. I. 314. 33). — F. W. 104: *dhī*, *dhjā* einsichtig, andächtig sein, beten, *dhja-s*, *dhi-s*: ϑές-σασϑαι; ibd. pg. 10: ἀπό-ϑεσ-το-ς zu *dhras* zerstieben, spritzen, stäuben; zu Grunde gehen: verachtet, verworfen. — 15) Grassmann KZ. XVI. 109. — 16) PW. IV. 497. — 17) Benary Röm. Lautl. I. 239. — Corssen B. 396 f. — Pott E. F. I. 137. — Ascoli KZ. XVII. 342: *pat* fallen: *pet-ti*, *pes-ti-s* = *ruina*, vgl. *labes* als *lapsus*, *pernicies*, *pestis*. — Benfey gr. W. L. I. 584: *pat* leiden, *pat-ti-s* Leiden, Krankheit. — Ebel KZ. IV. 446: *pard*: perd-, pers-, pes-ti-s, vgl. stinken wie die Pest. — F. W. 117: *pad* fallen, das Fallen = häufig Sterben = Pest, Verderben. — Pictet KZ. V. 351: *pad* gehen, wandern: pes-ti-s die wandernde Krankheit. — 18) Vgl. oben Anm. 6. — Corssen I. 314.

II. 64. — Froehde KZ. XII. 158. — 19) B. Gl. 39a. 276a: *bhu esse*, Skr. *bhâvayâmi, mutato v in c.* — Corssen I. 423 f. II. 1013; B. 45: *bha* leuchten: · *fa-c-io* mache erscheinen, stelle an's Licht = thue, mache. — F. W. 470: *spak*, *sfak*, *fak* binden: ob selbst *facio* nicht eigentlich „knüpfen" bedeutet? — 20) Curtius V. II. 350. — Kuhn KZ. VI. 156 f. — Dagegen Corssen KZ. X. 152 f. und Savelsberg KZ. XXI. 126: *bhu fu-ere, fui-ere, fei-* (*fei-ent* lex Julia v. 62), *fi-* (*fi-ent*), *fi-ere, fi-eri.* — 21) Pott KZ. VIII. 29. — 22) Kuhn KZ. IV. 75; vgl. Skr. *pathikṛt* = Pfadmacher. — Corssen KZ. II. 28: Brückenbauer, vom Bau des *pons sublicius* benannt. — 23) Bechstein St. VIII. 350. — 24) C. E. l. c. — Corssen B. 184: *bhag fovere, colere, possidere, incolere, habitare* (vgl. Serv. Verg. 6. 193: *veteres fovere pro diu incolere et inhabitare dixerunt;* also: *fa-ma* Haus „als erwärmtes". Möglich indessen, dass die Bedeutung von *fa-ma* erst aus der 2. Bedeutung der W. *bhag* „*incolere*" erwachsen ist. — Corssen I. 800: *bhag, bhag* zutheilen: *fag-ma, fa-ma* = Eigenthum, Besitz, Gut; Besitzthum, Hauswesen, Haus-dienerschaft, -genossenschaft, -verwandtschaft.

---

2) **DHA** saugen, säugen. — Skr. **dhā** (*dhē*) saugen, trinken, caus. säugen, ernähren (PW. III. 930).

dha = θα, θη. — *θά-ω, *θά-ο-μαι saugen, melken: ϑῆ-σαι nur Gramm. (θρέψαι, θηλάσαι Hes.); hom. ϑῆ-σϑαι, Aor. ϑήσα-το (säugen: Ἀπόλλωνα ϑήσατο μήτηρ h. Ap. 123). — (*dhā-la*) θη-λή f. Mutterbrust (θηλαὶ μαστῶν Brustwarzen, Arist. h. a. 2. 8); ϑηλά-ζω säugen, ϑηλα-σ-μό-ς m. das Saugen (Plut. Rom. 4), ϑηλά-σ-τρ-ια f. die Säugende, Amme; ϑηλα-μών (μόν-ος) säugend, milchend, ϑηλαμ-ινό-ς m. Säugling (ϑελαμινοῦ· νεογνοῦ Hes.); αἰγο-ϑῆλα-ς (αἰγι-) m. Ziegenmelker (ein Vogel, *caprimulgus*, der den Ziegen heimlich die Euter aussaugen sollte, vgl. Plin. 10. 40); θη-λώ (οῦς) f. Amme (Hes.), ϑηλο-ναί Pl. id. (Plut. qu. Rom. 57), ϑηλο-ειδής zitzenförmig (Theophr.). — (*dhā-lu*) θή-λυ-c (ϑήλεια, θῆλυ; poet. auch ϑῆλυ-ς, ϑῆλυ) weiblich, weiblichen Geschlechts; weibisch, schwach, zart, befruchtend, erfrischend (Comp. ϑηλύ-τερο-ς ohne compar. Bedeutung: ϑηλύτεραι ϑεαί, γυναῖκες die zarten G., F.); ϑηλυ-κό-ς weiblich (bes. Gramm.), ϑηλυκ-εύ-ο-μαι sich weibisch benehmen (Clem. Al.); ϑηλυκ-ώδης weiblich; ϑηλύ-τη-ς (ητ-ος) f. weibliche Natur, weibische Weichlichkeit; ϑηλύ-νω weiblich, weibisch machen, übertr. erweichen. — (*dhu-na*) γαλα-ϑη-νό-ς milchsaugend, jung, zart (νεβροί Od. 4, 336. 17, 127); ϑή-ν-ιο-ν n. Milch (Hes.). — Die Wurzel erweitert zur Bedeutung „liebkosender Behandlung": θε-ῖο-c m. Oheim, Vater-, gew. Mutterbruder (ὁ πρὸς μητρὸς ϑεῖος Is. 5. 10), θε-ία f. Tante, Vater-, Mutterschwester (nach Hellad. bei Phot. 530. 6).

dha-dh, da-dh. — τή-θ-η (τη-ϑ-ή) f. Grossmutter, Mütterchen (*avia*, Amme), τηθ-ία f. ehrendes Anredewort an alte Frauen (ϑηϑίβιο-ς Lex.); τηθ-ί-c (ίδ-ος) f. Vater- oder Mutterschwester, Tante (ϑεία Suid.); τηϑέ-λη-ς, τηϑε-λᾶ-ς, τηϑε-λα-δοῦς, (τηϑαλ-λο)

τηϑαλ-λα-δοῦς (oder -δᾶς), τηϑαλ-λω-δοῦς (Hes.) Grossmuttersöhn-
chen (μαμμόϑρεπτος Schol. Ar. Ach. 49); Τηϑ-ύ-ς (ύ-ος) Tochter
des Uranos und der Gäa, Allmutter, *Alumnia*[1]) (Ὠκεανόν τε, ϑεῶν
γένεσιν, καὶ μητέρα Τηϑύν Il. 14. 201); Θέτ-ῐ-ς (Θέτ-ῐδ-ος, Θέτ-ῐ-ν,
Θέτ-ῐ) Gemalin des Peleus und Mutter des Achilles (= Nährerin)[2]);
τῆϑ-ος (ε-ος) n. Auster (d. i. das Festgesogene; man denke an die
Austernbänke)[3]), Il. 16. 147, τῄϑ-υ-α n. pl. id. (Arist. h. a. 4. 6),
Demin. τηϑυ-ν-άκ-ιο-ν (Epich. ap. Ath. III. 85. c). — τιτϑό-ς m.,
τίτϑη (τιτϑή) f. Brustwarze, Mutterbrust (τίτϑη auch: Amme), Dem.
τιτϑ-ίο-ν n., τιτϑ-ί-ς (ίδ-ος) f.; τιτϑ-εύ-ω, τιτϑ-ίζω (τιϑεύω Plut.
Lyc. 16) Amme sein; säugen, nähren, τιτϑε-ία f. Ammendienst;
ἐπι-τίτϑ-ιο-ς an der Mutterbrust liegend, noch saugend (Theokr.
24. 54); τιϑή-νη f. Amme, Wärterin, Pflegerin, τιϑη-νό-ς (τιϑευ-
τήρ Or. Sib.) wartend, nährend, pflegend; auch Subst. Pfleger,
Erzieher; τιϑην-έω (-εύ-ω Phot.) warten, pflegen, hegen, τιϑήνη-
σι-ς (τιϑεν-ία, τιϑεν-ε-ία) f. Ernährung, Pflege, Wartung, Erziehung,
τιϑηνη-τήρ (τῆρ-ος) m. = τιϑηνός, τιϑηνή-τειρα = τιϑήνη, τιϑηνη-
τήρ-ιο-ς wartend, pflegend; τιϑήνη-μα(τ) n. das Aufgezogene, Zögling, τιϑην-ίδ-ια (erg. ἱερά) das Ammenfest, in Lakedämon für die
Kinder gefeiert (Ath. IV. 139. a); τιϑ-ό-ς (Sp.), τιϑ-α-σό-ς (Sp.
-α-σσό-ς) aufgezogen = zahm, gezähmt, künstlich gezogen, von
Menschen: gemässigt, mild, τιϑασ-εύ-ω (τιϑάσσω E. M.) zähmen,
veredeln, τιϑασευ-τή-ς (-τωρ Opp. Cyn. 2. 543) m. der Zähmende
(Ar. Vesp. 704), τιϑασευ-τ-ικό-ς zum Zähmen geschickt, geeignet,
τιϑασε-ία f. das Zähmen; τιϑάσσευ-μα(τ) n. Mittel zum Z.; τιϑ-ά-ς
(τιϑά-δ-ος) f. (erg. ὄρνις) die zahme oder Haushenne (Alph. 12).

dhā = fē, fī.

fē-mǐna f. (= Säugerin) Frau, Weib[4]), *femin-eu-s* der Frau,
dem W. angehörig, weiblich; weibisch, weiberartig, unmännlich.
femin-īnu-s weiblich (Gramm., *nomen*); *femin-al* (-āli-s) n. weibl.
Schaam (App. Met. 2. p. 122); Demin. (*femin-la*) *femel-la* (Catull.
55. 7), *femell-āriu-s* m. Frauenverfolger (Isid. or. 10); *feminā-re*
sich selbst prostituiren (Cael. Aur. tard. 4. 9); *ef-feminā-re* zum
Weibe ausarten lassen, weibisch machen, verweichlichen (*effemi-
nata virtus afflicta occidit* Cic. Tusc. 2. 9. 21). — (*fe-la = ϑη-λή)
fē-lā-re (*fellā-re*) saugen, *felā-tor* (*tōr-is*) m. Sauger (Mart. 14. 74),
(*fē-lǐ-cu-s*) *fe-li-cā-re = felare; felc-bri-s* saugend (Solin. 2). —
fī-l-iu-s m., *fī-l-ia* f. (alt: *feil-iu-s, -ia*) = saugend, Säugling d. i.
Sohn, Tochter[5]); Demin. *filiŏ-lu-s, -la; filie-tā-s* (*tāli-s), filiā-ti-ŏ(n)*
f. Abstammung des Sohnes vom Vater (Cassiod.); *fili-āli-s* kindlich (*amor*, August.).

B. Gl. 139b. 205a. — Brugman St. VII. 204. 3). — C. E. 252. 255.
— F. W. 98. 100. 102. 104. 368 f. 454; Spr. 155. 332. — Fritzsche St.
VI. 337. — Roscher St. I b. 123. — 1) Vgl. auch Bekk. Hom. Bl pag. 222.
— 2) Vgl. Welcker Götterl. I. pg 618. — 3) Goebel KZ. XI. 61. —

4) C. E. 1. c. — F. W. 454; jedoch Spr. 331: *dha* setzen = empfangen, gebären. — B. Gl. 276a: *bhu, quae procreat, gignit;* ebenso Corssen I. 163. 363; B. 190: *bhu* = die gebärende. — Bechstein St. VIII. 382 f.: *duae sibi oppositae sunt sententiae: Curtii et Corsseni. In utrius sententiam transeam, incertus sum.* — 5) C. E. 1. c. — F. W. 369; jedoch Spr. 331: *dhu* setzen = empfangen, geboren. — B. Gl. 258a: *prī exhilarare, amare: fortasse filius, nisi est e fidius, primitive significat amatus, ita ut sit = prijā.* — Corssen B. 192: *bhu* der Erzeugte: *fe-lo, fe-li, fe-l-io,* durch Assimilation *fi-l-io.*

DHAGH, DHIGH anstossen, berühren, betasten, kneten; speciell: anstossen = stechen, scharf sein, scharf machen, wetzen. — Skr. **dagh** reichen, erreichen; schlagen; **dih** bestreichen, verstreichen, verkitten, salben (PW. III. 491. 639).

dhigh = θιγ, τιχ.

θιγ. — θι-γ-γ-άν-ω (nachhom. bei att. Dichtern und in späterer Prosa) berühren, anrühren, betasten[1]) (Fut. *θίξω, θίξομαι,* Aor. *ἔ-θιγ-ο-ν, θίγ-ο-ν* Pind. I. 1. 18, Inf. *θιγ-εῖν,* lakon. *σιγῆν* Arist. Lys. 1004; Med. *θιγ ἑ-σθαι* Themist.); (*θιγ-τι*) θίΞι-c f. das Berühren, θίγ-μα(τ) n. Berührung, Ansteckung (Hes.); *ἀ-θιγ-ής, ἄ-θικ-το-ς* unberührt, nicht zu berühren, heilig (Hes. *ἄθικτον· ἀψηλάφατον, μιαρόν, ἀκάθαρτον. καὶ ἡ παρθένος οὕτω λέγεται* Arar. com. fr. II. 276)[2]).

τιχ. — τειχ: τεῖχ-ος n. (das Geknetete =) Mauer, Stadtmauer, Bollwerk, Wall; τειχ-ίο-ν n. (kein Demin., vgl. *θηρ-ίο-ν*) Mauerwand, Umfriedigungsmauer eines kleineren Raumes (Od. 16. 165); Demin. *τειχ-ύδριο-ν* n. kleines Castell (Xen. Hell. 2. 1. 18); τειχι-κό-ς zur M. geh.; τειχιό-ει-ς (zu τειχίο-ν) ummauert (Hom. nur *Τίρυνς, Γόρτυς* Il. 2. 559. 646); τειχ-ίζω eine Mauer bauen, bauen, befestigen (Hom. nur: *τεῖχος ἐτειχίσσαντο* sie bauten sich, Il. 7. 449); τειχι-σι-ς f. Erbauung einer Mauer, eines Bollwerkes; τειχι-σ-τή-ς m. der Mauern aufführt (LXX); τειχι-σ-μό-ς m. = τειχι-σις; τειχι-σ-μα(τ) n. die erbaute Mauer, das Bollwerk; *ἀμφι-τειχ-ής* die Mauer umzingelnd (*λεώς* Aesch. Sept. 272); εὐ-τεύχ-ε-ο-ς (εὐ-τεύχη-το-ς h. Ven. 112) wohl- oder stark-ummauert. — τοιχ: τοῖχ-ο-c (vgl. Deich) m. Wand, Mauer, Schiffswand, Dem. *τοιχ-ίο-ν* (Inscr.), *τοιχ-ίδιο-ν* (Eust.) n.; *τοιχό-ο-μαι* als Wand, Mauer erscheinen (Plut. adv. Colot. 24); *τοιχ-ίζω* vom Schiffe: auf die Seite hangen (Achill. Tat. 3. 1).

dhagh = θηγ.

θηγ-ω (*θηγ-άν-ω* Hes.) wetzen, schärfen; übertr. anreizen, erbittern, ermuthigen (Fut. *θήξω,* Imperat. Aor. *δόρυ θηξάσθω* Il. 2. 382; übertr. *τε-θηγ-μένοι λόγοι, τε-θηγ-μένη γλῶσσα* Aesch. Soph.); *θηκ-τό-ς* geschärft, gewetzt (Trag.); (*θηγ-τι*) θήΞι-c f. das Wetzen, Schärfen (Sp.); θηγ-άνη f. Wetzstein, übertr. Anreizung (Trag.), *θήγ ανο-ν* id. (Hes.); *θηγ-άνεο-ς* (Hes.), *θηγ-αλέο-ς* geschärft, scharf.

dhig = fig.

fig. — **fi-n-g-ĕre** (*finxi*) betastend, tastend gestalten, bilden, formen, darstellen, vorstellen; verstellen, heuchlerisch darstellen, erheucheln; Part. *fic-tu-s* erdichtet, erfunden[3]), falsch; **fig-ŭ-lu-s** m. Töpfer, *Figulu-s* (röm. Bein.), *figul-āri-s* zum Töpfer geh., *figul-āriu-s* (κεραμεύς Gloss. Lat. Gr.), *figulā-re* formen, bilden (Tert.), *figulā-tor* (*faber*, κεραμεύς Gloss. Vet.), *figulā-ti-ō(n)* f. Bildung (Tert.), *figul-īnu-s* (Plin. 31. 11), sonst *figl-īnu-s*, auf den Töpfer sich beziehend; Subst. *figl-īna* f. Töpfer-handwerk, -werk-statt (*figulina* Or. inscr. 935), *figl-īnu-m* n. irdenes Geschirr; **fig-ūra** f. Geformtes, Form, Figur, Körper; übertr. Art und Weise, Natur, Art, Gattung (rhetor.: σχῆμα, Redefigur, gramm.: Wort-form, Form), *figur-āli-tā-s* f. figürliche Redeweise (Fulgent.); *figurā-re* bilden, gestalten; sich einbilden, vorstellen (rhetor.: die Rede mit Bildern schmücken, verblümen), *figurā-tor* m. Bildner (Arnob. 6. 196), *figurā-ti-ō(n)* f. Gestaltung, Bildung; Einbildung, Wortform, verblümte Redeweise (Lactant.), *figurā-t-īvu-s* zur bildl. Darstellung geeignet; **fic-tor** (*tōr-is*) m., *fic-tr-ix* (*īc-is*) f. Bildner, Former (-in); Kuchenbäcker, bes. der Priester (*fictores a fingendis libis* Enn. ap. Varr. l. l. 7. 44. M.; *fictor qui capillos mulierum linit et pertractat et ungit et nitidat* Isid.); Erdichter (Verg. A. 9. 605), *fic-tūr-a* f. Bildung, Gestaltung; *fic-ti-ō(n)* f. id.; Erdichtung (jurid.: fingirte Annahme, Dig.); **fic-tĭ-li-s** thönern, irden, Subst. *fictile* n. irdenes Geräthe, *fictili-āriu-s* = *figulus* (ὀστρακοποιός Gloss., Or. Inscr. 4189); *fig-men* (Prudent.), *fig-men-tu-m* n. = *fictura, fictio*; **ef-fig-ie-s** (*effigia* Plaut. Rud. 2. 4. 7, Afran. ap. Non. p. 493. 1, *effigia-s* Lucr. 4. 46. 81) f. Abbildung, Abdruck, Bild, Ebenbild, Bildwerk; *effigi-ā-tu-s* (*tūs*) m. Abbildung (App. Flor.).

fig. — **fig-ĕre** stechen, stecken, feststecken, heften, auf-stecken, aufrichten; feststecken, befestigen; durchstechen, durch-bohren; durchhecheln, sticheln; *fivere* (wohl = *figu-ere*; *item pro figere* Cat. ap. Paul. Diac. p. 92[4]); Part. (*fig-to*) *fixu-s* befestigt, fest, unbeweglich, unabänderlich (*fixum, quod neque moveri neque mutari possit* Cic. Rab. Post. 9. 25), *astra, sidera, stellae, flammae* (Fixsterne = eingesteckt in das Firmament), *cruci-fixu-s* an's Kreuz geheftet, gekreuzigt; *fixu-la-s* (*fibulas* Paul. D. p. 90. 1), *fixūra* f. das Einschlagen (*clavorum* Tert. Vulg.); **fi-būla** (*fibla* Or. Inscr. 2952) f. Heftnadel, Nadel, Spange, Schnalle, Klammer, *fibulā-re* heften, mit Schnallen versehen, *fibulā-ti-ō(n)* f. der Bolzen, *fibulā-tōr-iu-s* mit Schnallen versehen (*saga*, Treb. Poll.).

Corssen N. 233. — C. E. 181; C. V. I. 256. 5). II. 17. 43). 289; Curtius KZ. II. 398. — F. W. 86. 102. 104. 368. 454; F. Spr. 332 f.; KZ. XX. 104. — Savelsberg KZ. XX. 443 f. — 1) B. Gl. 169b: *fortasse tig acuere.* — 2) Clemm St. VIII. 74. — 3) B. Gl. 241a: *pis ved. inducere, ornare; fortasse fingo, mutata tenui š = k in mediam.* — 4) F. Spr. l. c.

und KZ. XXII. 103 f.; dagegen W. 215. 501: *spak* schnüren, würgen. — Aehnlich Bugge KZ. V. 4 und C. E. 186: *spa, spang; σφίγγω*.

DHAN schlagen.

θεν. — (θεν-jω) θείνω schlagen, hauen, treffen (poet. von Homer an, Aor. bei Dramat. θενεῖν, θενών; in Prosa erst sehr spät)[1]). — θέν-αρ (ἄρ-ος) n. (Hom. nur Il. 5. 339) Handfläche, der hohle fleischige Theil der Hand unterhalb der Finger (τὸ ἔν-δοθεν τῆς χειρὸς σαρκῶδες ἀπὸ τοῦ μεγάλου δακτύλου μέχρι τοῦ λιχανοῦ Poll. 2. 143), Fusssohle (Hippocr. Arat.); übertr. Vertiefung in der oberen Altarfläche zum Hineinlegen der Opfer (βωμοῖο ϑ. Pind. P. 4. 206, Meeresboden ἁλὸς ϑ. id. I. 3. 74); ὀπισ-ϑέναρ (= *ὀπισϑο-ϑεναρ) die äussere Hand, Rücken der Flachhand (Hippocr. Sp.), ὑπό-ϑεναρ id. (Poll. 2. 143)[2]). — (ϑιν-υ, ϑιν-ϝ, ϑιν-ν) θίν: θί-c (ϑῖν-ός) (nach Gramm. Nom. auch ϑίν) m., später ιν. f., Haufe, Sandhaufe am Meere, Düne, sandiger Meeresstrand, Gestade[3]) (vgl. celt. *dunu-m* in vielen Städtenamen); ϑίναι· ψάμμοι, ὑψηλοὶ τόποι (Hes.); ϑιν-ώδης dünenartig, sandig; -ϑινό-ω versanden nur in Compos.: ἀπο-ϑινόω gänzlich versanden (Poll. 1. 75) u. s. w.

dhan-d (vgl. *mor-d*, *ten-d* u. s. w.). — *-fend* schlagen, stossen (Prisc. p. 923 P.)[4]); **de-fend-ĕ-re** (*fend-i*, *fend-tu* = *fensu-s*) hinweg schlagen oder stossen, abwehren, vertheidigen, (*de-fend-tor*) *de-fensor* (ōr-is) m. (*defens-tr-ix* f. Cic. ap. Prisc. p. 1120) Abwehrer, Vertheidiger, Beschützer, *defensōr-iu-s* zur Verth. geh. (Tertull. Rufin.); (*defend-ti-ōn*) *defensio* f. Vertheidigung, Vertheidigungsrede (*defensa* f. Tert.); (*de-fend-tā-re*, *de-fend-ti-tā-re*) *defensāre*, *defensitāre* eifrig, angestrengt abwehren, vertheidigen, *defensa-trix* f. Vertheidigerin (Prob. gramm. 2. p. 1452); **of-fend-ĕre** (*fend-i*) stossen gegen, auf, antreffen, ertappen; stossen an, Anstoss geben, verstossen, verletzen, beleidigen; Part. *of-fensu-s* verletzt, aufgebracht, erzürnt; anstössig, verhasst, unangenehm, als Subst. *offensu-m* n. Verstoss, das Anstössige (*offensum est, quod eorum, qui audiunt, voluntatem laedit* Cic. inv. 1. 49. 92); *offensa* f. (vgl. *repulsa*) Anstoss, Verstoss, Verletzung, Beschwerde, Unannehmlichkeit, Unfall; *offensu-s* (*ūs*) m. id. (Lucr. Stat. Th. Tert.); *offend-ĭ-cŭlu-m* n. Anstoss, Hinderniss; *offend-o* (*in-is*) f. id. (Afr. ap. Non. pg. 146. 32); (*offend-ti-ōn*) *offensio* f. = *offensa*; Aergerniss, Missgunst, Widerwillen, Demin. *offensiun-cŭla* f.; *offensor* m. Beleidiger (Arnob. 7. pg. 216); *offensĭ-bĭli-s* strauchelnd (Lactant.); Frequ. (*offend-ta-re*) *offensā-re*, *offensā-cŭlu-m* n. = *offendiculum*, *offensā-ti-ō(n)* f. das Anstossen, Verstoss; (*in-fend-tu-s*) **in-fensu-s** anstossend gegen, feindselig, erbittert, *infensā-re* feindlich behandeln, angreifen, *infend-i-tor* (σύνδικος Gloss. Philox.); (*in-fend-tu-s*, *in-fed-tu-s*) **in-fes-tu-s** anstossend, ansturmend (*infestis signis* mit entgegen anstürmenden Feldzeichen), übertr. feindlich gesinnt, feindlich; pass. beunruhigt, unsicher[5]); *infestā-re* feindlich behandeln, angreifen, beunruhigen, *infcstā-tor* (*tōr-is*) m. Anfeinder (Plin. 6. 28), *infcstā-ti-ō(n)* f. Anfeindung (Eccl.); *mănŭ-* (alt), **mănĭfestu-s** (= *manu oppressus*) mit der Hand ergriffen, ertappt; erwiesen, offenbar[6]) (Adv. *mani-fcsto*), *mani-fest-āriu-s* handgreiflich, augenscheinlich; *manifestā-re* an's Licht bringen, offenbaren, *manifestā-tor* m. Offenbarer (Non. p. 14. 6), *manifcstā-ti-ō(n)* f. Offenbarung. — (*fend-ti*, *fcd-ti*) **con-fes-ti-m** mit-anstossend = mitstürzend, mitforteilend (bes. mit *sequi* und seinen Compos. verbunden), unverzüglich, auf der Stelle, sogleich; (*fcd-fī-no*) **fes-ti-nu-s** eilend, eilig (Adv. *fcstine*), *festinā-re* eilen, eilig sein; beeilen, beschleunigen (Adv. *festinanter*), *fcstinā-ti-m* eilends (Sis. et Pomp. ap. Non. p. 514. 5, 6), *festinā-ti-ō(n)* f. Eile, das Eilen, *festinā-bundu-s* eilig, rasch (Val. Max. 2. 8. 5). — (*fond-ti*, *fons-ti*, *fos-ti*) **fus-ti-s** m. Stock, Knittel, Prügel[7]), Demin. *fustĭ-cŭlu-s* m.; (*fos-tu*) *fus-tu-āriu-s* zum Pr. geh., *fustu-āriu-m* n. das Todtprügeln mit Stockschlägen (vgl. *fustuarium meretur, qui signa relinquit aut praesidio decedit* Liv. 5. 6. 14; vgl. dazu Weissenborn); *fus-terna* (eig. *fusterina*, erg. *pars*) f. Knorrenstück der Tanne (Ggs. *sappinus* Saftstück). — (*fend-no*, *fen-no*) **fĕ-nu-m** n. Heu („wird gehauen")[8]); *fenum Graecum* eine Pflanze = *siliqua* Bockskraut, *fĕn-cu-s* aus Heu, *fen-īli-a* (erg. *stabula*) Pl. n. Heuboden; Demin. *fēnĭ-culu-m* n. Fenchel, *fenicul-āriu-s campus* (im tarraconensischen Spanien, Cic. Att. 12. 8).

Bopp Gl. 441b. — Brugman St. IV. 98. — Corssen II. 190; B. 114 f. 183; N. 233 f. — C. E. 255. — F. W. 98. 368. 1074; F. Spr. 189. 332. — 1) C. V. I. 308. 3). — 2) Fick KZ. XXII. 100. — 3) PW. III. 858: *dhănu* f. Sandbank (im Wasser); hervorragendes Festland, Insel (als solche werden die im Luftmeer schwimmenden Wolken angesehen), sandiges hohes Gestade. Verwandt mit *dhanus* n., *dhánvan* m. n. dürres, trocknes Land. Wüste und vielleicht auch mit θίς, θινός. — Pape W. s. v.: die Ableitung von θείνω (vgl. E. M.) ist unwahrscheinlich [warum?], näher liegt τίθημι. — Retzlaff. Syn. II. 13 f.: bei Homer nur „das Anschlagen der Wellen an das Ufer" (vgl. ῥηγμίς), mit ἁλός 10mal, mit θαλάσσης 20mal. — 4) F. W. 471: *bhan* schlagen, verwunden, tödten. — Grassmann KZ. XII. 120: *badh* schlagen, tödten. — 5) Froehde KZ. XVIII. 314: *dharsh* dreist sein, wagen. — 6) So auch Klotz s. v.: urspr. wohl *manu fenstus*, mit der Hand ergriffen, von dem erloschenen Stamme *fendo*. — 7) Corssen N. 247. — Meyer St. V. 111. — Pott I. 255. — 8) F. Spr. l. c. — Corssen I. 144: *fe-nu-m* das Heu als gewachsenes, vgl. φυ-ή Wuchs, φῦ-μα Gewächs u. s. w. — Brambach s. v.: *facnum*, nicht die plebejische Nebenform *fenum*. (Diese scheint jedoch die richtige zu sein.)

. . .

DHABH, DHAB (europäisch) passen, passend machen, fügen, schmücken.

θιβ-ρο. — θιβ-pó-c geschmückt, schön, zierlich; zart, weich;

ϑιβρό-ν· τρυφερόν, καλόν, σεμνόν, ἁπαλόν. ϑιβρή-ν· φιλόκοσμον, καλ-
λυντικήν, ὑπερήφανον καὶ ϑρασεῖαν (Hes.); ϑι-μ-β-ρό-ς id.; Θίβρ-ων,
Θίμβρ-ων (ων ος) ein Lakedämonier (Xen. An. 7. 6. 1), Θίβρ-αχο-ς
ein Athener (Xen. Hell. 2. 4. 33); Θίβ-ο-ς Name eines Münz-
meisters.

fab-ra. — făb-e-r (fabri) m. Werkmeister, Bildner, Schmied,
Zimmermann (acrarius, ferrarius, lignarius), übertr. Urheber,
Schöpfer[1]); Adj. faber (bra, bru-m) künstlich, geschickt, kunst-
reich; af-faber id. (affabrum fabrefactum Paul. D. p. 28. 1 M.),
Adv. fabre, affabre; Făbĕr-iu-s eine röm. gens (Cic. Att. 12. 25);
fabr-i-li-s den Werkmeister u. s. w. betreffend; Subst. -ilia n. Pl.
Gewerke (Hor. ep. 2. 1. 116); făbrĭ-ca f. Werkstätte; übertr.
Handwerk, kunstvolle Bearbeitung; kluge Ausführung, Ränke,
Demin. fabricŭ-la f. (Cassiod.); fabric-ensi-s sich in Werkstätten
befindend, Subst. Waffenschmied (Amm. 31. 6); fabricā-re, -ri ver-
fertigen, übertr. sibi mortem, risum, animum (fabrire: fabricit
Venant. F. carm. 2. 19. 23), fabricā-tor m. Bildner, Verfertiger,
fabrica-trix f. Urheberin (Lactant.), fabricā-ti-ō(n) f. Kunstbau, künst-
liche Ausführung (fabrica-tū schlaues Benehmen, Sidon. ep. 3. 13).
— Fabric-iu-s röm. Familienname (der berühmteste C. Fabricius
Luscinus, Gegner des Pyrrhus um 279 v. Chr.).

C. E. 504. — F. W. 368. 454; F. Spr. 333; KZ. XIX. 260 f. —
Roscher St. II. 154 f. — 1) Corssen I. 421; B. 366: bha glänzen: fä-ber
Metall-, Stein-, Holz-künstler, eig. Glanz-bringer, daher Schmuck-arbeiter,
-künstler. — Kuhn KZ. XIV. 231: dha: dhā-tar urspr. der Setzende,
Gründer, Schöpfer, Ordner, conditor u. s. w.; hier speciell auf die Wirk-
samkeit von Menschenhand beschränkt und so jeden Arbeiter in Holz,
Stein, Metall bezeichnend.

DHAM, DHMA blasen; hauchen. — Skr. **dham (dhmā)**
blasen, aushauchen; anblasen, anfachen u. s. w. (PW. III. 864).

θαν, θνα, θνη: ausathmen, exspirare. — θνή-σκ-ω ion. att.,
θνά-σκ-ω dor., (*θνα-ι-ω) θναί-σκ-ω äol., sterben, untergehen
(Fut. θαν-οῦμαι, in Prosa ἀπο-θνήξομαι Leon. Al. 35; Aor.
ἔ-θαν-ο-ν, in Prosa ἀπ-έ-θανον, θανεῖν = den letzten Athemzug
thun, θανεῖν Hom. nur Il. 7. 52, sonst 7mal θανέειν, Part. θαν-ών,
οἱ θανόντες die starben = die Todten; Perf. = verstorben, todt
sein: τέ-θνη-κ-α, -ες, -ε, τέ-θνᾰ-μεν, τέ-θνᾰ-τε, τε-θνᾶ-σι, Impert.
τέ-θνα-θι, Opt. τε-θνα-ίη-ν, Inf. τεθνά-ναι, ep. τεθνά-μεν, -μεναι,
Part. τε-θνη-κ-ώς und τε-θνε-ώς, Gen. τεθνεῶτ-ος att., auch Hom.
τεθνεῶτι Od. 19. 331, ion. τεθνηώς, Gen. -ότ-ος u. s. w., fem. τε-.
θνη-κ-υῖα, τεθνη-υῖα, τεθνεῶσα Demosth., τεθνεός n. Herod.; Conj.
τε-θνή-κω Thuk. 8. 74; Fut. 3. τε-θνήξω ich werde todt sein, bei
Sp. τεθνήξομαι; Verbaladj. ἀπο-θαν-ε-τέο-ν Arist. eth. Nic. 3. 1. 8)[1]).
— θάν-ᾰ-το-c m. Tod, Pl. Todesarten; att. Todestrafe (maked.

δάν-ος n., δανέω, davon: δανῶν· κακοποιῶν, κτείνων. Μακεδόνες Hes.)[2]); θανατ-ικό-ς den Tod betr. (δίκη, κρίσις Criminalprocess); (θανα-τι-μο) θανά-σι-μο-ς tödtlich, todtbringend; θανα-τηρ°-ό-ς (Eust.), -τήρ-ιο-ς id., (θανατο-ϝεντ) θανατό-ει-ς id., ʻ(θανατο-ϝεντ-ια) θανατούσια n. pl. (erg. ἱερά) das Todtenfest (Luc. h. 2. 22)[3]), θανατώδης tödtlich, den Tod anzeigend; θανατ-ά-ω, -ιά-ω (Desid.) zu sterben wünschen; θανατό-ω tödten, θανάτω-σι-ς f. das Tödten, die Hinrichtung; ἀ-θάνατο-c unsterblich, immerwährend, ewig, ἀ-θανασ-ία f. Unsterblichkeit, ἀθανατ-ό-ω, -ίζω unsterblich machen, ἀθανατισ-μό-ς m. = ἀθανασία (Diod. S. 1. 1). — θαν-εc: ἀ-θαν-ής unsterblich (Sp.), ἀρτι-θανής jüngst gestorben (Eur. Alc. 608), διϲ-θανής zweimal sterbend (Od. 12. 22), δυς-θανής schwer sterbend (Crinag. 34), ἡμι-θανής halbtodt. — θνη-τό-c sterblich, θνητό-τη-ς (τητ-ος) f. Sterblichkeit (Sp.). — θνῆ-cι-c f. das Sterben (sehr Sp.); θνησεί-διο-ν n. Aas; θνησι-μ-αῖο-ς Gestorbene betr., bes. von verrecktem Vieh (κενέβρεια, τὰ θνησιμαῖα Schol. Ar. Av. 537), θνηξιμαῖο-ς id. (Clem. Al. paed. 2. 1. 17).

Das urspr. μ erhalten: Θάμ-ῡρι-c (ι-ος) (der Name stammt aus der Heimath der Winde, Thrakien; Θάμυριν τὸν Θρῆικα Il. 2. 595)[4]) ein Barde der mythischen Zeit, Sohn des Philammon und der Argiope.

B. Gl. 441a. — C. E. 534. — Siegismund St. V. 197. 3). — F. W. 98: *dhan, dhu* wohl = *dha* und dessen Nbf. *dhu* sich legen = sterben. — Sch. W. s. v.: St. θαν vielleicht mit Θείνω zusammenhängend; also: im Zustande des geschlagen Seins sich befinden. — 1) C. V. I. 276. 3). II. 17. 41). 170. 182. 210. 244. — 2) Fick KZ. XXII. 205. — 3) L. Meyer KZ. VII. 417. — 4) Froehde KZ. XXII. 552*).

---

1) **DHAR, DHRA** halten, stützen. — Skr. **dhar** halten, tragen, stützen; befestigen; erhalten, aufrechterhalten; behaupten, fortsetzen; intrans. sich halten, standhalten, bleiben; intens. festhalten (PW. III. 868 Bedeutung 1—22). — Siehe **dhar-gh, dhar-s.**

θερ, θρε, θρο. — ἐν-θρεῖν· φυλάσσειν. ἀ-θερ-έ-c· ἀνόητον, ἀνόσιον (Hes.); ἀ-θειρ-ής (Theogn. 733. B.); ἀ-θερ-ίζω (ep., nur Präsensst.) gering achten, verachten, verschmähen[1]); θέρ-μα (elisch) Gottesfrieden (vgl. Skr. *dhar-ma-s* Recht, Ordnung)[2]). — θρό-νο-c m. Sessel, Stuhl, insbes. hoher Armstuhl mit Lehne und Fussbank (θρῆνυς); Trag. Göttersitz, Plur. Herrschaft (vgl. deutsch „Thron"); Sing. Königsthron (Xen.), Rednerbühne u. ähnl. (Sp.)[3]); Demin. θρόν-ιο-ν n., θρον-ί-ς (ίδ-ος) f.; (*θρονό-ω) θρόνω-σι-ς f. das auf den Stuhl Setzen (Plat. Euthyd. 277 d: θρόνωσιν ποιεῖν περὶ τοῦτον, ὃν ἂν μέλλωσι τελεῖν von der Aufnahme in die korybant. Mysterien); θρον-ίζω auf den Thron setzen (Sp.), θρονισ-τή-ς m.

der auf den Thron Setzende (Synes. ep. 67), ϑρονισ-μό-ς m. das auf den Thron Setzen. — θωρ: (Skr. *dhār-aka* Behälter) θώρ-āξ (ᾱκ-ος), ion. -ηξ (ῆκ-ος) m. Brustharnisch, Brustpanzer; Brustkasten (vgl. *ἐν τοῖς στή,ϑεσι καὶ τῷ καλουμένῳ ϑώρακι* Plat. Tim. 69 e), Demin. ϑωράκ-ιο-ν n. Brustwehr, Schutzwehr; Thurm auf dem Elephantenrücken; Mastkorb; ϑωρακε-ῖο-ν n. Brustwehr; ϑωρηκ-τή-ς, ϑωρακ-ί-τη-ς m. der Gepanzerte; (ϑωρηκ-jω) ϑωρήσσω, ϑωρηκ-ίζω bepanzern, rüsten, bewaffnen, ϑωρακι-σ-μό-ς m. Bepanzerung (Sp.), ϑωρακο-ειδής harnischförmig.

θρᾱ, θρη. — θρᾶ-νος (vgl. ἕϑ-νος, ἴχ-νος) n. (urspr. haltend, stützend; Halter, Stützer) Sitz, Bank, Schemel (δίφρος Lex.), Dem. ϑρᾶν-ίο-ν, ϑρᾶν-ίδιο-ν n.; ϑρᾶν-ί-τη-ς m. der Ruderer auf der obersten der drei Ruderbänke (die attischen Trieren hatten 3 Reihen Ruderer „unter einander“: 62 Thraniten, 58 oder 54 Zygiten, 54 Thalamiten), ϑρανιτ-ικό-ς zum ϑρανίτης geh., fem. ϑρανῖτ-ι-ς (ιδ-ος) z. B. κῶπαι die längsten Ruder auf der Triere (nach Ath. 5. 203 f.: 38 πήχεις); ϑραν-εύ-ω über die Gerberbank spannen, gerben (συντρίβομαι, συγκόπτομαι Lex.). — θρῆ-νυ-c (νυ-ος) f. (Hom.) Schemel, Fussbank (gew. am ϑρόνος und κλισμός befestigt), Tritt, Fussbank der Ruderer (Il. 15. 729). — θρή-cα-cθαι sich setzen. — ϑρή-σκ-ω· νοῶ. ϑρά-σκ-ειν· ἀναμιμνήσκειν Hes. = zu etwas anhalten; ϑρῆσκ-ο-ς, ϑρησκ-ό-ς (N. T.) fromm, gottesfürchtig (ϑρεσκό-ς· περιττός, δεισιδαίμων. ϑρεσκή· ἀγνή, πάντα εὐλαβουμένη. ἐϑρέξατο· ἐφυλάξατο, ἐσεβάσϑη Hes.); θρηcκ-ίη f. *caerimoniae* (Her. 2. 19, 37); ϑρησκεύ-ω gottesdienstliche Gebräuche einführen, verehren, ϑρησκευ-τή-ς m. Gottesverehrer (Synes. Mönch), ϑρησκευ-τήρ-ιο-ν n. Ort zur Gottesverehrung (Schol. Pind. Ol. 7. 33); ϑρήσκευ-σι-ς f. (Phynt. Stob. fl. 74. 61), ϑρήσκευ-μα(τ) n. (Sp.), ϑρεσκε-ία f. (Sp. N. T.) Gottesdienst, Verehrung; ϑρησκεύ-σι-μο-ς zum G. geh.

θαλ, θελ, θολ. — θαλ: θάλ-ᾰ-μο-c m. Behältniss, Inneres, Kammer, Gemach, Aufenthaltsort; der unterste Schiffsraum; θαλ-ά-μη f. Lager, Höhle, Schlupfwinkel (Od. 5. 432) (Pl. Nasenhöhlungen, Poll. 2. 79); ϑαλαμ-ί-τη-ς m. der auf der untersten Ruderbank sitzende Ruderer (vgl. ζυγίτης, ϑρανίτης); ϑαλάμ-αξ (ᾱκ-ος) id. (Arist. Ran. 1074); ·ϑαλάμ-ιο-ς = ϑαλαμίτης (ὁ κατωτάτω ἐρίσσων ἐν τῇ νηῒ Hes.), ἡ ϑαλαμία (κώπη) das kürzeste Ruder auf dem Schiffe, das Loch im Schiffsbord, ϑαλαμ-ήϊο-ς zum ϑάλαμος gehörig; ϑαλαμ-εύ-ω in's Brautgemach führen, heiraten, Med. im Gemache leben (von Thieren: in der Höhle, Synes.), ϑαλάμευ-μα(τ) u. = ϑάλαμος (Eur. Bakch. 120); ϑαλαμεύ-τρ-ια f. die das Brautgemach Besorgende (Poll. 3. 41), ϑαλαμ-ί-ς (ιδ-ος) id. (Cram. Anecd. 2. p. 376. 9). — θελ: θέλ-υ-μνα n. Pl. Grundlage, Grundstoff (ϑέλυμνα οἱ ϑεμέλιοι Empedokl. 73. 139; ϑέλ-ε-μνο-ν Hes.); προθέλυμνο-c von Grund aus (Il. 9. 541) (πρόρριζος Schol.) (προϑελύμνους ἕλκετο χαίτας Il. 10. 15 mit der Wurzel; φράσσειν σάκος σάκεϊ προθελύμνῳ Il. 13. 130, dazu Schol. πυκνῷ, ἐπαλλήλῳ, mit der untersten Lage oder Schicht)⁴); τετρα-θέλυμνο-ς (Il. 15. 479. Od. 22. 122) von vier Schichten oder Lagen. — θέλ-ω, ἐ-θέλ-ω (so stets Homer, Her. beide Formen, Att. meist ἐ-) auf etwas oder zu etwas sich halten = fest entschlossen sein (Ggs. βούλομαι), wollen⁵) (Impf. ἤ-θελ-ο-ν Hom. 37mal, ἔ-θελ-ο-ν Hom. 17mal; St. θελε: Fut. ἐ-θελή-σω, Aor. ἐ-θέλη-σα Hom. nur Od. 13. 341, -σε Il. 18. 396, Perf. att. ἐ-θέλη-κα); Verbaladj. θελη-τό-ς gewollt (LXX); θέλ-εο-ς freiwillig (nur neben ἀθέλεος: σὺ δὲ ναῖ ναῖ βάσει τάχα θέλεος ἀθέλεος Aeschyl. Suppl. 863. D.); θελ-ο-ντ-ή-ς (Porphyr.), ἐ-θελον-τή-ς Adj. Subst. freiwillig, der Freiwillige, ἐθελοντήρ (nur Od. 2. 292: αἶψ' ἐθελοντῆρας συλλέξομαι) der Freiw., fem. ἐθελοντί-ς (Synes.); Adv. ἐθελοντή-ν, ἐθελοντη-δόν, ἐθελοντ-ί, ἐθελόντ-ως (Schol. Il. 19. 79); (ἐθελοντ-ιο) ἐθελούσιο-ς freiwillig (von Sachen: Sache der Willkür). — St. θελε: θελη-τή-ς m. der Wollende (LXX), θελητ-ικό-ς wollend (Sp.); θέλη-σι-ς f. das Wollen, der Wille (N. T.); θελή-μη f. id. (Theogn. B. A. 1381), ἐ-θελη-μό-ς freiwillig; θελή-μων (μον-ος) (Ap. Rh.), ἐ-θελήμων (Plat. Crat. 406 a) id.; θέλη-μα(τ) n. (N. T.) = θέλησις, θελημα-ικό-ς freiwillig (Sp.), θελημα-σίαίνω wollen (Nicet.). — θολ: θόλ-ο-ς f. Kuppel (Dach), Rundbau mit einer K.⁶) (ein Nebengebäude zum Aufbewahren des Hausgeräthes und des täglichen Speisevorraths, Od. 22. 442. 459. 466), in Athen bes. die Rotunde, in der die Prytanen speisten; θολ-ία f. kuppelförmig geflochtene Kopfbedeckung der Frauen, Sonnenhut; θολ-ικό-ς, θολο-ειδής, θολ-ώδης kuppelförmig.

dhar-p. — Vgl. PW. s. v.: *dhar* 16) Jemand halten = in seiner Nähe, um sich haben, in Sold haben.

θερ-ᾰ-π: θέρ-αψ (-ᾰπ-ος) nur Pl. (selten, meist nur) θεράπ-ων (οντ-ος) m. Diener (und zwar ein freiwilliger, also wesentlich verschieden von δμώς, δοῦλος), Genosse, Gefährte⁷), Dem. θεραπόντ-ιο-ν n., (θεραποντ-ια) θεραπούσια f. Dienerschaft, θεραποντ-ί-ς die Dienerin betreffend (θεραποντίδα φερνήν Aesch. Suppl. 979 D.); θεραπ-ί-ς (ίδ-ος) f. Dienerin (Plat. Menex. 244. e); θεράπ-νη f. id. (h. Apoll. 157. Apoll. Rh. 1. 78); Aufenthalt, Wohnung (Nic. Ther. 486), Θεράπνη, dor. Θεράπνα, auch Pl. Θεράπναι Stadt in Lakonien, nahe bei Sparta; θεραπν-ί-ς (ίδ-ος) f. = θεραπίς; (θεραπ-αν-jα) θεράπαινα f. id., θεραπαιν-ί-ς (ίδ-ος) f. id. (Plato Legg. 7. 808. a), Demin. θεραπαινίδ-ιο-ν n.; (θεραπ-εϝ) θεραπ-εύ-ω dienen (Hom. nur Od. 13. 265; θεραπεύσομαι in act. Bedeutung Hymn. Ap. 390), dienstwillig sein, verehren; pflegen, warten; θεραπ-ε-ία (ion. θεραπηίη) f. das Dienen, Bedienung, Verehrung, (θεῶν) Gottesdienst, Pflege, Wartung; concret: Dienerschaft, Gefolge; θεραπευτή-ς (τήρ) m. Diener, Wärter, Pfleger, fem. θεραπ-ευτ-ί-ς, -εύτρια, -ευτρ-ί-ς; θεραπευτ-ικό-ς bedienend, wartend, pflegend, zum Bedienen u. s. w. geneigt (ἡ θεραπευτική Wartung, Pflege, bes. vom Arzte:

Behandlung des Kranken, bei Sp. auch $\vartheta\varepsilon\rho\alpha\pi\eta\text{-}\hat{\iota}\text{-}\varsigma$); $\vartheta\varepsilon\rho\acute{\alpha}\pi\varepsilon\upsilon\text{-}\mu\alpha(\tau)$ n. $=$ $\vartheta\varepsilon\rho\alpha\pi\varepsilon\acute{\iota}\alpha$; $\vartheta\varepsilon\rho\alpha\pi\varepsilon\acute{\upsilon}\text{-}\sigma\iota\text{-}\mu\sigma\text{-}\varsigma$ heilbar.

dhar = far.

fer, fre. — **fĕr-ē** (*fĕrĕ* Auson. ep. 105. 5), **fer-me** (Superl.) haltend, fest, dicht, dicht daran, nahe an, beinahe, ungefähr, etwa[8]); **frĕ-tu-s** (von *frĕ-re) aufrecht gehalten, befestigt im Glauben, fest vertrauend; Subst. Abl. *fretū* (Symm. ep. 2. 82); **frĕ-nu-m** n. Zügel (als haltender oder gehaltener), Zaum, Gebiss; übertr. Zaum, Zügel, Schranke, Hemmniss[9]) (Plur. *frena, freni*); *frenā-re* zügeln, zäumen, zügelnd einhalten, hemmen, *frenā-tor (tōr-is)* m. Zügler, Zähmer, Lenker; *ef-frēnu-s* zügellos (-*freni-s* Plin. 8. 44), *effrena-re* entzügeln, zügellos machen; *in-frēnu-s*, -*frēni-s* id., *infrena-re* aufzäumen, zügelnd zurückhalten. — *fir:* **fir-mu-s** fest, kräftig, feststehend; übertr. standhaft, unerschütterlich, zuverlässig, treu, Adv. *firme, firmĭ-ter; Firmu-m* n., jetzt *Fermo*, Hafen in Picenum, *Firm-āni* die Einwohner, *Sexti Firmum Julium* Stadt in Hisp. Baetica; *Firma* f. Colonie ebendort; *Firm-iu-s*, *Firmĭ-cu-s; firmi-tā-s (tāti-s)*, -*tū-d-o (in-is)* f. Festigkeit, Stärke; *firmā-re* fest, stark machen, stärken, befestigen, bekräftigen, betheuern, *firmā-tor (tōr-is)* m. Befestiger, *firmā-men* (Ov. Met. 10. 491), *firmā-men-tu-m* n. Stütze, Stärke, Kraft, Hauptbeweis; Firmament, Himmel (August. Tert.). — *for:* **fŏr-u-s** m. festumschlossener, abgegränzter Raum: Schiffsgang, Sitzreihe, Gartenbeet, Bienenzelle; Demin. *forŭ-li* m. Fach im Schranke, Bücherschrank; (**for-no, for-nĭ-c*) **for-nix** (*nĭ-c-is*) m. Stützbogen, Schwibbogen, Wölbung[10]) (vom Himmelsgewölbe: *caeli ingentes fornices* Enn. ap. Varr. l. l. 5. 3. 8; wozu tadelnd Cic. de or. 3. 40. 162: *quo in genere primum est fugienda dissimilitudo: „caeli ingentes fornices".* *Quamvis sphaeram in scaenam, ut dicitur, attulerit Ennius, tamen in sphaera fornicis similitudo non potest inesse*); speciell: wegen der Aehnlichkeit mit den *cellae concamerctae* der *lupanaria* „Bordell"; (*fornicā-ri) *fornicā-tu-s* gewölbt, Adv. *fornicā-ti-m* (Plin. 16. 42), *fornicā-ti-ō(n)* f. Wölbung; zur speciellen Bedeutung „Bordell": *fornicā-ri, fornicā-tor, -trix, -ti-ō(n), fornic-āriu-s* (Tertull.); **for-ma** f. das Festgestellte, Feste, Ausgeprägte $=$ Form, Gestalt, Figur, Umriss; schöne Gestalt, Schönheit; Formular, Rescript, Inhalt (grammat.: Form, Wortnatur; philos.: Art, Gattung)[11]), Demin. *formŭ-la* f. feststehender Ausspruch, Formel, Norm, Richtschnur, Regel, Grundsatz, *formul-āriu-s* m. Formeljurist (*formularii vel, ut Cicero ait, leguleii* Quint. 12. 3. 11); *formel-la* f. Backform (Apic. 9. 13); *formi-ta-s* f. Gestaltung (Isid.); *formā-c-eu-s* geformt (Plin. 35. 14); *form-āli-s* zur Form gehörig, förmlich, formelartig, normalmässig (Dig.); *form-ōsu-s* schöngeformt, Adv. *formose*, Demin. *formōsŭ-lu-s* nett, hübsch, *formosi-ta-s (tāti-s)* f. Schönheit; *formā-re* formen, gestalten, ausprägen; bilden, darstellen, verschönern, *formā-*

tor (*tōr·is*) m., *-tr·īx* (*īc·is*) f. Bildner, Schöpfer (-in), *formā-tūr-a*
f. Bildung, Gestaltung (Lucr.), *formā-ti-ō(n)* f. id., *formā-men-tu-m*
n. id. (Lucr.), *formā-bīli-s* bildungsfähig (Prud. August.); *uni-
formi-s* einförmig, einfach, *bi-formi-s* zweigestaltig, *tri-formi-s* drei-
gestaltig, *multi-formi-s* vielgestaltig, *de-formi-s*, *in-formi-s* un-,
miss-gestaltet, hässlich. — (*fur*) *ful*: *ful-c* (vgl. *vin-c-io; ja-c-io,
fa-c-io; mar-c-co*): **ful-c-ire** (*ful-si, ful-tu-s*) stützen, stützend aufrecht halten (*fulcī-tu-s* Cael. Aur. tard. 2. 1, *fulcī-vit* Murat. inscr.
466. 3); *ful-tor* m. Stützer, Hort (Venant.), *ful-tūr-a* f., *fulcī-men*
(Ov. fast. 6. 229), *fulcī-men-tu-m* n. Stütze; *fulc-ru-m* n. id.[12]).

Ascoli KZ. XVII. 336. — Corssen I. 148 f. 476 f.; B. 168 ff.; N.
219 f. 236. — C. E. 257. 447. 705. 716; C. KZ. II. 400; C. V. I. 157.
275. 7). 381. 11). — F. W. 99. 102. 369. 455; F. Spr. 239. 333. —
Schweizer KZ. XIII. 308 f. — 1) C. E. 257. — A. Goebel Hom. p. 7:
θερ = Ϝερ + ά = άπό „zurückschlagen, abweisen“. — Die Alten von
άϑήρ (-έρ-ος) Spreu, also = für Spreu achten (ώς άϑέρας άπό τοῦ καρ-
ποῦ άποκρίνειν); wozu Pape W.: besser von θερ (θεραπεύω); ebenso
Sch. W. — 2) C. E. 257: „vielleicht“. — 3) Ueber θρόνος, θρῆνυς vgl.
bes. Grashof Hausger. pg. 9 ff. — 4) Schaper KZ. XXII. 515: „die Grundlage hervorhabend, mit der Grundlage ausgerissen“. — Döderlein n. 971:
(θλᾶν drücken) = „vorwärts gedrückt, durch Druck entwurzelt“. —
Sch. W. s. v. übersetzt Il. 13. 130: „Schild andrängend an Schild, das
eine auf das andere stemmend“. — 5) Sch. W. nicht richtig: ob θίλω od.
έθίλω die ursprünglichere Form ist, lässt sich nicht bestimmt entscheiden;
da aber έθίλω schon bei Hom. erscheint, so dürfte wohl ε zum Stamme
gehören und nicht Präfix sein. — 6) Ebenso Corssen B. 175. — 7) F. W.
99. — Lob. Par. p. 124: τρέπω, θράπω = τρέφω. — 8) F. W. 633:
bhar wallen, toben: *ferus*, Adv. *fere* = heftig, in hohem Grade: 1) ganz
so, 2) zwar sehr, doch nicht ganz so, nahe zu, beinahe, fast; F. Spr.
194. 346: *bhar* heben, urspr. in hohem Grade: 1) ganz so u. s. w. —
Klotz W.: *ferme* bezeichnet die Annäherung an einen Gegenstand (daher
a ferendo Varro l. l. 7. 5. 98) und ist ein verstärktes „*fere*“. — 9) F.
Spr. 349: *bhram frendo*: *fred-nu-m, frē-nu-m*. — 10) Bugge KZ. XX.
20: *var* umhüllen, decken: Schwibbogen, Gewölbe, die gewölbte Decke.
— F. W. 473: *bhar, ferv* wallen = (backofenförmige) Wölbung, Schwibbogen. — 11) Fick KZ. XX. 173: *fer ferire* schlagen = Schlag, Ge-
präge, *τύπος*. — Klotz W. s. v.: wahrscheinlich durch Buchstabenversetzung aus μορφή erwachsen. — 12) Bugge KZ. XX. 143: *fulcrum*
ist kaum mit Skr. *dhartrá-m* völlig identisch, sondern wohl aus *fulc-
cru-m* entstanden.

2) **DHAR** dröhnen. — Skr. **dhran** tönen (PW. III. 1000).
dhar. — θρε: θρέ-ο-μαι ertönen lassen (nur Präsensst., bei
Trag.). — θρο: θρό-ο-ς, att. θροῦ-ς, m. lauter Zuruf, Geräusch,
Lärm (Hom. nur Il. 4. 437); ϑροέ-ω laut werden lassen (Trag.);
Pass. erschrecken (N. T.), ϑρόη-σι-ς f. das Erschrecken (Greg. Naz.);
λιγύ-ϑροο-ς hell tönend, μελί-ϑροο-ς süss tönend (Anth. Pal.). —
θρυ: θρῦ-λο-ς (ϑρύλλο-ς) m. Lärm, Geräusch, Gemurmel (Batr.
135); ϑρῦλέ-ω lärmen, schwatzen, ϑρύλη-μα(τ) n. das Vielbesprochene
(LXX); ϑρῦλ-ίζω einen Misston auf der Kythara hervorbringen

(h. Merc. 488), ϑϱυλιγ-μό-ς, ϑϱυλισ-μό-ς m. Misston, Fehler beim Musicieren. — θορυ: (ϑοϱύ-Ϝο) θόρυ-βο-c m. Lärm, Geräusch, Geschrei, ϑοϱυβέ-ω lärmen, Geräusch machen, in Unordnung bringen, verwirren, ϑοϱυβη-τ-ικό-ς (Ar. Equ. 1380, „der den zum Lärmen geneigten Haufen zu fesseln und zu spannen weiss". Kock), ϑοϱύβη-ϑϱο-ν n. eine Pflanze (Diosc.), ϑοϱυβ-ώδης geräuschvoll, lärmend.

dhran. — θρην: θρῆν-ο-c m. das Klagen, Jammern, Todten-klage (Il. 24. 721), Klagelied, Trauergesang (h. h. 18. 18); ϑϱηνέ-ω klagen, jammern, einen Trauergesang anstimmen, ϑϱηνη-τ-ικό-ς zum Wehklagen geneigt; ϑϱηνη-τή-ς, ϑϱηνη-τήϱ (τῆϱ-ος) m. der Wehklagende (Aesch. Ag. 1045. Pers. 100), ϑϱηνή-τϱ-ια f. das Klageweib (Sp.), ϑϱηνητήϱ-ιο-ς wehklagend (Eust.); ϑϱηνή-τωϱ (τοϱ-ος) m. = ϑϱηνητήϱ (Maneth. 4. 190); ϑϱήνη-μα(τ) n. Weh-klage (Eur.), ϑϱην-ώδης weinerlich, klagend. — θρων: θρών-αξ (κηφήν. Λάκωνες. Hes.) Drohne.

dhan-dhar, dhan-dhran (Redupl.). — τον-θορυ, τον-θρυ: τον-θρύ-c f. Gemurmel (Hes.), τον-ϑϱυ-σ-τή-ς m. der Murmelnde (LXX); τονθορύ-ζω (ι-ζω), τονϑϱύζω (nur späte Dichter und Lex.) murmeln, murren[1]) (τονϑοϱύζοντες Ar. Ach. 653 B., dazu Schol. λάϑϱα φϑεγγόμενοι, ὑπότϱομοι, τὰ χείλη κινοῦντες. τονϑοϱύσας id. Vesp. 614); τονϑοϱυγ-έ-ω id. (Poll. 6. 58); τεν-θρη-δών (δόν-ος) f. eine Bienen- oder Wespenart (Arist. h. a. 9. 43), [τ]άν-θρη-δών (δόν-ος) f. Waldbiene (Diod. Sic. 17. 75). — τεν-θρήν-η f. Biene (Nic. Al. 560), τενϑϱήν-ιο-ν n. Honigzelle der Waldbiene, Wespen-nest (Arist. h. a. 9. 43), τενϑϱην-, τενϑϱηνι-ώδης zellenartig, voll von Löchern (wie das Nest oder die Zelle der τενϑϱήνη); [τ]άν-θρήν-η f. = τενϑϱήνη (Ar. Nub. 947), ἀνϑϱήν-ιο-ν n. = τενϑϱή-νιον, ἀνϑϱηνο-ειδής waldbienenartig (Theophr.), ἀνϑϱηνι-ώδης = τενϑϱηνιώδης (καὶ πολύποϱος Plut. qu. nat. 19).

Brugman St. VII. 321. 5). — C. E. 257. 572. — F. W. 99. 105. — Fritzsche St. VI. 317. — Frochde KZ. XXII. 549. — F. W. l. c.: *dhar* halten ⚬ anhalten lassen den Ton, tönen, hallen; intensiv *dhandhran*. — 1) C. V. I. 324. 74).

3) DHAR spriessen, blühen.

θᾰλ. — θάλ-ος n. (poet.) (grünender) Zweig, Schössling; übertr. von Menschen mit dem Nebenbegriff jugendlicher Kraft und Anmuth; ϑάλ-εια poet. Adj. f. (Hom. nur mit δαίς) blühend = reichlich, köstlich; θαλ-εϱό-c poet. blühend = frisch, kräftig, munter; schwellend, hervorquellend; θᾰλ-ία (ion. -ίη) f. Blüthe, nur übertr. = blühendes Glück, Ueberfluss, Lebensfreude, Festschmaus, ϑαλιά-ζω einen Festschmaus feiern; (ϑαλ-jο-ς) θαλ-λό-c m. spros-sender Zweig, Sprössling (Hom. nur Od. 17. 224), Dem. ϑαλλε-ίο-ν n., ϑάλλ-ινο-ς aus Zweigen gemacht (ἀγγεῖα, Schol. Ar. Av. 799);

θάλλω blühen, sprossen, strotzen, gedeihen (nur h. Cer. 402), ep. θηλέ-ω, dor. ϑᾱλέ-ω (Impf. ϑῆλε-ο-ν Od. 5. 73; Fut. ἀνα-ϑηλή-σει Il. 1. 236; Aor. ϑάλη-σε Pind.; Perf. τέ-ϑηλ-α mit Präsensbed., dor. τέ-ϑᾱλ-α, Conj. τε-ϑήλ-ῃ, Part. τε-ϑηλ-ώς, τε-ϑαλ-νῖα == blühend, üppig, reichlich, Plusqu. τε-ϑήλ-ει Od. 5. 69)[1]).

dhar-dh[ar]. — θαλ-θ: θαλ-έ-θ-ω grünen, blühen, strotzen, gedeihen (Hom. nur Part.); trans. hervorbringen (ποίην λειμῶνες ϑαλέ-ϑουσι Theokr. 25. 16); τηλ-ε-θά-ω id. (Hom. nur Part. τηλε-ϑάων, -ϑύωσα, Pl. -ϑάωντα); Ταλ-ϑύ-βιο-c == Blütheleben, d. h. ein Mann in blühenden Verhältnissen (Herold Agamemnon's vor Troia, zu Sparta später als Heros verehrt)[2]) (ἐν γὰρ Σπάρτῃ ἔστι Ταλϑυβίου ἱρόν. εἰσὶ δὲ καὶ ἀπόγονοι Ταλϑυβίου Ταλϑυβιάδαι καλεύμενοι, τοῖσι αἱ κηρυκηίαι αἱ ἐκ Σπάρτης πᾶσαι γέρας δίδονται Her. 7. 134). — (dhar-dhar == τορ-δυλ, δ st. ϑ) τόρ-δῡλ-ο-ν n. eine Dolden tragende Pflanze (Nic. Ther. 841), τορ-δύλ-ιο-ν (Diosc.) id.

dhar-gh wachsen[3]).

δαρχ, ταρχ (die Media durch den Einfluss der folgenden Aspirata zur Tenuis verhärtet). — τερχ: τέρχ-νος, τρίχ-νος n. (vgl. ἔϑ-νος, ϑρᾱ-νος, ἴχ-νος) Ast, Zweig (spät. Dichter). — τριχ: (τριχ-ς) θρίξ (τριχ-ός) f. (Dat. Plur. θριξί) Haar, sowohl von Menschen als Thieren (Wolle der Lämmer, Borsten des Ebers); Demin. τρίχ-ιο-ν; τρίχ-ινο-ς von Haaren, hören; τριχ-ία-ς m., τριχ-ί-ς (ίδ-ος) f. eine Sardellenart mit vielen kleinen haarfeinen Gräten, Demin. τριχίδ-ιο-ν n.; τριχ-ι-άω, -άζω haaren, τριχίᾱ-σι-ς f. Krankheit der Augenlider, wenn die Haare falsch wachsen (Med.); τριχ-ό-ω haarig machen, τριχω-τό-ς behaart, haarig, τρίχω-σι-ς f. das Behaaren; τρίχω-μα(τ) n. Behaarung, Haarwuchs, Demin. τριχωμάτ-ιο-ν; τριχ-ι-σ-μό-ς m. ein haarfeiner Riss im Schädelknochen (Paul. Aeg.); τριχο-ειδής, τριχ-ώδης haar-artig, -ähnlich. — ὕc-τριξ (τριχ-ος), auch ὗσ-τριγξ, ὗσ-θριξ, m. f. (υd == ύς hinauf, empor, vgl. pag. 90) == mit aufgerichteten, emporstehenden Haaren == Igel, Stachelschwein; σκοτο-δασυ-πυκνό-θριξ dunkel-dicht-dick-behaart (Ar. Ach. 396; Voss: nachtdickbehaart).

Brugman St. VII. 320. 24). — Sonne KZ. XIV. 323 ff. — 1) C. V. I. 301. 6). 377. 8). — 2) Ameis-Hentze ad Il. 1. 320. — Sonne KZ. X. 121: der Leben, Nahrung kräftig gedeihen lässt; id KZ. XIV. 325: kräftig gedeihendes Leben habend. — 3) Skr. *darh, drh* wachsen: Kuhn KZ. VII. 67. Lottner KZ. XI. 178. L. Meyer KZ. VI. 224. Dagegen PW. III. 654 s. v.: *dirghi:* „diese Bedeutung der Wurzel ist nicht zu belegen". — *tarh* wachsen: Aufrecht KZ. II. 148. B. Gl. 166b.

DHARG streichen, ziehen. — Skr. **dharg** gehen, sich bewegen; **drag, dhraṅg** hingleiten, streichen, ziehen (PW. III. 881. 1000).

θελγ. — θέλγ-ω streichcln, *mulcere*, daher durch Sinnenreiz bewältigen = bezaubern, täuschen, blenden, bethören, bes. im schlimmen Sinne (Fut. *θέλξω*, Aor. *ἔ-θελξα, ἐ-θέλχ-θη-ν*; Iterat. *θέλγε-σκ-ε* Od. 3. 264); (*θελγ-τι*) θέλξι-ς f. Be.;auberung, Beschwichtigung (Ael., Plut.), θελκ-τύ-c id. (Apoll. Rh. 1. 516?), *θελκτ-ικό-ς* bezaubernd, beschwichtigend (Schol. Pind. 1. 21); θελκ-τήρ (*τῆρ-ος*) m. Besänftiger (nur h. h. 15. 4 *ὀδυνάων*), *θελκτήρ-ιο-ς* = *θελκτικός*; Subst. n. *θελκτήρ-ιο-ν* Zaubermittel, Ergötzung, Wonne; θέλκ-τρο-ν n. id. (Soph. Tr. 585); θέλκ-τωρ = *θελκτήριος* (nur *θέλκτορι Πειθοῖ* Aesch. Suppl. 1040 D.); θελκ-τ-ώ (*οὖς*) die Bezaubernde (*κολακευτική* Suid.); θέλγ-μα(τ) n. = *θέλξις* (Schol. Pind. P. 1. 21); *θελξί-θεο-ς* Gott besänftigend (Sp.), *θελξι-κάρδιος* das Herz bez. (Sp.), *θελξί-μβροτος* Menschen bez. (Orph. Lith. 315), *θελξι-μελής* durch Gesang bez. (Sp.), *θελξί-νοος* den Verstand, das Herz bez., *θελξί-πικρος* schmerzhaft reizend; St. θελγε: θέλγη-τρο-ν n. = *θέλξις*, θέλγη-μα(τ) n. (Suid.) = *θελκτήριον*. — Θελγ-ίν, meist (mit Umspringen der Aspir.) Τελχ-ίν (*ἶν-ος*) Sohn des Europs (Apollod. 2. 1. 1) = mit Zauber, Trug, Bosheit begabt; Τελχῖν-ες (ein wirkliches Volk? vgl. das Volk der Zwerge, Hünen, Riesen); vgl. *ἐκαλεῖτο δ' ἡ Ῥόδος πρότερον Ὀφιοῦσσα καὶ Σταδία, εἶτα Τελχινὶς ἀπὸ τῶν οἰκησάντων Τελχίνων τὴν νῆσον, οὓς οἱ μὲν βασκάνους φασὶ καὶ γόητας *θείῳ καταρξίοντας τὸ τῆς Στυγὸς ὕδωρ ζώων τε καὶ φυτῶν ὀλέθρου χάριν, οἱ δὲ τέχναις διαφέροντας τοὐναντίον ὑπὸ τῶν ἀντιτέχνων βασκανθῆναι καὶ τῆς δυσφημίας τυχεῖν ταύτης, ἐλθεῖν δ' ἐκ Κρήτης εἰς Κύπρον πρῶτον, εἶτ' εἰς Ῥόδον, πρώτους δ' ἐργάσασθαι σίδηρόν τε καὶ χαλκόν, καὶ δὴ καὶ τὴν ἅρπην τῷ Κρόνῳ δημιουργῆσαι* (Strabo 14. 653 f.); Θελγῖνες· οἱ τελχῖνες, γόητες, πανουργοί, φαρμακευταί (Hes.); *λέγονται καὶ τελχῖνες θηλυκῶς αἱ ὑπὸ πληγῆς εἰς θάνατον καταφοροί* (*ictus mortiferus*) (Hes.); *Τελχὶν καὶ ἡ εἰς θάνατον καταφορά. τελχινώδης ὁ τραχηλιώδης, τελχιταίνει ἀντερίζει, σκληροτραχηλεῖ* (E. M.). *ἡ παροιμία τοὺς φθονεροὺς καὶ ψογεροὺς Τελχῖνας καλεῖ. Στησίχορος δὲ, φασί, τὰς κῆρας καὶ τὰς σκοτώσεις τελχῖνας καλεῖ* (Lobeck Aglaoph. 1182 aus Eust.).

Hübschmann KZ. XXIII. 388. 1): Urform ist *dharg.* — F. W. 99. — Kuhn KZ. I. 179 ff. 193 ff. (*skr. druh: ἀτρεχής, ἀτρεκής, Τελχίν, θέλγω*).

DHARGH aushalten, anhalten. — W. 1) **dhar + gh.** — Skr. **dhrāgh** vermögen, lang machen, sich anstrengen u. s. w. (PW. III. 802).

δολχ. — δολ-ϊ-χ-ό-c lang, langwierig[1]) (Adv. δολιχόν Il. 10. 52), δολιχό-ει-ς id. (nur Leon. Tar. 24); δόλ-ι-χ-ο-c m. die lange Rennbahn (20 Stadien lang), δολιχ-εύ-ω (= δολιχο-δρομέω) den Dolichos laufen[2]); Δουλ-ί-χ-ιο-ν n. (= Langland) Insel des ion. Meeres, südöstlich von Ithaka[3]); ἐν-δελ-ε-χ-ής fortdauernd, ununterbrochen, *ἐνδελέχ-ε[σ]-ια* f. Fortdauer, *ἐνδελεχέ-ω*, *ἐνδελεχ-ίζω* fortdauern (LXX und Sp.), *ἐνδελεχι-σ-μό-ς* m. ununterbrochene Fortsetzung (Suid.).

forgh. — *forc-tu-s*, *forc-ti-s* altlat. (*forctis, frugi et bonus sive validus* Paul. ep. p. 84; *hortum et forctum pro bono dicebant* p. 102. 12; *itaque in XII cautum est, ut idem iuris esset sanatibus [sanates quasi sanata mente] quod forctibus, id est bonis et qui nunquam defecerunt a populo Romano* p. 348; *forctes* also = die festgehalten hatten am Bundesvertrage), **for-ti-s** = festhaltend d. i. fest, stark, kräftig, muthig, tapfer, brav, bieder[4]), Adv. *forti-ter*, Demin. *forti-culu-s* ziemlich fest u. s. w., *fortius-culus* id. (Sutr. ap. Fulg. myth. 3. 8); *forti-tü-d-o* (*in-is*) f. Festigkeit, Stärke u. s. w., *forte-sc-ĕre* stark u. s. w. werden (Gell. 19. 7. 8); (**forctā-ri*) **hortä-ri** (vgl. spätlat. und ital. *con-fortare*) ermuthigen, ermuntern, ermahnen, anspornen[5]) (act. *horta-re* Prisc. p. 797 P.; Inf. Pr. Pass. *hortarier* Plaut. merc. 4. 2. 5); *hortā-tu-s* (im Abl. Sing. *-tü*, Dat. *-tu-i* Macr. Sat. 7. 5, Plur. Val. Fl., Sil.) m., *hortā-ti-ö(n)* f. Ermunterung, Ermahnung; *hortā-tor* (*tōr-is*) m., *-trix* (*tric-is*) f. Ermunterer, Ermahner (-in); *hortā-men* (*min-is*), *hortämen-tu-m* n. Ermunterungsmittel; *hortā-t-ivu-s* zur Erm. gehörig.

C. E. 191. — F. W. 89. 367; F. Spr. 239; F. KZ. XXII. 373. — Grassmann KZ. XII. 127. — 1) PW. III. 654: *dirghá* lang im Raum und in der Zeit, weitreichend, langdauernd, *δολιχός*. Man führt *dirghá* allgemein auf *darh* (*dṛh*) wachsen zurück, aber diese Bedeutung der Wurzel ist nicht zu belegen. Genauer entspricht russ. *derjat'*, welches Miklosich (die Wurzeln des Altslov. p. 21) wohl mit Unrecht von *südrügati se, contremiscere* (eig. sich zusammenziehen, zusammenfahren) trennt; vgl. auch *südrügnati se, abhorrere* (eig. zusammenfahren) und *sudoroja* Krampf. — Grassmann l. c.: „für das griech. *δολιχός*, welchem genau das altslav. *dlügü*, russ. *dologü* entspricht, ist zu bemerken, dass die weiche Aspirata des Sanskrit sich vor *ρ* und *λ* häufig in die Media umsetzt, was durch das (später) eingeschobene *o* nicht gehindert wird". — 2) Schneidewin ad Soph. El. 863 f.: bei der *σταδιοδρομία* musste eine Bahn möglichst rasch, bei dem *δόλιχος* dieselbe mehrmals hinter einander, ohne auszuruhen, durchmessen werden. In den meisten Spielen scheint mit dem Dolichos der Anfang gemacht zu sein, worauf dann das Stadion kam. — 3) S. W. s. v.: nach Strabo die Insel Dolicho; nach der Sage der Neugriechen die beim Cap Skala untergegangene Insel Krabata, nach Anderen der südöstliche, von Ithaka entferntere Theil von Kephallenia. — 4) C. E. 257. — F. W. 89. 369. — B. Gl. 270a: *a bhar ferre*. — Bugge KZ. XX. 21 f.: *varg: ὀργάω, ὀργάς* u. s. w.; *rorc-tu-s* kräftig, muthig. — Corssen I. 149: Entweder von *dhar* festigen mit dem Suffix *-co* oder von der erweiterten Wurzel *dar-h* festmachen. Vgl. B. 171. — 5) Ascoli KZ. XVII. 339. — Walter KZ. XII. 418 f. — F. W. 444: *ghar* begehren, gern haben: *horior, hori* caus. Lust machen, ermuntern; Part. Perf. Pass. *hor-to* (= *χαρτός* erwünscht), *hortā-ri* ermuntern.

DHARP graben, bohren. — Germanisch: **dalf.** θαρπ. — (*θαρπ, θιρπ, θῑρπ*) θρῖπ: θρῖψ (*θρῖπ-ός*) m. (f. Men.

fragm. 73) Holzwurm, Holzkäfermade; ϑϱιπ-ώδης dem Wurmstich ausgesetzt (Theoph.).

Delbrück St. 1b. 133. — Grimm W. II. s. v.: *dalpen*, *delben* (ahd. *bitelban* begraben, *sepelire*, alts. *bidelban*, mhd. *telben*, ags. *delfan*, nd. *delfen*, nnl. *delven*). — Grimm: verwandt mit dem latein. *talpa*, der Maulwurf grübt in der Erde und wirft sie in die Höhe. Dagegen Delbrück: *talpa* damit zusammenzubringen, so verlockend es auch dem Sinne nach wäre, verbieten die Lautgesetze. — Vgl. Rödiger KZ. XIX. 132.

DHARS dreist sein, muthig sein, wagen. — W. 1) **dhar** + s. — Skr. **dharsh** (*dhṛsh*) 1) dreist sein, muthig sein, 2) den Muth zu etwas haben, wagen, sich an Jemand wagen (PW. III. 896).

θαρς, θρας. — θρᾰc-ύ-c dreist, kühn, unerschrocken, muthig; ϑαρτύς· τεϑαῤῥηκώς, ϑρασύς Hes.; (* ϑαρσυ-μο-ς ==) φαρυ-μό-c (äol. φ statt ϑ und ϱ statt ϱσ, ϱϱ)· τολμηϱός, ϑρασύς (Hes.); θρασύ-τη-c (τητ-ος) f. Dreistigkeit u. s. w.; θαρcύ-νω, von Plato an ϑαῤῥύνω, dreist machen, ermuthigen (intrans. = ϑαῤῥέω Soph. El. 904), θρασύνω id., häufiger Med., dreist sein und handeln, dreist sprechen; θάρc-οc ion. altatt., θέρc-οc äol., von Plato an θάῤῥ-οc (ϑϱάσ-ος Hom. nur Il. 14. 416) n. guter Muth, Getrostheit, Kühnheit, Keckheit, Frechheit (att. ϑάϱσος *in bonam partem*, ϑϱάσος *in malam partem*); ϑαρσί-ω, ϑαῤῥέ-ω (von Plato an) gutes Muthes, getrost u. s. w. sein, wagen (Pind. Trag. auch vertrauen), Part. τὸ τεϑαῤῥηκός Muth, Zuversicht (Plut. Fab. M. 26); Adv. ϑαρσούντως muthig, getrost; ϑαϱση-τ-ικό-ς zuversichtlich u. s. w. handelnd; ϑάϱση-σι-ς f. Muthfassen, Vertrauen (Thuk. 7. 49). — (* ϑαρσο σύνο-ς vgl. γηϑό-συνο-ς[1])) θάρcῠνο-c (ϑϱάσυνος E. M. 204. 17, 1. d.) muthig, getrost, voll Zuversicht (nur πόλις Il. 16. 70; vertrauend οἰωνῷ Il. 13. 823); ϑαρσ-ώ (οῦς) f. die Muthige, Kühne, Beiname der Athene (Schol. Il. 5. 2), ϑρασώ id. (Lycophr. 936); θάρσων, mak. Δάῤῥων. Μακεδονικὸς δαίμων, ᾧ ὑπὲρ τῶν νοσούντων εὔχονται Hes. == Gott des Muthes; θαρc-ᾰλέο-c == ϑρασύς, ϑαϱσαλέο-ω ermuthigen (Jos.), ϑαρσαλέο-τη-ς (τητ-ος) f. == ϑάϱσησις (Plut. Sp.); ϑαρσή-ει-ς == ϑαρσαλέος (Nonn. D. 13. 562); θαρσ-ία-ς, θαρσύ-τα-ς, Θαρσύνων, Θαρσύ-λο-ς; Θρασ-έα-ς, Θρασ-εύ-ς, Θρασύ-βουλο-ς, Θρασυ-κλῆς, Θρασύ-λαος, -λεως, Θρασυ-μήδης u. s. w.; Θερc-ί-τη-c der Freche (Il. 2. 212 ff., der hässlichste Grieche vor Troia: säbelbeinig, hinkend, bucklich)[2]); Ἁλι-ϑέρσης == der Meerkühne, Freund des Odysseus in Ithaka (Od. 2, 157. 17, 68); Sohn des Ankäus (Paus. 7. 4. 1); Πολυ-ϑέρσης Vater des Πολυϑερσεί-δη-ς (Od. 22. 287).

fars. — (* *fars-tu-s*) **fas-tu-s** (vgl. * *torstus*, *tostu-s*) m. Trotz, Stolz, Hochmuth, Verachtung[3]); *fast-ōsu-s* hochmüthig, stolz (Petron. 131); (* *fastu-taed-iu-m*, * *fastu-tid-iu-m*) **fastīd-iu-m** (s. pag. 313)

n. Ekel, Abneigung, Widerwille, Ueberdruss; Hochmuth, Stolz, Hoffahrt[3]); *fastidi-ōsu-s* voll Ekel u. s. w.; act. Ekel erregend (Hor. c. 3. 29. 29, epod. 17. 73); *fastidi-re* Ekel, Widerwillen haben, verschmähen, *fastidi-bili-s* ekelhaft (Tert.), *fastidi-li-ter* mit Ekel (Varro ap. Non. p. 112. 11).

Angermann St. I. 23. — B. Gl. 199b. — C. E. 256. — F. W. 99 f. — Siegismund St. V. 156. 34). — 1) Fick KZ. XXII. 100. — 2) Ameis-Hentze: ein bedeutungsvoll gebildeter Name „der Freche‟; ist ein Ausbund von Hässlichkeit an Körper, weil an ihm die verächtliche Gesinnung des Demagogen durch körperliche Missgestalt versinnlicht werden soll; er musste Antipathie erwecken. — M. M. Vorl. II. 235: = dreister, trotziger Bursche. — 3) Breal KZ. XX. 79 f. — F. W. 138: *bhadh* belästigen = Ekel erregen.

DHAV rennen, laufen, rinnen. — Skr. **dhav, dhāv, dhanv** rennen, laufen, rinnen; rennen, rinnen machen (PW. III. 862. 899. 952).

θεF: θέ-ω, ep. auch ϑε-ίω, laufen, rennen, eilen (Fut. ϑεύσομαι, ϑευσοῦμαι), Iter. ϑέεσκον (Il. 20. 229)[1]). — θοF: ϑο-ό-ς schnell, rasch, flink, Θοή die Schnelle (eine Nereide, Il. 18. 40); ϑοά-ζω schnell bewegen, sich schnell bewegen, eilen (Trag.), ϑόα-σ-μα(τ) n. Tummelplatz (Τμῶλος καλὸν Λυδοῖσι ϑόασμα Orph. h. 48. 6); βοη-ϑόο-ς zum Kampfstreit eilend (Il. 17. 481), im Kampfe anstürmend (Il. 13. 477); Subst. Beistand (Pind., Theokr.), ὠκύ-ϑοος schnell eilend (Νύμφαι Eur. Suppl. 1018). — θwF: ϑώ-ς (ϑω-ός, Gen. Pl. ϑώ-ων) m. (der schnelllaufende) Schakal, Goldwolf (δαφοινός Il. 11. 474), *canis aureus* Linn.[2]). — ϑο-ρό-ς m., ϑο-ρή f. der männliche Saamen bei Menschen und Thieren[3]); ϑορα-ῖο-ς, ϑορικό-ς zum Saamen geh., ϑορό-ει-ς saamenartig, ϑορ-ί-σκ-ο-μαι den S. in sich aufnehmen.

B. Gl. 203a. — C. E. 256. — F. W. 100; F. Spr. 155. — 1) C. V. I. 299. 16). — 2) F. Spr. 412 f. — Pott E. F. LXXXII. — Andere rathen auf *Viverra Zibetha*, Zibethkatze. — 3) F. W. 102: *dharā* f. Guss, Strahl, Tropfen, Same. — PW. III. 947: *dhārā* f. (von *dhav, dhanv* wie *gira* von *ginr*) Strom, Guss, Strahl, Tropfen (hervorquellende Flüssigkeit). — Pape W., Sch. W. s. v.: ϑρώσκω, ϑορεῖν.

1) **DHI, DHIV** scheinen, schauen. — Skr. **dhī** 1) act. scheinen, *videri*, 2) Med. wahrnehmen, das Augenmerk richten, denken, nachsinnen, 3) wünschen. **dhjā** (*dhjai*) sich vorstellen, im Sinne haben, nachdenken (PW. III. 963. 996).

dhiv, dhju, dhjav.

θjāF. — θēF (*j* ausgefallen, vgl. *Δjεύς Δεύ-ς*). — ϑά-α f. dor., (*ϑή-α) ϑέ-ā (vgl. *γήα γία, *γηῖων γείτων) f. Anblick, Anschauen,

Schauspiel; θᾱ-έ-ο-μαι dor., θη-έ-ο-μαι, θά-ο-μαι ion., staunen, schauen, betrachten, anstaunen, bewundern[1]) (Hom. Pr. Opt. ϑηοῖο Il. 24. 418, Impf. ϑηεῖτο, ἐ-ϑη-εύμεϑα, ἐ-ϑη-εῦντο, ϑη-εῦντο; Fut. ϑηή-σομαι; Aor. ἐ-ϑη-η-σάμην, Hom. ϑη-ή-σαο, -σατο, -σαντο, Opt. ϑη-ή-σαιο, -σαιτο; zu ϑά-ομαι: ϑη-σαίατ᾽ st. ϑήσαιντο Od. 18. 191); (*ϑᾶϜ-ε-το, *ϑωϜ-ε-το) ϑωῦ-τό-ς wunderbar (Hes. Sc. 165); ϑᾱ-τύ-ς· ϑεωρία Hes. — θαῦ-μα(τ), ion. ϑώϋ-μα(τ), ϑῶμα(τ) n. Wunder, Wunderwerk, Verwunderung (Kunststücke der Taschenspieler und Gaukler, Sp.; vgl. ἃ οἱ ϑαυματοποιοὶ ἐπιδείκνυνται Hes.); ϑαυματ-ίζομαι in Verwunderung gesetzt werden (Lex.), ϑαυματ-ό-ει-ς bewunderungswürdig (Man. 6. 402); θαυμά-ζω, ϑωυμάζω. ϑωμάζω ion., sich wundern, staunen, erstaunen, bewundern, anstaunen (Fut. ϑαυμάσομαι, ep. ϑαυμάσσομαι, selten ϑαυμάσω), Iterat. ϑαυμάζεσκον (Od. 19. 229); Nebenf. ϑαυμαίνω (Fut. ϑαυμανέοντες Od. 8. 108; und Pind.); ϑαυμα-σ-τό-ς (ϑαυματός Hes. Pind.) wunderbar, bewundernswerth, ϑαυμαστό-ω wunderbar machen (Sp.), meist Pass.: als Wunder betrachtet werden, ϑαυμάστω-σι-ς f. Bewundernswürdigkeit (Sp.); ϑαυμαστ-ικό-ς gern bewundernd, ϑαυμασ-τή-ς m. Bewunderer, ϑαυμασμό-ς m. Bewunderung; (*ϑαυματ-ια) ϑαυμασ-ία f. id. (Galen.), ϑαυμάσιο-ς = ϑαυμαστός, ϑαυμασιό-τη-ς (τητ-ος) f. = ϑαυμάστωσις; ϑαυμαλέο-ς (Hes.) = ϑαυμαστό-ς; Desid. ϑαυμα-σε-ίω.

θεᾱϜ (j zu ε). — θεά-ο-μαι att., θηέ-ο-μαι ion. = ϑάεο-μαι u. s. w.[1]) (Fut. ϑεά-σομαι), Verbaladj. ϑεᾱ-τό-ς gesehen, sehenswerth; ϑεατ-ικό-ς das Zuschauen betreffend (δύναμις Sehkraft, Arr. Epist. 1. 6. 3); θεᾱ-τή-ς, ϑεη-τή-ς ion., m. Zuschauer, ϑεα-τήρ m. id. (Phot.), ϑεά-τρ-ια f. (Poll.); ϑεᾱ-σι-ς f. Betrachtung (Porphyr.). — θεᾱ-τρο-ν n. Schauplatz, Theater; Theaterpublicum (= ϑεαταί), ϑεα-τρεῖο-ν n. id. (Suid.); Demin. ϑεατρ-ίδιο-ν n.; ἀμφι-ϑέατρο-ν n. Amphitheater (wo man von allen Seiten auf concentrisch hinter einander aufsteigenden Sitzen zuschauen kann); ϑεατρ-ικό-ς für's Theater passend, theatrisch, pomphaft, hochtrabend; ϑεατρ-ίζω auf dem Th. sein, auf's Th. bringen, ϑεατρισ-τή-ς m. Schauspieler (Lex.), ϑεατρισ-μό-ς m. Schaustellung (Thom. M.), ϑεατρο-ειδής theaterförmig. — θεᾱ-μα(τ), ϑέη-μα(τ) ion. n. Anblick, Schauspiel, ϑεαματ-ίζομαι zuschauen (Walz rhet. 3. p. 540); θεά-μων, ϑεή-μων ion. (μον-ος) m. = ϑεατής (Lex.), ϑεημο-σύνη f. = ϑέασις (Agath. 68). — θεᾱ-ρό-ς dor., θεω-ρό-ς m. Zuschauer, bes. ein von Staatswegen Abgesandter[2]); θεωρ-ία f. das Zuschauen, Anschauen eines Schauspiels, das Schauspiel, Festschauspiel; bes. Festzüge oder festliche Gesandtschaften, welche von den griech. Staaten bes. zu den vier grossen Festspielen gesandt wurden; seit Plato besonders: geistiges Anschauen, Betrachten, Untersuchen, wissenschaftl. Erkenntniss; Wissenschaft, Theorie (im Ggs. der Praxis); ϑεωρ-ικό-ς zur ϑεωρία geh., die feierl. Gesandtschaften betreffend (τὸ ϑ. und τὰ ϑ. Schauspielgelder, in Athen seit Perikles aus der Staatskasse an das

Volk gezahlt); ϑεάρ-ιο-ς dor. (Paus. 2. 31. 6), ϑεώρ-ιο-ς Beiw. des
Apollo als Oracelgottes, Θεάρ-ιο-ν n. ein dem pythischen Apollo
geweihter Ort in Aegina (Pind. N. 3. 67); ϑεωρ-ί-ς (ίδ-ος) f. die
heil. Gesandtschaft betr., (bes. mit oder ohne ναῦς) ein b. Schiff,
welches zur Absendung der ϑεωροί gebraucht wurde (der Nachen
des Charon, Aesch. Sept. 840); ϑεωρο-σύνη f. = ϑεωρία (Maneth.
4. 460); θεωρέ-ω Zuschauer bei den öffentl. Schauspielen sein,
bes. als Abgesandter des Staates; ansehen, schauen, betrachten;
ϑεωρη-τό-ς beschaut, betrachtet, zu betrachten, ϑεωρητ-ικό-ς be-
schauend, betrachtend (ὁ περὶ φύσεως ϑ. Naturforscher, βίος ϑ.
ein beschauliches Leben, im Ggs. des praktischen), ϑεωρη-τή-ς m.
= ϑεωρός (Hes., Eccl.), ϑεώρη-σι-ς f. das Zuschauen, das Schauspiel (Plat. Phil. 48 u), ϑεωρη-τήρ-ιο-ν n. ein Platz, von dem aus
man einem Schauspiele zusieht, ϑεώρη-τρα n. Pl. Geschenke des
Bräutigams für die Braut, wenn sie sich zum erstenmale mit un-
verhülltem Gesicht zeigte (= ἀνακαλυπτήρια, Eust.); ϑεώρη-μα(τ)
n. das Angeschaute, Betrachtete, Schauspiel; meist: das geistig
Angeschaute, Betrachtete, Untersuchte, der durch Untersuchung
gefundene und begründete Satz, Lehrsatz, Theorem, Demin. ϑεω-
ρημάτ-ιο-ν n., ϑεωρηματ-ικό-ς einen Lehrsatz betreffend, in Lehr-
sätzen vorgetragen, ϑεωρή-μων (μον-ος) betrachtend (Choerobosc.).

ϑjεϝ. — Daraus dorisch: (ϑjέϝ-ος, ϑῆϝ-ος) θῆβ-οc· ϑαῦμα,
ϑάμβος Hes.; (ϑjέϝ-εια, ϑήϝ-εια) θήγ-εια· ϑαυμαστά Hes.; θευ-ροί
(C. I. n. 2161).

ϑαϝ + Labial = θαπ, ταφ, θα-μ-β. — τέ-θηπ-α Perf. mit
Präsensbed.; Plusqu. έ-τε-ϑήπ-εα; Aor. τάφ-ε Pind. P. 4. 95, Part.
(nur dies bei Hom.) ταφ-ών, staunen, erstaunen, verwundert, betäubt sein; dazu Hes.: Präs. ϑήπ-ω; ϑάπ-αν· φόβον. — θά-μ-
β-οc n. Staunen, Verwunderung, Schrecken[3]); ϑαμβέ-ω staunen,
anstaunen, erstaunen, später bes. in Furcht setzen; Nbf. ϑαμβαίνω
(h. Ven. 48. h. Merc. 407); ϑαμβη-τό-ς furchtbar (Lykophr. 552),
ϑάμβη-σι-ς f. das Staunen, Erschrecken (Maneth. 4. 365), ϑάμβη-
μα(τ) n. Schreckniss (Maneth. 4. 559), ϑαμβή-τειρα f. die in Schrecken
Setzende (von den Erinyen, Orph. Arg. 970); ϑαμβό-ς erstaunt
(Eust. 906. 53), ϑαμβ-αλέο-ς· ϑαυμαστός, φοβερός Hes.

dhi leuchten, scheinen.

dhī-dh[ī]: Τῑ-θ-ωνό-c[4]) m. Sohn des Laomedon (Il. 11, 1.
20, 237. Od. 5. 1) und „erlauchter" Gemal der Eos, den diese
wegen seiner Schönheit entführte (vgl. zu Od. 5. 1: ἠὼς δ᾽ ἐκ
λεχέων παρ᾽ ἀγαυοῦ Τιθωνοῖο ὤρνυϑ᾽ die Nachahmung Vergils G.
1. 446: *ubi pallida surget Tithoni croceum linquens Aurora cubile*).

Brugman St. IV. 150. — C. E. 253. 516. — F. W. 102 f. (dhi, dhjā:
ϑεj-α zu ϑέ-α, dor. ϑά-α; dhū sinnen: ϑαῦμα). — 1) σταϝ: *στάϝ-μα.
*σταϝ-ά-ο-μαι = ϑαῦ-μα, ϑε-ά-ο-μαι Corssen B. 4. 37. Ebel KZ. VII.
230. Kuhn KZ. IV. 16 (nhd. *staue, staune, stu-tze*). — 2) Auch Pape

W. **s. v.** richtig: θεωρός kein Compositum; nach Poll. 2. 55 ἀπὸ τοῦ πρὸς θεὸν ὁροῦειν, ὁρμᾶν; nach Harpokr. u. A. τοὺς τὰ θεῖα φυλάσσοντας, τῶν θείων φροντίζοντας; die Hauptbedeutung ist aber das Wahrnehmen des Schauspiels. — Sch. W. s. v. jedoch noch: θέα und ὁράω. — 3) C. E. 218: *stambh immobilem reddo, stupefacio*; vgl. dagegen 516: „θαπ, ταφ, θαμβ wohl nur als eine labiale Erweiterung der W. θoF (N. 308) zu betrachten". — Ebenso Savelsberg Dig. pg. 30. — Zu *stambh* auch Corssen, Kuhn (siehe Anm. 1). — 4) Brugman St. VIII. 314.

---

2) **DHI** sättigen. — Skr. **dhi** (*dhinv*) sättigen; ergötzen, erfreuen (PW. III. 959).

θι. — θοί-νη (θοί-να, äol. φοί-να, *dh* == *bh* == φ) f. Schmaus, Gastmahl, Speise, θοινά-ω einen Schmaus geben, bewirthen (Hom. nur θοινη-θῆναι Od. 4. 36 bewirthet werden); θοινά-ζω id. (Xen. und Sp.); θοινᾱ-τήρ (τῆρ-ος) m. Gastgeber (Aesch. Ag. 1483), θοινᾱτήρ-ιο-ς, θοινᾱ-τ-ικό-ς den Schmaus betreffend, θοινά-τωρ (τορ-ος) m. der Schmausende (Eur. Ion 1206. 1217), θοινή-τωρ id. (Antp. Sid. 99), θοινᾱ-μα(τ), θοίνη-μα(τ) n. Schmaus, GastmahL

Aufrecht KZ. XIV. 275. — Sonne KZ. XIV. 340 (vgl. Benfey II. p. 271). — F. W. 104 (*dhū* saugen, aufziehen, sättigen: *dhainā* Trank, Labung, Nahrung, Skr. *dhenā*, θοίνη. — Ganz anders C. E. 477: θυ opfern (vgl. *pu, ποίνη*) == Opferschmaus, Schmaus. „Ohne Opfer kein Schmaus, und wieder kein Opfer ohne Schmaus. Meine Etymologie hat das für sich, dass sie an griech. Sprachgut anknüpft, während Skr. *dhi* weder im Griech., noch meines Wissens irgendwo sonst als im Skr. bezeugt ist." [Doch findet sich unter den so zahlreichen Ableitungen aus W. θυ keine einzige ähnlicher Art: θυ == θοι.]

1) **DHU** (sich) heftig bewegen: 1) daherstürmen, brausen; erregen; anfachen; 2) rauchen, räuchern, opfern. — Skr. **dhū** 1) aus-, ab-, durch-schütteln, schütteln, rasch hin und her bewegen, 2) anfächeln, anfachen (Feuer), 3) von sich schütteln, sich befreien von, 4) sich schütteln, sich sträuben (PW. III. 972).

dhu[1]).

1) Daherstürmen, brausen, erregen, anfachen.

θυ. — (θυ-jω) θύ-ω stürmen, toben, tosen, brausen; wüthen, rasen; θυ-ίω rasen, schwärmen, vom prophet. Wahnsinn (θυίωσιν h. Merc. 560 B.; vgl. ἔθυιεν· ἐμαίνετο, ἔτρεχεν); θυά-ω, θυά-ζω (Sp.); (θυ-νυ-ω, θυ-νΕ-ω) θύνω (nur Präsensst.) sich heftig bewegen, einherstürmen (Hom. Pind. und spät. Dichter), Nebenf. θῡνέ-ω nur Hesiod (ἰθύνεον)[2]). — θυ-ά-ς, θυι-ά-ς, θυϊ-ά-ς (-άδ-ος) f. die Rasende, Bakchantin (Θυάδες αἱ βάκχαι· παρὰ τὸ θύω τὸ ὁρμῶ, καὶ πλεονασμῷ τοῦ ι θυιάδες E. M. p. 457. 19). — (θFι-ασο-) θί-ασο-ς m. Schwarm, Versammlung, bes. von Bakchanten[3]) (τὸ Βακχικὸν πλῆθος, ὁ τῷ Διονύσῳ παρεπόμενος ὄχλος Ath. 7. 362 e;

nach Suid. braucht es Ion ἐπὶ παντὸς ἀθροίσματος); θιασ-εύ-ω einen feierl. Aufzug halten, θιασ-ε-ία f. der f. Aufzug; (θιασό-ω) θιασώ-τη-ς m. Mitglied eines θίασος d. h. Verehrer eines Gottes, überhaupt: Schüler; Anhänger, θιασῶ-τι-ς (τιδ-ος) f. Bakchantin (Opp. Cyn. 4. 298), θιασω-τ-ικό-ς zum θίασος gehörig (τέμενος Arist. Occ. 2. 3), θιασ-ών (ῶν-ος) m. Versammlungsort eines θίασος (Hesych.), θιασ-ώδης von der Art eines θίασος, festlich (Nonn. D. 45. 270). — θύ-c-θλα n. Pl. die heil. Geräthe der Bakchosfeier, Thyrsosstäbe, Fackeln (Il. 6. 134). — θῦ-νο-c m. Andrang (Hes.). — θύννο-c m. Thunfisch (wegen seiner schnellen Bewegung, Opp. H. 1. 181), θύννα f. (E. M. 459. 25), Demin. θυνν-ίο-ν n., θύνν-αξ (ἀκ-ος) m., θυνν-ί-ς (ίδ-ος) f.; θύνν-ειο-ς vom Thunfisch; θυνν-αῖον n. Opfer eines Th. (Ath. 7. 297 e); θυνν-άζω, -ίζω den Th. mit dem Dreizack stechen; θυνν-εύ-ω Th. fangen, θυννευ-τ-ικὴ σαγήνη zum Thunfischfang (Luc. Ep. Sat. 24); θυνν-ώδης thunfischartig, dumm (wie ein Stockfisch) (Luc. Jov. trag. 25). — (θυ-ελ-ja) θύ-ελλα f. Sturmwind, Windsbraut, Wirbelwind (vgl. ἄ-ελλα pag. 69), θυέλλ-ειο-ς, θυελλ-ή-ει-ς, θυελλ-ώδης stürmisch. — θυ-ία, θυ-εία (θύ-εια E. M. 412. 5) f. Mörser (wegen des gewaltsamen Hin- und Her-werfens und Zerreibens der darin befindlichen Körper)[4]), Demin. θυ-ίδιο-ν, θυ-είδιο-ν n., θυε-σ-τύ-ς m. Mörsertrank, aus zerstossenem Gewürz (Lex.). — θῦ-μό-c das Regsame und Belebende im Men-schen, die bewegende Lebenskraft[5]) (ἀπὸ τῆς θύσεως καὶ ζέσεως τῆς ψυχῆς Plat. Krat. 419 e) = 1) Seele, Leben, Lebenskraft, 2) Herz als Sitz des Empfindens, heftiger Leidenschaften, 3) Herz als Sitz des Wollens: Wille, Lust, Neigung, Verlangen; als Sitz des Denkens: Wille, Entschluss, Gedanke, Sinn, 4) Gemüth, Ge-sinnung, Geist; Inneres (θυμῷ im Herzen, im Innern, innerlich; κατὰ φρένα καὶ κατὰ θυμόν, mente animoque, im Geist und im Ge-müthe), Demin. θυμ-ίδιο-ν (Ar. Vesp. 878); θυμ-ικό-ς muthig, zornig, leidenschaftlich; θυμό-ο-μαι heftig werden, zürnen (-ω zornig machen, LXX), θυμω-τ-ικό-ς = θυμικός (Eccl.), θύμω-σι-ς f. das Zornigwerden (excandescentia autem sit ira nascens et modo ex-sistens, quae θύμωσις Graece dicitur Cic. Tusc. 4. 9. 20)[6]), θύμω-μα(τ) n. Zorn (Aesch. Eum. 822); θυμο-ειδής, θυμ-ώδης heftig, muthig, zornig. — -θυμο: ἔκ-θυμος muthig, leidenschaftlich, hitzig; εὔ-θυμος id. (Arist. Pol. 7. 7); *ἴφι-θυμο, *ἴφ-θυμο (nachdem das ι ausgefallen, vgl. ἀντ-άξιος, ἀμφ-ήρης, dann υ zu ι assim., vgl. φυ, φῖ-τυ-ς) ἴφ-θῖμο-c gewaltig, tüchtig[7]) (hom. Beiwort tapferer Krieger, auch des Hades, des Proteus, von Körpertheilen, auch von Frauen = brav, edel); μεγά-θυμος hochgemuth, hochsinnig, grossherzig; πρό-θυμος geneigt, bereitwillig, ὑπέρ-θυμος überaus muthig, hoch-herzig, hochgesinnt; -θυμ-ιο: ἀπο-θύμιο-ς vom Herzen entfernt = unangenehm, missfällig (Hom. nur ἀποθύμια ἔρδειν Il. 14. 261); ἐν-θύμιος am Herzen liegend (Hom. nur μή τοι λίην ἐνθύμιος ἔστω sei nicht zu besorgt um ihn, Od. 13. 421); *παν-θῡμᾰδόν* ganz im Zorn, in heftiger Wuth (Od. 18. 33)ᵏ), einmüthig (Jos.).

dhu-dh[u]⁹). — τω-θ-άζω (Nbf. θω-τ-άζω) ungestüm, übermüthig sein gegen Jemand = spotten, höhnen, necken (dor. τωθάσδω, Fut. τωθάσομαι Plat. Hipp. m. 290. a), τωθασ-τ-ικό-ς zum Spotten geneigt, spöttisch, τωθασ-τή-ς m. Spötter (Poll. 6. 123), τωθασμό-ς m. Hohn, Spott, Neckerei (Arist. Pol. 7. 17), τωθ-ε-ία f. id. (Sp.).

dhu-s¹⁰). — θύ-c-ἄνο-c m. Troddel, Quaste, Franze (= das Herabhangende und beim Gehen sich hin und her Bewegende, Flatternde), *θυσανό-ει-ς* (ep. nur *θυσσανό-εσσα*) mit Troddeln u. s. w. besetzt, *θυσανω-τό-ς* id. (Her. 2. 81. 4. 189. Jos.), *θυσανο-ειδής*, *θυσαν-ώδης* troddelartig, Adv. *θυσανηδόν* (Ael. h. n. 16. 11).

dhvā (Nebenform zu *dhu*) wehen, hauchen.

dhvā-ra, dhva-r: urspr. ein Ort, wo es weht, ein freier, offener, luftiger Raum, besonders am Eingange des Hauses, wodurch der Wind ziehen kann¹¹). — Vgl. pag. 412.

θύ-ρα, ion. θύ-ρη, f. Thüröffnung, Thür, Zugang, Eingang, Pl. Thürflügel (*αἱ βασιλέως θύραι* der Hof des Perserkönigs; vgl. „die otomanische Pforte"); *θύρα-σι*, ion. *θύρη-σι*, *θύρη-φι*, *foris*, vor oder an der Thür, draussen, *θύρη-θι*, elid. *θύρηθ'* (nur Od. 14. 352) draussen¹²), (*θυρας-δε*) *θύρα-ζε* aus der Thür, hinaus vor die Thür, hinaus, heraus (*θύρ-δα· ἔξω.* ᾿Αρκαδες. Hes.), *θύρα-θεν* von aussen her, aussen (Trag.); Demin. *θύρ-ιο-ν* n.; *θυρ-ί ς* (*ιδ-ος*) f. id., kleine Thüröffnung, bes. Fenster (*μέλιτος* Bienenzellen), Demin. *θυρίδ-ιο-ν*; *θύρ-ε-τρα* n. Pl. Thür (Sing. selten und erst Sp., wie Polyb. u. a.); *θυρα-ῖο-ς* aussen an der Thür stehend, draussen befindlich; θῠρ-εό-c m. Thürstein, ein Stein, als Thür vor den Ausgang zu setzen (Od. 9. 240, 313, 340); ein grosser thürförmiger Schild (verschieden von *ἀσπίς* durch Gestalt und Grösse, *scutum*), *θυρεό-ω* mit dem Schild bedecken (Sp.), *θυρεο-ειδής* wie ein grosser Schild (Galen.); θυρ-ών (ῶν-ος) m. Vorplatz im Hause an der Thür, *atrium* (*σανίδες* Hes.); *θορό-ω* mit einer Thür versehen, verschliessen, *θύρω-μα(τ)* n. ein mit Thüren versehener Raum, Zimmer, die Thür selbst (= *θυρίς* Diod. Sic. 20. 86); *θυρο-ειδής* thür-, fenster-ähnlich (Sp.); *θυράξαι ἔξω τῆς θύρας διατρίβειν* (Hes.); *θυριώτης· ὁ ἔξω τῆς θύρας* (Suid.). — *ἀντί-θυρο-ς* der Thür gegenüber (Od. 16. 159), τὸ *ἀντίθυρον* n. Vorgemach (bei Luc. Alex.: τὸ *ὄπισθεν* τῆς θύρας *μέρος*); *πρό-θυρο-ν* n. die vordere Thür, Thor oder Thorweg, Hofthür, Thürweg, Vorhof, *vestibulum* (*locus ante ianuam domus vacuus, per quem a via aditus accessusque ad aedes est* Gell. 16. 5); *ὑπερ-θύριο-ν* n. Thürsturz, Oberschwelle (Gys. *οὐδός*) (Od. 7. 90. Hes. Sc. 271). — (*θϜαρ-ιο-ς*, *θαρ-ιο-ς*) θαιρό-c m. Thürangel (an der Thür befestigte Zapfen, in Löchern an der Unterschwelle und in der Oberschwelle laufend, Il. 12. 459. στροφεύς Lex. ὁ διήκων ἀπὸ τοῦ ἄνω μέρους ἕως κάτω στροφεύς Hes.); Eckhölzer des Wagens, in die der Wagenkasten eingefügt ist (Poll. 1. 144); Wagenachse (Soph. fr. 538).

2) Rauchen, räuchern, opfern.

Θυ. — (Θυ-jω) θύω in Rauch aufgehen lassen, als Rauchopfer verbrennen, opfern (nur vom Räucherwerk oder überhaupt von unblutigen Opfern), räuchern; intr. riechen (Fut. θύ-σω, dor. θυσῶ, Aor. ἔ-θῦ-σα, Perf. τέ-θυ-κα, τέ-θυ-μαι, Aor. P. ἐ-τύ-θη-ν; Part. Präs. θύοντα Od. 15. 260, Aor. θύ-μενο-ς Pratin. ap. Ath. 14. 617. d); Desid. θυσείω (Herodn. Epimer. pg. 249); Verbaladj. θυ-τέο-ν (Plut.); θυ-τ-ικό-ς zum Opfer geh. (ἡ θυτικἡ Opferkunde); θύ-τη-ς (Sp.), θυ-τήρ (τῆρ-ος) m. Opferer, Opferpriester (Trag.), θυητής id. (Phoenix Ath. XII. 530 d), θύ-τι-ς f. (ἱρήτειρα Hes.), θυτήριο-ς = θυτικός, Subst. n. Opfer, Opferaltar. — (θυ-τ-ια) θυσία (θυσίη h. Cer. 313. 369) f. das Opfern, die OpferLandlung, Opferfest (ἐκ τῆς θυμιάσεως θυσίας ἐκάλουν Theophr.); θυσιά-ζω opfern, θυσια-σ-τή-ς m. Opferer (Schol. Eur. Hec. 221), θυσιασ-τήρ-ιο-ν n. Opfertisch, Altar (Philo. LXX), θυσιασ-μα(τ) n. Opfer, Opferthier (LXX); θύ-σι-μο-ς zum Opfern tauglich; θυτ-ε-ῖο-ν n. Opferplatz (Phot.). — θῦ-μα(τ) n. das Geopferte, Opfer, Demin. θυμάτ-ιο-ν n. (Sp.), θυματ-ικἡ μαντεία Prophezeiung aus Opfern (Schol. Aesch. Prom. 945). — (*θυ-μο) θυ-μ-έλη (vgl. κιψ-έλη, νεφ-έλη, πιμ-έλη) f. Opfer-stätte, -heerd, -platz, Altar (Opfer, Phryn. 163); im Theater der Alten der Altar, der noch von der Entstehung dieser Spiele zurückgeblieben mitten im Theater aufgestellt war und dessen Stufen den Standplatz für die Flötenbläser und Rhabdophoren bildeten; überhaupt Theater (οἱ ἀπὸ τῆς θυμέλης Komödiendichter) (θυμέλαι Κυκλώπων Eur. I. A. 152 = die kyklopischen Mauern), θυμελ-ικό-ς der Thymele, dem Theater eigen, scenisch. — (θυ-ες) θύ-ος n. Räucherwerk, Rauchopfer, Opfer. — θύ-α, θυ-ῖα, θυῖα f. (Theophr.), θύ-ον n. ein Baum, dessen wohlriechendes Holz man zum Räuchern gebrauchte [13] (Od. 5. 60), θύ-ϊνο-ς vom wohlriechenden Holz des Baumes θύα; θυό-ω räuchern, wohlriechend machen (Hom. nur τεθυωμένον ἔλαιον wohlriechendes Oel, Il. 14. 172; εἵματα h. Ap. 184), θύω-μα(τ) n. Räucherei, Specerei, θυόει-ς voll Duft, duftreich (νέφος Il. 15. 153); θυ-ώδης duftig, wohlriechend. — γή-θυο-ν Erdrauch (vgl. lit. dimnas, später κάπνιος fumaria) n., γη-θυλλ-ί-ς (ίδ-ος) f. (schon Epicharm) Lauchzwiebel (am Feste der Theoxenien in Delphi erhielt derjenige, der die grösste γηθυλλίς mitbrachte, einen Antheil von dem Opferschmause) [14]. — θύ-μο-ς, θύ-μο-ν m. n. Thymian, Quendel (wegen seines Wohlgeruches) [15]), θυμ-ίτης οἶνος mit Th. abgezogen (Diosc.), ἅλες Salz mit Th. abgerieben (gewöhnl. Gewürz für arme Leute), θυμ-ώδης thymianartig (Theophr.). — (θυ-μο) *θυ-μ-ιο θυμιά-ω (θυμια-τ-ίζω Geopon.) räuchern, Rauchwerk anzünden, intr. rauchen (Theophr.), θυμία-σι-ς f. das Räuchern, Verdampfen, θυμιᾶ-τήρ (τῆρ-ος) m., -τήρ-ιο-ν n. Räucherfass, ϑυμία-μα(τ), ion. ϑυμιή-μα(τ) n. das Geräucherte, Räucherwerk; ϑυμια-τ-ιχό-ς gut zum Räuchern (Plat. Tim. 61. c), ϑυμιατ-ῑτι-ς f. eine Pflanze (Diosc.). — θυ-λο, θυ-ηλο: θῡ-λέ-ο-μαι opfern (Sp.), ϑυλή-ματα n. das Geopferte (nach Hes. βεβρεγμένα μέλιτι ἄλφιτα); θυ-ήλη der Theil der Mahlzeit, welche den Göttern geopfert wurde, Erstlingsspende (Il. 9. 220)[16], ϑυηλή-σασϑαι opfern (Poll. 1. 27). — (ϑυ, ϑευ) θεϜ: (ϑεϜ-ες, ϑεϜ-εσ-ιο) θέ-ε-ιο-ν, θη-ῖο-ν ion., θεῖο-ν (contr.) att. (kypr. ϑέαγο-ν; γ = ion. ι) n. Schwefel, Schwefelgeruch (Od. 12. 417), ϑεειό-ω, ϑειό-ω schwefeln, mit Schwefel ausräuchern. — θυ-c: θυc-τά-c (τάδ-ος) f. zum Opfer gehörig (βοή, λιταί. αἱ ϑυστάδες nach Hes.: die Bakchantinen, Gottbegeisterten); θύc-κη f. Räuchergefäss (ἡ σκάφη ἡ δεχομένη τὰ ϑύματα Lex.), ϑυῖ-σκη id. (LXX).

dhu-p[17]). — Vgl. Skr. *dhúpa* m. (Sg. und Pl.) Räucherwerk und der beim Verbrennen von Räucherwerk aufsteigende Rauch (PW. III. 978).

θυ-π. — θύ-μ-β-ρα f., -ρο-c m., -ρο-ν n. ein duftiges Kraut, *saturcia* (Theophr. Diosc.), ϑυμβραία (Galen.), ϑυμβρίη (Hippocr.) id., ϑυμβρίτη-ς οἶνος mit Thymbra abgezogener Wein (Diosc.), ϑυμβρώδης thymbraartig (Theophr.). — παρ-τετύμβει· παραφρονεῖ, ἱμάρτηκεν Hes. (dor. Perf.); τυμβο-γέρων· ἐσχατόγηρως καὶ παρηλλαγμένος τῇ διανοίᾳ (Hes.), *τέτυμβα wohl Perf. mit intrans. Bedeutung[18]).

(ϑυπ, ϑυφ) τυφ. — τύφ-ω räuchern, in Rauch aufgehen lassen, verbrennen, versengen; rauchen, schweelen, glimmen (Fut. ϑύψω, Aor. ἔ-ϑυψα, Perf. τέ-ϑυμ-μαι, Aor. Pass. ἐ-τύφ-η-ν, Fut. Pass. τυφ-ή-σομαι); ϑύμ-μενο-ς verbrannt, beschädigt (nur E. M. 458. 40: ϑύμμενον· δηλοῖ τὸ ὑπὸ πυρὸς βεβλημένον ἢ κεκακωμένον. Καὶ παρὰ γεωργοῖς οἱ ὑποκεκαυμένοι ὑπὸ πάχης ἀμπελῶνες ἐντεϑυμμένοι καλοῦνται) [das der Bauernsprache angehörige Wort hat wohl die Redupl. und dann auch seinen Perfectaccent eingebüsst][19]). — τῦφ-ο-c m. Rauch, Dampf, Qualm, übertr. Dünkel, Hoffart, Verblendung, Bethörung, Betäubung, τυφό-ω Rauch u. s. w. machen, Dünkel u. s. w. erregen, verblenden u. s. w.; τυφ-ώδης rauchartig, räucherig, dunstig; stumpfsinnig, betäubt; ϑύψι-ς f. das Verbrennen, Schweelen (Suid.); (Τυφάων) Τυφῶν (ῶν-ος), poet. Τυφώ-c, Τυφω-εύ-c (Acc. auch Τυφάονα h. Ap. 306. 352) der Dampfende[20]); τυφ-ε-δών (δόν-ος) f. das Anbrennen, Anzünden; Entzündung (Suid.), Fackel (Euseb.); τυφεδ-ανό-c Faselhans, der blauen Dunst vormacht, Windbeutel, alberner Mensch (vgl. ἐπεὶ τυφογέροντας εἰώϑασι λέγειν τοὺς παραληροῦντας καὶ ἀξίους τετύφϑαι Schol. Ar. Vesp. 1364). — τῦφ-λό-c umnebelt, dunstig, dämmerig = blind[21]) (Hom. nur Il. 6. 139, h. Ap. 172); dunkel, unsichtbar (ἄτη Soph. Tr. 1094), τὰ τυφλά die Rückseite; τυφλό-τη-ς (τητ-ος) f. Blindheit; τυφλό-ω blind machen, blenden, verdunkeln, erfolglos machen, τυφλώττω blind sein = τυφλόομαι, τύφλω-σι-ς das Blindmachen u. s. w.;

τύφλ-ινο-ς, τυφλ-ῖνο-ς, -ίνης eine Schlangenart wie unsere Blind-
schleiche; τυφλ-ώδης von blinder Art, blöde, stumpf (Sp.). — τυφώ-c
(att. Decl.), τυφ-ών (ῶν-ος) m. „der verdüsternde“ Wirbelwind
(übertr. τυφῶς δὲ πάμπαν ἐξείλετο φρένας Alc.), τυφων-ικό-ς stürmisch
(N. T.), τυφωνο-ειδής wirbelwindartig (Strab. 5. 4. 9).

dhu, dhva wehen, hauchen; anfachen (vgl. pag. 107).

dhu. — (*fu, fou*) *fŏv*[22]): **fŏv-ĕre** (*fŏv-i, fŏ-tu-s*) anhauchen,
= wärmen, hegen, pflegen, fördern, begünstigen, *fŏ-tu-s* m. (nur
Abl. *fŏ-tu*) das Wärmen, Bähen, *fŏv-ela* f. Erholung (Tertull.). —
fŏ-men-tu-m n. wärmender Umschlag, Bähung; übertr. Linderung,
Linderungsmittel, Hoffnung, Trost, Pflege, *fomenta-re* bähen (Veget.).
— (*fov-mo, *fov-mi, *fov-mi-t) *fŏ-me-s* (*fŏ-mĭ-t-is*) m. (anfachend)
Zunder, übertr. Anlass, Ursache, Ursprung[23]) (Prud. Sidon.) (vgl.
noch: *fomites sunt assulae ex arboribus, dum caeduntur, excussae,
dictae, quod in eo opere occupati cibis potuque confoventur* Paul. D.
p. 88); *defomilatum (a fomitibus succisum, quibus confoveri erat solitum lignum*, ibd. p. 75. 10).

dhvă-ra, dhvă-ri (vgl. pag. 409) = *fŏ-ro, fŏ-ri*[24]).

fŏ-ru-m (alt *foru-s* Charis. p. 55. P., Non. p. 206. 15) n.
urspr. Vorhof (vgl. *quod autem forum, id est, vestibulum sepulcri
bustumve usucapi vetat, tuetur ius sepulcrorum. Haec habemus in
XII.* Cic. de leg. 2. 24. 61), dann: öffentlicher Platz, Marktplatz,
als der von Gebäuden eingeschlossene freie Platz (das *forum Ro-
manum* zwischen dem palatinischen und capitolinischen Hügel);
dann: Marktflecken (*F. Alieni* in *Gallia transpadana*, jetzt *Alenile;
F. Appii* in Latium, jetzt *S. Donato; F. Aurelium* unweit Roms, jetzt
Monte Alto u. s. w.), *for-ensi-s* zum Forum geh., öffentlich, gerichtlich; *For-entu-m* n., *Fer-entu-m* n., *Fer-ent-ia* f., *Fer-ent-īnu-m* n. —
fŏ-ri-s, meist Pl. **fŏ-re-s** (*fo-ri-um* Gen. Pl.) f. = θύ-ρα, *foris*
(= *forai-s*) = θύρα-σι, *fora-s* = (θύρα-ς) θύραξε, *for-in-secus*
(ἔξωθεν) von aussen, ausserhalb; hinaus, nach aussen hin; *fori-
cula* f. Fensterladen (Varro r. r. 1. 59. 1).

dhu rauchen, räuchern.

fu. — (*-fu-i-o*) *-fĭo* (vgl. θυ-l-ω): **sub-fĭre, suf-fĭre** räuchern,
beräuchern, des Räucherns wegen anzünden, *suffi-tu-s* (*tūs*) m.,
suffi-ti-ö(n) f. das Räuchern, Räucherung, *suffi-tor* (*tōr-is*) m. Räu-
cherer, *suffi-men, suffi-men-tu-m* n. Räucherwerk, *suffimenta-re* beräuchern (Veget.); *ex-fir (purgamentum, unde adhuc manet suffitio*
Paul. D. p. 79. 13. M.). — **fŭ-mu-s** m. Rauch, Dampf, Brodem;
fum-eu-s, fumi-eu-s rauchig, rauchend, *fumi-dus* id., rauchfarbig,
räucherig, *fum-ōsu-s* voll Rauch, eingeraucht; *fum-āriu-m* n. Rauchkammer, Demin. *fumāriŏ-lu-m* n. Rauch-, Luftloch (Tert.); *fūm-
ig-āre* räuchern, durchräuchern (s. *-ag-ŏ* pg. 17). — **fŭ-n-us** (*ĕr-is*)
n. urspr. Räucherung, dann: Todten-räucherung, -opfer, Leichen-
bestattung, Leichenzug, die im Leichenzug getragene Leiche (*funus*

facere die Leichenbestattung bereiten, bewirken = tödten; daher) Tod, Untergang, Mord, Vernichtung [25]); *funĕr-cu-s* = *funebris, funerarius;* tödtlich, verderblich; *funer-āriu-s* die Leiche betreffend, Subst. Besorger des Leichenzuges; (*funeru-s) *funerā-re* feierlich bestatten, übertr. tödten, vernichten, *funerā-tor* m. Leichenpfleger (Gloss. Philox.), *funerā-ti-ō(n)* f. Leichenbestattung (Marc. Cap. 6. 224), *funera-t-ĭc-iu-s* = *funerarius*, Subst. *-iu-m* n. Beerdigungs-ausgabe (Inscr.); *fūnes-ti-s* todtbringend, tödtlich, verderblich; Unheil verkündend, unglücklich, traurig, *funestā-re* durch Mord beflecken, schänden; (*funes-tri*) *func-bri-s* zum Leichenbegängniss geh.[26]) (Subst. n. *funebria* Pl. Leichenbegängniss); leichenbereitend, todtbringend, verderblich. — **fū-lī-g-o** (*ĭn-is*) f. Russ, übertr. Schminkschwärze, Schminke, *fuligin-cu-s, -ōsu-s* russicht, berusst, *fuligin-ā-tu-s* mit Schminkschwärze bestreut (Hier.). — **fī-mu-s** m. Mist, Dünger, *fim-ētu-m* n. Mist-haufen, -platz, -grube.

(*fu, fou*) **fov.** — (**fov-u-s,* **fovĭ-du-s,* *foi-du-s) **foe-du-s** urspr. verräuchert, räucherig = hässlich (vgl. *foeda nigro simulacra fumo* Hor. c. 3. 6. 4), scheusslich, garstig; übertr. schmählich, schimpflich, entehrend [27]), *foedi-tā-s* (*tāti-s*) f. Hässlichkeit u. s. w., *foedā-re* scheusslich machen, verunstalten, entstellen, entehren. — (**fov-ere,* Part. **fovi-tu-s,* davon **fovi-tēre,* *foi-tēre) **foe-tēre** urspr. räucherig, dunstig sein. = übelriechen, stinken; Inchoat. *foete-sc-ēre* stinkend werden; *foetĭ-du-s* stinkend, ekelhaft, *foetū-lentu-s* id. (App. Arnob.); *foet-or* (*ōr-is*) m. Gestank, Ekelhaftig-keit; (*foe-tu-s) *foetū-t-ina* f. Schmutzwinkel.

tūs, thūs (*tūr-is, thūr-is*) Lehnwort (= θύ-ος pag. 410; *θυ-ες = *tu-es = *tūs*) n. Weihrauch, Demin. *tus-cŭlu-m* n. ein wenig Weihrauch (Plaut. Aul. 2. 8. 15), *tūr-āli-s, tūr-āri-u-s* zum W. geh., Subst. *-ariu-s* m. Weihrauchhändler, *tūri-bŭlu-m* n. Weih-rauch-, Räucher-pfanne.

1) B. Gl. 204f. 448b. — Corssen I. 150. 372 f. 549 f.; B. 78. 178 f. — C. E. 259. 598. — F. W. 103. 454 f. — M. M. Vorl. II. 229. 372. — 2) C. V. I. 186. 18). 211 f. 261. 4). — Fritzsche St. VII. 385. — 3) Savels-berg KZ. XXI. 120. 123. — 4) M. M. Vorl. l. c. — Aehnlich Pape W. s. v.: von θύω, gewaltig stampfen? — 5) F. W. 103: *dhū* sinnen: θῡ-μό-ς Sinn = lit. *dú-mà* Sinn. — 6) Dazu G. Fischer: *excandescentia* Auf-wallung. Diog. L. hat dafür θυμός. Θύμωσις fand wahrscheinlich Cicero bei Chrysippus. — 7) Düntzer KZ. XV. 69 ff.; zu Od. 10. 106. — Doeder-lein n. 862. Sch. W. s. v.: = ἰφί-τῑμο-ς, τιμή hochgeehrt, durch Kraft ehrenwerth, kräftig, tapfer, gewaltig. Ebenso Pape W. s. v. („schlecht von Eust. und andern Alten von θυμός abgeleitet"). — S. W. s. v. ist für ἰφ-θ-ιμο-ς (θ Epenthese, vgl. ἱμάσθλη, βαθμός, ὀνθμός), also -ιμο „blosse Biegungssylbe". — 8) Schaper KZ. XXII. 527: „von Zorn ganz und gar erfüllt oder übermannt". — 9) Brugman St. VII. 210. 13). — PW. III. 666. 974: „dass *dudh* durch Reduplication aus *dhū* abgeleitet sei, wird für sicher anzunehmen sein; darauf gehen zurück: *dĭdhi, dudhrá* ungestüm, stürmisch, wild, *dūdhi-ta* trübe, verworren, *turbidus*. — Dagegen C. V. I. 324*: τωθάζειν höhnen, auch θωτάζειν, kann kaum

für reduplicirt gelten. Vgl. Lobeck Paralip. 47. — B. Gl. 446a: *has ridere; fortasse has e dhas, quod in intens. formaret dädhas, ad quod gr. τω-θεία, τω-θάζω referri possent.* — Sch. W. s. v.: θωπεύω? — 10) C. E. 259: „vielleicht". — Von θύω gleichfalls: Pape W.(?), Sch. W. s. v., Nägelsbach zu Il. 2. 448. — 11) Bugge St. IV. 328 ff.; KZ. XIX. 435 f. — F. W. 103. 106 369. 435. 1063. — C. E. 258: „die Wurzel ist dunkel". — Vgl. Anm. 24. — 12) Andere fassen θύρηθ' = θύρηθιν, θύραθε. — 13) L. Ulrichs zu Plin. h. n. XIII. 15. 29: *arbor citri*. Unter diesem *citrus* ist die *Thya articulata*, der cypressenartige afrikanische Lebensbaum [so auch Fraas Synops. p. 261], zu verstehen, obgleich sonst auch der Citronenbaum (*malus Assyria*) den Namen *citrus* führt. Die Griechen nannten ihn θύον oder θύα und lernten ihn in Cyrene kennen, die Römer wahrscheinlich während ihrer Kriege gegen Jugurtha. — Billerbeck Flor. class. pg. 234: θύον = *Thya cypressoides*. — 14) Hehn pg. 173 f. — 15) So auch Pape W. s. v.: „oder weil das Reisig davon zuerst beim Verbrennen der Opfer gebraucht wurde, s. Philoch. Schol. Soph. O. C. 100". — 16) Ameis-Hentze: Räucherwerk, ebenso Döderlein n. 2474. — 17) B. Gl. 204b. — C. E. 227. 516. — 18) C. V. II. 202 (τυμβογέρων hat schwerlich etwas mit τύμβος Grab zu thun). — Pape W. s. v.: ein Greis, der dem Grabe nahe ist. — 19) C. V. I. 226. 2). II. 145. 3). — 20) Ameis-Hentze zu Il. 2. 782: Typhoeus, ein gewaltiger Riese, das Symbol des Vulcanismus, der von Zeus mit dem Blitzstrahl gebändigt und unter einem Berge begraben von Zeit zu Zeit sich zu erheben sucht (εἰν Ἀρίμοις, ὅθι φασὶ Τυφωέος ἔμμεναι εὐνάς). — Vgl. noch Prell. Gr. Myth. I. 54 f. — 21) C. E. 227: „wahrscheinlich"; V. 226: „wenn es hieher gehört". — Pape W. s. v.: wahrscheinlich für τυφελός, eig. rauchig, qualmig und daher verfinstert. — S. W. s. v.: verwandt mit τυφ, θυφ? — 22) F. W. 455. — *bhā* glänzen: Lottner KZ. VII. 183. Pott KZ. V. 296. VI. 107. — *bhaj* kochen, wärmen: Ascoli KZ. XVII. 335. Corssen N. 267. Grassmann KZ. XI. 88. L. Meyer KZ. VIII. 263. — Dagegen Schweizer-Sidler KZ. XIII. 305: „Wir haben im Sprachgebrauche nicht den geringsten Anhaltspunkt für eine solche Annahme (*bhaj*, *bhag* „wärmen", secundär: „kochen, backen", „verehren, lieben") und die Vedensprache leitet uns für die Uranschauung von *bhaj* „verehren" eher anderswo hin. — 23) Ebenso Klotz W. s. v. vom St. *forere* [gleichsam *forimes*]. — 24) Vgl. Anm. 11. — *forum*: Corssen I. 149: *dhar* halten = festbegränzter Raum, Vorhof, Marktplatz, Marktflecken; *fores*: Corssen B. 177: *dhvar* brechen: *fores* Thür als Lücke, Loch. — Klotz W. s. v.: *forum*: Neutr. von *fora*, vgl. *forus, foras, foris*, nach Anderen mit *ferre* zusammenhängend (vgl. *quae vendere vellent quo conferrent, forum appellarunt* Varro I. l. 5. 32. 41). — 25) Düntzer KZ. XI. 254 ff. — Pott E. F.[1] I. 211. — Benary röm. Lautl. 161: *han* tödten (= φεν). — B. Gl. 342a: *van ferire, laedere*. — Klotz W. s. v.: entweder mit *funis* zusammenhängend nach der eigentl. Bedeutung eines Zuges, oder mit *ferre*, ἐκφορά, vielleicht auch φόνος (s. Döderl. 6. 141). — 26) Schmidt KZ. XV. 158. — 27) F. W. 138: *bhādh* belästigen, Ekel erregen; *foedus* ekelhaft.

2) **DHU tönen.** — Vgl. Skr. **dhvan** tönen (PW. III. 1009).

θωῦ-ccω (Trag.) rufen, schreien, zurufen; von Mücken: summen; θωυκ-τήρ (τῆρ-ος) m. Schreier, Lärmer, Beller (vom Cerberus) Ep. ad. 282 (Plan. 91).

F. W. 103.

DHUGH melken. — Skr. **duh** 1) melken; ausbeuten, 2) heraus-melken, -ziehen, 3) milchen, Milch geben, Erwünschtes spenden (PW. III. 712).

dhugh-a-tar. — ϑυγ-ά-τηρ, äol. ϑουγάτηρ, f. Tochter (Homer: G. ϑυγα-τέρος, -τρός, D. ϑυγα-τέρι, -τρί, A. ϑυγα-τέρα, ϑύγα-τρα, V. ϑύγα-τερ; Pl. ϑυγα-τέρες, ϑύγα-τρες, G. ϑυγα-τρῶν, D. ϑυγα-τέρεσσι, A. ϑυγα-τέρας, ϑύγα-τρας), Demin. ϑυγάτρ-ιο-ν; (*ϑυγατρ-ι-jο-ς, *ϑυγατρ-ι-δjο-ς) ϑυγατρ-ι-δέο-ς, contr. ϑυγατρ-ι-δοῦ-ς m. Tochtersohn, Enkel, ϑυγατριδῆ f. Tochtertochter, Enkelin, ϑυγατρί-ζω, ιδ-έω Tochter nennen (Lex.).

Ascoli Lautl. p. 156. Anm. 13: „säugendes Weib". — B. Gl. 192b. — C. E. 258: „möglich bleibt die von Lassen aufgestellte Etymologie aus Skr. *duh* (für *dhugh*) 'Melkerin', während Bopp das Wort lieber als 'Säugling' fasst. Vgl. Pictet II. 353, dem ich darin beistimme, dass Lassen's Deutung den Vorzug verdient". — Delbrück KZ. XIX. 241 ff. (gegen Pott ibd. 36 ff.: „ein früheres *dhugh* ist eitel Lug und Trug"): „die indogerm. Form des Wortes für Tochter war *dhughatar*". — F. W. 103; KZ. XXII. 376. — Gerland KZ. XXI. 373: „ϑυγάτηρ bedeutet nicht 'die Melkerin', sondern 'das Kind, welches (dereinst) Milch gibt'". — Grassmann KZ. XII. 126. — Schweizer KZ. XII. 306: *duh*: „die wachsende"; vgl. *daug* „ich bin gewachsen, tauge". — PW. III. 715: „Skr. *duhitár* f. Tochter, *dauhtar*, ϑυγάτηρ, *dŭśti* (Gen. *dŭśtere*). Gegen die gangbare Ableitung von *duh*, so dass die urspr. Bedeutung 'Melkerin' wäre, lässt sich nur einwenden, dass die entsprechenden Formen im Griech. und Deutschen den Anlaut in *duhitár* auf ein ursprüngliches *dh* zurückzuführen mahnen (vgl. *dvar*), während das *d* in *duh* durch das goth. *tiuhan* als urspr. erscheint".

DHVAR, DHUR stürzen, hervorlaufen, springen; fällen, beugen, brechen; stören, verwirren, betrügen. — Skr. **dhūr** verletzen, schaden; sich bewegen; **dhūrv** (*dhurv*) beugen, zu Fall bringen, beschädigen; **dhvar** (*dhvṛ*) beugen, zu Fall bringen (PW. III. 984 f. 1010).

θηρ. — θήρ (ϑηρ-ός), äol. φήρ, m. (meist nur poet.) das wilde Thier, Raubthier [1]), Demin. ϑηράφιο-ν n. (Sp.); μιξό-ϑηρ, μιξό-ϑηρο-ς halb Thier, halb Mensch, thiergemischt; ϑήρ-ειο-ς thierisch, von wilden Thieren (κρέα ϑήρεια Wildpret); θήρ-α, ion. ϑήρ-η, f. Jagd, Jagdbeute; θηρά-ω jagen, fangen (Fut. ϑηρά-σομαι, selten -σω), Verbaladj. ϑηρᾱ-τό-ς, ϑηρᾱ-τέο-ς; ϑηρατ-ικό-ς zur Jagd geh., jagdlustig (Plut. sol. an. 2); ϑηρᾱ-τή-ς, ϑερᾱ-τήρ, ion. ϑηρη-τήρ (τῆρ-ος), ϑηρά-τωρ, ion. ϑηρή-τωρ (τορ-ος) m. Jäger, ϑηρή-τειρα f. (Call. Del. 230), ϑηρατήρ-ιο-ς zum Jagen, Fangen geschickt (Soph. fr. 421), ϑηρᾶ-τρο-ν n. Jagdgeräth, Fangnetz, ϑηρᾱ-μα(τ) n. das Erjagte, Jagdbeute; ϑηρά-σιμο-ς zu jagen. — ϑηρ-ίο-ν n. (kein Deminutiv, sondern bezeichnet das „einzelne Thier" dem urspr. Gattungsbegriff ϑήρ gegenüber [2]); vgl. μέγα ϑηρίον Od. 10. 171. 180) Wild, wildes Thier (ἄνϑρωποι καὶ ϑεοὶ καὶ ϑηρία Plat.

Rep. 9. 571 d.), Demin. *θηρ-ίδιο-ν*; *θηριακό-ς* von wilden, bes. giftigen Thieren gemacht (*ἅλες* u. s. w.; *ἀντίδοτος*, oder auch allein *θηριακή*, Arznei gegen den Biss giftiger Thiere, gegen Gift überhaupt); *θηριό-τη-ς* (*τητ-ος*) f. das thierische Wesen (Ggs. *θεία ἀρετή* Arist. Eth. 7. 1); *θηριό-ο-μαι*, *θηριά-ζομαι* zum Thier werden, verwildern (von Pflanzen: wurmstichig werden, von Geschwüren: bösartig werden), *θηρίω-σι-ς* f. Verwandlung in ein Thier (Luc. salt. 48), *θηρίω-μα(τ)* n. bösartiges Geschwür (Med.), *θηρι-ώδης* thierisch == voll wilder Thiere, nach Art der Thiere, bösartig (Med.), *θηριωδία* f. == *θηριότης*; θηρ-εύ-ω == *θηρά-ω*, *θερευτ-ικό-ς* == *θηρατικός*, *θηρευ-τή-ς*, *θηρευ-τή,ρ*, *θηρεύ-τωρ* m. == *θηρατής* u. s. w., *θηρεύ-τρια* f. (Hes.); *θήρευ-σι-ς* f. das Jagen, *θήρευ-μα(τ)* n. == *θήραμα*.

θουρ, θορ, θρω. — θοῦρ-ο-c, f. θοῦρ-ι-c (*ιδ-ος*) anstürmend, stürmisch, ungestüm (Hom. *θοῦρος Ἄρης* 11mal Il.; *θοῦρις ἀσπίς, αἰγίς*, *θούριδος ἀλκῆς*), *θούρ-ιο-ς* id. (Trag., Aristoph. Equ. 757), *θουρ-ικό-ς* id. (Lex.), *θουρ-αῖο-ς* id. (Hes.); *θούρ-η-ς* m. Bespringer, Beschäler (Hes.), *θουρ-ά-ς* (*άδ-ος*) f. bespringend (Nic. Ther. 130); *θουρή-ει-ς* geil (Hes.). — θρώ-cκ-ω (oder nach E. M. *θρῷ-σκ-ω*; vgl. La Roche Unters. 117) springen, hüpfen, fliegen, anspringen, anstürmen; bespringen, befruchten (Aesch. Eum. 630) [*ὠχεύω ἔγκυον ποιῶ* Hes.] (Aor. *ἔ-θορ-ο-ν*, Fut. *θορ-οῦ-μαι*), poet. von Homer an und bei Herod.; Nbf. θόρ-νυ-μαι (spät; Conj. *θορνύ-ω-νται* Her. 3. 109 zu *θόρ-νυ-μαι* oder *θορ-νύ-ο-μαι?*); *θρω-σ-μό-ς* m. das Hervorspringen, Anhöhe, Erhöhung; *τοι-θορ-ύσσειν· σείειν. τοι-θορ-ύκ-τρια· ἡ τοὺς σεισμοὺς ποιοῦσα* Hes.[3]).

θολ hemmen, trüben; beunruhigen, verwirren[4]). — θολ-ό-c Subst. m. Schmutz, Koth, Schlamm; der dunkle Saft des Dintenfisches, mit dem er das Wasser trübt; Adj. == *θολερός* (Ath. X. 420. d.); *θολό-ω* schmutzig machen, trüben, übertr. betrüben, beunruhigen (*θολ-ύνω* id. Chrysost.), *θόλω-σι-ς* f. das Schmutzigmachen, Trüben, *θόλω-μα(τ)* n. == *θολός* (Eust.); θολ-ερό-c schmutzig, kothig, schlammig; trübe (*ἀήρ, νεφέλαι*); übertr. beunruhigt, verwirrt (Trag.), *θολερό-τη-ς* (*τητ-ος*) f. das Trübsein (Hippocr.), *θολερ-ώδης* von trübem Ansehen (Theophr.).

θρυ beugen, biegen; brechen, verletzen[5]). — θρύ-ο-ν n. eine Binsenart[6]) (== biegsam) (vielleicht Knopfbinse, Il. 21. 351. D. Sic. 3. 10), *θρύ-ϊνο-ς* von Binsen (Suid.), *θρυό-ει-ς* binsenreich, *θρυ-ώδης* id., binsenartig; Θρύ-ο-ν n., Θρυόεσσα f. Gränzstadt der Pylier und Eleer in Nestor's Gebiet[6]), Θρυό-ς Stadt in Arkadien (Theogn. can. 116). — θραυ: θραύ-ω zerbrechen, zerreiben, zermalmen, zerschmettern (Perf. *τέ-θραυ-σ-μαι*, Aor. *ἐ-τραύ-σ-θη-ν*); übertr. (häufig: *ὄλβον, ψυχήν, δύναμιν* u. s. w.); Verbaladj. *θραυ-σ-τό-ς* zerbrechlich; *θραυ-ρό-ς* (Hes.), *θραυ-λό-ς* (Suid.) id.; *θραῦ-σι-ς*

f. das Zerbrechen u. s. w., ϑϱαυ-σ-μό-ς m. id.; ϑϱαῦ-μα(τ), ϑϱαῦ-σ-μα(τ) n. das Zerbrochene, Bruchstück.

fĕr, dûr, frû.

fĕr. — **fĕr-u-s** wild, wildlebend, übertr. wild, roh, ungebildet, grausam, Subst. *fĕra* f. das wilde Thier, Wild[1]); Dem. *fĕri-culu-s* ein wenig wild (Petron. 39); *fĕri-tā-s* (*tāti-s*) f. Wildheit, Rohheit; *fĕr-īnu-s* von wilden Thieren, thierisch (*fĕrina* sc. *caro*, Wildpret); (*ec-*) *ef-fĕru-s* überaus wild, *effĕrā-re* verwildern, wild machen; *fĕr-ox* (*ōci-s*) eig. wilden Antlitzes, stürmisch; im guten Sinne: muthig, tapfer; im schlimmen S.: übermüthig, unbändig, zügellos, wüthend, Adv. *fĕroci-ter*; Demin. *fĕroc-ŭ-lu-s* etwas wild u. s. w.; *fĕrōci-a, fĕrōci-tā-s* (*tāti-s*) f. Muth, Tapferkeit, Uebermuth u. s. w., *fĕroci-re* übermüthig u. s. w. sein. — (*fĕr-i*) **fĕrī-re** stossen, schlagen, treffen, tödten, erlegen[8]) (altl. *fĕri-n-unt*, vgl. Fest. p. 162; *fĕri-turu-s* Serv. ad Verg. A. 7. 498); *fĕr-ŭ-la* (*a fĕriendo*, Is. or. 17. 9) eig. das Ruthkraut, Pfriemkraut, übertr. dürre Zweige, *fĕrul-cu-s*, *-āc-cu-s* aus Pfr. gearbeitet, pfriemkrautartig, *fĕrul-āri-s* zum Pfr. geh., *fĕrul ā-g-o* (*ĭn-is*) f. eine Art der *fĕrula* (Cael. Aur. tard. 2. 12); *Fĕr-ent-ārii* (= schlagende, verwundende, *laedentes, destruentes*) leicht bewaffnete Plänkler, die das Gefecht eröffneten (*erant inter pedites, qui dicebantur funditores et ferentarii, qui praecipue in cornibus locabantur, et a quibus pugnandi sumebatur exordium: sed hi et velocissimi et exercitatissimi legebantur* Veg. Mil. 1. 20)[9]).

dûr. — **dûr-u-s** hart, rauh, roh; streng, grausam, gefühllos; beschwerlich, misslich[10]) (Adv. *dure, duru-m, duri-ter*), Demin. *dur-ius-cŭ-lu-s* etwas härter u. s. w.; *duri-ti-a, duri-ti-e-s, duri-tā-s* (*tāti-s*), *duri-tū-d-o* (*in-is*) f. Härte, Rauhheit u. s. w., Demin. *duri-tiŏ-la* f. (Pelag. vet. 16); *durā-re* hart machen, abhärten, kräftigen, stumpf, gefühllos machen, ausharren, aushalten, ertragen; *durā-tor* m., *tr-ix* f. Abhärter, -in; *durā-men* (*min-is*), *-men-tu-m* n. Härte, Verhärtung (die zu Holz verhärtete Weinrebe, Col. 4. 21. 22), Dauerhaftigkeit, Festigkeit (Sen. de tr. an. 1), *durā-bili-s* dauerhaft, *durabili-tā-s* (*tāti-s*) f. Dauerhaftigkeit (Pallad. 1. 36. 2); *durācina* n. pl. feinste Art der Pfirsiche (*amygdalus persica* L.), weil diese eine stärkere Haut oder ein festeres Fleisch hatten, Härtlinge[11]; *durē-re* (Serv. ad Verg. G. 1. 91), *dure-sc-ĕre* verhärten, verknöchern.

fru (= θρυ, ϑϱαύω); **fru-d**[5]). — (*fru-d-to*) **fru-s-tu-m** (= ϑϱαυ-σ-τό-ν) n. Gebrochenes = Stück, Bissen, Demin. *frustŭ-lu-m, frustil-lu-m* n.; *frustā-re* zerstückeln, zertrümmern (Flor. 2. 2. 32), *frustā-ti-m, frustillā-ti-m* stückweise, in kleinen Stücken, *frustŭlentu-s* voller Stückchen (Plaut. Curc. 2. 3. 34). — **frau-s** (*frau-d-is; altl. frūd: frudi* Lucr. 6. 192, *frudum* id. 2. 187, *frud-es* Naev. 1. 1) f. Betrug, List, Täuschung, Uebervortheilung, dann:

absichtliches Vergehen; Schade, Nachtheil; (*frau-du-s) fraudā-re betrügen, täuschen, übervortheilen; veruntreuen, unterschlagen (fraudassis Plaut. Rud. 5. 2. 58, frausus siet id. Asin. 2. 2. 20), fraudā-tor (tōr-is) m. Betrüger u. s. w., fraudā-tr-ix (ic-is) f., fraudator-iu-s zum Betrug geh., gegen den B. gerichtet (Dig. 46. 3. 96), fraudā-ti-ō(n) f. = fraus, fraudā-bĭli-s trügerisch (Cassiod. 1. variar. 37); fraud-ŭ-lent-u-s betrügerisch (fraudulenti Abl. Sing. Plaut. Pseud. 2. 1. 7, fraudulentes Nom. Pl. Cic. off. 2. 10. 36 in cod. Bamb.; dazu Adv. fraudulen[t]-ter)[12]), fraudulent-ia f. betrügerischer Sinn, Betrügerei, Betrug; fraudul-ōsu-s betrügerisch (Dig. 47. 2. 1); (*fru-d-tru-s, *fru-s-tru-s) Abl. fem. frustrā (frustrā Prudent. περί στεφ. 1. 13. Marc. Cap. 1. p. 23) irrthümlich, irrig, erfolglos, vergeblich, umsonst; frustrā-re täuschen, vereiteln, vergeblich machen[12]), frustrā-tu-i (habere Plaut. Men. 4. 3. 21), frustrā-tor (tōr-is) m. Täuscher, frustrā-tōr-iu-s täuschend (Arnob. Tert.), frustrā-ti-ō(n) f., frustrā-men (mĭn-i⸱)n. (Lucr. 4. 818) Täuschung, frustrā-bĭli-s täuschend (Arnob.).

Corssen I. 149. 548; B. 177 f. — C. E. 256; C. V. I. 160. 8). 276. 4); KZ. II. 399. — F. W. 105. — Siegismund St. V. 198. 10). — 1) B. Gl. 198 b: dhar tenere, ferre: θήρ, φήρ, fera, quae fortasse a portando dicta, ut primitive iumentum onerarium significaverit. — F. W. 140: bhur sich heftig bewegen, zucken, wallen, toben. — 2) Ameis Od. 10. 171. — 3) Fritzsche St. VI. 309: „potuitne radicis θορ (θρώσκω) dupli- catione haec ris causativa prodire?" — 4) F. W. 370; F. Spr. 239. 333. — 5) C. E. 222; C. KZ. II. 399 f. — Corssen B. 183. — 6) Corssen II. 206: dhru bezeichnet irgend eine an Gewächsen zur Erscheinung kommende Eigenschaft oder Wesensbethätigung. — 7) Vgl. E. Curtius Pel. II. 76. 88. — 8) F. W. 135. 380; Spr. 347; KZ. XX. 173: bhar schlagen, kämpfen. — 9) Corssen l. c. — Die Alten von fero (vgl ferentarii auxiliares in bello, a ferendo auxilio dicti, vel quia fundis et lapidibus pugnabant, quae tela feruntur, non tenentur, ita appellati. Paul. D. p. 85). — F Kritz zu Sall. Cat. Cat. 60. 2: ferentarii unde dicti sint, ipsi ambigunt veteres; hoc tamen constat, levis armaturae milites fuisse, qui fundis, glande et lapidibus pugnarent; cf. Festus, Varro de l. l. VI. 3. Veget. I. 20. II. 2. — 10) Pictet KZ. V. 333: dhur laedere (vgl Skr. dhūrta schädlich, schelmisch, tückisch) „da die Begriffe des harten, bösen, schädlichen, und auch des Schelms und des Narren, oft in einander übergehen, so scheint hiergegen nichts einzuwenden". — 11) Hehn p. 369 — 12) Bechstein St. VIII. 364.

<hr />

N.

1) na Pronominalstamm. — Vgl. nu.

na. — νή, νά-ι (Locativ) betheuernde, bekräftigende Particel: ja, wahrlich, fürwahr, allerdings, freilich wohl; ναί-χι (νή-χι Hes.; wahrscheinl. böot.) = val, s. ki pag. 151; ἐγώ-νη (Apoll.

pron. 64) vgl. *ἐγώ* pag. 235, τύ-νη (ep. dor.) = *σύ* pag. 318; *δεῖ-να*
s. St. *da* pag. 319; *τι-ν ός*, *τι-ν-ί* u. s. w. s. *ki* pag. 151.

nō (grükoitalisch). — vw (= Skr. *nāu*): Dual: *νώ-ι* Nom.,
νώ-ιν Gen. Dat., *νώ-ι*, *νώ* Acc. (letzteres bei Hom. nur Il. 5. 219.
Od. 15. 475), wir beide, uns beide.

na. — nē (*nae*) = *νή*, *ναί*[1]), nur bei Pronom.; mit begleitender Affirmation: *hercle*, *edepol*, *mecastor*, *medius fidius* ja
wahrlich, ja bei Gott.

nō. — Plur.: nō-s Nom. Acc., *nō-bi-s* Dat. Abl. uns (*nis*
Paul. D. p. 47); Possess. *nos-ter* (*-tra*, *-trum*) unser; davon Gen.
Sing. *nostri*, *nostrūm* (statt *nostrorum*) als Gen. des Personalpron.:
unser, unter uns.

C. E. 317. 320. 533. — F. W. 106. 111. — Roscher St. III. 143.
— C. E. 320: „vielleicht" ist *na* aus *ma* (s. St. *ma*) entstanden; 533:
„die Verwandtschaft steht wohl ausser Zweifel". — F. W. l. c.: Skr. *na*
in *ē-na*; Zend *na* enclit. Particel; Skr. *nas* enclit. Acc. Dat. Gen. des
pers. Pron. 1. P. im Plur. — PW. 1. 794 (*ena* = *a* + *na?*). IV. 82. —
1) Vgl. Hand Tursell. I. p. 23. Ritschl Plaut. 1. proleg. p. XCVII.
Lambinus: „*omnes libri veteres habent hanc particulam sine diphthongo
scriptam*". — Brambach Hülfsb.: ne, nicht *nae*.

_____

2) na negative Particel: nicht, damit nicht, auf dass
nicht. — Skr. na: 1) nicht, 2) damit nicht, auf dass nicht (PW.
IV. 1 ff.).

na. — νη- untrennbare, meist ep. Particel, welche den Begriff des Wortes in Zusammensetzungen verneint: νήγρετος (νη-
ἐγείρω) ὕπνος ein Schlaf, aus dem man nicht leicht erweckt wird;
νη-κερδής ohne Gewinn; νήκεστος (νη-ἀκεστός) unheilbar; νήκουστος
(νη-ἀκουστός) ungehört; νηλεγής (νη-ἀλήγω) rücksichtslos (Hes.);
νηλεής, νηλής (νη-ἔλεος) ohne Mitleid, νηλείτιδ-ες[1]); νημερτής (νη-
ἀμαρτάνω) unfehlbar, untrüglich, wahrhaft; νίνεμος (s. pag. 28)
windstill, ruhig; νη-παθής ohne Leid; νή-παυστος (Lycophr. 972);
νή-πεπτος, νη-πεκτής ungekämmt (ἀκτένιστος Hes.); νη-πενθής =
νηπαθής; νήπιος, νηπύτιος[2]); νή-πλεκτος ungeflochten; νή-ποινος
ungestraft, straflos: νήριθμος (νη-ἀριθμός) unzählig; νῆστι-ς (s. W.
ad pag. 25); νή-τιτος ungerächt; νή-ϋτμος athemlos; νήφω (s. W.
abh pag. 37).

na. — nĕ bei schwächerer Verneinung; nē (mit Vocalsteige-
rung) bei starker und entschiedener Verneinung, also in Verboten
und in verneinten Absichtssätzen [ne in der ältesten Zeit vorherrschend, neben *nei; ne*, *nei*, viel seltner *ni*, neben einander im
Zeitalter der Gracchen und des Cimbernkrieges; *nei* vorherrschend,
ne halb so oft, *ni* nur einmal in der lex Julia, 45 a. Chr.; nur
ne in der august. Zeit, doch neben *nere* noch *nive*][3]). — nĕ:
-nĕ: *vides-nĕ*, *pergis-nĕ*, *potest-nĕ* u. s. w.; *ego-ne*, *tu-ne*; *jam-ne*,

tamen-něc, satis-ně u. s. w.; **ně-:** *ně-cubi, ně-uter, ně-que, ně-c, (ne-unquam ⸗)* *nunquam* (s. pag. 95 f.); *(ne oenu-m ⸗) non, (ne unu-lu-s ⸗) nullus, (ne oini-culu-s ⸗) ningulu-s* (s. pag. 78); *(*ně-igu-s) něgāre* (s. pag. 21); *(ne-hemon ⸗) nemo* (s. pag. 242); *něc-queo* (s. pag. 160); *ně-fas* (s. 1. *bha*); *(ne-volo ⸗) nolo* (s. *var* wollen); *ne-scio* (s. *sak* schneiden); **nĭ-:** *nĭ-hil* (s. pag. 256), *nĭ-mis* (s. *ma* messen); *ni-si* (s. *sava*); *něc-opinu-s* (s. pag. 34); *neg-otiu-m* (s. pag. 68), *neg-lego* (s. *lag*); *ně-quě-dum, nec-dum* und noch nicht. — **ně:** *ně-dum* nun gar nicht, vollends nicht, geschweige denn; *ně-quam* (s. pag. 160); *ně-quā-quam* auf keine Art und Weise, ganz und gar nicht, *ně-quid-quam* vergeblich, umsonst, *ně-ve* (s. *var* wollen); **nī:** *nī-mīrum* (s. *smi*).

Corssen l. 785 f. — C. E. 317. — F. W. 106. — B. Gl. 207a: *ut mihi videtur, a stirpe demonstr.* na (wogegen Curt. l. c.: „kommt sonst in ganz anderer als negativer Anwendung vor; vgl. *ναί* ⸗ *nae,* νή"). — 1) Od. 16, 317. 19, 498. 22, 418. — Ameis-Hentze: Femininalbildung aus *νη*- und *ἀλείτης* „die nicht frevelnde", im Ggs. zu den pflichtvergessenen, daher „unsträflich". — Vgl. S. W. s. v. — 2) Das Wort ist noch ziemlich dunkel. — Bernh. gr. Etym. p. 6: *πυ* nicht ernährt, nicht erwachsen. — Aehnlich C. E. 464. 486: „aus *νη-πυ-τι-ο-ς,* Deminutivbildung, ergibt sich eine W. *πυ*" (gegen Froehde: W. *πι,* identificiert mit lat. *queo,* W. *qui*). — Düntzer KZ. XII. 24 f.: *ἀπ* erreichen, treffen: *ἤπιος* verständig (vgl. pag. 32), *νήπιος* welcher nicht trifft, abirrt. — Aehnlich A. Goebel KZ. X. 399: *ἤπ-ιο-ς* ⸗ *ap-tu-s* trefflich; *νήπιο-ς* ⸗ *νη-ηπιο-ς* ⸗ *in-ep-tu-s* albern. — Eine andere Ableitung: *νη-βία* ohne Kraft ⸗ schwach, zart, geistig schwach, thöricht s. S. W. s. v. — Dort wird übersetzt: unmündig, jung; übertr. kindisch, thöricht, bethört; schwach; *νηπύτιος*: unmündig, übertr. kindisch, thöricht, einfältig. — Seb. W. s. v.: *νη-είπείν, έπος:* unmündig, *in-fans;* übertr. kindisch, unerfahren, einfältig, thöricht. Ebenso Pape W. s. v. — 3) Vgl. noch Ritschl Rhein. Mus. VIII. 483.

3) NA sich beugen. — Skr. **na-m** 1) sich beugen, sich verneigen, 2) sich wegbeugen, ausweichen, 3) beugen, biegen (PW. IV. 40); zu na vgl. *na-ta-s* gebogen, *na-ti-s* Senkung.

νο. — (*νο-τι, νο-σι, νο-σι-σφι*; *τ* zu *σ*, vgl. *tra* ⸗ *σφω*) *νό-c-φι(ν)* ⸗ *na-ti-bus,* Adv. abwärts, getrennt, gesondert, entfernt, seitab; Präp. mit Gen.: fern von, weg von, allein, ohne, ausser; *νοσφί-ζω* entfernen, trennen, entwenden, bei Seite schaffen, Med. (dies nur bei Hom.) sich entfernen, fortgehen, verlassen, übertr. sich abwenden, verwerfen[1]) (Fut. *νοσφίσω*, att. *νοσφιῶ*, Aor. *ἐ-νόσφισα,* hom. *νοσφι-σάμην, -σσάμην,* Part. *νοσφι-σ-θεί-ς*); *νοσφί-διο-ς· Λαθραῖος* (Hes.); *νοσφι-δόν* (Eust.); *νοσφι-σ-μό-ς* m. Entwendung, Unterschlagung.

νω. — *νῶ-το-c* m., *νῶ-το-ν* n. Rücken, Rückenstück, breite Fläche, Meeresrücken[2]) (*εὐρέα νῶτα θαλάσσης*); *νώτ-ιο-ς, νωτι-αῖο-ς, νωτ-αῖο-ς* zum R. geh.; *νωτ-ίζω* den Rücken wenden, fliehen; den

Rücken bedecken (Aesch. Eur.), νώτι-σ-μα(τ) n. was man auf dem
Rücken hat; νωτιδανό-ς, ἐπι-νωτιδεύ-ς m. eine Haifischart mit einem
Stachel an der Rückenflosse; νωτ-εύ-ς m. der auf dem Rücken Tragende
(Lex.).

nŭ. — nă-ti-s, meist Pl. *nă-tc-s (na-ti-um)*, f. Senkung ==
Hinterbacken, Hinteres, Gesäss.

C. E. 320. 509. — F. W. 110. — Windisch KZ. XXII. 274. —
1) Sch. W. s. v.: „νος offenbar verwandt mit νέομαι, νόστος, doch ist
eine nähere Deutung noch nicht mit Sicherheit zu geben". — 2) Ebel KZ.
VI. 206: Auf *anu* lässt sich vielleicht νῶτος, νῶτον als νόϝατος zurückführen. — Sch. W. s. v.: „vielleicht stammverwandt mit νεύω: der sich
Neigende".

---

1) **NAK** erreichen, erlangen, treffen. — Siehe 4) **ak**
erreichen pag. 11. — Skr. **naç** (so viel als *aç*, vgl. *naksh*) erreichen, erlangen, treffen, zu Theil werden; antreffen; eintreffen;
naksh herbei-, hinzu-kommen, sich einfinden, erreichen, erlangen
(PW. IV. 7. 80).

na-nci-sc-i (statt **nac-ni-sc-i*, vgl. *fru[g]-ni-sc-i*, *con-qui[c]-
ni-sc-i*) (*nac-tu-s*, *na-nc-tu-s*[1]) erreichen, erlangen, treffen, theilhaftig werden; altl. *na-nc-ire*, *-iri (nanciam* Gracch. ap. Prisc. p. 888,
cl. Fest. p. 166; *re-nancitur significat reprehendit* Paul. D. p. 276.
16). — (**nec-es*, vgl. *gen-es* u. s. w., **nec-es-to*, **nec-es-ti*) (*nec-
es-su-s* Ter., *nec-es-u-s* C. I. L. I. 196. 4) *nec-es-su-m* (ältere
scen. Dichter) (*nec-es-si-s: vis magna necessis* Lucr. 6. 815 L.),
nec-es-se (*necessum, necesse* mit *esse, habere*) es ist nahe == un-
ausweichlich, unumgänglich, nothwendig[2]); *necess-āriu-s* id.; nahe
== verwandt, angehörig, verbunden, befreundet (Adv. *necess-ario,
-arie*); *necessi-tā-s (tāti-s)* f. Unausweichlichkeit u. s. w., Nöthigung,
Bedrängniss, bindende Macht, Verbindlichkeit; *necessi-tū-d-o (in-is)*
f. Verbindung, Verwandtschaft, Freundschaft; Nothwendigkeit, Noth
(in dieser Bedeutung später statt *necessitas*); *necessā-re* nothwendig
machen (Ven. vit. s. Mart. 2. 412).

B. Gl. 207 f. — C. E. 309. — F. W. 106. 370. 459; Spr. 132 f. 334
(wo [pag. 11] ἕνεκ gedeutet wird: „ἕ-νεκ; *nak* aus *nak* Causale"). —
J. Schmidt KZ. XXIII. 270. — Schweizer-Sidler KZ. XIV. 436. XVII.
308 f. — Windisch KZ. XXI. 420 f. — 1) Brambach Hülfsb.: „*nactus*
besser als *nanctus*". — 2) Corssen II. 238; N. 272 f.: == *ne-ced-tu-s*
nicht weichend == unausbleiblich, nothwendig, active Bedeutung wie
circumspectus umschauend; *necesse* entweder aus *necessu-s* (vgl. *ipsus,
ipse*) oder aus *necessi-s* (vgl. *magis, mage*) oder neutr. zu *necessi-s* (dies
wohl am einfachsten). — Frohde KZ. XVIII. 160: *necto: necessitudo*
Verwandtschaft, *necessarius* verwandt.

---

2) NAK verschwinden, verderben, zu Grunde gehen.
— Skr. naç verloren gehen, verschwinden, vergehen, zu Grunde gehen u. s. w.; causat. verschwinden machen, vertilgen, zerstören, zu Grunde richten (PW. IV. 76).

νεκ. — νέκ-υ-c (υ-ος) m. todter Leib, Leichnam, von Menschen Plur. die Todten, Verstorbenen (ion. poet., Herod. und spät. Prosa; Hom. Dat. νεκύ-εσσι, seltner νέκυ-σσι; Acc. νέκῡ-ς; ῡ Nom. Acc. Sing. bei Hom., ῠ bei Att.); νέκυ-ια f. Todtenopfer (Titel des 11. Gesanges der Odyssee), um die Todten aus der Unterwelt heraufzubeschwören (vgl. νεκνίᾳ χρησάμενον μαθεῖν περὶ τοῦ τέλους τοῦ βίου Herodn. 4. 12. 8), νεκύα (Eust. 1171. 21), νεκνσία (Sp.) id.; νεκυ-δόν nach Todtenart (B. A. 941); νεκύ-δαλο-ς m. die Puppe der Seidenraupe, die einem Todten ähnlich ist (Arist. h. a. 5. 19). — νεκ-ά-c (-άδ-ος) f. Leichenhaufe (Il. 5. 886 und Sp.). — νεκρό-c m. = νέκυ-ς (νεκρό-τερο-ς Lucill. 78), νεκρ-ικό-ς den Todten betreffend, νεκρό-τη-ς (τητ-ος) f. das Todtsein (Sp.); νεκρ-ών (ῶν-ος) m. Begräbnissort (Pallad. 146); νεκρό-ω todt machen, tödten (abstumpfen, N. T.), νέκρω-σι-ς f. das Tödten (Sp.), das Absterben einzelner Glieder (N. T.), νεκρώσι-μο-ς zum Todten geh., tödtlich; νεκρο-ειδής, νεκρ-ώδης todtenartig, leichenähnlich; (νεκρ-ιμο) νεκριμαῖο-ς verreckt, von todten Thieren (Sp.).

νοκ. — (νοχ-το, νοχ-σο, νοξο) νόco-c, ion. νοῦσο-ς (vgl. *νοχ-ία νοχα und σύν statt ξύν) m. Krankheit, Seuche[1]); νοcέ-ω krank sein, kranken, νόση-μα(τ) n. Krankheit (νούσημα Hippokr.). Demin. νοσημάτ-ιο-ν n. leichte Kr., νοσηματ-ικό-ς krank, νοσηματ-ώδης krank, kränklich; νοσά-ζω, νοσί-ζω krank machen (-ο-μαι krank werden; νοσεύ-ω, νόσευ-μα (Hippokr.) = νοσέω, νόσημα; (*νοσα-νjω, *νοσαίνω) νόσαν-σι-ς f. das Krankwerden; νοc-ερό-c krank, νοσακερό-ς kränklich, weichlich; νοc-ηρό-c krank machend, bes. von Gegenden, ungesund; νοc-ηλό-c krank (Hippokr.); νοσήλ-ια (νοσή/λ-εια Suid) Krankenspeise, Arznei (νοσήλεια· φάρμακα, τὰ θεραπευτικά Suid.); νοσηλ-εύ-ω krank machen, Med. krank sein, einen Kranken pflegen, νοσηλ-ε(F)-ία f. Krankheit, Krankenpflege; νουσ-αλέο-ς = νοσηλός (Nonn.).

νυκ. — (νυχ-τι, vgl. Skr. nak-ti-s, νυκ-τ) νύξ (νυκτ-ός) f. Nacht („keines Menschen Freund"), sowohl die Nachtzeit, als von einzelnen Nächten, Dunkel, Finsterniss[2]); νύκτ-ιο-ς, νύκτ-ερο-ς, νυκτέρ-ιο-ς, νυκτερ-ινό-ς, νυκτερ-ήσιο-ς nächtlich, bei Nacht; νυκτερ-ί-c (ίδ-ος) f. Nachtvogel, Fledermaus (Od. 12, 433. 24, 6) (ein Fisch, Opp. Hal. 2. 200, sonst ἡμεροκοίτης); νυκτερ-εύ-ω sich die Nacht aufhalten, wachen, νυκτερευ-τ-ικό-ς zu nächtl. Verrichtungen geschickt, νυκτερευ-τή-ς m. bei Nacht etwas thuend (bes. Jäger bei Nacht), νυκτέρευ-μα(τ) n. Nachtquartier, νυκτερε-ία f. das Zubringen der Nacht mit Etwas; νυκτέρ-εια oder νυκτερεῖα n. Pl. Nachtwachen (Sp.); νύκ-τωρ bei Nacht, des Nachts (Ggs. μεθ' ἡμέρας); νυκτοεἰδής, νυκτώδης (Eust.), νυκτερο-ειδής nachtartig, schwarz. — νυχ (unorgan. Aspir. für νυκ)[3]): νύχ-α· νύκτωρ, νυκτί (Hes.); νύχ-ιο-c nächtlich, bei Nacht geschehen oder thuend; νυχ-εύ-ω die Nacht durchwachen (Eur. Rhes. 520); νύχευ-μα(τ) n., νυχε-ία f. das Nacht-wachen (διανυκτέρευσις Hes.); ἔν-νυχ-ο-ς, ἐν-νύχ-ιο-ς == νύκτερος u. s. w.; εἰνά-νυχ-ες (Adv.) 9 Nächte lang (Il. 9. 470); πάν-νυχ-ο-ς, παν-νύχ-ιο-ς die ganze Nacht dauernd oder etwas thuend, παν-νυχ-ί-ς (ίδ-ος) f. nächtl. Fest, Nachtfeier (das Nachtwachen des Trauernden, Soph. El. 92), παννυχ-ίζω die ganze Nacht etwas thun, bes. eine Nachtfeier halten, παννυχισ-μό-ς m., παννύχισ-μα(τ) n. == παννυχίς. -- Composita: νυκτι-δρόμος, -κλέπτης, -κόραξ u. s. w.; νυκτο-ειδής, -θήρας, -μαχία u. s. w.; νυκτ-αίετος, -εγερσία, -ηγορέω u. s. w.; νυχ-αυγής, -εγερσία; νυχη-βόρος.

nĕc. — nex (nĕc-is) f. gewaltsamer Tod, Mord, seltner der natürl. Tod, übertr. Verderben, Unglück; (*nec-u-s) nĕcā-re tödten; quälen, umbringen (Perf. nec-uit Enn. ap. Prisc. 9. p. 861; nec-tu-s Ser. Samm. 33. 627); necā-tor m. (Macrob.), -trix f. (August.) Tödter, -in; ē-nĕcare völlig tödten (Perf. e-nicavit Plaut. Asin. 5. 2. 71, Fut. ex. e-nicasso id. Most. 1. 3. 55; Part. e-necā-tu-s, e-nec-tu-s); nequ-āli-a (detrimenta Fest. p. 162); de-nĭc-āli-s, de-nĕc-āli-s den Tod abstühnend (feriae denecales ein Leichenfest; denicales, quae a nece appellatae sunt, quia residentur mortuis Cic. leg. 2. 22. 55); inter-nĕc-iu-m n. (Not. Tir. p. 123), inter-nĕc-ie-s f. (Gloss. Philox. Isid. or. 5. 26), inter-nĕc-i-ō(n), -nĭc-i-ō(n) f. Vernichtung, Unter-gang, Tod, Tödtung, inter-nec-īvu-s tödtlich, verderblich; per-nĭc-ie-s (pernicies Plaut. Mostel. 3. R.) f. Untergang, Verderben, Un-glück, übertr. die verderbenbringende Person oder Sache (perni-ci-ō[n] Jul. Valer.), pernici-ōsu-s, -āli-s, -ā-bĭli-s verderblich, Unter-gang bringend.

nŏc. — (*noc-la) noxa f. Schaden, Schuld, Vergehen, Strafe (== der zur Strafe zugefügte Schaden), nox-āli-s zum Schaden geh.; (*noc-t-ia) noxia f. Schaden, Schuld, Vergehen; noxiu-s zum Sch. geh., schädlich, schuldig, sträflich, noxi-ōsu-s (Sen.), noxi-āli-s (Prudent.) id.; noxitud o f. (Acc. ap. Non. p. 143. 22), noxieta-s f. (Tert.) == noxia; ob-noxiu-s (obnoxi-ōsu-s Plaut. Trin. 4. 4. 31. Enn. ap. Gell. 5. 2. 30) wegen Schuld unterworfen == schuldig, straf-fällig; übertr. unterworfen, gehorsam, willführig, verpflichtet; demüthig, knechtisch; preisgegeben, ausgesetzt; nŏc-uu-s, noc-īvu-s schädlich; nŏcē-re (noc-ui, noci-tum; altl. Perf. Conj. noxit) schaden, Abbruch thun, verschulden[4]) (als Trans. nur im Pass.: beschädigt werden), Part. nocc-n-s schädlich, schuldig, Subst. Uebelthäter (Adv. nocenter), nocent-ia f. Schuld (Tert.); in-nox unschuldig (Inscr. ap. Reines. cl. 20. n. 144). — (noc-ti) nox (noc-ti-s) f. == νύξ[2]) (Nom. Sing. noc-ti-s Enn. Ann. 92 Vahl., Jahn's Jahrb. 89. 714), person. Nox die Göttin der Nacht; noc-te des Nachts, bei Nacht; per-nox

(*-noctis*) die Nacht hindurch, während der Nacht; *tri-noct-iu-m* n.
Zeit von drei Nächten; *noc-tur-nu-s* (*nocturn-āli-s* Sidon. Alcim.) ==
νυχ-τερ-ινό-ς; *noctc-sc-ĕrc* Nacht werden (Fur. ap. Non. p. 145. 11);
(*noc-la*) *per-noctā-rc* übernachten, *nocta-nĭcr* (== *nocte*, Cassiod.);
(*noc-tu*) *noc-tu* (statt *noctu-i*) == *nocte;* **noc-tu-a** f. Nachteule, Käuzchen (*quod noctu canit ac vigilat* Varro 1: l. 5. 11. 76), *Noctua*
männl. Beiname, *noctu-īnu-s* vom Käuzchen (*oculi* Plaut. Curc. 1.
3. 35); *noctuā-bundu-s* gern bei Nachtzeit reisend (Cic. Att. 12. 1. 2).

nĭc. — (*nic-ro*) **nĭg-e-r** (*ra, ru-m*) eigentlich: nächtig ==
dunkelfarbig, schwarz, düster, finster; übertr. düster, traurig; caus.
unglückbringend; vom Charakter: schwarz, boshaft, böse[5]) (vgl.
Cic. pro Caec. 10. 27: *Sex. Clodius, cui nomen est Phormio, nec
minus niger, nec minus confidens, quam ille Terentianus est Phormio;* Hor. Sat. 1. 4. 85: *hic niger est, hunc tu, Romane, caveto*);
Niger röm. Beiname; Demin. *nigel-lu-s* schwärzlich; *Nigellu-s, Ni-
gell-i-ö(n)*; *Nigr-īnu-s, -ina*; *Nig-ĭd-iu-s* (*P. Nig. Figulus*, gelehrter
Zeitgenosse des Cicero und Cäsar); *nigri-ti-a, nigri-tū-d-o* (*in-is*) f.,
nigr-or (*ōr-is*) m. schwarze Farbe, Schwärze; *nigrā-rc* schwarz sein
(Lucret. 2. 733), schwärzen, verdunkeln, Part. als Adj. schwarz,
dunkelfarbig; *nigrē-rc* schwarz sein (Pacuv. Acc.), *nigrē-d-o* (*in-is*)
f. == *nigritia* u. s. w.; *nigre-sc-ĕre* schwarz, dunkelfarbig werden;
(**nigrĭ cu-s*) *nigricā-rc* schwärzlich sein, Part. als Adj. schwärzlich.

B. Gl. 207b. 211b. — Corssen B. 423. — C. E. 161 f. — F. W.
106 f. 370. 460; Spr. 99 (*nak* Nacht), 132 (*nak* verschwinden, verderben,
zu Grunde gehen). — 1) C. E. l. c.: „vielleicht mit Schweizer (KZ. XI.
79) auf νοξο-ς zurückzuführen. Schwierig aber bleibt die homer. Form
mit ον". -- Kuhn KZ. II. 139: νας; ς = σ (σ wahrsch. wegen des ſ
geblieben, wie man wohl aus dem ep. νουσος schliessen darf). — Schweizer
KZ. III. 379: νόσος, νουσος von W. νας (vgl. Skr. çaç springen, çaçi
Hase, ahd. haso(n) Springer). -- Aehnlich B. Gl. l. c.: *mutato* κ *in* σ. —
2) Schweizer KZ. VIII. 225: „im höhern und natürlichen Alterthum ein
Bild des Dunkels und der Sünde (mhd. *trüebe und vinster als diu naht*)
und Niemandes Freund". — 3) G. Meyer St. V. 81. — 4) So auch Döderlein 3, 175. 6, 237: verwandt mit *neco*. — 5) B. Gl. 222a: *a niç nox;
ex nic-ro explicari potest, mutata tenui in mediam*. — C. E. 372. —
Döderlein 3, 196. 6, 236: verwandt mit *νύξ*.

3) NAK stampfen, drücken.

ναϰ. — (*ναχ-jω*) **νάϲϲω**, att. **νάττω** (Präsensformen erst in
späterer Prosa) feststampfen, festdrücken, dicht anfüllen (Fut. *νάξω*,
Aor. *ἔ-ναξα*, Hom. nur Od. 21. 122 *ἀμφὶ δὲ γαῖαν ἔναξε*, Perf.
νέ-νασ-μαι); *ναχ-τό-ς* zusammengedichtet, gefilzt, gewalkt (*ναχτά
τοὺς πίλους καὶ τὰ ἐμπίλια* Hes.), *νάχ-τη-ς* m. Walker; *ναστό-ς* ==
ναχτός, ναστύ-τη-ς (*τητ-ος*) f. Dichtigkeit, Derbheit.

nac-ta, *nat-ta, nac-ca* m. Walker (sonst *fullo*), *nact-, nacc-*

inu-s zum **Walker** gehörig (App.); *Natta* Beiname der *gens* Pi-
naria.

Angermann St. V. 388. — C. V. 1. 315. 43). — F. Spr. 344.

NAG. — Skr. **nag-ná** nackt, bloss (PW. IV. 15).

nng. — (*nug-du-s*) **nū-du-s** rein, nackt, bloss, kahl, leer,
nichtig (Adv. *nude*), Demin. *nudŭ-lu-s; nudi-tā-s (tāti-s)* f. das Ent-
blösstsein, der Mangel ((*od.* Theod.); *nudā-re* entblössen, aufdecken,
enthüllen, *nudā-ti-ō(n)* f. Entblössung.

Bugge KZ. XX. 12. — Corssen B. 101 f. — Schuchardt KZ. XXI.
449. — Schweizer KZ. XIII. 307; XIV. 150: *nudus* wird gut als eine aus
nogcido zusammengezogene Form [von Leo Meyer Vergl. Gr. II. 1] aufgefasst. — Vgl. Miklosich Lex. s. v.: *nagü*, lit. *nogas*, goth. *naqaths*,
ahd. *nachot*, mhd. *nackent*, ags. *nacod*, and. *naktr e necqvidhr*, Skr. *nagna*.
— PW. IV. 16: *nag* sich schämen — unbelegt (v. l. für *lag*, *lagg*); dazu
Schleicher Formenl. d. kirchenst. Spr. pg. 104: eine zweifelhafte, vielleicht aus *nagna* erschlossene Wurzel.

NAGH binden, knüpfen. — Vgl. 3) *agh, angh* pag. 22.
— Skr. **nah** binden, knüpfen, umbinden, anlegen (PW. IV. 83).

neg. — **nec-t-ĕre** (vgl. *flec-t-o, pec-t-o, plec-t-o*) binden, knüpfen
anknüpfen, anfügen, verbinden, verknüpfen (Perf. *nexi*, Comp.
-nexui, -nexi, Part. *nexu-s*), *ad-, circum-, co-, in-, inter-, ob- (ob-
nectere obligare maxime in nuptiis frequens est* Paul. D. p. 190. 11),
pro-, sub-nectere; nex-ĕre (Liv. ap. Diom. p. 366); (**nec-tu-s*, **nec-
täre*) *nexāre* (Lucr. 2. 99); (*nec-tu*) *nexu-s* m. das Knüpfen, Schlingen,
Umschlingung, Verschlingung, Windung; der Rechtszustand des
nexus (Nbf. *nexu-m* n.) Schuldhörigkeit, Verbindlichkeit, Verpflich-
tung, *nexu-ōsu-s* voll von Schlingen; (*nec-ti-ōn*) *nexio* f. Verknüpfung
(Arnob., Marc. Cap.), (*nec-ti-li*) *nexĭ-li-s, nexĭ-bili-s* zusammen-ge-
knüpft, -gebunden; *nexā-bunde* Adv. beschränkt, knapp (Jul. Val.
r. g. Alex. M. 1. 2).

B. Gl. 212a. — Corssen B. 22; KZ. III. 250. — C. E. 664. —
Windisch KZ. XXI. 427; Beitr. VIII. 463.

---

1) **NAD** sich freuen. — Skr. **na-n-d** befriedigt sein, vergnügt sein, sich freuen; caus. erfreuen (PW. IV. 26).

nad. — *νήδ-ῡμο-ς* (*ὕπνος*, 14mal bei Homer) erfreuend, erquickend[1]) (das Wort noch bei S. Emp. adv. math. 7. 273), *νηδύμ-
ιο-ς* id. (*πνοίη* Opp. Hal. 3. 412); *ἄ-νανδ-ες· οὐκ εὐάρεστον*[?] Hes.

ó-vad, ó-vib; ó-va, ó-vi. — *ó-ví-νη-μι* erfreuen, fördern, nützen, helfen; Med. Freude, Vortheil, Nutzen haben, sich erfreuen, sich laben, geniessen (Präs. Hom. nur ὀνίνη-σι Il. 24. 45, ὀνινᾶσα Plato Phil. 58; für das Imperf. Act. stets ὠφέλουν; Fut. ὀ-νή-σ-ω, -ομαι; Aor. Hom. ἀπ-όνη-το, Opt. ἀπ-όνα-ιο, Imper. ὄ-νη-σο, Part. ὀ-νή-μενο-ς, spätere Dichter ὠ-νή-μην; Poesie und Prosa: Opt. ὀ-να-ί-μην, Inf. ὄ-να-σθαι; Aor. Pass. ὠ-νή-θη-ν; Aor. Act. ὤ-νη-σα Ar. Lys. 1033)²); Nbf. ὀ-νί-σκ-ω (Ath. 2. 35. c); Verbaladj. ὀ νη-τό-ς (ἀπολαυστός Suid.), ὀνητ-ικό-ς nützend, nutzbar (Lex.). — ὄ-νη-ci-c f. Nutzen, Vortheil, Genuss, Wohlfahrt (Hom. nur Od. 21. 402), ὀνήσι-μο-ς nützlich, erspriesslich; ὀνησί-πολις; dem Staate nützend (Simon. bei Plat. Prot. 346. c); ὀ-νή-τωρ (τορ-ος)· ὀνήσιμος, ὄνησιν φέρων (Hes.); Ὀνή-τωρ Priester des Zeus auf dem Ida bei Troja (Il. 16. 604 f.); Ὀνήτορ-ίδη-ς Sohn des O., Phrontis (Od. 3. 282); Ὀνή-τη-ς, dor. Ὀνα-τᾶ-ς, Ὀνη-σο-ς, Ὀνασο-ς, Ὀνασ-ία-ς, Ὀνασί-ων, Ὀνάσι-μο-ς, Λεονᾶτο-ς, Λεώνατο-ς u. s. w.³). — ὄ-νε-ιο-c, ion. ὀ-νή-ϊο-ς, nützlich (Lex.), Superl. ὀ-νήϊστο-ς. — ὄνε-ι-αρ (ὀνεί-ᾱτ-ος) n. Hilfe, Beistand, Nutzen, Heil, Labsal, Pl. erfreuliche Dinge = Kostbarkeiten, labendes Mahl.

C. E. 715. — F. W. 108. — Nebst Curtius, Fick auch: Clemm St. VIII. 89 (verisimillimum est a radice nand delectandi sensu descendere, ut sit aptissimum somni epitheton); Fritzsche St. VI. 300; Schenkl Zeitschr. für österr. Gymn. 1864 pg. 343 (dagegen im Wörterb. s. v. Aristarch beistimmend). — Düntzer KZ. XIII. 19. 23. XV. 349: δυ quälen, wovon δύη, δύμη, δημός = nicht quälend, erquickend; vgl. ὕπνος ἀπήμων. — Aristarch: νη-δύω = ἀν-έκ-δυτος woraus man sich nicht leicht herausreisst, also = νήγρετος „ein fester gesunder Schlaf". — Buttm. Lexil. I. p. 179: Ϝήδυμος, ἥδυμος, dann hing man an das vorhergeh. Verbum ein ν, das man dann zu ἥδυμος zog (dagegen spricht noch PW. s. v. II. 14, 253. 16, 454. Od. 13. 79; Passow macht ferner wohl mit Recht geltend, dass die Annahme eines uralten orthogr. Irrthums, aus dem Verschwinden des Digamma entstanden, sehr misslich sei). — Ameis-Hentze zu Od. 13. 79: von zweifelhafter Ableitung, wahrscheinlich „erquickend". — 2) C. V. I. 156. 15). 194. 60). II. 26; vgl. Fritzsche St. VI. 331. — 3) Fick KZ. XXII. 231.

2) NAD tönen. — Skr. nad 1) schwingen, erzittern, vibrare, 2) ertönen, brüllen, schreien; causativ: 1) in schwingende, zitternde Bewegung versetzen, 2) ertönen machen; intensiv: 1) in schw., zitt. Bew. sein, 2) schwirren, sausen; brüllen, heftig ertönen (PW. IV. 19).

1) νεδ tönen, brüllen¹). (Vgl. Skr. ned tadeln PW. IV. 315.) Νέδ-α, ion. Νέδ-η, f. = „der Tosende, Brausende" (vgl. τὸ τῆς Νέδας ῥεῦμα λάβρον ἐκ τοῦ Λυκαίου κατιὸν Ἀρκαδικοῦ ὄρους; Strabo VIII. 348. 22; vgl. E. Curtius Peloponnes I. 343); Νέδ-ων (οντ-ος; nach B. A. p. 1393 auch Νέδ-ων-ο-ς) m. (παρὰ δὲ Φηράς Νέδων ἐκβάλλει ῥέων διὰ τῆς Λακωνικῆς, ἕτερος ὢν τῆς Νέδας· ἔχει δ' ἱερὸν ἐπίσημον Νεδουσίας. καὶ ἐν Ποιαέσσῃ δ' ἐστὶν Ἀθηνᾶς

Νεδουσίας ἱερόν, ἐπώνυμον τόπου τινὸς Νέδοντος Strabo VIII. 360. 4);
Νέϲ-το-ϲ, Νέϲ-ϲο-ϲ (*Νέσο-ς*) m. Fluss in Thrakien, der sich in
das Ägäische Meer ergiesst; die Anwohner des Flusses *Νέστιοι*
(Herod. 7. 109. Strabo VII. 331).

2) voδ, viδ brüllen, schreien = anbrüllen, anschreien =
schmähen, verachten[2]). — Skr. **nid, nind** verspotten, schmähen,
verachten, schelten, tadeln, schimpfen. Vgl. *nid* (PW. IV. 147).
— Zend: *nad* schmähen.

ὀ-νοδ, ὀ-νιδ. — (ὀ-*νοδ-μαι*) ὄ-νο-μαι (ep. ion. Depon.) schimpfen, schelten, schmähen, tadeln; verschmähen (Hom. Präs. ὄνο-σαι,
-νται, Opt. ὄνοι-το, Imp. ὄνο-σο; Fut. ὀνόσσεται, Inf. -εσθαι, Aor.
ὠνο σάμην, Opt. ὀνό-σαιτο, Part. ὀνο-σσάμενος; Präs. οὖν-εσθε Il.
24. 241; Aor. ὤνατο Il. 17. 25, dafür Imperf. ὤνο-το Bekker)[3];
Verbaladj. ὀνο-τό-ς (*μεμπτός* Schol.), ὀνοσ-τό-ς (nur Il. 9. 164:
δῶρα μὲν οὐχί' ὀνοστὰ διδοῖς nicht zu verschmähende Geschenke);
ὄνο-σι-ς f. Vorwurf, Schimpf (Eust.); Frequ. (ὀνο-τό-ς, *ὀνοτα-ω)
ὀνο-τά-ζω[3]) (h. Merc. 30. Hes. O. 260, Med. Aesch. Suppl. 10).
— (ὀ-νιδ-ες) ὄ-νειδ-οϲ n. Schimpf, Schmach, Schmährede, Vorwurf, Tadel, Gegenstand des Schimpfes u. s. w. (im guten Sinne:
καλόν γέ μοι τοὖνειδος ἐξωνείδισας, Eur. Iphig. A. 305, sofern es
jemand zur Ehre gereichen kann von jemand geschmäht zu werden,
vgl. Schneidewin zu Soph. Phil. 477); (ὀνειδεσ-ιο) ὀνείδε-ιο-ϲ schim-
pfend, scheltend; ὀνειδείη = ὄνειδος (Ep. 4. 12); ὀνειδ-ίζω schimpfen, schelten, schmähen (Fut. ὀνειδιῶ; Hom. nur Präs. ὀνειδίζων,
Aor. 2. P. ὀνείδισα-ς, Imper. ὀνείδισον); ὀνείδι-σι-ς f. (Sp.), ὀνειδι-
σ-μό-ς m. (Sp.), ὀνείδι-σ-μα(τ) n. (Her. 2. 133) Schmähung, Vorwurf; ὀνειδ-σ-τή-ς (Sp.), -τήρ (τῆρ-ος) m. der Schmähende; ὀνειδι-
σ-τ-ικό-ς (Sp.) schmähend, Vorwürfe zu machen geneigt.

1) C. E. 243. — F. W. 108: *nad* strömen, fliessen: der Fluss wird
wohl nicht ausdrücklich als der Brüller bezeichnet, sondern zugleich als
vibrirender, schwankender, schwippender. Leicht kommt man von *nad*
vibriren auf die zitternde, schwankende Bewegung des Wassers. —
2) C. E. 715. — Christ p. 34. — F. W. 112. — Schenkl W. s. v. (vgl.
goth. *neith-s*, Neid, Hass). — Schmidt KZ. XXII. 324. — 3) C. V. I.
176. 17). 337. II. 390.

---

nadhra, nadhra-ka Schilf, Rohr. — Skr. *nadá, nala*
m. n. Schilf, Schilfrohr, *nada-ka* Rohr des Knochens (PW. IV. 18).
— Vgl. lit. (*nendr-ja) nendrē f. Rohr, Schilf.

νάθρα-ξ (Hes.), νάρθη-ξ (*νάρθη-κ-ος*) m. Rohr, Art Rohr,
hochwachsende Doldenpflanze, *ferula* (von den Bakchanten bei den
Festen des Dionysos, von den Aerzten zum Schienen der Bein-
brüche gebraucht); ein Kästchen oder eine Büchse, daraus gefertigt, um Arzneien darin aufzubewahren; überhaupt ein Kästchen
(in einem solchen kostbaren *νάρθηξ* führte Alexander der Gr. die

aristotelische *διόρθωσις* der homerischen Gesänge mit sich; *καὶ τὴν μὲν Ἰλιάδα τῆς πολεμικῆς ἀρετῆς ἐφόδιον καὶ νομίζων καὶ ὀνομάζων ἔλαβε μὲν Ἀριστοτέλους διορθώσαντος ἣν ἐκ τοῦ νάρθηκος καλοῦσιν, εἶχε δὲ ἀεὶ μετὰ τοῦ ἐγχειριδίου κειμένην ὑπὸ τὸ προςκεφάλαιον* Plut. Alex. 8); Demin. *ναρθήκ-ιο-ν* (Diosc.) n., *ναρθηκ-ία* f. eine niedrige Art der Pflanze *νάρθηξ* (*ferulago* Plin. 13. 22), *ναρθήκ-ινο-ς* von *νάρθηξ* gemacht; *ναρθηκ-ίζω* einen Beinbruch mit *νάρθηξ* schienen (Med.), mit dem Rohre schlagen, *ναρθηκι-σ-μό-ς* m. das Schienen u. s. w., das Schlagen u. s. w., *ναρθηκο-ειδής*. *ναρθηκ-ώδης* dem *νάρθηξ* ähnlich.

F. W. 109. — Siegismund St. V. 215.

---

na-na Kinderlaut, lallende Anrede der Kinder. — Skr. *nanâ* f. vertrauliche Bezeichnung für Mutter (entsprechend *tata* Vater) (PW. IV. 25).

νά-ννα-ς, νά-ννο-ς m. Oheim, Grossvater (*ναννάν· τὸν τῆς μητρὸς ἢ τοῦ πατρὸς ἀδελφόν, οἱ δὲ τὴν τούτων ἀδελφήν* Hes.); *νά-ννα, νά-ννη* f. Tante, Grossmutter (*νάννη· μητρὸς ἀδελφή* Hes.); *νίννο-ς* == *νάννος* (*μητρὸς πατήρ* Poll. 3. 16. 22. Eust. 662); *νεννό-ς· ἀδελφός* Hes. (*matris?*), *νέ-ννα* == *νάννα*; *νί-ννη* (C. I. 1994).

no-nnu-s m. Erzieher (Or. Inscr. 4670); **no-nna** f. Amme, Kindermuhme (ibd. 2815); später *nonnu-s* Mönch, *nonna* Nonne (Hieron. ep. 22, 16. 117, 6).

F. W. 109. 459. — Fritzsche St. VI. 285.

---

napāt Abkömmling, Sohn, Enkel. — Skr. *nápāt*, *náptar* m. Abkömmling, Sohn, bes. Enkel, *nepos; napti* f. Tochter, Enkelin (PW. IV. 35).

napat. — (*napat-ja*, *νεποτ-ιο*, *νεπτ-ιο*, *ά-νεπτ-ιο* == sa- copul. mit) **ἀ-νεψ-ιό-ς** m. Geschwistersohn, Blutsverwandter, Vetter (Il. 9, 464. 10, 519. 15, 554: *ἀνεψιοῦ κταμένοιο*) (vgl. *οὗτος ἀνεψιὸς ἐμός· ἡ μήτηρ ἢ ἐκείνου καὶ ὁ πατὴρ ὁ ἐμὸς ἀδελφοί. ἀνεψιός καὶ οὗτος τοῦ πατρός· αἱ μητέρες ἀδελφαί* Anecd. 1. 47); *ἀνεψιά* f. Geschwistertochter (*ἐξ ἀδελφῆς τῆς αὑτοῦ μητρὸς γεγενημένη* Is. 8. 7); *ἀνεψιό-τη-ς* (*τητ-ος*) f. Vetterschaft; (*ἀνεψια-jo, -δjo, -δεο*) *ἀνεψια-δοῦ-ς* [1]), *ἀνεψιά-δη-ς* m. Sohn eines Geschwisterkindes, *ἀνεψιαδέη, -δῆ* f. Tochter eines G. — (*νεπ-οτ-ες*) **νέπ-οδ-ες** == (*nepotes*) Junge, Nachkommen, Abkömmlinge (δ wohl durch Anklang an *πόδες*) nur: *φῶκαι νέποδες καλῆς ἁλοσύδνης* Od. 4. 404 [2]).

nepōt. — (*nĕpōt*) **nepos** (*ōt-is*) m. f. Enkel, -in, Enkel-kind, -sohn, -tochter; Neffe, Nachkomme; von Pflanzen: Nebenschössling

(Col. 4. 6. 10), *Nepos* röm. Familienname (am bekanntesten *Corn. Nepos*, Freund des Atticus, Cicero und Catullus), *Nepoti-ānu-s* (Inscr.), Dem. *nepōt-ŭ-lu-s*, *-la*, *nepotil-la; nep-ti-s* f. Enkelin, Dem. *nepti-cŭla* (Symm. ep. 6. 33); *ad-nepos*, *-neptis* (s. *a* pron., pag. 2) Ururgrossenkel (-in) oder Enkel (-in) des Uronkels (Or. inscr. 887. Dig. 38. 10. 1). \

B. Gl. 209 b. — C. E. 267. — G. Meyer Jahrb. f. klass. Philol. 1876, pag. 563. — Schweizer KZ. III. 361. — F. W. 109. 370. 460; Spr. 190; I³ 647: auf'eine nicht auffindbare W. *nap* gehen die Verwandt-schaftswörter *napāt* Abkömmling, Enkel u. s. w. — Verner KZ. XXIII. 99. — PW. l. c.: die Etymologie des Wortes ist höchst unsicher (nach P. 6. 3. 75 = *na* + *pāt*, part. praes. von *pā* nach dem Schol.). — Benfey KZ. IX. 111: *na-pāt* nicht vermögend, ohnmächtig, bezeichnet den Enkel nach Analogie von *infans*, νήπιος, nicht sprechen könnend (*napūtan*, *napāt*, *napāt*, νεπ-τι, *nep-ti-s*). — Ebel KZ. I. 293: *na-pāt* unmündig; ἀ-νεψιό-ς = *con-nepos*, *eiusdem nepos* (σ statt τ wegen des ι, vgl. ἐνιαύσιος, σκέψις). — Spiegel KZ. XIII. 370 ff.: *nap*, *napti*, ἀνεψιός. Wurzel *nap*, *naf* feucht sein (altbaktr. *nap-ta* feucht; damit identisch *naphtha*). „Windischmann hat die, wie mir scheint, vollkommen rich-tige Ansicht ausgesprochen, dass aus dem Begriff der befruchtenden Feuchtigkeit der der Erzeugung und Verwandtschaft entstanden sei." — Dagegen bemerkt Grassmann KZ. XVI. 167: zend *napta* regelm. Parti-cipialbildung aus der W. *nabh* (vgl. *grabh*, z. *gerew*, *gerepta*). — Klotz W.: *nepos*, wahrscheinlich *ne* und *potis*, daher contr. *neptis* ohnmächtig, schwach. — 1) C. E. 618. — 2) So auch Ameis-Hentze: „Abkömmlinge, Kinder (*nepotes*) und schon Eust. = ἀπόγονοι, in welcher Bedeutung das Wort bei den alexandr. Dichtern vorkommmt". — Dagegen Apoll. L. H. und E. G. p. 405. 49: νέω = νήχομαι, also = νηξίποδες schwimmfüssig (αἱ διὰ τοῦ νήχεσθαι τὴν πορείαν ποιούμεναι Schol.), welcher Deutung auch Faesi, Schenkl und Seiler (s. v.) folgen (weshalb spät. Dichter alle Fische und Wasserthiere überhaupt νέποδες nennen).

NABH schwellen, strotzen, hervorbrechen, quellen. — Vgl. *abh*, *ambh* pag. 37. — Skr. **nabh** bersten, reissen (PW. IV. 36).

νεφ. — νέφ-ος (ους) n. Wolke, Gewölk, Nebel, Dunkel¹); übertr. dichte Menge, Schaar (einer Wolke ähnlich); κελαινεφ-ής (st. κελαινο-νεφ-ής) schwarz umwölkt, schwarz, dunkel (Hom. Pind.). — (*νέφ-ω) νέ-νοφ-ε· νενέφωται (Hes.), συν-νένοφε (Suid.), συν-νεφ-έ-ω umwölken, verfinstern; νεφ-ό-ω id. (Man. 4. 518), νέφω-σι-ς f. Umwölkung (Philo. Hel.); νεφο-ειδής, νεφώδης wolkenähn-lich, wolkig; Demin. νέφ-ιο-ν n. (Sp.). — νεφ-έλη f. Wolke, Ge-wölk, Nebel, Demin. νεφέλ-ιο-ν n.; νεφελό-ω bewölken (Eust.), νεφελω-τό-ς aus Wolken gemacht (Luc. v. h. 1. 19); νεφελη-δόν nach Wolkenart (Diosc.); νεφελο-ειδής, νεφελώδης = νεφοειδής, νεφώδης.

νυ-μ-φ²). — νύ-μ-φ-η f. a) Braut = die Verhüllte, *nupta* (weil sie mit verhülltem Angesicht dem Bräutigam zugeführt wurde);

junge Frau (*νύμφα φίλη* Hom., etwa: liebes, trautes Kind)³);
b) Νύμφαι Wolken- oder Wassergöttinnen (vgl. *γίγνονται δ᾽ ἄρα
ταί γ᾽ ἔκ τε κρηνέων, ἀπό τ᾽ ἀλσέων ἔκ ϑ᾽ ἱερῶν ποταμῶν, οἵ τ᾽
εἰς ἅλαδε προρέουσιν* Hom. Od. 10. 350), dann überhaupt: weibliche Göttinnen niederen Ranges (Hom. nennt *N. νηῖς* Quellnymphe,
N. ὀρεστιάδες Bergnymphen, *N. ἀγρονόμοι* Landnymphen) [ander-
weitige eigenthümliche Bedeutungen des Wortes: Bienenbrut Aristot.;
geflügelte Ameisen Artem., Hes.; die sich öffnende Rosenknospe,
τῶν ῥόδων αἱ μεμυκυῖαι κάλυκες Lex.; *πάντων τῶν καρπῶν αἱ ἐκ-
φύσεις* Suid.; Spitze der Pflugschaar Poll.; Grübchen im Kinn Poll.:
Mauernischen Athen.]; *νυμφα-ῖο-ς* den Nymphen geh., heilig (*πύλαι νυμφάδ-ες* Paus. 1. 44. 3); *νυμφαῖο-ν* und *νύμφαιο-ν* n. Tempel
der N.; *τὰ νυμφαῖα* das Fest der N.; *νυμφαία* f. die Wasserpflanze
nymphaea, Seeblume, Haarwurz (Theoph. Diosc. Plin. 25. 7); *Νυμφαίη*
f. Insel der Kalypso, *Νυμφά-ς* f. Ort in Arkadien, *Νυμφασία* f.
Quelle in Arkadien u. s. w.; (*νυμφ-ό-ς) νυμφ-ίο-ς m. Bräutigam,
der junge Ehemann; *παρα-νύμφιο-ς* Gefährte des Bräutigams; (*νύμφη*)
νύμφ-ιο-ς (der Braut zukommend) bräutlich⁴); *νυμφ-εῖο-ς, -ικό-ς,
-ίδιο-ς* = *νύμφιο-ς*; νυμφ-εύ-ω zur Braut geben, verloben, vermählen, *νυμφευ-τή-ς, -τήρ (τῆρ-ος)* m. Bräutigam, *νυμφεύ-τρ-ια* f.
Brautjungfer (*ἡ νεόγαμος* Suid.), *νυμφευ-τήρ-ιο-ς* die Braut, Ehe
betreffend, *νύμφευ-σι-ς* f. das Verheiraten (LXX), *νύμφευ-μα(τ)* n.
Ehe (Trag.), die Geheiratete (Eur. Tro. 420).

něb. — **něb-ŭla** (= *νεφ-έλη*) f. Nebel, Dunst, Dunkel,
nebul-ōsu-s nebelhaft, dunkel, *nebulosi-tā-s (tāti-s)* f. Dunkelheit
(Arnob. 7. 28); *nebŭl-ō(n)* m. Windbeutel, lockerer Mensch, Taugenichts, *nebulāri* ein Windbeutel u. s. w. sein (Gloss. Philox.); **Nep-
tūnu-s** (vgl. *Por-tūnu-s, For-tūna*) m. der Gott des feuchten Ele-
mentes, des Wassers, der Quellen, des Gewölkes; poet. das Meer⁵)
(Fische: *significat per Cererem panem, per Neptunum pisces* Paul.
D. p. 58), *Neptun-iu-s* dem N. angehörig, *Neptun-āli-s* neptunisch,
-ālia Pl. n. Neptunsfest; *neptun-ia* f. eine Pflanze (App. herb. 57).

ne-m-b. — (*ne-m-bu-s) **ni-m-bu-s** m. der verhüllende,
dunkel machende Regen⁶) = Sturz-, Platz-regen, Regen-, Rauch-,
Staub-wolke, Wolke; speciell: Menge (vgl. *νέφος*); Heiligenschein,
(Isid. or. 19. 31. 2); Stirnbinde (ibd.); Sprenggefäss (Mart. 14.
120); *nimb-ōsu-s* stürmisch, regnerisch, *nimbā-tu-s* in Nebel gehüllt
(Plaut. Poen. 1. 2. 135).

nūb (ū durch Einwirkung des in *nembu-s hervortretenden
Nasals; vgl. νυ-μ-φ)⁷). — **nūb-e-s** f. = *νέφος* (Nom. *nub-i-s*
Plaut. merc. 5. 2. 38; *nub-s* Auson. 12. 4); Demin. *nubĕ-cŭla* f.,
nubĭ-g-ōsu-s umwölkt (Claud. Mam.); *nubĭ-lu-s, nubil-ōsu-s* wolkig,
bewölkt, trübe, düster (Plur. *nubila* n. Wolken); *nubilā-re* wolkig
u. s. w. sein; verdunkeln (Paulin. Nol. carm. 10. 38); **nūb-ĕre**
(*nup-si*) verhüllen, bes. von der Braut: heiraten (= sich dem

Bräutigam verhüllen), Part. *nup-tu-s* verheiratet, *nupta* f. die Frau,· Demiu. *nuptŭ-ia* (Varr. ap. Non. p. 357. 2); *nŭb-ĭli-s* heiratsfähig, mannbar; *nup-tiae* f. (*nap-tu-s* m. Sp.) Hochzeit, Beilager, *nupti-āli-s* hochzeitlich, *nupt-āli ç-iu-s* id. (Dig.); *nuptiā-tor* m. der Hochzeit macht (Hieron.); Intens. *nup-tā-re* (Tert.); Desid. *nuptŭrire;* *cō-nŭb-iu-m* n. Vermählung, Ehe; *prō-nŭb-a* f. Brautfrau; *sub-nŭba* f. Nebenbuhlerin (Ov. Her. 6. 153).

. **nap** (Nebenform) feucht sein[8]). — (*nep-ōt*) *nep-ōs* (*ōt-is*) m. Schwelger, Schlemmer, Prasser, (*nepotu-s*) *nepotā-ri* schwelgen, schlemmen, prassen (Tert.), verschwenden (Sen.), *nepotā-tu-s* (*tūs*) m. Schwelgerei (Plin.); *nepōt-āli-s* schwelgerisch.

Bugge St. IV. 337. — Corssen I. 456. — C. E. 295. 509. — F. W. 109. 370. 460; Spr. 191. 334. — Grassmann KZ. XVI. 167 f. — 1) B. Gl. 209b: *nābhus uer, caelum, ut videtur, e na et bhas, ita ut proprie significet „non splendens"*. — Savelsberg KZ. XVI. 57 f.: *sna* regnen: *sna-bh-as, sve-φ-os*, die regnende Wolke (nach Benfey gr. Wurzell. II. p. 54). — 2) Ueber die Schwächung des ursprüngl. α zu υ vgl. C. E. 704. — 3) Kuhn KZ. I. 459 f. — 4) G. Meyer KZ. XXII. 491. — 5) Corssen I. 434: *sna: *na-p-ti* Fluthmacher, *Ne-p-t-ūnus* fluthschaffender Gott. — F. W. 110: *nap* (von *sna*?) nass sein? *Nept-unu-s, nimb-u-s*? — Klotz W. s. v.: „etruskisch *Nithuns*, Nbf. *Neptumnus*", Gruter inscr. wie *νιπτό-μενος*, jedenfalls verwandt mit *νίπτω, νάω, νενίσομαι*, s. Döderlein G. 234. — 6) F. W.; vgl. Anm. 5. — Klotz W. s. v.: verwandt mit *νίνεν, ρίψ, νεφέλη*, vielleicht auch mit *nubes* von *nubere*. — 7) Corssen l. c.: *nābh, nōbh*, durch Einfluss des Labials *ū*. — 8) Vgl. Skr. *nepa* Wasser (PW. IV. 316); Spiegel KZ. XIX. 392 f. (nebst der Anm. zu *nap* pag. 429). — Vgl. noch J. Schmidt KZ. XXIII. 270.

NAM zutheilen: 1) aufzählen; 2) sich zutheilen lassen, daher: nehmen; 3) zuertheilen (*suum cuique tribuere*). — Skr. *upa-nam* sich einstellen, zu Theil werden; *nám-as* n. Speise, das Spenden, Geben (PW. IV. 44. 49); Zend: *nem-a, -ala* m. Gras, Weide.

νεμ. — *νέμ-ω* 1) vertheilen, austheilen; Med. etwas Zugetheiltes inne haben, benutzen, bebauen, bewohnen, 2) weiden (*pascere*); Med. weiden (*pasci*), grasen, sich nähren (Fut. *νεμῶ*, Aor. *ἔ-νειμα*; St. *νεμε*: Fut. *νεμή-σω* nachatt., Perf. *νε-νέμη-κα*, Aor. P. *ἐ-νεμή-θη-ν* neben *ἐ-νεμέ-θη-ν* Dem. 36. 38, Verbaladj. *νεμη-τέο-ς*; Hom. nur Präsensst. und Aor. (*ἔ)νεῖμα*)[1]); *νεμέ-θω* ═ *νέμω* (nur Hom. Il. 11. 635 *νεμέ-θοντο*, dann spät. Dichter)[2]); *νέμ-η-σι-ς* f. das Vertheilen, *νεμ-έ-τωρ* (*τορ-ος*) m. Vertheiler, Richter, Rächer, *νεμ-η-τή-ς* id. (Lob. parall. 447); *νέμ-ος* (*ους*) n. Weide-(platz), Hain, Waldung (Hom. nur Il. 11. 480); *Νεμέα*, ion. *Νεμέη*, poet. auch *Νεμείη*, f. Ort in Arkadien mit einem Tempel des Zeus (*Νεμειαῖος, Νεμεαῖος, Νεμεήτης*), wo die nemeischen Spiele gefeiert wurden. — *νέμ-ε-σι-ς* (*σε-ως*) f. Unwille, Tadel oder Zorn über Ungebühr; objectiv: was Unwillen u. s. w. hervorruft ═ Tadelnswerthes; subjectiv: Scheu vor Unwillen u. s. w. ═ Ehr-

— 432 —

•gefühl, Rechtsgefühl; personificiert: Νέμεcιc (Hes. O. 202, nach Hes. Th. 223 die Tochter der Nacht) = Zutheilerin vom Geschick, Glück oder Unglück nach Gebühr und Verdienst; bes. bei den Trag.: die das rechte Maass herstellende Göttin, jede Ueberhebung strafend, νεμέσεια n. Pl. Fest der Nemesis, zu Ehren der Verstorbenen gefeiert; (*νεμεσι-άω) νεμεcc-άω, νεμεc-άω, Desider., Activ: Unwillen empfinden, zürnen, etwas verargen, verübeln; Med. (mit Aor. Pass.) sich verübeln, für ungebührlich finden, Anstand nehmen, sich scheuen, = Act. unwillig werden, verargen, übel aufnehmen, ahnden (Hom. Fut. νεμεσή-σω, -σομαι, Aor. νεμέση-σα, νεμεσσή-θη-ν, 3. Pl. νεμέσση-θεν); νεμεcί-Ζομαι (Suid. -ζω) (nur Präsensst.) unwillig werden, zürnen, übel nehmen, verargen; sich scheuen, sich schämen³); νεμεση-τό-ς, νεμεσση-τό-ς des Unwillens werth, tadelnswerth, ungebührlich, zu scheuen, νεμεσητ-ικό-ς zum Unwillen geneigt (Aristot.), νεμεσή-μων (μον-ος) unwillig, zornig (Nonn.).

νομ. — νόμ-ο-c m. das Zugetheilte = Brauch, Herkommen, Gesetz, Sitte, Weise (nicht bei Hom.), musikal. Tonweise, Harmonie⁴) (vgl. *itaque arbitrantur prudentiam esse legem, eamque rem illi Graeco putant nomine a suum cuique tribuendo appellatam, ego nostro a legendo.* Cic. de leg. 1. 6. 19); eine bestimmte Münze (tab. Her. 122 ff.), vgl. unten νόμισμα; νομαῖο-ς gebräuchlich, herkömmlich, νομ-ικό-ς die Gesetze betreffend, gesetzlich, rechtskundig (ἐπιστήμων τῶν νόμων Alex. in Phot. lex.), νόμ-ιμο-ς dem Brauch u. s. w. gemäss, τὰ νόμιμα Satzungen, Gesetze (νομήματα Hes.), νομιμό-τη-ς (τητ-ος) f. Gesetzlichkeit (Iambl.). — ἀγορά-νομοι m. Marktordner (= aediles, Dionys. h. a. r. 6. 90); γυναικο-νόμοι Aufseher in Athen über die Sitten der Frauen und über die Gastmähler; ἄ-νομο-ς gesetzlos, ἔκ-νομο-ς ungesetzlich, ungerecht, εὔ-νομο-ς mit guten Gesetzen, gesetzmässig handelnd, παρά-νομο-ς wider Sitte und Gesetz. — νομ-ίζω im Gebrauch haben, als Brauch, Sitte, Gesetz anerkennen, gewohnt sein, pflegen; überh. meinen, glauben, wofür halten; νόμι-σι-ς f. Brauch, herkömmliches Meinen; νόμι-σμα(τ) n. das durch Brauch u. s. w. Anerkannte, Sitte, Einrichtung; gew. Münze, Geld (Δωριεῖς ἐπὶ νομίσματος χρῶνται τῇ λέξει καὶ Ῥωμαῖοι παραστρέψαντες νούμμον λέγουσιν Phot. Suid.; νόμους τὸ νόμισμα οὓς οἱ Ἰταλικοὶ νούμους καλοῦσιν Bekk. An. 1. 109. 24; ὁ δὲ νοῦμμος δοκεῖ μὲν εἶναι Ῥωμαίων, τοὔνομα τοῦ νομίσματος· ἔστι δὲ Ἑλληνικὸν καὶ τῶν ἐν Ἰταλίᾳ καὶ Σικελίᾳ Δωριέων Poll. IX. 79), Demin. νομισμάτ-ιο-ν n. kleine Münze, νομισματ-ικό-ς die Münze betreffend; νομι-σ-τί nach dem Herkommen (M. Anton. 7. 31); νομιστ-εύ-ω gebräuchlich, gültig sein (von der Münze). — νομ-ό-c m. Weide, Weideplatz, Trift; Wohn-platz, -sitz, Aufenthalt, νομοί Länderabtheilungen, Landstriche, Gaue; νομ-ή = νομός; Vertheilung, Austheilung; νομόν-δε zur Weide; νόμ-ιο-ς zur Weide geh., den Hirten betreffend; *νομα-ῖο-ς* auf der W. lebend; νομ-ά-c (-άδ-ος) m. f. Viehheerden weidend und mit ihnen umherziehend, *οἱ Νο-μάδες* mit ihren Heerden herumziehende Hirtenvölker, Nomaden (*τῶν νομάδων Λιβύων* Her. 4. 181. *τὰ πρὸς βοῤῥᾶν μέρη τὰ γνώ-ριμα Σκύθας ἱκάλουν ἢ νομάδας, ὡς Ὅμηρος* Strabo 1. 33. *πολλὴ δ᾽ ἐστὶν ἡ Καρχηδονία· συνάπτουσι δ᾽ οἱ νομάδες αὐτῇ* id. 2. 131, vgl. noch 6. 300—303); (*νομαδ-jω*) *νομάζω* (*pascere*), -ομαι (*pasci*); *νομαδ-ικό-ς*, *νομάδ-ειο-ς* (Sp.) zum Hirtenleben geh., nomadisch; *νομαδ-ία* f. Nomadenhaufe, *νομαδι-αῖο-ς* wie Nomaden zusammen-lebend; νομ-εύ-c m. Hirt; Verwalter, Vertheiler (*νομία-ς* Greg. Naz.), *νομ-ευ-ω* ein Hirt sein, weiden, trans. beweiden, abweiden[5]), *νομευ-τ-ικό-ς* den Hirten betreffend, *νόμευ-μα(τ)* n. das Geweidete, die Heerde (Aesch. Ag. 1390).

νωμ. — νωμά-ω ion. poet. (verstärktes *νέμω*) aus-, ver-, zu-theilen, handhaben, bewegen, lenken; übertr. im Herzen bewegen, überlegen, bedenken, im Sinne haben; wahrnehmen, beobachten; *νώμη-σι-ς* f. Bewegung, Wahrnehmung, Beobachtung (*κίνησις* Suid.), *νωμήσι-μο-ς* sich bewegend, regend (Nic. fr. 6. 3), νωμή-τωρ (*τορ-ος*) m. der Bewegende (spät. Dichter); νωμ-εύ-ς (Sp.) = *νομεύς*.

něm. — **něm-us** (*ŏr-is*) n. = *νέμ-ος*; *nemor-āli-s*, -*ensi-s* zum Wald, Hain geh., darin befindlich, *nemor-ōsu-s* voll Waldung, waldreich, dichtbelaubt; *Nem-es-tri-nu-s* m. der Gott der Haine (Arnob. 4. 131).

nŭm. — *Nŭm-a*[6]) (Pompilius, Martius); *Numa dictum est* *ἀπὸ τῶν νόμων*, *ab inventione et constitutione legum* (Serv. Verg. A. 6. 809); *Nŭm-ĭ-tor* (*tōr-is*) albanischer Königsname (= *Νεμ-έ-τωρ*), *Numitōr-iu-s* röm. Familienbenennung. — (**nŭm-ĕ-so-s*, vgl. **ŏm-ĕ-so-s*, *ŭm-ĕ-ru-s*, pag. 39) **nŭm-ĕ-ru-s** m. (Aufzählung) Zahl, Anzahl, Schaar, Abtheilung, übertr. Rang, Platz, Stelle, Ansehen, Bedeutung, Amt, Pflicht, Ordnung, Rhythmus, Tact, Harmonie, Versglied, Vers[7]); Adv. *numero* zur rechten Zeit, rasch, schnell, bald; *numer-iu-s* zur Zahl geh. (Jul. Val.), *numer-āli-s* zu den Zahlen geh. (*nomen* n. Zahlwort, Prisc. p. 579), *numer-āri-u-s* m. Rechen-meister (August.), Rechnungsführer, *numer-ōsu-s* zahlreich, mannig-fach, umfassend; harmonisch, wohlklingend, *numerosi-ta-s* (*tāti-s*) f. grosse Zahl, Menge (Tert. Aug. u. s. w.); *numerā-re* zählen, rechnen, wofür halten, Part. *numerātu-s* gezahlt, baar (Subst. -*m*, n. baares Geld), *numerā-tor* (*tōr-is*) m. Zähler (August.), *numerā-ti-ō(n)* f. Zahlung, Auszahlung, *numerā-bĭli-s* zählbar; *Numis-iu-s*, -*ia*, *Numis-iu-s* (Inscr.), *Nŭmĕr-iu-s*[8]) röm. Familienbenennung (z. B. *Q. Num. Rufus*), *Numer-ia* f. Göttin des Zählens (August.), Göttin der raschen Geburt (*qui celeriter erant nati, Numerios praenominabant* Varr. ap. Non. 352. 29), *Numeri-ānu-s* röm. Kaiser.

Lehnwort: *nummu-s*, *nūmu-s* m. Geldstück, Geldmünze, röm. Silbermünze, *sestertius*, übertr. geringe Summe, Kleinigkeit[9]) *(in argento nummi, id a Siculis* Varro l. l. 4. 36; *nummum ex Graeco nomismate existimant dictum, idemque nobis, quod νοῦμμον illis, valere, quia pecuniae nomina a Siculis accepimus, quorum hoc proprium est.* Fest. P. ep. M. p. 173), (*nŭmmā-re) *nummū-lu-s, numm-ōsu-s* mit Geld versehen, *numm-āriu-s* zum G. geh., übertr. um Geld bestraft, bestochen; Demin. *nummŭ-lu-s* m. etwas Geld, *nummul-āriu-s* zum Geldwechselgeschäft geh., Subst. Geldwechsler, Münzbeamter, Demin. *nummulariŏ-lu-s* m. Geldwechsler.

C. E. 314. — F. W. 110. 460; Spr. 191; KZ. XXI. 2 f. (*nam* beugen, zubiegen = zukommen lassen, zu theil werden). — 1) C. V. I. 207. 383. 23). — 2) C. V. II. 342. 345. — 3) C. V. 338. 358. II. 59. 353. — 4) Corssen I. 438: *gan, gna* erkennen; Erkenntniss, Weisung, Weisthum, Gesetz. — 5) C. V. I. 361. II. 312. — 6) Corssen I. 439: *gna:* **Gnă-ma-s,* **Gnŏ-ma-s,* *Nŏ-ma-s = *Nŭ-ma,* Kenner, Weiser, Weissager, Gesetzgeber. — 7) Corssen I. 438: *gna* kennen, *nu-me-ru-s,* die Zahl als kennzeichnende. — 8) Corssen II. 548. — Savelsberg KZ. XXI. 119. — 9) Meister St. IV. 441: *ex quibus apparet, Siculis et Italiotis ab initio νόμος vocabulum commune fuisse, quod ad Romanos translatum nummus sonuit; neque enim his locis spectatis nummus a νόμισμα cum Curtio* (Etym.) *derivarim.* Vgl. M. M. Vorl. I. 358. 20). — Ebel KZ. XIII. 239: *nummus* = *νόμιμος* die gesetzliche, landesübliche Münze. — Corssen I. 438: *gna:* *no-mi-mo-s = *νόμιμο-ς, no-m-mo-s,* mit Kennzeichen versehenes, gekennzeichnetes Ding.

---

navan neun. — Skr. *návan* neun, *navamá* der neunte (PW. IV. 72 f.).

(*ἐ-νεϜα, ἐ-ννεϜα, ε* proth. und *ν* verdoppelt) *ἐ-ννέα* neun (*ἐννέα* lokr.); (*ἐνεϜα-το-ς*) *ἔννα-το-ς, ἔνα-το-ς,* ion. *εἴνα-το-ς* (Il. 2, 295. 8, 266) der neunte (*τὰ ἔννατα, sc. ἱερά, sacra novemdialia*); *ἐννά-κις, ἐνά-κις,* ion. *εἰνά-κις,* neunmal (Od. 14. 230); *ἐννιά-ς, εἰνά-ς* (Hes. O. 808) (Gen. *-άδ-ος*) f. die Zahl Neun, eine Anzahl von Neun.

nŏvem neun; (**năvăma-s,* **nŏvŏmu-s,* *nōmu-s) *nōnu-s* (*n* st. *m* durch progress. Assim.) der neunte[1]), *Nōnae* f. der 9. Tag vor den Iden (der 7. Tag im März, Mai, Juni, October, sonst der 5.), *Non-āli-s* zu den Nonen gehörig, *Nōn-iu-s* röm. Familienbenennung, *non-ānu-s* zur 9. Legion geh. (Tac. a.); (*novem-ni) *novē-ni* (vgl. **septem-ni, septē-ni*) je neun[2]); *noven-āriu-s* aus neun bestehend; *nov-iens, -ies* neunmal (*nōniens, nōnies* Not. Tir. p. 100).

B. Gl. 211b. — C. E. 311. 526. 534. — F. W. 110. 370. 459; F. Spr. 191. 335. — Meister St. IV. 399. 3). 403. — C. E. l. c.: „vielleicht auf alte Tetradenrechnung weisend" (vgl. S. W. s. v.: neun scheint als dreifache Dreiheit ein heiliges Ansehen gehabt zu haben). — Goebel Zeitschr. f. österr. Gymn. XXVII. 250: *sna* fliessen, daraus: nass, frisch, neu; neun = neue Zahl. Vgl. Schlagtinweit Reisen in Indien 1869. I. pg. 90: „bemerkenswerth ist, dass dem Münzsystem die Einheit vier zu Grunde liegt, auch die Zahl acht hat hier, wie überall in den arischen

Sprachen, wo es Dual gibt, eine Dualform. Das Decimalsystem, das mit der Zahl neun als der neuen beginnt, ist allerdings jetzt auch hier überall eingeführt". — Savelsberg KZ. XVI. 59**: su zeugen: su-nu, mit Synkope snu, snav-a-s mit Gunirung = σνἰϝ-ο-ς, νἰϝ-ο-ς „kindlich, jung, jetzt entstanden, neu"; dazu ἑ-σνἰϝ-α (vgl. ἑ-χϑἑς), ἑννἑα die neue Zahl (schon von Benary vermuthet). — 1) Corssen B. 262: nū-nu-s, vgl. bi-ni, ter-ni u. s. w. — 2) Goetze St. I b. 160.

NAS (aus- und ein-)gehen; wohnen, sich befinden, sich niederlassen. — Skr. **nas** sich an Jemand machen, sich zusammenthun; *sam-nas* zusammenkommen, sich vereinigen (PW. IV. 82).

ναс. — (νασ-jω) να-ίω (von Homer an poet.) einkehren, aus- und eingehen = wohnen, sich aufhalten; bewohnen, wohnen lassen, ansiedeln (Aor. ἔ-νασ-σα, νάσ-σα, Med. ἀπ-ε-νάσ-σα-το Il. 2. 629. Od. 15. 254, Pass. ἐ-νάσ-ϑη-ν, νάσ-ϑη Il. 14. 119 siedelte sich an, Perf. νέ-νασ-μαι Sp., Iterat. ναἱεσκ-ε, -ον)[1]). — νάс-τη-с m. Bewohner (Hes.); μετα-νάс-τη-с von einem Orte nach einem andern ziehend, Auswanderer, Fremdling, Ankömmling[2]) (Hom. nur Il. 9, 648. 16, 59); Προ-νάσται Vorbewohner (böot. Volksstamm) St. B.; ναι-έ-ιτη-с, να-ἑ-τη-ς, να-ε-τήρ (τῆρ-ος) m. = νάστης (ναετῆρες· οἰκή́τορες Hes.); ναιετά-ω ep. wohnen, sich aufhalten; bewohnen (Pr. Part. ναιετά-ων, -ωσα, Iterat. ναιετάασκον)[3]). — (νασ-ϝό-ς, νᾰ-ϝό-ς vgl. ἑ-σϝαδ-ε-ν = εὔαδεν) lesb. να-ϋο-ς, νᾱ-ό-ς, ion. νη-ό-ς, att. νε-ώ-с m. (Wohnung) Götterwohnung, Tempel[4]); πρό-νᾱ-ο-ς, προ-νᾰ-ϊο-ς, ion. προ-νή́-ϊο-ς vor dem Tempel befindlich; Προναία, ion. Προνηΐη, Bein. der Athene, unter welchem sie in Delphi verehrt wurde[5]).

νεс. — (νεσ-ο-μαι) νέ-ο-μαι (poet. Dep., ep. νεῦ-μαι; das Präs. hat = εἶμι meist die Bedeutung des Fut.) gehen, kommen, weg-, fort-, zurückgehen (in Prosa nur Xen. Kyr. 4. 1. 11 νίονται)[6]); (νεσ-jο-μαι) νίссο-μαι (ι st. ε vor dem Doppelcons., vgl. ἴσ-ϑι), poet. = νίομαι (Fut. νίσομαι Il. 23. 76)[7]). — Νέс-τωρ (τορ-ος) m. = Führer, Heimführer[8]), Sohn des Neleus und der Chloris, König in Pylos, ausgezeichnet durch Weisheit und Beredsamkeit.

νοс. — νόс-το-с m. Rückkehr, Heimkehr, Pind. Trag. oft = Kommen, Gelangen, νοστέ-ω zurück-, heim-kehren, bes. glücklich zurück- oder davon-kommen; νόστ-ἰμο-ς zur Rückkehr geh. (νόστιμον ἦμαρ der Tag der R.), heimkehrend, der heimkehren kann oder wird; von Pflanzen: fortkommend, gedeihend, wachsend (Theophr. und Sp.).

nis. — (*nis-do) ní-du-s m. Nest[9]); Wohnung (Hor.), Dem. nidŭ-lu-s m., nidulā-ri nisten, im Neste pflegen, (*nidā-ri) nidā-mentu-m n. Material zu einem Neste (Plaut. Rud. 3. 6. 51), Nest (Arnob. 6. 16).

C. E. 315. — F. W. 111. — Leskien St. II. 87. — M. M Vorl. II.
323. — Windisch KZ. XXII 274. — 1) C. E. I. 299. 14) 314. ℵ6). Il.
368. 10). — 2) Vgl. Her. 7. 161 von den Athenern: μοῦνοι δὲ ἰόντες οὐ
μετανάσται Ἑλλήνων; dazu H. Stein: die Athener wussten sich nicht
wenig damit, dass sie von Urzeit her in demselben Lande sässig, ja unmittelbar aus dem Schoosse ihrer Heimat entsprungen (αὐτόχθονες),
durch keine Wanderungen und Ansiedlungen (μετανασπάσεις) im Besitze
derselben unterbrochen worden seien. — 3) C. V I. 336. — 4) Brugman
St. IV. 154 36). — C. E. l. c. — Froehde KZ. XXII. 262*). — Gerth
St. I b. 217. — So auch Sch. W.; Pape W. s. v.; S. W.? — 5) H Stein
zu Her. I. 92: den Beinamen soll die Göttin davon erhalten haben, dass
ihr kleiner Tempel für die, welche auf der heil. Strasse von Daulis nach
Delphi kamen, vor dem Peribolos des Apollontempels lag, also gewisser-
massen dessen Vorhaus war u. s. w. — 6) C. V. I. 210. 3). II. 315. —
7) C. V. I. 210. 3). 299 14). 314. — R. Gl 220a: a ni ducere. — 8) C.
E. 315. 701. — Sonne KZ. X. 123. XII. 3ː0. XV 108: Skr. nad rauschen,
tosen = νιδ-τορ. Νέστωρ Rauscher. ein entschiedener Poseidon-Hippios
(wozu C. E. 243: „das gehört in die Geheimnisse der Mythologie")., —
9) F. W. 113. 37ː. - Bickell KZ. XIV. 429, Pott W. I. 438: = skr.
nîḍa-s, -m, ved. niḷa-s Nest, Lager, und dies aus ni-sad, nisada. —
Dagegen C. E. 43: „ni = nieder für die indogerm. Zeit unerweislich
und vollends unbegreiflich wäre das g des slavischen Wortes". Dieses
g aber erklärt M. L s. v. gnézdo als Präfix (de g praefixo confer gnêtili
cum nétili) und deutet gnézdo = ni + dhā „ergo locus ubi quid depo-
nitur". — Vgl. noch PW. IV. 283: niḍá, nilá m. n. Ruheplatz, Lager,
Vogelnest, der innere Raum des Wagens. „Wird von Benfey auf sad
mit ni zurückgeführt; man könnte aber auch an il (stillhalten, zur Ruhe
kommen) mit ni denken, wenn nicht nidus und Nest, vielleicht auch
gnézdo zu berücksichtigen wären."

NIK worfeln, Getreide schwingen, reinigen.

vik [1]). — vík-λo-v· τὸ λίκνον. νεῖ-κλο-v· τὸ λίκνον. νίκ-ειν·
λικμᾶν, κρατεῖν. νικ-ᾶ· κρατεῖ, λικμᾷ. νεικ-ητήρ· λικμητήρ. Μεγα-
ρεῖς. εὐ-νίκ-μητον· εὐλίκμητον (Hes.). — (Durch Dissim. λ statt ν:)
λίκ-νο-ν, λῖκ-νο-ν, λεῖκ-νο-ν n., λικ-μό-ς m. Schwinge, Wurfschaufel, Wiege, Tragkorb für Opfergeräthe; λικμα-ία f. Demeter,
die dem Worfeln Vorstehende (Zon.); λικμά-ω worfeln u. s. w. (Hom.
nur: καρπὸν λικμώντων Il. 5. 500), λικμη-τό-ς m. (Nicaen.), λίκμη-
σι-ς f. (Sp.) == das Worfeln, λικμη-τ-ικό-ς zum W. geh., worfelnd
(Eust.), λικμη-τή-ς (Sp.), λικμη-τήρ (τῆρ-ος) (Hom. nur Il. 13. 590),
λικμή-τωρ (τορ-ος) (Sp.) m. Worfler, λικμητηρ-ί-ς (ίδ-ος) f., λικμη-
τήρ-ιο-ν n. Worfschaufel (πτύον Hes.); λικν-ί-τη-ς m. Beiname des
Bakchos; λικνο-ειδής worfelartig.

vika [2]). — víκη (νείκη) f. (νῖκ-ος n. Sp.) urspr. wohl: Worfschaufel, Pflug (qui glebas vertit); übertr. das Werfen, zu Boden
Strecken (prosternere, profundere, καταβάλλειν) == das Siegen, der
Sieg, person.: Siegesgöttin; νικά-ω (κρατέω, λικμάω, ἀρόω. νεικῆ-
σαι, ἀρόσαι Hes.) siegen, überlegen sein, den Vorzug haben; besiegen, überwinden, übertreffen; Präs. oft Perfectbedeutung: habe

gesiegt, bin Sieger (Iterat. νικά-σκομεν Od. 11. 512; Opt. νικῶ Alkm. fr. 89 B.[3]); νίκη-μι Theokrit 7. 40, Imperfect νίκη Pindar. Theokrit[3]); νικα-ῖο-ς den Sieg betreffend (Sp.), νικη-τ-ικό-ς zum S. geh., siegreich; νικη-τή-ς (Eust.), νικη-τήρ, dor. νικᾱ-τήρ (τῆρ-ος), νική-τωρ, dor. νικά-τωρ (τορ-ος) m. Sieger (νικατῆρ-ες maked. of ἀκμαιότατοι ἐν ταῖς τάξεσιν), Νικά-τωρ maked. Beiname des Seleukus I.[4]); νικητήρ-ιο-ς = νικητικός (τὸ ν. Siegespreis, τὰ ν. Siegesfest = νίκα-θρο-ν, νίκα-σ-τρο-ν Phot.), fem. νική-τρ-ια (Sp.) f. Siegerin, νίκη-μα(τ) n. das Ersiegte, der Sieg (Sp.); νικό-βουλο-ς im Rathe siegend (Ar. Equ. 613), νικο-μάχας m. Sieger in der Schlacht (Soph. fr. 765).

1) Bugge KZ. XX. 43 f.; St. IV. 335 f.: die Richtigkeit wird durch das Litauische ausser Zweifel gesetzt; hier bedeutet *nèkaju*, *nèkóti* Getreide in einer Mulde schwingen; lett. *nèkôt*. — C. E. 413. — F. Spr. 99. 335. — Legerlotz KZ. VIII. 423 f. — 2) Legerlotz l. c. — Benfey gr. Wurzell. und Walter KZ. XII. 380**): νικ = γνῑκ (vgl. lat. *vinc* = *gcinc*, *niveo* = *nihreo*) einknicken; ebenso Schweizer-Sidler KZ. XI. 77: sehr scharfsinnig ist (von L. Meyer, vergl. Gramm. I. 1861) *νίκη* an goth. *hnaivjan*, unser knicken gehalten. — Ebel KZ. IV. 205 nach Pott E. F.: *νίκη* = νι_Fικη, νικάω = νι-Fικάω, *vinco* = *ni-vi n-co*, W. *vik* trans. weichen machen; ebenso Sch. W. s. v.: Präfix *ni deorsum* und St. *ric*, vgl. *rinco*. — Dagegen C. E. 135: die von Ebel wiederholte Zusammenstellung mit νικάω als νιFικάω widerspricht den in der Einl. S. 32 f. aufgestellten Grundsätzen (*ni* nieder für die indogerm. Zeit unerweislich; vgl. Anm. 9 zu W. *nas* pag. 436). — 3) C. V. I. 338. II. 92 f. 377. — 4) Fick KZ. XX. 212.

NIV fett werden. — Skr. **nīv** fett werden (PW. IV. 295). νεF, νεφ. — νεφ-ρό-c m., meist Pl., Nieren; νέφρ-ιο-ν n. eine Pflanze (Diosc.); νεφρι-αῖο-ς (Diosc.), νεφρί-διο-ς von den N., die N. betreffend; νεφρί-τη-ς m. = νέφριον; νεφρῑ-τι-c (τιδ-ος) f. Nierenkrankheit, νεφρῑτ-ικό-ς nierenkrank, νεφρο-ειδής, νεφρώδης nierenähnlich, -artig (Aristot.); ἐπι-νεφρίδ-ιο-ς (St. νεφριδ) an den N. befindlich (δημός), nur Il. 21. 204 [1]).

nev, nef. — (*nef-ro) nef-r-ōn-es, nef-r-en-d-es, nef-r-un-d-ĭn-es, neb-r-un-d-ĭn-es Nieren, Hoden (pro nefrendibus alii nefrundines intelligunt, quos usus recens dicit vel renes vel testiculos, quos Lanuvini appellant nebrundines, Graeci νεφρούς, Praenestini nefrones Fest. p. 162.•M.); Nieren- und Mastschweine (porci amisso nomine lactentis dicuntur nefrendes [ab eo, quod nondum fabam frendere possunt, i. e. frangere!] Varro r. r. 2. 4. 17)[2]); nefrendi-tiu-m n. eine jährliche, in Fleisch, namentlich Schweinefleisch, bestehende Leistung (nefrenditium annuale tributum, quod certo tempore rustici dominis, vel discipuli doctoribus afferre solent, duntaxat sit carneum, ut porcellus Gloss. Isid.).

Corssen I. 147. II. 309; N. 145. — C. E. 316. — F. W. 370. 460; Spr. 191. 334: nabhra, nabhran Niere. — Savelsberg KZ. XXI. 140 f. —

Stokes K. B. VIII. 338. — 1) Schaper KZ. XXII. 513. — 2) Michaelis KZ. VI. 313: „*nefrens*, welches zugleich die Deutung von *νίβρος*: das junge, welches noch nicht fressen kann, zu bestätigen scheint.

nu Pronominalstamm (bildet Zeitadjectiva und Zeitadverbia). — Skr. *nu, nu:* nun, jetzt, also, so denn; nämlich, gewiss, gar (PW. IV. 297). — Vgl. *na.*

vu. — **vύ** (enklit.) nun; (*nu* + *na*) **vū-v** nun, jetzt, eben, so eben; nun (unbetont) = daher, also (hiefür bei Hom. häufig, bei Herod. und Attikern immer das enkl. *vῦv*, auch verkürzt *vῠv*, vgl. unser *nŭ*, goth. *nu*); **vū-v-í** (durch das demonstr. *ι* verstärktes *vῦv*) gerade jetzt, eben jetzt.

nava. — (*veϝo*) **véo-c**, ion. **veîo-c**, jetzig = frisch, neu, jung, jugendlich [1]); Adv. *véo-v* neu, neulich, kürzlich, eben jetzt, *vewσ-τί* neuerlich, neuerdings; *véó-θεv* von neuem, neuerlich; Comp. *veώ-τερο-c*, davon *vewτερ-ιχó-ς* dem jüngeren zukommend, jugendlich, *vewτερ-ίζω* neuern, Neuerungen machen, Unruhe anfangen, *veωτερι-σ-τή-ς* m. Neuerer, Aufwiegler (Plut.), *veωτεριστ-ιχó-ς* zu Neuerungen geneigt (Poll.), *veωτερισ-μó-ς* m. Neuerung, Neuerungslust, Aufwiegelung; Sup. **vé-ατο-c**, ion. ep. **veí-ατο-c** (vgl. **μέσο-ς**, **μέσ-ατο-ς**) der letzte, äusserste, unterste, fem. **vή-τη** (erg. *χορδή*) die tiefste Saite des ältesten Tetrachords; *veά-ζω* jung, jugendlich sein Trag. (die Jugend verbringen Herodn. 3. 14. 4); *veάζομεv* (*vewστί ῆχομεv* Phot.); veo-ίη f. Jugend-art, -hitze (Il. 23. 604); **véó-τη-c** (*τητ-ος*) f. Jugend, -alter, = *veóλη, veoτήσ-ιο-ς* (= *veoτητ-ιο*) jung, jugendlich (Sp.). — **veó-c**, ion. *veιó-ς* (*γῆ, ἀγρός*) f. m. (*véα* Theokr.) Neuland, Neubruch = Brache, Brachland, *veά-ω* das Brachland umpflügen, *vea-τή* (erg. *γῆ*) Sp. = *veóς, vea-τó-ς* m. Bestellung des Br., *véa-σι-ς* f., *vea-σ-μó-ς* m. das Umpflügen des Br., *veάσι-μο-ς* umzupflügen. — (*veo-κ-ιο* = *novi-c-io*) **veo-ccó-c**, att. **veo-ττó-c**, **vo-ccó-c** (Sp.), m. das Junge, meist von Vögeln [2]), Dem. *veóσσ-, veóττ-ιο-v, voσσ-ío-v* (Sp.) n., *veoττ-í-ς* (*ίδ-ος*) f. id. junger Vogel, Küchlein, *veoσσ-, veoττ-ιά* f. das Nest mit den Jungen, auch die Jungen selbst, Vogelbrut, *veoσσ-, veoττ-ία* f., *voσσ-ιά* (Sp.) das Nisten, Hecken, *veoσσ-, veoττ-εύ-ω*, ion. *voσσ-εύ-ω* nisten, hecken, *veóττεv-σι-ς* f. = *veoττιά*; **vócc-αξ** (*ακ-ος*) m. junger Hahn (Diosc.), Demin. *voσσάκ-ιο-v*; **vocc-ά-c** (*άδ-ος*) f. junge Henne (Panyas.), *voσσο-ειδής* vogel-, hühnerartig (Eust.). — (*veo-κι-μο, veo-κ-μο*) **veo-χ-μó-c** neu, unerwartet [3]), *veoχμó-ω* neuern, Neuerungen machen (*veoχμέ-ω* Suid., *veoχμ-ίζω* Hes.), *véóχμω-σι-ς* f. Erneuerung, Herstellung (Aristot.), *veóχμη-σι-ς* id. (Greg. Cor.), *veoχμ-ία* id. (Hes.). — (*veϝ-άv*) **ve-άv** (*-άv-ος*) Lex., **ve-āv-ía-c**, ion. ep. **ve-ηv-ίη-c**, jung, jugendlich (so stets bei Hom.), Subst. Jüngling; *veάv-ι-ς*, ion. *veῆv-ι-ς* (*ιδ-ος*) f. Jungfrau, Mädchen (*vήvι* = *vea-*

νίδι Anakr. fr. 14. 3), *νεανι-κό-ς* jugendlich, kraftvoll, tüchtig; tadelnd: muthwillig; lobend: schön, trefflich; *νεαν-*, ion. *νεην-ίσκο-ς* m. junger Mann, Jüngling, Demin. *νεανισκ-άριο-ν* n. (Arr. Epict. 2. 16), *νεανισκ-εύ-ο-μαι* Jüngling sein, *νεανίσκευ-μα*(τ) n. jugendliches Betragen; *νεανι-εύ-ο-μαι, νεανιύ-ο-μαι* (D. Hal.) Jüngling sein, jugendlich oder übermüthig handeln (*νεανίζω* id. Plut. Flamin. 20), *νεανί-ευ μα*(τ) n. jugendliches Betragen, muthwillige That, *νεανι-ε-ία, νεαν-ε-ία* f. Jugend (Sp.); *νέ-ᾱξ* (*ᾱκ-ος*), ion. *νέ-ηξ* (*ηκ-ος*) poet. = *νεανίας*. — (*νεϜ-αρο*) *νε-αρό-ς* jung, zart (Il. 2. 289), jugendlich, frisch; (*νεϜ-αρ-ια, νε-αρ-ια, νε-αιρα*) ion. *νεί-αιρα* (unregelm. ion. Comp.) die letztere, äussere, untere, gew. *νείαιρα γαστήρ* der Unterleib; *νειρό-ν· ἔσχατον* (Hes.); *Νέαιρα* f. (= die Jüngere) eine Nymphe[4]) (Od. 12. 133). — (Nbf. von *νεϜ-αρο*: *νεϜ-ορο, νεϜ-ρο*) *νεβ-ρό-ς* m. das Junge vom Hirschen, Hirschkalb[5]), Dem. *νεβρ-ίδιο-ν* n., *νίβρ-ειο-ς* vom Hirschkalbe, *νεβρ-ία-ς* m. einem H. ähnlich; *νεβρ-ί-ς* (*ίδ-ος*) f. das Fell eines H. (*νεβρή* = *νεβρέα* id.), *νεβρ-ίζω* das Fell eines H. tragen, *νεβρι-σ-μό-ς* m. das Tragen u. s. w., *νεβρό-ω* in ein Hirschkalb verwandeln (Nonn. D. 10. 60), *νεβρ-ώδης* hirschkalbartig; *νεβρ-ί-τη-ς* (*λίθος*) m. ein dem Bakchos heil. Stein (von seiner Farbe); *νέβρ-αξ* (*ακ-ος*) m. = *νεβρός* (οἱ *ἄῤῥενες νεοττοὶ* τῶν *ἀλεκτρυόνων* Hes.). — νεο-, νεη-, νε-: *νεο-αρδής* neu, frisch bewässert, *νεο-γενής* neugeboren, *νεο-θηλής* neu, frisch sprossend u. s. w.; *νεη-γενής* = *νεογενής, νεη-θαλής* = *νεο-θηλής, νεή-φατο-ς* neu ertönend; *νε-ήχης* neu gespitzt, geschärft, *νε-ηκονής* id. (Soph. Ai. 807), *νί-ηλυς* neu, eben erst angekommen u. s. w. νεϜ = νη. — *νή-ϊστο-ς* der neueste (seltener Superl.; *νήϊστα· ἔσχατα, κατώτατα* Hes.); *Νήϊτται πύλαι* (στ = ττ, böot. Assim.) das thebische Thor (Aesch. Sept. 460: *νηίσταις πύλαις· ταῖς πρώταις καὶ τελευταίαις* Hes.).

nu. — **nu-n-c** (mit dem Demonstr. *-ce* weiter gebildet) = *vū-n, vū-n-i̯*; **nu-m** (urspr. temporal: nun; dann aber zur Frageparticel abgeschwächt, vgl. deutsch nun?) ob? ob etwa? ist etwa? (Antwort verneinend); temporal erhalten in: *etiam-nu-m* jetzt noch; = *etiam* ferner, auch noch; *nū-diu-s* (s. *di* pag. 359).

nava. — **novu-s** = (*νεϜο-ς*) *νέο-ς* (*res novae* Neuigkeiten, Neuerungen, Umwälzungen), Adv. *nove* = *νέον, novi-ter* (Sp.); Superl. *novissimu-s* = *νέατο-ς*; *Nōv-iu-s* röm. Familienbenennung, *Novi-a* (Cic. Cluent. 9. 27); *novi-c-iu-s* = *novus*, Demin. *noviciŏlu-s* (Tert.); (*Novŭ-la*, vgl. osk. *Novlanum, Nov-la*) *Nōla* f. alte Stadt in Campanien[6]) (eig. Neustadt, *Νεάπολις*); Demin. (**novŭlu-s*) *novel-lu-s* neu, jung, Subst. f. *novella* neugepflanzter Weinstock; *novellae* (i. e. *constitutiones*) Novellen (die Verordnungen der griech. Kaiser, welche erst nach der officiellen Sammlung derselben, dem *codex repetitae praelectionis* von 534, erschienen), *novelli-tā-s* f. Neuheit (Tert.); *novelletu-m* n. Baumschule (*νεόφυτον*

Gloss. Philox.); *novellā-re* neu bebauen, übertr. weihen (*vitam deo* Paulin. Nol.); *novellaster* wenig jung, neu (Marc. Cap. 8); *novā-re* neu machen, erneuern, Neuerungen machen, *novā-ti-ō(n)* f. (*novā-tu-s [tūs]* m. Auson. 14. 39, *novā-men* n. Tert.) Erneuerung, Veränderung, jurid. Schuldübertragung, *novā-tor* m., -*trix* f. Erneuerer, -in; *Novā-tu-s* röm. Zuname (Suet. Aug. 51); *Novātilla* f. Nichte des Philosophen Seneca; *rĕ-nova-t-ūru-m* (*fulgur vocatur, cum ex aliquo fulgore functio fieri coepit, si factum est simile fulgur, quod idem significat* Fest. p. 289. 18); *novi-tā-s* (*tāti-s*) f. Neuheit, Neusein, Ungewöhnlichkeit, Neuerung; *novā-cŭla* f. scharfes Messer, Scheermesser, Dolch (Mart. 7. 61. 7) von *novāre* schärfen, zuspitzen (vgl. *pila novare* Sil. 4. 12); *nŏv-āni* m. neue Einwohner (Or. inscr. 101); *Novāna* f. Stadt· in Picenum; *Novānu-s* m. Fluss daselbst (Plin.); *Novan-ensis vicus* ein Ort unweit Calatia; *Nov-āria* f. Stadt in Oberitalien (jetzt *Novara*); *nŏv-er-ca* (gleichsam *νε-αρ-ιχή*, Comparativbegriff) f. die Neue (im-schlimmen Sinne) = Stiefmutter[7] (*apud novercam queri*, vergeblich, Plaut. Ps. 1. 3. 80), *noverc-āli-s* stiefmütterlich, feindselig, *novercā-ri* stiefm. verfahren (Sidon. ep. 7. 14); (*Novi-ceria*, vgl. *Nou-ceriam* C. I. 1. 551. 6276, osk. *Nuvkrinum*) *Nūc-ĕria* f. Stadt in Campanien (jetzt *Nocera*), Stadt in Umbrien[8]); *nŏv-āli-s* von neuem gepflügt, Subst. = *νεό-ς*; (*de-novo*) *dē-nŭo* von Neuem, wieder, wiederum (Hand Tursell. II. pg. 278 ff.); (*nov-per* s. *par*) *nū-pĕr* neulich, unlängst, vor Kurzem, übertr. vor Zeiten, *nūpĕr-u-s* neu, neulich (*nuper-rimu-s* Prisc. 3. pg. 606). — *novē-re* (vgl. *doc-ēre*, *noc-ēre*) neu machen, Neues bringen (Partic. *nove-nt-*, daraus mit Suffix -*io*: *nove-nt-io*. *nov-nt-io*) *nou-nt-iu-s* altlat. (Mar. Victorin. p. 12. 18 ed. Keil gramm. vet. VI), **nn-nt-iu-s**, Adj. neues bringend, berichtend, Subst. Bote, abstr. Botschaft, Nachricht, fem. *nuntia* Botin[9]; *nuntiā-re* Neues bringen, berichten, melden, verkündigen; denunciren, angeben (Dig.), *nuntiā-tor* m. Verkündiger (Christus, Arnob., Tertull.), Angeber (Dig.), *nuntia-tr-ix* f. (Cassiod.), *nuntiā-ti-ō(n)* f. Verkündigung, Meldung, Anzeige.

B. Gl. 222a. — Brugman St. IV. 164. 2). — Corssen B. 290 ff. — C. E. 315. 318. 574; C. KZ I. 33 — Ebel KZ. VI. 206 f. — F. W. 110. 113. 459. — 1) PW. IV. 299: von *nu* jetzt stammen: *nāca* (neu, frisch, jung), *nārjaûs* (Compar.). *nārja* (neu, frisch, jung) u. s. w. — B. Gl. 211b: *nāca novus: rad. nu laudare, suff. a; nisi, quod Pottius putat, a praepos. anu post, abiecto a.* — Die Ableitung von Goebel (W. *snu* fliessen) und Savelsberg (W. *su* zeugen) siehe in der Anm. zu *navon* pag. 434 f. — 2) Ganz anders Goebel Hom. p. 20: *ak* sehen = frischblickend. — 3) Clemm St. III. 325. — 4) Doederlein ur. 2416: *νέω* schwimmen. — 5) Michaelis KZ. VI. 313: βορ „das Junge, welches noch nicht fressen kann"; vgl. Anm. 2 zu *niv*, pag. 438. — 6) Corssen I. 670. — 7) Curtius KZ. IV. 216. — Ebel KZ. V. 239. — Schweizer KZ XXI. 273. — 8) Corssen I. 670; KZ. III. 263. — 9) Bechstein St. VIII. 375. — Corssen I. 51. — Froehde KZ. XXII. 258 (lässt sich aber auch aus der

W. *gno* herleiten, zu der das begrifflich gleiche deutsche Kunde gehört; vgl. *adnoto, innoto* gegen *agnosco, ignosco*).

---

1) NU wenden, neigen. — Skr. **nu**, *návate* unter den Synonymen für gehen Naigh. 2, 14, caus. etwas vom Platze bewegen, beseitigen (PW. IV. 300).

vu. — νεύ-ω sich wiederholt neigen, winken, zuwinken (Fut. νεύ-σω, Aor. ἔ-νευ-σα, Hom. stets νεῦ-σα); νεῦ-σι-ς f., νεῦ-μα(τ) n. das Nicken, der Wink, νευ-σ-τ-ικό-ς nickend, sich neigend (Philo); (* νευ-σ-το) νευ-c-τά-ζω nicken, (vor Schwäche) mit dem Haupte schwanken; νυ-c-τά-ζω = νενστάζω, übertr. schläfrig, nachlässig, unachtsam sein; νυσταχ-τή-ς (ὕπνος, Schlaf mit Nicken), νυσταχτικό-ς zum Nicken, Schlafen geneigt (Galen.), (νυσταχ-τι) νύσταξι-ς (Hes.) f., νυσταγ-μό-ς m., νύσταγ-μα(τ) n. (LXX) das Nicken, Schlafen; νύcτα-λο-c, νυστα-λέο-ς (Hes.) schläfrig.

nu. — nu-ĕre (*nu-i, nū-tu-m*) = νεύω in: ab-, ad-, in-, re-nuĕre (ab-nu-ĕre Enn.: abnueo, abnueant, Diom. 1. p. 378. 4 P.; ad-nūvit Perf., Enn. ap. Prisc. 10. p. 882 P.; ad nuit ibd. 9. 12 H.); nū-tu-s (*tūs*) m. = νεῦσις; übertr. Bewegung, Neigung, Willfahrung, Befehl, Verlangen (Gewalt Sil. 4. 714); **nū-men** (*mĭn-is*) n. = νεῦμα; übertr. Götter-wille, -geheiss, -gebot; Gottheit, Gott, Göttin (vgl. noch: *iuro per illos manes, numina mei doloris* Quintil. 6. prooem. 10); nū-tā-re = nuĕre; wanken, schwanken, sich neigen, nutā-ti-ō(n) f., nutā-men (*mĭn-is*) n. das Nicken, Wanken, nutābĭli-s (App.), nutā-bundu-s wankend, schwankend.

Ascoli KZ. XVII. 271. 8): νυ (νεύω), nu- (nuo) Skr. nam, altslav. ny, u-nyvati animum despondere (Skr. nam sich beugen, sich unterwerfen, sich hingeben). — Corssen I. 363. II. 680; N. 237. 240 („wenn Ascoli nuere von Skr. na-m ableitet, so irrt er"). — C. E. 319 (unentschieden); C. V. I. 222. 9): „ohne sichere Analoga in den andern Sprachen", II. 294. 3). — F. W. 113. 459. — Lottner KZ. VII. 176: Skr nu preisen verwandt, eigentlich wohl „sich beugen, anbeten", da nam „se inclinare" sich dazu gerade so verhält, wie dram „laufen" zu dem gleichbedeutenden dru. — Sonne KZ. XII. 351 (gleichfalls unentschieden).

---

2) NU tönen. — Skr. **nu** brüllen, schreien, brummen; schallen, jauchzen, jubeln (PW. IV. 299).

(Skr. *nava, nava-na* Lob, Preis; *navan-ja* durch Contraction =) **nēn-ia** (*naenia*) f. Leichengesang, Todtenklage, Trauerlied (*carmen quod in funere laudandi gratia cantatur ad tibiam* Fest. p. 161; *honoratorum virorum laudes in contione memorentur easque etiam cantus ad tibicinem prosequatur, cui nomen neniae, quo vocabulo etiam Graecis cantus lugubres nominantur* Cic. de leg. 2. 24. 62); Zauberlied, Zauberformel (Hor. Epod. 17. 29: *caputque Marsa* *dissilire nenia;* Ov. a. a. 2. 102: *mixtaque cum magicis nenia Marsa sonis*); person. *Nenia* die Klagegöttin (Arnob. 4. 7, August. c. d. 6. 9); vgl. noch νηνίατο-ν n. (ein *Φρύγιον μέλος*) Pollux. 4. 79 aus Hipponax.

Frochde KZ. XXII. 549. — Brambach: *nenia*, nicht *naenia*.

P.

1) PA nähren, schützen, erhalten. — Skr. **pā** 1) bewachen, bewahren, schützen, schirmen, hüten, 2) beobachten, merken, aufpassen; beaufsichtigen, beachten, halten, befolgen (PW. IV. 618).

1) pa.

πα. — πά-ο-μαι erwerben, nur gebräuchlich im Fut. πά-σο-μαι, Aor. ἐ-πᾱ-σά-μην, Perf. πέ-πᾱ-μαι, Plusqf. ἐ-πε-πᾱ-μην (Aor. Perf. = besitzen); πά-τωρ (τορ-ος) m. Besitzer (κτίτωρ Phot.); πᾶ-σι-ς f. Erwerb, Besitz (κτῆσις Hes.). — (*pa-tar*) πα-τήρ m. Nährer, Schützer, Erhalter = Vater, Pl. die Väter, Vorfahren[1]) (Sing. πατέρ-ος, -ι, aber schon bei Hom. viel häufiger πατρ-ός, -ί wie stets att., πατέρ-α, πάτερ; Pl. πατέρ-ες, πατέρ-ων, πατρ-ῶν Od. 4, 687. 8, 245, πατρά-σι, nicht bei Homer, πατέρ-ε-σσι Quint. Sm. 10. 40, πατέρ-ᾱς), Demin. πατέρ-ιο-ν, πατρ-ίδιο-ν n.; πατρό-θεν vom Vater, von Seiten des V., nach dem V.; πάτρ-ιο-ς den Vätern oder Vorfahren gehörig, von ihnen herrührend; πατρ-ικό-ς väterlich; πατρικό-τη-ς (τητ-ος) f. Väterlichkeit, Vaterschaft, πατρό-τη-ς id. (Sp.); (*patar-va;* πατορ-Ϝο, πατρο-Ϝο, πατροϜ) πάτρω-ς m. Vatersbruder, Oheim, *patruu-s* (Gen. ωος, ω, Acc. ωα, ων, Pl. nur nach der 3. Decl.), πατρώ-ϊο-ς ion. poet., πατρῷο-ς att., dem Vater geh., väterlich, vom Vater herrührend oder ererbt; πατρω-σύνη f. Vaterschaft, Titel der Bischöfe (Eccl.); πατρυ-ιό-ς, πατρυ-ό-ς (ϳ = υ vgl. C. E. 550 ff.) m. Stiefvater (Sp.); πατρ-ίζω, -ιάζω, -ώζω nach dem Vater arten (τὰ τοῦ πατρὸς ἐργάζεσθαι, τὰ τοῦ πατρὸς φωνεῖν), πατερ-ίζω Vater nennen (Ar. Vesp. 652); πάτρ-α, ion. ep. πάτρ-η, f. Vaterland, Heimat; auch = πατριά (σημαίνει δὲ καὶ τὴν ἐκ τοῦ αὐτοῦ πατρὸς γέννησιν Lex.), πάτρη-θε(ν), dor. πάτρᾱ-θε (Pind.) aus dem Vaterlande; πατρ-ιά f. Abkunft, Abstammung, Geschlecht (= γενεή, *familia, stirps* Her. 2, 143. 3, 75; = γένεα, φρῆτραι id. 1. 200); πατρ-ί-ς (ίδ-ος) vaterländisch (γαῖα, αἶα, ἄρουρα). Subst. f. Vaterland = πάτρα; Vaterstadt (Sp.); πατριώ-τη-ς m. (erst durch die Franzosen zu seiner heutigen Bedeutung „Patriot" gekommen) der aus dem nämlichen Lande ist, Landsmann; der

Sklave oder der in Griechenland geborene Ausländer, βάρβαρος. Gegensatz: der freie Mann, πολίτης (πατριῶται οἱ δοῦλοι Ἑλλήνων, πολῖται δὲ οἱ ἐλεύθεροι Phot.; πατριώτης ὁ βάρβαρος λέγεται τῷ βαρβάρῳ, καὶ οὐ πολίτης); das im Lande einheimische Thier (ἵπποι πατριῶται Xen. Kyr. 2. 2. 26); in ähnlichem Sinne auch von Dingen (der Berg Kithäron heisst Landsmann des Oedipus, Soph. Oed. T. 1091); Mitbürger (erst Iambl. v. Pyth. 52)[1]). — Lehnwörter: πατρίκιος == patricius, πατρικιότης == patriciatus; πάτρων (ων-ος) == patronus, πατρωνεία == patronatus, πατρωνεύω == patrocinor. — -πατερ: ὦ πάτερ αἰνό-πατερ unglücklicher Vater (Aeschyl. Choeph. 315 D.); εὐ-πατέρ-εια Tochter eines edlen Vaters (bei Hom. Beiwort der Helene und der Tyro, bei spät. Dicht. der Artemis), Hof eines edlen Vaters (Eur. Hipp. 67); -πατορ: ἀμφι-πάτορ-ες Brüder, die auf zwei, d. i. auf verschiedenen Seiten ihre Väter haben, Stiefbrüder von väterl. Seite (Eust.), vgl. ἀμφι-μήτωρ; ἐπι-πάτωρ Stiefvater (Poll. 3. 27); πατρο-πάτωρ Grossvater von väterlicher Seite; προ-πάτωρ Vorvater, Stammvater, Ahnherr; τριτο-πάτωρ dritter Vater, Vater im dritten Glied (Lex.); πατρ-ο (o paragogische Endung): Ἀντί-πατρο-ς (== für den Vater eintretend) der älteste des Namens der Statthalter Makedoniens unter Alexander dem Gr.[2]), Κλεινό-πατρο-ς ein Milesier (Paus. 6. 2. 6), Σώ-πατρο-ς Schriftsteller zu Alex. des Gr. Zeit, Σωσί-πατρο-ς Mannsname; (Δι-, Δι-) Δεί-πατυρ-ο-ς (υ äol. statt ε) θεὸς παρὰ Στυμφαίοις (Hes.)[3]).

πω. — (Skr. pā-jú Hüter, Beschützer == *πω-jυ als Neutrum mit passiver Bedeutung) πῶ-ϋ (εος) n. Heerde[4]) (Hom., stets von Schaafen; πῶ-ϋ, πώεα, πώεσι). — (πω-jυ-μαν) ποι-μήν (-μέν-ος; vgl. δαιτυ, δαιτυ-μών), dor. ποι-μάν (Theokr. 1. 7) m. Hirt, Schäfer, übertr. Hüter, Lenker, Gebieter, ποιμεν-ικό-ς, ποιμέν-ιο-ς (poet., seltener), ποιμ-ικό-ς (LXX) hirtlich (ἡ ποιμενική Hirten-, Weidekunst); (ποιμαν-jω) ποιμαίνω pascere, weiden, Hirt sein; pasci (Il. 11. 245, Eur. Alc. 581, auch in Prosa), überhaupt: nähren, pflegen, hegen (Iterativ ποιμαίνεσκε); Verbaladj. ποιμαν-τέο-ν zu weiden, hüten (Theogn. 689), ποιμαντ-ικό-ς zum W. geh., geschickt (ἡ ποιμαντική == ποιμενική); ποιμαν-τήρ == ποιμήν (Soph. fr. 379), (ποι-μαν-τι-α) ποι-μα-σί-α f. das Weiden, Hüten (Philo); ποιμαν-εύ-ω (Suid.) == ποιμαίνω; (ποιμαν) ποίμν-η (Hom. nur Od. 9. 122) f. ποίμν-ιο-ν n. Heerde, ποιμνή-ϊο-ς zur Heerde geh. (σταθμός Il. 2. 470), ποιμν-ί-τη-ς == ποιμενικός (κύων Hirtenhund, ὑμέναιος ländliches Hochzeitslied); ποιμάνωρ m. Völkerhirt; Heerführer[5]) (nur Aesch. Pers. 241 D. τίς δὲ ποιμάνωρ ἔπεστι κἀπιδεσπόζει στρατοῦ;), ποιμανόρ-ιο-ν n. die geführte Menge, Heerschaar (ibd. 75: ἐπὶ πᾶσαν χθόνα ποιμανόριον ἐλαύνει). — πῶ-μα(τ) n. Decke, Deckel (== schützend)[6]); πωματ-ία-ς m. eine Schnecke, die ihr Häuschen im Winter mit einem Deckel verschliesst (Diosc.); πωμά-ζω bedecken (Arist. Diosc.).

πο. — *δεσ-πο (vgl. Skr. -pa Herr in: nr-pa Herr der Männer, gō-pa Herr der Kühe, Herrscher überhaupt) δεc-πό-ζω (vgl. Skr. gō-pa, gō-pa-ja-mi) unumschränkt herrschen, gebieten (δεσπόσσεις hymn. Cer. 365), Verbaladj. δεσπο-σ-τό-ς zu beherrschen, δέσπο-σ-μα(τ) n. Herrschaft (Maneth. 4. 38), δεσπό-συνο-ς (vgl. γειτό-συνο-ς, εὐφρό-συνο-ς) dem Herrn geh., königlich (ἀνάγκαι Aesch. Pers. 587 D., dafür δεσπύσιος ibd. 845 D.), δεσπο-σύνη f. unumschr. Herrschaft (Her. 7. 102); (δεσ-πο-τα) δεcπό-τη-c m. Gebieter, unumschr. Herrscher, Despot, Herr, Besitzer (Acc. δεσπότεα Her. 1. 11, 91, Voc. δέσποτα), δεσπο-σ-τή·ς id. (B. A. 500. 545), fem. δεσπό-τι-ς (τιδ-ος), δεσπό-τειρα (Soph. fr. 868), δεσπύ-τρια (Schol. Eur. Hek. 394); Demin. δεσποτ-ίδιο-ν n., -ίσκο-ς m; δεσποτ-ικό-ς den Herrn betreffend, zur Herrschaft geeignet, herrisch, despotisch; δεσπότ-ειο-ς = δεσπόσυνος (Lykophr. 1183); δεσπο-τέ-ω, δεσποτ-εύ-ω = δεσπόζω, δεσποτε-ία f. = δεσποσύνη, Despotin; (δεσ-πο-ν-ja) δέc-ποινα f. Herrin, Gebieterin, Königin (Kaiserin, Sp.), δεσποιν-ικό-ς kaiserlich (Eust.) [7]).

βο, βω (π zu β erweicht, vgl. Skr. pi-bā-mi st. pi-pa-mi u. s. w. pag. 453). — βό-cκ-ω pascĕre weiden, nähren, Med. pasci weiden, grasen [8]) (Stamm βοσκε: Fut. βοσκή-σω, Aor. βοσκη-θείς; Iter. βοσκέσκ-οντο Od. 12. 355, Verbaladj. βοσκη-τέο-ν) [9]), βοσκ-ή f. Futter, Weide; βοσκ-ό-ς m. Hirt (Aesop.), βοσκή-τωρ (τορ-ος) id. (Lex.), βόσκη-σι-ς f. das Weiden, Füttern (LXX); βόσκη-μα(τ) n. das geweidete Vieh, Viehheerde, Vieh; Futter, Nahrung (Trag.), βοσκηματώδης viehmässig; βοσκ-ά-ς (άδ-ος) weidend, Subst. eine Entenart (Arist. h. a. 8. 3), βοσκάδ-ιο-ς geweidet (Nic. Al. 228); βό-cι-c f. Speise, Futter, Weide (Hom. nur Il. 19. 268); βο-τό-ν n. das Geweidete, Vieh; βο-τή-ς (E. M.) m. Hirt; βο-τέ-ο-μαι = βόσκομαι; βο-τήρ (τηρ-ος) = βοτής (Trag. und sp. Prosa), fem. βό-τειρα (Eust.), βοτηρ-ικό-ς die Hirten betreffend (ἑορτή Hirtenfest, Plut. Rom. 12). — βο-τ-άνη f. Weide, Futter, Gras, Kraut, Pflanze, βοτάνηθεν von der Weide her, Demin. βοτάν-ιο-ν, βοταν-ίδιο-ν n., βοταν-ικό-ς Kräuter betreffend, aus Kr. bereitet (ἡ βοτανική Pflanzenkunde, Botanik, Diosc.) [10]), βοταν-ίζω krauten, Unkraut ausjäten (Theophr.), βοτανι-σ μό-ς m. das Ausjäten (Geop.), βοταν-ώδης krautreich, krautartig; βοτάμια n. Pl. Weideplätze (Thuk. 5. 53; zweifelhaft; oder: Weidegeld? mss. ὑπὲρ παραποταμίων). — βώτωρ (τορ-ος) m. = βοτήρ (Hom.), βῶ τι-ς (τιδ-ος) f. (Theokr.); βωτι-άνειρα Männer oder Helden nährend (Hom. nur Il. 1. 155 ἐν Φθίῃ ἐριβώλακι βωτιανείρῃ; χθών h. Ap. 363, h. Ven. 266). — (Ursprüngliches α erhalten in:) πρό-βᾰ-το-ν n. (προ-βάτημα Hes.) Weidevieh, bes. Kleinvieh, Schaafe, Ziegen, dann allg. Schaafe [11]) (Hom. nur Il. 14, 124. 23, 500; heterokl. Dat. πρόβασι Hes.), bildlich von der christl. Kirche (N. T.), Demin. προβάτ-ιο-ν n. Schäfchen, προβάτ-ειο-ς vom Schaafe, zum Sch. geh., προβατ-ικό-ς id.;

προβατ-ώδης schaafartig; προβατ-εύ-ς m. der Vieh, bes. Schaafe hält, προβατεύ-ω Vieh, bes. Sch. halten, προβατευ-τή-ς m. = προβατεύς, προβατευτ-ικό-ς zur Viehzucht geh. (ἡ πρ. Viehzucht, Xen. Oec. 5. 3), (προβάτευ-σι-ς?) προβατε-ία f. das Viehhalten, Viehbesitz, προβατεύσι-μο-ς = προβατευτικός; προβατο-βοσκό-ς m. Schaafhirt (Hes.).

2) **pa-t.** — Skr. **pat** theilhaftig sein, mächtig sein; habhaft werden, inne haben, *potiri*, 2) taugen für, dienen zu, 3) sein (taugen als Etwas) (PW. IV. 406).

pat. — πατ-έ-ο-μαι kosten, geniessen, verzehren (Präsens erst Herod., Aor. ἐ-πᾱσᾰ-μην, ep. ἐ-πασ-σά-μην, πασ-σά-μην; Perf. πέ-πασ-μαι, Plusqu. πε-πάσ-μην)[12]) (ἀπογεύσασθαι, οἱ δὲ νεώτεροι ἐπὶ τοῦ πληρωθῆναι Ath. 1. 43); Nbf. πάσσομαι· ἐσθίω (Hes.); πατέω· ἐσθίω (Orion p. 162. 20); ἄ-πασ-το-ς ohne Speise, nüchtern; ungegessen (Ael. n. a. 11. 16). — πάθ-νη (θ statt τ vor der Liquida) Geop., φάτ-νη (mit Umspringen der Aspir.) f. Krippe; wegen der Aehnlichkeit die Vertiefungen einer getäfelten Decke, *lacunaria* (Diod. Sic. 1. 66); φατν-εύ-ω (Euseb.), φατν-ίζω (Hel. 7. 39) an der Krippe halten, füttern; φατνό-ω aushöhlen, mit getäfelter Arbeit versehen, φατνω-τό-ς ausgelegt, getäfelt, φατνώματ-α n. getäfelte Decke, Zahnhöhlen, Schiessscharten, φατνωματικό-ς = φατνωτός[13]). — (πατ-ματ) πᾶ-μα (dor.), πάμ-μα (lesb.) n. Besitz, Eigenthum (πάματα καλεῖται παρὰ Δωριεῦσι τὰ κτήματα καὶ πάσασθαι τὸ κτήσασθαι, ἐκτεινομένου τοῦ ᾱ. Schol. Ven. ad Il. 4. 433); πολυ-πά-μων (μον-ος) viel besitzend, begütert (Il. ibid. Orph. Arg. 1061); παμ-οῦχο-ς, dor. παμ-ῶχο-ς, Vermögen habend, reich (παμῶχος· ὁ κύριος Ἰταλοί Hes.), παμ-ουχί-ω, dor. παμ-ωχέω, ωχιάω V. haben, reich sein[14]). — **pati**: πόσι-ς (vgl. Skr. *páti* Inhaber, Besitzer, Herr, Gebieter, Gemal, Gatte) poet. m. Ehe-herr, -gatte, Gemal; πότ-νια (vgl. Skr. *pat-nī* Inhaberin, Herrin, Gattin) poet. f. Herrin, Gebieterin, weibl. Ehrentitel „Herrin" und adj. = geehrt, ehrwürdig, hehr (synkop. πότνᾱ θεά, θεάων Od. 3mal, h. Cer. 118. Eur. Bakch. 370); Ποτνιαί f. altes Städtchen in Böotien, unweit Theben am Asopus; ποτνιά-ο-μαι zu einer πότνια, Göttin, rufen, anflehen, kläglich bitten (τὸ μετὰ λύπης τὸν θεὸν ἐπιβοᾶσθαι B. A. 229), ποτνιά-ζομαι id. (Hes.), ποτνία-σι-ς f., ποτνια-σ-μό-ς m. das Anrufen der Götter, ποτνιάδ-ες die Rufenden (Eur., Beiwort der Bakchantinen, Eumeniden). — (ποτι beherrschend + ἰδ schwellen pag. 84 = ποτι-ιδ-α-ς Schwallbeherrscher =) Ποτιδᾱ-ς, davon Ποτίδα-ια (ion. -ιη) f. Stadt auf der Halbinsel Pallene, später Kassandreia; Ποτ-ειδά-ων (ιδ zu ειδ gesteigert), dor. Ποτ-ειδᾶν, äol. Ποτ-είδαν (αν-ος), Ποσ-ειδά-ων (ων-ος) ep. (Voc. Ποσείδα-ον), Ποσ-ειδῶν (ῶν-ος) att. (zuerst Hesiod. Theog. 732), Ποσ-ειδέ-ων ion., Sohn des Kronos und der Rhea, Bruder des Zeus, Meerbeherrscher[15]); Ποσειδών-ιο-ς den P. betreffend, Ποσειδαών-ιο-ς (Soph.

O. C. 1491) id.; *Ποσειδων-ία* griech. Name der Stadt Paestum, vgl. pag. 447; *Ποσείδειο-ν*, ion. ep. *Ποσει-*, *Ποσι-δηϊο ν* u. Tempel des Poseidon; Stadt an der Gränze von Kilikien und Syrien, Vorgebirge Bithyniens; *Ποσείδιο-ν* = *Ποσείδειον*, Vorgeb. und Stadt an der Küste von Epirus u. s. w.; *ποσειδεών (ῶν-ος)* der 6. Monat des att. Jahres (= der letzten Hälfte des Decembers und der 1. des Jänners), *ποσειδεων-ί-ς (ίδ-ος)* f. der Vogel Poseidon's, der Eisvogel (sonst *ἀλκυών*). — *δεσπότη-ς* s. pag. 444.

3) **pa-n** nähren, schützen. — Vgl. Skr. *pan-asá* m. Brotfruchtbaum, *Artocarpus integrifolia* Lin. (PW. IV. 465).

πάν-ιο-c voll, *παν-ία* f. Fülle (*τὰ πάνια· πλήσμια. πανία· πλησμονή* Ath. III. 111. c). — *Πάν (Πᾶν-ός)* m. Feld-, Wald-, Hirtengott, besonders in Arkadien verehrt[16] (*ἐν Ἕλλησι μέν νυν νεώτατοι τῶν θεῶν νομίζονται εἶναι Ἡρακλῆς τε καὶ Διόνυσος καὶ Πάν* Her. 2. 145); *οἱ Πάνες* = *Fauni* der Römer; *Παν-εῖο-ς* panisch, den Pan betr. (*τὰ Πανεῖα*, erg. *δείματα*, panischer Schrecken, plötzlich in der Menge entstehend, dem Pan unmittelbar zugeschrieben; *τὰ Πανεῖα* oder *Πάνεια* das Pansfest, die *Lupercalia* der Römer), *Πᾶν-ικό-ς* id. (*αἱ Π. ταραχαί* Plut.), Demin. *Παν-ίσχο-ς* kleiner Pan, Faun; *αἰγί-πᾶν* m. Ziegenpan d. i. der ziegenfüssige (Plut. parall. Gr. 22), Silvanus. — *δέσποινα* s. pag. 444.

1) pa.

pă-tĕr (*tr-is*) m. = *πα-τήρ* p. 442 (*pa-tēr* Verg. A. 5, 521. 11, 469. 12, 13), Demin. *Pater-cŭlus* röm. Bein.; *patr-iu-s* = *πάτρ-ιο-ς*; angeboren, eigenthümlich, erblich; vaterländisch, heimatlich; Subst. *patria* f. = *πάτρα*; *patr-ĭcu-s* = *πατρ-ικό-ς*; *patrĭc-iu-s* zum Stande der *patricii* oder *patres* geh., patricisch, adelig; meist Pl. die Patricier (*majorum et minorum gentium*), seit Constantin dem Gr. ein Ehrentitel, *patrici-ā-tu-s* (*tūs*) m. die Würde eines *patricius; paternu-s* zum V. geh., väterlich, poet. vaterländisch, *paterni-ta-s* (*tāti-s*) f. väterliche Gesinnung (August.); (St. *patri:*) *patri-tu-s* väterlich, *patrī-mu-s* (neben Nom. Pl. *patrimes* Fest. p. 126) den Vater noch am Leben habend; *patruu-s* = *πάτρω-ς* p. 442; *patru-ēli-s* vom *patruus* stammend; vetterlich (Ovid.); *patr-ōn-u-s* m. Patron, Beschützer, Schutzherr; Vertheidiger, Anwalt, *patrōn-a* f., *patron-ā-tu-s* (*tūs*) m. Patronat (Dig.), *patron-āli-s* den Patron betreffend (Dig.); (*patron-co-ĭno-io*) *patrō-c-ĭn-iu-m* n. Beschützung, Vertheidigung, *patrocinā-ri* Beschützer, Vertheidiger sein (*alicui*), *patrocin-āli-s* das *patrocinium* betreffend; *patrĭ-mōn-iu-m* n. das vom Vater geerbte Gut, Erbgut, Vermögen, Demin. *patrimonĭŏ-lu-m* n. (Hieron.), *patrimoni-äli-s* zum Erbgut geh.; *patrāre* väterl. Blicke werfen (Pers. 1. 18); Lehnwörter: *patrioticus* vaterländisch, heimatlich (*πατριώτης*) Cassiod., *patrissare* (*πατρίζω*) Plaut.; *-pĭter: Dies-piter, Ju-piter* s. pag. 358. 360, *Mars-piter* s. W. *mar* leuchten. — **pa-sc-ĕre** (*pă-vi*) = *βό-σκ-ω*, Part. (*pasc-tu-s*) *pas-tu-s, pastĭ-cu-s* id. (Apic. 8. 5);

in-pescere (*in laetam segetem pascendi gratia immittere* (Paul. D. p. 108. 17); Frequ. *pasci-tā-re* (v. 1. *pastitare*) Varro r. r. 3. 16. 19; *scrōfĭ-pasc-u-s* m. Saubirt, Sauzüchter (Plaut. Capt. 4. 2. 27); (**pasc-vo*) *pasc-uu-s* zur Weide geh., dienlich, Subst. n. (meist Pl.) die Weide (Speise App. M. 2. p. 117. 31), *pascu-āli-s, pasc-āli-s* = *pascuus, pascu-ōsu-s* reich an W.; (**pasc-tor*) *pastor* (*tōr-is*) m. Hirt, Hühnerwärter, *pastor-iu-s, -ĭc-iu-s, -āli-s* zum H. geh.; (**pasc-tu*) *pas-tu-s* (*tūs*) m. Weide, Fütterung, Futter, Nahrung, *pastūra* f. id. (Pallad. 10. 8); *pas-ti-ō(n)* f. = *pastus;* concr. Weide, Viehweide; (**pasc-tu-s, *pasc-tŭ-lu-s*) *pas-til-lu-s* m. Brötchen (Fest. p. 222), medic. Pille, *pastillu-m* n. kleines rundes Opferbrot (*in sacris libi genus rotundi* Paul. D. p. 250). — **pā-būlu-m** n. Speise, Nahrung, Futter, Fourage, Dünger (Col.), *pabulā-ri* weiden, Futter suchen, fouragiren, düngen (Col.), *pabulā-tor* (*tōr-is*) m. Fütterer, Fouragirer, *pabulator-iu-s* zum F. geh., *pabulā-ti-ō(n)* f. Weide, das Fouragiren; *pabul-āri-s, -āriu-s* = *pabulatorius; pabul-ōsu-s* futterreich (Solin. 22). — (*pa-ius-to, pa-is-to, pa-es-to*) **Paes-tu-m** n. = (die Nährendste) Stadt in Lucanien, jetzt *Pesti* (die Gegend war fruchtbar und prangte jährlich zweimal in der Pracht der Rosenblüte; vgl. *biferique rosaria Paesti* Verg. G. 4. 119, *lepidique, rosaria Paesti* Ov. M. 15. 708), *Paest-āmu-s, -ān-eu-s* zu P. geh.[17]).

2) **pa-t** (s. pag. 445).

po-t. — *Nica Pŏt-a* Bein. der *Victoria* = Siegerin, Eroberin[18]) (vgl. Cic. de leg. 2. 11. 28. Liv. 2. 8. 12 (nach dem Wesen und der Wirksamkeit durch zwei Begriffe bezeichnet, vgl. *Anna Perenna, Fauna Fatua, Aius Locutius*). — (**pŏtu-s*) **pote-re* davon Part. Präs. **pŏte-ns** beherrschend, vermögend, mächtig, stark, gewaltig[19]), Adv. *poten-ter; potent-ia* f. Vermögen, Macht, Gewalt, Einfluss, Ansehen; (*potent-tā-t, potens-tā-t*) *potes-tā-s* (*tāti-s;* vgl. *egestas* pag. 21) f. Können, Vermögen, Macht, Gewalt, bes. gesetzl. oder obrigkeitl. Gewalt, Recht über etwas; Kraft, Wirkung, Wirksamkeit; Möglichkeit, Gelegenheit, Erlaubniss[20]); *potestat-ivu-s* Gewalt anzeigend (Tert.); *potent-ā-tu-s* m. Macht, bes. politische Macht, Herrschaft, Oberherrschaft, *potentā-tor* m. Herrscher (Tert.). — **pŏti-s**, **pŏte** (urspr. Subst. = Herr) Adj. (ohne Unterschied der Geschlechter; vgl. *amaber-is, c*) vermögend, im Stande (*divi qui potes pro illo quod Samothraces* θεοὶ δυνατοί Varro l. l. 5. 10. 58); *poti-s sum, pos-sum* im Stande sein, können, vermögen, gelten (**pote-fui* = *pot-ui, pos-se;* alte Formen: Präs. *potis-sum* Plaut. Curc. 5. 3. 23, *potes-sunt* id. Poen. 1, 2. 17, *potes-sim* id. Pers. 1. 1. 41, *pot-esse* Plaut. Lucr. Ter., *pos-sie-m, -s, -t* Plaut.; Impf. *pot-esset* Luc. ap. Non. p. 445. 29; Pass. *potestur* Pac. Lucr., *possitur* Cato r. r. 154, *poteratur* Cael. ap. Non. p. 508. 27; *pote fuisset* Ter. Phorm. 535); *possi-bili-s* (falsch gebildet statt *poti-bili-s*, ein Wort der philosoph. Kunstsprache; vgl. δυνατόν, *quod nostri possi-*

bile nominant, quae ut dura videtur appellatio, tamen sola est Quintil.
3. 8. 25) möglich, thunlich, *possibili-tā-s* f. Vermögen etwas zu
thun, Möglichkeit (Sp., dafür *facultas* oder *potestas*); Comp. *pŏt-ior*
vorzüglicher, wichtiger, Adv. *potius* vorzüglicher, lieber, mehr, vielmehr; Superl. *pot-is-simu-s* der Vorzüglichste u. s. w., Adv. *potissimum* am vorz., vorzüglich, hauptsächlich (*po pro potissimum positum est in Saliari carmine* Fest. p. 205), -*pote: ut-pote* (eig. *ut
pote est* wie es möglich ist, wie es nicht anders sein kann =)
nämlich, wie nämlich, wie freilich; -*pte* eigen, selbst: (gew. mit
Abl.) *tuo-pte, mea-pte, nostra-pte, suo-pte, sua-pte*, (bisw. mit Acc.)
suum-pte; -*pse: i-pse, -psa, -psu-m* (vgl. pag. 78) er selbst, eben,
gerade[21]) (altl. *cum-, eam-, eo-, ea-pse*); *i-psu-s* Cato. Ter. Plaut.,
ipsu-d (Gloss. Philox., vgl. *quare non ipsud ut illud et istud? quoniam veteres nominativum masculini non ipse dicebant sed ipsus,
quod etiam in comoediis veteribus invenimus.* Charis. p. 158. 17. K.);
reapse (= *re-ea-pse*) d. i. *re ipsa* in der That, wirklich (bis auf
Cicero's Zeit gebraucht; vgl. *reapse dici a Cicerone, id est re ipsa*
Sen. ep. 108. 32); *potī-ri* Herr sein, sich bemächtigen, theilhaft
werden, erlangen, im Besitz haben, inne haben (*potiri-er* Plaut.
Aul. 5. 2. 66; *poti* Pacuv. ap. Non. p. 475. 29, *potitur* Verg. A.
3. 55. Ov. Met. 7, 155. 13, 729. 14, 449, *poterentur* id. 13, 130.
14, 641, *poteretur* Catull. 64. 402; activ: *cum nunc potivit pater
servitutis* Plaut. Amph. 1. 1. 24 = machte zum Herrn), Part
poti-tu-s zu Theil geworden (Plaut. Lucr. Dig.), *Potitu-s* röm. Beiname, *poti-tor* m. Besitzergreifer (Val. Max. 3. 2. 20); (-*poti* oder
-*poto* abgestumpft zu -*pot:*) *com-po-s* (-*pŏt-is*) mächtig, theilhaftig,
inne habend; Ggs. *im-po-s* (-*pŏt-is*). — -*pat:* (*hosti-pet-s*) hos-pe-s
(*hos-pĭt-is*), fem. *hos-pĭt-a* Fremdenschützer, -in (s. *hostis* pag. 258)
= Gastfreund, (und insofern dieser, wenn er als Fremder im
Ausland weilt, wieder Schutz geniesst, auch =) geschützter Fremder
= Gast, Adj. gastfreundschaftlich, gastlich[22]); *hospit-iu-m* n. Gast-
freundschaft, gastlicher Aufenthalt, Gastzimmer, Herberge, Hospiz,
Demin. *hospitiŏ-lu-m; hospit-āli-s* = Adj. *hospes* (Adv. *-ter*), *hospi-
tali-tā-s* (*tāti-s*) f. Gast-freundschaft, -freundlichkeit, Aufenthalt in
der Fremde; *hospit-īvu-s* den Gastfreund betr.; *hospitā-ri* als Gast
einkehren, sich aufhalten, *hospitā-cŭlu-m* n. Herberge (Dig.); (*sav-us*
n. Heil, vgl. *sa, sava* heil, *sov-os*) sos-pe-s (-*pĭt-is*), *seis pes*
(C. I. L. 1110), *sis-pes* (Fest. p. 343) act. heil-schützend, -rettend,
Subst Retter (Enn. ap. Fest. p. 301. 15); pass. des Heils theilhaftig, heil, geschützt, unversehrt, poet. glücklich, günstig[23]);
fem. *Sos-pĭt-a* (Inschr. *Seis-, Sis-pita*) Retterin, *Juno Sospita* (urspr.
den Lanuvinern eigen, seit 416 auch Römisch geworden; vgl. Liv.
8. 14. 2. Cic. n. d. 1. 29. 82), (*sospit-tat*) *sospita-s* f. Heil, Wohl
(Macrob. Symm.), *sospitā-re* erhalten, erretten, behüten, *sospitā-tor*
m., -*trix* f. Erretter, Heilbringer, -in, *sospit-āli-s* heilsam (Plaut.

Macrob.). — (*pat-ru-s vermögend) **patrā-re** vermögen, durchsetzen, vollbringen, vollführen[24]), *pater patratus* der Fetial- oder
Bundespriester, der unter religiösen Feierlichkeiten die Bündnisse
schliesst (*pater patratus ad ius iurandum patrandum, id est san-
ciendum* Liv. 1. 24. 6)[25]), *patrā-tor* (*tōr-is*) m. Vollzieher, Vollstrecker,
patrā-ti-ō(n) f. Vollstreckung; *im-petrare* = *patrare*, erreichen, erlangen (Inf. Fut. Act. *impetrassere* Plaut.), *per-petrare* = *patrare*,
pro-petrare (*mandare quod perficiatur* Paul. D. p. 227).

3) **pa-n** (vgl. pag. 446).

pāni-s m. (n. *pane* Plaut. Curc. 2. 3. 88, Gen. Pl. *pani-um*
Charis. pg. 69. 114, *pan-um* Prisc. p. 771) Brod[26]), Demin. (*pani-
cŭlu-s*) *pani-cel-lu-s* (Plin. Val. 1. 6), *pan-ic-ru-s* aus Brod gemacht,
pan-ĭc-iu-m n. Gebäck (Cassiod.), *pan-āriu-s* m. Brodverkäufer (ἀρτο-
πώλης Vet. Gloss.), Brodkorb (Or. inscr. 3289), *pan-āriu-m* n.
Brodkorb, Demin. *panāriŏ-lu-m* (Mart. 5. 50. 10); *pānĭ-cu-m* n.
der welsche Fench (wahrsch. Buchweizen, Haidekorn, wilde Hirse).
— **pĕn-u-s** (Gen. *-ūs, -i*) m., *pĕn-u-m, pĕn-us* (*-ŏr-is*) n. (Nbf.
penu Afran. ap. Charis. p. 113) Speise-vorrath, -kammer (*est omne,
quo vescuntur homines, penus* Cic. n. d. 2. 27. 68), *pen-āriu-s* zum
Mundvorrath an Lebensmitteln geh., *pen-ā-tor* m. Proviantträger
(Cat. ap. Fest. p. 237); *Pĕn-āt-es* m. Penaten (die röm. Haupt-
schutzgottheiten der Familien [*minores, familiares, privati*], so wie
des aus dem Familienverbande erwachsenen Staates [*publici* oder
majores]), übertr. Wohnung, Haus, innerstes Heiligthum[27]); *pĕnĭ-
tus* (in der Speisekammer, im Innern des Hauses) im Innern befindlich, innerlich, durch und durch, ganz und gar, gänzlich (nach
falscher Analogie als Adj. altlat., z. B. *penitis faucibus* Plaut. Asin.
1. 1. 28, *pectore penitissimo* id. Cist. 1. 1. 65; Adv. *penite* Catull.
61. 178, *penitissime* Sidon.); (*penu-ies, pen-ies*) *pĕnes* (= im
penus befindlich, im Innern bef., drinnen, im innersten Verschluss
des Besitzenden) im Besitz, in der Gewalt, bei, auf Seiten; *pĕnĕ-
trāre* (vgl. *in-trare* pag. 290) in das Innere einfügen, eingehen
= hineinfügen, eindringen, durchdringen, *penetrā-tor* (*tōr-is*) m.
Eindringer, *penetrā-ti-ō(n)* f. das Eindringen, *penetrā-bĭli-s* durch-
dring-lich, -bar, act. durchdringend; *penetr-āli-s* durchdringend,
innerlich, inwendig, Subst. n. *-āle* (Nbf. *-al*) meist Pl. das Innere,
Verborgene, Geweihte, Heiligthum; *impenetrāle* (*cuius ultimum
penetrale intrare non licet* Paul. D. p. 109. 9).

4) **pa-l** hüten. — Skr. *pālă, pāla-ka* m. Wächter, Hüter
(PW. IV. 688).

(*pali*) **Păle-s** f. (m. Varro ap. Serv. Verg. G. 3. 1. Arnob.
3. 113) Schutzgöttin der Hirten und Heerden (*Pales dea est pa-
buli* Serv. l. c.; *Pales dicebatur dea pastorum, cuius festa Palilia
dicebantur* Fest. p. 222), *Palī-li-s* zur *P.* geh. (*festa Palilia* oder
mit Dissim. *Parilia*, gefeiert am 21. April als dem Stiftungstag

Roms); *Pal-āt-iu-m* n. die alte Stadt in der sabinischen Reatina und der mittlere von den allmählich zur Stadt Rom gezogenen Hügeln, später Palast (franz. *palais*), *Palat-inu-s* zu *P.* geh., palatinisch, zum kaiserl. Palast geh., kaiserlich [28]); (*păli-ōn: ovi-păli-ōn, ovi-păli-ōn*) **ō-pĭli-o**, *ū-pĭli-o* m. Schaafhirt, Schäfer; *Opiliu-s* röm. Beiname. — (*pala-s = lat. *polu-s Herrscher) *polē-re* (Fest. p. 205), **pollê-re** (*ll* durch Schärfung der Aussprache, vgl. *pullus, pannus*) mächtig sein, vermögen, gelten, Ansehen haben [29]) (Perf. *polluit* Isid. or. 1. 39. 1), Part. als Adj. *pollens* mächtig, vermögend, kräftig, stark, *pollent-ia* f. Vielvermögenheit (Plaut.), personificirt: die Göttin der Macht oder des Sieges (Liv. 39. 7. 8) [30]).

B. Gl. 227a. 237a. 240a. — Corssen I. 424 ff. 797. II. 217; B. 97 f. 132; N. 208. 250; KZ. III. 299 f. XVI. 307. — C. E. 270 f. 281. 283 f. 493. — F. W. 115 ff. 122 f. 186. 335. 376. 461. 464. 468. 1063. 1075. 1081; Spr. 335. — Kuhn KZ. IV. 316. — Pauli KZ. XIX. 225 ff. — Verner KZ. XXIII. 98. — Windisch St. II. 367 ff. — 1) PW. V. 699*: „(Skr.) *pitar* und *mātar* sind zwar urindogermanisch, aber schwerlich die ältesten Namen für 'Vater' und 'Mutter'. Diese werden *pa* und *ma* oder ähnlich (vgl. *tata* und *nanā*) gelautet haben, und diese Naturlaute mögen in einer späteren, schon reflectirenden Periode der Sprache bei der Bildung von *pitar* und *mātar* massgebend gewesen sein". — Zu πατριώτης vgl. Kind KZ. VIII. 376. — 2) Fick KZ. XXII. 220. — 3) C. E. 601; Index Schol. in Acad. Christ. Albert. Kiliae 1856 pag. III sq. (υ *aeolicarum vocum* πανήγυρις, σύρξ, ὄνυμα *et homer.* δια-πρ-ύ-σιο-ς *nos commonefacit*). — 4) Sch. W. s. v.: Skr. *paçu*; lat. *pecu, pecus*, goth. *faihu*. — 5) Sch. W. s. v.: ποιμαίνω, ἀνήρ der Männer weidet = Mannenhirt, Mannenführer. Aehnlich Pott KZ. VI. 49: Ποίμανδρος (ποιμάνωρ). — Pape W. dagegen: wahrscheinlich unmittelbar von ποιμαίνω abgeleitet („Männer weidend" verstösst gegen die Analogie). — 6) F. W. 461. — 7) C. V. I. 340 f. — Curtius Et. pag. 283 f. führt fünf verschiedene Erklärungen dieses Wortes an, woselbst deren Würdigung zu vergleichen: 1) aus *Dāsa-patnī* „Herrin der Feinde" (Kuhn KZ. I. 464. Müller KZ. V. 151), „die Dämonen zu Gebietern habend" (Benfey KZ. IX. 110 und P. W.); 2) aus Skr. *gās-pati-s* „Herr der Familie" (Benfey); 3) aus Skr. *sadas-pati-s* „Herr des Sitzes" (Sonne KZ. X. 136); 4) aus Skr. *dam-pati-s* „Hausherr" (Benfey, P. W., F. W. 87); 5) aus Zend *dańhu-paiti* „Herr eines Gaues" (Pott W. 1. 240). — Noch wäre hinzuzufügen: für 1) erklärt sich auch: L. Meyer KZ. V. 382 („Herr der Feinde, Herr der Unterthanen") und Schenkl W. s. v.; für 2) auch Bugge KZ. XIX. 424 (*ga* Nachkomme, Stamm, veralt. Gen. *gas: gās-pati* = *γης-ποτη-ς, *γεποτη-ς, δεσ-πότη-ς). Ferner: ausser den fünf Erklärungen, die Curtius bietet, finden sich noch andere zwei: Bopp Gl. 237a: *prima syllaba a scr. diś* (*monstrare, decernere, dare, largiri*) *trahi posset*. Walter KZ. X. 203: διϜες-, διες-, δες- glänzend: δες + Suff. πο + Suff. τη; vgl. πρεσβύτη-ς. — Die achte möge ohne weiteren gelehrten Apparat hier gewagt werden: δα-τ-έ-ο-μαι pag. 325: δε-σ-πότη-ς (vgl. δα-σ-μό-ς) der zutheilende Gebieter (vgl. μή-τηρ die zumessende Hausfrau, C. E. 335). — δέσποινα = δεσ-ποv-jα (*panī* Hausfrau) erklären: Curtius V. 1. c.; Fick Spr. 335; Sonne KZ. X. 136; Walter ibd. 203; = δεσ-ποτνια Benfey KZ. IX. 110; Grassmann KZ. XI. 23. 27; Pott KZ. VI. 110; Schweizer KZ. III. 356. — 8) F. W. 122. 461; Grassmann KZ. XII. 122; L. Meyer KZ. VI. 293; Schweizer (mit Grimm) KZ. VI. 451; S. W. s. v.; Sch. W. s. v. — Dagegen nur C. E. 529: „schon deswegen unwahrscheinlich, weil kein

anderes Beispiel eines anlaut. β für π vor einem Vocal nachweisbar ist".
[Diese nach Curtius selbst häufigere Erweichung im delphischen Dial.
kann wohl auch ausserhalb desselben einmal stattfinden; vgl. die gleichfalls seltenen, aber sicheren Fälle im Lat. *bibo, buxus, Boblicola*.] -
9) C. V. I. 274. 381. 5). -- 10) M. M. Vorl. I. 5: die Botanik, die Wissenschaft der Pflanzen, bezog sich urspr. auf blosse Futterkräuter, als
Wissenschaft der Pflanzen müsste sie eigentlich Phytologie heissen. —
11) F. W. 461 (*πρό-βατο-ν* neben *βοτό-ν* Weidevieh) und Sch. W. s. v.
— Dagegen von *προβαίνω* = das Vorwärtsgehende: M. M. Vorl. II. 75
und Pape W., S. W. — 12) C. V. I. 375. 38). 377. 13). — 13) Vgl.
Roscher St. Ib. 102 3). — 14) Brugman St. IV. 100. — Meister St. IV.
441. — 15) Fick Spr. 304; KZ. XXI. 462 ff. — Ahrens Philol. XXIII.
1 ff. 193 ff.: *ποτι* (*πο* trinken, vgl. *ποταμός*) + *-δᾰν*, *δᾶς* = Ζεύς, also
„Gott des Wassers". (Aehnlich Preller Myth. I. 352: „der trinkende
Gott"). — Kuhn KZ. I. 457: *ποσει-*, *ποσι-*, *ποτι-* (Dativ?) + *-δᾱαν* oder
-δᾱται gebend. — Sonne KZ. X. 183: *ποσει-*, *ποσι-*, *ποτι-* (Locativ) +
-γαjων = *-δᾱων* (W. *γα* erzeugen) „der im Wasser, aus dem Wasser sich
erzeugt, der aus dem Wasser hervorgeht". — Die verschiedenen Formen
des Wortes siehe Curtius St. 1a, 188. Ib, 232. III. 225. IV. 173. 11).
386. -- 16) Ebenso Preller Myth. I. 581. — Vgl. noch Stein zu Her. 2.
146: „der griech. *Pan* scheint nur als untergeordnete Gottheit zu dem
schon fertigen Gebäude der griech. Mythol. in späterer Zeit hinzugefügt
worden zu sein, während der in den Mysterien überlieferte *Pan* als Symbol
der schaffenden Natur und des Weltalls, zu dem ältesten Göttergeschlecht
gehört". — 17) Corssen KZ. III. 301. — 18) Corssen N. 248. — 19) Bechstein St. VIII. 365 f. — 20) Corssen II. 217; KZ. XVI. 307: *potestas* =
pot-ios-tas; vgl. *majes-tas*; *potestas* die Eigenschaft, das Wesen des
Mächtigeren, *potentia* der Zustand des Könnens, des Mächtigseins; vgl.
noch Klotz W. s. v., Krebs Antib. — 21) Windisch l. c.: „Acc. Abl. Sing.
des enklitisch angetretenen Subst. *poti-m*, *d* allmählich zu blossem *p se*
geschwächt". — Aehnlich Ebel KZ. VI. 208. — Corssen B. 290: Pron.-
Stamm *sa: i-p-se*. — 22) Ebenso Brugman St. V. 230. — Bopp Gl. 125b:
ghas edere: hos-pes, tamquam is, qui edere vel cibum petit, qui esum it.
Von *ghas* gleichfalls: Pauli KZ. XIV. 100; F. Spr. 322: *ghas-pati* Wirth,
Herr, eigentlich: Speise-, Brod-herr — 23) Aehnlich F. W. 495: *sôs* =
sovos n. und *pet* = *peti* erlangend, vgl. *seces-pita*. — 24) Bugge KZ.
XIX. 411. — Walter KZ. XII. 406. — 25) Weissenborn zu d. St.: *patratus* scheint wie *cenatus, juratus* activ genommen, oder von dem Deponens *patror* abgeleitet worden zu sein; weniger wahrscheinlich ist, dass
es bedeute: *pater (populi) factus*. — 26) Aehnlich „*pū-ni-s*" Ascoli KZ.
XIII. 452, C. E. 271; „*pūn-i-s*" F. Spr. 335; jedoch ibd. 68: *kap* braten.
— B. Gl. 224b: *fortasse e pac-nis (pak), nisi cohaeret cum pa-sco, pa-
bulu-m*. — 27) Richtig Cicero n. d. 2. 27. 68: *dii Penates, sive a „penu"
ducto nomine (est enim omne, quo vescuntur homines, penus), sive ab eo,
quod „penitus" insident: ex quo etiam penetrales a poëtis vocantur*; vgl.
Schoemann zu d. St.: „als Beschirmer des Hauswesens" im Innern des
Hauses verehrt; „die Verwandtschaft des Namens mit *penitus* und *penus*
ist klar". — 28) Corssen I. 426. 428: von *pa-l-are*, *palü-to* geschützt,
gesichert, daher *Palatium* geschützte Stätte, fester Platz, sicherer Wohnsitz; passend für die alte Aboriginerstadt als auch für die Stätte der
ältesten *Roma quadrata*. — M. M. Vorl. II. 272 f.: Augustus erbaute sich
sein Kaiserschloss auf dem *collis Palatinus* und seinem Beispiele folgten
Tiberius und Nero. Dieses Haus Nero's wurde von nun an *Palatium*
genannt und wurde das Vorbild aller königlichen und kaiserlichen
Paläste Europa's. — 29) Frochde KZ. XXII. 257; oder *pollus* = *πολλός*
viel, daraus „stark, mächtig" (vgl. *μέγ ες καὶ πολλός* Her. 7. 14; *πολύς*

ὁ *Φίλιππος* ἕσται Aesch. 1. 166). — 30) Weissenborn zu der St.: der Name scheint sonst nicht vorzukommen, die Göttin nicht verschieden zu sein von der *Potentia*, deren Bild im *circus* aufgestellt war; Preller 581.

---

2) PA, PI trinken. — Skr. pā trinken; caus. tränken, zu trinken geben; pī trinken (PW. IV. 615. 735).

pa.

πο, πω. — πώ-ν-ω äol. = πῖ-ν-ω (s. unten); Perf. πέ-πω-κα, πέ-πο-μαι, Aor. ἐ-πό-θη-ν, äol. πῶ-θι (πῶ E. M.); Verbaladj. πο-τό-ς getrunken, trinkbar, ἡδύ-ποτο-ς süss zu trinken, lieblich (οἶνος, Od. 3mal; h. 6. 36); πο-τέο-ς trinkbar (Plat. com. 213e); πό-το-c m. das Trinken, der Trunk; πο-τό-ν n. der Trank; πότη-μα(τ) n. das Getrunkene (Sp.); πό-τη-c (πώ-τη-ς Sp.) m. Trinker; ἀμετρο-πό-τη-ς unmässig trinkend (Agath. 55); fem. πύ-τι-ς (τιδ-ος) Epikrat. bei Athen. 13. 570b. — St. πο-τι: πό-cι-c f. der Trank, das Trinken, Trinkgelag; ποτί-ζω trinken lassen, bewässern, begiessen, ποτι-σ-τή-ς der Trinkende, Einschänkende (LXX), ποτί-σ-τρα f. Tränke, ποτι-σ-τήρ-ιο-ν n. Kanal zum Bewässern (LXX), ποτι-σ-μό-ς m. das Bewässern, πότι-σ-μα(τ) n. Trank (Diosc.); ποτι-κό-ς zum Trinken gehörig, geneigt, πότι-μο-ς trinkbar, übertr. mild, sanft. — ἀνά-πω-τι-ς (Pind. Ol. 9. 56), ἄμ-πω-τι-ς f. das Auftrinken, die Ebbe (ἀνάπωσις ὕδατος περιοδική; Gen. -τιδ-ος, -τι-ος; -τε-ως Polyb.), ἀμ-πωτίζω sich in der Ebbe zurückziehen (Philo). — St. πο-τητ: πο-τή-ς (τῆτ-ος) f. = πότος. — St. πο-ταρ: πο-τήρ (τῆρ-ος) m. Trinkgefäss, Becher (μέτρον ποιόν Hes.), οἰνο-ποτήρ m. Weintrinker; ποτήρ-ιο-ν n. = ποτήρ (eine Pflanze, *astragalus poterium* Linn.), Demin. ποτηρ-ίδιο-ν. — πῶ-μα(τ) n. Trank.

pi.

πι. — πῖ-ν-ω trinken (ep. Inf. πινέμεν[αι], Iter. πίν-ε-σκε Il. 16. 226; Fut. πῖ-ομαι, von Arist. an meist πιοῦμαι, Aor. ἔ-πῖ-ον, ep. πῖ-ον, Conj. πῖ-η-σθα Il. 6. 260, Imp. πίε Od. 9. 347, Eur. Kykl. 560, meist πῖ-θι, Inf. πι-εῖν, ion. πι-έειν, ep. πῖ-έμεν, doch πῖ-έμεν Od. 15. 378; Imperat. auf Trinkschalen [vom St. πιε]: πίει: χαῖρε καὶ πίει, πίε 1mal, πῖνε 2mal); πι-πί-cκ-ω (nur Hippocr. und Luc.) zu trinken geben, tränken (Fut. πί-σω, Aor. ἔ-πι-σα); πῖ-νο-ν n. Gerstentrank. — St. πι-c: Verbaladj. πι-c-τό-c trinkbar (nur: οὔτε βρώσιμον, οὐ χριστόν, οὔτε πιστόν Eur. Prom. 480 D.); πιστ-ικύ-ς id. (νάρδος N. T.; doch andere: Vertrauen erweckend); πίσ-α f. Tränke (Schol. Pind. I. 6. 108); Πῖcα (später Βῖσα), Πῖσᾱ-τι-ς (τιδ-ος) f. Stadt und Landschaft in Elis (οὐδὲ τοὔνομα τὴν Πισάτιν ἐτυμολογοῦσιν ὁμοίως· οἱ μὲν γὰρ ἀπὸ Πίσης ὁμωνύμου τῇ κρήνῃ πόλεως, τὴν δὲ κρήνην Πῖσαν εἰρῆσθαι, οἷον πίστραν, ὅπερ ἐστὶ ποτίστρα. τινὲς δὲ πόλιν μὲν οὐδεμίαν γεγονέναι Πῖσαν φασίν, κρή-νην δὲ μόνην, ἣν νῦν καλεῖσθαι Βῖσαν, Strabo 8. 356); Stadt und

Landschaft in Etrurien (id. 5. 222); πίς-τρα f. Tränke, Trink-
gefäss, πίσ-τρο-ν n. id.; πῖς-ος (εος) n. reichlich bewässerter Ort,
Aue, Wiese, Marschland (πίσεα ποιήεντα Il. 20. 9. Od. 6. 124.
h. Ven. 99). — (πι-α, πιj-α, πιδj-α) πιδα: πιδά-ω quellen, spru-
deln, πιδή-ει-ς quellreich (nur Il. 11. 183:Ἴδης πιδηέσσης); (πιδα-κ:)
πῖδαξ (ἄκ-ος) f. (ion. poet.) Quell, Quelle (Hom. nur Il. 16. 825),
πιδακ-ό-ει-ς = πιδήεις, πιδακ-ώδης quellartig, πιδακ-ῑτι-ς f. am Quell
wachsend (Sp.); πιδύ-ω = πιδάω [1]).

pa.

pō. — (St. pō-to:) **pō-tu-s** act. der getrunken hat, angetrunken,
betrunken; pass. getrunken, ausgetrunken; potā-re trinken, zechen,
potā-tu-s (tūs) m. (App.), potā-ti-ō(n) f. das Trinken, Zechen, Trinkgelag, potā-tor (tōr-is) m. Trinker, Zecher, potator-iu-s zum Trinken
geh., potā-culu-m n. = potatio (Tert.), potā-bili-s trinkbar; Frequ.
poti-tā-re (Plaut.); (St. pō-tu:) pō-tu-s (tūs) m. Trinken, Trunk,
Pōtu-a f. Trinkgöttin (Arnob. 3. 115), potŭ-lentu-s trinkbar, angetrunken, betrunken, Potŭ-l-ānu-m vinum ein sicil. Wein bei Mes-
sana (Plin.); pō-ti-o(n) f. das Trinken, der Trank, Gift-, Arznei-,
Zauber-trank, Demin. potiun-cŭla, potion-āriu-s zum Trunk geh.
(Not. Tir. p. 169), potion-āre tränken (Veget.); pō-tor (tōr-is) m.,
po-tr-ix (icis) f. Trinker, Zecher (-in); po-t-ax (ācis) trunksüchtig
(Gloss. Philox.), pō-tili-s zum Trinken geh.; Po-t-īna f. Göttin des
Trinkens der Kinder; rĕ-pō-t-ia (iorum) n. Pl. das Nachtrinken,
Trinkgelag, (allg.) Trinken; pō-cŭlu-m (po-clu-m Arnob. 5. 175)
n. Trinkgeschirr, Becher; übertr. Trinken, Gelage, Trunkenheit,
Demin. pocil-lu-m n., pocul-āri-s zum Trinken dienend, pocill-ā-tor
m. Mundschenk (App. Met. 6. p. 179. 16). — Nebenform **pu**,
erweicht **bu:** bŭ-a f. Trunk (in der Kindersprache: cum cibum ac
potionem buas ac pappas vocent et matrem mammam, et patrem
tatam Varro ap. Non. p. 81. 3); vini-bu-a f. Weintrinkerin (Lucil.
ap. Non. p. 81. 6); ex-bu-res sive ex-bu-rac, quae exbiberunt quasi
epotae (Paul. D. p. 79. 11); **im-bu-ĕre** (-bui, -bŭ-tu-s), Primit.
und Causat. von imbibere: befruchten, anfeuchten, benetzen; übertr.
erfüllen, beflecken; geistig tränken = unterweisen, heranbilden,
einweihen, imbŭ-tā-mentu-m n. Unterweisung (Fulg. myth. 1. pr.
p. 15).

pi.

bi (erweicht; vgl. Skr. pi-bā-mi st. pi-pa-mi, im-bucre, Boblicola, buxus). — (*pi-pa, *pĭ-ba) **bĭ-bĕ-re** trinken, einschlürfen,
einsaugen (Perf. bibi; spätl. bibi-tus, -tūrus u. s. w.); bib-ax (āci-s)
trunksüchtig (Nigid.), Demin. bibāc-ŭ-lu-s etwas trunks., Bibaculu-s
röm. Bein.; bib-ŭ-lu-s = bibax, einsaugend, anziehend, Bibulu-s
röm. Bein.; bib-ili-s trinkbar (Cael.); bib-ō(n), bibĭ-tor m. Trinker
(Firmic., Sidon.); bib-iō(n) m. ein kleines im Weine entstehendes
Insect, mustio (Afran.); (*bib-ent-ia, vgl. sapi-ent-ia, pati-ent-ia)

Bĭbēs-ia f. Trinkland[2]) (*Rhodiam atque Luciam, Peredian et Bibesiam* Plaut. Curc. 444 Fl.; dazu Fest. p. 214. 28: *Peredian et Bibesiam Plautus finxit sua consuetudine, cum intelligi voluit cupiditatem edendi et bibendi*).

B. Gl. 237 a. — Corssen I. 489; B. 345. — C. E. 281. 639. — C. V. I. 186. 15). 255. 17). 275. 9). 284 f. 377. 14). II. 290 f. 397. 1). — F. W. 122 f. 127. 467 f. — Roscher St. IV. 194 ff. — 1) Vgl. Leskien St. II. 99. 119. 1). — F. W. 1075; Spr. 339: *pi, pi-d* schwellen, strotzen, quellen. — 2) Corssen B. 474.

3) **PA, PAN** besiegen, preisen. — Skr. **pan** ehren, preisen. — Vgl. das belegbare *pan* bewundernswerth sein, bewundern (PW. IV. 388. 464).

πά-ι-άν (ᾶν-ος), πα-ι-ών (ῶν-ος), ion. ep. παιή-ων (ον-ος) m. Preislied, Lobgesang auf Apollo, überh. Dank-, Lob-lied, Schlacht-gesang, παιᾱν-ικό-ς den Päan betreffend; παιᾱν-ίζω ein Preislied u. s. w. anstimmen (vom Kriegsgesang der Barbaren Sp.), παιᾱνι-σ-τή-ς m. der einen Päan singt (Sp.), παιᾱνι-σ-μό-ς m. das Anstimmen eines Päan.

F. W. 117 (sonst wurde nirgends Etwas über die Ableitung des Wortes gefunden). — Vgl. noch Hartung zu Pind. IV. pg. 167, zu Eurip. Herc. f. 675.

1) **PAK** kochen, backen; reifen; europäisch: **kap, kvap**. — Skr. **pak** 1) kochen, backen, braten, 2) backen, brennen (Back-steine u. s. w.), 3) die Speise im Magen gar kochen, verdauen machen, 4) reifen, zur Reife bringen (PW. IV. 354).

pak.

πεκ. — (πεκ-*jω*) πέσσω, att. πέττω (ep. Inf. πεσσέμεν) von der Sonne weich machen, reifen, zeitigen, kochen; übertr. ver-dauen. — κακ, κακϝ (st. *πακ* durch Assimil. an den Schlusslaut): κακκ-άβη, κάκκ-αβο-ς (ἀγγεῖον Lex.)[1]), f. Kochtopf, Tiegel, *cacabus* (Ar. bei Ath.), Demin. κακκάβ-ιο-ν (Eubul. Ath. 4. 169 f.).

kap, kvap.

κοπ. — ἀρτο-κόπ-ο-ς m. Brod backend, Bäcker, ἀρτο-κοπέ-ω Brod backen (-ποπέω Phryn. com. B. A. 447), ἀρτοκοπ-ικό-ς zur Bäckerei geh., ἀρτοκοπε-ῖο-ν n. Bäckerei ·(Geop.). — πεπ, ποπ (st. κεπ, κοπ durch Assimil. an den Schlusslaut): πέπ-τ-ω (jüngere Nebenform zu πέσσω; Fut. πέψω, Perf. πέ-πεμ-μαι, πε-πέφ-θαι): πεπ-τό-ς gekocht, verdaut, verdaulich, πεπτ-ικό-ς das Verdauen be-fördernd; (πεπ-τι) πέψι-ς f. das Kochen, Backen, Verdauen, Gäh-rung (vom Wein); πέπ-ων (-ον-ος) von der Sonne gekocht, reif, weich, mürbe; bei Hom. und Hesiod nur übertr. in der Anrede:

πέπον, ὦ πέπον, ὦ πέπονες traut, lieb, Lieber, Trauter; im schlimmen Sinne: Weichling, Feiger (Comp. Superl. πεπ-αί-τερο-ς, -τατο-ς); (πεπ-αν-jω) πεπ-αίνω weich, milde machen (von Früchten), zur Reife bringen, πέπαν-σι-ς f. das Weichmachen u. s. w., πεπαν-τ-ικό-ς erweichend (Hippokr.); πέπ-τρ-ια f. die Kochende (σιτοποιός Hes.); (πεπ-ματ) πέμ-μα(τ) n. Backwerk, Kuchen, Demin. πεμμάτ-ιο-ν n. — (πεπ, ἐπ)έφ: ἐφ-θό-c gekocht, übertr. matt, entkräftet (ἐφθαλέο-ς id. Lex.), ἐφθό-ω kochen (Lex.), ἐφθό-τη-ς (τητ-ος) f. das Gekocht-sein, übertr. Abmattung. — (πεπ-ς) ἑψ (vgl. αὐγ, αὐξ; Spir. asper eigenthümlich; vgl. ἵπταμαι pag. 465): ἕψ-ω kochen; (St. ἑψ:) ἑψ-άνη f. Kochgeschirr (Hes.), ἑψ-ανό-ς kochbar, ἑψ-αλέο-ς gekocht (Nic. Al. 565); Πυαν-εψι-ών (s. pag. 98 f.); (St. ἑψε:) Fut. ἑψή-σω, Aor. ἥψη-σα, ἑψη-θῇ Herod., Perf. ἥψη-μαι; Verbaladj. ἑψη-τό-ς; ἑψη-τή-ς m. der Kochende (Sp.); ἕψη-σι-ς f. das Kochen, Schmelzen; ἑψη-τ-ικό-ς das Kochen betr. (Sp.); ἑψη-τήρ (τῆρ-ος) m. Kocher, Kessel, ἑψη-τήρ-ιο-ν n. Kochgeschirr; ἕψη-μα(τ) n. das Gekochte, gekochter Most; das Kochbare; ἑψημματ-ώδης eingekochtem Most ähnlich. — ποπ: πόπ-ανο-ν n. = πέμμα, bes. Opferkuchen (πλακούντια πλατέα καὶ λεπτὰ καὶ περιφερῆ (Schol.), ποπάν-ευ-μα(τ) n. id. (Philp. 10), ποπαν-ώδης von der Art eines πόπανον. — [π]οπ: ὀπ-τό-c gebraten, geröstet (Od. 3mal), πλίνθοι ὀπταί Backsteine; ὀπ-τά-ω, poet. auch ὀπτέω (ὀπτάνω Nicet.), braten, rösten, dörren, ὄπτη-σι-ς f. das Braten u. s. w., ὀπτήσι-μο-ς zu braten u. s. w.; ὀπτη-τήρ-ια n. was gekocht wird; ὀπτ-άν-ιο-ν, ὀπταν-ε-ῖο-ν n. Brat-, Back-ofen, Küche (dürres Holz zum Kochen, Sp.); ὀπταν-ό-ς gebraten, geröstet; ὀπτ-αλέο-ς id. (gebacken, Sp. πλίνθος). — ὀπ-ς: ὄψ-ο-ν n. Gekochtes, bes. zum Brode Gegessenes, Fleisch, Zukost, Imbiss (später bes. Fische, die aber in der homer. Zeit nur aus Noth gegessen wurden), Demin. ὀψ-άριο-ν, ὀψαρ-ίδιο-ν n.; ὀψά-ο-μαι als Zukost essen.

pak.

(*pok) coc, coqu (durch Assimil. an den Schlusslaut; vgl. quinque pag. 464). — cŏqu-ĕre (coc-si, coc-tu-s) = πέσσω; coqu-u-s (cocus C. I. L. 646. 4166 Or., auch quoquus) m. Koch, coqua f. Köchin; coc-tor (tōr-is) m. Koch (Petr. 95), c. calcis Kalkbrenner (Cod. Th.), coctŭr-a f. das Kochen u. s. w., Koch- oder Reifzeit, concr. der Absud (Colum.), coctur-āriu-s (ἑψετής Gloss. vet.); coc-ti-ō(n) f. = coctura; coc-ti-li-s durch Kochen oder Brennen bereitet, Subst. coctilia ligna rauchloses, am Feuer gedörrtes Holz (ξύλα ἄκαπνα Val. ap. Treb. Claud. 14), coctili-c-iu-s zum rauchl. Holze geh.; coc-t-ivu-s zum Kochen geeignet, gehörig, Koch-, Küchen-; coqu-i-bili-s leicht zu kochen; coqu-īnu-s = coctivus, Subst. coquina (officina vulg., Küche, ars Kochkunst), coquinā-re kochen (Plaut.), coquin-āri-s, -āriu-s zum Kochen oder zur Küche geh.; cocina-tōr-iu-s = coctivus (Dig.), Subst. cocinātor-iu-m n. Küchenhaus (Or. inscr. 1359); Frequ. coc-ti-tā-re, coqui-tāre öfters kochen

(coquitare pro coctitare, id est frequenter coquere, Plautus posuit
Paul. D. p. 61. 18), *coquitā-ti-ō(n)* f. das öftere Kochen (App.
Met.); *cŏc-ŭ-lu-m* n. Kochgeschirr, trockenes Holz; *(*cocē-re) cocē-
tu-m* n. *genus edulii ex melle et papavere factum* (Paul. D. p. 39. 8)²);
cŭc-ŭma f. Kochgeschirr, Kessel³), Demin. *cucum-ella; auli-coc-ia
exta, quae in ollis* (vgl. pag. 90) *coquebantur, dicebant, id est elixa*
(Paul. D. p. 23. 13) == im Topf gekochte Eingeweide⁴); *prae-
cox (cŏc-is), prae-cŏqui-s, prae-cŏquu-s* frühreif, unzeitig (*prae-
coqua, -cocia* Aprikose, *prunus armeniaca* Linn., die zeitig blüht,
πρωϊανϑής, und die Früchte zeitig reift, πρωΐκαρπος, vgl. Diosc.
1. 165: τὰ δὲ μικρότερα καλούμενα ἀρμενιακά, ῥωμαϊστὶ δὲ πραι-
κόκια; daraus arab. al- [Articel] *barqûq*, daraus span. *albaricoque*,
franz. *abricot*, daraus Aprikose⁵).

kap, kvap.

pop (durch Assimil. an den Schlusslaut). — **pŏp-ina** f. Gar-
küche, übertr. Garküchenspeise⁶), *popinā-ri* die G. besuchen, schlemmen (Treb. Poll.), *popinā-tor, popin-ō(n)* m. Garküchenbesucher,
Schlemmer, *popin-āli-s* zur G. geh., *popin-āriu-s* m. Garkoch.

B. Gl. 224. — C. E. 458 f. 699; KZ. III. 403; V. I. 156. 235. 13).
312. 14). 382. 15). II. 127. 258. — F. W. 113. 461 f. 468; F. Spr. 68.
100. 192. — Windisch K. B. VIII. 23 f. — 1) C. E. 459: „vielleicht
das Suffix wie in κάνν-αβο-ς, κόν-αβο-ς, Ἐκ-άβη. Oder ist das Wort
wie ὄττοβο-ς, ἄραβο-ς ein blosses Schallwort? — 2) Klotz W. s. v.: verderbt aus dem griech. κυκεών. — 3) Walter KZ. XII. 382. — 4) Corssen
I. p. 349; KZ. XI. 363. — 5) Hehn p. 369. — 6) Windisch l. c.: „wird
nach Ascoli's sehr wahrscheinlicher Vermuthung aus dem Umbrischen
oder Oskischen in die röm. Sprache eingedrungen sein". — Oskischen
Einfluss vermuthet auch Curtius l. c. mit Pott (I. 233); vgl. Schleicher
KZ. VII. 320 (nicht ächt lateinisch).

2) **PAK** festigen, fangen, fügen; gräkoitalisch auch **pag.**
— Skr. **páça** m. Schlinge, Fessel, Strick (PW. IV. 696); zend.
paç binden, fesseln.

pak¹).

πακ: (παк-jalo) πάσσᾰλο-ς (ep. Gen. πασσαλό-φι), att. πάτ-
ταλο-ς m. Pflock, Holznagel, Demin. πασσάλ-ιο-ν n., πασσαλ-ίσκο-ς
m.; πασσαλό-ω mit Pflöcken oder Holznägeln versehen; πασσαλ-εύ-ω
annageln, anheften, πασσαλευ-τό-ς angenagelt, angeheftet (Aesch.
Prom. 112); πάσσαξ (ακ-ος) m. seltene Nbf. von πάσσαλος (Ar. Ach.
763. Lex.). — πηκ: (πηκ-jω) πήσσω, att. πήττω (Nbf. zu πήγνυμι,
s. pag. 457; erst nach Alex. bei Strabo, Dion. Hal. und Sp.). —
παχ (κ = χ): παχ-ύ-ς dick, dicht, feist, fett, fleischig, gedrungen,
voll, übertr. stumpfsinnig (Comp. Sup. παχύ-τερο-ς, -τατο-ς; unregelm.
πάσσων Od. 6, 230. 8, 20, πάχιστον Il. 16. 314; παχ-ίων Arat.
758); dazu eine Art Demin. παχυ-λό-ς dicklich, etwas dick, ziemlich

stumpfsinnig (Sp.); παχύ-τη-ς (τητ-ος) f. Dicke u. s. w., παχυ-σ-μό-ς m. id. (Hipp.); παχύ-νω dick, dicht u. s. w. machen, mästen, vermehren (Perf. πε-πάχυ-σ-μαι), πάχυν-σι-ς f. das Dickmachen (Sp.), παχυν-τ-ικό-ς zum Dickmachen geschickt; πάχ-ετο-ς (verstärkte Adjectivform für παχύς; vgl. περι-μήκ-ετο-ς) sehr oder ziemlich dick [1]); πάχ-ητ-ες (παχεῖς, πλούσιοι Hes.); πάχ-ος (ε-ος) n. Dicke (Hom. nur Od. 9. 324). — πάχ-νη f. gefrorner Thau, Reif (δρόσος πεπηγυῖα Lex.; τὸ δ' ἐπὶ γῆς ξυμπαγὲν ἐκ δρόσου γενόμενον πάχνη λέγεται Plat. Tim. 59. e; Hom. nur Od. 14. 476), παχνή-ει-ς voll Reif; παχνό-ω bereifen, gefrieren machen, Pass. gefrieren, erstarren (ἦτορ παχνοῦται Il. 17. 112, nur hier bei Hom.), παχν-ίζω reifen (Sp.), παχν-ώδης = παχνήεις (Sp.).

παγ: πάγ-ο-ς m. Felsenspitze, Riff (Hom. nur Od. 5, 405. 411, oft Trag.) = πάχνη; Haut auf der Milch (γραῦς ὁ ἐπὶ τοῦ γάλακτος γιγνόμενος πάγος Schol. Nic. Ar. 91), das aus verdampftem Meerwasser gewonnene Salz (Lykophr.); παγό-ω gerinnen, gefrieren machen (Sp.); παγ-ετό-ς, auch πάγ-ετο-ς m. = πάγος, πάχνη; παγετ-ώδης eisartig, eisig (παγ-ώδης Theophr.); παγ-ερό-ς geronnen, gefroren; πάγ-ιο-ς fest, derb, dauerhaft, παγιό-τη-ς (τητ-ος) f. Festigkeit (Sp.), παγιό-ω fest machen (E. M.), παγίω-σι-ς f. das Festmachen (B. A. 1408); πάγ-η f. Schlinge, Falle; übertr. Fallstrick, List; παγ-ί-ς (ίδ-ος) f. id. (Batr. 50), παγιδ-εύ-ω eine Falle stellen, berücken (LXX. N. T.), παγιδεύ-τ-ικό-ς nachstellend (Sp.), παγίδευμα(τ) n. Verstrickung (Sp.). — πηγ: πήγ-νῡ-μι (selten πηγ-νύ-ω), Nebenf. πήσσω pag. 456, festmachen, feststecken, hinein-schlagen, -treiben, auf-stecken, -spiessen, zusammenfügen; gerinnen, gefrieren lassen; übertr. befestigen, festsetzen, feststellen (Präs. Hom. nur γοῦνα πήγνυνται die Glieder werden steif, erstarren, Il. 22. 453; Fut. πήξω, Aor. ἔ-πηξα, ἐ-πήχ-θη-ν, 3. Pl. πῆχ-θε-ν Il. 8. 298, Eur. Kykl. 302, gew. ἐ-πάγ-η-ν, Perf. πέ-πηγ-α intr., πέ-πηγ-μαι; Aor. ἐ-πηγ-ό-μην spät)[2]); Verbaladj. πηκ-τό-ς zusammengefügt, fest verbunden, fest geworden, derb, hart, geronnen, πηκτ-ικό-ς zum Verdicken u. s. w. geschickt (Theophr.); πηγ-ό-ς prall, gedrungen, feist, wohlgenährt[3]); ναυ-πηγό-ς Schiffe zusammenfügend, Schiffsbaumeister; τορνευτο-λυρ-ασπιδο-πηγοί (οἳ τορνεύουσι λύρας καὶ ἀσπίδας πηγνύουσι Schol.) Ar. Av. 491, Lyren drechselnd und Schilder verfertigend; πηγ-ετό-ς = παγετός (Dion. Per. 667); (πηγ-τι) πῆξι-ς f. das Zusammenfügen u. s. w.; πηγ-ά-ς f. = πάχνη, παγετός (Hes. O. 507); nach dem Regen festgewordenes Erdreich; πήγ-ανο-ν n. Raute (wegen der fetten, fleischigen Blätter)[4]), Demin. πηγάν-ιο-ν n., πηγαν-ί-τη-ς mit Raute bereitet, πηγάν-ινο-ς id., πηγανό-ει-ς von Raute, πηγαν-ηρά f. Rautenpflaster (Med.), πηγαν-ώδης rauten-förmig, -artig, πηγαν-ίζω der R. ähneln (Diosc.); πῆγ-μα(τ) n. das Zusammengefügte u. s. w.; πηγ-υλ-ί-ς (ίδ-ος) reifig, eiskalt (Od. 14. 476); Subst. f. Reif, Frost.

puk [5]).

ΠΥΚ: (*πυκ-ό-ς, lakon. *πουκ-ό-ς, Superl. πουκό-τατο-ς Simm. ov. 20; davon Acc. Pl. n. als Adv.) πύκ-ᾰ dicht, fest, übertr. sorgfältig, verständig; πυκά-ζω dicht oder fest machen, dicht bedecken, verhüllen, verbergen, umhüllen, umfangen (Hom. Aor. πύκα-σε, Perf. Part. πε-πυκα-σ-μένο-ς); πυκα-σ-μό-ς m. das Dichtmachen (Sp.) (δασύτης Lex.), πύκα-σ-μα(τ) n. das Dichtgemachte (Sp.); ΠΥΚ-ΙΝΟ-C ep., ΠΥΚ-ΝΟ-C dicht, dick, fest, zusammengedrängt, übertr. tüchtig, stark, gross; bedachtsam, klug, verständig (Adv. πυκινόν nur Od. 11. 88, πυκνόν, πυκινά, πυκνά, πυκινῶς, πυκνῶς), πυκνά-κις oftmals (Arist. probl. 3. 9); πυκνό-τη-ς (τητ-ος) f. Dichte, Dichtigkeit, Häufigkeit; übertr. Bedachtsamkeit; πυκνό-ω dicht oder fest machen, verstopfen, πυκνω-τ-ικό-ς dicht u. s. w. machend, πύκνω-σι-ς f. das Dicht- oder Festmachen, πύκνω-μα(τ) n. das Dicht- oder Festmachende, Dichtumgebende, Kleidung. — (πυκ-σ): πύξ-ο-ς f. Buchsbaum (-holz), die bleichgelbe Farbe des B.holzes [6]), πύξ-ινο-ς von B.holz (Il. 24. 269 ζυγόν), buchsbaumfarben, πυξίν-εο-ς id., πυξί-ζω gelb sein wie B.holz; πυξ-ί-c (ίδ-ος) f. Büchse aus B.holz, Büchse (πυξίδα· δίπτυχα Hes.), Demin. πυξίο-ν n. bes. Schreibtafel von B.holz, Demin. πυξίδ-ιο-ν (πινακίδιον Lex.); πυξ-εών, -ών (ῶν-ος) m. Buchsbaumhain, πυξο-ειδής, πυξώδης buchsbaum-ähnlich, -artig; Πυξ-οῦ-ς (-οῦντ-ος) m. Fluss und Stadt bei dem heutigen Policastro in Lucanien (Strabo VI. 253).

. ΠΥΓ: (πυγ-σι Dativ, πυγ-ς verkürzt) πύξ mit der Faust, fäustlings [7]); πύκ-τη-c m. Faustkämpfer, πυκτ-ικό-ς zum F. geh.; πυκτεύ-ω mit der Faust kämpfen, πυκτευ-τή-ς m. = πύκτης (Gloss.), πύκτευ-σι-ς f. Faustkampf (Gloss.), πυκτε-ῖο-ν n. Kampfplatz für Faustkämpfer; πυκτο-σύνη f. die Kunst des πύκτης; (*πυκτ-αλο) πυκταλ-ίζω = πυκτεύω (Anakr. E. M.); πυγ-μή f. Faust, Faustkampf, Längenmaass (18 δακτύλους enthaltend), (πουγ-ματ) ποῦμ-μα· ἡ τῆς χειρὸς πυγμή Hes.; πυγμα-ῖο-ς Fäustling, in: Πυγμαῖοι die Pygmäen (Il. 3. 6)[8]). — πυγ-ών (-όν-ος) f. Ellen-maass, -bogen [9]), (*πυγοντ-ιο-ς) πυγούσ-ιο-ς von der Länge eines π. (Od. 10, 517. 11, 25), später πυγων-ιαῖο-ς (Theophr.). — πῡγ-ή f. Steiss, der Hintere (= fester, fleischiger Theil), übertr. der feisteste Theil (ἀγροῦ, Paroem. App. 1. 3), πυγη-δόν mit zugekehrtem Steiss; Demin. πυγ-ίδιο-ν n.; πυγα-ῖο-ς zum Steiss geh., am Steiss; = πυγή (Sp.); πυγ-ίζω auf den Steiss schlagen, auch paedicari, πυγι-σ-τή-ς m. paedicator, πύγι-σ-μα(τ) n. das Schlagen auf den St., paedicatio; πύγ-αγρο-ς Weisssteiss, eine Adlerart (Ggs. μελανάετος); eine Gazellenart (πύγαργοι καὶ ζορκάδες καὶ βουβάλιες καὶ ὄνοι Her. 4. 192; Plin. 8. 28); καλλί-πυγ-ο-ς mit schönem Hintern [10]), von der Aphrodite (vgl. Ath. 12. 551. c); ὀῤῥο-πύγ-ιο-ν n. die hervorstehenden Schwanzfedern, der Schwanz der Vögel (οὐρὰν μὲν οὐκ ἔχουσι, ὀῤῥοπύγιον δέ Arist. h. a. 2. 12).

(πυκ, πjυκ, πδjυκ, πδυκ) ΠΤΥΚ, ΠΤΥΧ (κ zu χ)[11].

(πτυχ-jω) πτύccω falten, schlichten, fügen, zusammenlegen, übertr. umschlingen (Hom. nur Impf. ἐ-πτύσσοντο und Aor. act. πτύ-ξασα, Aor. ἐ-πτύγ-ην Hippokr.); πτυκ-τό-ς gefaltet, zusammengelegt (ἐν πίνακι πτυκτῷ Il. 6. 169[12])), Demin. πτυκτ-ίο-ν n. zusammen-gefaltetes Buch (Lex.); (πτυκ-τι) ΠΤΥΞι-c f. das Falten (δίπλωσις, κάμψις Hes.); πτυκτί-ζω (πτύσσω, συγκλείω Suid.); πτύγ-μα(τ) n. (iefaltetes, Zusammengelegtes, Faltung (πέπλοιο πτύγμα Il. 5. 315), Demin. πτυγμάτ-ιο-ν n.; [Nom. ΠΤΥΞ], Gen. πτῦχ-ός u. s. w.; nach-hom. πτυχή f. (κλυταῖσι πτυχαῖς ὕμνων Pind. O. 1. 105 von den wie bei kunstreichen Gefässen in einander greifenden Fugen der Ge-sänge) das mehrfach über einander Gelegte: Falte, Schicht, Lage; Schlucht, Thal, Windung, Krümmung (vom Schiffe: ὅπου τὸ τῆς νεὼς ἐπιγράφεται ὄνομα Schol. Ap. Rh. 1. 1089); πτύχ-ιο-ς == πτυκτός (E. M.); πτυχ-ί-ς (ἰδ-ος) == πτύξ (Poll. 1. 86); πτυχ-ίο-ν n. kleine Schreibtafel; πτυχ-ώδης mit vielen Falten, Schichten, Lagen; δί-πτυχ-ο-ς doppelt gefaltet, zusammengelegt (metapl. Accus. δίπτυχ-α von *δίπτυξ bei Homer 4mal in δίπτυχα ποιεῖν, sc. κνίσην, die Fetthaut oder das Schmeer doppelt nehmen).

pak.

păc: *păc-ĕre* (si *membrum rupit, ni cum eo pacit, talio esto*, XII tab. ap. Gell. 20. 1. 15); **păc-i-sc-i** (*pac-tu-s sum*) zusammen-fügen (zwistige Parteien) == ein Abkommen, eine Ausgleichung treffen, einen Vertrag oder Vergleich abschliessen, sich vergleichen, übereinkommen; Part. *pac-tu-s* verabredet, ausbedungen, festgesetzt, *pac-ta* verlobt, die Verlobte, *pac-tu-m* Verabredung, Uebereinkommen, Vertrag (Abl. *pacto* auf eine Art und Weise, *quo pacto* unter welcher Bedingung), *pact-ic-iu-s* verabredet (Gell. 1. 25. 8), *pac-tor* (*tōr-is*) m. Unterhändler, *pac-ti-ō(n)* f. == *pactum*, Demin. *pactiun-cŭla* f. (Not. Tir.); *Pắc-ōn-iu-s* m. röm. Familienname. — **păc**: **pax** (*pāc-is*) f. (== Zusammenfügen der Streitenden) Vergleich, Friede, übertr. Erlaubniss, Gnade, Gunst, Aussöhnung, Stille, Ruhe, person. *Pax* die Friedensgöttin; *Pax Julia* (jetzt *Beja* in Lusita-nien, die Einwohner *Pacenses*); *pāc-iō(n)* f. Vertrag (*pacionem anti-qui dicebant, quam nunc pactionem dicimus* Fest. p. 250), *pāc-āli-s* zum Frieden gehörig; (**pāc-u-s*) **pācā-re** zum Frieden, zur Ruhe bringen, beruhigen, zähmen, Part. *pacā-tu-s* beruhigt, still, fried-lich, Demin. *Pacatŭ-la* (weibl. Name, Hieron.), *pacā-tor* (*tōr-is*) m. Beruhiger, Friedensstifter, *pacatōr-iu-s* friedenstiftend, friedfertig (Tert.), *pacā-ti-ō(n)* f. Friede, Friedensschluss (Frontin); *Pắc-ŭviu-s* m. berühmter röm. Dichter zur Zeit des Scipio Africanus (*Ser. Pac. Taurus* ein Volkstribun).

păg: **pa-n-g-ĕre** (*panxi, panc-tu-s; pĕ-pĭg-i* in übertr. Bedeu-tung, **pe-ig-i pēg-i, pac-tu-s*) festmachen, einschlagen, einsenken, einsäen, pflanzen; übertr. festsetzen, verabreden, abschliessen; be-

schränkt auf die Perfectformen *pepigi* u. s. w., sonst *pacisci;* altl.
pǎg-o, -unt (XII tab.; vgl. Cic. ad Herenn. II. 13. 20), *pacti-li-s*
zusammen-gefügt, -geflochten (Plin. 21. 3); *pag-men-tu-m* n. das
Zusammengefügte (Vitr. 4. 6); (*pag-la*) **pä-la** (*a pangendo* Varro
l. l. 5. 31. 134) f. Spaten[13]); (*pag-s-lu-s*, *pac-s-lu-s*, *pa-s-lu-s*)
pä-lu-s (*pā-lu-m* n. Varro ap. Non. p. 219. 18) m. Pfahl, Pflock[14].
pal-ūri-s zu dem Pf. geh., *palā-re* mit Pf. befestigen, anpfählen,
palā-ti-ō(n) f. das Einschlagen der Pfähle; (*paxŭ-lu-s*, *paxulŭ-
lu-s*) *paxil-lu-s* m. = *palus;* Lehnwort: *pessŭlu-s* (= πάσσαλο-ς
pag. 456) m. Riegel, *pessŭlu-m* n. das Mutterzäpfchen. — **päg:**
päge-s (*compactio, unde compages et propagare* Non. p. 64. 28);
com-pāge-s (i-s), Nbf. *com-pāg-o (in-is)* f. Fuge, Gefüge, zusammen-
gefügter Bau; *im-pāge-s* f. Leiste (Vitr. 4. 6); *pro-pāge-s* f. Ab-
leger, Setzling, Abkömmling, Nachkomme, *pro-pāg-o (in-is)* f. (m.
Fab. Pict. ap. Gell. 10. 15. 13) id., *pro-pag-men (min-is)* n. Fortpflanzung (Enn. ap. Non. p. 64. 32); (*pro-pāg-u-s*) *propagā-re* fortpflanzen; übertr. erweitern, ausdehnen, ausbreiten, vergrössern, *pro-
pagū-tor (tor-is)* m. Fortpflanzer, Erweiterer, *propagā-ti-ō(n)* f. Fortpflanzung, Erweiterung; *re-pāg-ŭ-la* n. Pl. (*quae poëtae interdum
repages appellant* Fest. p. 281. 12) Vorgeschobenes, Riegel, Schranken;
päg-u-s (alt *pagici* oder *pagei* Qr. inscr. 3793) m. festbegränzte,
umfriedigte Stätte, Gau, Gemeinde, übertr. Land, Landvolk, *pag-
ā-ti-m* gauweise, nach einzelnen Dörfern, *pag-ānu-s* zum Gau u. s. w.
geh., ländlich, Subst. m. Bauer, Landmann; im Ggs. zum Soldaten:
bürgerlich; übertr. bäuerisch, ungebildet; heidnisch (Eccl.), *pagani-
cu-s* = *paganus* (*paganicae feriae eiusdem agriculturae causa, ut
haberent in agris omnes pagi, unde paganicae dictae sunt*, Varro
l. l. 6. 3. 26), *pagan-āli-a* n. Pl. Gaufest, ein ländl. Fest im Januar (vgl. Ov. Fast. 1. 669 ff.), *pagani-ta-s* f. Heidenthum (Cod.
Theod.); **päg-ïna** f. (*paginae dictae, quod in illis versus panguntur*
Fest. p. 221) das aus der Papyrusstaude oder anderem Material
„zusammengefügte, gefertigte“ Blatt, Blattseite, Schrift[15]); übertr.
Platte, Reihe (von Weinstöcken, *quinto quoque palo singulae iugo
paginae includantur* Plin. 17. 22), Demin. *paginŭ-la, pagel-la* f.,
pagin-üli-s blätterich, mit Papier, *com-paginäre* zusammenleimen,
paginā-tu-s zusammengefügt (Paulin. Nol.).

pec: **pěc-u** n. Vieh (Dat. *pecu-i*, Pl. *pecu-a, pecŭda* vom
Nom. Sing. *pecu-du-m*), *pecŭ-s (pecŭ-d-is)* f. (m. Enn. ap. Prisc.
p. 659) Vieh (als einzelnes Stück, das Thier), Stück Kleinvieh,
pěc-us (-ŏr-is) n. Vieh (als Gattung), Kleinvieh (dafür *pecu-s, ŭs*
m. Lucil. ap. Gell. 20. 8. 4); Demin. *pecus-cŭlu-m* n. Thierchen
(Juvenc.); *pecu-īnu-s* vom Vieh, zum Vieh geh.; *pecu-āli-s* id., *pecu-
āriu-s* id., Subst. m. Viehzüchter, f. Viehzucht, n. Pl. Viehheerden,
pecu-ā-tu-s thierisch (Fulg. Mor. 35); *pecud-āli-s* = *pecualis; pecor-
āli-s* = *pecualis, pecor-āriu-s* m. Pächter der öffentl. Weiden, *pecor-*

ōsu-s reich an Vieh. — **pĕcū-n-ia** f. urspr. Viehstand, Jahresertrag des Viehstandes, später: Geld[16]) (aller urspr. Reichthum bestand in den Viehheerden, vgl. *in pecore pecunia tum consistebat pastoribus* Varro 1. 1. 5. 19. 95), Geldsumme, personif.: die Göttin des Gewinnes; *pecuni-āli-s*, *-āri-s*, *-āriu-s* zum G. geh., *pecuni-ōsu-s* mit G. versehen, bemittelt, act. Geld einbringend (*artes* Mart. 5. 57. 8); (**pecū-lu-m* Sondergut) **pĕcūlā-ri** sich zum Sondergut machen, veruntreuen, Unterschleif machen, *peculā-tu-s* (*tūs*) m. Veruntreuung, Unterschleif, *peculā-tor* m. Veruntreuer, Staatsdieb; *pecū-l-iu-m* n. Vermögen (urspr. in Viehbesitz bestehend), Eigenthum, Sondergut, Demin. *peculiŏ-lu-m* n., *peculi-āri-s* (nachclass. *-āriu-s*) zum Eigenthum, Sondergut geh., eigenthümlich, eigen in seiner Art, *peculi-ōsu-s* begütert (Plaut. Rud. 1. 2. 24), *peculiā-re* mit Eigenthum versehen, beschenken, Part. *peculiā-tu-s* beschenkt, begütert. — **pec-tus** (*-tŏr-is;* Suff. urspr. *-tas*, = Skr. *pak-shas* aus *pak-tas*) n. urspr. Seite, Brustseite = Brust, übertr. Herz, Gefühl, Sinn[17]), Demin. *pectus-cŭlu-m* n. (Hieron.), *pector-āli-s* zur Brust geh., Subst. *-āle* n. (meist Pl.) Brustharnisch, Panzer, *pector-ōsu-s* stark-, breit-, hoch-brüstig; *ex-pector-āre* aus der Brust, aus dem Herzen verscheuchen (Enn. ap. Cic. Tusc. 4. 8. 19).

pig: (**pig-la*) **pī-la** f. festigender Gegenstand = Pfeiler, Steindamm[18]), *pilā-re* festmachen, Part. *pilā-tu-s* fest, festgedrängt, dicht, *pilatum agmen* die festgeschlossene Heersäule, Colonne (*columna*), *pilā-ti-m* pfeilerweise (Vitr. 6. 8. 4); *pilatim iter facere* (Ggs. *passim*) in festgeschlossenen Colonnen marschiren; *com-pilare* (*est cogere et in unum condere* Fest. p. 40; wohl zu unterscheiden von *compilare* plündern, W. *skar*); **pign-u-s** (*-ŏr-is*, *-ĕr-is*, Plur. *pign-os-a* Fest. p. 213) n. das (festgesetzte, bedungene) Pfand, Unterpfand; (**pignĕr-u-s*) *pignerā-re* zum Pfand geben, nehmen, *pignerā-ri* zum Pf. nehmen, sich aneignen, *pignerā-tor* (*tŏr-is*) m. Pfandnehmer, *pignerā-ti-ō(n)* f. das Verpfänden, *pigner-*, *pignor-ātic-iu-s* zum Pf. geh. — (*pag*, *pa-n-gu*; vgl. *ag*, *a-n-gu: u-n-gu-ere* pag. 20; **pe-n-gu-i-s*) **pi-n-gu-i-s** (vgl. *quinque* pag. 464) = παχ-ύ-ς fett u. s. w.[19]), Demin. *pingui-cŭlu-s*, *pinguius-cŭlu-s* etwas fett, *pinguī-ti-a*, *-ti-e-s*, *pingui-tū-d-o* (*ĭn-is*), (**pinguē-re*) *pinguē-d-o* (*ĭn-is*) f. Fettigkeit; (**pinguā re*) *pinguā-men* (*-mĭn-is*) n. Fett; *pingue-sc-ĕre* fett werden; *pingui-āriu-s* m. Fettliebhaber (Mart. 11. 100. 6). — **pig-er** (*-ra*, *-ru-m*) eig. festgemacht, gehemmt = schwerfällig, träg, verdrossen, faul, langsam[20]), *pigri-ti-a*, *-ti-e-s*, *pigrita-s* (Gloss.) f., *pigr-or* (*ōr-is*) m. (Lucil. ap. Non. 219. 11) Trägheit u. s. w.; *pigrā-re*, *-ri* (*pigri-tā-ri* Vulg.) träge sein; *pigrē-re* (Enn. ap. Non. p. 219. 12) = *pigrā-re*, *pigrē-d-o* (*ĭn-is*) f. = *pigritia* (Vulg.); *pigre-sc-ĕre* träge werden.

puk, pug[5]).

pug-nu-s m. Faust[21]), *pugn-eu-s* zur Faust geh., *pugnĭ-tus* mit Fäusten (Caecil. ap. Non. p. 514. 9); *op-pugnare* mit Fäusten schlagen (Plaut. Cas. 2. 6. 56); **pug-na** f. (eig. Faustkampf) Kampf, Treffen, Gefecht, Schlacht, übertr. Schlacht-reihe, -linie, Demin. *pugni-cula* f.; *pugn-ax* (*āci-s*) kampflustig, streitbar, kriegerisch, hartnäckig, widersetzlich, *pugnāci-ta-s* (*tāti-s*) f. Streitlust; *pugnā-re* (eig. mit der Faust kämpfen) kämpfen, fechten, streiten, ein Treffen u. s. w. liefern, übertr. widerstreiten, sich anstrengen, bemühen, *pugnā-tor* m., *-trix* f. Kämpfer, Fechter, Streiter (-in), *pugnātōr-iu-s* zum K. u. s. w. geh., *pugnā-bīli-s* kämpfbar (Pompej. gramm. p. 193), *pugnā-culu-m* n. befestigter Ort, Bastei, Fort (Plaut. mil. 2. 3. 63), *pro-pugnā-culu-m* n. Schutzwehr, Schutz, Vormauer; (**pūg-i-lu-s*) **pūg-i-l** (*pūgil* Prud. in Symm. 2. 516) Faustkämpfer, *pugil-īce* nach Faustkämpferart, kräftig (Plaut. Epid. 1. 1. 18); *pugila-ri* mit der F. kämpfen, Faustkämpfer sein, *pugilā-tor* m. = *pugil* (Arnob. 1. p. 25), *pugilā-tu-s* (*tūs*) m., *-ti-ö(n)* f. Faustkampf; (**pugilū-lu-s*) *pugillu-s* m. was man mit einer Faust, Hand fassen kann, Handvoll (*pugillu-m* n. δϱάξ χειϱός Gloss.), *pugill-ari-s* zur Faust geh., *cerae*, *tabulae* Schreibtafeln (meist abs. *pugill-ares* m., seltener *pugillar* n.), *pugill-āriu-s* m. Schreibtafelverfertiger (Or. inscr. 4270), *pugillā-tor* (*tōr-is*) m. Briefbote (Sidon. ep. 9. 14), *pugillator-iu-s* zur Faust geh. (*follis* Schlagball, Plaut. Rud. 3. 4. 16); **pūg-i-o**(*n*) m. Faustdolch, Dolch[22]), Demin. *pugiun-cūlu-s* m. — (**pug-mo*, **pū-mo*, vgl. **ug-mor*, *ū-mor*, *sug*, *sū-men*) **pū-mi-lu-s** faustgross, Subst. Fäustling, Zwerg (vgl. πυγμαῖος pag. 458), *pumil-ö(n)* Stat. Silv. 1. 6. 57, *pūmil-i-ö(n)* comm. Zwerg, -in (appos. *pumiliones aves* Plin.)[23]).

Lehnwort: *buxu-s* f. Buchsbaum = πύξο-ς (pag. 458), *buxu-m* n. Buchsbaum, meist Buchsbaumholz[24]), poet. von den daraus gefertigten Gegenständen (Flöte, Kreisel, Kamm, Schreibtafel), *buxeu-s* von B., *bux-ōsu-s* buchsbaumartig, *buxans* dem B. ähnlich (*pallor* App. Met. 8. p. 211. 5), *buxētum* n. B.-gebüsch, -pflanzung, *Buxentu-m* n. = Πυξοῦς; *pyxi-s* (*puxis* Scrib. comp. 228), Gen. *pyxid-is* f. = πυξίς (pag. 458), Demin. *pyxidi-cūla* f. (Cels. 6. 6. 5), *pyxid-ā-tu-s* büchsenförmig (Plin. 31. 6).

B. Gl. 236. — Corssen I. 393. 529. 642; B. 65 f. 109. 190. — C. E. 268. 510. 523. — F. W. 113. 371. 461 f.; F. Spr. 133. 192. — Verner KZ. XXIII. 98. — 1) Vgl. S. W. s. v. — 2) C. V. I. 161. 16). 312. 15). — 3) PW. IV. 358: *paḡrá* wohlbeleibt, stattlich, feist, derb (vgl. πηγός). — 4) Pape W. s. v.: „wahrscheinlich von πήγνυμι“. — 5) C. E. 287. 490. 513. 518. — Sonne KZ. X. 130: „das *v* ist nicht, wie Benfey glaubt, äolisch, sondern beruht auf einer dem Griech. eignen Neigung, *α* vor Guttur., besonders *κ*, in *v* übergehen zu lassen (πυκνό, νύκτ, λύκο, κύκλο, φϱυγ φϱύκτό, ὄνυχ, ὄϱτυγ u. a.)“. — Walter KZ. XII. 411. — F. W. 466: *pug* stechen, stossen. — 6) Hehn p. 199 ff. 514: „wucherte in unermesslicher Fülle auf den Gebirgen des pontischen Kleinasiens; also sind wohl Blöcke des Baums den Griechen zugekommen, ehe der Baum selbst ihnen zu Gesicht gekommen war. Der Name ist wohl von den

Produkten der feineren Holztechnik und Schreinerei auf den Baum über-
gegangen". — 7) Vgl. Kiessling KZ. XVII. 215. — L. Meyer KZ. V.
386: „wahrsch. adverbiale Erstarrung des Suff. κα: πύγ-κας?" — Aehnlich Sch. W. s. v. — 8) Ameis-Hentze ad l.: „diese dachte sich Homer
im Süden der Erdscheibe; diese Pygmäen oder 'Fäustlinge' (den deutschen 'Däumklingen' und den 'Liliputiern' vergleichbar) werden nach
der Volkssage jährlich von den Kranichen getödtet". — 9) B. Gl. 274a:
bhug flectere, fortasse e φυγών. — 10) PW. I. 690: áröha m. die
schwellenden Hüften oder nates eines Frauenzimmers, rarāröhā καλλί-
πυγος. — 11) C. E. 489 f. 498. 518; C. V. I. 312. 20). — 12) Ameis-
Hentze ad l.: „in einer gefalteten Schreibtafel"; dies waren zwei mit
Wachs überzogene Holzbrettchen, die zusammengefaltet oder geschlossen
wurden, damit der Inhalt dem Ueberbringer unbekannt bliebe. — Hehn
p. 515: Doppeltafel, auf deren innerer Fläche Zeichen eingegraben waren.
— 13) Pott E. F. 285: pand-la, pä-la. — 14) Corssen I. 642: pug-
ta-la, pag-su-lo, paxu-lo, pax-lo, pä-lu-s. — 15) Curtius de nom. gr.
form. 54: recte ad pag, pango trahitur, quia, ut Forcellinius ait, charta
fit ex philuris seu tunicis papyri „compactis" et compressis. — 16) Vgl.
noch Lottner KZ. VII. 167: gemeinschaftliche Bezeichnung der Habe und
des Geldes durch das „Vieh", schlechtweg lat. pecunia, goth. faihu,
altnord. fé. — Vgl. Verner KZ. XXIII. 118. — 17) Breal KZ. XX. 80. -
Curtius de nom. gr. form. 20. 89). — Hupfeld KZ. VIII. 375: oder Skr.
rakšas als das Festgefügte? — Pauli KZ. XVIII 23. 40). — B. Gl. 338a:
rákša-s pectus, jad. vakš crescere; fortasse pectus cum p pro v et t pro
s sicut in gr. ἄρκτος = skr. ṛkšas. — Schweizer-Sidler KZ. III. 377 f.
XIV. 151 macht auf Ritschl's Zusammenstellung von pectus mit pecten
aufmerksam, „welcher Vorschlag immer bedeutsamer wird"; die Brust
von den Brustkammern, d. h. von den Rippen benannt. -- 18) Vgl. Klotz
W. s. v.: synkop. aus pigula von pango, pe-pig-isse, s. Döderl. 6. 269.
— 19) Vgl. noch Schweizer-Sidler KZ. XIII. 306. — Bickell KZ. XIV.
428: Skr. piñg überstreichen, überschmieren, aus api-añg = über-
schmiert, mit Fett überzogen; vgl. virga pinguis Leimruthe. — Grassmann KZ. XII. 121: „gehört wahrscheinlich mit dem zu Skr. sphai (anschwellen) gehörigen sphigi (Hüfte), und unmittelbarer noch mit dem
altn. spik, ags. spic (Speck) zusammen; und setzt eine Adjectivbildung
auf -u aus jener erweiterten W. *sphig voraus". — 20) F. W. 462. —
21) Wie Fick l. c. von pungere auch Fest. p. 219: „pugnus a punctione,
id est percussu dicitur". — B. Gl. 275a: bhug flectere, curvare; fortasse
pug-nus pro fug-nus = part. perf. pass. bhug-ná. — 22) Festus p. 235:
wie pugnus, von pungo: „pugio dictus, quod eo punctim pugnatur". —
23) Bugge St. IV. 351 f. — 24) Vgl. Anm. 6. — Hehn l. c.: „buxu-s
oder in der ältern volksmässigen Form buxum". Vgl. noch Corssen I. 127.

3) PAK raufen, kämmen, scheeren. Vgl. lit. peszù,
pészti raufen; ahd. fah-s m. Haar.

πεκ. — πέκ-ω (nur Gramm.), ep. πείκ-ω (Vorklingen des ι vor
κ; πέκ-τ-ω Poll. 7. 165. Hes.), rupfen, zupfen (carpere lanam), kämmen, scheeren (Hom. nur εἴρια πείκετε Od. 18. 316 und χαίτας πέξα-
μένη Il. 14. 176; Aor. ἐ-πέχ-θη Arist. Nub. 1356 und spät. Dichter),
πεκτέ-ω (nur Aristoph.: πεκτεῖν Av. 714 und πεκτούμενος Lys. 685)[1]);
πεκ-τό-ς gekämmt, geschoren (Sp.), πεκ-τήρ (τῆρ-ος) m. lanam carpens
(Suid.); πέκ-ος n. Vliess, Wolle (insofern sie verarbeitet werden

kann, *Ϝεῖρος* von *var*, sofern sie bedeckt); *πειχ-ός* n. gekämmte Wolle (Hes.); *πέχτ-ειο-ν* n. eine Pflanze (Schol. Nic. Ther. 627); *πέσχ-ος* n. (*δὲ τὸν φλοιὸν τῆς βοτάνης* Schol. Nic. Ther. 549) also: Bast. — πΟΚ: πόκ-ο-c m. = *πέχος* (Il. 12. 451), Flocke (Soph. Trach. 675), Ὄνου Πόχαι (Eselsschur) fingirter Ortsname (Arist. Ran. 186)[2]), *ποχύ-ω* mit Wolle bedecken (*λεπτῇ ἄχνῃ πεποχωμένον μῆλον* Philp. 20); Demin. *ποχ-άριο-ν* u. (Hippiatr.); *ποχ-άδ-ες* f. Wolle, Haar (nur Arist. Thesm. 567: *ἀλλ᾽ ἐχποχιῶ σου τὰς ποχάδας*, wozu Hes.: *τρίχες, ἀπὸ τοῦ πέχεσθαι*), *ποχο-ειδής* geschorener Wolle ähnlich (Longin. 12. 5); *ποχά-ζω* (Suid.), *ποχί-ζω* = *πέχω* (*τρίχας ἐποχίξατο* Theokr. 6. 26, wozu Schol. *ἔχειρεν*).

pec. — pec-t-ĕre (vgl. *flec-to, nec-to, plec-to*) = *πέχω, πέχ-τ-ω* (Perf. *pexi, pexui* Alcim. ep. 77), Part. *pexu-s* wollreich, wollig; *pec-ti-ō(n)* f. das Kämmen (Cael. Aur. 1. 4); *pec-t-en* (*in-is; t* auch in die Nominalbildung eingedrungen) n. Kamm, Raufe, Krämpel, Rechen, Harken[3]), Demin. *pectun-cŭlu-s* m.; *pectin-āriu-s* m. Kammmacher (Inscr.), *pectin-ā-re* = *pectere*, eggen (Plin.), *pectinā-tu-s* kammförmig getheilt, *pectinā-ti-m* kammförmig, *pectinā-tor* m. Krämpler (Gloss. Philox.); *pecti-s* (*id-is*) f. eine Pflanze (*symphyton* App. herb. 59); *pexi-tā-s* (*tati-s*) f. Kämmung, das Glattgekämmte (Plin. 11. 24), *pexā-tu-s* mit wolligem Kleide angethan.

C. E. 163. — F. W. 371. 466; F. Spr. 133. 192. 336. — Hehn 461. 512. — Schaper KZ. XXII. 519. — 1) C. V. I. 231. 239. 1). 310. 3). 387. — 2) Kock ad l.: vgl. den sprüchwörtl. Ausdruck *ὄνου πόχοι*, mit welchem man, da der Esel keine Wolle hat, also nicht geschoren werden kann, etwas Unmögliches, Utopisches bezeichnete. — Vgl. Zenob. 5. 38: *ὄνου πόχους ζητεῖς, ἐπὶ τῶν ἀνυπόστατα ζητούντων.* — 3) Benfey KZ. II. 228: Skr. *kshan* = *χτεν* (*χτεν-ς, χτέ-ς*) und *ξαν* schaben: *pe-cten.* — Denselben Zusammenhang vermuthet Schweizer-Sidler KZ. III. 378.

panka(n) fünf. — Skr. *panǩan* fünf (PW. IV. 363).

πέντε, äol. *πέμπε*, fünf (vgl. altgall. *πεμπέ-δουλα* Fünfblatt); *πεντά-χις* fünfmal; *πέντά-χα* (Hom. nur Il. 12. 87), *πεντα-χῇ*, *-χοῦ* fünffach (vgl. *τέτραχα* u. s. w. pag. 104), *πεντα-χῶς* auf fünffache Art, *πεντάξος* id. (Arist. metaph. 12. 2); *πεντά-ς*, äol. *πεμπά-ς* (*άδ-ος*) f. die Fünf, Fünfzahl; *πέμπ-το-c* der Fünfte, *πεμπτ-αῖο-ς* fünftägig, am 5. Tage (Hom. nur Od. 14. 257); *πεμπτά-ς* = *πεμπάς*; *πεμπάζω* an den 5 Fingern, zu je Fünfen zählen; überhaupt: zählen, rechnen (Hom. nur Conj. Aor. *πεμπάσσεται* Od. 4. 412) (vgl. τὸ *ἀριθμήσασθαι πεμπάσασθαι λέγουσιν* Plut. de Is. et Osir. 56), *πεμπα-σ-τή-ς* m. der (fünf) Zählende (Aesch. Pers. 942). — Composita: *πεντα-, πεντε- (πεντά-γωνος, πεντα-ετής; πεντε-χαίδεχα); πεμπ-ώβολον* n. Fünfzack (Il. 1. 463. Od. 3. 460)[1]).

quinque (st. *penque, quenque* vgl. *coqu-ĕre* pg. 455) 5, *quinqu-*

iens, *-ies* 5mal; *quin[c]-tu-s* der Fünfte (*quinto* zum 5. male, der Reihe nach, *quintum* id., der Zeit nach), *Quin-tu-s*, *-ta*, *Quinct-iu-s*, *Quinctīl-iu-s*, *Quintili-ānu-s* (*M. Fabius*), *Quinct-iō(n)* (inscr.), *Quinct-īli-s* (*mensis*) der 5. Monat, später *Julius* genannt; *quint-ānu-s* zum Fünften geh. (zur 5. Reihe, Legion; *nonae quintanae dicuntur*, *quae quinto mensis die veniunt* Varro l. l. 6. 4. 27), Plur. *quintani* Soldaten der 5. Legion, *quint-āriu-s* zu fünf geh., fünf enthaltend; (**quinc-ni*) *quī-ni* je fünf, *quin-ārius* fünf enthaltend; (**quinquā-tero*) *Quinquā-tru-s* (von den Römern als Nom. Pl. gefasst, darum nach der *u*-Decl.: *-tru-s*, *-tru-um* f.; dann Suff. *-tro*, *-tru* zu *-tri:*) *Quinqua-tri-a* (*-um*, *-ōrum*); (dazu Pl. m. oder f.) *Quinquatre-s* (erg. *dies*)[2]). — Compos. quinque-, quincu-, quinc-, quin- (*quinque-folius*, *quincu-plex*, *quinc-unx* s. pag. 12; *quin-dĕcim*). — Samnitisch: *Pont-iu-s* = *Quinct-iu-s*, *Pomp-ēju-s* (vgl. *Petr-ējus* pag. 105)[3]).

B. Gl. 224b; KZ. III. 6: „der schliessende Vocal von πέντε hat sich am Anfange vieler Composita und in den Adv. πέντα-χα u. s. w., wo er durch das folgende Wort oder Suffix gedeckt ist, in seiner Urgestalt behauptet" (hier erklärten jedoch die Alten πεντε- für besser attisch als πεντα-, vgl. Lob. Phryn. 413). — Brambach Hülfsb. p. 55 f.: *Quinct-us*, *-ia*, *-ius* zur Zeit der röm. Republik, *Quint-us*, *-ia*, *-ius* in der Kaiserzeit neben *Quinct-*, *Quint-ilis*, *-iliu-s*, *Quintilianus*, nicht *Quinct*. — Corssen II. 235; B. 294: Grundform *kam-kam* = *quin-quem*, vgl. *de-cem* zweimal fünf. — Curtius St. VII. 269 f.; KZ. III. 402: „Grundform *kan-kan*" (mit Schleicher kirchensl. Formenl. p. 186); C. E. 458? *pankan* (Fünfzahl) von der geschlossenen Hand (πύξ, vgl. pag. 458). — F. W. 114. 467; F. Spr. 100 f. 193: „Grundform *panka*, *pankan*". — Kuhn KZ. XV. 403. — Verner KZ. XXIII. 117. — Windisch K. B. VIII. 22 f.: „Grundform *panka*". — 1) Ameis-Hentze: Feuergabel mit fünf Zinken, theils zum Feueranschüren, theils (nach Il. 2. 426 zu schliessen) zum Anspiessen und Rösten der Eingeweide. — 2) Corssen III. 254 f.: der 5. Tag nach den Iden des März, das Fest der faliskischen Minerva; als der Dienst der Göttin nach Rom kam, setzten die Römer ihr ein fünftägiges Fest ein, weil sie glaubten, *Quinquatrus* bedeute fünf Tage. — 3) Vgl. Andresen KZ. VI. 399; Ebel KZ. XIV. 244.

1) **PAT** sich rasch bewegen: fliegen, fallen. — Skr. **pat** fliegen, sich herablassen, herabfallen, fallen (moral.), treffen, gerathen; causal: fliegen lassen, schleudern, stürzen, zu Fall bringen u. s. w. (PW. IV. 393).

πατ, πτα. — πτα: πέτ-ο-μαι (s. πετ), dazu: Fut. πτή-σομαι, Aor. ἐ-πτά-μην, Inf. πτά-σθαι, Conj. πτῆ-ται Il. 15. 170, Aor. ἔ-πτη-ν von Hesiod an, dor. ἔ-πτᾱ-ν, Inf. πτῆ-ναι, Part. πτά-ς, Perf. Part. πε-πτη-ώς, -υῖα, Hom. πε-πτε-ῶτ-α Il. 21. 503, -ῶτ-ας Od. 22. 384[1]); nachattisch nach Aristot. ἵ-πτᾰ-μαι (= *πί-πταμαι, *ἵπταμαι, Spir. asper eigenthümlich, vgl. ἕψω = *πέψω pag. 455)[2]); πτη-τ-ικό-ς zum Fliegen geh., geschickt; πτῆ-σι-ς f., πτῆ-μα(τ) n. (Suid.) das Fliegen, der Flug; Nebenf. πέτᾰ-μαι zuerst Pind. und in späterer

Prosa[1]); πτα-ίω (Fut. πταί-σω, Perf. ἔ-πται-σ-μαι) zu Falle bringen, stossen; meist intrans. fallen, straucheln, anstossen, anschlagen[3]); πταῖ-σ-μα(τ) n. Unfall, Niederlage, Anstoss, Verstoss, Dem. πταισμάτ-ιο-ν u., πταί-σι-μο-ς zu fallen geneigt (Sp.).

πετ, πτε. — πετ: πέτ-ο-μαι (s. πατ, πτα) fliegen, schweben, eilen, rennen, gleiten (Aor. ἐ-πτ-όμην, Inf. 'πτ-έσθαι)[1]); πετ-ες: δι-πέτης den Himmel durchfliegend (hymn. Ven. 4), ὑψι-πέτης hoch-fliegend, hochschwebend, ὠκυ-πέτης schnell fliegend, laufend; πετες-νο: πετει-νό-ς att., (πετεσ-ηνο) πετε-ηνό-ς ep., πετηνό-ς contr., fliegend, geflügelt, flügge, πετεει-νό-ς (Nbf., unerklärt)[4]); (πετ-ιλο-ν) πτ-ιλο-ν n. Feder, Flügel[5]), (πτιλό-ω) πτιλω-τό-ς gefiedert, πτίλω-σι-ς f. Be-fiederung, Gefieder; ψιλο-ν dor. = πτίλον (ψίλα γὰρ καλοῦσιν οἱ Δωριεῖς τὰ πτερά Paus. 3. 19. 6);.ψιλ-εύ-ς welcher auf dem „Flügel" des Chors (an der Spitze, oder am äussersten Ende) steht (ἐπ' ἄκρου χοροῦ ἱστάμενος, ὅθεν καὶ ψιλόφιλος παρὰ Ἀλκμᾶνι. ἡ φι-λοῦσα ἐπ' ἄκρου χοροῦ ἵστασθαι Suid.); ἄψιλον· ἄπτερον ἢ πολύ-πτερον (Hes.); ψιλίον· πτερόν, μακρόν (Hes.) (offenbar zu schreiben: πτερὸν μακρόν); ψιλινοὶ στέφανοι wohl: Kränze von Federn (nach Sosibius bei Athen. 15. 678 b von den προστάται der lakon. Chöre getragen); ψίλ-αξ, ψιλ-ᾶς Bein. des Dionysos in Amyclae (wohl der Geflügelte)[6]); (πι-πετ-ω) πί-πτ-ω fallen, stürzen, sinken (Impf. ep. πῖπτ-ε, -ον, Fut. πεσ-έ-ομαι ion., πεσοῦμαι, Aor. ἔ-πετ-ον dor., ἔ-πεσ-ον, ἔ-πεσ-α (N. T.; s. πτω)[7]); -πετ-ο: γνύ-πετο-ς in die Kniee sinkend, schwach (Lex.); πετ-ες: δι-πετής vom Zeus, d. i. aus der Luft gefallen, himmelentströmend (ποταμός, Αἴγυπτος Nil, Hom.)[8]); εὐ-πετής leicht fallend, leicht (εὐχερής Lex.); προ-πετής vorwärts fallend, vorwärts geneigt, hingestreckt, übertr. voreilig, vorschnell. — πτε: πτε-ρό-ν n. Schwungfeder, Flügel, Fittig[9]), Dem. πτερ-ίσκο-ς m. (Babr. 118. 5); (*πτερό-ν lakon. in: ὑπο-πτερίδιο-ς ὄνει-ρος geflügelt Alk., ἐκπετρίδδην Hes.); ἄ-πτερος unbeflügelt, flügellos (Hom. Trag., Hom. nur τῇ δ' ἄπτερος ἔπλετο μῦθος Od. 4mal)[10]); πτερό-τη-ς (τητ-ος) f. Befiederung, πτερ-ίδ-ιο-ς (E. M.), πτέρ-ινο-ς, πτερό-ει-ς befiedert, geflügelt; πτερό-ω befiedern, mit Federn oder Flügeln versehen (von Schiffen: mit Segeln und Rudern versehen), πτερω-τό-ς = πτερίδιος u. s. w., πτέρω-σι-ς f., πτέρω-μα(τ) n. = πτερότης: πτέρ-ι-ς (ιδ-ος) f. Farrenkraut (wegen seiner gefiederten Blätter); πτέρ-υξ (υγ-ος) f. = πτερόν (Dat. Plur. ep. πτερύγ-εσσιν), überh. ein herabhangender Theil; Demin. πτερύγ-ιο-ν n. (ein Theil des Tempels, die Zinne N. T.; ἀκρωτήριον Hes.); (πτερυγ-τι) πτέ-ρυξι-ς f. das Flügelschwingen; πτερύγ-ινο-ς (Lex.) = πτέρινος; (πτερυγ-jο) πτερύσσο-μαι, πτερυγ-ίζω die Flügel schwingen, bewegen; πτερυγ-ό-ω beflügeln, πτερυγω-τό-ς beflügelt, befiedert, πτερύγω-μα(τ) n. = πτέρωμα; πτερυγο-ειδής, πτερυγώδης flügelartig.

πιτ. — πίτ-νω, πιτ-νέ-ω Nebenform bei Trag. und Pind. zu πίπτω (Aor. ἔ-πιτνον Soph. O. C. 1732, Part. πιτνών, Inf. πιτνεῖν;

zu πιτνέω: πιτνῶν Herod. zu Il. 16. 827)[11]); (πιτ-Ϝολο) πῑτ-υλο-ϲ
m. Fall des Ruders und der Tropfen (πιτύλοις· καταφοραῖς ύδά-
των Hes.), das Schlagen mit Flügeln, Armen, Rudern, πιτυλ-εύ-ω,
πιτυλ-ίζω die Hände schnell bewegen, überh. rasch bewegen; ἰϑυ-
πτίων (= πιτϜων) gerade aus fliegend (nur Il. 21. 169: μελίην
ἰϑυπτίωνα, wozu Apoll. Lex.: τὴν εἰς εὐϑὺ πετομένην)[12]).
πoτ, πτω. — πoτ: ποτ-ή f. das Fliegen, der Flug (nur Od.
5. 337); ποτά-ομαι, ποτέ-ομαι (poet. Nbf. zu πέτομαι) fliegen,
flattern (Perf. πε-πότη-ται Od. 11. 222, Pl. πεποτή-αται Il. 2. 90);
Verbaladj. ποτη-τό-ς fliegend, geflügelt (nur Od. 12. 62), ποτη-νό-ς,
dor. ποτᾱ-νό-ς id.; ἀνϑεσι-πότητα (μέλεα) Blumen umflatternd (Antiph.
bei Athen. 14. 643 e); πότ-μο-ϲ m. das Zufallende = Loos, Geschick, Verhängniss, besonders Todesloos, ἄ-ποτμο-ς (ep. trag.) unglücklich, elend (ἀποτμό-τατο-ς Od. 1. 219). — πωτ: πωτά-ομαι (poet.
Nbf. zu πέτομαι; Hom. nur λίϑοι πωτῶντο ϑαμειαί Il. 12. 287),
πώτη-μα(τ) n. Flug (Aesch. Eum. 241), πωτή-ει-ς fliegend (Nonn. D.
8. 177). — πτω: πῑ-πτω (s. p. 466), dazu Perf. πέ-πτω-κα, Part.
πε-πτω-κ-ώς, trag. πε-πτώ-ς, -ῶτ-ος); πτω-τό-ς fallend, hinfällig (Hes.),
πτω-τ-ικό-ς einen Casus betreffend (Gramm.); πτῶ-ϲι-ϲ f. das Fallen,
der Fall (gramm.: Casus), πτώσι-μο-ς gefallen, getödtet (Aesch.
Ag. 625); πτῶ-μα(τ) n. Fall, Sturz, Unfall, Unglück, πτωματ-ίζω
fallen machen (Sp., πτωματιζόμενος mit der Fallsucht behaftet, Med.),
πτωματι-σ-μός m. Fallsucht (Med.).

pĕt.

pĕt-ĕre (pet-īvi, -ii, -ītu-s; petiei C. I. L. 38) urspr. anfallen
= losgehen, angreifen; anstreben, trachten, verlangen[13]); Pĕt-a f.
Göttin des Bittens (Arnob. 4. p. 131); pĕt-ax (āci-s) anstrebend,
begierig (Fulgent.); pĕtī-tu-s (tūs) m. das Hinstreben, Erstreben,
petī-tī-ō(n) f. Angriff, Verlangen, Forderung, Demin. petitiun-cŭla
(δηϲίδιον Gloss. Philox.); petī-tor m., -trix f. Werber, Bewerber,
Kläger, -in, petītōr-iu-s zur Bewerbung, Forderung geh.; (*pet-u-s,
*petū-lu-s, *petulā-re, davon Part.) petula-ns (Adv. -nter) geneigt
anzugreifen, muthwillig, leichtfertig, ausgelassen, petulant-ia f.
Neigung anzugreifen, Muthwille u. s. w.; pĕtul-cu-s stössig, stossend,
übertr. muthwillig; Intens. pete-, peti-ssĕre heftig angreifen, anstreben u. s. w.; Desid. petī-tŭr-īre die Absicht haben sich zu be-
werben (Cic. Att. 1. 14); im-pĕtu-s (tūs, Gen. auch -pĕt-is, Abl.
-pĕt-e Lucr. Ovid. Sil.) m. Angriff, Anfall, Andrang, Drang, Trieb,
impetu-ōsu-s ungestüm, heftig; impite (impetum facite Paul. D. p. 109.
17 = impetite oder impitte?); prae-pe-s (pĕt-is) sehr gut = schnell
fliegend, schnell, geflügelt, Subst. Vogel; übertr. glücklich, günstig;
pro-pĭt-iu-s (wohl terminus auguralis = prospere advolans) be-
günstigt, günstig, gnädig, geneigt[14]), propitie-ta-s f. Versöhnungs-
zustand (Not. Tir. p. 92); propitiā-re gnädig stimmen, versöhnen,
besänftigen, propitia-tiō(n) f. (-tus m. Vulg.) Versöhnung, propitia-tor

m., -trix f. Versöhner, -in, propitiator-iu-m n. Versöhnungsmittel (Isid.), propitiā-bili-s versöhnlich. — (*pct-na) pes-na (altl., Fest. p. 205. 9), pen-na = πτερόν[15]), Demin. pennŭ-la; penn-āriu-m n. Federnbehältniss (καλαμοθήκη Gloss. Philox.); pennā-ri Flügel bekommen, flügge werden (Dracont. 1. 262), pennā-tu-s = πτερωτός, Demin. pennātŭ-lu-s; penne-scĕre = pennari (Cassiod.). — (ācu-, āci- schnell + *pctru-m Flügel == Skr. patra-m) accĭ-pīter (tris), Nbf. accep-tor (tōr-is) (Lucil. ap. Charis. 1. p. 76 P.) m. == schnelle Flügel habend = Habicht, Raubvogel, Edelfalke[16]), accipitrā-re wie ein H. zerfleischen (quodque accipitret posuit Livius pro laceret, Gell. 19. 7), accipitr-ina f. Habichtskraut, eine Lattichart (Appul.).

B. Gl. 226a. — C. E. 210. 698 f. — F. W. 114 f. 466. 1063; F. Spr. 192. — 1) C. V. I. 174. 10). 383. 29). II. 9. — 2) C. V. I. 156. 14). — L. Meyer KZ. XXII. 51. — 3) F. W. 114 (vgl. Skr. pát-ajati). — C. V. I. 300: πταίω etymologisch zu wenig klar; C. E. 269: „verhält sich πταίω zu παίω nur wie πτόλις zu πόλις?" — Düntzer KZ. XVI. 19: πατ schlagen, πάταγος Schlag; πτ-αίειν (vgl. παλ-αίειν). — Sch. W. s. v. zu παίω. — 4) Leskien St. II. 101. — 5) B. Gl. 227. — Ebel KZ. XIV. 44. — Roscher St. II. 423 f. — Walter KZ. XII. 386: πτί-λο-ν W. πατ, πτα, πτι (α zu ι geschwächt). — Dagegen F. W. 465: pilo Flaumhaar. Die Ableitung von πετ ist falsch, auch dient das πτίλον nicht zum Fliegen. — 6) Roscher l. c. — Pape W. s. v.: ψίλινος στέφανος „ein Palmenkranz". — 7) C. V. II. 397 f. — 8) S. W. s. v. — Hartung Rel. u. Myth. der Gr. 52 A. 75: διά und ἵπω, ἱπόω brennen. — Roediger KZ. XVI. 320: „lichtfliessend". — 9) C. E. 699: πτε-τρο-ν „wir nehmen an, dass die Sprache, den harten Klang meidend, das τ der zweiten Sylbe fallen liess". — Ebenso Roscher St. IV. 193. — F. W. 115, Pauli KZ. XVIII. 28, Savelsberg KZ. XVI. 55. XXI. 136. 1): patara πετερο-ν πτερό-ν; dagegen F. Spr. 192: patra πετρο-ν πτερό-ν. — Vgl. noch Verner KZ. XXIII. 119. — 10) Clemm St. VIII. 83. — 11) C. V. I. 262. 10). II. 12. 19. 81). 398. — 12) C. E. 702. — F. W. 115; Spr. 157. — 13) Vgl. Corssen N. 252; Lottner KZ. XI. 163. — 14) Ascoli KZ. XVI. 211. — 15) Corssen II. 270. — Curtius KZ. VI. 83. — Lottner KZ. VII. 188. — M. M. Vorl. II. 309. — Savelsberg KZ. XXI. 136. 1). — Windisch K. B. VIII. 4. 7). — Ganz anders Grimm W. s. v. Feder: penxna, pexna, pecsna, pesna. — 16) Benfey KZ. IX. 78 (= Skr. ácu-patvan). — B. Gl. 39b: velociter volans vel potius veloces alas habens = ὠκύπτερος, ita ut acci- ortum sit assimilatione ex aqui. — Pauli KZ. XVIII. 27 f. — Pott KZ. VI. 267 (acci- wie Bopp == aqui-). — L. Meyer KZ. VI. 222 zweifelt an dieser Deutung.

---

2) PAT gehen. — Skr. path, panth gehen, sich bewegen (PW. IV. 420. 465).

πατ. — πάτ-ο-c m. das Treten, der Tritt, der betretene Weg, Pfad; πατέ-ω treten, niedertreten, übertr. verachten, πατηρό-ς ge-, be-, zer-treten (λαχ-πάτητον ἀντρέπων χαράν Soph. Ant. 1275: umstürzend die in den Staub getretene Lust des Lebens, Schneidewin; vgl. noch παίειν με τύπτειν λακπατεῖν ὠθεῖν δάκνειν

Pherekr. Kom. 2. p. 323), πατη-τή-ς m. der Zertretende, Kelternde, πατα-τήρ-ιο-ν n. Ort, wo man keltert, πάτη-σι-ς f., πατη-σ-μό-ς m. das Treten, Zertreten, πάτη-μα(τ) n. das Zertretene; ἐκ-πάτ-ιο-ς ausserhalb des gewöhnlichen Weges liegend, aussergewöhnlich (ἄλγος Aesch. Ag. 50).

πoντ. — πόντ-o-c m. urspr. Pfad, Weg (vgl. πόντος ἁλὸς πολιῆς Il. 21. 59; ὑγρὰ κέλευθα, ἰχθυόεντα κέλευθα Hom.), dann: das hohe Meer, die offene See[1]), ποντό-θεν aus dem M. (Il. 14. 395), πόντον-δε in's Meer (Od. 9, 495. 10, 48); ποντό-ω zum M. machen (Sp.); πόντ-ιο-ς, ποντ-ικό-ς aus, von, in dem M., das M. betr., poet. fem. dazu ποντ-ιά-ς (ιάδ-ος); ποντ-ίζω in's M. tauchen, versenken, ποντι-σ-τή-ς der in's M. Werfende, πόντι-σ-μα(τ) n. das in's M. Geworfene; Πόντο-c m. Sohn der Gäa (Hes. Th. 132); der Pontus Euxeinos, das schwarze Meer; die Landschaft an der Südküste des P. Eux., später das Reich Pontus (Strab.); Ἑλλήc-ποντο-c m. das Meer der Helle, von der hier ertrunkenen Helle benannt, bisw. mit Einschluss der angränzenden Meeresthcile, jetzt Meerenge der Dardanellen oder von Gallipoli; die Gegend am Hellespont.

pat. — (*pat-ter) **pas-ser** (sĕr-is) m. Sperling[2]); passer marinus = struthiocamelus der Strauss, Passer röm. Bein., Demin. passer-culu-s, -cula, passer-inu-s für Sperl. geh. — **per-pe-s** (-pĕt-is) durchgehend, durchlaufend, ununterbrochen, stetig, beständig[3]); perpĕt-uu-s id., ewig (perpetu-ior, issimus Cat. ap. Prisc. p. 601), Adv. perpetuo, perpetuā-re bewirken, dass etwas ununterbrochen fortdauert, ununterbr. fortsetzen, perpetui-ta-s (tūti-s) f. ununterbr. Fortdauer u. s. w., perpetu-āli-s überall gültig (Quint. 2. 13. 14), perpetu-āriu-s m. Erbpachter (Cod.). — **com-pĭt-u-m** n. (Nbf. competu-m n., com-pitu-s m.) Ort, wo mehrere Wege zusammenkommen, Kreuzweg, Scheideweg, compit-āli-s den Kreuzweg betr., zu ihm geh., Compit-āli-a (-um, -orum) ein auf den Scheidewegen gefeiertes Fest zu Ehren der Laren, die Compitalien, compitalĭ-c-iu-s zu den Compitalien geh.

pont. — **pon-s** (pont-is) m. urspr. Gang, Uebergang, Steg (vgl. operae Claudianae pontes occuparant Cic. ad Att. 1. 14. 5), dann: Brücke[1]), Demin. ponti-culu-s m.; Pont-ia f. Insel an der Küste von Latium (Ποντία Strabo V. 233), Insel bei Velia; de-pontani (senes appellantur, qui sexagenarii de ponte dejiciebantur Paul. D. p. 75. 7); pont-ō(n) m. ein gallisches Transportschiff, Fähre, Schiffbrücke, Ponton (pontones, quod est genus navium Gallicarum Caes. b. c. 3. 29), pontōn-iu-m n. (navigium fluminale tardum et grave, quod non nisi remigio progredi potest. Isid. or. 18. 1).

B. Gl. 227 b. — Corssen II. 179. — C. E. 270; KZ. I. 34. — F. W. 115. 462: W. pat ausbreiten für πάτος, πόντος die Ausbreitung = das Meer, pons. — 1) Aufrecht KZ. II. 56: πάτος, πόντος, pons Gang, Durchgang,

Uebergang. — Kuhn KZ. IV. 75: πόντος wie *páthus* urspr. Wolkenpfad, die Wolken, das Luftmeer; *pons* Pfad, Himmelspfad (vgl. *ponti-fex* pag. 383). — 2) Curtius de nom. gr. f. 34. 139): *quod humi solet, cibum sibi quaerens, incedere, ut ita dicam, et insilire.* — B. Gl. 224 a: *pakśa amicus, assecla; passer fortasse e paxer.* — 3) Vgl. Ebel KZ. I. 305.

---

3) PAT ausbreiten. — Vgl. Zend *path-ana* weit, breit.

πατ.

πετ. — Stamm πετα: πετά-ννῡ-μι (Präsens seit Aristoph., sehr spät πετά-ω) ausbreiten, entfalten, öffnen (Fut. πετά-σω, Aor. ἐ-πέτα-σα, ep. πέτα-σε, -σαν, Perf. πέ-πτα-μαι, ἐκ-πε-πέτα-σ-ται Orac. Her. 1. 62, Aor. Pass. ἐ-πετά-σ-θη-ν); poet. Nbf. (schon Hom.) πίτ-νη-μι, πιτ-νά-ω (πίτ-να Imperf. Il. 21. 7)[1]; πετα-σ-μό-ς m. das Ausbreiten (Sp.), πέτα-σ-μα(τ) n. das Ausgebreitete, Decke (Aesch. Ag. 883). — πέτα-λο-c, ion. πέτη-λο-ς, ausgebreitet, breit, flach; πέτα-λο-ν, ion. πέτη-λο-ν (besonders von den Aehrenhalmen des Getreides), poet. πετάλ-ειο-ν n. Blatt, Platte; πεταλό-ω zu Blättern machen, mit Metallblättern belegen, vergolden u. s. w. (Sp.), πεταλωτό-ς blätterig, πετάλω-σι-ς f. das Vergolden (Sp.); πεταλι- c-μό-c m. Art der Verbannung, bes. in Syrakus, ganz wie der ὀστρακισμός in Athen (pag. 76), nur dass die Namen der zu Verbannenden auf Oelblätter geschrieben wurden (ἐκ-φυλλο-φορία B. A. 248), πεταλ-ίζω durch den πεταλισμός verbannen; πετα-λῖ-τι-c f. = φυλλῖτις eine Pflanze, aus lauter Bl. bestehend (Nic. Ther. 864), πεταλ-ώδης blätter-artig, -ähnlich. — (πεταλ-εα, πετελ-εα) πτελ-έα, ion. πτελ-έη, f. Ulme, Rüster[2]) (*ulmus campestris*), πτελε-ών (ῶν-ος) m. Ulmenhain (Gloss.), πτελέ-ϊνο-ς von U.holz (Theophr.), πτελε-ώδης ulmenartig (Hes.). — πέτα-co-c m. Hut mit weiter Krempe, Schirmhut, das breite Schirmblatt der Pflanzen, *umbella* (in dieser Bed. auch f.), Demin. πετάσ-ιο-ν n.; πετασί-τη-ς m. eine Pflanze mit hutförmigem Blatte (*tussilago petasites* Linn.), πετασ-ώδης hut-, schirm-, doldenförmig; πετασ-ών (ῶν-ος) m. Schinken vom Vorderblatte des Schweins, *petaso* (Sp.).

πατ. — πατ-άνη f., πάτ-ᾳνο-ν n. (sicil. βατ-άνη) flaches Geschirr, Schüssel[3]) (ἐκπέταλον λοπάδιον Poll. 10. 107 bei Sophr.), Demin. πατάν-ιο-ν; πέτακνο-ν, πέταχνο-ν, πάταχνο-ν n. flaches breites Trinkgeschirr (πέτακνον· ποτήριον ἐκπέταλον. τὸ δὲ αὐτὸ καὶ πέταχνον Hes.)[4]).

pat.

pat. — păt-ēre (*păt-ui*) offen sein, offen stehen, sich ausbreiten, erstrecken, Part. *pate-ns* offen, ausgedehnt; *pate-sc-ěre* sich öffnen, offenbar werden, sich ausbr., erstr.; *pate-facere* öffnen, offenbar machen; *ex-patāre* (*in locum patentem se dare sire in spatium se conferre* Paul. D. p. 80. 5 M.); *păt-or* (*ōr-is*) m. Oeffnung (App.

Met.); *pat-ŭlu-s* offen stehend, offen, *Patul-c-iu-s* Bein. des Janus, dessen Tempel in Kriegszeiten offen stand (auch des Jupiter und der Juno auf Inschr.); (**patŭl-ia, *patil-ia, *ptil-ia) til-ia* f. (= πτελέα?) Linde, Lindenbast[2]), *tili-āri-s, -āccu-s, -gincu-s* aus Lindenholz; *pati-bŭlu-m* (vgl. *lati-bulu-m;* Nbf. *puti-bulu-s* Varr. ap. Non. p. 221. 12) n. Richtholz, Galgen (als offenstehendes Ding, insofern derselbe einer offenstehenden Thür gleicht); Stange bei den Weinstöcken (Cato r. r. 24), *patibulā-tu-s* an den G. geheftet; *păt-ĕra* f. = πατάνη, Opferschaale[5]), Demin. *patcl-la, Patcll-a, -āna* f. die die Saat im Schossen begünstigende Gottheit, *patcll-āriu-s* zur Schüssel gehörig. — *păt-ĭna* (Lehnwort = πατ-άνη)[6]), *Patina* röm. Bein., *patin-āriu-s* = *patcllarius*, Subst. Schüsselfreund, Fresser (Suet.).

pa-n-t[7]). — (**pant-u-s*, erweicht *pand-u-s*, vgl. *mentiri, mend-ax* und *-ndu-s, -nda, -ndu-m*) *Pan-d-u-s* röm. Beiname (Tac. a. 2. 66); *Pan-d-a* f. altröm. Göttin des Eröffnens (*quod Tito Tatio, Capitolinum ut capiat collem, viam pandere atque aperire permissum est, Dea Panda est appellata vel Pantica* Arnob. 4. 128), *Pand-āna porta* (am capitolin. Hügel, früher *Saturnia* genannt); *Em-panda (paganorum Dea*, Paul. D. p. 76. 11); **pand-ĕ-re** (*pand-i*) ausbreiten, eröffnen, wegsam machen, Part. *pas-su-s* (*pansu-s*) ausgebreitet, offen. — (**pad-ti-m* ohne Nasalirung) **pas-si-m** weit und breit herum zerstreut, weit und breit, allenthalben; übertr. ohne Ordnung, durcheinander[8]); **pas-su-s** (*ūs*) m. Schritt, Tritt, Längenmaass (5 röm. Fuss)[9]).

Corssen B. 115. — C. E. 210. — F. W. 115. 462: wahrscheinlich von *spā, span* dehnen, spannen. — 1) C. V. I. 167. 49). 170. 6). 260. — Kuhn KZ. II. 469, Leskien St. II. 108 ff.: St. πετ-αc, *πετ-ασ νν-μι, πετ-άν-νυμι. — 2) C. E. l. c.: „wahrscheinlich auch hieher zustellen, dem Fick (Or. u. Occ. III. 118) lat. *tilia* vergleicht". — 3) Anders Roscher St. I b. 102: *pat* pasci, *resci:* πάτνη, πά ϑνη, πατάνη, *patina* (= φάτνη Veget.). — 4) C. E. 493. — Roscher St. I b. 109. — 5) Kuhn KZ. VIII. 68: *pā* trinken; *pa-tera* = Skr. *pátra* n., *pátri* f. — 6) C. E. l. c.: „steht im Verdacht der Entlehnung". — F. W. l. c.: „entlehnt?" — Ebenso Dietrich KZ. I. 547. — 7) Bugge KZ. V. 6. — Lottner KZ. VII. 176 — F. W. l. c. = *pand-tere.* — 8) Klotz W. s. v. — Walter KZ. IX. 239. — 9) Bugge KZ. V. 6. — Corssen I. 809. — Klotz W. s. v.

PAD treten, den Boden berühren: gehend oder fallend, fallen. — Skr. **pad** 1) zu Fall kommen, 2) hingehen, 3) erlangen, 4) sich wenden; caus. zu Fall bringen (PW. IV. 423).

πεδ.

πέδ-ο-ν n. das Betretene = Boden, Land, πέδο-ι (πεδοῖ), πέδον-δε, πέδοσε zu Boden, πεδό-ϑεν vom Boden auf, von Grund aus; πεδ-ανό-ς, -ινό-ς, -ό-ει-ς flach, eben, niedrig. — πεδον: ἀλπεδον Meerebene, Sandebeno; (δια-) δά-πεδον (ζά-πεδον Hes.) festgeschlagener Boden, Erdboden, Estrich[1]); οἰκό-πεδον Haus-, Feuerstelle; στρατό-πεδον Ort der Niederlassung, Handelsniederlassung (Her. 2. 112, 154), Lager; gelagertes Heer, Heerschaar, auch Flotte (legio bei Pol.). — -πεδο-ς (Adject): ἄ-πεδος eben (α copul.; vgl. ἄπεδον· ὁμαλόν, ἰσόπεδον, ἐπίπεδον Hes.; Subst. ἄ-πεδον die Ebene[2]); ἔμ-πεδος im Boden stehend, feststehend, unerschütterlich, standhaft, beharrlich (Adv. ἔμ-πεδο-ν, -πεδα); κραται-πεδον οὔδας harttätiger Boden, harter Fussboden (nur Od. 23. 46); οἰνό-πεδος was Weinland ist, weintragend, Subst. οἰνό-πεδον n. Weinland, Weinberg (Il. 9. 579). — πεδ-ίο-ν n. Ebene, Fläche, Gefild, Feld, πεδίον-δε ins Gefild; Πεδίον Ort in Arkadien (Paus. 8. 25. 12); πεδι-αῖο-ς auf oder von der E. (πεδιαῖοι in Attika die Bewohner des flachen Landes, die eine eigene Partei bildeten), πεδια-κό-ς = πεδανός (οἱ πεδιακοί die Partei der Ebene), πεδι-εύ-ς = πεδιαῖος, Πεδιεῖς m. Stadt in Phokis am Kephissos; πεδι-ά-ς (άδ-ος) fem. zu πεδινός; πεδι-ώδης einer Eb. ähnlich. — (πεδ-jo) πεζό-ς zu Fusse gehend, Fussgänger; zu Lande gehend, im Ggs. der Schiffenden (πεζός erg. στρατός, τὸ πεζό-ν Landheer), auf dem Lande, übertr. was auf dem Erdboden bleibt, sich nicht erhebt (πεζὸς λόγος oratio pedestris, Prosa), Adv. πεζῇ zu Fuss, zu Lande, in Prosa (Ggs. μετὰ μέτρων). — (πεδ-ja) πέζα f. Fuss, das Ende, Aeusserste (πέζη ἐπὶ πρώτῃ Il. 24. 272 am äussersten Vorderende der Deichsel); ἀργυρό-πεζα silberfüssig, d. i. mit schönen weissen Füssen (Bein. der Thetis Hom. und spät. Dichter, der Aphrodite Pind., der Artemis Nonn.); κυανό-πεζα mit stahlblauen Füssen (τράπεζα Il. 11. 629); (τετρα-πεδ-ja) τρά-πεζα (dor. τράπεσδα) f. Vierfuss = Tisch, Tafel, Dem. τραπέζ-ιο-ν n. (geom.: ungleichseitiges Viereck), τραπεζό-ω auf den Tisch bringen, τραπέζω-μα(τ) n. das auf den Tisch Gebrachte, τραπεζ-εύ-ς zum T. geh. (κύνες τραπεζῆες Tisch- oder Luxushunde, Hom. dreimal), τραπεζή-ει-ς id. (Nic. Th. 526); τραπεζ-ίτη-ς m. einen Wechseltisch haltend, Geldwechsler, τραπεζιτ-εύ-ω ein G. sein, τραπεζιτ-ικό-ς den W. betr. (Titel der 17. Rede des Isokrates), τραπεζο-ειδής, τραπεζώδης von der Gestalt eines Tisches oder eines ungleichseitigen Vierecks. — πέδ-η f. (meist Pl.) Fussfessel (in die man eintritt, Hom. nur Il. 13. 36), Demin. πέδ-ιο-ν n. (Lex.); πεδά-ω (πεδέ-ω ion., spät. Dichter) fesseln, binden, hemmen, umstricken, πεδη-τή-ς m. der Fesselnde, πεδή-τη-ς m. der Gefesselte, πεδ-ίζω die Füsse fesseln (Sp.); ἀλυκτο-πέδη unauflösliche Bande (schon Hes. Th. 521); ἱστο-πέδη (nur Od. 12, 51. 162. 179) f. Mastbaumfessel, das Gebälk, welches den Mastbaum festhält[3]). — (πεδ-ιλjo-ν) lesb. πέδ-ιλλο-ν, πέδ-ῖλο-ν n. (stets Pl.) Sandale, Sohle, die man beim Ausgehen unter die Füsse band; in Prosa auch allgem.: Fussbekleidung (Fussfessel Xen., Theokr.). — πηδ: πηδ-ό-ν n. Fussende des Ruders, Ruderblatt (Od. 7, 328. 13, 78); πηδ-άλιο-ν

n. Steuerruder; πηδ-ο-ς m. f. Baum, der zu Wagenachsen und Pflugbäumen dient[4]); πηδά-ω (πηδέ-ω Her. 8. 118) springen, hüpfen, von Geschossen: fahren, fliegen, vom Herzen: schlagen, klopfen, πηδητ-ικό-ς zum Springen u. s. w. geh., geneigt, πήδη-σι-ς f., πηδη-ϑ-μό-ς m. das Springen u. s. w., πήδη-μα(τ) n. der Sprung u. s. w. ποδ.

πού-ς (ποδ-ός) m. Fuss (der tretende); übertr. Fusstritt, Schritt, Gang, Lauf; von Leblosem: Fuss (= der untere Theil) eines Berges, eines Tisches u. s. w., Tau am unteren Ende des Segels (die Schote, noch jetzt ποδάρι); als Längenmaass = 4 παλαισταί oder 16 δάκτυλοι, etwa 11 Zoll, in der Metrik: ein Versfuss (Dat. ποσί, ep. ποσσί und πόδ-εσσι, Dual. Gen. Dat. ποδ-οῖν, ep. ποδ-οῖιν); Demin. ποδ-ίσκο-ς m., ποδ-ίο-ν, -άριο-ν n. Füsschen; ποδ-εῖο-ν, πόδ-ειο-ν, -ιο-ν n. Socke um den Fuss, pedale; ποδ-ε-ών (ῶν-ος) m. die Zipfel an der abgezogenen Thierhaut, die durch Ablösung der Füsse und des Schwanzes entstehen, bes. Zipfel eines ledernen Schlauches, indem man die Fussenden vernähte und als Zipfel gebrauchte, daher überh. Zipfel (bes. die beiden unteren am Schiffssegel); ποδ-ό-τη-ς (τητ-ος) f. das Füssehaben, Befussung (vgl. πτερό-τη-ς, Aristot.); ποδό-ω mit dem Seil spannen (Lex.), ποδω-τό-ς angespannt (λίνα Lykophr. 1015), πόδω-μα(τ) n. Fussboden (Math. vett.); ποδ-ι-αῖο-ς füssig d. i. einen Fuss gross, lang, breit, hoch; ποδ-ίζω die Füsse binden, fesseln, metrisch: nach Füssen messen; schreiten, gehen (Suid.); ποδι-σ-τήρ (τῆρ-ος) m. πέπλος, der die Füsse fesselt oder verstrickt (Aesch. Cho. 980), ποδί-σ-τρ-α f. Fussfalle, Schlinge, ποδι-σ-μό-ς m. das Messen nach Füssen (Gramm.), ein Tanz (Poll. 4. 99). — -πους (ποδ-ος): ἄ-πους fusslos, schlecht zu Fuss; ἀελλό-πος (verkürzt st. -πους) sturmfüssig, windschnell (Ἶρις, Hom.); ἀμαξό-ποδες Wagenfüsse = Achsenscheeren (arbusculae, in quibus versantur rotarum axes Vitr. 10. 20); ἀντί-ποδες Gegenfüssler; ἀργί-πους weiss-, schimmerfüssig = schnellfüssig[5]) (von Hunden Il. 24. 211); ἀρτί-πους (Hom. -πος) flink (von Ares Od. 8. 310, von der Ate Il. 9. 505), gut zu Fuss (Herod. Plat.), eben angekommen (Soph. Tr. 58); δασύ-πους Rauhfuss, der Hase; καλό-πους schönfüssig (Hes.); κᾱλό-πους (Holzfuss) Schusterleisten (Plat. Symp. p. 191); Οἰδί-πους (Sohn des Laios und der Iokaste, König von Theben, dessen tragisches Geschick von den Tragikern viel-. fach behandelt wurde) = mit angeschwollenen Füssen[6]) (Acc. -ποδα, -πουν, Voc. -πους, selten -που, Gen. auch Οἰδί-που von Οἰδί-πο-ς gebildet); ὀκτά-πους achtfüssig; σκίμ-πους (= σκιμπο-πους, σκίμπτω knicken) Klappstuhl, Feldstuhl, Ruhebett, grabbatus[7]); τρί-πους (-πος Il. 22. 164) dreifüssig, Subst. Dreifuss, gew. ein dreifüssiger Kessel zum Kochen, Mischen des Weines u. s. w.; χαλκό-πους erzfüssig, mit ehernen Füssen u. s. w. — ἐμ-πόδ-ιο-ς im Wege stehend, hinderlich, ἐμ-ποδών Adv. = ἐν ποσὶν ὤν vor den

Füssen = ἔμποδος, was in den Wurf kommt, begegnet, vorliegt, ἐμποδ-ίζω im·Wege sein, hindern, hemmen, verwickeln, verstricken, ἐμποδι-σ-τής m. Verhinderer (Jos.), ἐμποδι-σ-τ-ικό-ς hinderlich, ἐμποδι-σ-μό-ς m. Hinderniss, ἐμπόδι-σ-μα(τ) n. id.

pĕd.

pĕd. — pĕ-s (pĕd-is) m. = πού-ς, Demin. ped-i-cŭlu-s m.; ped-āli-s, -āriu-s, -āneu-s zum Fuss geh., einen Fuss lang, breit, gross (judices pedanei Unterrichter, Hilfsrichter Dig.; senatores pedarii die noch kein curulisches Amt bekleidet hatten); -pes (ped-is): com-pes f. (m. Vulg. Lact.) Fussschelle, Fessel (meist Pl., Nom. Sg. scheint nicht vorzukommen); bĭ-pes zweifüssig, trĭ-pes 3f., quadru-(quadri-)pes 4f., Subst. Vierfüssler, Zugthier; pĕd-a f. Fussspur, Fussstapfe (vestigium humanum Fest. p. 211); (*ped-u-s gehend) pedā-re mit Füssen versehen, Weinstöcke u. s. w. durch Pfähle stützen, pedā-ti-m Fuss für Fuss (gradi Plin. 11. 45), pedā-tu-s (tūs) m. (Nbf. Abl. -to) der Angriff, das Losrücken gegen den Feind (Plaut. Cato ap. Non., Charis.), pedā-tūra f. Raum von der Ausdehnung eines Fusses (Veget. r. m. 3. 8), pedā-men (min-is), -mentu-m n. Pfahl zum Stützen der Weinstöcke u. s. w. (Varro. Col. Plin.); quadru-pedu-s, -pedans[8]) auf 4 Füssen gehend, galoppirend, quadru-pedā-ti-m nach Art eines Vierfüsslers; re-pedā-re zurück-gehen, -kehren (recedere Fest. p. 281. 16); *sup-peda-re unter den Fuss thun oder geben, Frequ. sup-pedi-tā-re oft unter den Fuss geben, zur Unterstützung darbieten, verschaffen (vgl. unter die Arme greifen); intr. in reicher Fülle vorhanden, vorräthig sein, ausreichen, suppeditā-ti-ō(n) f. reicher Vorrath, Ueberfluss[9]). — pĕd-u-m n. der gekrümmte Hirtenstab (Verg. E. 5. 88, cl. Fest. p. 249). — -pĕd-iu-s: Ped-iu-s Name einer röm. gens; acu-ped-iu-s (pag. 7); ped-ica f. Fussschlinge, Fussfessel, Fessel; pedĭc-inu-s m. Fuss der Kelter (Cato r. r. 18. 4); ped-ō(n) m. Breitfuss, Plattfuss (πλατύπους Gloss. Philox.), Ped-o röm. Bein. — St. pedi: pede-s (pedĭ-t-is) m. Fussgänger, Fusssoldat, (*pedit-tri) pedes-ter (-tris, -tre; -tris m. Vopisc. Prob. 21) zu Fuss, Subst. pedestre-s Fusstruppen; übertr. = πεζό-ς (pag. 472); peditā-re zu Fuss gehen (Not. Tir. p. 75), peditā-tu-s (tūs) m. Fussvolk; im-pedi-re = ἐμ-ποδ-ίζω (s. oben Z. 2), Part. impedĭ-tu-s behindert u. s. w., schwer zugänglich, impedi-ti-ō(n) f. Hinderniss, Hemmung, impedĭ-tor m. Verhinderer (Aug.), impedĭ-men-tu-m (altl. impelĭ-mentu-m Paul. D. p. 108) = impeditio; speciell: Gepäck, Reisegepäck, Bagage; Intens. impeditā-re (Stat. Th. 2. 590); pedi-s, com., pĕdĭ-cŭlu-s, -clu-s, pedu-, pedu-n-culu-s (Pelag. a. v. 7) m. laufendes Gethier, Laus (die in der That von Leib zu Leib wandert)[10]), Demin. pedĭcel-lu-s m., pedicul-āri-s, -āriu-s die Läuse betr., pedĭ-, pedū-cul-ōsu-s voller Läuse, pediculā-re φθειρίζειν (Gloss. Philox.), pediculā-ti-ō(n) f. φθειρίασις (ibd.); peduncul-āria (herba) Läusekraut; (*pĕdĭ-ca)

pĕdĭc-ōsu-s = *pediculosus* (Titin. ap. Fest. p. 210). — St. *pedu:*
pedū-li-s (vgl. *tribu-s*, *tribū-li-s*) zu den Füssen gehörig (Dig.),
Subst. *pedūle* n. Sohle. — **pĕdu-m* das Betretene, der Boden
= πέδο-ν (pag. 471): *Pĕdu-m* n. Stadt in Latium (Liv. 2. 39.
4; 8. 12. 6); *op-pĕdu-m* (altlat., Abl. *oppedeis* Lex. Serv.), **op-
pĭdn-m** n. was am, über dem Felde liegt = Stadt (als Schutz
des Feldes, als fester Sitz); Schranken der Rennbahn (*locus in
circo*, *unde quadrigae emittuntur* Fest. p. 184)[11]; Abl. *oppido* (vgl.
illico) bedeutend, sehr; allerdings, wohl (*quid necesse est, quaeso,
dicere „oppido"? quo usi sunt paulum tempore nostro superiores,
vereor, ut iam nos ferat quisquam*, Quint. 8. 3. 25); Demin. *op-
pidŭ-lu-m* n.; *oppid-āmu-s* (*āncu-s* Cod. Th.) städtisch, Subst. Städter,
oppidā-ti-m städteweise (Suet.). — **pedu-s* am Boden befindlich,
niedrig[12]: (Comp. **pĕd-ior*, Sup. **ped-tĭmu-s*) **pĕ-ior, pes-sĭmu-s**
niedriger, übertr. schlechter, schlimmer, der niedrigste u. s. w.,
pejorā-re verschlimmern (Paul., Cael.), *pessimā-re* ganz verschl.
(Vulg.); **pĕdĭ-cu-s* = **pĕdu-s*: (**pedi-cu-s*, **ped-cu-s*, **pec-cu-s*,
vgl. *albu-s*, **albĭ-cu-s*, *albicā-re*) **pecca-re** (*est tamquam transilire
lineas* Cic. parad. 3. 1 = übertreten, nicht böswillig) sich am
Boden befinden, gestrauchelt sein, gefehlt haben = fehlen, sich
vergehen, sich versündigen, Part. als Subst. *peccā-tu-m* n., *pecca-
tu-s (tūs)* m., *peccā-men* n. (Prud.) id., *peccant-ia*, *peccāt-ela* f. (Tert.)
Fehler, Vergehen, Sünde, *peccā-ti-ō(n)* f. das Fehlen u. s. w., *peccā-
tor* m., *-trix* f. Sünder, -in (Eccl.), *peccātōr-iu-s* sündhaft (Tert.).
— (**ped-tu-m* oder *-s*) **pes-su-m** oder *-s* Boden (vgl. *pessum Tellus
victa dedit* Lucan. 5. 616), davon: Acc. *pessu-m dare* auf den Boden
thun, zu Falle bringen, in den Untergang geben, zu Grunde richten (vgl. *venum dare*), *pessu-m ire* in den Untergang gehen, untergehen (vgl. *venum ire*).

B. Gl. 227b. 229b. — C. E. 83. 244. 603. — F. W. 116 f. 123. 466.
— 1) C. E. 606. — Ebel KZ. VI. 79 f.: *dam* Haus = δα; δά-πεδον Boden des Hauses, Hausflur. — Pott KZ. VII. 109**: „wie Curtius δα =
δια; dasjenige, worüber man mit den Füssen hinschreitet (διαβαίνεται)".
Aehnlich Sch. W. s. v. — Unger Philol. XXIV. p. 390: mit δάπις Teppich verwandt. — 2) Clemm St. VIII. 94. — 3) Ameis-Hentze ad l. c.
12, 51. — Aehnlich Schaper KZ. XXII. 529: Fessel des Mastbaumes, πέδη
τοῦ ἱστοῦ, dann Schuh des Mastbaumes, worin der Mastbaum steht
(Schuh des M., Köcher: auch S. W. s. v.). — G. Meyer St. VI. 251: Fuss
des M., d. i. Behältniss für den Fuss des M. — Weiteres über das Wort
und gegen Düntzers Erklärung „Masthalter" siehe S. W. — 4) Hehn
p. 495. — 5) C. E. 171; vgl αργός pag. 57 f. — 6) B. Gl. s. v.: *edh.* —
7) Brugman St. IV. 121. — 8) Clemm St. VIII. 359. — 9) Corssen B.
96. — 10) Corssen I. 651*). — F. W. l. c.; F. Spr. 147 — 11) Vgl. auch
Schweizer KZ. II. 354. — 12) Corssen KZ. III. 249. — Pauli KZ. XVIII.
34 f. — Pott E. F. II. 277. — Schweizer KZ. XIX. 234. — Tobler KZ.
IX. 261. — Dagegen: Aufrecht KZ. I. 233: *pejor* noch nicht aufgeklärt
(von *per* Hartung; = Skr. *pápa*, gr. κακός Lassen, Höfer, Benfey; von
perdere Pott; von *pes* in *pes-tis*, *pesestas* Düntzer). Derselbe versucht

KZ. III. 200 ff. eine neue Deutung: Skr. *pij* schmähen, hassen; *piju* gehasst = schlecht: lat. *püior, pijor, pejor* (dagegen Schweizer l. c.: „ist nicht ausgemacht"). — Wie Aufrecht auch Bopp und Corssen. B. Gl. 242a: *pij in dial. vedica conviciari; pejor, pessimus;* ferner 238b: *päpä improbus, scelestus: peccare* (vgl. Curtius KZ. III. 402: aber da hätten wir immer noch die Aufgabe, das doppelte *c* zu erklären). Corssen I. 305. II. 395: *pij* beschädigen, verletzen: *pe-ior, -ius.* — Anders Goetze St. Ib. 180: *pak* festigen, *pinguis,* Comp. *penguior* (vgl. *mingo meio*) urspr. dick, dann roh, stumpf (wogegen Corssen II. 1003 mit Recht: passt in der Bedeutung gar nicht). — Wieder anders Fick W. 632; Spr. 101. 339: *pi-k* verdriessen, zürnen, böse sein: *pec-ior* = *peior, pessimus* = *pejestimus; pecare* = *peccare.* — Noch anders Meunier in Mémoires de la Soc. de Lingu. de Paris I. 1871: *peior* aus *para* der andere (was Schweizer-Sidler KZ. XXI. 275 mit Recht als „viel problematisch" bezeichnet).

PAP, PAMP aufblasen, aufdünsen. — Vgl. Skr. *pippala* f. Beere, langer Pfeffer, m. Brustwarze (wegen der Aehnlichkeit mit einer Beere); *pupph-ula* m. Blähung (PW. IV. 726. 774).

πεπ: πέπ-ερι (ερ-εως, -εος, ion. -ιος) n. Pfeffer, -baum[1]), Demin. πεπέρ-ιο-ν n. ein Bischen Pf., πεπερ-ί-ς (ιδ-ος) f. Pfefferkorn, πεπερί-ζω nach Pf. schmecken, πεπερί-τη-ς dem Pf. ähnlich, gepfeffert. — πεμφ[2]): πέμφ-ιξ (ιγ-ος), Nbf. πεμφ-ί-c (ιδ-ος) f. Hauch (πνοή Lex.), Lebenshauch, Seele (Lykophr. 686), Windwolken (Galen.), Blasen (Medic.), πεμφίγ-, πεμφιδ-ώδης blasig, voll Blasen. — πομφ[2]): πομφ-ό-c m. Blase, Brandblase; (πομφο-λο) πομφό-λ-υξ (υγ-ος) f. (m.) Blase, Wasserblase, πομφολύζω mit Bl. aufquellen, hervorsprudeln (πομφόλυξαν δάκρυα Pind. P. 4. 121), πομφολυγ-έω, -όω, -ίζω Blasen machen, werfen, πομφολυγ-ηρό-ς Bl. machend (Galen.), πομφολυγ-ώδης blasenartig (id.).

pap: **päp-ŭla** f. Blatter, Bläschen[3]), *papulā-re* Bl. hervortreiben; Demin. *papil-la* f. Warze, Brustwarze, Zitze, übertr. Brust; = *papula; papillā-tu s* zitzenförmig; **pap-ā-ver** (*ver-is*, vgl. *cad-ā-ver* pag. 106) n. (alt auch m.) Mohn (gedunsen; ein passender Name für den üppig wachsenden Mohn)[4]), Demin. *papaver-cŭlu-m* n. eine Pflanze (sonst *leontopodion*), *papaver-eu-s* dem M. angehörig, von M., *papaver-ā-tu-s* mit M. glänzend weiss gemacht; **pĭp-er** (*er-is*) n. = πέπερι (entlehnt?), *piper-āriu-s* zum Pf. geh., (*piperāre*) *piperā-tu-s* gepfeffert, beissend, scharf, *pipera-tor-iu-m* n. Pfefferfass, *piperat-āriu-s* Pf. enthaltend (Hieron.). — *pamp:* **pamp-ĭnu-s** m. f. der frische Trieb des Weinstockes, Ranke, Weinlaub, *pampin-eu-s, -ōsu-s* voll Ranken, voll Weinlaub, *pampinā-re* den Wein abranken, Part. *pampinā-tu-s* rankig, rankenförmig, *pampinā-tor* m. Abranker, *pampinā-ti-ō(n)* f. Abrankung.

C. E. 501. — F. W. 117 f. 123. 463; F. Spr. 336. — Brugman St. VII. 322. 28) zieht alle diese Wörter zu *par* schwellen = füllen: *par-par, pi-par.* — 1) Pape W. s. v.: „persisches Wort". — 2) C. E. 708: „wahr-

— 477 —

scheinlich zu W. *spu* = φυ: πεμ-φῖ-γ, redupl., v = ι". — Walter KZ.
XII. 414 ff.: *bha*, *bha-n* brennen: πομφό-ς (Brand-, Wasser-blase); φο
entweder aus φον verkürzt und πομ- Redupl., oder πομ- für φομ- aus φον-
und das zweite φ der unvollst. Binnenredupl. angehörig; πομ-φοι-υ-γ
(υ eingeschoben), W. *bharg*, *fergv-eo*. — 3) Pictet KZ. V. 344: *pul
magnum fieri*, eig. sich mehren (cf. *pr implere, puru multus*); *pipulu* (etwa
für *pipulu*, *pupulu*) mag allgemein verschiedene Arten von Ausschlägen,
Blattern u. s. w. bezeichnet haben. — 4) C. V. II. 228. — Corssen I.
425: *pa* nähren = *pa-pā-ver*. — Düntzer KZ. XI. 260: Suffix *av + er*.
— Savelsberg KZ. XXI. 136 f.: Suffix *rat*, daraus fem. auf -*vari* und
neutr. auf -*var: pap-ā-ver, cad-ā-ver*.

---

papa (Kinderlaut).

πάπα-ς (C. I. 2664 und Hes.); πάππα-ς (Voc. πάππᾰ Od.
6. 56) m. Papa, Vater, παππά-ζω Papa sagen, τινά Jemand Vater
nennen (Il. 5. 408), παππα-σ-μό-ς m. das Papa Sagen (Suid.),
παππί-ζω id. (Eust.); πάππο-ς m. Grossvater, bes. von mütter-
licher Seite (πάππος ὁ πρὸς μητρὸς ἢ πατρός Plat. Legg. IX. 856d),
Ahne (vgl. πάππων καὶ προγόνων μυριάδες ἑκάστῳ γεγόνασιν ἀνα-
ρίθμητοι (Plat. Theaet. 175a), παππ-ικό-ς, -ῳο-ς grossväterlich;
schmeichelndes Demin. παππ-ία-ς, -ίδιο-ν Väterchen; ἐπί-παππο-ς,
παππ-επί-παππο-ς m. Urgrossvater, Grossvater des Grossv., letzteres
als δεινῶς ἰδιωτικόν bezeichnet, *atavus* (Poll. 3. 18).

pāpa = πάπα-ς, **pappu-s** = πάππο-ς; *pāpa* (*pappa*) Naturlaut der lallenden Kinder, wenn sie Nahrung haben wollen (Varro
ap. Non. p. 81. 3), *papāriu-m* n. ein Brei (Sen. contr. 2. 9). —
(Vgl. *tata* pag. 281.) — *Pāpa* (inscr.), *Pāpu-s*, *Pap-ilu-s*, *Pap-iu-s*,
Pap-in-ius, *Pap-ini-ānu-s*; *Pap-īs-ius*, *Pap-īr-iu-s*, *Pap-ēr-iu-s*.

Corssen II. 203. — F. W. 118. 461. 463. — Fritzsche St. VI. 285.
— Gerland KZ. XXI. 372 f. — G. Meyer KZ. XXII. 17.

---

1) **PAR** durchdringen, hinübergelangen; durchfahren,
fahren. — Skr. **par** 1) hinüber-führen, -bringen, 2) hinausführen,
geleiten, beschützen, 3) vorwärts bringen, fördern, 4) übertreffen
(PW. IV. 476).

par [1]).

παρ[2]). — πείρω (s. unten): Perf. πέ-παρ-μαι, Part. πε-παρ-
μένο-ς, Plusqu. πέ-παρ-το hom.; Aor. ἐ-πάρ-η-ν. — (*par-tu* durchdringend, scharf vom Geschmack) πλα-τύ-ς scharf, salzig (Herod.
von den Aegyptern: σπανίζοντες ὑδάτων πλατυτέροισι ἐχρέωντο τοῖσι
πόμασι, ἐκ φρεάτων χρεώμενοι; wozu Hes. πλατὺ ὕδωρ· ἁλμυρόν;
vgl. in Bezug auf die Sache: Plut. de Is. et Os. p. 367 B. πᾶσαι
πηγαὶ καὶ φρέατα πάντα ἁλμυρὸν ὕδωρ καὶ πικρὸν ἔχουσιν).

περ[2]). — (περ-jω) πείρω (Aor. ἔ-πειρα; s. oben παρ) durchbohren, durchstechen (auch πειραίνω, h. Merc. 48: πιφήνας); durchschneiden, -fahren, -segeln (κέλευϑον den Weg bis ans Ende durchschneiden = zurücklegen, Od. 2. 434)⁵). — (περ-ια) πειρά f. Spitze Aesch. Ch. 847 (αἱ ἀκμαὶ τῶν ξιφῶν Schol.). — περ-όνη f. Spitze, Stachel, Nadel; Spange, Schnalle, περον-ί-ς id. (Soph. Trach. 921); περονά-ω durchstechen, durchbohren, mit einer Spange befestigen, περόνη-μα(τ) n., περονη̃-τι-ς, περονη-τρ-ί-ς f. (dor. περονα-) Spangenkleid (ein Kleid dorischer Frauen ohne Aermel, aus zwei Stücken Zeug bestehend, über den Schultern und an den Seiten durch Spangen zusammengehalten, Theokr. 15. 21, 79. ibd. 34 καταπτυχὲς ἐμπερόναμα). — (δια ανα-περ-ες) δι-αμ-περ-ής durchdringend (Hippokr. und spät. Med.), meist Adv. διαμπερ-ές (auch -έως) durch und durch, durchaus, durchgehends; von der Zeit: immer fort, beständig, unaufhörlich⁴); (δια-περ-τ-ιο-, δια-πυρ-τ-ιο- [ε zu υ nach äol. Art, vgl. ἀγύρτης, πανήγυρις pag. 208], δια-πυρ-σ-ιο-) δια-πρύ-c-ιο-c durchdringend, durchgehend, sich weithin erstreckend (διαπορεύσιμον, μακρόν, διὰ πάντων διεξιόν Hes.), Adv. διαπρύσιο-ν durchhin, weithin, laut (vom Schalle)⁴). — περά-ω durchdringen, durch-schreiten, -reisen (Inf. ep. περά-αν, Iterat. περά-ασκε Od. 5, 480. 19, 442, Fut. περά-, ion. περή-σω, Aor. ἐ-πέρᾱ-, ion. ἐ-πέρη-σα); περᾱ-τό-ς worüber man fahren, übersetzen kann; πέρᾱ-σι-ς f. das Ueberfahren, Uebersetzen, περάσι-μο-ς == περατός. — par fahren (vgl. deutsch: erfahren, Gefähr, Führde): (περ-ια) πεῖρα, ion. πείρη, äol. πέῤῥα, f. Versuch, Probe, Unternehmen; πειρά-ω versuchen, erproben, unternehmen, ausforschen (Fut. πειρά-, ion. ep. πειρή-σω, Aor. ἐπειρᾱ-, ion. ep. ἐπειρη-σάμην, ἐπειρή-ϑη-ν Hom., ἐπειρά-ϑη-ν Att., Perf. πε-πείρα-, ion. ep. πε-πείρη-μαι); πειρά-ζω id. (Hom. nur Od. πειράζ-ειν, -ων)⁵); πειρη-τί-ζω (ep. Nbf., nur Präsensst., Frequentativ)⁶); πείρᾱ-cι-c f. (πειρασ-μό-ς m. Sp.) das Versuchen u. s. w., πειρα-σ-τή-ς m. Versucher (Eccl.), πειρα-σ-τ-ικό-ς zum Versucher geh.; πειρα-τήρ-ιο-ν n. == πεῖρα, blutiges Prüfungsmittel, Folter, Blutgericht; πειρᾱ-τή-c m. (der sein Glück in Abenteuern versucht, auf Abenteuer, bes. auf Raub ausgeht, vgl. hym. Merc. 175) Scerräuber, Kaper, pirata⁷), πειρατ-ικό-ς scerräuberisch, πειρατ-εύ-ω Seeräuberei treiben, πειρατε-ία f. Seeräuberei (Hes.), πειρα-τήρ-ιο-ν n. Aufenthalt der Seeräuber (Seeräuberschaaren, Plut. Pomp. 21). — -πειρο-c: ἄ-πειρο-c unerfahren, unkundig (ἀ-πείρων Soph. O. R. 1089), ἀπειρ-ία, ἀπειρο-σύνη f. Unerfahrenheit; ἀπειρό-βιος des Lebens unerf., ἀπειρό-γαμος in der Ehe unerfahren, unvermählt (μήτηρ Maria, bei christl. Dichtern), ἀπειρό-κακος im Leiden unerfahren (Eur. Alk. 930), mit dem Bösen unbekannt (τὸ ἀπ. Gutartigkeit, Thuk. 5. 105)⁸); ἔμ-πειρο-c erfahren, kundig [Nbf. ἐμπείρ-, ἐμπερ-αμό-ς; (ἐμ-περ-jο, ἐμπρε-jο, ἐμ-πρεο) ἔμπρεον· ἔμπειρον Hes.]⁹); ἐμπειρ-ία f. Erfahrung, auf Erfahrung gegründete Kenntniss, Empirie, bes. im Ggs. der Theorie und wissenschaftl. Einsicht, ἐμπειρικό-ς empirisch, ἐμπειρέ-ω erfahren, kundig sein (Sp.), ἐμπειρά-ομαι (Hippokr.), -ζω (Pol.) einen Versuch machen.

πορ. — πόρ-ο-ς m. Durchgang, Furth, Weg, Pfad; Ausgang, Oeffnung, bes. die Poren des Leibes, übertr. Ausweg, Hilfsmittel, Mittel; ἔμ-πορο-ς m. Seefahrer, Reisender (Od. 2, 319. 24, 300, und Trag.); ὁδοί-ποροͅ-ς einen Weg machend, reisend, Subst. der Reisende, Wanderer (Il. 24. 375). — πορ-εύ-ω auf den Weg bringen, in Bewegung setzen, gehen oder reisen lassen, Med. sich in Bewegung setzen oder in B. gesetzt werden = gehen, reisen. wandern, marschieren (Fut. πορεύ-σομαι, Aor. ἐ-πορεύ-θη-ν); überh. gehen (in verschiedenen übertragenen Bedeutungen: ἐπ' ἔργον. διὰ τῶν λόγων u. s. w.); πορευ-τό-ς gegangen, bereist, wo man marschieren kann (τύπος), gelegene Zeit zum Marsch (καιρός), πορευτ-ικό-ς gehend, zum Gange, Marsche geh.; πορ-εύ-ς = πορθμεύς (s. unten, Hes.)[10]), πόρευ-σι-ς f. das Gehen, der Gang, die Reise, Marsch (Sp.), πορεύσι-μο-ς gangbar, wegsam, act. fähig zu gehen, zu reisen, πόρευ-μα(τ) n. = πόρευσις (νάϊον die Flotte, Eur. I. A. 300); πορε-ία f. id.; πορε-ῖο-ν n. Hilfsmittel den Weg zu bahnen, etwas von der Stelle zu bringen. — πορ-ίζω (Fut. πορίσω, att. ποριῶ, οῦμαι) in den Gang oder auf den Weg bringen, zuwege bringen, heimführen; verschaffen, Med. sich verschaffen, erwerben, verdienen[11]); πόρ-ιμο-ς fähig (Mittel und Wege) ausfindig zu machen, erfinderisch; fähig zu gewähren, bietend; πορ-ι-σ-τό-ς verschafft, erworben, πορισ-τικό-ς zum Versch. u. s. w. geschickt, πορι-σ-τή-ς m. der Herbeischaffende (in Athen Behörde zur Beschaffung ausserordentlicher Geldmittel, dem ταμίας τῶν κοινῶν προσόδων zur Seite gestellt, Boeckh), πορι-σ-μό-ς m. das Anschaffen, der Erwerb, πόρι-σ-μα(τ) n. das Erworbene, Gewinn.

πορ-θ. — πορθ-μό-ς m. Ort zur Ueberfahrt, Meerenge, Sund (Hom. nur Od. 4, 671. 15, 29; Ueberfahrt Soph. Tr. 568); πορθ-μί-ς f. = πορθμός; Schiff; πορθμ-εύ-ς m. Fährmann (Hom. nur Od. 20. 187), Schiffer, Seefahrer (Sp.), πορθμεύ-ω überfahren, übersetzen, spät. Prosa: Seefahrt treiben, πορθμευ-τ-ικό-ς sich mit dem Ueberfahren u. s. w. beschäftigend, πορθμευ-τή-ς m. = πορθμεύς (Sp.), fem. πορθμεύ-τρ-ια (Sp.), πόρθμευ-μα(τ) n. Ueberfahrt (Aesch. Ag. 1539); πορθμε-ῖο-ν (πόρθμ-ιο-ν Plut. de exil. 11) n. Ort zum Uebersetzen, Frachtschiff, Fähre, Führgeld (πορθμήϊα Κιμμέρια Her. 4, 12, 2. 4, 45, 9: wohl die schmalste Stelle des kimmerischen Bosporos, die Strasse von Jenikale, an deren Eingang später ein Ort Πορθμίον lag; H. Stein ad l.).

πορ = πυρ, πυλ[12]). — (vgl. μολ, μύλη, mola) πύλη (= Durchgedrungenes) = Durchgang, Zugang, Pforte, Thor, Thür (meist Plur., Sing. bisweilen = Thür- oder Thorflügel, Her. 3. 156), Engpass, Demin. πυλ-ί-ς (ίδ-ος) f.; πυλό-ω mit Thoren versehen, πύλω-μα(τ) n. Verschluss durch Thore, Thor; πυλ-ών (ὤν-ος) m.

Thor, Portal; Πύλαι = Θερμο-πύλαι der Engpass aus Lokris nach Thessalien; dann *Βαβυλώνιαι*, *τῆς Κιλικίας*, *αἱ Κασπικαί*; Πυλαία f. (*σύνοδος*) die Versammlung der Amphiktyonen zu Pylä (oder genauer zu Anthela bei Pylä) oder Delphi; das Recht Gesandte zu diesen Versammlungen zu schicken; der Versammlungsort selbst; *Πύλαιος* bei Pylä, die Vers. bei P. betreffend, und weil dabei eine bunte Menge von Menschen zusammenströmte: Possenreisser, Gaukler, als Appell. *πύλαιος* = possenreisserisch, gauklerisch, Subst. ἡ *πυλαία* bunte Menge; *πυλαιαστή-ς* (*πυλαῖστης* Suid.) Possenreisser, Marktschreier u. s. w., *πυλαϊκό-ς* possenhaft (Plut. Pyrrh. 29); *πυλᾶ-τι-ς* (*τιδ-ος*), fem. zu *πύλαιος* (*πυλάτιδες ἀγοραί* Soph. Tr. 636, *ὅπου συνίασιν οἱ Ἀμφικτύονες εἰς τὴν λεγομένην Πυλαίαν* Hes.); Πύλο-ς m. f. Name dreier Städte; Πύλαιο-ν n. Berg auf Lesbos; Personennamen: Πυλά-δη-ς, Πυλάιο-ς, Πύλα-ς, Πυλά-ων (ων-ος), Πύλεο-ς, Πυλοί-τη-ς.

par + par.

a) Durchdringen, durchstechen. — παρ + παρ, παρ + π[αρ]: πόρ-π-η f. Spitze zum Durchstechen, Spange, Schnalle[13]) (auch: ὁ ἀνοχεὺς τῆς ἀσπίδος εἰς ὃν ὁ πῆχυς ἀνίεται Hes.; also = πόρπαξ); πορπ-άω, -άζω mit einer Spange befestigen, πόρπα-, πόρπη-μα(τ) n. das mit einer Sp. befestigte Kleid, πορπη-δόν nach Art einer Spange (Suid.); πορπό-ω = πορπάω (Suid.); ἐπι-πόρπωμα (τὸ ἐπάνω τῆς πόρπης Hes.); πόρπ-αξ (ᾶκ-ος) f. = πόρπη, bes. die Handhabe in der inneren Wölbung des Schildes, πορπακ-ίζω an der Handhabe fassen.

b) Hinüberführen, geleiten. — παρ + παρ, πα + παρ, πα-μ-π[αρ], πε-μ-π (vgl. Skr. *pí-par-mi* führe hinüber, geleite, fördere): πέ-μ-π-ω schicken, senden, geleiten, begleiten[14]) (bei Homer das stehende Verbum für das Hinüberfahren des Fremdlings in die Heimat, vgl. Od. 8. 555; schützend geleiten Od. 6, 255. 11, 626) (Fut. πέμψω, Aor. ἔ-πεμψα, ep. πέμψα, Perf. πέ-πομφ-α, πέ-πεμ[π]-μαι, Part. πεπεμ-μένο-ς nur Phot., Aor. ἐ-πέμφ-θη-ν); Verbaladj. πεμπ-τό-ς geschickt, gesendet; (πεμπ-τι) πέμψι-ς f. das Schicken, Senden; πέμπ-ελο-ς hochbejahrt (Lykophr. 125, Beiwort des Tiresias, πέμπελον· λίαν γηραλέον; wohl von *par* = zum Ende, zum Ziele kommen); δυς-πέμφελο-ς (Beiwort des Meeres) schwer zu beschicken, schwer zu befahren, d. h. stürmisch, wild (Il. 16. 748); übertr. von Menschen: unfreundlich, mürrisch (Hes. O. 720)[15]). — πομπ: πομπ-ή f. Sendung, Geleit (mit dem Nebenbegriff des Schutzes, von Göttern und Menschen), Entsendung, Heimsendung; feierlicher Aufzug unter grossem Geleit; πομπ-ό-ς m. Geleiter, Begleiter, Führer, πομπα-ῖο-ς geleitend, πομπ-ικό-ς zum Geleit geh., daher: prächtig, prunkvoll, πόμπ-ιμο-ς entsendend, heimsendend; pass. gesendet; πομπ-ίλο-ς = πομπός ein die Schiffe begleitender Meerfisch (Schol. Il. 16. 407); πομπ-εύ-ς (πομπευ-τή-ς

Luc.) = πομπός, πομπεύ-ω = πέμπω: intr. in feierlichem Geleite
aufziehen; übertr. einherstolzieren, sich brüsten; spotten, höhnen
(weil man bei solchen Aufzügen ungestraft spotten durfte), πομπευ-
τήρ-ιο-ς zum feierl. Aufzuge geh.; πομπε-ία (πόμπευ-σι-ς Plat. Legg.
12. 949 c) f. das Begleiten und Mitgehen beim feierl. Aufzug,
auch der f. A. selbst, Spottrede, Verhöhnung, πομπε-ῖο-ν n. die zu
f. A. geh. Geräthschaft, auch das Gebäude in Athen für diese
Geräthschaften (Dem. 24. 39).

c) Darüber hinausgehen = sich auszeichnen; herankommen
= ähnlich sein[16]). — παρ + παρ, παρ + π[αρ], πρεπ: πρέπ-ω
(meist nur Präsensst.) sich auszeichnen; angemessen sein', sich zie-
men, schicken, πρεπ-τό-ς ausgezeichnet (Aesch. Eum. 874, Ar. Lys.
1298), πρεπόντ-ως auf geziemende Art, πρεπ-ώδης von gez. Art;
-πρεπ-ης: ἀρι-, δια-, ἐκ-πρεπής sehr, vor anderen ausgezeichnet;
ἀ-πρεπής unanständig, unschicklich. — Im schlimmen Sinne: πέρ-
περ-ο-c leichtsinnig, eitel, windbeutelig[17]), περπερ-εύ-ο-μαι wie ein
Leichtsinniger u. s. w. reden oder handeln, περπερε-ία f. Windbeu-
telei (Clem. Alex.).

pra-k durchdringen, durchfahren[18]).

πρᾱ-κ, πρᾱ-γ (κ zu γ): (πραγ-jω) πράσσω, neuatt. πράττω,
ep. ion. πρήσσω, durchdringen, durchfahren (ἅλα Od. 9. 491), bis
zum Ende befahren, einen Weg zurücklegen (κέλευθον Il. 14, 282.
Od. 13. 83 u. s. w., ὁδόν h. Merc. 203); daraus: zu Ende führen,
zu Stande bringen, ausrichten, ausführen, durchsetzen, betreiben,
eintreiben (eine Schuld, eine Strafe); überhaupt: thun, handeln;
(glücklich oder unglücklich ausrichten u. s. w. =) sich wohl oder
übel befinden, glücklich oder unglücklich sein (εὖ, κακῶς πράσσειν);
(Fut. πράξω, ep. ion. πρήξω; Perf. πέ-πρᾱγ-α, ion. πέ-πρηχ-α: intr.
πέ-πρᾱγ-α befinde mich, diese Form trans. nur Xen. Hell. 1. 4. 2.
Plut. Nic. 11; πράξομαι in pass. Bedeutung Plut. Rep. 5. 452 a)[19]). —
πρᾱκ erhalten in: πρᾱκ-ό-c (Inscr.) = delph. πράκτιμος, πρακτί-
μιος der Eintreibung der Strafe verfallen, straffällig. — Verbaladj.
πρακ-τό-ς gethan, zu thun, thunlich, πρακτ-έο-ς zu thun, πρακτ-
ικό-ς zum Thun geh., thätig, geschäftig, rüstig; (πραγ-τι) πρᾱξι-ς,
ion. ep. πρῆξι-ς, f. Wirkung, Erfolg, Geschäft, Unternehmen, Betreibung, Handlungsweise, Verfahren; intr. Zustand, Lage, Ver-
fassung, Demin. πραξείδιο-ν (E. M. 230. 9); πρακ-τύ-ς f. = πρᾶξις
(E. M. 316. 34); πρακ-τήρ, ion. ep. πρηκ-τήρ (τῆρ-ος), m. Ver-
richter, Vollbringer (Il. 9. 443), Handelsmann (Od. 8. 162): attisch:
Geldeintreiber, Executor, πρακτήρ-ιο-ς vollbringend, ausführend
(Aesch. Suppl. 518); πράκ-τωρ (τορ-ος) m. = πρακτήρ, πρακτορ-εία
f. Erwerbsthätigkeit (Stob. ecl. eth. p. 352). — πρᾶγ-μα(τ), ion.
πρῆγ-μα(τ), n. das Vollbrachte, That; das Thun, Thätigkeit, Unternehmen, bes. Geschäft, Pflicht; im schlimmen Sinne: Plackerei,
Händel; Staatsgeschäft, Staatswesen, Staat; Ereigniss, Sache, Ding;

Zustand, Lage, Verhältnisse; Demin. πραγμάτ-ιο-ν n.; πραγματ ία-ς
viel zu thun machend (ὁ πράγματα καὶ ἀηδίας παρέχων B. A. 58).
πραγματ-ικό-ς geschäftig, tüchtig, Subst. Staatsmann, Rechtskenner,
Anwalt; das Handeln, die Geschäfte, bes. Staatsgeschäfte betreffend
(πρ. ἱστορία die politische, Staatengeschichte Plut.), πραγματο-ειδής,
πραγματ-ώδης voll von Geschäften, mühsam; πραγματ-εύ-ο-μαι,
ion. πρηγματ-, D. M. (doch auch Aor. P. Her. 2. 87 mit act. Bedtg.,
Perf. in pass. Bedtg. Plat. Ap. 22 b, Parm. 129 c) ein Geschäft
betreiben, sich angelegentlich bemühen, aussinnen, zu Stande bringen;
absolut: thätig, geschäftig sein, trügerisch handeln, πραγματευ-τ-ικό-ς
in Geschäften erfahren (Sp.), πραγματευ-τή-ς m. Geschäftsmann,
Handelsmann (ἔμπορος Suid.), πραγματε-ία f. Betreibung eines Geschäftes, Beschäftigung, Arbeit, Studium; das Erzeugniss geistiger
Beschäftigung, Schriftwerk, Buch (Τρωϊκή πρ. der troische Sagenkreis, Soph. arg. Ai.), πραγματει-ώδης wie ein Geschäft, eine Arbeit
aussehend (Plat. Parm. 137 b). — πρᾱγ-ος (πράγ-ους) n. poet. =
πρᾶγμα.— -πραγμον: ἀ-πράγμων geschäftslos, sorglos, ἀπραγμο-σύνη
f. Unthätigkeit, Freisein (otium), Müssiggang; κακο-πράγμων schlecht
handelnd, boshaft, tückisch, κακο-πραγμοσύνη f. Bosheit, Tücke; πολυ-
πράγμων vielgeschäftig, bes. im schlimmen Sinne: sich unberufen in
Vielerlei mengend, vorwitzig, neugierig, neuerungssüchtig u. s. w.,
πολυ πραγμοσύνη f. Vielgeschäftigkeit, bes. unnütze, Vorwitz u. s. w.

    para darüber hinaus, jenseits [20]).
    περα. — πέρᾱ f. das Jenseitige, jenseits gelegene Land (ἐκ
πέρας Ναυπακτίας Aesch. Suppl. 262. D.), πέρᾱ-θεν, ion. πέρη-θεν,
von jenseits her; πέρᾱ-ν (Acc.), ion. ep. πέρη-ν, jenseits, gegenüber (vgl. Skr. param), dazu Comp. περαί-τερο-ς, Adv. περαι-τέρω:
περα-ῖο-ς jenseitig, jenseits befindlich, περαιό-θεν = πέραθεν,
περαιό-ω auf das jenseitige Land oder Ufer übersetzen; Med. übersetzen, hinüberfahren (Hom. nur περαιωθέντες Od. 24. 437), πε-
ραιωτ-ικό-ς zum Uebers. geh., geschickt, περαίω-σι-ς f. das Uebersetzen; περαῖ-τη-ς m. Bewohner des jenseits gelegenen Landes (Sp.);
πέρα-το-ς jenseitig, meist f. περά-τη (χώρα, γῆ) jenseitiges Land [21],
περάτη-θεν = πέραθεν (Ap. Rh. 4. 54), περατ-ικό-ς jenseits wohnend. — (partial, περjατ) πειρατ, περατ [22]): πέρ-ας (ᾰτ-ος) n. (das
jenseitige) Ende, Gränze, Ziel, Ausgang, Erfolg (vgl. Skr. páras
das jenseitige Ende, Ufer; das Letzte, Aeusserste, Ziel PW. IV.
666); poet. πεῖρ-αρ, ion. πεῖρ-ας (ᾰτ-ος) (πείρατα auch die Enden
der Schiffstaue, die Taue selbst); περατ-ό-ω (περατ-εύ-ω Hes.) endigen, begränzen, περάτω-σι-ς f. Endigung, Begränzung; περα-σ-μό-ς
m. id. (LXX); ἄ-πειρο-ς ohne Ende, unendlich; ἀ-πείρ-ων (ον-ος)
unbegränzt, gränzenlos, unendlich, unermesslich; (ἀ-περ-Ϝε[ν]-τιο)
ἀ-πειρ-έ-σιο-ς, (ἀ-περ-(Ϝ)εν-τιο) ἀ-περ-εί-σιο-ς id.; ἀ-πείριτο-ς id.
(πόντος Od. 10. 195; ὅμιλος h. Ven. 120; oft sp. Dichter). —
(περα-, περε-) πρέ-μνο-ν n. Wurzelende, Stammende, Stamm, Block;

Grundlage[23]), Demin. πρέμν-ιο-ν n. (τὰ πάχος ἔχοντα ξύλα Hes.), πρεμν-ίζω mit Stumpf und Stiel ausrotten, πρεμνι-άζω id. (ἐκριζῶσαι Hes.). — (περαν-jω) περαίνω beendigen, vollenden, vollbringen; intr. sich erstrecken, reichen (Fut. περανῶ, Aor. ἐ-πέρᾱν-α, Perf. πε-πέρα-σ-μαι), πιραν-τ-ικό-ς zum Vollenden, Folgern geschickt (πε-ραντικοὶ λόγοι eine Art Syllogismen; Schol. ad Arist. Equ. 1375: δυ-νάμενος πέρας τοῖς λόγοις ἐπιτιθέναι). — Πειραι-εύ-ς (Gen. -έως, att. -ῶς, Acc. -ᾶ) m. der berühmte, durch die langen Mauern mit Athen verbundene Hafen, als Demos zur hippothoontischen Phyle gehörig.

para, pra vor[24]).

προ. — πρό vor 1) Adv. a) des Ortes: voraus, voran, vorn, b) der Zeit: vorher. 2) Präp. mit Gen. a) vom Orte: vor, vor-wärts, vor = in Gegenwart, b) von der Zeit: vor, c) übertr. vor Jemand = zum Schutze, zum Besten, für; vor = mehr als, lieber als. In der Zusammensetzung: a) mit Verben: vor, vor-wärts (προ-ίστασθαι, προ-άγειν); vor, voran (προ-αιρεῖσθαι, προ-έχειν); vorher, voraus (προ-αγορεύειν, προ-λαμβάνειν); für, zum Besten (προ-ορᾶν); b) mit Subst.: vor, räumlich (πρό-θυρον), zeitlich (προ-πάτωρ), Stellvertretung (πρό-ξενος); c) mit Adject.: vor (προ-θέλυ-μνος), Neigung (πρό-θυμος), Vorzeitigkeit (πρό-μοιρος), verstärkend (πρό-πας); d) mit Adverb.: früher (προ-πάλαι); e) mit Präpos.: vor-wärts, fort (ἀπο-πρό, δια-πρό u. s. w.). — Compar. πρό-τερο-ς der vordere, frühere, vorige (οἱ πρότεροι die Vorfahren); vor-angehend, vorzüglicher; Adv. πρότερο-ν, örtlich: προ-τέρω weiter vor, vor, vorwärts (dazu Compar. προτεραί-τερο-ς, komische Steige-rung: noch eher als zuerst Arist. Equ. 1165); προτέρω-θε von früher her (E. M.), προτέρω-σε nach vorn hin; προτερα-ῖο-ς am Tage vorher (ἡ, προτεραία, erg. ἡμέρα, der Tag vorher); προτερέ-ω vor oder vorn sein, den Vorzug oder einen Vortheil haben, προτέρη-σι-ς f. (Heliod. 4. 20), προτέρη-μα(τ) n. Vorzug, Vorsprung, Vor-rang, Vortheil, Sieg. — (προ-ιον, προ-ιν) πρ-ίν[25]) (Comp.) Adv. früher, eher, vorher, zuvor, vormals; Conj. bevor, ehe, bis dass (urspr. ῑ; Zeugniss dafür: bei Hom. nicht bloss in der Arsis, son-dern auch in der Thesis des 3. Fusses nach der Cäsur ῑ; doch schon bei Hom. und späterhin allgemein ῐ). — πρό-μο-ς m. der Vorderste, Vorkämpfer, Vorsteher, Anführer[26]). — (προ-τjο, vgl. ὕπ-τιο-ς, Adv. προ-τjω) πρό-σσω, πρό-σω (verkürzt), πόρ-σω (Metath.), πόρ-ρω (Assim.) Adv.[27]), räumlich: nach vorn hin, vorwärts; zeit-lich: vorwärts, ♦n die Zukunft (Comp. Sup. προσσώ-τερο-ς, -τατο-ς, Adv. προσσω-τέρω, -τάτω). — (pra-va, pra-va-i Local, prav-i, προϜ-ῑ) πρω-ῑ, att. πρῴ, Adv., früh, früh Morgens, frühzeitig (Comp. Sup. πρωϊ-αί-τερο-ν, -τατα)[28]), πρωϊ-θεν von früh an (Suid.); (pra-v-jn, προ-Ϝ-ιο) πρώ-ϊο-ς = Adv. πρωΐ (πρή-ϊο-ν n. πρότερον Hes.), πρω-ΐα f. (ὥρα) die Frühstunde, der Morgen (Sp.); (Acc. Sing. fem. πρω-ΐη-ν) πρῴ-ην (Hom. nur Il. 5, 832. 24, 500), πρών (Kallim. fr. 178 B.); πρωϊό-τη-ς (τητ-ος) f. Frühzeitigkeit. — (pra-ra-ta, πρα-Ϝα-τα) πρᾶ-το-ς dor., (προ-Ϝο-το) πρῶ-το-c (vgl. ϑάϜαχος, ϑᾶχος, ϑῶχος) der vorderste, früheste, erste; Adv. (τὸ) πρῶτο-ν, (τὰ) πρῶτα erstlich, zuerst, zum ersten Male; mit Conj. der Zeit: nachdem einmal, sobald als, cum primum; πρωτ-εύ-ω der erste sein, den Vorrang haben, πρωτε-ῖο-ν n. der erste Rang, Siegespreis; Superl. πρῶτ-ιστο-c (poet., einzeln in späterer Prosa) der allererste, Adv. πρώτιστο-ν, πρώτιστα allererst, vorzüglich, προτιστ-εύ-ω der allererste sein (Sp.); Πρωτ-έα-ς, Πρωτ-εύ-ς, Πρωτ-ώ (eine Nereide Il. 18. 43). — (pra-van-, πρα-Ϝον-, πρη-Ϝον-) πρη-ών (ῶν-ος Hes. sc. 437, und sp. Dichter), πρε-ών (όν-ος Krinag. Anth. Palat. VI. 253; -ῶν-ος Pind.), πρών (πρῶν-ος Hom. Pind. Aesch.), πρώ-ον-εc (Hom.) m. hervorragende Höhe, Gipfel. — (pra-ra-na, πρα-Ϝα-νο) dor. πρᾶ-νό-ς, sonst (praran + Suff. as: praran-as) πρᾶν-ής, att. πρηεν-ής vorwärts geneigt, abschüssig, kopfüber, häuptlings (πρανόν· τὸ χατωφερές, πρανές Hes.), πρηνη-δόν vorwärts (Nonn.), πραν-ίζω att., πρην-ίζω (Fut. -σω, -ξω) vorwärts oder kopfüber stürzen (ἐπὶ πρόσωπον ῥίπτω Eust., πρανι-χϑέντα· τὰ ἐπὶ στόμα πεσόντα Hes.); ἐ-πράνω-σεν· χατέβαλεν (Hes.). — (πρω-ι Local, s. p. 483, vorn) *πρωι-ρα, πρῷ-ρα (πρώ-ρα), ion. ep. πρώ-ρη, f. das Vordertheil des Schiffes (eig. Adj. fem., als solches noch: νηῦς πρῴρη, navis adversa, nach vorn gerichtet Od. 12. 230), Nbf. *προ-Ϝερ-ια, *προ-Ϝερρα) πρώ-ειρα (Herod. in E. M. p. 692. 35, Apoll. Rhod. I. 372, Merkel nach Bergk)[29]; πρῷρᾶ-ϑεν vom Vordertheil her; πρωρά-τη-ς m. Untersteuermann (auf dem Vordertheile des Schiffes, Ggs. πρυμνη-τή-ς) πρωρατ-ικό-ς zum U. geh., πρωρατ-εύ-ω U. sein; χυανό-πρωρο-ς, χυανο-πρῴρειο-ς mit stahl- oder dunkelblauem Vordertheil, schwarzgeschnäbelt. — προ = πρυ (äolische Art, vgl. διαπρύσιος pag. 478): πρυ-μνό-c der äusserste entweder als vordere oder hintere, hier: der letzte, hinterste, unterste (πρυμνό-τατο-ς Od. 17. 463) [zu diesem Umschlag des Begriffes vgl. Skr. úl-tara ὕσ-τερο-ς pag. 90, upa über, unter u. s. w. pag. 91, al-tu-s pag. 43], πρύ-μνα, ion. ep. πρύ-μνη, (eig. Adj., erg. ναῦς, mit unregelm. Accent) f. das Hintertheil des Schiffes, Schiffsspiegel[36]); πρυμνη-ϑεν, πρυμνό-ϑεν vom H. her, πρυμνη τή-ς m. der Steuermann (auf dem Hintertheile des Schiffes, vgl. πρωράτης), übertr. Herrscher; πρυμνα-ῖο-ς vom H., πρυμνή-σιο-ς zum H. des Schiffes geh., meist Pl. τὰ πρ. (erg. δεσμά oder σχοινία) die starken Taue, mit denen das Schiff vom H. aus am Lande befestigt wurde, Hintertaue, πρυμνη-τ-ικό-ς id. Ath.; Πρυμν-εύ-ς ein Phäake (Od. 8. 112). — πρύ-λέες (-λέων, Dat. πρύλεσσι, πρυλέεσσι) m. Vorkämpfer, schwerbewaffnete Fusskämpfer[31] (πρόμαχοι, πεζοί. πεζοὶ ὁπλῖται Schol.); Adj. dichtgedrängt (Opp. Kyn. 3. 124). — πρύ-τανι-c (vgl. ἐπ-ηε-τανό-ς) m. Obmann, Fürst, Herrscher, die höchste obrigkeitl. Person[32]) (bes. in Athen im Rath der 500 der 10. Theil derselben, die 50 zu einer φυλή gehörigen βουλευταί, welche während einer πρυτανεία an der Spitze des Staates standen), πρυταν-ικό-ς zum πρύτανις oder zur πρυτανεία geh.'; πρυταν-εύ-ς (Harpokr.), πρυταν-ευ-τή-ς (Sp.) = πρύτανις, πρυταν-εύ-ω Prytan sein (in Athen: φυλὴ πρυτανεύουσα, welche gerade die πρυτανεία hatte), herrschen, obwalten; πρυταν-ε-ία, ion. -η-ίη f. die Prytanie (die Zeit von 35—36 Tagen, im Schaltjahre 38—39, während welcher jede der 10 φυλαί in Athen, nach dem Loose abwechselnd, die Geschäfte durch ihre Prytanen besorgte, so dass die 10 Prytanien regelmässig das Jahr ausfüllten; auch von anderen nach gewissen Zeitabschnitten wechselnden Aemtern); πρυταν-ε-ῖο-ν, ion. -ῆ-ιο-ν (eig. Adj. n. von πρυτανεῖος) n. öffentl. heil. Gebäude in den griech. Städten, mit seinem heil. Heerde gleichsam den Hausaltar der Staatsfamilie vorstellend (in Athen am nordöstl. Fusse der Burg gelegen); Gerichtshof zu Athen; τὰ πρ. Gerichtsgelder.

para vor, voran, vorher[33]).

πάροc nur poet.: Adv. vorher, früher, sonst (beim Präs. zur Bezeichnung des sonst Gewöhnlichen); Conj. bevor, ehe; Präp. vor, Trag. (bei Hom. nur Il. 8. 254: Τυδείδου πάρος, also nachgestellt)[34]); πάροι-θε(v) nur poet.: Adv. vorn, an der Vorderseite, voran; vorher, zuvor, vormals; Präp. vor, im Angesicht, gegenüber; προ-πάροι-θε(v) nur poet.: Adv. vorn, voran, davor; vor, in Gegenwart, vor Augen; vorwärts; zuvor, vorher; Präp. vor, davor hin, entlang, längs; Compar. παροί-τερο-ς (ep. und spät. Dichter) der vordere, voran seiend (Hom. nur Il. 23. 459. 480), Adv. παροιτέρω Ap. Rh. 3. 686 (doch Brunck: περαιτέρω).

para weg, ab, fort, hin[35]).

παρά (Instr.), παρα-ι (Local) ep., πάρ (Hom. häufig, Pind. sehr häufig, Trag. selten, nie Aristoph. und Attiker), πέ (Inschr.): a) Adv. nur episch: daneben, dabei, daran. b) Präpos. neben, an — hin, vorbei. 1) mit Dativ: bei, neben, in Gegenwart, vor; 2) mit Genitiv: von Seiten, von'— her; 3) mit Accus.: örtlich: zu, nach, neben — hin, längs; zeitlich: während; causal und übertr.: wider, gegen, entgegen; ausser, darüber hinaus; im Vergleiche mit, vor (prae); gemäss, in Uebereinstimmung, in Folge. — In der Zusammensetzung: neben bei, neben her (παρ-ίστημι, παρά-κειμαι); hin, hinzu (παρα-δίδωμι, παρ-έχω); daran vorbei, darüber hinaus (παρ-έρχομαι, παρα-τρέχω); Uebertreten, Verfehlen, deutsch ver- (παρα-βαίνω, παρα-γιγνώσκω); wider, entgegen (παρα-νομέω); Verwandlung „um" (παρα-πλάσσω, παρα-πείθω). — πάρα anastrophirt: 1) statt παρά, dem Subst. nachgesetzt, 2) statt πάρεστι, πάρεισι.

pari um, herum[36]).

περί Grundbedeutung: um, über, sehr (äol. περ) [πὰρ πολέμω inscr. = περὶ πολέμου, altes α erhalten]: a) Adv. (episch): um,

herum; ausserordentlich, überaus, vorzüglich. b) Präp. „um“.
1) mit Gen.: um, herum; für, über, von, rücksichtlich, in Betreff;
über — hinaus, vor (περὶ πολλοῦ ποιεῖσθαι u. s. w.), 2) mit Dativ:
herum, um, für, wegen, 3) mit Acc. um, herum, in — umher;
gegen (ungefähre Angabe); mit (Beschäftigung); in Betreff, in
Rücksicht, gegen, an, mit, über, in, wegen. — In der Zusammensetzung: um, ringsum (περι-βάλλω, περι-βλέπω); darüber hinaus,
über (περι-γίγνομαι); den Grundbegriff steigernd: περι-καλλής, -χαρής.
vgl. per-magnus u. s. w. — πέρι anastrophirt: 1) dem Subst. nachgesetzt, 2) hom. = vorzüglich, ausserordentlich (πέρι μὲν θείειν
ταχύς u. s. w.). c) = περίεστι. — -πὲρ enklit. Particel (verkürz-
tes περί) dient zur nachdrückl. Hervorhebung 1) sehr, ganz (episch
nach Adj. und Adv.: ἀγαθός περ ἐών, ὀλίγον περ u. s. w.), 2) in
Bezug auf einen anderen Gedanken: a) gerade, eben, doch, b) bei
entgegengesetzten Begriffen: durchaus, jedenfalls, doch, doch wenigstens, c) concessiv: wie sehr, wie sehr auch, obgleich, 3) in
Verbindung mit Conjunct. εἰ, ὅτε u. s. w.; mit Relat. ὅς, οἷος, ἔνθα,
ὅθι, ὡς. — πέρι-ξ 1) Präpos. (bes. ion. und poet.) rings herum,
rund herum, um (bisw. nachgestellt: τὴν πέριξ Her. 4. 52. 79),
2) Adv. ringsumher. — (περι-τjο-) περι-σσό-ς (vgl. προ-τιο = πρόσσω
pg. 483), neuatt. περι-ττό-ς, was über ist, übermässig, ungerade[37]):
a) im guten Sinne: aussergewöhnlich, ausgezeichnet, trefflich,
b) häufiger tadelnd: übermässig, überflüssig, allzu-gross, -viel d. h.
eitel, vergeblich, unnütz, c) ungewöhnlich, sonderlich, d) von
Zahlen: ungerade, ungleich; Περί-τιο-ς maked. Monatsname (vermuthlich der Schaltmonat); περίτια καὶ περιῆτες· περιῆτες μὲν οἱ
φύλακες, περίτια δὲ Μακεδονικὴ ἑορτή (Hes.); Adv. περισσά-κις auf
eine ungerade Weise, in Zahlverhältnissen; περισσό-τη-ς (τητ-ος)
f. Uebermaass, Ueberfluss, Uebertreibung; (*περισσό-ω) περίσσω-
σι-ς f. das Ueberfliessen, der Ueberfluss, περίσσω-μα(τ) n. das Uebrig-
gebliebene, bes. Koth, Auswurf, Bodensatz, περισσωματ-ικό-ς zum
Uebriggebl. u. s. w. geh.; περισσ-εύ-ω überzählig, überflüssig sein;
sich auszeichnen, vorzüglich sein, περίσσευ-μα(τ) n. = περίσσωμα
(N. T.), περισσε-ία f. Ueberfluss, Vorzug (LXX).

prati entgegen, hin, zu[38]).

προ-τί, πρό-ς, dor. ep. auch πο-τί (ark. πό-ς, kret. πορ-τί,
πορ-τ') a) Adv.: noch dazu, ausserdem, überdies. b) Präpos. „bei,
zu“: 1) mit Dat.: bei, an, auf, in, vor; hinzu, ausser. 2) mit
Gen.: bei, an, in der Nähe; vor, im Angesicht; von — her; von
Seiten, wegen, durch. 3) mit Accus.: nach — hin, auf — zu,
auf — los, gegen, an; in Betreff, hinsichtlich; im Vergleiche
mit, gegen; gemäss, entsprechend; über, wegen, in Folge, zu;
gegen (zeitlich). — In der Zusammensetzung: Richtung wohin
(προς-ιέναι, προς-άγειν), Verweilen, Beschäftigung (προς-εῖναι, προς-
κεῖσθαι); Hinzufügen (προς-τιθέναι, προς-αποβάλλειν). — πρός-θεν,

ion. poet. auch πρόc-θε (äol. πρόσ-θα), Adv.: vorn, voran, vorwärts; zeitlich: vorher, früher, sonst; Präp. mit Gen.: vor; πρόσθ-ιο-ς der vordere, vorn, προσθ-ίδιο-ς id. (Nonn. D. 1. 315); προc-έτι noch dazu, obendrein, ausserdem (vgl. ἔ-τι pag. 2).

par[1]).

per. — pĕrĭ-ri = πειρά-ω, Perf. perĭ-tu-s sum (vgl. z. B. quod periti sumus in vita atque usu callemus magis, Acc. ap. Non. p. 258. 2); Part. perĭ-tu-s (der sich versucht hat, der erfahren hat) erfahren, klug, kundig, geschickt[39]), Adv. perite; perĭt-ia f. Erfahrung, Kenntniss; com-pĕrī-re (-pĕri, -pertu-s), seltener com-pĕrĭ-ri (-pertu-s) zuverlässig erfahren, sichere Ueberzeugung gewinnen (Subst. comper-tū evidentia App. Met. 1); ex-pĕriri prüfend versuchen, prüfen, erproben; speciell: sein Recht versuchen, klagbar werden (Perf. expertu-s sum u. s. w. weiss durch Erfahrung), Part. exper-tu-s erkannt, erprobt; Part. act. expĕrien-s viel versuchend, unternehmend, thätig; davon expĕrient-ia f. Versuch, Probe, Erfahrung, Uebung, Kenntniss; exper-ti-ō(n) f. id. (Vitr. 8. 5), expĕrī-mentu-m n. = expĕrientia; Pl. Erfahrungen, Wahrnehmungen; im-pĕrī-tu-s = ἄ-πειρος, imperit-ia f. = ἀπειρία; expĕritos (imperitos Paul. D. p. 79. 15); **pĕrĭ-cŭlu-m** (= πεῖρα), poet. pĕrĭ-clu-m n. (urspr. ein Werkzeug oder eine Handlung zum Versuchen, dann =) Versuch, Probe, Uebung, (und da der Versuch die Gefahr des Misslingens in sich schliesst =) Gefahr, pĕricŭl-ōsu-s gefahrvoll, gefährlich; pĕricŭl-ō(n) m. Stümper (Commodian. 12. 11); pĕricŭlā-ri (Fest. p. 242), pĕric[u]lĭ-tā-ri = expĕriri; bes. gefährden, in Gefahr bringen; gefährdet sein, in Gefahr sein, pĕriclĭtā-ti-ō(n) f. Versuch, pĕriclĭtā-bundu-s probirend, versuchend.

por. — por-ta f. (Durchgedrungenes =) Durchgang, Zugang, Pforte, Thor, Demin. portŭ-la, portel-la f., port-āriu-s m. Thürhüter (Vulg.); portŭl-āca f. Portulak (nach Gesner von den einem Pförtchen ähnlichen Blättern). — **por-tu-s** (tūs) m. (von wo und wohin man übersetzt) Hafen, übertr. Zufluchtsort (Gen. porti Turpil. ap. Non. p. 491. 20), portĭ-tor (tōr-is) m. Hafenzöllner, Zöllner, portĭtōr-iu-m n. Zollhaus (τελωνεῖον, Gloss. Gr. Lat.), por-tŏriu-m (statt portĭtor-iu-m) n. Hafenzoll; portu-ōsu-s hafenreich, portu-ensi-s (port-ensi-s Gruter inscr.) zum Hafen (von Ostia) geh., portuensisch; Portū-nu-s m. Schutzgott der Häfen (Portunus a portu Cic. n. d. 2. 26. 66)[40]); (*portu-s Gelegenheit:) (ob-) op-portū-nu-s gelegen, bequem, günstig, passend, dienlich; ausgesetzt, preisgegeben, opportuni-ta-s (tātis) f. gelegene Beschaffenheit, günstige Lage oder Zeit, Vortheil; Ggs. im-portū-nu-s nicht gelegen, ungelegen, unbequem u. s. w., übertr.: zudringlich, barsch, ungestüm (importunum, in quo nullum est auxilium, velut esse solet portus navigantibus Paul. D. p. 108. 19), importuni-ta-s (tātis) f. Ungelegenheit u. s. w.; Zudringlichkeit u. s. w. — **portĭ-cu-s** (cūs) f. (quasi

porta Isid. or. 15. 5) Säulengang, Halle, Gallerie; Vorhof, Wetterdach, Schutzdach, Demin. *porticŭ-la* (*-lu-s* Murat. inscr. 1716. 14),
portic-un-cula (vgl. *av-un-culus* pag. 67, Or. inscr. 4821); *porticŭ-
li-ŏ(n)* f. Reihe von Gallerien, Halle (Dig. 11. 7. 37).

par herankommen = ähnlich sein [16]).

St. *păro:* (**paru-s*) **pără-re** gleichschätzen, vergleichen [41])
(vgl. *se paraturum cum collega* Cic. ad fam. 1. 9. 25); *aequi-
parare* gleichmachen, gleichstellen; meist: gleichkommen, Jemand
erreichen, *aequi-parant-ia* (Tert.), *-parä-ti-ŏ(n)* (Gell.) f. Gleichstellung,
Vergleichung, *acqui-parā-bili-s* vergleichbar (Plaut.); *com-parāre*
vergleichend zusammenstellen = vereinigen, ausgleichen, vergleichen, *comparā-ti-ŏ(n)* f. Zusammenstellung, Ausgleichung, Vergleichung, Vergleich (grammat. Comparativ, Steigerungsverhältniss),
comparā-tu-s (*tūs*) m. id. (Vitr. 7. pr. §. 17), *comparā-tor* m. Ver-
gleicher (Julian.), *comparat-īvu-s* zur Vergleichung dienend, auf V.
beruhend (grammat. die V. betreffend), *comparā-bili-s* vergleichbar;
dis-parāre aus einander bringen, absondern, trennen, zertheilen,
dispara-ti-ŏ(n) f. Trennung (Vitr.); *se-parāre* = *disparare, separā-
ti-m* besonders, abgesondert, nicht zusammenhangend, *separā-ti-ŏ(n)*
f. Absonderung, Trennung, *separā-tu-s* (*tūs*) m. id. (App.), *se-
para-tor* m. Absonderer (Tert.), *separat-īvu-s* trennend, absondernd
(*coniunctio, praepositiones* Diom., Prisc.), *separā-bili-s* trennbar (Cic.
Tusc. 1. 10. 21); (*sub-*) *sup-parāre* wenig gleich machen (Tert.).
— St. *pari:* **pār** (Nom. fem. *)ari-s*, Accius ap. Prisc. p. 764)
Adj. gleichkommend, gleich, gleichmässig, gleichartig, Subst. n.
par das sich Gleiche, das Paar [41]), Adv. *parĭ-ter; parĭ-ta-s* (*tāti-s*)
f. Gleichheit (Sen. suas. 7); *parĭ-li-s* gleich, gleichförmig (Lucr.,
Ovid.), *parĭli-ta-s* (*tātis*) f. = *parilas* (App. Met.), *pari-ā-re* ausgleichen, gleich sein (Dig., Tert.); *-par, -parĭli-s: aequi-par* völlig
gleich (Auson., Appul.); *com-par* völlig gleich, Subst. comm. Genosse, Genossin, *comparĭ-li-s* id. (Auson., Arnob.); *dis-par* verschieden, ungleich, *disparĭ-li-s* id.; *im-par* = *dispar*; spec. nicht
gewachsen, nicht gleichkommend, niedriger, geringer, *imparĭ-li-s*
(Aur. Vict. Caes. 14); *se-par* abgesondert, getrennt (Val. Fl., Stat.
Th., Solin.); (*sub-*) *sup-par* fast gleich.

para darüber hinaus, jenseits [20]).

(**peru-s*) [42]) **peren-die** (= **pero-m die-m*, vgl. osk. *perum*
= *praeter*) den Tag darüber hinaus, den anderen Tag, übermorgen,
peren-dĭ-nu-s zu übermorgen geh., übermorgend, *perendinā-ti-ŏ(n)*
f. die Verschiebung auf übermorgen (Marc. Cap. 9. 304). — **per-
pĕru-s** (im schlimmen Sinne, vgl. πέρπερο-ς pag. 481) unrecht,
fehlerhaft, Adv. *per-pera-m* unrecht, irrthümlich, aus Versehen,
perperi-tū-d-o (*in-is*) f. das fehlerhafte Betragen (Acc. ap. Non.
p. 150. 14). — *per-egre, per-egrīnu-s* u. s. w. (siehe pag. 18).

para vor, voran, vorher[33]).

päla-m (adverb. Accus., vgl. *cla-m*, *perpera-m*, *oli-m*) vor aller Augen, vor den Leuten, *palam est* es ist bekannt, offenbar, mit Abl. öffentlich (*te palam*, *palam omnibus*)[43]); vgl. pag. 485 πάροι-θεν, προπάροιθεν; *dis-päle-sc-ěre* überall bekannt werden (*perisse satius est, quam illut flagitium vólgo dispaléscere* Plaut. Bacch. 1046 Fleck.).

para, pra vor[34]).

prŏ vor; woneben ein später gebildeter Ablativ: *prōd-*, *prŏ* (vgl. *prod-ius*, Comp. weiter vor, Varro ap. Non. p. 47. 13)[44]) 1) Adv. *pro quam* nach dem wie, in dem Maasse als; *pro ut* so wie, je nachdem, gleichwie, 2) Präp. mit Abl.: vor; übertr. auf Seiten, für, zu Gunsten, um willen; für = statt, anstatt; nach Maassgabe, nach, im Vergleich, gemäss, vermöge, kraft. In der Zusammensetzung: vor, hervor (*prod-ire*, *pro-currere*); für (Schutz, Nutzen: *pro-pugnare*, *prod-esse*), verstärkend (*pro-clamare*). — (*pra-i* Locativ =) **prae** (*pri enim antiqui pro prae dixerunt* Fest. p. 226) 1) Adv. vor, voran, voraus; im Vergleich mit, gegen, 2) Präp. mit Abl. vor, vorher; im Vergleich mit, vor, gegen. In der Zusammensetzung: vor, vorher, voran (*prae-dico*, *prae-ceps*), vorbei (an der Vorderseite: *prae-gredi*, *prae-ire*); mit Adj.: sehr, zu (*prae-longus*, *prae-gravis*, selten übertragen: *prae-doctus*); *prae-ter* (Compar.) vorbei, ausserhalb: 1) Adv. vorbei = vor, über, mehr als; ausser, ausgenommen; 2) Präp. mit Acc.: an oder vor vorbei, vorüber, vorhin; über, ausser, wider, gegen. In der Zusammensetzung: vorbei, vorüber (*praeter-fluere*, *praeter-ire*); ausser (*praeter-ea*), weiter (*praeter-inquirere*). — (**pra-ior*) **pr-ior**, *pr-ius* (Comp.) der frühere, vorige, vorhergehende, erstere, vordere, bessere, vorzüglichere, *prior-ā-tu-s* in. Vorzug (Tert.); (*pra-ius-*, *prius-*, *pris-*) **pris-cu-s** früher gewesen, alt (mit dem Begriff der Ehrwürdig-keit, ἀρχαῖος; vgl. *illud erat insitum priscis illis, quos cascos appellat Ennius*, Cic. Tusc. 1. 12. 27); übertr. früher, vorig, streng (nach alter Weise); Adv. *prisce* nach alter Weise, geradeweg, strenge; *Tarquinius Priscus* der 5. röm. König; *Prisci-ānu-s* lat. Grammatiker zur Zeit des Justinian; *Prisci-ānu* f. Stadt in Mauretanien (Mela 3. 10); **pris-tinu-s** (vgl. *diu-tinu-s*, *cras-tinu-s*) vorig, vormalig, ehemalig; bes. nächstvergangen, vorig; seltener = *priscus*. — (**pro-imu-s*, Superl., =) **pri-mu-s**[45]) der erste, zuerst; der vorderste, äusserste, nächste (Subst. n. Pl. *prima* die An-fänge, Elemente); dem Range nach: der erste, vorzüglichste, vor-nehmste, Dem. *primŭ-lu-s* (Plaut. Amph. 2. 2. 105); Adv. *primo* zuerst, anfangs, zur Bezeichnung der Zeit (= *initio*; mit folgendem: *post*, *postremo*, *iterum* u. s. w.) |vgl. *nam quum non variae causae aut rationes enumerentur, sed priori tempori posterius opponatur, dicendi usus „primo" postulat*, Kritz ad Jug. 29. 3]; *primu-m* zuerst, erstlich, bes. bei Aufzählung von Gründen (*primum, deinde, tum, postremo; ut primum* sobald als, *quam primum* sobald als möglich, ehestens, möglichst bald); *prime* vorzüglich (Naev. ap. Char. 2. p. 188); *ad-prime* vorzüglich (nur vor Adject.: *apprime probus, doctus* u. s. w., doch nicht in mustergültiger Prosa; beim Verbum erst spätlat.), *cum-prime* besonders (Quadrig. ap. Gell.; vgl. Gell. 6, 7, 7. 17, 2, 14 Hertz); *primi-ter* zuerst (Pompon. ap. Non. p. 154. 26), *primi-tus* zuerst, zum ersten Male; Demin. *primu-lu-m* (Plaut. Ter.); *primo-tinus* zuerst entstanden, früh, frühzeitig (Apic. 4. 5; andere jedoch: *primotica*); *primi-tiae* f. Erstlinge, übertr. Anfang; *primit-ivu-s* der erste in seiner Art (Colum., Prud.); *prim-a-s (ati-s)* vornehm, einer der Ersten; *prim-a-tu-s (tus)* m. der erste Rang, Vorrang; *prim-anu-s* zur 1. Legion geh. (*primani* Soldaten der 1. Leg.); *prim-ariu-s* vorzüglich, ansehnlich, vornehm; *prim-or (or-is)* m. der erste, vornehmste, angesehenste (Pl. die Vornehmsten); *prin-cep-s* s. pg. 112; *pri-dem, pri-die* s. pg. 357. — (Comp. *prae-ius, *prae-is) *praes* Adv. zur Hand, gegenwärtig (*nam ibi tibi parata praes est* Plaut. Pers. 2. 4. 17); (*prae-ius-tu-s, *prae-is-tu-s) **praes-tu-s** (Superl.) der vorderste (vgl. *officio praestus fui*, Gruter inscr. p. 669. n. 4); Abl. als Adv. *praesto* an der vordersten Stelle = bei der Hand, gegenwärtig, zu Diensten; *praesto esse* bei der Hand u. s. w. sein, helfen, beistehen; im feindl. Sinne: sich entgegenstellen; *praestā-re* thun, leisten, verrichten; gewähren, erweisen, beweisen, einstehen, sich verbürgen, sicherstellen, *praestā-tor* m. Gewährleister (Frontin.), *praestā-ti-o(n)* f. Gewährleistung, Leistung. — (*prae-nu-s hervorragend, vorn befindlich, Compar. *prae-n-ius, *prae-n-us, *prae-n-es-tu-s; fem. *prae-n-es-ta) *Prae-n-es-te* (e wohl Abschwächung des urspr. *a*, daher f. und erst durch den Sprachgebrauch) n. = die hervorragendste (deren Burg auf einem steilen Felsen emporragte), Stadt in Latium, jetzt *Palaestrina* (berühmt durch den Tempel und das Oracel der Fortuna). — (*pro-tio, *pro-so, *por-so) **por-ro** = πρόσω, πόρσω, πόρρω (pag. 483); dann: in der Reihenfolge, weiter, wiederum, ferner, sodann, andrerseits, dagegen [46]). — (*pro-tima, por-tima*) *Por-rima* = die Vorderste, röm. Gottheit, von den Frauen verehrt [47]) (vgl. Ov. Fast. 1. 633: *Porrima placatur Postverta puc ... altera quod porro fuerat, cecinisse putatur: altera, versurum postmodo quicquid erat;* vgl. noch Serv. Verg. A. 8. 336). — (*pra-va-na, *pro-vo-no, *pro-v-no) **pro-nu-s** = πρηνής (pag. 484) [48]); übertr.: geneigt, gewogen, günstig gesinnt; bequem, leicht, Adv. *prone; pronā-re* vorwärts neigen (Sidon.). — (*pra-va-io, *pro-v-io, *pro-v-iu-s Vorsteher, Herr; vgl. got. *frauja*; daraus: *provi-n-ciu-s, vgl. *pater, patriciu-s*) Adj. f. **provincia** Vorsteherschaft, Herrschaft, Amt, Geschäft; speciell: ein bestimmtes beherrschtes Ländergebiet, Provinz (das von Rom den Feinden ausserhalb Italiens abgenommene

Land), Provinzverwaltung[42]), *provinci-āli-s* zur Provinz geh., Subst.
m. Provinzbewohner, *provinciā-ti-m* provinzweise. — (*prai-vo*)
prī-vu-s hervorragend, gesondert, einzeln, eigen, eigenthümlich;
vereinzelt von etwas = untheilhaftig (*privos privasque antiqui dicebant pro singulis* Fest. p. 226); *privā-re* vereinzeln, absondern =
befreien, berauben, Part. *privā-tu-s* abgesondert, getrennt, privat,
Subst. m. vereinzelter Bürger, Einzelbürger, Privatmann (in der
Kaiserzeit: nicht zur kaiserl. Familie geh., den Kaiser nicht betreffend), Adv. *privā-ti-m* besonders, für sich, in eigenen Angelegenheiten, *privā-ti-ō(n)* f. Befreiung, Beraubung, *privat-ivu-s* (-*ivius*)
hinwegnehmend, privativ, negirend (grammat. *particula, pars,* näml.
eines Wortes, *quam Graeci* κατὰ στέρησιν *vocant* Gell. 5. 12), *privat-
āriu-s* zur Privatsache geh. (Ed. Diocl. p. 22); Demin. (*privi-culu-s,
privi-clu-s,* davon Dat. oder Abl. Pl.) *privi-clocs* (*privis id est singulis* Fest. p. 205. M.)[50]); *privi-gnu-s* s. pag. 190; *privi-leg-iu-m*
s. W. *lagh;* (*prai-va-ra,* *prī-vo-ro*) *pri-ve-ru-s* (*priveras mulieres
privatas dicebant* Paul. D. p. 252); *Priver-nu-m* (*Prei-, Pre-*) n.
hervorragender Ort, Vorort, Stadt in Latium, jetzt *Piperno*). —
pran-diu-m s. pag. 356.

para weg, ab, fort, hin[35]).

per[51]). — **per** (= παρά) Präp. mit Acc.: räumlich: durch —
hin, über — hin, über, längs; zeitlich: durch, hindurch, während
(vgl. παρὰ πάντα τὸν βίον), Mittel (vgl. παρὰ τούτου γίνεται ἡ
σωτηρία), meinetwegen (*per me*), Veranlassung, Grund: durch,
unter, zu, wegen, vor, aus, vermöge; bei Bitten und Anrufungen:
bei, um, willen (*per Jovem* = durch Anrufung des Jupiter);
[nachgesetzt: *viam per* Lucr. 6. 1262, *transtra per et remos* Verg.
A. 5. 663]; -*per:* *nū-per* (pag. 440), *parum-per* auf kurze Zeit,
auf eine kleine Weile; in kurzer Zeit, bald, schnell (Enn. ap. Non.);
(Comp. -*ius* = -*is-* in:) *aliquant-is-per* auf einige Zeit, eine Zeit
lang, *paul-is-per* ein Weilchen, eine kurze Zeit, *quant-is-per* wie
lange (fragend und relat.), *tant-is-per* so lange Zeit, so lange,
unterdess; *sem-per* (s. *sa* mit); *per-* (mit Verben): *per-agrare* durchwandern, *per-ambulare* id., *per-currere* durchlaufen, *per-fodere* durchbohren; = unter, zu Grunde: *per-bitere* untergehen (Liv. Andr.
Plaut.), *per-dĕre* zu Grunde richten, verderben, *per-ire* untergehen,
zu Grunde richten; = wider, entgegen (vgl. παρά-νομος): *per-
jurus* meineidig, *per-jurium* Meineid (vgl. παρ-ορκέω, -ορκία Sp.).

pari um, herum[36]).

per- = sehr, überaus, vor Adjectiven: *per-absurdus* sehr un-
gereimt, *per-brevis* sehr kurz, *per-carus* sehr theuer, *per-difficilis*
sehr schwer u. s. w.

prati entgegen, hin, zu[38]).

porti[52]). — (*por-t*) *por-, pol-, po-:* *por-ricio* hinreichen,
darbringen, opfern, *por-rigo* aus-strecken, -breiten, -dehnen, hin-,

empor-strecken, erweitern, vergrössern, darreichen, gewähren, *possido* in Besitz nehmen, *-sideo* im Besitz haben, *por-tendo* darreichen, prophezeien, weissagen; *pol-liceor* sich erbieten, verheissen, zusagen, *pol-lingo* zubereiten, abwaschen, einsalben, *pol-luceo* vorsetzen, darbringen, opfern, *pol-luo* besudeln, verunreinigen, entweihen; (**posino* =) *pōno* hin-setzen, -stellen, -legen, nieder-lassen, -setzen u. s. w.

1) B. Gl. 238 b. — Corssen KZ. V. 104; B. 346. - C. E. 272 (Nr. 356). 705; KZ. III. 413. — F. W. 123. 463. 467. — Pott W. II. 395. — Rau St. III. 4. — 2) F. W. 118 f. 129; KZ. XVIII. 45. — Fritzsche St. VI. 343. — Siegismund St. V. 164. 63). — 3) C. V. I. 305. 10). — C. E. 273: „πείρω durchsteche, durchbohre: weicht in der Bedeutung weit ab und erinnert an ksl. *por-ja* (Inf. *pra-ti*) σχίζω". -- 4) C. E. 601. 705. — Siegismund St. V. 177. 96). — Vgl. auch Döderlein nr. 610. — 5) C. V. I. 336. — 6) C. E. 286; C. V. I. 337. — 7) Vgl. Pape W. und Sch. W. s. v. — 8) Vgl. G. Meyer St. V. 15. — 9) Siegismund St. V. 175. 95). — 10) C. V. I. 361. — 11) Vgl. Lottner KZ. VII. 176. 82). — 12) F. W. 119; KZ. XX. 170: *par* durchdringen, vgl. Skr. *pur*, *pura*, *puri* Wehr, feste Burg, *go-pura* Stadtthor; doch Spr. 240: *par* füllen: πύλη Aufwurf. — B. Gl. 196 b: *deära, ianua, porta; fortasse* πύλη *et porta huc pertinent, abiecto d, mutato v in p.* — C. E. 705: vielleicht ist πύλη das Fem. zu πόλος Angel von der W. πελ drehen (pag. 463). — 13) Brugman St. VII. 348. 52). — Curtius KZ. III. 414. 2). — Fritzsche St. VI. 343. -- 14) Brugman St. VII. 347. 50). — Benfey KZ. VIII. 95; Wurzell. II. 293: Skr. *kar, kal* bewegen: πέλομαι, πέμπω. — Bopp Gl. 72 a: *kamp commoveri, a movendo dictum.* Dagegen Curtius KZ. III. 414. 3): „dabei vermissen wir die Uebereinstimmung der Bedeutung". — C. V. I. 154: πέμπω, dessen Ursprung nicht klar ist, zeigt in πομπή Aufzug, δυσ-πέμφ-ελο-ς „bös zu befahren" eine Bedeutung, welche auf urspr. intransitiven Sinn schliessen lässt. — 15) Pape W. s. v.: „πίμπελος dicht. Beiwort sehr alter Leute; entw. reif, mürb, wie πέπων mit πέπτω zusammenhangend, oder nach den Alten von πίμπεσθαι εἰς ᾅδου, weil sie dem Tode nahe sind; Schneider erklärt: 'mürrisch' und vergleicht δυσπέμφελος". — δυσπέμφελος deutet Goebel Philol. 1862 pg. 209: φελ = φλε schwellen, strotzen, πε ist Redupl. — S. W. s. v. übersetzt nach Goebel: „arg, sehr angeschwollen" und nennt die Ableitung von πίμπω unhaltbar. Dieser Ableitung von πίμπω neigt sich Seh. W. s. v. zu: „schwer zu beschicken, schwer zu befahren, d. h. stürmisch, wild" (wie auch schon die Alten deuten: δυσχείμερος καὶ τραχεῖα). — 16) Brugman St. VII. 347. 50). — So auch schon Buttmann: alte redupl. Form und zu *πτερω πείρω περάω* durchdringen gehörig. — Anders B. Gl. 35 a: *ap; πρίπω facile ex composito prāp, correpta vocali, oriri potuit.* — 17) Düntzer KZ. XIV. 188 *). — Fritzsche St. VI. 294. — Brugman St. VII. 322. 28): *par* schwellen = füllen: πίπερο-ς geschwollen, windbeutelig (μετὰ βλακίας ἐπαιρόμενος). — 18) L. Meyer KZ. XXII. 61 ff. — Mit der Wurzel *par* „eintauschen, umtauschen, handeln" — s. 2) *par* pag. 494 — vereinigen das Wort: Benfey KZ. VIII. 20: *par* zu Ende bringen, πράσσω machen, thun; speciell πέρνημι „kaufmännisch handeln". C. E. 274: „an Skr. *vj-ā-pāra-s* Geschäft schliesst sich ἔ-πρα-σεν᾽ ἐπραγματεύσατο (Hes.) an; als eine Weiterbildung dieses πρᾰ betrachte ich den Stamm von πράσσω, ion. πρήσσω, dessen Bedeutung bei Homer eine viel weniger geistige ist als im späteren Gebrauch. Die ältere Stammform war πρᾱκ, woraus πρᾱγ durch Erweichung entstanden ist". — Vgl. Jurmann KZ. XI. 388: „die ursprünglichere Bedeutung ist: zu Ende bringen, aufgezeigt von Benfey" (l. c.). — Ganz anders: B. Gl. 73 a: *kar agere, facere:* πραγ,

cuius γ e ſ ortum esse potest, ita ut ag formae πο + αγ *ad characte-*
rem s. cl. guttatum reducendum sit, qui ante vocales sonat ar. Dagegen
Curtius KZ. III. 415: „der wirkliche Vertreter von W. *kr* steckt in
κραίνω. — Noch anders F. W. 127. 468; Spr. 134: *park*. *prak* fragen
= fordern, eintreiben, handeln. — 19) C. V. I. 312. 18). — 20) Vgl.
Skr. *pára* Adj.: a) weiterhin u. s. w. gelegen, jenseitig, b) vergangen,
früher, c) später, zukünftig, folgend, d) vorzüglicher, besser u. s. w.,
e) fremd, feindlich, feind, f) verschieden; *parás* 1) Adv. darüber hinaus,
weiter, weiterhin, jenseits, weit weg, entfernt, 2) Präp. jenseits, hinaus
über, heimwärts (PW. IV. 479. 494). Ibd. 481: „Nach unserem Dafür-
halten steht *para* in keinem etymologischen Zusammenhange mit *apara*,
sondern geht wie *paras, pará, pari* und *pra* auf *par* (hinüberführen
u. s. w.) zurück (vgl. noch ibd. 510). - - Brugman St. IV. 118. — C. E.
273 (Nro. 357); C. Chronologie p. 81. — F. W. 118. 467. — L. Meyer
KZ. XXII. 64. — 21) Hom. Od. 23. 243: νύκτα μὲν ἐν περάτῃ δολιχὴν
σχέθεν, Ἠὼ δ᾽ αὖτε ῥύσατ᾽ ἐπ᾽ Ὠκεανῷ χρυσόθρονον; wozu Ameis-
Hentze: „am äussersten Ende" ihrer Bahn, am westlichen Horizonte, am
Abendhimmel im Gegensatz zu Ἠώς (ein substantiviertes Femininum;
vgl. ὑγρή die Feuchte, das Meer, die Wasserbahn Od. α. 97 u. s. w.).
- - 22) F. W. 463. — 23) C. E. 705. — 24) Vgl. Skr. *pra-* vor (in Verbindung mit Zeitwörtern); vorzüglich, sehr (vor Adject.); *pra-thamá*
der vorderste, erste, früheste; *púrra* der vordere, frühere (PW. IV.
841. 896. 1013). — B. Gl. 231. 248b. 250a. — Brugman St. IV. 154. 39).
— C. E. 284. 705. — F. W. 127 ff. 468 f.; F. Spr. 336. — Siegismund
St. V. 157. 38). — 25) Kiessling KZ. XVII. 223: *προά-jαν, woraus dorisch προάν entstand, später dann *προί-ον, προίν. — 26) Vgl. Budenz KZ.
VIII. 292. Corssen KZ. III. 246. - , 27) Siegismund St. I. c.: *par-as,
*par-asa, Abl. *parasát, *parsát, grukoital. porso. — F. W. 468: porso
vorwärts, ferner, weiter: πόρσω, πύρρω (πρόσσω, πρόσω für προ-τjω
scheint verschieden gebildet). Lat. porro für porso. — 28) Kissling KZ.
XVII. 211: Skr. *parva-, προϜα-, daraus *προϜαί, *προϜεί, προϜί, πρώ;
Comp. προϜαί-τερον, später προϜί-τερον und in falscher Analogie προϜάι-
τερον. — 29) Siegismund I. c. — Misteli KZ. VII. 169: *πρώρια, dor.
προῖρα, contr. πρῷρα. — Savelsberg KZ. XXI. 136: *προω-Ϝέρι-α, πρώ-
ειρα, νηῆς πρώρη. Ebenso Sch. W. s. v. - Zeyss KZ. XVI. 375: *προ-
ερο-ς (vgl. χλο-ερο-ς χλωρό-ς), πρώρο-ς, dazu fem. πρῷρα. Ebenso S. W.
s. v. — Vgl. noch Ebel KZ. VI. 212, Merguet KZ. XXII. 144*). — Nach
E. M. πρῷρα zu schreiben, vgl. Poppo ad Thucyd. 7. 34. 5; ebenso Cobet;
dagegen nach Bekker Hom. Bl. pag. 178, Monatsber. 1865 pag. 550 fl.
ohne Iota subscr. — 30) Misteli KZ. XVII. 173 f. Diese Deutung hält
C. E. 705 „wegen der Wortbildung und Bedeutung sehr fraglich" (ohne
eine andere zu geben; auch wurde anderwärts keine andere gefunden).
— 31) Misteli I. c. — Sch. W. s. v.: *πρό, Πλη vor der Schaar? — 32) Vgl.
Skr. *purā-tana* aus alter Zeit stammend, ehemalig, alt (PW. IV. 786).
— 33) Vgl. Skr. *purás* Adv. Präp.: voran, vorn, nach vorn, davor, vor
den Augen, vorher, zuerst (PW. IV. 779). — F. W. 118. — 34) C. E.
270: „πάρος hat das Ansehen einer Genitivform und entspricht insofern
dem Skr. *paras*. Dies schliesst sich aber seiner Bedeutung nach an *para*
an, während *pur-as* (Gen.) und *pur-ā* (Instr.) vorn, vor bedeuten. So
wird *puras* wohl uns *paras* geschwächt sein". — 35) Vgl. Skr. *parā*
(Instr.) weg, ab, fort, hin, *per* (vgl. *pereo* mit *parā-i*, *perdo* mit *parā-dā*);
paré (Loc.) darauf, fernerhin, künftig (PW. 479. 566); vgl. Anm. 20. —
B. Gl. 231 f. — C. E. 269 f. — F. W. 119. — Rau St. III. 6 ff. -
36) Vgl. Skr. *pári* 1) Adv. a) rings, umher, b) weiterhin, dazu, c) entgegen, im Wege, 2) Präp. a) mit Acc. um, gegen, nach hin, entgegen; hinaus über, mehr als, b) mit Abl. von - her, von — weg;

ausserhalb; bis auf; in Folge von; wegen; *secundum* (PW. IV. 609). —
B. Gl. 232b (*pári: i ab ā formae pārā deduxerim, quod primum in a,
deinde, quod saepissime accidit, in i se attenuarit*). — C. E. 274. · F.
W. 119; KZ. XXII. 213. — 37) Vgl. noch Ebel KZ. I. 302, L. Meyer
KZ. VII. 424, Sch. W. s. v. — Grassmann KZ. XI. 29 f.: πεϱισσό-ς =
*πεϱι-κjo-ς. — Ueberdies ist in πέϱιξ, worauf Ebel (KZ. IV. 207) auf-
merksam macht, eine Adverbialbildung aus demselben Compositum (Skr.
parjañk, in den schwächsten Casus *parik**), enthalten. — 38) Vgl. Skr.
práti Präp. 1) gegen, nach, zu, 2) gegen = vor (schützen), 3) gegen,
gegenüber, 4) gegen (Vergleichung), 5) gegen (Richtung), 6) für, zu
Gunsten, 7) für, zum Ersatz, 8) in Beziehung, in Betreff, 9) nach, gemäss, 10) bei, in (Wiederholung) (PW. IV. 943). — B. Gl. 250a. —
C. E. 286. — F. W. 129. — Siegismund St. V. 157. 37). — 39) B. Gl.
132b: *Far comperire, certiorem facere* (erfahren); *huc trahi posset peri-
tus, comperio, experior, mutata gutturali in labialem, nisi perio compositum est ex per et eo*. — 40) Corssen II. 194: = *Portu-ōn-u-s*. — Die öfter
gebrauchte Form *Portumnus* ist falsch (vgl. Brambach; Corssen I. 435 *).
— 41) Diese Deutung von *parare* gleichschätzen, *par* gleichkommend,
das Paar u. s. w. ist eigene Vermuthung. Hierüber wurde Nichts gefunden. — 42) B. Gl. 83a. 231a. — Corssen I. 776; KZ. V. 104. —
Schweizer KZ. III. 395. — 43) B. Gl. 244a: *fortasse palam e param*. —
Walter KZ. XII. 409*): Adjectivstamm *pálo* offenkundig, bekannt. —
C. E. 271: *pala-m* auf offenem Felde (zu πίλλα, *pellis* u. s. w.; Grund-
bedeutung: Oberfläche; daraus Fläche, Feld). — 44) Corssen I. 780 f.
II. 216; B. 433; KZ. III. 265. 282 ff. 301. — F. W. 469. — Vgl. noch Zeyss
KZ. XVI. 374. — 45) *proimus* = *primus* erklären: Aufrecht KZ. I. 283;
C. E. 285; Ebel KZ. VI. 203; Zeyss KZ. XVII. 374; *praimus* = *primus*
Corssen KZ. III. 242; derselbe I. 780; B. 433: *preimus, primus*. — 46) Vgl.
Corssen B. 402. — 47) Corssen KZ. III. 250. — 48) Vgl. Bopp Gl. 254b:
pravaṇá decliris, propensus; fortasse pronus e proronus. — Ebenso: Ebel
KZ. VI. 212; Kuhn KZ. III. 399; PW. IV. 1067 (*pravaṇá* geneigt, hängend,
abfallend, abschüssig, *decliris, pronus;* ibd. Verbesserungen: das Wort
geht wohl auf *pru* zurück; eine Nebenform davon ist *plavan*). — Anders
Savelsberg KZ. XVI. 286: Skr. *aná-s facies* (Rigv. I. 52. 15) = ηνο-ς in
ὑπήνη, ἀπηνής, προσηνής, πϱηνής (das Gesicht vorwärts neigend) von
πϱό und ηνος; *pro-ónus* = *prónus*. — 49) So Budenz KZ. VIII. 289 ff.
Eine andere Deutung des Wortes wurde nicht gefunden; die angeführte,
welche die Anhängung von fünf Suffixen an das urspr. *pra* voraussetzt
(*pra + va-ia-na-ca-ia* = *pro-v-i-n-c-io*) ist jedenfalls ziemlich künstlich
und problematisch. — 50) Corssen I. 707. — 51) Corssen B. 153 f.; KZ.
III. 279. V. 104. — 52) Corssen B. 87 ff. — Ebel KZ. V. 419. — Kuhn
KZ. II. 477. — Schweizer KZ. III. 395. — Zeyss KZ. XIV. 415. XVI.
380. — Anders B. Gl. 250a: *e pot* = *poti per assimilationem orta esse
videntur: por-, pol-, pos-.*

2) PAR eintauschen, kaufen, handeln. — Skr. pan
1) einhandeln, eintauschen, kaufen, handeln, feilschen, 2) wetten,
spielen (PW. IV. 388)[1]).

πεϱ, ποϱ. — πέϱ-νη-μι (poet. von Homer an) ausführen und
verkaufen[2]) (Part. πεϱνά-ς Il. 22. 45, πεϱνά-μενα Il. 18. 292,
Iter. πέϱνασχ' st. πέϱνασκε Il. 24. 752). — ποϱ-νά-μεν· πωλεῖν
Hes. (äol.?); ἔμ-ποϱο-ς m. Kauffahrer, Grosshändler[3]); ἐμπόϱ-ιο-ς
zum Handel geh., Subst. ἐμπόϱιο-ν n. Handelsplatz, Stapelplatz,

ἐμπορία f. Fahrt in Handelsgeschäften, Handel, Grosshandel, Handelswaare, ἐμπορ-ικό-ς = ἐμπύριος; ἐμπορ-εύ-ο-μαι Handel treiben, ἐμπορευτ ικό-ς = ἐμπύριος (ἐμπορητικός id., charta Packpapier Plin. h. n. 13. 12), ἐμπόρευ-μα(τ) n. Gegenstand des Handels, Waare, ἐμπορ-ε-ία f. Handel (Euseb.). — πόρ-νο-ς (πύρνη-ς Crat. Theb. ep. 2) m. Buhler, Hurer (vgl. Xen. Mem. 1. 6. 13: τήν τε γὰρ ὥραν ἐὰν μέν τις ἀργυρίου πωλῇ τῷ βουλομένῳ, πόρνον αὐτὸν ἀπο-καλοῦσιν)[4]); πόρ-νη f. feile Dirne, Hure, Demin. πορν-ίδιο-ν n., πορν-ικό-ς hurerisch, πορνο-σύνη f. Hurerei (Maneth. 4. 314); πορν-εύ-ω zur H. machen, verführen, meist Med. huren, Unzucht treiben, πορνεύ-τρ-ια f. (Ar. frg. ap. Poll. 7. 201) = πύρνη, πορνε-ία f. = πυρνοσύνη; Götzendienst (Eccl.); πορνε-ῖο-ν n. Hurenhaus; ἀνδρό-πορνος männliche Hure (Theop. ap. Ath. 6. 260 f., Pol. 8. 11).

περα. — περά-ω verkaufen, verhandeln[3]) (nur vom Menschen-oder Sklavenhandel) (Fut. περά-αν Il. 21. 454, Aor. ἐ-πέρᾰ-σα, ep. -σσα, Perf. πε-πέρη-μένο-ς Il. 21. 58). — Stamm περ-ια kaufen, erkaufen, bestechen, pachten: nur im Aorist ἐ-πριά-μην ich liess mir verkaufen, ich kaufte (gilt attisch als Aor. zum Präsens ὠνέο-μαι) (Ind. πρίᾰ-το Hom. nur Od. 1, 430. 14, 115. 452, Conj. πρίωμαι, Opt. πριαίμην, Imp. πρίασο, πρίω, Part. πριάμενος, Inf. πρίασθαι).

πρα. — πι-πρά-σκ-ω (selten), ion. πι-πρή-σκ-ω, verkaufen (Perf. πέ-πρᾶ-κα, -μαι, Fut. πε-πρᾶ-σομαι |πραθήσομαι galt für un-attisch], Aor. ἐ-πρᾶ-θην, ion. ἐ-πρή-θην: ἔ-πρᾶ-σεν· ἐπραγματεύσατο Hes.); πρᾶ-τό-ς verkauft (Soph. Tr. 275), πρᾱτ-έο-ς zu verkaufen, verkäuflich, feil (Plut. Legg. 9. 849. c); πρᾶ-σι-ς, ion. πρῆ-σι-ς, f. das Verk. (ἀγορασία Hes.), πρᾶσι-μο-ς = πρατέος; πρᾶ-τη-ς (Hyper. ap. Poll. 7. 8), πρα-τ-ία-ς (ὁ τὰ δημόσια πωλῶν, κήρυξ δημόσιος Phot. lex.), πρᾱ-τήρ, ion. πρη-τήρ (-τῆρ-ος), m. Verkäufer, πρᾱτήρ-ιο-ν, ion. πρη-τήρ-ιο-ν, n. Ort, wo verkauft wird.

pre. — prě-tiu-m n. Werth, Preis, Schätzung, Lohn[5]), pretiā-re schätzen (Cassiod. 5. var. 40), preti-ōsu-s (Adv. -ōse) kostbar, kostspielig, pretiosi-ta-s (tāti-s) f. Kostbarkeit.

Benfey KZ. VIII. 1 ff. — C. E. 273. 661; C. V. I. 170. 4). 174. 11). 275. 10). II. 309. 15). 381; KZ. III. 414. IV. 237. — F. W. 118. — 1) C. E. l. c.: „das linguale ꙛ weist auf den Ausfall eines r, so dass παρα-τέ und πέρναται gleich stehen". — Ebenso Fick l. c.: „Skr. παν, παναti, παναte aus par, par-nāti eintauschen, kaufen, wetten, παρα (für parna) m. Wette, Lohn u. s. w. — 2) B. Gl. 96b: kri emere: πέρ-νη-μι ex πρί-νη-μι pro πρί-νη-μι ortum esse videtur, mutata gutturali in labialem. Dagegen Curtius KZ. l. c.: „ohne Wahrscheinlichkeit". — 3) C. E. 272 (Nro. 356) zu 2) par: περάω dringe durch, während περάω schaffe hinüber, verkaufe ibd. pag. 273 (Nro. 358) besonders behandelt wird; pag. 274: „mit Nro. 356 (vgl. 367) ist περάω urspr. identisch, πρίαμαι übersetzt Pott W. l. 251 passend mit 'ich bringe an mich', erst allmählich vertheilte sich wohl Handel und Wandel auf verschiedene Formen gleichen Ursprungs". — Sch. W. s. v.: ἔμπορος 1) Reisender, Wanderer, 2) (wenn nicht vielmehr diese Bedeutung auf περάω, πέρνημι zurückzuführen ist,

der Einhändler, Händler) Kauffahrer, Grosshändler (*mercator*). — 4) Vgl.
L. Breitenbach ad l.: ὥσπερ πόρνους „als Buhler" d. h. weil man sie für
Buhler hält; insofern man nämlich seit Sokrates besonders nach seinem
Vorgange mit σοφισταί solche Lehrer bezeichnete, die ihre Weisheit
prahlerisch anpriesen und nur für Geld mittheilten, wodurch sie diese
(die Weisheit) ebenso wie die πόρνοι die Schönheit entehrten. — 5) Bram-
bach Hülfsb. f. lat. Rechtschr.: *prĕtium*, nicht *precium* oder *praetium*. —
Vgl. Ritschl prolegg. ad Plaut. p. CII.

---

3) **PAR** füllen = I) a) zutheilen, spenden, bringen;
b) gebären; II) bedecken, überziehen. — Europäisch: **par**
= Bedeutung I); **pal** = Bedeutung II). — Skr. **par** 1) füllen,
2) sättigen, nähren, aufziehen, 3) reichlich spenden, verleihen;
causativ: 1) füllen, 2) voll machen = vollkommen bedecken,
überziehen, überschütten u. s. w. (PW. IV. 470).

I) **par¹**).

πορ zutheilen, spenden, bringen. — Aor. ἔ-πορ-ο-ν,
πορεῖν (poet. von Homer an, Imper. πόρε Il. 9. 513, Part. πορών
Il. 16. 178) verschaffen, verursachen, geben, gewähren, verleihen.
Perf. πέ-πρω-ται (Metathesis) es ist vom Schicksal gegeben, verhängt, beschieden (ἡ πε-πρω-μένη, mit oder ohne μοῖρα, αἶσα, das
bestimmte Loos oder Schicksal), ἔ-πρω-σεν· ἱμοίρασεν Suid.²). —
πορσύ-νω, πορσαίνω (fast nur poet.) verschaffen, bereiten, ge-
währen³) (Hom. Imperf. πόρσυνε Od. 3, 403. 7, 347; Fut. πορ-
συνέουσα Il. 3. 411; πορσαίνειν κατὰ δώματα h. Cer. 156, intr.:
im Hause walten, schaffen).

πορ, παρ hervorbringen, gebären, aufziehen. — πόρ-ι-ς
(Od. 10. 410. Eur. Suppl. 629. Bakch. 736), πόρ-τι-ς (-τι-ος, Il.
5. 162), πόρ-τ-αξ (ἄκ-ος, Il. 17. 4) f. Kalb, Färse⁴) (übertr.
junges Mädchen, Lykophr. 102; der junge Sohn: τίς οὖν ὁ Διὸς
πόρτις εὔχεται βοός Aesch. Suppl. 313 D.); Demin. πορτάχ-ιο-ν n.
(μοσχίον Hes.), πορτά-ζω muthwillig sein wie Kälber (δαμαλίζεται
Hes.). — παρ: παρ-θ-έν-ο-ς (vgl. Ἐλ-έν-ο-ς, Ἐλ-έν-η) f. Jungfrau,
Mädchen⁴) (junge Frau Il. 2. 514, Soph. Tr. 1219); Adj. = παρθένιος; Demin. παρθεν-ίσκη f., παρθενισκ-άριο-ν n.; παρθέν-ιο-ς jungfräulich, jugendlich (ὁ παρθένιος Jungfrauensohn, Il. 16. 180;
Ἰξφθένιον φρέαρ Jungfrauenbrunnen, bei Eleusis, h. Cer. 99; τὸ
παρθένιον Jungfrauenkraut, sonst ἐλξίνη); παρθέν-ειο-ς (παρθε-
νηΐο-ς Pind. N. 8. 2) = παρθένιος; παρθεν-ία-ς = ὁ παρθένιος;
παρθεν-ικύ-ς = παρθένιος; poet. ἡ παρθενική = παρθένος; παρ
θεν-ί-ς f. eine Blume (Poll. 6. 106); παρθεν-ών (-εών), Gen. -ῶν-ος,
m. Jungfrauengemach; der prachtvolle Tempel der jungfräulichen
Pallas auf der Burg von Athen; παρθεν-εύ-ω wie eine Jungfrau
behandeln, Med. jungfräulich leben, unschuldig sein, παρθενε-ία.
παρθεν ία, παρθέν-ευ-σι-ς f., παρθέν-ευ μα(τ) n. jungfräulicher Stand,

Jungfrauenschaft; παρθεν-ώδης von jungfräul. Ansehen, jungfräulich; κακο-πάρθενο-ς Unglücksjungfrau (Schol. Eur. Hek. 612), den Jungfrauen feindselig (Μοῖρα Mel. 124); μητρο-πάρθενος Mutter-Jungfrau (von der Jungfrau Maria, Eccl.); μιξο-πάρθενος Halbjungfrau (von der Echidna Hes. Th. 297, von der Sphinx Eur. Phoen. 1030); ταυρο-πάρθενος Stierjungfrau, von der Io (Lykophr. 1292).

II) par = pal[5]).

1) Füllen.

πλα, πλη. — πί-μ-πλη-μι füllen, voll machen, anfüllen, sättigen, befriedigen (Inf. πι-μ-πλά-ναι, Imperf. ἐ-πί-μ-πλη-ν, Fut. πλή-σω, Aor. ἔ-πλη-σα, Perf. πέ-πλη-κα in Compos.; Med. Pass.: Präs. πί-μ-πλᾰ-μαι, Aor. ἐ-πλη-σά-μην, ἐ-πλή-μην [ep. und Aristoph. πλῆ-το, -ντο], Opt. πλή-μην, ἐ-πλή-σ-θη-ν [ep. 3. Pl. πλῆ-σ-θε-ν], Fut. πλη-σ-θή-σομαι, Perf. πέ-πλη-σ-μαι in Compos.; πε-πλῆ-σθαι schwanger sein); Nebenform poet. πι-μ-πλά-νω (πιμπλάνεται Il. 9. 679), πιμ-πλά-ω, ion. πιμ-πλέ-ω, πί-πλη-μι, πι-πλά-ω; ἐμ-πί-πλη-μι anfüllen (Imperat. ἐμ-πί-πλη-θι Il. 21. 311, Impf. ἐν-ε-πί-μ-πλη-ν u. s. w., Aor. ἐν-έ-πλη-σα, Imper. ἔμ-πλη-σον, Conj. ep. ἐνι-πλήσῃς, -πλήσωσι Od. 19, 117. 23, 358, Med. ep. ἐμ-πλή-σατο, Inf. ep. ἐνι-πλή-σασθαι Od. 7. 221, Part. ἐμ-πλη-σάμενο-ς; mit pass. Bedtg. ep. ἔμ-πλη-το); Verbaladj. ἄ-πλη-σ-το-ς nicht auszufüllen, unersättlich, unendlich, gross. — πλή-μη, πλή-σ-μη, πλήμ-μη, πλη-μύρα, πλη-μῦρ-ί-ς (ίδ-ος, vgl. ἁλ-μυρ-ί-ς) f. Flut, Wogenschwall (Od. 9. 486). πλημυρό-ς überfliessend, voll (Hes.), πλημύρ-ω, πλημυρ-έω, -ίζω überströmen, überfliessen, sich ergiessen; Πλημύρ-ιο-ν n. Vorgebirge auf der Ostküste Siciliens (φρούριον Συρακουσῶν Steph. Byz.)[6]). — πλή-μνη f. eig. Füllung, dann die Nabe des Rades, worin die Wagenachse läuft (le plein de la roue) (Il. 5, 726. 23, 339. Hes. sc. 309 und spät. Dichter, sonst χοινικίς). — πλῆ-θρο-ν· εἶδος μέτρου (Hes.). — (πλη-σ-μο) πλή-ς-μ-ιο-ς leicht füllend, sättigend (τὸ πλήσμιον n. Uebersättigung, Ueberdruss); (πλη-σ-μον) πλη-σ-μον-ή f. Anfüllung, Fülle, Ueberfluss, Sättigung, πλησμον-ικό-ς zur Anfüllung u. s. w. geneigt, πλησμον-ώδης von sättigender Art; πλῆ-μα(τ) (Hes.), πλῆ-ς-μα(τ) n. Füllung, Schwängerung, Empfängniss[7]). — (*πλη-ρο-ς) πληρό-τη-ς (τητ-ο-ς) f. Fülle, Vollständigkeit (Sp.), πληρό-ω = πίμπλημι, πληρούντ-ως (Adv.) ausfüllend, πληρωτ-ικό-ς id. (Diosc.), πληρω-τή-ς m. der Ausfüllende, zur vollen Zahl Beitragende (ὁ ἀποδιδοὺς τὸν ἔρανον τοῖς ἤτοι λαχοῦσιν ἢ ἐωνημένοις Harpokr.), πλήρω-σι-ς f. das Füllen, Vollmachen, Vollzähligmachen, πλήρω-μα(τ) n. Fülle, Ausfüllung, Bemannung; (πληρ-ες) πλήρ-ης voll, angefüllt, bemannt, vollständig. — πλη-θ[8]): πλή-θ-ω, dor. πλᾱ́θω, (nur Präsens und Imperf.; doch πέ-πλη-θ-α Pherekr. Com. II. 265 und Sp.) voll sein, sich füllen, voll werden; anschwellen, wachsen (ἐν τῇ ἀγορᾷ πληθούσῃ, τῆς ἀ. πληθούσης zu der Tageszeit, wo sich der Markt mit Menschen füllt; περὶ ὦραν τετάρτην ἢ πέμπτην καὶ ἕκτην [= 10—12 Uhr], τότε γὰρ μάλιστα πλήθει ἡ ἀγορά Suid.); bei späteren Dichtern auch transitiv (πλήθει δ᾽ αὖτε κύπελλα βοῶν γλάγος ἠδὲ καὶ οἰῶν Quint. Smyrn. 6. 345); (πληθ-υ) πληθ-ύ-c (-ύ-ος) f. ion. = πλῆθ-ος n. (πλήθα f. Hyp. 39. 40, *designat concilii partem maiorem, the majority*) Fülle, Menge, Menschenmenge, Haufe, Gewühl, bes. der grosse Haufe, das Volk[9]); πληθύ-ω, πληθύ-νω voll machen, füllen, mehren (Sp.); voll sein, sich füllen, zunehmen, überhand nehmen, πληθυν-τ-ικό-c vermehrend u. s. w. (gramm. ὁ πλ. ἀριθμός der Plural, Ggs. ἑνικός), πληθυ-σ-μό-ς m. Vermehrung, Vergrösserung (Eust.); πληθώρη (-ωρία Schol. Ar. Ach. 30) f. = πλησμονή, πληθωρ-έ-ω = πλήθω (Lex.), πληθωρ-ικό-ς vollblütig (Sp., Medic.); περι-πληθ-ής voll, sehr bevölkert (Συρίη Od. 15. 405).

πελ, πλε. — πλέ-θρο-ν, πέλε-θρο-ν (Il. 21. 407. Od. 11. 577 und einzeln bei spät. Dichtern) n. Maass (*spatium explctum, dimensum atque descriptum*, Lobeck), Längenmaass = 100 griech. oder 104 röm. Fuss, ¹/₆ Stadion; Flächenmaass = 10000 ☐ Fuss; Morgen Landes; Demin. πλέθρ-ιο-ν n. (auch der röm. Circus), πλεθρι-αῖο-ς von der Grösse des πλέθρον; πλεθρ-ίζω im πλέθρον auf- und ablaufen; übertr. sich im Reden ergehen, grosssprahlen (Theoph. char. 23), πλέθρι-σ-μα(τ), πελέθρισμα(τ) (Hes.) n. Wettlauf nach dem Maasse des πλέθρον; ἀ-πέλεθρο-c (ὃ οὐκ ἔστι μετρῆσαι Schol. Il. 11. 354) unermesslich (Il. 5, 245. 7, 269. Od. 9. 538), Neutr. als Adv. ἀπέλεθρον unermesslich weit (Il. 11. 354); ἄ-πλε-το-c = ἀπέλεθρος[10]). — (πελ-ϝα, πελ-ϝι) πέλ-λα (Il. 16. 642), ion. πέλ-λη, f. Milcheimer, Gelte, *mulctra* (ἀγγεῖον σκυφοειδές, πυθμένα ἔχον πλατύτερον, εἰς ὃ ἤμελγον τὸ γάλα Ath. 11. 495), Becher; πελλ-ά-c (ἀδ-ος) f. id.; πελλ-ί-c (ιδ-ος) f. hölzerne Schüssel, Becken, Gelte, πέλ-ι-c id. (Poll. 10. 19); πελί-κη f. id., Demin. πελίχ-νη (vgl. λύκ-, λύχ-νος) f., πελικ-άνιο-ν n.; πελί-νη f. ein Maass, das 8 ἡμίναι hält (Lex.). — πλέ-ο-c, -α, -ο-ν, ion. ep. πλεῖ-ο-c, att. (πλε-ϝο, πλη-ο) πλέ-ω-c, -α, -ω-ν voll, angefüllt, gesättigt (πλέ-ο-ν Hom. nur Od. 20. 355, πλέ-η, πλέ-ως Herod. 1, 178, 194). — Compar. (zu πολύ-c, s. pg. 500): πλε-ίων m. f., πλε-ῖον n., πλέ-ων, πλέ-ον n. mehr, grösser (τὸ πλέον als Subst. die Mehrzahl, der grössere Theil, τὸ πλέον meistens; mit Zahlbegriffen πλέον mit oder ohne ἤ = *plus, amplius* wie ein Indecl.; Hom. πλείων, πλέων nach Versbedürfniss, doch Plur. meist πλείον-ες, Comp. πλειό-τερο-c Od. 11. 359; att. gew. πλείω = πλείονα, πλείους = πλείον-ες, -ας; att. πλεῖν st. πλέεν = πλέον mit Zahlbegriffen; ep. πλέ-ες, -ας st. πλέον-ες, -ας; ion. πλεῦν, πλεῦν-ες u. s. w. Herod.); Adv. πλεόν-ως, πλεύν-ως (Her. 3, 34. 5, 18) zu sehr; πλήν (aus πλέεν, vgl. πλεῖν) Adv. Präp. mehr als = ausser, ausgenommen (Hom. nur πλήν γ᾽ αὐτοῦ Λαοδάμαντος Od. 8. 207) (πλὴν εἰ, ἐάν ausser wenn, πλὴν ἤ ausser als, ausser, πλὴν ὅτι ausser dass, nur dass)[11]; πλεον-αχό-ς mehrfach, auf mehreren Seiten (Adv. -χῶς, -χῇ), πλεοναχό-θεν von mehreren Seiten (Arist. de cael. 1. 5), πλεον-ά-κις öfter; πλεον-άζω mehr sein = überflüssig, übermässig sein, Ueberfluss haben, Adv. πλεοναζόντ-ως überflüssig, sehr häufig (Sp.), πλεονα-σ-τ-ικό-ς id. (Sp.), πλεόνα-σι-ς f. Ueberfüllung (πόρων Med.), πλεονα-σ-μό-ς m. (πλεόνασ-μα n. LXX) Ueberfluss, Uebermaass (Grammat. die Hinzufügung eines an seiner Stelle überflüssigen Wortes, auch einer Sylbe oder eines Buchstabens). — Superl. (zu πολύ-ς) πλεῖсτο-c (== πλεῖστο-ς) der, die, das meiste, sehr viel (οἱ πλεῖστοι die Menge, der grosse Haufe, πλεῖστον, πλεῖστα am meisten, τὸ πλεῖστον, τὰ πλεῖστα meistens, meistentheils); (*πλειστα-χο-ς) πλειστα-χῶς auf die meiste Art (Philem. lex.), πλεισταχό-θεν von den meisten Orten (Ar. frag. 668); πλειст-ήρης (W. ἀρ pag. 46) sehr vielfach (χρόνος alle Zeit, Aesch. Eum. 733), πλειστηρ-ίζομαι sich am meisten anschliessen (καὶ φίλτρα τόλμης τῆσδε π. τὸν Λοξίαν als Anlass zu diesem Frevel bezeichne ich mir am meisten den L., Aesch. Cho. 1025), πλειστηριά-ξομαι vermehren den Preis = höher anschlagen, übertheuern, πλειστηρια-σ-μό-ς m. Uebertheuerung (Sp.).

πολ, πλο. — πόλ-ι-c[12]), hom. auch (πjολι-, πδjολι-, πδολι-, πτολι-) πτόλι-c[13]) f. (urspr. Fülle, Gedränge, Gewimmel, concr. ==) Stadt, Stadtgemeinde, Staat (vgl. οὕτω δὴ ἄρα παραλαμβάνων ἄλλος ἄλλον ἐπ' ἄλλου, τὸν δ' ἐπ' ἄλλου χρείᾳ, πολλῶν δεόμενοι, πολλοὺς εἰς μίαν οἴκησιν ἀγείροντες κοινωνούς τε καὶ βοηθούς, ταύτῃ τῇ ξυνοικίᾳ ἐθέμεθα πόλιν ὄνομα Plat. Resp. II. 369c) (Gen. ion. πόλι-ος [zweisylbig Il. 2, 811. 21, 567], πτόλι-ος, [πολι-, πολει-, πολεj-ος] πόλη-ος, att. πόλε-ως, Dat. πόλε-ι, πόλη-ï Il. 3. 50, πτόλε-ï Il. 17, 152. 24, 707, Pl. Nom. πόλη-ες Il. 4, 45. 51. Od. 19, 174, πόλι-ες Od. 15. 412, πόλεις, Gen. πολί-ων, πόλε-ων, Dat. πολί-εσσι Od. 21. 252, dor. πολί-εσιν decret. lac., Thuk. 5, 77, 79, πόλε-σι, Acc. πόλι-ας Il. 4. 308, Od. 8. 560 [zweisylbig], πόλη-ας Od. 17. 486; πόλεις [Hom. nur Od. 8. 574]; Dual altatt. [πολεj-ε, πολη-ε] πόλη); Homer: πτολί-ε-θρο-ν n. = πόλις[14]) (stets mit dem Namen im Gen., Ἰλίου, Τρώων); Demin. πολίδιο-ν, πολείδιο-ν (E. M. 147. 16), πολίδριο-ν n.; (πολι-κ) πολί-χ-νη f., πολίχν-ιο-ν n. (vgl. λυκ-, λύχ-νο-ς); (St. μαrjā == πολια, *πολίη) ion. ep. πολιή-τη-c (dor. πολιά-τα-ς), πολί-τη-c m.[15]) (πολιή-τωρ Orac. Sib.) Bürger einer Stadt oder eines Staates, Mitbürger, Landsmann; fem. πολιή-τι-ς, πολί-τι-ς (τιδ-ος) Bürgerin; πολιτ-ικό-ς bürgerlich, den Bürger betreffend, den Staats. betr., zu ihm geh., politisch (πολιτικὴ ἐπιστήμη, τέχνη oder bloss ἡ -κή die Staats-wissenschaft, -kunst, Politik; λόγος, λέξις π. der im bürgerl. oder öffentl. Leben übliche Stil, Rhet.); πολιτ-εύ-ω (πολιτ-ίζω Sp.) Bürger sein, als B. im Staate leben; Med. Staatsgeschäfte treiben, ein öffentl. Amt bekleiden, den Staat verwalten (οἱ πολιτευόμενοι Staats-männer, -redner), πολιτευ-τή-ς m. Staatsmann (Sp.), πολίτευ-μα(τ) n. Theilnahme an der Staatsverwaltung, Staatsverfassung, πολιτε(ϝ-)ία, ion. πολιτη-ίη, f. das Bürgersein, der Bürgerstand, = πολίτευμα; πολιτι-σ-μό-ς m. Staatsverwaltung (D. L. 4. 39); πολί-ζω eine Stadt bauen oder gründen, überh. gründen, bauen, anbauen (Aor. πολί-σσαμεν Il. 7. 453, Plusqu. πε-πόλι-σ-το Il. 20. 217); πολι-σ-τή-ς m. Stadterbauer, πολι-σ-μό-ς m. das Erb. einer Stadt (D. Hal. 1. 59), πόλι-σ-μα(τ) n. = πόλις, Demin. πολισμάτ-ιο-ν n.; πολι-ά-ς (άδ-ος) f. die Städtische, Stadtbeschützende, bes. Beiname der Athene in Athen; πολι-εύ-ς m. der Städt., Stadtbesch., Bein. des Zeus; (πολι-κ-ια, πολι-σσα) πολισσ-ούχος = πολι-ούχος eine Stadt inne habend, beschützend, Bein. der Schutzgottheiten der Stadt. — -ΠΟΛΙΣ: ἀκρό-πολις Oberstadt, Burg einer Stadt, bes. von Athen (schon Od. 8, 494. 504), ἀντί-πολις Gegenstadt, feindl. Stadt, ἀπό-πολις, -πτολις fern von der Stadt, entfernt (Aesch. Soph.), ἀπρᾱγό-πολις Raststadt, Sanssouci (Suet. Aug. 98), ἱερό-πολις heil. Stadt (Philo von Jerusalem), κωμό-πολις dorfähnliche Stadt, Marktflecken (Strab. 12. 537. 557), μεγαλό-πολις eine grosse Stadt bildend (Συρακόσαι Pind. P. 2. 1), Μεγ. Stadt in Arkadien (von Epaminondas), in Pontus (von Pompejus gebaut), νεά-πολις (νεό-πτολις Aesch. Eum. 637) Neustadt, Νεάπολις Stadt in Unteritalien (früher Parthenope, Neapel), in Makedonien, auf dem taur. Chersonesos, an der ephes. Küste, in Aegypten, in Zeugitana, in Pontus, πρό-πολις Vorstadt (im Bienenkorbe: Vorbau, vgl. Voss ad Verg. G. 4. 40). — (πλο-ϝο-το-, πλο-ϝ'-το-) πλοῦ-το-ς m. Fülle, Ueberfluss, Reichthum, Vermögen; Πλοῦτο-ς m. Sohn des Iasion und der Demeter, Gott des Reichthums (h. Cer. 489, Hes. Th. 969 ff.); Πλουτ-ώ (οῦς) f. eine Okeanide, Gespielin der Persephone (h. Cer. 422); Πλούτ-ων (ων-ος) m. Beiw. des Ἅιδης „der mit Fülle, mit Reichthum versehene" (insofern aus den dunklen Tiefen der Erde der gold'ne Segen der Feldfrüchte an's Licht dringt, dann ganz gew. statt Ἅιδης) [16]); (πλουτ-ιο) πλούς-ιο-ς begütert, reich (πλουσιώ-τερο-ς, -τατο-ς), πλουσιά-ζω bereichern (Sp.), πλουσια-κό-ς dem Reichen gehörend, geziemend; πλούτ-αξ (-ᾱκ-ος) m. ein unmässig Reicher (kom. Wort des Eupol. bei Athen. 6. 236 f.); πλουτί-ω reich sein, Ueberfluss haben, πλουτη-ρό-ς bereichernd, zum Reichthum geh.; πλουτ-ίζω reich machen, bereichern (Fut. πλουτί-σω, att. πλουτιῶ), πλουτι-σ-τήρ-ιο-ς = πλουτηρός (Philo), πλουτι-σ-μό-ς m. Bereicherung (Eust.); πλουτ-ίν-δην nach dem Reichthum [17] (vgl. οὔτε γὰρ ἀριστίνδην οὔτε πλουτίνδην ἀπεδέκνυε τοὺς ἄρχοντας Plut. Lys. 13).

Stamm paru; vgl. Skr. purú viel, reichlich = πολυ (vgl. pulu, Nbf. von puru): att. πολύ-ς m., πολύ n. (Nebenstamm par-va =) πολ-λή f., daneben ep. ion. πολ-λό-ς, πολ-λό-ν [18]) viel, zahlreich, häufig; gross, stark, gewaltig, heftig; weit, ausgedehnt, geräumig; lange (von der Zeit) (attisch: Gen. πολλ-οῦ, ῆς, οῦ,

Dat. πολλ-ῷ, ῇ, ῷ, Acc. πολύ-ν, πολλή-ν, πολύ, Plur. πολλοί u. s. w.; epische Formen: πουλύ-ς [auch als fem.], πουλύ, Gen. πολέ-ος, Acc. πουλύ-ν, Plur. Nom. πολέ-ες, πολεῖς, Gen. πολέ-ων, πολλά-ων, πολλέ-ων, Dat. πολέ-σι, πολέ-εσσι, πολέ-σσι, Acc. πολέ-ας; auch bei Trag.: πολλό-ν Soph., in lyr. Stellen: πολέα, πολέων, πολέσιν Aesch., Eur.); dazu Comp. Superl. πλείων, πλεῖστος s. pag. 498 f.

-pala multiplicatives Suffix: viel == -fach, -fältig: -πολο, -πλο (Synkope), (== πλο-ϳο oder πλο-jo) -πλοο, (-pal-ta, -palt-ja, -παλτ-ιο, -πλατ-ιο) -πλαcιο[19]): ά-πλόο-c, -πλόη, -πλόο-ν, coptr. ά-πλοῦ-c, -πλῆ, -πλοῦ-ν einfach, schlicht, offen, einfältig (Comp. Sup. ἁπλο-εσ-, ἁπλούσ-τερο-ς, -τατο-ς, ion. auch ἁπλοώ-τερο-ς, -τατο-ς), Adv. ἁπλῶς; ἁπλο-ικό-ς id. (Sp.); ἁπλο-ῖ-ς (ίδ-ος) f. id. (χλαῖνα, die nur einmal um den Leib geworfen wurde, Il. 24. 230. Od. 24. 276. Poll. 7. 13); ἁπλό-η (Synes.), ἁπλό-τη-ς (τητ-ος), ἁπλο-σύνη (LXX) f. Einfachheit, Schlichtheit u. s. w.; ἁπλο-ΐζομαι einfach, offen sein und handeln (Xen. Mem. 4. 2. 18); δί-πολο-ς Aesch. fr. 193 D., δι-πλόο-c, contr. δι-πλοῦ-c, δι-πλό-c zwiefach, doppelt, übertr. doppelt gesinnt == falsch, hinterlistig (Trag. auch == ἄμφω, δύο), Adv. διπλῆ doppelt, zweimal; fem. διπλῆ ein kritisches Zeichen von der Gestalt eines liegenden grossen ⊃— oder —⊂, oder eines liegenden lat. Vau ⊱ oder <, auch ⊁, um verschiedene Lesearten oder verworfene Verse anzudeuten (Gr.), überhaupt: Merkzeichen (vgl. Vibullii res gestae sunt adhuc maximae. Id ex Pompei litteris cognosces: in quibus animadvertito illum locum, ubi erit διπλῆ. Cic. ad Att. 8. 2. 4); δι-πλο-ῖ-ς (ίδ-ος) f. ein doppelt um den Leib geschlagener Mantel, Tracht der Cyniker (Antp. Sid. 80), Demin. διπλοΐδ-ιο-ν n. (Poll. 7. 49), διπλοΐζω verdoppeln (Aesch. Ag. 809), δι-πλόη f. Verdoppelung, übertr. Doppelsinn, Zweideutigkeit (Med. Höhlung zwischen zwei Knochenblättern), δι-πλό-ω verdoppeln, doppelt umlegen, über einander schlagen, δί-πλω-σι-ς f. Verdoppelung, doppeltes Umlegen, δί-πλω-μα(τ) n. das Doppelte, das Zusammengelegte, bes. offener Brief, Pass u. s. w., Diplom (Sp.); δι-πλάcιο-c doppelt, doppelt so gross, ion. δι-πλήσιο-ς, δι-πλασί-ων (Sp.), διπλασιό-ω verdoppeln (Gramm., διπλασιουμένην Thuk. 1. 69. 4), διπλασιά-ζω id., intr. doppelt so gross sein (διπλάζω selten), διπλασια-σ-τ-ικό-ς zum Verd. geneigt, διπλασία-σι-ς f., διπλασια-σ-μό-ς m. Verdoppelung; διπλασι-επι-δί-τριτος, -τέταρτος u. s. w. 2²/₃-, 2¹/₄- mal u. s. w. so gross (Nic. ar.); τρι-πλόο-c, τρι-πλοῦ-c, τρι-πλάcιο-c dreifach, dreifältig (τριπλασίων Ar. Equ. 285. 715), τριπλασιό-τη-ς (τητ-ος) f. das Dreifache (Nic.), τριπλασιά-ζω verdreifachen, dreifach nehmen (Plut. Arist. 24), τριπλασι-επι-τέταρτος, -πεμπτος u. s. w. 3¹/₄-, 3¹/₅ mal u. s. w. so gross; ebenso: τετρά-πλοο-c, -πλάσιε-c, πεντά-πλοο-c, -πλάσιο-c u. s. w.

2) Füllen == bedecken[20]).

πελ: (πελ-να) πέλ-λα f. (Bedeckung ==) Haut, Leder, Pelz,

Fell; ἄ-πελος hautlos, unverharscht (Kallim. fr. 343); ἐρυсι-πελ-ας
(ατ-ος) n. Röthung der Haut = roth aussehende Hautentzündung
oder Geschwulst, Rose (Medic.)[21], ἐρυσιπελατ-ώδης von der Art
der Rose (Diosc.); πέλ-μα(τ) n. Sohle, Fusssohle, Schuhsohle[22]),
πελματ-ίζω· ξέω τὰ ὑποκάτω τῶν ποδῶν (E. M. p. 1002), πελματ-
ώδης sohlenähnlich; μονό-πελμος einsohlig (B. A. 425). — πολ:
ἐπι-πολ-ή f. (eig. Oberhaut =) Oberfläche, Gen. ἐπιπολῆς (adverbial) auf der O., obenauf; mit Gen. oberhalb; übertr. deutlich,
offenbar[23]), ἐπιπόλα-ιο-ς auf der O., obenauf befindlich, oberfläch-
lich; ἐπι-πολά-ζω (-πολεύω Ael. h. a. 9. 61) sich auf der O., obenauf befinden, die Oberhand gewinnen, überhand nehmen, emporkommen, ἐπιπολα-σ-τ-ικό-ς obenauf befindlich, emporkommend, ἐπι-
πόλα-σι-ς f., -πολα-σ-μό-ς m. das Obenaufsein, Emporkommen; ἐπι-
πολητίδες· περοναί, αἷς αἱ γυναῖκες περονῶνται (Hes.). — πλο:
(πλο-Fο) ἐπί-πλο-ο-c m., ο-ν τι., Netzhaut, welche die Gedärme
bedeckt, ἐπιπλό-ιο-ν id. (Philetaer. ap. Ath. 3. 106. e; vgl. κεῖται
ἐπὶ τοῦ λίπους καὶ τοῦ ὕμενος).

I) **par**[1]).

par, por zutheilen, spenden, bringen, bereiten. —
-*păru-s: opi-păru-s* reichlich ausgestattet, herrlich, prächtig (Nbf.
-*pari-s* App. Met.); (*pava-par[o], pav-per*, s. Stamm *pava*) **pau-per**
(*pĕr-is*) wenig schaffend = arm, dürftig, beschränkt[24]) (Nbf. n.
pauperu-m Cael. Aur. tard. 1. 1. 33), Demin. *pauper-culu-s* ärmlich,
armselig; *paupĕr-ie-s* (poet.), *pauper-ta-s* (*tāti-s*) f. Armuth, Dürftigkeit, Demin. *paupertāt-ŭ-la* f. (Hier.), *paupert[at]-īnu-s = pauper*,
(*pauperu-s) *pauperā-re* arm machen, berauben; **prŏ-pĕru-s** (vorwärts schaffend =) eilig, eilfertig, Adv. *propere, properi-ter; pro-
perā-re* eilig besorgen, beeilen, beschleunigen; eilen, Part. *pro-
pera-ns* eilig (Adv. *-nter*), *properā-tu-s* beeilt, schnell (Adv. *-to*,
Tac. a. 13. 1), *properant-ia* f. das Eilen, die Eile, Eilfertigkeit,
properā-ti-ō(n) f. id., *properā-ti-m = propere, properā-bili-s* eilend
(Tert.); **pără-re** verschaffen, bereiten, besorgen, sich anschicken[25]),
Part. *parā-tu-s* bereitet, bereit, versehen, gerüstet (Adv. *-te*), *parā-
tu-s* (*tūs*) m. Zubereitung, Zurüstung, *para-tūra* f. id. (Tert.), *parā-
ti-ō(n)* f. id. (Afran.), das Streben (Sal. Jug. 31. 7), *parā-bili-s*
leicht zu verschaffen; Frequ. *pari-tā-re* (Plaut.); **im-pĕrā-re** urspr.
hineinbereiten, bearbeiten (vgl. *exercet frequens tellurem atque imperat arvis* Verg. G. 1. 99; *sola terrae seges imperatur* Tac. Germ.
26); dann: bestellen, gebieten, anbefehlen, herrschen, regieren
(*imperassit* Cic. legg. 3. 3. 6)[26]); Part. *imperā-tu-m* (als Subst.) n.
das Befohlene, der Befehl, *imperāt-īvu-s* zum Befehlen geh. (grammat.
Befehlsform, Imperativ); *imperā-tū* (Abl.; Amm. 31. 7), *imperā-
ti-ō(n)* f. das Befehlen (Boëth.), *imperā-tor* (*tōr-is*), alt *indu-, endo-
perator* (pag. 30), m. Befehlshaber, Feldherr, Gebieter, Oberhaupt,
Titel der röm. Kaiser; fem. *impera-tr-ix* (*īcis*); *imperatŏr-iu-s* zum

Befehlshaber u. s. w. gehörig, kaiserlich (Adv. *-ic* eines Feldherrn würdig, Treb. Claud. 6); Intens. *imperi-tāre; impĕr-iu-m* n. Gebot, Befehl, Herrschaft, Oberherrschaft, Staatsgewalt, Staat, Reich (milit. Oberbefehl, Commando), die kaiserl. Regierung (Sueton.), *imperi-āli-s* kaiserlich, *imperi-ōsu-s* gebietend, herrschend, herrisch (Adv. *-ose*); (*vitio parare* vgl. *vitio dare, vertere, tribuere* = *vitio-, viti-, vitu-; i* vor *p* zu *u*, vgl. St. *aucup-, occupare* u. s. w.) **vĭtŭperāre** zum Fehler machen, fehlerhaft machen, als Fehler angeben, tadeln, schelten [27]), *vituperā-ti-ō(n)* f. Tadel, das Tadeln, Schelten, *vituperā-tor* m. Tadler, *vituperā-bili-s* tadelnswerth, *vituper-ō(n)* m. = *vituperator* (Gell. Sidon.). — St. *pāre:* **pārĕ-re** (*par-ui, -itum*) zu schaffen bereit sein, zur Stelle sein = sich einstellen, erscheinen, Folge leisten, gehorchen, willfahren, Part. *pare-ns* gehorsam, Plur. die Unterthanen), *im-parentem* (*non parentem, hoc est oboedientem* Paul. D. p. 109. 2); **ap-pārēre** = *parere*, bes. übertr. augenscheinlich sein, klar vorliegen, einleuchten, *apparent-ia* f. das Sichtbarwerden (Christi, Tert.), das äussere Ansehen (Firmic. math. 5. 8), *appārĭ-tor* m. Aufwärter, Amtsdiener, allgem. subalterne Beamte (*scribae, praecones, interpretes, lictores, accensi, viatores* u. s. w.); *appari-tūra* (Suet. gr. 9), *-ti-ō(n)* f. Aufwartung, Amts-dienst, -dienerschaft. — St. *par(i)*: (*ăb-*, das *b* geschwunden) **ă-pĕrī-re** (*-pĕr-ui, -per-tu-s*) = ab-bereiten d. i. auf-machen, er-öffnen, öffnen, erschliessen, aufdecken, enthüllen [28]) (Fut. *aperī-bo* Pomp. ap. Non. 506. 30; vgl. Plaut. Truc. 4. 2. 50), Part. *aper-tu-s* offen, frei, unverhohlen, Subst. n. das Offene, Freie (übertr. *in aperto est* = *ἐν τῷ φανερῷ ἐστίν*), Adv. *aperte; Aperta* (*idem Apollo vocabatur, quia patente cortinā responsa ab eo dentur* Paul. D. p. 22. 15. M.), *aper-ti-ō(n)* f., *aper-tūra* f. Eröffnung, Oeffnung, *aper-tor* m. Eröffner, Beginner (*Ioannes primus baptismi*, Tert.), *apert-īvu-s, ĭ-bilis* (Andere *aperi-bilis*) zur Eröffnung geeignet (Cael. Aurel. acut. 3 f.; Frequ. *aper-tā-re* (Plaut. Men. 3. 5. 12); (*ŏb-*, das *b* geschwunden) **ŏ-pĕrī-re** (*-pĕr-ui, -tu-s*) = darauf bereiten d. i. zu-machen, zudecken, verschliessen, verhehlen [28]) (Fut. *operī-bo* Pompon. ap. Non. 507. 33), Part. *oper-tu-s* verborgen, Subst. n. das Geheimniss, geheimer Ort, Adv. *operte, opert-āneu-s* geheim (Plin. 10. 56), *oper-ti-ō(n)* f. (Varro l. l. 5. 10. 72), *oper-tōr-iu-m* (Sen. ep. 87), *operīmentu-m* (*oper-, opri-mentum* Prudent. 461) n. Decke, Bedeckung (*oper-tu-i* Dat., App. mag. p. 310. 15), *oper-cŭlu-m* n. Deckel, *opercŭlā-re* mit einem D. versehen (Col.); Frequ. *oper-tā-re* (Enn. ap. Non. p. 223. 30); **rĕ-pĕrī-re** (*re-ppĕri* = **re-pe-peri, -per-tu-s*) wiederschaffen, wiederfinden; finden, erfinden, ersinnen, entdecken [28]) (*pario re-perio, veteres enim et pario quarta coniugatione declinabant* Prisc. 8. 86. K.; Fut. *reperibit* Caecil. ap. Non. p. 508. 16, *reperibitur* Plaut. Epid. 1. 2. 48, Inf. *reperirier* id. Truc. 4. 1. 1); Part. *repertu-m* n. Erfindung (Lucr.); *reper-ti-ō(n)* f. Auf-, Er-findung;

reper-tu (Abl., App.), *reper-tor* m.; *-trix* f. Erfinder, Urheber, -in,
reper-tor-iu-m n. Verzeichniss (Dig. 26. 7. 7). — St. *par-ti*[28]:
par-s (Gen. *par-ti-s* [*par-tus* tab. Bant.], Acc. *parti-m*, Abl. *parti*
Lucr. Plaut. u. s. w.) f. Antheil, Theil, Abtheilung, Partei; (Zutheilung =) Pflicht, Obliegenheit, Amt; Acc. *parti-m* (als Adv.)
theilweise; *parti-āriu-s* zu Theilen gehend, Subst. Theilhaber (Tert.),
Adv. *-ārio*, *-ātim* theilweise, stückweise, einzeln; Demin. *parti-cŭla*
f. Theilchen, ein Weniges (rhetor.: Abtheilung in den Sätzen,
gramm.: Particel), *particul-āris* einen Theil betreffend, particulär
(Adv. *-āri-ter*), *particulari-tā-s* f. Einzelheit (Boëth.), (*particulā-re*)
particulā-ti-m = *partiario*, *particulā-ti-ō(n)* f. Zutheilung (Marc.
Cap.); *particul-ō(n)* m. Theilnehmer, Miterbe (*particulones dicti
sunt coheredes, quod partes patrimonii sumunt* Non. p. 20. 6); *parti-
cep-s* s. pag. 112; *ex-per-s* (*ti-s*) nicht Theil habend, untheilhaftig;
partī-re, meist *-ri*, theilen, zertheilen, eintheilen, zergliedern
(theilhaft machen, Enn. ap. Non. 475. 25), Part. *partī-tu-s*, Adv.
-te, *-to* theilweise, abgetheilt, *partī-ti-ō(n)* f. Theilung u. s. w.; *dis-
pertī-re* (*-ri* Cic. legg. 2. 19) = *partire*, *dispertī-ti-ō(n)* = *partitio*
(Tert.); *im-pertī-re* (*-ri* Ter. Ad. 3. 2. 22) zutheilen, mittheilen;
theilhaftig machen, beschenken (Plaut., Ter., Suet.), *impertī-ti-ō(n)*
f. Zutheilung (Arnob. 2. 43). — (*por-tu-s*) **por-tā-re** bringen,
führen, tragen[30]), *portā-ti-ō(n)* f. das Bringen u. s. w., *porta-tōr-iu-s*
zum Tragen dienlich (*p. sella* Tragsessel), *porta-tr-ix* f. Trägerin
(Or. inscr. 1373), *portā-bili-s* tragbar; *por-ti-ō(n)* f. = *pars;* übertr.
Verhältniss, Proportion (*portione*, *pro portione*, *portionĭbus* u. s. w.
nach Verh., verhältnissmässig), Demin. *portiun-cŭla* f. (Plin., Dig.),
portion-āli-s zum Theil geh. (Tert.); (*ŏb-*, *b* geschwunden) **ŏ-porte-t**
(*oportuit*) es wird (zugehöriger) Theil, es ist zukömmlich, zweck-
dienlich, nöthig, billig[31]).

Hervorbringen, gebären. — **păr-i-o**, *par-ĕre* (*pĕ-pĕr-i,*
par-tum, Part. *pari-turu-s*) hervorbringen, zeugen, gebären; übertr.
zuwegebringen, verursachen, schaffen[32]) (Inf. *parīre* Enn. ap. Varr.
l. l. 5. 10. 59, Fut. *pari-bis* Pompon. ap. Non. p. 508, Perf. *parii:
Latona pariit casta complexu Iovis Deli deos geminos* Enn. ed. Vahl.
p. 146); Part. Präs. *parien-s* = ἡ τίκτουσα; Aor. *par-e-n-s* = ἡ
τεκοῦσα, *mulier quae peperit;* Plur. *parentes* comm. = οἱ τεκόντες
die Erzeuger, die Aeltern (und zwar nach dem natürl. Verhältnisse, während *pater et mater* mehr das sittliche Verhältniss bezeichnen; vgl. Tac. A. 1. 14: *alii parentem, alii matrem patriae
[Augustam] appellandam censebant;* Cass. Dio 57. 12: πολλοὶ μὲν
μητέρα αὐτὴν τῆς πατρίδος, πολλοὶ δὲ καὶ γονέα προσαγορεύεσθαι
γνώμην ἔδωκαν); *par-tu-s* (*tūs*) m. (Gen. *-ti* Pacuv., *-tuis* Varro,
Dat. *-tu* Prop. 1. 13. 30) das Gebären, die Geburt; concret: Leibesfrucht, Frucht, Sprössling, Brut; *partu-āli-s* zum Geb. geh. (Tert.);
partŭrī-re Desid., gebären wollen, kreisen; übertr. worauf brüten,

etwas vorhaben, Sorge haben; überh. hervor-treiben, -bringen, *parturī-tǐ-ō(n)* f. das Gebärenwollen u. s. w., *parturi-āli-s* durch Geburt hervorgebracht (Cassiod.); *Partǔla* die Göttin des Gebärens (Tert.); *par-tǐ-ō(n)* f. das Gebären, Eierlegen; *parent-āli-s* älterlich (*umbrae* Ov. tr. 4. 10. 87); *-āli-a* n. Pl. die Todtenfeier der Aeltern, Verwandten u. s. w., das Todtenopfer, die Parentalien, *parent-āre* die Todtenfeier den Ae. u. s. w. darbringen, ein Todtenopfer, ein Opfer darbringen, sühnen, *parentā-tǐ-ō(n)* f. Todtenfeier (Tertull.); *parent-ēla* f. Verwandtschaft (Capitol. Gord. 23); *-pǎru-s: prīmǐpǎra* (von Thieren) das das erste Mal geheckt hat; (*juveni-, jūni-* vgl. *jūn-ix* pag. 360) *jūnǐ-pěru-s* f. Wachholderstrauch (stets junge Zweige und Blätter treibend), *juniper-eu-s* wachholdern; *puer-pěra* f. Wöchnerin, Kindbetterin, *puer-per-iu-m* n. Entbindung, Niederkunft, übertr. das Geborene, Leibesfrucht; *vivi-paru-s* lebendige Junge*gebärend (*pisces*, App. mag. p. 298. 24); (*vivi-*) *vī-pěra* f. Viper (*coluber berus* Linné), Schlange, Natter, *viper-eu-s*, *-īnu-s* von Vipern, Schlangen, Subst. *-ina* f. (sonst *serpentaria*) Vipern-, Schlangenkraut, *-inu-s* schlangenförmig, *viper-āli-s* zur Viper geh., *herba* den Viperbiss heilend.

II) par = pal[5]).

1) Füllen.

(*pla*) **plē: plē-re** füllen (*ple-ntur* Fest. p. 230), *-plēre, -plē-vi, -plē-tu-s: com-plēre* vollfüllen, ausfüllen, vollständig machen, vollenden (*complē-runt, -rint, -sse, -ral, -rant* Caes. Cic. Verg.), Part. *com-plē-tu-s* vollendet, *complē-tǐ-ō(n)* f. Füllung, Erfüllung, *comple-tor* m. Erfüller (Juvenc.), *completōr-iu-m* n. das letzte Gebet (nach Vollbringung des Tagewerkes, Eccl.), *complet-īvu-s* zur Ausfüllung dienend (Prisc., Boëth.), *complē-mentu-m* n. Ausfüllungsmittel; *de-plēre* ausleeren, ausschöpfen; *ex-plēre = complēre*, befriedigen, sättigen, stillen (*exple-n-unt* Fest. p. 30, *ex-pleris, -plessent* Cic. Liv.), Part. *ex-ple-tu-s* vollständig, vollkommen, abgegränzt, *exple-tǐ-ō(n)* f. Befriedigung, Sättigung, *explet-īvu-s* ausfüllend, ergänzend (Donat. Charis.), *explē-mentu-m* n. = *complementum;* übertr. Zusatz, Ergänzung; *im-plēre = com-, ex-plere* (*implē-runt, -rint, -rat, -ssem* Cic. Hor. Verg. Ov.), *implē-tǐ-ō(n)* f. Erfüllung (Salvian.), *implē-mentu-m* n. Anfüllung (Cael. Aur.); *op-plēre* anfüllen; *re-plēre* wieder vollmachen, vollzählig machen, ergänzen, Part. *re-pletu-s* angefüllt, voll, *reple-tǐ-ō(n)* f. Ergänzung (Cod.); *sup-plēre = re-plēre, supplē-mentu-m* n. Ergänzungsmittel, Ergänzung (eines Heeres), Recrutirung, concret: Ergänzungsmannschaft. — *plē-tūra* f. Anfüllung (Paulin.), Blutandrang (Veget.). — **plē-nu-s** voll, vollzählig, ganz, gesättigt, befriedigt; vollauf habend, reichlich; vollkommen, vollendet, Adv. *plene* (*pleniter* Ennod. ep. 5. 16), *plēni-ta-s, -tūd-o* (*in-is*) f. Fülle, Vollheit, Reichlichkeit; (**Plen-ina*) *Plen-in-ense-s* picenische Völkerschaft (Plin. 3. 13); (**ple-is-to*) *Plis-t-ia* f. Ort in

Samnium (Liv. 9. 21); (*plc-sto-ina) Ple-stīna f. Stadt der Marser
(Liv. 10. 3) = die vollste, die bevölkertste[33]); plē-ru-s (alt),
plc-rus-que (meist Pl. plerī-que) sehr viele, ein sehr grosser Theil,
die Meisten, Adv. plcru-m (alt), plcru-m-que meistens, gemeiniglich,
oft, häufig (zuweilen, mitunter, Dig.); Comp. (*plc-[i]os) = plc-
ōr-es (Carm. Arv.); Sup. (*ple-ios-ima) plīs-ima (Fest. p. 204);
plē-be-s (Gen. -bĕi, -bi), ple-b-s (-is) f. Volksmenge; Bürgerstand,
Volk; Menge, Haufe, Pöbel[34]), Demin. plēbē-cŭla f. (plebi- Jul.
Valer. 2. 36) das gemeine Völkchen, Pöbel, Gesindel, plebē-iu-s
bürgerlich, plebejisch; gemein, gewöhnlich, schlecht, niedrig; plcbi-
ta-s (tāti-s) f. der gemeine Bürgerstand (Cato ap. Non. 149, 4, 8);
(*locu-plē-to, -ti) lŏcŭ-plĕ-s (-plē-ti-s) = mit Acker gefüllt, voll
Acker, begütert, reich[35]) (P. Nigidius locupletem dictum ait cx
compositis vocibus, qui pleraque loca, hoc cst, qui multas possessiones
teneret, Gell. X. 5; tum res erat in pecore ct locorum possessionibus,
ex quo pccuniosi ct locupletes vocabantur Cic. de Rep. 2. 9. 16;
locupletes dicebant loci, hoc est agri plenos Plin. h. n. 18. 3. 3);
zuverlässig, glaubwürdig (auctor, testis; weil ein Begüterter mit
seinem Hab und Gut haften konnte), Adv. locu-plēte; locupletā-re
bereichern, locupletā-ti-ō(n) f. Bereicherung, reicher Besitz (Vulg.).
locupletā-tor m. Bereicherer (Eutrop. 10. 15).

pel. — (pcl-vi) pel-vi-s, pēl-ui-s (s. πέλλα pag. 498) f.
Schüssel, Becken, bes. Wasser-, Waschbecken (Acc. pelvi-m, Abl.
pelvi, pelve), Demin. pelvi-cŭla f. (Not. Tir. p. 164).

(pol) plo. — Compar. zu mullu-s viel: (*plo-ios) plo-us (C. I.
L. I. 196. 19. 21) plūs (plūr-is) [ou = ū seit Anfang des 7. Jahr-
hunderts], Plur. plūr-es, -a (vorkl. plur-ia nach Gell. 5. 21. 6,
dagegen Gen. meist plur-ium) mehr, mehrere; com-plur-es, -a
(-ia) mehrere zusammen, d. h. ziemlich viele, nicht wenige (mit
völlig erloschener Compar.); Subst. Mehrere, ziemlich Viele; Adv.
com-plur-iens mehrere male, ziemlich oft (Cato, Plaut.); plūr-āli-s
zu Mehreren oder zur Mehrzahl gehörig (gramm. Mehrzahl, Plural),
Adv. -ter (in der Mehrzahl), plurali-ta-s f. Mehrzahl (grammat.),
pluralīvu-s = pluralis (Gell., Arnob.); plus-culu-s etwas mehr, etwas
viel, Adv. plusculu-m (Plaut.), com-plusculi nicht so wenige, ziemlich viele (Plaut., Ter., Gell.), Adv. compluscule (Gell. 17. 2. 15);
Superl. (*plo-ios-umo, *plo-us-umo) plūs-ima (C. Sal. Varro 1. 1. 7.
27. M.), plo-ur-uma (Inscr. Aqu. Murat. p. 658), plo-ur-ima (C. I.
L. I. 1297), plūr-ĭmu-s der (die, das) meiste, sehr viel.

(pol) pul. — (*pa[r] + pura nährend, füllend, vgl. Skr. pu-
puri, *pa-pulo, *po-polo) pŏ-pŭlu-s (pŏplus Inscr. Col. rostr., Plaut.
Amph. prol. 101, ibd. 1. 1. 103, id. Aul. 2. 4. 6, id. Asin. pr. 4;
popolus Tab. Bant., Fab. Pict. ap. Gell. 1. 12) m. Volk, Menge,
Haufe, Schaar[36]); popul-āri-s zum Volke geh., volksthümlich; zu
demselben V. geh., einheimisch, inländisch; dem Volke zugethan,

volksgesinnt, demokratisch, populär; zum niederen Volke geh., gemein, verbreitet, niedrig; Adv. *populari-ter; populari-ta-s (tātis)* f. Landsmannschaft, Streben nach Volksliebe, Popularität; *popul-ōsu-s* volkreich, zahlreich, *populosi-ta-s (tātis)* f. Menge (*deorum* Arnob. 3. p. 102); (**populā-re*) *popnlā-ti-m* von Volk zu Volk, bei allen Völkern (Pompon. und Caecil. ap. Non. 150, 20. 154, 14), *populā-ti-ō(n)* f. Volk, Bevölkerung (Sedul. 4. 275); *popul-āc-iu-s* pöbelhaft (Laber. ap. Non. p. 220. 32); (**po-puli-cu-s*) (alt *pou-bli-co-m, pō-pli-cōd* u. s. w.) **pŭ-blĭ-cu-s** (*publicum est quod universa civitas frequentat* Cic. inv. 1. 27) zum Volk, zum Staate geh., Volks-, Staats- (Subst. m. Staats-beamte, n. Staats-eigenthum, -gebiet, Gemeinwesen), übertr. Allen gemein, allgemein, öffentlich (Subst. n. öffentl. Ort, Oeffentlichkeit); Adv. *public-e* (*i-ter* Pompon. ap. Non. p. 513. 9), *publicī-tus* auf Staatskosten, von Staatswegen, öffentlich; *public-ānu-s* zum Staatspacht geh., Subst. Generalpächter der Abgaben, *public-āriu-s* veröffentlichend (Firmic. math. 3. 8); *publicā-re* dem Staate zueignen, einziehen, confisciren; veröffentlichen, bekannt machen, *publicā-ti-ō(n)* f. Einziehung in die Staatscasse, Confiscation, *publicā-tor* m., -*trix* f. Veröffentlicher, -in; *Publ-iu-s, Publiciu-s, Publiliu-s.* — **manĭ-pŭlu-s,** *manu-pulu-s*, manĭ-, manūplu-s m. (-*pulu-m* n. Spart. Hadrian. 10) eine Hand voll, Bündel (*manipulos dicimus fasces faeni, quod manum impleant* Isid. or. 18. 3. 5); eine kleinere Abtheilung des röm. Heeres, Manipel [37]) (etwa 100, später gegen 200 Mann; von dem auf einer Stange als Feldzeichen getragenen Bündel, vgl. *pertica suspensos portabat longa maniplos, unde manipularis nomina miles habet,* Ov. fast. 3. 117), *manipul-āri-s* zu einem Manipel geh., Gemeiner, *manipul-āriu-s* einem M. zukommend, *manipul-ā-ti-m* eine Hand voll, bündelweise, manipelweise; (**sama-pulo* s. *sa* mit) **sĭm-pŭlu-m** n. zusammenfüllendes Werkzeug, Füllkrug, Füllkelle, Schöpfgefäss, Becher [38]) (*simpulum ras parvulum non dissimile cyatho, quo vinum in sacrificiis libabatur: unde et mulieres rebus divinis deditae simpulatrices* Fest. p. 337), *simpulā-re* mit der Füllkanne einschöpfen, *simpulā-tor, simpul-ō(n)* m. (*simpulones dicuntur convivae; nam et amicus sponsi, qui cum eo per convivia ambulat, simpulator dicitur* Fulg. p. 396. G.) Becherer, Seidelmann, Zechbruder, Tischgenosse, *simpulā-trix* f. Füllfrau, Schöpffrau beim Opfer. — **pul-vī-nu-s** m. (Gefülltes, Vollgestopftes) Polster, Kissen; Erderhöhung = Beet, Rabatte, Steinaufsatz [39]), Demin. *pulvinŭ-lu-s* m. kleine Erderhöhung (Col. arb. 10. 4), *pulvil-lu-s* m. Kisschen, *Pulvillu-s* röm. Bein., *pulvin-ensi-s* Beiname der Bellona (Inscr.), *pulvin-ā-tu-s* polsterförmig, mit einer Erh. versehen; *pulvīn-ar (āri-s)* n. (ein aus Decken und Polstern zusammengelegter) Göttersitz, Polstersitz, übertr. Tempel; Pfühl, Ruhekissen, Bett, *pulvin-āri-u-m* n. Polstersitz der Götter.

-pala multiplicatives Suffix (s. pag. 501) = **-plo:** (-*plu-s,*

-*pla*, -*plu-m*)[19]) *sim-plu-s* (= ά-πλοῦς) einfach, *simpl-āri-s* (Veget.),
-*āriu-s* (Dig.) id.; *dŭ-plu-s* (= δι-πλοῦς) doppelt so gross oder
viel, Subst. -*m*, n. das Doppelte, *dupl-āri-s* das Doppelte enthaltend
(Veget.), *dupl-ō(n)* m. = *duplum* (XII tab. ap. Fest. p. 376. 30),
duplā-re verdoppeln (Dig.); *tri-plu-s* (= τρι-πλοῦς) dreifach, Subst.
-*m*, n. das Dreifache, *tripl-āri-s* (Macrob.), -*āriu-s* (Or. inscr.) id.;
quadrŭ-plu-s vierfach, Subst. -*m* n., das Vierfache, *quadrupl-āri-s* id.
(Macrob.), *quadrŭplā-re* vervierfachen, *quadru-*, *quadri-plā-tor* m.
Vervierfacher, eine Art Denuncianten, welche *quadrupli actio* ein-
leiteten, d. h. Antrag auf vierfältige Strafe stellten, wobei sie ¼
percipierten (*quadriplatores dicebantur, qui eo questu se tuebantur,
ut eas res persequerentur, quarum ex legibus quadrupli erat actio*
Paul. D. p. 259. 3), *quadruplāri* den *quadruplator* machen; *quincŭ-
plu-s* fünffach (Boëth.); *septŭ-plu-m* das Siebenfache (Angust.); *octŭ-
plu-s* achtfach, Subst. -*m* das Achtfache; *decu-plā-tu-s* verzehnfacht
(Juvenc. 3. 137); *centu-plu-s* hundertfach (Vulg.); (*ambi-*, *amb-*)
am-plu-s nach beiden Seiten voll, ringsum voll = weit, geräumig; übertr. gross, bedeutend, gewichtig; erhaben, ausgezeichnet,
berühmt, würdevoll, ruhmvoll[40]), Adv. *ample* (*ampli-ter* Plaut.
Lucil. Gell.), *ampli-tū-d-o* (*in-is*) f. Weite, Grösse, Bedeutung, Ansehen, *amplāre* (Pacuv. ap. Non. p. 506. 26. M.), *ampliāre* erweitern, vergrössern, vermehren, verherrlichen; weiter hinaus-
schieben, vertagen; *ampliā-ti-ō(n)* f. Erweiterung u. s. w. (Sen.,
Tert.), *ampliā-tor* m. Mehrer (*civium*, Eckhel doctr. num. vet. t. 3.
pg. 12); *ampli-fĭcu-s* prächtig, herrlich (Fronto), Adv. -*fice* (Catull.
64. 266), *amplificā-ti-ō(n)* f. = *ampliatio*, *amplificā-tor* m., -*trix* f.
Erweiterer u. s. w.

2) Füllen = bedecken[20]).

pel. — (*pel-ni*) **pel-li-s** = πέλ-λα (pag. 501)[41]) f., Demin.
pelli-cŭla f., *pelliculā-re* mit Fellen versehen (Col.), *pellĭ-tu-s* mit
F. versehen, mit Pelz bekleidet (*pelleātus* Paulin. Nol. carm. 17.
243), *pellĭ-c-iu-s*, -*eu-s*, *pelli-nu-s* (Jul. Valer.), *pelli-ris·* (Paul. D.
p. 204) aus F. bereitet; *pell-āriu-s* (Firmic.); *pelli-ō(n)* (Plaut. Men.
2. 3. 52) m. Pelzarbeiter, Kürschner, *pellion-āriu-s* Militärkürschner
(Inscr.).

1) Corssen KZ. XV. 251. — C. E. 282 (jedoch gegen die Zusammenstellung mit Skr. *pi-par-mi*): „doch fehlt der Nebenbegriff der Reichlichkeit den griechisch-latein. Wörtern ganz". [„Reichlich spenden, verleihen" kann sich doch leicht zum Begriffe „spenden, verleihen" abgeschwächt haben.] — F. W. 118 f. 463; F. Spr. 336 f. — Siegismund
St. V. 198. 11). — 2) C. V. II. 19. 83). — 3) Sonne KZ. X. 105: πορ,
Desid. πορσ, Adj. πορσυ, Denom. πορσυ-νω, πορσαίρω von einem Thema
πορσαν (πορσαν-jω). — 4) Vgl. Düntzer KZ. XVI. 29 f.: παρθένος ist die
„gezeugte" von der durch ϑ vermehrten W. παρ, wovon auch πορτις.
— Christ 265 und Legerlotz KZ. VIII. 46 von der W. *rardh* wachsen,
blühen: ϝαρϑ, βαρϑ, παρϑ (β durch den Einfluss der die Wurzel
schliessenden Aspirata zu π verhärtet). — PW. IV. 648: *pāthena* (aus

παρθένος) das Zeichen der Jungfrau. — 5) B. Gl. 230b. 246a. — Brugman St. IV. 164. 3). — Corssen I. 368. 441 f.; N. 253 f.; KZ. III. 280 ff. — C. E. 82. 277. 282. 489; C. V. I. 155. 9). 183. 4). 190. 44). 252. II. 40. — F. W. 118 ff. 129 f. 377. 463. 467. 470. 1063. 1081; F. Spr. 240 f. 337 f. — Fritzsche St. VI. 318. — Lottner KZ. VII. 19. — Siegismund St. V. 196. — 6) Pott KZ. VI. 409. — Fick KZ. XXI. 367 (und Spr. l. c.): = πλην-μορο, πλημ-μυρο: πλήμμϑρα (d. i. πλημμυρ-ja), πλημμῦρ-ίϑ [doch Hom. ῦ], πλημμύρω d. i. πλημμυρ-jω (vgl. Skr. ad-mara gefrässig; altir. lanmar-, *linmar-ja = linmaire Fülle. — Der letzteren Ableitung wegen findet sich πλημμ- geschrieben; doch richtiger wohl seit Bekker πλημ-. — 7) Vgl. Fick KZ. XVIII. 415. 4). — 8) C. E. 66 (über das secundäre ϑ); C. V. I. 155. 9). II. 191. 340. 345. — F. W. 120. 373. 470: plēth füllen aus plē durch th = dhā weitergebildet. — 9) Vgl. Allen St. III. 276. — 10) Clemm St. VIII. 81. — C. E. 278. — Lobeck path. · el. I. 245. — Gewiss falsch Pape W. s. v.: „Nebenform von ἁπλᾶτος. Die Ableitung von πίμπλημι ist falsch". — 11) Pott KZ. VI. 283*). — Anders Kiessling KZ. XVII. 224: πλήν aus *πλέjαν, woraus nominal πλεῖον, πλέον, lat. plus wurde. — 12) Brugman St. IV. 180. 5). — C. E. 82. 282. — Hehn p. 470. — Anders F. W. 119, KZ. XX. 170: par durchdringen u. s. w., πόλι-ς = Skr. pur, pura, puri Wehr, feste Burg (vgl. Skr. gö-pura Stadtthor). — 13) C. E. 489 f. — Kuhn KZ. IV. 2. XI. 310. — 14) C. E. 282: πτολί-ε-θρο-ν (vgl. θύρ-ε-τρο-ν) scheint auf einen Verbalstamm (vgl. hom. πολί-ζω bauen) zurückzugehen. — 15) Misteli KZ. XVII. 162 f. — 16) Sch. W. s. v. — 17) Savelsberg KZ. XXI. 193: Suffix eno + do = en-do, ιν-δο: μυ-ίν-δα, φυγ-ίν-δα, κρυπτ-ίν-δα; ἀριστ-ίν-δην, πλουτ-ίν-δην; κρυφ-αν-δόν, στοχ-αν-δόν, ἀνα-φαν-δόν; sec-un-du-s, ori-un-du-s, rot-un-du-s; leg-en-du-s, capi-en-du-s. — 18) Vgl. auch B. Gl. 244b. — Kuhn KZ. IV. 2. — Renner St. Ia. 177. — Schweizer KZ. II. 366. — Walter KZ. XII. 385. — 19) Corssen I. 441 f. II. 72. — Siegismund St. V. 164. 65). — Anders F. Spr. 243. 339: von pal = πέλω, πέλομαι wenden; Basis von plak flechten (vgl. F. W. 373). — Vgl. noch Anm. 37. — 20) Corssen B. 319 f. (πέλ-λα, pel-li-s Haut, insofern sie voll von Haaren ist, Pelz; oder: insofern sie mit Fleisch und Blut gefüllt ist = die schwellende, straffgespannte Haut). — F. W. 373 f.; F. Spr. 192. 241 f. 338. — Pott E. F. I. 264. — Zu Skr. kár-man Haut, Leder: Benfey gr. Wurzell. II. 83; Bugge KZ. XIX. 409 f.; Sonne KZ. X. 407. — Anders C. E. 271: „die Grundbedeutung scheint die der Oberfläche gewesen zu sein; verwandt mit Nr. 102 (πλάξ Fläche), Nr. 367b (πλατύς platt), Nr. 368 (πλίνϑος Ziegel)". — Wieder anders Walter KZ. XII. 413 Anm.: spal abziehen: spol-ium, pellis, πέλλα. — 21) Pott KZ. VI. 359. — 22) Vgl. F. W. 1075. — B. Gl. 133b: karman, mutata nasali in tenuem eiusdem organi. — 23) Vgl. Sch. W. s. v.: eig. auf der Haut = auf der Oberfläche u. s. w. — 24) Vgl. noch Kuhn KZ. X. 320. — 25) Corssen KZ. XV. 251 f. — Lottner KZ. VII. 176. 82). — C. E. 273: περάω dringe durch u. s. w., porta, dann: parare(?); ebenso V. I. 348: κορί-ζω, parā-re. — 26) Vgl Anm. 25 Corssen l. c. — 27) Corssen I. 539 ff.; N. 57 ff. — 28) Corssen I. 653. II. 410; B. 588. — B. Gl. 343b: var tegere; apa-varájami = apa-verio, aperio; api-varájami = opi-verio, operio. Dazu C. E. 540: würde ich für wahrscheinlich halten, wenn nicht auch die W. ar im Skr. nach dem PW. die Bedeutung „aufthun" hätte. — Klotz W. s. v.: ap = ἀπό, op = ob und erio = ὀρύω; also aperio = ἀπερύω ab- oder aufziehen, operio = ἐπερύω über- oder zuziehen; aperire aufmachen, eröffnen, Ggs. operire zumachen (vgl. Plaut. Capt. 3. 3. 9: operta quae fuere, aperta sunt, patent praestigiae). — 29) Vgl. Anm. 1. — Zu par zutheilen noch: Corssen KZ. XV. 251; Ebel KZ. V. 417; Lottner KZ. VII. 176 (jedoch Corssen KZ. V. 104: par durch-

dringen: *pars* Durchdringung, Durchschnitt = Theil). — Ganz anders
B. Gl. 78b: *kalā pars, portio; fortasse pars, portio cum hac voce co-
haerens), cum lat. guttur. et lab., nec non semivocales r et l saepissime
inter se permutentur.* — 30) B. Gl. 270b: *bhar ferre; porto fortasse e
forto.* — 31) Corssen B. 78. — Schweizer KZ. 146. 148. — Grassmann
KZ. XI. 90: *poenitet, miseret, oportet* stehen unzweifelhaft für **poenitat,
miserat, *oportat.* — 32) Bechstein St. VIII. 347. — Curtius St. V. 439. —
B. Gl. 270a: *bhar ferre; pario, nisi pertinet ad kar, huc trahi posset,
mutata aspirata in tenuem.* — 33) Corssen KZ. III. 302. — 34) Corssen
I. 165. 441 f.; B. 203. 379. 467: *ple-be-s* = **ple-bhu-* (W. *bhu*, φυ) *ie-s,
*ple-b-ie-s, *ple-b-e-s* (vgl. 165* die Polemik gegen Ascoli KZ. XVI. 120,
der *ple-b-es* mit πλῆ-ϑος gleichstellt und Ascoli's Entgegnung KZ. XVIII.
444). — C. E. 278: „das Suffix von *plē-be-s* gehört in die Reihe der Bil-
dungen mit *b* (*her-ba, mor-bu-s*), worüber ich in Jahn's Jahrb. Bd. 69
S. 95 gehandelt habe". — Mit Ascoli ähnlich Ebel KZ. VI. 213: das *b*
ist hier gewiss wie in *barba, ruber, verbum* im Inlaut aus dem *f* = ϑ
entsprungen. — Vgl. noch Lottner KZ. VII. 166. 177; Schweizer KZ.
XVIII. 299. — 35) Corssen II. 364. 591; N. 253. — G. Meyer St. V. 52. —
36) Aufrecht-Kirchhoff umbr. Lautl. — Dagegen Schweizer II. 368: *populus* kann als Intensivform gedeutet werden und hat als solche eine
gunierte oder mit Zulaut versehene Reduplicationssilbe, welche aber im
Subst. mit Auflösung des *u* in *v* gekürzt ward, im Adj. blieb. — Vgl.
noch Corssen I. 368. 442. II. 72 f. 427. 516; B. 319. — 37) Anders
Schmidt KZ. XVI. 433: *-kālá* am Ende von Compositen (*kālā* die theil-
bare Zeit, *kálā* kleiner Theil eines Ganzen), vgl. Skr. *tri-kāla-m* dreimal;
griech. -κολο, -κλο; lat. *-pūlo, -plo;* ebenso *mani-pulu-s.* — 38) Corssen
II. 71 f. — Dagegen F. W. 495: *sip* pfeifen, hohl sein: *simp-ulu-m* Opfer-
kelle. — 39) Corssen B. 319 f. (dagegen II. 161: die Zusammengehörig-
keit mit *pel-li-s*, πέλ-λα, πέλ-ας ist mir jetzt zweifelhaft geworden). —
C. E. 271. — Pott E. F. I. 264. — Dagegen F. W. 414, Spr. 387: **spalta*
Flaum, *spalvaina* Polster, Kissen. Das Stammwort ist im Latein unter-
gegangen. — 40) Corssen I. 368. II. 575. — Walter KZ. X. 204. —
41) B. Gl. 143a: *calli (ut mihi videtur a rad. cad tegere, mutato d in l)
pellis pro scellis? abiecta sibilante et mutatā guttur. in labialem.*

4) PAR wehen, sprühen, lodern, flammen [1]). — Nebenform **pru-s.** — Skr. **pru-sh** spritzen, träufeln, bespritzen, benetzen; brennen; **plu-sh** brennen, versengen; besprengen (PW. IV.
1170. 1193).

παρ. — (ἐ-πεϱ-ε-σε) ἔ-πϱ-ε-σε (vgl. ἔσχε = ἐ-σεχ-ε) Hes.
Th. 856.

πρα. — πί-μ-πρη-μι, ἐμ-πί-πρη-μι, anzünden, entzünden, in
Brand stecken (Hom. noch unbekannte Präsensform, in Prosa selten)
(Inf. πιμπρά-ναι, Imper. πίμπρη Eur. Ion 974, Impf. ἐ-πίμπρη-ν,
Fut. πρή-σω, Aor. ἔ-πρη-σα, Pass. πί-μ-πρα-μαι, Perf. πέ-μ-πρη-μαι
[ἐμ-πε-πρη-σ-μένα Her. 8. 144], Aor. ἐ-πρή-σ-ϑη-ν, Fut. πε-πρή-
σομαι); πρή-ϑ-ω selten, meist ἐμ-πρή-ϑ-ω, blasen, hauchen, anblasen, schwellen (ἐν δ' ἄνεμος πρῆσεν μέσον ἱστίον Il. 1. 481,
ohne ἐν: ἔμπρησεν δ' ἀ. μ. ἱ. Od. 2. 427), aus-sprühen, -spritzen,
-strömen (αἷμα ἀνὰ στόμα Il. 16. 350), anzünden, anbrennen (Impf.

ἐν-έ-πρηϑον Il. 9. 589, Fut. ἐμ-πρήσειν ibd. 242, Aor. ἐν-έ-πρησε
Il. 22. 374) [beide Formen 12mal mit πυρί, πυρός, ἐμπρῆθειν
nur 4mal, πρῆθειν nie ohne diesen Zusatz; daher ἐμπρῆσαι wohl
urspr. ansprühen, reichlich überschütten]³); Verbaladj. εὔ-πρη-σ-
το-ς (εὔπρηστον· εὐφύσητον ἀπὸ τοῦ πρῆσαι Apoll. Lex.), heftig
angefacht, stark erregt (nur ἀϋτμή Il. 18. 471³)); (πρη-τι) πρῆ-cι-c
f. das Entzünden (Med.), σφυρο-πρησι-πύρα mit Feuer die Knöchel
brennend⁴) (Luk. Tragop. 200, Beiw. des Podagra); πρῆ-σ-τι-ς f.
Sprühfisch; πρη-σ-τήρ (τῆρ-ος) m. feuriger Wetterstrahl, Blitzstrahl
(giftige Schlangenart, Diosc.), πρηστήρ-ιο-ς brennend, lodernd,
πρηστηρ-ο-ειδής blitzartig; πρῆ-σ-μα(τ) n. der entzündete Theil (Med.);
πρη-δών (δόν-ος) m. Brand, entzündliche Geschwulst (Med.); (πρη-
μαν-jω) πρημαίνω blasen, heftig wehen (λαβρῶς φυσᾶν καὶ μαίνε-
σθαι Suid.); πρῆ-μαι (Phot. lex.), πρημ-ά-ς, πρημ-ν-ά-ς (άδ-ος) f.
eine Thunfischart; πρημαδ-ίη f. eine Olivenart (Nic. Al. 87).

ˉ *pru-s* = πυρ-c. — πυρc-ό-c m. Feuerbrand, Feuersignal⁵)
(Il. 18. 211); πυρσό-ω entzünden; πυρσ-αίνω feuerroth machen;
πυρσ-εύ-ω Feuersignale geben, entzünden, πυρσε(Ϝ)-ία f. Feuersignal,
πυρσευ-τήρ (τῆρ-ος) m. Heizer (Aret.); πυρσ-ώδης einem Feuerbrande
ähnlich; πυρρ-ό-c, dor. poet. πυρσό-ς, feuer-farben, -gelb, -roth
(alle möglichen Abstufungen von „gelb, braun, roth" umfassend,
πυρρὸν ξανθοῦ τε καὶ φαιοῦ κράσει γίγνεται Plat. Tim. 68. c),
πυρρό-ω feuerfarben u. s. w. machen, πυρρό-τη-ς (τητ-ος) f. Feuerfarbe, πυρρ-ώδης röthlich von Ansehen; πύρρα f., πυρρ-ία-ς m.,
πυρρα-λί-ς (ίδ-ος) f. ein röthlicher Vogel; πυρράκης, πυρράκων m. der
Röthliche; πυρρά-ζω, πυρρί-ζω, πυρριά-ω feuerfarben u. s. w. sein
(N. T. LXX); Πύρρα f. Gemalin des Deukalion; Stadt auf Lesbos;
Vorgeb. in Thessalien; Stadt in Karien; Landspitze Mysiens; Πυρραία
der frühere Name Thessaliens, nach der Pyrrha, Gem. des Deuk.
(Strabo IX. 443); Mannsnamen: Πύρρο-ς, Πυρραῖο-ς, Πύρρα-ς, Πυρ-
ρία-ς, Πύρριχο-ς, Πύρσων, Πύρρων, Πυρρίων⁶).

pru-s, pur-s. — (*prus-na) **prū-na** f. glühende Kohle. —
(*prus-ina) **pru-īna** f. Reif, gefrorner Schnee, Frost (eig. kalte
Bespritzung, kalte Feuchtigkeit⁷) (*pruina dicta, quod fruges ac
virgulta perural* Paul. D. p. 226; vgl. *Scythae continuis frigoribus
uruntur* Just. 2. 2. 9, *urebant montana nives* Lucan. 4. 52, *ratem
canis urebat luna pruinis* Val. Fl. 2. 287 u. s. w.), *pruin-ōsu-s* be-
reift, voller Reif. — (*prus-i) **prurī-re** (brennen =) jucken, übertr.
gierig verlangen, gelüsten, geil sein, *pruri-tu-s* (*tūs*) m., *prurī-g-o*
(*in-is*) f. Jucken, Geilheit, *prurigin-ōsu-s* voller Grind, Jucken,
geil, *pruri-ōsu-s*, *prurit-īvu-s* Jucken erzeugend. — (*purs-u-s,
burs-u-s) **burr-u-s** altl. = πυρρό-ς, *burr-ān-ica (potio appellatur
lacte mixtum sapā a rufo colore, quem burrum vocant* Paul. D. p.
36. 12. M.), *burranicu-m (genus vasis* ibd. p. 36. 5), *Burru-s* =
Pyrrhu-s (Burrum semper Ennius, nunquam Pyrrhum Cic. or. 48.

160; *sed B quoque in locum aliarum dedimus aliquando, unde Burrus et Bruges et Belena* Quintil. 1. 4. 15), *Burri-ēnu-s;* (**burs-ere*) **rom-bnr-ĕre** (*-bus-si, -bus-tu-s*) zusammenbrennen, durch Brand zerstören, verbrennen, Part. *combus-tu-m* (öfter Pl.) n. Brand-schaden, -wunde, *combus-ti-ō(n), -tūra* f. (Sp.) Verbrennung; *bus-tu-m* n. der zu Asche gebrannte Scheiterhaufen, Leichenbrandstätte (vgl. *semiustaque servant busta* Verg. Aen. 11. 200), dann: Grabhügel, Grabmal; übertr. Grab, Ort des Unterganges, *bustu-āli-s, āriu-s* zum *bustum* geh., das *b.* betreffend; *bust-ar* (*locus, ubi concremantur mortuorum corpora* Charis. I. p. 25 P.); *busti-cētu-m* (s. *kaita* pag. 166) n. Grabstätte (Arnob.)[8]).

1) Curtius St. IV. 228 f.: sprühen, strömen, überschütten; daraus: füllen, anfüllen. — F. W. 372; Spr. 337: kann durch die Bedeutung „blasen" mit *par* „füllen" zusammenhängen. — Vgl. noch Goebel Homerica 1 ff. — Bugge KZ. XIX. 440. — Corssen I. 127. II. 1004; B. 159; N. 177. — C. E. 284; St. l. c. — Fick W. l. c. 130. 376. 466; Spr. l. c. — Froehde KZ. XIV. 454 f. — Sonne KZ. X. 104. 9). — Walter KZ. XII. 377. — 2) C. V. I. 155. 10). II. 39. — 3) Andere activ: „der glutanfachende Hauch". Vgl. Buttm. Lexil. I. 105. — Sch. W. übersetzt: wohl oder in Fülle durchgedrängt, hervorgetrieben. — 4) G. Meyer St. V. 113. — 5) C. E. 287: zu πῦρ (W. *pu* s. unten): πυρ-σό-ς, *prŭ-na*. — Düntzer KZ. XIV. 201 zweifelt (πυρ-σό-ς von πῦρ, wenn nicht von W. *πυρσ*). — 6) M. M. Vorl. I. 11: Πύῤῥα, die Eva der Griechen, war nichts als ein Name der rothen Erde und im Besondern Thessaliens. -- Pott KZ. VI. 120: Es wäre mir sehr merkwürdig, wenn Πύῤῥα die Erde anzeigen sollte, weil in diesem Falle grosse Uebereinstimmung waltete mit *Adam* (eigentlich roth) und *Adamah* (Erde) d. i. die rothe im Hebräischen. Sonst ward πυῤῥός häufig von den gelben und blonden Haaren nördl. Völker gebraucht, und Πυῤῥίας hiessen oft Sklaven, vorzugsweise die rothköpfigen, verschmitzten aus Thrakien. — 7) Pott I. 108: *pru-ina* früh-reif zu *pra*, πρωΐ u. s. w. — Dazu C. E. 285: man kann es aus *provīna* ableiten und dies mit πρω-ΐ für πρω-Ϝι und formell mit Skr. *pūr-va-s* für *pra-va-s* vergleichen. — Windisch K. B. VIII. 15: Grundform *pravaina?* — 8) Pott KZ. V. 243: ἀπό Skr. *apá* = lat. *b* in *b-ustum*, *com-buro* (vgl. *ab-sumi urbem flammis*). — Schweizer KZ. XVII. 307: gegen die Deutung von *prush* nur ein Bedenken, nämlich Uebergang eines scharfen *ss, s* in *r*, wofür kaum Beispiele beizubringen sind.

---

5) **PAR** schlagen; auf etwas schlagen = stossen, treffen. — Vgl. Zend *par* kämpfen (F. W. 281); Altbulg. *pra-ti, per-a ferire, conculcare, lavare* (Mikl. Lex. 659).

par.

πελ, πλη. — πέλ-ας Adv. nahe, nahe dabei (Hom. nur Od. 10. 516 und mit Gen. Od. 15. 257), ὁ πέλας der Nahe, Nachbar, der Nächste, Nebenmensch (Superl. πελάσ-τατο-ς Inscr., Adv. πελαστάτω Hippokr.); πελά-ζω poet., bes. ep.; intr. nahen, sich nähern (so auch Herod. und einzeln bei Folgenden, vgl. ὡς ὅμοιον ὁμοίῳ ἀεὶ πελάζει Plat. Conv. 195b); trans. (nur poet.) nähern, näher bringen, hinzu-, heran-bringen (Fut. πελά-σω, att. πελῶ Soph., Aor. ἐ-πέλα-σα, ep. πέλα-σα, -σσα, ἐ-πελα-σάμην, dazu Opt. trans. πελασαίατο Il. 17. 341, ἐ-πελά-σθη-ν; Aor. intr. ἐ-πλή-μην, ep. πλῆ-το, -ντο, ἔ-πλη-ντο, Pass. ἐ-πλά-θη-ν Aesch. Eur., Perf. πέ-πλη-μαι, dor. πέ-πλᾱ-μαι, πε-πλη-μένο-ς Od. 12. 108); poet. Nbf. πελά-ω nur im Präs. (Aesch. Prom. 283. Soph. El. 496. Oed. K. 1063 und einzeln bei Sp.); att. intr. Nbf. πελά-θ-ω (Aesch. Eur. Aristoph.); ep. Nbf. πίλ-νᾰ-μαι (ε zu ι geschwächt; nur πίλνα-ται, Impf. πίλνα-το; πιλνᾷ = πίλνασαι h. Cer. 115)[1]); πέλα-σι-ς f. das Annähern (Sp.); πελά-τη-ς (πελάσ-τη-ς Ammon.) m. der sich Nähernde, Nachbar, Anwohner, (wie θής) Lohnarbeiter, Diener, der Geringere = röm. cliens (Plut. Rom. 13), fem. πελά-τι-ς (-τιδ-ος) Dienerin (Plut. Cat. 24), πελατ-ικό-ς zum πελάτης geh., πελατε-ία f. Zustand des πελάτης (clientela). — (= πλη-τι-ο) πλη-cî-ο-c nahe, benachbart, Subst. der Nächste, Nachbar[2]), n. als Adv. πλησίο-ν nahe, in der Nähe (Comp. Sup. πλησι-αί-τερο-ς, ιατο-ς), πλησιά-ζω sich nähern, nahe kommen; trans. nahe bringen; πλησια-σ-τό-ς nahe gebracht (Schol. Aesch. Prom. 716), πλησία-σι-ς f., πλησια-σ-μό-ς m., πλησία-σ-μα(τ) n. Annäherung, Nähe, Umgang; ἄ-πλη-το-c, ion. ἄ-πλᾱ-το-ς, unnahbar, furchtbar; δας-πλῆ-τι-c (ἐρινύς Od. 15. 234), später δασπλή-ς (-πλῆτ-ος) (Εὐμενίδες Euphor., ὀδόντες, μάχαιρα Nonn., διάστασις Paul. Sil.) harttreffend[3]); τειχεcι-πλή-τη-c den Mauern nahend, dagegen andringend, Mauerstürmer (nur Il. 5, 31. 455: Ἄρες, Ἄρες βροτολοιγέ, μιαιφόνε, τειχεσιπλῆτα).

πελ-ε-κ[4]). — (St. πελεκ, πελεκ-υ:) πέλεκ-υ-c (Gen. ε-ως, ion. ε-ος, Spät. auch υ-ος, Hom. Dat. πελέκ-εσσι, Acc. stets πελέκεᾰς, stets 3silbig ◡◡–) m. Beil, Axt; Nebenform: πέλεκ-ρα (Hes.), πέλυξ (St. πελκυ, πελυκ) von Phot. als barbar. Wort bezeichnet; Demin. πελεκύ-διο-ν; ep. πέλεκκο-ν (= πελεκϝο-ν) n. Stiel der Axt (nur Il. 13. 612); πελεκο-ειδής axt-artig, -ähnlich; πελεκά-ω (Aor. πελέκκη-σεν Od. 5. 244) mit der Axt behauen, zuhauen, πελεκητό-ς behauen (Theophr.), πελεκη-τή-ς m. der Behauende (Sp.), πελεκή-τωρ (τυρ-ος) id. (Maneth.), πελέκη-σι-ς f. das Behauen (Theophr.), πελέκη-μα(τ) n. das Behauene, das beim B. Abfallende, Späne (Sp.); πελεκ-ίζω behauen, abhauen, köpfen. — πελεκ-ᾶ-c dor., πελεκ-άν (ᾶν-ο-ς), -ᾶ-ς (ᾶντ-ος), πελέκ-α-ς (αντ-ος) m. Baumhacker, Baumspecht, bei Späteren der Pelikan; πελεκ-ῖνο-c m. ein Vogel von der Art des πελεκᾶς[5]); ein Unkraut, securidaca (Theophr. Diosc.).

πολ. — πόλ-ε-μο-c (vgl. ἄν-ε-μο-ς), hom. auch πτόλεμο-ς (vgl. πτόλι-ς pag. 499), m. Schlacht, Kampf, Krieg[6]), πόλεμόν-δε in den Krieg, πολέμ-ιο-ς den Krieg betreffend, feindlich, (*πολεμε-ῑ́ο-ς) πολεμή-ῑο-ς id., πολεμ-ικό-ς kriegerisch; πολεμέ-ω Krieg führen, kriegen, bekriegen, πολεμη-τ-ικό-ς (Sp.) = πολεμικός, πολεμή-τωρ poet. id., πολεμε-τή̣ρ-ιο-ν n. Ort, woher zum Kriege ausgerückt wird; Desid. πολεμησείω nach Krieg sich sehnen, gelüsten (nur

τοὺς *Λακεδαιμονίους* *πολεμησείοντας* Thuk. 1. 33. 3); *πολεμ-ίζω*
kriegen, kämpfen, streiten; bekriegen, bekämpfen (Fut. -σω, dor.
-ξω, auch bei Hom.), *πολεμι-σ-τή-ς*, ep. -τά, m. Krieger, Streiter,
(*πολεμι-σ-τήρ*), fem. *πολεμί-σ-τρ-ια* (Aesch. Cho. 418), *πολεμι-σ-τρ-ί-ς*
(*ίδ-ος*) id. (*ναῦς* Tzetz.), *πολεμι-σ-τήρ-ιο-ς* dem Krieger eigen, n.
meist Pl. als Subst., Kriegs-rüstzeug, -rüstung; *πολεμό-ω* verfeinden,
zu Feinden machen. — Πτολεμα-ῖο-ς Sohn des Peirūos, Vater des
Eurymedon (Il. 4. 228); König von Theben (Paus. 9. 5. 16); Name
mehrerer ägypt. Könige u. s. w.[7]); *Πτολεμᾶ-ΐ-ς* (*ίδ-ος*) f. Stadt in
Phönikien, sonst *Ἀκή* (Akko), jetzt *St. Jean d'Acre;* Stadt in Ky-
rene, in Oberägypten, auf der Troglodytenküste.

pra-k.

πλα-κ, πλα-γ[8]). — (*πληκ-jω*) πλήσσω, neuatt. *πλήττω*, schlagen, hauen, stossen; verwunden, treffen (vor Aristoteles nur in
Compos.; Fut. *πλήξω*, Aor. *ἔ-πληξα*, ep. *πλῆξα*, ep. redupl. *πέ-
πληγ-ο-ν*, *ἐ-πέ-πληγ-ο-ν*, Inf. *πε-πληγ-έμεν*, Med. ep. *πε-πλήγ-ετο*, -οντο;
Perf. *πέ-πληγ-α*, hom. stets in act. aoristischer Bedeutung, att. mit
act. Bed. nur Xen. An. 6. 1. 5, sonst mit pass. Bed., Pass. *πέ-
πληγ-μαι*; Aor. Pass. *ἐ-πλήγ-η-ν*, in Compos. -*ἐπλάγην* z. B. *ἐξ-ε-
πλάγην*, doch *κατ-επλήγην* Il. 3. 31; Fut. Pass. *πληγ-ή-σομαι*, *πε-
πλήξομαι*; im Att. erscheint das Activ nur: *πλήξει* Aesch. fr. 290,
πέπληγα s. oben, wohl aber bei Sp.; das Act. wird durch *παίω*,
πατάσσω ersetzt[9]); Nebenform πλήγ-νυ-μι nur: *ἐκ-πλήγ-νυ-σθαι*
(Thuk. 4. 125)[10]); *πληκ-τ-ικό-ς* zum Schlagen geschickt, geneigt;
übertr. betäubend, treffend. — Nebenform (*πλαγ*, *πλα-γ-γ*) (*πλαγ-jω*)
πλάζω schlagen, zurück-schlagen, -stossen, übertr. vom Ziele ab-
bringen, verwirren, Pass. mit Fut. M.: geschlagen, vertrieben
werden = sich umhertreiben, umher-schweifen, -streifen (Fut.
πλάγξ-ω, -ομαι, Aor. *ἔ-πλαγξα*, ep. *πλάγξε*, Pass. *ἐ-πλάγχ-θη-ν*, ep.
πλάγχ-θη, *πλαγχ-θεί-ς*)[11]), *πλαγκ-τό-ς* in die Irre getrieben, übertr.
irre, verrückt (Od. 21. 363); Πλαγκταί f. Schlag-, Prallfelsen[12]);
πλαγκτο-σύνη f. das Umher-irren, -schweifen (Od. 15. 343); *πλαγκ-
τήρ* (*τῆρ-ος*) der irren Machende, Verwirrende (Bein. des Bakchos).
— πληγ-ή f. Schlag, Streich, Hieb, Stoss, Wunde, (*πληγ-τι*) *πλῆξι-ς*,
dor. *πλᾶξι-ς*, f. *πλήγ-μα*(τ) n. id. (Trag.); πλήκ-τη-ς m. der Schlagende, Streitsüchtige (*μάχιμος καὶ ὑβριστής* Hes.) (Superl. *πληκτι-
στατο-ς* Et. M. 31. 16), *πλήκ-τωρ* (*τορ-ος*) id. (Phani. 2); *πληκ-τί-
ζομαι* sich schlagen, fechten, streiten (Hom. nur Il. 21. 499), durch
buhlerische Blicke reizen, *πληκτι-σ-μό-ς* m. buhler. Blick (Strat. 51);
πλῆκ-τρο-ν n. Schlägel, bes. das Werkzeug des Citherspielers,
plec-tru-m; überh. jedes Werkzeug zum Schlagen, Verwunden (*διό-
βολον πλῆκτρον πυρὸς κεραυνίου* das Geschoss des Blitzes, Eur.
Alk. 127); Ruderstange (Her. 1. 194); Hahnensporn (Ar. Av. 759;
tela agnata cruribus Plin. n. h. 10. 21. 24); *πληγ-άς* f. = *δρέπανον* (Hes.); πλήγ-ἄνο-ν n. Schlägel, Prügel, Stock (*βακτηρία*

Hes.); πληγ-μό-ς m. Schlagfluss (Alex. Trall.). — πληξ: πλήξ-
ιππο-c rosse-spornend, -tummelnd (Bein. verschiedener Helden bei
Hom., Hes. und spät. Dichtern); βου-πλήξ (πλῆγ-ος) f. Ochsen-,
Rinder-stachel (*stimulus*) Il. 6. 135; Opferbeil (πέλεκυς βοῦς ἀναι-
ρετικός Eust.), Streitaxt (ἀμφίκτυπος, βαθύστομος Quint. Smyrn.)[13]);
(*ud*- Präp., vgl. pag. 90, -πληγ) ὑc-πληξ (πληγ-ος), dor. ὑσ-πλαξ
(πλᾱγ-ος), f. Auf-schlag = Schlagbaum, Stellholz; ein Seil, das quer
vor die Schranken der Wettrenner gezogen war und niedergelassen
wurde, wenn man auslaufen sollte; auch: ὑσ-πληγξ (πληγγ-ος), dor.
ὑσ-πλαγξ (πλαγγ-ος), ὑσ-πλαγ-ί-ς (-ίδ-ος)[14]). — (ἐκ-πλαγ-ο) ἐκ-παγλ-ο-c
(ἐκ-πλήσσω) Staunen oder Schrecken erregend, entsetzlich, furchtbar, gewaltig, unermesslich[15]) (in Prosa nur: ὅπλα ἐκπαγλότατα
Xen. Hier. 11. 3); Adv. ἐκπάγλως (ἐκπλάγως· ἐξόχως, θαυμαστῶς
Hes.); ἐκπαγλέ-ομαι sich höchlich verwundern, staunen (ἐκπλαγεῖ-
σθαι. ἐκπλαγούμεναι· ἐκπληττόμεναι Hes.). — π-ε-λαγ: π-έ-λαγ-οc
(εος) n. das Geschlage, Gewoge, die schlagende Woge, die hohe
offene See, das Meer[16]) (vgl. ἀλὸς ἐν πελάγεσσι Od. 5. 335), πέ-
λαγός-δε in's Meer, meerwärts (Ap. Rh.); πελάγ-ιο-ς von, aus, auf,
in, am Meere, Meer-, *marinus*, πελαγ-ικό-ς id., das Meer liebend,
πελαγ-ί-τη-ς m., -ί-τι-ς (τιδ-ος) f. vom, auf dem hohen M.; πελαγ-ίζω
wie ein M. sein, überschwemmt sein, auf dem hohen M. sein (τὸ
πέλαγος πλέω Lex.), πελαγι-σ-μό-ς m. (meist Pl.) Seekrankheit =
ναυσία, πελάγι-σ-μα(τ) n. id. (Tzetz.); πελαγ-ό-ω zum M. machen,
überschwemmen (Sp.).

πλα-κ flach schlagen[17]). — πλάξ (πλακ-ός) f. Platte, Fläche,
Meeresfläche, πλάκ-ινο-ς mit einer Pl. versehen, brettern, πλακ-ί-ς
(ίδ-ος) f. Bank, Sitz (Hes.), πλακ-ί-τη-ς m., πλακ-ῖ-τι-ς f., πλακ-
ώδης plattenartig, blätterig, πλακ-ό-ω mit Pl. belegen; πλακό-ει-c
platt, flach, eben, breit, contr. πλακ-οῦ-c (οῦντ-ος) m. (platter)
Kuchen, Demin. πλακούντ-ιο-ν, πλακουντ-άριο-ν n. (Sp.), πλακούντ-
ηρο-ν (Ath. 14. 647e), πλακουντ-ικό-ς, -ώδης kuchenartig.

pra-k.

pla-g[8]). — **plŭg-a** f. = πληγ-ή, *plag-ōsu-s* voll Schläge, viel
Schläge austheilend, schlägereich (*Orbilius*, Hor. ep. 2. 1. 70),
plagā-re schlagen, verwunden (August. Cassiod.); **plēc-t-ĕre** strafen
(selten), *plēcti* geschlagen werden, gestraft werden, Strafe leiden,
büssen[18]), *plecti-bili-s* strafbar, strafend (Sidon., Cod. Th.). —
pla-n-g-ĕre (*planxi, planc-tu-m*) schlagen, speciell: in Folge des
Schmerzes, der Trauer an die Brust u. s. w. schlagen; übertr. laut
trauern, wehklagen, jammern, betrauern, um etwas wehklagen;
planc-tu-s (*tūs*), *plang-or* (*ōr-is*) m. das Schlagen, Rauschen, Schwirren;
übertr. laute Trauer, Wehklage, Jammer.

pla-k flach schlagen[17]). — (*plac-mu-s*) **plŭ-nu-s** plan, platt,
eben, flach, Subst. n. Pläne, Ebene, Fläche; übertr. eben, leicht,

ohne Anstoss, klar, deutlich, offen [19]); *plani-tia*, *-tic-s*, *-tū-d-o* (*ĭn-is*)
f. = *planum;* *plāni-ta-s* (*tăli-s*) f. Ebenheit, Deutlichkeit (Tac. or.
23); *plānūra* f. = *planum* (Agrimens.); *plan-āri-s*, *āriu-s* auf
der Pläne u. s. w.; *planā-re* ebnen, *ex-planare* ausebnen, ausbreiten,
übertr. auslegen, darstellen, entwickeln, Part. *explanā-tu-s* deutlich,
explanā-tor (*tŏr-is*) m. Ausleger, Darsteller, Erklärer, *explanator-iu-s*
zur Auslegung u. s. w. geh., erklärend, *explanā-ti-ō(n)* f. Auslegung,
Darstellung, Erklärung, deutl. Aussprache, *explanā-bili-s* deutlich. —
pläc-ent-a = πλακ-οῦς [20]), *placent-āriu-s* m. Kuchenbäcker, Zuckerbäcker. — *pla·n-k:* **pla-n-c-a** f. = πλάξ, Planke, Bohle, Brett,
plancu-s plattfüssig; *Plancu-s* Name eines Zweiges der *gens Mu-*
natia, *Planc-iu-s* Namo einer röm. *gens*, *Planc-ina* Gemalin des Cn.
Calpurnius Piso.

C. E. 163. 278. 489. — Siegismund St. V. 201. 20). — 1) C. V. I.
170. 5). — 2) Ueber das Suffix vgl. G. Meyer KZ. XXII. 486. — 3) Vgl.
Ameis ad l. nach Welcker Götterl. I. 699; Lobeck Path. El. I. p. 237.
— Facsi ad l. c.: „nach Döderlein wahrsch. die mit der Fackel Nahende,
facem oder *taedam admovens*"; ähnlich Schaper KZ. XXII. 526: fackel-
schwingend. — 4) F. W. 118; Spr. 134. — PW. IV. 493: *paraçu* m.
Beil, Axt des Holzarbeiters, Streitaxt. Vgl. πέλεκυς. — Sch. W. s. v.:
Skr. *paraçu* „mit starker Schneide versehen"; vgl. çu, *culex*, *cuneus*,
se-co(!). — 5) Arist. Av. 884: πελεκᾶντι καὶ πελεκίνω. Dazu Th. Kock:
„*iuxta nominat* πελεκᾶντα *καὶ* πελεκίνον *sine ulla morum nota. Sed ex*
v. 1155 (σοφώτατοι πελεκᾶντες, οἱ τοῖς ῥύγχεσιν ἀπεπελέκησαν τὰς πύλας)
clarissimum fit picos intelligi a caedendis lignis rostro in securis modum
constructo (von πελεκᾶν). *mirum unde possessione nominis antiqui pici*
exciderint recentiore aetate, et onocrotalorum genus id occupaverit".
Schneider. Also bei Arist. eine Spechtart, bei den Späteren der Pelikan.
πελεκίνος nach Bothe die Kropfgans(?). — 6) F. Spr. 243. 339: *pal-m*
schüttern; Krieg = Erschütterung. — Pott KZ. VI. 351: *πολεῖν vertere*,
versare: πόλε-μο-ς = Hin- und Herwenden (von zwei feindlichen Parteien aus). — 7) Vgl. Fick KZ. XXII. 234. — 8) Corssen I. 395 f. — F.
W. 376. 469; F. Spr. 101. 342. — 9) C. V. I. 312. 16). II. 405. — 10) C.
V. I. 162. 18). — 11) C. V. I. 320. 33). — F. W. 376; Spr. 244. 342:
sparg, *plag*, hin und her zucken, flackern; πλάζομαι für πλαγ-jομαι, hin
und her ziehen, irren. — 12) Ameis-Hentze ad Od. 12. 61: „Schlag-
felsen", an welche die Schiffe durch die Strömung unwiderstehlich angetrieben werden und zerschellen. — Vgl. die Συμπληγάδες am Eingange
des Bosporus. — Neuere verstehen wegen πυρός τ' ὀλοοῖο θύελλαι,
(ibd. 68) = Feuerorkane, darunter die vulkanischen ligurischen Inseln.
Vgl. S. W. s. v. — 13) Hehn p. 66. 491: die schlachtende Axt des κρατερός Λυκόοργος (als harter Wolfsmann) und ἀνδροφόνος (Menschen-
mörder). — 14) C. E. 227. — G. Meyer St. V. 90. — 15) S. W. s. v. —
Sch. W. s. v.: vielleicht mit πύγνυμι zusammenhängend; vgl. πηγυλίς. —
16) Curtius KZ. I. 33 f. — Ebenso Sch. W. s. v.: πλάζω; eig. *fluctus,*
qui plangit litora; vgl. unser: „platschen". — Pape W. s. v.: wahrscheinlich onomatop. „platschen". — Anders Walter KZ. XII. 419: *plak*
flach sein, πέλαγ-ος st. πλακ-ος, Meeresfläche; vgl. *acqu-or, aequ-ora*
Fläche, Meeresfläche, Meer (*aequ. ponti, maris, oceani*) — 17) Corssen
I. 637. — C. E. 164. — Lottner KZ. VII. 37. — Walter Anm. 16. —
18) Ueber *t* = Suff. *ta* (vgl. κόπ-τ-ω *flehtan* u. s. w.) siehe Windisch
K. B. VIII. 453. 9). — 19) C. E. 164; oder zu *prath*, πλατύς u. s. w.

ibd. 279; *plā-nus* = *plac-nu-s* auch Lottner KZ. VII. 37, Walter KZ. XII. 419. — F. W. 469: vielleicht *plūnu-s* statt *plat-nu-s*. — 20) Hehn p. 481: Lehnwort = πλακοῦντα.

6) PAR schnarren, kreischen.
par-p[ar].
πιλ-ι-π-αγ-μός· ποιά τις φωνή. — πέ-μ-π-ελον· στωμύλον. λάλον (Hes.).

pul-p-āre von der Stimme des Geiers (*vultur pulpare vocatur* Auct. carm. de Phil. 27) (vgl. das voll replicierte *pul-pul-āre* bei Papius Vocabulista s. v. vox: Wackernagel voces variae anim. pag. 24). ●

Brugman St. VII. 322. 26). — F. W. 372; F. Spr. 338. — Beide vergleichen: lit. *parpiu, parpti* schnarren, quarren, summen, *parplys* Maulwurfsgrille, *plopiu, plopti* plärren, blarren, lett. *plāpāt, plāpēt, plāput* schwatzen, *purpināt* kollern, vom Birkhahn, kirchensl. *plěpelica* Wachtel; nicht unwahrscheinlich auch altn. *thrapt* n., ags. *thrāft* n. Geschwätz, Gezänk (*th* statt *f*).

7) PAR fliegen.
περιστερά f. die Taube (ό-ς m. das Männchen), Demin. περιστέρ-ιο-ν, περιστερ-ίδιο-ν n., περιστεριδεύ-ς m. das Junge der Taube; περιστερε-ών (ῶν-ος) m. Taubenschlag, Taubenkraut (Diosc.).

Hehn p. 299 f. 524: „oder ein thrakisches Wort". — Ueber das Erscheinen der weissen Tauben in Griechenland vgl. Athen. 394: *Χάρων δ' ὁ Λαμψακηνὸς ἐν τοῖς Περσικοῖς περὶ Μαρδονίου ἱστορῶν καὶ τοῦ διαφθαρέντος στρατοῦ Περσικοῦ περὶ τὸν Ἄθω γράφει καὶ ταῦτα· 'καὶ λευκαὶ περιστεραὶ τότε πρῶτον εἰς Ἕλληνας ἐφάνησαν, πρότερον οὐ γινόμεναι'.*

1) PARK, PARSK fragen, fordern. — Skr. *praç-ná* m.
Frage; *prakҫh* (= *prask*) fragen, erfragen, forschen; suchen, bittend angehen (PW. IV. 923).

prak. — προπ: θεο-πρόπ-ο-ς m. Gott oder Götter fragend, Wahrsager, Seher (Il. 2mal) (μάντεις ἐκ θεοῦ προλέγοντες Hes.), θεο-πρόπ-ιο-ν n. das von Gott oder den Göttern Erfragte, Götterbescheid, -gebot, Oracel, Weissagung (Il. 2mal), θεο-προπ-ίη f. die Götterbefragung (Il. 5mal, Od. 2mal), θεο-προπέ-ω sich als θεοπρόπος thätig erweisen, weissagen (Il. 2mal, Od. 1mal)[1]).

prak[2]). — (*prec-s*) **prex** (*prĕc-is*) f. Bitte, Gebet, Verwünschung, *Prĕc-iu-s; prec-āriu-s* erbeten, durch Bitten erlangt, übertr. ungewiss, unsicher, precär, Adv. *precario* durch Bitten, bittweise; (*prec-u-s*) *prĕcā-ri* (-*re* Prisc. p. 779) bitten, erbitten, beten, wünschen (Gutes oder Böses), *precā-tu-s* (*tūs*) m. (Sp.), *precā-ti-ō(n)* f., *precā-men* (*mĭn-is*) n. (Anthol.) Bitte, Bitten, Gebet;

Demin. *precatiun-cula* f. (δεησίδιον Gloss. Philox.), *precā-tor* (*tōr-is*)
m. Bitter, Fürbitter (Plaut. Ter. Amm.), *precator-iu-s* zum B. geh.,
precā-bili-s (δεητικός Gloss.), *precā-bundu-s* (Lat. Pacat. 36) bittend,
bittweise. — **prŏc-u-s** m. Bewerber, Freier (*proci, qui poscunt
aliquam in matrimonium. Procitant provocitant. Citare enim vocitare
est, unde procet et procit et procat dicebant pro poscit* Paul. D. p.
224 f. 249); *proc-ax* (*āci-s*) frech (im Fordern), muthwillig, verwegen, Adv. *procācĭ-ter; procaci-a* (Auson. ep. 22), *-tā-s* (*tāti-s*) f.
Frechheit, Muthwille, Verwegenheit.

  plak[3]). — (*plāc-u-s*) **plăcă-re** (erbitten =) besänftigen,
versöhnen, beruhigen, stillen, *placā-ti-ō(n)* f. Besänftigung u. s. w.,
placa-tōr-iu-s besänftigend (Tert.), *placa-tr-ix* f. Besänftigerin (Salv.),
placā-men (*mĭn-is*), *-mentu-m* n. Besänftigungsmittel, Plur. Süh-
nungen, *placā-bili-s* leicht zu besänftigen u. s. w., act. beruhigend
(Ter.), *placabili-ta-s* f. Versöhnlichkeit (Cic. off. 1. 25. 88); *sub-
plăca-re* („*sub vos placo*" *in precibus fere cum dicitur, significat.* „[*vos*]
supplico" *ut in legibus: transque dato, endoque plorato* Fest. p. 309);
sup-plĭcă-re flehentlich bitten, flehen, beten, *supplicā-ti-ō(n)* f.
das allgemeine öffentl. Gebet, Bettag, Gebetfest, *supplicā-mentu-m*
n. Gottesdienst (App.); *sup-plex* (*plĭc-is*) demüthig bittend, flehend,
Adv. *supplicĭ-ter; supplĭc-iu-m* n. demüthige Bitte, Gebet, Betopfer,
Sühnopfer; vom Sühngebet bei der Hinrichtung (das die Mitbürger
von den Folgen der Schuld löste) ward diese selbst *supplicium*
genannt und daher die allgemeinere Bedeutung: peinliche Strafe,
Sühne, Genugthuung. — **plăcĕ-re** (*plac-ui*) angenehm sein, gefallen, Impers. es gefällt, beliebt, Part. *placĭ-tu-s* gefallend, beliebt, beschlossen, Subst. *placitu-m* n. Willensmeinung, Grundsatz;
placent-ia f. das Gefällige (App.), *Placentia* Stadt im cispadanischen
Gallien, jetzt *Piacenza; placi-tā-re* sehr gefallen (Plaut. Bacch. 4.
10. 5); *placĭ-du-s* gefällig, mild, ruhig, friedsam, Demin. *placidŭ-
lu-s* (Auson.), *placidi-ta-s* (*tāti-s*) f. Sanftmuth; *placi-bili-s* gefällig
(Tert.), *plac-īvu-s* id. (ἀρεστός Gloss.); *plac-or* (*ōr-is*) m. das Wohlgefallen (Vulg.).

  parsk[2]). — (**porsc-ĕre*) **posc-ĕre** (*po-posc-i, pe-posc-i* Valer.
Ant. ap. Gell. 7. 9. 9) zur Strafe fordern; forschen, fragen, wissen
wollen, fordern, verlangen; (**porsc-tu-s, *porsc-tŭ-lu-s*) **pos-tŭ-
lā-re** (vgl. *us-tu-s, *us-tu-lu-s, us-tu-lāre*) fordern, verlangen, nachsuchen (*poscere* mit Nachdruck fordern), vor Gericht fordern, be-
langen, Part. als Subst. *postulā-tu-m* n. (Abl. *-tū* Liv. 4. 9), *postulā-
ti-ō(n)* f. Forderung, Verlangen, Klage, *postulā-tor* m., *-trix* f.
Forderer, Kläger (-in) (Suet., Tert.), *postulator-iu-s* fordernd, *postu-
lat-īc-iu-s* gefordert (Sen. ep. 7); *postul-āria* (*fulgura, quae votorum
aut sacrificiorum spretam religionem desiderant* Fest. p. 245).

  1) L. Meyer KZ. XXII. 54 ff. — Schaper KZ. XXII. 526. — Dagegen
Curtius St. VII. 268: „keineswegs erwiesen; θεοπρόπιον als das 'von

Gott erfragte' zu nehmen, scheint mir äusserst hart". — Buttm. Lexil. I. p. 19: πρέπω = hervorbrechen, hervortönen; Döderlein nr. 375: = offenbaren; θεός πρέπει ein Gott schickt Zeichen, θεοπρόπιον Götterzeichen. — Christ p. 222: = θεο-πρό-ϝεπος. — 2) B. Gl. 249 (*Pottius apte explicat prac̄ e praepos. pra et ic̄ desiderare*). — Corssen I. 807 f. II. 30; B. 373. 397 f.; KZ. XI. 364 (*posco* Inchoat. = *porc-sc-o, por-sc-o; postulo* = *po-sc-tulo*, vgl. *mistum* st. *misctum*, vom Nominalst. *po-s[c]-tulo* ein Werkzeug oder Ding zum Fordern, daher *pos-tula-re* mit demselben etwas thun, das heisst fordern); dagegen spricht Zeyss KZ. XIII. 208. — Curtius V. I. 268: „lat. *posc* für *porsc*, W. *parsk*, Skr. *prakk̄h*; abd. *forsc-ön*"; vgl. noch de nom. gr. form. pag. 28. — Ebel KZ. IV. 444. — F. W. 127. 468; F. Spr. 134. — Goebel KZ. XI. 62: W. *po* trachten, verlangen: πό-θο-ς, *po-sco*! (wozu mit Recht die Redaction: die hier versuchte Vereinigung verschiedener Stämme unter einer Wurzel verlässt den Boden des Thatsächlichen zu sehr, als dass wir sie vertreten könnten). — Savelsberg KZ. XXI. 226. 1): W. *pos, pos-tulo* [auch dies dürfte die Redaction kaum vertreten können]. — Walter quaest. etym. Programm 1864: *par ἱπορον, po-sco*! (dagegen richtig Schweizer KZ. XIV. 437: diese Erklärung wird niemanden befriedigen). — 3) Corssen I. 394 f. (vgl. Schweizer KZ. XVIII. 304). — F. W. 369: *sup-plex* zu *plak* flechten = kniefaltend; ebenso Spr. 102. 194.

---

2) **PARK** flechten, falten, verbinden. — Skr. *praç-na* m. Geflecht, geflochtener Korb (PW. IV. 1088)?

παρκ. — πόρκ-ο-ς m. Fischernetz; πορκ-εύ-ς m. Netzfischer (Lykophr. 237). — πόρκ-η-ς m. Ring um den Speerschaft, Zwinge, Ortband (nur Il. 6, 320. 8, 495, dazu Suid. δακτύλιος τῆς ἐπιδορατίδος ὁ περιειργνύων αὐτὴν πρὸς τὸ ξύλον).

πλακ. — πλέκ-ω flechten, schlingen, drehen[1]) (Aor. hom. ἔ-πλεξε, πλεξά-μενο-ς, Pass. ἐ-πλέχ-θη-ν, ἐ-πλάγ-η-ν, Fut. πλεχ-θήσομαι; Perf. πέ-πλεχ-α, πέ-πλεγ-μαι); späte Nbf. πλεγ-νύ-ω (nur πλεγ-νύ-μενο-ς Opp. Kyn. 3. 213. Halieut. 1. 311)[2]); πλεκ-τό-ς geflochten, gedreht, πλεκ-τή f. Flechtwerk (geflochtenes Seil, Netz, gefl. Korb), πλεκτ-ικό-ς zum Flechten geh., damit beschäftigt, πλέγ-δην flechtweis (Opp. Hal. 2. 317); (πλεκ-τι) πλέξι-ς (ε-ως)· f. das Flechten, Weben (Plat. Pol. 308. d), Demin. πλεξείδιο-ν n.; πλεκτ-άνη f. = πλεκτή; die langen Fangfüsse des Meerpolypen, Demin. πλεκτάν-ιο-ν n.; πλεκτανά-ω, πλεκτανό-ω verflechten (πε-πλεκτάνη-μαι Aesch. Cho. 1045); πλέγ-μα(τ) n. = πλεκτή, Haarflechte, Demin. πλεγμάτ-ιο-ν n., πλεγματ-εύ-ω Flechtwerk machen (Hes.); πλέκ-ος n. = πλεκτή (Ar. Ach. 454; frg. 528); Desider. πλεξείω (Hdn. epimer. 249). — πλοκ-ή f. Flechten, Weben, Geflecht, Gewebe; übertr. Bestrickung, List; πλόκ-ο-ς m. Haargeflecht, Locke, Gerank, Demin. πλόκ-ιο-ν n.; πλόκ-ανο-ν, πλόχ-ανο-ν n. Flechtwerk, geflochtenes Sieb, Wurfschwinge, *vannus*; πλόκ-αμο-ς m. Haarflechte, Locke, πλοκ-ά-ς (άδ-ος) f. id. (Pherekr. ap. Poll. 2. 28); εὐ-πλόκαμο-ς mit schönen Haarflechten, εὐ-πλοκαμ-ί-ς (ίδ-ος) f. id.; πλόκ-ιμο-ς zum

Flechten geh., geschickt (Theophr.); πλοκ-εύ-ς m. Flechter, Haar-flechter; πλοκ-ίζω = πλέκω (Hippokr. Aristaen. 1. 19).

park. — **Parc-a** f. = Flechterin des Schicksalsknäuels (vgl. Κλωθώ pag. 147 und Od. 7. 196: ἔνθα δ' ἔπειτα πείσεται, ἅσσα οἱ αἶσα [das Schicksal] κατὰ κλῶθές τε βαρεῖαι [die feindseligen, unerbittlichen Spinnerinen] γιγνομένῳ νήσαντο λίνῳ, ὅτε μιν τέκε μήτηρ) Schicksalsgöttin, Parce [3]) (vgl. *et stabat vacuo iam tibi Parca colo* Ov. am. 2. 6. 46); (*com-perc-sc*) **com-pe-sc-ĕre** (-*pesc-ui*, -*pesc-itum* Prisc. 10. p. 887) zusammenhalten, beschränken (*comperce pro compesce dixerunt antiqui. Comparsit Terentius pro compescuit posuit* Paul. D. p. 60); **dis-pe-sc-ĕre** (-*pescui* Prisc. 10. p. 885, -*pestum*) trennen, scheiden [4]). — (*prŏc-u-s* verbindend, in Berüh-rung bringend, Adv. *prŏce*) **prŏpe** (*c = p*, vgl. λύκος *lupus*, *equus Epona* pag. 7) Adv. nahe, in der Nähe, fast, beinahe, Präp. nahe bei, an [5]) (*prope-diem* nächstens, nächster Tage, *prope-modo*, -*modum* fast, beinahe), Comp. *prop-ior*, Sup. (*proc-timu-s*, -*simus*) *proximu-s*, Adv. *prop-ius*, *proxime*; *propi-āre* nahen, nahe kommen (Paul. Nol. carm. 23, 412. 27, 405); (*propi-n-co*) *propi-n-quu-s* nahe, ver-wandt, Adv. *propinque*, *propinqui-tā-s* (*tāti-s*) f. Nähe, Verwandt-schaft, *propinquā-re* nähern, beschleunigen; sich nähern.

plak. — **plăg-a** (*k = g*, vgl. *pak pangere*, *nec neg-otium* u. s. w. [6]) f. Netz, Garn, Schlinge; Teppich; Fleck, Strich = Erd-, Himmels-strich, Gegend [7]); Demin. *plăgŭ-la* (*plagella* Cael. Aur.) die beiden Togaflecken, die zusammengenäht die Toga bildeten; Papier-flecken, Blatt, Teppich; *plăg-iu-m* (zu *plaga* Netz = Fang, Dieb-stahl) n. Menschendiebstahl, Seelenverkauf (Dig. 48. 15. 1), *plagi-āriu-s* m. Menschendieb, Seelenverkäufer, der gelehrte Dieb (Mart. 1. 52. 9), *plagiā-re* rauben, *plagiā-tor* m. = *plagiarius* (Tert.), Knabenverführer (Hier.), *plagiaticu-s* zum *plagiator* geh. (Not. Tir. p. 80). — **plec-t-ĕre** (*plex-i*, -*ui*, *plexum*) = πλέκω; (*plec-tu-s*) *plexu-s* (*ūs*) m. (Manil. 5. 147), *plec-tūra* f. (Ennod. Dict.) das Flechten, *plecti-li-s* geflochten (Plaut. Bacch. 1. 1. 37), verflochten, verwickelt (Prud.); *am-*, *com-*, *circum-plecti* umfassen, umschlingen; Intens. *am-plexā-ri*; -**plec** (*plic-is*) -fältig, -fach [8]): *sim-plex* (s. Stamm *sa*) einfach, übertr. schlicht, gerade, ehrlich, aufrichtig, Adv. *simplici-ter*, *simplici-ta-s* (*tāti-s*) f. Einfachheit u. s. w., *sim-plicā-re* einfach machen (Pallad.), *simplicā-bili-s* einfältig (Cassiod.); *du-plex* zweifältig, zweifach, doppelt, Adv. *duplici-ter*, *duplici-ta-s* f. das Doppeltsein (Lact.), *duplic-āriu-s* Soldat mit doppeltem Solde (Liv. 2. 59), *duplicā-re* verdoppeln; übertr. vergrössern, vermehren; poet. zusammenbiegen, krümmen, *duplicā-ti-ō(n)* f. Verdoppelung, *duplicā-tor* m. Verdoppler (Sid. ep. 3. 13), *duplicāto* Adv. um das zweifache, doppelt so viel (Plin. 2. 17. 14); ferner: *tri-plex*, *quadru-plex*, *quincu-plex*, *septem-plex*, *decem-plex*, *centu-plex*, *multi-plex*. — (*plic-a* f. Falte) **plicā-re** (*plicā-ri*, -*tum*, *plici-tu-m*, *plicui* Prisc.

p. 860) falten, zusammenfalten, *plicā-tūra* f. das Falten, *plicā-tĭ-li-s* faltbar, zusammenlegbar (Plin.).

B. Gl. 234 b. — C. E. 164. 523. — Ebel KZ. VI. 217. — F. W. 376. 470; F. Spr. 102. 194. 342. — Lottner KZ. VII. 188. — 1) Hehn p. 16: das Flechten ist eine uralte Kunst, die Vorstufe des Webens, dem es oft sehr nahe kommt. — 2) C. V. J. 161. 17). — 3) Walter KZ. XII. 378°); ebenso Froehde KZ. XVIII. 160 (vgl. Schiller von den den Parcen nahe verwandten Erinyen: „der furchtbarn Macht, die des Schicksals dunkeln Knäuel flicht"). — Anders Pott KZ. V. 250°: Geht *Parca* überhaupt auf die Kürze des Lebens (*vitae summa brevis*) und bezeichnet also, in Gemässheit mit dem Adj. *parcus*, „die zu sparsame", weil sie dem Lebensfaden immer nur eine geringe Länge gibt, oder soll es euphemistisch, wie z. B. die Eumeniden, „die Verschonerin" bedeuten, indem jeder einzelne, der ihrer gedenkt, ein minder knappes Maass seiner Tage von ihr erhofft? Etwa, der *Moĩρα* zu liebe, das Wort, was freilich nicht gerade hin unmöglich wäre, an *partiri* anzuknüpfen, halte ich für unnöthig. — Aehnlich Grassmann KZ. XVI. 108: *Parcae* (*parc-*, nicht von *pario*). — 4) Corssen I. 808. II. 283. 411; B. 398. — Kuhn KZ. VIII. 67. — 5) Froehde KZ. XVIII. 159 f. — Corssen II. 846; N. 73 f.; KZ. III. 248: *pro-pe* (-*pe* enklitisch, vgl. *nem-pe, qui-ppe*), *pro-pi-cu-s* (*pro-pi-c-simo, pro-p-c-simo, pro-c-simo*) *proximu-s*. — Zu Skr. *prapi-trá* n. Nähe: L. Meyer KZ. VI. 299, Schweizer KZ. III. 391. — 6) Ueber *c = g* vgl. Corssen I. 77. 80. 795. — 7) F. W. 631; Spr. 101. 342: *plak* schlagen; ähnlich Walter KZ. XII. 419: *plak* flach sein. — 8) Anders Schmidt KZ. XVI. 430: an das Suffix -*plo* (vgl. 3. *par* Anm. 19. 37) trat das erweiternde *c* (vgl. *caud-ec-s, sen-ec-s*): *sim-plu-s, sim-plcc-s* u. s. w.

---

3) **PARK** einbiegen, krümmen[1]).

φαλκ, φολκ[2]). — φάλκ-η-c, φάλκ-ι-c, φόλκ-ι-c m. Schiffsrippe (τὸ τῇ σπείρᾳ προςηλούμενον Poll. 1. 85 f.; d. i. die an den Kielbalken angenagelten krummen Hölzer, die den Bauch des Schiffes bilden); *Φάλκ-η-ς* m. ein Troer, von Antilochos getödtet (Il. 14. 513); ἐμ-φαλκουμένοις· περιπεπλεγμένοις (Suid.); φολκ-ό-c krumm-, schief-, säbelbeinig (nur Il. 2. 217 von Θερσίτης: φολκὸς ἔην, χωλὸς δ' ἕτερον πόδα). — (?*parkva-ra, prkva-ra, prva-ra, plva-ra*, πλϝε-ρα, πλεϝ-ρα) πλευ-ρά, ion. -ρή, f., Nebenf. πλευρό-ν n., meist Pl., die Seiten des menschl. oder thierischen Leibes, die Rippen; übertr. Quadratseite, Blattseite[3]), Demin. πλευρ-ίο-ν n. (Hippokr.), πλευρ-ικό-ς (Schol. Ar. Equ. 362), πλευρ-ιμ-αῖο-ς (Suid.), πλευρ-ίδιο-ς (Phot. lex.) zur Seite, Rippe geh.; πλευρῖ-τι-ς (τιδ-ος) f. Seitenstechen, πλευριτ-ικό-ς am Seitenstechen leidend; πλευρό-θεν von der Seite her (Soph. Trach. 934); πλευρ-άξ Adv. seitwärts; πλείρω-μα(τ) n. Rippe, Rippenstück.

falc, flec. — **falx** (*falc-is*) f. Sichel, Sense, eine Kriegsmaschine zum Einreissen von Mauern, Demin. *falc-ŭla, Falcula* (röm. Bein.), *falci-cŭla* (Pallad. Arnob.); (*falc-u-s, *falcā-rc*) *falcā-tu-s* mit Sicheln versehen (*currus falc.* ein Streitwagen), sichelförmig;

falc-āriu-s m. Sensenschmied (δρεπανοποιός Vet. Gloss.); *falcastrum* η, eisernes Ackergeräth (*a similitudine falcis vocatum. Est autem ferramentum curvum cum manubrio longo ad densitatem veprium succidendam* Isid. or. 20. 14. 5); *Falc-ĭd-iu-s* Bein. einer röm. Familie; **falc-ō**(*n*) m. Falke[4]); übertr. „*falcones*" *dicuntur, quorum digiti pollices in pedibus intro sunt curvati* (Paul. D. p. 88. 8); *Falco* (röm. Bein.). — **flec-t-ĕre** (vgl. *nec-to, plec-to*) (*flexi, flexus*) biegen, krümmen, drehen, wenden; übertr. beugen, bezwingen, lenken[5]); Intens. (*flec-tā-re) *flexāre* (*vineam* Cato r. r. 49); (*flec-tu*) *flexu-s* (*ūs*) m., (*flec-ti-ōn*) *flexio* f. Biegung, Krümmung, Windung, Wendung, Abwechselung, Modulation; *flexūra* f. id., gramm. Beugung, Declination; *flexu-ōsu-s* voll Krümmungen u. s. w.; *flexĭ-li-s* biegsam, gebogen, gekrümmt, *flexi-bili-s* biegsam, geschmeidig, gelenkig; schwankend, wandelbar, *flexibili-tā-s* f. Biegsamkeit (Solin., Cassiod.); (*flexere) Part. *flex-u-nt-es* = *equos flectentes, agitantes, equites* (*Celeres sub Romulo regibusque sunt appellati, deinde flexuntes, postea trossuli* Plin. h. n. 33. 2. 35; *equites apud veteres flexuntes vocabantur, sicut ait Varro.* Serv. ad Verg. Aen. 9. 606); vgl. Φλεξεντιής· ἱππικὴ τάξις παρὰ Ῥωμαίοις (Hesych.), wohl Φλεξήντεις (nach griech. Uebersetzungsweise der lat. Part. Präs., vgl. κρήσκηνς, προύδηνς Fabrett., Grut., σαπίηνς Plut. Tib. Gracch.)[6]).

1) PW. IV. 588: *pârçu* f. 1) Rippe, vgl. φάλκης; 2) ein gebogenes Messer, Hippe, Sichel, *falx*. Dieses Wort und *pârçāna* (m. Einsenkung, Abgrund, Kluft) weisen auf eine Wurzel *parç* mit der Bed. „einbiegen, krümmen" zurück. Vgl. ibd. *parçukā* f. Rippe; *parçvá* m. n. die Rippengegend, Seite (eig. und übertragen), Flanke, *pārçraka* id. (pag. 684). — 2) C. E. 169, ohne über die Wurzel eine Vermuthung aufzustellen. — Nach der Etym. im PW. ist also urspr. *p* = φ, *f*(?) (C. E. 588 führt nur σπόγγος an, „in welchem π mit φ wechselt": σφόγ-γο-ς mit den Nebenformen σπόγ-γο-ς, σπογγ-ιά; über π = φ im Neugr. siehe Kind KZ. X. 192: ὀφτά für ὀπτά). — Zu φολκό-ς vgl. Ameis-Hentze ad l. c.: „Vgl. *falx, falcones*, unser 'Felge'; krummbeinig, dachsbeinig an beiden Füssen, aber lahm an dem einen Fusse: seine Füsse grätschelten und waren ungleich lang". — Faesi ad l. c.: „mit oben einwärts gebogenen, unten nach aussen divergirenden Schenkeln". — Anders die Alten, vgl. Schol. ad l. c.: παρὰ τὸ ἐφέλκεσθαι τὰ φάη, ὁ τὰ φάη εἱλκυσμένος ὅ ἐστιν ἐστραμμένος, also: mit verdrehten Augen, schieläugig (στραβός, λιπόδερμος Hes.). — Aehnlich Sch. W. s. v. (ἕλκω, Ϝέλκω, eig. verdreht, dann, wie das lat. *limus*, eig. *liqmus*, vgl. *obliquus*, unser: scheel, schielend) schielend. — 3) B. Gl. 239a: *pârçvá* m. n. *latus: fortasse* πλευρά, πλευρόν, quasi *pārçvara, eiecto ā et ç, mutato r in λ. — Das „fortasse" ist jedenfalls hier am Platze. — 4) C. E. l. c.: *falco*(?). — Förstemann KZ. III. 54: Lat. *falcon*, ahd. *falchon*. Sollte das deutsche Wort nur entlehnt sein? Das gr. φάλκων bei Suidas ist es gewiss. Vielleicht ist das eigentlich verwandte Wort vielmehr das altn. *valr* Falke. — 5) Eigenthümliche Etymologie in Klotz W.: „abgeschwächt von *plectere*, πλέκειν? oder causatives Intensivum von *flaccere*, Döderl. Syn. u. Et. 6. 131?" — 6) Bechstein St. VIII. 349 f. — Vgl. Göttling röm. Staatsw. pg. 372.

PARD furzen. — Skr. **pard** furzen (PW. IV. 574[1]).

παρδ, περδ, πορδ. — πέρδ-ω, -ο-μαι furzen (Aor. ἔ-παρδ-ο-ν, ἀπ-έ-παρδον Aristoph. Plut. 699, κατ-έ-παρδεν id. Vesp. 618; Perf. πέ-πορδ-α; St. παρδε: ἀπο-παρδή-σομαι id. Ran. 10)[2]); πέρδη-σι-ς f. das F. (Hippokr.); πορδή f. Furz (Ar. Nub. 393); πόρδ-ων (ων-ος) m. Furzer (Spottname der gemeinen unflätbigen Cyniker, Arr. Epikt. 3. 22. 80). — πέρδ-ιξ (πέρδ-ῑκ-ος) m. f. Rebhuhn (παρὰ τὸ πέρδειν, cum enim sonum edit. Jos. Scalig. ad Varr. p. 187), ἀττικο-πέρδιξ das attische R. (Athen. 3. 115b), συρο-πέρδιξ das syrische R. (Ael. h. a. 16. 7); (περδ = πηρ) πῆρ-ιξ, πήρ-αξον (Hes.); Demin. περδίκ-ιο-ν, περδικ-ιά-ς (Alex. Trall.), περδικ-ιδεύ-ς m. das Junge des R., περδικ-ικό-ς vom R., zum R. geh.; Πέρδιξ f. Schwester des Dädalos (Apollod. 3. 15. 9); (περδικ-ϳα) Περδίκ-κα-ς, ion. -κη-ς, Gründer des makedonischen Reiches und nach ihm der Name vieler Makedonier[3]) (vgl. Her. 8. 137 ff.).

πραδ. — πραδεῖν = παρδεῖν (Suid.). — πραδ-ίλη (Theogn.), πε-πραδ-ίλη (Phot.) f. eine Fischart, gleichsam Furzfisch (πέ-πραδ-εῖλαι, -ῖλαι· οἱ μὲν τοὺς ἀποπνευματισμοὺς, οἱ δὲ εἶδος ἰχϑύων Hes.).

perd, pord. — (*perd-ĕre*) pĕd-ĕre (*pe-pēd-i, pēd-ĭ-tum*) = πέρδειν, davon Part. *peditu-m* als Subst. n. = πορδή; (*pord-ce*) pŏd-ex (*ĭc-is*) m. der Hintere[4]).

B. Gl. 235a. — Corssen I. 648; B. 395. — C. E. 245. — Eschmann KZ. XIII. 112. — F. W. 120. 467; Spr. 193. — Fritzsche St. VI. 324. — Goetze St. Ib. 154. — Mikl. Lex. 715. — Pott KZ. VII. 323. — Siegismund St. V. 171. 4). — 1) PW. l. c. (Dhātup. 2. 28): Eine unbelegbare, aber wie die verwandten Sprachen zeigen, ächte Wurzel. — 2) C. V. I. 206. 383. 28). — 3) Fick KZ. XXII. 232. — 4) Anders Ebel KZ. IV. 417. V. 189: *pos-dex* = *po-dex* der rückwärts zeigende?

---

parvata Berg. — Skr. *párvata* a) Gebirge, Berg, Höhe, Hügel, Fels, b) Stein, Felsstück u. s. w.; *parvatija* zum Berg gehörig, *montanus* (PW. IV. 583. 585).

(παρϝατ-ια) Παρρας-ία (ion. -ίη) f. = Bergstadt (erg. πόλις), Stadt in Arkadien (Il. 2. 608), später (= Bergland, erg. γῆ) ein Bezirk im südwestlichen Arkadien (ἡ Παρρασικὴ Thuk. 5. 33), Παρράσιον ὄρος ein Berg in Arkadien (Kallim. Dian. 99); Παρρά-σιο-ς der Einwohner von Parrhasia; berühmter Maler aus Ephesos, zu Sokrates Zeit in Athen lebend (Volksetymologie in Steph. Byz. s. v. Ἀρκαδία: Νικάνωρ δὲ Παρϑασίαν φησὶν αὐτὴν κεκλῆσϑαι διὰ τὴν Λυκάονος εἰς τὸν Δία παρανομίαν).

Burda KZ. XXI. 470 ff. Gegen Pischel KZ. XX. 369 ff., der das ◆Wort so deutet: *paras* weiter, jenseits + W. *jā* gehen = *paras-ja-s* Παρράσιο-ς.

PARS sprengen, besprengen. — Skr. **parsh** (*prsh*) besprengen (PW. IV. 588).

Πέρc-η-c m. Sohn des Titanen Krios und der Eurybia, Gemal der Astreia, Vater der Hekate (auch *Περσαῖο-ς* h. Cer. 24); Sohn des Perseus und der Andromeda u. s. w.; Πέρc-η f. Tochter des Okeanos, Gemalin des Helios, Mutter des Aeetes und der Kirke (Od. 10. 139, Ap. Rh. 4. 591), sonst *Περση-ί-ς* (*ίδ-ος*); Πέρc-εύ-c[1]) m. Sohn des Zeus und der Danae (Il. 14. 319); Sohn des Nestor und der Anaxibia (Od. 13. 414. 445); der letzte König von Makedonien, besiegt von Aemilius Paulus; *Περσε*(ϝ)-*ία* f. Quelle bei Mykene (Paus. 2. 16. 6). — (*περσ-ην*) Πειρ-ήν (*ῆν-ος*) m. Vater der Io, sonst "*Ιναχος* (Apollod. 2. 12); Sohn des Glaukos, Bruder des Bellerophon (id. 2. 3. 1); Πειρήνη, dor. *Πειράνα*, f. eine der Danaiden (Apollod. 2. 1. 5); Tochter des Achelous (Paus. 2. 2. 3); eine Quelle in Korinth an Akrokorinthos (ὁ *Πειρηναῖος πῶλος* d. i. Pegasos, Eur. El. 473).

Brugman St. IV. 115. — Sonne KZ. X. 104. 6). -- 1) Pott KZ. IX. 179: anscheinend von *πέρσις* (Verwüstung); kaum, wenn auch etwa auf einen Sonnenhelden bezüglich, andere Form von *πρῆσις* (das Anzünden). — Von *πρήθω* auch Preller gr. Myth. II. pag. 58.

- - — - -----

parsa Brot, Gemüse.
(*παρσ-ια*) πρας-ιά, ion. -*ιή*, f. Gartenbeet, Gemüsebeet (Od. 7, 127. 24, 247); Gemüsegarten (Sp.); *πράσ-ιο-ν* n. eine Pflanze, *marrubium*, Andorn (Theophr. Diosc. Plin.); *Πρασιαί* (*Πρασία* Strabo 9. 1. 399) attischer Demos; Stadt in Lakonien; *Πρασιὰς λίμνη* der grosse fischreiche See, zu dem sich der Strymon oberhalb von Amphipolis erweitert, jetzt Terkino-See (Her. 5. 15), *Πρασί-ανο-ς* Mannsname (Suid.); πράc-ο-ν n. Lauch oder eine ähnliche Meerpflanze (urspr. Gemüse, Kraut), *Πρασσ-αῖο-ς* (ep. statt *Πρασαῖο-ς*) der Lauchgrüne, Froschmann (Batr. 255); *πράσ-ινο-ς*, *πρασι-ανο-ς* id., *πρασό-ει-ς* lauchartig, *πρασ-ίζω* lauchgrün sein; *πρασί-τη-ς*, *πρασο-ειδής*, *πρασινο-ειδής*, *πρασιν-ώδης* lauchgrün, von l. Ansehen.

(*pars-ca*, *porr-ca*) **por-ca** f. das zwischen zwei Furchen hervorragende Erdreich, Ackerbeet, Furche (vgl. ahd. *furihha*, nhd. Furche), *porc-ŭl-ētu-m* n. das in Beete eingetheilte Feld (Plin. 17. 22. 171); *im-porcā-re* einfurchen, αὐλακίζειν (Col. 2. 10. 6), *Imporci-tor* m. der dem Furchenziehen vorstehende Gott (*qui porcas* [*inter duos sulcos terrd eminens*] *in agro facit arando* Serv. ad Verg. G. 1. 21); (*pors-u-m*) **porr-u-m** n. = πράσον, *porr-īna* f. Lauchpflanzung, *porr-āc-eus* = πράσινος.

Corssen B. 402. — Fick W. 463; KZ. XVIII. 413. — Hehn p. 173. — Lottner KZ. VII. 177. — Doch Fick Spr. 100. 338. 372: *parkā*.

--- ----

parsna Ferse; Schinken (gräkoitalisch). — Skr. *párshṇi*
m. f. 1) Ferse, 2) das äusserste Ende der Vorderachse, 3) die
(der) vom Feinde bedrohte Ferse (Rücken) (PW. IV. 687).
π-τ-έρνα, ion. πτέρνη, (vgl. πτόλις, πτόλεμος = πόλις, πόλε- ·
μος) f. Ferse[1]) (τὸ ὄπισθεν μέρος τοῦ ποδός Arist. h. a. 1. 15);
übertr. der hintere Theil (τῆς μηχανῆς Pol. 8. 8. 2), der untere
Theil (πτέρνη πόλεως Lykophr. 442) = βάσις, poet. Schinken (st.
πέρνα; Batr. 37); πτερν-ί-ς (ίδ-ος) f. id. (Lex.); πτερν-ίζω mit der
Ferse schlagen, spornen; den Fuss unterschlagen = betrügen
(ἀπατάω Lex.), πτερνι-σ-τή-ς (τοῦ) m. der mit der F. Schlagende,
Spornende, πτερνι-σ-μό-ς m. das Schlagen mit der F. (ἐπιβουλή
Hes.). — πέρνα f. Hüftknochen, Schinken[1]).

perna f. = πέρνα[2]); eine Seemuschel (Plin. 32. 11. 54),
pern-āriu-s m. Schinkenverkäufer (Inscr.); *pern-iö(n)* m. Frostbeule
an den Füssen (Plin.), Dem. *perniun-cŭlu-s* ibd.; *com-perni-s* (vgl.
barba, *im-berbi-s*) mit zusammengebogenen Knieen, knieschüssig[3]);
pern-ix (*ic-is*) gut zu Beinen, schnell, hurtig, Adv. *pernici-ter*,
pernici-ta-s f. Schnelligkeit, Hurtigkeit.

B. Gl. 131. 239a. — C. E. 489; KZ. III. 415. 9). — F. W. 121.
467; F. Spr. 193. — Lottner KZ. VII. 176. 85). — Verner KZ. XXIII.
119. — 1) B. Gl. l. c.: *éar incedere; cáraṇa pes, mutata gutturali in labialem; πτέρνα adiecto τ.* – Kuhn KZ. III. 325: *spar* schlagen, stossen:
párshṇi, goth. *fairzna*, Ferse, πτέρνα haben das *s* im Anlaut verloren.
— 2) Lottner l. c.: entlehnt? — 3) So Klotz W. s. v.; C. E. l. c. —
F. W. s. v.: „mit zusammenstehenden Fersen". — Corssen I. 544: „nach
einwärts zusammengekrümmt", Ggs. *valgus* = nach auswärts gekrümmt.

---

pala fahl, grau[1]). — Skr. *palitá* Adj. greis, altersgrau,
Subst. n. graues Haar; Schlamm, Schmutz (PW. IV. 593).

pala. — πελ-ό-ς, πελ-ιό-ς, πελλό-ς, πελιδνό-ς (πελιτνό-ς
Thuk. 2. 49) dunkelgrau, blaugrau, schwarzblau, schwärzlich, blei-
farbig, bleich (πελιόν· φαιόν, μεμελανωμένον. πελιοί· μέλανες, ώς
ὠχροί, ἢ χλωροί. πελιαί· μέλαιναι. πελλόν· φαιὸν χρῶμα ἐμφερὲς
τῷ πελιδνῷ. πιλνόν· φαιόν kypr. πέλλη-ς, fem. πέλλη, maked. τε-
φρώδης Hes.). — πελιό-ς: πελιό-ω (πελι-αίνω Hippokr.) schwärzlich
u. s. w. machen, πελίω-σι-ς f. das Unterlaufen mit Blut, blauer
Fleck (Hippokr.), πελίω-μα(τ) n. mit Blut unterlaufene Stelle, blauer
Fleck (ἡ μέλαινα τοῦ σώματος ἐπιφάνεια, ἡνίκα ἂν δι' ὑποδρομὴν
αἵματος μελαίνηται Greg. Cor.; τὰ ἴχνη τῶν πληγῶν B. A. 293);
ἐμ-πέλιος etwas grau (Nic. Th. 782). — πελιδνό-ς (πελιδνή-ει-ς
spät. Dichter): πελιδνύ-τη-ς (τητ-ος) f. Bleifarbe, das schwärzlich
Blaue der mit Blut unterlaufenen Stellen (*livor*, Sp.), πελιδνό-ω
= πελιόω, πελίδνω-σι-ς f. = πελιδνότης, πελίδνω-μα(τ) n. = πε-
λίωμα (Sp.). — πέλειο-ς schwarz, schwärzlich (Hes.); πέλεια, πε-

λειά-c (άδ-ος, Hom. nur Pl. Il. 5, 778. 11, 634) (πελ*η*ϊά-ς Opp. Kyn. 1. 350) f. die wilde Taube (als schwarze, graue, aschfarbene, fahle gedacht[2]); Πελειάδ-εc (alte Form beim Verf. der hesiod. Astronomie, Athen. 11. p. 491 C., Simon., Pind., Aeschyl.), Πλειάδ-εc, ion. Πλ*η*ϊάδ-ες, f. die Plejaden oder Pleϊaden, die 7 Töchter des Atlas und der Pleϊone, wurden von Zeus unter die Sterne versetzt und bildeten das Siebengestirn im Bilde des Stieres. Ihr Aufgang brachte den Sommer, ihr Untergang den Winter, daher Anfang und Ende der Schifffahrt[3]) (Hom. Il. 18. 486. Od. 5. 272 und folg.). — Πελαcγοί = die Altersgrauen, die Altvorderen (vgl. πρὸς μὲν ἁλὸς Κᾶρες καὶ Παίονες ἀγκυλότοξοι καὶ Λέλεγες καὶ Καύκωνες δῖοί τε Πελασγοί Il. 10. 429)[4]). — πολ-ιό-c grau, weisslich: vom Haare (canus), von der Farbe des Wolfes, des Eisens, vom Meere wegen des grauweisslichen Schaumes; überh. weiss, hell, heiter (ἔαρ Hes. O. 479. 496, αἰθήρ Eur. Or. 1376), πολιό-τ*η*-ς (τητ-ος) f. das Grau- oder Weisslich-sein, πολιό-ω grau oder weisslich machen, πολιαίνω id. (Aesch. Pers. 109), πολίω-σι-ς f. das Grau-, Weisslich-machen, -werden (Plut. Is. et Os. 33), πολιώδης gräulich, weisslich (Luk. Alex. 60); μεσαι-πόλιο-ς in der Mitte zwischen dunklen Haaren grau, halbgrau, Beiw. des Idomeneus (Il. 13. 361) (μεσαι- Locativ zu μέσ*η*, vgl. ἰδίᾳ, δ*η*μοσίᾳ).

pal-va. — (παλ-ϝο) πηλ-ό-c, dor. πᾱλ-ό-ς, m. Thon, Lehm; Schlamm, Koth, Morast; Weinhefe, Bodensatz [doch παλ-*χ*ό-ς· πηλό-ς Hes.], πηλ-αῖο-ς, πήλ-ινο-ς, von Th., L. gemacht, thönern, lehmern, Subst. m. eine Fischart; πηλό-ω zu Thon u. s. w. machen, beschmieren, πήλω-σι-ς f. das sich im Kothe Wälzen (Plut. de superst. 3), πηλ-ώδης, poet. πηλώ-ει-ς, thon-, lehm-artig, kothig. — πήλ-αξ (-ᾱκ-ος) m. ein Schmutzfinke; πηλακ-ίζω, meist προπηλακ-ίζω mit Koth bewerfen, in den Koth treten; übertr. beschimpfen, schimpflich behandeln, προπηλακι-σ-τικό-ς beschimpfend (ὑβριστικῶς πάνυ καὶ προπηλακιστικῶς οὐκ εἴα με αὐτῷ διαλέγεσθαι Dem. 30. 36), πηλακι-σ-μό-ς (E. M. 669. 49), προπηλακι-σ-μό-ς (-πηλάκι-σι-ς f. Plat. Rep. 1. 329. b) m. das Bewerfen mit K., Beschimpfung, schimpfliche Behandlung.

pal-va. — (*pal-vu-s, *pal-lu-s) **pal-lē-re** (vgl. albu-s, albē-re; pall-ui) fahl, bleich, blass sein, poet. verblassen; Inchoat. palle-sc-ĕre (pall-ui); palli-du-s fahl, bleich, blass; übertr. blass machend, Demin. pallidŭ-lu-s etwas, ziemlich blass; pall-or (ōr-is) m. Fahlheit, Bleichheit, Blässe; übertr. Moder, Schimmel, hässliche Farbe; Furcht, Angst; **pul-lu-s** = πελ-λό-ς; Subst. n. schwarzgraues Gewand; poet. unglücklich, trauervoll, Demin. pullŭ-lu-s; (*pulla-re) pullā-tu-s schmutzig, schwarz gekleidet; pulli-g-o (-in-is) f. dunkle Farbe. — (*pal-am-va) pal-um-ba f. (Cels. 6. 6. 39), palumbu-s m., **pal-um-be-s** (-bi-s) m. f. (vgl. πέλεια) die grosse Holztaube, Ringeltaube[5]), Demin. palumbŭ-lu-s m. (App. Met.), palumb-inu-s von H., *Palumb-īnu-m* n. Stadt in Samnium, *palumb-āc-eu-s* zur H. geh., *palumb-āriu-s* m. Taubenhabicht (φασσοφόνος Gloss. Philox.). — *palūs* s. W. *vad.*

1) F. W. 121: bestreuen; F. Spr. 242: *pal* einfüllen, beschütten, *palita* grau [das Bestreute, Beschüttete ist nicht stets grau, z. B. die mit Schnee bestreute Erde]. — B. Gl. 236a. — Brugman St IV. 119. — Corssen I. 533. 550; B. 309 f. 318 f.; N. 238 f. — C. E. 271. 275. — Grassmann KZ. XI. 48. — Lottner KZ. VII. 177. 187. — 2) Hehn 297 ff.: im Gegensatz zur weissen Haus- und Tempeltaube edler Race. Diese kam von den syrischen Küsten mit dem Beginn des 5. Jahrh. den Griechen zu, und war der Aphrodite geweiht (λευκή, *alba, candida*). — 3) Vgl. Pott KZ. VI. 280 ff. und Savelsberg KZ. XIX. 10: „Orion jagt mit seinem Hunde Σείριος (Il. 22. 29) die Bärin Ἄρκτος, die ängstlich nach ihm lauert (Il. 18. 488), wilde Tauben, Πληϊάδες (eigentlich Πελειάδες) und ein Rudel junger Schweine, Ὑάδες, und der bewaffnete Riese setzt auch in der Unterwelt die Thierjagd fort (Od. 11. 573 ff)". Dies ist die einzig richtige Deutung der beiden Namen, wie sie Göttling in seinen gesammelten Abhandlungen S. 179 gibt, Nitzsch zu Od. 5. 272 und Preller gr. Myth. I. p. 312. 314 anerkennen. — Von πλέω leiten den Namen ab: Lobeck Path. p. 444; M. M. Vorl. I. 7: „Schifffahrtssterne, von πλεῖν zu Schiffe fahren"; von πέλομαι, *versari*, Voss zu Arat. 37. — 4) Hehn p. 54. 472: „am wahrscheinlichsten". — S. W. s. v.: „Ureinwohner Griechenlands, die sich von ihren ursprüngl. Sitzen um Dodona in Epeiros (Il. 2. 681) über Thessalien, Böotien, Attika und einen Theil des Peloponnes, besonders Argos und Arkadien ausbreiteten". — Lottner KZ. VII. 177. 90) und Schweizer KZ. XII. 303: „die Alten, Altvordern"; πέλας = Skr. *paras*, gr. πάρος und πρες in πρεσβυ + W. *gan, gen* = γο. — Pischel KZ. XX. 369 ff.: *paras* weiter, jenseits + *jā* gehen = die Weiterziehenden, die nach jenseits, scil. des Meeres, ziehenden = Παράσιος (s. *parvata* pag. 523). Dagegen Burda KZ. XXI. 470: „Abgesehen von den lautlichen Schwierigkeiten, die eine Gleichsetzung von Πελασγός und Παράσιος schon an und für sich bedenklich machen, ist bei dem Namen Πελασγός nicht einmal erwähnt, ob die Pelasger sich selbst so nannten oder ob sie von hellenischen oder barbarischen Stämmen zuerst so genannt wurden u. s. w." — Noch andere Deutungen: Döderlein nr. 2463 = διαπελάγιοι, Ueberseeische oder über die See Gekommene (wogegen C. E. 35: lässt sogar das angeblich aus διά entspringende σ einen salto mortale machen, um die διαπελάγιοι in Πελασγοί zu verwandeln); Hartung Daem. p. 30 von πέλαγος = Menschen, die die Sintfluth überstanden haben oder sogleich nach derselben geschaffen worden; O. Müller: πελ und ἄργος (wogegen C. E. 446: Uebergang von ρ in σ unerhört). — 5) Hehn p. 297 f. — Corssen II. 231, Förstemann KZ. III. 45, Grassmann KZ. IX. 20: Skr. *kādamba* Taucher, κολυμβό-ς, *palumbu-s* u. s. w., *columba;* wozu Förstemann l. c.: „allerdings macht im Latein das anlautende *p* einiges Bedenken". — Aehnlich Lottner KZ. VII. 174. 59). 182. 38): „*columba* und *palumbes* sind identisch. Schwer hält es Skr. *kādamba* damit zu vereinigen, da *d* im Griech. nicht zu *l* wird". — Schleicher KZ. VII. 320 hält *palumbes* nicht für üchtlateinisch, sondern italisch.

---

palavaka eig. Bursche, Mädchen; sodann liederlicher Mensch. — Vgl. Skr. *pallava* Sprosse, Zweig, Mädchenjäger, Wüstling; *pallavaka* Mädchenjäger, Wüstling (PW. IV. 594).

παλϜακ[o]: παλλακό-ς m. der geliebte Knabe, amasius (Lex.);
παλλακή f. Kebsweib, Nebengattin (vgl. Dem. LIX. 122: τὰς μὲν
γὰρ ἑταίρας ἡδονῆς ἕνεκ᾽ ἔχομεν, τὰς δὲ παλλακὰς τῆς καθ᾽ ἡμέραν
θεραπείας τοῦ σώματος, τὰς δὲ γυναῖκας τοῦ παιδοποιεῖσθαι γνη-
σίως καὶ τῶν ἔνδον φύλακα πιστὴν ἔχειν); παλλακ-ί-ς (ίδ-ος) id. (Il.
9, 499. 452. Od. 14. 203); πάλλαξ (ακ-ος) m. f. Jüngling, Mädchen, der, die Geliebte; Kebsweib; Demin. παλλάκ-ιο-ν, παλλακ-
ίδιον n.; παλλακ-ῖνο-ς, πολλάκ-ινο-ς der mit einem Kebsweib erzeugte Sohn; παλλακ-εύ-ο-μαι zum Kebsweib halten, K. sein, παλ-
λακε(ϝ)-ία f. Kebsweiberei, Buhlschaft.

pellex (ĭc-ĭs) f. = πάλλαξ (wohl entlehnt); (*pellicu-s) pellicā-re
ζηλεύω (Gloss. Philox.), pellicā-tu-s (tūs) m. vertrauter Umgang
mit einem Kebsweibe, Concubinat, pellicā-tor m. Verführer (Paul.
D. p. 204).

F. W. 121 (vgl. engl. *fellow*, die neugriech. Pallikaren). — Lottner
KZ. VII. 165: πάλλαξ, pellex sind (mit der Sache?) aus dem Semitischen
entlehnt. — Pott KZ. VII. 253: „leider vermag aber mindestens ich
nichts Brauchbares zu finden, woran sich πάλλαξ anknüpfen liesse". —
Brambach Hülfsb.: paelex besser als pelex; nicht peller.

---

palma flache Hand.
παλ-ά-μη f. flache Hand, Hand, als Symbol der Kraft: Faust;
übertr. Handgriff, Kunstgriff, παλαμά-ο-μαι hanthieren, verrichten
(παλαμή-σα-ς Hes.), παλάμη-μα(τ) n. Kunstgriff, Geschicklichkeit;
παλαμ-ν-αῖο-ς der durch seine Hand Blutschuld auf sich geladen
hat (τοὺς αὐτοχειρίᾳ τινὰς ἀνελόντας τῇ παλάμῃ παλαμναίους ἐκάλουν Harpokr.); Blutschuldrächer, Rachegeist; παλαστή, παλαιστή
f. die Breite von 4 Fingern als Längenmaass (τεττάρων δακτύλων
μέτρον Hes.), παλαιστιαῖο-ς von der Grösse einer π., παλαιστί-ω mit
der Hand fortstossen (Luc. Philop. 1). — (παλαμο-μηδ-ες) Παλα-
μήδης (μῆδος Rath, Anschlägigkeit) Sohn des Nauplios von Euböa,
wegen mancher Erfindungen berühmt = Χειρί-σοφος (vgl. σοφῇ
χείρ; daher sprüchwörtlich: τὸ Παλαμηδικὸν εὕρημα sinnreiche Er-
findung)[1]).
palma (παλάμη) f. flache Hand, Hand, das untere breite Ende
der Ruderstange, Schaufel (palma pedum anseris Gänsefuss), pal-
mu-s m. flache Hand, Maass von 12 Zoll, Demin. palmŭ-la, palm-
en-s, -ūri-s eine Querhand gross, palmul-ūri-s zur flachen Hand
geh. (Marc. Cap.); palmā-re das Zeichen der fl. H. eindrücken,
palmā-tu-s mit dem Z. der fl. H. (cervi palmati mit handähnlichen
Geweihen, Capit. Gord. 3); palmi-pes breitfüssig (volucres Plin.
10. 11. 13).

C. E. 269. — Corssen N. 266: pal gehen = die sich bewegende,
die bewegliche, gelenkige. — F. W. 374. 464; F. Spr. 243. 339: pal =

πάλλω, lat. *pello;* vielleicht von *spal* (= Skr. *sphal*) aufthun. — Pauli Körperth. p. 21: *par* füllen = Skr. *pāṇi-s* m. Hand (aus *par-ni*). — 1) Fick KZ. XXII. 99. 222. — Pott KZ. V. 277.

pava wenig, gering, klein.

παυ. — παύ-ω aufhören machen, beendigen, besänftigen; παύ-ο-μαι aufhören, ablassen, abstehen (Iterat. des Imperf. παύ-ε-σκ-ον Od. 22. 315; Fut. παύ-σω, -σομαι, besser attisch πε-παύσο-μαι, Aor. ἔ-παυ-σα, ep. παῦ-σα, ἐ-παυ·σά-μην; Perf. πέ-παυ-κα, -μαι; Pass. Aor. ἐ-παύ-θη-ν, att. ἐ-παύ-σ-θη-ν, Fut. παυ-θή-σομαι; Jmper. παῦ Arist. Equ. 821, vgl. παῦ· τὸ παῦσαι μονοσυλλάβως Phot. Lex.[1]); Verbaladj. παυ-σ-τέο-ν; (παυ-τι) παῦ-σι-ς f. das Aufhörenmachen, Stillen (Lex. Sp.); παυ-σ-τήρ (τήρ-ος) m. der Aufhörenmachende, Stillende, Lindernde, παυστήρ-ιο-ς zum Aufhörenmachen u. s. w. geh.; παυσ-τ-ικό-ς id. (E. M. 543. 51); παυσι- stillend: παυσ-άνεμος, -ανίας, παυσί-κακος, -λυπος, -μαχος, -μέριμνος, -πονος; παῦ-λα f. Ruhe, Rast, Aufhören, παυ-c-ωλή id. (nur Il. 2. 386)[2]). — παῦ-ρο-c klein, gering, geringfügig, wenig (meist poet.), παυρ-ίδιο-ς id. (Hes. O. 135), παυρ-ά-ς f. (Nic. Th. 210), παυρά-κις wenigemal, selten (Theogn. 859). — (*pav-jā, pav-jā-van* = παϜ-jη-Ϝον) Πα-ιή-ων, Παιών (όν-ος) = der Stillende, Beruhigende, bei Homer der Götter-arzt (der den verwundeten Hades und Ares heilt), nach dem alle Aerzte der Heroenzeit Päoniden genannt werden[3]).

pau. — **pau-cu-s** (Dat. Plur. *pauca-bus*, Gell. ap. Charis. 1. p. 39) = παῦ-ρο-ς (*pauci* Wenige, *pauca* Weniges)[4]), Demin. *paucŭ-lu-s* sehr wenig; Demin. (**pauc-is*, Comparativform, vgl. *mag-is*, **pauc-is-ŭlo*, **pauc-is-ŭlŭ-lo*, **pauc-is-il-lo, pauc-s-il-lo*) *paux-il-lu-s* (Plaut., Lucr.), Adv. *pauxill-um, -o* (Plaut., Afran., Cels.), *pauxill-āti-m* (Plaut.), *pauxillis-per* (id.); davon Demin. *pauxillŭ-lu-s* (Plaut., Gell.), Adv. *-lu-m* (Plaut., Sidon.); *pauci-tā-s* (*tāti-s*) f. ge-ringe Anzahl, Wenigkeit, *pauc-ies* wenigemale, selten (Titin., Cael. ap. Non.). — (**pau-ru-s*) **par-vu-s** (vgl. νεῦρο-ν, *nervu-s*) = παῦ-ρο-ς, Adv. *parve* (Vitr. 9. 6) (*parv-ior* Cael. Aur. tard. 2. 1, *parv-issimus* Lucr. 1, 615. 621. 3, 199. Varro ap. Non. p. 456. 10), Demin. *parvŭ-lu-s*, Adv. *parvulu-m; parvi-ta-s* (*tāti-s*) f. Klein-heit, Geringfügigkeit. — (**pau-ru-lu-s*, **pau-r-lu-s*) **pau-l-lu-s** = παῦρο-ς (als Subst. n. = *parvitas*)[5]), Adv. *paullo* um Weniges, wenig (mit *ante, post:* kurz vorher, nachher; *paullo minus* nicht viel weniger, beinahe), *paullu-m* ein wenig, wenig, etwas, *paullis-per* (ein Weilchen, eine kurze Zeit, s. pag. 491); *paull-āti-m* all-mählich, nach und nach, einzeln, stückweise; Demin. *paullŭ-lu-s,* Adv. *paullu-lu-m, -lo* (*paullul ātim* App. Met.); *Paullu-s* (der Kleine; vgl. *Magnus, Longus, Crassus*) röm. Beiname, bes. in der *gens Aemilia* (besonders: *L. Aemilius P.,* der bei Cannä fiel, *Q. P.*

Fabius Maximus; Paullus Diaconus der Epitomator des Festus),
Paulla, Polla, Paull-īnus, -ina.

Benfey KZ. VII. 119. — Corssen II. 528 ff. 552. 1025. — C. E. 271;
KZ. III. 415. 9). — Ebel KZ. V. 392. — F. W. 374. 465; F. Spr. 341.
— Kuhn KZ. III. 515. — Legerlotz KZ. VII. 135. — Lottner KZ. VII.
187. — 1) C. V. II. 43. Ueber den Hiatus vgl. Krüger II. 11. 3. —
2) Düntzer KZ. XII. 5: *-ωλή* bildet gewöhnlich von Wurzeln oder Verbal-
stämmen Abstracta (*ἁμαρτ-ωλή, εὐχ·ωλή, μεμφ ωλή, τερπ-ωλή*, wie *-ωρή*
von solchen, in denen ein λ sich findet (*ἀλι-ωρή, ἱλπ-ωρή, θαλπ-ωρή*).
— 3) S. W. s. v. nach E. M. — Pictet KZ. V. 40: *pū* reinigen; Skr.
parjácān (vgl. *vidjácān* gelehrt, im Besitze der Wissenschaft) der Arzt
als der der Reinigung und Heilung mächtige. — 4) Auch Klotz W. s. v.:
„*paucus* stammverwandt mit *παυρος* und *parrus*". — Dagegen meint
Ebel l. c.: „*parvus* hat mit *παυρος* nichts zu thun"(?). — 5) Corssen l. c.:
„*paullus* kann nicht aus *pau-cu-lu-s* entstanden sein, da *c* weder überhaupt, noch nach Ausfall eines *u* sich dem folgenden *l* zu *l* assimiliert".
— F. W. l. c.: aus *paucus* durch Anfügung eines ungefügen *slo* aus
pau-clo, dafür *paulus*, wie erhellt aus dem Demin. *pauxillus.* — Klotz
W.: *paulus* zusammengezogen aus *parvulus.* — Brambach Hülfsbüchl.:
„*Paullus* und (weniger gut) *Paulus: paulus* ist in der Schulgrammatik
dem an sich ebenfalls richtigen *paullus* vorgezogen worden".

----

pas hinten. — Skr. *paç-ḱa* der hintere, spätere, westliche,
Adv. *paç-ḱā* (Instrum. hinten, hinterdrein, nachher, später; westlich); *paç-ḱā-t* (Abl., von hinten) u. s. w. (PW. IV. 611).
πις, πος. — ὀ-πίς-ω, ep. ὀ-πίςς-ω (= Skr. *paç-ḱā-t*) Adv.,
örtlich: nach hinten, rückwärts, zurück; zeitlich: hinterdrein, hernach, in Zukunft; wieder, wiederum[1]); ὀ-πις-θε(ν), äol. dor. ὀπις-θα,
ep. auch ὄπι-θε(ν), hinten, von hinten, hinterwärts (*οἱ ὄπισθε* die
Zurückgebliebenen, *τὰ ὄπισθε* die hinteren Theile, der Rücken);
zeitlich: hinterdrein, hernach, in Zukunft; ὀπίσθ-ιο-ς, ὀπισθ-ίδιο-ς
hinten, auf der hinteren Seite befindlich; Comp. ὀπίσ-τερο-ς (Arat.
284. Nonn.), Superl. ὀπίσ-τατο-ς (ὀπισθό-τατο ς Hes.) der hinterste,
letzte (Il. 8, 342. 11, 178); ὀπισθο-: -βάμων, -βαρής, -βριθής,
-νόμος u. s. w.; (ποσ-ματο) πύ-ματο-c (υ äol.) poet. der äusserste,
hinterste, letzte, n. als Adv. πύμα-το-ν, -τα zuletzt. — (ἀργι-ποσ-νο,
-που-νο, -πουν-ς; vgl. dial. πυνός, πουνός' πρωκτός) ἀργί-που-c
(= πύγαργος) Weisssteiss, der weisssteissige Adler; ἀργίπους·
ἀετός. Μακεδόνες Hes.[2]) (vgl. *οἰωνῶν βασιλεὺς βασιλεῦσι νεῶν, ὁ κε-*
λαινός, ὅ τ' ἐξόπιν ἀργᾶς Aesch. Agam. 115 D.), Ggs. μελανάετος
pag. 70.

pos (noch erhalten: *pos tempus, pos templum, pos consulatu,*
posquam): St. *pos-ti,* davon *pos-ti-d* Ablat., (*pos-ti, *pos-te*) **pos-t**
Adv. örtlich: hinten, hinterwärts, hintennach; zeitlich: nachher,
hernach; Präp. örtlich: hinter; zeitlich: seit, nach; *postid-ea* (Plaut.),
postid-hac nachdem, nachher, hernach, *post-eā, ·hāc, -illā* id., *post-*
modo, -modu-m id.; *postī-cu-s* (vgl. *anti-, antī-cu-s* pag. 31) der,

die, das hintere, Subst. f. Hinter-thür, n. Hinter-thür, -haus, der Hintere (*retrimenta cibi, quae exierunt per posticum* Varro ap. Non. p. 217. 24); *postic-iu-s* id. (Fabretti inscr.); Demin. *posti-cŭla* f., *·cŭlu-m* n.; (**posti-lu-s*) *posti-l-ēna* (vgl. *ali-ēnu-s*) f. Schwanz-, Schweif-riemen (Plaut. Cas. 1. 1. 37); **post-ĕru-s** hintennach folgend, folgend, künftig, übertr. nachfolgend, nachstehend, Demin. *posterŭ-la* f. Hinter-, Seiten-thürchen (Cassiod., Amm.); *postel-la* f. (Isid.) = *postilena; postĕri-ta-s* (*tāti-s*) f. Zukunft, Nachwelt, Nachkommenschaft (übertr. das Nachstehen, der letzte Platz, Tert.), *posterā-re* verspäten, spät thun (Pallad.); Comp. *postĕr-ior* der, die, das hintere, letztere, spätere, folgende, übertr. der, die, das hintere, schlechtere, geringere; Superl. (**postera-, *postra-ĭmu-s*) *postrē-mu-s* (vgl. *extra, extremus* pag. 19) der, die, das hinterste, letzte (Adv. *postremō* endlich, zuletzt, überhaupt, *postremu-m* zum letzten Male); übertr. der, die, das letzte, äusserste, schlechteste; *postremi-ta-s* (*tāti-s*) f. das Aeusserste, Letzte (Macrob. somn. Scip. 1. 11); **pos-tŭ-mu-s** der, die, das äusserste, letzte, nach-, spät-geboren, Subst. Nachspross, Nachgeborener, Spätling; *postumā-re* nachstehen (Tert.), *postumā-tu-s* (*tūs*) m. die letzte Stelle (id.); *Postŭ-mu-s* (Ov. fast. 6. 724), *Postŭm-iu-s* Bein. einer röm. gens, *Postumilla* röm. Frauenname; (**post-nu-s, *pos-nu-s*) **po-nĕ** Adv. (vgl. *infer-nĕ, super-nĕ*) hinten, von hinten, nach hinten; Präp. hinter; (*post, pos* = *po* vor folgendem *m*, weil *sm* im Latein. veraltete:) *po meridiem* (Quint. 9. 4. 39), *po-meridianus* (Cic. Orat. 47. 157), *po-merium* (st. *post moerium*, Varro l. l. 5. 143).

Corssen I. 183. II. 321 f. 470. 595. — C. E. 706; KZ. I 269 f. — F. W. 122. 374. 1081. — Schweizer KZ. III. 294. — 1) Vgl. noch Christ p. 25. — Kissling KZ. XVII. 219: ὀπι-τjο. — 2) Fick KZ. XXII. 200 f. — Zeyss KZ XIV. 412. 414. XVI. 372.

---

pas, pas-as Scham. — Skr. *pas* Schamgegend, *pas-as* n. das männliche Glied (PW. IV. 614).

(**πεσ-ος*) πέ-ος (πέ-ε-ος) n. das männliche Glied, πι-οίδης mit geschwollenem Gliede (Eust.); πός-θη f. = πέος [1]), Demin. πόσθ-ιο-ν n. Vorhaut; πόσθ-ων (ων-ος) m. der ein geschw. m. G. hat.

(*pes-ni*) **pē-ni-s** m. Schwanz; speciell = πέος (*pesnis, pennis* [*penis*, Fleckeisen], *ut Casmenas dicebant pro Camenas*, Fest. p. 205. 14. M.); Demin. *peni-cŭlu-s* m. Schwänzchen = Bürste, Schwamm, Pinsel, Strohbüschel, *peniculā-mentum* n. Schwanz, Schweif, Schleppe; Demin. *peni-cil-lu-s* m., -*lu-m* n. = *peniculus*, Fasern, Läppchen, Charpie (*caudam antiqui penem vocabant, ex quo est propter similitudinem penicillus.* Cic. ad fam. 9. 22. 2).

Aufrecht KZ. I. 288. — Corssen I. 652; B. 459; N. 296. — C. E. 272. — F. W. 122. 374. 467; Spr. 193. — Kuhn KZ. II. 137. — PW. l. c.

— Raumer KZ. XXII. 245. — 1) Ganz anders Goebel KZ. XI. 63: „W. θε; ποσ-θή (sic) st. ποτ θή oder ποτι-θή = πρόσ-θεμα Ansatz, welche Ableitung weit einfacher erscheint, als die von Pott E. F. I. 592: ποσ-θή = ποτι-σάθη". — Zu dieser Etymologie vgl. die Anm. der Redaction pag. 519, Anm. 2).

---

pas-ka Fisch.

pis-ci-s m. Fisch, Demin. *pisci-cŭlu-s* m., *pisc-eu-s* aus F. bestehend (Cassiod.), *pisc-āriu-s* zu den F. geh.; *piscu-lentu-s*, *pisc-ōsu-s* fischreich; *pisc-īna* f. Fischteich, Weiher; übertr. Wasserbecken, -ständer, Schleuse, Demin. *piscinŭ-la*, *piscinil-la* f. (Varro l. l. 9. 45. 74), *piscin-āriu-s*, *-ensi-s* zum Fischteich geh. (Subst. *-ariu-s* m. Fischteichler, der zu seinem Vergnügen Fischteiche hält); (*piscu-s*) *piscā-ri* fischen; *piscā-tu-s* (*tū-s*) m., *piscā-tūra*, *-ti-ō(n)* f. Fischen, Fischerei, *piscā-tor* m., *-trix* f. Fischer, -in, *piscatōriu-s* zum Fischer geh., ihn betreffend.

Bezzenberger Göttinger gel. Anzeig. 1874 pag. 672: got. *fis-ka*, altir. *iasc* (aus *ésc, pésc*); Wurzel *pas.* — Nach G. Meyer's freundlicher Mittheilung in den Jahrb. für class. Philologie 1876 Heft 8 pag. 564 (in der Recension des etym. Wörterb. der lat. Sprache): „diese Ansicht verdient alle Beachtung". — Ascoli studj Ario-Semitici, artic. sec. 1865: *pa* trinken: *pa-sca* Trinker (vgl. KZ. XVI. 142). — F. Spr. 340: *piska* Fisch. — Förstemann KZ. III. 50. 67 und Schweizer KZ. VI. 444: *sku* decken; *api-sku* = mit Schuppen bedeckt. Dagegen G. Meyer l. c.: „damit wird der Pott'schen Theorie von den 'vorn abgebissenen' Präpositionen eine bedenkliche Concession gemacht".

---

1) **PI** schwellen, strotzen, überfliessen. — Skr. **pī, pi, pjā** 1) schwellen, strotzen; voll sein, überfliessen; 2) trans. schwellen oder strotzen machen; übersättigen (PW. IV. 735).

pī [1]). — (*pi-k,* erweitert *pi-k-ja*) πίσσα, att. πίττα, f. Fichtensaft, -harz, -pech, Pech, Theer (Hom. nur Il. 4. 277); πισσό-ω verpichen, mit Pech bestreichen, theeren, πισσω-τό-ς verpicht, πισσω-τή-ς m. der Verpichende u. s. w., πίσσω-σι-ς f. das Verpichen u. s. w.; πίσσ-ινο-ς von Pech; πισσ-ίζω dem P. ähneln (Diosc.), πισσί-τη-ς m. mit P. angemachter Wein (Plut. Symp. 5. 3. 1); πισσή-ει-ς, πισσηρό-ς (Galen.), πισσήρης (Aesch. Ch. 266) pechig, πισσο-ειδής, πισσ-ώδης pechartig, voll Pech; ζώ-πισσα f. Brennharz (ζώπισσαν τὴν ξηρὰν ῥητίνην Hes.). — (*pi-tu*) πί-τυ-ς (*τυ-ος*) f. Fichte, Föhre, Rothtanne, *pinus abies* (vom Ueberströmen, Ueberträufeln des Harzes, eig. harzreicher Baum, vgl. Skr. *pītu-dāru-s;* Dat. Pl. πίτυ-σσιν Od. 9. 186); ἡμερό-πιτυς f. zahme Fichte (Hes.); πιτυ-ΐ-ς (*ίδ-ος*) f. die Frucht der Fichte, der Kern aus dem Fichtenzapfen (πιτυΐδες δὲ καλοῦνται ὁ καρπὸς τῶν πιτύων καὶ τῆς πεύκης ὁ εὑρισκόμενος ἐν τοῖς κώνοις Diosc. 1. 87), πιτύ-ϊνο-ς fichten, von der Fichte (κῶνοι Fichtenzapfen); Πιτύ-α, ep. Πιτύ-εια, f. Stadt in

Kleinmysien zwischen Parion und Priapus (Il. 2. 829, Strabo u. s. w.
= Fichtenstadt); Insel im adriat. Meere (Apoll. Rh. 4. 565); πιτνό-
εις, -εσσα, -εν reich an Fichten, fichtenartig; contr. Πιτυ-οῦ-ς
(οὖντ-ος) m. Stadt am Pontus Euxinus; fem. πιτνοῦσσα eine Pflanze
(Diosc.); Πιτυ-οῦσσα, -οῦσα = Fichteninsel: die pityusischen Inseln
bei Spanien; kleine Insel im argol. Meerbusen; πιτυ-ώδης = πιτυόεις.

pi [2]): (pī-va, πῖ-ϝo) πῖ-ό-τη-c (τητ-ος) f. Fettigkeit; Comp.
Superl. zu πίων: πιό-τερο-ς, -τατο-ς. — (pī-van, πῖ-ϝoν) πῖ-ων m. f.,
πῖ-ον n. fett, feist; fruchtbar, ergiebig; reichbegütert, wohlhabend;
(πι-ϝαν-jω) πῖ-αίνω fett machen, mästen, düngen, befruchten; übertr.
vermehren, vergrössern, beglücken (Fut. πιανῶ, Aor. ἐ-πίανα, Perf.
πε-πία-σ-μαι), πιαν-τ-ικό-ς, πιαν-τήρ-ιο-ς zum Fettmachen u. s. w.
geh.; πια-σ-μό-ς m. das Fettmachen u. s. w., πία-σ-μα(τ) n. das Fett-
machende, Dung. — (pī-vara, πῖ-ϝαρο) πῖ-αρό-c, πῖ-ερό-c, πῖ-αλό-c,
πῖ-αλ-έο-c (Sp.) = πίων; fem. (πι-ϝερ-ια) πῖ-ειρα [Skr. pīvarī] (poet.,
Plat. Krit. 111b und einzeln bei Sp.); Πίερ-εc Volksstamm, aus
seinen Sitzen in Makedonien nördlich vom Olymp durch die Teme-
niden vertrieben, am Pangäusgebirge wohnend (Her. Thuk.; Πιε-
ρῶται Strabo), Πιερ-ία die Landschaft Makedoniens an der Gränze
Thessaliens. — (pi-m-ara) πῖ-μ-ελή f. Fett [3]) (πιμελὴ δὲ καὶ στέαρ
διαφέρουσιν ἀλλήλων· τὸ μὲν γὰρ στέαρ ἐστὶ θραυστὸν πάντῃ, καὶ
πήγνυται ψυχόμενον· ἡ δὲ πιμελὴ χυτὸν καὶ ἄπηκτον Ar. h. a. ·3.
17); πιμελ-ής = πίων; πιμελό-ω fett machen (Sp.), πιμελ-ώδης
fettartig, fettig. — (pī-vas, πῖ-ϝαρ) πῖ-οc n., πῖ-αρ (nur Nom. Acc.)
n. (poet.) Fett, Talg, übertr. Fruchtbarkeit; (pi-vas-vant, πι-ϝεσ-ϝεντ)
πῖ-ή-ει-c poet. = πίων.

pī [1]). — (pi-k) pix (pic-is) f. = πίσσα; Demin. pic-ŭla f.
ein wenig Pech (Veget., App.); pic-eu-s, -ĭnu-s pechschwarz, picā-re
= πισσόω, pic-āria f. Pechhütte. — pĭc-ea f. Pechföhre. — (pic-nu,
-no) pī-nu-s (Gen. -nūs, -ni) f. Fichte, Föhre, pinus silvestris
(übertr. das daraus Gemachte: Schiff, Kienfackel, Wurfspeer, Fichten-
kranz); die Pinie, der Zirbelbaum, pinus pinea (Plin. 16. 10. 16),
pin-eu-s von F. stammend, zur F. geh., Subst. pinea Pinie = πι-
τυΐς; pinētu-m n. Fichtenwald; pinaster (tri) m. wilde Fichte (Plin.
l. c.), pinastel-lu-s, -m, m. n. eine Pflanze, sonst peucedanum (App.
herb. 94).

pĭ. — (*ob-pĭ-mo, ŏ-pĭ-mo) ŏ-pī-mu-s = πίων [4]); dann: ansehnlich, herrlich, prächtig; (rhetor.) überladen, schwülstig, Adv.
opīme (Plaut. Bacch. 3. 1. 6), Opīm-iu-s Name einer röm. gens;
opimi-ta-s (tāti-s) f. Reichlichkeit, Herrlichkeit; opimā-re = πιαίνω,
opimā-tu-s (als Adj.) fett (Auson. id. 10. 105).

C. E. 163. — F. W. 375. 465; F. Spr. 101. — Goetze St. Ib. 173.
— Hehn p 255 ff. 519. — Dagegen Corssen I. 538: pi, pi-k stechen, von
den spitzen Nadeln, vgl. Nadelholz. — 2) B. Gl. 242b. 248a. — Brugman St. IV. 170. 3). — C. E. 276. — F. W. 125 f. — Grassmann KZ.

XI. 16. — Kuhn KZ. I. 374 f. — Savelsberg KZ. XXI. 136 f. - 3) C. E. 582: viel wahrscheinlicher, dass das μ der Ableitung (vgl. ϑυ-μ-ίλη) angehört, als dass es ƒ vertritt. — 4) C. E. l. c.: o-pī-mu-s? scheint aus ob (ŏ) und einem verlornen Stamme pīmo, dessen Weiterbildung πιμ-ελή ist, gebildet zu sein, wie ols-coenu-s. — Auch von Raumer KZ. XXII. 245: opi-mu-s fett, feist, mit Vergleichung des Hebräischen. — Dagegen Corssen KZ. III. 245: St. op-s: op-ī-mus. „Mit πί-αρ, πί-ων vermag ich es nicht zusammenzubringen, da ich für ein vorgeschlagenes o irgend welcher Art im Latein. kein Beispiel weiss" (nach Curtius ist jedoch o kein Vocalvorschlag, sondern Präpos.). — F. W. 9: apa Saft (Wasser), Kraft, Fülle: op-īmu-s saftreich.

---

2) **PI schmähen, hassen.** — Skr. **pīj** schmähen, gering-schätzig begegnen, verhöhnen (PW. IV. 746).

pi-k verdriessen. — *pi-g* (vgl. *pak, pangere, pik, pingere, muk, mungere* u. s. w.): **pīg-et** (*-uit, -ī-tu-m est*) es verdriesst, er-regt Unlust, macht missmuthig; übertr. es gereut, erregt Scham; *pig-uu-s* verdrossen (Prisc. 4. p. 635).

B. Gl. 242 a. — F. W. 125. 632; Spr. 101. 339; dagegen W. 462: *pak, piget* es macht fest — hemmt.

PIK stechen, schneiden, ausschneiden; sticken, schmücken, bilden; Nebenform *puk* (vgl. *puk* pag. 461). — Skr. **piç** (*piñç*) schmücken, auszieren, putzen; zubereiten, zurüsten, namentlich das Fleisch aushauen und zurechtschneiden; gestalten, bilden (PW. IV. 728).

pik.

πικ. — πικ-ρό-ς (urspr. wohl: schneidend) spitz, scharf, durch-dringend; vom Geschmack: bitter, herbe; vom Geruch: scharf, widerlich; vom Gefühl: bitter, schmerzhaft; vom inneren Gefühl: widrig, verhasst; dazu fem. πικρά-ς (Hesych. Diosc.); πικρό-τη-ς (τητ-ος) f. Bitterkeit, Herbe, Strenge, πικρό-ω bitter machen, er-bittern; πικρ-ία f. = πικρότης; πικρ-ίδιο-ς bitterlich (Athen. 3. 78. a); πικρ-ί-ς (ίδ-ος) f. Bitterkeit, wilder Lattich, Endivien (Aristot., Theophr.), πικρ-ίζω bitter sein, werden, schmecken; πικρ-άζω, πικρ-αίνω spitz, scharf u. s. w. machen; übertr. erbittern, reizen, πικραν-τ-ικό-ς Bitterkeit erregend, πικρα-σ-μό-ς m. Bitterkeit, Un-wille, Hass (Sp.); -πικρος: γλυκύ-πικρος süssbitter (Ἔρως Sappho fr. 37; βέλος ἔρωτος Mel. 76; vgl. Heine neue Ged. pg. 17: „der Liebe süsses Elend und der Liebe bittre Lust"). ἔκ-πικρος sehr bitter (Arist. Probl. 4. 30), ἔμ-πικρος etwas bitter (Diosc.), παρά-πικρος id. (Schol. Ar. Vesp. 873).

(*paik-ara*) ποικ-ίλο-ς bunt, buntfarbig, gefleckt (παρδαλίη Il. 10. 30); besonders: bunt gearbeitet, gestickt, gewirkt, ποικίλ ία

f. das Buntsein, Stickerei, Verzierung, Mannichfaltigkeit, *ποικιλ-
ία-ς* m. ein Fisch, *ποικιλ-ί-ς (ίδ-ος)* f. Name eines bunten Vogels
(Arist. h. a. 9. 1); *ποικιλό-ω*, *(ποικιλ-jω) ποικίλλω (ποικιλ-αίνω)* bunt
machen, sticken, malen, schmücken u. s. w., künstlich darstellen;
mannichfach machen, durch Abwechslung schmücken, *ποικιλ-τύ-ς*
bunt gemacht u. s. w., *ποικιλτ-ικό-ς* zum Sticken gehörig, geschickt,
ποικιλ-τή-ς (ποικιλ-εύ-ς Alex. ap. Poll. 7. 35) m. der Buntmachende,
Sticker, fem. *ποικίλ-τρ-ια: ποικιλ-σι-ς* f. = *ποικιλία* (Plat. Legg. 5.
747. a), *ποικιλ-μό-ς* m. id. (Plut.); *ποίκιλ-μα(τ)* n. das Buntgemachte,
bunte oder künstl. Weberei, Stickerei u. s. w., Mannichfaltigkeit.
puk.

πευκ. — **πεύκ-η** f. (eig. die Spitze, der Spitzbaum) Fichte,
Föhre[1]); Demin. *πευκ-ίο-ν* m. (Schol. Ar. Plut. 528); *πεύκ-ινο-ς*
fichten, *πευκή-ει-ς* mit F. bewachsen, fichtenreich, fichten, übertr.
scharf, herb, spitz; *πευκ-ία* f. *(πικρία πίσσης* Tzetz. Chil. 9. 836);
Πευκ-ετία f. (das fichtenreiche Land) Landschaft in Apulien vom
Flusse Aufidus bis zu Brundusium, die Einwohner *Πευκέτιοι* (Fichten-
volk; Brudervolk der Oenotrer)[2]); **πευκ-ε-δανό-c** *(πτόλεμος* Il. 10. 8)
spitzig = scharf, schmerzlich[3]); *πευκ-έδανο-ς* f. bittere Doldenpflanze, Rosskümmel, *peucedanum officinale* (Theophr.); πευκ-άλιμο-c
(nur bei Homer und zwar stets *ἐν φρεσὶ πευκαλίμῃσι* Il. 8, 366. 14,
165. 15, 81. 20, 35) scharf, durchdringend = klug, verständig[4]);
-**πευκ-εc** in: *ἐχε-πευκ-ής* spitz, spitzig (ep. Beiwort des Pfeils Il.
1, 51. 4, 129); später: herb, bitter (vgl. *τείροντα θνητοὺς ἐχε-
πευκέϊ πάντας ἀϋτμῇ* Orph. Lith. 469); *περι-πευκ-ής* sehr bitter
oder herbe, sehr schmerzlich (nur Il. 11. 845 *ὀξὺ βέλος).* — *Πευκέσ-
τα-ς, τη-ς* Leibwächter Alexander des Grossen und anderer Makedonier (= *acie instructus*, der Schneide hat)[5]).

pik. — **pi-n-g-ĕre** *(k = g*, vgl. *p i* pg. 534) *(pinxi, pic-tu-s)* =
ποικίλλω[6]); *pic-tor (tōr-is)* m. Maler, *Pictor* Bein. in der *gens Fabia;*
pictōr-iu-s zum M. geh. (Tert., Dig.); *pictūra* f. das Malen u. s. w.
= *ποικιλία, pictūrā-tu-s* mit Gemälden versehen, gestickt, buntfarbig (Verg., Stat. Th.), *pic-ti-li-s* gestickt (App. Met.); *pig-men-
tu-m* n. Fürbestoff, Farbe, Schminke, Schmuckmittel; Kräutersaft,
Balsam (Sp.), *pigmentā-tu-s* gefärbt, geschminkt (Prud., Tert.),
pigment-āriu-s zu den Farben geh., Subst. m. Farben-, Salben-
händler *(χρωματοπώλης, μυροπώλης* Gloss. Philox.).

puk. — **pu-n-g-ĕre** *(pŭ-pŭg-i, pu-n-c-tu-m)* stechen, stechend
eindringen, übertr. verletzen, kränken *(pepugero* Atta ap. Gell.
7. 9. 10; *punxi* Diomed. p. 369; *pupŭngi* Not. Tir. p. 131; *pu-
pŭgerat* Prudent. *περὶ στεφ.* 10. 59)[7]); Part. *punc-tu-s* gestochen,
gebrandmarkt *(puncto tempore* im Augenblick, Lucr.), *punc-ta* f.
Strich (Veget. r. m. 1. 12); *punc-tu-m* n. das Eingestochene, der
Punct, Stich, Fleck; Punct auf dem Würfel, Auge, Wurf; der in
das wächserne Stimmtäfelchen gemachte Punct, Strich, das Votum,

die Stimme, daher *punctum* = *suffragium* (vgl. *omne tulit punctum, qui miscuit utile dulci* Hor. a. p. 343; *discedo Alcaeus puncto illius* id. Ep. 2. 2. 99); kleines Theilchen = kleines Maass, Zeitmaass, Punct, Moment; in der Rede: kurzer Satz, Abschnitt; Demin. *punctū-lu-m*, *puncti-l-lu-m* n.; *punc-ti-m* stichweise, auf den Stich, *punctā-ti-m* in einen Punct zusammengefasst, kurz (Claud. Mam.); *punc-tu-s* (*tūs*) m., *punc-tūra*, *punc-ti-ō(n)* f. das Stechen, der Stich, Demin. *punctiun-cula* (Sen.); *punc-tōr-iu-m* n. Stechinstrument (Garg. Mart.); *punctatoriolus* (*leves pugnas appellat* Cato Paul. D. p. 243).

Corssen I. 538 f. (ursprüngl. Grundform *spa, spi, spu* = *pi, pi-k, pu-k*) — C E 163 f. — F. W. 124. 127. 632; F. Spr. 134. — Sonne KZ. XV. 374 f. - 1) C. E. l. c. trennt nun πεύκη von πίτυς (p. 532) und sagt: „Zusammenhang (von πικ, πικρός u. s. w.) mit Nr. 99 (πεύκη) ist wahrscheinlich". — πεύκη mit πικρός verbinden auch Ameis, Autenr., Buttmann Lex. I. pg. 17; S. W. s. v. ἐχεπευκής; Stammbegriff: Spitze. — Mit πίτυς, *pinus, pix* pag. 532 f. dagegen verbindet das Wort: Hehn p. 255 ff.: = harzreicher Baum, Pechbaum; Ebel KZ. VII. 267; Kuhn KZ. XI. 15 (vgl. Fichte aus *riuhta* [noch ndd. *füchte*], *viehte*). — Ganz anders Benfey KZ. VII 121: Skr. *piç* in *piç-anga* feuerfarben, goldfarben; πικ-υ, πινκ-υ, *πευκ υ, dann nach Analogie von πολλη für πολϜη aus πολυ: πευκη = „der leicht brennende" Baum. — F. W. 375: *pūkā*, Spr. 135. 341: *pūkā*; ohne weitere Deutung. - 2) Hehn p. 495. — 3) Vgl. Buttm. Lex. I. pg 17. — 4 Ibd pg 18: Nebenform von πυκινός, vgl. λιγρός, λιγγαλέος. — 5) Fick KZ. XXII. 233. — 6) B. Gl 240a, ebenso Bickell KZ. XIV. 428: *piṅg* urspr überstreichen, überschmieren. — F. W. 124: *pig* färben, malen — Vgl. noch C. E. 34 gegen Pott's Deutung (II. 301, vgl. W. III 423): Skr. *piṅg* = *api-aṅg* *oblinere, pingere*. — 7) F. W. 466: *pug* stechen, stossen; (πύξ, πυγμή, πυκτής, πυγών, *pugio, pugna, pugnus, pugil*; s. diese Wörter unter *pak* pag 456) *pungo*. „Sonst nicht nachzuweisen". (Eine weitere Deutung des Wortes wurde nicht gefunden.)

pinaka Holzstück, Latte. — Skr. *pināka* m. n. Stab, Stock; später: Keule (PW. IV. 723).

πίναξ (αχ-ος) m. Brett, Planke, hölzerne Tafel, (hölzerner) Teller, Schüssel; Gemälde (weil sie auf hölzerne Tafeln gemalt wurden), Landkarte (Plut. Thes. 1); Demin. πινάκ-ιο-ν, πινακ-ίδιο-ν n., πινακ-ί-ς f., πινακ-ίσκο-ς m., πινακίσκ-ιο-ν n.; πίνακι αἶο-ς von der Grösse eines Brettes u. s. w.; πινακη-δόν brettweis, plankenweis (ῥήματα γομφοπαγῆ, πινακηδὸν ἀποσπῶν γηγενεῖ φυσήματι Arist. Ran. 824: klobengenietete Worte [Welcker], plankenweis losreissend mit gigantischem Schnauben [Kock], vgl. Schol. ἀποσπῶν τὰ ῥήματα ὥσπερ πίνακας ἀπὸ πλοίων).

F. W. 124; KZ XVIII. 415. 2). — Vgl. Miklosich Lex. s. v.: *pīnī* m. *truncus, peni;* nsl. *penj,* russ *peni,* čech. *peň,* pol. *pień,* oserb. *pjeňk,* nserb. *peňk.* — Pape W. s. v.: nach Buttmann mit πλάξ zusammenhängend, wie auch sonst ν und λ wechseln (hierüber siehe C. E. 443). — Aehnlich Sch. W. s. v.: πλάξ, eig. πνάξ, πίναξ; vgl. πιννυτός.

pi·pi (Vogelstimme) piepen.

pi-pi: πι-πί-ζω, πι-ππί-ζω (Arist. Av. 306) piepen, wie junge
Vögel schreien (κατὰ μίμησιν τῆς τῶν ὀρνίων φωνῆς Hes.). — *pip:*
πίπ-ο-ς m. ein junger, noch piepender Vogel; πίπ-ώ f. (Hes.),
πίπ-ρα f. (vgl. αἰσχ-ρό-ς, ψυχ-ρό-ς) (Arist. h. a. 9. 1) eine Art
Baumhacker; πίφ-ιγξ m. (Arist. ibd.; κορυδαλός Hes.), πιφ-αλλ-ί-ς
f. id. (ἡ πίφιγξ Hes.) ein unbestimmter Vogel.

pi-pi: pi-pi-re (Col. 8. 5. 14) == πιπίζω, *pi-pi-āre* id. (Tert.),
pi-pi-ō(n) m. = πίπος (Lamprid.). — *pi-p: pip-āre* == *pipire*
(Varrò ap. Non. p. 156. 25), *pipā-tu-s* (*tūs*) m., *-ti-ō(n)* f. das
Piepen (Varro l. l. 7. 103, Paul. D. p. 212); *pip-ŭlu-s, -m,* m. n.
das Piepen = Wimmern, Greinen, Lärmen, Schimpfen, *pipŭlā-re*
== piepen, wimmern (Catull. 3. 10).

C. V. I. 324. 71). — F. W. 125. 465 (vielleicht im Zusammenhang
mit *pap, pamp* aufblasen, oder onomatopoetisch); F. Spr. 340 (wohl
onomatop.). — Fritzsche St. VI. 286. 337.

PIS zerreiben, zerstampfen, mahlen, zermalmen. —
Skr. **pish** id. (PW. IV. 732).

πιc. — πίc-o-c, πιc-ό-c m., πίc-o-v, πίcc-o-v n. Hülsenfrucht,
eine Art Erbsen (urspr. Körnerfrucht, aus runden Stücken oder
Kügelchen bestehend, wie sie beim Zermalmen und Zerstampfen
sich ergeben), πίσ-ινο-ς von Erbsen. — πίτ-ῡρο-v n. Kleie, Hülse
des gemahlenen oder geschroteten Getreidekorns [1]) (medic. Haut-
ausschlag, Schorf, Kleiengrind); πιτύρ-ιο-ς, πιτυρ-ηνό-ς (wohl: -ινό-ς)
von Kleie, πιτυρ-ία-ς m. (erg. ἄρτος), πιτυρ-ί-τη-ς m. Kleienbrot; πι-
τυρ-ί-ς f. (ἐλαία) kleine Olivenart von der Farbe der Kleie (Athen.
2. 56. c); πιτυρία-σι-ς f., πιτύρι-σ-μα(τ) n. Kleiengrind (medic.);
πιτυρό-ο-μαι den Kleiengrind bekommen; πιτυρο-ειδής, πιτυρ ώδης
kleienartig, schorfartig.

(πισ, πjισ, πδjισ, πδισ) πτιc (vgl. πτόα pag. 539). —
(πτισ-jω) πτίccω zermalmen, zerstampfen, zerschroten, enthülsen
(Fut. πτίσω, Perf. Pass. ἐ-πτισ-μαι)[2]), πτισ-τ-ικό-ς zum Z. gehörig;
πτισ-τή-ς m. der Enthülsende; πτισ-μό-ς m., (πτισ-τι, πτισ-σι, πτισι)
πτίσι-ς f. das Entbülsen: πτίσ-μα(τ) n. das enthülsete Korn; πτιc-
άνη f., πτίc-ανο-v n. (Nic. Ther. 590) enthülsete Gerste, Gersten-
graupen, Gerstentrank[3]).

pis-a Nominalstamm: (*pisa-jā-mi,* πισο-jω, πιο-jω) πιά-ζω dor.,
πιέ-ζω (vgl. neuion. ὀρέω zu ὁρά-ω) drücken, pressen, zwüngen,
festhalten; bedrängen, ängstigen, quälen[4]) (Hom. nur Präs. πιέ-
ζειν, Imperf. ἐ-πίεζε, πίεζε, πίεζον, ἐ-πίαζεν Alkm. fr. 44 B.; Aor.
ἐ-πίε-σα, πιάσαι und ἐ-πιάσ-θη-ν [Sp.], πιάξας dor., Perf. πε-πίεσ-μαι;
Hippokr. ἐπίεξα, ἐπίεχ-θη-ν, πε-πίεγ-μαι); πίε-σι-ς, πίεξι-ς (Hippokr.)

f. das Drücken, Pressen; πιεσ-τήρ (τῆρ-ος) m. Presser, πιεστήρ-ιο-ν (erg. ὄργανον) Diosc., πιεσ-τρο-ν (Galen.) n. Presse, πιεσ-μό-ς m. = πίεσις (Sp.), πίεσ-μα(τ) n. das Gedrückte, Gepresste, Trestern; = πίεσις (Mel. 49).

pis. — **pis-u-m** n. (späte Nebenform *pisa* f.) = πίσ-ο-ν. — **pi-n-s-ĕre**, seltner *pis-ĕre* (*pins-i, -ui, pins-um, -itum, pis-tum*) = πτίσσω [5]) (Nebenform *pins-āre* Varro r. r. 1. 63. 2; *pinsi-bant* Enn. fr. trag. 396 Ribb.); Frequ. *pis-tā-re* (Veget. a. v. 1. 32. App. herb. 75); *pis-tor* (*tōr-is*) m. Stampfer, Müller, Handmüller, Bäcker, Kuchenbäcker, fem. *pistr-ix* (*ic-is*); *pistōr-iu-s* zum Bäcker geh. (*Forum p.* der Bäckermarkt auf dem aventinischen Hügel in der 13. Region); *Pistōriu-m* n. Stadt in Etrurien (jetzt *Pistoja*); *pis-tūra* f. das Stampfen des Getreides, das Mahlen (Plin. 18. 10. 23); *pis-tr-īna* f. Bäckerwerkstatt; *pistr-īnu-m* n. Stampfmühle (wohin Sklaven zur Strafe gegeben wurden); übertr. Bäckerei; saure Arbeit (*tibi mecum in eodem est pistrino vivendum* Cic. de or. 2. 33. 144), Demin. *pistrilla* (Ter. Ad. 4. 2. 45); *pistrin-āli-s, -ensi-s* zur St. geb.; *pistrin-āriu-s* m. Stampfmüller (Dig.); (*pis-tĕru-m, *pisterŭ-lu-m, *pistel-lu-m) *pistil-lu-m* n., *-s* m. kleines Werkzeug zum Stampfen = Stämpfel, Mörserkeule; *pis-ō(n)* m. Mörser (Marc. Emp. 8); *Piso* (Stampfer oder Erbsener) m. Bein. in der *gens Calpurnia*; (*pis-ŭla) *pī-la* f. = *piso·* (*pila, ubi triticum pinsant* Cato r. r. 14. 2); (*pis-ŭlu-m) *pi-lu-m* n. = *pistillum*; (St. *pilo*; davon ein abgeleitetes Verb auf *ō* oder *ū*, davon Part. Pass.) *Pilu-mnu-s* (= *pilatus*, mit der Mörserkeule versehen) Gottheit der Mörserkeule und des Getreidestampfens, der den Hausstand mit Mehl versorgt und den Ehestand befördert durch Behütung der neugeborenen Kinder [6]).

pas (ursprüngliche Form der Wurzel erhalten in): **pas-tĭnu-m** n. (Werkzeug zum Zermalmen des Bodens) Weinhacke (Col. 3. 18. 1); übertr. das Umhacken des Weinbergs, der umgehackte Boden [7]); *pastinā-re* umgraben; *pastinatu-m* n. (erg. *solum*) der behackte B. (Col., Plin.), *pastina-tus* (*tūs*) m. Behackung (Plin. 17. 20. 32), *pastinā-ti-ō(n)* f. id., übertr. = *pastinatum*, *pastina-tor* (*tōr-is*) m. Behacker (Col. 3. 13. 12).

B. Gl. 241b. — Corssen I. 529. 652; B. 368. — C. E. 192. 277. 489; C. V. I. 315. 39). — F. W. 124. 465; F. Spr. 340. — Hehn p. 189. - Lottner KZ. VII. 21. – 1) C. E. 489: „Schwierigkeit macht πίτρον mit seinem auffallenden τ". (Von diesem jedenfalls auffallenden τ fand der Verf. keine Erklärung) — 2) C. V. 1. c. — Savelsberg KZ. XVI. 365. — 3) Osthoff KZ. XXIII. 85: wohl πτίνσ-ανο-ν, da sonst schwerlich das σ zwischen zwei Vocalen sich gehalten haben würde. — 4) C. V. I. 344 f. — Mangold St VI. 155. 9. — Beide gegen Fick's Deutung (W. 125): *pis-d*, *pisul* = πισ-αδ-jω; Skr. *piḍ* statt *pisd*. — Auf Skr. *piḍ* führen auch das Wort zurück: Grassmann KZ. XI. 17 (*piḍ* statt *pjad); L. Meyer KZ. VI. 428 f. (*piḍ*, ved. *pīj*; *pījadjāmi* = πιέζω). — Eben-

falls auf piǵ und die-es — opi-und — ἐπι-ί;ω : Bickell KZ. XIV. 429;
Pott E. F. I. 243; Schweizer KZ. III. 392; Sch. W. s. v. — C. V. l. c.:
„die gutturalen Laute κιάξας, ἐπιτξα, ἐπιίζθτ,τ, κικιέγμαι) stehen einem
Präsens mit ; dann gegenüber. wenn dies entweder aus γ + j oder aus
blossem j, nicht wenn es aus ὁ + j hervorgegangen ist". — 5) Hehn
p 476: durch Stampfen wurde das Korn aus der Umhüllung befreit und
zu einer Art Grütze oder roben Mehles verkleinert. als es nicht mehr
unmittelbar aus der gerösteten Aehre gegessen wurde. — 6) Bechstein
St. VIII. 391. 394. — Corssen II. 173. — Zeyss KZ. XVII. 420*). —
7) F. W. 374: pas — pis; vgl. kirchensl. paí-a. pach-ati arare; poln.
pach-ać fodere (Mikl. Lex. 558).

---

1) **PU** schlagen, hanen. stossen[1]). — Vgl. Skr. pav-í
m. Schienen des Rades; metallener Beschlag des Speeres oder
Pfeils; pav-ira n. Waffe mit metallener Spitze: Lanze, Speer; pav-
iru m. Blitzgeschoss, Donnerkeil (PW. IV. 597. 600).

πυ = παϝ. — (παϝ-jω) πα-ίω schlagen, hanen, stossen (Fut.
παί-σω, παι-ή-σω, Aor. ἔ-παι-σα, Perf. πέ-παι-κα, Aor. Pass. ἐ-παί-
σ-θη-ν²). — (παϝ-ρο) πη-ρό-ς gelähmt, verletzt, verstümmelt (blind
Il. 2. 599; πηρός· ὁ κατά τι μέρος τοῦ σώματος βεβλαμμένος Schol.)[3]),
πηρό-ω lähmen, verletzen, verstümmeln, πήρω-σι-ς f., πήρω-μα(τ)
u. Lähmung u. s. w.; πω-ρό-ς elend, blind, πωρό-ω elend, blind
machen (Gramm.), πωρέ-ω blind, elend sein.

(παϝα, πjαϝα, πὁjαϝα, πὁαϝα, παϝα; vgl. πτίσσω pag. 537;
πόλις, πόλεμος; dann: πτοϝ-α, -ια) πτόα, πτοία (πτοῖο-ς m. Hes.) f.
Scheu, Furcht, Flucht, durch Leidenschaft erregte Unruhe; πτοέ-ω,
πτοιέ-ω (ep. ion.), πτοιά-ω (Hes.), scheuchen, jagen, unruhig machen;
Pass. erschrecken, jagen (φρένες ἐπτοίηθεν Od. 22. 298)[4]); πτοη-
τό-ς, πτοιη-τό-ς, πτοιω-τό-ς (Nic. Al. 243) gescheucht, erschreckt
(Sp.), πτόη-σι-ς, πτοίη-σι-ς f. das Scheuchen u. s. w.; πτοαλέο-ς,
πτοιαλέο-ς gescheucht; πτο-ώδης, πτοι-ώδης scheu (Sp.).

(παϝ, πτα[ϝ]) πτα-κ, πτω-κ[5]). — (πτηκ-jω) πτήσσω (nachhom. Präsens) scheuchen — in Schrecken oder Bestürzung versetzen; intr. in Schrecken oder Bestürzung gerathen, vor Scheu,
Schreck sich niederducken, verkriechen (Fut. πτήξω, Aor. ἔ-πτηξα,
κατα-πτακ-ών Aesch. Eum. 252, κατα-πτή-την duckten sich nieder
Il. 8. 136; Perf. ἔ-πτηχ-α, selten ἔ-πτηκ-α; ep. Part. πε-πτη-ώς,
-ῶτες, -ῶτας); πτῆξι-ς f. das Schrecken, Erschrecken (Arist. mirab.
157). — πτώξ (πτωκ-ός) schüchtern, scheu (Beiw. des Hasen Il.
22. 310, Subst. ὁ πτώξ der Hase Il. 17. 676), flüchtig (Aesch.
Eum. 315); fem. πτωκ-ά-ς (ἀδ·ος) (αἴθυια Ep. 8. 2); (πτωκ-jω)
πτώσσω (nur im Präsensstamm) sich scheu niederducken, in Furcht
sein, zagen; sich bettlerhaft ducken, sich herumdrücken (κατὰ δῆμον Od. 17, 227. 18, 363); trans. scheu vor Jemand fliehen;
πτω-σκ-αξέμεν (intens. Frequent.) sich stets niederducken, scheu
oder furchtsam sein (nur Il. 4. 372); πτωχ-ό-ς (χ statt σκ[6]) der

sich duckt; bückt, bettelnd (ἀνήρ ein Bettler Od. 19, 74. 21, 327;
ohne ἀνήρ als Subst. Od. 6, 208. 14, 400. 18, 1; Comp. πτωχ-
ίσ-τερο-ς Ar. Ach. 400), πτωχ-ικό-ς bettelhaft; πτωχ-ίζω zum Bettler
machen (LXX); πτωχ-εύ-ω betteln, trans. erbetteln (Iterat. Imperf.
πτωχεύ-ε-σκε Od. 18. 2), πτωχε(ϝ)-ία, ion. πτωχη-ίη, f. das Betteln;
πτωχε-ῖο-ν n. Bettlerherberge; πτωχ-ελένη Bettelhelene, gemeine
Dirne (Ath. 13. 585. c).

pu. — Stamm pŭ-do: pŭ-de-t causat. Denomin. (puduit,
puditum est) es schlägt nieder, macht niedergeschlagen, beschämt,
Part. pude-n-s züchtig, sittsam, schamhaft, verschämt, bescheiden,
Adv. pudenter; Gerundiv: pude-ndu-s dessen man sich schämen
muss, schimpflich, schändlich, hässlich; Inchoat. pude-sc-it (Prudent.);
pud-icu-s == pudens, Adv. pudice, pudici-tia f. Züchtigkeit u. s. w.;
pud-i-mentu-m n. Scham (αἰδοῖον Gloss. Gr. Lat.); pud-i-bundu-s ==
pudens; pass. schimpflich, schändlich; pudi-bili-s Scham erfordernd,
verursachend (Sp.); pud-or (ōr-is) m. == pudicitia; Achtung, Ge-
wissenhaftigkeit; Ursache der Scham == Schimpf, Schande (Scham-
röthe Ov. am. 3. 6. 78); im-pudicā-tu-s (stupratus, impudicus factus
Paul. D. p. 109. 1); prō-pŭd-iu-m n. (quasi porro pudendum Fest.
p. 227) dessen man sich schämen muss, Schandthat, concret:
Scheusal, propudi-ōsu-s voller Schande, schändlich, propudi-ānu-s
ein für schlechte Thaten geopfertes Schwein (Atej. Cap. ap. Fest.
p. 238); re-pŭd-iu-m n. Verstossung == Auflösung der Ehe,
Scheidung[7]), repudi-ōsu-s verwerflich (Plaut. Pers. 3. 1. 56); re-
pudiā-re verstossen, sich scheiden lassen; verwerfen, zurückweisen,
repudiā-tor m. Verwerfer (Tert.), repudiā-ti-ō(n) f. Verwerfung,
Zurückweisung; tri-pŭd-iu-m n. dreifaches Stampfen oder Schlagen,
Dreischlag beim Tanz, tönendes Aufstampfen oder Aufschlagen,
der dreischrittige Siegestanz, der religiöse Tanz der salischen
Priester (tripudium cernitur in auspiciis in exsaltatione tripudian-
tium pullorum dictum a terra pavienda, d. i. beim Aufstampfen der
springenden und trippelnden Hühner beim Fressen, Fest. p. 363)
[wohl minder richtig Cic. div. 2. 34. 72: quia, quum pascuntur,
necesse est aliquid ex ore cadere et terram pavire, terripavium primo,
post terripudium dictum est: hoc quidem iam tripudium dicitur, d. i.
das Aufschlagen des aus dem Schnabel der heiligen Hühner beim
Fressen auf den Boden fallenden Bissens; denn terri- bleibt in
Compos., vgl. terri-cola, -gena]; tripudiā-re im Dreischritt tanzen,
den Dreischritt stampfen, tripudiā-ti-ō(n) f. das feierliche Umtanzen
des Altars bei den Arvalbrüdern (tripudiatio χορεία ἱερέων περὶ τὸν
βωμόν Philox. Gloss.); Nebenform: tri-po-dā-verunt (sie tanzten,
Marin. Att. de fr. Arv. t. XLI).

pav. — pavī-re == (παϝ-jω) παίω, schlagen, hauen, stossen;
festschlagen, festtreten, stampfen[8]); pavī-tu-m (Paulin. Nol.), pavi-
mentu-m n. festgeschlagener Boden, Estrich, pavimentā-re mit

Estrich versehen, E. machen, *paviment-āriu-s* m. Estrichverfertiger (Inscr.); *pavī-cula* f. Schlägel (Cato r. r. 91), *paviculā-re* fest einschlagen (Gloss. vett.); altlat. *puvī-re* = *pavire* (*puvire fcrire est* Paul. D. p. 245); *de-pŭv-ĕre* (*caedere*. *Lucilius: Palmisque misellam depūvit* [Perf.] *me, id est, verberavit me, quod ipsum ex Graeco* ἀπὸ τοῦ παίειν Paul. D. p. 70. 3); *ob-puviare* (*obpuviat, verberat* Fest. p. 191).

păvē-re (*pāvi*) = πτοέω, niedergeschlagen sein, in Angst sein, erschrecken, zagen, beben; etwas fürchten[9]); *Pavent-ia* f. die die Kinder vor plötzlichem Schrecken bewahrende Göttin (Augustin.); Inchoat. *pave-sc-ĕre;* Frequ. *pavi-tā-re; pavĭ-du-s* erschrocken, zagend, bebend, ängstlich, transit. Angst erweckend (poet.), Adv. *pavide; pavi-bundu-s* id. (Arnob. 7. 13); *păv-or* (*ōr-is*) (Nom. *pavōs* Pacuv. ap. Cic. or. 46. 155) m. Angst, Erschrecken u. s. w., Plur. Angstzustände, Schreckbilder; personif. die Gottheit der bebenden Furcht (vgl. *Tullus in re trepida duodecim vovit salios fanaque Pallori ac Pavori*, Liv. 1. 27. 7).

Brugman St. IV. 154. 37). — Corssen I. 358 f. — C. E. 269. — F. W. 126. 375. 464; Spr. 340. — Froehde KZ. XXII. 259. — Schweizer KZ. XVIII. 302 f. — 1) Bugge KZ. XIX. 413 ff.: *pu* = *ku* schlagen. — 2) C. V. I. 300. — 3) Brugman l. c. — C. E. 273: zu πείρω durchstechen, durchbohren. — Döderlein n. 812: zu πα, πάσχω. — 4) Vgl. Christ p. 82. 272. — Bugge KZ. XX. 35 ff. und Walter KZ. XII. 409: *sku* zittern; σπυ, ψυ, πτυ. — 5) Vgl. S. W.: πτοέω, verwandt mit πτήσσω. — Sch. W.: κτοία, κτόα vgl. πτήσσω. — L. Meyer KZ. V. 386: *pat* fallen, fliegen. — C. E. 63. 692: πτα, πτα-κ ohne weitere Deutung. Vgl. C. V. I. 183. 5). 312. 19). 313. 21). II. 207. — 6) C. E. 692. 700. — 7) B. Gl. 138b: *cud mittere, impellere etc., mutata gutturali in labialem.* — Pott E. F. I. 246 und Zeyss KZ. XIV. 401 f.: *pad* gehen, treten. — 8) Ebenso Klotz W. s. v.: *pavire* verwandt mit παίειν. — 9) Vgl. Christ l. c.

2) **PU** reinigen, läutern. — Skr. **pū** 1) reinigen, läutern, klären; reinmachen, sühnen; 2) von der läuternden und scheidenden Thätigkeit des Geistes: sichten, unterscheiden, sich klar darstellen; 3) klären, erhellen; 4) reinigend gehen, wehen (vom Winde) (PW. IV. 824).

1) **Reinigen; läutern**. — *pu-ra* = πυ-ρο, πυ-ρ: πῦρ (πυρ-ός) n. das Feuer (τὸ πῦρ καθαίρει Plut. Quaest. Rom. 1); Plural: τὰ πυρά, τοῖς πυροῖς (Hom. Wachfeuer); [πύϊρ Sim. Amorg., Herod. περὶ μ. λ. p. 12. 19][1]). — πυρά, ep. ion. πυρή, f. Feuerstätte, Scheiterhaufen, Opferheerd. — πυρ-ία f. das trockene Dampfbad oder Schwitzbad; πυριά-ω durch ein tr. D. erwärmen und in Schweiss bringen, πυριά-τό-ς durch ein tr. D. erwärmt; πυρίᾱ-σι-ς f. das Erw. durch ein tr. D.; πυρίᾱ-μα(τ) n. = πυρία; πυρια-τήρ-ιο-ν n. Ort, wo die tr. D. gebraucht werden; πυριᾱ-τή f. die erste

Milch von einer Kuh, die eben gekalbt hat oder von einem anderen milchenden Hausthiere (πυριατόν· τὸ ἐφθὸν πυρὶ ὃ γίνεται ἐκ τοῦ πρώτου γάλακτος Hes.). — πυρί-τη-c vom Feuer, fem. πυρῖ-τι-ς (πυρίτης λίθος Feuerstein, auch Kupfererz). — πυρ-ε-τό-c m. brennende Hitze, Glühhitze, Fieber, Demin. πυρέτ-ιο-ν n. leichtes Fieber; ῥῖγο-πύρετο-ς m. ein Fieber mit heftigem Frostschauer (Hippokr.) (τὸ καλούμενον ῥιγοπύρετον B. A. 42). — (λειπο-πυρία =) λει-πυρία f. intermittirendes Fieber = λειπυρίας πυρετός (Medic.). — πυρετιά-ω (Geopon.), πυρετ-αίνω (Luc. Scyth. 2), πυρέσσω (Aor. ἐπύρε-ξα, -σα Hippokr.) fiebern, πύρεξι-ς f. das Fiebern, πυρεκτ-ικό-ς fieberhaft (Sp.), πυρετ-ώδης feurig, fieberartig (Sp.). — πύρ-ε-θρο-ν n. eine hitzige, gewürzige Pflanze (Nic. Ther. 938. Dioec.). — πύρ-ινο-c von Feuer. — πυρ-εύ-c m. der Feuer Anzündende (Hes.), πυρεύ-ω Feuer anzünden, verbrennen, πυρευ-τή-ς m. = πυρεύς; der beim Feuer etwas thut, bes. der beim Fackellicht Fischende (πυριευτής Poll. 1. 96); πυρευ-τ-ική (τέχνη, θήρα) Nachtfischerei beim Fackellicht (Plat. Soph. 220d); πυρευ-σ-τ-ικό-ς zum Brennen oder zur Feuerung dienend; πυρε(ϝ)-ίο-ν, ion. πυρή-ιο-ν, n. Hölzer, womit man durch Reiben Feuer anzündete, Feuergeräth (Hymn. Merc. 111); eine irdene Kohlenpfanne (LXX. Hesych.). — St. πυρο: πυρό-ω brennen, verbrennen, πυρω-τό-ς feurig, πυρωτ-ικό-ς brennend, verbrennend (Sp.); πυρω-τή-ς m. der im Feuer Metall Bearbeitende (Sp.); πύρω-σι-ς f. Brennen, Kochen, Rösten; medic. Entzündung, Brand; πυρό-ει-c feurig (Πυρόεις, quae stella Martis appellatur Cic. n. d. 2. 20. 53); πυρο-ειδής, πυρ-ώδης feuerähnlich. — Composita: πυρ-: πυρ-άγρα, -αιθής, -ακτέω u. s. w.; πυρο-: πυρο-βόλος, -κλοπία, -μαντία u. s. w.; πυρι-: πυρι-γόνος, -λαμπής, -φλεγής u. s. w.; -πυρο: ἄ-πυρο-ς ohne Feuer, noch nicht in's Feuer gebracht (οἴστρου δ' ἄρδις χρίει μ' ἄπυρος Aesch. Prom. 880), ungekocht, medic. ohne Fieberhitze; δί-πυρο-ς mit doppeltem Feuer, zweimal im F. gewesen; διά-πυρο-ς vom F. durchglüht, glühend, feurig, heftig, leidenschaftlich; ἔκ-πυρο-ς entzündet, brennend, heiss; ζά-πυρο-ς sehr feurig (Aesch. Prom. 1086) u. s. w.[2]).

2) Reinigen, sichten (Getreide)[3]). — πυ, πτυ (vgl. πτόα pag. 539). — πτύ-ο-ν, (πτεϝ-ο-ν =) πτέ-ο-ν (Phot. Eust.) n. Wurfschaufel, womit das ausgedroschene Getreide geworfelt wird und dadurch Körner und Spreu geschieden werden (Il. 13. 588); ein Getreidemaass (davon δί-πτυον bei den Cypriern der halbe Medimnos, Hes.).

3) Klären, erhellen. — πνυ (nasaliert)[4]): πέ-πνυ-μαι Besinnung, Verstand haben; besonnen, verständig, klug sein; bes. im Part. πε-πνυ-μένο-c verständig, klug, bedachtsam, besonnen (athmend, belebt Pol.; z. B. ζῶντες καὶ πεπνυμένοι ἄνδρες 6. 47. 9); πνυ-τό-ς· ἔμφρων (Hes.). πνύ-το· ἔπνευσεν, ἐνόησεν (id.). — π-ι-νυ (stützendes ι): πινύ-ω (Iambl. Pyth. 146), πινύ-ccω (nur ἐ-πίνυσσε

Il. 14. 249), πινύ-cκω (πινύσκετ' εὐλόγοισι νουθετήμασι Aesch. Pers. 830 D.) klug machen, witzigen, ermahnen; πινυ-τό-ς = πε-πνυμένος; πινυ-τή (Il. 7. 289. Od. 20, 71. 228), πίνυ-σι-ς (Hes.), πινυ-τή-ς (τῆτ-ος, Anyte 22), πινυτό-τη-ς (τητ-ος, Eust.) f. Verstand, Klugheit.

4) Reinigend gehen = wehen. — πνυ: (πνεϜ-ω) πνέ-ω, ep. (πνεϜ-ιω) πνεί-ω (doch πνέει Od. 5. 469), ñol. πνενύω, wehen, blasen, hauchen, duften; athmen, schnauben (Fut. πνεύ-σομαι, πνευ-σοῦμαι, Aor. ἔ-πνευ-σα, ἐ-πνεύ-σ-θη-ν; ep. πνείει, πνεί-οντ-ε, -ες, -ας, -ουσα; ἐπι-πνείῃσι, ἀπο-πνείων u. s. w.); ἀνα-πνέω aufathmen, verschnauben, sich erholen (Aor. ἀν-έ-πνευ-σα, Inf. dor. ep. ἀμ-πνεῦσαι; starker Aor. ep. Imperat. ἄμ-πνῦε Il. 22. 222; Aor. Pass. ἀμ-πνύ-ν-θη; Aor. Med. ἄμ-πνῦ-το [4]); πνευ-σ-τ-ιχό-ς zum Wehen u. s. w. geh; πνεῦ-σι-ς f. das Wehen u. s. w. (Sp.); πνεύ-σ-τη-ς m. der schwer Athmende, Keuchende, πνευ-σ-τι-άω schwer athmen, keuchen; ἀῤῥητο-λεπτό-πνευ-σ-το-ς unsäglich fein dampfend (Paul. Silent. baln. p. 180)[5]). — πνεῦ-μα(τ) n. Hauch, Wind, Luft (zuerst Her. 7. 61: ἀνέμων), Athem, Schnauben (grammat. das Hauchzeichen, spiritus), Geist (N. T.); Demin. πνευμάτ-ιο-ν n.; πνευματ-ία-ς = πνευόστης, πνευματιά-ω = πνευστιάω; πνευμάτ-ιο-ς windig, Wind bringend (Arat. Diosc. 53); πνευματ-ιχό-ς zum Hauch u. s. w. gehörig; windig, blähend; beseelt, geistig (N. T.); πνευματ-ίζω durch Weben, Blasen anfachen; gramm. mit dem spiritus bezeichnen, aussprechen ouer schreiben, πνευματι-σ-μό-ς m. das mit dem spir. Bezeichnen u. s. w.; πνευματ-ό-ω in Wind verwandeln, aufblasen, aufblühen, πνευματω-τ-ιχό-ς aufbl send, aufblühend, πνευμάτω-σι-ς f. das Aufblasen, Aufblähen; πνευματ-ώδης dem Winde ähnlich, windig, blähend. — πνεύ-μων, πλεύ-μων (μον-ος) m. Lunge[6]) als Werkzeug des Athmens (Hom. Il. 4, 52ⁿ. 20, 486), Demin. πνευμόν-ιο-ν n.; πνευμον-ία (πλ- Hes.) f. Lungensucht (πλεύ-μο-ς m. Galen.), πνευμον-ία-ς von der Lunge, zur L. geh.; πνευμον-ιχό-ς (πλ- Hes.) id., lungenslichtig; πνευμον-ί-ς (πλ- Hippokr.) (ίδ-ος) f. = πνευμονία; πνευμον-ώδης (πλ-) lungenartig, schwammig (Arist. h. a. 5. 16), πλευμ-ώδης id. (Galen.). — (πνοϜ-α, -ια) πνο-ή, ep. ion. πνο-ιή, dor. πνο-ά, πνο-ιά, f. = πνεῦσις; πνόο-ς m. id. (Hes.); δύσ-πνοος athemlos, keuchend (Soph. Ant. 224), widrig wehend (ibd. 584), schwer athmend, engbrüstig (medic.); εὔ-πνοος leicht athmend, ausdünstend, gut durchweht, luftig; μελί-πνοος süss athmend, duftend.

ποι-πνύ-ω (redupl. Präsens) tief Athem schöpfen, schnaufen, daher: sich eifrig abmühen, sich tummeln, mit Emsigkeit dienen[7]) (Präs. ποιπνύ-οντα, Imperf. ἐ-ποίπνυ-ον, ep. ποίπνυον, Part. Aor. ποιπνύσα-ντι, -σαι; ῠ im Präs. und Imperf. bei folgender kurzer, ῡ bei folg. langer Silbe; sonst stets lang); ποιπνυ-ό-ς· θεράπων (Hes.), ποιπνύ-τροι-σι(?)· σπουδαίοις (Hes.).

πυυ-κ. — (πνῑ-κ) πνῐ-γ-ω schwer athmen oder schnaufen machen = ersticken, erwürgen, erdrosseln; dämpfen, schmoren, backen (Fut. πνίξομαι, πνιξοῦμαι,* Luc. πνίξω, Aor. ἔ-πνῑξα, Perf. πέ-πνῑγ-μαι, Pass. Aor. ἐ-πνῐγ-η-ν, Fut. πνῐγ-ή-σομαι)[8]); πνιγ-ίζω id. (Strat. 64. 8); πνικ-τό-ς erstickt, erwürgt u. s. w., πνικ-τ-ικό-ς erstickend (Sp.); πνιΞ (πνιγ-ός), πνιγ-ή, (πνιγ-τι) πνῖξι-ς f., πνῑγ-μό-ς m., πνῑγ-μα(τ) n., πνιγ-μονή, πνιγ-μο-σύνη f., πνῑγ-ος n. das Er-sticken, Erwürgen; πνιγ-αλ-ίων (ων-ος) m. der Alp (incubo, auch πνίξ, ἐφιάλτης) Paul. Aeg.; πνιγ-ηρό-ς, πνιγ-ό-ει-ς stickend, er-stickend; πνιγ-εύ-ς m. ein Gefäss, worin etwas erstickt wird (ἔνθα οἱ ἄνθρακες ἔχονται καὶ πνίγονται Schol. ad Ar. Av. 96); Maulkorb für Pferde (Arr. bei Poll. 10. 54); πνιγμ-ώδης stickig, stickend heiss (Hippokr.).

1) **Reinigen, läutern**[9]). — **pŭ-tu-s** gereinigt, lauter, un-vermischt, blank (*putare valet purum facere. Ideo antiqui purum putum appellarunt* Varro l. l. 6. 7. 63); **pŭtā-re** rein machen (*aurum putatum, id est, expurgatum* Paul. D. p. 216); reinigen durch Abschneiden der unnützen Sprösslinge = schneiteln, be-schneiden; übertr. in's Reine, in Ordnung bringen, rechnen, be-rechnen, abschätzen, erwägen; dafür halten, meinen, vermuthen, denken (davon Imper. Präs. adv. *puta* = nimm an d. h. zum Bei-spiel, beispielsweise); am-putare (*amputata, id est, circumputata*) umputzen = ausputzen, beschneiden (in der Gärtnersprache), weg-schneiden, ablösen (medicin.); übertr. beschränken, vermindern; *inter-putare* hie und da beschneiden u. s. w.; *Pŭta* f. (*dea quae putationibus arborum praeest* Arnob. 4. pg. 131); *putā-tor* m. Be-schneider der B., *putator-iu-s* zum Beschneiden der B. geh.; *putā-ti-ō(n)* f. das Beschn. der B.; Berechnung, Schätzung (Macrob., Dig.); *putā-men* (*mĭn-is*) n. Abschnittsel, Abgängsel, Abfall (*puta-mina non solum arborum sunt, verum omnium rerum purgamenta* Non. pg. 157. 28); *puta-t-ĭvu-s* vermeintlich (Eccl.). — **pŭt-eu-s** (*put-u-s: put-eu-s* = *alv-u-s: alv-eu-s* pg. 43) m. der reine Born, Brunnen (vgl. *ex puteis iugibus aquam calidam trahi* Cic. n. d. 2. 9. 25)[10]); übertr. Grube, Schacht, Luftloch; *pute-ānu-s, -āli-s* zum Br. geh., Subst. *pute-al* (*-āle* Orell. inscr. 4517) n. Brunneneinfassung, brunnenähnliches Gemäuer, *pute-āri-u-s* m. Brunnengräber (Plin. 31. 3. 28); *Putĕŏ-li* m. (vgl. ital. *pozzo, Pozzuolo*)[11]).

pŭ-ru-s rein, heiter, klar, fleckenlos, unvermischt; (jurid.) unbedingt, ohne Ausnahme; Adv. *pure* (*pŭrĭme* ganz rein, Paul. D. p. 252), *puri-ter*; Demin. (**puru-lu-s*) *pūllus* (*veste pulla* Varro ap. Non. p. 368. 28), *purā-re* reinigen, entsühnen (*casta qui pu-rant sacra* Fest. p. 229), *puri-tā-s* (*tāti-s*) f. Reinheit (Sp.); *pure-facere* id. (*februare positum pro purgare et purefacere* Non. p. 114. 19); *puri-ficare* id.; *pur-g-ā-re* (vgl. pg. 17) id.; übertr. ent-schuldigen, rechtfertigen[12]); Intens. *purgi-tā-re*; Part. *purgā-tu-s*

gereinigt, entschuldigt; *purgat-īc-iu-s* reinigend (Not. Tir. p. 120),
purgat-īvu-s zur Reinigung, Entschuldigung geeignet (Sp.); *purgā-
tor* m. Reiniger, *purga-tor-iu-s*, *purga-tr-ix* reinigend (*aqua*, Tert.);
purgā-tūra (Edict. Diocl. p. 20), *purgā-ti-ō(n)* f. Reinigung, Sühne,
Entschuldigung, Rechtfertigung (*expurigationem* Plaut. Merc. 960);
purgā-men (*mĭn-is*), *-men-tu-m* n. das Ausgekehrte, Kehricht, concret: Auswurf, Unflath; Reinigungs-, Sühn-mittel; *purgā-bĭli-s* leicht
zu reinigen (Plin. 15. 23. 25).

2) **Reinigend gehen, wehen.** — (*pnu, plu* [*pn* selten, *pl*
häufig], *pleu, plū*) **pul-mō(n)** m. = πνεύ-μων, πλεύ-μων[6]); Demin.
pulmun-cŭlu-s m. der fleischige, lungenartige Lappen am Thier-
körper; *pulmōn-eu-s* zur L. geh., lungenartig, schwammicht, *pul-
mon-āc-eu-s* der L. dienlich, heilsam, *pulmon-āriu-s* id.; lungen-
süchtig.

1) B. Gl. 239b. — Christ p. 276. — F. W. 376; Spr. 341: europ.
pūra n. Feuer. — L. Meyer KZ. V. 386: die urspr. Form vielleicht *pa-
vara*. — Pott W. I. 1103; vgl. C. E. 287: „welche Zusammenstellung
(mit Skr. *pāvakas*) auch der griech. Anschauung nicht widerspricht". —
Savelsberg KZ. XXI. 124, vgl. ahd. *fiur*, böhm. *pýr* glühende Asche; die
normale Form πῦρ in πύῑρ durch ein nachfolgendes ι diphthongirt. —
Schweizer KZ. III. 380: = Skr. *pavas*, *pavar*; vgl. umbr. *pir*, ahd.
fiur d. i. *fiwar*. — Vgl. noch G. Meyer St. V. 86: κυρο, Mittelstufe πυρι,
πῦρ. — Dagegen: Froehde KZ. XIV. 454 f.: *pru*, Skr. *prush*: πῦρ, *pru-na*,
πυρσ-ό-ς, *prurio*. — Holtzmann KZ. I. 488: „πῦρ wird mit *comburo* und
uro zu W. *ush* gehören(!)"; ebenso Sch. W. s. v.: ahd. *viur; lat. (com)-
buro.* — 2) Vgl. G. Meyer St. l. c.: „die Mehrzahl der Zusammensetzungen
zeigt πυρι-; diejenigen, bei welchen eine Erklärung aus dem Dativ unmöglich ist, sind besonders: πυρι-ήκες u. 387, πυρι-γόνο, πυρί-παιδ,
πυρί-πνοο". Zu ἄκυρος (Aesch. Prom. l. c.) vgl. Clemm St. VIII. 84. —
3) F. W. 126; ebenso Pictet II. 117 mit Benfey; vgl. Skr. *pavana-m*
Sieb. — C. E. 489 f.: „nicht ausgemacht, da es sich auch wohl mit πτύω
vermitteln liesse". Zu πτύω auch S. W. s. v. — 4) F. W. 126. — *pnu*
(grükoitalische Wurzel): C. E. 280. 564. 720; KZ. XIII. 396. — Fritzsche
St. VI. 308. — Die Formen von πνέω, πέκνυμαι u. s. w. siehe C. V. I.
178. 23). 187. 21). 222. 13). 280. 6). 299. 18). — 5) G. Meyer St. V. 104.
258 (wie Pape W.). — 6) C. E. 280. — Sch. W. s. v.: „bei Hom. Trag.
jetzt πνεύμων hergestellt, bei Pl. πλεύμων; die Handschriften schwanken
bei Hom. Tr., bei Pl. entscheiden sie für πλεύμων". — Dagegen F. W.
469: *plauman* m. Lunge; πλεύμων durchaus die ältere Form, πνεύμων
ist jünger und mit beabsichtigtem Anklange an πνέω. - - Aehnlich Pauli
„Körpertheile" pg. 15: *plu;* die Lunge vom Obenschwimmen benannt.
[Diese Deutung ist jedenfalls viel zu gelehrt für die alte Zeit.] — 7) C.
E. 280; C. V. II. 155. — Vgl. noch Buttm. Lex. I. p. 176; Lob. Path.
El. I. p. 161. — Dagegen Döderl. nr. 826: zu κονέω. Ebenso Sch. W.
s. v.: die Ableitung von πνέω ist nicht sicher, da auch eine Ableitung
von κονέω „sehr arbeiten" möglich sein könnte. [Wie gelangt man aber
von κονέω zu κοικνύω?] — 8) C. E. 280. 690; C. V. I. 255. 4. — Aehnlich Sch. W. s. v. — Corssen I. 179; N. 117: *spig, sping,* *σπνίγ-ειν*,
πνίγ-ειν; *stingu-ĕre, ex-stingu-ĕre*; ahd. *stigg-an, ar-stich-an*, nhd. *er-
stick-en.* (Vgl. dagegen C. E. l. c.) — F. W. 215. 501; Spr. 137: *spak*
schnüren. — 9) Bugge KZ. XIX. 416. — Corssen I. 359*). 370. — C. E.
263. — F. W. 126. — Schweizer KZ. XI. 74. — Dagegen B. Gl. 265b:

budh cognoscere, *percipere; putare.* — 10) Eigene Vermuthung des Verf.; eine Deutung wurde nirgends gefunden (bloss Andresen KZ. XVIII. 79* erwähnt das Wort: Pfütze dem Begriffe nach wie verschieden von dem ursprüngl. *puteus!*). — 11) Lübker Reallex. 1. Aufl. pg. 796: „unter dem Namen Δικαιαρχία gegründete Seestadt Campaniens, die ihren spätern Namen nach der Besetzung durch die Römer im 2. pun. Kriege (Liv. 24. 7. 13) erhielt, entweder 'wegen ihrer vielen Brunnen', oder wegen des üblen Geruchs der benachbarten Mineralquellen". — 12) Vgl. Corssen B. 401.

3) PU faul werden, stinken. — Skr. **puj** id. (PW. IV. 834).

πῦ. — (St. *puja*) πύ-η f. das Schwären, Eitern (Aret.), πύί-ω schwären, eitern lassen, πύη-σι-ς f. = πύη; πῦ-ο-ν n., πῦ-ο-ς m. Eiter, πυό-ω = πυέω, πύω-σι-ς f. = πύησις; πυο-ειδής, πυ-ώδης eiterartig.

πῦ-θ[1]). — πύ-θ-ω verfaulen, verwesen machen; πύθ-ομαι faulen, verwesen, vermodern (Fut. πύ-σω, Aor. ep. πῦ-σε; ἔ-πῦσε Kallim. fr. 313; πύθ-ε-σκε Apoll. Rh. 4. 1528 M.); πυθ-ε-δών (δόν-ος) f. Fäulniss, Verwesung. — Πύθ-ων (ων-ος) der Drache, Sohn der Gäa, der in den Klüften des Parnassos hauste (Bild einer wilden Ueberfluthung und pestilencialischen Ausdünstung, welchen Apollo durch seine Pfeile, d. i. die Sonne durch ihre Strahlen, vertilgte)[2]; dann häufiger Mannsname (Pape W. führt 6 dieses Namens an); Πυθ-ών (ῶν-ος), jüngere Form Πυθ-ώ (οῦς), f. ältester Name der Gegend am Parnassos in Phokis, wo der Tempel und das Oracel des pythischen Apollon war, das spätere Δελφοί (der Name rührt von dem Drachen Πύθων her; Hom. Πυθοῖ Il. 9. 405. Od. 8. 80; Πυθώ-δε nach P., Od. 11. 581; Πυθῶν α Il. 2. 519[3]); Πύθ-ιο-ς pythisch, delphisch (Πύθια ἄεθλα die pyth. Spiele); Πυθία, Her. Πυθίη, f. die Priesterin des Apollo in Delphi, Πύθιο ν n. der Tempel des Apollo; fem. Πυθιά-ς (άδ-ος); ἡ Π. das Fest und der damit verbundene Kampf der Pythien.

παϝ. — (πᾶϝ-ια, πωϝ-ια) ψω-ῖα, ψώα f. = πυθεδών[4]) (Lex.); (πωϝ-ιδ-ja, πω-ιδ-ja, πωδ-ja) ψύζα f. eine Krankheit, (πωϝιδ-jo, πωιδ-jo) ψώιζο-ς faulig, stinkend; ψωδ-αρό-ς schmutzig (vgl. ἄφο-δος ὑγρὰ ἢ ὄνθος, δυςωδία καὶ ἣν καλοῦσι μίνθον, οἱ δὲ αὔχμον ἢ μόλυσμα Hes.).

pu. — (*pu + Suffix -as; pu-us) pūs (pūr-is) n. = πύον; pus-cinu-s voll Eiter (Naev. ap. Fest. p. 209); pūr-ŭ-lentu-s eiternd, eiterig (Adv. -lente), purulent-ia f. Eitermasse (Eccl.), purulentá-ti-ö(n) f. Eiterung (Cael. Aur. tard. 5. 3. 10); (*pūru-s) sup-purā-re schwären, eitern; schw., eitern machen. — (pū-ta) pu-tē-re stinken, faulen (intrans. Denom.), Inchoat. pūte-, puti-se-ĕre (put-ui); puti du-s faul, stinkend; übertr. ekelhaft, unangenehm, unnatürlich, übertrieben (Adv. -de), Demin. putidŭ-lu-s, putid-ius-cŭlu-s (Cic. fam. 7. 5); (*pu-t-ru-s, *putrā-re) putrā-men (min-is) n. Fäulniss (Cypr.

de laps. 12); Demin. (*putrŭ-lu-s) pullu-s⁵) (putre solum, quod Campani pullum vocant, Col. 2. 10. 18; humus resoluta, quam dirimus pullam vocitari, id. 3. 11. 6), putr-ōsu-s voll Fäulniss (Cael. Aur. tard. 2. 14); putrē-re faul, morsch sein (Pacuv. ap. Non. p. 159. 19), Inchoat. putre-sc-ĕre; putrē-d-o (in-is) f. Fäulniss (Sp.). putre-facere faul u. s. w. machen; pu-t-ri-s und pu-t-c-r (fem. putri-s, N. putre), putri-du-s faul, morsch, stinkend; locker, schlaff. mürbe; Demin. putridŭ-lu-s; putri-bili-s der Fäulniss unterworfen; (*putri-lu-s, *putrilā-re) putrilā-g-o (in-is) f. Fäulniss (caries est retustas vel putrilago Non. p. 21. 23); put-or, putr-or (ōr-is) m. Fäulniss.

pav. — (*pavo, *pavi-do, *pai-do, *pac-do) paedī-du-s schmutzig, übelriechend (paedidos sordidos significat atque obsoletos, [dazu die verfehlte Etymologie:] tractum vocabulum a Graecis, quia παῖδες, i. c. pueri talis sint aetatis, ut nesciant a sordibus abstinere, Fest. p. 222); paed-or (ōr-is) m. Schmutz, Unflath, Gestank (August.).

Corssen l. 371. 648*); R. 79. — C. E. 286; KZ. II. 335; C. V. II. 340 f. — F. W. 126 f. 376. 464. 466. — Grassmann KZ. XII. 87. — M. M. Vorl. II. 101. — 1) F. W. l. c.: pūdh faulen machen (pu + dha). — 2) Vgl. Pott KZ. VI. 123 f. („mag man immer bei Apollo dem Pythier und bei Pythioniken nur ungern die Nase zuhalten wollen; es ist nicht meine Schuld, dass man so wird dennoch thun müssen"). — 3) Die einzelnen Formen siehe Ahrens KZ. III. 105 (wo Πυθώ als die ältere Form erklärt wird und das ν nur als ein jüngeres Flexionsmittel). — 4) Brugman St. IV. 157. 46) und F. W. l. c. (ohne Erklärung des aus π entstaudenen ψ). — 5) F. W. l. c.

4) **PU** zeugen, nähren. — Vgl. Skr. pu-trá m. Sohn, Kind, pu-tri f. Tochter, Puppe; pú-ta m. das Junge eines Thieres (PW. IV. 763. 882).

παϝ.

ποϝ-α, -ια. — πό-α, ion. πό-η, πο-ίη, dor. πο-ία f. Gras, Kraut, Futterkraut, Weide (als Gewachsenes, Nährendes)¹), Demin. ποάριο-ν n. (Theophr.); ποά-ζω grasen, krauten, ausraufen, jäten, ποα-σ-μό-ς m. das Grasen u. s. w.; (ποα-σ-τήρ) ποά-σ-τρ-ια f. Jäterin; ποάστρ-ιο-ν n. Grassichel (später χορτοκόπιον); ποιή-ει-ς (ποιά-ει-ς Pind. N. 5. 45) grasig, grasreich, kräuterreich; grasgrün; ποιη-ρό-ς id. (Eur. Kykl. 45. 61).

παϝ-ιδ. — παῖ-ς, πά-ϊ-ς (oft in der ep. Sprache, Voc. πά-ϊ; vgl. auf Vasen πεῦς, παῦς) m. f. Knabe, Mädchen, Jüngling, Jungfrau; Sohn, Tochter; Schüler, Zögling, Jünger²) (Sing. παιδ-ός u. s. w., Plur. παίδ-ων für παίδων, nur dor. παιδῶν, παι-σί, ep. ion. παίδ-εσσι; Acc. Sing. πάϊν Apoll. Rh. 4. 695 M. und spät. Dichter), παιδό-θεν von Kindheit an (Sp.). — Demin. παιδ-ίο-ν n. (vgl. τὰ νεωστὶ γεγονότα παιδία Plat. Lys. 213a), παιδίο-θεν = παιδόθεν (Sp.), παιδι-ώδης nach Kinder Art (Sp.); Demin. παιδἰσχο-ς m., παιδ-ίσχη f., dazu παιδισχ-άριο-ν n., παιδισχε(F)-ίο-ν n. Ort, wo junge Mädchen sich aufhalten, bes. Bordel (Ath. X. 437 f.); Demin. παιδ-άριο-ν n. (τὸ περιπατοῦν καὶ ἤδη λέξεως ἀντιποιούμενον Gramm.), dazu παιδαρ-ίσχο-ς m., παιδαρ-ικό-ς kindisch (Sp.), παιδαρι-εύ-ο-μαι kindisch sein (Sp.), παιδαρι-ώδης nach kleiner Kinder Art. — παῖδ-ειο-c, ion. παιδ-ήϊ̈ο-ς, kindlich, die Kinder betreffend; παιδ-ικό-ς das Kind betr., kindisch, knabenhaft, mädchenhaft; (παιδ-ει-ν-ής id. Choerob. in B. A. 1408); (παιδ-ινο) παιδ-νό-ς kindlich, im Knabenalter (Od. 21, 21. 24, 338); (παιδο-Fεντ) παιδό-ει-ς, παιδοῦ-ς kinderreich; παιδιστί nach Knaben Art (λαλεῖν Sp.). — παιδό-ω ein Kind erzeugen, παίδω-σι-ς das Kindererzeugen (Jos., zw.). — παιδ-εύ-ω ein Kind erziehen und unterrichten; anleiten, erziehen (ὁ πεπαιδευμένος der Gebildete, Kundige, Gelehrte; Ggs. ἀ-παίδευ-το-ς und ἰδιώτης), παιδευ-τό-ς erzogen, zu erziehen, παιδευτ-ικό-ς zum Erziehen geh., geschickt (ἡ π., erg. τέχνη, Erziehungskunst); παιδευ-τή-ς m. Erzieher, Lehrer, (*παιδευ-τηρ) παιδεύ-τρ-ια f., παιδρητήρ-ιο-ν n. Erziehungsort, Unterrichtsort, Schule; παίδευ-σι-ς f. das Erziehen, die durch E. gewonnene Bildung (λέγω τήν τε πᾶσαν πόλιν τῆς Ἑλλάδος παίδευσιν εἶναι Thuk. 2. 41; dazu J. Classen: „der Mittelpunct jeder geistigen Bildung, von der stets ein bleibender Einfluss ausgeht, wie das die Form des Nomens auf -σις aussagt“); παίδευ-μα(τ) n. Gegenstand der Erziehung, des Unterrichts, Zögling, παιδε(F)-ία f. Erziehung und Unterricht, wissenschaftl. und künstlerische Bildung; Jugendalter, Kindheit (Theogn.); παιδο-σύνη id. (Maneth. 4. 378). — (παιδ-jω) παίζω, dor. παίσδω, sich wie ein Kind betragen, spielen, scherzen, tändeln; sich belustigen (durch Tanz, Jagd; trans. necken, verspotten) [-δ-Stämme oft wie -γ-Stämme behandelt³); daher: Fut. παίξομαι, παιξοῦμαι, Aor. ἔ-παισα, ἔ-παιξα, Perf. πέ-παισ-μαι, spät: πέ-παιχ-α, πέ-παιγ-μαι]; παιδ-ία f. Kinderspiel, Scherz; παιχ-τό-ς gescherzt, scherzhaft (Sp.), παιχτ-ικό-ς zum Spielen, Scherzen geh., geneigt, παίχ-τη-ς, παίχ-τωρ (τορ ος) m. Spieler, παίχ-τειρα f. Spielerin, Tänzerin (Orph. h. 2. 9); (παιγ-ινο, παιγ-νο) παίγ-ν-ιο-c scherzhaft, spasshaft, spottend, παιγν-ικό-ς, παιγνι-ώδης id.; παιγν-ία f. Spiel, Scherz, Spott, παιγνιά-ζω = παίζω (Sp.); παίγν-ιο-ν n. = παιγνία; Spielwerk, Scherz-, Spott-gedichte, kleinere Gedichte, Liebesgedichte (vgl. Θεόκριτος ὁ τῶν νομευτικῶν παιγνίων συνθέτης Ael. h. a. 15. 19), Demin. παιγν-ίδιο-ν n.; παιγ-μό-c m., παιγμο-σύνη, παιγμο-νή f., παῖγ-μα(τ) n. = παιγνία.

παῖF-λο (πoFλο). — πῶ-λο-c m. f. Fohlen, Füllen, junges Pferd, überh. junges Thier; übertr. junges Mädchen (vgl. δάμαλις, μόσχος)⁴); Demin. πωλ-ίο-ν, πωλ-άριο-ν n.; πωλ-ικό-ς von Fohlen, junge Pferde betreffend, von jungen Thieren; übertr. jungfräulich (πωλικῶν θ' ἑδωλίων Aesch. Sept. 454 D.); πωλ-εύ-ω ein junges Pferd bändigen, zureiten, ein junges Thier abrichten, πωλευ-τή-ς m. Abrichter, *πώλευ·σι·ς* f. das Bändigen u. s. w., *πώλευ·μα*(*τ*) n. das gebändigte junge Pferd u. s. w., *πωλε*(*F·*)*ία* f. Fohlenzucht (Xen. Hipparch. 2. 2).

pu.

pŭ-lu-s m. Knabe (vulgär; *nisi me perdidit iste putus* Verg. catal. 9. 2); Demin. (*putŭ-lu-s) *putil-lu-s, putil-la* (Liebkosungswort, vgl. „Putchen") Plaut. Asin. 3. 3. 104. — **pŭ-p-u-s** m. Bube, Kind (Pupille Paul. Nol. c. 20. 179), Demin. *pūpŭ-lu-s* m. Knäbchen, Püppchen; *pūpil-lu-s* m. verwaister Knabe, Waise; *pū·pa* f. Mädchen, Puppe; Demin. *pūpŭ-la* (Pupille im Auge); *pūpil-la* f. verwaistes Mädchen, Waise; Pupille; *pupill-ā-tu-s* m. das Waisenalter (*tutor a pupillatu* Vormund der Waisen, Orelli inscr. 2880); *pupill-āri-s* zu den Waisen oder Mündeln gehörig (*p. pecuniae* Pupillengelder, *p. aetas* Minorennität); *Pūp-in-s* m. röm. Gentilname; *Pup-īn-ia* (*tribus ab agro Pupinio* Paul. D. p. 232); Gegend zwischen Gabii und Rom (Liv. 26. 9. 12)[5]. -- **pŭ-be-s** (Gen. -*bi-s;* Nom. *pubi-s* Prud. cath. 7. 102) f. Zeichen der Mannbarkeit, Barthaare; übertr. weiches Haar, Scham; collect. mannbare Leute, erwachsene Mannschaft, überhaupt: Männer, Leute, Volk; *de-pubem* (*porcum lactentem, qui prohibitus sit pubes fieri* Paul. D. p. 71. 23); *pū-b-es,* -*er* (-*ĕr-is,* Nom. *pubis* Caes. ap. Prisc. p. 707) mannbar, männlich, erwachsen (*pubes et puber, qui generare potest: is incipit esse a XIV annis,* Fest. p. 250); coll. *puberes* = *pubes* (oben); übertr. mit weichem Flaum bekleidet, weich behaart, reif[6]; *puber-tā-s* (*tāti-s*) f. Geschlechtsreife, Mannbarkeit; Zeichen der Mannbarkeit, Barthaar; Mannheit, Männlichkeit (Tac. Germ. 20); mannbare Jugend (Val. Max. 2. 1. 10); (*pūbē-re) *pube-n-s* mannbar, strotzend; *pubē-da* m. mannbarer Jüngling (Marc. Cap., Gloss. Isid.); Inchoat. *pube-sc-ĕre* (*pub-ui*) mannbar werden, heranwachsen, heranreifen. — (**pu·mu-s*) **pumĭ-lu-s** klein, zwerghaft (*pumili-s, νᾶνος,* Gloss. Philox.), Subst. m. Zwerg (Stat. Silv. 1. 6. 64), *pūmŭ-la* f. eine Art Weinrebe in Amiternum (Plin. 14. 3. 4), *pumil-ō*(*n*) (Stat. Silv. 1. 6. 57), *pumil-i-ō*(*n*) m. f. Zwerg, -in. -- **pŭ-su-s** m. Knabe, Knäblein[7]) (Pomp. ap. Varr. l. l. 7. 3. 28), Demin. (*pusĭ-lu-s) *pusil-lu-s* sehr klein, winzig (*pausillus* Naev. v. 62 R.), Subst. n. Kleinigkeit, Wenigkeit; übertr. klein, kleinlich; Demin. *pusillŭ-lu-s* (Varr. ap. Non. p. 214. ˙25); *pusilli-tā-s* f. Kleinheit (Eccl.); *pus i-ō*(*n*) m. = *pusus;* übertr. Junge, Bursche, *Pusiö*(*n*) m. röm. Eigenname; *pū-sa* f. Mädchen (Pomp. ap. Varr. l. c.); *Pusilla* (Hor. Sat. 2. 3. 216); Demin. (*pus-ia) *pusiŏ-la* f. (Prud. π. στ. 3. 19). — **prae-pu-tiu-m** n. (Vorwuchs) Vorhaut[8], *praeputiä-re* die V. vorziehen, *praeputiä-tu-s* unbeschnitten (Tert.), *praeputiä-ti-o*(*n*) f. Nichtbeschneidung (id.).

(*pau, pav*) **pov.**

(*pov-cro*) altlat. *pov-er,* dann **pu-er** (*ĕri*) m. Kind, Knabe, erwachsener Jüngling (bis zum 18. Jahre); Sohn, Diener, Bursche[9])

(Vocat. *puere* Plaut., Caecil. Afran. ap. Prisc. p. 697), Demin.
pueru̯-lu-s, puel-lu-s, puer-cŭlu-s (Sp.); *pueraster* m. starker Bursche
(ἀντίπαις Gloss. Gr. Lat.); *pueri-lia* (*tie-s*) (*puertia* Hor. c. 1. 36. 8)
f. Knabenalter, Kindheit, Jugend; *puer-īli-s* knaben-mässig, -haft,
jugendlich, kindisch, läppisch (Adv. *-ter*), *puerili-tā-s* (*tāti-s*) f.
Knabenalter, Kinderjahre, kindisches Benehmen; *puer-īnu-s* jugendlich (von Hercules Or. inscr. 1546); *puera-sc-ĕre* in's Knabenalter
treten, sich verjüngen; (*pov-cro, pu-cro, pūro, pūr*) *-pōr* (*u = o*
wegen *r*): *Gaï-por* = *Gai puer* (Fest. p. 257. 20), *Marci-por* (*in*
servis iam intercidit illud genus, quod dicebatur a domino, unde
Marcipores Publiporesque, Quint. 1. 4. 26), *Oli-por* (Inscr.), *Publi-*
por, Quinti-por (Varro ap. Non. p. 448. 15). — *pu-era* (*quod anti-*
qui puellas pueras dictitarent, Suet. Cal. 8), (*pueru̯-la*) **puel-la** f.
Mädchen, Jungfrau (*puellā-tus* Cn. Gell. ap. Charis. 1. p. 39),
Demin. *puellŭ-la* f., *puell-āri-s* zu einem M. geh., mädchenhaft,
jugendlich (Adv. *-ter*), *puell-āriu-s* m. Mädchenliebhaber (Petron.
43); *puella-sc-ĕre* zum Mädchen d. h. kindisch werden (*multi pueri*
puellascunt Varro ap. Non. p. 154. 8); *puelli-tā-ri* spielen, Unzucht
treiben (Lab. ap. Non. p. 490. 22). — (*pov-cro, pu-cro, pūro,*
pūr, pur-lo =) **pul-lu-s** m. junges Thier, Junges, junges Huhn,
Hühnchen; übertr. Täubchen, Püppchen; von Pflanzen: Sprössling,
junger Zweig[4]); *pullĭ-tie-s* f. junge Brut (Varro, Col.); *pulli-c-ēnu-s*
m. junges Hühnchen (Lampr. Al. Sev. 41); *pull-āriu-s* zu jungen
Thieren geh. (*pull-īnu-s* id.); Subst. m. Hühnerwärter; *pullastra* f.
junge Henne (Varro r. r. 3. 9. 9); *pullā-re* ausschlagen, hervor-
sprossen, *pullā-ti-ō(n)* f. das Ausbrüten (Col. 8. 5. 9); Demin.
pullŭ-lu-s = *pullus, pullulā-re* — *pullare;* Inchoat. *pullula-sc-ere.*
— (*pov-mo*) **pŏ-mu-m** n. (Gewachsenes =) Obstfrucht, Baum-
frucht, *pōmu-s* f. Obst-, Frucht-baum[10]); (*pomē-re) *pomē-tu-m* n.
Obstpflanzung (Pallad. 1. 36. 3), *Pomet-ia* f. uralte Stadt der
Volsker in Latium (*Suessa Pometia*); *Pōm-ōna* f. Göttin des Obstes[11]);
meton. Obst; *pomōn-āli-s* zur G. P. geh., *pomon-al* n. Tempel der
P. (Fest. p. 250); *pom-āriu-s* zum Obst geh., Subst. m. Obsthänd-
ler, n. Obstgarten, Obstkammer; *pomā-ti-ō(n)* f. Obsteinsammlung
(Hieron.).

Latinisirte Form: παιδ = *paed;* davon *paed-ico (vgl. *pud-*
ico u. s. w.) *paedicā-re* (als zum Knaben gehöriger handeln; daraus)
Knabenliebe treiben, Knaben schänden, *paedicā-tor, paedic-ō(n)* m.
Knabenschänder[12]).

Corssen I. 362. II. 81; B 248 f. — C. E. 288. — F. W. 127. 376.
— 1) Anders: Bugge KZ. XIX. 414 f.: *ku* = *pu* schlagen, hauen: πού̯-η;
vgl. altnord. *hā* st. *hara.* — F. W. 122: *pū* weiden; vgl. Zend *pa-ya* m.
Weide. — 2) Vgl. auch L. Meyer KZ. V. 368. — F. W. 465 und KZ. XX.
108: *pava* wenig, gering. — Ueber die Schreibung παῖς und παΐς vgl.
bes. S. W. s. v. -- 3) Vgl. Fick KZ. XXII. 193. — 4) Brugman St. IV.

155. 40). — C. E. l. c. — Förstemann KZ. I. 495. — B. Gl. 247b: *pā nutrire*; *πῶλος, pullus, ita ut a attenuatum sit in u.* Bugge KZ. XIX. 439: *pala*; Skr. *bálá* Adj. jung, kindlich, unausgewachsen; Subst. Kind, Knabe; junges Thier, Füllen: *pala*, *πῶλο-ς, pullu-s, pullu-s* (vgl. *querella* und *querela*), der lab. Vocal durch Einfluss des vorhergehenden *p*. — Aehnlich F. W. 374. 468: *pala* junges Thier, Fohlen: *πῶλο-ς, pullu-s* (*pullus* st. *pulu-s*? könnte auch für *putulo, putlo* stehen, welches die Lücke zwischen *putus, puta, putill-u-s, -a* ausfüllen würde); Spr. 241: *pal* voll werden, auswachsen: *pala, pála* Fohlen. — 5) Nach Brugman St. VII. 210. 15) gebrochene Reduplication. — 6) Ascoli KZ. XVII. 339: *pu-thra*. Skr. *pu-tra*, *pu-fro-*, *pu-fer*, *pu-ber*. Diese Deutung billigt Schweizer-Sidler ibd. pag. 148. — Corssen B. 466: *pubes* neben *pub-is, -em, -e* einerseits und *pub-er-es* andererseits zeigt, dass dort das *s* des Suffixes *-es* geschwunden, hier zu *r* abgeschwächt ist. — Ebel KZ. XIII. 264, L. Meyer vergl. Grammatik I. 1863, Weber KZ. V. 235: Skr. *pumáus* = *puber* (*m* = *b*, vgl. *χειμερινός hibernus*). Diese Deutung nennt jedoch Schweizer-Sidler KZ. XIV. 151 „sehr problematisch". — 7) Paucker KZ. XXIII. 174: *pusus* aus *puesus* d. i. *puer[us]* contrahirt; *pusillus*, mit *s* für *t*, statt *putillus*. — Weber l. c.: „während sich zu Skr. *pums*, der Mann, eig. der kräftige (genährte, sich nährende?) vortrefflich lut. *pusus* stellt"(?). — 8) Anders Bugge KZ. XIX. 417: *pu* schneiden, was vorn abgeschnitten wird. — 9) Vgl. Anm. 2 und Misteli KZ. XIX. 92. — Ascoli l. c.: „dürfte auch an *puher puer* gedacht werden". — Weber l. c.: *pūmans*; in *puer* ist der Nasal ganz geschwunden. — 10) Aufrecht KZ. XIV. 272: *pak, pöc-mu-m* das Gereifte, Reifgewordene, Gare; vgl. *sol ac luna arbores coquunt, uva coquitur, poma matura et cocta u. s. w.* — Corssen l. 424: *pa* nähren; Obst als nährendes. — 11) Vgl. Pott KZ. VIII. 25 f. — Misteli KZ. XIX. 123: Suffix *an-ja*: *Bellóna, Epóna, Latóna, Pomóna* (Verlust von *j*). — 12) Corssen I. 648*).

---

pūra Weizen.

πῡρό-ς m. Weizen; αἰγί-πῡρο-ς (ῠ Theokr.) m. ein Kraut, Ziegenbrand, μελάμ-πῡρο-ς (auch -ν n.) m. schwarzer Weizen (Theophr. Diosk.); πυρ-ίτη-ς, πύρ-ινο-ς, πύρ-ιμο-ς, πυρ-άμινο-ς (vgl. κριθάμινο-ς) vom W. — (πυρ-ινο-ν) πύρ-νο-ν n. Weizenbrot (Od. 15, 312. 17, 12. 362; τῶν ἐκ πυρῶν ἀσήστων γινόμενον ἄρτον καὶ πάντα ἐν ἑαυτῷ ἔχοντα Philem. ap. Ath. 3. 114 d); πυρο-ειδής weizenähnlich. — (πυραμο-Ϝεντ, πυραμο-εν-ς) πυραμοῦ-ς m. ein Kuchen von geröstetem Weizen mit Honig (ἄρτος διὰ σησάμων πεττόμενος καὶ τάχα ὁ αὐτὸς τῷ σησαμίτῃ ὤν Athen. 3. 114b). — πυρ-ήν (ῆν-ος) m., πυρ-ίνη f., harter Kern (des Steinobstes, der Weinbeeren, der Fichtenzapfen), Dem. πυρην-ίο-ν n.; πυρηνο-ειδής, πυρην-ώδης einem harten K. ähnlich; Demin. πυρίν-ιο-ν. — Πύρασο-ς f. Stadt in Thessalia Phthiotis mit einem Tempel der Demeter (Il. 2. 695); Hentze ad l. c.: „hat seinen Namen von der weizenreichen Umgegend".

C. E. 288. — F. W. 127. 376; Spr. 311. — Hehn p. 477: πυρός (schon homer.) Benennung für eine Grasart, die später auf den Weizen und andere Körner angewandt wurde. — Lottner KZ. VII. 21. — Kuhn Weber's Ind. Stud. I. 356 f.: zu *push* nähren, *pushan*. Dies billigt Holtzmann KZ. I. 488; C. E. l. c. dagegen: „zweifelhaft wegen πυρήν". —

Sch. W.: syrak. σκυρός; σπείρω? vgl. πυρήν und unser „Kern und Korn".
C. E. l. c.: „σκυρός ganz vereinzelte Nebenform".

1) PRAT ausbreiten; entfalten, an den Tag legen,
deuten. — Skr. prath 1) Act. breiten, sich ausdehnen, strecken,
2) Med. sich ausdehnen, sich strecken; sich verbreiten u. s. w.;
causat. sich ausbreiten, verbreiten; entfalten, an den Tag legen
(PW. IV. 1011).

πλατ. — πλάτ-η, πλάτ-α f. (πλάτ-ιγξ Lob. Phryn. p. 72,
πλάτ-υγξ Hes.) Platte, Ruderschaufel; ώμο-πλάτη f. Schulterblatt;
πλατό-ω platt, breit machen. — πλατ-ύ-c, -εία, -ύ (ἐν λίμνη πλα-
τέη Her. 2. 156) platt, breit, weit; überh. gross, stark, ἡ πλατεία
(erg. ὁδός) die Strasse [1]); πλατύ-νω breit machen, ausbreiten, verbreiten; Med. sich breitmachen, grossthun; πλατυ-σ-μό-ς m. das
Breitmachen u. s. w., πλάτυ-σ-μα(τ) (πλάτυμ-μα B. A. 294. 317) n.
das Ausgebreitete, Platte, breites Stück (Sp.), Demin. πλατυσμάτ-
ιο-ν n.; πλατύ-τη-ς (ιητ-ος) f. Breite, Weite (Xen. Kyr. 1. 4. 11).
— πλατ-εῖο-ν n. Platte, Tafel (Pol. 6. 34. 8), πλατειά-ζω (-σδω
Theokr. 15. 87) platt, breit reden (bes. von der breiten dorischen
Aussprache, Lex.), πλατεια-σ-μό-ς m. die platte, breite Aussprache
(ἰωτακισμοὺς et λαμβδακισμοὺς, ἰχνότητας et πλατειασμοὺς feliciores
fingendis nominibus Graeci vocant, sicut κοιλοστομίαν, cum vox quasi
in recessu oris auditur Quint. 1. 5. 32). — πλατυ-: πλατυ-αύχην mit
breitem Nacken, πλατύ-καρπος mit breiter Frucht, πλατύ-καυλος
breitstengelig u. s. w. — πλάτ-ος (ους) n. Breite (= Skr. prath-as).
— πλαταμών (μῶν-ος) m. platte Fläche, breiter Stein, πλαταμ-
ώδης von plattem, flachem Ansehen. — πλάτ-ανο-c, Nbf. πλατάν-
ιστο-c (Il. 2. 307. 310, Her. 5. 119 und Sp.) f. (die ihre Aeste
weit ausbreitende) Platane (platanus orientalis Linné; das eigent-
liche Heimatland waren wohl die Gebirge der niederasiatischen
Steppen; dagegen plat. occidentalis der amerikanische Ahornbaum,
oft mit der wahren orient. und antiken Platane von Unkundigen
verwechselt)[2]), πλατάν-ιο-ς von der Pl., dazu geh.; πλαταν-ών (ῶν-ος)
m., πλατανι-σ-τ-ή-ς (dor. -ά-ς), -οῦ-ς (= οει-ς) m. Platanenhain;
πλαταν-ώδης von der Gestalt der Pl., voll Platanen. — (πλατ-jω)
πλάσσω, att. πλάττω (vgl. μελιτ-ja μέλισσα, λιτjομαι λίσσομαι u. s. w.)
eig. extendere, expandere, bilden, formen, gestalten (bes. aus weichen
Massen: Erde, Thon, Wachs), übertr. erdichten, ersinnen, vorgeben
(Fut. πλάσω, Aor. ἔ-πλασα, ἐ-πλάσ-Θη-ν, Perf. πέ-πλα-κα, πέ-πλασ-
μαι)[3]); πλασ-τό-ς gebildet, geformt; erdichtet, ersonnen; πλαστ-
ικό-ς zum Bilden geh., geschickt (ἡ πλ., erg. τέχνη, Bildnerkunst);
(πλασ-τι, πλασ-σι) πλάσι-ς f. Bildung, Form; πλάσ-τη-ς m. Bildner,
Former, fem. πλάσ-τι-ς, (πλάσ-τηρ) πλάσ-τειρα, πλάσ-τρ-ια; πλαστήρ-
ιο-ν n. Bildnerwerkstatt; πλάσ-μα(τ) n. das Gebildete, Geformte,

Bildwerk; Erdichtung (in der Musik und beim Vortrage: das Verkünstelte, Gezierte); πλασματ-ία-ς erdichtet, fabelhaft, lügenhaft, Subst. m. Erdichter, Lügenfreund, πλασματ-ικό-ς nachbildend (Sp.), πλασματ-ώδης = πλασματίας. — ἐμ-πλάσσω aufschmieren, verschmieren, ἐμ-πλασ-τό-ς aufgeschmiert, τὸ ἐ., sc. φάρμακον, Pflaster, Salbe zum Aufschmieren (ἔμπλαστὸν Hippokr.), ἔμ-πλασ-τρο-ς m., ἔμ-πλησ-τρο-ν u. id. (Diosc., Med.), ἐμπλαστρό-ω als Pflaster aufschmieren, ἐμπλαστρ-ώδης pflasterähnlich (Diosc.).

πλαθ[4]). — (πλαθ-ιο-ν, πλαιθ-ιο-ν) πλαίς-ιο-ν n. (Ausdehnung =) längliche Form, längl. Viereck (πλαίσια ξύμπηκτα Arist. Ran. 800) die aus Holz zusammengefügten Ziegelformen; τὸ ἐκ ξύλων τετράγωνον πῆγμα Suid.; πλαίσια, ὥσπερ πλινθία, ἐν οἷς πλινθεύουσι Schol.; s. Th. Kock ad l. c.). — πλαθ-άνη f., πλάθ-ανο-ς m., πλάθ-ανο-ν n. Platte, Brett, Kuchenbrett (vgl. niedersächs. „Platen"), πλαθανί-τα-ς m. (erg. πλακοῦς) eine Art Kuchen (Philox. ap. Athen. 14. 643). — πλι-ν-θ[4]): πλίνθ-ο-ς f. Körper von länglich viereckiger Gestalt, bes. Ziegel, Gold-, Silberbarren; Demin. πλινθ-ίο-ν n.; auch = πλαίσιον; die von den Augurn am Himmel beschriebenen Felder, regiones caeli (τὰ πλινθία καθεζόμενοι ἐπ' οἰωνῶν λιτύῳ διαγράφουσιν Plut. Rom. 12), Demin. πλινθίδιο-ν n., πλινθ-ί-ς (ίδ-ος) f.; πλινθό-ω wie einen Ziegel gestalten, aus Ziegeln bauen, πλινθω-τό-ς wie ein Ziegel gestaltet, länglicht viereckig; πλίνθ-ινο-ς von Z. gemacht, πλινθ-ιακό-ς zum Z. geh.; πλινθη-δόν; πλινθο-ειδής = πλινθωτός; πλινθ-εύ-ω Ziegeln streichen, brennen, aus Z. bauen; πλινθευ-τή-ς m. Ziegelstreicher (οἱ τὰς πλίνθους πλάττοντες Poll. 7. 163), πλίνθευ-σι-ς f. (Suid.), πλίνθευ-μα(τ) n. (Hes.), πλινθε(ϝ)ία f. (Sp.) das Ziegelstreichen; πλινθε(ϝ)-ίο-ν n. Ziegel-hütte, -streicherei, -brennerei.

φραδ (δ wohl aus τ). — (φραδ-jω) φράζω, dor. φράσδω, tarent. φράσσω, böot. φράττω (φράδεν· ἔλεγεν. ἔφραδεν· ἐδήλωσεν Hes.) deuten, zeigen, weisen; andeuten, anzeigen, bezeichnen; Med. sich deuten = betrachten, erwägen, bedenken, überlegen; aussinnen, erdenken, beschliessen; bemerken, wahrnehmen, sehen; einsehen[5]) (Act. Präs. nicht bei Hom., Fut. φράσω, Aor. ἔ-φρασα, ep. Aor. 2 πέ-φραδ-ον und ἐ-πέ-φραδ-ον, Imper. πέ-φραδ-ε, Opt. πε-φράδ-οι, Inf. πε-φραδ-έειν, -έμεν; Med. Fut. φράσομαι, φράσσομαι, Aor. ἐ-φρασά-μην, φρασά-μην, (ἐ)φράσσα-το, -ντο: Aor. Pass. ἐ-φράσ-θη-ς; Perf. πέ-φρα-κα Is.; Iterat. φραζέ-σκ-ετο h. Ap. 346). — φραδ-ή f. Verstand, Klugheit, Erkenntniss; Rath, Andeutung, φραδά-ζω (poet.), φραδά-ω, φραδ-εύ-ω (Hes.) sagen, nennen, kundmachen; (φραδ-τι, φρασ-τι, φρασ-σι, φρασι) φράςι-ς f. das Sprechen, Redensart (Phrase), Ausdruck; φρασ-τ-ικό-ς zum Spr. geh., geschickt, φρασ-τήρ (τῆρ-ος), φράσ-τωρ (τορ-ος) m. Sprecher, Erklärer, Wegweiser, φρασ-τύ-ς f. Nachdenken, Ueberlegung (Hes.). — φράδ-μων (μον-ος) verständig, vorsichtig, achtsam (Il. 16. 638 und

sp. Dichter), φραδμο-σύνη f. Verstand u. s. w.; φραδ-ής (Il. 24.
354) = φράδμων; ἀρι-φραδής sehr kenntlich, sehr deutlich, be-
merklich; περι-φραδής sehr verständig u. s. w.

plat, pla-n-t. — **plant-a** f. das Breite, sich Ausbreitende:
a) Gewächs, das zur Fortpflanzung dient, Setzling, Pfropfreis,
Pflanze; b) Fusssohle[6]); *plantā-re* versetzen, verpflanzen, *plantā-tor*
m. Verpflanzer, *plantā-ti-ō(n)* f. das Versetzen, Verpflanzen; *plantā-g-o*
(*in-is*) f. Wegerich, Wegebreit; *plant-āri-s* a) zu den Setzl. geh.;
Subst. n. *-āri-a* (*-um*) Baumschule; b) zur Fusssohle geh., Subst.
n. Flügelschuhe; *plant-āriu-m* n. Baumschule. — (*platu-u-s*, vgl.
πλατύ-ς) **plau-tu-s**, *plō-tus*, platt, breit; plattfüssig[7]) (Fest p. 238,
bei den Umbrern), *Plautu-s* (Plattfuss, umbr. Beiname) röm.
Familienname (bes. *T. Maccius Plautus*, röm. Komiker aus Sarsina
in Umbrien, gest. etwa 80 v. Chr. Geb.), *Plaut-iu-s*, *Plot-iu-s* m.
Name einer röm. gens; Adj. einem Pl. angehörend; *Plaut-īnu-s*,
Plauti-ānu-s id. — *plā-nu-s* (= *plat-nu-s?*) s. pag. 515. — *plăt-ĕa*
(Plin. h. n. 10. 40), *plăt-ăl-ia* (Cic. nat. d. 2. 49. 124) f. Löffel-
gans (nach Anderen: Rohrdommel); *plat-essa* f. Plattfisch. — Lehnwort: *platĕa* (= πλατεῖα; *platĕa* Catull. 15. 7; Hor. ep. 2. 2. 71)
f. Strasse, Gasse; *platănu-s* = πλάτανος pag. 552.

[*p*]lat. — **lät-us** (*ĕr-is*) n. (urspr. Ausdehnung, Breite, Skr.
prath-as =) Seite, Seitenfläche, Gränze, Flanke, Flügel[8]) (eines
Heeres); Demin. *latus-cŭlu-m* n.; *later-ensi-s* die Seite betreffend,
Subst. Trabant, Wächter (röm. Bein. der *gens Juventia*), *later-āli-s*
die S. betr.; Subst. n. *-ālia* Reit-, Satteltaschen (Dig.), *later-āriu-s*
die S. betr., *l. tigna* Seitenbalken (Vitr. 10. 20). — **lăt-er** (*ĕr-is*)
m. = πλίνθος. Demin. *läter-cŭlu-s* m., *later-ĭc-iu-s* = πλίνθινος.
later-ina f. = πλινθεῖον (Tert.), *later-āriu-s* die Z. betreffend,
Subst. m. = πλινθευτής, f. = πλινθεῖον; *later-ā-men* (*mĭn-is*) n.
das aus Z. Gemachte (Lucr. 6. 233)); *Later-ānu-s* Gott der Ziegel-
steinöfen und der Kamine, des Heerdes (Arnob. 4. 130); Name
einer röm. Familie[9]). — **Lät-iu-m** n. (Flachland) Latium, jetzt
Campagna di Roma[10]); *Lat-iu-s* latinisch, zu Latium geh., L. betreffend, *Lati-āri-s*, *-āriu-s*, *-āli-s* id. (*Lati-aris, -alis Jupiter*, Schutzgott der latin. Völker), *Latiar* n. das Fest des Jup. L.; *Lat-inu-s*
= *Latius* (Adv. *Latine*), *Latini* die Einwohner von Latium, La-
tiner; die, welche das latin. Bürgerrecht besassen (Cic. Sest. 13.
30), *Latinae* f. das latin. Bundesfest; *Latin-iu-s* röm. Beiname;
Latini-ensi-s (= *Latinus*) röm. Beiname; *Latini-tā-s* (*tati-s*) f. Lati-
nität, der latein. Ausdruck, das latein. Recht; *latinā-re, latinizare*
ins Lateinische übersetzen (Cael. Aul. tard. 5. 4).

prat (= φραδ). — (*prăt-o, -prăt*) **inter-pre-s** (*prĕt-is*) com.
Deuter, Dolmetscher, Erklärer, Unterhändler, Vermittler[11]); *inter-
pretā-ri* deuten, erklären, auslegen, übersetzen; verstehen, schliessen,
folgern; *interpretā-tor* m. Erklärer, Ausleger (Tert.), *interpretator-iu-s*

zur Erklärung gch. (id.); *interpretā-ti-ō(n)* f., *-mentu-m* n. (Gell., Petron.) Deutung, Erklärung u. s. w., Demin. *interpretatiun-cula* f. (Hieron.); *interpretā-bili-s* erklärbar (Tert.).

B. Gl. 247a. — Corssen II. 409; B. 149 f. 379 f. — C. E. 279. 669. — F. W. 128 f. 469 (W. *prat*). — Grassmann KZ. XII. 107 (hält wegen des Wechsels zwischen τ und ϑ die harte Aspirata für ursprünglich). — Kuhn KZ. I. 514. II. 476. — Schleicher KZ. VII. 223. 5). — Walter KZ. XII. 420 (W. *prat*). — 1) PW. IV. 857: *prthú* die flache Hand, *palma*, πλατεῖα u. s. w. — 2) Hehn p. 248 ff. 255. — 3) C. E. l. c.: „gehört wahrscheinlich hieher". Ueber *τj* = σσ s. ibd. 653 f. — 4) F. W. 377; Spr. 245. 342; KZ. XXII. 110: urspr. *d* = ϑ (vgl. ξανϑός W. *skand, candere*); *plinda* Stein. — 5) C. E. 660; C. V. 1. 319. 27). II. 20. 112); KZ. IV. 237. — Lottner KZ. XI. 163 und Zeyss KZ. XX. 449 zweifeln an der Richtigkeit der Zusammenstellung von *prat* mit φραδ. — Dagegen Christ p. 186. 224 und Sch. W. s. v.: φραδ = Skr. *pra-rad* vorher- oder heraussagen, vgl. αὐδάω; πρα-Fαδ-jω contr. φράζω. Dagegen C. E. 109 f.: „aber schon Aristarch (Lehrs S. 93) lehrte, dass dies Verbum bei Homer noch gar nicht 'sagen', sondern 'zeigen, διασημαίνειν' bedeute, woraus im Medium, z. B. σὺ δὲ φράσαι, εἴ με σαώσεις A. 83, die Geltung 'sich zeigen, sich klar machen' entspringt". — 6) F. W. l. c.: Spr. 244 (vgl. lit. *plantu* breite aus). — Windisch K. B. VIII. 40. — 7) Ebel KZ. V. 392. — 8) Ascoli KZ. XVI. 121. — F. W. 391: *latas* n. Seite. — 9) Corssen II. 151. — 10) Anders Ovid. fast. 1. 236 f.: *inde diu genti mansit Saturnia nomen: dicta quoque est Latium terra, latente deo.* — 11) Curtius KZ. IV. 237. — Zeyss KZ. XX. 449 f. (*interpres* eigentlich derjenige, welcher zwischen zweien das Verständniss über eine Sache vermittelt). — Ganz anders Schweizer-Sidler KZ. XI. 76: „wir sehen nicht den mindesten Grund ein, warum *interpres* von der Wurzel, die in πράσσω u. s. f. steckt, getrennt werden soll".

---

2) **PRAT** nass werden, faulen. — Zend *frith*.

πάρτ-αξο-ν· ὕγρανον. *Λάκωνες* Hes.; (mit δ) παρδ-ακό-ς nass, faul, feucht, matschig, schwammig (παρδακὸν τὸ χωρίον Arist. Pax. 1148 B.); πορδ-ακό-ς id. (τὸ Σιμωνίδου „σὺν πορδακοῖσιν ἐκπεσόντες εἵμασιν" Strabo 13. 619). — πλάδ-η f. (Emped.), πλάδ-ος n. (Medic.) Nässe, Fäule u. s. w.; πλαδά-ω nass sein u. s. w., πλαδαρό-ς. πλαδό-ει-ς. πλαδ-ώδης = παρδακός; πλαδαρό-τη-ς f. = πλάδη, (πλαδαρό-ω) πλαδάρω-μα(τ) n. id.

prāt-u-m n. Wiese (das Feuchte); übertr. Wiesengras, Fläche, Gefilde [1]); Demin. *prātŭ-lu-m* n., *prat-ensi-s* auf der W. wachsend.

F. W. 128 (*prat* heisst vermuthlich sich ausdehnen und ist mit 1 *prat* identisch). — Corssen I. 443: *par* füllen; *pratum* die Wiese als die „mit Fülle begabte, die üppige" (vgl. poet. *irriguum, udum, pingue, vernans, gemmans* u. s. w.). — [Die vier ersten dichter. Beiwörter sprechen gerade eher für die Deutung Fick's.]

PRAM(?) drängen, stossen, verletzen, drücken.

prĕm. — **prĕm-ĕre** (*prem-si*, *prem-tu-s*, *prem-su-s* = *pres-si*, *pres-su-s*) pressen, drücken, drängen; bedrängen, überwältigen; beschweren, beladen; zudrücken, schliessen; umschliessen, festhalten; zurückhalten, hemmen; Compos. *-prĭm-ĕre* (ad-, com-, de-, ex-, in-, inter-, op-, per-, re-, sup-); Part. Pass. *pressu-s* gedrängt, kurz; genau, bestimmt, sorgfältig; deutlich, vernehmlich (Adv. *presse*), Demin. *pressŭ-lu-s* etwas eingedrückt (*rotunditas* App. flor. 2. p. 346. 26), Adv. *pressule* drückend, andrückend (*saviare*, *exosculari* App. Met.); *press-ĭc-iu-s* gedrückt (Not. Tir. p. 39); *pres-si-m* = *pressule*; *pres-su-s* (*sūs*) m. Druck, Drücken, *press-i-ō(n)* f. id.; *pres-sor* m. eine Gattung Jäger (Isid. or. 10); *pressōr-iu-s* zum Keltern dienlich; Subst. n. Presse, Rolle, *pressūra* f. = *pressus*; Pressen, Keltern; übertr. Druck, Bedrückung, Drangsal; Frequ. *pressa-re*. — (*prem-lo*) *prē-lu-m* n. Kelter, Presse; Rolle zum Glätten [1]).

L. Meyer KZ. VI. 424 ff.; vgl. germ. *fram-ja* Stachel (*fram-ca*). — B. Gl. 306b: *jam cohibere; fortasse premo ex pra-imo.* — Bopp's Deutung verwirft Grassmann KZ. XI. 17 f. und stellt eine neue auf: W. *pjad* (s. pag. 538, Anm. 4) = *pred*, *predr*, *prec*, *prem*. Diese Deutung nennt er jedoch selbst „eine gewagtere Vermuthung" und sagt schliesslich: „darf also der vorgetragenen Ansicht nur der Charakter einer Hypothese beigelegt werden". — Pott Wurzell. II. 183: = Skr. *pra* + *nam* sich über etwas beugen. — 1) Goetze St. Ib. 160. — Pott E. F. II [1]. 288. — Der Verf. wagt die Vermuthung, *pram* sei auf, *par* pag. 512 = stossen zurückzuführen: *par*, *pra*, *pra-m*; vgl. *dar*, *dra*, *dra-m* pag. 345 f.

PRI erheitern, ergötzen. — Skr. **pri**: Activ: vergnügen, ergötzen, erfreuen, gnädig stimmen; Med.: befriedigt, vergnügt, froh sein, sich behagen lassen (PW. IV. 1166).

(πρι) πραι, πραj-υ. — (πρᾱι-ο-ς) πρᾷ-ο-ς [1]) sanft, mild, gelind, sanftmüthig, liebevoll, zahm (von Thieren), Adv. πρᾴως (Comp. πρᾱ́ο-τερο-ς. -τατο-ς), πρᾱό-τη-ς (τητ-ος) f. Sanftheit, Milde u. s. w. — (πρα-jυ-ς, πρα-ιυ-ς; dann vor υ das ι geschwunden) πρᾱ-ῡ-ς (εἶα, ύ), ion. πρη-ῡ-ς (h. h. 7. 10) = πρᾷος (Comp. πραῧ-τερος. ion. πρηΰτερος; (die Flexion des Adj. siehe Curt. Schulgr. §. 191; πραύς, πραέος, πραεῖς N. T.); πραῧ-τη-ς f. = πραότης (Sp.); πρᾱῦ-νω, ion. πρηῦ-νω, sanft, mild u. s. w. machen, besänftigen (ἐπρήΰνεν hymn. Merc. 417; Aor. πραϋνϑῇ Plat. Rep. 4. 440d; Perf. Pass. πε-πραϋ-σ-μένο-ς Ael. h. a. 4. 16), πραϋν-τ-ικό-ς besänftigend (Arist. rhetor. 2. 3), πραϋν-τή-ς m. der Besänftigende (E. M. 436. 6), πραϋν-σι-ς f. Besänftigung, Linderung (ἔστω δὲ πράϋνσις κατάστασις καὶ ἠρέμησις ὀργῆς Arist. l. c.); πρᾳο-: πρᾳό-νως Adv. von πρᾳό-νοος (Arist. Ran. 856); πρᾱῦ-: πραῧ-θυμο-ς, -νοο-ς, πραΰ-μενης, -παϑής sanftmüthig, πραΰ-λογος sanftredend.

(prai, plai) plae, lae. — *Plae-tōr-iu-s* Name einer röm. gens, Adj. plätorisch, *Plaetori-ānu-s* plätorianisch, einem Pl. geh. (*incendium* Cic. Att. 5. 20. 8). — **lae-tu-s** freudig, fröhlich, froh, lustig, vergnügt; erfreulich, günstig; anmuthig, wohlgefällig [2]), Adv. *laete; lacti-tia (-tūdo* Acc. ap. Non. p. 132) f. Freudigkeit, Fröhlichkeit u. s. w.; *Laeti-l-iu-s* röm. Eigenn. (Cic. Acc. 2. 26. 64); *Lac-tōr-iu-s* pleb. Geschlecht zu Rom; *laetā-re* freudig u. s. w. machen (gedeihlich machen, befruchten, düngen Pallad. 1. 6; dazu: *laetā-men* Dünger Plin. 18. 16. 46, Pallad. 1, 23. 3, 1; *laetu-s* der hörige Landbauer, Leibeigener Amm. 20. 8, Cod. Theod. 7. 20. 10, *laeti-cu-s* von L. bebaut ibd. 13. 11. 9); *laetā-ri* sich erfreuen, ergötzen, Freude empfinden, Part. *laetan-s* ausgelassen froh (lachend, *loca* Lucr. 2. 344), Adv. *laetanter* (Lampr. Comm. 5), *laetū-ti-ō(n)* f. Freude, Jubel (Caes. b. g. 5. 52), *laetā-bili-s* erfreulich, *laetā-bundu-s* sich der Freude überlassend (Gell. 11. 15); *laeti-sc-ěre* fröhlich werden, sich erfreuen (Sisenna ap. Non. p. 133. 2); *laeti-ficu-s* erfreulich, froh, fröhlich, *lacti-ficare* = *laetare.*

B. Gl. 258. — Corssen I. 376; B. 150. — C. E. 284. — F. W. 130. — Miklosich Lex. pag. 689. — 1) Dagegen Ebel KZ. VI. 212: scheint mit „*pravaṇa* vornüber geneigt" wesentlich identisch. — Sch. W. s. v.: für die Schreibung mit *ι* subscr. sprechen sowol die Lesearten der Handschriften, als auch der Inschriften und Zeugnisse der Grammatiker. — Dagegen Pape W. s. v.: oft *πρᾶος* geschrieben; doch ist man in neueren Ausgaben wohl mit Recht(?) von dieser sonst unbegründeten(?) Schreibung wieder abgegangen. — 2) Froehde KZ. XXII. 251. 5): *ghil* lustig, geil sein, tändeln = *hlaetus* „nach F. W." Fick jedoch schreibt pg. 1061: „*ghil* ist zu streichen" und deutet pg. 446: *lae-tu-s* von *χλί-ω* üppig sein, prunken.

PRU aufspringen; **PLU** 1) schwimmen; schwemmen, waschen, 2) schiffen, 3) fliessen, 4) regnen (dies nur im Latein). — Skr. **pru** aufspringen; **plu** 1) schwimmen, 2) hinundherschwanken, sich unsicher bewegen, schweben, fliegen, 3) verschwimmen, 4) springen (für diese Bedeutung ist *pru* ursprünglicher) (PW. IV. 1170. 1187).

πλυ. — (*πλυ-νjω*) πλύ-νω (schwimmen lassen =) waschen, spülen, reinigen (Fut. *πλυνῶ,* Part. ep. *πλυνέ-ουσα, -ουσαι,* Aor. *έ-πλῦνα,* ep. *πλῦναν,* Perf. *πέ-πλῦ-κα, -μαι,* *πε-πλύ-σθαι* Theokr. 1. 150, Aor. Pass. *ἐ-πλύ-θη-ν,* poet. auch *ἐ-πλύν-θη-ν,* Fut. Pass. *πλυν-θή-σομαι* Hes.)[1]); *πλυ-τό-ς* gewaschen u. s. w.; (*πλυ-τι*) *πλύ-cι-c* f., *πλυ-σ-μό-ς* m. das Waschen u. s. w., *πλύσι-μο-ς* zu waschen; *πλυ-νό-c* m. Waschtrog, in die Erde gegrabenes, ausgemauertes Wasserbecken (Il. 22. 153. Od. 6, 40. 86; vgl. *πύελοι, ἐν αἷς τὰς ἐσθῆτας ἔπλυνον* Hes.), *πλύ-νο-c* m. Wäsche (Sp.) (*ὀξυτόνως τὸ ἀγγεῖον, παροξυτόνως δὲ τὸ πλυνόμενον* Schol. ad Arist. Plut. 1062); *πλύ-μα(τ)* n. Spülwasser; *πλύν-τη-ς* (Poll. 7. 37), *πλύ-τη-ς* m. der

Waschende, πλυν-τήρ (τῆρ-ος) id.; Waschtrog; fem. πλύν-τρ-ια, πλυν-τρ-ί-ς (ίδ-ος) Wäscherin, πλυντήρ-ιο-ς, πλυν-τ-ικό-ς zum Waschen, Reinigen geh., geschickt (τὰ πλυντήρια, erg. ἱερά, Reinigungsfest der Athene, nach Anderen der Aglauros, des Kekrops Tochter, in Athen gefeiert am 25. Thargelion), πλύν-τρο-ν n. Waschgeld (Sp.). — (πλυ-ελο, dann zur Vermeidung des Labdakismus) πύ-ελο-c (ῡ Od. 19. 553, sonst ῠ) f. Trog, Wanne, besonders Fresstrog, Backtrog (Arist. Equ. 55. 1060); wannenartig ausgehöhltes Geräth [2]), Demin. πυέλ-ιο-ν n., πυελ-ί-ς (ίδ-ος) f. der Kasten des Siegelrings, in dem der Stein sitzt (σφραγιδοφυλάκιον), πυελ-ώδης trogartig ausgehöhlt (Arist. h. a. 5. 15).

πλεϜ, πλοϜ. — (πλεϜ-ω) πλέ-ω, ep. πλε-ίω, schiffen, zur See fahren; schwimmen (νῆσος πλέουσα Her. 2. 156) (Hom. πλεί-ειν, -οντες; Fut. πλεύ-σομαι, πλευ-σοῦμαι, Aor. ἔ-πλευ-σα, Perf. πέ-πλευ-κα, πέ-πλευ-σ-μαι, Aor. Pass. ἐ-πλεύ-σ-θη-ν; πλέων Od. 1. 183 einsylbig [1]); πλευ-σ-τ-ικό-ς zum Schiffen geschickt, bequem. — (πλοϜ-ω) πλώ-ω ep. Nebenf. zu πλέω (Aor. ἔ-πλω-ν, Part. πλώ-ς nur in Compos., ἀπ-έπλω Od. 14. 339, ἐπ-έπλως Od. 3. 15, Part. ἐπι-πλώς Il. 6. 291, παρ-έπλω Od. 12. 69 [1]); ἐπι-πλώ-σα-ς Il. 3. 47, Batr. 80 = darüberhin schwimmen); δακρυ-πλώω (δάκρυ πλώειν Od. 19. 122 == δακρύων πλοῦν πλώειν eine Thränenfahrt machen, in Thränen einhersegeln; vgl. unser: in Thränen schwimmen; ein volksthüml. Ausdruck, Ameis-Hentze ad l. c.); Nebenf. zu πλώ-ω: πλω-ῖζω (πλωίζεσκ' Hes. O. 636); πλοΐζομαι (Suid., Pol.). — πλό-ο-c, πλοῦ-c m. Schifffahrt (Hom. nur Od. 3. 169); πλο-ῖο-ν n. Schiff (zuerst Her.), Demin. πλοι-άριο-ν; πλω-τό-c schwimmend (πλωτῇ ἐνὶ νήσῳ Od. 10. 3 [3]), schiffbar, πλωτ-ικό-ς zur Schifffahrt tauglich, geeignet (οἱ πλ. Seeleute); πλώ-τη-c, πλω-τήρ (τῆρ-ος), πλώ-τωρ (τορ-ος) m. der Schiffer, πλώ-ς (πλωτ-ός) m. Schwimmer d. i. ein Fisch, sonst κεστρεύς; πλω-ά-ς, πλωϊ-ά-ς (άδ-ος) f. die schwimmende, herumirrende, unstäte (νεφέλη), πλω-ί-ς id. (πλωΐδας ὄρνιθας Στυμφαλίδας Apoll. Rh. 2. 1055 M.); πλώ-ϊμο-ς, πλώσι-μο-ς (Soph. O. K. 663 Schn.), πλό-ϊμο-ς (Dem. 56. 23) = πλωτικός: der Sch. günstig; πλωτ-εύ-ω ein πλώτης sein, beschifft (Pol. 16. 29. 11).

plu. — plu-ĕre (Perf. plŭ-it; plū-it Varro 1. 1. 9. 104, Plaut.) regnen; plu-or (ōr-is) m. Regen (Lab. ap. Non. p. 220. 33), plū-tor m. Regner (Augustin); plŭ-r-ia (urspr. Adj., erg. aqua) f. Regen, Regenwasser, pluv-iu-s R. bringend, regenhaft, regnicht, Pluvius Bein. des Jupiter; pluvi-āli-s id., Pluviali-a f. Regeninsel (eine der insulae fortunatae Plin. 6. 32. 202), pluriā-li-cu-s, -li-li-s aus R. bestehend, pluvi-ōsu-s voll R., regnerig; com-pluv-iu-m n. Ort, wo das Regenwasser zusammenläuft, compluviā-tu-s in Form des compl. gebracht; dis-pluviata (cava aedium) sunt, in quibus deliquiae arcam sustinentes stillicidia rejiciunt Vitr. 63. 1, d. h. deren Regenwasser aussen an den Wänden herumströmte; im-pluviu-m

n. viereckiger Raum in der Mitte des römischen Hauses, in dem das vom *compluvium* kommende Regenwasser sich sammelte; *impluviatu-s* (*color, quasi fumoso stillicidio implutus, qui est Mutinensis quem nos dicimus*. Plautus *in Epidico* [2. 2. 40] „*impluviatam? ut istae faciunt vestimentis nomina.*" Nonius p. 548 M.)[4]. — Wohl Lehnwort: (πλυν-τήρ, *plun-ter*) *lun-ter, lin-ter* (*tris;* Nom. Sg. *lintri-s* Sidon. c. 5. 283) f. (m. Tib. 2. 5. 34) Kahn, Nachen (= Schwimmer), Waschtrog, Mulde[5]), Demin. *lintrĭ-culu-s* m. (Cic. Att. 10. 10), *lintr-āriu-s* Kahnschiffer (Dig. 4. 9. 1).

plav, plov. — *Plav-i-s* m. Fluss im Venetianischen, jetzt *Piave* (Paul. D. hist. Langob. 2. 12); *per-plŏv-ĕre* (altl.) durchfliessen lassen, leck sein (*pateram perplorere, pertusam esse* Fest. p. 250); (*plov-ĕro, *plōro, *plōru-s*) **plora-re** fliessen machen (Thränen) = weinen, beweinen[6]), *im-plorare* an-weinen = unter Thränen anflehen, *ex-plorare* herausfliessen machen = herausbringen, erkunden; *plorā-tu-s* (*tus*) m., *-ti-ŏ(n)* f. das Weinen, Klagen, *plorātor* (*tōr-is*) m. Heuler (Mart. 14. 54), *plorā-bili-s* kläglich, jämmerlich (Pers. 1. 34). — (*plov-ma, *plou-ma*) **plu-ma** f. (Bedeutung: *fluctuare*) Flaum, Flaumfeder[7]), Demin. *plūmŭ-la* (Col. 8. 5. 19), *plumel-la* (Not. Tir. p. 171), *im-plūmi-s* flaumlos, ungefiedert, unbehaart, *plum-eu-s* flaumig, flaumicht, *plum-āli-s* befiedert (*aris.* Anthol. Lat.), *plum-āriu-s* zu den Flaumf. geh., von Federn gemacht, gestickt, Subst. m. Federteppichverfertiger, Federfärber (πτιλοβάφος Gloss. Philox.), *plum-āriu-m* n. Federkissen; *plum-ōsu-s* voll Flaum, mit Flaum bedeckt; *plumā-re* mit F. bedecken, befiedern; (übertr.) weben, sticken; (intr.) flügge werden; *plumā-ti-li-s* flaumartig, gestickt; *plume-sc-ĕre* Federn bekommen, flügge werden. — **plau-s-tru-m,** *plo-s-tru-m* (der engere Begriff: schwimmen, schiffen, zum allgemeineren: fahren) n. Fahrzeug (das hin und her bewegte)[8]) = Wagen, bes. Last- oder Frachtwagen; der Wagen am Himmel, das Gestirn des grossen Bären (Ov. Met. 10. 447: *interque Triones flexerat obliquo plaustrum temone Bootes*), Demin. *plostellu-m; plaustr-āriu-s* zum W. geh., Subst. m. Wagner (Lamprid.), Wagenlenker, Kutscher (Dig. 9. 2. 27).

Aufrecht KZ. I. 119 f. — B. Gl. 259. — Brugman St. IV. 160. 7). — Corssen I. 361. — C. E. 279. — F. W. 130. 469; Spr. 245. — 1) C. V. I. 192. 51). 222. 12) 299. 17); Curtius KZ. VI. 89; vgl. noch Kuhn KZ. XI. 311. — 2) Vgl. auch Pape W. s. v.: „nach Buttmann von πλύνω, für πλύτελος, wie ἔκπαγλος von ἐκπλαγῆναι". — 3) Ameis-Hentze, Faesi, Pape W., S. W. ad l. c. (wie nach der Sage Delos); dagegen Nitzsch: umschiffbar. Vgl. περιφερομένη (Aristarch); dagegen Schol. τὴν ἐμπλεομένην, οἷον τὴν ἐν πλεομένοις τόποις κειμένην. — 4) Curtius St. V. 244. — 5) Corssen II. 271; B. 152. — 6) B. Gl. 259b: *e ploro sicut germ. vet. birumēs sumus* = Skr. *bhávāmas;* id. KZ. III. 13: *v* = *r; plōr-ā-mus* = Skr. *plāv-ájāi-mas*. — F. W. 130: *prus* beträufeln (von *pru* durch *s* weiter gebildet), *plōr-āre*. — 7) C. E. 280. — Vgl. Windisch KZ. XXI. 431, K. B. VIII. 9 (vgl. irisch *luam celox* und lat. *plúma;* ir. Grundform *plauman;* „*pru* aufspringen weist die allgemeinere Grundbedeutung nach"). — F. Spr. 387: = *spalva* Flaum. — 8) Corssen B. 412 f. — Ebel KZ. VII. 288. — Pott E. F. II. 273: zu *plaudere;* der Wagen vom Knarren.

www.ingramcontent.com/pod-product-compliance
Lightning Source LLC
Chambersburg PA
CBHW022126020426
42334CB00015B/776